1 MONTH OF
FREE
READING

at

www.ForgottenBooks.com

By purchasing this book you are eligible for one month membership to ForgottenBooks.com, giving you unlimited access to our entire collection of over 1,000,000 titles via our web site and mobile apps.

To claim your free month visit:

www.forgottenbooks.com/free1240151

ISBN 978-0-332-75523-6
PIBN 11240151

This book is a reproduction of an important historical work. Forgotten Books uses
state-of-the-art technology to digitally reconstruct the work, preserving the original format
whilst repairing imperfections present in the aged copy. In rare cases, an imperfection in
the original, such as a blemish or missing page, may be replicated in our edition. We do,
however, repair the vast majority of imperfections successfully; any imperfections that
remain are intentionally left to preserve the state of such historical works.

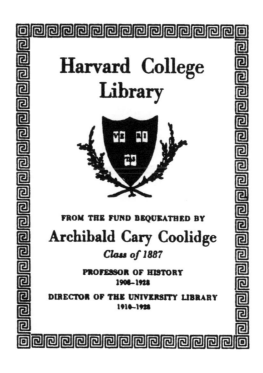

ANNUAIRE

DU DÉPARTEMENT DE LA MANCHE

63ᵉ ANNÉE. — 1891

ANNUAIRE

DU DÉPARTEMENT

DE LA MANCHE

63ᵉ ANNÉE. — 1891

SAINT - LO

IMPRIMERIE F. LE TUAL, RUE DES PRÉS, 5

—

M DCCC XCI

PRÉFACE.

L'*Annuaire de la Manche* publie cette année un travail considérable du plus illustre de nos compatriotes sur Mangon du Houguet. Quel Annuaire eut jamais pareille bonne fortune ?

Grâce à M. Léopold DELISLE, nous n'avons plus à craindre qu'on regrette le passé et nous pouvons nous présenter fièrement devant nos lecteurs. Nous le prions d'agréer le témoignage de notre bien sincère reconnaissance..

L'EDITEUR.

Saint-Lo, le 15 février 1891.

Janvier 1891.

Dernier [Quartier] le 3.
Nouvelle Lune le 10.
Premier Quartier le 17.
Pleine Lune le 25.

1	jeud.	Circoncision.
2	ven.	Oct. s. Etienne
3	sam.	Oct. s. Jean.
4	D.	Oct. ss
5	lund.	vig. Epiphanie.
6	mar.	Épiphanie.
7	mer.	s. Julien, m.
8	jeud.	s. Lucien, m.
9	ven.	ste Mercienne
10	sam.	s. Agathon, p
11	D.	s. Hygin, p.
12	lund.	s. Arcade, m.
13	mar.	Oct. Epiphanie.
14	mer.	s. Hilaire, év.
15	jeud.	s. Paul, herm.
16	ven.	s. Marcel, p.
17	sam.	s. Antoine.
18	D	Ch. s. P. à R.
19	lund.	s. Canut, m.
20	mar.	s. Sébastien.
21	mer.	ste Agnès, m.
22	jeud.	s. Vincent, m.
23	ven.	s. Raymond
24	sam.	s. Timothée.
25	D.	Septuagésime.
26	lund.	s. Polycarp.
27	mar.	s. Jean Chrys
28	mer.	s. Julien, év.
29	jeud.	s. Macaire.
30	ven.	ste Martine, v
31	sam.	s. abd, év.

Février.

Dernier Quartier le 2.
Nouvelle Lune le 9.
Premier Quartier le 15.
Pleine Lune le 23.

1	D.	Sexagésime.
2	lund.	Purification.
3	mar.	s. Blaise, év.
4	mer.	ste Jeanne.
5	jeud.	s. Vaast, év.
6	ven.	s. Romuald.
7	sam.	s. Jean de M
8	D.	Quinquagésim
9	lund.	ste Apoline.
10	mar.	s. Tite, év.
11	mer.	Les Cendres.
12	jeud.	ste Eulalie.
13	ven.	s. André C.
14	sam.	s. Valentin
15	D.	Quadragésim.
16	lund.	ste Julienne.
17	mar.	s. Faustin, m
18	mer.	Quat. Temps.
19	jeud.	s. Gabin, m.
20	ven.	s. Sylvin.
21	sam.	ste Vitalline, v.
22	D.	Reminiscere.
23	lund.	s. Gérard.
24	mar.	s. Mathias.
25	mer.	s. Léandre.
26	jeud.	s. Théodose.
27	ven.	ste Honorine.
28	sam.	s.Théophile.

Mars.

Dernier Quartier le 3.
Nouvelle Lune le 10.
Premier Quartier le 17.
Pleine Lune le 25.

1	D.	Oculi.
2	lund.	s. Aubin, év.
3	mar.	s. Marin, s. m
4	mer.	s. Casimir.
5	jeud.	Mi Carême.
6	ven.	s. Félix, év.
7	sam.	s. Thom. d'A.
8	D.	Lætare.
9	lund.	Ste Françoise
10	mar.	Les 40 mart.
11	mer.	s. Euthyme.
12	jeud.	s. Grégoire.
13	ven.	ste Euphrasie
14	sam.	s. Zacharie.
15	D.	Passion.
16	lund.	s. Julien, m.
17	mar.	s. Patrice,év
18	mer.	ste Euphémie
19	jeud	s. Joseph.
20	ven.	s. Benoît, ab,
21	sam.	s. Bienvenu.
22	D.	Rameaux.
23	lund.	ste Pélagie.
24	mar.	s. Siméon, m
25	mer.	Annonciation.
26	jeud	s. Emmanuel
27	ven.	Vend. Saint.
28	sam.	ste Mathilde.
29	D.	PAQUES.
30	lund.	s. Pasteur, é.
31	mar.	s. Benjamin.

Avril.

Dernier Quartier le 2.
Nouvelle Lune le 8.
Premier Quartier le 16.
Pleine Lune le 24.

1	mer.	s. Hugues,év
2	jeud.	s. François.
3	ven.	s. Xiste Ier, p
4	sam.	s. Isidore.
5	D.	Quasimodo.
6	lund.	s. Vincent F.
7	mar.	s. Célestin ,p
8	mer.	s. Gautier, a.
9	jeud.	s. Marcel, év.
10	ven.	s. Macaire, é.
11	sam.	s. Léon I, p.
12	D.	s. Jules.
13	lun.	s. Justin, mar
14	mer.	s. Tiburce, c.
15	mer.	ste Anastasie.
16	jeud	s. Pair, év.
17	ven.	s. Anicet.
18	san	s. Parfait
19	D.	s. Vincent F.
20	lund.	s. Marcelin.
21	mar.	s. Hégésippe.
22	mer.	st. Soter et Caïus.
23	jend.	s. Georges.
24	ven.	s. Fidèle, m.
25	sam.	s. Mc, évan
26	D.	Rel et M.
27	lund.	s. Guillaume.
28	mar.	s. Vital, m.
29	mer.	s. Pierre, m.
30	jeud.	s. Eutrope.

Mai.

Dernier Quartier le 1.
Nouvelle Lune le 8.
Premier Quartier le 15.
Pleine Lune le 23.
Dernier Quartier le 30.

1	ven.	ss. Jacq et Ph.
2	sam.	s. Marcouf.
3	D.	Inv. ste Croix
4	lund.	Rogations.
5	mar.	s. Pie V.
6	mer.	s. Jean P. L.
7	jeud.	Ascension.
8	ven.	s. Grégoire.
9	sam.	s. Athanase.
10	D.	ss. Néréet A.
11	lund.	ste Clycérie.
12	mar.	s. Achille.
13	mer.	s. Isidore.
14	jeud.	s. Honoré.
15	ven.	ste Denise.
16	sam.	s. Honoré, vj
17	D.	Pentecôte.
18	lund.	s. Venant, m.
19	mar.	s. Yves.
20	mer.	Quat.-Temps.
21	ven.	s. Grég. VII.
22	ven.	s. Ortaire.
23	sam.	s. Anselme, é.
24	D.	Trinité.
25	lund.	s. Urbain Ier
26	mar.	s. Philippe N.
27	mer.	s. Pacôme.
28	jeud.	Fête-Dieu.
29	ven.	s. Augustin.
30	sam.	s. Pascal B.
31	D.	ste Angèle, v

Juin.

Nouvelle Lune le 6.
Premier Quartier le 14.
Pleine Lune le 21.
Dernier Quartier le 28.

1	lund.	s. Jouvin.
2	mar.	s. Marcelin.
3	mer.	ste Clotilde.
4	jeud.	s. François C
5	ven.	s. Boniface.
6	sam.	s. Robert.
7	D.	s. Vincent.
8	lund.	s. Médard, m
9	mar.	s. Félicien.
10	mer.	ste Marguerit.
11	jeud.	s. Barnabé, a.
12	ven.	ste Basilide.
13	sam.	s. Antoine.
14	D.	s. Basile, év.
15	lund.	ss. Guy, etc.
16	mar.	s. Pothin, év.
17	mer.	s. Pellerin.
18	jeud.	s. Marcel, m.
19	ven.	ste Julienne.
20	sam.	s. Norbert.
21	D.	s. Louis de G.
22	lund.	s. Gervais, m
23	mar.	s. Félix, I, p.
24	mer.	s. Jean-Bapt.
25	jeud.	s. Prosper.
26	ven.	ss. Jean et Paul
27	sam.	s. Ladislas.
28	D.	s. Irénée, év.
29	lund.	ss Pier. et Paul
30	mar.	Com. de s. Paul.

Juillet.

Nouvelle Lune le 6.
Premier Quartier le 14.
Pleine Lune le 21.
Dernier Quartier le 28.

1 mer. Oct. s. J.-B.
2 jeud. V. de la s^te V.
3 ven. s. Léon II, p.
4 sam. s. Martin, év.
5 D. s. Sever, év.
6 lund. O. SS. P. et P.
7 mar. s. Thomas, m.
8 mer. ste Elisabeth.
9 jeud. s. Cyrille, m.
10 ven. Les 7 fr. m.
11 sam. s. Pie I, pape.
12 D. s. J. Gualbert.
13 lund. s. Anaclet, p.
14 mar. Fête nation^le
15 mer. s. Henri, em.
16 jeud. s. Hélier, m.
17 sam. s. Alexis, c.
18 sam. s. Clair, m.
19 D. s. Vinc. de P.
20 lund. s. Jérôme E.
21 ven. s. Victor. m.
22 mer. ste Marie-M
23 jeud. s. Apollin. ô.
24 ven. Jours Canicu.
25 sam. s. Jacques, a.
26 D. s^te Anne.
27 lund. s. Camille, c.
28 mai. s. Nazaire, m.
29 mer. ste Marthe, v.
30 jeud. ss. Abdon et S
31 ven. s. Germain.

Aout.

Nouvelle Lune le 4.
Premier Quartier le 12.
Pleine Lune le 19.
Dernier Quartier le 26.

1 sam. s. Pierre-ès-l.
2 D. s. Alph. de L.
3 lund. Inv. de s. Et.
4 mar. s. Dominique.
5 mer. N.-D. des N.
6 jeud. Tra. de N. S.
7 ven. s. Gaëtan, c.
8 sam. s. Cyriaq. m.
9 D. s. Exupère, é.
10 lund. s. Laurent, m.
11 mar. s. Germain, é.
12 mer. ste Claire, v.
13 jeud. ste Radeg. R.
14 ven. s Eusèbe. V./
15 sam. ASSOMPT.
16 D. s. Hyacinthe.
17 lund. O. de s. Laur.
18 mar. s^te Hélène.
19 mer. s. Joachim.
20 jeud. s. Bernard, a.
21 ven. s. J.-F. deC.
22 sam. s Symphor.
23 D. s. Philippe B.
24 lund. s. Barthélemy.
25 mar. s. Louis, r de F
26 mer. s. Ouen, év.
27 jeud. s. Jose. de C.
28 ven. s. Augustin, é.
29 sam. ste Sabine.
30 D. s. Fiacre.
31 lund. ste Isabelle.

Septembre.

Nouvelle Lune le 3.
Premier Quartier le 11.
Pleine Lune le 18.
Dernier Quartier le 24.

1 mar. s. Gilles, ab.
2 mer. s. Étienne, R.
3 jeud. s. Césaire, é.
4 ven. ste Rosalie, v.
5 sam. s. Laurent J.
6 D. s. Macaire, m.
7 lund. s. Cloud, c.
8 mar. NATIVITÉ.
9 mer. s. Gorgon, m.
10 jeud. s. Aubert, é.
11 ven. s. Nicolas de T
12 sam. s. Silvin, év.
13 D. s. Aimé, év.
14 lund. Ex. de la S. C
15 mau. O. de la N.
16 mer. Quat.-Temps.
17 jeud s. Floscel, m.
18 ven. s. Sénier, év.
19 sam. s. Janvier.
20 D. s. Eustache.
21 lund s. Mathieu.
22 mar. s. Thomas V.
23 mer. s. Lin, p.
24 jeud. s. Germer, ab
25 ven. Stigm. de s. F
26 sam. ste Justine.
27 D. s. Cosme.
28 lund. s. I.O. év.
29 mar. s. Michel, arc.
30 mer. s. Jérôme, p.

Octobre.

Nouvelle Lune le 3.
Premier Quartier le 10.
Pleine Lune le 17.
Dernier Quartier le 24.

1 jeud. s. Rémi, év.
2 ven. ss. Anges gar.
3 sam. s. Candide.
4 D. s. Franç. d'A.
5 lund. s. Placide, m.
6 mar. s. Bruno, c.
7 mer. s. Marc, pape
8 jeud. ste Brigitte, v.
9 ven. s. Denys, m.
10 sam. s. Franç. B.
11 D. s. Nicaise, m.
12 lund. s. Wilfrid, é.
13 mar. s. Édouard, c.
14 mer. s. Caliste, p.
15 jeud. s^te Thérèse, v.
16 ven. D. du M. S.-M.
17 sam. ste Hedwig. v.
18 D. s. Luc, évan.
19 lund. B. Th. Hélye.
20 m . s. Jean de K.
21 jeud. ste Urs. et s.C.
22 ven. s. Mellon, é.
23 sam. s. Pierre d'A.
24 D. s. Raphaël, A.
25 lund. ss. Crépin et C
26 mar. s. Magloire, é.
27 mer. s. Florent.
28 jeud. ss. S et Jude, a
29 ven. s. Narcisse, é.
30 sam. s. Maxime.
31 sam. s. Quentin. v-j

Novembre.

Nouvelle Lune le 1.
Premier Quartier le 9.
Pleine Lune le 16.
Dernier Quartier le 23.

1 D. TOUSSAINT.
2 lund. C. des Iéfunts
3 mar. s. Vigor, év.
4 mer. s. Charl. Bor.
5 jeud. s. Zacharie.
6 ven. s. Léonard, c.
7 sam. s. Willibrod.
8 D. s. Ruffe, év.
9 lund. D de la B. de L
10 mar. DÉDICACE.
11 mer. s. André Ave.
12 jeud. s. Martin, év.
13 ven. s. StanislasK.
14 sam. s. Didace, é.
15 D. s. Malo, év.
16 lund. ste Gertrude.
17 mar. s. Gré. Taum.
18 mer. D.d.B.ss.P.etP.
19 jeud. ste Elisab. R.
20 ven. s. Félix de V.
21 sam. Prés. de la V.
22 D. ste Cécile, v.
23 lund. s. Clém. I, p.
24 mar. s. J. de la Cr.
25 mer. ste Cather..v.
26 jeud. s. Romph. év.
27 ven. s. Vigor, év.
28 sam. s. Sosthène.
29 D. AVENT.
30 lund. s. André, ap.

Décembre.

Nouvelle Lune le 1.
Premier Quartier 1er 8.
Pleine Lune le 15.
Dernier Quartier le 23.
Nouvelle Lune le 31.

1 mar. s. Éloi, év.
2 mer. ste Bibiane.
3 jeud. s. Franç. X
4 ven. ste Barbe, m.
5 sam. s. Sabas.
6 D. s. Nicolas, év.
7 lund. s. Ambroise.
8 mar. IM. CONCEPT.
9 mer. ste Eulalie, v.
10 jeud. s. Melchiad. p.
11 ven. s. Damase, p.
12 sam. ste Constance
13 D. ste Lucie, v. m
14 lund. s. Arsène.
15 mar. s. Faustin.
16 mer. Quat.-Temps.
17 jeud. s. Lazare.
18 ven. s. Euxence.
19 sam. s. Némèse.
20 D. s. Eugène.
21 lund. s. Thomas.
22 mar. s. Flavien.
23 mer. ste Victoire.
24 d. s^te Tharsille v/
25 ven. NOEL.
26 sam. s. Etienne.
27 lund. s. Jean, évan.
28 lund. ss. Innocents
29 mar. s. Thomas.
30 mer. s. Eugène.
31 jeud. s. Sylvestre.

HISTOIRE ET ANTIQUITÉS

LES MÉMOIRES

DE PIERRE MANGON

VICOMTE DE VALOGNES

Je crois accomplir un acte de justice en appelant l'attention de mes compatriotes sur un homme dont les services n'ont pas été suffisamment reconnus et qui mérite d'occuper une place très honorable parmi les historiens normands du xvii° siècle. Il s'agit de Pierre Mangon, sieur du Houguet, vicomte de Valognes, né vers l'année 1632 et mort le 16 novembre 1705. Un premier hommage lui a été rendu en 1861 dans les *Mémoires de la Société académique de Cherbourg* (1), par M. de Pontaumont, qui lui aussi a bien mérité des études locales. Mais, lors de la publication de la notice de M. de Pontaumont, on ne soupçonnait pas même l'existence des recueils qui font briller dans tout son éclat la science, la curiosité et l'activité du plus ancien historiographe du Cotentin. C'est tout récemment qu'un heureux hasard me les a fait rencontrer, au moins pour une grande partie, dans la bibliothèque publique de Grenoble. Une telle bonne fortune devait être signalée sans retard aux amis de l'histoire de la Basse-Normandie.

I. — MANUSCRITS DE PIERRE MANGON.

Le catalogue des manuscrits de Grenoble publié en 1889, et qui est l'œuvre de MM. Paul Fournier, Maignien et Prudhomme, mentionne, sous les n°° 1390-1402, un « Recueil de chartes, titres, états, concernant les bénéfices, abbayes, prieurés, etc., du Cotentin et autres lieux de Normandie, » en treize volumes in-quarto.

Voici la composition de ces treize volumes :

Tome I (ms. 1390). Extraits du Livre Noir du chapitre de Coutances. Il y a au fol. 9 la copie de l'ancien catalogue des évêques, et au fol. 11 v° celle de quatre vers qui précédaient les Gestes de Geoffroi de Montbrai et les Miracles de Notre-Dame de Coutances :

> Eclypsim reducemque statum, miracula, casum
> Constantiensis principis ecclesie,
> Paucaque de multis scribam sine fraude, Deusque
> Scribenti faveat corque manumque regat.

(1) Année 1861, p. 492-496.

Copie du Livre Blanc de Coutances, pouvant dater du commencement du xvi° siècle.

Copie du pouillé contenu dans le Livre Noir. Elle est de la main de Mangon.

Au fol. 219, « Estat général et ecclésiastique de l'évesché de Coustance, contenant les noms des bénéfices et bénéficiers, les patrons et collateurs, le revenu de chaque bénéfice et ce que chacun paye de décimes sans y comprendre le don gratuit et autres taxes extraordinaires. » Du temps de l'évêque Charles-François de Loménie.

Tome II (ms. 1391). Documents sur Barfleur, Bricquebec et Brix.

Tome III (ms. 1392). Documents sur Cherbourg, Jersey et Guernesey. — Au fol. 5, copie de la charte de Guillaume, duc de Normandie, pour la fondation de la chapelle de Cherbourg, d'après le Livre Noir du chapitre de Coutances. — Au fol. 387, ordonnance pour la garde du château de Montorgueil, publiée le 19 octobre 1442 par Gui de Briouse, lieutenant général et gouverneur du château de Montorgueil et de l'île de Jersey pour Pierre de Brezé, comte de Maulévrier, seigneur des îles de Jersey, Guernesey et autres îles adjacentes à icelles, conseiller et chambellan du roi de France.

Tome IV (ms 1393). Documents sur les localités suivantes : Fermanville, Fierville, Flamanville (beaucoup de pièces sur la famille Basan et l'érection du marquisat), Flottemanville près Valognes, Flottemanville dans la Hague, Fontenay (aveu très détaillé du marquisat par Hervé Le Berceur, le 28 septembre 1679), Saint-Marcouf, Fréville.

Tome V (ms. 1394). Documents sur les localités suivantes : Yvetot, Le Ham, La Bonneville, La Haye d'Ectot et le prieuré de La Taille, Le Homme, Lieusaint, Le Mesnil-Auvar, La Pernelle, Les Perques, Les Pieux, Le Theil, Le Vast, Le Val de Sye, Le Vrétot.

Tome VI (ms. 1395). Volume entièrement rempli d'extraits des titres de l'abbaye de Montebourg.

Tome VII (ms. 1396). Documents relatifs aux localités suivantes : Picauville, Pierreville, Portbail, Quettetot, Querqueville, Quinéville (1), Rauville la Place, Rauville la Bigot, Régneville près Orglandes, Réthoville, Rideauville, Rozel.

Tome VIII (ms. 1397). Volume entièrement consacré à Réville.

Tome IX (ms. 1398). Documents relatifs aux localités suivantes : Sainte-Marie d'Audouville, Saint-Martin d'Audouville, Saint-Martin du Mesnil, Saint-Martin le Hébert, Saint-Maurice, Saint-Nicolas de Pierrepont, Saint-Paul des Sablons, Saint-Pierre-Eglise, Saint-Pierre d'Artheglise, Saint-Pierre d'Alonne et Notre-Dame d'Alonne, Saint-Rémi des Landes, Saint-Sauveur de Pierrepont, Saint-Germain de Tournebu, Saint-Germain des Vaux, Saint-Jean de la Rivière, Saint-Lo d'Ourville. — A ce volume est annexé un cahier qui contient la copie du compte de la vicomté de Valognes au terme de Pâques 1353.

Tome X (ms. 1399). Documents relatifs à Saint-Sauveur le Vicomte et à Néhou.

_____

(1) Au fol. 180 de ce volume, placard imprimé vers l'année 1691, touchant les droits de coutume que François Dancel, chevalier, seigneur de Quinéville, avait droit de percevoir au havre de Quinéville.

Tome XI (ms. 1400). Volume divisé en deux parties, la première relative à Saint-Vast, la seconde à Quettehou.

Tome XII (ms. 1401). Volume de plus petit format que les précédents et au commencement duquel manquent quatre cahiers qui formaient les pages 1-44. Il contient des notes ou des pièces rangées sous les titres suivants :

45. La Luthumière. — 50. Chiffrevast.— 51. Sergenterie Couraye. — 51 v°. Gouberville. — 54. Prieuré de Vauville. — 55. Néhou. — 56. Picauville. — 57. Rôle des sommes dues pour le trentième et le dixième par les bénéfices du diocèse de Coutances. — 68. Copie d'une partie du Livre Blanc de Coutances.

100. Hopital de Cherbourg. (Extraits d'un chartrier contenant 109 feuillets, certifié par les tabellions de Valognes ; renfermant divers contrats des XIII, XIV et XV° siècles, en latin et en français, sans que la charte de fondation y soit.).

104 v°. Abbaye du Vœu.

108. Nacqueville. — 109. Urville dans la Hague. — 109 v°. Querqueville. — 110 v°. Brix. — 112 v°. Digosville.

114. Commanderie de Valognes. — Hôtel-Dieu. — 116. Séminaire.

117. Tamerville. — 118. Vasteville.

119. Cherbourg. Au fol. 119, la capitulation du 12 août 1450.

129. Barfleur.

140. Saint-Sauveur le Vicomte. — 141. Pierreville. — 142 v°. Réville. — 145. Saint-Germain de Tournebu. — 146 v°. Néhou.

147. Bricquebec. (Au fol. 148 v°, extrait d'un cartulaire en parchemin de la baronnie de Bricquebec, intitulé : « Copia cartarum de Briquebec , facta anno Domini 1405, et copiata per Nicolaum de Montibus, presbiterum, notarium imperiali authoritate. »)

150. Teurthéville au Bocage.— 152. Connétablie. — 153. Chapelle Saint-Jean à Valognes. — 161. Domaine de Valognes. — 161 v°. La Taille.

163. Vie de saint Germain d'Amiens. — 175. Commanderie de Valognes. — 179. Abbaye de Saint-Sauveur. — 187. Archidiacre de Cotentin. — 189 v°. Lessay.

Tome XIII (ms. 1402). Mélanges de pièces et de notes. Il manque dans ce volume les feuillets cotés 94-223.

10, 39 et 272. Cordeliers de Valognes.

22. Capucins de Valognes.

24. Abbaye de Montebourg. — Au fol. 36, extrait d'un petit livre in 4°, en parchemin, intitulé « Ordinarium Beate Marie de Monteburgo, ordinis Sancti Benedicti, Constantiensis diocesis, in Normannia, transcriptum anno Domini 1413 ; » il était composé de 134 chapitres, avec bien des prières et choses édifiantes en cérémonies et prières.

46. Abbaye de Cherbourg.

55. Abbaye de Montebourg. Extrait d'un cartulaire approuvé par Le Vallois et Michel Le Lesant, tabellions à Montebourg, le 9 septembre 1452.

82. Clitourps. — 89. Morsalines. — 224. Héauville. — 234. Le Ham. — 236. Saint-Pierre de La Lutumière. — 241. Morville. — 244. Urville près Valognes. — 246. La Salle, à Montaigu, dépen-

dance de l'abbaye de Fecamp. — 248. Abbaye de Cherbourg. — 274. Varanguebec.

Aussitôt que l'Administration municipale de Grenoble eut autorisé le savant et zélé bibliothécaire de cette ville, M. Maignien, à les mettre à ma disposition, je n'hésitai pas à en reconnaître l'origine. L'écriture de Pierre Mangon, dont les traits sont faciles à distinguer, y revient à chaque page.

Recherchons maintenant comment ces volumes sont arrivés en Dauphiné.

A la fin du xvii° siècle et au commencement du xviii° la généralité de Caen était administrée par l'intendant Nicolas Joseph Foucault, qui s'intéressait passionnément à la littérature, à l'histoire et aux antiquités. Il s'était fréquemment trouvé en rapport avec Pierre Mangon, dont il appréciait le goût et l'érudition. Aussitôt après la mort de Mangon, arrivée le 16 novembre 1705, Foucault se procura, par achat ou autrement, une partie des papiers de l'ancien vicomte de Valognes. Il en était entré en possession dès le milieu de l'année 1706. Nous en avons la preuve dans une lettre adressée à l'intendant le 26 août 1706 par René Toustain de Billy, qui renferme ce passage : « Feu M. du Houguet, du nom de Mangon, ancien vicomte de Valognes, étoit curieux, de bon goût et de bon esprit ; il a laissé beaucoup de mémoires sur ces cantons, c'est-à-dire de Valognes et des environs : vous les avez ; il y a mille bonne choses (1). »

Le témoignage de Toustain de Billy n'était pas même nécessaire pour nous faire savoir que les mémoires de Mangon étaient passés chez Foucault. Nous savons en effet qu'ils se trouvaient dans la première moitié du xviii° siècle entre les mains de l'abbé de Rothelin, qui avait recueilli une notable partie de la bibliothèque de Foucault. En effet, le catalogue des livres de l'abbé de Rothelin, dressé en 1746, mentionne, sous le n° 2954, un recueil en treize volumes in-quarto des chartes, titres et états concernant les bénéfices, abbayes, prieurés, etc. du Cotentin et autres lieux de Normandie. A la vente des livres de l'abbé de Rothelin, les treize volumes dont il s'agit furent acquis par Jean de Caulet, évêque de Grenoble, dont les collections ont formé le noyau de la bibliothèque de la ville de Grenoble.

Ces treize volumes contiennent d'excellents matériaux pour l'histoire ecclésiastique et civile de la plupart des paroisses du Cotentin. L'auteur a soigneusement compulsé les cartulaires et les archives de presque tous nos établissements religieux, notamment des abbayes de Cherbourg, de Saint-Sauveur, de Montebourg, de Lessay et de Blanchelande. Il a puisé à pleines mains dans les papiers du domaine royal, où il a surtout

(1) Bibl. nat., ms. français 4900.

trouvé des aveux et dénombrements qu'il a transcrits ou fait transcrire dans toute leur étendue.

Les volumes échus à la ville de Grenoble sont loin de représenter tout l'héritage littéraire de Pierre Mangon du Houguet. Suivant une histoire manuscrite de la maison d'Argouges, que M. de Gerville (1) a pu consulter, Pierre Mangon avait « laissé plus de trente volumes manuscrits, en grand papier, contenant fondations d'abbayes, chartes de donations que l'on y faisoit, patronages, fiefs, arrière-bans, recherches de noblesse, partages, traités de mariage, arrêts, sentences, généalogies et autres titres qui regardaient particulièrement le Cotentin. »

Beaucoup de ces volumes ont dû périr. Les seuls dont j'aie pu constater l'existence sont, après les treize volumes de Grenoble :

1° Mémoire sur la ville de Valognes. Volume in-quarto de 430 feuillets, conservé à la bibliothèque de Valognes, après avoir long-temps appartenu à M. Hubert de la Foulerie, de Bricquebec, qui me le communiqua en 1850. Ce volume contient principalement des copies ou des extraits d'actes relatifs à l'église de Saint-Malo, à l'Hôtel-Dieu, à l'hopital, au séminaire, aux Cordeliers, aux Capucins et à l'abbaye de la Protection. — Il y a dans la collection de M. de Gerville une copie de ce recueil faite en 1835.

2° Recherches généalogiques et héraldiques sur les familles de l'élection de Valognes. Volume in quarto de 277 feuillets, ou environ, conservé à la Bibliothèque Sainte-Geneviève à Paris (L. fr. 37.2). Une partie de ces notes a été publiée en 1863 par M. le comte de Marsy sous le titre de *Familles nobles résidentes à Vallognes, en 1698* (Paris, 1863, in 8° de 36 p. ; extrait de la *Revue nobiliaire*, février 1863).

3° Etat des fiefs de l'élection de Valognes. Petit volume in-quarto, qui me fut communiqué en 1845 par M. Le Pelletier. J'en possède une copie, faite par Jean-Guillaume Nicolle, qui demeurait à Bric-quebec en 1836 et qui se qualifiait archiviste.

II. — FAMILLE ET VIE DE PIERRE MANGON.

Il importe de consigner ici quelques détails sur la famille et sur la vie de Pierre Mangon.

La famille Mangon, établie à Réville dès le xvi° siècle, portait des armoiries parlantes : d'or au chevron de gueules, accompagné de trois gons de sable, au chef d'azur chargé d'une main d'or sortant de nuages de même, acosté de deux étoiles d'or (2).

Le membre de cette famille dont nous nous occupons avait pour père Jean Mangon, au sujet duquel nous avons trouvé plusieurs renseignements assez curieux. Vers l'année 1635, il

(1) Lettre du 15 juillet 1835, publiée dans les *Mémoires de la Société académique de Cherbourg*, année 1861, p. 495.
(2) Ms. 1397 de Grenoble, fol. 288.

échappa à une tentative d'assassinat. En effet, le 2 mai 1635, furent condamnés à mort, par défaut, Jean Quetil, écuyer, sieur de Réville, Louis Le Fort, écuyer, sieur de Carneville, Charles-Pierre dit la Montaigne, turc de nation, et deux hommes vêtus de gris, non autrement dénommés, serviteurs du sieur de Réville, pour l'assassinat par eux commis en aguet de chemin, à coups d'épées, pistolets et carabines, sur noble homme Jean Mangon, sieur du Houguet (1).— Le jour de Noël 1652, Jean Hamelin, curé de Saint-Vast, reçut la fondation d'un obit faite en l'église de Saint-Vast par Jean Mangon, sieur du Houguet, et par Marie Plentin, sa femme (2). — Le 5 mars 1657, sur la requête de Jean Mangon, sieur du Houguet, substitut du procureur général en l'amirauté de France au siège de Barfleur et côtes du Val de Saire, le parlement de Rouen permit au demandeur et à tous autres de faire ramasser du varech et de la tangue à toutes heures convenables (3).

Vers l'année 1662, il fut question d'établir à Barfleur un bureau pour percevoir des droits sur les poissons et les huîtres pêchés ou passant dans le havre de Barfleur pour aller à Rouen et à Paris. Jean Mangon s'opposa à cette mesure ; il obtint, le 2 mars 1662, un arrêt du Conseil d'Etat, qu'il rapportait en Basse-Normandie quand il fut frappé de mort subite à Lisieux (4).

Du vivant de son père, Pierre Mangon était qualifié de sire de Longuemare. C'est le titre qu'il portait lors de son mariage avec damoiselle Charlotte Le Roux, célébré le 18 septembre 1657 dans l'église de Valognes ; il était déjà conseiller du roi, vicomte et capitaine de Valognes(5). La terre du Houguet, dont il prit le nom à la mort de son père, était un petit fief situé en la paroisse de Réville et relevant de l'abbaye de Fontaine-Daniel. Dans l'aveu qu'il en rendit le 20 juillet 1662, il s'intitule pompeusement « Pierre Mangon, écuyer, sieur du Houguet, conseiller du roi, vicomte et capitaine de Valognes, sénéchal royal et juge politique en la dite ville et vicomté et anciens ressorts d'icelle (6). »

En 1663-1664, Pierre Mangon remplit la charge de trésorier de l'église de Saint-Malo de Valognes (7).

Il s'associa, en 1695, aux sacrifices que les paroissiens de Réville eurent à s'imposer pour réédifier la tour de leur église, foudroyée le 27 décembre 1688 pendant les vêpres, et pour

(1) Ms. 1397 de Grenoble, fol. 334.
(2) Ms. 1400 de Grenoble, part. I, fol. 233.
(3) Ms. 1397 de Grenoble, fol. 325.
(4) Ms. 1391 de Grenoble, fol. 95 et 96 v°.
(5) L. de Pontaumont, *Mémoires de la Société académique de Cherbourg*, 1861, p. 495.
(6) Ms. 1397 de Grenoble, fol. 302.
(7) Mémoires de Mangon sur Valognes, fol. 118.

établir une école de garçons dans la chapelle de Saint-Eloi et une école de filles dans un coin du cimetière (1).

J'ignore dans quelles circonstances il cessa de remplir les fonctions de vicomte de Valognes. Nous avons une lettre de l'intendant Foucault, du 7 mars 1696, qui est adressée à « M. du Houguet, ancien vicomte de Vallognes (2). »

Pierre Mangon devait habiter à Valognes une maison située dans le quartir de l'Hôtel-Dieu et des Cordeliers. Il avait fait construire à ses frais le pont de l'Hôtel-Dieu, à côté duquel j'ai relevé en avril 1852 une inscription ainsi conçue :

D. O. M. A.

Ludovico Magno regnante, pontem hunc aere proprio reaedificavit vir nobilis Petrus Mangon, scutifer, dominus du Houguet, ad usus suos et reipublicae necessitatem, anno Christi 1697, Hebraeorum 5458, qui fuit annus pacis. Propicietur ei Deus.

(Armes de Mangon.)

Pierre Mangon, le 17 octobre 1700, donna 8 perches et demie de terre pour élargir la rue qui menait au couvent des Cordeliers (3).

L'année précédente, dans un échange que, de concert avec sa femme Charlotte Le Roux, il avait conclu, le 29 août, avec les Cordeliers, il s'était réservé le droit de mettre à ses frais une tombe de carreau pour sa famille dans l'église du couvent, proche le marchepied de l'autel de la chapelle de la Sainte Vierge (4). Une note autographe de Pierre Mangon nous apprend comment il usa de ce droit trois ans plus tard :

« En l'année 1702, j'ay achepté une tombe de carreau à Yvetot par 12 livres, et l'ay faite graver par maître Ant. Roger, auquel j'en ay payé 18 livres pour son travail, et 4 livres pour les matières à remplir les lettres, et 3 livres 15 sous pour la placer. L'inscription en est telle, de ma façon :

D. O. M. S.

« Anno Domini 1702, Petrus Mangon, scutifer, dominus du Houguet, annum aetatis agens 71um, faciebat sibi, conjugi bene merenti et suis, in spem misericordiarum Dei et vitae aeternae in regno coelorum.

« Avec les armes en escusson timbré, qui sont celles des Mangon du Val de Saire, dont je suis la branche aisnée, et porte d'or etc. (Voyez plus haut).

« Et au dessoubs de la place nette où l'on mettra le temps de ma mort est écrit :

(1) Ms. 1397 de Grenoble, fol. 8, 329 et 341 v°.
(2) Ms. 1400 de Grenoble, partie I, fol. 241 v°.
(3) Mémoires de Mangon sur Valognes, fol. 255 v°.
(4) Ibid., fol. 350 v°.

» Hoc monumentum et sedile (1) desuper sequuntur hæredes et posteros in perpetuum ex contractu et beneficio (2). »

Pierre Mangon termina sa vie le 16 novembre 1705. Le registre mortuaire de l'église Saint-Malo de Valognes lui a consacré cette simple mention :

« Pierre Mangon, escuier, sieur du Houguet, âgé de 70 ans, décédé ce jourd'hui, a été inhumé dans l'église des révérends pères Cordeliers, après y avoir été conduit par messire Le Grand, prêtre et vicaire de Valognes, assisté du clergé, le 16ᵉ jour de novembre 1705 (3). »

Mangon entretenait les meilleurs rapports avec toute la noblesse du pays. La plupart des chartriers féodaux lui furent ouverts. L'une de ses filles eut pour parrain, en 1668, Henri Hubert Gigault de Bellefonds, de l'Ile-Marie, commandant la ville et le château de Valognes (4). Il était lié avec le vénérable abbé de La Luthumière, dont il annonça (5) la mort en termes touchants dans le *Mercure galant* du mois d'octobre 1699 (p. 158). C'est un éloge concis, que je tiens à rapporter ici textuellement :

« On a écrit de Valognes que M. l'abbé de La Luthumière y estoit mort le 15 du mois passé, dans le séminaire qu'il avoit fondé et basti entièrement, l'ayant rendu une des plus belles maisons que l'on puisse voir pour une communauté. Il y a passé la plus grande partie de sa vie à servir Dieu et les pauvres, sans avoir jamais voulu accepter aucun bénéfice, ny aucune dignité, quoy qu'on luy en ait offert de très considérables en France et en Italie. Il estoit d'une des plus anciennes et illustres familles de Normandie, et avoit renoncé à plus de 50,000 livres de rente, qu'il avoit en belles terres, en faveur de dame Françoise de La Luthumière, sa sœur, qui épousa messire Henry de Matignon, comte de Thorigni, lieutenant de roi en Normandie. Sa charité, son humilité et le zèle qu'il a eu toute sa vie pour l'instruction et pour l'entretien des pauvres ecclésiastiques, l'ont fait regarder dans toute la province et dans les autres voisines comme un autre saint Charles Borromée. Il est mort dans sa 84ᵉᵐᵉ année, regretté de tout le monde pour ses vertus extraordinaires. »

Mangon trouvait un concours empressé chez les représentants du clergé, qui sans aucune méfiance lui laissaient copier tous leurs titres. Il a annoté le cartulaire de l'abbaye des reli-

(1) M. du Houguet avait été autorisé, le 14 octobre 1699, à établir un banc pour lui et pour sa famille dans la chapelle de la Sainte Vierge de l'église des Cordeliers. Ibid., fol. 353.

(2) Ibid., fol. 363.

(3) L. de Pontaumont, *Mémoires de la Société académique de Cherbourg*, 1861, p. 496.

(4) Ibid., p. 496, note.

(5) Dans ses mémoires sur Valognes, Mangon dit avoir fourni au *Mercure galant* la note relative à l'abbé de La Luthumière.

gieuses bénédictines de Valognes, qui est aux archives du
département de la Manche, et j'ai vu jadis dans le cabinet de
M. Léchaudé d'Anisy un Recueil des fondations de l'abbaye de
Blanchelande, rédigé par le père prieur, le 12 juin 1690, à la
fin duquel se lit cette note : « Mémoire des pièces envoyées à
Monsieur Mangon, escuyer, sieur du Houguet, avec des mémoires pour faire un livre des antiquitez et donations et confir-
mations des biens des églises des provinces de Normandie. »

Les antiquités n'avaient pas moins d'attraits pour Pierre
Mangon que les vieux titres des châteaux et des abbayes. Au
cours de ses mémoires, il parle de médailles romaines qu'il
avait ramassées à Alleaume, sur l'emplacement ou dans le
voisinage des monuments romains, dont les ruines se voient
encore aujourd'hui aux portes de la ville de Valognes. — Il a
tracé lui-même un croquis du célèbre autel mérovingien du
Ham, dont il a signalé la découverte dans les termes suivants :

« Ce qui est représenté en l'autre part est d'une pierre de
taille quarrée de trois pieds et demy, et de demy pied d'espaisseur, qui s'est trouvée en l'année 1690 dans l'église du Ham,
au pignon du chœur de la dite église, du costé de l'epistre, qu'on
appelloit anciennement l'autel du prieur du Ham, avant que le
prieuré fust en commande... (1) »

Les recueils de Mangon montrent qu'il avait lu beaucoup de
bons livres et qu'il en avait des exemplaires sous la main quand
il rédigeait ses mémoires. Parmi les débris de sa bibliothèque
qui ont passé sous mes yeux, j'ai remarqué des volumes de
grande valeur :

I. — Un des plus vieux manuscrits du Coutumier de Normandie,
qui avait plus anciennement appartenu à l'abbaye de Montebourg et
qui forme aujourd'hui le n° 4650 du fonds latin à la Bibliothèque
nationale.

II. — Un exemplaire du Psautier polyglotte, imprimé à Gênes en
1506, orné d'une reliure au nom du célèbre Grolier, et venu de la
bibliothèque du chancelier Séguier. Il appartient aujourd'hui à la
bibliothèque de Caen, où il est exposé dans une vitrine.

III. — Un exemplaire imprimé sur vélin du commentaire d'Agathe
Brisacier sur les sept psaumes pénitentiaux (Paris, 1536, in-8°). C'est
l'exemplaire offert par l'auteur au roi François Ier, au chiffre duquel
il est relié, en cuir noir ; il porte aujourd'hui le n° 2869 dans la
série des vélins de la Bibliothèque nationale.

IV. — Un bel exemplaire du livre d'Adrien de Valois : Rerum
francicarum usque ad Chlotharii senioris mortem libri VIII (Paris,
1646, in-folio). J'ai vu ce livre en 1849 dans la bibliothèque de
M. Auguste Le Prevost.

(1) Ms 1394 de Grenoble, f° 5 v°.

III. — EXTRAITS DES MÉMOIRES DE PIERRE MANGON.

Pour atteindre le but que je me suis proposé, il ne me reste plus qu'à citer quelques exemples qui donneront une idée de la variété et de l'importance des informations dont sont remplis les treize volumes du recueil de Grenoble. Par ces exemples, qui seront rapportés à peu près suivant l'ordre chronologique, j'espère justifier l'éloge que Toustain de Billy (1) a fait de Pierre Mangon quand il l'a qualifié de « personne très savante et très curieuse. »

Vie de saint Germain, patron de Carteret et de Flamanville.

Un saint évêque nommé Germain, qui est honoré le 2 mai et qui fut martyrisé au diocèse d'Amiens, dans la localité appelée aujourd'hui Senarpont, est le patron de plusieurs églises de la Basse-Normandie, notamment de Carteret et de Flamanville. Sa vie, qui a été rédigée postérieurement au xi° siècle, d'après des traditions fort incertaines, mais qui n'en renferme pas moins des particularités très curieuses, a été publiée par les Bollandistes (2). Mangon en avait remarqué une copie dans « un livre d'église en grand parchemin, d'écriture gothique, facile et peu abrégée, » qui appartenait à l'église de Flamanville et qu'il s'était fait prêter par M. de La Chapelle. Il prit la peine de la transcrire tout entière (3). Quoique cette transcription n'ait plus guère d'intérêt, maintenant que nous avons l'édition des Bollandistes, il ne faut pas la dédaigner. Le manuscrit de Flamanville, dont Mangon nous a conservé le texte, renfermait des parties d'office qui n'ont pas été publiées et qui méritent d'être signalées comme exemple de liturgie locale. Il y avait notamment une prose en 20 strophes, dans laquelle la légende de saint Germain est présentée sous une forme abrégée et pittoresque. Voici ce morceau, qui a dû être chanté avec beaucoup d'entrain, pendant plusieurs siècles, à Flamanville et dans d'autres églises placées sous l'invocation de saint Germain d'Amiens :

PROSA SANCTI GERMANI (4).

Germane, decus patrie,	Te patre floret Gallia,
Decorum sidus Scotie,	Te nato gaudet Scotia ;
Ad regem defer glorie	Illic clarus natalibus,
Tue vota familie.	Hic refulges virtutibus.

(1) *Histoire ecclésiastique du diocèse de Coutances*, éd. de la Société de l'Histoire de Normandie, t. II, p. 328.

(2) Tome I de mai, p. 259 ; nouv. édit., p. 263.

(3) Ms. 1401 de Grenoble, fol. 163.

(4) Ms. 1401 de Grenoble, fol. 173 vᵒ

Cum Audino et Aquila
Pia parentum copula
Sacro fonte renasceris,
De divinis instrueris.

A beato pontifice,
Qui te sacro de latice
Lavat, nomen adaptatur.
Felix qui te imitatur !

Imbutus ergo literis
Divini curas operis
Magis herere studiis
Quam rebus transitoriis.

Omnes stupent mente mota :
Sanctus Dei sedens rota,
Maris emersis fluctibus,
Se presentat littoribus.

Magum putant vel Neptunum ;
Sed vir Dei unum Deum
His constanter insinuat ;
Vanos cultus evacuat.

Vite verba sanctus serit ;
Vivit puer ; draco perit.
Per hec et his similia
Credunt quam plura millia.

Ab Agrippine presule
Pontificalis infule
Culmen ei tribuitur ;
Inde cepta prosequitur.

Romam pergit revisere
Apostolorum limina.
Illic divino munere
Mira capit solamina.

Confortatus alloquio
Et sanctorum visione,
Aggreditur Hispaniam,
Non verita passione.

Illic lepra depellitur,
Defunctis vita redditur.
Que sit Germani sanctitas
Tolosa novit civitas.

Baiocarum calcaneo
Offensus muros subruit ;
Defunctum vite pristine
Vie gressu restituit.

Multatur avaritia
Damnis et contumelia :
Siccantur vino dolia.
Tota tremit provincia.

Jam, Germane, desideras,
Consummari martyrio.
Ad hec tendis et properas,
Migres ut ab exilio.

Emulos habet veritas.
Et ministros iniquitas.
De veritatis odio
Hubaldus truncat gladio.

In Hubaldo dementia,
In Senardo clementia,
In virgine prudentia,
Que sancti defert nuntia.

Curre, virgo ; fac mature
Ut tradatur sepulture ;
Curre, ne sanctum canibus
Cibus detur aut avibus.

Te, Hubalde, tartareus
Manet ignis ; istum Deus
Celi locat in regia,
Ubi perennis gloria.

Actorem hujus cantici,
Nosque qui tibi psallimus,
Martyr Dei, post te trahe,
Quo te migrasse credimus.

Amen.

Chartriers ecclésiastiques.

Mangon a compulsé les archives de la plupart des monastères du Cotentin et a copié ou analysé beaucoup des chartes qui s'y trouvaient. La plupart de ces documents existent encore en original à la Préfecture de la Manche. Le recueil de Mangon contient cependant plus d'une pièce qu'on chercherait vainement ailleurs.

Je signalerai notamment, dans le ms. 1402 de Grenoble, une quarantaine de chartes du prieuré de Héauville à la Hague, dont les originaux doivent avoir disparu presque sans exception. Il y a là des actes du xiᵉ et du xiiᵉ siècle qui sont d'une importance majeure pour l'histoire du Cotentin. En combinant les copies de Mangon avec celles des Bénédictins, de Gaignières et de Baluze, aujourd'hui rassemblées à la Bibliothèque nationale, on formerait un petit cartulaire du plus haut intérêt et qui jetterait beaucoup de lumière sur les annales de notre contrée avant la réunion de la Normandie à la couronne de France.

Etablissement des Cordeliers dans les îles Saint-Marcouf, puis à Saint-Vast et enfin à Valognes.

Nous avons vu que Pierre Mangon affectionnait le couvent des Cordeliers de Valognes. C'est là à coup sûr qu'il avait puisé des renseignements sur un établissement très précaire que des religieux de l'ordre de Saint-François avaient essayé de créer au xv° siècle dans les îles de Saint-Marcouf, sur un fonds appartenant à l'abbaye de Cérisy. Un acte du 23 avril 1454 nous révèle les circonstances qui les obligèrent à abandonner une solitude par trop inhospitalière (1) :

« Comme il soit ainsi que, par longue espace de temps, grand nombre des frères mendians de l'ordre de Saint François ayent esté logés ès isleaux do Saint Marcouf (2) près la Hougue de Saint Vaast, par depriance, pour ce que le lieu est aux religieux de Cherisy, le terme desquels et du temps que presté leur auroit esté soit presque finé ; et, posé que plus long temps durast, si ne peuvent-ils faire chose seure pour eux et leurs autres frères, pour ce que la propriété ne peuvent ils avoir autrement qu'em prest ; et si est ainsi que l'eau, qui est le plus de leur gouvernement avec leur pain, soit telle que presque plus de la moityé du temps elle est salée ; et ainsi souventes fois a grand inconvenient et moult trouble par gens de mer ; pour quoy et d'empuis naguères ils sont retournez par devers leur général, afin de remonstrer les choses dessus dictes ; pour lesquelles causes il ayt envoyé au lieu, et pour consideration des choses susdictes, ayant été authorisés de venir eux loger en la terre au plus prez des isleaux, se recouvrer peuvent place que l'en leur veille donner et omosner... »

C'est alors que les pauvres religieux conçurent le projet de s'établir sur le territoire de Saint-Vast. Un bourgeois de Quettehou, Jean Pervostel, vicomte du duc d'Alençon en Cotentin, leur offrait un terrain situé près de la mer, à La Hougue de Saint-Vast. Mais des conditions plus avantageuses ne tardèrent pas à leur être proposées en vue d'un établissement à Valognes. Ils y fondèrent un couvent, qui a subsisté jusqu'à la Révolution et dont l'histoire détaillée pourrait s'écrire

(1) Ms. 1400 de Grenoble, 1re partie, fol. 40.
(2) Dans le ms. 1402 de Grenoble, au fol. 11, Mangon dit avoir vu, probablement chez les Cordeliers de Valognes, deux sceaux du gardien des îles : « en l'un y a un navire avec un crucifix au lieu de mât, une vierge tenant son enfant à l'arrière et un cordelier au devant. La légende : Sigillum custodis insularum inferioris Normaniæ. L'avers est illisible. »

à l'aide des matériaux réunis dans le volume des mémoires de Mangon que possède la bibliothèque de Valognes.

Au moment où les Cordeliers avaient songé à s'établir à Saint-Vast, le fief de La Hougue, dépendance de La baronnie de Courcy, appartenait à Robert de Fréville, écuyer, qui le vendit, le 15 janvier 1457 (nouveau style), à messire Jean de Magneville. Celui-ci ne tarda pas à le céder à Louis, bâtard de Bourbon, amiral de France. Le 16 juillet 1498, Geoffroi Herbert, évêque de Coutances, l'acheta de Jeanne de France, veuve de l'amiral. (1)

Actes relatifs à la féodalité.

Pierre Mangon attachait une importance particulière aux actes dans lesquels étaient exposés les droits et les devoirs des possesseurs de fiefs. Il avait à sa disposition les archives du domaine royal; c'est là et dans plusieurs chartriers seigneuriaux qu'il a trouvé des contrats de vente, des accensements, des transactions et surtout des aveux, à l'aide desquels on pourrait tracer dans les moindres détails, pour le xvi⁰ et le xvii⁰ siècle, une carte féodale du Cotentin. Les actes dont nous lui devons la conservation nous font connaître, en outre, la succession des seigneurs et beaucoup d'usages plus ou moins singuliers.

Je citerai seulement un acte du 17 juillet 1573, relatif à un morceau de terre, situé à Saint-Marcouf, qui fut fieffé à Jacques Maupetit par Jacques Godefroy, seigneur d'Ingreville, sénéchal et procureur de l'abbaye de Saint-Wandrille. Le tenancier de cette terre devait fournir tous les ans un chapon et un coq destinés aux ébats des jeunes gens de la paroisse : « ... un petit coin de terre sis à Saint-Marcouf, au bourg du dit lieu, contenant environ demie vergée, à charge de payer annuellement au terme de Noël un chapon, et au lundi de Pâques un coq, avec trois bastons blancs, de longueur de trois pieds et demi, lequel coq et bastons le dit Maupetit sera tenu presenter le dit jour de lundy, après vespres, aux dits sieurs religieux, procureurs ou officiers, à la cour du roy, au lieu accoustumé faire les esbats, lequel dit preneur sera tenu, luy et ses hoirs, planter le dit coq au dit lieu à la longueur de trente marches, et presenter les dits bastons à ceux qui voudront ruer à iceluy pour trois coups, ainsy que de coustume, les deniers provenans duquel seront recueillis par le dit Maupetit, et dont il tiendra compte aus dits religieux, sans qu'il soit tenu les porter hors de la paroisse, lequel chappon et coq seront surannez... » (2)

Parmi les aveux que Pierre Mangon a recueillis, j'en ai remarqué un dont la première ligne renferme une formule digne d'être mise en relief :

(1) Ms. 1400 de Grenoble, 1ʳᵉ partie, fol. 19-23.
(2) Ms. 1393 de Grenoble, fol. 293, v⁰.

« Suivant LE BON PLAISIR DU ROY nostre sire, André Hebert, escuyer, tient un fief nommé le fief de Thiboville, au droit du conquest qu'il a fait d'iceluy de noble homme Francois de Crux, sieur du lieu, et de demoiselle Jehenne de Belleval, son epouse,... lequel fief est au ressort du bailliage de Costentin, en la viconté de Vallognes... Et est le dit fief de Thiboville, qui soy extend en la paroisse de Quetehou et Rideauville...» (1)

Cet aveu est du 20 mars 1540 (nouveau style). Il n'est donc pas douteux que la locution *le bon plaisir du roi* ait été connue et employée dès le temps de François Ier, et s'il n'est pas établi que ce roi et ses successeurs aient ordinairement fait insérer la phrase « Car tel est notre bon plaisir » à la fin des actes émanés de leur chancellerie, on ne saurait contester, comme on l'a fait il y a quelques années (2), que l'expression *le bon plaisir du roi* était dès lors en usage, et sur ce point Sully ne devait pas être très loin de la vérité quand il disait que François Ier « laissa en instruction et en pratique à ses successeurs de ne requerir plus le consentement des peuples pour obtenir des secours et assistances d'eux, ains de les ordonner de pleine puissance et autorité royale, sans alléguer autre cause ni raison que celle de *Tel est notre bon plaisir.* » (3)

L'emploi des mots *le bon plaisir du roi* est même antérieur au règne de François Ier. On les trouve déjà au temps de Louis XI. Une lettre adressée, le 19 décembre 1474, par l'évêque d'Aire à Pierre d'Oriolle, chancelier de France, renferme ces deux phrases : « Si *le bon plaisir du roy* estoit de le leur octroyer... J'en escrips au roy, affin qu'il luy plaise de nous en mander *son bon plaisir.* » L'original même de cette lettre est à la Bibliothèque nationale, dans le ms. français 2811, fol. 174.

Au lieu de nier l'existence de cette formule, n'aurait-il pas mieux valu montrer que, dans la langue de nos aïeux, *bon plaisir* était synonyme de *plaisir*, et signifiait non pas *caprice*, mais simplement *volonté* ? A l'appui de cette explication, ne pourrait-on pas invoquer le témoignage de Diderot (4), au sentiment duquel « *Faites ce que je vous dis, car tel est mon bon*

---

(1) Ms. 1400 de Grenoble, partie II, fol. 193.

(2) *Bibliothèque de l'Ecole des chartes* 1881, p. 560-564. Il serait même possible qu'on trouvât des exemples de la formule. On lit en toutes lettres *car tel est notre bon plaisir*, dans un privilège obtenu le 22 février 1719 par Guillaume Gruchet, imprimeur et libraire au Havre de Grâce. Je cite ce texte d'après l'édition qui s'en trouve en tête d'un Journal de navigation de S. Le Cordier. (Bibl. nat., 8° V. 8702).

(3) Sully, *Mémoires* (Amst. 1725, in-12), t. VIII, p. 455. — C'est à Sully que les auteurs de la troisième édition de l'*Art de vérifier les dates* ont emprunté ce qu'ils ont dit de la formule « Car tel est notre bon plaisir. »

(4) *Essai sur les règnes de Claude et de Néron*, l. II, § 36, dans l'édition des œuvres de Diderot publiée par Assezat, t. III, p. 264.

plaisir, aurait été la phrase la plus méprisante qu'un monarque ait pu adresser à ses sujets, si ce n'eût pas été une vieille formule de l'aristocratie ? » *Le bon plaisir du roi* était une locution courante dans la société du xvii° siècle ; elle ne choquait personne en France, pas même les parlementaires qui se faisaient un point d'honneur d'allier au plus absolu dévouement à la royauté le plus scrupuleux souci des prérogatives de leurs compagnies et des privilèges de leurs villes ou de leurs provinces. C'est ainsi que Peiresc, dans une lettre adressée au chancelier, le 29 juillet 1636, tenait ce langage : « Au lieu que c'estoit du roy principalement, et après de moy, soubs le bon plaisir de Sa Majesté, qu'il debvoit tenir cette grace... » (1)

Prisée de la baronnie de Saint-Sauveur-le-Vicomte, en 1474.

Je regrette vivement de n'avoir pas connu quand je m'occupais de l'histoire du château de Saint-Sauveur, un document qui remplit 136 feuillets d'un des volumes de Pierre Mangon (2) et qui abonde en renseignements sur toutes les dépendances de la baronnie qui avait appartenu à Godefroi d'Harcourt dans la première moitié du xiv° siècle. Nous savions que Godefroi avait été condamné à payer 30,000 livres de dommages et intérêts au seigneur de Chiffrevast ; mais nous ignorions que cette grosse amende n'avait point été acquittée et que l'amiral Louis bâtard de Bourbon avait acquis des héritiers du seigneur de Chiffrevast le droit de la recouvrer pour son propre compte. Telle est l'origine du procès verbal dont il s'agit et dont il suffit de transcrire ici l'intitulé :

« C'est la prisée de la baronnye, viconté et seigneurie de Saint Sauveur le Vicomte, que fait jurer et passer par decrept, par deffault de biens meubles, ensuivant les ordonnances de l'eschiquier, Michel Corbin, procureur de hault et puissant seigneur M. Louis bastard de Bourbon, comte de Roussillon, seigneur de Vallognes et d'Usson, admiral de France, pour avoir et recouvrer le payement de 30,000 livres tournois pour une foys payer, monnoye lors courante, à quoy faire Godeffroy de Harcourt, en son vivant chevalier, [seigneur] du dit lieu de Saint Sauveur, fut condamné par arrest de la cour de parlement vers et à l'encontre de feu messire Nicole de Syfrevast..., de laquelle somme de 30,000 l. iceluy mon dit seigneur comte a le droict par transport à luy faict par les heritiers ou ayans cause du dit deffunt de Syfrevast... »

Le registre original qui contenait ce précieux document avait subi des détériorations pendant les troubles de la Ligue, lors de la prise et de la reprise du château de Saint-Sauveur.

_____

(1) Lettre originale, conservée à la Bibliothèque nationale, collection Dupuy, vol. 718, fol. 277 v°.

(2) Ms. 1309 de Grenoble, fol. 177-312.

Le capitaine François Le Clerc.

Dans le Journal de Gilles de Gouberville (1) il est question plusieurs fois du capitaine François Le Clerc, de Réville. Nous y voyons que le 29 mars 1555 ce capitaine reçut à dîner, dans sa maison, l'amiral de Coligny, qui faisait une tournée sur les côtes de la Basse-Normandie. Le 13 septembre de la même année, Claude Cabart et Cantepie vont trouver le capitaine François Le Clerc, pour savoir s'ils auraient quelque chose de la prise faite sur la mer. En 1556, le 17 août, Gilles de Gouberville partage le dîner de François Le Clerc, dont le nom revient encore dans le Journal à la date du 9 juillet 1561 : il faisait alors besogner à son navire au port de Cherbourg.

Ce François Le Clerc paraît avoir été l'un des plus braves marins que le Cotentin ait produits au temps de François Ier. Un résumé de ses états de services se trouve dans les lettres d'anoblissement que le roi Henri II lui accorda en septembre 1551 et que Mangon a insérées dans les mémoires relatifs à la paroisse de Réville (2).

« Nous, considerant et ramenant à mémoire les bons services que nostre cher et bien amé François Le Clerc, l'un des capitaines de nostre marine, a par cy devant et dès longtemps faits, tant au feu roy nostre très honoré seigneur et père, que Dieu absolve, que à nous, au fait de nos guerres et armées, que nous avons eus tant sur la mer que par terre, où continuellement il a exposé sa personne en infinis dangers et peines, et avecques telle hardiesse et vaillance qu'il en est digne de louange et singulière recommandation, avec ce que, ez combats et conflicts esquels, pour nostre service il s'est toujours des premiers rencontré et offert à l'encontre de nos ennemys, il a esté grandement mutilé de ses membres, y ayant perdu une jambe et un de ses bras grandement endommagé, ne laissant toutefois pour cela son dit service, et exploite sa personne en telle et aussi grande volunté, hardiesse et vaillance qu'il a jamais fait. . . »

La bravoure de François Le Clerc nous a d'ailleurs été attestée par Thevet, qui rappelle en ces termes la descente des marins français dans l'île des Palmes, l'une des Canaries : « . . . laquelle fut saccagée de mon temps, lorsque les guerres estoient ouvertes entre l'empereur Charles le Quint et Henry second du nom, roy de France, par un capitaine corsaire nommé François Le Clair, dit Jambe de Bois, homme vaillant et accort à la marine, avec lequel j'ay quelquefois voyagé. (3) »

La vie de l'intrépide corsaire auquel ses contemporains avaient donné le surnom de « Jambe-de-Bois » mériterait sans aucun doute d'être étudiée par un de nos compatriotes.

(1) Édition de l'abbé Tollemer, p. 477, 492, 506 et 511.
(2) Ms. 1307 de Grenoble, folio 299 v°.
(3) A. Thevet, *La Cosmographie universelle*, l. III, chap. X, éd. de Paris, 1575, t. I, fol. 84.

La Ligue dans le Val de Saire.

M. Arsène Delalande a consacré un très intéressant chapitre de son *Histoire des guerres de religion dans la Manche* (p. 174-186) aux événements dont le Val de Saire fut le théâtre pendant les premières années du règne de Henri IV. Il en a emprunté les principaux éléments à l'*Histoire civile et religieuse de la ville de Cherbourg* par l'abbé Demons. Beaucoup de détails, entièrement nouveaux, sur les mêmes événements nous sont révélés par les extraits que Pierre Mangon a tirés du registre de Guillaume Le Tort, curé de Réville, et du registre de Nicolas Ermisse, bourgeois de Barfleur. Je vais les reproduire, et, pour aider à rétablir l'ordre chronologique des faits, je commence par en présenter un résumé très sommaire.

Le chef des ligueurs dans le Cotentin était François de La Cour, communément appelé Du Tourp, du nom d'un petit château fortifié qu'il habitait à Anneville-en-Saire.

1589. Bataille à la Bellecroix. Je ne saurais dire où se trouvait cette localité.

1590. 12 ou 13 février. Sur le territoire de Saint-Germain-de-Varreville, engagement des bandes rassemblées par Du Tourp avec les troupes royales que commandait le sieur de Canisy.

20 février. Combat acharné dans le cimetière d'Émondeville. Du Tourp y est fait prisonnier. On l'enferma à Saint-Lo, mais il ne tarda pas à s'échapper de prison.

Réfugié dans son manoir du Tourp, François de La Cour y est assiégé par les capitaines royalistes, qui durent lever le siège le 9 ou le 11 octobre.

Au mois de février 1591, une nouvelle tentative contre le château du Tourp paraît avoir encore échoué. Mais l'expédition que le comte de Thorigni dirigea au mois de mai suivant contre les ligueurs du Val de Saire amena des résultats considérables. Il s'empara le 2 juin de la tour de Barfleur, et le 11 du château du Tourp (1). Le 1er septembre, François de La Cour fut mis en déroute, ce qui ne l'empêcha pas de tenir la campagne.

En 1592, le 1er février, Du Tourp passe à Réville ; en avril, il est battu à Saussemesnil.

Le 6 mai de cette année, M. de Sainte-Marie occupe Barfleur au nom du roi et s'y établit solidement dans un fort, qui fut rasé en 1597.

---

(1) Mangon a copié (Ms. 1397 de Grenoble, fol. 344) un acte du 10 juin 1591 relatif à la rançon d'un prisonnier de l'armée royaliste employée au siège du Tourp. Par cet acte, Olive Symon, femme de Floxel Rouxel, vend deux champs de terre sis à Réville pour 20 écus d'or sol qu'elle devait employer à la délivrance dudit Rouxel, son mari, de présent estant detenu prisonnier par les gens de guerre du camp de M. le comte de Thorigny estant devant le Tourp.

Le 23 décembre, François de La Cour est tué à La Pernelle. On exposa sa tête sur une des portes de Cherbourg. La mort de François de La Cour ne mit pas fin à ce que le curé de Réville appelait la tragédie des Du Tourp.

François de La Cour avait laissé un fils, appelé comme lui François, qui, pour venger la mort de son père, prit du service dans le parti des Ligueurs. Il se trouvait à Honfleur quand cette place dut se rendre au duc de Montpensier (1) (juin 1594). Celui-ci délivra, le 8 juin 1594, au sieur Du Tourp un passeport valable pendant trois mois pour se rendre en sa maison du Tourp au Cotentin, avec 25 ou 30 soldats (2).

Malgré le serment de fidélite qu'il avait prèté à Henri IV, le 9 juin 1494 (3), le sieur Dn Tourp souleva quelques partisans dans le Cotentin, et, la nuit du 20 au 21 décembre 1594, il surprit la tour de Tatihou, que le sieur de Canisi vint assiéger trois jours après. Du Tourp capitula le 18 janvier 1595 (4), mais la capitulation ne l'empêcha pas d'être assommé.

Voici textuellement les passages des registres du curé de Réville et du bourgeois de Barfleur qui se rapportent à ces tristes épisodes de nos guerres religieuses.

I. — REGISTRE DE MAISTRE GUILLAUME LE TORT, CURÉ DE RÉVILLE (5).

Année 1589, guerre et bataille à la Bellecroix. Lestre (6) tué, en may, la sepmaine avant le dimanche 14 du dit mois.

Année 1590, gens d'armes en campagne (7).

André Fouace fut tué à la guerre par les gents du sieur de Canisy et les troupes d'avec luy le 12 (8) febvrier, à Saint Germain de Varreville, le corps duquel fut apporté à Réville, le vendredy suivant et enterré à l'église le samedy d'après, qui estoit le jour de samedy de la Septuagesime (9).

(1) Ms. 1400 de Grenoble, part. I, fol. 116.

(2) *Ibid*, fol 117 v°.

(3) Il paraît même que François de La Cour avait obtenu des lettres de Henri IV, le 28 septembre 1594, pour être mis en possession des biens de son père ; voyez les lettres patentes de Henri IV, du mois de février 1597. publiées par M. de Pontaumont dans une brochure intitulée *Documents pour servir à l'histoire de Cherbourg* (in-8° de 17 p., s. l. n. d.), p. 15.

(4) Ms. 1400 de Grenoble, part. I, fol. 181.

(5) Ms. 1397 de Grenoble, fol. 339, et ms. 1401, fol. 138.

(6) Probablement Louis Dursus, sieur de Lestre.

(7) Suivant les extraits donnés dans le ms. 1397, le registre du curé de Réville contenait après cette note les trois mentions suivantes : « 23 janvier, Tourp assiégé. — 26 du dit, Tourp eschappé. — 23 février, Tourp assiégé. »

(8) « Le traiziesme jour du dit mois. » Ms. 1397.

(9) En 1590 le samedi veille de la Septuagésime tomba le 17 février.

Les troupes estoient en grand nombre en campagne, tant du party du dit de Canisy que du sieur du Tourp ; et furent à la campagne toute la semaine. Et le samedy de Septuagesime le dit sieur du Tourp fut assiégé dans le cimetière et église d'Emondeville. Bataille donnée au dit lieu. Le dit du Tourp pris prisonnier, et plusieurs de sa compagnie jusques à plus de 150 de Réville, lesquels payèrent grandes rançons, les uns jusques cent et quatre vingt escus, les autres moins. Cela ruina beaucoup Réville ; et y fut tué, à la dite bataille, de Réville, le dit Fouace, Gilles Gréard, Richard Le Menant, Jean Godel, Pierre Mostier, Robert Le Roux, Michel le Jeune, Jean Lehot, Nicolas Troude, Colinet Rougeventre, Vincent Fouquet, Pierre Le Brun, Pierre Le Vassal, Paul Bysson, Cardin Bisson, Raul Goselin, Jean Savin. Robert Pellecoq, Paul Sochon. Pierre Le Monnier dit Godel y fut blessé et s'en revint à Réville, où il finit ses jours le jour de la chaire saint Pierre (1).

Tourp assiégé. Prisonnier à Saint-Lo, puis s'échappa de prison et s'en revint à sa maison.

Tourp assiégé premièrement à sa maison par les sieurs de Sainte-Marie, La Chaux et La Haye-Réville et leurs troupes, et délivré le jour saint Denis de cette année 1590 (2).

Année 1591. 27 janvier (3). Tourp délivré et à sa maison.

2 février (4). Tourp assiégé, et pétard à sa porte, par le sieur de Sainte-Marie. Pétard relevé. Un homme tué, au pétard du Tourp, le 20 dudit mois, fut enterré à Réville (5).

29 mai (6). Tourp réassiégé secondement en sa maison par M. le comte de Torigny le jour de la Pernelle veille de la Pentecoste (7). Et aussi le fort de Barfleur, le dit jour. Le dit siège dura jusques après la saint Barnabé (8, et le Tourp endura plus de trois cents coups de canon. Cela ruina le pays. Sa maison demantelée, et luy aux champs.

[Jean (9) Le Coq tué par des gens de guerre, enterré le 1 apvril.]

[Monsieur de Risebec fut tué le lundy de Pentecoste, 3 de juin, devant la maison du Tourp ; le corps duquel fut apporté à Réville et enterré au chœur.]

[Le sieur de La Bessinière Dragueville fut tué le mardy d'après la Trinité (10), les entrailles duquel sont enterrées soubs les cloches de Réville, dans une cruche de terre, et le reste de son corps emporté à Dragueville.]

(1) 22 février.

(2) 9 octobre 1590.

(3) Cette date de jour est donnée par le ms. 1397.

(4) Date donnée seulement par le ms. 1397.

(5) Cette phrase n'est que dans le ms. 1397.

(6) Date fournie par le ms. 1397.

(7) Le samedi 1er juin 1591. La Pernelle désigne une foire qui se tient encore aujourd'hui dans la commune de La Pernelle, à la fête patronale de sainte Petronille.

(8) 11 juin 1591.

(9) Ce qui, dans les passages suivants, est renfermé entre crochets, ne nous est fourni que par le ms. 1397.

(10) 11 juin 1591.

[Le sieur de La Garde de Bessin y fut tué ledit jour de mardy, et son corps apporté à Réville, et enterré à la chapelle Nostre Dame soubs les cloches.]

Tourp aux champs, loge à Réville. Bruslement de la maison de Réville. Guillaume Binet fut pendu [en un poerier, devant la porte du sieur de Réville, par les gens du sieur du Tourp le 9 jour de juillet 1591.]

Déroute du Tourp le jour saint Gilles (1). La Renaudière, le second de septembre, estoit soldat du Tourp, et fut tué à la déroute de saint Gilles, et plusieurs autres avec luy.

Année 1592. [1er jour de febvrier, le sieur du Tourp passe par Réville, et ses soldats tuèrent un appellé Jean Auvray, surnommé (?) Viques.]

[4 avril.] Le jour, Le Tourp chargé à Sauxemesnil.

[Martin Le Heuzé la Tiercière fut tué le dimanche 12 apvril à Sauxemesnil, et son corps apporté et enterré à Réville.]

[1 jour de may, Nicolas de La Place Saint-Martin fut tué à Videcosville par gens de guerre, et son corps apporté et enterré à Réville.]

[28 jour de may,] l'arrivée du Tourp à Réville, mauvaise arrivée.

[Jacques Tournebois et Martin Guerard furent tuez à la maison dudit Tournebois par un appellé Tullerye de la compagnie du sieur du Tourp.]

François de La Cour, sieur du Tourp, fut tué l'antiveille de Noel 1592, à la Pernelle, et son corps emporté à Cherbourg et salé, mis sur la roue, et sa teste sur les portes de Cherbourg. Son fils eut un rétablissement, et le roy luy permit rassembler les os de son père s'il vouloit, et les faire inhumer en terre sainte.

Lequel fils prist Tatihou, où estoit commandant le sieur de La Haye-Réville, qui fut tué dedans, comme vous verrez cy après en 1594. Après la prise de la dite tour, iceluy fut assommé comme son dit père, et porté à Cherbourg, et sa teste mise sur les portes, et son corps sur la roue ainsy que son père. Voilà la tragœdie des dits Tourps jouée.

[Année 1593, febvrier, la peste commence.]

[Année 1594, en may, la peste finit ; le flux commence.]

Noble homme Christophe des Isles, seigneur de Réville et du Buisson, fut tué d'un coup de poictrinal dans la tour de Tatihou, la nuit du jour saint Thomas devant Nouel (1), par les gens Ju sieur du Tourp, et la dite tour prise par le dit du Tourp et ses gens, et le corps du dit deffunt des Isles apporté le dit jour saint Thomas à Réville, dans un baneau, et enterré au chœur le vendredy antiveille de Noel dans l'église de Réville.

La dite tour, Le Tourp et ses gens dedans, assiégée la veille de Noel par le sieur de Canisy, et endura un grand siège, et le canon long temps la batit, jusques à plus de 300 coups de canon, et puis sortirent par composition leurs bagages sauvez seulement. Le dit assiégement acheva de ruiner le pays. Quelques gens du Tourp rouez.

(1) Avant cette note le ms. 1397 place la date « 4 août, » qui ne doit pas être exacte. La fête de saint Gilles se célèbre le 1er septembre.

(2) La nuit du 20 au 21 décembre 1594.

A. 1595, en may, la peste recommence.]

[Le bled encherit fort.]

[Pauvres sont partys.]

[A. 1597, en juin, famine court ; les pauvres meurent.]

II. — DU REGISTRE DE FEU M. NICOLAS ERMISSE, ANCIEN BOURGEOIS DE BARFLEUR (1).

Le 20 febvrier 1590, Le Tourp fut pris à Emondeville, et ses gens. Siège du Tourp sept jours, et fut levé le xi octobre au dit an.

Deux siège[s] devant le Tourp et la tour de Barfleur. La tour prise le jour de la Pentecôte (2), et le Tourp le jour s. Barnabé, xi juin 1591.

La tour prise et bruillée par M. le comte de Torigny, dont la moitié de ceux de dedans furent bruslés, trois pendus, et le reste mis à grosse rançon.

Puis le Tourp repris après quinze jours de siège ; plusieurs tuez, autres pendus les femmes violées et tout pillé ; et en ce temps là il ne demeura aucun bled au Val de Saire par le degast des gens de guerre.

M. de Sainte Marie vint prendre place au fort de Barfleur le mercredy 6 may l'an 1592. Il a basty le dit fort tout à l'entour de muraille de six pieds de lay et vingt pieds de hault au plus bas endroit, et a duré de fait cinq ans, en faisant travailler tout le peuple avec impost, et boutoit à rançon tous ceux qui luy faisoient déplaisir ; mais en l'an 1597 il est venu des gardes de M. de Matignon, lesquels ont fait abattre le fort ; le lundi 17 mars on a commencé à abatre les terres de devant la porte, et le vendredi ensuivant à abattre la muraille ; et a duré trois semaines à abatre le fort, et à abatre la tour on a esté trois jours.

On a commencé à dire la messe à Saint-Nicolas dans l'Hostel-Dieu le 3 août 1597.

Pierre Mangon nous a encore conservé un document d'une grande valeur sur le dénouement de la dernière équipée du sieur du Tourp. C'est la sentence qui fut prononcée à Valognes le 6 mai 1595 contre ses principaux complices, par Jacques Poerier, écuyer, sieur du Theil, conseiller du roi, président au siège présidial de Coutances (3).

Après avoir mis en délibération « le procès instruit sur la prise de la tour de Tatihou, assassinat commis à la personne du sieur de La Haye-Réville, commandant en icelle pour le service du roi, volement du marché de Saint-Pierre-Eglise, et homicide des sieur du Couldrey, Nicolas Sanson, Me Leonard Viel, un appelé Lestrillé et autres denommés au procès, volements des maisons de Merceat et Patrice, et aenrançonnements de leurs personnes, détroussement et aguet de chemin de plu-

---

(1) Ms. 1401 de Grenoble, fol. 134.

(2) 2 juin 1591.

(3) Ms. 1400 de Grenoble, part. I, fol. 113-115.

sieurs marchands de Cherbourg, volement de la maison du sieur d'Ingreville, prise et aenranconnement du sieur de Commandat, et autres crimes et delits mentionnés par les procès, » le tribunal condamna :

1° Jean Le Crest, dit Contremont, d'Anneville en Saire, e Gilles Messent, dit la Sablonnière, de Colomby, au supplice de la roue ;

2° Pierre Le Prevost, dit la Couture, d'Urville, et Jean Godel, de Gouberville, à être pendus et étranglés à la roue dressée devant l'auditoire de Valognes ;

3° Robert Godel, de Gouberville, et Pierre Gouinet, de la paroisse d'Anneville, à être touettés à l'entour de la potence, ayant la corde au cou ;

4° Les corps de François de La Cour, dit Le Tourp, d'Anneville, et de Jean Gohier, de Gouberville, à être posés sur deux roues aux principales avenues de Cherbourg et de Valognes.

Les condamnés à mort devaient préalablement être appliqués à la torture, pour obtenir la révélation du nom de leurs complices.

En marge de sa copie, Mangon a noté que la sentence fut exécutée.

Fortifications de Tatihou, de La Hougue et du littoral du Cotentin.

Tatihou, dont le nom a figuré dans le paragraphe précédent, et La Hougue de Saint-Vast ont souvent fixé l'attention de Pierre Mangon, qui nous a conservé le souvenir de plusieurs faits importants pour l'histoire de ces deux localités et des fortifications qui y furent élevées au xvii° siècle. Je releverai ce qu'il a noté de plus remarquable à ce sujet.

En 1622, noble homme Robert des Rosiers, capitaine pour le roi commandant au fort de Tatihou, tenait de la baronnie de Quettehou (propriété de l'abbaye aux Dames de Caen), « l'isle de Tatihou, située dans l'entrée de la mer près La Hogue en la paroisse de Saint-Vaast (1). »

Le 4 février 1628, le comte de Torigni, sur l'avis que les Anglais projetaient de faire une descente à La Hougue, ordonne aux habitants des paroisses de l'élection de Valognes d'envoyer à leurs frais 100 hommes travailler pendant six semaines aux fortifications du dit lieu. Le roi avait ordonné d'y construire un corps de garde, une redoute et des tranchées. Le sieur de Boislouet, enseigne des gardes du corps, avait été envoyé pour faire exécuter ces ouvrages et pour commander une garnison de 400 hommes (2).

Le surintendant Foucquet voulut s'assurer la possession de

(1) Ms. 1400 de Grenoble, part. I, fol. 97.
(2) Ibid., fol. 204-206.

la tour et de l'île de Tatihou, qu'il confia à un nommé Deslandes. Après l'arrestation de Foucquet, le roi y envoya un lieutenant de la marine, nommé Du Clos, avec des soldats qui restèrent en garnison dans la tour et dans la paroisse de Saint-Vast (1). Mais le 29 novembre 1662, le roi décida que la tour de Tatihou devait être démolie de telle façon qu'il n'en demeurât pas pierre sur pierre ; les communes du bailliage du Cotentin devaient travailler par corvées à la démolition. Le duc de Longueville, gouverneur de la province, transmit l'ordre au sieur de Pontrilly, lieutenant général au bailliage du Cotentin (17 janvier 1663). Mangon a inséré dans son recueil un exemplaire de l'affiche sur laquelle étaient imprimés l s ordres du roi et du gouverneur. La démolition ne fut achevée qu'en 1665 ou 1666 par les soins de l'ingénieur Chamoy (2).

En 1669 des mesures furent prises pour assurer la sécurité du littoral du Cotentin. C'est alors que furent construits vingt corps de garde, dont Mangon a dressé la liste, en donnant pour chacun d'eux le montant de la dépense et l'initiale du nom de l'entrepreneur :

Corps de garde faits en 1669 et le nom des entrepreneurs (3).

Corps de garde d'Attinville. 190, G.
— dessus Cartray. 140, P.
— de Portbail. 190, G.
— Saint-Germain sur E. 140, P.
— des dunes de Surville. 140, P.
— l'ance de Nacqueville. 190, G.
— Omontville et Digulleville. 340, G.
— Saint-Germain des Vaux. 170, P.
— de l'ance de Vauville. 170. G.
— Siouville, lict de camp. 15.
— Siautot et le Rosel et Flamenville. 270, P.
— Pointe de Querqueville. 220, G.
— Pointe du Homet. 220, G.
— Pointe de Fermanville. 220, G.
— Pointe de Néville. 220, G.
— Pointe de Gatteville. 220, G.
— Barfleur. 220, G.
— Landemer (?). 220, G.

« En l'année 1688, Cherbourg et Vallognes ayant esté démolis, le roy trouva à propos de faire des fortifications à La Hogue, à l'isle de Tatihou, à Lisel et à l'eglise de Saint-Vaast ; on y travailla soubs la direction de Benjamin de Combes. On abatit d'abord, fort mal à propos, les murailles de l'enclos du presbytaire de Saint-Vast, et on voulut separer par un fossé le cimetiere et église du reste de la paroisse, pour en faire une isle. Ce fossé ne fut point achevé. On fit seulement une fortification de terre avec pallissades au dit cimetière

(1) Ibid., fol. 104 v°.
(2) Ibid., fol. 102 et 106.
(3) Ms. 1401 de Grenoble, fol. 131 v°.

3

vers le presbytaire, et des batteries de canon vers la mer, et on cessa d'y enterrer. On y a fait pendant toute la guerre, jusques en 1697, la garde fort exactement par soldats de troupes réglées (1). »

Un arrêt du Conseil d'Etat du 18 mai 1693 mit à la charge des contribuables de la généralité de Caen le montant des sommes dues pour l'expropriation des terrains nécessaires aux fortifications de l'île de Tatihou près La Hogue et du fort du Gallet près Cherbourg. Pour Tatihou on avait pris 139 vergées de terre, qui furent estimées 140 livres la vergée (2).

Cette année 1693 furent construits plusieurs ponts, qui devaient fournir aux troupes le moyen de se porter plus rapidement sur les points du littoral menacés par l'ennemi. Mangon en a parlé à deux endroits de ses mémoires :

« En l'an 1693, a esté basty des deniers du roy le pont de bois qui est sus la rivière de Sinoppe, la séparation des paroisses de Quinéville et Englesqueville, pour la nécessité et à cause des guerres contre l'Anglois et autres princes de la ligue d'Ausbourg, afin que la cavallerie et les trouppes se peussent communiquer (3). »

« Année 1693 le pont de bois sur la rivière de Saire a esté basty au lieu appellé la Fosse du Bec du Banc ; il y a douze arches outre les marche pieds.

» L'entrepreneur du pont m'a dit qu'il couste près de 1800 livres.

» Un pareil à Aumeville et Lestre.

» Un pareil à Quinéville.

» Le tout n'a cousté que 4000 livres (4) ».

« Aux années 1694 et 1695, soubs la direction de Benjamin de Combes, escuier, directeur général des fortifications des costes de haute et basse Normandie, on bastit les tours de Tatihou et de La Hogue. On commença à y travailler le 11 juin 1694. Le sieur Roulland, ingénieur, qui logeoit en ma maison à Saint-Vaast, eut la direction de l'ouvrage.

» Celle de Tatihou est bastie sur les fondemens de l'ancienne ; elle a 42 pieds dans œuvre. La muraille est de 12 pieds d'espaisseur, réduits à 7 en hault. Sa hauteur est de 62 pieds de roi.

» Dans le bas il y a une cisterne voutée de 80 à 100 tonneaux, qui occupe un quart de la tour.

» Au dessus de la voute de la cisterne il y a quatre magasins voutez.

» Sur les voutes des magasins est un logement pour 200 soldats, dans lequel, c'est à dire au dessus, on y a pratiqué par un plancher de bois le logement des officiers au dessus de celuy des soldats.

» Au dessus de ce logement des officiers est la grande voute, espaisse de 7 pieds de massonnerie, et couverte d'un enduit de ciment pour renvoyer les eaux, avec six pieds de sable au dessus, ce qui la rend à l'épreuve de la bombe. Elle est percée d'embrasures pour dix canons de 18 à 24 livres de boulet.

---

(1) Ms. 1400 de Grenoble, part. I, fol. 207

(2) Ibid., fol. 108.

(3) Ms. 1390 de Grenoble, fol. 161 v°.

(4) Ms. 1397 de Grenoble, fol. 312.

» Il y a un oscallier en tambour hors œuvre ; une guérite en haut percée de creneaux, et armoiries.

» Cette tour sert pour la deffense de toute l'isle et fera mesme effect que la fortification de toute l'isle.

» La tour qui est sur l'elévation de La Hogue est de 24 pieds de diamètre et de pareille hauteur et ouvrage que celle de l'isle, et, à vray dire, c'est un tiers moins. Elle est percée pour six canons. Elle doit être regardée pour donjon et lieu de retraite en cas d'attaque et de prise du fort de La Hogue.

» Cela a cousté en tout viron 50,000 livres, c'est à dire le corps des tours. (1) »

A côté de la construction du fort de La Hougue, nous pouvons mentionner un travail qui fut exécuté dans le voisinage, en 1703, pour protéger contre les invasions de la mer une étendue considérable de terrain.

Les marées de l'hiver de 1703 (2) avaient coupé en plusieurs endroits un banc ou langue de terre qui servait de digue pour arrêter les coups de mer. Par suite, de vastes terrains des paroisses de Saint-Vast, de Rideauville, de Quettehou, de la Pernelle, de Réville et d'Anneville-en-Saire, furent couverts d'eau salée. Un arrêt du Conseil d'Etat, du 28 août 1703, prescrivit d'urgence l'édification d'une nouvelle digue, aux frais des propriétaires dont les fonds devaient être protégés par le travail.

Le devis de cette digue, qui, sur une longueur de 350 toises, suivait le rivage allant de Saint-Vast à Réville, et qui devait être achevée à la fin de février 1704, fut dressé par François de Combes, l'ingénieur des tours de Tatihou et de La Hougue. L'adjudication fut prise à Ravenoville, le 10 octobre 1703 par Antoine Le Marié, moyennant la somme de 5950 livres (3).

Evénements militaires des années 1688-1702.

Indépendamment des renseignements relatifs aux fortifications, Pierre Mangon nous a laissé des notes fort précieuses sur l'histoire militaire du Cotentin depuis l'année 1688 jusqu'en 1702. Témoin oculaire de la destruction de la flotte française dans les eaux de La Hougue, il a dressé une relation de cet événement, qui suffirait pour justifier la publication des pages qui vont suivre et qui se trouvent aux fol. 253-257 de la première partie du ms. 1400 de Grenoble.

---

(1) Ms. 1400 de Grenoble, part. I, fol. 107.

(2) Il y avait déjà eu des dégâts l'année précédente. Mangon a mis cette note en marge de ses mémoires sur Quettehou (Ms. 1400 de Grenoble, fol. 228) : « La ruine de la Longue-rive de Saint-Vast arriva le 2 février 1702, et la mer en emporta bien deux toises. »

(3) Ms. 1400 de Grenoble, part. II, fol. 227-230.

Commandans de l'armée et troupes de La Hougue
en la guerre dernière.

Année 1688.

Le roy d'Angleterre Jacques II ayant esté obligé de s'enfuir
d'Angleterre par l'invasion du prince d'Orenge, qui se nomma
Guillaume III lorsqu'il fut déclaré roy, et se retirer en France, la
guerre s'eschauffa, et on envoya dans le pays aux environs de La
Hougue les mousquetaires et d'autres troupes, dont M. de Jonvelle,
lieutenant général et capitaine de la première compagnie des mousquetaires, fut commandant.

M. de Saint-Pierre, bailly de Costentin.

Moy servant dans tous les arrière-bans.

On eut de la part de M. de Matignon un advis que le prince
d'Orenge avoit mis en mer une grosse flotte pour se rendre maistre
de Cherbourg, ce qui causa, sur l'advis de M. d'Artagnan, autre
capitaine desdits mousquetaires, la démolition des fortifications de
la ville de Cherbourg et du chasteau de Vallognes, sur la fin de
cette année 1688. Le quartier général estoit à Vallognes.

M. de Gourgues intendant.

Année 1689.

Monsieur de La Hoguette, mareschal de camp, commandant. Son
quartier général à Vallognes.

En cette année on commença les fortifications de La Hougue,
Tatihou, des forts et redoutes des dits lieux, et de l'islet, ainsy que
de toute la coste.

M. Foucault intendant.

Année 1690.

M. de La Hoguette commanda encore et continua son quartier
général à Vallognes.

Les fortifications furent continuées, et, après la campagne finie,
M. de La Hoguette, qui me faisoit l'honneur de m'aymer, fut envoyé
commander en Savoye, où il fut créé lieutenant général ; et, la
seconde campagne, il y mourut.

Les galères de ponant, fabriquées à Rochefort, arrivèrent au mois
de juillet 1690, au nombre de seize, à Cherbourg, soubs la conduite
de M. le bailli de Noailles, puis vinrent à La Hogue, où elles furent
quelques jours, passèrent en après en Angleterre, débarquèrent à
Torbay et bruslèrent quelques maisons, sans faire autre chose
pendant la campagne ; furent conduites en septembre à Rouen et y
furent désarmées (1).

Année 1691.

Au printemps 1691 les forçats furent conduits par terre à Marseille
et les canons et agrès par mer.

Jacques II, roy d'Angleterre, fugitif et sustenté en France, ayant
dessein d'aller en Angleterre avec une armée qui estoit campée à
Quetehou, vint en cette parroisse (de Réville) le 15 may 1691 avec
le duc de Berwick, recognoistre des navires anglois qui parurent

---

(1) Ce paragraphe et le suivant sont au fol. 239 du ms. 1400, 1re partie.

comme l'on faisoit la reveue, sur la Longue-rive, de 9000 françois qui devoient passer en Angleterre. Et y avoit un pareil camp de 12000 irlandois à Ozeville. Quantité d'officiers irlandois logèrent à Réville. Il y vint aussy 13 compagnies à Jonville vers la redoute, le 3 juin, et y campèrent huit jours (1).

M. Darnolfini, mareschal de camp, commanda. Son quartier général à Vallognes. Il estoit fort vieil et incapable d'agir.

Année 1692.

En cette année, on eut dessein de rétablir le roy d'Angleterre, qui disoit avoir des intelligences considérables dans le pays. Le roy luy presta des troupes qui vinrent camper à Quetehou, et voisiné de La Hougue, infanterie et cavalerie, viron neuf à dix mil hommes, excellentes troupes. Les Irlandois qui campèrent à Quinéville et Ozeville estoient en plus grand nombre.

Le roy d'Angleterre arriva avec M. le marquis de Bellefond à l'Isle-Marie le 25 apvril oudit an. M. de Bréauté, bailli de Costentin. Il prist ensuite son quartier à Quinéville et logea au manoir seigneurial. M. de Barwik, son fils naturel, estoit avec luy, et plusieurs officiers considérables. On fist venir à La Hougue toutes les chaloupes propres à transport et descentes, depuis Bayonne jusques à Dunkerque. Cela faisoit près de quatre cents; il en périt une trentaine, avec 12 ou 15 hommes dans chacune, au raz de la Hague.

Durant que le roy d'Angleterre et M. de Bellefons faisoient les préparatifs de l'embarquement pour l'Angleterre, on publia un imprimé anglois, de la part du roy d'Angleterre, portant amnistie à tous ses sujets, exceptés etc.... Donné à Saint Germain, en nostre cour, le 30 jour d'apvril, et de nostre regne le sixiesme. Per ipsum regem, manu propria. Imprimé à Saint Germain, par Thomas Halles, A. D. 1692.

Tout le mois d'apvril et celui de may se passèrent en préparatifs avec grand appareil, et beaucoup de braves gents prests à passer en Angleterre, le jésuite Jobard et autres, en attendant l'armée navale de France, soubs la conduite du mareschal de Tourville ; mais ayant esté défaits par les Anglois et Hollandois au droit de Torvay, et M. de Tourville bruslé avec deux autres à Cherbourg (2), les restes de l'armée françoise arrivèrent à La Hougue le 1er jour de juin, au nombre de douze navires de premier et second rang 3, cinq à Saint-Vast près de l'isle de Tatihou, et sept dans La Hougue. Et deux heures après eux parurent à leur suite 52 navires ennemis.

Le 2 may, l'armée ennemie parut et se rangea depuis Barfleur jusques à Saint-Vast, fort près de terre, au nombre de 120 voiles, sans rien faire. Et durant cela, on tira tout ce qu'on peut des navires fran-

(1) Cet article est dans le ms. 1397, au fol. 342.

(2) « Mil personnes péris et blessez.—1. Le Soleil Royal, M. de Tourville. —2. Le Triomphant, Machaut.— 3. L'Admirable, Beaujeu. » Note marginale.)

(3) « Navires bruslez : Le S. Philippe, M. Infreville.— Le Tonnant, Septenne.— Le Magnifique, Coetlogon.— Le Fort, La Rongère.— Le S. Louys, Perseigne.— L'Ambitieux, Villette.— Le Foudroyant, Relinque.— Le Merveilleux, M. Anfreville—Le Gaillard, C. Anfreville.— Le Fier, Larteloire. — Le Bourbon, Perrinel.— Le Terrible, Sebville. » (Note marginale.)

çois, qu'on ne voulut pas deffendre, quoiqu'on eust à la coste une armée de 18000 hommes. Il descendit de nos navires, tant officiers et soldats que matelots, plus de 7000 personnes, avec beaucoup de provisions. L'artillerie et les armes y restèrent, et encore beaucoup de choses. Cela fut fait et réglé en conseil de guerre par le roy d'Angleterre et le mareschal de Bellefons; les plus braves et habiles estant dans la pensée de conserver les navires sans les échouer, ce qu'on eust peu faire par le moyen des chaloupes, qu'on auroit remplies de soldats, qui le souhaitoient. Le chevalier de Sebbevile avoit cassé son navire, en arrivant, sur les roches de l'isle de Tatihou, par impericie, comme il avoit déjà fait un autre. Et au soir, la mesme armée ennemie appareilla en ordre de bataille à la mer montante, avec plus de cent chaloupes et quatre bruslots, et vint mettre le feu aux navires qui estoient près de Tatihou. Après quoy, elle se remist dans le mesme ordre, et passa la nuit entre Barfleur et Saint-Vast, avec grand réjouissance à l'angloise.

Le 3, la mesme armée, en bel ordre, entra à La Hougue, et y brusla les sept navires du roy et six autres gros bastimens de charge remplis de provisions, et une barque de 120 tonneaux emmenée. Les ennemis y perdirent deux bruslots qui eschouèrent. Il y eut aussy quelques chaloupes renversées, quelques hommes tués et cinq pris prisonniers par les réjouissances et bruit des canons des ennemis après leur expédition, pendant la nuit.

Le 4, l'armée ennemie resta encore au mesme ordre, montant alors 138 navires de ligne, vis à vis de ma barrière, d'où je les entendois parler quelquefois assez distinctement. Et crainte qu'ils ne missent quelques chaloupes à terre pour me venir voir, je fis mettre un attirail d'armes et piques élevées, avec 10 hommes armés qui se promenoient mousquet sur l'épaule comme si ç'avoit esté un corps de garde, afin de leur faire croire qu'on les attendoit.

Le 5, on envoya 13 compagnies d'infanterie camper près la redoute de Réville; et sur le soir l'armée ennemie ayant horzié vers Barfleur, elle disparut à l'entrée de la nuit. De sorte que, le dessein du passage de France en Angleterre estant abandonné par la perte de nostre armée navale, on congédia les barques et chaloupes de transport.

Le 9, il vint un ordre aux marins de s'en aller à Brest et Saint-Malo, ce qu'ils firent les jours suivants.

Le 13, il arriva un ordre du roy aux régiments de Berry, Nivernois et Poictiers d'aller à La Rochelle, et ceux de Vaubecourt, l'Isle de France, Roussillon et Dauphiné restèrent au pays.

Le 18, le roy d'Angleterre, après avoir fait reveue des dits régiments et de la cavalerie et dragons qui restoient aussy, il les remercia fort honnestement.

Le 20, les Irlandois défilèrent de leur camp, 750 par jour, et le roy d'Angleterre s'en retourna à Paris.

M. de Bellefons resta encor avec M. de Choiseul quelque temps; et après leur départ M. de Matignon commanda le reste de la campagne avec plusieurs officiers considérables; son quartier à Morsalines, à la maison de la Peinterie.

Il est à remarquer que, pendant les mois d'apvril et mai de la dite année, que les troupes s'assembloient et campoient, il fist un temps de pluyes et vents extraordinaires, qui désola les troupes campées et affligea tout le monde, et comme M. de Bellefons qui

commandoit n'avoit pas esté fort heureux en guerre, ni le roy
Jacques, avec qui il devoit passer en Angleterre on fist ces vers
dans l'armée :

Qu'est devenu le printemps ?
Où sont les zéphirs et Flore ?
L'affreux byver règne encore ;
On entend gronder les vents.
Quel astre vient après Pasques
Troubler nos belles saisons?
C'est l'etoile du roy Jacque,
Ou celle de Bellefons.

Année 1693.

M. de Matignon eut encore le commandement, et son quartier au
mesme lieu de la Peinterie.

Année 1694.

M. le mareschal de Choiseul commanda : son quartier à Fontenay,
maison d'Anfreville l'Isle. — M. de Refuge, lieutenant général, qui
m'aymoit et me visitoit beaucoup, sçavant et de grande littérature.

Année 1695.

M. le mareschal de Choiseul commanda encor. Mesmo quartier. —
M. de Refuge lieutenant général.

Compement dans mes herbages. (1)

En l'année 1695, à l'ouverture de la campagne, M. le mareschal
de Choiseul, qui commandoit, fist camper deux bataillons dans mes
deux herbages des Mares, qui sont au chemin du hameau Coquet ou
des Cosquets, qui est à present la maison du sieur prieur de
Roucasy, et autres voisins, et ces deux bataillons, qui estoient
commandés par MM. le chevalier de Seppeville et de Lartant,
capitaines des vaisseaux du roy, y passèrent la campagne.

J'ay entendu la messe dans mes herbages.

Je me pourveus vers Nouel vers M. le mareschal, et, après
beaucoup de voyages, comme s'il m'avoit donné en aumosne, il fist
faire un procès verbal par le sieur de Meinville, commissaire de la
marine à Cherbourg, lequel estima mes dommages et de Catherine
Grisel, ma fermière, à 338 livres, et au pied du procès verbal il mist
son ordonnance que je serois payé de 300 livres. Je la portay ensuite
à M. Foucault, intendant, pour en estre payé, et quoy qu'il m'ayt
marqué de l'amitié, pour cause, au lieu de me faire payer cette
somme de 300 livres, il a fait faire une nouvelle estimation par le
sieur de Fontenelles, commissaire, en mon absence, par 200 livres,
que j'ay touchées, quoyque le sieur intendant m'eust promis
plusieurs fois de me favoriser en cela, ce qu'il n'a pas fait, et, luy
en ayant parlé, il me dist que je ne devois pas me pourvoir devant
le mareschal, quoyque ce fust l'ordre de la guerre.

(1) Ce morceau est dans le ms. 1400, part. I, fol. 241.

Année 1696.

M. le mareschal de Joyeuse commanda ; son quartier à Montbourg, maison du Manoir. — M. de Refuge, lieutenant général.

Année 1697.

Pareil commandant, quartier et lieutenant général.

La paix se fit cette année à Riswick, le 20 septembre.

Il y a eu pendant ces dites années cy dessus en ce pays, aux environs de La Hougue six à huit mille hommes de cavalerie et infanterie avec l'arrière-ban du pays et autres provinces.

1701.

La guerre ayant recommencé en l'année 1701..., on recommença à fortifier et réparer à La Hogue, M. de Levy y commandant la marine sans troupes. (Reg. R (1), voyez autres commandants.)

1702.

En 1702, M. de Matignon vint commander sur la coste avec quelques officiers généraux. Son quartier à Montbourg. Le régiment Dragons S. Hermine aux environs ; les régiments de plat pays, Montaigu et d'Aigremont, aux environs de La Hogue, avec quantité de noblesse, bourgeoisie des villes et milices de toute la basse Normandie, crainte de descente des ennemis. M. de Levy restant pour la marine ; et le sieur de Montigny, ingénieur, logé dans ma ferme.

Les mousquetaires, c'est à dire la moitié des deux compagnies, sous le commandement de M. d'Artagnan et de Rigauville, vinrent en quartier à Vallognes le 26 juillet, et en partirent le 17 (2) les gris, et les noirs le 19. Le Roy fist une compagnie de cadets gentils-hommes.

Pêche et commerce des huitres. — Récolte du varech.

Préoccupé des intérêts de ses compatriotes du Val de Saire, Pierre Mangon a fait entrer dans ses mémoires des documents relatifs à des questions qui tenaient une grande place dans la vie des populations du littoral : la pêche et la récolte du varech.

C'est ainsi qu'il a formé un dossier sur deux procès auxquels le commerce des huitres donna lieu en 1647.

Les communautés des habitants de Cancalle, des rades de Granville, de Barfleur, de Sainte-Honorine, de Grandcamp, de Port-en-Bessin et de Vierville, unis aux matelots de ces localités, s'étaient crus lésés par le privilège qu'un certain Jean Meulan s'était fait accorder pour avoir seul le droit de faire venir à Paris et d'y vendre des huitres à l'écaille. Afin de justifier le monopole qu'il s'était fait octroyer pour un an à titre

---

(1) Ce registre R des papiers de Mangon n'est pas à Grenoble.

(2) Mangon a omis d'indiquer le mois.

d'essai, il s'était engagé à fournir à la consommation de Paris, 200 milliers d'huîtres par semaine, et 600 milliers pendant le carême, à raison de 6 deniers la pièce, c'est-à-dire, croyons-nous, la douzaine. Il donnait aux matelots 10 sous par millier de plus que les autres marchands. Précédemment le commerce des huîtres à Paris était concentré entre les mains de six marchands, qui les vendaient un carolus ou un sol la pièce, et se les faisaient expédier par bateau jusqu'à Saint-Denis, d'où elles arrivaient à Paris par petites quantités, pour empêcher l'avilissement des prix. Toutes ces assertions étaient contestées par la partie adverse, à laquelle le parlement donna raison : un arrêt du 4 janvier déclara que le commerce des huîtres devait être librement exercé (1).

Un second arrêt du 1er décembre 1648 (2), reconnut à Jean Jouan et à d'autres marchands faisant trafic d'huîtres à l'écaille pour l'utilité de la ville de Paris, le droit de pêcher et parquer des huîtres au havre de Barfleur et de les faire venir et vendre tant à Rouen qu'à Paris ; défense fut faite à Martin Vast, lieutenant de l'amirauté de Barfleur, et à tous autres de les troubler dans leur entreprise (3).

Jean Meulan, dont nous venons de voir les prétentions repoussées par le Parlement de Paris, avait aussi voulu mono-poliser à son profit le commerce des huîtres dans la ville de Rouen. Il avait formé une sorte de syndicat, pour accaparer toutes les huîtres de Cancale, des rades de Granville, de Barfleur, de Sainte-Honorine, de Grandcamp, de Port-en-Bessin et d'autres lieux. Il s'était assuré, même dans la noblesse et dans le clergé, l'appui de partisans, qui ne devaient pas reculer devant l'emploi de la violence pour empêcher les matelots de porter leurs huîtres à Rouen. Le Parlement de Normandie repoussa ces prétentions par un arrêt du 15 mars 1647, qui réglementa le commerce des huîtres à Rouen. Les contrats de Jean Meulan furent déclarés nuls ; défense fut faite d'empêcher le libre transport des lieux de production jusqu'à Rouen ; mais il fut interdit aux matelots de s'arrêter à La Bouille, à Dieppedalle et ailleurs. A l'arrivée des bateaux, les visiteurs de poisson devaient se rendre compte de la quantité et de la qualité des huîtres, dont le prix était fixé sur leur rapport et annoncé par les crieurs sur le quai. Les revendeurs ne pouvaient pas s'attrouper ni entrer de force sur les bateaux. Il était permis aux bourgeois d'acheter sur les bateaux, de 7 heures du matin à 5 heures du soir, concurremment avec les revendeurs. Les étrangers ne pouvaient pas enlever des huîtres tant que la ville de Rouen n'était pas suffisamment approvisionnée.

(1) Ms. 1391 de Grenoble, fol. 85.
(2) Ibid., fol. 87.
(3) Ibid. fol. 89.

De plus, des poursuites furent ordonnées contre ceux qui avaient commis des violences pour favoriser l'entreprise de Jean Meulan, notamment contre Hervé du Moncel, sieur de Martinvast, contre un nègre dit La Chesnée, qui était au service du sieur de Martinvast, contre Le Messent, sieur du Grippois, contre les curés de Cosqueville et de Tocqueville, contre un sergent nommé Guillaume Le Bezuel et contre Guillaume Girard, bourgeois de Barfleur.

En ce qui touche la récolte du varech, on a vu plus haut que le père de Pierre Mangon avait fait reconnaître par un arrêt du Parlement de Rouen, le 5 mars 1657, le droit, pour les riverains de la mer, de recueillir le varech et la tangue, tant de jour que de nuit, en se servant de toutes sortes d'instruments (1). Ce droit ne tarda pas à être compromis par un privilège que Louis XIV accorda, le 15 janvier 1661, à Louise de Savoie, pour qu'elle pût, pendant 25 ans, faire cueillir, du 15 mai au 15 septembre, le varech croissant sur la côte de La Hougue et sur les rochers des îles de Saint-Marcouf, Chausey, Tatihou et autres lieux. Le 25 juillet 1688, la princesse céda son privilège à Guillaume Lucas, directeur de la manufacture royale des glaces à miroirs de Tourlaville. Ce Guillaume Lucas qui tirait grand parti de la cendre des varechs, se fit renouveler le privilège, le 23 mai 1691, pour une période de vingt années. Il en résulta de graves inconvénients pour les paroissiens de Saint-Vast, dont Pierre Mangon prit en main les intérêts. Il se chargea personnellement des frais d'un procès qui aboutit à une transaction signée le 20 décembre 1699 (2). Le dossier de l'affaire, tel que Mangon l'a constitué, est aussi intéressant pour l'histoire de la glacerie que pour celle de l'exploitation du varech sur la côte du Val-de-Saire.

Je ne ferai pas d'autres emprunts aux mémoires de Pierre Mangon. J'espère en avoir suffisamment indiqué l'importance. Puisse un de nos compatriotes avoir le désir et le moyen de les étudier à fond et d'en extraire tout ce qu'ils renferment de précieux pour l'histoire du Cotentin !

Léopold DELISLE.

(1) Ms. 1397 de Grenoble, fol. 325.
(2) Ms. 1400 de Grenoble, part. I, fol. 208-220.

NOTES

pour servir à l'histoire de Saint-Lo et de ses environs.

———

LES VILLAGES DE SAINT-LO (*).

———

LA VAUCELLE.

A trois ou quatre cents mètres au Sud des dernières maisons de la rue des Ruettes, s'élève le manoir de La Vaucelle, avec ses bâtiments disparates, sa chapelle abandonnée, sa large cour et son colombier gros et trapu. Ce n'est plus le manoir des anciens temps ; comme bien d'autres, il a subi des réparations qui, quoique visant à reproduire son premier état, en ont changé la physionomie, le caractère : la chapelle notamment, avec sa galerie extérieure, n'est plus celle du commencement du siècle. Où sont aussi les toits de chaume ? Où sont les fenêtres munies de grilles serrées ?

Ses abords n'ont pas moins changé. Le chemin qui y conduisait directement, ne passe plus au pied des bâtiments ; la fontaine et l'épine séculaire qui l'ombrageait, ont disparu ; la cour est devenue prairie comme l'ancienne voie à moitié dallée qui, il y a peu d'années encore, mettait La Vaucelle en communication avec les Ruettes.

Telle qu'elle est cependant, au milieu de vertes prairies, que borde la Vire, cette résidence n'en a pas moins un cachet seigneurial bien marqué ; et l'on doit toujours lui appliquer ces vers de Guillaume Ybert :

. . . .

« Qua gelidas igitur valles, et mollia prata
» Solis ad occasum rorans interfluit amnis,
» Est antiqua domus (nostri dixere Vacellas)
» Inclyta nominibus multis, auctoris honore,
» Regis et hospitio, et Galileæ virginis æde. »

Qu'on peut traduire ainsi :

« C'est là qu'au couchant coule la Vire au milieu des fraîches
» vallées et des molles prairies qu'elle arrose ; c'est là qu'est
» assis un antique manoir (nos ancêtres l'ont appelé La Vau-
» celle) illustré par de nombreux titres, par le nom de son fon-
» dateur, par l'hospitalité donnée à des rois, et par la chapelle
» dédiée à la vierge de Galilée. »

_____

(*) On appelait *villages de Saint-Lo*, la partie rurale de cette ville· qu'elle dépendît de l'une ou de l'autre des paroisses formant son territoire.

La Vaucelle a été, suivant le cas, le *chef* ou l'*aînesse* d'un fief tantôt noble, tantôt roturier, dont les terres s'étendaient sur les deux rives de la Vire, aux paroisses de Notre-Dame de Saint-Lo et de Saint-Jean d'Agneaux. La partie sur Saint-Lo se nommait simplement *La Vaucelle;* celle sur Agneaux, *La Petite-Vaucelle* ou *Vaucheulle*, nom qu'elle quitta, au xv° siècle, pour celui de *Rocreul* ou *Rocreuil.*

Les terres situées en la paroisse Notre-Dame contenaient 153 vergées environ, tandis que celles d'Agneaux en comptaient au moins 258, ainsi que l'énoncent deux aveux rendus, l'un, en 1608, à M. de Matignon, comme baron de Saint-Lo ; l'autre, en 1412, à Guillaume de La Haye, chevalier, seigneur d'Agneaux.

L'ensemble était grevé de redevances féodales dont le total, d'après les documents connus, s'élevait à 14 sous 10 deniers en argent, 2 chapons et un homme garni d'une fourche pour la récolte des foins.

A l'origine, La Vaucelle était une terre noble ; on lit, en effet, dans l'aveu de 1412, que ce fief « souloit estre une *franche va-* » *vassorie* et y avoit jadis *gage pleige, court* et *usaige* », ce que confirme, d'abord, une charte d'Herbert d'Agneaux, écuyer, fils de Guillaume, chevalier, par laquelle il autorise les frères de la Maison-Dieu de Saint-Lo à « clore une pièce de terre de quatre « acres qu'ils tenoient de *Herbert de La Vaucelle*, auprès de la » Falaise et la clame quitte de moute, de pressurage et · de » tout autre devoir, excepté 6 deniers qui étaient dus de tout » temps sur la dite terre par les *seigneurs de La Vaucelle*, aux » seigneurs d'Agneaux, leurs suzerains » ; ce que confirme en-suite une autre charte souscrite, en 1281, par *Philippe de La Vaucelle*, chevalier. Celle-ci faisait remise à la Maison-Dieu de « deux boisseaux de froment de rente sur 18 que [la dite maison] » lui devait payer, chaque année, pour ses enclos de la paroisse » de Saint-Jean d'Agneaux, sur le bois d'Agneaux, les quels « clos butaient au grand chemin de Saint-Lo à Coutances. »

Dès 1412, le fief était réduit à une franche vavassorie relevant du baron de Saint-Lo, pour ce qui était situé en la paroisse Notre-Dame, et du seigneur d'Agneaux pour le surplus. Au xvii° siècle elle reconquit la qualité de fief noble.

Nous nous occuperons, d'abord, du lieu Chevel ou aînesse, c'est-à-dire de *La Vaucelle proprement dite;* pour ensuite parler de ce qui est connu de *La Petite-Vaucelle.*

I.—Les terres attenant au *chief* ou *aînesse*, c'est-à-dire à la *Maison* de La Vaucelle, comptaient au nombre des fiefs désignés sous le nom de *Fieux Robert de Saint-Lo* dans un compte de la Baronnie rendu, en 1445-46, par Philippin Damian, ménager de M⁹ʳ l'Evêque de Coutances. Elles étaient partie en bourgage, et partie hors bourgage; le ruisseau du Val-Huby, aujourd'hui de la Gouerie, les séparait les unes des autres . Leur ensemble avait presque les mêmes limites que de nos jours, savoir : les chemins de La Vaucelle à Saint-Lo, de La Vaucelle à la Neuve-Rue et des Ruettes à Candol, les terres du Boscdelle et la rivière de la Vire.

Au xiv° siècle et aux premières années du xv°, les Pitelou en étaient, sinon seigneurs, au moins francs-tenanciers ; ils avaient succédé aux seigneurs du nom *de La Vaucelle,* dont deux sont connus, Herbert et Philippe de La Vaucelle, qui vivaient au xiii°. On lit, en effet, dans un aveu rendu, le 13 avril 1412, par les frères de la Maison-Dieu de Saint-Lo à cause de leurs terres de la Falaise « soubz demoiselle Clémence Pitelou, fame de Pierres » du Hommet, escuier, dame d'un fieu nommé le *Fieu de La » Vaucelle,* assis en la paroisse d'Aigneaux et ailleurs » et par le mot *ailleurs* il faut évidemment entendre La Vaucelle en Notre-Dame de Saint-Lo, puisque Clémence Pitelou et son mari rendaient eux-mêmes aveu au seigneur d'Aigneaux « du *fieu* ou *ten-* » *nement de La Vaucelle* dont le *chief est assis en la parroisse* » *Notre-Dame* ». Clémence Pitelou était sinon la fille, du moins l'héritière de ce Colin Pitelou, écuyer, qui est rangé parmi les bienfaiteurs de l'Hôtel-Dieu, et dont Edouard IV d'Angleterre fut peut-être l'hôte un peu forcé lorsqu'il assiégea et prit Saint-Lo, en 1346. On sait, en effet, par Froissard, que quand le roi d'Angleterre fut « venu assez près, il se logea dehors et ne « voulu oncques loger en la ville pour la doubte du feu », et c'était « une tradition, dans le pays, » dit Toustain de Billy, « qu'il logea à La Vaucelle, maison....... où, depuis quelque » temps, on a démoli un appartement sur lequel étoit écrit en « grosses lettres : *CHAMBRE DU ROY*, non seulement parce « que deux rois de France, François I°° et Charles IX, y ont logé « depuis,....... mais aussi à cause de ce logement du roi » Edouard d'Angleterre ».

Des vassaux, parchonniers ou puinés de la dame de La Vaucelle, le plus considérable, en 1409, était, sans contredit, Guillaume Adigard, devant l'hôtel de qui passait le *douit* (ruisseau) du Val-Huby formant en ce point la limite de la bourgeoisie. Sa veuve existait encore en 1445-1446 et possédait l'hôtel en question ; mais le chef ou aînesse de La Vaucelle appartenait, à cette dernière époque, à messire Guillaume Biote, vicomte de Carentan, un de ces Normands attachés par principe, peut-être, mais certainement par intérêt aux successeurs de leurs anciens Ducs sur le trône d'Angleterre, et qui soutenaient de toutes leurs forces, de leur intelligence et de la connaissance des affaires les prétentions des monarques anglais au trône de France, à l'encontre de Charles VII, le roi légitime. Nul doute que La Vaucelle n'ait été confisquée sur les Pitelou ou du Hommet, et donnée, par le roi Henri V, au vicomte de Carentan, son dévoué partisan. On lit, en effet, dans un accord intervenu, le 17 janvier 1432, entre Richard d'Esquay, écuyer, seigneur d'Agneaux, et les Prieur et Frères de l'Hôtel-Dieu de Saint-Lo « et au regard du dit hommage icellui escuier les en

» laissa paisibles et se réserva à en faire la poursuite sur
» l'aînesse du dit fief de La Vaucheulle », dont le *tenant* n'était
autre que « Guillaume Biote, escuier, ayant le droit du dit fieu
» et terre de La Vaucheulle par don à luy fait par le roy,
» nostre sire. »

L'expulsion des Anglais de la Normandie (1450) força
Guillaume Biote d'abandonner La Vaucelle, et quoique nous
manquions de renseignements à ce sujet, il est présumable que
ce fief passa aux mains des Adigard, restés fidèles à leur roi, et
de ceux-ci aux Boucard, à cause du mariage de Chardine Adigard
avec Richard Boucard, seigneur du Mesnil-Amey, qui prit aussi
le titre de *sieur de La Vaucelle*. Nous voyons, en effet, dans la
recherche de Montfaut, ses deux fils, Pierre et Richard, se qualifiant : le premier, de sieur du Mesnil-Amey; le second, de *sieur*
de La Vaucelle.

Quoiqu'il en soit, un troisième frère, né, en ce manoir, au
commencement du même siècle, devait jeter sur sa famille un
lustre tout nouveau; nous parlons de Jean Boucard, qui, après
de fortes études au collège d'Harcourt, prit à Paris les degrés
de maitre ès arts et de docteur en théologie, fut archidiacre, abbé
du Bec et de Cormery, et devint, enfin, évêque d'Avranches,
aumônier de Charles VII, aumônier et confesseur de Louis XI.

Aussi généreux qu'éminent, ce prélat non seulement dota,
de concert avec messire Ursin Thiboult, sa ville natale d'une
riche bibliothèque, mais encore il fonda de nombreux services
religieux tant à l'église Notre-Dame qu'à l'Abbaye de Saint-Lo,
consacrant aussi une partie de ses largesses à pourvoir la première de ces églises de riches évangéliers, d'ornements splendides et de meubles précieux, semblables à ceux dont il avait fait
don à la cathédrale d'Avranches. Enfin, « ce fut lui, » dit l'historien de Saint-Lo, « qui bâtit, orna et dota cette fameuse cha-
» pelle, à la maison de La Vaucelle, dédiée à sainte Pétronille,
» qu'on appelle de la Pernelle, à laquelle le peuple de Saint-Lo,
» avait une dévotion particulière. »

Jean Boucard mourut, à Saint-Lo, le 28 novembre 1484, probablement dans le manoir qui l'avait vu naître ; il fut inhumé
dans l'église Notre-Dame, en face l'autel de Saint-Martin adossé
au pilier nord de l'arc triomphal du chœur.

En 1499, le 28 novembre, Jacques Boucard, prêtre, était seigneur de La Vaucelle. Il possédait encore cette terre en 1507,
alors qu'il vendait, en son nom et au nom de sa mère, à Jean
Larchier, bourgeois de Saint-Lo, une rente de 25 boisseaux de
froment, 4 pains et 4 gelines due par l'Hôpital. Mais il est à
présumer qu'elle était sortie de la famille lorsque Richard Boucard, écuyer, seigneur du Fou et de la Jugannière, cédait, à son
tour, en 1531, la rente en question, rentrée en ses mains par
suite de retrait lignagier; on y est d'autant plus autorisé que le
procès-verbal de l'entrée de François Iᵉʳ à Saint-Lo (15 avril
1532), ne mentionne aucun personnage du nom de Boucard,

alors qu'il cite Richard de la Dangie, écuyer; Richard Thiboult, écuyer; Jacques Quetil, écuyer; noble homme Jean de Sainte-Marie, seigneur d'Agneaux; Jean de Baudre, seigneur du lieu; Guillaume de Pierrepont, seigneur de Montcoq, et André Clérel, seigneur de Rampan, c'est-à-dire toute la noblesse des environs. Mais comme ce même document ne parle point non plus des du Chemin de la Haulle, il en résulte qu'on ne sait qui fut l'hôte du roi François lorsqu'il logea dans l'ancien manoir des Boucard.

Ce fut vers la moitié du xvi° siècle que La Vaucelle devint la propriété de la famille du Chemin. Lucas du Chemin II° du nom, écuyer, sieur du Feron, de la Haulle-Semilly, du Mesnil-Guillaume et Montbray, qui vivait en 1518 et mourut en 1574, prit le titre de *sieur de La Vaucelle.* Ce point est établi par l'épitaphe de sa veuve Isabeau Renault, morte le 12 juin 1590 et inhumée dans la chapelle Saint-Pierre et Saint-Paul de l'église Notre-Dame.

Ce fut lui que les huguenots, maîtres de Saint-Lo, en 1562, voulurent tuer pour le punir de son attachement à la religion catholique et à la cause de la royauté. S'il leur échappa, en se réfugiant en sa terre de La Meauffe, ils s'en vengèrent en saccageant le manoir de La Vaucelle, brûlant les ornements de la chapelle de Sainte-Pernelle et abattant la grande croix élevée en face de cet oratoire.

Les troubles un instant apaisés, le roi Charles IX profita de l'acalmie pour visiter le Cotentin. Il logea à La Vaucelle, certain qu'il était de la fidélité et du dévouement du sieur du Feron.

Lorsqu'en 1574, les Religionnaires reprirent les armes, ce fut en cet hôtel que Matignon établit son quartier-général, lors de l'investissement rapide qui précéda le siège de Saint-Lo. De Caillières dit, en effet, que le Maréchal se porta de sa personne « à la tête du vallon où son situés les faubourgs de Tor-» teron et de Vaucelle ». Il ne pouvait choisir un lieu plus propice. D'une part, Lucas du Chemin était un chaud royaliste, et, de sa demeure, son hôte surveillait à souhait les routes conduisant dans l'Avranchin et le Bocage où Montgommery et Colombières comptaient de nombreux et intrépides partisans.

En 1608, le 3 juillet, Nicolas du Chemin, fils du précédent, rendait aveu du fief de La Vaucelle à messire Charles de Matignon, en se qualifiant de noble homme et de seigneur du Mesnil-Guillaume, de Hébécrévon et de La Vaucelle; trente ans plus tard, le 14 mai 1638, son neveu, Luc du Chemin, sieur de La Haulle-Semilly, du Mesnil-Guillaume, seigneur et patron de Hébécrévon, rendait, dans des termes identiques, au même seigneur, un aveu de ce tenement.

La terre qui en était l'objet demeura jusqu'à la fin du dernier siècle la propriété des du Chemin qui, en général, tinrent à Saint-Lo, un assez grand état. Nous distinguons entre autres :

1° Laurent du Chemin, écuyer, seigneur et patron de La

Vaucelle qui, en 1650, était Maréchal de camp et fut, en 1655, député par la noblesse aux Etats de Normandie ;

2° François du Chemin, neveu de Laurent, et aussi son héritier, seigneur de La Tour, conseiller du roi, lieutenant général au bailliage de Saint-Lo et maire perpétuel de cette ville, lequel obtint des lettres royaux rendant à La Vaucelle sa primitive qualité de Fief et Terre noble. Ce fief releva depuis lors de la Baronnie de Saint-Lo ; il eut dans sa mouvance les terres du Hutrel, situées à Saint-Thomas de Saint-Lo, plusieurs rentes créées seigneuriales et, enfin, l'hôtel des du Chemin sis dans l'enclos de Saint-Lo, entre les rues du Rouxelet et à la Paille, maintenant appartenant à M. Gaston Delamare, imprimeur. A l'occasion de cette mutation, qu'il avait d'ailleurs autorisée, le seigneur d'Agneaux concéda au seigneur de La Vaucelle le droit de pêche depuis le village de la Poulinière jusqu'à la chaussée du moulin de Vire ;

3° Luc-François du Chemin, fils du précédent et de demoiselle Marie Radulph, seigneur de La Tour, de La Haulle et de *La Vaucelle,* commandant à Saint-Lo pour le roi. A sa requête, un arrêt du Parlement de Normandie décida, le 22 juillet 1718, que, par suite du décès du marquis de Brévands, Grand Bailli du Cotentin, il jouirait, jusqu'à la nomination d'un nouveau titulaire, des mêmes honneurs que le feu Marquis. Il remplit, en conséquence, cet office jusqu'en 1726 et commanda toute la noblesse du bailliage. Il avait été nommé colonel d'un régiment de milice, le 1er avril 1704 ; le 19 mai 1708, lieutenant général d'épée au siège de Saint-Lo ; le 27 décembre 1709, commissaire royal pour la répartition de la capitation de la noblesse ; chevalier de l'ordre de Saint-Michel, le 17 janvier 1720 ; il fut lieutenant des maréchaux de France en 1725 ; commandeur de l'ordre de Notre-Dame du Mont-Carmel et de l'ordre de Saint-Jean de Jérusalem. Né à Saint-Lo, le 22 janvier 1684, il y mourut le 9 janvier 1744, à l'âge de 60 ans.

Le second fils de Luc-François, Jean-Baptiste-Francois-Edme-Firmin du Chemin de La Tour, hérita de la terre et seigneurie de La Vaucelle ; il mourut à Saint-Lo, le 3 mai 1767, laissant de son union avec demoiselle Anne-Jacqueline de Saint-Gilles, Anne-Stéphanie du Chemin de La Tour La Vaucelle.

Celle-ci porta le domaine de La Vaucelle aux de La Gonnivière par son mariage avec Pierre-Hervé de La Gonnivière.

Anne-Stéphanie, unique héritière des précédents, le fit entrer, à son tour, dans la famille des Le Provost de Saint-Jean, en épousant Charles-René Le Provost.

Ce fut également par un mariage que La Vaucelle passa de ces derniers aux d'Annebault de La Motte pour faire retour, par le décès de Henri d'Annebault, aux Le Provost, et, enfin, collatéralement aux Mary de Longueville, héritiers en partie de Mademoiselle Louise Le Provost de Saint-Jean, décédée à Saint-Lo, le 29 avril 1889.

Cette dernière, a laissé après elle une réputation de charité bien établie. Les malheureux de notre cité et des environs savent seuls les larges aumônes que distribuaient ses mains secourables à tous.

II. — *La Petite-Vaucelle.* — En ce qui concerne l'extension sur Agneaux du fief de La Vaucelle, nous n'avons qu'à copier ou plutôt à analyser l'histoire de cette paroisse, insérée au tome 1er, 2e partie des *Mémoires de la Société d'Archéologie de la Manche.*

La Petite-Vaucelle, Vauchelle ou Vaucheulle, est mentionnée pour la première fois dans la charte de donation du bois de la Falaise souscrite par Philippe d'Agneaux au profit des pauvres de la Maison-Dieu de notre cité.

Elle y est donnée comme limite de ce bois « Quod situm est » super Viriam juxta pontem ex parte Vaucelle » ce qu'un titre postérieur traduit en ces termes : « Et s'estendoit ledit bois » d'empar la Petite-Vauchelle, en la paroisse d'Agneaux. »

Nous en possédons les limites, qui étaient, au Nord et à l'Ouest, le vieux chemin de Saint-Lô à Coutances, aujourd'hui la *Cavée*, et le chemin du pont de Vire à la Falaise, alias *Rue Creuset;* à l'Est, la Vire, et au Midi les terres du Joly et de la Tremblée, puisqu'en 1241, Hélie de la Tremblée donnait à fieffe aux Frères de la Maison-Dieu douze pieds de terre en largeur depuis le ruisseau qui est au bout du bois dudit hôpital jusqu'à l'île Gavray (pré de l'île) appartenant auxdits Frères et située entre la Vire et la terre du dit Hélie.

Une grande partie des terres enfermées dans ces limites devinrent successivement la propriété de la Maison-Dieu, soit par achat soit par fieffe.

En 1258, les Prieurs enclosaient, avec autorisation d'Herbert d'Agneaux, quatre acres qu'ils tenaient d'Herbert de La Vaucelle, lesquels demeuraient quittes de tout service, fors de 9 deniers dus de tout temps aux seigneurs d'Agneaux par les seigneurs de La Vaucelle.

En 1281, Philippe de La Vaucelle, chevalier, ratifiait la donation faite à la Maison-Dieu par Thomas Erneis de cinq vergées de terre près la Falaise.

La même année, il remettait à cet établissement charitable deux boisseaux de froment sur les dix-huit qu'il lui devait à causes des terres encloses en 1258 et situées sur le grand chemin de Saint-Gilles (chemin de Saint-Lô à Coutances, ou encore chemin *Cauchié*).

En 1295, Guillaume Le Bourgeois, d'Agneaux, concédait à la Maison-Dieu son clos d'Agneaux, situé entre le grand chemin allant du pont de Vire à Saint-Gilles; aujourd'hui la Cavée; le chemin de la Falaise, les terres de Thomas Hellard et celles de Geoffroy Caillou.

En 1299, Herbert d'Agneaux ratifiait la fieffe des prairies entre le bois de la Falaise et la Vire, consentie au nom de leurs femmes, par Henri de Huecon, écuyer, et Thomas Coereul.

En sorte que dès le xiii° siècle, l'hôpital possédait la plus grande partie de La Petite-Vaucelle. Son domaine ne mesurait pas moins de 240 vergées en 1412, lorsque les Prieur et Frères en rendirent aveu, ainsi que nous l'avons déjà vu, à la dame de La Vaucelle, Clémence Pitelou, femme de Pierre du Hommet. Il comprenait 16 pièces, savoir :

Le manoir et le bois, avec le pré de la Falaise ; le pré des Cours, jouxte l'eau de Vire ; le pré Dame Eude ; le Clos au Bourgeois ; la pièce des Vasières ; la pièce des six Vergées ou des Terriers ; le Clos des Murs ; la pièce de dessus le Manoir ; l'Isle ou Pré de l'Isle jouxte l'eau de Vire ; le pré Pesant ; le Long Pré, le Clos au Rossignol ; les Champs de l'Eglise ; les Epinettes et le Jardin Colombel.

Le sieur de Parégny, écuyer, possédait 18 vergées de la Petite-Vaucelle en 1412. Il était tenant du fieu de La Vaucelle, en parage de Clémence Pitelou et de Pierre du Hommet, son mari.

L'hôpital ne fut pas toujours possesseur paisible des terres qu'il tenait de La Vaucelle. Vers la moitié du xv° siècle, Richard d'Esquay, seigneur d'Agneaux, voulut contraindre les prieur et religieux qui le gouvernaient, à lui rendre hommage et à faire divers services. Ceux-ci de s'en défendre, comme n'étant que de simples puînés et de prétendre que l'aîné du fief devait s'acquitter de l'hommage. Ils mirent, en conséquence, en cause sire Guillaume Biote, écuyer, dont il a été déjà question. Leurs prétentions furent reconnues fondées par Richard d'Esquay, lequel, en homme prudent, n'osa pas s'attaquer à un des favoris du roi Henri d'Angleterre ; mais qui, ce haut fonctionnaire disparu avec les Anglais ses amis, recommença ses poursuites, en 1456, et fit saisir par ses officiers « pour faulte d'hommage » les terres de l'Hôtel-Dieu. Toutefois la poursuite fut abandonnée.

Ce qui, au cours du xvi° siècle, n'empêcha pas un autre seigneur d'Agneaulx de faire revivre ses prétentions, de les étendre même, par l'assujettissement des terres de la Maison-Dieu aux corvées de charrues aux deux saisons de l'année, à trouver les meules du moulin de la seigneurie d'Agneaux et à contribuer au chomage dudit moulin.

Le 9 avril 1524, intervint une transaction par laquelle l'hôpital passa condamnation, sauf en ce qui concerne la franchise de mouture à son tour et rang et à dégrain. Mais bientôt. ses administrateurs rompirent leurs engagements ; d'où s'en suivit une nouvelle saisie des terres et, enfin, une nouvelle transaction à la date du 8 février 1532, dont ils firent tous les frais. En voici les termes :

« Jean de Sainte-Marie pour estre participant ès bienfaits » dudit Hostel-Dieu decharge les Prieur et Frères pour l'avenir

» de toutes sortes de rentes tant ordinaires que casuelles,
» droictures, sujetions et devoirs sieuriaux annuels et casuels
» dont ils lui estoient redevables à cause des terres susdites,
» au moyen de quoy les dits prieur et frères lui quittèrent et
» délaissèrent afin d'éritage et à ses hoirs, quinze vergées de
» terre en quatre pièces du nombre des terres saisies. Le dit
» seigneur déclare toutes droictures, redevances etc deuement
» amorties, sans pourtant que les dignités, prééminences, pre-
» rogatives et libertez sieurialles à luy comme direct seigneur
» appartenans, soient en rien diminuez, comme seroit le droict
» de chasse à tout gibier à poil et à plume, et de pescher en la
» rivière de Vire contiguë des dites terres, et passage sur les
» dicts héritages.—De plus, les Prieur et Frères demeurent sujets
» à célébrer la messe accoustumée estre dite au samedy, procé-
» dant de la fondation des prédécesseurs du dit seigneur qui
» payera pour ce 40 sous de rente. »

Pour être logiques, nous eussions dû dire, ou mieux, répéter au début de cette deuxième partie, que le manoir du Rocreul ou Roquereul était jadis celui de La Petite-Vaucelle des XIIIe el XIVe siècle. Son nouveau nom ne date que de 1460. Nous ignorons quels en furent les propriétaires successifs, nous ne désespérons pas d'en connaître quelques-uns. Disons toutefois, en terminant, que, dans ces derniers temps, le Roquereul appartint à M. le capitaine de vaisseau Perrette-Lamarche, major de la marine, qui fut vice-président de la Société d'Archéologie, et à M. L. Le Mennicier, son neveu, qui remplissait si bien les fonctions de classificateur de la section d'histoire naturelle de cette compagnie.

Nous ne devons pas omettre les armoiries des familles nobles qui ont possédé privativement tout ou partie du fief de La Vaucelle :

Les DE LA VAUCELLE.— Armoiries inconnues.
Les PITELOU.   —Armoiries inconnues.
Les DU HOMMET (ou)
    HOMMÉEL.   —D'azur au sautoir d'argent ou encore, d'azur au lion léopardé, de gueules, armé et lampassé d'or, accompagné de 6 besans d'or sur les pieds du lion.
Les ADIGARD.   —D'argent à 3 équerres ou diguets de sable.
Les BOUCARD.   —De sinople à 3 têtes de boucs d'or, 2 et 1.
Les DU CHEMIN.   —De gueules au lion d'argent semé d'hermines.
Les REGNAULT.   —D'azur et de sable, à 3 molettes d'épron d'or, au chef chargé d'un lion de même.
Les LE PROVOST DE
    SAINT-JEAN.   —D'azur à 3 têtes de lion arrachées d'or.
Les DE LA MOTTE.   —De gueules à 5 pals d'argent soutenus d'une bande du même.
Les DE MARY.   —D'argent, au chef de gueules, chargé de trois roses d'or mises de rang.

Ed. LEPINGARD.

NOTICE HISTORIQUE

SUR

LA HAGUE et L'ANSE SAINT-MARTIN.

———

LA HAGUE.

1° Jobourg.—Auderville.—Saint-Germain-des-Vaux.

Le touriste qui vient d'admirer à Cherbourg les prodigieuses créations de la main de l'homme, fera bien, selon nous, de visiter *La Hague*, cette partie du continent qui s'avance dans la Manche, au Nord-Ouest de Cherbourg.

Là se trouvent, en effet, réunis plusieurs des motifs de curiosité ou d'intérêt que l'on recherche dans un voyage d'agrément.

Variété extrême de la contrée sous le double rapport de la forme et de la couleur, monuments druidiques dans les landes montueuses de Vauville (1) battues par les flots et qui rappellent la Bretagne; côtes de Jobourg élevées en falaises de 128 mètres au-dessus du niveau de la mer; points de vue magnifiques; horizons de 50 kilomètres; beautés de paysages, gracieuses et sauvages tout à la fois. On remarque l'anse de Vauville qui a 16 kilomètres d'ouverture entre le nez de Jobourg et le cap de Flamanville; le fond de cette anse est occupé par une plage sablonneuse au bord de laquelle sont les landes de Vauville et les dunes ou mielles de Biville (amas de sable blanc et fin qui offrent l'aspect d'un paysage couvert d'une épaisse couche de neige). On raconte qu'en 1799, un combat eut lieu dans l'anse de Vauville, entre une frégate française et une frégate anglaise; la lutte fut si acharnée que toutes deux disparurent au milieu des flots. Quand le temps est clair on aperçoit les quatre îles anglaises Aurigny, Sercq, Guernesey et Jersey. C'est au nez de Jobourg que finit le dangereux passage de la Déroute et commence le raz Blanchart, terrible défilé où le flot de marée et le jusant, resserrés entre des chaînes d'é-

---

(1) Voir l'*Annuaire de la Manche*, année 1833, page 252.

cueils et de bas fonds, coulent avec une vitesse de plus de 16 kilomètres à l'heure. Au pied du nez de Jobourg, se trouvent la caverne dite le *Trou-des-Fées* et une autre appelée la *Grande-Eglise* qui sont l'objet de nombreuses traditions. Près du sémaphore, on trouve les restes d'un retranchement romain.

On peut revenir par le village de Dannery, et arriver à l'église de Jobourg, point culminant de la Hague. De ce sommet, on découvre toute la partie Nord de la Hague. Jobourg signifie bourg de Jupiter, suivant quelques écrivains qui pensent que sur ce plateau élevé, un temple a été bâti, sous la domination romaine, à ce dieu, considéré par les païens comme emblème du Ciel, et parfois du Soleil. L'église de Jobourg est remarquable par les arcades romanes qui soutiennent la grosse tour, les modillons et les pieds de bœuf à l'intérieur de la nef, preuves d'une vénérable ancienneté. Il existe plusieurs tombelles ou tumuli dans la commune de Jobourg. Un autre tumulus bien conservé se trouve sur la limite d'Auderville, à peu de distance de l'anse d'Escalgrain. Cette anse est un des points les plus pittoresques du département : au fond de cette anse, qui présente une plage de sable, aboutit une vallée dont le bas, occupé par de riantes prairies, arrosées par un ruisseau, contrastent avec les hauteurs rocheuses et sauvages qui l'environnent. Nous arrivons au village de l'église d'Auderville, formant la principale agglomération de la commune. A environ un kilomètre se trouve le port de Goury, station d'un bateau de sauvetage, monté par de braves marins. Lorsqu'ils entendent le signal d'alarme, tous accourent avec empressement, et l'équipage est vite au complet. Plusieurs sont titulaires de nombreuses médailles. L'équipage du canot de Goury a compté jusqu'à trois chevaliers de la Légion d'honneur.

Si nous parcourons le bord du rivage, au Nord de Goury, nous arrivons bientôt à la pointe du cap de la Hague. On jouit là d'une vue splendide. L'horizon est limité par les îles anglaises, dont celle d'Aurigny, la plus proche, est située à 15 kilomètres en mer. Les habitants de celle-ci ont une commune origine avec ceux de la Hague, comme l'indiquent leurs noms et le même patois ; ils ont eu de tout temps des relations suivies. Ces îles qui touchent à la France n'auraient jamais dû cesser de lui appartenir. Au Nord-Ouest du cap de la Hague, à 4 kilomètres en mer, se trouve la Fosse-de-la-Hague, profonde de 120 mètres aux basses marées. Plus près du cap, les dangereux courants du raz Blanchart, viennent briser leur écume blanche sur les noirs écueils au centre desquels le phare d'Auderville semble dominer les vagues. Ce phare, allumé pour la première fois en 1837, a été construit en trois ans par M. Delarue qui a eu à vaincre bien des difficultés. Le phare est remarquable, non seulement par sa hauteur qui est de 50 mètres, mais par sa position sur un étroit îlot, nommé le Gros-du-Raz, à 800 mètres de la côte dont il est séparé par un courant rapide. Il est exposé par sa base aux violents coups de la mer dont les vagues furieuses se brisent et rejaillissent à une grande hauteur, lors des tempêtes. Dans l'intérieur de la colonne qui est pleine, huit chambres commodes et bien éclairées se présentent successivement à chaque révolution de l'escalier. Au sommet, la lanterne qui, d'abord était à feu fixe, a été, en 1890, transformée en feu à éclipses. Le sémaphore du cap de la Hague est bâti sur la commune d'Auderville, tout près de la limite de Saint-Germain-des-Vaux.

Une des plus violentes tempêtes que l'on ait ressenties sur cette côte, est celle du 31 octobre 1823 qui jeta sur le littoral de notre département 23 navires, dont 7 français. De 158 hommes d'équipage qui les montaient, 40 perdirent la vie dans le naufrage. Un des navires, la paquebot américain *le Páris*, qui s'échoua sous Auderville, portait Mgr de Cheverus, évêque de Boston, qui devint plus tard cardinal-archevêque de Bordeaux.

En 1871, le transport de l'Etat, *la Sèvre*, se perdit par un temps brumeux sur les Noires. Il renfermait 153 soldats et matelots qui allaient de Saint-Malo à Cherbourg. Les riverains et le canot de sauvetage ne purent en recueillir que 58. Les habitants d'Auderville racontent encore avec tristesse, qu'ils entendaient de la côte, les cris lamentables des malheureux qui allaient s'engloutir dans la mer, et auxquels il était impossible de sauver la vie. Une foule de navires ont fait naufrage dans ces parages, par suite de la tempête, des courants ou des écueils, et sont engloutis à tout jamais dans l'éternelle nuit de l'oubli.

Au lieu de continuer notre promenade sur le bord du rivage, il est préférable de revenir au village de l'église d'Auderville, pour traverser ensuite la commune de Saint-Germain-des-Vaux. La route serpente à travers divers villages assez populeux formant la partie agglomérée de la commune. Nous arrivons ensuite à *Danneville*, reconnaissable par une vieille tour en ruines, restes d'un ancien moulin à vent. Au Nord-Ouest de ce village, et près du moulin à vent, il existait encore, il y a environ cinq siècles, les restes de solides murailles qu'entourait un fossé large et profond. Les débris de maçonnerie, et surtout la tradition ne laissent aucun doute sur l'existence d'un château fort en cet endroit, le château de Mont-Haguez. Il n'en reste plus aucun vestige, sauf des noms historiques : village des Bons-Vassaux, maison de la Tour-Feuillie, village du Pigeon. Ce château, élevé vers le commencement du ixᵉ siècle, a été détruit vers la fin du même siècle par Hasting, aventurier normand. (Voir la charmante légende insérée dans les *Mémoires de la Société académique de Cherbourg*, année 1835.)

Vers le milieu du ixᵉ siècle, les Normands isolèrent les huit communes du cap de la Hague par un fameux retranchement, une épaisse muraille de terre de 6 à 7 mètres de haut, et nommée le Hugue-Dick. (Voir l'*Annuaire de la Manche*, année 1833, page 258.)

Pour se donner une idée de la commune de Saint-Germain-des-Vaux, il faut se transporter sur le sommet de la Roche-du-Var. Du côté du Nord-Ouest, on découvre depuis le sémaphore du cap de la Hague, une vaste étendue de terrain uni, dont toutes les clôtures sont en pierres. Là s'étendent les meilleures prairies de la Hague. Le rivage, bordé de rochers, s'avance dans la mer, et forme une demi-circonférence découpée par de nombreux havres dont le plus important est celui de Bombec, dans lequel il y a eu plusieurs naufrages. Sous ses pieds on aperçoit le fort de Saint-Germain. Ce fort a soutenu vers 1806, un combat contre une frégate anglaise, la *Minerve*, qui poursuivait, dans l'anse Saint-Martin, un corsaire français. Les habitants de la commune se chargèrent de la défense, et chargèrent à boulets rouges. La lutte dura une partie de l'après-midi, enfin ils réussirent à loger un boulet à bord de la frégate, et 14 hommes furent tués. Ce navire qui était d'origine française avait été enlevé par les anglais, il devait les conduire à leur perte. En voulant ensuite poursuivre, à la faveur de la nuit, un bateau de commerce français, il s'aventura trop près de la digue, alors en construction, et s'échoua sur les fondements. Attaqué de nouveau, il se défendit bravement. Tout à coup il fit des signaux indiquant que le feu était à son bord. En 1855 un nouveau fort a été élevé à l'Ouest de l'ancien. Il fut longtemps armé de 6 obusiers. En 1889 il a été désarmé, étant devenu trop bas pour les besoins de la guerre moderne. En avant du fort et à peu de distance en mer, on voit trois roches d'herbe, nommées *les Herbeuses*, où l'on peut se rendre à pied quand la mer est basse. Elles limitent à l'Ouest l'ouverture de l'anse Saint-Martin.

Dans l'anse Saint-Martin on aperçoit le petit port du Pont-des-Vaux ou port Racine, placé dans une situation remarquable, à l'embouchure d'une vallée, une des plus sauvages parmi celles de la région. C'est vers le haut de cette vallée que se trouve un lieu appelé la *Mare-Besnard*, à laquelle se rattache la légende suivante. Je vais la raconter telle que je l'ai entendue dans le pays. Besnard était un fermier des taxes, sous le règne de Louis XIV, une sorte de percepteur très détesté à cause de sa dureté. A sa mort, les habitants de Saint-Germain ne voulurent pas déposer son corps dans le cimetière, ils l'ont enterré dans ce lieu, et en guise de croix ils ont placé l'inscription suivante au pied du fossé :

Ci-gît le dur sergent Besnard
Qui mourut bien dix ans trop tard
S'il était mort dix ans plus tôt,
Il aurait laissé bien du monde en repos.
Il est mort comme il a vécu.
Prier pour lui c'est temps perdu.
Passant, au lieu d'un libera,
P.... dessus et puis t'en va.

Revenons à l'anse Saint-Martin. Les yeux peuvent suivre

avec plaisir les contours de cette belle anse, dont les environs sont ravissants surtout dans une belle journée d'été. Sur Digulleville on remarque le rocher d'Esquina, qui dit-on, était un gravier se trouvant dans le soulier de Gargantua, lorsque ce géant se disposait à passer de France en Angleterre, par-dessus la mer de la Manche. L'anse est protégée d'une extrémité à l'autre par des collines au pied desquelles se développe une puissante végétation. Le sémaphore de Jardeheu, limite à l'Est l'autre extrémité de l'anse Saint-Martin.

Si nous parcourons la partie Nord-Est de la Hague, le paysage change complétement. Les communes de Omonville, Éculleville, Gréville offrent successivement de charmantes vallées, arrosées par des ruisseaux, bien abritées, et toutes plus belles les unes que les autres. Enfin Landemer, charmante plage et séjour favori des Parisiens, vallée pittoresque imitant la Suisse, couverte de châlets qui charment l'œil et que le pinceau de l'artiste aime à reproduire. Je laisse à d'autre la tâche de décrire cette belle partie de la Hague.

Notre pays si intéressant à visiter et si attrayant à tous égards, n'est pas connu des étrangers comme il devrait l'être. Cela tient à ce qu'il existe une lacune, au point de vue des communications, sur le littoral de l'anse Saint-Martin. Les deux côtés de la Hague sont desservis, l'un par le chemin de grande communication n° 16 qui aboutit à Auderville, l'autre par le chemin de grande communication n° 45 qui aboutit à Omonville-la-Rogue. Ces deux chemins sont reliés par le chemin vicinal n° 28, impraticable aux voitures. En effet depuis le sommet de la Roche-du-Var au Pont-des-Vaux, la pente atteint 14 centimètres par mètre, sur une longueur de 300 mètres. Les voituriers évitent donc de parcourir ce chemin à cause des montées et des descentes nombreuses qu'on y trouve. Le principal remède serait de contourner la Roche-du-Var. Au point de vue stratégique, la défense du Val-de-Saire est bien mieux assurée, le réseau des chemins de grande communication est au complet.

2° Les Habitants de La Hague.

Les habitants de la pointe de la Hague sont de grande taille, ils ont les traits mâles et énergiques, ils sont robustes, hâlés par le soleil et les vents de la mer, ne redoutant pas le danger, d'un caractère honnête et affable, confiants les uns envers les autres, obligeants, recevant leurs hôtes de grand cœur, très fins et très rusés, à ce point de vue ce sont des Normands accomplis, au demeurant d'excellentes gens.

Il y avait autrefois à Saint-Germain, Auderville et Jobourg, des sociétés organisées pour la fraude du tabac. La fraude est morte depuis une quinzaine d'années, mais les vieux *hagards,* avec l'air bons enfants qui les distingue, aiment à raconter les bonnes farces qu'ils faisaient pour éloigner les douaniers du lieu de débarquement, et les moyens qu'ils ont employés pour se tirer d'affaire dans certains cas. Il s'est même trouvé des hagards, condamnés à 5 ou 600 fr. d'amende, au tribunal de Cherbourg, qui, à leur sortie, ont dit en riant aux officiers de la Douane : « Nous allons payer nos frais avec le bénéfice d'une batelée de tabac. » Effectivement, ils se sont embarqués à Cherbourg, directement pour l'île d'Aurigny, et sont revenus avec un chargement, sans que les douaniers se doutassent de ce fait. Aujourd'hui les amendes sont de dix à vingt mille francs et en plus il y a de la prison. C'est la ruine des fraudeurs.

Le *Raillet* est une fête assez singulière qui a lieu à Auderville et à Saint-Germain-des-Vaux. Le jour Saint-Nazaire, 10 juin, les enfants rassemblent les mauvaises herbes recueillies dans les clos, sur les murs, et le long des chemins, et qu'ils ont eu la précaution de faire sécher à l'avance. On choisit de préférence celles qui produisent le plus de fumée, afin de faire un feu qui boucane. Alors, dès le matin, et pendant toute la journée, les enfants allument de petits feux sur le bord des chemins, dans les principaux villages. Les uns font cuire des œufs, et les autres des pommes de terre, pour les manger en plein air, avec du pain et quelques grains de sel. Ils se servent de cidre ou d'eau de jus pour se désaltérer. Ce jour-là on fait de la galette dans toutes les maisons.

Quelle est la signification du Raillet. Les vieillards l'ignorent. Cette fête existe de temps immémorial. Les enfants ont toujours pris congé le jour Saint-Nazaire ; les uns vont à la foire de Gréville, c'est la Guibray du pays ; ceux qui restent peuvent se dédommager en se procurant le petit divertissement que nous venons de raconter.

Les Raillets d'autrefois étaient plus animés que ceux de nos jours. Toute la jeunesse, même jusqu'à vingt ans, faisait gaiement des raillets, et se régalait avec des œufs, des pommes de terre, du pain d'orge et de l'eau. Mais ces nombreuses réunions pouvaient quelquefois dégénérer en abus.

Le Raillet actuel, est une ancienne habitude, très bonne à conserver, elle joint l'utile à l'agréable. Cette gracieuse petite fête marque bien les sentiments de fraternité qui animent la population dès l'enfance ; elle peint par un exemple le caractère des habitants de la Hague.

L'ANSE SAINT-MARTIN.

1° L'Anse Saint-Martin autrefois.

Dans la baie du Pont-des-Vaux, et tout autour du nez (cap)

de la Vieille-Eglise, on remarque, entre la couche de terre et le rocher, une couche de galets de 50 centimètres à 2 mètres d'épaisseur, située au-dessus du niveau de la haute mer. Ces galets arrondis ont donc été roulés par les eaux, et maintenant ils sont recouverts d'une couche de terre labourable. Il est supposable que le fond de la mer s'étant soulevé est sorti de l'eau et les galets sont demeurés au-dessus du niveau de la mer. Une couche de terrain d'alluvion, c'est-à-dire entraîné par les eaux de pluie s'est formée ; ce dépôt a augmenté et la surface est devenue cultivable.

La croûte terrestre remue. Ici elle descend, là elle monte, mais si lentement que nous ne le sentons pas. Dans une époque très ancienne, les côtes de Bretagne ont été réunies à celles de la Manche, et les îles anglaises se trouvaient rattachées à notre terre. C'est l'époque primaire. Le fond actuel de la mer à 50 mètres environ, au-dessous du niveau de l'eau, devait alors former la limite de notre pays.

Ensuite notre sol s'est affaissé, pendant que d'autres parties de la France émergeaient. Longtemps encore l'île d'Aurigny est restée attachée au nez de Jobourg, la profondeur de la mer entre ces deux pays, varie de 30 à 40 mètres. A cette époque les collines de la Manche, ainsi que les grandes plaines dont elles étaient entourées, formaient une immense forêt. Peu à peu, l'envahissement de la mer d'un côté, et plus tard la main de l'homme de l'autre, ont travaillé à détruire ces forêts. Enfin, les Normands ont continué ce ravage par l'incendie.

A une époque très ancienne, d'après la tradition, les habitants de l'anse Saint-Martin construisirent une digue pour arrêter l'envahissement de la mer. D'après la légende, à une époque relativement récente, il y a 12 à 1500 ans peut-être, cette digue fut ouverte, dans l'intention de détruire les bêtes sauvages qui faisaient leur refuge dans le bois, mais la mer ne put être refoulée complétement, et le bois a peu à peu disparu sous la mer. Je pense que la destruction de la digue est plutôt due à la mer, car, si dans le bois il existait des animaux nuisibles, il y avait aussi des villages dans l'anse Saint-Martin, et les habitants auraient compris le danger dont ils seraient menacés eux-mêmes. De nos jours encore, la mer continue de s'avancer et elle ne s'arrêtera que lorsqu'elle sera arrivée au pied des collines qui entourent l'anse.

Les habitants de Saint-Germain disent que les vieilles poutres en chêne qui forment la charpente des anciennes maisons sont provenues de l'anse Saint-Martin. Les racines d'arbre qu'on trouve encore dans le sable lors des plus basses marées sont les témoins irrécusables de l'existence d'un bois en cet endroit.

A la pointe du nez de la vieille église, du côté de l'Est, on aperçoit un petit jardin suspendu sur un rocher, dont le pied, creusé par la nature, forme une sorte de pont naturel de

10 mètres environ, nommé le *Trou-des-Fées*. Les eaux de la mer passent sous ce pont à marée haute. D'après la légende, la fée de Saint-Germain , nommée la *Demoiselle-de-Gruchy*, pouvait faire sombrer les navires passant en pleine mer. Elle hantait souvent du côté de la fontaine Saint-Martin ; les personnes attardées n'osaient passer en cet endroit, car la fée pouvait faire arrêter les chevaux, et les forcer à rebrousser chemin, malgré les efforts de leur conducteur. Elle était donc malfaisante. Il ne serait pas impossible que cette fable et autres récits de visions, ne fussent des moyens dont les fraudeurs pouvaient se servir pour effrayer les douaniers. La Hague a été le pays des légendes.

Au bord de la mer, à l'Ouest du havre de Plainvie, sur la limite des communes de Saint-Germain-des-Vaux et d'Omon ville-la-Petite, il existait vers le xiv° siècle, une église dont toute trace a disparu. Son bénitier a été placé, en 1871, dans l'église actuelle au-dessous du clocher. En 1872, lors de la construction du chemin vicinal n° 28, on a retrouvé une rangée de 8 cercueils placés en travers de la route. Ces cercueils paraissaient formés d'une sorte de ciment mélangé de coquillages et de sable, afin de soustraire les corps à la dent des bêtes sauvages qui peuplaient l'anse. Les pierres de l'église et les débris des cercueils ont servi à élever les clôtures des champs en cet endroit.

2° L'Anse Saint-Martin aujourd'hui.

En 1853, le navire de guerre l'*Infernal,* capitaine de Rostang, fit de longues études sur le projet de fermer l'anse pour établir un port de refuge en cas de guerre. L'anse Saint-Martin, dont la partie la plus rapprochée de la terre est connue sous le nom de havre Plainvie, est même le seul refuge naturel qu'offre la côte de France depuis Brest jusqu'au Pas-de-Calais. Elle est très bien abritée contre les vents de terre par les hauteurs environnantes, et il faudrait des dépenses peu considérables pour fermer une sorte de port de 240 hectares, propre au mouillage, 1/3 pour les vaisseaux de ligne, 1/3 pour les bâtiments de commerce, 1/3 pour les bateaux de pêche. Il y a des lignes de rochers aux Herbeuses et sur Digulleville qui se trouvent pour ainsi dire disposés pour recevoir des brise-lames. A l'entrée de la passe, la profondeur serait de 13 mètres, et au milieu de la baie, de 8 mètres avec un excellent mouillage. La guerre de Crimée et le défaut de fonds ont fait ajourner ce projet. La dépense serait peu de chose en comparaison de l'utilité produite ; la valeur des bâtiments sauvés couvrirait promptement celle des travaux exécutés dans ces lieux si tourmentés par les tempêtes et exposés en cas de guerre aux entreprises ennemies.

Supposons Cherbourg attaqué par mer, l'anse Saint-Martin se trouve être le lieu le plus favorable pour opérer un débarquement ennemi, surtout à cause de la proximité de l'île d'Aurigny, centre des opérations. Les anglais sont débarqués à Urville-Hague le 7 août 1758. Si l'ennemi s'emparait de nouveau de Cherbourg, seule place forte sur la mer de la Manche, ce serait un immense malheur pour la France. Cherbourg est la rivale de Portsmouth, deviendra-t-il un second Calais, et les 400 millions jetés à Cherbourg seront-ils perdus. Souvenons-nous que les îles normandes ne sont plus françaises depuis cinq siècles; ces îles, nous autres paysans de la Hague, nous les voyons tous les jours devant nos yeux comme un avertissement perpétuel de ne rien laisser à l'imprévu.

L'avis de tous les auteurs qui ont étudié la question, est que la baie de Saint-Martin pourrait jouer un grand rôle à un moment donné, au point de vue de la défense du littoral, étant des mieux placées pour des torpilleurs dont elle paraît devoir être le véritable lieu de station.

Les torpilleurs pourraient empêcher un débarquement ennemi dans l'anse, et au besoin faire sauter les navires ennemis passant dans les parages des îles anglaises, et qui seraient signalés par les sémaphores voisins; à l'occasion venir menacer une escadre ennemie attaquant Cherbourg, ou tentant un débarquement dans les autres anses du littoral. Il ne s'agit donc pas de remplacer le port militaire de Cherbourg ; au contraire, il s'agit de compléter sa défense, par une défense mobile qui empêcherait l'ennemi de concentrer toute sa vigilance et toutes ses forces du côté de Cherbourg et qui pourrait au besoin aider puissamment à la défense. Des batteries construites sur la Roche-du-Var, et sur Digulleville, les dangers qui sillonnent la mer aux environs, et les courants serviraient à protéger les torpilleurs refugiés à Saint-Martin

Il est supposable que tôt ou tard des travaux sérieux seront entrepris en cet endroit. Les hommes compétents n'ont pas perdu de vue les avantages que présente cette belle anse. Il n'est pas prudent, en face d'Aurigny transformée en citadelle, de laisser l'anse Saint-Martin sans aucun moyen de protection. Les guerres sont devenues foudroyantes, et ceux qu'elles surprennent sont perdus.

La division cuirassée du Nord, sous le commandement du contre-amiral Gervais, et composée des cuirassés *Marengo*, *Requin*, *Furieux*, et le croiseur torpilleur *Epervier* allant de Cherbourg à Brest, a fait station dans l'anse Saint-Martin, le mercredi 21 mai 1890, de 10 heures à 11 heures du matin. Elle a opéré quelques sondages, mais ayant reçu l'ordre de partir, on dit qu'elle doit revenir étudier l'anse.

Les habitants de la Hague disent que le commandant de Rostang était un admirateur du projet de fermer l'anse Saint-Martin, et si la mort ne l'avait pas surpris trop tôt, ce projet serait exécuté. A cette époque on ne connaissait pas les torpilleurs, mais on pensait que Diélette était, comme de nos jours encore, le seul port de refuge entre Cherbourg et Granville pour les caboteurs, toujours nombreux, surpris par les mauvais temps, dans les dangereux parages du cap de la Hague. Un port de refuge serait donc très nécessaire dans l'anse Saint-Martin. En cas de guerre, des convois de l'Etat, chargés de matériel ou de subsistance, s'y soustrairaient à l'attaque des croiseurs anglais. Des corsaires attendraient l'instant propice pour sortir ou pour y faire entrer leurs prises. L'anse Saint-Martin a donc une grande importance par sa situation, et elle pourrait fournir un lieu ne refuge aux heures du danger, pour les navigateurs surpris par la tempête ou par l'ennemi partant des îles anglaises.

Voici la liste des naufrages les plus récents qui ont eu lieu dans les environs de l'anse Saint-Martin, depuis le phare d'Auderville au sémaphore de Jardeheu, d'après les renseignements officiels.

Saint-Germain.—Bombec, 9 mars 1865, goëlette hollandaise, *Henriette*, démolie.

Saint-Germain. — Bombec. 16 avril 1865, vapeur, *Ville-de-Paris*, français, relevé.

Auderville. — La Noire, 6 février 1871, vapeur, la *Sèvre*, français, sombré, 95 hommes perdus.

Auderville. — En mer, 14 mars 1872, goëlette, *Britania*, anglaise, sombrée, équipage perdu.

Digulleville. — En mer, 19 mars 1873, goëlette, *Louise-Hortense*, française, sombrée, équipage perdu.

Saint-Germain. — Grénéquet, 19 août 1874, vapeur, *Pascal*, anglais, relevé, équipage sauvé.

Auderville. — Gros-du-Raz, 14 février 1875, trois mats, *Monica*, suédois, relevé.

Jardeheu. — En mer, 14 octobre 1875, pêcheur, *Maria*, français, sombré, équipage perdu.

Cap la Hague. — En mer, 14 novembre 1875, sloop, *Saint-Antoine*, français, démoli, équipage sauvé.

Cap la Hague. — En mer, 10 juin 1876, sloop, *Raymond*, français, démoli, équipage sauvé.

Cap la Hague. — En mer, 5 septembre 1876, brick, *Rio*, anglais, sombré, équipage sauvé.

Cap la Hague. — En mer, 16 novembre 1876, sloop, *Albertine*, français, relevé, équipage sauvé.

Saint-Germain. — Becchue, 25 novembre 1876, vapeur, *James-and-Mary*, anglais.

Cap la Hague. — En mer, 13 mars 1877, sloop, *Gustave-Emile*, français. sombré.

Cap la Hague.—En mer, 24 septembre 1878, sloop, *Eugène-et-Julie*, français, sombré.

Cap la Hague. — En mer, 14 novembre 1878, sloop, *Rapid*, anglais, sombré.

Saint-Germain. — Becchue, 25 novembre 1879, lougre, *Espadon*, français, démonté, équipage sauvé.

Auderville. — Sémaphore, 18 juin 1880, remorqueur, *Etincelle*, français, relevé, équipage sauvé.

Cap la Hague. — En mer, 20 octobre 1880, sloop, *Saint-Georges*, anglais, sombré, équipage perdu.

Cap la Hague.—En mer, 28 mai 1881, goëlette, *Sarah Jane*, anglaise, sombrée, équipage perdu.

Cap la Hague. — En mer, 22 octobre 1881, sloop *Marie*, fiançais, sombré, équipage perdu.

Saint-Germain.—15 novembre 1882, goëlette, *Jane*, anglaise.

Anse Saint-Martin. — 10 septembre 1883, pêcheur, *Achille-Marguerite*, français, relevé, équipage sauvé.

Jardeheu. — En mer, 20 novembre 1883, pêcheur, *Amour*, français, sombré, équipage perdu.

Auderville. — Grunes, 17 février 1884, vapeur, *Ville-de-Lisbonne*, français, sombré, équipage sauvé.

Jardeheu. — En mer, 21 janvier 1888, sloop, (inconnu), sombré, équipage perdu.

Jardeheu.—En mer, 11 juillet 1888, pêcheur, *Nina*, français, sombré, équipage perdu.

Anse Saint-Martin. — 29 janvier 1890, pêcheur, *Eugénie*, français, relevé, équipage sauvé.

Auderville. — Sémaphore, 30 mars 1890, vapeur, *Breton*, français, relevé, équipage sauvé.

Il est vrai qu'un port de refuge ne serait pas une assurance contre les naufrages dans ces parages, mais quand il ne sauverait qu'un navire dans un intervalle de dix années, ce serait une affaire importante, si on considère la valeur de ces bâtiments. Et en temps de guerre, quelle serait son utilité ? Je laisse aux hommes du métier le soin d'apprécier l'importance de ce projet.

HENRY,

Instituteur à Saint-Germain-des-Vaux.

BIOGRAPHIE.

Le docteur HOUSSIN-DUMANOIR.

Le 17 octobre 1889 s'éteignait à Grenneville une existence noblement remplie et consacrée tout entière au bien public, celle du docteur Houssin-Dumanoir, Conseiller général, ancien Maire de Saint-Lo.

M. Houssin-Dumanoir (Augustin-Bénoni-Henri), était né à Saint-Lo, le 27 août 1808. Dès son enfance, il fut témoin des excès qu'entraînent les passions politiques. Il vit la maison de sa famille envahie par une bande de royalistes venant y insulter son parent le colonel Houssin-de-Saint-Laurent, qui avait eu le tort à leurs yeux de commander brillamment pendant les Cent Jours une brigade de cavalerie. Il en garda une impression ineffaçable qui ne contribua pas peu à le fixer à tout jamais dans les rangs du parti libéral.

Il fit ses études classiques au vieux collège de Saint-Lo où il eut pour professeur M. Julien Travers, et pour condisciples MM. Leverrier et le cardinal Guilbert.

Elève en médecine successivement à Caen et à Paris, il était chargé, bien que simple étudiant encore par la Faculté et le Gouvernement en 1832, alors que le choléra sévissait avec violence particulièrement sur Paris et ses environs, d'aller donner ses soins aux malades de Seine-et-Oise et il s'acquittait de sa mission avec un zèle et un dévouement qui lui valaient une précieuse distinction.

Il prélu lait ainsi à une vie tout entière dépensée au soulagement de ses semblables avec une abnégation et un désintéressement qu'on ne saurait trop louer.

Dès l'année 1833 il venait exercer la médecine dans sa ville natale où grâce à la solidité de ses connaissances médicales, et à son inaltérable dévouement il se créait une clientèle qui lui est restée fidèle jusqu'à la mort.

Au mois de mai 1840 ses concitoyens l'envoyèrent au Conseil municipal où il a siégé pendant une période ininterrompue de 49 ans ; presque toujours élu en tête de liste.

Adjoint au Maire de Saint-Lo en 1848 et 1849, il devint Maire en 1870, dans des circonstances particulièrement difficiles, et jusqu'en 1874 époque où il fut remplacé par le Ministère de Broglie ; il s'acquitta de ses délicates fonctions avec un tact, une fermeté et une intelligence, auxquels ne put s'empêcher de rendre hommage, dans une lettre devenue publique, le représentant du Gouvernement d'alors, M. de Champagnac, qui n'avait pu d'ailleurs, malgré tous ses efforts, faire dévier un instant M. Houssin-Dumanoir, de sa ligne politique, fermement républicaine et libérale.

Nous ne pouvons laisser passer cette période si honorable de son existence administrative, sans rappeler l'imputation calomnieuse lancée contre lui par des adversaires sans scrupule, à l'occasion de l'envoi des mobilisés dans les marais du Cotentin, envoi auquel M. Houssin-Dumanoir s'était énergiquement opposé.

Elu Conseiller général dès 1848 et de 1864 à 1871, enfin de 1874 jusqu'à sa mort, il avait su dans l'Assemblée départementale conquérir l'estime et la sympathie de tous ses Collègues sans exception par la courtoisie de ses relations, par la loyauté et l'indépendance de son caractère.

Les élections municipales de 1877, entièrement favorables au parti républicain le ramenèrent à la tête de l'Administration municipale où ses Collègues le maintinrent jusqu'au moment où son grand âge lui fit décliner leurs suffrages.

Le 7 février 1878 un décret du Président de la République le nommait Chevalier de la Légion d'honneur et l'opinion publique fut unanime pour applaudir à cette haute distinction si bien méritée.

Le cadre de cette simple notice ne comporte pas le détail des améliorations, des progrès accomplis pendant les quatorze années passées par M. Houssin-Dumanoir à la mairie de Saint-Lo.

Qu'il nous soit permis de rappeler seulement la transformation du quartier de l'Enclos par le nivellement de la place du Parvis-Notre-Dame et le pavage de ses principales rues ; la réfection du pavage des rues Saint-Thomas, Valvire, Belle-Croix, Ruettes ; la couverture du ruisseau de Dollée ; rue du Pré-de-Bas ; la transformation du Champs-de-Mars et des voies adjacentes, le dégagement des abords des halles, l'élargissement de la rue du Neufbourg, de la rue Torteron à sa jonction avec la rue Havin, de la Neuve-Rue (aujourd'hui rue Houssin-Dumanoir), l'achèvement de la nouvelle conduite des eaux et la construction de réservoirs, la construction d'un abattoir, la mise à exécution par le Gouvernement du projet de construction du nouveau Dépôt d'étalons, obtenue à la suite de la visite de M. Tirard, la création du marché à bestiaux du mardi, la reconstruction du Tribunal de commerce et de la Justice de paix, la construction ou l'agrandissement de divers établissements scolaires, Ecole supérieure, Ecole de filles, Ecole maternelle, et enfin l'agrandissement de la caserne d'infanterie et l'augmentation de la garnison.

Toutes ces améliorations réalisées avec le concours du Conseil municipal qui n'a jamais fait défaut à M. Houssin-Dumanoir, ont été menées à bien, sans grever davantage les contribuables, sans nuire à l'équilibre du budget et au bon fonctionnement des services municipaux.

Mais si sa constante préoccupation fut le bien de la Cité qui lui avait confié la défense de ses intérêts, elle ne fut pas la seule et ne le détourna en rien de l'accomplissement de ce qu'il considérait comme le devoir de tout bon citoyen, le dévouement le plus absolu aux intérêts généraux du pays et aux idées de progrès et de sage liberté pour lesquelles il n'avait jamais cessé de combattre.

Collaborateur toujours fidèle et zélé des Havin, des de Tocqueville, des de Mézange, pour ne parler que des morts, dans leurs luttes pour la démocratie ; il était tenu par tous en profonde estime, et son concours hautement apprécié.

Nous ne pouvons résister au plaisir de citer quelques lignes d'une lettre qui lui fut adressée en 1874 par M. le vicomte de Tocqueville, Député à l'Assemblée nationale et qui fait grandement honneur à celui qui l'a écrite et au destinataire :

« Nacqueville, le 30 août 1874.

» Cher Monsieur et bon ami,

» Jusqu'ici je n'avais pas mis en doute que vous vous présenteriez aux élections du Conseil général qui vont s'ouvrir
» le 4 octobre prochain.

» A mon grand étonnement, j'apprends que vous hésitez.
» Permettez-moi de blâmer cette défaillance et de vous dire,
» sans aucune précaution oratoire que vous n'avez pas le droit
» de vous dérober aux devoirs que les temps imposent à tous
» ceux qui se sont fait les apôtres de la bonne cause.

» Je suis vieux, et si je ne consultais que mes goûts et les
» intérêts de ma santé, je rentrerais dans la retraite que je
» crois avoir bien gagnée.

» Mais à tort ou à raison j'estime que je représente une force
» nécessaire à la démocratie, et je reste dans l'arène, dussè-je
» y mourir..........................

» Je suis bien combattu, mais les difficultés me surexcitent
» et doublent mon ardeur.

» Je vous en supplie ; faites comme moi et ne perdez pas un
» instant pour annoncer votre candidature.

» C'est à vous maintenant...... de rentrer dans un Conseil
» où vous avez figuré si dignement, et où vous pouvez encore
» rendre de si utiles services.

» D'ailleurs nous avons besoin plus que jamais de nous
» serrer les uns contre les autres afin de résister plus sûrement
» à la réaction.

» Ce serait une défection de votre part que de manquer à
» l'appel dans les circonstances graves où nous nous trouvons.

» Les sympathies de la population vous sont acquises, vous
» n'aurez qu'à les seconder pour assurer votre succès.

» Je vous en prie, n'y manquez point : vous ferez ainsi un
» acte de patriotisme et je vous assure que j'en serai personnel-
» lement bien heureux.

» Votre bien affectionné,

« DE TOCQUEVILLE ».

A cet apel d'un homme de cœur, M. Houssin-Dumanoir répondit comme on sait, par l'annonce de sa candidature, et il rentra au Conseil général pour n'en sortir qu'à sa mort.

A trois reprises différentes, il fut candidat à la députation
en 1877, en 1881 et en 1885.

En acceptant d'être le porte-drapeau des institutions répu-
blicaines, il ne se faisait pas d'illusions sur l'issue de la lutte.
Mais son inaltérable attachement aux idées libérales et démo-
cratiques, qui fut l'honneur de sa vie, ne lui permit pas de
s'abstenir, malgré les sacrifices de toute nature qu'il était obligé
de s'imposer.

C'est qu'il n'était pas de ceux que le succès seul attire; là
où il voyait son devoir à remplir, une noble cause à défendre,
il allait droit son chemin, sans faiblesse comme sans forfan-
terie.

Avant de terminer, nous ne saurions trop insister sur une
des qualités maîtresses de M. Houssin-Dumanoir, celle qui l'a
plus particulièrement désigné aux sympathies de ses compatriotes de l'arrondissement de Saint-Lo, sinon à leur reconnaissance.

Pendant près de cinquante-six ans, il a exercé la médecine
au milieu de nous, et jamais personne, dans aucun cas, riche
ou pauvre, de jour ou de nuit, n'a en vain réclamé ses services.
Il a toujours été l'homme du devoir, ne consultant que son dévouement à ses semblables sans se préoccuper de son repos ou
de sa santé.

En se dévouant ainsi sans compter, M. le docteur Houssin-
Dumanoir était, à ce point de vue comme en tout le reste,
fidèle à lui-même et aux sentiments qui l'avaient inspiré dès le
début de sa carrière.

Fais ce que dois, advienne que pourra, telle fut sa devise,
dont il ne s'écarta jamais.

Chez lui les idées généreuses de la jeunesse persistèrent dans
l'âge mûr et jusqu'à sa vieillesse en imprimant à sa longue
existence une unité de caractère que l'on rencontre rarement
de nos jours, et à laquelle nous sommes heureux de pouvoir
rendre un suprême et respectueux hommage.

X.

ADMINISTRATION. — PERSONNEL.

LISTE CHRONOLOGIQUE DES PRÉFETS
DU DÉPARTEMENT DE LA MANCHE.

NOMS.	DATES DES NOMINATIONS.	DURÉE DE LEURS FONCTIONS.
MM.		
Magnytot	12 ventôse an VIII.	1 an 1 mois 15 jours.
Montalivet....	20 germinal an IX..	2 ans 11 mois 23 jours.
Costaz	10 germinal an XII	2 ans 10 mois 16 jours
Bossi..............	12 février 1810....	5 ans 5 mois 4 jours.
de Vanssay.............	17 juillet 1815....	5 ans 2 jours.
Esmangart	19 juillet 1820	3 ans 8 mois 17 jours.
d'Estourmel............	7 avril 1824	6 ans 4 mois.
Baude................	10 août 1830........	Non installé.
Gattier................	19 août 1830........	6 ans 2 mois.
Mercier	21 octobre 1836....	6 ans 8 jours.
Bonnet..............	29 novembre 1842..	5 ans 3 mois.
Havin (Commissaire).....	26 février 1848.....	2 mois 2 jours.
Vieillard (Commissaire) .	2 mars 1848	2 mois.
Le Hodey (Commissaire par intérim).	2 mai 1848........	8 mois 22 jours.
Le Hodey (Préfet).......	23 juillet 1848	
de Tanlay.............	24 janvier 1849	2 ans 10 mois.
Jourdain.............	26 novembre 1851..	1 mois 26 jours.
Paulze-d'Yvoy.	22 janvier 1852....	1 an 6 mois 8 jours.
Dugué.............	28 juillet 1853....	6 ans.
de Bocville (Cte)........	27 juillet 1859.....	2 ans 5 mois 15 jours
Guillaume d'Auribeau....	16 janvier 1862	Non installé.
Pron.............. ...	1er février 1862.....	3 ans 9 mois 20 jours.
Levainville	12 novembre 1865..	4 ans 3 mois 4 jours.
Vte Malher	17 février 1870.....	6 mois 18 jours.
Lenoel	6 septembre 1870..	15 jours.
Lemercier..............	22 septembre 1870..	7 jours.
Lenoel	29 septembre 1870..	4 mois 5 jours.
Frémont	4 février 1871.....	1 mois 10 jours.
Vaultier..........	2 avril 1871	2 ans 7 mois.
de Champagnac..........	17 octobre 1873....	1 an 5 mois 28 jours.
Buchot............	10 avril 1875.....	1 an 9 mois 3 jours.
Laurent	5 janvier 1877....	4 mois 27 jours.
du Chevalard.....	19 mai 1877	6 mois 29 jours.
Poulin	18 décembre 1877 .	2 ans 1 mois 5 jours.
Filippini	12 janvier 1880.....	5 ans 3 mois 13 jours.
Favalelli	25 avril 1885	7 mois 3 jours.
P. Floret	28 novembre 1885.	Installation du 11 décembre 1885.

SÉNATEURS DE LA MANCHE.

MM.
SÉBIRE O✳.
LABICHE.

MM.
LENOEL.
MOREL.

DÉPUTÉS DE LA MANCHE.

MM.
De La MARTINIÈRE ✳.
BRIENS ✳.
RIOTTEAU.
RAULINE.

MM.
LEGRAND (Arthur)✳.
CABART-DANNEVILLE.
De LAGORSSE.

COMMISSION DÉPARTEMENTALE.

MM.
BERNARD ✳, *Président.*
LEFRESNE.
VRAC.
TÉTREL ✳, *Secrétaire.*

MM.
PAIN.
REGNAULT.
DENIS-THIEUDIÈRE.

PRÉFECTURE.

M. FLORET O✳. O. I. P., *Préfet.*
M. SALVETAT O.A., *Secrétaire général.*
M. le Préfet reçoit les samedis et jours de foire toute la journée.
Les autres jours, il reçoit de 10 heures à 11 heures 1/2 et de 2 heures à 5 heures.

CONSEIL DE PRÉFECTURE.

MM. DAUSSY, *Vice-Président.*
MÉNARD, *Conseiller.*
BOURGOIS, *id.*
RIVALS, *id.*

SALVETAT, Secrétaire général, *Commissaire du Gouvernement.*
Le Conseil de Préfecture se réunit en séance publique, le vendredi de chaque semaine, à une heure et demie.
Les audiences sont suspendues pendant la tournée de révision.

BUREAUX DE LA PRÉFECTURE

(OUVERTS AU PUBLIC TOUS LES JOURS DE 9 A 4 HEURES).

Cabinet du Préfet.

M. ILLY, *Chef du Cabinet.*

Ouverture des dépêches.— Correspondance particulière.— Affaires réservées.— Service du télégraphe du Cabinet.— Surveillance des journaux du département. — Sous-Préfets et Conseillers de Préfecture. — Conseillers généraux et Conseillers d'arrondissement. — Maires et Adjoints.— Beaux-Arts.— Honneurs et préséances.— Fêtes et cérémonies publiques.

M. BLONDEL O. A., *Chef-Adjoint.*

Distribution de la correspondance.— Personnel de tous les services et de toutes les administrations.— Prestations do serment des fonctionnaires.— Demandes d'audiences et de congés.— Nominations et promotions dans l'Ordre de la Légion d'honneur. — Ordres étrangers.— Médailles et récompenses pour belles actions.— Recours en grâce.— Secours à divers titres.— Bureaux de tabacs.— Débits de boissons. — Loteries. — Réfugiés politiques. — Conférences et cours publics.— Nomination des membres des Bureaux de bienfaisance et des Commissions administratives des établissements de bienfaisance.

Première Division.

Chef de Division : **M. POTEAUX.**

Réception et transmission du *Bulletin des Lois* et de toutes le publications officielles.—Imprimerie, librairie, colportage, estampes et gravures.—Abonnements et envois périodiques.—Brevets d'invention.— statistique générale.—Procès-verbaux du Conseil général.— Elections.— Recrutement, enrôlements.— Engagements volontaires d'un an.— Réserve de l'armée active.— Armée territoriale.—Casernement des troupes.— Marine et colonies. — Sapeurs-pompiers. — Gendarmerie.— Poudres et salpêtres — Ponts et chaussées, chemins de fer, navigation, usines, cours d'eau, desséchements.— Mines et carrières.— Bacs et bateaux.— Lignes télégraphiques.— Propriétés, mobiliers, bâtiments civils, dons et legs, contentieux, en ce qui concerne le Département et l'Etat. — Bureaux d'enregistrement et affaires domaniales.— Police municipale.— Police de la chasse, de la pêche, des voitures publiques, des rivages de la mer, des subsistances, de la salubrité et de la sûreté publiques. — Etablissements insalubres.— Médecins, pharmaciens, vétérinaires.— Prisons, surveillance des condamnés. — Divisions administratives et ecclésiastiques. — Associations. — Sociétés de secours mutuels. — Jury.— Population.—Passeports, légalisations.—Poids et mesures —Agriculture.— Haras. — Industrie, commerce et manufactures.—Marque de garantie des matières d'or et d'argent.— Ecoles spéciales et nationales.— Répertoires des actes sujets à l'enregistrement.

Deuxième Division.

Chef de Division : M. Alph. Colas. O. A.

PREMIER BUREAU.

Voirie vicinale, urbaine et rurale. — Création, centralisation, recouvrement et répartition des ressources communales pour la vicinalité.— Prestations. — Emprunts à la Caisse des chemins vicinaux.— Subventions de l'Etat et du Département.— Subventions industrielles.— Exécution des lois sur l'achèvement des chemins vicinaux. — Projets de classement, de rectification, de construction des chemins de diverses catégories. — Devis des travaux. — Adjudications. — Régies. — Règlement des dépenses. — Fixation des tracés et des alignements des traverses des communes. — Acquisitions amiables ou forcées des terrains et règlement des indemnités pour cession ou occupation d'immeubles. — Expropriations pour cause d'utilité publique (lois des 21 mai 1836, 8 juin 1864, 20 août 1881). — Subventions et avances aux communes pour travaux d'art et paiement des terrains.— Extraction des matériaux et dommages divers. — Autorisations et fixation des indemnités. — Plantations, élagages sur les chemins. — Distribution et concession d'eau. — Demandes d'alignement des particuliers et permissions de voirie. — Etablissement des plans d'alignement et de nivellement des voies publiques communales. — Trottoirs et pavages dans les villes.— Chemins ruraux : reconnaissance (loi du 20 août 1881).

Instruction primaire et secondaire.— Ensemble du service de la comptabilité.—Liquidation des dépenses de l'Instruction primaire.— Bourses dans les lycées, collèges et établissement d'enseignement primaire supérieur pour les deux sexes.—Ecoles normales. — Ecoles communales.— Ecoles libres et pensionnats.— Conseil départemental de l'enseignement primaire. — Cours d'adultes. — Bibliothèques scolaires. — Caisses des écoles. — Création de postes, traitements, encouragements, secours, pensions de retraites des instituteurs communaux.

Dons et legs aux communes, établissements charitables, cures, fabriques, etc. — Rachats de rente et emploi de capitaux.— Mainlevée d'hypothèques.— Octrois : règlements, tarifs.— Droits de location de place dans les foires, marchés et abattoirs. — Droits de pesage, mesurage, jaugeage publics. — Droits de voirie et autres au profit des communes.— Frais de casernement et d'occupation de lits militaires.— Actions judiciaires et transactions des communes, des établissements charitables ou religieux. — Comités consultatifs. — Hospices et bureaux de bienfaisance : création, service intérieur, commissions de charité.—Administration des biens, adjudications et marchés, statistiques et situations périodiques.— Création et emploi des ressources de toute nature destinées au soulagement des indigents.— Admission des malades et incurables dans les hospices et hôpitaux.— Pensions et retraite aux agents et employés des communes et établissements de bienfaisance.—Cures et fabriques, consistoires : administration, personnel, comptabilité.— Propriétés des communes et établissements publics : locations, ventes, échanges, partages, acquisitions. — Biens indivis.— Encouragement de l'Etat pour les services de bienfaisance publique.

DEUXIÈME BUREAU.

Instruction primaire et secondaire.—Construction et appropriation de locaux scolaires.— Mobiliers.— Subventions.— Emprunts.— Propriétés communales : mairies, églises, presbytères.— Echanges, acquisitions, aliénations. — Travaux : subventions, adjudications, marchés, règlement, contentieux.— Cimetières : police, règlement des concessions, transactions, agrandissement.— Sessions des Conseillers municipaux.— Répartition du fonds commun des amendes de police correctionnelle.— Conseil départemental des bâtiments civils.— Comptabilité des communes, établissements de bienfaisance, hôpitaux, hospices, syndicats.— Budgets et autorisations supplémentaires.— Remboursement de fonds placés au Trésor.— Compte des Receveurs des communes et autres établissements : enregistrement, classement et notification des arrêtés d'apurement en Cour des Comptes ou Conseil de Préfecture. — Comptabilités de fait ou occultes.— Cotisations municipales : recouvrement et emploi.— État annuel de la situation financière des communes.— Statistiques pour les Ministères de l'Intérieur et de l'Agriculture relatives aux établissements charitables.— Taxe municipale sur les chiens.

Troisième Division.

Chef de Division : M. LEFÈVRE.

Comptabilité générale et départementale : mandatements des dépenses de toute nature : comptes et budgets départementaux, virements de crédits, réimputations, renversements, situations périodiques, comptes annuels et situations définitives en clôture d'exercice.—Colons réfugiés.—Réfugiés politiques, comptabilité. — Télégraphie, comptabilité.— Etablissements sanitaires, comptabilité.— Chambres de commerce, comptabilité.— Service des gens de mer, solde arriérée, secours sur la caisse des Invalides de la Marine.— Traitements administratifs.-- Frais d'administration de la Préfecture et des Sous-Préfectures.—Trésor public : transport de fonds, refonte de monnaies.—Dette publique, rentes pour l'Etat.— Pensionnaires de l'Etat et rentiers viagers.— Contributions directes : sous-répartition, recouvrement, réclamations, poursuites.— Cadastre.— Contributions indirectes.— Douanes.— Caisse des retraites et liquidation des pensions des employés de la Préfecture et des autres services départementaux.— Liquidation des pensions des employés des prisons et du service de la vérification des poids et mesures.—Caisses d'épargne.—Caisse des retraites de la vieillesse.— Comptoirs nationaux.—Visa des récépissés.— Frais de justice.— Assistance publique, extinction de la mendicité, aveugles et sourds-muets, secours à divers titres.— Aliénés et enfants trouvés : personnel et ensemble du service.

GREFFE DU CONSEIL DE PRÉFECTURE

(Ouvert tous les jours de 9 heures à 4 heures).

Greffier : M. VIEL.

Réception et enregistrement des actes introductifs d'instances.—Requêtes, exploits et procès-verbaux.— Communication aux parties ou à leurs mandataires de pièces de procédure.— Etablissement des

rôles.— Enregistrement et notification des décisions du Conseil.—
Correspondance relative à la régularisation des affaires en instance.

Les renseignements ou communications que les parties jugent utile d'adresser à M. le Conseiller chargé du rapport, doivent être transmi par l'intermédiaire de M. le Préfet.

ARCHIVES DÉPARTEMENTALES.

M. DOLBET, *Archiviste.*

Archives de la Préfecture, des Sous-Préfectures, des Communes et des Hospices.— Classement, Inventaire, récolements, rapports.— Communication et délivrance des titres — Catalogues et surveillance des bibliothèques administratives.— Publication d'ouvrages historiques,

BATIMENTS CIVILS.

Architecte du Département.— M. PILLIOUD, à Saint-Lo.
Conducteur. — M. Levieux.

ARCHITECTES D'ARRONDISSEMENT.

MM. N..., à Saint-Lo; Cheftel, fils, à Avranches; Drancey, à Cherbourg; Hue, à Mortain; Desheulles, chargé de l'arrondissement de Coutances; Gouy, chargé de l'arrondissement de Valognes.

POIDS ET MESURES.

Vérificateurs: MM. Michel, à Saint-Lo; Jehenne, à Avranches; Prévost, à Cherbourg; Lecorbeiller, à Coutances; Grandrie, à Mortain.

CONSEILS D'HYGIÈNE D'ARRONDISSEMENT

ARRONDISSEMENT DE SAINT-LO.

MM. P. Floret O ✻, O. I. P., Préfet, *Président;* N..., vice-*président;* le Maire de Saint-Lo; Granger, négociant; Bernard ✻, Thomas, Leturc, Alibert et Lhomond, docteurs-médecins; Manoury, vétérinaire; l'Ingénieur des ponts et chaussées ou faisant fonctions d'Ingénieur à Saint-Lo; Fontaine et Sébire, pharmaciens; Pommier, ancien pharmacien.

ARRONDISSEMENT D'AVRANCHES.

MM. Tardif (Alfred), Sous-Préfet, *président;* Gautier. Conseiller général; l'Ingénieur ordinaire des ponts et chaussées, à Granvile;

lo Maire d'Avranches; Le Tourneur, Le Do, Béchet, Frémin et Lemoine, docteurs-médecins ; Pinel, Gilbert et Requier, pharmaciens, Blin, vétérinaire ; Langlois, Longrais, conducteurs des ponts et chaussées.

ARRONDISSEMENT DE CHERBOURG.

MM. Martinet, Sous-Préfet, *président ;* le Maire de Cherbourg ; l'Ingénieur ordinaire des ponts et chaussées ; Girard-Labarcerie, ancien médecin principal de la marine ; Renault, Offret, Monnoye. fils, et Legard-Lafosse, docteurs-médecins ; le Directeur du service de la santé de la marine ; Poittevin, Levionnois, pharmaciens ; Jouninet, ancien pharmacien ; Pouppeville, vétérinaire.

ARRONDISSEMENT DE COUTANCES.

MM. Pascal, Sous-Préfet, *président ;* Boissel-Dombreval ✳, Maire de Coutances ; Saillard, Adjoint au Maire de Coutances ; de la Bellière, Tanqueray, Dudouyt (Pierre), Laisney, Thomas, Leconte (Jacques-Léon). docteurs-médecins ; Daniel, Marquez et Baize, pharmaciens ; Levionnais, vétérinaire.

ARRONDISSEMENT DE MORTAIN.

MM. Salanson, Sous-Préfet, *président ;* le Procureur de la République ; de Bailliencourt, Maire de Mortain ; Heurtaut, de la Houssaye, Breillot. Leriche, Malon, docteurs-médecins ; Buisson, Almin, pharmaciens ; Hergault-Losinière, vétérinaire.

ARRONDISSEMENT DE VALOGNES.

MM. Leménicier, Sous-Préfet, *président ;* Leneveu, Lebouteiller, Dansos, Sébire O✳, Bricquebec, Leneveu fils, Fatôme, docteurs-médecins ; Agnès-Roland, pharmacien ; Le Marquand, vétérinaire ; Floquet, pharmacien.

CONSEIL GÉNÉRAL.

MEMBRES DU CONSEIL.	CANTONS.
Arrondissement de Saint-Lo.	
MM.	
Yver (Léon), propriétaire et maire, à Saint-Martin-de-Bonfossé.	Canisy.
Gouville fils, propriétaire.	Carentan.
Rauline, député.	Marigny.
Blouët ✳, propriétaire.	Percy.
Bernard ✳. docteur-médecin.	Saint-Clair.
Emile Lenoël, sénateur.	Saint-Jean-de-Daye.
Amiard, maire de Saint-Lo.	Saint-Lo.
Prémont (Léon), propriétaire.	Tessy-sur-Vire.
Pommier, docteur-médecin.	Torigni-sur-Vire.

MEMBRES DU CONSEIL.	CANTONS.

Arrondissement d'Avranches.

MM.

Gautier.	Avranches.
Denis-Thieudière, notaire.	Brécey.
Baron (Félix-Louis).	Ducey.
Riotteau, député.	Granville.
Fontaine, notaire.	La Haye-Pesnel.
Enguehard, propriétaire.	Pontorson.
Morel, sénateur.	Saint-James.
Basire, juge de paix.	Sartilly.
Tétrel ✳, maire de Villedieu.	Villedieu.

Arrondissement de Cherbourg.

MM.

Lemoine, maire, chef de bureau au Ministère des Finances.	Beaumont.
Moll C✳, directeur des constructions navales en retraite, maire de Cherbourg.	Cherbourg.
Bonamy, maire	Les Pieux.
Vrac, docteur en droit, maire.	Octeville.
Vᵗᵉ de Tocqueville O✳.	Saint-Pierre-Eglise.

Arrondissement de Coutances.

MM.

De la Bellière, docteur-médecin.	Bréhal.
Guillemette ✳, juge de paix.	Cerisy-la-Salle.
Boissel-Dombreval ✳, maire de Coutances.	Coutances.
Piel-Ferronnière, maire du Mesnil-Amand.	Gavray.
De La Martinièr ✳, député.	La Haye-du-Puits.
Fauvel, maire.	Lessay.
Quenault, vice-président du tribunal civil de Rouen	Montmartin-sur-Mer.
Regnault, propriétaire à Périers, maire.	Périers.
Pignard-Dudezert ✳, juge au tribunal de la Seine	Saint-Malo-de-la-Lande.
Lemaître, docteur-médecin.	Saint-Sauveur-Lendelin.

Arrondissement de Mortain.

MM.

Legrand (Arthur) ✳, maire de Milly.	Barenton.
De Tesson, propriétaire à la Mancellière.	Isigny.
Grossin, maire de Juvigny.	Juvigny.
D'Avenel, maire de Heussé.	Le Teilleul.
Gaudin de Villaine, maire.	Mortain.
Lefresne. conseiller à la Cour d'appel de Rouen.	St-Hilaire-du-Harcouët.
Bidois, juge de paix.	Saint-Pois.
Labiche (Jules), sénateur, maire, propriétaire.	Sourdeval.

MEMBRES DU CONSEIL.	CANTONS.

Arrondissement de Valognes

MM.

Denis, notaire.	Barneville.
De Traynel, propriétaire.	Bricquebec.
Cte de Pontgibaud ✳, maire de Saint-Marcouf.	Montebourg.
Du Mesnildot.	Quettehou.
Prémont (Alfred', propriétaire, maire de Sainte-Marie-du-Mont.	
	Sainte-Mère-Eglise.
Pain, notaire honoraire.	St-Sauveur-le-Vicomte.
Sébire O✳, sénateur.	Valognes.

CONSEILS D'ARRONDISSEMENT.

MEMBRES DU CONSEIL.	CANTONS.

Arrondissement de Saint-Lo.

MM.

Guérard, maire de Saint-Romphaire.	Canisy.
Leperdriel, expert.	Carentan.
Gosset, maire.	Marigny.
Lebéricey, propriétaire.	Percy.
Manoury, vétérinaire.	Saint-Clair.
Le Vte d'Osseville, propriétaire.	Saint-Jean-de-Daye.
Dussaux, avoué, adjoint au maire de Saint-Lo.	Saint-Lo.
Lemélorel-Lesmontils, maire de Fourneaux.	Tessy-sur-Vire.
Cord'homme, maire de Guilberville.	Torigni-sur-Vire.

Arrondissement d'Avranches.

MM.

Lenoir, maire d'Avranches.	Avranches.
Pinard, docteur-médecin, adjoint.	Brécey.
Dupont.	Ducey.
Letourneur, docteur-médecin, adjoint.	Granville.
Lanos, maire, docteur-médecin.	La Haye-Pesnel.
Trincot, propriétaire.	Pontorson.
Gautier (César).	Saint-James.
Martin, notaire.	Sartilly.
Ledo, docteur-médecin.	Villedieu.

MEMBRES DU CONSEIL.	CANTONS.

Arrondissement de Cherbourg.

MM.

Louis (Auguste), maire.	Beaumont.
Séhier, négociant, conseiller municipal.	Cherbourg.
Gosse, ancien notaire, à Benoistville.	id.
Lenoir, docteur-médecin, maire.	Les Pieux.
Courtois-les-Hougues, maire.	id.
Lemarquand, juge de paix.	Octeville.
Contant (Léon), maire de Tourlaville.	id.
Touzard, maire.	Saint-Pierre-Eglise.
Lebas, propriétaire, maire.	id.

Arrondissement de Coutances.

MM.

Ameline, maire de Cérences.	Bréhal.
Savary, juge de paix.	Cerisy-la-Salle.
Baize, pharm., président du tribunal de com.	Coutances.
Roptin (Charles), maire.	La Haye-du-Puits.
Lecoupé, maire.	Gavray.
Hardel, agriculteur.	Lessay.
Danlos, maire.	Montmartin-sur-Mer.
Leconte, propriétaire, juge de paix.	Périers.
Jehenne, maire.	Saint-Malo-de-la-Lande.
Toulorge, maire.	Saint-Sauveur-Lendelin.

Arrondissement de Mortain.

MM.

Béchet, propriétaire.	Barenton.
Guérin, maire du Mesnil-Thébault.	Isigny.
Turquetil, maire.	Juvigny.
Regnault, propriétaire.	Le Teilleul.
Buisson, pharmacien, conseiller municipal.	Mortain.
Lucas, maire.	St-Hilaire-du-Harcouët.
Boucé, maire de Saint-Martin-de-Landelles.	id.
Martinet, maire.	Saint-Pois.
Bazin, négociant.	Sourdeval.

Arrondissement de Valognes.

MM.

Lecannellier (Adolphe), maire.	Barneville.
Lecoquierre, propriétaire.	Bricquebec.
Buhot, maire.	Montebourg.
Colas-Corderie, maire.	Quettehou.
Hay, maire.	id.
D'Aigneaux, maire.	Sainte-Mère-Eglise.
Hersan (Raoul, fils), propriétaire à Saint-Sauveur-le-Vicomte.	St-Sauveur-le-Vicomte.
Lebouteiller, docteur-médecin.	Valognes.
De Mondésir.	id.

SOUS-PRÉFECTURES.

ARRONDISSEMENT D'AVRANCHES.

M. Alfred TARDIF, *Sous-Préfet*, O. I. P.
M. *Sartin*, secrétaire.

ARRONDISSEMENT DE CHERBOURG.

M. MARTINET ✳ , *Sous-Préfet*.
M. *Bertaux*, secrétaire.

ARRONDISSEMENT DE COUTANCES.

M. PASCAL ✳, O. A., *Sous-Préfet*.
M. *Lecouillard*, secrétaire.

ARRONDISSEMENT DE MORTAIN.

M. SALANSON, *Sous-Préfet*.
M. *Chemin*, secrétaire.

ARRONDISSEMENT DE VALOGNES.

M. LEMÉNICIER, *Sous-Préfet*.
M. *Marguerie*, secrétaire.

MAIRIES.

MAIRIE DE SAINT-LO.

MM. AMIARD, *Maire ;* Dussaux et Dary, *Adjoints;* N..., Criquet, Bernard ✳, Bosq, Robin, Lerendu O. A., Dyvrande, Lefèvre, N..., Manoury, Derbois, Lemasson, Patry, Jouanne, Guilmin, Lelong, Thomas, Hornecker, Leparquois, N..., conseillers municipaux.

Bureaux.— M. Daniel O. A., secrétaire.

Jours et heures d'ouverture : Tous les jours non fériés, de neuf heures à 4 heures.

Recette municipale.— M. Frestel, rue Torteron, 20.

Jours et heures d'ouverture de la recette : Tous les jours non fériés, de 11 heures à 4 heures.

Travaux communaux.— MM. Le Couteur, architecte, rue du Château ; Duc, conducteur.

Octroi.— MM. Guérin, préposé en chef ; Fleury, brigadier.

Caisse d'épargne.— M. Daniel, O. A., receveur.

Jours et heures d'ouverture : Le samedi de 2 heures à 4 heures, et le dimanche de 9 heures à midi.

MAIRIE D'AVRANCHES.

MM. LENOIR, *Maire ;* Desdouitils et Letréguilly, *Adjoints ;* Rollain, Barbier-Domin, Lecaille, Louvel, Mauduit, Falaise, Blin, Trochon, Mancel, Danjou, Desfeux, Loiseau, Péguenet, l'Ecolant, Dʳ Hodoul.

Bureaux.— MM. Cruchon et Gombert.

Recette municipale.— M. Fossard.

Voirie urbaine.— M. Louvel, architecte.

Octroi.— M. Chapon.

MAIRIE DE GRANVILLE.

MM. Dior (Lucien), O. M. Agr., *Maire ;* Bureau et Lucas ✱, *Adjoints ;* Benoist, Leprince, Letourneur, Ch. Guillebot, J. Dannier, J. Trocheris, Ollivier, Lenormand, Legendre, Choinel, Falln, H. Guillebot, Caillard, Quesnel, Poirier, Jouault, Pergaux, Lago, Toupet, Le Biez ✱, Lecharpentier, Poisson, Paturel, Nicole.

Bureaux.— M. L. Bougourd, secrétaire de la mairie.

Recette municipale.— M. L. Durier.

Voirie urbaine.— M. Guimont, architecte.

Octroi.— M. Aubry, préposé en chef.

MAIRIE DE CHERBOURG.

MM. MOLL C ✱, *Maire ;* Daniel et Frigoult, *Adjoints ;* Hervé, Mouchel, Baude, Mannoury, Dutot, Pignot, Lanièce, Renault, Menut, Offret, Leroy, Barbet, Cousin, Buhot (V.), Buhot (E.), Girard la Barcerie, Thorel, Dupont, Besselièvre. Maillot, Brégaint.

Bureaux.— M. Boivin, secrétaire.

Recette municipale.— M. Houyvet.

Voirie urbaine.— MM. Gutelle, architecte de la ville ; Poupeville, agent-voyer.

Octroi.— M. Raoul, préposé en chef.

Archives.—M. Amiot, archiviste.

MAIRIE DE COUTANCES.

MM. BOISSEL-DOMBREVAL ✱, *Maire ;* Marie, 1ᵉʳ *Adjoint ;* Saillard, 2ᵉ *Adjoint ;* Rabec, Dupérouzel, Lehuby, Badin (Victor), Piton ✱, Salettes, Le Marchand, Geffroy, Briens, Girard, Baize, Bidel, Laisney, Lenoir, Leneslet, Laurent, Lair ✱, Badin (Léon), Héon, Blier.

Bureaux.— M. Vallée, secrétaire.

Recette municipale.— M. Leliepvre.

Voirie urbaine.— M. Desheulles, architecte de la ville.

Octroi.— MM. Bellot, préposé en chef ; Bailly, brigadier.

MAIRIE DE MORTAIN.

MM. DE BAILLIENCOURT, *Maire;* Delaunay, *Adjoint;* Buisson,
Amand, Josset, Champs, Piel, Delaporte, Leriche, Garnier-
Hauteville, Saoul, Breux, Dufour, Queslier, de la Houssaye et
Gallie.

Bureaux.— M. Jamon, secrétaire.

Recette municipale.— M. Bourbon.

Voirie urbaine.— M. Corbin.

Octroi.— MM. Dupont et Aumont.

MAIRIE DE VALOGNES.

MM. Sébire O ✸, *Maire;* Hamel et Lemeland, *Adjoints;* Le Bou-
teiller, Oury, Lemeland, Sébire, Lemasson, Foulon, L'Hôtelier,
Mariette, Boisville, Lerouge, Lemaréchal, Le Grusley, Duval, Le
Cannellier, Pierre, Lecler, Pinel, Hamel, Blaisot, de Fontaine de
Resbecq, N....

Bureaux.— M. Mouchel, secrétaire.

Recette municipale.—M. Lecomte, receveur.

Préposé en chef de l'octroi.— M. Grandjean.

TABLEAU STATISTIQUE

indiquant le nombre d'arrondissements, cantons, communes, et la population
du Département, d'après les derniers recensements.

NOMS DES ARRONDI-SEMENTS.	NOMBRE PAR ARRONDISSEMENT DE		POPULATION EN	
	Cantons.	Communes.	1881.	1886
Saint-Lo....	9	117	87,312	86,829
Avranches.	9	124	100,085	98,500
Cherbourg	5	73	87,707	88,745
Coutances	10	138	109,338	106,527
Mortain...................	8	74	65,464	64,860
Valognes	7	117	76,575	75,494
TOTAUX.	48	615	526,377	520,865

Différence en plus, en 1886.......   5,512

TABLEAU DES COMMUNES PAR ORDRE ALPHABÉTIQUE.

COMMUNES.	CANTONS.	COMMUNES.	CANTONS.
Acqueville	Beaumont.	Biville	Beaumont.
Agneaux	Saint-Lo.	Blainville	St-Malo-de-la-Lande
Agon............	Saint-Malo-de-la-Lande	Blosville	Sainte-Mère-Eglise.
Airel	Saint-Clair.	Boisroger.........	St-Malo-de-la-Lande
Amfreville	Sainte-Mère-Eglise.	Boisyvon	Saint-Pois.
Amigny	St-Jean-de-Daye.	Bolleville	La Haye-du-Puits.
Ancteville.........	Saint-Malo-de-la-Lande.	Boucey	Pontorson.
Anctoville	Bréhal.	Bouillon	Granville.
Angey...........	Sartilly.	Bourey	Bréhal.
Angoville	St-Pierre-Eglise.	Bourguenolles.....	Villedieu.
Angoville-au-Plain .	Sainte-Mère-Eglise	Boutteville	Sainte-Mère-Eglise.
Angoville-sur-Ay...	Lessay.	Braffais....	Brécey.
Anneville	Id.	Brainville.......	St-Malo-de-la-Lande
Anneville-en-Saire.	Quettehou.	Branville	Beaumont.
Annoville.	Montmartin-s^r-Mer.	Brécey	Brécey.
Appeville	La Haye-du-Puits.	Brectouville	Torigni-sur-Vire.
Ardevon..... . ..	Pontorson.	Bréhal..........	Bréhal.
Argouges	Saint-James.	Bretteville	Octeville.
Aucey.......... ..	Pontorson.	Bretteville-sur-Ay .	Lessay.
Auderville	Beaumont.	Breuville....	Bricquebec.
Audouville-la-Hub^t.	Sainte-Mère-Eglise.	Brévands	Carentan.
Aumeville-Lestre...	Quettehou.	Bréville	Bréhal.
Auvers	Carentan.	Bricquebec........	Bricquebec.
Auxais	Id.	Bricquebosq	Les Pieux.
Avranches	Avranches.	Bricqueville-la-Bltte.	Coutances.
Azeville	Montebourg.	Bricqueville-sr-Mer.	Bréhal.
Bacilly	Sartilly.	Brillevast	Saint-Pierre-Eglise.
Barenton..	Barenton.	Brix	Valognes.
Barfleur	Quettehou.	Brouains	Sourdeval.
Barneville........	Barneville.	Brucheville	Sainte-Mère-Eglise.
Baubigny	Id.	Buais	Le Teilleul.
Baudre	Saint-Lo.	Cambernon	Coutances.
Baudreville	La Haye-du-Puits	Cametours	Cerisy-la-Salle.
Baupte	Périers.	Camprond	St-Sauvr-Lendelin.
Beauchamps	La Haye-Pesnel.	Canisy...........	Canisy.
Beaucoudray......	Tessy-sur-Vire.	Canteloup	Saint-Pierre-Eglise.
Beauficel.........	Sourdeval.	Canville	La Haye-du-Puits.
Beaumont	Beaumont	Carantilly	Marigny.
Beauvoir	Pontorson.	Carentan	Carentan.
Bellefontaine	Juvigny.	Carnet.......... .	Saint-James.
Belval	Cerisy-la-Salle.	Carneville	Saint-Pierre-Eglise.
Benoîtville	Les Pieux.	Carolles	Sartilly.
Bérigny	Saint-Clair.	Carquebut	Sainte-Mère-Eglise.
Beslon	Percy.	Carteret	Barneville.
Besneville..	St-Sauveur-le-Vte.	Catteville	St-Sauvr-le-Victe.
Beuvrigny	Tessy-sur-Vire.	Catz	Carentan.
Beuzeville-au-Plain	Sainte-Mère-Eglise.	Cavigny	St-Jean-de-Daye.
Beuzeville-la-Bastlle	Id.	Céaux	Ducey.
Biéville...	Torigni-sur-Vire .	Cérences...	Bréhal.
Biniville	St-Sauveur-le-Vte.	Cerisy-la-Forêt . ..	Saint-Clair.
Bion	Mortain.	Cerisy-la-Salle	Cerisy-la-Salle.

COMMUNES.	CANTONS.	COMMUNES.	CANTONS.
Chalandrey........	Isigny.	Feugères.........	Périers.
Champcercon.....	La Haye-Pesnel.	Fierville.........	Barneville.
Champcey........	Sartilly.	Flamanville.......	Les Pieux.
Champeaux	Id.	Fleury...........	Villedieu.
Champrépus.......	Villedieu.	Flottemanville.....	Montebourg.
Chanteloup.......	Bréhal.	Flottemanville-Hague ..	Beaumont.
Chasseguey	Juvigny.	Folligny	La Haye-Pesnel.
Chavoy..........	Avranches.	Fontenay	Mortain.
Chef-du-Pont.....	Sainte-Mère-Eglise.	Fontenay-sur-Mer ..	Montebourg.
Cherbourg........	Cherbourg.	Foucarville...	Ste-Mère-Eglise.
Chérencé-le-Héron .	Villedieu.	Fourneaux.	Tessy-sur-Vire.
Chérencé-le-Roussel	Juvigny.	Fresville........ ..	Montebourg.
Chevreville.......	St-Hilaire-du Harcouët	Gatbemo..........	Sourdeval.
Chevry..........	Tessy-sur-Vire.	Gatteville........	St-Pierre-Eglise.
Clitourps	St-Pierre-Eglise.	Gavray	Gavray.
Coigny	La Haye-du-Puits.	Geffosses	Lessay.
Colomby..........	St-Sauvr-le-Victe.	Genets...........	Sartilly.
Condé-sur-Vire	Torigni-sur-Vire.	Ger	Barenton.
Contrières	Montmartin-sr-Mer.	Gerville	La Haye-du-Puits.
Cormeray........	Pontorson.	Giéville	Torigni-sur-Vire.
Cosqueville	St-Pierre-Eglise.	Glatigny..........	La Haye-du-Puits.
Coudeville	Bréhal.	Golleville	St-Sauvr-le-Victe.
Coulouvray-Boisbenâtre	Saint-Pois.	Gonfreville........	Périers.
Courcy	Coutances.	Gonneville........	St-Pierre-Eglise.
Courtils..........	Ducey.	Gorges	Périers.
Coutances........	Coutances.	Gouberville	St-Pierre-Eglise.
Couvains	Saint-Clair.	Gourbesville	Ste-Mère-Eglise.
Couville	Octeville.	Gourfaleur........	Canisy.
Grasville..........	Quettehou.	Gouvets...........	Tessy-sur-Vire.
Créances.........	Lessay.	Gouville..........	St-Malo-de-la-Lande.
Cretteville........	La Haye-du-Puits.	Graignes..........	St-Jean-de-Daye.
Crollon.	Ducey.	Granville	Granville.
Crosville.... ..	St-Sauvr-le-Victe.	Gratot...........	St-Malo-de-la-Lande.
Curey	Pontorson.	Gréville........ ..	Beaumont.
Cuves	Brécey.	Grimesnil.	Gavray.
Dangy...........	Canisy.	Grosville.........	Les Pieux.
Denneville	La Haye-du-Puits.	Guéhébert........	Cerisy-la-Salle.
Digosville	Octeville.	Guilberville.	Torigni-sur-Vire.
Digulleville	Beaumont.	Hambye	Gavray.
Domjean.........	Tessy-sur-Vire.	Hamelin	Saint-James.
Donville	Granville.	Hardinvast	Octeville.
Doville	La Haye-du-Puits.	Hautteville........	St-Sauvr-le-Victe.
Dragey..........	Sartilly.	Hautteville-la-Guichard	St-Sauvr-Lendelin.
Ducey...........	Ducey	Hautteville-sur-Mer.	Montmartin-sr-Mer.
Ecausseville......	Montebourg.	Héauville	Les Pieux.
Ecoqueneauville ..	Sainte-Mère-Eglise.	Hébécrévon.......	Marigny.
Eculleville	Beaumont.	Holleville	Les Pieux.
Emondeville.......	Montebourg.	Hémevez.....	Montebourg.
Equeurdreville	Octeville.	Henneville........	Octeville.
Equilly	Bréhal.	Hérenguerville	Montmartin-sr-Mer.
Eroudeville	Montebourg.	Herqueville	Beaumont.
Etienville	St-Sauvr-le-Victe.	Heugueville........	St-Malo-de-la-Lande.
Fermanville.	St-Pierre-Eglise.	Heussé	Le Teilleul.
Ferrières.........	Le Teilleul.	Hiesville..........	Ste-Mère-Eglise.
Fervaches........	Tessy-sur-Vire.	Hocquigny........	La Haye-Pesnel

6

COMMUNES.	CANTONS.	COMMUNES.	CANTONS.
Houesville	Ste-Mère-Eglise.	Le Guislain	Percy.
Houtteville	La Haye-du-Puits.	Le Ham	Montebourg.
Huberville	Valognes.	Le Hommet-d'Arth	St-Jean-de-Daye.
Hudimesnil	Bréhal.	Le Loreur	Bréhal.
Huisnes	Pontorson.	Le Lorey	St-Sauv.-Lendelin.
Husson	Le Teilleul.	Le Luot	La Haye-Pesnel.
Hyenville	Montmartin-sʳ-Mer.	Le Mesnil	Barneville.
Isigny	Isigny.	Le Mesnil-Adelée	Juvigny.
Jobourg	Beaumont.	Le Mesnil-Amand	Gavray.
Joganville	Montebourg.	Le Mesnil-Amey	Marigny.
Juilley	Ducey.	Le Mesnil-Angot	St-Jean-de-Daye.
Juvigny	Juvigny.	Le Mesnil-Aubert	Bréhal.
La Baleine	Gavray.	Le Mesnil-Auval	Octeville.
La Barre-de-Semilly	Saint-Lo.	Le Mesnil-Bœufs	Isigny.
La Bazoge	Juvigny.	Le Mesnil-Bonant	Gavray.
La Beslière	La Haye-Pesnel.	Le Mesnil-Bus	St-Sauvʳ.-Lendelin.
La Bloutière	Villedieu.	Le Mesnil-Drey	La Haye-Pesnel.
La Bonneville	St-Sauvʳ-le-Vicᵗᵉ.	Le Mesnil-Eury	Marigny.
La Boulouze	Ducey.	Le Mesnil-Garnier	Gavray.
La Chˢᵉ-Baudouin	Brécey.	Le Mesnil-Gilbert	Saint-Pois.
La Chapˡˡᵉ-Cécelin	Saint-Pois.	Le Mesnil-Herman	Canisy.
La Chapˡˡᵉ-du-Fest	Torigni-sur-Vire.	Le Mesnil-Hue	Gavray.
La Chapˡˡᵉ-Enjuger	Marigny.	Le Mesnillard	St-Hilaire-du-Harc.
La Chapˡˡᵉ-Urée	Brécey.	Le Mesnil-Opac	Tessy-sur-Virc.
La Colombe	Percy.	Le Mesnil-Ozenne	Ducey.
La Croix-Avranchin	Saint-James.	Le Mesnil-Rainfray	Juvigny.
La Feuillie	Lessay.	Le Mesnil-Raoult	Tessy-sur-Vire.
La Godefroy	Avranches.	Le Mesnil-Rogues	Gavray.
La Gohannière	Id.	Le Mesnil-Rouxelin	Saint-Lo.
La Haye-Bellefonds	Percy.	Le Mesnil-Thébault	Isigny.
La Haye-d'Ectot	Barneville.	Le Mesnil-Tôve	Juvigny.
La Haye-du-Puits	La Haye-du-Puits.	Le Mesnil-Véneron	St-Jean-de-Daye.
La Haye-Pesnel	La Haye-Pesnel.	Le Mesnil Vigot	Marigny.
La Lande-d'Airou	Villedieu.	Le Mesnil-Villeman	Gavray.
La Lucᵉ-d'Outʳᵉ-Mer.	La Haye-Pesnel.	Le Neufbourg	Mortain.
La Luzerne	Saint-Lo.	Lengronne	Gavray.
La Mancellière	Isigny.	Le Perron	Torigni-sur-Vire.
La Mancellière	Canisy.	Le Petit-Celland	Brécey.
Lamberville	Torigni-sur-Vire.	Le Plessis	Périers.
La Meauffe	Saint-Clair.	Le Rozel	Les Pieux.
La Meurdraquière	Bréhal.	Les Biards	Isigny.
La Mouche	La Haye-Pesnel.	Les Chambres	La Haye-Pesnel.
Lapenty	St-Hilaire-du-Harc.	Les Chˢ-de-Losques.	St-Jean-de-Daye.
La Pernelle	Quettehou.	Les Chéris	Ducey.
La Rochelle	La Haye-Pesnel.	Les Cresnays	Brécey.
La Ronde-Haye	St-Sauvʳ-Lendelin.	Les Log.-sʳ-Brécey	St-Hilaire-du-Harc.
Lastelle	Périers.	Les Log.-sʳ-Brécey	Brécey.
La Trinité	Villedieu.	Les Moitiers-d'Allᵉ	Barneville.
Laulne	Lessay.	Les Moitiers-en-Bau.	St-Sauvʳ-le-Vicᵗᵉ.
La Vendelée	St-Malo-de-la-Lande	Les Pas	Pontorson.
Le Buat	Isigny.	Les Perques	Bricquebec.
Le Chefresne	Percy.	Les Pieux	Les Pieux.
Le Dézert	St-Jean-de-Daye.	Lestre	Lessay.
Le Fresne-Poret	Sourdeval.	Lestre	Montebourg.
Le Grand-Celland	Brécey.	Les Veys	Carentan.

COMMUNES.	CANTONS.	COMMUNES.	CANTONS.
Le Tanu	La Haye-Pesnel.	Moon-sur-Elle	Saint-Clair.
Le Teilleul	Le Teilleul.	Morigny	Percy.
Le Theil	St-Pierre-Eglise.	Morsalines	Quettehou.
Le Valdécie	Barneville.	Mortain	Mortain.
Le Val-Saint-Pair	Avranches.	Morville	Bricquebec.
Le Vast	St-Pierre-Eglise.	Moulines	St-Hilaire-du-Harc.
Le Vicel	Quettehou.	Moyon	Tessy-sur-Vire.
Le Vrétot	Bricquebec.	Muneville-le-Bing	St-Sauv^r-Lendelin.
Liesville	Ste-Mère-Eglise.	Muneville-sur-Mer	Bréhal.
Lieusaint	Valognes.	Nacqueville	Beaumont.
Lingeard	Saint-Pois	Naftel	Isigny.
Lingreville	Montmartin-s^r-Mer.	Nay	Périers
Lithaire	La Haye-du-Puits.	Négreville	Bricquebec.
Lolif	Sartilly.	Néhou	St-Sauveur-le-Vic.
Longueville	Bréhal.	Neufmesnil	La Haye-du-Puits.
Lozon	Marigny.	Neuville-au-Plain	Ste-Mère-Eglise.
Macey	Pontorson.	Neuville-en-Beaum^t.	St-Sauvéur-le-Vic.
Magneville	Bricquebec.	Néville	St-Pierre-Eglise.
Marcey	Avranches.	Nicorps	Coutances.
Marchézieux	Périers.	Noirpalu	La Haye-Pesnel.
Marcilly	Ducey.	N.-D.-de-Cenilly	Cerisy-la-Salle.
Margueray	Percy.	N.-D.-de-Livoye	Brécey.
Marigny	Marigny	Notre-Dame d'Elle.	Saint-Clair.
Martigny	St-Hilaire-du-Harc	N.-D.-de-Touchet	Mortain.
Martinvast	Octeville.	Nouainville	Octeville.
Maupertuis	Percy.	Octeville	Id
Maupertus	St-Pierre-Eglise	Octeville-la-Venelle.	Quettehou.
Méautis	Carentan.	Omonville-la-Petite.	Beaumont.
Millières	Lessay.	Omonville-la-Rogue.	Id.
Milly	St-Hilaire-du-Harc.	Orglandes	St-Sauveur-le-Vic.
Mobecq	La Haye-du-Puits.	Orval	Montmartin-s^r-Mer
Moidrey	Pontorson.	Ourville	Barneville.
Montabot	Percy.	Ouville	Cerisy-la-Salle.
Montaigu-la-Brisette	Valognes.	Ozeville	Montebourg.
Montaigu-les-Bois	Gavray.	Parigny	St-Hilaire-du-Harc.
Montanel	Saint-James.	Percy	Percy.
Montbray	Percy.	Périers	Périers.
Montchaton	Montmartin-s^r-Mer.	Perriers-en-Beaufic.	Sourdeval.
Montcuit	St-Sauv^r-Lendelin.	Picauville	Ste-Mère-Eglise.
Montebourg	Montebourg.	Pierreville	Les Pieux.
Montfarville	Quettehou.	Pirou	Lessay.
Montgardon	La Haye-du-Puits.	Placy-Montaigu	Torigni-sur-Vire.
Montgothier	Isigny	Plomb	Avranches
Monthuchon	St-Sauv^r-Lendelin	Poilley	Ducey.
Montigny	Isigny.	Pontaubault	Avranches.
Monjoie	Saint-James.	Pont-Hébert	St-Jean-de-Daye.
Montjoie	Saint-Pois.	Pontorson	Pontorson.
Montmart.-en-Graig.	St-Jean-de-Daye.	Ponts	Avranches.
Montmartin-sur-Mer.	Montmartin-s^r-Mer.	Portbail	Barneville.
Montpinchon	Cerisy-la-Salle.	Précey	Ducey.
Montrabot	Torigni-sur-Vire.	Précorbin	Torigni-sur-Vire.
Montreuil	Marigny.	Prétot	La Haye-du-Puits.
Mont-Saint-Michel	Pontorson.	Querqueville	Octeville.
Montsurvent	St-Malo-de-la-Land.	Quettehou	Quettehou.
Montviron	Sartilly.	Quettetot	Bricquebec.

COMMUNES.	CANTONS.	COMMUNES.	CANTONS.
Quettreville.......	Montmartin-sʳ-Mer.	Saint-Gilles	Marigny.
Quibou	Canisy.	St-Hilaire-du-Harc..	St-Hil.-du-Harc.
Quinéville	Montebourg.	St-Hilaire-Petitville.	Carentan.
Raids	Carentan.	Saint-James	Saint-James.
Rampan	Saint-Lo.	Saint-Jean-de-Daye.	St-Jean-de-Daye.
Rancoudray... ...	Mortain.	St-Jean-de-la Haize.	Avranches.
Rauville-la-Bigot...	Bricquebec.	St-Jean-de-la-Rivʳᵉ.	Barneville.
Rauville-la-Place...	St-Sauveur-le-Vic.	St-Jean-de-Savigny.	Saint-Clair.
Ravenoville	Sainte-Mère-Eglise.	St-Jean-des-Baisants	Torigni-sur-Vire.
Reffuveille	Juvigny.	St-Jean-des-Champs.	La Haye-Pesnel.
Regnéville.......	Montmartin-sʳ Mer.	St-Jean-du-Corail..	Brécey.
Reigneville	St-Sauveur-le-Vic.	St-Jean-du Corail ..	Mortain.
Remilly-sur-Lozon .	Marigny.	St-Jean-le-Thomas..	Sartilly.
Rétôville	St-Pierre-Eglise.	Saint-Jores........	Périers.
Réville	Quettehou.	St-Laurent-de-Cuves	Saint-Pois.
Romagny	Mortain.	St-Laur.-de-Terreg.	Saint-James.
Roncey..........	Cerisy-la-Salle.	Saint-Léger	La Haye-Pesnel.
Ronthon	Sartilly.	Saint-Lo	Saint-Lo .
Rouffigny..... ...	Villedieu.	St-Louet-sur-Yire ..	Tessy-sur-Vire.
Rouxeville	Torigni-sur-Vire .	Saint-Loup... ...	Avranches.
Sacey	Pontorson.	St-Malo de la-Lande	St-Mal.-de-la-Lande
Saint-Amand..... .	Torigni-sur-Vire.	Saint-Marcouf	Montebourg.
St-André-de-Bohon .	Carentan.	St-Martin-d'Aubigny	Périers.
St-André-de-l'Epine.	Saint-Clair.	St-Martin-d'Audouv.	Montebourg.
St-Aub.-des-Préaux.	Granville.	St-Mart.-de-Bonfossé	Canisy.
St-Aub.-de-Terregᵗᵒ.	Saint-James.	St-Martin-de-Cenilly	Cerisy-la-Salle.
St-Aubin-du-Perron.	St-Sauvʳ-Lendelin.	St-M .rt.-de-Chaulieu	Sourdeval.
Saint-Barthélemy ..	Mortain.	St-Mart.-de-Landˡᵉˢ.	St-Hilaire-du-Harc.
Saint-Brice	Avranches.	St-Mart.-des-Champs	Avranches.
St-Brice-de-Landˡᵉˢ.	St-Hilaire-du-Harc.	St-Mart.-de-Varrev .	Sainte-Mère-Eglise.
St-Christop.-du-Foc.	Les Pieux.	St-Mart.-le-Bouillant	Saint-Pois.
Saint-Clair	Saint-Clair.	St-Martin-le-Gréard.	Octeville.
Saint-Clément	Mortain.	St-Martin-le-Hébert.	Bricquebec.
St-Côme-du-Mont ..	Carentan.	St-Maur-des-Bois ..	Saint-Pois.
St-Cyr-du-Bailleul..	Barenton.	Saint-Maurice.....	Barneville.
Saint-Cyr	Montebourg.	St-Mich.-de-la-Pierre	St-Sauvʳ-Lendelin.
Saint Denis-le-Gast .	Gavray.	St-Michel-des-Loups	Sartilly.
Saint-Denis-le-Vêtu.	Cerisy-la-Salle.	St-Nic.-de-Coutances	Coutances.
St-Ebr.-de-Bonfossé	Canisy.	St-Nic.-de-Pierrepᵗ.	La Haye-du-Puits.
Sainteny..........	Carentan.	St-Nicolas-des-Bois.	Brécey.
Saint-Floxel	Montebourg.	St-Nic.-p.-Granville	Granville.
Saint-Fromond	St-Jean-de-Daye.	Saint-Osvin.......	Avranches.
St-Georg.-de-Bohon.	Carentan.	Saint-Pair	Granville.
St-Georg.-de-la-Riv.	Barneville.	St-Patrice-de-Claids	Lessay.
St-Georg.-de-Livoye	Brécey.	Saint-Pellerin	Carentan.
St-Georges-d'Elle..	Saint-Clair.	St-Pierre-d'Arthégt.	Barneville.
St-Georg.-de-Monte.	Saint-Lo.	St-Pierre-de-Cout ..	Coutances.
St-Georg.-de-Rouel.	Barenton.	St-Pierre-de-semilly	Saint-Clair.
St-Germain-d'Elle..	Saint-Clair.	Saint-Pierre-Eglise.	St-Pierre-Eglise.
St Germ.-des-Vaux.	Beaumont.	St-Pierre-Langers ..	Sartilly.
St-Germ.-de-Tourn.	Montebourg.	Saint-Planchers ...	Granville.
St-Germ.-de-Varrev.	Sainte-Mère-Eglise.	Saint-Pois	Saint-Pois.
St-Germ.-le-Gaillard	Les Pieux.	Saint-Quentin	Ducey.
St-Germ.-sur-Sèves.	Périers.	St-Rémi-des-Landes	La Haye-du-Puits.
St-Germain-sur-Ay.	Lessay.	Saint-Romphaire...	Canisy.

COMMUNES.	CANTONS.	COMMUNES.	CANTONS.
St-Samson-de-Bonf.	Canisy.	Taillepied.........	St-Sauveur-le-Vic..
St-S.-de-Chaulieu..	Sourdeval	Tamerville	Valognes.
St-Sauv.-de-Pierrep.	La Haye-du-Puits.	Tanis............	Pontorson.
St-Sauv.-la-Pomm .	Bréhal.	Tessy-sur-Vire	Tessy-sur-Vire.
St-Sauv.-Lendelin..	St-Sauvʳ-Lendelin.	Teurthéville-Bocage	Quettehou.
St-Sauv.-le-Vicomte.	St-Sauv.-le-Vicᵗᵉ.	Teurthéville-Hague.	Octeville.
St-Sébast.-de-Raids.	Périers	Théville	St-Pierre-Eglise.
St-Sén.-de-Beuvron.	Saint-James.	Tirepied..........	Brécey.
St-Sen.-s.-Avranch.	Avranches.	Tocqueville	St-Pierre-Eglise.
Saint-Symphorien..	La Haye-du-Puits.	Tollevast	Octeville.
Saint-Symphorien..	Le Teilleul.	Tonneville........	Beaumont.
Saint-Symphorien..	Torigni-sur-Vire.	Torigni-sur-Vire ...	Torigni-sur-Vire.
Saint-Thomas	Saint-Lo.	Tourlaville........	Octeville.
Saint-Ursin........	La Haye-Pesnel.	Tourville	St-Malo-de-la-Land.
St-Vaast-la-Hougue.	Quettehou.	Tréauville....... .	Les Pieux.
St-Vigor-des-Monts.	Tessy-sur-Vire.	Trelly	Montm.-sur-Mer.
Sainte-Cécile......	Villedieu.	Tribehou..........	St-Jean-de-Daye.
Sainte-Colombe ...	St-Sauvʳ-le-Vicᵗᵉ.	Troisgots	Tessy-sur-Vire.
Ste-Croix-Hague ...	Beaumont.	Turqueville	Ste-Mère-Eglise.
Ste-Croix-de-St-Lo..	Saint-Lo.	Urville	Montebourg.
Sainte-Eugienne ...	Brécey.	Urville-Hague	Beaumont.
Sainte-Génevière...	Quettehou.	Vains.............	Avranches.
Ste-Marie-du-Bois..	Le Teilleul.	Valcanville...	Quettehou.
Ste-Marie-du-Mont..	Ste-Mère-Eglise.	Valognes	Valognes.
Ste-Mère-Eglise	Id.	Varenguebec......	La Haye-du-Puits.
Sainte-Pience......	La Haye-Pesnel	Varouville	St-Pierre-Eglise.
Sainte-Suzanne	Periers.	Vasteville	Beaumont.
Sainte-Suzanne	Saint-Lo.	Vaudreville	Montebourg.
Sartilly...........	Sartilly.	Vaudrimesnil......	St-Sauv.-Lendelin.
Saultcᵗ-du-Tronchet	Villedieu	Vauville	Beaumont.
Saussemesnil......	Valognes.	Vengeons.........	Sourdeval.
Saussey.	Coutances.	Ver	Gavray.
Savigny	Cerisy-la-Salle.	Vergoncey..	Saint-James.
Savigny-le-Vieux...	Le Teilleul.	Vernix....	Brécey.
Sébeville.........	Ste-Mère-Eglise.	Vesly	Lessay.
Sénoville	Barneville.	Vessey	Pontorson.
Servigny.	St-Malo-de-la-Land	Vezins........ ..	Isigny.
Servon	Pontorson.	Videcosvilte..	Quettehou.
Sideville	Octeville.	Vidouville........	Torigni-sur-Vire.
Siouville	Les Pieux.	Vierville.........	Ste-Mère-Eglise.
Sortosville	Montebourg.	Villebaudon..	Percy.
Sortⁱˡˡᵉ-en-Beaumᵗ ..	Barneville.	Villechien........	Mortain.
Sottevast	Bricquebec.	Villedieu.........	Villedieu.
Sotteville	Les Pieux.	Villiers	Saint-James.
Soules..	Canisy.	Villiers-Fossard. ..	Saint-Clair.
Sourdeval........	Sourdeval.	Vindefontaine	La Haye-du-Puits.
Sourdeval-les-Bois.	Gavray.	Virandeville......	Octeville.
Subligny..........	La Haye-Pesnel...	Virey......	St-Hilaire-du-Harc.
Surtainville	Les Pieux.	Vrasville....	St-Pierre-Eglise.
Surville....	La Haye-du-Puits	Yqueion	Granville.
		Yvetot..........	Valognes.

TABLEAU DES COMMUNES

PAR ARRONDISSEMENT

Contenant la population par arrondissement, canton et commune ; — la superficie territoriale
la distance au chef-lieu du département, judiciaire, d'arrondissement, de canton ; les noms
Les bureaux de poste sont indiqués par ⊠ et les relais par ⚔ ; le signe ¶ placé à la suite de
Curés sont en italique.

NOMS DES COMMUNES.	Population.	Superficie territoriale de chaque commune.	BUREAUX DE POSTE qui desservent les communes.	Principal des contributions directes en 1890.	DISTANCE AU CHEF-LIEU du département.	judiciaire.	d'arrondissement.	du canton.
ARRONDISSEMENT DE SAINT-LO.								
CANTON DE SAINT-LO ¶. Population :								
SAINT-LO⚔	10580	658	⊠	115042 80	»	28	▪	ˮ
Agneaux...............	907	691	Saint-Lo.	9117 05	2	26	2	2
Baudre...............	282	376	idem.	4012 67	4	32	4	4
La Barre-de-Semilly......	505	771	idem	6576 77	5	33	5	5
La Luzerne	69	196	idem.	1531 50	5	33	5	5
Le Mesnil-Rouxelin.......	281	476	idem.	3992 »	5	33	5	5
Rampan	259	411	idem.	3526 82	6	34	6	6
Sainte-Croix-de-Saint-Lo ..	676	1187	idem.	11558 47	»	28	»	»
Saint-Georges-Montcocq...	613	895	idem.	9437 50	2	30	2	2
Sainte-Suzanne-sur-Vire ..	353	506	idem.	4707 33	7	33	7	7
Saint-Thomas-de-Saint-Lo.	286	430	idem.	4030 33	»	28	▪	»
CANTON DE CANISY ¶. Population :								
CANISY.	786	625	⊠	6978 56	9	22	9	▪
Dangy.............. ...	853	973	Canisy.	6908 37	15	19	15	6
Gourfaleur.........	478	845	Saint-Lo.	7158 50	6	27	6	5
La Mancellière......	402	680	idem.	4702 95	7	30	7	9
Le Mesnil-Herman	140	192	St-Samson-de-Bonf.	1211 »	12	28	12	8
Quibou...	1265	1713	Canisy.	13953 71	12	21	12	3
St-Ebrémond-de-Bonfossé.	730	1198	idem.	9440 03	8	24	8	3
Saint-Martin-de-Bonfossé..	767	1253	idem	6467 33	10	27	10	3
Saint-Romphaire	769	997	St-Samson-de-Bonf.	7062 04	9	29	9	10
Saint-Samson-de-Bonfossé.	590	629	⊠	5042 73	9	27	9	5
Soulles................	826	1487	St-Samson-de-Bonf.	7831 73	16	23	16	10
CANTON DE CARENTAN ¶. Population :								
CARENTAN	3232	1567	⊠	49554 82	28	34	28	»
Auvers...............	1104	1872	Carentan.	16604 »	32	35	32	6
Auxais	307	776	Sainteny.	6085 »	29	30	2)	14
Brévands...............	479	921	Carentan.	8622 67	29	42	29	8
Catz.................. .	157	278	idem.	3368 »	26	39	26	5
Les Veys	550	1243	idem.	13635 45	28	41	28	7

DU DÉPARTEMENT,

ET PAR CANTON.

de chaque commune;—les bureaux de poste;—le principal des quatre contributions directes; —
des Maires, Adjoints, Curés et Desservants, Instituteurs et Institutrices.

chaque canton indique que toutes les communes sont desservies tous les jours. Les noms des

Maires.	Adjoints.	Curés et Desservants.	Instituteurs.	Institutrices.

Population : 86,829 habitants.

14,811 habitants (11 communes).

MM.	MM.	MM.	MM.	MMlles
Amiard.	Dussaux, Dary.	Hamel.	Gestrie, École Supérieure.	Marie, École laïque.
			Jahan, École annexe	
			Pignet, École maternelle.	
			Godard, Congréganiste.	
Yver.	Leboucher.	Lelubée.	Godard.	Lion.
Nouet.	Lemoussu.	Delanoe.		Hamard.
Labbé.	Desfaudais.	Bouchard.	Chesnel.	Pichard.
Allix.	Barbenchon.	N...	*Réunie à St-André-de-l'Epine.*	
Sorget.	Leclerc.	Larsonneur.		Lenormand.
Amey.	Vardon.	Leftesne.		Clément.
Lambert.	Lemieux.	*Blanchet.*	Lair.	Delafosse.
Lerouxel.	Hébert.	Leconte.	Aumont.	Bellamy.
Gilles.	Lerebours.	Desurvire.	Sébert.	Gilles.
Vieillard.	Desfontaines.		*Réuni à Saint-Lo.*	

7,600 habitants (11 communes).

Pacary.	Heussebrot.	*Hamel ;* Pinard.	Quinette.	Thomas.
Leconte.	Lepaulmier.	Hédouin.	Gillette.	Grandin, Legardinier.
Marin.	Raoult	Fossard.	Delahaye.	Delahaye (Mme).
Huet.	André.	Lemétayer.	Legouey.	Graindorge.
Levilly.	Herman.	Auvray.		Legendre.
Osmond.	Lechevalier.	Briant.	Gesbert.	Vaufleury.
Guernet.	Briard.	Gauchet.	Hébert.	Lecot.
Tur de la Vigne-Bernard.	Meslin.	Leboulanger, Pinard.	Lenoël.	Larose, Yvon.
Guérard.	Larsonneur.	Paris.	Latrouite.	Marigny.
Lafosse.	Coulleray.	Rainfroy.	Gautier.	Legrand.
Guilbert.	Houssin.	Gardie.	Delafosse.	Lesouel.

11,797 habitants (14 communes).

Canville.	Doucet, Bertrand.	*Touroude.*	N., N.	Coussemaker, Girard.
Philippe.	Lhonorey.	Potel	Lecaplain.	Pacary.
Palla.	Alexadre.	Clouard.		Gilles.
Sauvage.	Héroult.	Abraham.	Ollivier.	Joret
Sorcouf.	Belhache.	Langenais.		Lecaudey.
Gosselin.	Bulot.	Aubril.	Robine.	Gautier.

NOMS DES COMMUNES.	Population.	Reportoie territoriale de chaque commune	BUREAUX DE POSTE qui desservent les communes.	Principal des contributions directes en 1880.	DISTANCE AU CHEF-LIEU			
					du département.	judiciaire.	d'arrondissement.	du canton.
								Suite du CANTON
Méautis	812	1698	Carentan.	16687 78	27	31	27	6
Raids	435	667	Sainteny.	5640 33	30	22	30	12
Saint-André-de-Bohon	604	1042	*idem.*	9666 54	21	30	21	10
Saint-Côme-du-Mont	681	1256	Carentan.	15614 46	32	38	32	4
Sainteny	1460	2132	⊠	21585 »	26	26	26	10
Saint-Georges-de-Bohon . . .	589	1698	Sainteny ,	9439 33	24	31	24	8
Saint-Hilaire-Petitville . . .	433	985	Carentan.	10195 49	27	35	27	1
Saint-Pellerin	384	437	*idem.*	4899 91	25	39	25	5
								CANTON DE MARIGNY ¶. Population :
MARIGNY ⚐	1280	1032	⊠	12323 22	13	16	13	»
Carantilly	885	1070	Marigny.	8669 02	16	19	16	4
Hébécrévon	842	1328	Saint-Lo.	9075 72	7	26	7	7
La Chapelle-Enjuger	854	1502	Marigny.	9407 67	13	20	13	4
Le Mesnil-Amey	223	281	*idem.*	2278 13	10	20	10	3
Le Mesnil-Eury	262	346	*idem.*	2841 53	13	22	13	6
Le Mesnil-Vigot	504	226	Remilly.	2782 17	17	18	17	9
Lozon	614	886	*idem.*	6245 72	17	18	17	6
Montreuil	456	646	*idem.*	4655 17	15	21	15	6
Remilly-sur-Lozon	891	956	⊠	9210 67	18	23	18	14
Saint-Gilles	559	783	Saint-Lo.	6576 20	7	21	7	6
								CANTON DE PERCY ¶. Population :
PERCY	2721	3705	⊠	23085 90	25	26	25	»
Beslon	945	1726	Villedieu.	7408 37	34	35	34	9
La Colombe	919	1448	*idem.*	6322 08	31	32	31	6
La Haye-Bellefonds	192	285	Villebaudon.	1966 17	19	23	19	9
Le Chefresne	738	1130	Percy.	4891 50	28	22	28	3
Le Guislain	341	539	Villebaudon.	3344 »	21	23	21	9
Margueray	309	465	Percy.	1841 67	29	29	29	4
Maupertuis	331	541	Villebaudon.	2873 70	23	20	23	6
Montabot	633	1154	Percy.	4482 07	25	31	25	5
Montbray	1035	1409	St-Sever (Calvados).	8548 90	30	33	30	7
Morigny	250	453	*idem.*	2165 83	31	36	31	11
Villebaudon	505	469	⊠	3323 03	20	25	20	»
								CANTON DE SAINT-CLAIR ¶. Population :
SAINT-CLAIR.	608	800	⊠	6099 92	42	40	12	»
Airel	823	1017	⊠	11556 93	15	37	15	6
Bérigny	561	1217	◫	7464 73	17	40	17	12
Cerisy-la-Forêt	1700	2383		18946 33	18	46	18	9
Couvains	677	1503	Saint-Clair.	9758 53	10	38	10	4
La Meauffe	786	1022	*idem.*	10318 07	9	37	9	6
Moon-sur-Elle	815	980	*idem*	8803 50	13	41	13	3
Notre-Dame-d'Elle	182	285	St-Jean des-Baisants	1310 16	11	39	11	13
Saint-André-de-l'Epine . . .	348	724	Saint-Lo.	4207 17	9	37	9	7
Saint-Georges-d'Elle	610	896	Cerisy-la-Forêt.	1063 66	11	39	11	11
Saint-Germain-d'Elle	449	889	Bérigny.	5058 59	13	41	13	16

Maires.	Adjoints.	Curés et Desservants.	Instituteurs.	Institutrices

DE CARENTAN.

MM.	MM.	MM.	MM.	MM^{lles}
Duval.	Leviautre.	Mouchel.	Roussel.	Surget.
Letenneur.	Osmont.	Leroux.	Jardin.	Jardin (Mme).
Lecuyer.	Caillemer.	Bécherel.	Simon.	Denis.
Hervieu.	Hébert.	Saint.	Herbin.	Potrel.
Boymel de la Brasserie.	Bourdon.	Duval.	Loquet.	Grossin.
Guérard.	Osmont.	Baize.	Hébert.	Viffort.
Auvray.	Saint.	Creslé.	Delahaye.	
Hamelin.	Eury.	Mazier.	Le Gros.	Lenoël.

7,370 habitants (11 communes).

Douchin.	Lerouxel.	*Mangon.*	Follain.	De Saint-Denis.
Gosset	Lecluze.	Garnier.	Cahour.	Ravenel.
Bosmel.	Godard.	Lécuyer.	Legros.	Edouard.
Genest.	Legrand.	Girard.	Ernault.	Le Bas.
Asselin.	Legrand.	Costard.		Lemperière.
Le Baron.	Chapel	Osmond.		Delalonde.
Rose.	Lecarpentier.	Béatrix.	Delacour.	Legraverend.
Duperrouzel.	Auvray.	Lecat	Lepage.	Ollivier.
Vollet	Legrand.	Lafosse	Adelee.	Yger.
Raulline.	Lechevalier.	Vigier.	Lemaltre.	Esnouf.
Guillot.	Hardy.	Guérin.	Béchet.	Alleaume.

8 910 habitants (12 communes).

Dufouc.	Leballais et Lenoir.	*Helland.*	Lemonnier.	Doucin, Hingan.
Lucas.	Lecharpentier.	Coupard.	Lefaudeux.	Simon.
Deschamps.	Lucas.	Guillon.	Lemoine.	Gallouin.
Carrey.	Estur.	Lemercier.		Rabel.
Larsonneur.	Meslier.	Leboulenger.	Letenneur.	Nativelle.
Delafosse (Arsène).	Delafosse (Andécime).	Dupard.	Lemoine.	Hennebic.
Lebrun.	Manson.	Ruault.		Nicolle.
Chapelle.	Legoupil.	Auvray.		Blanchet.
Bossard.	Lebouvier.	Bidois.	Bigot.	Bouillet.
Le Monnier.	Beauquet.	Collin.	Touroude.	Cerisier.
Vimont.	Deschamps.	Languet.		Lebugle.
Canuet.	Leredde.	Soyer.	Desmoulins.	Desmoulins (Mme).

8,890 habitants (14 communes).

Bernard.	Raulin.	*Gardin.*	De Saint-Denis.	Lemonnier.
Groualle.	Adam.	Letondeur.	Desplanques.	Blondel.
Sansrefus.	Dumont.	Beaufils.	Bertin.	Leroy.
Fouque.	Malherbe.	Legallais.	Postel.	Hulmer.
Dhermilly.	Rogier.	Ranglet.	Durand.	
Enouf.	Paingt.	Lebréton.	Desplanques.	Lefèvre.
Rexmonf de Vains ✳.	Demagny.	Morisset.	Tiphaigne.	V° Beauquet.
Lecot.	Defaudais.	Quinette.		Langlois.
Dhérouville.	Guilloy.	Fremond.		Ravenel.
Mignot.	Pacary.	Duboscq.	Desmoulins.	Delafosse.
Lechevalier.	Youf.	Letenneur.	Paquet.	Paquet (Mme).

NOMS DES COMMUNES.	Population.	Superficie territoriale de chaque commune.	BUREAUX DE POSTE qui desservent les communes.	Principal des contributions directes en 1880.	du département.	judiciaire.	d'arrondissement.	du canton.
					Suite du CANTON			
Saint-Jean-de-Savigny....	506	755	Saint-Clair.	6195 67	13	41	13	3
Saint-Pierre-de-Semilly...	298	461	Saint-Lo.	3595 33	7	35	7	9
Villiers-Fossard	527	869	*idem.*	6263 42	6	34	6	5
				CANTON DE SAINT-JEAN-DE-DAYE ¶. Population :				
SAINT-JEAN-DE-DAYE	335	421	☒	4431 »	15	33	15	»
Amigny..	192	370	Pont-Hébert.	3357 83	8	25	8	11
Cavigny...............	655	688	*idem*	8062 15	11	35	11	7
Graignes	1067	1415	Saint-Jean-de-Daye.	10339 20	21	33	21	6
Le Dézert	744	1459	*idem.*	11661 12	13	29	13	4
Le Hommet-d'Arthenay ..	540	1486	*idem.*	10751 50	14	27	14	7
Le Mesnil-Angot	114	408	*idem.*	4056 33	18	31	18	5
Le Mesnil-Véneron	162	283	*idem.*	2818 »	18	33	18	3
Les Champs-de-Losques .	469	931	*idem.*	9092 50	17	24	17	9
Montmartin en-Graignes .	1363	3032	*idem.*	24310 75	21	39	21	6
Pont-Hébert......... ..	913	1499	☒	10250 13	7	31	7	8
Saint-Fromond	874	1551	Airel.	19082 82	15	37	15	4
Tribehou	1037	997	Saint-Jean-de-Daye.	8757 37	19	28	19	13
				CANTON DE TESSY-SUR-VIRE ¶ Population :				
TESSY-SUR-VIRE..	1417	1586	☒	13956 24	18	34	18	»
Beaucoudray .... ·'	285	469	Villebaudon.	2003 67	21	27	21	7
Beuvrigny ... ...|	321	669	Tessy-sur-Vire.	2783 67	21	40	21	6
Chevry...	221	364	Villebaudon.	1925 33	19	29	19	6
Domjean	1100	1656	Tessy-sur-Vire.	8109 58	18	37	18	5
Fervaches.	507	480	*idem.*	3405 80	15	33	15	3
Fourneaux	169	234	*idem.*	1497 »	21	37	21	3
Gouvets	683	1101	*idem.*	4579 20	24	34	24	6
Le Mesnil-Opac.	343	557	*idem.*	3232 13	12	31	12	6
Le Mesnil-Raoult	368	399	Torigni-sur-Vire.	2910 08	12	32	12	10
Moyon....	1162	2334	Tessy-sur-Vire.	10469 55	14	30	14	6
Saint-Louet sur-Vire..	300	734	*idem.*	3570 87	21	40	21	6
Saint-Vigor-des-Monts	895	1574	Pontfarcy (Calv.).	8685 43	27	37	27	6
Troisgots..	516	753	Tessy-sur-Vire.	4503 65	14	33	14	6
				CANTON DE TESSY-SUR-VIRE ¶. Population :				
TORIGNI-SUR-VIRE	2013	292	☒	20893 53	14	39	14	»
Biéville	362	553	Torigni-sur-Vire	3963 67	17	45	17	11
Brectouville	161	375	*idem.*	2528 17	14	40	14	4
Condé-sur-Vire	1672	2489	*idem.*	21754 86	9	30	9	5
Giéville	580	1033	*idem.*	6473 92	17	45	17	3
Guilberville	1402	2215	*idem.*	11770 95	21	45	21	7
La Chapelle-du-Fest......	172	374	*idem.*	1531 73	12	40	12	4
Lamberville......... ..	374	706	*idem.*	5072 40	17	45	17	9
Le Perron	318	459	*idem.*	3113 87	20	43	20	7
Montrabot ..., ...	207	386	St-Jean-des-Baisants	2079 67	16	44	16	19

Maires.	Adjoints.	Curés et Desservants.	Instituteurs.	Institutrices.
DE SAINT-CLAIR.				
MM.	**MM.**	**MM.**	**MM.**	**MM**lles
Detournière.	Dhermilly.	Bouillon.	Simon.	Lemoussu.
Buot	Saint-Laurent.	Lallemand.	Guy.	Lucas
Legendre.	Tréfeu.	Fétille.	Mélot.	Lefèvre (M**me**).
8,467 habitants (13 communes).				
Raulline.	Maincent.	*Gilbert.*		Couillard.
Jouin.	Legrand.	Le Ménicier.		Herson.
Heussebrot.	Rauline.	Menard.	Guilbert.	Gancel.
Lescalier.	Defortescu.	Beaumont.	Rault	Lemoigne.
bmmit de la Grondière	Thouroude.	Maillard.	Lelandais.	Deschamps.
Delisle	Desdevises.	Tabard.	Loisel.	Moulin.
Leduc.	Vaultier.	Laurent.		Dufour.
Philippe.	Vaultier.	Levieux.		Grandin.
Touroude.	Desplanques.	Latire.	Painchaud.	Desplanques.
Lebas.	Gancel.	Chartrain.	Delacour, Daireaux.	Billard, Daireaux.
Thomasse.	Godard.	Letot, Delarue, Puiney.	Michel.	Véron. Lefranc, Gazengel.
Lebas.	Laisney	Surville.	hrétienne.	Terry.
Belleux.	Damecour.	Debon.	Lecoufle.	Hébert (M**me**).
8,290 habitants (14 communes).				
Lesage.	Delaune.	*Gillot.*	Lecrest, fr. de la doct. [chrétienne.	Godard.
Legablier.	Quesnel.	Bougis.		Canuet.
Delaville.	Letot.	Legrand.		Bataille.
Quesnel.	Godard.	Voisin.		Lelièvre.
Depuis de Boulaupost.	Lamoureux.	Camus.	Martin.	Jamard.
Lucas.	Lefranc.	Brion.	Levallois.	Prével.
Lamélorel-Lesmontas.	Lemariey.	Lesénéchal.		Jouenne.
Loisel.	Bisson.	Lescot.	Philippe.	Lhullier.
Lemeray.	Quetel.	Puisney.		Bosquet.
Leloutre.	Julien.	Feron.		Leroux.
Beaufils	Postel.	Langenais.	Goguelin.	Hairon.
Massier.	Mourocq.	Leboucher.		Desmier.
Lamélorel Lesmontils.	Chasle.	Manson.	Levallois.	Lemercerre.
Goulet.	Mourocq.	Lemare.	Suzanne.	Gandillet.
11,255 habitants (17 communes).				
Dufour.	Jouet-Laconterie.	*Leroy ;* Cochard.	Bucaille.	Lediot.
Bailleul.	Auvray.	David.	Bazire.	Besnard.
Lepringard.	Fontaine.	Anne-Archard.		Coursin.
Laforge.	Leneveu.	Nicolle.	Bréard.	Leroussel.
Pommier.	Nativelle.	Queudeville.	Lainé.	Gardie
Cord'homme.	Tirard.	Marguerite.	Bizault.	Davodet.
Savare.	Lefèvre.	Lesénéchal.		Dupré.
Bion.	Gaillard	Heuzé.		Decosse.
Joret.	Le Pelletier.	Lemazurier.		Sanson.
Hervieu.	Pegoix.	Drouvassal.		Boutemy.

NOMS DES COMMUNES.	Population.	Superficie territoriale de chaque commune.	BUREAUX DE POSTE qui desservent les communes.	Principal des contributions directes en 1800.	DISTANCE AU CHEF-LIEU			
					du département.	judiciaire.	d'arrondissement.	du canton.
				Suite du CANTON DE				
Placy-Montaigu	498	899	Torigni-sur-Vire.	4911 07	20	45	20	6
Précorbin	513	721	St-Jean-des-Baisants	5421 13	11	39	11	6
Rouxeville	377	576	idem.	3150 67	12	39	12	9
Saint-Amand	1170	2462	Torigni-sur-Vire.	12650 70	15	41	15	2
Saint-Jean-des-Baisants ...	1021	1336	⊠	8071 50	10	37	10	7
Saint-Symphorien........	182	387	Torigni-sur-Vire.	1997 33	18	43	18	4
Vidouville	233	445	St-Jean-des-Baisants	3110 33	15	43	15	10

ARRONDISSEMENT D'AVRANCHES.

CANTON D'AVRANCHES ¶. Population :

NOMS DES COMMUNES.	Population.	Superficie.	BUREAUX DE POSTE.	Principal.	du département.	judiciaire.	d'arrondissement.	du canton.
AVRANCHES 🏛	8000	444	⊠	82318 77	50	47	»	»
Chavoy...........	190	371	Avranches.	2204 33	50	42	6	6
La Godefroy	210	364	idem.	1664 40	63	52	5	5
La Gohannière........ ..	210	370	idem.	1701 60	61	52	9	9
Le Val-Saint-Pair	1118	1110	idem.	10651 92	58	50	3	3
Marcey	774	673	idem.	2682 33	56	49	3	3
Plomb	588	819	idem.	5176 45	50	46	8	8
Pontaubault 🏛	396	195	idem.	2156 06	66	54	7	7
Ponts	460	670	idem.	5701 38	53	45	5	5
Saint-Brice	160	255	idem.	1579 77	57	48	5	5
Saint-Jean-de-la-Haize....	633	875	idem.	6122 50	55	45	5	5
Saint-Loup	478	646	idem.	4079 83	62	54	6	6
Saint-Martin-des-Champs..	529	649	idem.	5297 50	59	50	3	3
Saint-Osvin	533	670	idem.	4005 60	63	55	7	7
St-Senier-sous-Avranches..	734	1253	idem.	6502 30	57	49	5	5
Vains	786	858	idem.	6492 25	59	52	6	6

CANTON DE BRÉCEY ¶. Population :

NOMS DES COMMUNES.	Population.	Superficie.	BUREAUX DE POSTE.	Principal.	du département.	judiciaire.	d'arrondissement.	du canton.
BRÉCEY	2404	2103	⊠	20957 45	49	48	17	»
Braffais	339	581	Brécey.	2622 38	46	35	13	9
Cuves	715	969	idem.	6977 58	54	54	22	5
La Chaise-Baudouin......	821	1203	idem.	4392 »	48	43	16	8
La Chapelle-Urée 🏛	357	459	idem.	1664 65	57	57	17	9
Le Grand-Celland	960	1249	idem.	4612 73	60	54	14	6
Le Petit-Celland	410	637	idem.	2690 60	63	54	13	5
Les Cresnays...........	674	978	idem.	5690 70	54	52	21	4
Les Loges-sur-Brécey	367	527	idem.	2762 70	45	44	19	4
Notre-Dame-de-Livoye....	262	355	idem.	1809 67	48	47	15	4
Sainte-Eugienne...	96	179	idem.	805 33	51	43	10	10
Saint-Georges-de-Livoye ..	395	552	idem.	3339 60	43	48	14	5
Saint-Jean-du-Corail.....	159	362	idem.	952 75	44	41	21	6
Saint-Nicolas-des-Bois	253	357	idem.	1833 67	46	45	18	5
Tirepied...............	1110	1597	Avranches.	10984 60	59	52	9	8
Vernix	332	584	Brécey.	4032 83	54	51	18	5

Maires.	Adjoints.	Curés et Desservants.	Instituteurs.	Institutrices.

Torigni-sur-Vire.

MM.	MM.	MM.	MM.	MM^{lles}
Girauld.	Lefoulon.	Huard.		Guyot.
Pasturel.	Leguédois.	Adelée.	Vigot.	N...
Aumond.	Rouxeville.	Jaunet.	Legendre.	Lesongeur.
Lefoulon.	Philippe.	Hélène.	Lesouef.	Blier.
Leberruyer.	Picard.	Lemière.	Leconte.	Letourneur.
Françoise.	Auvray.	Bochin.		Jamard.
Guernier.	James.	Deshayes.		Philippe.

Population : 98,590 habitants.

15,799 habitants (16 communes).

Lenoir.	Desdouitils, Letréguilly.	*Lemains,* à St-Gervais; *Boudry,* à Notre-Dame-des-Champs ; Lebedel, à St-Saturnin.	Ruault.	Esnol.
Trochon.	Police.	Resbeut.		Besnard.
de Mansigny.	Lottin.	Boutin.		Viel.
Hubert.	Doublet.	Blouin.		Gaillard.
Blier.	Leteurtois.	Piquois.	Levionnois.	Gautier.
Frimaux.	Lefranc.	Challier.	Holley.	Davy.
Jamard.	Dubois.	Gillette.		Lecomte.
Tual.	Godard.	Morin.		Lequé.
Haupais.	Gautier.	Lhoste.	Laurence.	Restoux.
Vauprès.	Boutelou.	Masselin.		Lurienne
Dubois (Franç.).	Dubois (Pierre).	Aubrée.	Aumont.	Hubert
Ruault.	Pinel.	Piquot.	Bouillon.	Besnard.
Manduit.	Pinel.	Belloir.		Dechérencey.
Bereult.	Aubeut.	Maheux.	Mariette.	Feillet, Chauvin.
Lechoisne.	Lebreton.	Bernard.		Gloria
Piton.	Lemétayer.	Gauché.	Hébert.	Ollivier.

9,654 habitants (16 communes).

Denis-Thieudière	Pinard.	Guesnon.	Lemonnier.	Bagot.
Cossé.	Gauquelin.	Guérin		Gautier.
Leroyer.	Nicolle.	Bonnel.	Lemare.	Hochard.
Le Courtois.	Desfeux.	Hédou.	Vivier.	Aumond.
Desfoux.	Bazin.	Lecharpentier.		Chevallier.
Jouenne.	Roussin.	Fortin.	Fras.	Lebrun
Sanson.	Jouault.	Gautier.		Lecomte.
Laurent.	Anfray.	Morin.		Pichard.
Robert.	Vaugrante.	Ameline.		Fauvel.
Généaux.	Loyson	Moyse.		Salliot.
Maincent.	Frémond.			Froger.
Loyvet.	Denis.	Liot.		Tétrel.
Lepron	Lepeltier.	Desloges.		Cordon.
De Besne.	Rigot.	Prével.		Serizier.
Leroux.	Navet.	Lefranc.	Jehenne.	Belloir.
Lerenard.	Leménager.	Goron.		Lepourcelet

NOMS DES COMMUNES.	Population.	Superficie territoriale de chaque commune.	BUREAUX DE POSTE qui desservent les communes.	Principal des 4 contributions directes en 1890.	DISTANCE AU CHEF-LIEU du départe- ment.	judiciaire.	d'arrondis- sement.	du canton.

CANTON DE DUCEY ¶. Population :

Ducey.................	1831	1120	⊠	12539 68	67	56	9	»
Céaux.................	558	786	Avranches.	4943 22	68	59	12	9
Courtils...............	460	614	idem.	3740 33	69	60	13	10
Crollon...............	383	468	Ducey.	2620 67	70	61	13	10
Juilley...............	712	1182	idem.	6501 32	69	58	11	5
La Boulouze..........	135	218	idem.	977 40	63	60	13	10
Le Mesnil-Ozenne.......	284	460	idem.	2061 »	68	58	11	9
Les Chéris.............	435	591	idem.	3671 68	74	59	12	3
Marcilly..............	835	886	idem.	5974 77	70	57	10	5
Poilley...............	841	1270	idem.	8636 50	67	58	10	2
Précey...............	581	773	idem.	4671 03	67	39	11	8
Saint-Quentin.........	1238	1668	idem.	11695 23	61	53	6	4

CANTON DE GRANVILLE ¶. Population :

Granville ⚓...........	11620	269	⊠	103378 93	49	29	26	»
Bouillon...............	510	639	Granville.	4421 42	60	39	20	10
Donville...............	846	296	idem.	4455 30	46	26	28	4
Saint-Aubin-des-Préaux...	402	824	idem.	5883 40	57	35	17	8
St-Nicolas-près-Granville...	1181	737	idem.	12868 26	51	31	24	2
Saint-Pair..............	1341	1540	idem.	17004 99	52	35	23	5
Saint-Planchers..........	1003	1197	idem.	9258 50	56	23	21	7
Yquelon...............	402	214	idem.	3170 88	48	27	26	4

CANTON DE LA HAYE-PESNEL ¶. Population :

La Haye-Pesnel........	1007	629	⊠	8028 »	44	32	15	»
Beauchamps............	548	411	La Haye-Pesnel.	3930 92	53	31	21	6
Champcervon..........	341	558	idem.	2924 57	48	35	16	2
Folligny...............	555	410	idem.	3594 71	43	39	19	4
Hocquigny.............	258	305	idem.	1874 65	44	30	18	3
La Beslière...........	237	349	idem.	2269 »	44	31	20	5
La Lucerne-d'Outremer..	872	1451	idem.	7289 07	44	35	15	3
La Mouche............	278	443	idem.	2407 33	45	33	14	4
La Rochelle...........	492	751	Sartilly.	4187 83	49	37	13	5
Le Luot...............	371	851	Avranches.	4057 67	46	41	13	8
Le Mesnil-Drey........	325	421	La Haye-Pesnel.	2005 67	45	31	18	2
Les Chambres..........	198	418	idem.	1910 »	48	37	13	4
Le Tanu..............	485	694	idem.	3987 07	41	37	20	5
Noirpalu.............	152	819	idem.	1348 »	44	37	15	5
Sainte-Pience..........	581	808	Avranches.	3546 40	45	42	11	10
Saint-Jean-des-Champs....	774	1202	La Haye Pesnel.	8513 10	47	33	21	6
Saint-Léger...........	153	196	Sartilly.	1365 10	60	38	17	8
Saint-Ursin............	277	537	La Haye-Pesnel.	3133 20	47	36	18	3
Subligny..............	524	790	Avranches.	4028 03	50	40	9	8

Maires.	Adjoints.	Curés et Desservants.	Instituteurs.	Institutrices.

8,195 habitants (12 communes).

MM.	MM.	MM.	MM.	MMlles
Aumont	Champion.	*Maudouit.*	Larcher	
Provost.	Morel.	Miquelard.	Poullain.	Mauray.
Dupont.	Colin.	Maillard.		Costentin.
Dumont.	Cordier.	Poirier.		Letimonier.
Fardin.	Datin.	Guesnon.	Besnier.	Anger.
Barbé.	Daligault.	Dubois.		Poirier.
Laloi.	Challier.	Leprovost.		Pinel.
Caillou.	Gilbert.	Roblin.		Debon.
Boutelou.	Dapilly.	Guillard.	Roblin	Colet.
Morin.	Lafosse.	Olivier.	Lavoué.	Godard.
Morel.	Fleury.	Petipas.	Guesnel.	Maloizel.
Dupont	Le Bedel.	Basnel.	Duchêne.	Foulon.

17,305 habitants (8 communes).

Dior.	Bureau, Lucas.	*Turgot*; *Maquerel.*	Robbes, Primault.	Deguelle, Legastelois.
Digée.	Bry.	Boizard.	Lebasnier.	Barré
Mequin.	Fissadame.	Briand.	Gohin.	Yberty.
Tillard.	Leloutre.	Esnoult.	Blanchet.	Hamon.
Chemin.	De Gibon.	*Duclos.*	Lucas	Borel.
Royer.	Lefèvre.	Gombert; Lajoie, à Kairon	Maloizel, Le Bas.	Lemasle, Duprey.
Jouenne.	Hamelin.	Petipas.	Godier.	Rosselin.
Delarue (Pierre)	Delarue (Gustave).	Rabel.	Potier.	Dubourg (Mme).

8,429 habitants (19 communes).

Lanos.	Avril.	*Vignon.*	Legallais.	Le Meslier.
Rosselin.	Simonne.	Lebas.	Leblanc.	Leroyer.
Poulain.	Lelandais.	Lambert.		Closet.
Lorance.	Provost.	Guillet.	Letenneur.	Lehérissey.
Lemains.	Pinot.	Trochon		Mazier.
Lhomme.	Fontaine.	Prével.		Lalleman.
Lebourgeois.	Goupil.	Berry.	Gautier.	Lebodey.
Dugué.	Duchemin.	Leresteux.		Levallois.
Hurel.	Plaine.	Mazier	Laurence.	Peslin.
Dugueycher.	Fillâtre.	Chauvet.		Charbonnel.
Genvresse (Alphonse).	Genvresse (Louis).	Allain.		Perrouault.
Deschamps-Boudent.	Garnier.	Prevel.		Desrues.
Micouin.	Lehodey.	Raulin.	Lethimonnier.	Yvon.
Mabey.	Janot.	Esnault.		Juin.
Jonquier.	Legrand.	Pitel.	Dupré.	Renault.
Coulombier.	Lemuet.	Maillard.	Dumouchel.	Dumouchel (Mme).
Lecoulle.	Encoignard.	Tabourel.		Dupré.
Rieu	Lefèvre.	Lefranc.		Lechartier.
Le Bourgeois.	Pigeon (Jules).	Fougeray	Thébault.	Leloutre.

NOMS DES COMMUNES.	Population.	Superficie territoriale de chaque commune.	BUREAUX DE POSTE qui desservent les communes.	Principal des 4 contributions directes en 1890.	DISTANCE AU CHEF-LIEU			
					du département.	judiciaire.	d'arrondissement.	du canton.
CANTON DE PONTORSON ¶. Population :								
PONTORSON 🚂	2483	415	⊠	18356 70	70	69	22	»
Ardevon	355	830	Pontorson.	3893 »	77	68	20	8
Aucey	786	951	idem.	6011 33	83	74	26	5
Beauvoir	484	857	idem.	2865 50	84	60	21	8
Boucey	665	1083	idem.	6372 27	81	72	23	2
Cormeray	103	190	idem.	1192 17	76	68	21	6
Curey	339	574	idem.	2922 60	77	67	20	4
Huisnes	344	654	idem.	3568 58	75	66	19	10
Les Pas	273	460	idem.	2664 67	77	67	19	5
Macey	247	587	idem.	6669 09	76	67	19	6
Moidrey	291	636	idem.	3918 33	82	69	22	2
Mont-Saint-Michel	211	258	⊠	1087 92	89	71	24	9
Sacey	1186	1527	idem.	8964 83	86	72	25	7
Servon	575	923	idem.	5716 83	71	62	14	10
Tanis	507	746	idem.	3005 60	73	64	16	10
Vessey	846	1261	idem.	6934 17	79	71	23	7
CANTON DE SAINT-JAMES ¶. Population :								
SAINT-JAMES	3265	1819	⊠	24496 55	77	67	20	»
Argouges	1152	1639	Saint-James.	8623 08	82	71	22	6
Carnet	849	1012	idem.	5861 30	80	70	23	3
Hamelin	218	246	idem.	1590 72	86	78	22	8
La Croix-Avranchin	781	1082	idem.	6260 83	74	65	17	5
Montanel	870	1548	idem.	6108 77	80	71	24	10
Montjoie	510	745	idem.	3690 33	77	67	19	3
Saint-Aubin-de-Terregatte	1497	2098	idem.	13360 79	71	63	15	7
St-Laurent-de-Terregatte	1063	1641	idem.	9353 77	74	62	16	9
Saint-Senier-de-Beuvron	603	1114	idem.	6404 95	71	62	14	16
Vergoncey	502	774	idem.	4189 33	74	64	16	7
Villiers	444	791	idem.	3856 38	77	67	20	7
CANTON DE SARTILLY ¶. Population :								
SARTILLY	1260	1131	⊠	9958 51	41	39	14	»
Angey	219	247	Sartilly.	1461 33	53	42	14	3
Bacilly	1053	1587	Avranches.	10793 07	57	46	8	7
Carolles	448	384	Sartilly.	3764 91	62	41	19	8
Champcey	262	324	idem.	2524 83	54	43	9	4
Champeaux	409	422	idem.	3461 83	63	45	17	6
Dragey	607	1815	idem.	6724 67	57	44	12	5
Genest	647	676	Avranches.	5730 83	58	47	11	8
Lolif	820	1348	idem.	8684 41	53	42	7	7
Montviron	373	593	Sartilly.	3912 62	52	42	9	4
Ronthon	322	484	idem.	3439 67	56	44	13	4
Saint-Jean-le-Thomas	227	238	idem.	2249 35	64	45	14	6
Saint-Michel-des-Loups	507	1426	idem.	4351 77	54	40	18	7
Saint-Pierre-Langers	682	840	idem.	6195 40	56	39	16	5

Maires.	Adjoints.	Curés et Desservants.	Instituteurs.	Institutrices.

9,695 habitants (16 communes).

MM.	MM.	MM.	MM.	MM^{lles}
Cheftel.	Guichard.	*Lecacheux.*	Auvray.	Quentin.
Arondel.	Ferré.	Orvin.		Tesnière.
Pivert.	Duguépéroux.	Lair.	Forget.	Nicolle.
Leroy.	Alix.	Datin.		Lethimonnier.
Guichard.	Pichard.	Gohin.	Jamard.	Garandel.
Faguais.	Petipas.	Deslandes.		Letestu.
Farcy.	Doré.	Théberge.		Muris.
Leroy.	Laumaille.	Desdouitils.		Catrel.
Chauvière.	Royer.	Ruault.		Denoël.
Mis de Cacqueray	Faguais.	Lecharpentier.		Faguais.
Tardif de Moidrey.	Allain.	Gautier.		Badier.
Fontenier.	Lochet.	Laproste.		Tétrel.
Ozenne.	Trincot.	Soismier.	Morel.	Barbé.
Lion.	Domin.	Labigne.	Gillot.	Gastebois.
Lécrivain.	Huet.	Dinard.	Caresmel.	Victor.
Fouque.	Louiche.	Bigrel.	Desfeux.	Follain.

11,754 habitants (12 communes).

Morel.	Despréaux, Besnard.	*Legrand;* Guérin, à Saint-Benoît.	Fleury.	Hébert, Gauchet.
Trincot.	Jourdan.	Pierre.	Lebas.	Lethimonnier, Abraham.
Salmon.	Fouasse.	Esnoult.	Roblin.	Carnet.
Abdola.	Le Monnier.	Roisille.		Legoupil.
Bernier.	Douettée.	Guérin.	Duval.	Goron.
Costentin.	Jouanne.	Fougeray.	Davy.	Charbonnel.
Madelaine.	Besnard.	Chevalier.	Lehéricey.	Tumoine.
Lusley.	Chevalier.	Lemoine.	Rault.	Lelandais.
Delacour.	Ameline.	Piquerel.	Leroux.	Hennequin.
Langlois.	Juin.	Fillatre.	Maillard.	Gilbert.
Gautier-Lapérière.	Piquot.	Menard.	Leteurtrois.	Veaugeois.
Royer.	Ameline.	Martin.		Desfeux.

7,836 habitants (14 communes).

Lemenager.	Letellier-Parisière.	*Fossard.*	Aubril.	Anquetil.
Sicot.	Lânée.	Alexandre.		Morel.
Chanvin.	Lemaltre.	Bougourd.	Leteurtrois.	Legendre.
Coupard.	Desroches.	Lecomte.		Servain.
Le Métayer.	Fleury.	Fertel.		Chesnel.
Lemaréchal.	Letellier-Parisière.	Martin.	Blin.	Blandin.
Basire.	Leplat.	Bachelot.	Heuzé.	Villard.
Lesepreu de Dangy.	Bedel.	Lemonnyer.	Blouin.	Duprey.
Delongraye.	Bellet.	Lefebvre.	Holley.	Adam.
Ballois.	Gautier.	Dumont.		Pigeon.
Gosse.	Bisnon.	Rubé.		Châtel.
Lenoir.	Marie.	Barbot.		Guilmin.
Lenormand.	Bougon.	Doré.	Lerond.	Salmon.
Gond.	Méquin.	Bicrel.	Carouge.	Laurent.

NOMS DES COMMUNES.	Population.	Superficie territoriale de chaque commune.	BUREAUX DE POSTE qui desservent les communes.	Principal des 4 contributions directes en 1890.	DISTANCE AU CHEF-LIEU			
					du département.	judiciaire.	d'arrondissement.	du canton.

CANTON DE VILLEDIEU ¶. Population :

NOMS DES COMMUNES.	Population.	Superficie.	BUREAUX DE POSTE	Principal.	du dép.	judic.	d'arr.	du cant.
VILLEDIEU 🖂	3497	82 ⊠		25840 94	34	32	22	»
Bourguenolles	411	764	Villedieu.	3046 50	41	40	18	8
Champrépus	636	913	idem.	5867 25	41	29	22	8
Chérence-le-Héron	670	955	idem.	4230 80	40	38	21	6
Fleury	860	1250	idem.	8114 70	38	30	27	5
La Bloutière	546	923	idem.	4880 03	33	28	28	6
La Lande d'Airou	949	1509	idem.	7159 6,	39	38	19	6
La Trinité	622	917	idem.	4336 75	42	40	18	8
Rouffigny	432	670	idem.	3024 28	39	38	17	6
Sainte-Cécile	626	1149	idem.	5991 47	37	35	25	3
Saultchevreuil-du-Tronchet	571	707	idem.	4787 21	36	34	20	2

ARRONDISSEMENT DE CHERBOURG.

CANTON DE CHERBOURG ¶. Population :

NOMS DES COMMUNES.	Population.	Superficie.	BUREAUX DE POSTE	Principal.	du dép.	judic.	d'arr.	du cant.
CHERBOURG 🖂	37013	651 ⊠		364893 85	76	75	»	»

CANTON DE BEAUMONT ¶. Population :

NOMS DES COMMUNES.	Population.	Superficie.	BUREAUX DE POSTE	Principal.	du dép.	judic.	d'arr.	du cant.
BEAUMONT	634	789 ⊠		4694 58	93	82	18	»
Acqueville	342	570	Beaumont.	3550 13	84	75	11	10
Auderville	463	433	idem.	4295 49	102	91	27	9
Biville	352	870	idem.	3135 »	89	83	18	8
Branville	100	212	idem.	1160 »	89	79	14	4
Digulleville	432	789	idem.	6054 46	98	87	32	4
Eculleville	102	233	idem.	1539 67	96	86	17	4
Flottemanville-Hague	425	1130	Octeville.	4561 »	86	77	9	11
Gréville	487	1003	Beaumont-Hague.	7500 12	98	82	16	4
Herqueville	181	291	idem.	1422 33	97	86	22	4
Jobourg	501	1015	idem.	6506 42	98	88	24	6
Nacqueville	446	844	idem.	7215 33	86	81	10	9
Omonville-la-Petite	300	614	idem.	4071 11	100	88	24	6
Omonville-la-Rogue	418	429	idem:	4181 50	98	88	22	5
Sainte-Croix-Hague	419	984	idem.	4310 33	80	78	13	6
Saint-Germain-des-Vaux	570	635	idem.	7227 51	102	91	26	8
Tonneville	215	383	Equeurdreville.	2561 23	85	80	9	11
Urville-Hague	293	312	Beaumont-Hague.	3678 03	86	81	11	9
Vasteville	531	1672	idem.	7838 07	87	78	12	16
Vauville	382	1138	idem.	4519 62	94	84	20	3

Maires.	Adjoints.	Curés et Desservants.	Instituteurs.	Institutrices.

9,823 habitants (11 communes).

MM.	MM.	MM.	MM.	MMlles
Tétrel ✻.	Ledo, Boscher.	*Dupont.*	Foutrad (cours complre).	Lechevalier.
Fauvel.	Bouroux.	Costil.		Anfray.
Regnault.	Herbert.	Pichard.	Dufour.	Herpin.
Leprovost (Amand).	Leprovost (Louis).	Morin de la Rivière.	Paisnel.	Milcent.
Hamel-Préfontaine.	Louiche.	Noblet.	Guérin.	Anfray.
Lecoutey.	Lenoir.	Dubois.	Charuel.	Villain.
Potrel.	Lepelletier.	Lanos.	Manet.	Lerogeron.
Chapel (Auguste)	Chapel (Paul).	Leroy.	Poidevin.	Costentin.
Tétrel.	Debroize.	Hardy.		Primault.
Nové.	Levasseur.	Lemazurier.	Plantegenest.	Liron.
Fauquet.	Le Maître.	Couenne ; Hus, à Saint-Pierre-du-Tronchet.		Lebugle ; Loyer.

Population : 88,745 habitants.

57,013 habitants (1 commune).

Moll C✻.	Daniel et Frigoult.	*Leroux,* à Ste-Trinité ; Lepoultel, à N.-Dme-du-Rle ; *Moulin,* à N.-D.-du-V. ; Germain, à St-Clément.	Gamas, Simon, Delalande ; Levallois ; Leneveu, Lalavechef.	Bellenger (Mme), Mme Jeanne, Travers. Guerrand, Fossard.

7,500 habitants (20 communes).

Louis.	Heleine.	*Lemaitre.*	De Saint-Jorcs.	Blaisot.
Lefilliatre.	Poullain.	Besnard.	Ingouf	Prével.
Fabien.	Groult.	Desvergez.	Bertaux.	Langevin.
Postel.	Sanson.	Bonhomme.		Ecolivet (Mme).
Liais.	Paysant.	Langlois.		Jacquot.
Lecostey.	Paris.	Letourneur.	Hébert.	Fontaine.
Lemoigne.	Canoville.			Restoux.
Dumesnel (Henri).	Dumoncel (Georg.).	Saillard.	Lecouturier.	Lecaplain.
Fleury.	Bosvy.	Gohel.	Picquot.	Moisy.
Leboulenger (Charles)	Leboulenger (Aug.).	Picard.		Jacquette.
Fleury.	Heleine.	Boissel.	Gosselin.	Hennequin.
Leroy	Lesdos-Lavallée.	Bézard.	Martin.	Guillotin.
Mesnil.	Falaize.	Cabart.	Duvard.	Prével.
Millet.	Tripey.	Fessier.	Duhoux.	Manson.
Le Costey (Félix).	Paris	Brault.	Bazin.	Fossard.
Ladrenu.	Lecouvey.	Malard.	Henry.	Gain.
Orange.	Fleury.	Sauvey.		Blondel.
Lebarbenchon.	Lesdos.	Jean.	Leclerc.	Legendre.
Lamotte.	Auvray.	Lethimonnier.	Beaumont.	Pinel.
Jean.	Legrand.	Dubois.	Anquetil.	Jamard.

NOMS DES COMMUNES.	Population.	Superficie territoriale de chaque commune.	BUREAUX DE POSTE qui desservent les communes.	Principal des contributions directes en 1890.	DISTANCE AU CHEF-LIEU			
					du département.	judiciaire.	d'arrondissement.	du canton.
CANTON DES PIEUX ¶. Population :								
LES PIEUX...............	1419	1531	⊠	14455 70	86	65	20	»
Benoîtville.............	502	828	Les Pieux.	5281 15	59	68	18	3
Bricqueboscq	435	805	Grosville.	4752 93	83	65	16	8
Flamanville...........	1413	736	⊠	8718 24	93	71	26	6
Grosville	804	1351	⊠	8749 70	81	62	20	5
Héauville.............	467	1079	Flamanville.	4277 17	97	75	15	10
Helleville.............	303	588	Les Pieux.	3050 »	92	71	17	6
Le Rozel.............	327	558	idem.	3308 17	91	63	24	4
Pierreville............	630	1012	idem.	7355 03	91	60	25	6
Saint-Christophe-du-Foc ..	203	358	Grosville.	2659 13	83	73	14	8
Saint-Germain-le-Gaillard.	752	1382	Les Pieux.	8758 62	90	62	23	4
Siouville	534	639	Flamanville.	5190 83	93	71	21	6
Sotteville.............	326	614	Grosville.	4256 80	91	71	17	6
Surtainville...........	1001	1483	Les Pieux.	9977 94	93	59	28	8
Tréauville	806	1327	Flamanville.	10850 73	89	68	20	3
CANTON D'OCTEVILLE ¶. Population :								
OCTEVILLE.............	2895	775	⊠	15552 44	78	72	3	»
Bretteville...........	462	578	Tourlaville.	4297 63	84	82	7	10
Couville.............	494	862	Martinvast.	4362 52	76	64	13	10
Digosville............	622	927	Tourlaville.	5072 »	83	70	7	10
Equeurdreville	5035	507	⊠	20768 09	78	77	2	3
Hardinvast............	450	729	Martinvast.	3257 27	79	67	5	7
Henneville............	1138	767	Equeurdreville.	7209 92	82	79	10	5
Le Mesnil-Auval........	353	1342	Tourlaville.	2603 17	72	67	7	12
Martinvast............	742	1104	⊠	5920 »	80	69	10	4
Nouainville	217	381	Octeville.	2070 33	82	76	5	4
Querqueville	1247	553	Equeurdreville.	5716 64	82	78	8	7
Saint-Martin-le-Gréard....	219	286	Martinvast.	1369 67	73	66	12	9
Sideville.............	329	763	idem.	4401 86	82	71	9	6
Teurthéville-Hague......	715	1273	idem.	7597 32	81	71	13	10
Tollevast.............	601	1102	idem.	4491 33	74	60	11	9
Tourlaville............	6834	3287	⊠	38882 13	80	79	4	7
Virandeville	622	822	Martinvast.	4892 »	81	74	12	9
CANTON DE SAINT-PIERRE-EGLISE ¶. Population								
SAINT-PIERRE-EGLISE.......	1954	802	⊠	16142 07	71	76	17	»
Angoville...	57	102	Saint-Pierre-Eglise.	1267 »	75	79	20	3
Brillevast.........	521	909	idem.	5095 30	74	72	17	5
Canteloup.............	289	428	idem.	3066 33	38	74	19	5
Carneville............	370	688	idem.	3555 26	79	75	16	4
Clitourps	304	630	idem.	4207 »	70	75	19	4
Cosqueville	758	860	idem.	8993 50	74	79	20	3
Fermanville.	1347	1166	⊠	7890 61	74	77	21	4
Gatteville............	875	972	Barfleur.	14994 75	77	81	26	9
Gonneville............	853	1535	Saint-Pierre-Eglise.	8776 25	74	81	13	6
Gouberville...........	300	270	idem.	3702 »	74	79	24	7
Le Theil.............	724	1383	idem.	5713 25	71	66	14	11
Le Vast................	842	1304	⊠	8542 48	65	71	21	7

Maires.	Adjoints.	Curés et Desservants.	Instituteurs.	Institutrices.

9,921 habitants (15 communes).

MM.	MM.	MM.	MM.	MM^lles
Bonamy.	Pezet.	*Fontaine.*	Bertrand.	Leprince.
Mabire.	Vaultier.	Lejeune.	Avoyne.	Lerogueur.
Cottebrune.	Quenault.	Lemieux.	Brochard.	Devilly.
Courtois Les Hougues.	Bubot.	Godefroy.	Lefèvre.	Fossey.
Brisset.	Lenoir.	Grenier.	Douchin.	Gosselin.
Gibon.	Lemasson.	Duboscq.	Cord'homme.	Leprévost.
Toulorge.	Lebacheley.	Lemarié.		Bonissent.
Bairon	Vrac.	Jouninet.	Voisin.	Dupont.
Lefillastre.	Bellet.	Levesque.	Moulin.	Simon.
Mocquet.	Letourneur.	Blondel.		Pezet.
Sorel.	Godard.	Aumont.	Goguelin.	Trébaol.
Lenoir.	Lefranc.	Vibet.	Anquetil.	Lemesle.
Bourget.	Bouchard.	Gauvain.	Pays.	Cresté.
Le Coirte.	Le Bégin	Lemarquand.	Baudry.	Roulland.
Le Bourgeois.	Toulorge-Lecacheur	Pillet.	Cosnefroy.	Lucas.

22,992 habitants (17 communes).

Lesage.	Polet, Mahieu-Laroque.	*Doueffe.*	Durand.	Aubel.
Rouxel.	Planque.	Auvray.	Parey.	Duchêne.
Compère.	Martin.	Tardif.	Luce.	Lecocq.
Brière.	Guéret.	Sorel.	Foucher.	Laloë.
Dumoncel.	Lecarpentier, Avoine.	Clément.	Auvray.	Assier (Mme).
Truffer.	Hébert.	Poisson.	Lehodey.	Leluan.
Sanson.	Quoniam.	Mosqueron.	Bihel.	Colette.
Germain.	Mahier.	Deux.		Fauny.
Robin.	Alexandre.	Bonnissent.	Lecostey.	Louis.
Vrac.	Cousin.	Leforestier.		Roger.
De Couville ✻.	Cauvin.	Hainneville.	Catteloup.	Simiane.
Orange.	Decarité.	Gautran.		Cauvin.
Laisné.	Bourget.	Mauger.	Lebrec.	Me Lebourg.
Gosselin.	Turbert.	Travert.	Bouillault.	Noyon.
Letourneur.	Letouzé.	Letanneux.	Auvray.	Leboisselier.
Menut.	Burnel, Aubert.	Le Rouvillois; Chanvin.	Brosset, Lalod, Bieux, Vallée	Bru, Bréyon, Luce, Me Val-
Lelong.	Douesnard.	Le Poil.	Lhôtellier.	Choisnel. [lée.

11,230 habitants (20 communes).

Lebas.	Delacour.	*Pagny.*	Duruel.	
Lehot (Michel).	Lehot (François).		réunie à Vrasville.	
d'Urville le Chantel.	Folliot	Caruel.	Catherine.	Laurent.
Trohel.	Le Sacher.	Renouf.		Onfroy.
Mahaut.	Besselièvre.	Hautemanière.	Lefèvre.	Gouellain.
Delisle.	Heuvet.	Couppey.		Martin.
Vasse.	Michel.	Noël.	Lemière.	Jean.
Fatome.	Groult.	Louet.	Lecordeux.	Picquenot.
Touzard.	Leneveu.	Delacour.	Morel.	Cousin.
Germain.	Lelong.	Delangle.	Groult.	Voidic.
Godel.	Lebourg.	Branthomme.		Ledanois.
Quetteville.	Lallemand.	Mesnil.	Clément.	Durel.
de la Germonière	Thiessalin.	Savary.	Simon.	Pilard.

NOMS DES COMMUNES.	Population.	Superficie territoriale de chaque commune.	BUREAUX DE POSTE qui desservent les communes.	Principal des contributions directes en 1890.	du département.	judiciaire.	d'arrondissement.	du canton.
							Suite du CANTON DE	
Maupertus	222	335	Saint-Pierre-Eglise.	2814 83	70	73	11	7
Néville	242	348	*idem.*	4127 33	78	83	24	7
Réthôville	234	340	*idem.*	2947 72	77	72	23	6
Théville	392	777	*idem.*	5027 28	76	74	15	2
Tocqueville	475	590	*idem.*	7062 81	76	77	22	5
Varouville	326	418	*idem.*	3491 »	75	79	20	3
Vrasville	135	142	*idem.*	1364 83	76	80	21	4

ARRONDISSEMENT DE COUTANCES.
CANTON DE COUTANCES ¶. Population :

NOMS DES COMMUNES.	Population.	Superficie territoriale de chaque commune.	BUREAUX DE POSTE qui desservent les communes.	Principal des contributions directes en 1890.	du département.	judiciaire.	d'arrondissement.	du canton.
COUTANCES ⚑.........	8107	333	⊠	77954 59	28	»	»	»
Bricqueville-la-Blouette...	482	625	Coutances.	6804 27	33	5	5	5
Cambernon	1018	1701	*idem.*	4170 51	27	6	6	6
Courcy	808	1145	*idem.*	9355 40	34	4	4	4
Nicorps................	335	563	*idem.*	4817 80	34	5	5	5
St-Nicolas-de-Coutances...	857	881	*idem.*	9793 66	28	»	»	»
Saint-Pierre-de-Coutances.	205	449	*idem.*	3914 75	28	»	»	»
Saussey	710	891	*idem.*	5551 68	32	6	6	6

CANTON DE BRÉHAL ¶. Population :

NOMS DES COMMUNES.	Population.	Superficie territoriale de chaque commune.	BUREAUX DE POSTE qui desservent les communes.	Principal des contributions directes en 1890.	du département.	judiciaire.	d'arrondissement.	du canton.
BRÉHAL ⚑.....	1450	1362	⊠	13843 54	44	19	19	»
Anctoville	169	215	Granville.	1761 40	50	27	27	9
Bourey	168	360	Cérences.	1735 »	41	22	22	10
Bréville	349	688	Bréhal.	3680 67	50	26	26	7
Bricqueville-sur-Mer......	1404	1464	*idem.*	10544 »	46	18	18	2
Cérences	1917	2242	⊠	20405 78	38	18	18	6
Chanteloup............	338	417	Bréhal.	3025 33	43	21	21	2
Coudeville.....	754	872	*idem.*	6690 87	46	21	21	2
Equilly...............	335	566	Gavray.	3827 33	44	29	29	13
Hudimesnil	1212	1877	Bréhal.	10823 63	50	24	24	5
La Meurdraquière........	444	762	Cérences.	4011 67	43	26	26	11
Le Loreur	314	323	*idem.*	1851 97	41	23	23	7
Le Mesnil-Aubert	480	596	*idem.*	3752 07	36	14	14	11
Longueville............	501	411	Granville.	4205 »	50	26	26	7
Muneville-sur-Mer	619	728	Cérences.	6189 67	48	15	15	4
St-Sauveur-la-Pommeraye.	473	527	Bréhal.	4076 67	47	27	27	12

CANTON DE CERISY-LA-SALLE ¶. Population :

NOMS DES COMMUNES.	Population.	Superficie territoriale de chaque commune.	BUREAUX DE POSTE qui desservent les communes.	Principal des contributions directes en 1890.	du département.	judiciaire.	d'arrondissement.	du canton.
CERISY-LA-SALLE.	1701	1685	⊠	13996 45	21	14	14	»
Belval.................	402	567	Coutances.	4103 80	27	6	6	7
Cametours	786	722	Marigny.	6528 30	17	14	14	6
Guéhébert	325	649	Roncey.	4210 »	40	14	14	10
Montpinchon...........	1297	1693	Cerisy-la-Salle.	12143 67	23	12	12	3
Notre-Dame-de-Cenilly....	1517	2522	*idem.*	15008 01	21	18	18	5
Ouville................	769	1220	Coutances.	6598 92	31	9	9	7
Roncey......	974	1216	⊠	9966 07	29	18	18	7
Saint-Denis-le-Vêtu.......	1179	1317	Coutances.	11012 75	38	9	9	12
Saint-Martin-de-Cenilly ...	521	677	Roncey.	5036 20	23	18	18	9
Savigny	670	1016	Coutances.	6336 07	24	9	9	5

Maires.	Adjoints.	Curés et Desservants.	Instituteurs.	Institutrices.

Saint-Pierre-Église.

MM.	MM.	MM.	MM.	MM^lles
Bourdet.	Noyon.	Philippe.		Fouque (Mme).
Cabart.	Roblot.	Briard.	Laronche.	Duvey.
Duhoux.	Laurens (Etienne).	Danneville.		Lecoutour.
Gibon.	Daireaux.	Blaizot.		Guillard.
Rouxel.	Birette.	Gouelle.	Lefèvre.	Restoux.
Germain.	Guerrand.	Lecluze.		Ruelle.
Piard.	Leroux.	Lebartel.		Guesnon.

Population : 106,527 habitants.

12,542 habitants (8 communes).

Boissel-Dombreval ✳.	Marie, Saillard.	*Tollemer.*	Ménard ; Briens.	Balattre ; Percepied ,Cours complémentaire).
Lecesne.	Corbet.	Pigasse.	Ménard.	Bouley.
Quesnel.	Laisney.	Hélaine.	Troude.	Desvallées.
Savary.	Laroque.	Rosselin.	Lefèvre.	Lefilleul.
Périer.	Lhullier.	Lebesnerois.		Lebreton.
Lefrançois.	Lemière.	*Tollemer.*	*réunie à Coutances*	
Menard.	Hédouin.	*Tollemer.*	*idem.*	
Guenon.	Delacour.	Lemaltre.	Pirot.	Crouin.

10,947 habitants (16 communes).

de la Bellière.	Lemonnier.	*Destrès.*	Doucet.	Lucas.
Hélène.	Godal.	Hamel.		Turgot.
Faucon.	Quinette.	Année.		Torel.
Le Brun.	Lengronne.	Loisel.		Tétrel.
Thuilliet.	Frémin.	Germain.	Lelièvre.	Tasse.
Ameline.	Nicole.	*Bedel.*	Douchin.	Letun.
Clément.	Pimor.	Le Bailly.		Leménager.
Hecquard.	Lecailletel.	Fouque.	Méquin.	Boisyvon.
Cacquevel.	Gouelle.	Laurent.		Lemoussu.
Touroude.	Lemonnyer.	Dubois.	Lechanteur.	Jean.
Lenoir.	Deguelle.	Guyot.		Yvon.
Tanqueray.	Laurence.	Pellé.		Gautier.
Fauchon.	Letarouilly.	Belloir.	Maupas.	Lechevallier.
Méquin.	Beaumont.	Osouf.	Desrues.	Cheval.
Cirou.	Lebas.	du Mesnil-Adelée.	Robine.	Vigot.
Coulombier.	Duchène.	Templer.	Colombel.	Boutélou.

10,141 habitants (11 communes).

Gaillard.	Eudes.	*Binet.*	Desplanques.	Lecarpentier.
Lemosquet.	Damecour.	Hélaine.	Guilmin.	Nicolle.
Levallois.	Fossey.	Boulay.	Latné.	Gaillard.
Leconte.	Letarouilly.	Germain.	Lebailly.	Dudouyt.
Duval.	Enée.	Langevin.	Morel.	Guilbert.
Verin de la Brunelière	Quesnel.	Lecarpentier.	Ledentu.	Marie
Boulay.	Lengronne.	Letavernier.	Lefrançois.	Coulomb.
Vigot.	Durand	Leflamand.	De Saint-Denis.	Viard.
Amy	Delarue (Jean-Marie	Huvé.	Sohier.	Tiphaigne.
Lebrun.	Desponts.	Boulay.	Rault	Debieu.
Lepeu.	Basire	Joubin.	Polloue.	Ourselin.

NOMS DES COMMUNES.	Population.	Superficie territoriale de chaque commune.	BUREAUX DE POSTE qui desservent les communes.	Principal des contributions directes en 1890.	du département.	judiciaire.	d'arrondissement.	du canton.
					\multicolumn{4}{c|}{DISTANCE AU CHEF-LIEU}			

NOMS DES COMMUNES.	Population.	Superficie territoriale.	BUREAUX DE POSTE.	Principal des contributions.	du département.	judiciaire.	d'arrondissement.	du canton.
CANTON DE GAVRAY ¶. Population :								
Gavray...............	1476	1601	⊠	11486 83	34	18	18	»
Grimesnil..............	185	261	Gavray.	1685 57	31	15	15	6
Hambye...............	2350	2957	⊠	23199 13	25	19	19	8
La Baleine.............	274	403	Gavray.	1840 20	32	20	20	4
Le Mesnil-Amand.......	390	675	idem.	4059 33	38	22	22	4
Le Mesnil-Bonant.......	235	239	idem.	1128 33	38	23	23	5
Le Mesnil-Garnier.......	587	923	idem.	4743 »	41	25	25	7
Le Mesnil-Hue..........	216	334	idem.	1972 »	39	24	24	6
Le Mesnil-Rogues.......	427	478	idem.	2010 »	41	26	26	8
Le Mesnil-Villeman......	708	1071	idem.	5555 13	40	26	26	6
Lengronne..............	823	1208	idem.	8857 33	33	15	15	4
Montaigu-les-Bois.......	528	665	idem.	4004 27	40	24	24	6
Saint-Denis-le-Gast......	1225	1671	idem.	13269 88	29	18	18	4
Sourdeval-les Bois......	449	585	idem.	2484 37	30	26	26	8
Ver...................	843	1376	idem.	9160 47	38	22	22	4
CANTON DE LA HAYE-DU-PUITS ¶. Population :								
La Haye-du-Puits ⌂......	1385	517	⊠	14001 58	44	29	29	»
Appeville..............	557	1321	Prétot.	12583 83	38	46	46	17
Baudreville............	274	464	La Haye-du-Puits	3149 42	51	36	36	7
Bolleville.............	453	623	idem.	4243 67	46	31	31	2
Canville..............	321	534	idem.	4678 17	54	39	39	10
Coigny...............	352	412	Prétot.	4359 »	40	42	42	13
Cretteville............	561	682	idem.	7902 23	46	44	44	14
Denneville.............	568	832	La Haye-du-Puits.	6159 »	51	39	39	10
Doville...............	509	1018	idem.	5303 83	47	33	33	3
Gerville...............	183	582	idem.	2707 93	44	28	28	5
Glatigny..............	319	499	idem.	3049 53	52	37	37	8
Houtteville............	197	448	Prétot.	4696 27	41	44	44	15
Lithaire..............	864	1414	La Haye-du-Puits.	6611 17	42	30	30	5
Mobecq...............	391	816	idem.	6356 13	44	28	28	4
Montgardon...........	645	1331	idem.	6850 86	46	32	32	2
Neufmesnil...........	265	532	idem.	3503 »	36	32	32	2
Prétot...............	565	811	⊠	6182 »	46	39	39	10
St-Nicolas-de-Pierrepont ..	656	813	La Haye-du-Puits.	5038 05	49	34	34	5
Saint-Remy-des-Landes ...	506	816	idem.	4892 07	52	36	36	7
St-Sauveur-de-Pierrepont .	401	819	idem.	5603 73	50	35	35	6
Saint-Symphorien.......	310	581	idem.	4933 60	45	30	30	1
Surville	361	746	idem.	3088 67	53	39	39	10
Varenguebec...........	801	2120	idem.	10164 35	50	36	36	7
Vindefontaine	582	838	Prétot.	7271 50	45	41	41	12
CANTON DE LESSAY ¶. Population :								
Lessay...............	1333	2246	⊠	11889 61	36	21	21	»
Angoville-sur-Ay	530	672	Lessay.	5974 58	40	26	26	5
Anneville..............	307	435	Gouville.	2951 25	41	13	13	10
Bretteville-sur-Ay	556	980	Lessay.	5910 67	48	30	30	9

Maires.	Adjoints.	Curés et Desservants.	Instituteurs.	Institutrices

10,716 habitants (15 communes).

Maires.	Adjoints.	Curés et Desservants.	Instituteurs.	Institutrices
MM.	MM.	MM.	MM.	MM^{lles}
Gritton.	Eudes.	*Etienne.*	Lesouef.	Houet.
Robine.	Quesnel.	Morel.		Legros.
Pignolet.	Quesnel.	*Lemazurier.*	Totain.	Picot.
Leconte.	Lebargy.	Lepigeon.		Gascoin.
Piel-Ferronnière.	Auvray.	Cosson.		Barbé.
Boisnel.	Frémine.	Templer.		Hersent.
Michel.	Groult.	Havel.	Hubert.	Hédouin.
Regnault.	Joret.	Dauvergne.		Auvray.
Le Breton.	Décley.	Lechartier.	Allain.	Reffuveille.
Cte de Gourmont.	Regnault.	Anquetil ; Delaunay.	Blouët.	Godard, Lebigot.
Lechevalier.	Bosquet.	Larose.	Bédouin.	Corbe.
Marie.	Blin.	Thomas.	Lerouet.	Paysant.
Le Coupé.	Drieu.	Gautier.	Morin.	Godefroy.
Dubois.	Legraverend	Dubois, Lesage.	Sévaux.	Richet.
Cte de Mobecq.	Dupont.	Lemoigne.	Lecouturier.	Tétrel.

12,026 habitants (24 communes).

Maires.	Adjoints.	Curés et Desservants.	Instituteurs.	Institutrices
Ducloux.	Dolbet.	*Lepetit.*	Thiébot.	Galichère.
Eude.	Legigan.	Carouge.	Letourneur.	Eudes.
Houssel.	Desperques.	Drieu		Fautrad.
Guillebert.	Lhullier.	Depériers.	Hacquebey.	Roussel.
Mauger.	Canu.	Portais.		Villette.
Vaultier.	Asseline.	Hallot.		James.
Jean.	Pontus.	Milet.	Lefebvre.	Gaillard.
Poret.	Lemonnier.	de Saint-Jores.	Lefèvre.	Lebiguais.
Beuve.	Hostingue.	Riquier.	Martinet.	Martinet (Mme).
Pitance.	Levesque.	Leguillochet.		Sohier.
Hardy.	Holley	Anger.	Gautier.	Gautier (Mme).
Adam.	Jehenne.	Jouaudin.		Gosselin.
Dupin.	Dolbet.	Hinard.	Lurienne.	Deslandes.
Leforestier.	Doley.	Voisin.	Clouet.	Lemoine.
Lemarquand.	Picquenot.	Hervieu.	Lirot.	Vautier.
Letourneur.	Roulland.	Saillard.		Folliot.
Fortin.	Gancel.	Lebert.	Lemière.	Lecesne.
Letourneur.	Lerouge.	Baudry.	Le Rebourg.	Mancel (Mme).
Quenault.	Lacotte.	Godefroy.	Cirou.	Danguy.
Lesage.	Fauquet.	Regnault.	Lesigne.	Delahaye.
Hurel.	Amy.	Desrez.		Marie.
Courtel.	Hurel.	Duval.	Hamel.	Jeanne.
Ledanois.	Tarin.	Massieu.	Enault.	Lepley.
De La Martinière *.	Leconte.	Ollivier.	Mathey.	Lehodey.

11,250 habitants (13 communes).

Maires.	Adjoints.	Curés et Desservants.	Instituteurs.	Institutrices
Fauvel.	Jean.	*Leroux.*	Colin.	Loret.
Butel.	Brochard.	Auvray.	Ledoux.	André.
Dauvin (Eugène).	Dauvin (Léon).	Hérouard.		Lechevretel.
Tirel.	Aubin.	Desmottes.	Lehérichon.	Fautrad.

NOMS DES COMMUNES.	Population.	Superficie territoriale de chaque commune	BUREAUX DE POSTE qui desservent les communes.	Principal des contributions directes en 1890.	DISTANCE AU CHEF-LIEU			
					du département.	judiciaire.	d'arrondissement.	du canton.

Suite du Canton

Créances...............	2101	2150	☒	9632 83	39	21	21	3
Geffosses	924	2031	Gouville.	9988 74	39	14	14	12
La Feuillie.............	525	1384	Périers.	4277 10	32	18	18	6
Laulne	478	888	Lessay.	6428 37	36	25	25	6
Millières	1001	2030	Périers.	7775 70	31	20	20	8
Pirou	1434	2811	Créances.	11585 25	42	19	19	5
Saint-Germain-sur-Ay....	641	1876	Lessay.	7382 93	44	26	26	5
Saint-Patrice-de-Claids....	262	559	Périers.	3598 17	32	22	22	9
Vesly.................	1058	1637	Lessay.	13778 95	41	26	26	5

CANTON DE MONTMARTIN-SUR-MER ¶. Population :

Montmartin-sur-Mer	1043	1002	☒	8749 75	44	10	10	»
Annoville..	879	851	Montmartin-sur-Mer.	7086 67	43	13	13	3
Contrières	596	913	Coutances.	8570 87	38	8	8	7
Hautteville-sur-Mer.......	607	339	Montmartin-sur-Mer.	3323 »	40	12	12	2
Hérenguerville	286	271	Quettreville.	2290 50	43	13	13	2
Hyenville	329	331	Coutances.	3001 15	37	7	7	4
Lingreville.............	1391	923	Bréhal.	9908 »	45	15	15	5
Montchaton	600	689	Coutances.	4839 17	38	7	7	4
Orval	1097	1231	*idem.*	11959 72	36	6	6	8
Quettreville............	1453	1586	☒	13182 68	40	10	10	5
Regnéville........	1777	1029	☒	11511 14	40	11	11	3
Trelly	1003	1175	Quettreville.	10798 96	43	13	13	8

CANTON DE PÉRIERS ¶. Population :

Périers.	2644	1453	☒	28756 43	26	16	16	»
Beaupte	289	226	Prétot.	2884 66	37	34	34	18
Feugères	720	832	Périers.	7454 42	21	15	15	8
Gonfreville	361	898	*idem.*	4507 60	35	23	23	7
Gorges...	1029	2209	*idem.*	13258 47	38	25	25	0
Lastelle	189	398	Prétot.	2167 92	38	28	28	12
Le Plessis...	611	1096	*idem.*	6393 53	35	28	28	12
Marchésieux	1262	1975	Périers.	15250 16	23	20	20	8
Nay...................	182	249	*idem.*	1794 33	34	23	23	7
Sainte-Suzanne	181	352	Prétot.	2228 30	44	32	32	16
Saint-Germain-sur-Sèves ..	427	819	Périers.	6878 42	32	22	22	6
Saint Jores.	765	1275	Prétot	11048 67	40	30	30	14
Saint-Martin-d'Aubigny ...	731	1581	Périers.	10427 27	22	18	18	5
Saint-Sébastien-de-Raids .	425	520	*idem.*	4206 »	26	19	19	3

CANTON DE SAINT-MALO-DE-LA-LANDE ¶. Population :

Saint-Malo-de-la-Lande ...	410	397	☒	2675 17	40	9	9	»
Agon..	1597	1247	☒	10558 10	41	11	11	4
Ancteville.............	467	773	St-Malo-de-la-Lande.	4860 78	38	8	8	8
Blainville.............	1545	1280	☒	10270 54	43	18	18	4

Maires.	Adjoints.	Curés et Desservants.	Instituteurs.	Institutrices.

DE LESSAY.

MM.	MM.	MM.	MM.	MM^{lles}
Galusky ✳.	Pacquet.	Adam.	Libor.	Pasturel ; Dubois.
Fesnien.	Maresq.	Lesaulnier.	Varette.	Beaufils.
Hue.	Meslin.	Fras.	Ledanois.	Auvray.
Delaune.	Grandemange.	Leroux.	Hugues.	Girard.
Fautrad.	Lebreton.	Fras.	ouyvet	Delaroque.
Leróty.	Saussey.	Levillain.	Barbet.	Chasles.
Lelièvre.	Mahault.	Couespel.	Dieudonné.	Lebarbier.
Lecœur.	Eude.	Hu'mer.	Delacour.	Provost.
Duprey-Beuzeville.	Auvray.	Debout.	Villette.	Diesny.

11,063 habitants (12 communes).

Danlos.	Pannier.	*Lemasson.*	Etienne.	Darthenay.
Courois.	Legallais.	Duret ; Lengronne.	Lebasnier.	Drouet.
Legraverend.	Deguelle.	Giret.	Cléraux.	Tirhard.
Michel d'Annoville.	Leloup.	Trehu.	Chanteclair.	Esnol.
Delalande.	Cottereau.	Rubó.		Dudouyt.
Dubreuil.	Delamare.	Hauvet.		Ameline.
Leconte.	Frémin	Delacour.	Folliot.	Angé.
Delamare (Victor).	Delamare (Pierre).	Chardot.	Beaufils.	Réné.
Coulomb.	Le Graverend.	Lefrançois.	Houllier.	Ameline.
Paumier.	Dutertre.	Duchemin.	Letourneur.	Addes.
Lelièvre.	Lebasnier.	Clouard ; Vautier ;	Lebargy.	Barbey ; Legardinier ; Lefèvre.
[d'Académie.		Montaigne.		
Mesnage, Officier.	Vallet.	Adam.	Lahaye.	Fouchard.

9,816 habitants (14 communes).

Regnault.	Vallée et Leconte.	*Dolbet.*	Le Prieur (École supér^{re})	Cordeau.
Fremin.	Vichard.	Dumont.		Leclerc.
De la Conté.	Raulline.	Paquet.	Simon.	Aubry.
Bezard.	Dujardin.	Goueslain.	Letellier.	Lengronne.
Crespin.	Sanson.	Leprovost.	Robine.	Jean.
Lemoigne.	Regnault.	Papin.		Lecesne.
Guillemin.	Lefort.	Lecluze.	Saugrain.	Lenoir.
Hébert.	Oger.	Via.d	Lepage.	Lefiliâtre.
Pacary.	Lemarigny.	Gosselin.		Enée.
Lair (Frédéric).	Lair (Jean).	Laurence.		
Palla.	Dujardin.	Leblond.	Lerouet.	Bernard.
Bagot (Jacques)	Lemière.	Alix.	Alexandre.	Choux.
Lebailly.	Leforestier.	Legoubey.	Rose.	Laisney.
Le Guelinel.	Pacary.	Canto.	Noyer.	Leclerc.

9,421 habitants (13 communes).

Jehenne.	Poulain.	*Mauger.*	Mariette.	Mariette (Mme).
Le Moine	Estur	Regnault.	James.	Esnault.
Guillot.	Bouillon.	Beaufils.		Delaroque.
Guillot.	Lebreton.	Chapdelaine.	Harache.	Dujardin.

NOMS DES COMMUNES.	Population.	Superficie territoriale de chaque commune.	BUREAUX DE POSTE qui desservent les communes.	Principal des contributions directes en 1880.	du département.	judiciaire.	d'arrondissement.	du canton.
						DISTANCE AU CHEF-LIEU		
				Suite du CANTON DE				
Boisroger...............	402	529	St-Malo-de la-Lande.	3181 90	41	10	10	4
Brainville...............	231	319	*idem.*	2651 67	37	7	7	4
Gouville...............	1733	1295	⊠	10690 24	44	13	13	5
Gratot................	635	1009	St-Malo-de-la-Lande.	8434 97	35	5	5	4
Heugueville...........	549	674	Coutances.	6971 65	42	7	7	6
La Vendelée......	362	503	*idem*	3693 33	35	6	6	8
Montsurvent	446	833	St-Malo-de-la-Lande.	6220 67	41	9	9	6
Servigny	284	395	Coutances.	2769 20	38	7	7	7
Tourville	760	903	St-Malo-de-la-Lande.	6725 05	40	8	8	4
			CANTON DE SAINT-SAUVEUR-LENDELIN ¶. Population :					
SAINT-SAUVEUR-LENDELIN ...	1574	1689	⊠	15589 48	20	10	10	»
Camprond	505	619	Coutances.	3793 37	22	9	9	8
Hautteville-la-Guichard...	988	1198	Marigny	8695 95	22	14	14	10
La Ronde-Haye.........	514	665	St-Sauveur-Lendelin	4648 23	31	12	12	2
Le Lorey	959	1456	Marigny.	11565 17	19	12	12	10
Le Mesnil-Bus..........	706	498	St-Sauveur-Lendelin	4438 40	24	14	14	5
Montcuit...............	413	384	*idem.*	2972 75	22	13	13	5
Montbuchon	502	764	Coutances.	5732 75	32	6	6	5
Muneville-le-Bingard.....	1047	2000	St-Sauveur-Lendelin	10530 43	34	11	11	3
Saint-Aubin-du-Perron....	505	750	*idem.*	5107 33	28	15	15	5
Saint-Michel-de-la-Pierre ..	358	484	*idem.*	2846 20	28	12	12	5
Vaudrimesnil......	534	603	Périers.	3924 97	31	13	13	13
			ARRONDISSEMENT DE MORTAIN.					
			CANTON DE MORTAIN ¶. Population :					
MORTAIN ⚑	2408	684	⊠	18068 89	62	98	»	»
Bion	615	1264	Mortain.	5049 07	66	72	4	4
Fontenay	429	685	*idem.*	3369 40	67	68	8	8
Le Neufbourg	660	223	*idem.*	2724 97	62	68	2	2
Notre-Dame-du-Touchet..	1330	1795	*idem.*	8740 33	71	78	10	10
Rancoudray............	400	852	*idem.*	1663 »	68	75	7	7
Romagny..	1400	2946	*idem.*	9994 37	67	71	4	4
Saint Barthélemy	454	679	*idem.*	2841 93	59	64	4	4
Saint-Clément	947	2382	*idem.*	5537 45	68	76	8	8
Saint-Jean-du-Corail	608	1404	*idem.*	4943 »	67	41	6	6
Villechien	581	1082	*idem.*	5337 90	69	78	10	10
			CANTON DE BARENTON ¶. Population :					
BARENTON	2415	3505	⊠	20663 17	72	78	10	»
Ger......	2231	3936	⊠	11065 84	73	79	14	11
Saint-Cyr-du-Bailleul	1481	2941	Barenton.	13417 92	77	83	15	5
Saint-Georges-de-Rouelley.	1405	3044	*idem.*	9136 89	87	77	15	5

Maires.	Adjoints.	Curés et Desservants.	Instituteurs.	Institutrices.

Saint-Malo-de-la-Lande.

MM.	MM.	MM.	MM.	MM^{lles}
Fauvel.	Villedieu.	Larsonneur.	Lelion.	Lecouillard.
Hommet.	Desmottes.	Niobey.		Leduc.
Laisney.	Jean.	Legouche ; Mottin,	Caubrière.	Leclaire, André.
		Picault.		
Lerosey.	Robiquet.	Ovin, Duval.	Herbert.	Lechardeur, Lion.
Pignet.	Hébert.	Lemétais.	Barbet.	Regnault.
Ozon.	Lefebvre·	Cardin.		Marie.
Gasnier.	Euvremer.	Gaignon.	Desplanques.	Lair.
Esnouf.	Robert.	Durier.		Laurent.
Dudouyt.	Fauvel.	Blanchet.	Ozouf.	Lecardonnel.

8,605 habitants (12 communes).

Lemaltre.	Ledentu.	Fontaine.	Duval.	Lion.
Guesney.	Defonteney.	Anger.	Gousin.	Adeline.
Lerouxel.	Legrand.	Bezard.	Julienne.	Guesney.
De St-Denis (Jean-Bte)	Beaucousin.	Drouet.	Patrix.	Sublin.
Ozouf	Lechevalier.	Gantier.	Arondel.	Plantegenest.
Fremond.	Poutrel.	Delaroque.	Anger.	Caillard
Groult.	Lejeune.	Depériers.	Lemarinel.	Lefrançois.
Tesson.	Lecacheux.	Gohier.	Hélie.	Jacquet.
Toulorge.	Desaintdenis.	Lemaigre.	Mesnage.	Heuguet.
Lebailly.	Ledot.	Legrand.	Dusiquet.	Gosselin.
Laisney.	Guilbert.	Huard.		Edine.
Rupalley.	Lecanu.	Mottier.	Quesnel.	Anger.

Population : 64,680 habitants.

9,833 habitants (11 communes).

De Bailliencourt.	Delaunay.	Lepeltier.	Alexandre.	
Anfray.	Hamon.	Pillay.	Lebugle.	Lebugle (Mme).
Leclerc.	Couette.	Lepesteur.		Legros.
Brisou.	Garnier.	Colas-Lavigne.	réuni a Mortain.	
Boulanger.	Breillot.	Fouasse.	Hollande.	Vve Lebrec.
Ledenais.	Millet.	Lelandais.		Labigne.
Legrand (Anle)✳	Saoul.	Lenicolais.	Sineux.	Letennenr, Viel.
Martin.	Clouard.	Maillard.	Louise.	Delaunay.
Delatouche.	Robida.	Théault.	Desdevises.	Pasquier.
Gandin de Villaine.	Moisseron.	Salmon.	Legoubey.	Boisroux.
Hamon.	Monder.	Pasquer.	Liot.	Boisroux.

9,833 habitants (4 communes).

Bechet.	Petit.	Desclos.	Lenoir.	Foinet
Catelain.	Graindorge.	Houssin.	Dumont.	Degroone, Kahon, Delaunay.
Bourguignon.	Vezard.	Gosse.	Leménuet.	Giroult, Picquenard.
Malon.	Le Sergent.	Mauduit.	Provost.	Boëda.

NOMS DES COMMUNES.	Population.	Superficie territoriale de chaque commune.	BUREAUX DE POSTE qui desservent les communes.	Principal des contributions directes en 1890.	DISTANCE AU CHEF-LIEU			
					du département.	judiciaire.	d'arrondissement.	du canton.
CANTON D'ISIGNY ¶. Population :								
ISIGNY	337	425	⊠	2432 »	67	68	20	»
Chalandrey	565	748	Isigny.	3674 83	67	65	20	5
La Mancellière	510	750	idem.	3709 93	60	60	18	4
Le Buat	451	457	idem.	2920 90	61	61	20	3
Le Mesnil-Bœufs	350	461	idem.	2398 87	63	62	19	5
Le Mesnil-Thébault	505	969	idem.	3739 80	65	66	24	4
Les Biards	801	1060	St-Hilaire-du-Harc.	6037 47	70	71	23	3
Montgothier	510	750	Isigny.	3961 37	63	63	21	6
Montigny	511	903	St-Hilaire-du-Harc.	4103 75	29	60	15	8
Naftel	260	276	Isigny.	1528 60	64	63	17	4
Vezins	523	775	idem.	4338 83	73	63	27	5
CANTON DE JUVIGNY ¶. Population :								
JUVIGNY	789	750	⊠	4347 58	60	60	10	»
Bellefontaine	358	673	Juvigny.	2133 83	62	62	»	4
Chasseguey	191	306	idem.	1162 47	66	63	11	6
Chérencé-le-Roussel	800	1009	idem.	5229 17	57	57	11	5
La Bazoge	321	580	idem.	2537 20	64	64	8	4
Le Mesnil-Adelée	423	678	idem.	2896 93	58	56	18	8
Le Mesnil-Rainfray	621	1147	idem.	4079 83	63	65	15	5
Le Mesnil-Tôve	682	1174	idem.	4982 25	57	57	13	3
Reffuveille	1289	2234	idem.	7975 47	57	57	17	7
CANTON DU TEILLEUL ¶. Population :								
LE TEILLEUL ⌂	2150	3048	⊠	17302 42	74	82	14	»
Buais	1327	1779	⊠	8069 22	80	80	17	8
Ferrières	173	345	Buais.	1714 33	77	80	14	6
Heussé	727	1457	Le Teilleul.	4816 70	79	86	18	4
Husson	766	1356	idem.	7325 83	72	78	10	4
Sainte-Marie-du-Bois	230	477	idem.	2547 »	73	80	12	4
Saint-Symphorien	440	675	St-Hilaire-du-Harc.	3250 78	81	76	14	14
Savigny-le-Vieux	1138	1716	idem.	7291 25	85	76	19	14
CANTON DE SAINT-HILAIRE-DU-HARCOUET ¶. Population :								
ST-HILAIRE-DU-HARCOUET ⌂	3906	995	⊠	30517 64	77	69	15	»
Chevreville	277	441	St-Hilaire-du-Harc.	2564 78	68	69	13	6
Lapenty	931	1488	idem.	7666 33	75	69	11	7
Le Mesnillard	697	977	idem.	4159 18	67	68	11	7
Les Loges-Marchis	1438	1988	idem.	9044 48	81	73	19	4
Martigny	702	888	idem.	4984 57	63	65	16	6
Milly	667	964	idem.	5609 17	75	72	11	7
Moulines	460	731	idem.	3103 09	83	75	17	6
Parigny	1267	1162	idem.	7096 55	74	69	13	2
Saint-Brice-de-Landelles	1035	1525	idem.	6722 68	84	77	23	8
Saint-Martin-de-Landelles	1616	1965	idem.	10307 32	84	77	23	8
Virey	1259	1693	idem.	9086 33	80	63	18	5

Maires.	Adjoints.	Curés et Desservants.	Instituteurs.	Institutrices.

5,323 habitants (11 communes).

MM.	MM.	MM.	MM.	MM^{lles}
Foisil.	Varin.	Levesque.		Vauprès.
Jouenne (J.).	Aubert.	Simon	Normand.	Letouzé.
Danguy.	Guilmin.	Brault.	Bocage.	Filâtre.
Blouin	Aubert.	Lemoine.		Huault.
Touroul.	Mazier.	Gautier.		Tencé
Guérin.	Mahé.	Moisseron.		Costentin.
Davy.	Martin.	Piton	Levivier.	Hamel.
Lechat.	Sauvé.	Ménard.	Trochon.	Morin.
Mazier.	Macé.	Leroux.		Gautier.
Jouenne.	Datin.	Prével.		Roblin.
Morin.	Pelchat.	Lair.		Costard.

5,477 habitants (9 communes).

Grossin.	Raulin.	Théot.	Lefranc.	Pierre.
Clouard.	Dussault.	Guesdon.		Herbel.
De Verdun.	Martin.	Dupont.		Esnouf.
Bazin.	Loisel.	Jamault.	Jouault.	Couette.
Couyer de la Chesnadière.	de Saint-Germain.	Challier.		Robert.
Aguiton.	Hédou.	Fromentin.		Dardenne.
Besnier.	Georget.	Leroy.	Gautier.	Aguiton.
Mazure.	Herbin.	Fontaine.	Blondel.	Hamel.
Turquetil.	Loyvet.	Gautier.	Delafontaine.	Poullain.

6,951 habitants (8 communes).

Malon.	Ruault.	Duval.	Lebigot.	Tencé, Halmel, Lemarchand.
Couillabin.	Rouel.	Genson.	Goupil.	Gazengel.
Jouin.	Hélie.	Poulain.		Leconte.
d'Avenel.	Potier.	Lebedel.	Marie.	Macé.
Louvet.	Buisson.	Fautrel.	Danguy.	Debesne.
Grandin.	Gautier	Delafosse.		Genson.
Hamon.	Guillemin.	Vautier.		Ecole libre.
Tencé (Pierre-Marin).	Tencé (Eugène-Pierre).	Lemesle.	Tillault.	Davoux.

14,255 habitants (12 communes).

Genest.	Pleutin, Pinel.	Leroy.		Lechanoine.
Viel.	Bochin.	Ledos.		Bliard.
Lucas	Landry.	Yger.	Lemonnier.	Dugué.
de Beaurepaire.	Bagot.	Gazengel.	Desilles	Pinard.
Geslin.	Lepauvre.	Margueritte.	Durel.	Théault.
Vaudouer.	Dupont.	Lehurey.	Villedieu.	Genevée.
Legrand (Art.) ✻	Pacilly.	Levillain.	Le Capitaine.	Leroyer.
Fremin.	Restoux.	Pilley.		Planté.
Martin.	Blouin.	Quesnel.	Durand.	Leprieur.
Pautret.	Badiche.	Corbe.	Esnouf.	Duclos.
Bouoé.	Alleaume.	Philippe.	Rault.	Costentin.
Pays.	Dupont.	Pillay.	Coulon.	Ruel.

NOMS DES COMMUNES.	Population.	Superficie territoriale de chaque commune.	BUREAUX DE POSTE qui desservent les communes.	Principal des contributions directes en 1890	du département.	judiciaire.	d'arrondissement.	du canton.
CANTON DE SAINT-POIS ¶. Population :								
SAINT-POIS...............	753	788	⊠	4100 55	51	50	17	»
Boisyvon	247	385	Villedieu.	1529 07	45	43	27	10
Coulouvray-Boisbenâtre..	1397	1725	Saint-Pois.	5772 55	45	44	23	6
La Chapelle-Cécelin......	338	522	Villedieu.	2042 50	40	39	28	11
Le Mesnil-Gilbert	456	785	Saint-Pois.	3702 30	60	54	15	4
Lingeard................	237	363	idem.	1322 17	54	54	15	4
Montjoie................	940	1437	idem.	4040 58	51	67	19	3
Saint-Laurent-de-Cuves ...	1145	1480	idem.	6925 07	55	50	22	5
Saint-Martin-le-Bouillant ..	676	1237	Villedieu.	3493 33	42	40	28	11
Saint-Maur-des-Bois.....	303	497	idem.	1876 13	41	37	29	12
CANTON DE SOURDEVAL ¶. Population :								
SOURDEVAL ⌂.............	3979	3648	⊠	29043 35	82	67	11	»
Beauficel	441	911	Sourdeval.	3806 »	57	61	13	5
Brouains	495	379	idem.	3133 49	57	60	10	8
Gathemo	632	1040	idem.	3924 40	49	57	18	7
Le Fresne-Poret.........	731	1001	idem.	4643 10	57	75	19	8
Perriers-en-Beauficel	701	931	idem.	4118 60	53	61	14	12
Saint-Martin-de-Chaulieu..	545	788	idem.	3341 83	52	68	18	7
Saint-Sauveur-de-Chaulieu.	183	270	idem.	1296 67	52	68	19	8
Vengeons...............	1100	1569	idem.	6816 02	50	62	16	5

ARRONDISSEMENT DE VALOGNES.

NOMS DES COMMUNES.	Population.	Superficie	BUREAUX DE POSTE	Principal des contributions	du département.	judiciaire.	d'arrondissement.	du canton.
CANTON DE VALOGNES ¶. Population :								
VALOGNES ⌂..........	5718	1748	⊠	67840 86	68	54	»	
								»
BRIX..................	2114	3357	Sottevast.	16880 42	67	64	10	10
Huberville..............	308	576	Valognes.	4501 95	61	58	4	4
Lieusaint	279	522	idem.	4935 67	62	50	4	4
Montaigu	785	1471	idem.	7113 42	66	62	8	8
Saussemesnil............	1536	2144	idem.	9671 72	63	62	8	8
Tamerville..............	882	1933	idem.	11703 83	61	57	3	3
Yvetot	885	1246	idem.	13275 84	62	53	4	4
CANTON DE BARNEVILLE ¶. Population :								
BARNEVILLE.............	914	573	⊠	6779 14	69	48	29	»
Baubigny....	231	644	Barneville.	2199 83	77	56	33	8
Carteret	523	509	idem.	3462 53	73	51	30	3
Fierville...............	523	745	idem.	4047 83	69	47	23	8
La Haye-d'Ectot	427	730	idem.	3262 32	71	52	28	4
Le Mesnil...............	268	343	idem.	2415 40	66	44	26	6
Les Moitiers-d'Allonne....	933	1712	idem.	7090 58	73	52	29	4
Le Valdécie	251	398	Bricquebec.	1667 83	73	73	19	11

Maires.	Adjoints.	Curés et Desservants.	Instituteurs.	Institutrices.

6,422 habitants (10 communes).

MM.	MM.	MM.	MM.	MM^{lles}
Cte d'Auray.	Liot.	*Lemouland.*	Aubel.	Lechartier.
Gaultier de Carville.	Lebas.	Belloir.		Bataille.
Martinet.	Haupais.	Bailleul.	Beloin.	Pautret.
Haupais.	Le Jamtel.	Barbé.		Carnet.
Garnier.	Delabroize (Daniel).	Langlois.		Aubel.
de Saint-Paul.	Vimont.	Restout.		Valentin.
Lesage.	Robillard	Guénier.	Le Bécherel.	Dauphin.
Rubé.	Roquet.	Vénisse.	Friçan.	Vieillard.
Lair.	Mochon.	Roiesnel.	Porée.	Lenormand.
Davy.	Legorgeu.	Templer.		Navet.

8,887 habitants (9 communes).

Labiche.	Almin, Bazin.	*Payen.*	Simon.	Lecrosnier, Millet.
Vaullegeard.	Raulin.	Delaunay.		Jeanne.
Lefrançais.	Maillard.	Turquetil.	Tesnière.	Coursin.
Davy	Champion.	Bonnel.	Poulain.	Abraham.
Debon ✳.	Moulin.	Calando.	Lemercier.	Blin.
Davy.	Caraby.	Saoul.	Delafosse.	Roddes.
Lebigot.	Badiou.	Dauguet.		Couillard.
Gallet.	Bazin.	Leriche.		Hamelin.
Champion.	Duval.	Tesnière.	Lefrançois.	Bazin.

Population : 75,494 habitants.

12,307 habitants (8 communes).

Sébire O✳.	Hamel, Lemeland.	*Tessero, Henry;* Gamas, à Saint-Joseph.	Gondouin, Lesage.	
Pasquier.	Langevin.	*Sellier.*	Legoupil.	Chastan.
Avoine.	Mouchel.	Levallois.		Dutot.
Lecrivain.	Villard.	Ameline.		Beillard.
Hamel.	Thoumine.	Divetain.	Lesauvage.	Lainé.
de Mondésir.	Touraine-Desvaux	Lesauvage ; Lerosier.	Doucet, Héroult.	Me Doucet.
Jaunet.	Valognes.	Yvelande.	Dorange.	Pilet.
Herquin.	Fenard.	Robin	Leprieur.	Laurent.

8,606 habitants (16 communes).

Mahieu.	Giot.	*Hamelin.*	Simon.	Poulain.
Larquemin.	Sibran.	Noël		Lequertier.
Lepelletier.	Rachine	Avenette.	Sollier.	Godefroy.
Duval.	Quesneville.	Lefebvre.	Lepourry.	Cousin.
Lechevalier.	Burnel.	Alix.	Herpin.	Herpin.
Lavechef.	Henry.	Sebier.		Royant.
Bouillon.	Chuquet.	Mautalent.	Lemesle.	Esnouf.
Lemonnier.	Lepaumier.	Beaucousin.		Broquet.

8

NOMS DES COMMUNES.	Population.	Superficie territoriale de chaque commune.	BUREAUX DE POSTE qui desservent les communes.	Principal des 4 contributions directes en 1890.	DISTANCE AU CHEF-LIEU			
					du département.	judiciaire.	d'arrondissement.	du can bn.
								Suite du CANTON
Ourville	740	1184	Portbail.	7813 93	62	41	28	8
Portbail	1860	2107	☒	16040 58	64	43	29	6
St-Georges-de-la-Rivière ..	377	327	Barneville.	2462 25	67	46	32	3
Saint Jean-de-la-Rivière...	220	358	*idem*.	2277 33	68	47	31	2
Saint-Maurice	402	745	*idem*.	3689 08	59	48	26	5
Saint-Pierre-d'Arthéglise..	252	539	*idem*.	1512 33	74	51	23	8
Senoville	308	717	*idem*	3011 »	77	55	23	8
Sortosville-en-Beaumont..	418	1024	*idem*.	3653 52	75	57	24	7

CANTON DE BRICQUEBEC ¶. Population :

BRICQUEBEC	3647	5142	☒	37369 53	70	52	13	»
Breuville	440	841	Sottevast.	3642 17	78	62	16	10
Les Perques..........	252	485	Bricquebec.	2378 08	74	53	18	5
Le Vrétot	833	2056	*idem*	9149 08	77	59	20	7
Magneville	513	949	*idem*.	7207 83	62	51	10	9
Morville	340	708	Valognes.	6324 »	63	51	6	11
Négreville	1022	1642	*idem*.	11352 57	63	55	6	7
Quettetot	675	1243	Bricquebec.	5650 83	74	56	17	4
Rauville-la-Bigot	840	1716	Sot:evast.	7136 29	78	60	17	8
Sain:-Martin-le-Hébert..	190	213	*idem*.	1497 »	75	57	32	5
Sottevast	868	1985	☒	7380 03	70	62	76	7

CANTON DE MONTEBOURG ¶. Population :

MONTEBOURG	2149	588	☒	19373 88	51	56	7	»
Azeville	185	300	Montebourg.	2384 33	49	54	14	7
Ecausseville........ ...	142	524	*idem*.	4925 60	49	55	11	4
Emondeville..........	466	520	*idem*.	6338 33	48	54	11	4
Eroudeville	191	487	*idem*.	3931 17	50	58	9	2
Flottemanville.........	274	485	*idem*.	4718 34	56	51	4	5
Fontenay-sur-Mer	459	814	*idem*.	7465 42	52	58	12	5
Fresville	712	1389	*idem*.	13640 67	47	51	13	6
Hémevez....	243	430	*idem*.	4177 33	59	49	6	6
Joganville	146	287	*idem*.	2775 80	49	53	10	3
Le Ham	232	387	*idem*.	4311 46	56	50	10	5
Lestre............. ...	536	759	*idem*.	6827 33	60	64	11	8
Ozeville	245	469	*idem*.	2964 92	56	60	11	4
Quinéville	322	460	*idem*.	4396 56	57	63	14	7
Saint-Cyr........ ...	205	570	*idem*.	3681 50	54	60	5	4
Saint Floxel	502	846	*idem*	8134 97	53	57	9	2
St-Germain-de-Tournebut..	668	1391	Valognes.	8817 37	58	62	8	6
Saint-Marcouf	328	1353	Montebourg.	11887 08	50	56	15	8
Saint-Martin-d'Audouville .	261	361	*idem*.	3490 03	56	61	9	5
Sortosville	140	348	*idem*.	1098 48	56	52	6	4
Urville	274	315	*idem*	4526 50	59	48	7	7
Vaudreville	166	302	*idem*.	1914 »	55	60	10	4

Maires.	Adjoints.	Curés et Desservants.	Instituteurs.	Institutrices

DE BARNEVILLE.

MM.	MM.	MM.	MM.	MM^{lles}
Noël.	Vasselin.	Lefranc.	Dumouchel.	Fauvel.
Legriffon.	Fenouillères.	Mahieu, Lefèvre.	Besnard.	Lizieux.
Besnard.	Luce.	Fourmage.	Hambye	Me Hambye.
Le Cannellier.	Cauchard.	Leherpeur.		Lebreton.
Anque il.	Lerouvillois.	Bazurais.		Le Basnier.
Desprez.	Godrel.	Raulin.		Halbecq.
James.	Mauger.	Levallois.		Leforestier.
Desprey.	Cosniam.	Vilquin		Vrac.

9,590 habitants (11 communes)

Prével.	Mesnage, Anquetil	Caillemer ; Marie, Tollemer.	Lecavelier.	Houssin, Retout, Poulard.
Lemarinel.	Jeanne.	Digard.	Hubert	Beuve.
Langlois.	Lebailly.	Lesavourey.		Lamache.
Mendret.	Le Pesqueur.	Lemarinel.	Leconnétable.	Chapey (Mme).
Lemarié (Jean)	Lemarié (Victor).	Denis.	Marie.	Bréhant.
Larquemin.	David.	Folliot.	Bardet.	Bédouin.
Picquenot.	Lepetit.	Gardin.	Herbin.	Travert.
Le Rouvillois.	Hamel.	Moulin.	Quoniam.	Garnier.
Le Marchand.	Pellerin.	Mabire.	Fossey	
Couppey.	Mabire	Lemarinel.		Lesavourey.
Lebarbenchon.	Jacqueline.	Leneveu.	Lemoyne.	Me Leroy.

9,149 habitants (22 communes).

Lemor.	Guiffard.	Dallain.	Le Tourneur.	Leroyer.
Féron.	Leforestier	Cauvet.		Auvray.
Groult.	Pinel.	Caillebotte.		Leroux.
Legoupil (Charles).	Le Goupil (Omer).	Leblastier.	Simon.	Lemonnier.
David.	Agasse.	Boullot.		Anne.
Legoupil.	Huet.	Godefroy		Poullain.
Olivier.	Lefret.	Onfroy ; Leroy.	Magnin	Lacolley.
Lecouflet	Duchemin.	Osmont.	Cariot.	Brière.
Folliot.	Gilles.	Cottebrune.		Lerendu.
Folliot.	Marie.	Dodeman.		Liot.
Buhot	Mouchel.	Vermont.		Lefranc.
Rolland.	Legambier	Guyot.	Héroul.	Duval.
Drouin	Lechevalier	Levesque.		Auvray.
Ferrand.	Legendre.	Gaslonde.	Vimond.	Daniel.
Pothuau.	Lesaché.	Pergeaux.		Lebarbenchon.
Lefrançois	Leboulanger.	Quesnel	Orange.	Bigard.
Bon Baillod.	Gibert.	Lemennicier.	Thomelin.	Durand.
Cte de Pontgibaud ✳.	Le Métais.	Godefroy.	Marie.	Vanprès ; Lehuby.
Groult.	Pouppeville	Benoist.		Rouleis.
Leridez.	Dupont.	Seigneurie.		Cordouan.
Lemoigne-Dutaillis.	Lehartel.	Roulland.		Perier.
Leroy.	Hallot.	Ogé.		Lehadouey.

NOMS DES COMMUNES.	Population.	Superficie territoriale de chaque commune.	BUREAUX DE POSTE qui desservent les communes.	Principal des contributions directes en 1890.	DISTANCE AU CHEF-LIEU du département.	judiciaire.	d'arrondissement.	du canton.

CANTON DE QUETTEHOU ¶. Population :

QUETTEHOU	1197	1691	☒	18288 58	65	70	16	»
Anneville-en-Saire	594	600	☒	9574 13	70	75	21	5
Aumeville-Lestre	194	244	Quettehou.	1075 »	60	64	13	6
Barfleur	1085	95	☒	5802 87	74	79	25	9
Crasville	365	717	Quettehou.	5661 23	59	64	11	6
La Pernelle	362	715	idem	5652 23	69	74	20	4
Le Vicel	303	474	Anneville-en-Saire	3234 67	71	75	21	5
Montfarville	1218	517	Barfleur.	10952 90	73	77	25	8
Morsalines	343	365	Quettehou.	3824 40	63	68	15	3
Octeville-la-Venelle	448	686	idem.	5305 20	58	63	11	7
Réville	1530	1864	St-Vaast-la-Hougue.	15451 80	71	76	22	7
Sainte-Géneviève	462	495	Barfleur	8834 »	74	78	24	8
Saint-Vaast ⚓	2844	630	☒	24682 85	68	73	19	3
Teurthéville-Bocage. . . .	1143	2146	Le Vast	16128 23	65	68	12	7
Valcanville	725	645	Anneville-en-Saire.	8823 »	73	74	20	7
Videcosville.	143	251	Quettehou.	1583 83	59	65	12	7

CANTON DE SAINTE-MÈRE-EGLISE ¶. Population :

SAINTE-MÈRE-EGLISE	1413	1770	☒	25691 56	41	47	17	. »
Amfreville	717	1010	Sainte-Mère-Eglise.	8839 83	47	44	16	6
Angoville-au-Plain	101	565	Ste-Marie-du-Mont.	5135 »	34	40	26	9
Audouville-la-Hubert. . . .	196	640	Sainte-Mère-Eglise.	6214 »	42	48	24	5
Beuzeville-au-Plain	70	204	idem.	2499 93	45	50	19	3
Beuzeville-la-Bastille . . .	356	433	Pont-Labbé (Picau- [ville).	4460 39	46	39	21	8
Blosville	406	422	Sainte-Mère-Eglise.	4633 67	37	42	21	4
Boutteville	165	182	Ste-Marie-du-Mont.	2445 »	41	44	24	7
Brucheville	300	1139	idem.	13361 17	43	45	27	10
Carquebut	483	825	Sainte-Mère-Eglise.	10080 37	42	46	22	5
Chef-du-Pont	347	376	idem.	4760 83	41	44	20	3
Ecoqueneauville	121	352	idem.	3485 »	31	47	20	3
Foucarville	253	505	idem	5899 92	47	52	19	7
Gourbesville	404	816	idem	7733 83	52	44	15	8
Hiesville	143	403	Ste-Marie-du-Mont.	4730 67	38	43	23	7
Houesville	352	499	idem.	4200 58	35	40	24	7
Liesville	317	618	Sainte-Mère-Eglise.	4840 96	36	43	28	11
Neuville-au-Plain	231	470	idem.	4037 17	44	34	15	3
Picauville	2580	1906	Pont-Labbé.	28929 27	47	41	18	10
Ravenoville	548	1167	Sainte-Mère-Eglise.	10419 50	48	54	17	7
St-Germain-de-Varreville. .	265	583	idem.	5604 67	46	51	19	7
Sainte-Marie-du-Mont. . .	348	836	idem.	25281 83	46	51	21	9
Saint-Martin-de-Varreville .	1322	2977	☒	7173 25	38	44	26	9
Sebeville	104	288	Sainte-Mère-Eglise.	2917 »	38	44	22	5
Turqueville	304	520	idem	5753 75	43	49	21	4
Vierville	104	376	Ste-Marie-du-Mont.	3342 »	36	41	27	10

Maires.	Adjoints.	Curés et Desservants.	Instituteurs.	Institutrices.

13 036 habitants (16 communes).

MM.	MM.	MM.	MM.	MMlles
Colas-Corderie.	Glatigny.	*Bagot.*	Postel.	Chalant.
du Mesnildot.	Hébert.	Lanon.	Guilbert.	Lemarinel.
Tiphaigne	Fortin.	Leclerc.		Berson.
Hay.	Alexandre.	Cauchon.	Belliard.	Lecaudey.
Basroger.	Onfroy.	Onfroy ; Launay.		Eudet.
Lapierre.	Enault.	Brégis.	Lecostey.	Marguery.
N...	Barreaux.	Letourneur.	Anne	Labonde.
Hébert-Dumanoir.	Legrin.	Vastel.	Baudry.	Lefranc.
Colas.	Leguay.	Leconte.	Deméautis.	Deméautis.
Leconte.	Folliot	Leroulley.	Laurent.	Guilbert.
De Caumont.	Lefauconnier.	Leroy.	Simon.	Beuf
Langlois.	Mauviot.	Lefèvre.	Lecaudey.	Renouf.
Hamelin.	Ardouin, Bidault.	*Jouenne.*	Courtois.	Hubert.
Legoupil.	Bouché.	Bedel.	Lebasnier.	Beillard.
Anthouard.	Mouchel.	Blestel.	Duchêne.	Gosselin.
Godefroy.	Cartot.	Bouillon.		Ruault.

11,950 habitants (26 communes).

Maires.	Adjoints.	Curés et Desservants.	Instituteurs.	Institutrices.
Hairon.	Butel.	*Gautier.*	Mabire.	Lair.
Ferey.	Besnard.	Dumoncel.	Laronche.	Lecocq.
Bordel.	Bulot.	Hamel.		Lemarchand.
Brohier.	Henry.	Lefèvre.		Lehoux.
Mouton.	Duchemin.	Bellot.	*Réuni à St-Germain-de-Var..*	
Mis de Beauffort.	Fautrat.	Blanchère.	Robin.	Hérouard.
Lallier.	Lepelletier.	Bersin.	Mahier.	Hulmel.
Hays.	David.	Lecot.		Savary.
Levavasseur.	Lenourry.	Langlois.		Pican.
Lécuyer.	Anger.	Vindard.	Thiébot.	Beslon.
Nicole.	Gouhier.	Paisant.	Lelong.	Gouesmel.
Marie (Louis).	Marie (Alphonse).	Lecavelier.		Doré.
Letellier.	Besnard.	Joly.		Heurtault.
Levavasseur.	Blaizot.	Hurel.	Plantegenest.	Desplanques.
Corbin-Desmanneteaux.	Desplanques.	Aubrée.		
				Lengronne.
Simon.	Vautier.	Leduc.		Perrodin.
Pepin.	Langlois	Chancé.		Bonnel.
Liot	Rabey.	Simonne.		Legrand.
Vte d'Aigneaux.	Sehier.	Lepourry.	Le Bedel.	Levesque.
Masson.	Lepraële.	Collette.	Dacier.	Annezo.
De la Gonnivière.	Huet.	Lair.	Girard.	Nativelle.
Prémont.	Dupuis.	Caruel.	Beillard.	Hersent.
Osmont.	Renouf.	Marion.	Simon.	Brunel.
Carel.	Larose.	Lefèvre.	*Réuni à Blosville.*	
Duval-Lemonnier.	Menant.	Poignant.	Eliard.	Mahaut.
Levert.	Gamas.			Léréverend.

NOMS DES COMMUNES.	Population.	Superficie territoriale de chaque commune.	BUREAUX DE POSTE qui desservent les communes.	Principal des 4 contributions directes en 1850.	DISTANCE AU CHEF-LIEU			
					du département.	judiciaire.	d'arrondissement.	du canton.

CANTON DE SAINT-SAUVEUR-LE-VICOMTE ¶. Population :

NOMS DES COMMUNES.	Population.	Superficie	BUREAUX	Principal	du dép.	judic.	d'arrond.	du cant.
St-Sauveur-le-Vicomte ⌂..	2665	3523	⊠	31018 60	55	30	14	»
Besnéville	1050	1826	St-Sauveur-le-Vic^te.	10775 11	62	36	23	8
Biniville.....	176	298	idem.	2243 33	54	47	10	6
Catteville....	213	456	idem.	2771 »	64	35	10	4
Colomby	700	1116	Valognes.	9867 67	57	48	»	9
Crosville...............	177	406	St-Sauveur-le-Vic^te.	3285 »	53	43	18	5
Etienville............ ...	737	737	Pont-Labbé.	7018 »	40	30	16	8
Golleville....	355	546	St-Sauveur-le-Vic^te.	5477 »	61	40	11	7
Hautteville.......... . .	164	422	idem.	3061 »	54	46	11	7
La Bonneville	331	631	idem.	5057 67	50	42	14	7
Les Moitiers-en-Beauptois.	439	776	Pont-Labbé.	5349 17	49	37	19	11
Néhou........	1748	3642	St-Sauveur-le-Vic^te.	20031 01	59	49	15	7
Neuville-en-Beaumont . ..	138	168	idem.	1387 47	64	33	22	7
Orglandes......	575	926	idem.	9460 2	53	44	10	8
Rauville-la-Place	826	1186	idem.	10795 37	54	41	16	3
Reigneville	65	227	idem.	1066 »	52	49	13	7
Sainte-Colombe..........	308	499	idem.	3549 33	58	44	13	6
Taillepied.............	89	214	idem.	1491 73	51	44	26	5

Maires.	Adjoints.	Curés et Desservants.	Instituteurs.	Institutrices.

10,856 habitants (18 communes).

MM.	MM.	MM.	MM.	MM^{lles}
Pain.	Bellet ; Mauger.	Cléret ; Aubert ; Lefreteur.	Fleury.	Passilly ; Enée.
Prunier.	Guillotte.	Lamusse.	Truffert.	Esnouf.
Lebreton.	Lengronne.	Duboscq.	réuni à Haullevill=	
Morin.	Giot.	Blestel.		Marie.
Lelong.	Bellin.	Viel.	Polidor.	Hébert.
Yonnet.	Burnouf.	Tencé.		Beauquesne.
Dorey.	Lagouche.	Giot.	Rouland.	Leroux.
De la Bretonnière.	Michel.	Jacques.	Pillet.	Chrétien.
Abaquesné de Parfouru.	André.	Sébline.	Lecler.	
Le Clerc.	Baudouin.	Luce.	Lesage.	Bernard.
Cottin.	Enquebec.	Jourdan.	Enquebecq.	Roblet.
Laniepce.	Racine.	Etienne ; Lamy.	Adclus ; Pantin	Maillard ; Pasturel.
Amelin.	Cuquemel.	Bréard.		Lecornu.
Cadic.	Lecappon.	Lebourgeois.	Avoine.	Denis.
Gamas.	Lehadomey.	Durel.	Marienne.	Dennebouy.
Burguet.	Josse.		réuni à Orglandes	
Desprez.	Duhamel.	Allaire.	Villedieu.	Pican.
Meslin.	Lefèvre.	Deslandes.		Thiébot.

POLICE GÉNÉRALE.

Commissaires de Police.

Arrondissement de Saint-Lo. — MM. Boillerault, commissaire de police, à Saint-Lo ; Boucher, à Carentan.

Arrondissement d'Avranches. — MM. Fourquié, commissaire de police, à Avranches ; Rémiot, idem à Granville ; Reinhart, commissaire spécial de police sur les chemins de fer de l'Ouest et du port ; Bernard, inspecteur spécial de police, à Granville ; Mangon, commissaire de police, à Villedieu.

Arrondissement de Cherbourg. — MM. Paysant, commissaire central de police, à Cherbourg ; Brain et Pagnot, commissaires de police, à Cherbourg.

Arrondissement de Coutances. — M. Rouré, commissaire de police, à Coutances.

Arrondissement de Valognes. — M. Marchand, commissaire de police, à Valognes ; Geslin, commissaire spécial, à Carteret ; Letanneur, commissaire spécial, à Portbail.

ORDRE JUDICIAIRE.

COUR D'APPEL DE CAEN.

MM. Houyvet C ✻ A. I., premier président ; Tiphaigne ✻, Hue ✻, présidents ; Guillard, Guichard ✻, Hoffmann ✻, Manchon, Surcouf, Victor Clément ✻, Turbout ✻, Duchemin, Aymé, Piquet, Lemare, Osmont de Courtisigny, Lenoël, Laubey, Villey, Desmeserets, conseillers.

MM. Faguet O ✻, procureur-général ; Lerebours-Pigeonnière ✻, Vaudrus, avocats-généraux ; Lénard, Milliard, substituts ; Solange, greffier en chef ; Bottet, Marie, W. Derarue, commis greffiers.

Membres honoraires.

MM. Pochonnet, président ; Godon ✻, conseiller.

Composition des Chambres de la Cour d'appel de Caen, pendant l'année judiciaire 1890-1891.

Première Chambre.

Audience les lundi, mardi. mercredi et jeudi.

MM. Houyvet C ✻ A. I., premier président ; Hue ✻, président ;

Guillard, Guicherd ✳, Clément ✳, Piquet, Lemare, Osmond de Courtisigny, Lenoël, conseillers.

MM. *Faguet* O ✳, procureur général ; Lerebours-Pigeonnière ✳, avocat général ; Lénard, substitut; Solange, greffier en chef ; Bottet, commis greffier.

Deuxième Chambre.

Audiences les mercredi, jeudi, vendredi et samedi.

M. *Tiphaigne* ✳, président : Hoffmann ✳, Manchon, Surcouf, Turbout ✳, Duchemin, Aymé, Laubet, Villey Desmeserets, conseillers ; Vaudrus, avocat général ; Milliard, substitut ; W. Delarue, commis greffier.

Chambre des mises eu accusation.

Audience le mercredi.

MM. *Hue* ✳, président ; Victor Clément ✳, Piquet, Osmond de Courtisigny, Lenoël, conseillers ; Lénard, Milliard, substituts ; Marie, commis greffier.

———————

TRIBUNAUX DE PREMIÈRE INSTANCE.

La Cour d'assises de la Manche siège à Coutances, sous la présidence d'un Conseiller à la Cour d'appel de Caen ; elle tient au moins quatre sessions par an, l'ouverture de chacune des sessions est ordinairement fixée au commencement des mois de *mars, juin, septembre* et *décembre*.

Tribunal civil séant à Saint-Lo.

Audiences : *mardi*, police correctionnelle ; — *vendredi*, rapports, affaires venant à bref delai ; — *mercredi* et *jeudi*. affaires du rôle, suivant la fixation ; — *samedi*, affaires de prompte expédition, publications et ventes.

Président.— M. Lemonnier de Gouville.

Juges.— MM. Simon et Granval, *juge d'instruction.*

Juges suppléants.— MM. Le Campion, Cusson.

Parquet.— MM. Simon, *procureur de la République ;* Regnault, *substitut.*

Greffe. — MM. Sicot, *greffier ;* Lorence et Jeanne dit Baudry, *commis greffiers.*

Avocats.— MM. Dieu, Amiard, Lelong, *bâtonnier ;* Hardouin, Guillot.

Stagiaires.— MM. Pommier, Breton, Pannier-Lachaussée.

Avoués.—MM. Simon aîné, Jouanne, Hervieu, *président ;* Dussaux, Thouroude, Pottier, Lehuré.

Huissiers.— MM. Marguerite, *syndic ;* Fauvel, *rapporteur ;* Cardin, *trésorier ;* Hébert, *secrétaire ;* Letourneur, *membre.*

Audienciers du Tribunal civil.— MM. Cardin, Jeanne, Hébert.

Audiencier de Justice de paix. - M. Lerat, huissier à Saint-Lo.

Audiencier d Tribunal de commerce. — M. Sinel, huissier, à Saint-Lo.

Huissiers résidant à Saint-Lo. — MM. Cardin, Jeanne, Hébert, *secrétaire ;* Sinel, Thomine, Lerat.

Huissiers résidant dans l'arrondissement. — MM. Marguerite, *syndic,* à Saint-Clair ; Fauvel, à Cerisy-la-Forêt ; Letourneur, à Carentan ; Fontaine, à Pont-Hébert ; Hennequin, à Percy ; Girauld, Fossard, à Torigny-sur-Vire ; Fauvel, à Tessy-sur-Vire ; Doublet, à Marigny.

Assistance judiciaire. — MM. Delisle, receveur de l'enregistrement ; Criquet, *président,* notaire honoraire ; Sicot, *secrétaire ;* Hervieu, avoué ; Daussy, conseiller de Préfecture ; Lelong, bâtonnier de l'ordre des avocats.

Tribunal de commerce de Saint-Lo.

Audience le *vendredi,* à deux heures de l'après-midi.

Président. — M. Dyvrande.

Juges. — MM. Hornecker, Hopquin, Chardin (Léopold).

Jug s suppléants. — MM. Lesage, J. Gâté.

Greffe. — M. Lebret, *greffier.*

MM. Vaudouer et Lefebvre, agréés et syndics ; Thiéry, syndic.

Tribunal civil séant à Avranches.

Audiences : *mercredi,* police correctionnelle ; — *jeudi* et *vendredi,* affaires civiles ; — *samedi,* affaires urgentes sur requête, rapports, référés et adjudications.

Président. — M. Delamare.

Juges. — MM. Bellencontre, *juge d'instruction ;* Ponroy, *juge.*

Juge suppléant. — M. Scelles.

Parquet. — M. Legrin O. A., *procureur de la République.*

Greffe. — MM. Bameule, *greffier ;* Gombert et Besnier, *commis greffiers.*

Avocats. — MM. Simon, Scelles, Lemonnier, Layne, Bouvattier (Jules), Frémin, *secrétaire ;* Rachine, Dupérouzel, *bâtonnier ;* Bouvattier (Gustave), V. Le Montier, *stagiaires ;* Dupont, Lechevallier.

Avoués. — MM. Guillaume, Normand, Palicot, *secrétaire ;* Saussey, Lemardeley, *président ;* Blanchet, *syndic ;* Heuvrard, *rapporteur ;* avoués honoraires : Fontaine, Levavasseur.

Huissiers audienciers. — MM. Lemasle, *syndic ;* Fougeray, *secrétaire ;* Artur Jean.

Huissier résidant à Avranches. — M. Bourgueil.

Huissiers résidant dans l'arrondissement — MM. Macé, Goumault, à Brécey ; Berthelot, à Ducey ; Vallée, Lemarié, François, à Granville ; Laîné et Guichard, à la Haye-Pesnel ; David et Goussé, à Pontorson ; Patris, Foudé, à Saint-James ; Fouasse, à Sartilly ; Angot, Héaumé, Azo, à Villedieu.

Assistance judiciaire. — **MM.** Piel-Desruissaux, ancien notaire, *président ;* Tardif, sous-préfet ; Provost, receveur de l'enregistrement ; Layne, avocat ; Palicot, avoué ; Bameule, *secrétaire.*

Tribunal de commerce de Granville.

Le ressort de ce Tribunal embrasse tout l'arrondissement d'Avranches. — Audience le *jeudi.*

Président. — M. Dior (Lucien).

Juges.— MM. Biard, J. Pannier, Langlois.

Juges suppléants.—MM. Béguin, Poirier.

Greffier.— M. P. Ollivier.

Il n'y a pas d'agréés ; **MM.** Dupérouzel, avocat ; V. le Montier, avocat ; Dauvin, Lemétayer, Vieillard et Godefroy, défendent habituellement.

Tribunal civil séant à Cherbourg.

Audiences : *lundi,* affaires correctionnelles ; *mardi* et *mercredi,* affaires civiles ; *jeudi,* adjudications.

Président.— M. Théry, O. I. P.

Juges. — MM. Lefrançois, O. A., *juge d'instruction ;* Ameline, Bernard.

Parquet.— MM. Delpy, *procureur de la République ;* Houyvet, *substitut.*

Greffe.— MM. Hauvet, *greffier ;* Oury et Hébert, *commis greffiers.*

Avocats.— MM. Boullement-d'Ingremard, Favier, Lucas, A. Liais, Lecarpentier, Legrin, Châtel, Courtois, Mauror.

Avoués.—MM. Lemagnent, Féron, *trésorier ;* Francis Brière, *syndic ;* Drouet, Leblond, *président.*

Huissiers audienciers.— MM. Le Bastard, Vincent, Ledanois.

Tribunal de commerce.— MM. Vincent, Le Bastard, Gautier et Ledanois.

Justice de paix.—MM. Vincent et Le Bastard.

Huissiers résidant dans l'arrondissement. — MM. Léger, aux Pieux ; Lavalley, à Saint-Pierre-Eglise ; Rébuffet, à Octeville.

Assistance judiciaire (séance le premier samedi de chaque mois : **MM.** Guillemin, conservateur des hypothèques, *président ;* Martinet, sous-préfet ; Lecourtois, avocat ; Orry, ancien avoué ; Brière, avoué; Hauvet, greffier, *secrétaire.*

Tribunal de commerce de Cherbourg.

Audience le *vendredi.*

Président.— M. Hainneville.

Juges. — MM. Lesage, Langlois, Buhot (Eugène).

Juges suppléants.— MM. Menut, Henri, Noyon, Cottel, Jourdan
Greffe.— M. Dutot.

Tribunal civil séant à Coutances.

Président.—M. Jartel.
Juges. — MM. Goujon de Saint-Thomas, *juge d'instruction ;*
Renault, Benoist, *juges ;* Rabec, Lecoq, *juges suppléants.*
Parquet.—MM. Dudouyt, *procureur de la République;* Marchand,
substitut.
Greffe. — MM. Dorléans, *greffier ;* Duval, Levenard et Cauchard,
commis greffiers.

Audiences : *Lundi,* criées à 10 heures du matin; correctionnelle à midi;
mardi, mercredi et *jeudi,* audience civile à midi.

Avocats. — MM. Marie, Leterrier (aîné), Barbier, Guidon, Sarot,
Dupérouzel, *bâtonnier ;* Chevalier, Rabec, *secrétaire;* Gritton, Amy
Larivière, Galuski, Leterrier (jeune), Girard, H. Saillard, Lamuse.
Avoués. — MM. Delaunay, *président ;* Vilain, *syndic :* Lejolivet,
rapporteur ; Jean, *secrétaire-trésorier ;* Daniel, Courairie.
Huissiers audienciers. — MM. Rachinel, Voisin, Anquetil, Néel,
Guérin, Anquetil.
Tribunal de commerce. — MM. Voisin, Canivet.
Huissiers résidant à Coutances.—MM. Anquetil, Ledentu, Voisin,
Canivet, Néel, Guérin, Rachinel.
Huissiers résidant dans l'arrondissement. — MM. Chesnay, à
Bréhal ; Voisin, à Cérences; Chardine, à Cerisy-la-Salle ; Bézard, à
Gavray ; Corbin, Genvrin, à la Haye-du-Puits ; Gancel, à Prétot ;
Navarre, à Lessay ; Robiquet, à Gratot ; Guillon, à Quettreville ;
Desplanques, Lemoine, à Périers ; Voisin, jeune, à Saint-Sauveur-
Lendelin.
Assistance judiciaire. — MM. Pascal, sous-préfet, *président ;*
Saillard, ancien notaire, *vice-président ;* Vilain, avoué ; Dupérouzel,
avocat; Dudouyt, receveur de l'enregistrement ; Dorléans, *secré-
taire.*

Tribunal de commerce de Coutances.

Audience le *samedi.* à 10 heures du matin.

Président. — M. Baize.
Juges. — MM. Bidel, Daireaux.
Juges suppléants. — MM. Angelloz, Salettes.
Il n'y a pas d'agréés.

Tribunal civil séant à Mortain.

Cet arrondissement n'a point de juridiction consulaire ; c'est le Tribunal de première instance qui juge les affaires commerciales. —
Audiences : *mercredi,* affaires urgentes ; — *jeudi* et *vendredi,* affaires
civiles ; — *samedi,* police correctionnelle, affaires commerciales et
criées.

Président. — M. Lefaverais.

Juges. — MM. Hommet et David.

Juges suppléants. — MM. Lemoine, N . .

Parquet. — M. Guilmard, procureur de la République.

Greffe. — MM. Lemière, greffier : Legoux, commis greffier.

Avocats. — MM. Lecrecq, Champs, Josset, Millet, Meslay.

Stagiaire. — M. Leteinturier-Laprise.

Avoués. — MM. Lesoudier, Poullain, président ; Delaunay, Lemardeley, syndic ; Radoul, secrétaire-trésorier : Jarnoüën de Villartay.

Huissiers audienciers. — MM. Guilhard, Le Baron et N . . . résidant à Mortain.

Huissiers résidant dans l'arrondissement. — MM. Lemoine, à Barenton ; Calé, à Isigny-Paindavaine : Bachelot, Boucet, à Saint-Hilaire-du-Harcouët; Dollerie, à Juvigny-le-Tertre: Desteux, à Saint-Pois; Alphonse et Bagot, à Sourdeval ; Boutry, au Teilleul.

Assistance judiciaire. — MM. Salanson, sous-préfet : Poullain, avoué ; Gérard, ancien avocat : Jayet, receveur de l'enregistrement ; Millet, avocat ; Lemière, secrétaire.

Tribunal civil séant à Valognes.

L'arrondissement n'a point de juridiction commerciale, c'est le Tribunal de première instance qui juge les affaires de cette nature. — Audiences : *mardi*, affaires de commerce, d'expédition, d'adjudication ; — *mercredi* et *jeudi*, affaires du rôle général ; — *vendredi*, police correctionnelle ; — *samedi*, rapports en toutes matières ; jugements en Chambre du Conseil.

Président. — M. Le Clerc.

Juges. — MM. Faguet, *juge d'instruction* ; Mabire.

Juges suppléants. — MM. Costard, Maurice Marc.

Parquet. — M. Duchesne de la Sicotière, *procureur de la République*.

Greffe. — MM. Guimond, *greffier* ; Hamel et Lecroisey, *commis greffiers*.

Avocats. — MM. Foulon, Lecacheux, Goubeaux, Baillod, Delangle, Leroy, de Reshecq, Couraye du Parc.

Avoués. — MM. Bitot, Braffin, Thouin, Breillot, Le Grusley, Cruchet, Lefèvre.

Huissiers audienciers. — MM. Lendormy, Leterrier, Demare.

Huissiers résidant à Valognes. — MM. Lendormy, Leterrier, Demare, Lelong.

Huissiers résidant dans l'arrondissement. — MM. Dancel, à Barneville ; Authouard, à Bricquebec ; Mendret et Butel, à Sainte-Mère-Eglise ; Le Mière, à Picauville ; Burnouf, à Montebourg ; Bouchet, à Saint-Vaast ; Thirard, à Saint-Sauveur-le-Vicomte.

Assistance judiciaire. — MM. Le Ménicier, sous-préfet ; Céron, receveur de l'enregistrement ; Le Grusley, avoué ; Dubois, notaire ; Delangle, avocat ; Guimond, *secrétaire*.

JUSTICE DE PAIX.

Noms des Juges de Paix, des Suppléants et des Greffiers.

CANTONS.	JUGES DE PAIX.	SUPPLÉANTS.	GREFFIERS.

Arrondissement de Saint-Lo.

	MM.	MM.	MM.
Saint-Lo........	Porquet........	Pommier, Criquet.....	Letrésor.
Canisy	Lehéricey.....	Leconte, Heussebrot ..	Durand.
Carentan	Lenoël	Boissel-Dombreval, Bertrand .	Legrand.
Marigny........	Morel	Niobey, Lemoigne	Legrand.
Percy.	Vilquin	Sévaux, Loyer........	Duval
Saint-Clair......	Vigot..........	Madelaine, N........	Darondel.
St-Jean-de-Daye.	Thouin........	Leclerc, Pézeril......	Le Bouteiller.
Tessy-sur-Vire ..	Poullain	Chasles, Mithois......	Ozenne.
Torigni-sur-Vire.	Gardin.........	Le Roquais, Pommier .	Lejeune.

Arrondissement d'Avranches.

	MM.	MM.	MM.
Avranches......	Basire.	Lemardeley, Desdouitlis.... .	Daubigny.
Brécey.........	Bidois.	Lanos, Denis-Thieudière.....	Quinette.
Ducey..........	Leguidecoq	Juin-Duponcel, Baron .	Dupont.
Granville.......	Lefébure.	Dupérouzel, Le Biez ..	Laîné.
La Haye-Pesnel..	Butot.	Fontaine, Pigeon.....	Bréhier.
Saint-James.....	Porcher.. . . .	Geoffroy, Lechat......	Allain.
Pontorson	Foucher	Trincot, Morel...	Goron
Sartilly........	Lefresne	Leménager, Duchemin.	Nicolle.

Arrondissement de Cherbourg.

	MM.	MM.	MM.
Cherbourg	Levalois.. ...	Allix, Druet	Leroux.
Beaumont	Damourette.....	Piquot, Louis	Millet.
Octeville	Lemarquand....	Pouillat, Vrac.	Mouchel
Les Pieux.... ..	Lequérié-des-Roziers	Lebourgeois, Courtois.	Hilaire (Félix)
St-Pierre-Eglise .	Clément........	Touzard, Fleury......	Dubost.

Arrondissement de Coutances.

	MM.	MM.	MM.
Coutances	Guillemette.....	V. Leloutre, Delauney.	Chuquet.
Bréhal	Tanqueray.....	Lemonnyer, Ameline..	Hue.
Cerisy-la-Salle...	Savary.........	Gaillard, Lehodey.....	Tréhet.
Gavray.........	Osmond	Lechevallier, Niobey ..	Guillard.
La Haye-du-Puits	Artu.........	Ducloux, Gaillard.....	Lecluze.
Montm.-sur-Mer..	Couraye-du-Parc	Pannier, Danlos......	Lenesley.
Lessay.	Dauvin	Lesigne, Dupray-Beuzeville...	Larose.
Périers	Le Comte	Lepareux, Lecauf.....	Dubuisson.
St-Malo-de-la-L ..	Davy-Lahurie. ..	Séverin, Sébire.......	Leguay.
St-Sauv.-Lendel .	Navarre........	Toulorge, Lecachoux..	Guénon.

CANTONS.	JUGES DE PAIX.	SUPPLÉANTS.	GREFFIERS.

Arrondissement de Mortain.

	MM.	MM.	MM.
Mortain.........	Hardy	Le Bigot, Delaunay ...	Lorier.
Barenton	Norgeot.......	Montécot, Bourguignon	Martignon.
St-Hil.-du-Harc¹ .	Lesaint.......	Lemonnier, Boivent...	Hirbec.
Isigny-Painday⁹ .	Lefaverais......	Guérin, Cruchet.......	Davalis.
Juv.-le-T rtre ..	Costard.	Grossin, Maincent.....	Boursin.
Saint-Pois	Laurent..	Datin, Legeard......	Lemare.
Sourdev¹-la-B^rre	Foubert.... ...	Almin, Enguebard	Beaugeard.
Le Teilleul... ..	Lamotte........	Dupont, Mâlon	Gesbert.

Arrondissement de Valognes.

	MM.	MM.	MM.
Barneville.. ...	Agnès	Denis, Lepelletier.....	Auvray.
Bricquebec	Caillard..	Hennequin, Langevin..	Leroux.
Montebourg.....	Le Sachey ...	Vrac, Roumy....... ..	Mouchel.
Quettehou	Le Marquand...	Hay, Colas-Corderie. ..	Delagarde.
Ste-Mère-Eglise..	Catherine	Hairon, Lécuyer......	Raciquot.
St-Sauv.-le-Vic ..	Delisle.}	Pain, Morin..	Dumaine.
Valognes	Sanson	Le Cannelier, Le Grasley ...	Simon.

NOTAIRES.

Arrondissement de Saint-Lo.—MM. Guillemin, Leclerc, *secrétaire,* Delaunay, à Saint-Lo ; Gancel, *président,* à Saint-Clair ; Mithois, à Domjean ; Faudemer, à Saint-Jean-de-Daye ; Heurtaut, à Pont-Hébert ; Desprairies, Boissel-Dombreval, à Carentan ; Heussebrot, à Canisy ; Delarue, à Marigny ; Leroquais, *trésorier,* Gohier, à Torigni-sur-Vire ; Flicher, à Tessy-sur-Vire ; Duboscq, à Percy ; Lechevrel, à la Chapelle-Enjuger ; Charuel, à Montbray ; Lechevallier, *rapporteur,* à Saint-Samson-de-Boufossé ; Sebire, à Cerisy-la-Forêt.

Arrondissement d'Avranches.—MM. Le Conte-la-Prairie, *président,* Sergent, *secrétaire,* à Avranches ; Barbey, Denis-Thieudière, *syndic,* à Brécey , Aumont, Desfeux, à Ducey ; Le Petit, Lamort, *rapporteur,* Taurines, à Granville ; Jouenne, Fontaine, *trésorier,* à La Haye-Pesnel ; Geoffroy, Darthenay, à Saint-James ; Levallois, Morel, à Pontorson ; Manuelle, Martin, à Sartilly ; Fontaine, Davy, à Villedieu.

Arrondissement de Cherbourg.—MM. Fleury, à Saint-Pierre-Eglise ; Lebouteiller, à Cherbourg ; Pouillat, *président,* à Tourlaville ; Hamel, *syndic,* à Saint-Pierre-Eglise ; Marion, Roberge, à Cherbourg ; Vautier, à Beaumont ; Giot, aux Pieux, *rapporteur,* Lemarquand, à Sainte-Croix-Hague ; Laroque, *trésorier,* aux Pieux ; Le Goupil, à Cherbourg, *secrétaire.*

Arrondissement de Coutances.—MM. Dandeville, Letonnellier,

Delarue, à Coutances; Duprey-Beuzeville, à Bréhal; Adam, à Cérences; Le Rosey, à Cerisy-la-Salle; Badin, à Roncey; Guernier, à Gavray; Fonnard, au Mesnil-Garnier; Lecaplain, à Hambye; Fauvel (Léon), fils, à Lessay; Lechevallier, à Pirou; Pétron, Gaillard, à la Haye-du-Puits; Lemonnier, à Prétot; Lelièvre, à Montmartin-sur-Mer; Savary, à Quettreville; Levêque, Lecauf, à Périers; Gallien, Potier, à Blainville; Delalande, Saffray, à Saint-Sauveur-Lendelin.

Arrondissement de Mortain.— MM. Le Bigot, Morel, *membre*, et Hamard, *secrétaire*, à Mortain; Fiault et Lebreton, à Barenton; Guérin, *syndic*, Lebret et Dupont, à Saint-Hilaire-du-Harcouët; Varin, *trésorier*, à Isigny-Paindavaine; Cruchet, *président*, au Buat; Lendormy et Damame, à Juvigny-le-Tertre; Datin, à Saint-Pois; Poisnel, *membre*, à Coulouvray-Boisbenâtre; Gorron et Guérin, à Sourdeval-la-Barre; Trompu, au Teilleul; Dupont, *rapporteur*, à Sainte-Anne-de-Buais.

Arrondissement de Valognes. — MM. Oury, Dubois, Damecour, à Valognes; Le Breton, à Brix; Langlois, Pican, à Bricquebec; Guiffard, Lechevalier, à Montebourg; Lemarinel, Legoupil, à Saint-Sauveur-le-Vicomte; Lemerre, à Quettehou; Mallet, à Saint-Vaast; Touroul, à Barfleur; Denis, à Barneville; Legriffon, à Portbail; Hairon, à Sainte-Mère-Eglise; Luce, à Pont-Labbé; Dalidan, à Sainte-Marie-du-Mont.

ORDRE MILITAIRE.

10ᵉ Corps d'Armée et 10ᵉ Région militaire.

GRAND QUARTIER GÉNÉRAL A RENNES.

Départements formant la 10ᵉ Région : Ille-et-Vilaine, Manche, Côtes-du-Nord

Général commandant en chef le Corps d'armée : CAILLIOT C✱, à Rennes.

Chef d'Etat-major du 10ᵉ Corps : Colonel Leroy C✱, à Rennes.

20ᵉ Division d'Infanterie et 5ᵉ, 6ᵉ, 7ᵉ et 8ᵉ subdivisions de la 10ᵉ Région.

Général commandant : VOSSEUR C✱, à Saint-Servan.

39ᵉ brigade : Général de Geoffre de Chabrignac C✱, à Cherbourg.

25ᵉ de ligne.—Colonel Vallat O✱, à Cherbourg.

136ᵉ de ligne.—Colonel Gillet ✱. Portion principale à Saint-Lo. Un bataillon à Cherbourg.

40ᵉ brigade : N..., à Saint-Malo.

2ᵉ de ligne.—Colonel Costes O✱, à Granville.

47ᵉ de ligne.—Colonel Carpentier ✱, à Saint-Malo.

5ᵉ Subdivision, chef-lieu Cherbourg.

(Arrondissements de Cherbourg et de Valognes).

Commandant.—Général de Geoffre de Chabriac C✳, à Cherbourg.
Intendance.—Bénard ✳, sous-intendant de 2ᵉ classe, à Cherbourg.
Major de la garnison de Cherbourg. — Branchery, chef de bataillon.
Artillerie. — Colonel d'Espinay O✳, directeur, à Cherbourg ; chef d'escadron Igot ✳, sous-directeur, à Cherbourg.
Génie. — Chef de bataillon Lemardeley ✳, chef du génie, à Cherbourg.
Recrutement.—Commandant Dupuis O✳, à Cherbourg.
Subsistances militaires. — Officier d'administration Miroglio, à Cherbourg.

6ᵉ Subdivision, chef-lieu Saint-Lo.

(Arrondissements de Saint-Lo et de Coutances).

Commandant.—Général de Geoffre de Chabriac C✳, à Cherbourg.
Intendance.—Appert, sous-intendant de 3ᵉ classe, à Saint-Lo.
Recrutement.—Chef de bataillon Péchoux O✳, à Saint-Lo.
Remonte.—Capitaine Dumalle ✳, à Saint-Lo.

7ᵉ Subdivision, chef-lieu Granville.

(Arrondissements d'Avranches et de Mortain).

Génie.—Chef de bataillon Renard ✳, à Granville.
Recrutement.—Major Morier ✳, à Granville.

GENDARMERIE.

10ᵉ LÉGION.

Composée des compagnies d'Ille-et-Vilaine, Manche et Côtes-du-Nord.

M. Béranger O✳, colonel, commandant la légion, à Rennes.

Compagnie de la Manche.

Besson, chef d'escadron, commandant la compagnie, à Saint-Lo.
Legavre, capitaine, à Saint-Lo.
Jardol, lieutenant-trésorier, à Saint-Lo.
Le Godec ✳, capitaine, à Cherbourg.
Vanloup, lieutenant, à Coutances.
Louison ✳, lieutenant, à Avranches.
Desprès, lieutenant, à Mortain.
Rozel, lieutenant, à Valognes.
Le Guillou, maréchal des logis adjoint au trésorier, à Saint-Lo.

9

Service des Brigades.

DÉSIGNATION ET RÉSIDENCE DES BRIGADES.	BRIGADES			SOUS-OFFICIERS COMMANDANT LES BRIGADES.
	A CHEVAL		à pied	
	de 6 hommes.	de 5 hommes.	de 5 hommes	
Saint-Lo............	»	1	»	MM. Le Méhauté.
Idem.................	»	1	»	Pinot.
Idem.................	»	»	1	Taillandier.
Carentan	»	1	»	Perrée.
La Perrine............	»	1	»	Gaingouin.
Torigni sur-Vire	»	1	»	Récourt.
Villebaudon...........	»	1	»	Doutressoulle.
Saint-Clair...........	»	1	»	Orvain.
Marigny	»	»	1	Verger.
Canisy	»	»	1	Renet.
Tessy-sur-Vire........	»	»	1	Courtoux.
Cherbourg............	»	1	»	Lahaie MM. (1)
Idem.................	»	»	1	Prigent.
Les Pieux	»	»	1	Foucher.
Saint-Pierre-Eglise......	»	»	1	Lemoigne.
Equeurdreville.........	»	»	1	Joulaud.
Beaumont.............	»	»	1	Maffre MM.
Tourlaville...........	»	»	1	Marcheron.
Avranches............	»	1	»	Le Lay.
Idem.................	»	»	1	Gleyo.
Granville.............	»	1	»	Brébion.
Idem.................	»	»	1	Bonenfant.
Villedieu	»	1	»	Lévêque.
Pontorson	»	1	»	Briend MM.
Ducey................	»	1	»	Desaintdenis.
Sartilly..............	»	1	»	Dugardin.
Brécey	»	»	1	Lejuez.
Saint-James	»	»	1	Saligner.
La Haye-Pesnel........	»	»	1	Dréano MM.
Mortain..............	»	1	»	Mancel.
Idem.................	»	»	1	Quarantois.
Saint-Hilaire-du-Harcouët..	»	1	»	Pélan.
Sourdeval	»	1	»	Chalmel.
Juvigny	»	»	1	Hallot.
Le Teilleul...........	»	»	1	Madoré.
Saint-Pois............	»	»	1	Hains MM.
Barenton	»	»	1	Lefèvre.
Isigny...............	»	»	1	Galliot.
Coutances	»	1	»	Avice.
Idem.................	»	»	1	Mancel.
Périers	»	1	»	Bindel.
Gavray	»	1	»	Hue.
Bréhal	»	1	»	Bocage.
Lessay	»	1	»	Simon.
Cerisy-la-Salle........	»	1	»	Guesdon.

(1) Les lettres MM indiquent les décorations de la Médaille militaire.

DESIGNATION ET RÉSIDENCE DES BRIGADES	BRIGADES			SOUS-OFFIIERS COMMANDANT LES BRIGADES.
	A CHEVAL		à pied de 5 hommes.	
	de 6 hommes.	de 5 hommes.		
La Haye-du-Puits	»	1	»	MM. Fougeray.
Agon................	»	»	1	Le Grand.
Saint-Jores	»	»	1	Leréverend.
Montmartin-sur-Mer	»	»	1	Vaslot.
Saint-Sauveur-Lendelin......	»	»	1	Josse.
Anneville-sur-Mer	»	»	1	Poncet.
Valognes	»	1	»	Cornille.
Idem......................	»	»	1	Paulou.
Sainte-Mère-Eglise...	»	1	»	Rolland.
Saint-Sauveur-le-Vicomte	»	1	»	Despréaux.
Saint-Vaast...	»	»	1	Martel Mm.
Montebourg............... ..	»	1	»	Perquis Mm.
Portbail	»	»	1	Crestey Mm.
Ericquebec	»	»	1	Raux.
Barneville	»	»	1	Thomas.
Barfleur	»	»	1	Hairon.

MARINE.

Premier arrondissement maritime.

Préfecture maritime.

MM.

Lespès GO ✱, vice-amiral, commandant en chef, préfet maritime.

Meunier dit Joannet O ✱, capitaine de frégate, chef d'état-major ; Clamorgam, chef de bataillon d'infanterie de marine ; Giraud ✱, Thoret ✱, lieutenants de vaisseau, aides-de-camp ; Testard ✱, sous-commissaire de 1re classe, chef du secrétariat de la préfecture maritime ; Pottier, sous-commissaire de 2e classe, secrétaire du conseil d'administration du port.

Majorité générale.—MM. Réveillère C ✱, contre-amiral, major général ; Descamps, C ✱, capitaine de vaisseau, major ; Chassériau O ✱ et Noirot O ✱, capitaines de frégate, aides-major ; Daubanel ✱, lieutenant de vaisseau, chef du secrétariat ; Jomier, lieutenant de vaisseau, chargé de l'observatoire et des archives ; Sentis ✱, Dejean ✱ et d'Hespel ✱, lieutenants de vaisseau, sous-aides-major ; Pumpernéel ✱, commissaire-adjoint en retraite, commissaire du Gouvernement près le 1er conseil de guerre permanent ; Piton O ✱, capitaine de frégate, inspecteur des sémaphores ; de Laurens O ✱, capitaine de frégate en retraite, rapporteur près le 1er tribunal maritime ; Receveur ✱, lieutenant de vaisseau, rapporteur du 1er conseil de guerre.

Majorité de la flotte.— MM. Galache O ✳, contre-amiral, major de la flotte ; Vranken ✳, capitaine de frégate, aide-de-camp ; Pailhès, enseigne de vaisseau, officier d'ordonnance ; Le Cannellier ✳, lieutenant de vaisseau, chef du secrétariat.

Mouvements du port.— MM. Leclerc O ✳, capitaine de vaisseau, directeur ; d'Hombres ✳ et Dantin ✳, capitaines de frégate, sous-directeurs ; Guillou, Lamy, Levreux et Caubet, lieutenants de vaisseau, officiers-adjoints.

Génie maritime,—MM. Korn O ✳, directeur des constructions navales ; Gallon O ✳, ingénieur de 1re classe, sous-directeur ; N... et Duchesne ✳, ingénieurs de 1re classe ; Choron et Bosquillon de Frescheville, ingénieurs de 2e classe ; Champenois, sous-ingénieur de 1re classe ; Bosser, Marit, Bonvalet et Laubeuf, sous-ingénieurs de 2e classe ; Guyot, Révol, Morin et Richard, sous-ingénieurs de 3e classe.

Défenses sous-marines.— Pontillon O ✳, capitaine de vaisseau, directeur des défenses sous-marines ; Lecourtois ✳, lieutenant de vaisseau, commandant la défense fixe ; Andréani Crespel ✳, Frappier, Ridoux, Pinel, Mazier, Girard la Barcerie, Lacaze et Conrad-Bruat, lieutenants de vaisseau ; Miquel ✳, mécanicien en chef.

Commissariat.— MM. Avoine O ✳, commissaire général ; Rossel ✳, Chalette ✳, Le Brisoys-Surmont ✳, Decanis, commissaires ; Mallard, Bazin ✳ et Martin ✳, commissaires-adjoints ; Ménestrel ✳, Testard ✳, Dragon de Gomiecourt et Dupont, sous-commissaires de 1re classe ; Gigout, Jézéquel, Jean-Pascal, Wolf, Lelaidier et Couray du Parc, sous-commissaires de 2e classe ; Le Touzé, Aubry, Godey, Vanhoutte, aides-commissaires.

Inspection.— MM. Gestin O ✳, inspecteur en chef ; Adam O ✳, Bourée ✳, inspecteurs ; Hamelin, inspecteur-adjoint.

Travaux hydrauliques.— MM. Fossard ✳, ingénieur en chef, directeur ; Minard, ingénieur ordinaire de 2e classe ; Charbonnel et Dubois, ingénieurs ordinaires de 3e classe.

Service de santé.— MM. Dugé de Bernonville O ✳, directeur ; Doué, sous-directeur ; Mathis ✳, médecin en chef ; Sollaud ✳, Infernet et Doué, médecins principaux ; Léo ✳, Rémond, Clarac, Bourit ✳, Notaris ✳, Torel ✳, Foucaud, Castellan ✳, médecins de 1re classe ; Bellard, Marchandou et Morel, médecins de 2e classe ; Degorce ✳, pharmacien en chef ; Léonard, pharmacien principal ; Leray, pharmacien de 1re classe ; Dezeuzes, pharmacien de 2e classse.

Service des manutentions.— MM. Fortin, et Floch, sous-agents de manutention.

Personnel administratif des directions de travaux.—MM. Cointe, agent administratif principal ; Maurice, Boyer, Dounon, Quoniam et Lepelley, agents administratifs ; Leprévost, Chesnel, Ozouf, Polidor, Gibert, Mignot, Bouin, sous-agents administratifs.

Comptables du matériel.— MM. Robin, agent comptable principal ; Courtois, Lapotaire, Bertaut, Fruchard et Le Pogam, agents comptables ; Monnoye, Fournerie, Aubert, Boulard, Robino, Moreau, Le Dentu, Poupeville, sous-agents comptables.

Aumônier.—M. Bizien, aumônier de l'hôpital maritime.

Bibliothèques.—**MM.** Trève, conservateur de la bibliothèque du port ; Mesnil, conservateur de la bibliothèque de l'hôpital.

Mécaniciens principaux.—**MM.** Miquel et Girard ✳, mécaniciens en chef ; Martinenq, mécanicien principal de 2ᵉ classe.

Inscription maritime. — Quartier de Cherbourg. — **MM.** Mallard ✳, commissaire-adjoint, commissaire de l'inscription maritime; Altemer, agent principal du commissariat ; Poullain, agent du commissariat ; Rendu ✳, trésorier des invalides ; Gallien (Gustave), syndic, à Cherbourg ; Gallien (Alexandre), syndic, à Fermanville ; Agnès, syndic, à Omonville-la-Rogue ; Le Neveu, syndic, à Diélette ; Bertaut, syndic, à Portbail.

Quartiers de la Hougue et d'Isigny. — **MM.** Dubois, sous-commissaire, commissaire de l'inscription maritime, à la Hougue ; Sallé, sous-commissaire, commissaire de l'inscription maritime d'Isigny ; Jasset, sous-agent du commissariat, à la Hougue ; Bonniol, sous-agent du commissariat, à Isigny ; Le Biez, syndic, à la Hougue ; Duprey, syndic, à Carentan ; Prima, syndic, à Isigny ; Longuemare, syndic, à Grandcamp ; Le Cannelié, syndic, à Barfleur.

Equipages de la flotte.— Division de Cherbourg. — **MM.** Dumont O ✳, capitaine de vaisseau, commandant. — Babeau ✳, capitaine de frégate, commandant en second ; Mulot ✳, lieutenant de vaisseau, major ; de Champfeu, lieutenant de vaisseau, capitaine d'habillement ; Noël, lieutenant de vaisseau, capitaine de casernement ; Lamson, lieutenant de vaisseau, capitaine de la compagnie d'inscrits ; Fournier, lieutenant de vaisseau, capitaine de la compagnie du recrutement ; Viard, lieutenant de vaisseau, capitaine de la compagnie des spécialités ; Duplessis et de Pommereau, lieutenants de vaisseau, adjudants-majors ; de Gomicourt, sous-commissaire, trésorier ; Saffre, médecin principal, médecin-major ; Percheron, médecin de 2ᵉ classe.

Batteries détachées.—**MM.** Viviès ✳, lieutenant-colonel commandant; Girard du Demaine ✳, chef d'escadron ; Ladret, officier payeur et d'habillement ; Marchandon, médecin de 2ᵉ classe.

8ᵉ batterie.—Marescot du Thilleul ✳, capitaine en 1ᵉʳ ; Steinmetz, capitaine en 2ᵉ ; Guigou, lieutenant ; Sarrieu, sous-lieutenant.

9ᵉ batterie.— **MM.** Duhamel, capitaine ; N..., capitaine en 2ᵉ Ribes, lieutenant en 1ᵉʳ ; Rixens, lieutenant en 2ᵉ ; Wargnier, sous-lieutenant.

10ᵉ batterie.—**MM.** Troude, capitaine en 1ᵉʳ ; Debon, capitaine en 2ᵉ ; Groc-Picquenard, lieutenant en 1ᵉʳ ; Couarde, sous-lieutenant.

11ᵉ batterie.—**MM.** Doré, capitaine en 1ᵉʳ ; Hune, capitaine en 2ᵉ ; Boins, lieutenant en 1ᵉʳ ; Taupiac, lieutenant en 2ᵉ ; Gérard, Palatre, sous-lieutenants.

12ᵉ batterie.—**MM.** Lecostey, capitaine en 1ᵉʳ ; Lemoine, capitaine en 2ᵉ ; Nicole, lieutenant en 1ᵉʳ ; Chambon, lieutenant en 2ᵉ ; Schultz, sous-lieutenant.

1ʳᵉ compagnie d'ouvriers d'artillerie. — Gouilly ✳, capitaine en 1ᵉʳ ; Bardot, capitaine en 2ᵉ. Jesson et Vallerey, lieutenants.

INFANTERIE DE MARINE. — 1ᵉʳ Régiment.

Etat-Major.—**MM.** Boilève O ✳, colonel ; Jorna de Lacale O ✳, lieutenant-colonel ; Michaud O✻, d'Abignac ✻, O. A. ; Dufaure ✻, Lochet ✻, chefs de bataillon ; Martin ✻, commandant major ; Simonin, Bertin, capitaines adjudants-majors ; Migard-Savin, capitaine trésorier ; Casse, capitaine d'habillement ; Ecorse, capitaine de tir ; Meunier, lieutenant adjoint au trésorier ; Rivière, lieutenant adjoint au capitaine d'habillement ; Dufour, lieutenant d'armement ; Founlas, sous-lieutenant porte drapeau ; Doué, médecin principal ; Morel, médecin de 2ᵉ classe.

1ᵉʳ BATAILLON.

3ᵉ compagnie.—MM. Charles, capitaine ; Jeanmaire, lieutenant ; Ray, sous-lieutenant.

4ᵉ compagnie.— MM. Chevassu, capitaine ; Sicres, lieutenant, Chevalier, sous-lieutenant.

2ᵉ BATAILLON.

1ʳᵉ compagnie.—MM. Lamotte, capitaine ; N..., lieutenant ; Koch, sous-lieutenant.

2ᵉ compagnie.—MM. Ferrat ✻, capitaine ; Doué, lieutenant ; Lepine, sous-lieutenant.

3ᵉ compagnie. — MM. Dumoulin, capitaine ; Poch, lieutenant ; Deschamps, sous-lieutenant.

4ᵉ compagnie. -MM. N..., capitaine ; Seurin, lieutenant ; Guillemot, sous-lieutenant.

3ᵉ BATAILLON.

1ʳᵉ compagnie.—MM. Bergeolle ✻, capitaine ; Bobo, lieutenant ; Dussault, sous-lieutenant.

2ᵉ compagnie.—MM. Noël, capitaine ; Sarret, lieutenant, Parizet, sous-lieutenant.

3ᵉ compagnie.—MM. Brémaud, capitaine ; Mauger, lieutenant ; de Liobet, sous-lieutenant.

4ᵉ compagnie.—MM. Patriarche, capitaine ; Colinet, lieutenant ; Billoir, sous-lieutenant.

4ᵉ BATAILLON.

1ʳᵉ compagnie. — MM. N..., capitaine ; Ardouin, lieutenant ; Arnault, sous-lieutenant.

2ᵉ compagnie.--MM. Canivet ✻, capitaine ; Lahache, lieutenant ; Andlauer, sous-lieutenant.

Suite. —MM. Clamorgam ✻, Dabat ✻, chefs de bataillon ; Ruel, Goldschœn ✻, Friguegnon, de Gaye, Annet, Poulain, Rives-Langes, capitaines : Millet, Fauchoux, Levasseur, Antoine, Caillcau, Barfety, Lados, Vial, Lacroix, Bonifacy, lieutenants ; Largeau, Curutchet, André ✻, Besancenot, Castarède, Chantepie, Antoine, Vautier, Condamy, Lemagnez, Marseille, Marceau, Moreau, sous-lieutenants.

5ᵉ Régiment.

ETAT-MAJOR.—MM. Juville ✻, colonel ; de la Follye de Joux O✻, lieutenant-colonel ; Herbin ✻, Riou, chefs de bataillon ; Boistel ✻, commandant major ; Franquet, capitaine adjudant-major ; Jactel ✻, capitaine trésorier ; Gillaut, lieutenant d'habillement ; Delaval, lieutenant adjoint au trésorier ; Cruchon, sous-lieutenant porte drapeau ; Rémond, médecin de 2ᵉ classe ; Bellard, médecin de 2ᵉ classe.

1er BATAILLON.

1re compagnie.—MM. Richard, capitaine ; Delacour, lieutenant ;
Famin, sous-lieutenant.

2e compagnie.—MM. Dubois, capitaine ; Monnoye, lieutenant ;
Guilleminot, sous-lieutenant.

2e BATAILLON.

1re compagnie.— MM. Limbour, capitaine ; Pinet, lieutenant ;
Bertrand, sous-lieutenant.

2e compagnie.—MM. Lombard ✻, capitaine ; Desplanques, lieutenant ; Jules, sous-lieutenant.

3e compagnie.—MM. Lagarde ✻, capitaine ; N..., lieutenant ;
Ducaud, sous-lieutenant.

4e compagnie.—MM. Nicolas O. A., capitaine ; Robard, lieutenant ;
Pourchot, sous-lieutenant.

3e BATAILLON.

1re compagnie.—MM. Nabat, capitaine ; Le Heiget, lieutenant ;
Caillau, sous-lieutenant.

2e compagnie.—MM. Thiérion ✻, capitaine ; Heurtebize, lieutenant ; Jacquelin, sous-lieutenant.

3e compagnie.— MM. Hervé, capitaine ; Sadorge, lieutenant ;
Lefebvre, sous-lieutenant.

4e compagnie.—MM. Comte ✻, capitaine ; Lepage, lieutenant ;
Bouquet, sous-lieutenant.

4e BATAILLON.

1re compagnie.— MM. Joly, capitaine ; Bocquillon, lieutenant ;
Coquant, sous-lieutenant.

2e compagnie.—MM. Bécourt ✻, O. A., capitaine ; Bernard, MM., ✻,
lieutenant ; Vincent, sous-lieutenant.

Suite. — MM. Rémy ✻, lieutenant-colonel ; Bourdel, Zimmer-
mann ✻, Larivière ✻, chefs de bataillon ; Goullet, Tournier ✻,
Leclerc, Renard, Hineaux, Lecacheur, capitaines de 1re classe ;
Legrand, Arnoux, capitaines de 2e classe ; Faudet, Colombel,
Bourquin, Chiaise, Pierron, Tailliat, Guérin ✻, Desmarets, Roullet,
Soulier, Delmas, Leveillé, Clément, lieutenants ; Gacon, Kœnig,
Crité, Dhotal, Philippe, Fumat, Sénélar, sous-lieutenants.

Deuxième arrondissement maritime.

Sous-arrondissement de Saint-Servan.

QUARTIER DE GRANVILLE. — *Commissariat.* — MM. Millet ✻,
commissaire-adjoint de la marine, commissaire de l'inscription
maritime, à Granville ; Guimont, sous-agent ; Lamusse, commis de
2e classe ; Jean, commis de 3e classe ; Crespin, commis-auxiliaire.

Trésorerie des Invalides.—M. Racine, trésorier de 2e classe, à
Granville.

Hydrographie.—M. Jaffré, professeur de 1re classe.

Inspection des pêches..—M. Thomas ✻, inspecteur, à Granville

Syndics des gens de mer. — MM. Luce, à Granville ; Devé, à
Genest ; Cardin, à Bréhal ; Philippe de Trémaudant, à Carolles ;
Pollet, à Avranches.

Gardes maritimes. — MM. Locquen, à Granville ; Tréquilly, à Courtils ; Lepeu, à Lingreville ; Bataille, à Champeaux-Bouillon ; Coupé, à Saint-Léonard-de-Vains.

Gendarmerie maritime. — MM. Corre, brigadier ; Gabioch, gendarme, à Granville.

Electro-sémaphores. — MM. Gaillard, chef guetteur (Chausey) ; Quéro, guetteur, à Chausey ; Godefroy, chef guetteur, à Granville (le Roc) ; Constant, guetteur (le Roc) ; Le Breton, guetteur-suppléant (Chausey).

Quartier de Regnéville. — M. Delacour, sous-commissaire, commissaire de l'inscription maritime, à Regnéville.

Trésorerie des Invalides. — M. Hennequin, préposé, à Regnéville, du trésorier de Granville.

Syndics des gens de mer. — MM. Robillard ✹, à Regnéville ; Laforge ✹, à Coutances ; Daliphard ✹, à Blainville.

Gardes maritimes. — MM. Regnault, à Regnéville ; Duchemin, à Gouville ; Meyer, à Agon.

Gendarmerie maritime. — M. L'Hostis, à Regnéville.

Electro-sémaphores. — MM. Helloco, chef guetteur ; Hersent (Ed.), guetteur, à Agon.

STATION NAVALE DE GRANVILLE.

M. Salaün de Kertanguy O✹, capitaine de frégate, commandant le *Cuvier* et la station navale de Granville.

M. Gibory ✹, lieutenant de vaisseau, commandant de l'*Alcyone*, à Granville.

M. Métivier, 1er maître de manœuvre, commandant du *Congre*, à Granville.

M. Le Michel, 1er maître de manœuvre, commandant de la *Bécassine*, à Carteret.

TRVAUX PUBLICS.

Service des Mines.

Division du Nord-Ouest.

Inspecteur général. — M. LORIEUX O ✹, 2e classe, rue de Galilée, 45, Paris.

Arrondissement de Rouen.

Ingénieur en chef. — M. DE GENOUILLAC ✹, 1re classe, rue Pavée, 6, Rouen.

Ingénieur ordinaire. — M. Lecornu O. A. 1re classe, rue Jean-Romain, Caen.

Gardes-mines. — MM. Scheffler, 1re classe, Caen ; Yvart, 1re classe, Flers.

Contrôle des travaux (13ᵉ inspection).

(Infrastructure et Superstructure.)

Inspecteur général.— M. Fénoux O✳. O. I. P., 2ᵉ classe, rue de la Pépinière, 18, à Paris.

Ligne de Carentan a Carteret.

1ʳᵉ Section *(Carentan à La Haye-du-Puits.)*

2ᵉ Section (*La Haye-du-Puits à Carteret.*)

Ingénieur en chef. —M. Gouton ✳, 2ᵉ classe, à Cherbourg.

Ingénieurs ordinaires,—M. Leroy, conducteur principal faisant fonctions d'ingénieur ordinaire, à Saint-Lo ; M. Renard, 3ᵉ classe, à Cherbourg.

Conducteurs.—MM. Enquebecq, 1ʳᵉ classe, à Valognes ; Simon, 1ʳᵉ classe, à Carentan.

Conducteur-adjoint.—M. Loyer, à Cherbourg.

Ligne de Coutances a Regnéville.

Section unique.

Ingénieur en chef.—M. Gouton ✳, 2ᵉ classe, d. n., à Cherbourg.
Ingénienr ordinaire.—M. Jourde, 3ᵉ classe, à Granville.
Conducteur.—M. Sanson (Th.), 1ʳᵉ classe, à Coutances.

Service ordinaire et hydraulique (14ᵉ inspection).

(Fusionné avec le Service maritime. de la Navigation, des Dessèchements et des Chemins de fer).

Inspecteur général.—M. Picquenot ✳, 2ᵉ classe, 28, avenue Marceau, Paris.
Ingénieur en chef.—M. Gouton ✳, 2ᵉ classe, d. n., à Cherbourg.
Ingénieurs ordinaires. — MM. Renard, 3ᵉ classe, d. n., à Cherbourg ! Jourde, 3ᵉ classe, d. n., à Granville ; Leroy, conducteur principal, faisant fonctions d'ingénieur ordinaire, d. n., à Saint-Lo.

Service ordinaire et services spéciaux.

Conducteurs.—MM. Saint, conducteur principal, à Avranches ; Enquebecq, 1ʳᵉ classe, d. n., à Valognes ; Fafin, 1ʳᵉ classe, à Granville ; Gardin, 1ʳᵉ classe, à Cherbourg ; Loiseau, 1ʳᵉ classe, à Avranches ; Paysant (Désiré), 1ʳᵉ classe, à Cherbourh ; Sanson (Th.), 1ʳᵉ classe, d. n., à Coutances ; Simon (A.), 1ʳᵉ classe, d. n., à Carentan ; Dubost, 2ᵉ classe, à Saint-Lo ; Marie, 2ᵉ classe, à Saint-Lo ; Morin, 2ᵉ classe, à Granville ; Omond, 2ᵉ classe, à Saint-Lo ; Savary, 2ᵉ classe, à Cherbourg ; Servain, 2ᵉ classe, à Saint-Lo ; Jeanne (Eug.), 2ᵉ classe, à Cherbourg ; Renault, 2ᵉ classe, à Gatteville ; Roulland, 2ᵉ classe, à Cherbourg ; Bergot, 3ᵉ classe, à Villedieu ; Bornard (B.), 3ᵉ classe, à Saint-Lo ; Desmares, 3ᵉ classe, à Cherbourg ; Languehard, 3ᵉ classe, à Granville ; Leluan, 3ᵉ classe, à Cherbourg ; Le Magnen,

3° classe, à Cherbourg ; Paysant (Eug.), 3° classe, à Saint-Hilaire-
du-Harcouët ; Pitron, 3° classe, à Granville ; Porée, 3° classe, à
Granville ; Sanson (A.), 3° classe, à Granville ; Bazile, 3° classe, à
Granville ; Dumonchel, 3° classe, à Carentan ; Mabire, 3° classe, à
Carentan.

En service détaché.—MM. Poteaux, 1re classe, chef de division à
la Préfecture, à Saint-Lo ; Poupeville, 3° classe, conducteur-voyer
de la ville de Cherbourg.

Commis.—MM. Marest, 1re classe, à Cherbourg ; Tual, 2° classe,
à Saint-Lo ; Bataille, 3° classe, à Granville ; Bonnemains, 3° classe,
à Cherbourg ; Douchin, 3° classe, à Saint-Lo ; Ferdinand, 3° classe,
à Saint-Lo ; Pellé, 3° classe, à Cherbourg ; Robiquet, 3° classe, à
Saint-Lo ; Sofrané (Eug.), 3° classe, à Cherbourg ; Thomelin,
3° classe, à Granville ; Lamy, 3° classe, à Saint-Lo ; Corre, 4° classe,
à Cherbourg ; Fleury, 4° classe, à Cherbourg ; Safrané (Louis),
4° classe, à Cherbourg ; Turbert, 4° classe, à Cherbourg ; Wagner,
4° classe, à Granville.

Officiers et maîtres de port. — MM. Giot, O. A., capitaine de
2° classe, à Cherbourg ; Yvon, lieutenant de 2° classe, à Granville ;
Philippes, maître de 2° classe, à Granville ; Cresté, maître de
3° classe, à Saint-Vaast ; Hauvet, maître de 3° classe, à Cherbourg ;
Le Crest, maître de 3° classe, à Barfleur ; N....., à Regnéville ;
Bazire, faisant fonctions de maître, à Portbail ; Bonnissent, faisant
fonctions de maître, à Diélette ; Dessoulles, faisant fonctions de
maître, à Carentan.

Phares et Balises.

*Inspecteur général de 1re classe chargé de la direction du
service.*—M. Bernard (Em.) O ✱, 43, avenue du Trocadéro, Paris.

*Ingénieur en chef de 1re classe, adjoint à l'Inspection et chargé
du service central.*—M. Bourdelles O ✱, 43, avenue du Trocadéro,
Paris.

Le service des Phares et Balises du Département est confié au
personnel du service maritime de la Manche.

Voies ferrées d'intérêt général des quais des ports maritimes.

Inspecteur général. — M. de Villiers du Terrage O ✱, rue
Barbet-de-Jouy, 30, Paris.

Le service du contrôle local (technique et commercial) est confié
aux ingénieurs, conducteurs et officiers du port du service maritime.

*Service du Contrôle de l'exploitation des chemins de fer
d'intérêt général exploités par les Compagnies.*

Lignes de Paris a Cherbourg, d'Argentan a Granville,
de Lison a Lamballe, de Sottevast a Coutances, de
Vitré a Fougères et prolongements.

Inspecteur général.—M. de Villiers du Terrage O ✱, 2° classe,
ponts et chaussées, 30, rue Barbet-de-Jouy, à Paris.

Ingénieurs en chef.—MM. WEISGERBER ✳, O. A. (ponts et chaussées), 2ᵉ classe. chargé du contrôle technique, 26, rue des Ecuries-d'Artois, Paris ; Chabert ✳, 2ᵉ classe (ponts et chaussées), chargé du contrôle des travaux neufs et de l'entretien, 19, rue Jacob, Paris.

Ingénieurs ordinaires.—MM. Barbé, 1ʳᵉ classe (ponts et chaussées), à Caen ; Michel, 3ᵉ classe (ponts et chaussées), à Rennes ; Lecornu, 1ʳᵉ classe (mines), à Caen ; Bernheim, 3ᵉ classe (mines), à Rennes.

· *Conducteurs.*—MM. Lavalley, principal, à Caen ; Saint, principal, à Avranches ; Bessy, 1ʳᵉ classe, à Rennes ; Deschateaux, 3ᵉ classe, à Bayeux ; Planchais, 4ᵉ classe, à Rennes.

Commis des ponts et chaussées. — MM. Rigand, 2ᵉ classe, à Rennes ; Danglard, 3ᵉ classe, à Caen.

Contrôleur des mines.— MM. Scheffler, 1ʳᵉ classe, à Caen ; Chevreul, 1ʳᵉ classe, à Rennes.

Commissaires. — MM. Martineau (H.) ✳, 1ʳᵉ classe, à Granville ; Du Merle, 1ʳᵉ classe, à Bayeux ; Thionnaire, 2ᵉ classe, à Avranches ; Marion ✳, 4ᵉ classe, à Vitré ; Poret, 1ʳᵉ classe, à Dinan : Lepetit✳, 3ᵉ classe, à Cherbourg ; de Masson d'Autume ✳, 4ᵉ classe, à Saint-Lo.

LIGNE DE VIRE A SAINT-LO.

Ingénieur en chef. -M. LUNEAU ✳, place Saint-Martin, 13, Caen.

Ingénieur ordinaire. — M. Barbé, 1ʳᵉ classe, quai Vendœuvre, à Caen.

Conducteur.— M. Leroy, conducteur, à Caen.

LIGNES DE FOUGÈRES A VIRE ET D'AVRANCHES A DOMFRONT.

Ingénieur en chef.— M. PERRIN ✳, à Alençon.

Ingénieurs ordinaires.—MM. Chéguillaume, 2ᵉ classe, à Alençon ; Locherer, 2ᵉ classe, à Mayenne.

Conducteurs.— MM. Mignan, 1ʳᵉ classe, à Avranches ; Louvel, 2ᵉ classe, à Alençon ; Rocher, 2ᵉ classe, à Alençon ; Fouqué, 3ᵉ classe, à Mayenne.

FINANCES.

Trésorerie générale.

Trésorier-payeur général.— M. CAVAROC, à Saint-Lo.

Fondé de pouvoirs du trésorier général.-- M. Griffouil.

Chef de comptabilité.— M. Domet.

Chef du bureau de la perception.— M. Vautier.

Chef du bureau de la dépense.— M. Lecoq.

Caissier.— M. Lemazurier.

Percepteurs surnuméraires. — MM. Leguay Bouthreuil, Iliot, Avenette, Dufour.

Recettes particulières.

Avranches.— M. Vignon, receveur particulier ; M. Gauthier, fondé de pouvoirs.

Cherbourg.— M. Chabert, receveur particulier ; M. Hazard, fondé de pouvoirs.

Coutances.— M. Le Pomellec, receveur particulier ; M. Landon, fondé de pouvoirs.

Mortain.— M. Deplanche, Receveur particulier ; M. Eustache, fondé de pouvoirs.

Valognes.—M. Rougelot, Receveur particulier ; M. Leviandier, fondé de pouvoirs.

PERCEPTEURS.

CHEFS-LIEUX DE PERCEPTION ET COMMUNES QUI LES COMPOSENT.

ARRONDISSEMENT DE SAINT-LO.

Percepteurs, MM.

Lebel, *Saint-Lo,* Agneaux.

Drieu, *Canisy,* Dangy, Quibou, Saint-Martin-de-Bonfossé, Soules.

Courlel, *Carentan,* Auvers, Saint-Côme-du-Mont, Saint-Hilaire-Petitville, Brévands, Catz, les Veys, Saint-Pellerin.

Legraverend, *Gourfaleur* (résidence à Saint-Lo), la Mancellière, le Mesnil-Herman, Saint-Ebrémond-de-Bonfossé, Saint-Romphaire, Saint-Samson-de Bonfossé.

De Saint-Stéban, *la Colombe* (résidence à Percy), Beslon, Margueray, Montbray, Morigny.

Clavereul, *Lozon*)résidence à Marigny), la Chapelle-Enjuger, le Mesnil-Eury, le Mesnil-Vigot, Montreuil, Remilly.

Taillefer, *Marigny,* Carantilly, Hébécrévon, le Mesnil-Amey, Saint-Gilles.

Flambard, *Moyon* (résidence à Tessy-sur-Vire), Beaucoudray, Chevry, Fervaches, le Mesnil-Opac, le Mesnil-Raoult, Troisgots.

Marigny, *Percy,* la Haye-Bellefonds, le Chefresne, le Guislain, Maupertuis, Montabot, Villebaudon.

Baco, *Pont-Hébert,* Amigny, Cavigny, le Dézert, le Hommet-d'Arthenay, les Champs-de-Losques, Tribehou.

Levoy, *Saint-Clair* (résidence à Saint-Lo), Airel, Couvains, la Meauffe, Moon-sur-Elle, Saint-Jean-de-Savigny, Villiers-Fossard.

Cresté, *Sainte-Croix* (résidence à Saint-Lo), Baudre, la Barre-de-Semilly, la Luzerne, le Mesnil-Rouxelin, Rampan, Saint-Georges-de-Montcoq, Sainte-Suzanne-sur-Vire, Saint-Thomas.

Brodin, *Sainteny* (résidence à Carentan), Auxais, Raids, Saint-André-de-Bohon, Saint-Georges-de-Bohon, Méautis.

Potier de la Houssaye, *Saint-Georges-d'Elle* (résidence à Saint-Lo), Bérigny, Cerisy-la-Forêt, Notre-Dame-d'Elle, Saint-André-de-l'Epine, Saint-Germain-d'Elle, Saint-Pierre-de-Semilly.

Tardif, *Saint-Jean-de-Daye*, Graignes, le Mesnil-Angot, le Mesnil-Véneron, Montmartin-en-Graignes, Saint-Fromond.

Garnier, *Saint-Jean-des-Baisants* (résidence à Torigni-sur-Vire), Condé-sur-Vire, la Chapelle-du-Fest, Montrabot, Rouxeville, Précorbin, Vidouville.

Pierre, *Tessy-sur Vire*, Beuvrigny, Domjean, Fourneaux, Gouvets, Saint-Louet-sur-Vire, Saint-Vigor-des-Monts.

Poupinel, *Torigni-sur-Vire*, Brectouville, Saint-Amand, Biéville, Lamberville, Giéville, Guilberville, le Perron, Placy-Montaigu, Saint-Symphorien.

ARRONDISSEMENT D'AVRANCHES.

Percepteurs, MM.

Hurel, *Avranches*.

Pierre, *Brécey*, Cuves, la Chapelle-Urée, le Grand-Celland, le Petit-Celland, les Cresnays, les Loges-sur-Brécey, Saint-Nicolas-des-Bois.

Girardot, *Carnet* (résidence à Saint-James), Argouges, Montanel, Vergoncey, Villiers.

Trincot, *Curey* (résidence à Sacey), Aucey, Boucey, Cormeray, Macey, Sacey, Vessey.

Bardou, *Ducey*, la Boulouze, le Mesnil-Ozenne, les Chéris, Marcilly, Saint-Quentin.

Garnier, *Granville*, Saint-Pair, Bouillon, Donville, Saint-Aubin-des-Préaux, Saint-Nicolas-près-Granville, Saint-Planchers, Yquelon.

Campain, *la Beslière* (résidence à la Haye-Pesnel), Folligny, Hocquigny, la Lucerne-d'Outremer, la Rochelle, le Mesnildrey, Saint-Jean-des-Champs, Saint-Léger, Saint-Ursin.

Le Pelley-Fonteny, *la Haye-Pesnel*, Beauchamps, Champcervon, la Mouche, Le Luot, Le Tanu, les Chambres, Noirpalu, Sainte-Pience, Subligny.

Lemasurier, *Montviron* (résidence à Sartilly), Bacilly, Champcey, Dragey, Genest, Lolif.

Groult, *Pontaubault* (résidence à Avranches), Céaux, Courtils, Crollon, Juilley, Poilley, Précey.

Du Laurens de Montbrun (Amaury), *Pontorson*, Ardevon, Beauvoir, Huisnes, le Mont-Saint-Michel, les Pas, Moidrey, Servon, Tanis.

Péguenet, *Ponts* (résidence à Avranches), Chavoy, Marcey, Plomb, Saint-Jean-de-la-Haize, Vains, le Val-Saint-Pair.

Trottet, *Saint-Georges-de-Livoye* (résidence à Brécey), Braffais, la Chaise-Baudouin, Notre-Dame-de-Livoye, Sainte-Eugienne, Saint-Jean-du-Corail, Tirepied, Vernix.

Gautier, *Saint-James*, Hamelin, la Croix-Avranchin, Montjoie, Saint-Aubin-de-Terregatte, Saint-Laurent-de-Terregatte, Saint-Sénier-de-Beuvron.

Pêtre, *Saint-Sénier-sous-Avranches* (résidence à Avranches), la Godefroy, la Gohannière, Saint-Brice, Saint-Loup, Saint-Martin-des-Champs, Saint-Osvin.

Robert, *Sartilly*, Angey, Carolles, Champeaux, Ronthon, Saint-Jean-le-Thomas, Saint-Michel-des-Loups, Saint-Pierre-Langers.

Lefrançois, *Villedieu*, Bourguenolles, Champrépus, Chérencé-le-Héron, Fleury, la Bloutière, la Lande-d'Airou, la Trinité, Rouffigny, Sainte-Cécile, Saultchevreuil.

ARRONDISSEMENT DE CHERBOURG.

Percepteurs, **MM.**

Peyronnet, *Cherbourg*.
Pupin, *Beaumont*, Auderville, Digulleville, Eculleville, Gréville, Herqueville, Jobourg, Omonville-la-Petite, Omonville-la-Rogue, Saint-Germain-des-Vaux.
Gloumeau *Brillevast* (résidence à Saint-Pierre-Eglise), Canteloup, Clitourps, Gonneville, le Theil, le Vast, Varouville.
Lavieille, *Equeurdreville* (résidence à Cherbourg), Henneville, Nouainville, Octeville, Querqueville.
Bernard, *les Pieux*, Grosville, le Rozel, Pierreville, Saint-Germain-le-Gaillard, Surtainville.
Joublin, *Martinvast* (résidence à Cherbourg), Couville, Hardinvast, Saint-Martin-le-Gréard, Sideville, Teurthéville-Hague, Tollevast, Virandeville.
Dupont, *Sainte-Croix-Hague*, Acqueville, Biville, Branville, Flotte-manville-Hague, Nacqueville, Tonneville, Urville-Hague, Vaste-ville, Vauville.
Groult, *Saint-Pierre-Eglise*, Carneville, Cosqueville, Fermanville, Maupertus, Théville.
Requier, *Siouville* (résidence aux Pieux), Benoistville, Bricquebosq, Flamanville, Héauville, Helleville, Saint-Christophe-du-Foc, Sotteville, Tréauville.
Griset, *Tocqueville*, Angoville, Gatteville, Gouberville, Néville, Réthôville, Vrasville.
Tirel, *Tourlaville* (résidence à Cherbourg), Bretteville, Digosville, le Mesnil-Auval.

ARRONDISSEMENT DE COUTANCES.

Percepteurs, **MM.**

Bosquet, *Coutances*, Saint-Nicolas-de-Coutances, Saint-Pierre-de-Coutances.
Laurent, *Agon*, Blainville, Gouville, Heugueville, Tourville.
Leheusey, *Baudreville* (résidence à la Haye-du-Puits), Canville, Denneville, Doville. Glatigny, Saint-Nicolas-de-Pierrepont, Saint-Remy-des-Landes, Saint-Sauveur-de-Pierrepont, Surville.
Dujardin, *Bréhal*, Anctoville, Bréville, Bricqueville-sur-Mer, Chan-teloup, Coudeville, Longueville, Muneville-sur-Mer.
Lesage, *Cérences*, Bourey, Equilly, Hudimesnil, la Meurdraquière, le Loreur, le Mesnil-Aubert, Saint-Sauveur-la-Pommeraye.
Lecluze, *Cerisy-la-Salle*, Belval, Cametours, Montpinchon, Ouville, Savigny, Roncey, Guéhébert, Notre-Dame-de-Cenilly, Saint-Denis-le-Vêtu, Saint-Martin-de-Cenilly.
Lemazurier, *Courcy* (résidence à Coutances), Bricqueville-la-Blouette, Cambernon, Nicorps, Saussey.
Desponts, *Gavray*, le Mesnil-Amand, le Mesnil-Garnier, le Mesnil-Hue, le Mesnil-Rogues, le Mesnil-Villeman, Montaigu-les-Bois, Ver.
Lallier, *Gorges* (résidence à Périers), Baupte, Lastelle, le Plessis, Saint-Jores, Sainte-Suzanne.
Barbier, *Hambye* (résidence à Gavray), Grimesnil, la Baleine, Len-gronne, le Mesnil-Bonant, Saint-Denis-le-Gast, Sourdeval-les-Bois.

Lemière, *la Haye-du-Puits*, Bolleville, Gerville, Lithaire, Mobecq, Montgardon, Neufmesnil, Saint-Symphorien.

Dudouyt, *Lessay*, Angoville-sur-Ay, Bretteville-sur-Ay, Laulne, Saint-Germain-sur-Ay, Saint-Patrice-de-Claids, Vesly.

Tardif, *le Mesnil-Bus*, Montcuit, Camprond, Hautteville-la-Guichard, le Lorey, Saint-Aubin-du-Perron.

Doux, *Montmartin-sur-Mer*, Annoville, Hautteville-sur-Mer, Hérenguerville, Lingreville, Montchaton, Regnéville.

Pican, *Périers*, Feugères, Gonfreville, Marchésieux, Nay, Saint-Martin-d'Aubigny, Saint-Sébastien-de-Raids, Saint-Germain-sur-Sèves.

Regnault, *Pirou*, Anneville, Créances, Geffosses, la Feuillie, Millières.

Guidon, *Prétot*, Appeville, Coigny, Cretteville, Houtteville, Varenguebec, Vindefontaine.

De Villartay, *Quettreville*. Contrières, Hyenville, Orval, Trelly.

Eudine, *Saint-Malo-de-la-Lande* (résidence à Coutances), Ancteville. Boisroger, Brainville, Gratot, la Vendelée, Montsurvent, Servigny.

Lecorre, *Saint-Sauveur-Lendelin*, la Ronde-Haye, Monthuchon, Muneville-le-Bingard, Saint-Michel-de-la-Pierre, Vaudrimesnil.

ARRONDISSEMENT DE MORTAIN.

Percepteurs,

Bourbon, *Mortain*, Bion, Rancoudray, le Neufbourg, Saint-Barthélemy, Saint-Clément, Saint-Jean-du-Corail.

Delagneau, *Barenton*, Ger, Saint-Cyr-du-Bailleul, Saint-Georges-de-Rouelley.

Garnier, *Buais*, Ferrières, Heussé, Saint-Symphorien, Savigny-le-Vieux.

Quenette, *Isigny*, les Biards, le Buat, Chalandrey, la Mancellière, le Mesnil-Bœufs, le Mesnil-Thébault, Montgothier, Montigny, Naftel, Vézins.

Lebrun, *Juvigny*, Bellefontaine, Chasseguey, Chérencé-le-Roussel, le Mesnil-Adelée, la Bazoge, le Mesnil-Rainfray, le Mesnil-Tôve, Reffuveille.

Nicolas, *Milly* (résidence à Saint-Hilaire-du-Harcouët), Chevreville, Lapenty, Martigny, le Mesnillard, Parigny, Virey.

Dauteuille, *Notre-Dame-du-Touchet* (résidence à Mortain), Fontenay, Romagny, Vil'echien.

Duverne, *Saint-Hilaire-du-Harcouët*, les Loges-Marchis, Moulines, Saint-Brice-de-Landelles, Saint-Martin-de-Landelles.

Lemasson, *Saint-Pois*, Boisyvon, la Chapelle-Céceлin, Coulouvray-Boisbenâtre, Lingeard, le Mesnil-Gilbert, Montjoie, Saint-Laurent-de-Cuves, Saint-Martin-le-Bouillant, Saint-Maur-des-Bois.

Hervy, *Sourdeval*, Beauficel, Brouains, le Fresne-Poret, Gathemo, Perriers-en-Beauficel, Saint-Martin-de-Chaulieu, Saint-Sauveur-de-Chaulieu, Vengeons.

Laborde, *le Teilleul*, Husson, Sainte-Marie-des-Bois.

ARRONDISSEMENT DE VALOGNES.

Percepteurs, MM.

Baize, *Valognes*, Brix, Huberville, Lieusaint-Montaigu, Saussemesnil, Tamerville, Yvetot.

Jourdan, *Barfleur*, Anneville-en-Saire, le Vicel, Montfarville, Sainte-Géneviève, Valcanville.

Lelièvre, *Barneville*, Baubigny, Carteret, La Haye-d'Ectot, Les Moitiers-d'Allonne, Saint-Pierre-d'Arthéglise, Sénoville, Sortosville-en-Beaumont.

Leloutre, *Bricquebec*, Les Perques, Le Vrétot, Quettetot.

Legouix, *Emondeville* (résidence à Montebourg), Azeville, Ecausseville, Fontenay, Fresville, Joganville, Ozeville, Quinéville, Saint-Marcouf.

Laurent, *Montebourg*, Eroudeville, Flottemanville, Hemevez, Le Ham, Lestre, Saint-Cyr, Saint-Floxel, Saint-Germain-de-Tournebut, Saint-Martin-d'Audouville, Sortosville, Urville, Vaudreville.

Hébert, *Négreville* (résidence à Bricquebec), Breuville, Magneville, Morville, Saint-Martin-le-Hébert, Rauville-la-Bigot, Sottevast.

Macel, *Néhou* (résidence à Saint-Sauveur-le-Vicomte), Biniville, Colomby, Golleville, Hauteville, Orglandes, Sainte-Colombe.

Groult, *Picauville*, Amfreville, Beuzeville-la-Bastille, Gourbesville, Houesville, Liesville.

Ferrand, *Portbail*, Fierville, Le Valdécie, Saint-Georges-de-la-Rivière, Saint-Jean-de-la-Rivière, Saint-Lo-d'Ourville, Saint-Martin-du-Mesnil, Saint-Maurice.

Sinoir, *Quettehou*, Aumeville-Lestre, Crasville, Octeville-la-Venelle, Teuthéville-Bocage, Videcosville.

Pestre-Lamy, *Saint-Sauveur-le-Vicomte*, Besneville, Catteville, Crosville, Etienville, La Bonneville, Les Moitiers-en-Bauptois, Neuville-en-Beaumont, Rauville-la-Place, Reigneville, Taillepied.

Le Loup, *Saint-Vaast*, La Pernelle, Morsalines, Réville.

Clavreuil, *Sainte-Marie-du-Mont*, Angoville, Audouville-la-Hubert, Blosville, Boutteville, Brucheville, Hiesville, Saint-Martin-de-Varreville, Sébeville, Vierville.

Boultvreuil, *Sainte-Mère-Eglise*, Beuzeville-au-Plain, Carquebut, Chef-du-Pont, Ecoquenéauville, Foucarville, Neuville-au-Plain, Saint-Germain-de-Varreville, Ravenoville, Turqueville.

Succursale de la Banque de France, à Saint-Lo.

Directeur : M. Simon.

Censeurs : MM. Derbois, Pannier-Lachaussée, Cavaroc.

Administrateurs : MM. Angot, Breton, Vaultier, Trocheris, Dary, N.....

Caissier : M. Barreau.

Chef de comptabilité : M. Lefournier.

Commis : MM. Dieuleveult, Bienvenüe.

Bureau auxiliaire de Cherbourg.

Chef : M. Delalande.

Caissier : M. de Lorgeril.

Les opérations de la Banque de France consistent à :

1° Escompter des effets de commerce payables à Paris ou dans les succursales, dans le délai de trois mois, revêtus de trois signatures, ou seulement de deux avec dépôt de titre en garantie,

2° Faire des avances de 80 °/₀ sur rentes françaises et 75 °/₀ sur actions et obligations des chemins de fer, obligations de la ville de Paris, foncières et algériecnes ;

3° Emettre des billets à ordre payables à Paris et dans les succursales, moyennant une commission de 0 fr. 50 c. pour 1,000 fr.

ADMINISTRATION DES CONTRIBUTIONS DIRECTES ET DU CADASTRE.

Directeur : M. LORIN, à Saint-Lo, rue du Château, 12.

Bureaux de la Direction : Rue Dame-Denise, 3, à Saint-Lo.

Contrôleur 1er commis : M. Fauvel, à Saint-Lo, rue du Château, 9.

Les bureaux sont ouverts tous les jours excepté les dimanches et fêtes de huit heures du matin à onze et demie et de une heure et demie à quatre heures et demie du soir, pour les renseignements, ainsi que pour la délivrance des extraits de matrices cadastrales et des copies de plan.

Inspecteur : M. Bontemps, rue Grande-Rue, 7 *bis,* à Saint-Lo.

Contrôleurs.

Saint-Lo. — M. Cadiou, contrôleur principal, rue Rampe-des-Halles, à Saint-Lo.— Perceptions de Canisy, Gourfaleur, Lozon, Marigny, Moyon, Percy (partie), Tessy, Sainte-Croix, Saint-Lo.

Carentan.— M. Bony, contrôleur de 2° classe, à Saint-Lo, rue Torteron, 95.— Perceptions de Carentan, Pont-Hébert, Saint-Clair, Sainteny, Saint-Georges-d'Elle, Saint-Hilaire-Petitville, Saint-Jean-de-Daye, Sainte-Marie-du-Mont, Torigni.

Valognes.— M. Charoy, contrôleur de 1re classe, à Valognes. — Perceptions de Barfleur, Emondeville, Montebourg, Quettehou, Sainte-Mère-Eglise, Saint-Vaast, Valognes.

Cherbourg.— M. Le Gouix, contrôleur principal, à Cherbourg, quai de Paris, 78.— Perceptions de Brillevast, Cherbourg, Equeurdreville, Saint-Pierre-Eglise, Tocqueville, Tourlaville.

Bricquebec.— M. Bossu, contrôleur de 2° classe, à Cherbourg, place de la Révolution, 23.— Perceptions de Barneville, Beaumont, Bricquebec, Les Pieux, Martinvast, Négrevillle, Portbail, Sainte-Croix-Hague, Siouvi'le.

Coutances.— M. Vallée, contrôleur hors classe, à Coutances.— Perceptions d'Agon, Cerisy-la-Salle, Courcy, Coutances, Le Mesnil-Bus, Montmartin, Quettreville, Saint-Malo-de-la Lande, Saint-Sauveur-Lendelin.

Périers.— M. Millet, contrôleur de 3° classe, à Coutances.— Perceptions de Baudreville, Gorges, la Haye-du-Puits, Lessay, Néhou, Périers, Pirou, Prétot, Saint-Sauveur-le-Vicomte.

Granville.— M. Lubet, contrôleur de 1re classe, à Granville.— Perceptions de Bréhal, Cérences, Granville, La Beslière, Montviron, Sartilly.

Avranches.— M. Plunier, contrôleur de 2° classe, à Avranches, rue de Lille. — Perceptions d'Avranches, Carnet, Curey, Ducey, Isigny, Pontaubault, Pontorson, Ponts, Saint-James, Saint-Sénier.

Villedieu.— M. Bouvattier, contrôleur de 1re classe, à Avranches, boulevard du Sud.— Perceptions de Brécey, Gavray, Hambye, la Colombe, la Haye-Pesnel, Percy (partie), Saint-Georges-de-Livoye, Saint-Pois, Villedieu.

Mortain.— M. Josset, contrôleur hors classe, à Mortain.— Perceptions de Barenton, Buais, Juvigny, Le Teilleul, Milly, Mortain, Notre-Dame-du-Touchet, Saint-Hilaire-du-Harcouët, Sourdeval-la-Barre.

Contrôleur adjoint.

M. Lejoly-Senoville, à Saint-Lo.

ENREGISTREMENT, DOMAINE, TIMBRE
ET HYPOTHÈQUES.

M. Leroy, directeur, à Saint-Lo.

Inspecteur.— M. Blavon-Duchesne, à Saint-Lo.

Sous-Inspecteurs.— MM. Julliot de Lamorandière, à Saint-Lo ; Sanquer, à Cherbourg ; Morin, à Avranches ; Lecarpentier, à Coutances ; Bohn, à Valognes ; Fribourg, à Mortain.

Receveur rédacteur près de la Direction.— M. Olive.

Employés du timbre.— MM. Devaux, garde-magasin, contrôleur de comptabilité ; Gâté, timbreur.

Conservateurs des hypothèques. — MM. N...., à Saint-Lo ; de Puniet de Parry, à Avranches ; Guillemin, à Cherbourg ; Chevallot, à Coutances ; Gautier, à Mortain ; Plessis, à Valognes.

Receveurs des actes civils et des successions.— MM. Radiguer, à Saint-Lo ; Tacheau, à Cherbourg ; Roulier, à Coutances.

Receveurs des actes judiciaires et des Domaines.— MM. Delisle, à Saint-Lo ; Badin, à Cherbourg ; Dudouyt, à Coutances.

Receveurs de l'Enregistrement et des Domaines.—MM. Dutheil, à Canisy ; Le Biez, à Carentan ; Aze, à Marigny ; Pajot, à Percy ; Le Tellier, à Pont-Hébert ; Lecourt, à Tessy-sur-Vire ; Plouin, à Torigni-sur-Vire ; Provost, à Avranches ; Gautier, à Brécey ; Chaillou de l'Etang, à Ducey ; Millet, à Granville ; Binet, à la Haye-Pesnel ; Lefebvre, à Pontorson ; Dhangest, à Saint-James ; Ameline, à Sartilly ; Thomas, à Villedieu ; Bresson, à Beaumont ; Roullé, à Saint-Pierre-Eglise ; Brouard, aux Pieux ; Darne, à Bréhal ; Casteilla, à Cerisy-la-Salle ; Jeannot, à Gavray ; Agnès, à la Haye-du-Puits ; Dubois, à Lessay ; Danlos, à Montmartin-sur-Mer ; Dumont, à Périers ; Divoy, à Saint-Sauveur-Lendelin ; Jayet, à Mortain ; Frémond, à Barenton ; Costillon, à Saint-Hilaire-du-Harcouët ; Sinoir, à Isigny-le-Buat ; Massip, à Juvigny ; Vaslin, à Saint-Pois ; Herpin, à Sourdeval ; Billaudeau, au Teilleul ; Céron, à Valognes ; Guillier, à Barneville ; Broyelle, à Bricquebec ; Guérin, à Montebourg ; Le Marié, à Sainte-Mère-Eglise ; Gabriel, à Saint-Sauveur-le-Vicomte ; Pierre, à Saint-Vaast.

Surnuméraires. — MM. Noël-Desmarais, à Saint-Lo ; de Rommilly, de Saint-Julien et Hamel, à Cherbourg ; Pringault, à Valognes ; Leroulley et Leconte, à Coutances ; Trincot et Leguidecoq, à Avranches ; N.., à Mortain.

ADMINISTRATION DES FORÊTS.

Le département de la Manche fait partie de la 2e conservation dont le siège est à Rouen, et relève directement de l'Inspection de Bayeux (Calvados) gérée par M. Surell, inspecteur-adjoint, chef de service.

Une partie de la forêt domaniale de Cerisy, dite le *Bois-l'Abbé*, d'une contenance de 334 hectares 49 centiares, se trouve située dans le département de la Manche.

Le bois de *Mingret*, 20 hectares, appartenant à l'hospice de Saint-Lo, est soumis au régime forestier ; il est géré par l'Administration des forêts et fait partie de l'Inspection de Bayeux.

ADMINISTRATION DES DOUANES.

Directeur : M. Le Boullenger ✻, à Saint-Malo (1).

Service administratif et de perception.

Inspecteurs divisionnaires.—MM. de Saint-Quentin, à Cherbourg ; Chérot, à Granville.

Principalité de Granville.—MM. Harivel, receveur principal, à Granville ; Dumoncel, Reulos, Dairou, contrôleurs, à Granville ; Le Rumeur, Giron et Duval, commis à Granville ; Hennequin, receveur, à Regnéville ; Le Cardonnel, receveur-buraliste, à Pontorson.

Principalité de Cherbourg.— MM. Chaumel, receveur principal, à Cherbourg ; Lucciana, sous-inspecteur ; Cousin, contrôleur principal ; Henry, Lemoigne, contrôleurs ; Girard la Barcerie, Le Buhotel, Lucas, contrôleurs-adjoints ; Adam, Buache, commis à Cherbourg ; Lemoigne, receveur à Barfleur ; Leprévost, receveur, à Saint-Vaast ; Delamer, commis, à Saint-Vaast ; Audoire, receveur, à Portbail ; Manquest, receveur, à Carteret ; Bellée, receveur, à Carentan ; Foubert, receveur, à Diélette ; Vasselin, receveur-buraliste, à Omonville.

Service des brigades.

Capitainerie de Pont-Gilbert.—MM. Le Couturier, capitaine, à Pont-Gilbert ; Dupont, lieutenant, à Saint-Jean-le-Thomas ; — Brigadiers : MM. Rondreux, à Beauvoir ; Le Bas, à Pont-Gilbert ; Lelaidier, à Genest ; Sorel, à Saint-Jean-le-Thomas ; Lenfant, à Carolles.

Capitainerie de Granville.—MM. Maron, capitaine, à Granville ; Jouvin, lieutenant, à Granville ; Hautemanière, lieutenant, à Regné-

(1) Indépendamment des inspections divisionnaires de Granville et de Cherbourg, auxquelles se rattachent les services indiqués ici, la Direction des Douanes de Saint-Malo comprend les trois inspections de Saint-Malo, de Saint-Brieuc et de Tréguier, situées dans l'Ille et-Vilaine et les Côtes du-Nord.

ville. — Brigadiers : MM. Rosse, à Saint-Pair ; Le Gué, Pinson, à Granville ; Adigard, à Bréville ; Duval, à Bricqueville : Le Roux, à Hauteville ; Lemonnyer, à Regnéville.—M. David, patron, à Granville.

Capitainerie de Gouville.—MM. Fardet, capitaine, à Gouville ; Lecannellier, lieutenant, à Blainville ; Le Chevalier, lieutenant, à Pirou.—Brigadiers : MM. Jugan, à Agon ; Lemoine, à Blainville ; Ameline et Lenoir, à Gouville ; Lebourg, à Pirou ; Aubin, à Créances.

Capitainerie de Portbail.— MM. Butel, capitaine, à Portbail ; Rapilly, lieutenant, à Carteret ; Giffard, lieutenant, à La Cosnardière.—Brigadiers : MM. Lecouflet, à Saint-Germain-sur-Ay ; La Housse, à La Cosnardière ; Grossin, à Denneville ; Groult, à Portbail ; Le Gruel, à Roualle ; Mahaut, à Carteret ; Quenault, à Hattainville. —M. Guesnon, patron, à Portbail.

Capitainerie de Diélette.—MM. Savenay, capitaine, à Diélette ; Marcheyer, sous-lieutenant, au Rozel ; Le Boullenger, lieutenant, à Siouville.—Brigadiers : MM. Lecouillard, à Surtainville ; Simon, au Rozel ; Joubert, à Flamanville ; Cahu, à Diélette ; Devicq, à Siouville ; Deganne, à Vauville.—M. Fourmy, patron, à Diélette.

Capitainerie du Grand-Vey.—MM. Hilt, capitaine, au Grand-Vey ; Leclerc, lieutenant, à Carentan ; Dumas, lieutenant, à Ravenoville. —Brigadiers : MM. Montcuit, à Quinéville ; Quenault, à Ravenoville ; Jeanne, à la Madeleine ; Moitié, au Grand-Vey ; Leconte, à Carentan ; Moucel, à Brévands.

Capitainerie de Beaumont.—MM. Palette, capitaine, à Beaumont ; Jeanne, lieutenant, à Auderville ; Lefebvre, lieutenant, à Jobourg ; Leprieur, lieutenant, à Omonville. — Brigadiers : MM. Quénault, à Beaumont ; Agnès, à Herqueville ; Belliard, à Jobourg ; Ruel, à Merquetot ; Digard, à Auderville ; Regnier, à Saint-Germain-des-Vaux ; Le Bégin, à Saint-Martin-des-Vaux ; Yver, à Omonville ; Couillard, aux Ducs ; Lemétayer, à Landemer.—Patrons : MM. Castel, à Auderville ; Enault, à Omonville.

Capitainerie de Cherbourg. — MM. Liébard, capitaine, à Cherbourg ; Lemétayer, Blondel, lieutenants, à Cherbourg.—Brigadiers : MM. Hochet, à Querqueville ; Burnel, à Sainte-Anne ; Fontaine, Leviel, Osmont, à Cherbourg ; Clouet, à Bourbourg ; Le Terrier, au Becquet. — M. Jeanne, patron, à Cherbourg.

Capitainerie de Barfleur.— MM. Quidéville, capitaine. à Barfleur ; Levallois, lieutenant, à Fermanville ; Boudour, lieutenant, à Saint-Vaast. — Brigadiers : MM. Legagneux, à Maupertus ; Legagneux, à Fermanville ; Novince, à Cosqueville ; Lecourt, à Gouberville ; Lecannellier, à Barfleur ; Duval, à Montmorin ; Leterrier, à Saint-Vaast ; Fiquet, à Morsalines.—MM. Simon, patron, à Fermanville et Bertrand, patron, à Saint-Vaast.

Organisation militaire (1).

27ᵉ *Bataillon*.- Commandant : M. de Saint-Quentin, inspecteur, à Cherbourg ; capitaine adjudant-major : M. Quidéville, à Barfleur.

(1) Le 27ᵉ bataillon et les compagnies et sections de forteresse de la Manche sont rattachés au 10ᵉ corps d'armée.

Compagnies actives.—1re : MM. Hilt, capitaine ; Leclor et Dumas, lieutenants.—2e : MM. Palette, capitaine ; Lefebvre et Leprieur, lieutenants.—3e : MM. Butel, capitaine ; Le Boullenger et Rapilly, lieutenants.—4e : MM. Fardel, capitaine ; Dupont et Giffard, lieutenants.

Compagnie de forteresse de Granville.—MM. Maron, capitaine ; Jouvin et Hautemaniére, lieutenants.

Compagnie de forteresse de Cherbourg.—MM. Liébard, capitaine; Lemétayer et Blondel, lieutenants.

Section de forteresse de la Hougue.—M. Baudour, lieutenant.

Services de santé.

Capitainerie du Pont-Gilbert. — MM. Lelandais, Frémin et N..., médecins

Capitainerie de Granville. — MM. Lemoine, de la Bellière et Leclère, médecins.

Capitaineries de Gouville et de Portbail.—MM. Vincent, Bétailloudoux et Marguerie, médecins.

Capitaineries de Diélette et de Beaumont.—M. Leduc, médecin.

Capitainerie de Cherbourg.—M. Monnoye, médecin.

Capitainerie de Barfleur.—MM. Dalidan, Legalcher-Baron et Ménard, médecins.

Capitainerie du Grand-Vey. — MM. Carbonnel et Le Goupil, médecins.

Administration des Contributions indirectes.

M. GUILLAUMIN, directeur.

MM. Delaon, contrôleur, 1er commis de direction ; Cossé, Gahard. Perdon, commis de direction.

MM. Silie, Cresson, N..., inspecteurs.

Circonscription administrative de Saint-Lo.

Saint-Lo.—Le Moisson, receveur principal, entreposeur.
— Tortu, contrôleur.
Gouet, Lory, Choupault, Lesaint, commis ; Le Guelinel, Lepeu, surnuméraires.
Taupin, receveur ; Turquand d'Auzay, commis principal.

Carentan.—Sylvestre, receveur ; Yvenat, commis principal.

Marigny.—Mallet, receveur ; Ruaud, commis principal.

Tessy.—Fauvel, receveur ; Cotherel, commis principal.

Torigni.—Lecoutey, receveur ; Dutertre, commis principal.

Coutances.—L'Equillebec, receveur, entreposeur.
— Lemasurier, commis principal de 3e classe, chef de poste.
Jehan, Michelot, Duranton, commis.
Noblet, receveur ; Fleury, commis principal.

Bréhal.—Danican, receveur ; Guillard, commis principal.
Cerisy-la-Salle.—Garcelle, receveur ; Etienne, commis principal.
Gavray.—Masson, receveur ; Kervern, commis principal.
La Haye-du-Puits.—Lemoine, receveur ; Doussin, commis principal
Lessay.—Boivert, receveur ; Lebrequier, commis principal.
Périers.—Lehodey, receveur ; de Monty, commis principal.

Circonscription administrative d'Avranches.

M. Baudoux, sous-directeur.

MM. Hamonic, Guillon, commis de sous-direction ; N...., surnuméraire.

Avranches.—Cazin, receveur principal, entreposeur.
— Richard, contrôleur.
— Loir, Guillory, Frigot, Belan, commis ; N...., surnuméraire.
Granville.—Goissedot, contrôleur.
— Picquot, receveur particulier sédentaire.
— Montigny, Chedeville-Desvaucelles, Le Bihan, Cancelier, Buteult, commis.
Brécey.—Frigot, receveur ; Augrain, commis principal.
Ducey.—Chesnay, receveur ; Faligot, commis principal.
Pontorson.—Loyer, receveur ; Perrier, commis principal.
Saint-James.—Monmirel, receveur ; Le Berrigaud, commis principal.
Sartilly.—Desplanques, receveur ; Testu, commis principal.
Villedieu.—Néel, receveur ; Guillot, commis principal.
Mortain.—Chanteux, receveur, entreposeur ; Pigeon, receveur ; Lemoine, commis principal.
Le Teilleul.—Hédou, receveur ; Lenoir, commis principal.
Saint-Hilaire.—Danguy, receveur ; Lerleau, commis principal ;
Saint-Pois.—Duchesne, receveur ; Poirier, commis principal.
Sourdeval.—Fouqué, receveur ; Adam, commis principal.

Circonscription administrative de Cherbourg.

M. Degord, sous-directeur.

MM. Manceau, Briens, Couray, commis de sous-direction, Sicard, surnuméraire.

Cherbourg.—Lemutricy, receveur principal, entreposeur ; Bazin, receveur particulier ; Fels, contrôleur ; Desbois, Pelletier, commis principaux, chefs de poste.
— Lefèvre, Havy, Burgant, Le Bourhis, Enlard de Guémy, Roquier, commis ; Jouvet, surnuméraire.
Beaumont.—Gauvain, receveur ; Lefeuvre, commis principal.
Equeurdreville. Lelièvre, receveur ; Dufresne, commis principal.
Les Pieux.—Hébert, receveur ; Bébin, commis principal.
Saint-Pierre-Eglise.—Leguelinel, receveur ; Le Tanaff, commis principal.

Tourlaville.—Ozenne, receveur ; Chaplain, commis principal.

Valognes.—Piriou, receveur-entreposeur; Lépine, receveur; Savary, commis principal.

Bricquebec.—Guillain, receveur ; Balin, commis principal.

Montebourg.—Mabire, receveur ; Coulon, commis principal.

Sainte-Mère-Église. — Josse, receveur; Beaugrand, commis principal.

Saint-Sauveur-le-Vicomte.—Desheulles, receveur; Guérin, commis principal.

Saint-Vaast.—Mocquet, receveur ; Le Morellec, commis principal.

POSTES ET TÉLÉGRAPHES.

DIRECTION DU DÉPARTEMENT

M. Dard-Thénadey, *directeur*, à Saint-Lo.

MM. Legrand, *inspecteur*, en résidence à Cherbourg ; Postaire et Le Landais, *sous-inspecteurs*, à Saint-Lo.

MM. Bougourd, *commis principal ;* Goupil, Legendre, Letot, Osmond et Touzé, *commis*.

BUREAUX.

NOMS DES BUREAUX.	NOMS DES RECEVEURS (1).	
	POSTES.	TÉLÉGRAPHES.
Saint-Lo.	M. Delhomme, recev^r p^l	M. Delhomme, r^r p^l
Agon	Mlle Lecadey.	»
Airel	Mmes Piriou.	Mmes Piriou.
Anneville en-Saire	Pâques.	Pâques.
Avranches	M . Hantraye.	M. Hantraye.
Barenton	Mlles Simon.	Mlles Simon.
Barfleur	Duval-Lapallière.	Duval-Lapallière.
Barneville-sur-Mer	Gesbert.	Gesbert.
Beaumont-Hague	Mme Bigot.	Mme Bigot.
Bérigny	M. Brotelande.	»
Blainville	Mlles Rabec.	Mlles Rabec.
Brécey	Achard.	Achard.
Bréhal	M . Lesage.	M . Lesage.
Bricquebec	Mlles Halley.	Mlles Halley.
Buais	Jossaume.	Jossaume.
Canisy	Mme Lemeray.	Mme Lemeray.
Carentan	Mlles Enée.	Mlles Enée.
Cérences	Debieu.	Debieu.

(1) Les communes pour lesquelles ne figurent pas de nom de Receveur dans l'une des colonnes dans la liste de ces agents ne sont pourvues que de l'un des deux services : Postes et Télégraphes.

NOMS DES BUREAUX.	NOMS DES RECEVEURS (1).	
	POSTES.	TÉLÉGRAPHES
Cerisy-la-Forêt	Mme v^e Delafosse.	Mme v^e Delafosse.
Cerisy-la-Salle........ ...	Mme Vindard.	Mme Vindard.
Cherbourg..............	M. Roulier.	M. Roulier.
Id. (Bureau du Val-de-Saire)	M. Zaëgel.	M. Zaëgel.
Coutances	M. Lucas.	M. Lucas.
Créances	Mlles Coupard.	»
Ducey	Tournebois.	Mlle Tournebois.
Equeurdreville	Mme Hamel.	Mme Hamel.
Fermanville	Mme v^e Levavasseur.	»
Flamanville	Mlles Lelanchon.	»
Gavray........	Lancelot.	Mlle Lancelot.
Ger	Mme Desvoyes.	Mme Desvoyes.
Gouville	Mlle Jean.	Mlle Jean.
Granville ....•.	M. Lecherre.	M. Lecherre.
Grosville	Mme Tesnière.	»
Hambye	Mlle Bézard.	Mlle Bézard.
Haye-du-Puits (la)........	Mme Mangin.	Mme Mangin.
Haye-Pesnel (la).	Mlle Nicolle.	Mlle Nicolle.
Isigny-le-Buat............	Mme Anfray.	Mme Anfray.
Juvigny-le-Tertre	Mlle Villedieu.	Mlle Villedieu.
Lessay	M. Devaine.	M. Devaine.
Marigny	Mme Boucher.	Mme Boucher.
Martinvast	Mlle Creveuil.	Mlles Creveuil.
Montebourg.......... .	Mme Josse.	Artu.
Montmartin sur-Mer	Mlle Bourdon.	Bourdon.
Mont-Saint-Michel	Mme Joubart.	Mme Joubart.
Mortain	M. Lecrecq.	M. Lecrercq.
Octeville	Mlles Crocquevieille.	Mlle Crocquevieille
Percy	Mauduit.	Mlle Mauduit.
Périers	Mme v^e Leclerc.	Mme v^e Leclerc.
Pieux (les)..............	Mme Lechevalier.	Mme Lechevallier.
Pont-Hébert........ ...	Mlle Gallery de la Trem-blaye.	Mlle Gallery de la Tremblaye.
Pont-Labbé-Picauville ...	M. Amiot.	M. Amiot.
Pontorson	Mme Rihouet.	Mme Rihouet.
Portbail	Mlles Hinet.	Mlles Hinet.
Prétot.................	Lombard.	»
Quettehou	Thin.	Thin.
Quettreville	Delacour.	Delacour.
Regnéville	M. Loison.	M. Loison.
Remilly	Mme v^e Bernard.	Mme v^e Bernard.
Roncey...............	Mme Ruault.	Mme Ruault.
Ruffosses-Saussemesnil...	»	M. Marguerite.
Sartilly......	Mlle Leterrier.	Mlles Leterrier.
Sottevast	Mme Lebarbenchon.	
Sourdeval	Mlles Gaignet.	Gaignet.
Saint-Clair-sur-Elle	Savary.	Savary.
Sainte-Croix-Hague.......	Villedieu.	»
Saint-Denis-le-Gast		Mmes Legraverend.
Sainteny	Mme Lebreton.	Lebreton.
Saint-Hilaire-du-Harcouët .	M. Bertaux.	M. Bertaux.
Saint-James	M. Lemoine.	M. Lemoine.

NOMS	NOMS DES RECEVEURS (1).	
DES BUREAUX.	POSTES.	TÉLÉGRAPHES.
Saint-Jean-de-Daye	Mme Lebouteiller.	Mme Lebouteiller.
Saint-Jean-des-Baisants...	Mlles Tréhet.	»
Saint-Malo-de-la-Lande ...	Bourdet.	Mlles Bourdet.
Sainte-Marie-du-Mont	Louail.	Louail.
Sainte-Mère-Eglise	Vieillard.	Vieillard.
Saint-Pair	Mondo.	Mondo.
Sainte-Pience	Brionne.	Brionne.
Saint-Pierre-Eglise......	Mmes Burnel.	Mmes Burnel.
Saint-Pois	Coguyec.	Coguyec.
Saint Samson-de-Bonfossé.	Mlles Perrin.	»
Saint-Sauveur -Lendelin ..	Guénon.	Mlles Guénon.
Saint-Sauveur-sur-Douves.	Leprévost.	Leprévost.
Saint-Vaast-la-Hougue....	Lompech.	Lompech.
Teilleul (le)	Joubin.	Joubin.
Tessy-sur-Vire	Mme v^e Morisset.	Mme v^e Morisset.
Torigni-sur-Vire	Mlle Frault.	Mlle Frault.
Tourlaville	Mme Lecuirot.	Mme Lecuirot.
Valognes	M. Jouanne.	M. Jouanne.
Vast (le)	Mlle Eve.	Mme Laronche.
Villebaudon............	Mme v^e Hus.	»
Villedieu-les-Poëles	Mlle Peslin.	Mlle Peslin.

SÉMAPHORES OUVERTS AU SERVICE DE LA TÉLÉGRAPHIE PRIVÉE.

Agon.	Flamanville.	Pointe de Hardejeu.
Barfleur.	Fort la Hougue.	Pointe du Roc.
Cap la Hague.	Ile Chausey.	Portbail.
Cap Lévy.	Ile Pelée.	Querqueville.
Carteret.	Nez de Jobourg.	
Cherbourg-Digue.	Onglet (Vigie de l').	

GARES OUVERTES AU SERVICE DE LA TÉLÉGRAPHIE PRIVÉE.

Sottevast.

SERVICE VICINAL.

M. LELIÈVRE O.A., agent voyer en chef du département, à Saint-Lo.

AGENTS VOYERS D'ARRONDISSEMENT.

M. Durel, à Saint-Lo ; Benard, à Avranches ; Mesnage, à Cherbourg ; Lepuissant, à Coutances ; Hermann, à Mortain ; Enquebecq,
à Valognes.

Agents voyers et Employés attachés aux divers Bureaux.

BUREAU DE L'AGENT VOYER EN CHEF.

MM. Heude, agent voyer principal, çhef de bureau ; Victor, agent voyer de 1re çlasse, chargé de la comptabilité ; Darthenay, agent voyer, aide-comptable ; Desaunette, agent-voyer, chargé du service d'ordre ; Adam, agent voyer, dessinateur ; Levillain, agent voyer surnuméraire ; Damécourt, expéditionnaire.

BUREAUX DES ARRONDISSEMENTS.

Arrondissement de Saint-Lo.— MM. Horel, agent voyer cantonal et Leconte, agent voyer surnuméraire.

Arrondissement d'Avranches. — MM. Letondeur, employé de comptabilité, et Lacolley, agent voyer surnuméraire.

Arrondissement de Cherbourg. — MM. Raynel, agent voyer cantonal, et Poupeville, agent voyer auxiliaire.

Arrondissement de Coutances.— MM. Marie, agent voyer cantonal, et Levast, agent voyer auxiliaire.

Arrondissement de Mortain.—MM. Leduc, agent voyer auxiliaire, et Parey, agent voyer surnuméraire.

Arrondissement de Valognes. — MM. Bienvenu, agent voyer auxiliaire, et Renault, agent voyer surnuméraire.

Agents Voyers cantonaux du service actif.

Arrondissement de Saint-Lo.— MM. Pitron, à Saint-Lo ; Lerebours, à Tessy ; Lecousté, à Torigny ; Dupont, à Carentan ; Letemplier, à Percy ; Fournier, Pain, à Saint-Lo.

Arrondissement d'Avranches. — MM. Thébault, à Granville ; Lerebours, à Villedieu ; Liron, à Saint-James ; Lépine et Dubosc, à Avranches ; Desgranges, à Brécey ; Madeleine, à Sartilly ; Leriverend, à Pontorson ; Huet, à La Haye-Pesnel.

Arrondissement de Cherbourg.— MM. Roger, agent voyer hors classe, à Cherbourg ; Lacolley, à Saint-Pierre-Eglise ; Boitel, aux Pieux ; Bigot, à Beaumont.

Arrondissement de Coutances. — MM. Meslet et Hubert, à Coutances ; Moitié, à La Haye-du-Puits ; Erard, à Gavray ; Provost, à Périers ; Désiré, à Bréhal ; Jeanne, à Lessay ; Valéry, à Cerisy-la-Salle.

Arrondissemet de Mortain. — MM. Coguyec, à Saint-Pois ; Fleury, à Saint-Hilaire-du-Harcouët ; Corbin, à Mortain ; Martin, au Teilleul ; Boitel, jeune, à Sourdeval ; Lemonnier, à Juvigny-le-Tertre.

Arrondissement de Valognes. — MM. Fortin, agent voyer hors classe, à Sainte-Mère-Eglise ; Garnier, à Saint-Sauveur-le-Vicomte ; Liron, aîné, à Bricquebec ; Douchin, à Saint-Vaast ; Lechanteur, à Valognes ; Jeanne, à Montebourg ; Dorange, à Barneville.

CLERGÉ DU DIOCÈSE.

Evêque : Mgr Germain (Abel-Anastase), né le 1er avril 1833, à Saint-Sylvain (Calvados), sacré à Bayeux, le 19 mars 1876, 88e évêque.

Vicaires généraux.

MM. Durel, official ; Legoux, agréé par le Gouvernement ; Bizon, supérieur du grand-séminaire.

Secrétariat de l'Evêché.

MM. Joubin, secrétaire général; Mauduit, Sanson, pro-secrétaires; Laisney, secrétaire particulier de Mgr l'Evêque.

Chanoines d'honneur.

S. E. le cardinal Place ✱, archevêque de Rennes ; S. E. le cardinal Macchi ; NN. SS. Ducellier, archevêque de Besançon ; Hugonin ✱, évêque de Bayeux ; Osouf, évêque d'Arsinoë ; Billard, évêque de Carcassonne ; Bécel ✱, évêque de Vannes ; Le Coq, évêque de Nantes ; Perraud ✱, évêque d'Autun ; Jourdan de la Passardière, évêque de Roséa ; Cléret ✱, évêque de Laval ; le R. P. Germain, abbé de Notre-Dame-de-Grâce ; Mgr Marini, camérier secret de S. S.

Chanoines titulaires.

MM. Laisney, Mabire, Pigeon, Joubin, Mauduit, Boursin, Ménard.

Chanoines honoraires résidant dans le diocèse.

MM. Guesnon, Ameline, Legrand, Duval, Langenais, Caillemer, Gillot, Jouenne, Dallain, Bizon, Lemonnier, Tessero, Dubois, Lemains, Hamel, Turgot, Sanson, Leroux, Chesnel, Blanchet, Béatrix, Germain, Yvetot, Lepeltier, Leroy (A.), Vignon, Dupont, Moulin, Maquerel, Bouffaré, Laisney, Lecapitaine, Lecacheux, Binet, Tollemer (H.), Tollemer (A.), Marie, Leroy (M.), Duclos, Lebedel, Richer, de Longueville.

Chanoines honoraires résidant hors du diocèse.

MM. Gravey, Grandjean, Cluzel, Montagnon, Gillouard, Loisel, Delarue, Tirhard.

Conseil épiscopal.

MM. les Vicaires généraux et le Secrétaire général de l'Evêché.

Grand-Séminaire.

MM. Bizon, supérieur ; Marty, directeur, professeur de morale ; Ollivier, professeur d'écriture sainte ; Brin, professeur de dogme ; Colibert, économe ; Thézard, professeur de droit canon ; Dutour, Parpaillon, professeurs de philosophie.

Bureaux d'administration des Séminaires.

M⁀ l'Evêque, président; MM. Durel, vicaire général ; Bizon, supérieur du grand-séminaire; Legoux, vicaire général, trésorier ; Colibert, économe ; Joubin, secrétaire.

ÉTABLISSEMENTS ECCLÉSIASTIQUES.

Petit-Séminaire de Mortain.

MM. Supérieur : Dubois, chanoine honoraire. — Supérieur honoraire : Ameline, chanoine honoraire.—Philosophie : Saint, diacre.—Rhétorique : Signeux, prêtre.—Sciences : Laisney, Jamault, Détret, prêtres.—Histoire : Godefroy, prêtre.— Seconde : Gautier, prêtre.—Troisième : Yon, prêtre.—Quatrième : Fortin, prêtre.- Cinquième : Louaye, prêtre.—Sixième : Tesnière, diacre.—Septième et huitième : Briand, prêtre. — Français : François, Daudry, prêtres — Anglais : Roger, prêtre.—Préfet de discipline : Godefroy.—Présidents d'étude : Costard, Briens, prêtres ; Datin, diacre. — Dessin : Briens, prêtre.— Musique : un laïque.

Petit-Séminaire et Collège diocésain de Saint-Lo.

MM. Supérieur : Lemonnier, chanoine honoraire. — Directeur : Lenvoisé, prêtre. — Mathématiques élémentaires : Hérembourg, prêtre. — Philosophie : Lenvoisé, prêtre. — Rhétorique : Jeanne, Postel, prêtres.—Sciences : Quesnel, Périer, Leneslet, Lecathelinais, prêtres. — Histoire et géographie : Savary, prêtre. — Seconde : Achard de Leluardière, Lepage, prêtres. — Troisième : Lemasson, prêtre. — Quatrième : Morel, Richard, prêtres. — Cours préparatoire à la classe de mathématiques : Couture, prêtre, David, diacre, un laïque.—Cinquième : Granier, prêtre.— Sixième : Leveillé, prêtre.—Septième : Abraham, prêtre. — Huitième : Mesplet, prêtre. — Classe préparatoire : un laïque. — Anglais : Houyvet, prêtre. — Allemand : Gibon, prêtre. — Econome : Durel, prêtre. — Préfet de discipline : Blin (J.), prêtre. — Présidents d'études : Durel (A.), Martin, Léc'uze, Gourot, prêtres, Louis, diacre. — Dessin : un laïque. — Musique : Gibon, prêtre, et deux laïques.—Gymnastique et escrime : un laïque.

Petit-Séminaire et Collège diocésain de Valognes.

MM. Supérieur : Marie, prêtre. — Directeur : Truffaut, prêtre. — Philosophie : Truffaut, prêtre. — Rhétorique : Bérest, prêtre. — Sciences : Gendrot, Goguillot, Charrier, prêtres. — Histoire : Guérillon, prêtre. — Seconde : Kerdal, prêtre. — Troisième : Rouxel, prêtre.—Quatrième : Lepigoché, prêtre.—Cinquième : Macé, acolyte. —Sixième : Vallée, prêtre.—Septième : Gallicher, prêtre.—Huitième : Pavoine, prêtre.— Anglais : Meurier, prêtre.— Présidents d'études : Lagnel, Pelletier, Doudet, prêtres.—Dessin : un laïque.— Musique : deux laïques.

Ecoles ecclésiastiques recevant des élèves jusqu'à la 4ᵉ inclus.

A Granville (collège). — MM. Renault, prêtre, directeur ; Joubin, Leconte, Ameline, prêtres; Delafontaine, acolyte ; deux laïques, professeurs.

A Montebourg (établissement des frères de la Miséricorde). — MM. Estard, prêtre, directeur ; Desboulletz, Legallais, prêtres, professeurs.

A Villedieu (institution Saint-Joseph). — MM. Bouffaré, prêtre, directeur ; Ruault, Gastebois, prêtres; deux frères de la Miséricorde; un laïque, professeurs.

A Saint-James (collège). — MM. Marguerie, prêtre, directeur ; Pontis, Parigny, Lemasson, prêtres, professeurs.

Missionnaires du diocèses.

A Donville.—MM. Belloni, supérieur; Boucher, Kervizic, Thébaud, Lengronne, Létendard, Colin, Le Jallé.

A Notre-Dame-sur-Vire. —MM. Yvetot, supérieur ; Villain, Jennequin, Lemasson.

Au Mont-Saint-Michel.—MM. Laproste, supérieur; Laforêt-Levatois, Grosset, Lefrançois, missionnaires.

A Biville.—MM. Bonhomme, supérieur ; Quesnel, Houlgatte.

Chapelains de communautés religieuses.

A Avranches, *Ursulines*, M. Leménager ; *Sœurs de Notre-Dame-du-Mont-Carmel*, M. Richer; à Granville, *Petites-Sœurs des Pauvres*, M. Blin ; à Saint-James, *Trinitaires*, M. Besnard ; à Ducey, *Trinitaires*, M. Carnet ; à Cherbourg, *Sœurs de la Charité de Jésus et de Marie*, M. Delaune; à Saint-Pierre-Eglise. *Augustines*, M. Lesellier; à Coutances, *Augustines*, M. Vautier ; *Sacré-Cœur*, M. Poullain ; à Mortain, *Ursulines*, M. Tréboisnel ; à Barenton, *Augustines*, M. Hamard ; à Saint-Lo, *Bon-Sauveur*, MM. Marie et Laveille ; à Carentan, *Augustines*, M. Lehaut ; à Valognes, *Bénédictines*, M. Douville ; *Augustines*, M. Leconte ; à Saint-Sauveur-le-Vicomte, *Sœurs de la Miséricorde*, M. Lefoulon ; à Pont-Labbé-Picauville, *Bon-Sauveur*, MM. Hélie et Picot; à Montebourg, *Etablissement et Ecole normale des Frères de la Miséricorde*, M. Estard.

Aumôniers d'hospices.

A Avranches, M. Massy ; à Granville, M. Bochet ; à Pontorson, M. Thébault ; à Saint-James, M. N...; à Villedieu, M. Lefèvre ; à Cherbourg, le Clergé de Saint-Clément ; à Coutances, M. Leguerrier; à Périers, M. Vallée ; à Mortain, M. Perrée ; à Saint-Lo, M. Ollivier ; à Carentan, M. Saillard ; à Valognes, M. Lerévérend ; à Montebourg, M. N...; à Torigni, M. N...

Aumôniers de la Marine.

M. Néel, aumônier honoraire.

Aumôniers des Prisons.

A Avranches, M. Lefrançois; à Cherbourg, M. Viel de Hautmesnil, à Coutances, M. Fleury; à Saint-Lo, M. Adde; à Mortain, M. Jamault; à Valognes, M. Poret.

Aumôniers d'Orphelinats.

A Avranches, M. Tabard ; à Périers, M. Guérard.

Prêtres du diocèse employés dans l'Instruction publique.

A Coutances, M. Aubry, aumônier du lycée ; à Cherbourg,
M. Lefèvre, aumônier du lycée.

Archiviste du diocèse : M. Mauduit, chanoine.

CULTE PROTESTANT.

Ministres du Saint Evangile.

MM. Capillery, à Cherbourg et à Siouville ; Gast, au Chefresne et
à Saint-Lo.

INSTRUCTION PUBLIQUE.

M. W. MARIE-CARDINE, Officier de l'Instruction publique, Inspecteur d'Académie.

MM. Rouel O. A., commis principal, secrétaire de l'inspection
académique ; Fouchard, Davodet, commis de l'inspection.

CONSEIL DÉPARTEMENTAL DE L'INSTRUCTION PUBLIQUE.

MM. FLORET O✳, O.I., Préfet, *président;* Marie-Cardine O.I., inspecteur d'Académie, *vice-président;* Riotteau, député; Morel, sénateur, Regnault et Le Moigne, conseillers généraux; M. le Directeur de l'Ecole normale de Saint-Lo ; Mme la Directrice de l'Ecole normale de Coutances ; MM. Gamas, instituteur public à Cherbourg ; Robbes, instituteur public à Granville ; MM^lles Travers, institutrice publique à Cherbourg ; Dujardin O. A., institutrice publique à Blainville ; MM. Aubin O. I., inspecteur primaire à Saint-Lo et Chancerel O. I., inspecteur primaire à Avranches.

Membres adjoints pour les affaires contentieuses et disciplinaires de l'enseignement privé : MM. Barbey, instituteur privé laïque à Cherbourg ; Duvivier, instituteur congréganiste privé à Avranches.

Lycée de Coutances.

MM. Lucas-Girardville O. I., proviseur.

Leparquier O. I., censeur des études ; l'abbé Aubry, aumônier ;
Le Caplain O. A, économe ; Collette, Mottin, commis d'économat ;
Paquet, surveillant général délégué.

Philosophie : Richard; rhétorique : Foulin O. I.; seconde : Goulet;
troisième : Leitz; sciences physiques : Jouhet et Fesquet ; mathématiques : Lauvernay et Cauvin ; histoire : Le Révérend O. I. et
Gautier ; langue anglaise : Estruc et Dupont ; langue allemande :
Hamon ; quatrième : Liber ; cinquième : Lavicille O. A. ; sixième :
Lemare O. I.; septième : Lemaître O. I.; huitième : Daireaux O. I;
neuvième : Félix O. A. ; dessin d'imitation : Quesnel O. I., père,
Quesnel, fils, O. A. ; travaux graphiques : Muriel O. A. — Enseigne-

ment secondaire spécial : Le Moine, Bréville, Jouhet, Le Révérend, Prioult, Carabeuf, Muriel ; classe primaire : Aubril ; gymnastique : Héon O. A.

Lycée de Cherbourg.

MM. H. Le Roux O. I., proviseur.

Salé, censeur des études ; l'abbé Lefèvre, aumônier ; Mairot, économe ; Lepot, Abadie, commis d'économat ; Bonvoisin, surveillant général, délégué.

Philosophie : Hérelle O. I. ; histoire : Costantin ; rhétorique : Bouvier O. A. ; seconde : Galland ; troisième : Chamard ; allemand : Dax, Beaumann ; anglais : Dispau de Floran, Hodge ; quatrième : Lesigne ; cinquième : Lefèvre ; sixième : Burnouf ; septième : Leduit O. A. ; huitième : anglais : mathématiques : Noël, Etienne O. I., Giot, Lamic, Onde, Cousin ; physique : Sevet, Goudemant, Corbière O. A. ; lettres en marine : Halley. — Enseignement secondaire spécial : Pouthier, Dagon, Merlot, Jeanne O. A., Levallois, Leneveu, Duval ; dessin : Onfroy, Deguerne ; classe primaire : Dubost, Delisle ; gymnastique : Flaux.—Classe enfantine : Mlle Grard.

COLLÉGES COMMUNAUX.

Collège d'Avranches.

MM. Vilon O. A., principal.

Lucas, sous-principal ; l'abbé Trochon, aumônier ; philosophie : Baron ; rhétorique : Doutelleaux O. I. ; seconde : Dumont O. A. ; troisième : Nelet O. A ; sciences physiques : Durel O. A. ; mathématiques : Vilquin O. I. ; langue anglaise : Béghin ; quatrième : Gautier O. A. ; cinquième : Toutain ; sixième : Lucas ; septième : Denoll ; huitième : Lecoquet ; dessin et travaux graphiques : Fouqué. — Enseignement secondaire spécial : Durel, Vilquin O. I., Nelet O. A., Lematte, Encoignard O. A., Malenfant ; classe primaire : Mlle Fouqué.

Collège de Carentan.

MM. N..., principal.

Classes de latin : N... ; enseignement spécial, sciences : Exmélin, Bergounhoux, Guéguinou ; lettres : Lacroix ; anglais : Thévenin. — Classe primaire : Lelandais, directeur ; Leconte, instituteur-adjoint ; Picard, instituteur adjoint.

Collège de Mortain.

MM. Goutière, principal.

L'abbé Théot, aumônier ; rhétorique et philosophie : Ameline ; Moret de Montjou : mathématiques ; Gallie O. A. : sciences physique ; Carouge : quatrième et cinquième ; Burnel : sixième, septième et huitième ; enseignement spécial : Moret de Montjou, Gallie O. A., Ameline, Lemoyne, Le Juez ; anglais : Burnel ; allemand : Ellminger ; classe primaire : Roblin ; gymnastique : Lemoyne ; dessin : Le Juez.

Collège de Saint-Hilaire-du-Harcouet.

MM. Boyenval O. A., principal.

Troisième et quatrième : Héon ; cinquième et sixième : Boyenval O A. ; septième et huitième : Pautret ; enseignement spécial :

Beaumont, Pichon, Gallien, Chauvin; classes primaires : Mesnildrey, Requier.

Inspection de l'Instruction primaire.

MM. Chancerel O. I., à Avranches ; Bréard O. I., à Cherbourg ; Leclerc O. A., à Coutances ; Séjourné, à Mortain ; Aubin O. I., à Saint-Lo ; Desprez O. I., à Valognes.

ÉCOLES NORMALES.

Ecole normale d'Instituteurs de Saint-Lo.

Conseil d'administration de l'Ecole.

MM. Marie-Cardine O. I., inspecteur d'Académie, *président ;* Amiard, conseiller général, maire de Saint-Lo ; Blouet ✳, conseiller général ; Simon O. A., juge au tribunal civil ; Lerendu O. A., conseiller municipal, à Saint-Lo ; Dussaux, adjoint au maire de Saint-Lo.

Fonctionnaires de l'Ecole.

MM. Hanriot O. A., directeur ; Réversé, économe ; Postel, Arnould, Louis, professeurs ; Piasse, maître-adjoint ; Postel, professeur d'anglais ; Jaha, directeur de l'école primaire annexe ; Louis, maître de chant ; Ravaut O. A., professeur de dessin ; Brunin O. A., maître de gymnastique ; Rozeray, professeur d'agriculture ; Leconte, professeur d'horticulture ; le docteur Bernard ✳, médecin de l'école.

Ecole normale d'Institutrices de Coutances.

Conseil d'administration de l'Ecole.

MM. Marie-Cardine O. I. inspecteur d'académie, *président;* Boissel-Dombreval ✳, conseiller général, maire de Coutances ; Guillemette ✳, conseiller général ; Saillard, adjoint au maire de Coutances ; Briens ✳, député ; Pascal ✳, sous-préfet ; Lair ✳, proviseur honoraire.

Fonctionnaires de l'Ecole.

MM^mes Crouzel-Fontecave, directrice ; Lefaucheux, économe ; Brémont, Jacquot, professeurs ; Paquet, Lefaucheux, maîtresses adjointes ; Debrun, directrice de l'école primaire annexe ; Marthel, directrice de l'école maternelle annexe.
Mlle Paquet, professeur d'anglais ; MM. Léon Quesnel, professeur de dessin ; docteur Laisney O. A., médecin de l'école.

Cours secondaire de jeunes filles de Cherbourg.

Directeur : M. H. Le Roux O. I., proviseur du lycée ; surveillante générale : Mme Lemoine.
Professeurs : MM^lles Wable : sciences ; Peysson : lettres ; MM. Frigoult O. I. : littérature ; Wolf : grammaire et histoire littéraire ; Halley : histoire ; Hérelle : morale ; N.... : anglais ; Thommin :

musique ; Deguerne et Onfroy : dessin ; Mme Lemoine : travaux manuels.

Institutrices primaires : MM^lles Lebrettevillois O. A , Simon, Lemoine, Julia.

Jury d'examen des Aspirants et des Aspirantes au certificat d'aptitude pédagogique.

MM. Marie-Cardine, inspecteur d'académie, *président;* Hanriot, directeur de l'école normale de Saint-Lo ; Aubin, Bréard, Chancerel, Desprez, Lecler, Séjourné, inspecteurs primaires ; Arnould, professeur à l'école normale de Saint-Lo ; Pignet, directeur de l'école mutuelle de Saint-Lo ; Ménard, directeur d'école communale à Coutances ; Godard, instituteur à Agneaux ; Mme Crouzel-Fontecave, directrice de l'école normale de Coutances ; Mlle Marie, directrice d'école communale à Saint-Lo.

Jury d'examen des Aspirants et des Aspirantes au brevet de capacité.

MM. Hanriot, directeur de l'école normale, Aubin, inspecteur primaire à Saint-Lo ; Barbey, chef d'institution à Cherbourg ; Lelièvre, agent voyer en chef ; un inspecteur primaire ; Gendrin, directeur de l'école primaire supérieure ; Mme Crouzel-Fontecave, directrice de l'école normale ; Mlle Marie, directrice d'école communale ; Mme Dalimier, ancienne maîtresse de pension.
Sciences physiques : M. Jouhet, professeur au lycée de Coutances ; anglais : M. Postel, professeur à l'école normale de Saint-Lo ; dessin : M. Ravaut, professeur à l'école normale ; chant : M. Nicolas ; gymnastique : M. Brunin, professeur à l'école normale ; agriculture et horticulture : M. Rozeray.

Dames adjointes pour l'examen des travaux d'aiguille des Aspirantes.

MM^mes Marie-Cardine, Duhamel, Dalimier. Hanriot, Mlle Aubin.

Jury départemental chargé d'examiner les Aspirants aux bourses nationales, départementales et communales dans les lycées et collèges communaux.

MM. Marie-Cardine, inspecteur d'académie, *président ;* Hanriot, directeur de l'école normale ; Aubin, inspecteur primaire ; Lemare, professeur au lycée de Coutances ; N..., professeur au lycée de Coutances ; Arnould, Louis, professeurs à l'école normale.

SCIENCES ET ARTS.

Société d'Agriculture, d'Archéologie et d'Histoire naturelle du département de la Manche.

Présidents d'honneur : M. le Préfet de la Manche ; M. le Maire de Saint-Lo ; Mgr Germain, évêque de Coutances et d'Avranches.

Président : M. Ed. Lepingard, avocat, ancien chef de division à la Préfecture ; *Vice-Présidents :* MM. Blanchet, curé de Sainte-Croix ; Matinée ✱, proviseur honoraire ; *Secrétaire :* M. Leclerc, docteur-médecin ; *Secrétaire-Adjoint :* M. Gambillon, ancien chef de division à la Préfecture ; *Conservateur :* M. Gaëtan Guillot, avocat et maire de Saint-Gilles ; *Conservateurs-Adjoints :* MM. A. Dieu, avocat ; Onfroy, propriétaire ; *Bibliothécaire :* M. Derbois, ancien professeur ; *Trésorier :* M. Leconte-d'Olonde, architecte ; *Classificateur de la section d'Agriculture :* M. Granger, ingénieur.—*Classificateur de la section d'Archéologie :* M. Queillé, architecte ; *Sous-Classificateur :* M. Le Creps, propriétaire ; *Classificateur de la section d'Histoire naturelle :* M. Sébire, pharmacien de 1re classe ; *Sous-Classificateur :* M. Lelièvre, agent voyer en chef du département.

Société d'Archéologie, de Littérature, Sciences et Arts des arrondissements d'Avranches et de Mortain.

Composition du bureau de la Société depuis le 4 décembre 1890.

Président : M. Alfred de Tesson ✳, capitaine de frégate en retraite.— *Vice-Présidents :* MM. Charles Philbert ✳, ancien consul général et Antonin Launay O. I., professeur honoraire ; *Bibliothécaire-Archiviste :* Mlle Ida Hubert. — *Secrétaire :* M. le comte Joseph de Chabannes.— *Secrétaire-Adjoint et Secrétaire du Conseil d'Administration :* M. Paul Bouvattier, contrôleur des contributions directes. — *Trésorier :* M. Thébault, libraire. — *Questeur :* M. Jules Bouvattier O A, avocat, ancien député.

Conservateurs (Membres du Bureau)

1° *Des Tableaux et Statues :* M. Charles Fouqué O A, professeur de dessin ; M. Potier de La Varde, artiste, conservateur honoraire. —2° *Des Objets d'histoire naturelle :* M. H. Pigeon O ✳, chef de bataillon du génie en retraite.—3° *Des Médailles et des Antiquités :* M. le vicomte de Potiche. — 4° *Du Musée lapidaire :* M. Louvel O A, architecte.

Membres adjoints au bureau pour former le Conseil d'Administration.

MM. Lenoir O A, maire d'Avranches ; Sosthène Mauduit, maire de Saint-Martin-des-Champs ; Lebel, libraire ; Saint, conducteur principal des ponts et chaussées ; le comte de Clinchamp ✳.

Officiers d'honneur pour Mortain.

Vice-Présidents : MM. le comte d'Avenel, conseiller général du Teilleul et de Bailliencourt, maire de Mortain. — *Secrétaire :* M. Charles Guérin, propriétaire au Mesnil-Thébault.

Société nationale des Sciences naturelles et mathématiques de Cherbourg.

(Etablissement d'utilité publique par décret du 26 août 1865).

BUREAU DE LA SOCIÉTÉ POUR 1891.

MEMBRES A VIE.

MM. Aug. Le Jolis, directeur et archiviste perpétuel ; Emmanuel Liais, secrétaire perpétuel honoraire.

MEMBRES ÉLUS POUR 1891.

Président : MM. Jouan. — *Vice-Président :* N.... — *Secrétaire :* G. Le Jolis, avocat. — *Trésorier :* Dr Guiffard, directeur de la santé.

Société artistique et industrielle de Cherbourg.

Présidents d'honneur : MM. le Maire de Cherbourg C ✷, le Sous-Préfet de Cherbourg ✷, Alfred Liais, ancien maire ✷ ; Vallon, capitaine de vaisseau ✷. — *Président honoraire :* H. de la Chapelle O A. — *Vice-Président honoraire :* Mangin ✷, géomètre.

Président : MM. A. Menut O A. — *Vice-Présidents :* E. Didier, V. Leroy. — *Secrétaire :* Barbe. — *Conseillers :* Bréard O. I, Lanièce, Le Boisselier, Gutelle, Simon, Albert, Saillard, père. — *Trésorier :* Mahieu Laroque. — *Bibliothécaire-archiviste :* Poullain, père. — *Secrétaire-adjoint :* Mariette. — *Comité de rédaction :* Didier, Bréard, Dutot, Brière, Cousin.

Société académique de Cherbourg.

BUREAU. — MM. Jouan, *directeur ;* Frigoult, *secrétaire ;* de Pontaumont, *archivisie-trésorier.*

Société académique du Cotentin.

Président de droit : Mgr l'Evêque de Coutances. — *Vice-Président :* MM. l'abbé Pigeon, correspondant du Ministre de l'Instruction publique. — *Vice-président honoraire :* Sarot, avocat, à Coutances. — *Trésorier :* Saillard, adjoint au maire de Coutances. — *Secrétaire :* Leterrier, avocat, à Coutances.

Groupe de l'Alliance française pour la propagation de la Langue française à l'étranger.

Présidents d'honneur : MM. P. Floret O ✷, préfet de la Manche, Boissel-Domhreval ✷, maire de Coutances. — *Président annuel :* Alphonse Lair ✷, proviseur honoraire. — *Trésorier :* Bréville.

Société Archéologique, Aristique, Littéraire et Scientifique de l'arrondissement de Valognes.

CONSEIL D'ADMINISTRATION.

Président : MM. Le Clerc, Président du Tribunal. — *Président honoraire :* Le Riez, Achille. — *VicePrésidents :* De Moré, Cte de Pontgibaud ; Foulon, avocat. — *Secrétaire :* Gouye, architecte de la ville et de l'arrondissement. — *Vice-Secrétaire :* Leneveu, fils, docteur-médecin. — *Trésorier :* N... — *Conservateur-archiviste :* N. . — *Membres adjoints :* Desprez, inspecteur primaire ; l'inspecteur de l'enregistrement ; Guimond, greffier du tribunal.

BIBLIOTHÈQUES.

Saint-Lo. — M. A. Pillon, bibliothécaire. — *Jours et heures de* *l'ouverture :* les mardi, mercredi et jeudi de chaque semaine, de 11 heures à 4 heures.

Avranches. —M. Duprateau, bibliothécaire. — *Jours et heures de l'ouverture :* les lundi, mercredi, jeudi et samedi, de 10 heures du matin à midi et de 2 heures à 4 heures.

Cherbourg. — M. Amiot, bibliothécaire. — *Jours et heures de l'ouverture :* tous les jours non fériés, de 6 heures à 10 heures du soir et les mardi et jeudi, de midi à 4 heures.

Coutances. —M. Daireaux, bibliothécaire.—*Jours et heures de l'ouverture :* tous les jours non fériés, de 10 heures à 2 heures.

Mortain. — M. N..., bibliothécaire. — *Jours et heures de l'ouverture :* les mercredi, jeudi et vendredi de chaque semaine, de 7 heures à 9 heures du soir.

Membres du Comité de surveillance de la bibliothèque.

MM. Broux, ancien professeur de l'Université ; Pinot, agrégé, id.; Josset, avocat ; N...

Valognes. — M. N. .

ASILES DÉPARTEMENTAUX DES ALIÉNÉS.

ASILE DU BON-SAUVEUR DE SAINT-LO.

M. le Dr Lhomond, *médecin de l'établissement.* — Mme sœur Dramard-Burnel, *directrice.* — M. l'abbé Marie, *aumônier.*

Prix de la Pension.

1re classe (avec soins exceptionnels), 2,000 fr.—2e classe, 1,200 fr. — 3e classe, 800 fr. — 4e classe, 600 fr. — 5e classe, 450 fr.

ASILE DE PONTORSON

M. le Dr Lelandais, *médecin préposé responsable.* — M. Rihouet, *économe.* — M. l'abbé Thébault, *aumônier.* — M. Doré, *receveur.*

Prix de la Pension.

1re classe (avec soins exceptionnels), 1,600 fr.—2e classe, 1,050 fr. — 3e classe, 800 fr.— 4e classe, 600 fr.— 5e classe, 500 fr.— Aliénés placés au compte du département, 360 fr. ; départements de la Seine et de Seine-et-Oise, 400 fr.

ASILE DE PONT-L'ABBÉ.

M. Legruel, *docteur-médecin* et M. Viel, *docteur-médecin adjoint.*—Mme Jean, *supérieure.*—MM. Hélie et Picot, *aumôniers.*

Prix de la Pension.

1re classe, 2.000 fr.; — 2e classe, 1,500 fr.; — 3e classe, 1,000 fr.; 4e classe, 800 fr.; — 5e classe, 600 fr.; — 6e classe, 400 fr.

PERSONNEL DU DÉPOT DÉPARTEMENTAL DE MENDICITÉ
établi au Mans par décret du 3 mai 1852.

MM. Garé, *directeur*. — Martin, *receveur économe*. — Goutard, *médecin*. — L'abbé Foulon, *aumônier*.

ADMINISTRATION DES HOSPICES.

MM. Julien-Sauve, inspecteur des enfants assistés, à Saint-Lo. — Milleret, inspecteur adjoint, à Saint-Lo.

Commission administrative des Hospices.

Hospice de Saint-Lo.

MM. Amiard, maire de Saint-Lo, *président ;* Leparquois, conseiller municipal ; Bosq, conseiller municipal ; Langevin, propriétaire ; Jouanne, avoué ; Guillot (Edouard), propriétaire ; Guillot (Paul), propriétaire.
Receveur économe : M. Nicolas, officier de l'Instruction publique. —*Service médical :* MM. Bernard ✳ et Thomas.—*Service intérieur :* MM^mes les Religieuses de l'Ordre de saint Paul de Chartres. — *Supérieure :* Mme sœur Adrien.—*Aumônier :* M. l'abbé Ollivier.

Hospice de Carentan.

MM. le Maire de Carentan, *président ;* Triquet, propriétaire, Lerosier, négociant ; Lenoël, juge de paix, ancien notaire, Lepelletier, négociant ; Hue, négociant ; Letourneur, huissier.
Receveur : M. Aubin (Louis). — *Econome secrétaire :* M. Héloin (Hyacinthe). — *Service médical :* MM. Artu (Armand) ; Carbonnel (Pierre).—*Service intérieur :* MM^mes les Religieuses de la Sagesse.— *Supérieure :* Mme Gérard (Laure).—*Aumônerie :* M. l'abbé Saillard.

Hospice de Torigni-sur-Vire.

MM. le Maire de Torigni-sur-Vire, *président ;* Plouin, receveur de l'enregistrement ; Leboucher, propriétaire ; Lelot (Alfred) ; Leroquais, notaire ; Nativelle, propriétaire ; Groualle, négociant.
Receveur économe : MM. Hébert, receveur ; Bures, économe. - *Service médical :* M. Pommier. — *Service intérieur :* MM^mes les Religieuses du Sacré-Cœur de Coutances (sœurs saint Victorin et sainte Blandine).— *Supérieure :* Mme sainte Eugène.—*Aumônerie :* M. Mourocq.

Hospice d'Avranches.

MM. le Maire d'Avranches, *président ;* Langlois, propriétaire ; Lechevalier, propriétaire ; Aubry, négociant ; Quinton, propriétaire ; Delaroche, propriétaire ; Semery, propriétaire.

Receveur économe : M. Langlois.—*Service médical :* MM. Frémin, médecin ; Béchet, chirurgien.— *Service intérieur :* MM^{mes} les Religieuses de Saint-Thomas de Villeneuve.—*Supérieure :* Mme Duport. —*Aumônerie :* M. l'abbé Massy.

Hospice de Ducey.

MM. le Maire de Ducey, *président ;* Champion (Paul), adjoint ; Baron, conseiller général, ancien notaire ; Boisnard, propriétaire ; Lecointe, propriétaire ; Mauduit, curé-doyen, *vice-président.*

Hospice de Granville.

MM. le Maire de Granville, *président ;* J. Pannier, négociant ; Le Prince, négociant ; Duchêne, propriétaire ; Lucas, capitaine en retraite ; Lefebure, juge de paix ; P. Villars, armateur.

Receveur économe : M. Clair — *Service médical :* MM. Benoist, Letourneur, Davalis et Lemoine. — *Service intérieur :* MM^{mes} les Religieuses de Saint-Thomas de Villeneuve.—*Supérieure :* Mme Miot. —*Aumônier :* M. l'abbé Bochet.

BUREAU DE BIENFAISANCE DE GRANVILLE.

MM. le Maire de Granville, *président ;* Legendre, mécanicien ; Trocheris, négociant ; Le Prince, négociant ; Benoist, docteur-médecin ; Letourneur, docteur-médecin ; Pergeaux, propriétaire.

Hospice de Pontorson.

MM. le Maire de Pontorson, *président ;* Bourges, vétérinaire ; Lecacheux, curé-doyen ; Guichard (Nicolas), horloger ; Morel, notaire ; Roulleaux, négociant ; Levallois (Jacques), maître d'hôtel.

Econome : M. Rihouet.— *Service médical :* M. Lelandais (Casimir), docteur-médecin. — *Receveur :* M. Doré. — *Service intérieur :* MM^{mes} les Religieuses de la Sagesse, au nombre de 23. — *Supérieure :* Mme sainte Lucide.—*Aumônerie :* M. l'abbé Théault.

Hospice de Saint-James.

MM. Morel, sénateur, maire de Saint-James, *président ;* Besnard, ancien pharmacien ; Despréaux, propriétaire ; Gautier (Pierre) ; Geffroy, notaire ; Legrand, curé-doyen.

Receveur économe : N... — *Service médical :* MM. les docteurs Legros et Ameline.—*Service intérieur :* Mme Canton, *supérieure.*

Hospice de Villedieu.

MM. le Maire de Villedieu, *président :* Havard (Joseph), conseiller municipal ; Lelegeard (J.-B.), conseiller municipal, propriétaire ; Dupont, curé-doyen ; Brochet, propriétaire ; Pigeon-Litan, propriétaire ; Pitel (Louis), propriétaire.

Receveur économe : M. Gautier. — *Service médical :* M. Ledo.— *Service intérieur :* MM^{mes} les Religieuses de la Providence d'Evreux. — *Supérieure :* Mme sœur Longuemare. — *Aumônerie :* M. l'abbé Lefèvre.

Hospice de Cherbourg.

MM. le Maire de Cherbourg, *président;* Renault et Buhot, conseillers municipaux ; Baude, entrepreneur ; Orry, avoué ; Legoupil, ancien négociant.

Econome : M. Lagarde, surveillant général, secrétaire ; Buhot, économe. — Meslet, receveur. — *Service médical :* MM. Renault, Guiffard, Legard-Lafosse et Monnoye.—*Service intérieur :* MM^mes les Religieuses de saint Paul de Chartres.—*Supérieure :* Mme Carette.— *Aumônerie :* N. .

Hospice de Coutances.

MM. le Maire de Coutances, *président;* Guillemotte ✳, conseiller général, juge de paix, *vice-président;* Dudouyt, procureur de la République, à Coutances ; A. Lair ✳, proviseur honoraire, conseiller municipal ; Lehuby, Rabec et Geffroy, délégués du Conseil municipal.

Econome : M. Legros.— *Receveur :* M. Leliepvre.— *Service médical :* MM. Laisney, médecin en chef; Dudouyt (Pierre), médecin et chirurgien adjoint. — *Service intérieur ;* MM^mes les Religieuses Augustines de Coutances.—*Aumônerie :* M. l'abbé Leguerrier.

BUREAU DE BIENFAISANCE.

MM. Boissel-Dombreval ✳, maire, *président :* Alphonse Lair ✳, proviseur honoraire ; Laisney, docteur-médecin ; Guillemotte ✳, conseiller général ; Baize, président du tribunal de Coutances ; Adde, propriétaire ; Lebel, percepteur ; Leliepvre, receveur.

Hospice de Périers.

MM. Regnault, conseiller général, maire de Périers, *président;* Leconte (Jacques), juge de paix ; Leparoux, négociant ; Rihouet, propriétaire ; Desplanques, Lecauf et Guy.

Receveur économe : M. Ledrans.— *Service médical :* M. Leroux, docteur en médecine. — *Service intérieur :* MM^mes les Religieuses de saint Paul de Chartres.—*Supérieure :* Mme Leguay (Marie), sœur Adolphe.— *Aumônerie ;* N...

Hospice de Mortain.

MM. le Maire de Mortain, *président;* Breillot, propriétaire ; Chanteux ; Gallie ; Milan, négociant ; Le Bigot, notaire ; David (Louis).

Receveur : M. Bourbon.— *Econome ;* M. Laumondais. — *Service médical ;* M. de la Houssaye.— *Service intérieur ;* MM^mes les Religieuses de la Providence de Séez. — *Supérieure :* Mme Noël. — *Aumônerie ;* l'abbé Perrée.

Hospice de Barenton.

MM le Maire de Barenton, *président;* Liot (Auguste) ; Hamelin, propriétaire ; Pioche, propriétaire ; Fiault (Eugène) ; Desclos ; Chemin (Jean-Jacques).

Hospice de Saint-Hilaire-du-Harcouët.

MM. le Maire de Saint-Hilaire-du-Harcouët, *président ;* Fauchon, propriétaire ; Cherel , Lebigot (Louis) , Lesénéchal (Ernest) , Pleutin (Hippolyte), fils ; Lemonnier (Eugène).

Hospice de Valognes.

MM. le Maire de Valognes, *président ;* Hamel, *ordonnateur ;* Lebouteiller, docteur-médecin ; Le Clerc, président du tribunal ; Oury, notaire ; Lerouge, propriétaire ; Néel, propriétaire.

Receveur économe : M. Jules Lecomte.—*Service médiéal :* MM. Le⁻ neveu et Bricquebec.—*Service intérieur :* MMᵐᵉˢ les Religieuses des Filles de la Sagesse. — *Supérieure :* Mᵐᵉ Quedilloc, religieuse du Sacré-Cœur.—*Aumônerie :* M. l'abbé Lerévérend.

BUREAU DE BIENFAISANCE.

MM. le Maire de Valognes, *président ;* Capelle, propriétaire ; Foulon, avocat ; Sanson, juge de paix ; Lemeland (Pierre), propriétaire ; Viel, juge ; Tessero, curé archiprêtre.

Hospice de Barfleur.

MM. le Maire de Barfleur, *président ;* Alexandre, propriétaire ; Dalidan, docteur-médecin ; Cauchon, curé desservant ; Lepart (Charles), Hay (Théodore), Blanvillain (Charles).

Receveur économe : M. Réquier, receveur municipal.— *Service médical :* M. Dalidan.—*Service intérieur :* MMᵐᵉˢ les Religieuses de la Miséricorde de Saint-Sauveur-le-Vicomte. — *Supérieure :* Mᵐᵉ Marguerite-do-la-Croix.— *Aumônerie :* M. l'abbé Cauchon.

Hospice de Montebourg.

MM. le Maire de Montebourg, *président ;* Dallain, curé-doyen ; Duval, marchand chapelier ; Verrier, négociant ; Vrac, négociant ; Anfray (Louis), négociant.

Receveur : M. Laurent — *Econome-secrétaire :* M Blanchemin (Antoine).—*Service médical :* M. Crocquevieille.—*Service intérieur :* MMᵐᵉˢ les Religieuses de la Miséricorde.—*Supérieure :* MᵐᵉThéodora.

Hospice de Sainte-Marie-du-Mont.

MM. le Maire de Sainte-Marie-du-Mont, *président ;* Blondel, propriétaire ; Corbin - Desmanneteaux , propriétaire ; Caruel, curé ; Monverand, propriétaire ; Morel, propriétaire ; Lenourry (Pierre), propriétaire.

Receveur économe : M. Clavreul. — *Service médical :* M. Le Goupils. — *Service intérieur :* Mᵐᵉ sœur saint Débonnaire, *supérieure.—Aumônerie :* M. Caruel.

Hospice de Sainte-Mère-Eglise.

MM. Hairon, maire de Sainte-Mère-Eglise, *président,* qui a délégué M. Butel, adjoint, pour remplir ces fonctions ; Cirou, propriétaire, ancien juge de paix; Malençon, p·opriétaire; Leprince, propriétaire; Gautier, curé ; Philippe (Auguste), propriétaire ; Caillemer (Amand), propriétaire.

Hospice de Saint-Sauveur-le-Vicomte.

MM. le Maire de Saint-Sauveur-le-Vicomte, *président ;* Lemonnier (Jean), propriétaire, *ordonnateur ;* Cléret, curé-doyen ; Pain-Delestan, propriétaire; Mesnage, négociant; Legoupil, notaire, et Gabriel, receveur de l'enregistrement, *membres.*

Receveur : M. Pestre-Lamy, percepteur. — *Econome :* M. Tahot, secrétaire de la mairie. — *Service médical :* M. Bellet. — *Service intérieur :* MM^mes les Religieuses de Saint-Paul de Chartres. — *Supérieure :* Mme sœur Berthe.—*Aumônerie :* M. l'abbé Drieu.

Hospice de Saint-Vaast.

MM. le Maire de Saint-Vaast, *président ;* Maillard (Louis), maltre voilier; Leguay (Pierre-Nicolas), propriétaire ; Cornibert (Alexandre), maltre au cabotage ; Thin (Marc), ancien capitaine au long cours ; Valette, négociant.

Receveur économe : M. Leloup, percepteur. — *Service médical :* M. Ménard, docteur-médecin. — *Service intérieur :* MM^mes les Religieuses du Sacré-Cœur. — *Supérieure :* Mme saint Urbin. — *Aumônerie :* M. l'abbé Jouenne, curé de Saint-Vaast.

OCIÉTÉ MATERNELLE.

LISTE DES DAMES FORMANT LE COMITÉ D'ADMINISTRATION.

SAINT-LO.

MM^mes Vaultier, *présidente ;* V° Le Campion et Lepingard, *vice-présidentes.*

Mesdames assistantes : Breton, V° Chardon, V° Chesnel, de Comines, Derbois (Jores), Derbois (Pierre), V° Descoqs, V° Desfaudais, la baronne d'Espinoss, V° Elie, V° Fouques, Frémin, Gambillon, V° Guillot (Paul), Labarre, V° Lefèvre, Lhomond, Le Monnier de Gouville, Levaillant, V° Poupion, Rauline (Gustave), Simon (Adolphe), Toutain, les Supérieures du Bon-Sauveur et du Sacré-Cœur (orphelinat et gardes-malades).

BUREAU DE SAINT-JAMES.

Société pour l'extinction de la mendicité.

Présidente : Mme Hippolyte Morel. — *Vice-présidentes :* Mme Louis Despréaux et Mme la Supérieure de la Retraite. — *Trésorière :* Mme Victor Porcher. —*Secrétaire :* Mme Frédéric Gautier. — *Dames patronnesses :* Mme Jules Gautier, Mlle Gouin du Roil, MM^mes André Chevalier, Geffroy, Mlle Enjourbault, Mmes Léon Besnard, Paven, Darthenay, Tribouillard, Dardenue, Montmirel et Eugène Lemoine.

COMMISSIONS DU TRAVAIL DES ENFANTS ET DES FILLES MINEURES

EMPLOYÉS DANS L'INDUSTRIE.

Arrondissement de Saint-Lo. — MM. N.. ; Bosq, ancien président du Tribunal de commerce de Saint-Lo ; N.. ; l'Inspecteur primaire, à Saint-Lo ; Granger, négociant, à Saint-Lo ; Breton, propriétaire de la papeterie, à Saint-Lo ; Leture, docteur-médecin, à Saint-Lo.

Arrondissement d'Avranches. — MM. Tétrel ✳, conseiller général, maire de Villedieu ; Gautier, conseiller général ; Lebiez, maire de Granville ; Chancerel, inspecteur primaire, à Avranches ; Gautier (César), conseiller d'arrondissement, négociant, à Saint-James ; Lecaille, conseiller municipal et industriel, à Avranches.

Arrondissement de Cherbourg. — MM. l'Ingénieur en chef de la navigation, à Cherbourg ; Le Jolis, président du Tribunal de commerce de Cherbourg ; Mauger (Léon), président de la Chambre de commerce de Cherbourg ; l'Inspecteur primaire ; Mahieu (Alfred), membre de la Chambre de commerce de Cherbourg ; Legard-Lafosse, docteur-médecin, à Cherbourg ; Pleury (Paul), filateur, à Gonneville.

Arrondissement de Coutances. — MM. Quenault, conseiller général, à Montmartin-sur-Mer ; N.. ; Lelandais, conseiller d'arrondissement, à Coutances ; Lecler, inspecteur primaire, à Coutances ; Ducloux, maire de la Haye-du-Puits ; Guillot, maire de Blainville ; le Conducteur des ponts et chaussées, à Coutances.

Arrondissement de Mortain. — MM. de Baillicncourt, maire de Mortain ; l'Inspecteur primaire, à Mortain ; Leriche, docteur-médecin, à Mortain ; Lemonnier (Eugène), conseiller municipal, à Saint-Hilaire-du-Harcouët ; Leconte, directeur de filature, au Neufbourg ; Breillot (Joseph), marchand de Nouveautés, à Mortain ; Bazin (Victor), négociant, à Sourdeval-la-Barre.

Arrondissement de Valognes. — MM. Desprez, inspecteur primaire, à Valognes ; Enquebecq, conducteur des ponts et chaussées, à Valognes ; Leneveu, fils, docteur-médecin, à Valognes ; Dalidan, ancien maire de Barfleur ; Mauduit, pharmacien, à Valognes.

SOCIÉTÉS DE SECOURS MUTUELS.

VILLE DE SAINT-LO.

Société de Secours mutuels des Patrons et Ouvriers de la ville de Saint-Lo.

COMPOSITION DU BUREAU. — M. le Préfet de la Manche, Mgr l'Evêque de Coutances et d'Avranches, M. le Maire de la ville de Saint-Lo, *présidents d'honneur ;* MM. E. Breton, directeur de la papeterie de

Valvire, *président;* Dyvrande, négociant et Léon Leparquois, fabricant, *vice-présidents;* Queillé, architecte, *vice-président honoraire;* Ruault, employé, *secrétaire;* Besnard, employé, *secrétaire-adjoint;* Marie, épicier, *trésorier;* Ruel, commis de banque, *trésorier-adjoint;* Pierre dit Girard, typographe, *contrôleur de la perception;* Maisonneuve, propriétaire et Lemoigne, teinturier, *visiteurs des malades;* Lecoustey, plafonneur ; Rivey, cordonnier ; Lecerf, peintre ; Lelandais, serrurier ; Birée, maçon, *administrateurs.*

Société de Secours mutuels entre les Charpentiers, Scieurs de long et Marchands de bois de la ville et du canton de Saint-Lo.

MM. J. Bosq, *président;* Lefèvre, fils, *vice-président*; Jung, *secrétaire-trésorier.*

Société de Secours mutuels établie entre les Instituteurs et les Institutrices de la Manche.

Président : MM. W. Marie-Cardine, inspecteur d'académie ; *vice-présidents :* Lenoël, sénateur et Hanriot, directeur de l'école normale ; *secrétaire-trésorier :* Pignet, directeur de l'école mutuelle de Saint-Lo ; *secrétaire-adjoint :* Bertrand, instituteur en retraite, à Carentan.

MEMBRES DU BUREAU.—MM. Marie-Cardine, inspecteur d'académie, *président;* Labiche, sénateur ; Riotteau, député ; Regnault, conseiller général, ancien député ; Aubin, inspecteur primaire. à Saint-Lo ; Desprez, inspecteur primaire, à Valognes ; Fautrad, instituteur public. à Villedieu ; Ruault, instituteur public, à Avranches ; Gamas, instituteur, à Cherbourg ; Simon. instituteur public, au Vast ; Le Prince, directeur de l'école primaire supérieure de Périers ; Briens, instituteur, à Coutances ; Bertrand, instituteur honoraire, à Carentan; Simon, instituteur, à Sourdeval-la-Barre ; Alexandre, instituteur, à Mortain ; Pignet, instituteur public, à Saint-Lo ; Courtois, instituteur public, à Saint-Vaast-la-Hougue ; Letourneur, instituteur public, à Montebourg.

Société de Secours mutuels entre les Cantonniers du Service vicinal.

(Approuvée par arrêté préfectoral du 8 juillet 1867).

Président d'honneur : MM. Floret, préfet de la Manche, Officier de la Légion d'honneur, etc. ; *président honoraire :* Leroy, agent voyer en chef honoraire du département du Nord ; *président :* Lelièvre O. A., agent voyer en chef du département de la Manche ; *vice-présidents :* E. Lenoël, sénateur, membre du Conseil général ; Colas O. A., chef de division à la Préfecture de la Manche; *secrétaire :* Heude, agent voyer principal, chef du bureau de l'agent voyer en chef; *secrétaire-adjoint :* Pagel, agent voyer cantonal de 1re classe, en retraite; *trésorier :* Darthenay, agent voyer cantonal de 2e classe.

Administrateurs principaux d'arrondissement.

MM. Durel, à Saint-Lo ; Benard, à Avranches ; Mesnage, à Cherbourg ; Lepuissant, à Coutances ; Hermann, à Mortain ; Enquebecq, à Valognes

VILLE DE TORIGNI-SUR-VIRE.

MM. Philippe-Desportes (Michel), *président ;* Jouet-Lacouture (Ferdinand), *vice-président ;* Harivel, secrétaire de la mairie, *secrétaire ;* Groualle, négociant, *trésorier ;* Letellier (Léonor), serrurior, et Vimard, jardinier, *administrateurs.*

VILLE D'AVRANCHES.

Société de Secours mutuels de Saint-François-Xavier.

MM. Chaumeil ✻, capitaine en retraite, *président ;* Mgr Germain, évêque de Coutances et d'Avranches, *président d'honneur ;* Bouvattier, capitaine Lepennetier, *administrateurs ;* Lhomer, *secrétaire ;* Hamel, *trésorier ;* Laurence, maître charpentier ; Vachon, jardinier, *contrôleurs.*

Société de Secours mutuels la Fraternelle.

Présidents d'honneur : **MM.** Tardif, sous-préfet d'Avranches ; Lenoir, maire d'Avranches ; *président :* Mauduit, conseiller municipal ; *vice-présidents :* Letréguilly (Victor), et Louvel, conseillers municipaux ; *secrétaire :* Jorand, typographe ; *vice-secrétaire :* Desfeux (Ch.); *trésorier :* Dufour ; *vice-trésorier :* Poidvin, employé ; *administrateurs :* Saint, conducteur principal des ponts et chaussées ; Desdouitils, adjoint au maire ; Longrais, conducteur principal des ponts et chaussées ; Péguenet, conseiller municipal ; Le Bocey, menuisier ; Allain, ébéniste ; Lemesle, Legrand.

VILLE DE VILLEDIEU.

M. Jules Tétrel ✻, O. A., conseiller général, maire de Villedieu, *président.*

VILLE DE SAINT-JAMES.

M. Gautier (César), conseiller d'arrondissement, *président.*

VILLE DE GRANVILLE.

Société de Secours mutuels et de pensions de retraite.

MM. Dior (Lucien), négociant, *président ;* Lenormand (François), négociant, *vice-président ;* Leconte (Louis), *secrétaire ;* Bougourd (Louis), secrétaire de la mairie, *trésorier ;* Herpin (Emmanuel), armateur ; Laroque (Léon), maréchal ferrant ; Legendre (Louis-François), mécanicien ; Lechartier (Edouard), ferblantier ; Heurtaut (Charles), mécanicien ; Mallet (Louis-Adolphe), menuisier ; Joret (Pierre), constructeur de navires ; Février (Eugène), poulieur ; Fontaine (Emile), peintre ; Dior (Lucien), fils, ingénieur ; Gatehois (Adolphe), comptable, *administrateurs.*

VILLE DE CHERBOURG.

Société de Secours mutuels des Distributeurs et autres Employés et Ouvriers du port et de la ville de Cherbourg.

MM. Lanièce *président ;* Levavasseur (Alphonse), Philippe (Louis), *vice-présidents ;* Moitié (Louis), Hamel (Aimable), *secrétaires ;* Desseaux (Pierre), *trésorier ;* Grignard (Théophile), Ruault (Jean), Anne (Alphonse), Philippe (Louis), Conor (Victor), Juhel (Louis), Moitié (Louis), *receveurs particuliers ;* Marion (Charles), Michel (Hippolyte), Delahaye (Auguste), Toulorge (Charles), Besse (Frédéric), Villedieu (Louis), Lecarpentier (Bienaimé), Brisset (Louis), Boisnel (Eugène), Esterlingot (François), Compère (Emile), Mersent (Charles), Ruel (Henry), Conor (Emile), Grard (Eugène), Gauvain (Ferdinand), Paris (Jacques), Cadet (François), Vincent (Jean), Leclerc (Désiré), Lecouvey (Anténor), Lepaumier (Jean), Poirier (Jules), Legagneux (Emile), Bourguet (Louis), Thévenot (Auguste), *administrateurs.*

Société de Secours mutuels la Cherbourgeoise.

MM. Pignot (Charles), *président ;* Lebiez, chef contre-maître, *vice-président ;* N...., *trésorier ;* Vaslot ouvrier forgeron ; Sanson, ouvrier calfat ; Bihel, ouvrier ajusteur ; Mesnil, ouvrier chaudronnier ; Renouf, chef ouvrier charpentier ; Antoine, contre-maître charpentier ; Romuald, chef ouvrier charpentier ; Chauvin, ouvrier charpentier, *administrateurs ;* Vautier, retraité de la marine, *archiviste ;* Godreuil, écrivain de la marine, *secrétaire.*

Société de Secours mutuels des médecins de l'arrondissement de Coutances.

MM. N....., *président ;* Lemière, *vice-président ;* Laisney, *trésorier ;* Dudouyt, *secrétaire.*

VILLE DE COUTANCES.

MM. Boissel-Dombreval, maire, *président :* Rouley, *vice-président ;* Héon, professeur, *secrétaire ;* Roguelin, *trésorier ;* Lenoslet, *trésorier-adjoint ;* Lehuby, Hennequin, *administrateurs.*

VILLE DE SAINT-HILAIRE-DU-HARCOUET.

Société de Secours mutuels (Sapeurs-Pompiers).

MM. Fauchon (Victor), *président ;* Amiard (René), *vice-président :* Duboscq (Joseph, *secrétaire ;* Lesénéchal (Ernest), Leroy, Charbonnel (François), *administrateurs.*

Société de Secours mutuels des Ouvriers (200 Membres).

MM. Lefrosne, conseiller général, *président ;* Chérel (Théophile) et

Lemonnier-Datinière (Louis), *vice-présidents ;* Beaumont, *trésorier ;* Samion (Georges), *secrétaire :* Pleutin, Guérin, Fautrard, Dodard, Yvon, Orvain, *administrateurs ;* Beauhigny (Jean), Diguet, Gauthier (Louis), Gautier (Pierre), Giquel, Charuel et Guérin (Ernest), *chefs de quartier.*

VILLE DE VALOGNES.

MM. Sébire O✳, docteur-médecin, *président ;* Viel, juge, *vice-président ;* Lecannellier, *secrétaire ;* N...., *trésorier ;* Lecoquierre, serrurier ; Roberge, négociant ; Lerouge, propriétaire ; A. Lemasson, Paris, peintre ; Vasselier, cultivateur ; Lhôtellier, *administrateurs.*

VILLE DE BRICQUEBEC.

MM. Garnier, *président ;* Guidon, *vice-président.*

PRISONS.

Les prisons de la Manche forment, avec celles de l'Ille-et-Vilaine et de la Mayenne, la 13ᵉ circonscription pénitentiaire, dont l'administration est confiée au Directeur de la maison centrale de Rennes (Arrêté de M. le Président de la République en date du 20 mars 1888).

M. Th. Hallo, docteur en droit, à Rennes (Ille-et-Vilaine).

Gardiens chefs.

Saint-Lo : M. Civel. — Avranches : M. Dufour. — Cherbourg : M Auriol. — Coutances : M. Lerécc. — Mortain : M. Martin. — Valognes : M. Legrand.

Aumôniers et Médecins.

Saint-Lo : MM. Adde et Lhomond.—Avranches : MM. Lefrançois et Béchet.—Cherbourg : MM. Vielhautmesnil et Offret.—Coutances : MM. Fleury et Leconte.—Mortain : MM. Jamault et de la Houssaye. —Valognes : MM. Poret et Le Bouteiller.
Saint-Lo : M. Pignet, instituteur.

Commissions de surveillance des Prisons.

Arrondissement de Saint-Lo. — MM. le Maire de Saint-Lo ; Bernard ✳, docteur-médecin, conseiller général ; Lerendu, conseiller municipal ; Lelièvre, agent voyer en chef ; Dussaux, avoué, adjoint au maire de Saint-Lo.

Arrondissement d'Avranches.—MM. le Maire d'Avranches ; Desdouitils, 1ᵉʳ adjoint au maire d'Avranches ; Lechevallier (Octave), conseiller municipal ; Lemardelé (Emile), avoué, conseiller municipal; Barbien-Domin, conseiller municipal ; Scelles, juge-suppléant, avocat.

Arrondissement de Cherbourg.—MM. le Maire de Cherbourg ; Asselin, président honoraire du Tribunal civil ; Favier, avocat ; Renault, docteur-médecin, conseiller municipal ; Levallois, juge au Tribunal civil ; Poittevin, pharmacien ; le percepteur de Cherbourg.

Arrondissement de Coutances. — MM. Pascal ✳, sous-préfet, *président :* le Maire de Coutances ; Saillard, adjoint au maire de Coutances ; Vastel, président du Tribunal civil ; Dudouyt, procureur de la République ; A. Lair ✳, proviseur honoraire ; Rabec, avocat ; Guillemette ✳, juge de paix, conseiller général ; Dupérouzel, avocat ; Lemuet (Alphonse), propriétaire ; N....

Arrondissement de Mortain.—MM. le Maire de Mortain ; Le Crecq, avocat ; Josset, avocat ; Buisson, pharmacien ; Norgeot, juge de paix ; Leriche, docteur-médecin.

Arrondissement de Valognes.—MM. le Maire de Valognes ; Bèrnard, conseiller municipal ; Bricquebec, docteur-médecin ; Dansos, docteur-médecin ; Foulon, avocat ; Lebouteiller, docteur-médecin ; le percepteur de Valognes.

AGRICULTURE.

Ecole départementale d'agriculture et de laiterie.

Créée par arrêté ministériel du 21 août 1886.

Directeur : M. ETIENBLED.

PERSONNEL ENSEIGNANT. — *Physique et chimie,* M. Champseix ; *sciences naturelles,* M. Le Dain ; *anglais,* M. Rivoiron ; *enseignement primaire et primaire supérieur,* M. Nicolle, instituteur ; *enseignement de l'extérieur et de l'hygiène des animaux et de la pratique sanitaire,* M. Bernard, vétérinaire ; *chef de pratique agricole et d'industrie laitière,* M. Crinon ; *jardinier chef de pratique agricole,* M. Oger ; *instructeur militaire,* M. Lithard.

COMITÉ DE SURVEILLANCE ET DE PERFECTIONNEMENT. — MM. l'Inspecteur général de l'enseignement agricole, attaché à la région, *président ;* Regnault, Bonamy, Amiard, membres du Conseil général ; N...., *secrétaire ;* Savary, agriculteur, à Montpinchon ; Lebarbenchon, agriculteur, à Sottevast.

Cette école, installée dans la ferme du Vieux-Château, dépendant du domaine de Coigny, situé en la commune de ce nom, est destinée à former des chefs de culture, à donner une bonne instruction professionnelle aux fils de cultivateurs, propriétaires et fermiers, et, en général, aux jeunes gens qui se destinent à la carrière agricole.

Elle est destinée particulièrement à l'enseignemnt et à l'étude de tout ce qui se rattache à l'industrie laitière.

L'école reçoit des élèves internes, des demi-pensionnaires et des élèves externes.

La durée du cours est de deux ans.

Le prix de la pension est de 400 fr. ; celui de la demi-pension, de 250 fr. ; les externes paient 50 fr., le tout exigible d'avance et par dixièmes, en trois versements, savoir : trois dixièmes en entrant, trois dixièmes en janvier et quatre dixièmes en avril.

Les examens d'admission ont lieu, tous les ans, au siège de l'école, le troisième lundi de septembre.

Les candidats doivent avoir 14 ans au moins, et 20 ans au plus dans l'année de l'admission.

Des prospectus faisant connaître toutes les conditions d'admission et du régime de l'école sont déposés à la Préfecture (1re division), aux Sous-Préfectures et aux Mairies du département. De son côté, M. le Directeur de l'école en adressera à toutes les personnes qui lui en feront la demande.

Laboratoire de chimie agricole à Granville.

Directeur : M. LAUROT, chimiste à Granville.

Ce laboratoire spécial destiné à l'analyse des engrais chimiques employés en agriculture fonctionne, à Granville, depuis l'année 1885. Il est subventionné par le Ministre de l'Agriculture et le département de la Manche.

Les analyses sont gratuites. Les agriculteurs ont à pourvoir seulement aux frais d'expédition des échantillons à M. Laurot, et à l'affranchissement du bulletin d'analyse renvoyé par le Directeur du laboratoire.

Enseignement départemental et communal de l'agriculture.

(Loi du 16 juin 1879.)

Chaire départementale d'agriculture, créée par décision ministérielle du 26 juin 1885.

Titulaire : M. ROZERAY, ancien répétiteur à l'école nationale d'agriculture du Grand-Jouan.

Ecole primaire et professionnelle d'agriculture de Sartilly.

Directeur : M. AUBRIL.

PERSONNEL ENSEIGNANT. — *Physique et chimie*, M. Hubert ; *vétérinaire*, M. Ollivier (Edouard) ; *chef de pratique*, M. Lamy ; *enseignement primaire*, M. Pillevesse ; *instructeur militaire*, M. Lesigne.

COMITÉ DE SURVEILLANCE ET DE PERFECTIONNEMENT. — MM. l'Inspecteur général de l'enseignement agricole attaché à la région, *président* ; l'Inspecteur primaire de l'arrondissement ; Elphège Basire, conseiller général, maire de Dragey ; le docteur Lemenager, maire de Sartilly ; Duchemin (Alfred), ancien maire de Dragey, propriétaire-cultivateur.

SOCIÉTÉS D'AGRICULTURE.

Arrondissement de Saint-Lo.—MM. Floret, Préfet de la Manche, *président ;* Manoury, conseiller d'arrondissement, Lenoël, sénateur, Sanson de la Valesquerie (Félix), propriétaire-cultivateur, *vice-présidents;* Robin (Nestor), éleveur, *secrétaire ;* N.. ., *secrétaire-adjoint ;* Bosq, banquier, *trésorier ;* Thouroude, éleveur, *trésorier-adjoint ;* Rozeray, professeur d'agriculture, *archiviste.*

Arrondissement d'Avranches. — MM. E. Garnot, *président ;* J. Bouvattier fils, et Henri Raulin, *vice-présidents ;* d'Avenel, *secrétaire;* Pitel et Lechoisne, *vice-secrétaires ;* Vauprès, pro-

priétaire, *trésorier ;* A. Latouche ✳, *conservateur ;* Louis Hardy,
à Tirepied ; François Leresteux, à Pontorson ; Potier de Lavarde,
à Saint-Pair ; Collet, à Poilley ; N...., à la Haye-Pesnel ; René de
Cantilly, à Lolif ; N...., à la Lande-d'Airou ; Victor Chevalier, à
Saint-James, *membres du comité d'administration.*

Nouvelle Société d'Agriculture d'Avranches. — **MM.** Riotteau et
Morel, *présidents ;* Langlois (Jacques), *vice-président d'honneur ;*
Lenoir, maire d'Avranches, Le Chevalier (Octave), Desdouitils,
adjoint au maire d'Avranches, *vice-présidents ;* Basire (Elphège),
Blin, Letréguilly, *secrétaires ;* Loiseau, *trésorier ;* Gombert, *trésorier-adjoint.*

Arrondissement de Cherbourg. — *Président d'honneur :* MM. le
Sous-Préfet de Cherbourg ; *président honoraire :* le Cᵗᵉ Hervé de
Sesmaisons ; *président :* Léon Hainneville ; *vice-président :* Aimé
Legranché.— *Vice-présidents cantonaux :* MM. Augustin Gamache,
propriétaire à Octeville ; J.-B. Lebas, maire de Saint-Pierre-Eglise ;
Lequérié-Desroziers, juge de paix aux Pieux.—*Secrétaire :* MM. Jules
Folliot ; *secrétaires-adjoints :* Lévesque, Orry (Edmond) ; *trésorier :*
Victor Buhot ; *archiviste :* Edmond Cousin. — *Conseillers d'administration :* MM. Emile Samson, négociant à Cherbourg ; Henri
Monnet, négociant à Cherbourg ; Auguste Pouppeville, médecin-vétérinaire à Cherbourg ; Jacques Pontis, propriétaire à Cherbourg ;
Courtois-les-Hougues, maire de Flamanville ; J.-B. Lecerf, propriétaire à Sainte-Croix-Hague ; Anténor Bosvy, propriétaire à Gréville ;
Jean Lécrivain, propriétaire à Tocqueville ; François Lecanu, propriétaire à Cosqueville.

Arrondissement de Coutances. — **MM.** Briens ✳, *président ;*
Regnault, conseiller général, Dombreval ✳, conseiller général,
maire de Coutances, *vice-présidents ;* Guillemette ✳, conseiller
général, *secrétaire général ;* Saillard, adjoint au maire de Coutances,
Lemarchand, propriétaire à Coutances, *vice-secrétaires ;* Adde,
propriétaire à Coutances, *trésorier ;* Bienvenu, propriétaire à Coutances, *trésorier-adjoint.*

Arrondissement de Mortain. — **MM.** d'Auray, *président ;* Dumarais, propriétaire au Neufbourg, Laurent, juge de paix à Saint-Pois,
vice-présidents ; Josset, *secrétaire ;* de Bailliencourt, propriétaire à
Mortain, *trésorier ;* Ladvoué, propriétaire à Mortain, *vice-trésorier ;*
N..., *bibliothécaire.* — *Présidents cantonaux :* MM. Béchet, pour
Barenton ; Guérin, pour Isigny ; Herbin (Gustave), pour Juvigny ;
d'Avenel, pour le Teilleul ; Piel, propriétaire à Mortain ; Bréhier
(Julien), pour Saint-Hilaire-du-Harcouët ; d'Auray, maire de Saint-Pois, pour Saint-Pois ; Labiche (Paul), propriétaire, pour Sourdeval.

Arrondissement de Valognes. — **MM.** le Sous-Préfet, *président
honoraire ;* Sébire O✳, *président ;* Roumy et Buhot, *vice-présidents ;*
Lemarquand, *secrétaire ;* Leduc, *trésorier ;* Vassellier, *bibliothécaire.*

CHAMBRES CONSULTATIVES D'AGRICULTURE.

Arrondissement de Saint-Lo. — *Canisy,* MM. Deshayes (Albert), agriculteur.—*Carentan*, Lenoël, juge de paix.— *Marigny*, Delarue, notaire. — *Percy*, Blouët ✱, conseiller général. — *Saint-Clair*, Bernard (Adolphe), maire à Saint-Clair. — *Saint-Jean-de-Daye*, Pézeril, propriétaire.— *Saint-Lo*, N.... — *Tessy-sur-Vire*, Beaufils, maire de Moyon.—*Torigni-sur-Vire*, Cord'homme, maire, conseiller d'arrondissement.

Arrondissement d'Avranches. — *Avranches*, MM. Couraye du Parc ✱, membre de la Société d'agriculture. — *Brécey*, Laurent, maire aux Cresnays. — *Ducey*, Dupont, maire. — *Granville*, Duchemin, agriculteur, à Dragey. — *La Haye-Pesnel*, Bazire (Elphège), propriétaire à Dragey. — *Pontorson*, M¹ˢ de Verdun de la Crenne, maire d'Aucey, conseiller d'arrondissement. — *Saint-James*, Morel, président du Comice agricole. — *Sartilly*, Riotteau, président du Comice agricole de Sartilly. — *Villedieu*,Tétrel ✱, conseiller général, président du Comice agricole de Villedieu.

Arrondissement de Cherbourg. — *Beaumont*, MM. Louis, maire de Beaumont. — *Cherbourg*, Hainneville, négociant, président de la Société d'agriculture. — *Octeville*, Cᵗᵉ de Sesmaisons et Lesage, maire d'Octeville.—*Les Pieux*, Lequérié-Desroziers, juge de paix.— *Saint-Pierre-Eglise*, Lebas, maire.

Arrondissement de Coutances. — *Bréhal*, MM. Fauchon (Eugène), maire.—*Cerisy-la-Salle*, Guillemette (Fréd.) ✱.—*Coutances*, Boissel-Dombreval ✱, maire, conseiller général.—*Gavray*, Lecoupé (Marcel). —*La Haye-du-Puits*, Ducloux, maire.—*Lessay*, Galuski ✱, maire. — *Montmartin-sur-Mer*, Quenault, conseiller général. — *Périers*, Regnault, ancien député, conseiller général. · - *Saint-Malo-de la Lande*, Jehenne, conseiller d'arrondissement, maire. — *Saint-Sauveur-Lendelin*, Toulorge (Eugène).

Arrondissement de Mortain. — *Barenton*, MM. Chemin, propriétaire. — *Isigny*, Davy, maire.— *Juvigny*, Grossin, maire, conseiller général.—*Le Teilleul*, Jouin (Zéphirin).—*Mortain*, Le Bigot, notaire. — *Saint-Hilaire-du-Harcouël*, Boucé, maire de Saint-Martin-de-Landelles.—*Saint-Pois*, Lechaptois, conseiller municipal à Boisyvon. —*Sourdeval*, Esnault (Charles), propriétaire.

Arrondissement de Valognes. — *Barneville*, MM. Lepelletier maire de Carteret. — *Bricquebec*,Viel, juge de paix. — *Montebourg*, le Cᵗᵉ de Pontgibaud ✱, maire et conseiller général. — *Quettehou*, Colas-Corderie, maire. — *Sainte-Mère-Eglise*, Roumy, propriétaire. — *Saint-Sauveur-le-Vicomte*, Leclerc (Pierre), maire. — *Valognes*, Sébire O✱, sénateur, conseiller général.

COMICES AGRICOLES.

Percy, Tessy-sur-Vire et **Torigni-sur-Vire.** — MM. Ganne de Beaucoudray, *président ;* G. Canu, médecin-vétérinaire à Torigni, et Canuet-Préfontaine, maire à Villebaudon, *vice-présidents ;* Goulet, père, à Tessy, *secrétaire-trésorier.*

Brécey. — M. Laurent, maire des Cresnays, *président.*

Ducey. — M. Rollain, agriculteur à Juilley, *président.*

La Haye-Pesnel. — M. Fontaine, conseiller général, notaire à la Haye-Pesnel, *président.*

PONTORSON. — M. Fonténier ✿, maire du Mont-Saint-Michel, *président.*

SARTILLY.—M. Riotteau, député, conseiller général, *président.*

SAINT-JAMES.—M. Morel, maire de Saint-James, *président.*

VILLEDIEU. — M. Tétrel ✿, conseiller général, maire de Villedieu, *président.*

BRÉHAL. — MM. Briens, député, *président ;* docteur de la Bellière, conseiller général, *vice-président ;* Dujardin, *trésorier.*

GAVRAY. — MM. Lecoupé (Marcel), propriétaire à Saint-Denis-le-Gast, *président ;* Michel, maire du Mesnil-Garnier; Leclère (Edmond), propriétaire à Gavray, *vice-présidents ;* Coueffin (Amand), proprié-taire à Gavray, *secrétaire ;* Durville (Albert), propriétaire à Gavray, *vice-secrétaire ;* Barbier, percepteur de Hambye, *trésorier.*

LA HAYE-DU-PUITS et LESSAY.—MM. de La Martinière ✿, *président;* N..., *vice-président ;* Piquot, propriétaire, *secrétaire.*

CERISY-LA-SALLE.—MM. Guillemette, conseiller général, *président ;* N..., *vice-président;* Duperrouzel, propriétaire, *secrétaire;* Gaillard, *trésorier.*

PÉRIERS.—MM. Regnault, conseiller général, *président ;* Leconte, conseiller d'arrondissement, *vice-président ;* Pican, *secrétaire ;* Ledrans, *trésorier.*

SAINT-MALO-DE-LA-LANDE. — MM. Lefournier, secrétaire général de la Préfecture d'Eure-et-Loir, *président ;* Lemoine, ancien professeur au lycée, *1er vice-président ;* Lecarpentier (Casimir) propriétaire, *2e vice-président;* Tanqueray (Almire), *secrétaire;* Vincent, médecin, *secrétaire-adjoint;* Lecuir, propriétaire, *trésorier;* Gervaise (Eugène), *trésorier-adjoint.*

SAINT-SAUVEUR-LENDELIN. — MM. le docteur Lemaître, conseiller général, *président ;* Toulorge, maire de Muneville-le-Bingard, et Lecacheux, adjoint à Monthuchon, *vice-présidents ;* Dumont, *tréso-rier ;* Ledentu, adjoint, *secrétaire.*

ISIGNY.—MM. Fauchon, ancien conseiller général, le Sous-Préfet de Mortain, *présidents d'honneur ;* Guérin, maire du Mesnil-Thébault, *président ;* Davy, maire des Biards, Cruchet, notaire au Buat, de Tesson, à la Mancellière, *vice-présidents ;* Varin, notaire à Isigny, *secrétaire ;* Anfroy et Heslouin, au Buat, *vice-secrétaires ;* N..., *trésorier;* Jouenne, Paul, à Montigny, Sinoir, receveur de l'enregistrement à Isigny, *vice-présidents.*

SAINT-HILAIRE-DU-HARCOUET. — MM. le Sous-Préfet de Mortain, *président honoraire;* Genest, maire de Saint-Hilaire-du-Harcouët, *vice-président honoraire;* Lefresne (Alfred), *président ;* Boucé (Julien), Lemonnier, *vice-présidents ;* Beaumont, *secrétaire ;* Piel, *vice-secrétaire ;* Hirbec, *trésorier ;* Boivent (Louis), *vice-trésorier.*

COMICE AGRICOLE DU COTENTIN. — MM. Emile Lenoël, sénateur, *président ;* Léon Lenoël, *secrétaire ;* Allix-Courboy et Maillard, *vice-présidents ;* Legrand, *trésorier.*

SOCIÉTÉS D'HORTICULTURE.

Arrondissement d'Avranches. — MM. le Préfet de la Manche, le Sous-Préfet d'Avranches, *présidents d'honneur ;* d'Aisy ✳, *président ;* Louvet (Constant) ✳, *président honoraire ;* Roussel, horticulteur, Morel (Paul), horticulteur, *vice-présidents ;* Saint, conducteur principal des ponts et chaussées, *secrétaire ;* Lemardelé et Hamel (Alexandre), horticulteur, *secrétaires-adjoints ;* Fontaine-Laporte, *trésorier ;* Vachon, horticulteur, *conserva'eur-archiviste ;* N..., Cte de Chabannes, Desdouitils, adjoint au maire d'Avranches, Degrenne, horticulteur, *membres du Comité d'administration.*

Arrondissement de Cherbourg. — *Membres d'honneur de la Société.*—Présidents d'honneur : M. le Sous-Préfet de l'arrondissement ; M. le Maire de Cherbourg.—Président honoraire : M. Emmanuel Liais ✳, ancien directeur de l'Observatoire impérial du Brésil. —Vice-président honoraire : M. Orry, O. I., avoué honoraire.

Membres du Bureau pour 1890.—Président : MM. le docteur Renault ✳, O. A.—Vice-présidents : Cauvin, propriétaire ; Levesque, marchand de fer. — Conseillers d'administration : MM. Jollet ✳, chef de bataillon d'infanterie de marine retraité ; Hervieux, propriétaire ; de la Chapelle O. A., contrôleur des douanes retraité ; Dutot, greffier du tribunal de commerce.—Trésorier : M. Orange, agent comptable de la marine retraité.—Secrétaire : M. Lelièvre, Paulin. —Secrétaires-adjoints : MM. Macé, Adrien, négociant.—Bibliothécaire : M. Noyon.—Bibliothécaire-adjoint : M. Cavron, Léon, horticulteur.

Commissions permanentes. — Culture d'utilité : MM. Levesque, président ; Nicolleau (médaillé militaire), maître tailleur de l'infanterie de marine retraité ; Lemagnen, horticulteur ; Dr Bernadet, professeur d'anglais au lycée ; Havard, maître principal du port retraité ; Maillard, négociant. — Culture d'agrément : MM. Cauvin, président ; Robine, ancien avoué ; Giot, conducteur principal des travaux hydrauliques ; Legrin, avocat ; Corbière, O. A., professeur de sciences naturelles au lycée.

Comité de rédaction—MM. Orry O. I., président ; de la Chapelle O. A., vice-président ; Dutot, secrétaire ; les Membres du Bureau.— MM. Corbière O. A., le Dr Bernadet, Nicollet O. I., professeurs en retraite.—Directeur du jardin : M. Hervieux.—Professeur d'arboriculture : M. Levesque.—Conservateur du matériel : M. Levitre.— Délégué pour invoquer aux inhumations des sociétaires : M. Nicolleau.

Arrondissement de Coutances.—MM. Magny, *président ;* Saillard, *vice-président ;* Lemarchand, *secrétaire ;* N..., *secrétaire-adjoint ;* Dupuy, *trésorier ;* Félix, *conservateur-archiviste.*

Arrondissement de Mortain. — MM. le Préfet, *président honoraire ;* le Sous-Préfet de Mortain, *vice-président honoraire ;* Piel (Jacques-Auguste), *président ;* Mancel, fils, *vice-président ;*

L'Annuaire de la Manche se trouve

chez MM.

Le Tual, éditeur de *l'Annuaire*, à Saint-Lo ;
Prével, libraire, à Saint-Lo ; Saint-Lo ;
Letréguilly, imprimeur-libraire à Saint-Lo ;
Omond, libraire, à Saint-Lo ;
Anfray, libraire, à Avranches ;
Mme Lecouflet, à Cherbourg ;

Daireaux, imprimeur-libraire, à Coutances ;
Salettes, imprimeur-libraire, à Coutances ;
Lebel, imprimeur-libraire, à Mortain ;
Luce, imprimeur-libraire, à Valognes ;
Capelle, libraire, à Valognes.

ANNUAIRE

DU DÉPARTEMENT DE LA MANCHE.

64e ANNÉE. — 1892.

ANNUAIRE

DU DÉPARTEMENT

DE LA MANCHE

64ᵉ ANNÉE. — 1892

SAINT-LO

IMPRIMERIE F. LE TUAL, RUE DES PRÉS, 5

—

M DCCC XCII

PRÉFACE.

Julien Travers, qui fut si longtemps l'âme de cet *Annuaire*, écrivait en 1868 :

« Puissent nos continuateurs ne jamais
» perdre de vue le but que nous nous étions
» proposé, à savoir : de faire connaître le
» département de la Manche sous tous ses
» rapports, dans son passé, dans son présent,
» et de préparer son avenir ! »

Continuateurs de l'œuvre de Julien Travers, nous suivons la voie qu'il a si bien tracée dans les quelques lignes que nous venons de reproduire.

Le présent ! M. Lorin va nous montrer ce qu'il est pour les dunes et les mielles de notre littoral ; il nous entretient du *Problème* qu'il pose au point de vue de leur mise en valeur ; c'est une espérance pour l'avenir !

C'est répondre à l'une des grandes aspirations de notre époque que de rajeunir pour elle les vieux souvenirs. Dans une ville, dans une région, on voudrait remonter dans le passé, retrouver l'histoire des anciens édifices, de ceux mêmes dont il reste à peine quelques vestiges. Notre *Annuaire* de cette année est de nature à satisfaire ce sentiment de légitime et saine curiosité. Notre éminent compatriote, M. Léopold DELISLE, fait passer sous nos yeux l'histoire de la *Léproserie de Bolleville;* M. Emile TRAVERS, qui marche sur les traces de son père, nous fait connaître celle de la *Paroisse d'Agon;* M. LEPINGARD, continue à nous intéresser aux souvenirs des *Villages de Saint Lo* qu'il avait commencé d'étudier l'an dernier dans son intéressant article sur la *Vaucelle;* il y joint, touchant les bâtiments qui ont survécu aux tourmentes du passé, une fidélité de description pouvant rivaliser avec la plus exacte photographie.

Merci à nos collaborateurs. En vertu de cette solidarité qui s'établit, pour une région, aussi bien que pour un grand pays, entre le passé, le présent et l'avenir, nous aimons à croire que l'appréciation de nos lecteurs ratifiera une fois de plus cette autre pensée de Julien TRAVERS, qu'un Annuaire doit être « l'un des livres les plus utiles, l'un de ceux » qui, dans les campagnes, ont mission de » dissiper les ténèbres, de leur substituer » graduellement la lumière et qui, à la longue, » opèrent sans bruit, comme sans danger, les » plus durables des révolutions : les révo- » lutions pacifiques. »

Saint-Lo, février 1892.

L'EDITEUR.

Janvier 1892.

Premier Quartier le 7.
Pleine Lune le 14.
Dernier Quartier le 22.
Nouvelle Lune le 29.

1	ven.	CIRCONCISION.
2	sam.	s. Basile.
3	D.	s⁸ Geneviève.
4	lund.	s. Rigobert.
5	mar.	s⁸ Amélie.
6	mer.	ÉPIPHANIE.
7	jeud.	s⁸ Mélanie.
8	ven.	s. Lucien, m.
9	sam.	s. Marcellin.
10	D.	s. Paul, 1ᵉʳ er.
11	lund.	s. Théodose.
12	mar.	s. *Bapt. de N.-S.*
13	mer.	s. Hilaire, év.
14	jeud.	s. Maur.
15	ven.	s. Marcel.
16	sam.	s. Antoine.
17	D.	s. Prisca.
18	lund.	s. Sulpice.
19	mar.	s. Sébastien.
20	mer.	s⁸ Agnès, m.
21	jeud.	s. Vincent, m.
22	ven.	s. Raymond.
23	sam.	s. Timothée.
24	D.	C. S. Paul.
25	lund.	s⁸ Victorine.
26	mar.	s. Julien, év.
27	mer.	s. Charlem.
28	jeud.	s. François.
29	ven.	s⁸ Martine.
30	sa.	s¹ᵉ Marine.
31	D.	s⁸ Marcelle.

Février.

Premier Quartier le 5.
Pleine Lune le 12.
Dernier Quartier le 21.
Nouvelle Lune le 28.

1	lund.	s.
2	mar.	PURIFICATION.
3	mer.	s. Blaise, év.
4	jeud.	s. Gilbert.
5	ven.	s⁸ Agathe.
6	sam.	s. Amand.
7	D.	s. Fidèle.
8	lund.	s. Jean de M.
9	mar.	s⁸ Apoline.
10	mer.	s⁸ Scholast.
11	jeud.	s. Adolphe.
12	ven.	s⁸ Eulalie.
13	sam.	s. Enogat.
14	D.	SEPTUAGÉSIME.
15	lund.	s. Faustin, m.
16	mar.	s⁸ Julienne.
17	mer.	s.
18	jeud.	s. Siméon, m.
19	ven.	s. Gabin, m.
20	sam.	s. Sylvcin.
21	D.	SEXAGÉSIME.
22	lund.	s⁸ Isabelle.
23	mar.	s. Gérard.
24	mer.	s. Edilber.
25	jeud.	s. Mathias.
26	ven.	s. Porphyre.
27	sam.	s. Honorine.
28	D.	QUINQUAGÉSIM.
29	lund.	s. Nestor.

Mars.

Premier Quartier le 5.
Pleine Lune le 13.
Dernier Quartier le 21.
Nouvelle Lune le 28.

1	mar.	s. Aubin, év.
2	mer.	*Les Cendres.*
3	jeud.	s. Marin, s. m
4	ven.	s. Casimir.
5	sam.	s. Théophile.
6	D.	QUADRAGÉSIM.
7	lund.	s. Thom. d'A.
8	mar.	s⁸ Véronique.
9	mer.	*Quat.-Temps.*
10	jeud.	s. Doctrové.
11	ven.	s. Euloge.
12	sam.	s. Marius.
13	D.	REMINISCERE.
14	lund.	s⁸ Mathilde.
15	mar.	s. Zacharie.
16	mer.	s. Cyriaq. m.
17	jeud	s⁸ Gertrude.
18	ven.	s. Alexandre.
19	sam.	s. Joseph.
20	D.	OCULI.
21	lund.	s. Benoît, ab.
22	mar.	s⁸ Léa.
23	mer.	s. Victor. m.
24	jeud	*Mi Carême.*
25	ven.	ANNONCIATION.
26	sam.	s. Emmanuel
27	D.	LÆTARE.
28	lund.	s. Gontrand.
29	mar.	s. Eustase.
30	mer.	s. Amédée.
31	jeud.	s⁸ Balbine.

Avril.

Premier Quartier le 4.
Pleine Lune le 12.
Dernier Quartier le 20.
Nouvelle Lune le 26.

1	ven.	s. Hugues, év
2	sam.	s. Franç. P.
3	D.	PASSION.
4	lund.	s. Isidore.
5	mar.	s. Vincent F.
6	mer.	s. Prudent.
7	jeud.	s. Clotaire.
8	ven.	s. Albert.
9	sam.	s⁸ Marie E.
10	D.	RAMEAUX.
11	lun.	s. Léon II, p.
12	mar.	s. Jules.
13	mer.	s⁸ Ida.
14	jeud.	s. Tiburce, c.
15	ven.	*Vend. Saint.*
16	sam.	s. Fructueux.
17	D.	PAQUES.
18	lund.	*Férié.*
19	mar.	s. Socrate.
20	mer.	s. Théodore.
21	jeud.	s. Anselme, é.
22	ven.	s. Léonide.
23	sam.	s. Georges.
24	D.	QUASIMODO.
25	lund.	s. Marc, évan
26	mar.	ss. Clet et M.
27	mer.	s. Frédéric.
28	jeud.	s. Aimé, év.
29	ven.	s. Robert.
30	sam.	s. Eutrope.

Mai.

Dernier Quartier le 3.
Pleine Lune le 11.
Dernier Quartier le 19.
Nouvelle lune le 26.

1	D.	ss. Jacq et Ph.
2	lund.	s.
3	mar.	Inv. s⁸ Croix
4	mer.	s⁸ Monique.
5	jeud.	s. Pie V.
6	ven.	s. Jean P. L.
7	sam.	s. Stanislas-K
8	D.	s. Désiré.
9	lund.	s. Grégoire.
10	mar.	s⁸ Solange.
11	mer.	s.
12	jeud.	s. Achille.
13	ven.	s.
14	sam.	s. Boniface.
15	D.	s⁸ Denise.
16	lund.	s. Honoré.
17	mar.	s.
18	mer.	s. Venant, m.
19	jeud.	s. Yves.
20	ven.	s. Bernardin.
21	sam.	s⁸ Giselle.
22	D.	s⁸ Emile.
23	lund.	*Rogations.*
24	mar.	s⁸ Angèle, v.
25	mer.	s. Urbain Iᵉʳ.
26	jeud.	ASCENSION.
27	ven.	s. Ildevert.
28	sam.	s. Olivier.
29	D.	s. Maximin.
30	lund.	s. Ferdinand.
31	mar.	s⁸ Pétronille.

Juin.

Premier Quartier le 2.
Pleine Lune le 10.
Dernier Quartier le 25.
Nouvelle Lune le 24.

1	mer.	s. Fortuné.
2	jeud.	s⁸ Emilie.
3	ven.	s⁸ Clotilde.
4	sam.	s. Optat, vj.
5	D.	PENTECÔTE.
6	lund.	*Férié.*
7	mar.	s⁸ Sébast.
8	mer.	*Quat. Temps.*
9	jeud.	s. Félicien.
10	ven.	s. Landry.
11	sam.	s. Barnabé, a.
12	D.	TRINITÉ.
13	lund.	s. Antoine P.
14	mar.	s. Rufin.
15	mer.	s⁸ Germaine.
16	jeud.	FÊTE-DIEU.
17	ven.	s. Avit.
18	sam.	s. Florentin.
19	D.	s. Gervais, m
20	lund.	s. Silvère.
21	mar.	s. Raoul.
22	mer.	s. Alban.
23	jeud.	s. Félix de V.
24	ven.	s. Jean-Bapt.
25	sam.	s. Prosper.
26	D.	s. David.
27	lund.	s. Crescent.
28	mar.	s. Fabien.
29	mer.	ss Pier. et Paul
30	jeud.	s⁸ Emilienne.

Juillet.

Premier Quartier le 2.
Pleine Lune le 10.
Dernier Quartier le 17.
Nouvelle Lune le 23.
Premier Quartier le 31.

1 ven. s. Martial.
2 sam. V. de la ste V.
3 D. s. Anatole.
4 lund. s. Berthe.
5 mar. s° Zoé.
6 mer. s. Dominique.
7 jeud. s° Aubierge.
8 ven. s° Virginie.
9 sam. s. Cyrille, m.
10 D. s° Félicité.
11 lund. s. Norbert.
12 mar. s. J. Gualbert.
13 mer. s. Eugène.
14 jeud. FÊTE NATION°
15 ven. s. Henri, em.
16 sam. s. Hélier, m.
17 D. s. Alexis, c.
18 lund. s. Camille, c.
19 mar. s. Vinc. de P.
20 mer. s° Marguerit.
21 jeud. s. Victor.
22 ven. s° Marie-M.
23 sam. s. Apollinaire
24 D. s° Christine.
25 lund. s. Christophe
26 mar. s° Anne.
27 mer. s° Natalie.
28 jeud. s. Samson.
29 ven. s° Marthe, v.
30 sam. ss. Abdon et S
31 D. s. Germain.

Août.

Pleine Lune le 8.
Dernier Quartier le 15.
Nouvelle Lune le 22.
Premier Quartier le 30.

1 lund. s. Pierre-ès-l.
2 mar. s. Alph. de L.
3 mer. s. Geoffroy.
4 jeud. s. Dominique
5 ven. s. Abel.
6 sam. Trd. de N. S.
7 D. s. Gaëtan, c.
8 lund. s. Justin, mar
9 mar. s. Samuel.
10 mer. s. Laurent. m.
11 jeud. s° Suzanne.
12 ven. s° Perpétue.
13 sam. s. Hippol. vj
14 D. s. Eusèbe.
15 lund. ASSOMPTION
16 mar. s. Roch.
17 mer. s. Septime.
18 jeud. s° Hélène.
19 ven. s. Flavien.
20 sam. s. Bernard, a.
21 D. s° Jeanne.
22 lund. s. Symphor.
23 mar. s° Sidonie.
24 mer. s. Barthélemy
25 jeud. s. Louis, r de F
26 ven. s. Privat.
27 sam. s. Césaire, é.
28 D. s. Augustin, é.
29 lund. s. Médéric.
30 mar. s. Fiacre.
31 mer. s. Aristide.

Septembre.

Pleine Lune le 6.
Dernier Quartier le 13.
Nouvelle Lune le 21.
Premier Quartier le 29.

1 jeud. ss. Leu et G.
2 ven. s. Lazare.
3 sam s. Grégoire.
4 D. s° Rosalie, v.
5 lund. s. Bertin.
6 mar. s. Onésiphore
7 mer. s. Cloud, c.
8 jeud. s° Nativité.
9 ven. s. Omer.
10 sam. s° Pulchérie.
11 D. s° Hyacinthe.
12 lund. s° Perpétue.
13 mar. s. Maurille.
14 mer. Ex. de la S. C.
15 jeud. s. Nicomède.
16 ven. s° Edithe.
17 sam. s. Lambert.
18 D. s° Sophie.
19 lund. s. Janvier.
20 mar. s. Eustache.
21 mer. s. Quat.-Temps.
22 jeud. s. Maurice.
23 ven. s. Lin, p.
24 sam. s. Andoche.
25 D. s. Firmin.
26 lund. ss. Crépin et C
27 mar. s. Cosme.
28 mer. s. Wenceslas.
29 jeud. s. Michel, arc.
30 ven. s. Jérôme E.

Octobre.

Pleine Lune le 6.
Dernier Quartier le 12.
Nouvelle Lune le 20.
Premier Quartier le 28.

1 sam. s. Rémi, év.
2 D. ss. Anges gar.
3 lund. s. Fauste.
4 mar. s. Franç. d'A.
5 mer. s. Charl. Bor.
6 jeud. s. Bruno, c.
7 ven. s. Serge.
8 sam. s° Laurence.
9 D. s. Denys, m.
10 lund. s. Paulin.
11 mar. s. Quirin.
12 mer. s. Wilfrid, é.
13 jeud. s. Edouard, c.
14 ven. s. Caliste, p.
15 sam. s° Thérèse, v.
16 D. s. Léopold.
17 lund. s° Edwige.
18 mar. s. Luc, évan.
19 mer. s. Savinien.
20 jeud. s. Aurélien.
21 ven. s° Céline.
22 sam. s° Magloire, é.
23 D. s. Hilarion.
24 lund. s. Modéran.
25 mar. ss. Crépin et C
26 mer. s. Evariste.
27 jeud. s. Abraham.
28 ven. s. Alfred.
29 sam. s. Rodolphe.
30 D. s. Arsène.
31 lund. s. Narcisse, é.

Novembre.

Pleine Lune le 4.
Dernier Quartier le 11.
Nouvelle Lune le 19.
Premier Quartier le 25.

1 mar. TOUSSAINT.
2 mer. Les Morts.
3 jeud. s. Hubert.
4 ven. s. Charl. Bor.
5 sam. s. Théotime.
6 D. s. Léonard, c.
7 lund. s. Ernest.
8 mar. s. Godfroy.
9 mer. s. Mathurin.
10 jeud. s. Juste.
11 ven. s. Martin, év.
12 sam. s. René.
13 D. s. Brice.
14 lund. s. Philomène
15 mar. s° Eugénie.
16 mer. s° Edme.
17 jeud. s. Aignan.
18 ven. s. Eudes.
19 sam. s° Elisab. R.
20 D. s. Edmond.
21 lund. Prés. de la V.
22 mar. s° Cécile, v.
23 mer. s. Clém. 1. p.
24 jeud. s° Flora.
25 ven. s° Cather., v.
26 sam. s° Delphine.
27 D. AVENT.
28 lund. s. Sosthène.
29 mar. s. Saturnin.
30 mer. s. André, ap.

Décembre.

Pleine Lune le 4.
Dernier Quartier le 11.
Nouvelle Lune le 19.
Premier Quartier le 26.

1 jeud. s. Eloi, év.
2 ven. s° Aurélie.
3 sam. s. Franç. X
4 D. s° Barbe, m.
5 lund. s. Sabas.
6 mar. s. Nicolas, év.
7 mer. s. Ambroise.
8 jeud. Imm. Concept.
9 ven. s° Léocadie.
10 sam. s° Julie.
11 D. s. Damase, p.
12 lund. s° Constance
13 mar. s° Lucie, v. m
14 mer. Quat.-Temps.
15 jeud. s° Irénée, év.
16 ven. s° Adélaïde.
17 sam. s. Olympe.
18 D. s. Gatien.
19 lund. s. Timoléon.
20 mar. s° Philogone
21 mer. s. Thomas.
22 jeud. s. Honorat.
23 ven. s° Victoire.
24 sam. s. Irmine, vj
25 D. NOEL.
26 lund. s. Etienne, R.
27 mar. s. Jean, évan.
28 mer. ss. Innocents
29 jeud. s° Eléonore.
30 ven. s. Roger.
31 sam. s. Sylvestre

AGRICULTURE.

Le littoral dans le département de la Manche.

UN PROBLÈME POSÉ.

Le département de la Manche est, après le département du Finistère, celui de France qui présente le plus grand développement de côtes ; vers l'est ces côtes commencent à l'embouchure de la Vire, qui sépare la Manche du Calvados auprès de la petite ville d'Isigny. La baie des Veys, naguère encore baignée par les marées, a fait place à d'excellents herbages grâce aux travaux de la Compagnie des polders de l'Ouest qui a réalisé des conquêtes plus importantes encore à l'autre extrémité du littoral du département, dans la baie du Mont-Saint-Michel.

On entre dans le département par le pont du Vey, à quelque distance du village de Beuzeville, commune des Veys, dont le territoire, avec celui de Brévands, où des terrains ont été aussi conquis sur la mer, sépare l'embouchure de la Vire, où se trouve Isigny, ainsi que nous l'avons déjà indiqué, de celle de la Taute, auprès de Carentan.

Le parcours du littoral de notre département pourrait présenter, à l'amateur de courses pédestres, un intérêt varié ; certaines parties sont, à la vérité, monotones d'aspect ; mais certaines autres sont extrêmement pittoresques, soit par leur caractère sauvage et la masse imposante de leurs falaises et de leurs rochers, soit par le groupement des habitations et de la verdure jusqu'au bord même de la mer.

En s'éloignant de Carentan et en se dirigeant vers le nord, on a Saint-Côme-du-Mont, Brucheville, Sainte-Marie-du-Mont et son église.

De Sainte-Marie-du-Mont à Quinéville, longue grève de sable ; à Quinéville, quelques jolies habitations, et, dans le parc du château, le monument d'origine inconnue dit la *Grande-Cheminée*.

Morsalines, avec les verdoyants côteaux qui l'avoisinent.

Rade de la Hougue, Saint-Vaast, son port, le fort de la Hougue ; île de Tatihou ; huîtrières ; l'embouchure de la Saire et la pointe de Réville ; du côté de la mer, les îles Saint-Marcouf.

Plateau de La Pernelle — corruption de Pétronille, — foire et fête le 31 mai, à la mémoire de cette sainte. Le panorama est l'un des plus beaux de Normandie : à droite Saint-Vaast et le fort de la Hougue ; à gauche Barfleur et le phare de Gatteville ; la mer immense ; la plaine semée de villages et luxuriante de verdure.

Montfarville et son église, — belles peintures. Barfleur et son port. Phare de Gatteville, d'environ 75 mètres d'élévation, 367 marches ; puissance deux mille lampes Carcel ; portée 22 milles.

De Gatteville au cap Lévi, côte pittoresquement découpée.

Bretteville, Tourlaville, Cherbourg et la digue, Querqueville.

Après Querqueville, Nacqueville, Urville, les coquettes villas de Landemer, Gréville. Les falaises grandissent et découpent très pittoresquement la côte. Elles s'abaissent vers Omonville ; anse Saint-Martin, gracieuse situation.

Près d'Eculleville, on voit les vestiges du Hague-Dick, levée de terre faite de main d'hommes et traversant la presqu'île de la Hague, qui compose à peu près tout le canton de Beaumont et termine la presqu'île au nord-ouest ; côtes sauvages ; roches abruptes, portant fièrement vers le ciel leurs sommets élevés et baignant leurs pieds dans les flots ; mer dangereuse.

Phare d'Auderville à un demi-mille en mer, en avant du cap de la Hague. A l'horizon, l'île anglo-normande d'Aurigny ; vers l'ouest, Guernesey.

La côte s'infléchit fortement vers le sud-est ; admirables falaises de Jobourg, les plus élevées de la Manche : Trou-aux-Sorciers, Nez-de-Jobourg ; passage de la Déroute.

La côte prend la direction du sud ; elle s'abaisse jusque au niveau de la mer par Herqueville, Vauville, Biville. A Vauville, galerie ou avenue celtique appelée les *Roches-Pouquelas*. Dunes et mielles, où le sable disparaît généralement sous un gazonnement naturel.

La rive se relève ; elle atteint une certaine hauteur sur le territoire de Siouville. Petit port de Diélette, pittoresque d'aspect. Splendides falaises de Flamanville, mines de Diélette ; les découpures hardies des rochers de granit perdent de leur pittoresque à cause de l'exploitation dont elles sont l'objet ; trou Baligan.

Les mielles recommencent à l'anse de Sciotot, sous la Roche à Coucou, non loin du bourg des Pieux ; village du Rozel.

Surtainville ; Baubigny ; les Moitiers-d'Allonne, avec des dunes mobiles et envahissantes.

Nez et phare de Carteret ; havre du même nom. A l'est, les Ecréhous et Jersey.

Le rivage s'abaisse aux abords de Portbail et, sur une longueur de plus de 50 kilomètres, ne va plus présenter à l'œil qu'une suite presque ininterrompue de dunes ou de mielles, à peine découpées par les havres ensablés de Surville, de Saint-Germain-sur-Ay, d'Anneville, de Blainville.

Créances ; Pirou et son lac.

Au sud-ouest de Blainville, Coutainville, puis Agon, Tourville à l'embouchure de la Sienne, Regnéville — donjon.

Montmartin-sur-Mer, Bréhal ; dans cette contrée on a su mettre en valeur une partie des mielles.

Donville ; falaises remarquables ; Granville.

Saint-Pair ; Jullouville et Bouillon ; lac de ce nom ; pointe de Carolles avec une haute falaise d'où la vue est très belle et très étendue ; Saint-Jean-le-Thomas, dans un nid de verdure ; Dragey, Genets, Vains, Avranches.

Le Val-Saint-Pair, Pontaubault, Céaux, Pontorson, le Mont-Saint-Michel. On touche au département d'Ille-et-Vilaine. Nous retrouvons là de beaux travaux dans le genre de ceux de la baie des Veys et grâce auxquels 2,000 hectares de superbes terrains de culture ont été conquis sur la mer, contre laquelle ils sont protégés par des digues puissantes.

Telle est la côte, autant qu'une aussi brève notice permet de la décrire ; très variée d'aspect ; pittoresque souvent ; souvent aussi plate et monotone ; intéressante partout.

Notre but, toutefois, n'est pas, en écrivant ces quelques pages de rivaliser avec le Guide du Promeneur sur les côtes de Normandie. Mais, après avoir sommairement indiqué ce qu'est notre littoral au point de vue topographique, nous voudrions faire ressortir combien il faut regretter qu'une grande partie de ce littoral reste à l'état d'improductivité dans lequel il est.

Nous ne nous proposons cependant pas de résoudre, dans cet article, la grande question de la mise en valeur des milliers d'hectares de terrains incultes qui bordent une partie de nos côtes ; nous voulons simplement poser le problème. La solution ne nous paraît pas nécessiter l'emploi de capitaux considérables ; ce qu'il faudrait surtout, ce serait voir les populations s'affranchir de ce préjugé, irréfléchi, comme le sont les préjugés, du reste, qui se retrouve dans toutes les contrées où il y a de grands espaces sans culture, et qui consiste à considérer presque comme un malheur la mise en valeur de ces espaces, parce qu'on n'y pourrait plus mettre à paître ou à brouter quelques vaches ou quelques moutons !

« Un préjugé qui s'oppose encore, « a dit T. de Berneau, »
» au défrichement des landes et à leur mise en rapport, c'est
» que l'ingratitude de la terre n'y paierait, par aucune récolte
» abondante, les soins que l'homme se donnerait pour leur
» culture ; c'est de croire qu'après trois années, quels que soient
» les travaux donnés à ces terres, elles redeviennent impro-
» ductives. D'autres opinions, nées de la paresse et du cercle
» vicieux que l'on suit aveuglément sous l'influence de la
» routine, veulent que le défrichement réduirait à la mendicité
» les habitants de ces grandes solitudes et y ruinerait toute
» exploitation rurale. Quelques malheureux essais, pitoya-
» blement faits, ont accrédité ces tristes idées..... »

Certes, en toute circonstance, la prudence est de mise. Mais
pourquoi ne ferait-on pas des essais ? Une partie de notre
littoral, en somme, bien endiguée, très sagement exploitée,
donne de bons résultats, soit comme prairies, soit comme terres
labourables. Mais une grande étendue est improductive ou
inculte, soit qu'on n'ait pas su approprier l'exploitation à la
nature du sol ; soit que certaines tentatives n'aient pas été
intelligemment dirigées, soit surtout parce que les vents de
mer fréquents et violents, plus malfaisants encore que les
apports de sable dont je vais parler, gênent et arrêtent le développement des végétaux, graminées, plantes fourragères ou
autres, qui voudraient s'élever au-dessus du sol.

Ce n'est pas que les apports de sable soient bien terribles ;
sur beaucoup de points de la côte, du reste, les hautes falaises
rocheuses leur opposent une infranchissable barrière et sur
les parties élevées de ces falaises qui ne sont pas rocheuses,
c'est le vent qui est le principal adversaire des cultures ; et
encore y trouve-t-on parfois de superbes luzernes. Très peu de
dunes mobiles, du reste, sauf aux environs de Carteret (côte
ouest, à la latitude de Jersey) où la mobilité de quelques hectares de ces dunes n'est pas sans de sérieux inconvénients pour
le voisinage.

Ailleurs, plus au sud, et notamment vers Lessay, Créances,
Blainville, Agon, Montmartin, etc., les dunes bien que très
ondulées et même accidentées, sont fixées par une végétation
toute spontanée consistant le plus souvent soit en un peu de
gazon très court, assez serré et fréquemment mélangé de thym,
soit en une espèce de jonc de 50 centimètres de hauteur au
maximum, très mince de tige, aigu, d'un vert très clair.

Sur d'autres points, ce n'est plus la dune ! Le sable que le
vent de mer a apporté depuis bien des siècles sur le sol primitif, généralement argileux, laissant couler les eaux douces
entre la couche sablonneuse et la couche d'argile, le sable,
disons-nous, apporté par le vent de mer, a formé une plaine
présentant à peine quelques ondulations. Dans ces parties, le
jonc dont nous parlions tout à l'heure est rare ; le sol est régu-

lièrement couvert de petite herbe fine, drue, mais toujours courte, que paissent quelques moutons et qui finit, en se desséchant et en pourrissant l'hiver, par ajouter chaque année quelques millimètres d'humus au sol, auquel, chaque année aussi, le sable transporté par le vent de mer n'apporte de son côté qu'un exhaussement de quelques millimètres seulement.

En résumé, dunes fixées, en général du moins, par un gazonnement naturel, avec difficulté pour la végétation de s'élever au-dessus du sol, un peu sans doute, par la pauvreté et par la sécheresse de ce sol (bien que le sable conserve mieux l'humidité qu'on ne le croit généralement), mais beaucoup par les vents de mer, voilà ce que sont en grande partie nos côtes de la Manche, surtout celles de l'ouest. Pourquoi n'y tenterait-on pas la solution de ce problème si bien réussi sur les côtes vendéennes et sur les côtes gasconnes : semis et plantation ! Nous nous proposons de revenir sur cette intéressante question qui se rattache à la mise en valeur de superficies considérables.

Ed. Lorin.

Décembre 1891.

HISTOIRE ET ANTIQUITÉS.

La Léproserie de Bolleville.

Parmi les léproseries assez nombreuses qui ont existé au moyen âge dans les diocèses de Coutances et d'Avranches, celle de Bolleville (aujourd'hui commune de l'arrondissement de Coutances) est la seule dont l'ensemble des chartes nous soit parvenu. Les originaux n'en existent plus, mais le texte en a été fidèlement recueilli dans un cartulaire, qui est conservé au Musée britannique et dont M. Peigné-Delacourt a fait exécuter à ses frais, en 1878, une copie, actuellement classée à la Bibliothèque nationale, sous le n° 4162 du fonds français des Nouvelles acquisitions.

Le cartulaire de la léproserie de Bolleville est un petit volume de 55 feuillets de parchemin, in-quarto, renfermant 118 chartes, dont les plus anciennes sont du milieu du xii° siècle et les plus récentes de l'année 1471. Le commencement, jusqu'au fol. 20 v° (chartes 1-78), a été copié en 1436 et collationné par un tabellion de Lessay, Jean Amechin, qui a mis ce titre en tête du premier feuillet : « Cy ensuyt la declaration et double de pluseurs chartriés, lettres, roules et enseignemens de partie des droytures appartenantes à la priourey de Bolleville, iceux chartriés et ensignemens veus, visitez et collationez aux originaulz par Jehan Amechin, tabellion eu siège de Lessey, le xviii° jour de septembre l'an mil cccc xxx vi. »

La plupart des autres chartes ont été transcrites en 1469 par un autre tabellion de Lessay nommé Colin Sorin.

Ce petit volume tomba entre les mains de M. de Gerville, à une époque où l'attention de notre maître vénéré était principalement dirigée sur l'histoire naturelle, sur les voies romaines, sur la numismatique et sur l'architecture du moyen âge. Il ne comprenait pas encore, et il l'a vivement regretté depuis, quel intérêt s'attachait à un cartulaire. Il m'a souvent raconté, en se frappant la poitrine, comment il s'était laissé séduire par l'appât de livres dont il avait besoin pour ses études de prédilection et que lui offrait un libraire de Paris. C'est ainsi qu'un beau jour le cartulaire de Bolleville fut emporté de Valognes par Motteley, pour aller un peu plus tard en Angleterre, chez le libraire Boone, qui le vendit le 12 février 1848 au Musée britannique, où il est enregistré sous le n° 17307 du fonds additionnel.

Les 78 premières chartes du cartulaire nous font connaître l'histoire de la léproserie de Bolleville depuis le milieu du xii° siècle jusqu'à la fin du xiii°. Nous y voyons comment la maison fut fondée et quelles dotations elle reçut pour assurer l'entretien des malheureux qui y trouvaient un asile.

La fondation de la léproserie remonte à l'épiscopat d'Algare, qui occupa le siège de Coutances depuis 1124 jusqu'en 1151. C'est du vivant de ce prélat que fut rédigé l'acte qui peut être considéré comme la charte de fondation. Il est conçu dans les termes suivants :

« Sachent tous présents et à venir que moi, Richard de La Haye, j'ai donné et concédé en perpétuelle aumône aux lépreux de Bolleville, pour l'amour de Dieu, et pour le salut des âmes de mon père, de ma mère, de moi, de ma femme et de tous mes amis, 18 quartiers de froment à payer annuellement, avant toute autre charge, sur le moulin de Caude cote ; et 12 quartiers d'avoine, de mon domaine, sur ma ferme de Bretteville, à rendre annuellement à la fête de Saint-Michel ; et 30 acres de terre dans la lande près de la maison des frères ; et les deux foires de Bolleville, savoir celle qui est à la fête de Sainte-Marie-Madeleine, et l'autre à la fête de Saint-Barthélemi apôtre, pour acheter des vêtements aux frères et pour les autres besoins de la maison ; et de plus la dîme de la dépense de ma maison, c'est à dire les deux tiers de la dîme du pain, toute la dîme des aliments préparés dans ma cuisine, et toute la dîme de ma dépense quand je voyage; et deux peaux (1) des moutons employés dans ma cuisine ; et le droit d'envoyer leurs porcs au pasnage et de les nourrir en franchise dans toutes mes forêts ; et le bois nécessaire pour le chauffage et pour l'entretien de leur maison ; et le droit de nourrir chez moi un de leurs hommes, lequel recevra la ferrure et la nourriture de son cheval quand il accompagnera le seigneur. Cette aumône fut faite et accordée par moi, du temps d'Algare, évêque de Coutances, et elle a été confirmée par ce prélat. Témoins : Raoul Le Gras, Doon Bardoul, Robert du Tot, Geoffroi de Sotteville, Roger du Mesnil, Richard du Mesnil, Durand, clerc, Raoul Cunes, Roger, le chapelain, qui a écrit la présente charte, et beaucoup d'autres [1] (2).

Richard du Hommet, qui épousa Gille, fille de Richard de La Haye, confirma les donations de son beau-père par une charte dont une clause doit être citée. Il y est spécifié que le jour où l'on tuera les porcs du seigneur de La Haye-du-Puits, les lépreux de Bolleville auront droit, sur dix bêtes destinées à la boucherie, de s'en faire livrer une en vie [2].

(1) Peut-être aurait-il fallu traduire : « les deux tiers de la dîme des peaux des moutons. »

(2) Nous indiquons par des chiffres mis entre crochets les numéros des chartes du cartulaire que nous citons au cours de cette notice.

Guillaume du Hommet, connétable de Normandie, suivit l'exemple de ses prédécesseurs. Dans une charte datée de L'Epaisse en 1239, il rappelle d'une façon toute spéciale le revenu de 12 quartiers d'avoine que les frères lépreux avaient à prendre sur la prévôté de Bretteville [7].

Les biens que le fondateur avait donnés à la maladerie lui furent confirmés, à une date indéterminée, mais avant l'année 1164, par Hugues d'Amiens, archevêque de Rouen [5], et le 6 mai 1157, par Richard de Bohon, évêque de Coutances [4].

La seule bulle que la maison paraît avoir obtenu du Saint-Siège est émanée du pape Honorius III le 4 avril 1223. C'est une confirmation générale de tous les biens des lépreux, avec défense de prélever la dîme sur les produits de leurs jardins ou vergers et sur l'élevage de leurs bestiaux [77].

A deux reprises, Henri Plantagenêt, roi d'Angleterre et duc de Normandie, donna des preuves de sa sollicitude pour la fondation de Richard de La Haye. Par une première charte, antérieure à l'année 1162, il confirma toutes les donations que les malades de Bolleville avaient pu recevoir et déclara qu'ils devaient jouir de leurs biens en toute franchise [34]. L'acte est daté de Carentan, en présence du chancelier Thomas, c'est à-dire de Thomas Becket, qui devait bientôt monter sur le siège archiépiscopal de Cantorbéry et dont le nom est si célèbre dans les annales ecclésiastiques du XII° siècle. La seconde charte que les lépreux obtinrent du roi Henri II fut expédiée de Barfleur, en présence de Henri, évêque de Bayeux, Simon de Tournebu, Geoffroi de Say, Guillaume de Glanville, Gérard de Canville [6].

Nous allons maintenant, en suivant l'ordre alphabétique des noms de localité, passer en revue les terres et les rentes qui formaient la dotation de la maladerie de Bolleville.

BARNEVILLE, arrondissement de Valognes.—Dans la seconde moitié du XII° siècle, un des plus notables chevaliers du Cotentin, Jourdain de Barneville, dont un frère nommé Guillaume de la Rochelle avait été frappé de la lèpre, donna à la maison de Bolleville des rentes de froment et de sel. La rente de se devait se prendre sur la saline du fils Mauger. Quant aux redevances en froment, elles étaient assises sur deux héritages que la charte qualifie d'aleux du bourg neuf de Barneville (in duobus alodiis de novo burgo apud Barnevillam) : il est possible que le seigneur de Barneville, pour développer la prospérité du chef-lieu de son fief, ait accordé quelques franchises aux habitants et favorisé la fondation d'un nouveau quartier. Cela se passait du temps de Richard de Bohon, évêque de Coutances, de 1151 à 1179 [28].

Dans une seconde charte [54] il est question d'une autre donation de Jourdain de Barneville, qui consistait en deux acres de terre, situées dans la couture du Grand Ru *(in cultura Magni Rivi)*, et d'un quartier de sel à prendre sur la saline Lançon.

BEUZEVILLE-LA-BASTILLE, canton de Sainte-Mère-Eglise. — Nous rapportons à cette localité les chartes 42 et 52 du cartulaire, qui toutes deux sont dépourvues de dates. La première est relative à une terre tenue par Robert Pichart et que Guillaume de Beuzeville aumôna aux lépreux de Bolleville. La seconde est une donation d'un seigneur dont le nom pourrait bien avoir été altéré dans la copie que j'ai sous les yeux ; il y est appelé *Malen de Bosevilla*. Ne devrait-on pas lire *Rualen* au lieu de *Malen* ? Dans tous les cas, c'était un personnage d'une certaine importance, à en juger par le rang des barons qu'il prit pour témoins de sa libéralité : Robert Bertran, seigneur de Bricquebec, Jourdain Taisson, seigneur de Saint-Sauveur-le-Vicomte, Raoul, fils du dit Jourdain et Guillaume Pinel.

BLÉHOU, canton de Carentan, commune de Sainteny.— Avant la fin du XIIe siècle, les lépreux de Bolleville avaient reçu de Geoffroi Mauvoisin une redevance annuelle de 200 anguilles et de 13 quartiers de froment à la mesure de Bléhou [22].—En 1284, par devant l'official de l'évêque de Coutances à Valognes, Pierre de La Haie, dit de Bléhou, se reconnut débiteur d'une rente au profit de la léproserie [78].

BOLLEVILLE, canton de La Haye-du-Puits. — Nous avons vu que le fondateur de la léproserie était Richard de La Haye. C'est évidemment lui qui avait donné les terrains sur lesquels s'établit la maison, avec les dépendances. Peu de temps après la fondation, Onfroi de Bolleville approuva une donation de deux vergées de terre faite par Viel fils d'Olivier et par Sanson, frère dudit Viel [44].—En 1258, Richard Taillebois, prêtre, donne une rente assise à Bolleville au lieu dit *Vallon* [72].— En 1271, Robert le Vavasseur acquiert une rente de Roger Teusson, de Bolleville [51]. — Au mois de juin 1284, Robert de Pert vend aux lépreux une pièce de terre située à Bolleville, près du chemin conduisant de La Haye-du-Puits à Barneville [49].—Le 6 mars 1286 (nouv. style), Roger d'Aigneaux, fils de feu Raoul d'Aigneaux, écuyer, de la paroisse de Sept-Vents, au diocèse de Bayeux, vend aux lépreux une rente assise à Bolleville [73]. — En juillet 1289, le même Roger, qualifié d'écuyer, leur abandonne des rentes dues par le fief de la Censerie à Bolleville [50].

BRETTEVILLE-SUR-AY, canton de Lessay. — Vers le commencement du XIIIe siècle, Onfroi, abbé de Lessay, confirma le don d'une acre de terre qui avait été fait aux lépreux sur le territoire de Bretteville [53]. — En 1223, Thomas de Glatigny, chevalier, leur aumôna trois pièces de terre situées à Saint-Martin-de-Bretteville, aux lieux dits *Guncrota, Puteus* et *Spineta* [33 et 65].

BRICQUEVILLE. — Ce nom est porté par deux communes de l'arrondissement de Coutances : Bricqueville-sur-Mer, dans le canton de Bréhal, et Bricqueville-la-Blouette, dans le canton de Coutances. Nous ne savons à laquelle il convient d'attribuer deux actes du xiiᵉ siècle, concernant une rente que Thomas de Bricqueville assigna aux lépreux sur le moulin de Pissot [31 et 60], rente qui s'éteignit en 1230, moyennant une compensation offerte par Robert de Bricqueville, chevalier, fils et héritier de Thomas [61].

CANVILLE, canton de La Haye-du-Puits. — Dans la seconde moitié du xiiᵉ siècle, Girard de Canville donna aux malades de l'hopital Sainte-Marie-[Madeleine] de Bolleville une rente d'un marc d'argent, ou d'un nombre équivalent de deniers angevins, payable chaque année, à la fête de Saint-Jean-Baptiste, sur les produits du marché de Canville. L'acte qui constatait cette donation fut passé en Angleterre, à Woodstock, en présence du roi Henri II [19]. On pourra invoquer ce titre pour établir que le Canville de la Basse-Normandie est bien le berceau de la famille de Canville qui a occupé un rang élevé dans l'ancienne noblesse de l'Angleterre.

CHOUAIN, Calvados, canton de Balleroy. — Au mois de mai 1239, Guillaume de Landelles, chevalier, donna aux lépreux un revenu de 20 sous tournois assis sur un héritage de la paroisse de Chouain ; il fit sceller sa charte par Thomas de Coulonces [76].

ECAUSSEVILLE, canton de Montebourg. — Robert d'Ansneville (ancien nom de la paroisse de Hemevez), clerc, fils de Jean, abandonna aux lépreux une rente de deux boisseaux de froment qu'il avait droit de prendre sur le moulin d'Ecausseville *(Escaillevilla)*. L'acte est sans date [48] ; il fut confirmé en 1219 par Hugues de Morville, évêque de Coutances [27].

ETURCAVILLE, hameau de la commune de Bolleville. — La moitié du fief de ce nom *(Esturcarvilla)* fut donné aux lépreux, vers l'année 1175, par Sanson d'Eturcaville, qui fit approuver la donation par son seigneur Raoul de Liesvin et par Richard de La Haye, en réservant les droits du roi et ceux de Jourdain Taisson. L'acte fut passé en présence de notables témoins, tels que Richard de La Haye, Richard Avenel, Robert du Tot, Roger de Pierrepont, Jourdain de Barneville, Robert de Surville et Robert de Saint-Symphorien [63].

FAUVILLE, hameau de la commune de Sainte-Mère-Eglise, dans l'arrondissement de Valognes.—Une charte de Guillaume, évêque de Coutances, nous apprend que vers la fin du XIIe siècle, Guillaume le Galicen et Vimarc, sa sœur, donnèrent aux lépreux une rente de 6 boisseaux de froment due à Fauville (*apud Fovillam*) par un tenancier nommé Richard Arundel [21].

FLAMANVILLE, canton des Pieux. — En 1192, Pierre d'Urville s'engagea à faire servir par la vavassorie de Robert de la Croix, à Flamanville, une rente que Gervais, son beau-père, avait donnée pour faire admettre deux de ses fils dans la léproserie de Bolleville [25 et 115]. Cette obligation fut reconnue, au mois de mai 1288, par Jeanne de Saint-Martin-le-Hébert, femme de Guillaume de Barneville [55]. Il faut remarquer que le personnage appelé *Petrus de Urvilla* dans la charte de 1192 est dénommé *Petrus de Esbervilla* dans celle de 1288. Une forme approchante, *Petrus de Ubervilla*, nous est donnée par un acte du XVe siècle [115], dans lequel nous voyons que Robert Basan, écuyer, après l'expulsion des anglais, se fit mettre en possession de la terre de Flamanville, alléguant qu'il avait tenu le parti et l'obéissance du roi pendant l'occupation étrangère.

GORGES, canton de Périers. — En 1191, Asceline de Gorges, fille de Richard d'Aumeville, donne aux lépreux de Bolleville deux pièces de terre situées l'une *in campo de Bohon*, l'autre *in campo de Londa* [31]. On ne voit pas dans quelle paroisse il faut chercher ces lieux dits ; mais ce doit être dans la contrée voisine de Gorges. Les témoins de l'acte sont Raoul de Gorges, Thomas de Bricqueville, Jourdain de L'Epaisse et Robert *de Verlé*, c'est-à-dire, selon toute apparence, de Vesly.

HATAINVILLE, hameau de la commune des Moitiers-d'Allonne, canton de Barneville. — Vers l'année 1175, Guillaume de Barneville, du consentement de son frère Jourdain, vendit aux lépreux, moyennant 60 sous d'angevins, un demi-champ de la vigne *de Hasteigvilla* [43 et 54].

LA HAYE-D'ECTOT, canton de Barneville. — En mars 1248, Pierre de La Haye, chevalier, affecta à l'entretien de deux cierges dans la chapelle des lépreux des rentes à prendre dans la paroisse de Notre-Dame-d'Ectot, *in parrochia Sancte Marie d'Esquetot* [59].

LAUNE, canton de Lessay. — En 1218, Hugues de Morville, évêque de Coutances, atteste que Richard *de Virguto* et ses deux frères, Robert et Eudes, ont donné à la léproserie une rente assise dans la paroisse de Laune, *in parrochia Laune, ad Lupifossam supra Dalion* [24].

Le Mesnil-Vigot, canton de Marigny.—En 1206 ou environ, Nicolas de Say assigna aux lépreux une rente de froment à percevoir *apud Meisnillum Wigoti*, en échange d'une rente que son père Nicolas de Say leur avait donnée sur le moulin de Coisel [23 et 58].

L'Epaisse, hameau situé au midi de l'église de Mobec, canton de La Haye-du-Puits. — Les seigneurs du fief de L'Epaisse se signalèrent par leur générosité envers les lépreux. Le cartulaire renferme sept chartes de Robert de L'Epaisse, chevalier, dont la date est comprise entre les années 1223 et 1242 [8-13 et 16]. L'une d'elles [n° 16] mentionne une pièce de terre située à Mobec *inter vadum de Bo et Barrevillam* (Barville, sur la carte de Cassini), qui avait été donnée à la léproserie par Roger Hostinge, ou plutôt Hostingue. Celui-ci appartenait à la famille qui a donné son nom au hameau appelé la Hostingrie sur la carte de Cassini. Il n'est pas inutile de faire observer que le nom de Hostingue est bien normand, et que rien n'empêche de considérer comme originaire de notre province Laurent Hostingue, qui a le premier établi d'une façon durable un atelier typographique dans la ville de Caen. La charte qui rappelle le don de Roger Hostingue mentionne la renonciation de Robert de L'Epaisse à une redevance d'une demi-livre de cumin qui devait lui être payée au terme de la foire de Montmartin. — En février 1242 (nouveau style), Henri de L'Epaisse, frère de Robert, vendit aux lépreux 4 acres et une vergée de terre située à Mobec [13]. — Un autre membre de la même famille, Guillaume fils de Renouf, fils de Thomas de L'Epaisse, est cité dans une charte de l'année 1230 [41].— En février 1227 (nouveau style) et en mai 1227, des ventes de terre furent consenties par deux habitants de L'Epaisse, Jourdain Le Fèvre et Thomas Piois ; ils firent approuver le marché par les seigneurs du fonds, Pierre et Roger de Claids [15 et 67].

Le Rozel, canton des Pieux. — Vers l'année 1175, Geoffroi Mauvoisin, du Rozel, donna aux lépreux une rente de 4 quartiers de mouture à la mesure du Rozel [22].

Magneville, canton de Bricquebec. — Par une charte datée de Valognes, au mois de décembre 1223, Guillaume de Magneville, fils d'Esgaré de Magneville, chevalier, aumôna à la léproserie, pour le salut de l'âme de son frère Philippe, une rente de froment assignée sur le moulin de Magneville et payable à la première fête de Saint-Michel [29], preuve que dès le commencement de xiii° siècle, on célébrait, dans le diocèse de Coutances, la fête de Saint-Michel au mont Gargan, le 29 septembre, et celle de Saint-Michel au mont Tombe, le 16 octobre.

Mobec, canton de La Haye-du-Puits.—La léproserie avait d'importantes propriétés dans cette paroisse ; nous en avons déjà signalé plusieurs qu'elle devait surtout à la générosité des seigneurs de L'Epaisse. — Enregistrons encore trois pièces de terre situées entre Isambarville et la Ronce, que Guillaume le Moine et sa femme Mathilde du Neufmesnil affectèrent au luminaire de l'église de la léproserie [32 et 46], et d'autres héritages situés dans la paroisse de Saint-Aubin de Mobec qui furent aumônés, en 1222, par Roger de Claids [70], en 1230 par Pierre de Claids, clerc [74], et en 1232 par Guillaume Folc [26 et 56].

MONTGARDON, canton de La Haye-du-Puits. — Le 1er juin 1245, Raoul Le Condés, de Montgardon, et Guillaume Le Picart, son frère, se reconnurent débiteurs d'une rente, en présence de Raoul Vavasseur, doyen de La Haye-du-Puits, assisté de plusieurs gens d'église qui assistaient le doyen dans l'exercice de sa juridiction [75].

OUVILLE, canton de Cérisy-la-Salle. — En 1231, Richard d'Ouville, chevalier, donne aux lépreux une terre située *apud Rotundam maram* [36 et 45].

PORTBAIL, canton de Barneville. — Au mois de septembre 1254, un chevalier, Henri Le Caveleu (ce nom est peut-être altéré), confirma les donations que ses ancêtres avaient faites *apud Heranvillam, infra parrochiam de Portbail* [40].

SAINT-GERMAIN-SUR-AY, canton de Lessay. — Au mois de mars 1246 (nouveau style), Pierre de Tresgots, chevalier, assigna aux lépreux des revenus à prendre à la Fenouillère *(apud Fenoillieres)*, dans la paroisse de Saint-Germain-sur-Ay, en échange d'une rente que son père leur avait donnée sur le moulin de Bolleville [68].

SAINT-GILLES, canton de Marigny. — Dans la seconde moitié du XIIe siècle, Renouf de Saint-Gilles donna aux « frères lépreux de la sacrée congrégation de Bolleville » des biens dont la situation n'est pas exactement indiquée [17, 20 et 31] ; mais Thomas de Saint-Gilles, chevalier, par un acte du mois de mai 1253, nous apprend qu'ils se trouvaient dans la paroisse de Saint-Gilles [18].

SAINT-SYMPHORIEN, canton de La Haye-du-Puits. — Le 13 janvier 1285 (nouveau style), Richard d'Anjou, de Bolleville, se reconnaît débiteur des lépreux pour des biens situés à Saint-Symphorien [71]. — Aux mois de mars et d'avril 1291 (nouveau style), la communauté acheta dans la même paroisse des rentes qui lui furent cédées par Richard et Robert L'Asnier [47 et 64].

SURVILLE, canton de La Haye-du-Puits. — Sur la fin du XIIe siècle, un lépreux, Renouf des Plains abandonna à la

léproserie deux pièces de terre qu'il avait achetées à Surville
de Roger de Surville, chevalier. L'acte fut passé en présence
de notables témoins : Pierre prêtre (curé?) de Montgardon,
Geoffroi du Rotour, chevalier, Robert de Pert, d'Eturcaville
(de Sturgavilla), Robert du Tot, chevalier, et Guillaume de
Gratechef, chevalier [39]. Le hameau de Gratechef, d'où ce
dernier chevalier tirait son nom, est marqué sur la carte de
Cassini au nord-est du clocher de Saint-Germain-sur-Ay.

VARENGUEBEC, canton de La Haye-du-Puits. — En juin
1228, Silvestre de Vesly, chevalier, donna un ténement situé
à Varenguebec [62].

VESLY, canton de Lessay. — En 1228, Mathieu Hosbert
vendit aux lépreux trois pièces de terre sises à Vesly, aux lieux
dits *Rota de Mala Nocte, Plata Petra* et *Cavus vicus el refol de
l'escluse* [57]. La vente fut approuvée par le seigneur du fonds,
Guillaume du Mesnillei, chevalier, fils d'un autre chevalier,
pareillement nommé Guillaume du Mesnillei [35].

On voit que les biens de la léproserie de Bolleville étaient
disséminés sur les points les plus éloignés du diocèse de Coutances, depuis la Hague jusqu'au Val de Vire, et même dans le
diocèse de Bayeux. Il en faut conclure que c'était un établissement important, sous le toit duquel les pauvres lépreux
venaient même de fort loin chercher un asile et un adou-
cissement à leurs souffrances. On sera confirmé dans cette idée
en parcourant la liste des malades que nous savons y avoir été
reçus dans le cours du XII° et du XIII° siècle, et dont plusieurs
appartenaient à la noblesse de la Basse-Normandie. Nous
pouvons citer :

Guillaume de Barneville, frère de Jourdain : avant d'être
reçu dans la maison en qualité de frère, il lui avait vendu un
demi-champ de vigne [43].

Un fils de Renouf de Saint-Gilles : le père affecta à la subsistance de son fils une pension viagère de 40 sous, monnaie
d'Angers [20].

La femme de Geoffroi Mauvoisin, du Rozel : le mari, pour
mieux assurer la participation de sa femme aux prières et au
bénéfice de la pauvreté des lépreux *(ut esset particeps et soror
orationum et beneficii paupertatis eorum)*, assigna des revenus
à la maison et constitua une rente pour la subsistance d'une
sorte de chambrière qui devait spécialement servir la dame [22].

Guillaume, fils d'Onfroi du Moulin : quand il fut reçu, la
communauté s'engagea : 1° à lui fournir tous les deux ans une
chappe non fourrée, un manteau *(pallium)* garni de peau de
mouton et une pelisse ; 2° à lui donner une pitance les jours
de grande fête ; 3° à lui procurer des aliments si ses infirmités
l'empêchaient d'aller implorer la charité des fidèles [69].

Mathieu et Geoffroi, neveux de Thomas de Bricqueville [60].

Deux enfants de Gervais, beau-père de Pierre d'Urville, en 1192 [115].

Raoul, frère de Thomas de Glatigny, chevalier ; il fut reçu frère de la léproserie en 1223 [65].

Thomas, fils de Roger de Claids, en 1222 [70].

Geoffroi, neveu de Silvestre de Vesly, chevalier, en 1228 [62].

L'abbaye de Lessay prit des arrangements au mois d'octobre 1270 pour que les religieux du monastère qui seraient atteints de la lèpre fussent hospitalisés dans la maladerie de Bolleville. Les moines abandonnèrent une rente d'un quartier de froment sur la prévôté de Saint-Symphorien, et s'engagèrent à fournir à leurs frères lépreux des vêtements, des chaussures et des draps de lit ; de plus ils promirent de donner toutes les semaines, pour chacun de leurs malades, une somme de 14 deniers, un boisseau de froment, un boisseau d'orge et un boisseau de grain préparé pour faire la bière.

Là ne se bornèrent pas les entreprises des moines de Lessay sur la léproserie de Bolleville. Ils ne devaient pas tarder à l'absorber de la façon la plus complète, grâce à une entente avec le représentant des fondateurs. Guillaume de Mortemer, chevalier, seigneur de La Haye-du-Puits, héritier pour partie de la connétablie de Normandie, se crut autorisé à disposer de la léproserie de Bolleville. Par une charte du 9 novembre 1292, il céda à l'abbaye de Lessay tous les droits qu'il pouvait avoir sur le prieuré dit de Sainte-Marie-Madeleine de Bolleville, à charge d'y entretenir deux religieux, dont l'un, revêtu de la dignité de prieur, serait choisi par l'abbé et agréé par le seigneur de La Haye-du-Puits. Deux messes devaient être célébrées chaque semaine dans la chapelle du prieuré. Il n'est fait aucune allusion aux soins à donner soit à des lépreux, soit à d'autres malades. Aucune raison n'est alléguée pour justifier la transformation de la maison, que le pouillé diocésain du xive siècle désigne simplement par ces mots : « le prieuré de Bolleville, appelé la maison des lépreux de Bolleville, avec une chapelle dont le chapelain touche annuellement un revenu de 15 livres et dont le seigneur de La Haye-du-Puits est le patron. »

Cette chapelle qui était placée sous l'invocation de Saint-Clair et qui, ayant conservé une certaine indépendance, était desservie par un prêtre séculier, fut absolument unie au prieuré sous le règne de Louis XI. C'est alors, paraît-il, qu'on essaya d'expliquer la mesure prise depuis bientôt deux siècles et qui avait eu pour résultat la suppression de la léproserie. Dans un acte expédié le 26 avril 1468, François de Colombières, baron de La Haye-du-Puits, après avoir rappelé que ses prédécesseurs avaient jadis « fondé et donné certaine maladerie en la paroisse de Bolleville, » ajoute que, dans la suite des temps, « par les démérites des malades d'icelle maladerie, » les dits malades avaient été « destruis et mis au néant » [106]. L'acte confirmatif de l'union de la chapelle, qui fut rédigé le 29 août 1471 au nom du vicaire général de l'évêché de Coutances, pendant la vacance du siège, est encore plus explicite. Il y est dit formellement que les lépreux de la léproserie de Bolleville, pour leurs énormes démérites, fautes et crimes, furent, par autorité de justice, détruits et brûlés, et que la léproserie même fut démolie, anéantie et détruite : *quia, propter aliqua enormia demerita et delicta atque crimina ipsorum leprosorum in ipsa leprosaria tunc degentium commissa et perpetrata, fuissent ipsi leprosi, suis exigentibus culpis et demeritis, auctoritate justicie destructi et combusti, cum demolicione, anullatione et destructione ipsius leprosarie...* [107].

Il y a dans ces assertions une confusion évidente. La grande persécution qui fut dirigée contre les lépreux et qui fit allumer tant de buchers sur différents points de la France, est de l'année 1321, et c'est sans fondement qu'on a voulu y rattacher la suppression de la léproserie de Bolleville. Cette maison hospitalière avait disparu une trentaine d'années plus tôt, pour faire place à un petit prieuré de l'abbaye de Lessay.

La seconde partie du cartulaire que nous faisons connaître renferme un certain nombre d'actes du xiv° et surtout du xv° siècle, relatifs à l'administration des biens du prieuré. Nous y avons relevé plusieurs noms de prieurs :

Jean Le Roux, en 1394 [92].

Jean Hardel. en 1411 et 1413 [84 et 90].

Pierre Anquetil, de 1426 à 1438 [79, 86, 87, 89, 91, 95, 97, 105 et 108].

Eustace Henriot, de 1444 à 1471 (80, 88, 93, 98-101, 107, 110-114, 116 et 117).

Deux actes de l'administration du prieur Pierre Anquetil méritent d'être analysés.

Le premier est un échange de deux pièces de terre, conclu le 7 octobre 1426 avec la communauté des paroissiens de Bolleville. C'est là un de ces faits qu'il importe de recueillir, pour constater la façon dont les anciennes communautés rurales de la Normandie exerçaient leurs droits de propriété. Voici dans quels termes est annoncée la comparution des habitants de Bolleville par devant Jean Sebire, tabellion de La Haye-du-Puits, pour consentir à l'abandon d'un morceau de terre : « furens presens Thomas de Raalent et Jehan le Connestable, trésoriers de l'église de Boleville, Thomas Quesné, Guiffré Couillet, Perrin le Lion, Thomassin Roulant, Jehan Goulley, Thevinet (?) Reulant, Jehan de Raalont, Martin Feron, Guillaume Lorier, Martin le Landez, Guillot Richier, Perrin Jaquete, Jehan Roulant, Jehan Alais, Perrin Maulger, Michiel

Maulger et Guillaume Mauger, tous d'icelle parroisse de Boleville, eulx establissans pour tous les aultres parroissiens d'icelle
parroisse, et promettans qu'ils tendront et aront ferme et
agreable pour le temps advenir tout ce qui ensuit, lesquels, de
leurs bonnes volentés, sans nul contraignement, confessèrent
avoir baillé, quitté et du tout delessié afin de heritage, par
eschange, à religieux hommes et honnestes reverend père en
Dieu mons. Guillaume du Guihebert, abbé du moustier de
Sainte-Trinité de Lessé etc., une pièce de terre assise en la
parroisse de Saint-Symphorien, au bout du bas du clos
Peronne, jouxte le chemin tendant du moustier de Boleville à
Cache larron, d'un costé, et est assis en l'osmone et domaigne
du dit prieuré de Boleville. Et fut ce fait par ce que iceulx religieux en ballèrent affin de heritage en contre-eschange aux
dis parroissiens une pièce de terre, une masure dessus estant,
assise eu bout de bault dudit clos Paronne, jouxte le dit
chemin... » [89].

Le second acte de l'administration du prieur Pierre Anquetil
que nous avons à signaler se rapporte à la chapelle de Saint-
Clair, cette ancienne dépendance de la léproserie, qui fut incorporée au prieuré en 1468, comme nous l'avons vu un peu plus
haut. La chapelle Saint-Clair avait été conférée à un certain
Raoul Don, qui en affermait les produits au prieur Pierre
Anquetil. Celui-ci, le 6 août 1427, s'acquitta de tout ou partie
de son fermage en versant une somme de 100 sous tournois
entre les mains de Thomas le Fillastre, prêtre, procureur du
père du chapelain, « Jehan Don, englais, demourant en l'ille
de Gersy; » les 100 sous servirent à payer des travaux de
charpenterie qui s'exécutaient alors dans la chapelle.

Telles sont, en résumé, les annales d'un de nos plus anciens
établissements charitables, qui cessa, dès la fin du XIIIᵉ siècle,
de répondre aux intentions des fondateurs. Pour en réveiller le
souvenir, j'ai cru utile d'analyser un cartulaire que de regret-
tables vicissitudes ont fait sortir de France et arriver à Londres
sur les tablettes du Musée britannique.

Léopold DELISLE.

NOTES

Sur la paroisse d'Agon

Le savant directeur honoraire de l'Association normande a publié récemment une *Histoire du Prieuré de Saint-Lô de Rouen* (1), travail très complet sur un important établissement religieux de la métropole de Normandie, lequel devait son origine à un évêque de Coutances. Cette monographie écrite avec soin et composée avec un remarquable esprit de critique, est le fruit de longues recherches dans les dépôts publics de notre province. Elle est digne de tous les éloges qui lui ont été décernés, et c'est à peine si, de loin en loin, on pourrait y relever quelques légères erreurs sur des points d'ailleurs insignifiants dans l'ensemble de l'œuvre.

Je renverrai au livre de M. de Glanville ceux qui voudront connaître à fond l'histoire de Saint-Lô de Rouen, et je me bornerai ici à rappeler que ce prieuré fut fondé au x⁰ siècle par Thierry, évêque de Coutances. C'était à l'époque où Charles-le-Simple venait de donner à Rollon sa fille Gisèle en mariage avec la Neustrie pour dot. Tandis que le nouveau duc se faisait baptiser à Rouen avec ses compagnons, d'autres pirates du Nord ravageaient la Basse-Normandie. Thierry vit sa ville épiscopale renversée et sa cathédrale détruite et fut forcé de se réfugier lui-même dans la capitale de la Normandie. Rollon l'accueillit avec bonté ainsi que l'archévêque de Rouen, Francon, natif lui-même de Coutances. Le duc lui donna pour siège épiscopal, pour lui et ses successeurs, l'église de la Trinité, en attendant que des temps moins troublés leur permissent de rentrer dans leur diocèse.

Peu de temps après, cette église, où Thierry avait fait venir les reliques de saint Lo et de saint Romphaire, anciens évêques de Coutances, ainsi que celles de saint Fromond, diacre et martyr, fut placée sous le vocable de saint Lo. Cette collégiale, assez modeste tout d'abord, fut enrichie par de larges donations et servit de cathédrale aux évêques de Coutances : Thierry, Herbert Ier, Algerond, Gilbert et Hugues Ier. Herbert II, successeur de ce dernier, put rentrer dans son diocèse ; mais depuis

(1) *Histoire du Prieuré de Saint-Lô de Rouen, ses prieurs, ses privilèges, ses revenus, d'après les documents authentiques tirés des archives de la Seine-Inférieure et mis en ordre* par L. de Glanville. Rouen, E. Cagniard, 1890-91, 2 vol. grand in-8° (avec de nombreuses figures dans le texte, des plans, etc.)

lors ses successeurs restèrent en union intime avec les chanoines du prieuré de Saint-Lô de Rouen.

Le prieuré de Saint-Lô possédait d'importants revenus (1) en argent et nature provenant de locations de maisons et de terres, dîmes, rentes, etc., tant dans la ville de Rouen que dans une cinquantaine de localités de la Normandie. De ce nombre, trois seulement étaient situées dans le diocèse de Coutances ; c'étaient Agon, Orval et Saint-Georges-de-Montcocq. Je ne m'occuperai que de ces dernières.

Les notes que je vais donner ci-après, d'après M. de Glanville, pourront compléter d'une manière utile l'excellent article publié par M. Renault sur la paroisse d'Agon, dans sa *Revue monumentale et historique de l'arrondissement de Coutances* (2).

L'église d'Agon est sous le vocable de saint Evroul. Elle dépendait de l'archidiaconé de Coutances et du doyenné de la chrétienté.

Dans le partage de la Neustrie, Rollon s'était réservé à Agon un fief important, qui mettait l'église sous sa dépendance, et cette église fut au nombre de celles dont il concéda les revenus à l'évêque de Coutances, en 913 (3).

M. de Glanville dit que « lorsque l'évêque Thierry eut reçu de la générosité de Rollon l'église Sainte-Trinité de Rouen, depuis Saint-Lô, il fit venir de Coutances des chanoines pour l'aider à célébrer le service divin dans sa nouvelle cathédrale. Depuis cette époque une prébende ou canonicat était toujours réservé dans le chapitre de Coutances pour être affecté au prieur de Saint-Lô, quel qu'il fût » (4).

Je ne pense pas cependant que la fondation de la prébende d'Agon, puisse être fixée avant l'épiscopat de Hugues Ier (vers 980 à 1025), lequel, d'après la *Gallia Christiana*, institua des chanoines dans son église et leur assigna des terres et des rentes (5).

Ce qu'il y a de certain c'est que le gros de cette prébende était toujours assis en la paroisse d'Agon, laquelle consistait en la moitié des revenus de l'église, avec la moitié de la dîme des fruits, du lin et du chanvre et une charruée de terre, c'est-à-dire ce qu'une charrue attelée de six bœufs pouvait labourer en

(1) D'après un état dressé en 1777, ces revenus s'élevaient en argent à 19,777 livres 9 sous 10 deniers.

(2) *Annuaire de la Manche*, 1852, p. 698-704.

(3) L'abbé Le Canu, *Histoire des Evêques de Coutances depuis la fondation de l'évêché jusqu'à nos jours ;* Coutances, 1839, in-8°, p. 105.

(4) L. de Glanville, t. II, p. 229.

(5) « Constantiensem ecclesiam largius quam ceteri sublimare decrevit ; canonicos namque instituit, et terras et redditus unde viverent dedit et confirmavit. » *Gallia Christiana*, t. XI, col. 869.

un jour. En outre, le Prieur de Saint-Lô, avait le patronage alternatif d'Agon.

Dans les actes qui proviennent du prieuré de Saint-Lô et qui existent encore aux Archives départementales de la Seine-Inférieure, on trouve de nombreux détails sur la prébende d'Agon et des indications sur la valeur de son revenu à diverses époques. Je vais les citer chronologiquement.

En 1144, la bulle du pape Eugène III, confirmant la régularité du prieuré de Saint-Lô, fait mention de la présentation alternative d'Agon avec la moitié de la dîme de toute la paroisse : « Jus vestrum in ecclesia de Aagon cum mediedate totius parrochie (1). »

Même mention, en termes à peu près identiques, dans la bulle du pape Adrien, confirmant, en 1156, les droits, donations et bénéfices du prieuré de Saint-Lô : « medietatem ecclesie de Agon et cimiterii cum medietate totius parrochie (2). »

Henri II, roi d'Angleterre, confirmant dans une charte sans date aux religieux de Saint-Lo, leurs possessions présentes et futures se sert des mêmes expressions (3).

On verra plus loin la charte par laquelle l'évêque Hugues de Morville réunit, en 1237, les deux portions de la cure d'Agon en un seul bénéfice.

Dans une charte du mois de mars 1319 par laquelle Philippe V, roi de France, confirma à l'évêque de Coutances, Guillaume de Thiéville, les possessions de son église, on lit : « necnon et medietas ecclesie illius ville que dicitur Agon cum medietate decime et terre unius aratri (4). »

En 1462, dans l'aveu et dénombrement des revenus du prieuré de Saint-Lô rendu au roi Louis XI, les religieux font la déclaration suivante :

« Item, au bailliage de Costentin et viconté de Coustances, ils ont une prébende et chanoinie en la mere et cathedral eglize du dit lieu de Coustances, laquelle tient quicunque soit prieur du dict lieu de Saint-Lô ; et y a le dit prieur, lui present, la distribution telle que l'un des autres chanoines et voix en chappitre, en election et en toutes choses ; et en est le gros assis en la paroisse d'Agon, où les dis de Saint-Lô prennent la moitié des dixmes, et si y presentent alternativement à l'encontre de sept des chanoines de la dicte eglize de Coutances, coniontement avec quatre livres de rente de pension sur la cure de la dicte paroisse d'Agon. Item, ils ont, à cause du dit gros, en la paroisse d'Ourval, traize boisseaulx de fourment et le grange au dict lieu d'Agon semblablement et une

(1) L. de Glanville, t. I, p. 134, 135 et t. II, p. 291, pièce justif. V.
(2) L. de Glanville, t. II, p. 293, pièce justif. VI.
(3) L. de Glanville, t. II, p. 295, pièce justif. VIII.
(4) *Gallia Christiana*, t. XI, *Instrumenta*, col. 272.

masure tenue de culx, dont il leur est deub rentes en deniers et en oyscaulx (1). »

D'autres documents vont nous donner des indications sur les revenus du prieur dans la paroisse d'Agon.

La déclaration du revenu, en 1577, contient ce passage :

« Le fermyer de la prébende et dixme appartenant à mon dit seigneur le prieur en la paroisse d'Agon doibt par chascun an la somme de six vingts dix livres tz...... rendu en cette ville de Rouen à ses depens (2). »

Dans l'état des bénéfices réguliers et séculiers dépendant du prieuré de Saint-Lô de Rouen, dressé vers 1636, par maître Thomas Avisse, alors curé et ancien religieux profès dudit prieuré, on lit :

« La cure de d'Agon (sic) proche Constance, en basse Normandie, à la nomination alternative du chapitre de Saint-Lô de Rouen et des chanoines de la cathédrale du dict Constance, peut valoir douze cents livres (3). »

En 1647, la portion des dîmes d'Agon appartenant au prieuré de Saint-Lô était estimée 200 livres dans un partage, conclu à la suite d'un procès devant le Parlement de Rouen, entre les religieux et le prieur commandataire Armand de Simiane de Gordes (4).

Dans la « Déclaration que donnent à Messieurs du Bureau du diocèse de Rouen, les prieur et chanoines réguliers du prieuré de Saint-Lô de Rouen pour satisfaire aux réclamations du Roy, de 1750 et 1752, » on trouve au chapitre des dixmes :

« La moitié des grosses dixmes de la paroisse d'Agon, diocese de Coutances, avec la soumission de réparer le chancel et la grange, travail estimé 6 l............................... 495 l (5). »

Enfin, d'après le détail du revenu des fermes du prieuré déclaré, en 1777, par les chanoines au prieur, l'abbé de Gascq, pour servir de base à un nouvel arrangement entre les religieux et le commandataire, les dîmes d'Agon valaient alors 700 livres (6).

Quant au droit de décime dû par ce bénéfice, il s'élevait à 50 livres (7).

(1) L. de Glanville, t. II, p. 413, pièce justificative LXIX.
(2) Id., t. II, page 230.
(3) Id., t. II, p. 444, pièce justificative LXXXV.
(4) Id., t. II, p. 312.
(5) Id., t. II, p. 455, pièce justif., LXXXVI.
(6) Id., t. II, p. 461, pièce justif., LXXXVII b.
(7) Renault, loco cit., p. 689.

Dans l'origine, la paroisse d'Agon était occupée par deux vicaires qui desservaient la cure alternativement chacun pendant une semaine, avec les mêmes pouvoirs et une indépendance absolue l'un de l'autre. Cet état de choses ne tarda pas à produire de graves inconvénients à tous égards. L'évêque Hugues de Morville, d'accord avec les chanoines prébendés de la cathédrale de Coutances et du prieuré de Saint-Lô, y mit un terme en 1137. Il fut décidé que désormais, au lieu des deux vicaires, il n'y aurait plus qu'un curé, tenu d'avoir avec lui un autre prêtre pour assurer l'administration de la paroisse. Le curé devait avoir le revenu de l'autel (altalagium), la dîme du hameau de Coutainville, les dîmes des poissons, les revenus de la terre et les offrandes appartenant de droit au curé de ladite paroisse, à charge de payer une pension annuelle de huit livres tournois aux chanoines de Coutances et au prieur de Saint-Lô, par parties égales, moitié à la foire de Montmartin, moitié à la fête de la Purification de la Sainte Vierge. L'évêque régla en outre de la manière la plus complète tout ce qui concernait la cure d'Agon, dans la charte suivante :

« Universis Xpisti fidelibus presentes litteras inspecturis H., Dei gratia Constanciensis episcopus, eternam in Domino salutemt Noveritis quod, cum in ecclesia S. Ebrulfi de Agon duo essen. antiquitus vicarii, per septimanas alterna voce deservientes, nec sibi invicem obedientes in aliquo, licet pro indiviso quilibet eorum animarum curam ejusdem ecclesie haberet, nos attendentes ex hujus modi divisione et paritate dictam ecclesiam multociens *(sic)* debito servicio et obsequio defraudari et curam animarum negligi, possessam ab illis communiter, altero sub pretexta alterius absentante, pensata utilitate et honestate ejusdem ecclesie, de consensu speciali septem canicorum *(sic)* Constanciensium nec non prioris et conventus S. Laudi Rothomagensis, ad quos ejusdem ecclesie jus patronatus dictis canonicis pro medietate et dictis priori et conventui pro alia noscitur pertinere, duas vicarias auctoritate episcopali univimus, statuentes ut de cetero unicus rector sit in eadem ecclesia possessurus pacifice et integraliter quicquid predicti duo vicarii possidebant antiquitus, videlicet totum altalagium et decimam Hamelli de Costainville, cum decima piscium, prout dicti vicarii possidebant, et cum redditu et terra elemosine ad predicte ecclesie presbiterium pertinente, salva pensione octo librarum turonensium dictis canonicis Constanciensibus et dictis priori et conventui pro equis partibus a dicto rectore nomine altalagii annuatim persolvenda, medietate una ad ferias Montis Martini et alia medietate ad festum Beate Marie, salvo etiam jure patronatus pro media parte dictis priori et conventui una cum predictis septem canonicis ad quos altera spectat medietas, ita ut, cedente vel recedente Thoma Herichon, rectore ejusdem ecclesie, cujus temporibus fecimus unionem, eidem integrum beneficium assignantes predictum nobis ab eodem priore et conventu presentatum possint canonici Constancienses predicti presentare ad totum dictum beneficium quem voluerint, non obstante contradictione dicti prioris et conventus, ab episcopo Constanciensi admittendum. Quo item cedente seu decedente, dicti prior et conventus, absque contradictione dictorum canonicorum Constanciensium, poterunt presentare clericum ad idem beneficium, ab episcopo loci, ut dictum est, admittendum. Et sic debet alternatim in perpetuum observari, hoc excepto quod quicunque predictum beneficium a quocunque presentetur possidebit, tenebitur fidelitatem facere de juribus suis conservandis tam dictis canonicis Constanciensibus quam priori et conventui S. Laudi et de canonica obedientia facienda, prout est antiquitus observatum, salva etiam dictis canonicis Constanciensibus medietate omnium decimarum parrochie de Agon et alia medietate predictis priori et conventui S. Laudi, extra predictum Hamellum de Costainvilla. Et sciendum quod dictus Thomas Herichon, vel qui ejusdem ecclesie rector fuerit in futurum, secum alium tenebitur habere presbiterum, ut duo sint ibi perpetuo presbiteri. Volumus enim, qui ecclesie ille consulere ex hac ordinatione decrevimus, officio debito predictam ecclesiam defraudari. Et nos quidem hanc ordinationem et unionem, de consensu capituli nostri, fecimus, qui sigillum suum una cum sigillo nostro presentibus litteris ad eternam hujus memoriam apposuerunt. Actum anno Domini millesimo Ducentesimo tricesimo septimo (1).

Malgré tout le soin pris par l'évêque Hugues de Morville pour assurer aux chanoines de Saint-Lô et de Coutances le le droit de nommer alternativement à la cure, ce droit ne tarda pas à leur être contesté par un membre de la puissante famille des Paisnel, dont une branche posséda la seigneurie d'Agon aux XII° et XIII° siècles. Nous trouvons en effet une charte par laquelle Olivier dit Paegnel (2), chevalier (3), seigneur d'Agon, après avoir prétendu posséder le patronage de l'église de cette paroisse, y renonce moyennant un service annuel pour le repos de son âme et de celles de divers personnes. Voici cette charte, où tout est exposé et stipulé avec soin et qui prouve bien que nous sommes en présence d'un seigneur bas-normand :

Universis Christi fidelibus presentes litteras inspecturis et audituris, ego, Oliverus, dictus Paegnel, miles, salutem in Domino. Notum facio quod cum contentio, controversia seu causa mota esset inter me, ex una parte, et religiosos viros priorem Sancti Laudi Rothomagensis et canonicum ecclesie Constanciensis, ordinis sancti Augustini, et conventum ejusdem loci Sancti Laudi Rothomagensis, ex parte altera, super jure patronatus ecclesie Sancti Ebrulphi d'Agon, Constanciensis diocesis, et jure presentandi ad eamdem ecclesiam, quod enim ego dictus miles dicebam ad me pertinere, spectare, et pertinere et spectare perpetuo debere, dictis religiosis contrarium dicentibus et asserentibus, videlicet dictum jus patronatus dicte ecclesie et presentandi ad eamdem perpetuo spectare, pertinere, spectare et pertinere debere ad eosdem. Tandem, deliberatione hinc inde prehabita super hec diligenti super premissis omnibus inter me, pro me et heredibus meis, ex una parte, et dictis religiosis, pro ipsis et successoribus eorum, ex parte altera, concordatum et

(1) L. de Glanville, t. II, p. 393, pièce justif, LXIII.

(2) Paegnel est une des formes françaises régulièrement tirées au moyen-âge de *Paganellus*, nom latin des Paisnel.

(3) Et non écuyer, comme le dit M. de Glanville, qui traduit à tort *miles* par ce mot.

amicabiliter pacificatum et tractatum extitit ac etiam ordinatum in hunc modum, videlicet quod, ob causam infra scriptam et expressam, pro me et meis heredibus, caritatis et pietatis intuitu, predictis religiosis et eorum successoribus ex nunc in perpetuum, omnino spontanæ, penitus et expresse, quito, concedo et dimitto omne jus et omnem actionem quod et quam habebam et reclamabam, et michi competebant habere, et reclamare poteram, et michi competere poterant atque possent, quocunque jure dominii, quacunque ratione et causa in jure patronatus predicti et presentandi ad ecclesiam ante dictam, videlicet pro uno annuali pro salute anime mee, Alicieque uxoris mee ac animarum patris et matris, antecessorum, heredum et successorum ac amicorum nostrorum, quolibet anno, semel annuatim, in perpetuum annuatim, in monasterio dictorum religiosorum, ab eis et eorum successoribus celebrando solempniter, cantando ac etiam recolendo, die martis in septimana qua cantatur *Jubilate*. Quod enim annuale, sub modo et forma predictis, ratione quitationis et dimissionis predictarum, dicti religiosi promiserunt michi fideliter, pro se et successoribus suis, eosdem religiosos, eorum successores, celebraturos pro salute anime mee et animarum aliarum omnium predictarum ex nunc anno quolibet, semel in perpetuum annuatim, in eorum monasterio memorata, se et suos successores ac suum monasterium predictum ab hec specialiter obligando. Super quibus omnibus predicti religiosi, pro se et eorum successoribus, michi, pro me et meis heredibus, dederunt et concesserunt litteras sigillis eorumdem concorditer sigillatas. Et ut hec omnia rata, firma, valida et stabilia permaneant in perpetuum, ego, dictus miles, dictis religiosis presentes litteras, pro me et meis heredibus, dedi et concessi sigillo meo proprio sigillatas. Actum mense septembris anno domini m° cc° nonagesimo nono (1).

En dépit des prescriptions de la charte de Hugues de Morville, la jouissance des dîmes d'Agon par moitié en rendait la perception difficile ; bien souvent des procès s'élevaient à ce sujet entre les chanoines de Coutances et les religieux de Saint-Lo. Ceux-ci, en effet, affermaient leur part à des gens, parfois étrangers au pays, qui ne négligeaient aucun moyen pour tirer de leur marché tout le gain possible.

M. de Glanville cite plusieurs des contestations auxquelles donna lieu cette rivalité d'intérêts.

Au milieu du xv° siècle, à l'occasion d'un procès de ce genre, un des chanoines prébendés de Coutances publia contre ceux de Saint-Lo un factum dont voici quelques passages :

« ... Les dicts sept chanoines avoient et ont droit de posseder les dictes dixmes ; que les dictes dixmes doibvent estre subhastées (2). à yssue de messe devant le cymetiere et au rabat (3) et baillés à chairier à deux chairtiers et que les dicts chanoines doibvent mettre deux batteurs en la grange pour ung an et le dict prieur ung et

(1) L. de Glanville, t. II, p. 395, pièce justif. LXIII.
(2) Criées à l'enchère.
(3) Rabais ; il s'agit d'une adjudication faite au rabais..

vice versa le dict prieur *pro alio anno* en doibt mettre deulx et les dicts chanoynes ung et y doibt avoir deux clefs pour garder les droits des dicts chanoynes et prieur.

» Item, que les dicts bateurs doibvent porter au samedy aux dicts chanoynes et prieur ce qu'ils ont batu la sepmaine des dicts blés et bailler par escript à qui il ont baillé les estrains (1) en quel nombre et à quel jour, de quoy il ne font rien ; ainsy les dicts chanoynes et prieur ne peulvent sçavoir combien leurs portions vallent car de present plusieurs sont mal renommés et de mauvaise conscience.

» Item, il est verité que les dicts malfaiteurs qui descousirent (2) ledict procès qui estoit cousu (3) au commenchement du procès à present pendant entre Lohier ses compaignons et le dit Auber ne furent pas contens d'avoir embley (4) et descousu le dict procès mès après allerent à la fenestre de Pierres Logn3 notaire et procureur du dict Auber et prindrent furtivement et larrechineusement (5) l'outre plus du dict procès les quels sont excommuniés aggravés et reaggravés et le confundantur et tous ceubx qui en ont veu et sceu aucune chose.

» Item.... avons esté plus de IIII** ans chanoynes de la dicte prebende du bois Heron à Quiebou... et jamais ne fust veu ne oy que on ayt arrestey et prins de faict nos dictes dixmes comme ont faict les dicts Loyer et ses compaignons les queulx sont excommuniez par la charte du duc Guillaume (6). »

Ce mémoire, ajoute M. de Glanville, fut remis au chantre de la cathédrale de Coutances pour être porté à Rouen et présenté au prieur de Saint-Lô.

Des détails non moins curieux se trouvent dans un autre mémoire, destiné à soutenir les mêmes prétentions et écrit par le curé prébendé de Sainte-Suzanne de Quibou, en la prébende de Boishéron :

Mémoire sur les droits respectifs des chanoines prébendés de Coutances et le chapitre de Saint-Lô, dans la paroisse d'Agon.

Le cas est tel :

Il est vérité que le priour de Saint-Lo de Rouen est tenu et obligié, de si loing temps qu'il n'est memore du contraire, de tenir une grange qui est en la paroisse d'Agon en bonne reparacion et bon estat, pour engrangier la moytié des diexmes appartenant a sept de Messieurs de l'église de Coustances, c'est assavoir : aux trois prébendés en la parroisse de la Manseliere, aux trois qui sont prebendés en la parroisse de Quiebou et a celuy qui est prebendey en la parroisse de S. Sanson.

(1) Pailles.
(2) Enlevèrent du rôle.
(3) Mis au rôle,
(4) Volé les pièces du procès.
(5) A la manière des larrons.
(6) L. de Glanville, *op. cit.* t. II, p. 233, 234.

Item, en precedent que on chairie les dites diexmes, il doibvent estre subhastees a yssue de grande messe devant le cymetiere de la dicte parroisse, au rabat, du consentement des dites parties, et baillies a chairier a deux chairtiers, gens de bien, et doibt payer le dit priour la moitié du coustage que les dites diexmes coustent a chairier et tasser et les dis sept chanoynes l'autre moytié, et, quant tout est assemblez, le dit priour et les dis sept chanoynes partent par moytié tous les grains et estrains des dites diexmes.

Item, il a esté accoustumey en temps passey et de si long temps qu'il n'est memore du contraire, jusques au temps que maistre Hugues de Laye, natif du pays de Bourgongne, est venu à traictier et gouverner la part dudit priour, d'avoir eu en la porte de la dicte grange ung petit huysset, auquel en l'aes de devant estoient attachiés et pendues deux serreures fermantes a deux clefs, non semblables l'une à l'autre, desquelles le dit priour ou ses fermiers et commis gardoient l'une et les dis chanoynes ou leurs commis gardoient l'autre, et estoit et est chose bien juste et bien raisonnable, pour eviter tous inconvenient et toutes mescreantises; mais les pillars qui y sont de present de par le dit priour n'en sont pas contens.

» Item, quant les dites diexmes estoient engrangies, le dit priour ou ses commis, comme dit est, gardoient l'une des dites clefs et les diz chanoynes ou leurs commis gardoient l'autre jusques à tant que on meist les bateurs en ladite grange, qui estoit et est chose loyalle, juste et raisonnable pour le bien, profit et honneur des dites parties.

» Item, quant le temps est venu que on doibt batre les dites diexmes et mettre les bateurs en la dite grange par prix fait avecques les diz bateurs, de l'acort et consentement des dites parties ou de leurs commis, les dis sept chanoynes y doibvent mettre deux bateurs pour leur garder leur clef et leur droit pour ung an, et le dit priour y en doibt mettre ung pour luy garder semblablement son droit et sa clef, et p ur l'autre année le dit priour y doibt mettre deux bateurs et les die chanoynes ung pour faire ce qui devant est escript, qui est chose juste et raisonnable.

» Item, il a estey accoustumey de ainsy ce faire en temps passey, mesmes en temps des Anglois, jusques à ce que maistre Hugues de Laye a commenchié à faire et faire faire ces excès et abus, et osta ou fist oster il n'a pas 15 ans, ung aes de huysset de la porte o les dites serreures estoient pendues et y en fist mettre une neuve en laquelle il fist pendre une seule serreure (1).

Le curé de Sainte-Suzanne, ajoute M. de Glanville, avait mis en cause les Carrouge et les Vasse, riches et notables paroissiens d'Agon, fermiers du prieur de Saint-Lo, ainsi que d'autres particuliers appelés Jehan Befin, Tanquerois, Laurens Lohier, Le Hubys et Jehan Auber. Il gagna son procès, mais les contestations ne tardèrent pas à se renouveler. M. de Glanville en a retrouvé la preuve dans plusieurs sentences du bailli de Saint-Sauveur-Lendelin, en date des 9 avril 1593 et 9 juin 1604. Il ajoute que, le 7 décembre 1725, on se plaignait encore du chapitre assemblé que le curé d'Agon usurpait depuis

(1) L. de Glanville, t. II, p. 396-397, pièce justif. LXIII b.

plusieurs années les dîmes à recueillir sur une partie de la seigneurie d'Agon et que des poursuites furent décidées contre lui.

Ce n'est pas seulement avec les chanoines de Coutances eurent à soutenir d'importantes contestations ; souvent aussi ils plaidèrent contre des particuliers.

Certains paroissiens d'Agon refusèrent de payer la dîme des prairies artificielles (trèfle, luzerne, etc.) dont l'usage se répandit en Normandie au commencement du xviii° siècle ; mais des conventions amiables mirent fin aux procès soulevés à ce sujet.

Un arrangement du même genre termina, en 1765, une difficulté avec le seigneur d'Agon. Celui-ci avait mis en herbe une pièce de terre, nommée le Grand-Marais, jadis en labour et sur laquelle les chanoines et les religieux exerçaient leur droit de dîme. Le seigneur consentit enfin à payer annuellement quatorze boisseaux d'orge à partager entre les divers décimateurs.

Je donnerai dans l'*Annuaire* de 1893 la suite de ces notes. Elles porteront sur les privilèges des curés d'Agon, les contestations soulevées par des seigneurs de la paroisse à propos des droits honorifiques, enfin sur les réparations de l'église obtenues à grand peine par le curé des religieux de Saint-Lô de Rouen.

Emile Travers.

NOTES

Pour servir à l'Histoire de Saint-Lo et de ses Environs.

LES VILLAGES DE SAINT-LO (*).

(Suite.)

II.

LE BOSCDELLE.

Le *Boscdelle* ou *Bosdelle,* dont le nom a beaucoup d'analogie avec celui de Boisdelle (*Boscum Ale*) appliqué à la partie orientale du canton de Saint-Clair, est un manoir situé sur la rive droite de la Vire, entre La Vaucelle, au Nord, La Seigneurie, à l'Est, et La Poulinière, au Sud. Il dépend de la paroisse Notre-Dame.

Les bâtiments qui le composent et dont l'ensemble forme équerre, appartiennent à deux époques différentes. La maison de maître, qui fait façade, est presqu'en entier de la fin du xviiᵉ siècle ou du commencement du xviiiᵉ ; son fronton et ses fenêtres à imposte sont là pour l'attester ; l'aile en retour remonte aux dernières années du xviᵉ siècle ; la tourelle de l'escalier *en vis de degré*, avec ses fenêtres à parements ébrasés, les portes et les fenêtres aux linteaux en accolade en donnent l'assurance. On attribue le logis moderne à maître Nicolas Henry, sieur de La Beaumerie et du Boscdelle. Les anciennes constructions sont dues à noble homme Ponthus Vincent, écuyer, sieur de La Seigneurie et du Boscdelle, qui les édifia vers 1595, probablement à l'endroit primitivement occupé par le *mesnage* des précédents propriétaires, les de Conteville.

De ce ménage aucun vestige ne subsiste. Quant au manoir actuel, s'il n'a extérieurement rien de bien remarquable, à part des toits inclinés et de hautes cheminées, son intérieur présente un large et commode escalier en pierre de Caen et granit d'une véritable hardiesse de construction qu'accompagne une grille en fer forgé d'un beau dessin et d'une belle exécution. Les pièces intérieures sont hautes et vastes ; plusieurs sont richement lambrissées en vieux chêne et ornées de peintures.

(*) Voir l'*Annuaire de la Manche*, année 1891, page 43 et suivantes.

Le Boscdelle occupe un site agréable d'où l'on découvre, à droite, au fond de la vallée, se détachant sur des masses de feuillages, Saint-Lo avec ses maisons étagées, que dominent les svèltes clochers de l'Eglise Notre-Dame ; en face, les coteaux ombreux de La Falaise ; à gauche, les hauteurs du Joly, de La Tremblée que couronne la villa moderne bâtie par l'un des descendants des anciens d'Aigneaux, et, à ses pieds, la Vire coulant lentement dans ses nombreux méandres.

Le Boscdelle était un simple fief roturier relevant nuement et sans moyen de la Baronnie de Saint-Lo. Ceci résulte positivement d'une pièce de Procédure datée de 1670, dans laquelle on lit :

« Mémoire des *fiefs roturiers* présenté par le sieur Fossey,
» représentant M. de Matignon, comme dépendants de la
» baronnie de Saint-Lo :

. . . .

» *Le fief* du *Boscdelle*, dont est *Ainsné* maistre René Vaultier,
» sieur du Boscdelle (1). »

Ce tenement avait une contenance certainement supérieure à 240 vergées, puisqu'à elle seule la *Terre du Boscdelle* proprement dite avait cette étendue. Nous ignorons les noms des puînés qui en tenaient les héritages, sauf Jean de Launay du Boscdelle, qui vivait en 1436-1441 (2), et maître Pierre Bivionnet, Lieutenant à Saint-Lo du Bailli du Cotentin, le quel vendit, en 1532, à Louis de Conteville, sieur du Boscdelle, divers terrains et maisons, presque contigus au manoir, qu'il avait acquis, en partie, d'un nommé Guillaume du Pont, fils Jean, de Cavigny (3).

On ne connaît point les redevances seigneuriales aux quelles ce fief était assujetti. En revanche, l'Abbaye de Saint-Lo y percevait une rente de 5 sols tournois d'ancienne constitution et le Trésor de Notre-Dame, une rente de 24 livres tournois, en deux parties, pour un obit fondé en 1520, par Arthur de Conteville. Cette dernière compte toujours parmi les revenus de la Fabrique (4).

(1) Archives de la Fabrique de l'Eglise Notre-Dame de Saint-Lo. — Procedure relative à la banalité du moulin Berot.

(2) Archives de l'Hôtel-Dieu de Saint-Lo B — 132. — Jean de Launay devait 5 sols tournois de rente à la Maison-Dieu sur un champ assis près de l'Espine au Seigneur.

(3) Titres privés. — Penès nos. — Contrat du 31 mars 1524, devant Michel Pépin et Jean Scelles, tabellions à Saint-Lo.

(4) Archives de la Fabrique de Notre-Dame.

Les premiers propriétaires connus du Boscdelle sont les de Conteville, famille d'ancienne noblesse (1). Ils remontaient aux premières années du xiv° siècle. A cette époque vivait *Raoul*, écuyer, sieur du Boscdelle, et homme d'armes du Grand Sénéchal de Normandie. Thomas, son fils puîné, fut Prieur de la Maison-Dieu de Saint-Lo.

Jourdain de Conteville, Gouverneur de l'Apanage du Duc d'Orléans, était, en 1426 et en 1446, possesseur de deux hôtels sis à Saint-Lo : l'un dans le Chastel; l'autre en la rue Torteron. Il possédait également le Clos-Harenc (2).

De ses deux fils, Jean, l'aîné, mort avant 1495, remplit le poste de Capitaine de notre cité; son frère fut, de son côté, pourvu du Prieuré de l'Hôtel-Dieu.

Arthur de Conteville succéda à Jean son père; il vivait en 1520, comme cela vient d'être dit.

Louis de Conteville, fils et héritier du précédent, celui-là même qui accrut le domaine du Boscdelle, mourut entre 1536 et 1539, laissant une fille mineure, Jacqueline de Conteville, dont, à cette dernière date, les intérêts étaient confiés à messire Gilles Pitheboult, écuyer, alors qu'une nommée Catherine Faucillon contestait la vente des héritages cédés par Pierre Le Bivionnet au père de la *soubsagée.*

Par le mariage de Jacqueline avec Roulland de Gourfaleur, sieur de Gonneville, fils de Jean de Gourfaleur, seigneur de Bonfossé, Le Boscdelle passa dans cette dernière famille. Ce ne fut pas pour longtemps, car, par contrat du 25 août 1583, le sieur de Gonneville et sa femme, dame de Carantilly et de Cametours, le cédèrent en circonstances et dépendances à noble homme Ponthus Vincent, sieur de La Seigneurie, moyennant le prix et somme de « troys mil escus d'or soleil » (3).

A Ponthus Vincent, qui édifia une partie du manoir actuel, (4) succédèrent ses fils « nobles hommes Jacques et Pierres » dicts Vincent, sieurs de La Seigneurie et du Boscdelle ». L'un et l'autre furent condamnés, le 13 avril 1625, à payer au Trésor de Notre-Dame, la rente de 24 livres tournois grévant

(1) *Recherches de la Noblesse* par les élus de Bayeux en 1524. — Un Robert de Conteville fut bienfaiteur de la Maison-Dieu de Saint-Lo. — Archives de l'Hôpital. — Liste dressée à la fin du xiv° ou aux premières années du xv°.

(2) Archives de la Manche. — Comptes de la baronnie de Saint-Lo, 1444-1446.

(3) Contrat devant Jacques Soquet et Guillaume Baudet, tabellions pour le siège de Quibou.

(4) Archives de l'Hôpital. — Note informe « Noble homme Ponthus » Vincent, propriétaire et sieur de La Seigneurie et du Boscd'Elle, a bâti le » Manoir du Boscd'Elle ».

leur domaine (1). Huit ans plus tard, le Boscdelle, décrété sur eux, fut adjugé à Jean Le Provost, écuyer, sieur de La Sirte (?), le quel se désista de son adjudication au profit de messire Guillaume Vaultier, sieur de la Vignette, Conseiller du Roi, Lieutenant général en la vicomté de Saint-Lo et Procureur du Roi en l'Hôtel de ville de ce lieu. Maître Vaultier prit possession de son acquêt le 10 mai 1633 et amortit bientôt 16 livres de rente sur les 24 dues au Trésor (2):

Son fils, maître René Vaultier, Conseiller du Roi, Lieutenant ancien civil et criminel du Bailli du Cotentin, pour le siège de Saint-Lo, recueillit Le Boscdelle dans la succession de son père. Nous le trouvons, en 1654, Trésorier de l'Eglise de sa paroisse. Le 29 novembre 1681, il céda sa terre au mari de sa fille unique Madelaine, maître Nicolas Henry de la Beaumerie, sieur du lieu et des Landelles, Conseiller du Roi, Elu en l'Election de Carentan et Saint-Lo, Lieutenant en la vicomté et Rapporteur du Point d'honneur, de la Connétablie et Maréchaussée de France au même siège.

Le sieur de la Beaumerie compte parmi les bienfaiteurs de l'Hôtel-Dieu de Saint-Lo. En 1709, il donna à cet établissement charitable une somme de 954 livres pour être convertie en une rente dont les arrérages étaient consacrés partie à l'entretien des pauvres malades et indigents de la Maison, partie en vêtements destinés à 12 enfants pauvres étrangers à l'hôpital et choisis en nombre égal dans les paroisses de Notre-Dame et Sainte-Croix. Ces enfants devaient avoir 4 ans au moins et 15 ans au plus.

A la mort de Nicolas Henry, survenue le 29 novembre 1710, Le Boscdelle échut à son fils aîné, Jean-Baptiste, qui se qualifiait *Ecuyer et seigneur* du Boscdelle. Le nouveau propriétaire exerçait les fonctions de Lieutenant de longue robe en la Prévôté générale de Normandie et devint Echevin de Saint-Lo. La majeure partie de son avoir sombra dans la faillite de Law. Il mourut en 1728 et fut, suivant son désir, inhumé sous le porche de Notre-Dame, son église paroissiale.

Le Boscdelle échut à Jacques Henry du Boscdelle. A la mort de celui-ci, advenue en 1748, ses deux filles, Jeanne-Madelaine-Victoire, appelée Mlle du Boscdelle, et Marie-Anne-Madelaine-Charlotte, se divisèrent le domaine. Le manoir et quelques terres adjacentes formèrent le lot de Jeanne-Madelaine, l'aînée; Marie-Anne eut le surplus. Elle avait épousé, le 7 mars 1774, un de ses parents Antoine Vieillard de Boismartin, jeune et brillant avocat au Conseil supérieur de

(1) Archives de Notre-Dame de Saint-Lo.— Journal des rentes de 1597. — Notes additionnelles.

(2) Archives de Notre-Dame de Saint-Lo. — Acte du 28 août 1638.

Bayeux (un des Parlements Meaupou). Retiré à Saint-Lo,
M. de Boismartin devint, en 1789, en 1793 et de 1811 à 1815,
Maire de cette ville, malgré son attachement bien connu à la
cause royale. Sa droiture, sa grande intelligence, ses hautes
aptitudes et aussi son caractère énergique lui avaient concilié
le respect de la cité toute entière.

A sa mort, Jean-Louis Vieillard, son second fils, réunit en
ses mains et le manoir et les terres du Boscdelle, qui fut de
nouveau démembré en 1823, et surtout en 1850, lorsque
s'ouvrit la succession de Henriette Vieillard, sœur de Jean-
Louis et veuve de M. de Mecflet, écuyer, chevalier de Saint-
Louis (1).

Cet ancien domaine est maintenant et en grande partie, la
propriété de Mme Huet, née Vengeons ; M. Huet, avocat, a
restauré le manoir avec infiniment de goût, tout en lui conser-
vant la physionomie qui lui est propre et qui en fait une des
plus agréables résidences des environs de Saint-Lo.

———————

III.

LA SEIGNEURIE.

En face du Boscdelle, de l'autre côté de la route de Saint-Lo
à Avranches, s'élève le manoir de La Seigneurie, auquel conduit
une assez longue avenue de beaux peupliers.

Cette demeure, dont l'ensemble s'est fort peu modifié depuis
sa construction, a tout l'aspect d'une gentilhommière. Volontiers on la prendrait pour un petit castel fortifié. Elle occupe
trois des côtés d'une grande cour carrée dont le dernier côté
s'ouvre sur de plantureux vergers. Son colombier, placé jadis
au milieu de la cour, a disparu.

Si la maison manable fait face au Nord, la partie principale,
celle qui a le plus de caractère, c'est-à-dire l'entrée et ses
annexes, regarde le Couchant.

Cette entrée se compose de deux portes cintrées bâties dans
de bonnes proportions : l'une sert au passage des voitures et
des cavaliers ; l'autre est réservée aux gens de pied. Un réduit
les surmonte. Il est en encorbellement et repose sur six mâchi-

———————

(1) Tous ces détails nous ont été obligeamment donnés par M. Vieillard
de Boismartin, Membre de la Société d'Agriculture, d'Archéologie et
d'Histoire naturelle de la Manche.

coulis dont les voûtes s'appuient sur des corbeaux saillants. Cinq ouvertures, trois barbacanes et deux petites fenêtres carrées, placées en alternance, règnent, à hauteur d'homme, audessus des mâchicoulis. Les barbacanes sont fort petites et donnaient tout juste le passage au canon d'une arquebuse. Un toit de chaume couronne le tout.

A gauche de l'ouvrage se voit une tourelle ou poivrière à six pans, percée de deux petites fenêtres grillées, d'une troisième plus petite encore et, enfin, d'une quatrième de même largeur que la précédente, mais sensiblement plus haute. Ces ouvertures, irrégulièrement disposées, éclairent un escalier tournant qui mène au réduit ; on y accède par la cour. Tout contre s'avance un grand bâtiment carré, arrangé à la moderne, dont une pièce d'eau baigne les murailles et défend l'accès.

Au côté droit de l'entrée existe une tour hexagonale, à base légèrement évasée ; elle est établie de façon à croiser ses feux avec ceux du réduit et de la poivrière opposée, comme aussi à battre les abords, au Nord et au Nord-Ouest.

La façade intérieure de l'entrée est la reproduction du côté extérieur, sauf qu'elle comprend sept mâchicoulis au lieu de six et quatre fenêtres au lieu de deux. Une petite barbacane troue chaque trumeau.

L'habitation proprement dite n'a rien de bien intéressant. A la vérité, les cheminées étaient grandes ; on les a remaniées et rapetissées. Point de sculptures, point d'écussons, ni d'inscriptions ; les murs sont blanchis à la chaux. Des anciennes fenêtres, qui ne sont pas modernisées, il en est qui, par leur étroitesse, rappellent le xvi⁰ siècle ; une seule est large et ornée d'un linteau en accolade ; elle est de la fin du xv⁰ siècle ou des premières années du siècle suivant. Il en est de même de la porte d'une des salles dont le linteau est en anse de panier. Une moulure en creux lui sert d'encadrement.

Malgré le caractère particulier du manoir, qui était assurément le lieu chevel de l'aînesse, *le fief de La Seigneurie* était une simple roture relevant directement de la Baronnie de Saint-Lo, comme La Vaucelle, Le Boscdelle et tant d'autres terres des environs.

Le compte des recettes et dépenses de la Baronnie pour l'année 1445-46, rendu à Jean de Castiglione, évêque et baron de Saint-Lo, par Philippin Damyan, son ménager, est le premier document qui, à notre connaissance, mentionne cette aînesse.

Elle y figure pour v sous tournois et xvij boisseaux de froment de rente annuelle (1). Plus tard, en 1686, elle semble n'être plus grevée au profit du seigneur Baron, que d'une rente de six boisseaux de froment et de deux douzaines de pigeons.

(1) Archives de la Manche.— Baronnie de Saint-Lo.

Au xv° siècle, le fief était possédé par Johan Le Seigneur, sans doute un des descendants du premier tenancier qui lui donna son nom, peut-être Raoul ou Richard *Le Seigneur*, qui vivaient en 1260 et 1261 (1) ; Johannin Langlois et Perrin Le Nepveu, héritiers de Pierre La Chouque, y possédaient des terres en même temps que Johan Le Seigneur.

Lequel de ces trois tenants était l'*ainé* de la vavassorerie ? Ce point est à résoudre, de même que celui de l'étendue des héritages qui en dépendaient. Nous savons seulement que ces terres touchaient au chemin allant du Huterel à Campdol, situé sur Saint-Thomas de Saint-Lo, et aussi aux domaines de La Vaucelle et du Boscdelle (2).

La Seigneurie et ses dépendances ne tarda pas à passer entre les mains de la famille Vincent, probablement originaire de Tribehou (3). Pierre et Guillaume Vincent, *fils Ponthus*, qui furent membres de la « confrarie de Saint Johan aux Chapiaux (4) » vers la fin du xv° siècle, se trouvent, en effet, à La Seigneurie en 1526. Il est permis de croire que c'est à eux qu'est due la construction du castel. Ponthus Vincent, III° du nom, leur succéda. Ce bourgeois de Saint-Lo avait sûrement, dans sa jeunesse, endossé le harnais, car, par lettres royaux de février 1557, le roi Henry II lui conféra le titre de *Capitaine du Jeu de la Hacquebutte* pour le tir du Papegai à Saint-Lo (5). Il fut anobli par charte de 1576 et s'intitulait, en 1595, Noble homme, sieur de La Seigneurie (6). Roissy le maintint noble ainsi que ses enfants (7).

A l'exemple d'un grand nombre de notables de sa ville natale, Ponthus Vincent embrassa la Réforme qu'il abjura, en 1586, devant messire Charles Le Painteur, sieur du Boisjugant et d'Escures, lieutenant du Bailli du Cotentin en la vicomté de Saint-Lo (8).

---

(1) Archives de l'Hôpital de Saint-Lo.—Livre rouge, fol. 70.

(2) Contrat du 25 septembre 1597, devant les tabellions de Saint-Lo.

(3) Le 11 décembre 1510, un Ponthus Vincent est témoin à un contrat passé devant Jean Hébert et Nicolas Bulet, tabellions au Hommet ; le 21 novembre 1524, Ponthus Vincent, *de la paroisse de Tribehou*, achète des terres à *Tribehou*, contrat devant Pierre Le Porcher et Jean Borel sousdiacre.

(4) Archives de la Fabrique Notre-Dame de Saint-Lo. — Statuts de la confrérie de Saint Jehan aux Chapiaux, page 57.

(5) Archives de la Seine-Inférieure.—Mémoriaux de la Cour des Aides 1556-1565, fol. 17, 18, 19, 121, 122.

(6) Archives de l'hôpital.— B. 143.

(7) Roissy, 4 février 1599. Les Vincent portaient « d'azur à 2 chevrons » d'argent et à 3 molettes aussi d'argent ».

(8) Toustain de Billy. — Histoire de Saint-Lo, imprimée, page 116.

Dans ses mains, la fortune des Vincent ne périclita point : en 1583, il achetait Le Boscdelle et en 1595, des héritages décrétés sur un nommé Jean Cardet. A ce titre, il devint débiteur envers l'Hôtel-Dieu d'une rente de 2 boisseaux de froment évaluée au capital de 26 écus 2/3 d'or soleil.

Ses fils, Jacques et Pierre Vincent qualifiés de nobles hommes, ne suivirent pas les traditions de leurs ascendants ; en 1625, le Bailliage de Saint-Lo les condamna à payer au Trésor de Notre-Dame, les arrérages de deux parties de rente montant ensemble à 24 livres tournois qui grevaient Le Boscdelle, et, le 23 août 1638, cette terre fut décrétée sur eux. La Seigneurie eut le même sort (1).

Jacob Le Tellier, sieur du Huterel en fit l'acquisition ; elle devint ensuite la propriété de messire Jean du Prey, écuyer, avocat au Parlement demeurant à Saint-Lo, et bientôt celle de messire Jean du Prey, écuyer, également avocat au Parlement, fils aîné du précédent (2), son père ayant par avancement d'hoirie, partagé ses biens entre ses deux fils, suivant contrat du 23 octobre 1640.

Catherine, Judith, Marthe et Elisabeth du Prey, filles du précédent et femmes des sieurs Michel Saint, Jacques Gohier, Jacques Chatrefou, sieur du Huterel et Pierre Hardy, sieur de La Coudraye, cédèrent La Seigneurie à messire Philippe de La Lande. Le contrat est du 13 décembre 1680 (3).

En 1686, elle appartenait à messire Nicolas de La Lande, fils du précédent, qui, dans un acte du 22 octobre, avait les titres de seigneur de La Seigneurie, Conseiller du Roi et Commissaire aux Revues à Saint-Lo. Mais si son père s'était enrichi par le commerce, le commerce ruina le fils (4).

Adjudicataire du Tarif de Saint-Lo, avec son frère Jean, sieur de Landerville, il gère si mal ses affaires que les Echevins poursuivent contre les deux associés le bannissement de cette taxe à la folle enchère. D'un autre côté, commandité, dirait-on aujourd'hui, par messire Antoine de Fresnel, seigneur de Saint-Ouen, et par messire de Brageloine, Conseiller du Roi et Trésorier de France, à Paris, « pour les achats et reventes de » toutes sortes de laines, draperies, huiles, savons et autres » choses nécessaires pour les draperies et principalement pour » les serges de Saint-Lo et autres marchandises, » ses bail-

---

(1) Ponthus Vincent laissa également deux filles : Jeanne et Marie. Jeanne Vincent épousa un nommé Jacques Le Prieur. Marie semble n'avoir point marié.

(2) Les armoiries de la famille du Pray étaient : « d'argent au sautoir » endenté de sable, cantonné de 4 quintefeuilles de gueules ».

(3) Archives de l'Hôpital de Saint-Lo. — Registre inventaire de David Vaudevire, page 391.

(4) Archives.—Bailliage de Saint-Lo.—Acte du 22 octobre 1686.

leurs de fond, malgré une lettre de répit obtenue du Roi, en
1694, poursuivent la liquidation de l'association et, en même
temps, la vente de ses biens. Et cependant la surséance royale
était motivée, d'abord, sur ce que les pertes éprouvées par le
sieur de La Seigneurie provenaient tant du fait des ennemis
« qui avaient pris plusieurs de ses navires chargés de marchandises » que de funestes naufrages ; ensuite sur ce que ses
biens meubles et immeubles avaient une valeur de 170,000
livres tournois, somme suffisante pour faire face à ses dettes, si
on lui donnait le soin et le temps de surveiller lui-même sa
liquidation.

Il lui fallut procéder quand même. N'y avait-il pas les droits
de la femme normande, cette source inépuisable d'intermi-
nables procès ? Aussi voit-on, en 1702, La Seigneurie aux
mains des enfants du sieur de La Lande et de sa femme,
demoiselle Catherine Le Bahi.

Le sieur de La Seigneurie n'avait pas toujours, paraît-il, le
caractère aisé, soit par un penchant naturel, soit que la double
qualité de Conseiller du Roi et de Commissaire aux Revues lui
parût telle qu'il dût marcher au moins de pair avec les premiers
magistrats de Saint-Lo.

Dans une assemblée tenue, le 13 mai 1693, sous la présidence de M. Duchemin de La Tour, Lieutenant-général du
bailliage de Saint-Lo, la Bourgeoisie avait à délibérer sur l'assiette du logement des gens de guerre. Nicolas de La Lande y
soutint qu'à raison de ses fonctions, lui seul devait régler cette
partie du service, même à l'exclusion du Lieutenant-général,
Maire de la cité. Celui-ci revendiquait, de son côté, ce même
droit comme relevant de sa charge. La discussion s'anima,
s'envenima ; bref, de La Lande s'emporta contre son contradic-
teur dont il attaqua grossièrement la famille.

Nouvelle réunion, le 16 juin ; nouvelles revendications que
termina, enfin, la lecture d'un arrêt du Conseil du 17 février
précédent, disposant que les Lieutenants-généraux Maires des
villes avaient vue et inspection sur les logements des gens de
guerre concurremment avec les Commissaires aux Revues.

Si cette décision mit fin à la question d'attributions, elle ne
donnait nulle satisfaction personnelle à M. de La Tour, qui s'en
plaignit à M. de Matignon, baron de Saint-Lo et Lieutenant-
général des armées du Roi en Basse-Normandie. De là une
enquête à laquelle ce grand seigneur procéda lui-même, le
26 novembre, enquête qui fut suivie d'une ordonnance ainsi
conçue :

« Nous avons ordonné que le sieur de la Tour fera assembler,
» au jour qu'il souhaitera entre cy et quinze jours, la Ville à
» l'Hostel commun, en la manière accoustumée, où le sieur de
» La Seigneurie se rendera sur l'advis qui luy en sera donné

» par le greffier qui l'en aura adverti trois jours auparavant, et,
» après avoir salué ledit sieur de La Tour, il luy dira, le chap-
» peau à la main, en ces termes :

» Monsieur, je vous demande très humblement pardon de
» tout ce qui s'est passé à l'Hostel de ville le 13 may.

» Je reconnais que témérairement, mal à propos, et sans
» réflection, j'ai proféré tout ce que j'ay peu dire contre votre
» honneur et celuy de votre famille. Je vous supplie d'avoir la
» bonté de l'oublier, vous reconnaissant comme un officier et
» gentilhomme d'honneur.

» .... Et payera le dit sieur de La Seigneurie les frais de l'in-
» formation. »

La Ville se réunit le 10 octobre 1693 ; le sieur de La Lande
fit les excuses ordonnées. Elles furent inscrites au Registre des
délibérations, quoi qu'en pût dire l'intéressé (1).

La leçon fut rude, bien que méritée ; mais peut-être trouve-
ra-t-on une excuse aux vivacités de celui qui la reçut, dans un
de ces insuccès commerciaux qui, plus tard, amenèrent sa
déconfiture.

Michel de La Lande, un de ses fils, mort antérieurement au
8 octobre 1740, porta le titre de sieur de La Seigneurie. Ses
affaires ne furent non plus fort brillantes, car Jeanne Voidie,
sa femme, renonça à sa succession, que recueillit Remy de La
Lande, avocat au Parlement de Paris, qualifié de sieur de La
Seigneurie en 1756, lorsqu'il acquit une portion de terrain située
sous les murailles de la ville, au droit des jardins de M. Néel
des Ifs (2) et de ses propres maisons, terrains que son neveu et
héritier, Jean-Philippe-Nicolas de La Lande du Demaine, reven-
dait, le 18 juin 1808, à M. Louis-Alexandre-Felix Guillot, chevalier de la Légion d'honneur, ancien Maire de Saint-Lo et
ancien Sous-Préfet de Bayeux (3).

La Seigneurie est aujourd'hui la propriété de Mlle Poupion.
C'est une résidence solitaire où l'on aimerait à se livrer à l'é-
tude, certain que les bruits du dehors ne viendraient point vous
troubler dans vos recherches ou vos rêveries.

---

(1) Registre des délibérations du Corps de ville de Saint-Lo, pour l'année 1693.

(2) Ancien propriétaire de l'hôtel Le Creps.

(3) Titres de propriétés privées.

IV.

LA GOUERIE.

En suivant le chemin qui de la Grande-Rue conduit au vieux chemin de Candol (1), on rencontre, après le Buhot, un ensemble de bâtiments et de terres cultivées nommé la Gouerie. Cet ensemble se divise en Grande-Gouerie et en Petite-Gouerie ; celle-ci située sur la commune de Saint-Lo ; celle-là sur la commune de Saint-Thomas.

De simple ferme qu'elle était, dans le principe, la Petite-Gouerie est devenue une rue bordée de quelques maisons, tandis que la Grande-Gouerie ne comporte que deux corps de ferme peu considérables. Le plus vieux, celui qui conséquemment dut être le manoir de l'ancien fief, s'élève à mi-côte d'un léger pli de terrain, au pied duquel coule le ruisseau du Val-Huby, qui, après avoir traversé le Huterel, passe à Falourdel pour se jeter dans la Vire, au S. de la Vaucelle.

Jadis la Gouerie, anciennement appelée Gouherie, Goherie et Goërie (2), ne formait qu'un seul tènement ou vavassorie, s'étendant aux paroisses de Notre-Dame et de Saint-Thomas-de-Saint-Lo. Sa contenance ne dépassait pas quarante acres et demie, et ses limites touchaient aux fiefs du Moncheel (3), du Huterel, de la Seigneurie, du Boscdel, à la Vaucelle et au Fief à-Lasnier, dont la rue de l'Anerie indique suffisamment la position. Elle consistait en manoir, colombier, bois, prés, jardins, domaines et terres labourables.

Du manoir, il ne demeure qu'une pauvre maison en majeure partie refaite et partant sans caractère, située à l'entrée de la cour de la Grande-Gouerie, ainsi qu'un bâtiment servant aujourd'hui à usage de pressoir. La Maison n'offre de particulier qu'une croisée avec un linteau en accolade et quelques pans d'ancienne maçonnerie ; on dit que la chambre qu'elle éclaire a servi de *Prêche* aux Protestants. Le pressoir a conservé une porte cintrée et une fenêtre carrée dont le linteau et les jambages sont en schiste piqué.

Quant au colombier, situé jadis en face des bâtiments, de l'autre côté de la cour, dans un jardin aujourd'hui en pré, il a complètement disparu. — Les bois ont eu le même sort ; si bien que l'aspect général de la Grande-Gouerie n'a rien qui, de

(1) Ancienne route de Saint-Lo à Avranches.
(2) Habitation des Gohier ou Gouhier.
(3) Le Monchais ou Monchois, aujourd'hui.

prime abord, rappelle la demeure d'une famille de marque, si ce n'est peut-être le mur d'enceinte enveloppant maisons, cour, jardins et un plant de pommiers d'assez notable étendue.

La Grande-Gouerie et une portion de la Petite étaient hors bourgage. Le fief était une roture : ceci résulte de l'aveu passé, le 4 février 1686, par Dame Jacqueline de Bechevel, veuve de Messire Gédéon de Chivré, Cte de Meillan, et aussi de déclarations directes, baillées, en 1621 et 1680, à la baronnie de Saint-Lo par les puinés Jean Hardy et Jean Damemme, bourgeois de cette ville. Il se relevait par foy et hommage et par divers autres services.

Une des deux sergenteries de la baronnie, celle de la Sénéchaussée y était annexée, « en laquelle (le titulaire) n'a franc » lieu, ni justice » ainsi que le déclare la charte dite de la Bourgeoisie datée de 1409.

Des extraits d'aveux donneront une idée exacte des avantages qu'en retiraient les tenanciers et des charges qu'il leur imposait.

Dans l'aveu rendu à l'Evêque-baron de Saint-Lo, le 24 octobre 1495, par Olivier de Bechevel, on lit :

« Le quel fieu contient quarante acres et demye environ, à » cause du quel fieu et sergeanterye, le dict Ollivier Bechevel » est tenu justicier, ès mettes de la dite sergeanterye, ceux qui » doivent et détiennent les rentes de mon dit seigneur pour ses » fermes et pour ses xiii** non paiés ; à cause du quel fieu le dit » Ollivier Bechevel a droit et liberté de pouvoir mouldre ès » moulins de mon dit seigneur, en sa baronnie, à Desgrain et » sans payer moulture.

» .... A raison du quel fieu icelluy Bechevel, tant luy que ses » puisnés, sont tenus faire et paier, par chascun an, au dit » seigneur les rentes qui ensuyvent, c'est assavoir : ung quartier » de fourment et troys quartiers d'avoyne, à la mesure de » Saint-Lo, au terme Saint-Michel en septembre ; quattre » chappons à Noël ; item est deu pour le dit fieu service d'un » homme aux fains au prey de l'Isle-Andrieu et au prey du » Pont ; item, à cause du dit fieu et sergeanterye le dit Bechevel » doibt trouver cordes et eschelles pour ceulx qui sont con-» dampnez, en la dite ville, par la juridiction du dit seigneur, » touttefoyes que le cas s'offre et ainsy qu'il est accoustumé » estre faict d'ancienneté, avec reliefs xiii°, quant le cas » s'offre. » (1)

Un aveu rendu au Roi, en 1553, par l'évêque Etienne Martel, contient le passage suivant :

(1) Archives de la Manche. — Famille de Béchevel.

« Et est tenu (Nicolas Bechevel) à faire venir ens les amendes
» et exploicts de nostre court temporelle qui sont faictes et gaigés
» par les habitans et demeurans ès mettes de sa verge et sergean-
» terye, et semblablement nous en doibt plusieurs aultres
» redebvances, rentes et obéissances telles comme nous et nos
» dits prédécesseurs y avons accoustumé prendre ou temps
» passé ; et nous en appartient reliefs, aydes, gardes et aultres
» adventures, toultes foys que le cas y adviennent ; la quelle
» sergeanterye du dit Bechevel o ses appartenances nous doibt
» plusieurs aultres droictures et services o la subjection et
» servitude de sergeant, comme il est accoustumé d'ancien-
» neté. » (1)

Conçu en termes plus généraux que le précédent, cet extrait
se complète par l'aveu suivant rendu au Roi, le 25 février 1670,
par François de Matignon, baron de Saint-Lo. (2)

« Item nous avons deux sergeants fieffés : l'un tenu par (les
» hoirs Jacob de Bechevel) escuyer, sieur de la Goërie, le quel est
» subject de faire vuider les rentes de la ville, faubourgs et
» sergenterie d'icelle baronnie ; et l'autre.... lequel aussy (Jacob
» de Bechevel) est tenu faire vuider les cens, rentes, lots, amendes
» et exploits de nostre dite court, qui sont faicts par les habitans
» et demeurans ès mettes des susdites verges et sergenterye,
» dont le tènement ou vavassourie appelé la Goërie, ainsy que le
» manoir et terres joignans le faubourg du dit Saint-Lo, de
» présent possédé par les héritiers ou représentans Jacob de
» Bechevel, escuier, faisant l'autre sergenterye de Nostre Dame
» de Saint-Lo, où ils sont tenus d'exploitter et de faire paier, en
» nostre recepte, toutes les rentes d'icelle baronnie deues par les
» habitans demeurans en la dite baronnie et sergenterie de
» Saint-Lo, comme aussy les amendes et exploits jugés par nos
» officiers en icelle baronnie et les porter à nostre bureau de
» recepte au dit Saint-Lo, et oultre nous en sont deues plusieurs
» aultres rentes, redebvances, obéissances et services tels que
» d'ancienneté nous avons accoustumé de prendre, entre les
» quelles ils doibvent trouver et fournir cordes et eschelles
» pour ceulx qui sont condampnés en la dite ville de Saint-Lo,
» par nostre juridiction, quand le cas s'offre, et nous appar-
» tiennent reliefs, xiii***, aydes, soubs-aydes, gardes et autres
» adventures casuelles. »

Cette dernière sujétion ne fut pas toujours acceptée sans
protestation de la part des sieurs de la Gouerie. Jacqueline de
Bechevel, comtesse de Meillan, entre autres, ne l'écrivit pas
dans son aveu de 1679, car on lit dans sa réponse au blâme
d'aveu qui s'en suivit, qu'elle considère « comme une servitude

(1) Archives de la Manche. — Baronnie de Saint-Lo.
(2) Archives de la Manche. — Baronnie de Saint-Lo.

» honteuse et infâme de fournir l'échelle et les cordes pour
» faire l'exécution des criminels que pourroient condamner
» les officiers de la Justice du seigneur Baron... C'est » dit-elle «
» ce qu'on n'a jamais exigé de mes ancêtres, ni de moi ; que si
» l'inféodation les spécifiait, le non usage en a amené la pres-
» cription. »

Quant aux redevances productives, l'aveu d'Olivier Bechevel
ne les indique pas toutes ; il omet celle de iiij pains qui se
payait avec les 4 chapons dus à Noël. Cela résulte du compte
des revenus de la baronnie rendu, en juillet 1445, par le
ménager de l'Evêque de Coutances, (1) et aussi d'un écrit du
4 février 1686 (2) par lequel la comtesse de Meillan s'en
reconnaissait débitrice.

L'Hôtel-Dieu de Saint-Lo prélevait, de son côté, sur une
portion de la Gouerie, une rente de cinq boisseaux de froment,
un pain et un chapon, cause fréquente de procès entre le
créancier et les débiteurs. L'Hôpital exécute, en effet, Jean de
Bechevel, le 28 août 1487, pour arrérages impayés ; le 30 mai
1504, il prend une doléance sur Olivier de Bechevel ; le
21 mars 1591, il poursuit une nouvelle exécution sur Gilles de
Béchevel, suivie bientôt d'un exploit signifié, le 27 août 1603,
à Jacques de Bechevel ; enfin, le 20 novembre 1691, une dernière saisie est conduite sur la comtesse de Meillan, résidant
alors dans sa terre de la Gouerie. (3)

On ne connaît que deux familles qui aient possédé l'aînesse
de ce fief : les Gouhier ou Gohier, auxquels il doit son nom ;
les de Bechevel, venus après ceux-ci et qui sont considérés
comme appartenant à la branche aînée de cette même
famille. (4)

Des premiers, nous ne savons rien, si ce n'est qu'au XIII°
siècle, Jean Gouhier, l'un d'eux, tenait la sergenterie unie à
son fief, et Ollivier Gouhier ou Gohier au XIV° siècle. (5)
Au XV°, les Gouhier étaient de simples puînés de la Gouerie :
ainsi GuillotGouhier, qui vivait en 1431 ; (6) Renouf, en 1445 ; (7)
et, en 1449, Thomas, indifféremment appelé Goubier ou Gohier
dans l'aveu d'Olivier de Bechevel. (8) Quant aux de Bechevel,

(1) Archives de la Manche. — Baronnie de Saint-Lo.

(2) Archives de la Manche. — Famille de Béchevel.

(3) Archives de l'Hôtel-Dieu de Saint-Lo.   B-141.—Registre Inventaire
de David Vaudevire.

(4) Histoire du Cotentin, par M. Dupont, t. 2, p. 612.

(5) Cartulaire de l'Abbaye de la Perrine, p. 68.

(6) Archives de l'Hôtel-Dieu de Saint-Lo. — Inventaire de David Vaudevire. — Archives de la Manche, baronnie de Saint-Lo — Charte de la
bourgeoisie de 1409.

(7) Archives de la Manche. — Compte de la baronnie de Saint-Lo.

(8) Aveu d'Olivier Bechevel, ci-dessus mentionné.

d'après une généalogie, qui nous a été bienveillamment communiquée par un des descendants de cette famille, Robin, le premier de sa race, possédait la Gouerie en 1390. Toutes les probabilités nous semblent se grouper pour la confirmation de ce fait ; en effet, nous venons de voir que dès 1431, les Gouhier n'étaient plus que des puînés ; d'où la conséquence que l'aînesse était entrée, sinon dans une autre famille, au moins dans une autre branche ; d'autre part, une note puisée dans le sac d'un procès entre les de Bechevel et les de Warroc relativement à la chapelle Sainte-Catherine, de l'église Notre-Dame, atteste que Jean Bechevel, fils Robin, avait, en 1425, épousé damoiselle Marguerite de Warroc, ce qui reporte l'existence de Robin Bechevel à la fin du siècle précédent; enfin, le compte des revenus de la baronnie de Saint-Lo, daté de 1445, contient la preuve qu'à cette époque, Robin Bechevel était mort et qu'il était l'aîné de la Gouerie puisque *ses hoirs* avaient payé les rentes seigneuriales, ce qui était le rôle de tout aîné. On y lit, sous la rubrique « Seigneurie et Gouherie » l'article suivant :
» Les hoirs Robin Bechevel iiij bois. fourment. »

Mais la tenue en aînesse, par les de Bechevel, est incontestable dès la première moitié du xvᵉ siècle, à lui seul l'article que nous venons de citer l'établit ; toutefois, elle résulte, pour une époque antérieure (1438), d'un mémoire du 26 juin 1604 produit au procès intenté par l'Hôpital à Jacques de Bechevel, à l'occasion de la rente de v boisseaux de froment que celui-ci devait à cet établissement. Nous en extrayons le passage suivant : «... A quoy est repliqué que c'est une néance calom-
» nieuse pour ce que tousiours le lieu de la Gouherie, assis en
» la paroisse Saint-Thomas, comme il est referé par le compte
» de l'an *mil cinq centz trente et huict, a esté et est en la main
des dicts de Bechevel puis cent ans.* » (1)

De Robin Bechevel jusqu'à Jacqueline, comtesse de Meillan, en qui s'éteignit, vers 1711, la branche directe des sieurs de la Gouerie, cette terre ne cessa d'appartenir à la famille qui, malgré diverses vicissitudes, agrandit quelque peu ses domaines.

A la mort de Jacqueline, sa succession fut partagée entre des collatéraux, MM. du Mesnil Saint-Hilaire, écuyer, sieur de Beaumont ; de Grouchy, écuyer ; Charles du Mesnil, écuyer, sieur de Champeso, et les demoiselles mineurs de M. de Radouville du Mesnil de Saint-Hilaire, écuyer, tous héritiers de Léonore de Bechevel, tante de la défunte qui, le 19 décembre, 1629, avait épousé Robert du Mesnil, écuyer, sieur de Saint-Hilaire. (2)

(1) Archives de l'Hôtel-Dieu de Saint-Lo. — B — 141.
(2) Archives de l'Hôtel-Dieu de Saint Lo. — B — 141.

En quelles mains fief et sergenterie sont-ils passés depuis ce partage? Nous ne sommes pas édifiés sur ce point; seulement nous savons que, par contrat du 5 mars 1730, devant Jacques Bernard, notaire à Saint-Lo, M. de la Tour du Chemin s'obligeait de payer à l'Hôtel-Dieu la rente de v boisseaux dont il est ci-dessus parlé, « M. de Monts, l'un des héritiers de M. de » Bechevel lui ayant vendu la petite Gouerie. » Il en passait titre nouvel le 16 août 1765. (1)

Les de Bechevel ont joué un certain rôle dans l'histoire de ce pays.

Jean, qui avait épousé une de Warroc, en 1425, conserva Saint-Lo au roi Charles VII, à la fin de la guerre des Cent ans. Le chroniqueur cotentinais Blondel raconte dans quelles circonstances A défaut du texte de sa chronique nous laissons la parole à M. Dupont, auteur de l'histoire du Cotentin et de ses îles :

« ..... Les habitants de Saint-Lo étaient dans des dispositions » excellentes. Avant même l'entrée du duc de Bretagne en » Normandie, ils avaient déclaré qu'ils lui ouvriraient leurs » portes. Le Bailli du Cotentin et quelques fonctionnaires » normands s'efforcèrent en vain de leur persuader qu'il était » de leur honneur de résister. Le 17 septembre, (1449) il fallut » se soumettre. Les Anglais de Bayeux et des localités envi- » ronnantes, conduits par Mathieu Gough, arrivèrent trop tard » pour empêcher ce dénouement et assez tôt pour menacer » d'incendier les faubourgs, si on ne leur payait quatre années » de l'impôt auquel la ville était soumise. Le nouveau Capitaine, » soit par crainte, soit par complicité avec l'ennemi, conseilla » d'obéir à l'injonction. Un citoyen de Saint-Lo, d'une famille » noble et du nom de Bechevel, fils de *Goyer*, s'y opposa éner- » giquement et proposa d'employer la somme réclamée à la » défense commune. Cet avis fut accueilli par le peuple avec » enthousiasme. Les paysans armés et organisés en dizaines — » Denos vulgi armatas —(2) accoururent et, grâce à leur vigi- » lance, les faubourgs furent garantis de toute atteinte. »

Devenus calvinistes, comme la majeure partie de la noblesse de Saint-Lo et de ses environs, les de Bechevel prirent, nous n'en saurions douter, une part active aux troubles religieux qui divisèrent si profondément la Basse-Normandie et l'ensanglan-tèrent ; car, si leur nom ne figure point parmi ceux des défen-seurs de notre cité, sous Montgommery et Colombières, on le rencontre dans plusieurs contrats constitutifs de rente au profit des temples et des prêches ouverts sur divers points du bailliage de Saint-Lo, voire même dans de simples châteaux.

(1) Archives de l'Hôtel-Dieu de Saint-Lo. — Inventaire de David Vau-devire.

(2) Cette organisation en *dizaines* était 'œuvre de Mᵉ Guillaume Biote, vicomte de Carentan, dont il est question dans la notice sur la Vaucelle.

A la vérité, sous la menace de l'Edit du 18 juillet 1585, Gilles, sieur de la Gouerie, abjura le protestantisme, (1) mais pour y retourner dès que les circonstances le permirent. L'on voit, en effet, son fils Jacques de Bechevel, servir de témoin au Ministre Soler dans la conférence ouverte à Canisy, le 23 août 1624, entre ce Pasteur et le Révérend Père Archange, prédicateur capucin du couvent de Coutances, (2) et, plus tard, 28 septembre 1636, léguer une rente de 60 livres aux pauvres de la religion réformée de Saint-Lo, ce qui prouve qu'il avait été élevé dans les croyances de son père. Nous croyons volontiers que Jacques de Béchevel, sieur de la Motellerie, suivit leur exemple et que, pour échapper aux ennuis et dangers que couraient les protestants, il marcha contre le Turc. Il fut tué à Candie, en 1669. (3)

Sa sœur, Jacqueline, qui, vers 1660, (4) épousa, en premières noces, son parent, Benjamin de Béchevel, et contracta un deuxième mariage avec messire Gédéon de Chivré, comte de Meillan, (5) hérita, elle aussi, des principes et de l'énergie de ses aïeux. Si elle n'émigra point après la révocation de l'Édit de Nantes, en 1685, quoique ardente calviniste, elle n'en demeura pas moins ferme dans ses convictions. Aussi, malgré les Edits, soutint-elle de son crédit et de son argent ses parents expatriés. Ses biens furent saisis, placés sous le sequestre, sa personne confinée dans le couvent des Nouvelles-Catholiques ; (6) rien ne put l'ébranler. Elle lutta pour sa fortune, elle lutta pour sa liberté ; obtint l'une et l'autre et mourut fidèle à ses opinions religieuses, malgré les plus vives instances faites à son lit de mort.

En elle, s'éteignit, ainsi que nous l'avons dit, la branche des la Gouerie-Béchevel ; celle des du Castel (7) s'est perpétuée jusqu'à nos jours et plusieurs de ses Membres ont servi leur pays avec honneur. Nous citerons, entre autres, Antoine-Charles-Pierre de Béchevel, porte-drapeau dans la Garde Impériale et dans la Garde Royale, décoré de la Légion d'honneur sur le champ de bataille du Mont-Saint-Jean ; Dieudonné-Jean-Baptiste, engagé volontaire, caporal des voltigeurs de la Garde, tué, à 20 ans, à l'assaut de Sébastopol.

Parmi les tenans en puînesse du fief de la Gouerie, nous noterons, en 1495 : Maistre André Boucart, prêtre, chanoine

---

(1) Toustain de Billy. — Histoire de Saint-Lo, p. 115 et 116.

(2) Delalande. — Histoire des guerres de religion. — Pièces justificatives, p. 257.

(3) Archives départementales de la Manche. — Famille de Béchevel.

(4) Archives départementales. — Famille de Béchevel.

(5) Le traité de mariage est du 8 octobre 1660.

(6) Archives départementales. — Famille de Béchevel.

(7) Le *Castel*, en Couvains, canton de Saint-Clair.

d'Avranches, fils aîné de Guyon Boucart, seigneur du Mesnil-Amey et de Montfiquet, et petit neveu du fameux Jean Boucart, évêque d'Avranches.

Richard Basire, Maître de la Monnaie de Saint-Lo, qui portait le titre d'écuyer; il fonda, de son vivant, en 1497, un service dans l'église Notre-Dame, à la condition d'être inhumé devant l'autel de la Vierge du Pilier.

Jacques et Ursin Thiboult, frères. Ce dernier, chanoine de Bayeux et de Coutances, avait contribué à la fondation de la bibliothèque créée par Jean Boucart. Les Thiboult furent sieurs du Flaguey, sis à Sainte-Croix-de-Saint-Lo.

Enfin, Julien Coquet, écuyer, probablement fils d'Olivier Coquet, écuyer, reconnu noble, par Montfault, en 1463, qui possédait le fief du Moncheel, voisin de la Gouerie.

En 1621, Jacques et Pierre Vincent, écuyers, propriétaires de la Seigneurie, tenaient en puînesse des terres de la Gouerie, ainsi que Pierre et Paul Sanson, Thomas Hardy, Pierre Trouvey et Michel Planchon.

La Gouerie est maintenant possédée par diverses familles. M. le docteur René Le Clerc, secrétaire-adjoint de la Société d'Agriculture, d'Archéologie et d'Histoire naturelle de la Manche, est propriétaire d'une partie. Ce qui fut ou ce qui remplace l'ancien manoir lui appartient.

Les armoiries des de Béchevel étaient et sont encore : « de gueules à trois quinte feuilles d'argent ; » celles des Boucart : « de sinople à trois têtes de bouc arrachées d'or ; » les Basire portaient : « d'azur au pied de griffon d'or, addextré et » adsinistré d'une feuille de chêne d'or : » les Thiboult : « d'azur à trois grenades d'or. » L'écu des Coquet nous est inconnu. Une famille Vincent, d'après l'armorial de Normandie, avait pour armes : « d'azur à deux chevrons d'argent et trois » molettes de même ; » reste à savoir si les Vincent de la Seigneurie s'y rattachaient.

Décembre 1891.

Ed. Lepingard.

ADMINISTRATION. — PERSONNEL.

LISTE CHRONOLOGIQUE DES PRÉFETS
DU DÉPARTEMENT DE LA MANCHE.

NOMS.	DATES DES NOMINATIONS.	DURÉE DE LEURS FONCTIONS.
MM.		
MAGNYTOT	12 ventôse an VIII.	1 an 1 mois 15 jours.
MONTALIVET.............	29 germinal an IX..	2 ans 11 mois 23 jours.
COSTAZ	10 germinal an XII	2 ans 10 mois 16 jours.
BOSSI..................	12 février 1810....	5 ans 5 mois 4 jours.
DE VANSSAY............	17 juillet 1815......	5 ans 2 jours.
ESMANGART	19 juillet 1820	3 ans 8 mois 17 jours.
D'ESTOURMEL............	7 avril 1824	6 ans 4 mois.
BAUDE.................	10 août 1830.......	Non installé.
GATTIER................	19 août 1830.......	6 ans 2 mois.
MERCIER	21 octobre 1836....	6 ans 8 jours.
BONNET................	29 novembre 1842..	5 ans 3 mois.
HAVIN (Commissaire).....	26 février 1848.....	2 mois 2 jours.
VIEILLARD (Commissaire) .	2 mars 1848	2 mois.
LE HODEY (Commissaire par intérim)	2 mai 1848........	} 8 mois 22 jours.
LE HODEY (Préfet).......	23 juillet 1848	
DE TANLAY.............	24 janvier 1849....	2 ans 10 mois.
JOURDAIN..............	26 novembre 1851...	1 mois 26 jours.
PAULZE-D'YVOY........	22 janvier 1852	1 an 6 mois 8 jours.
DUGUÉ.................	28 juillet 1853......	6 ans.
DE BOUVILLE (Cte)........	27 juillet 1859......	2 ans 5 mois 15 jours
GUILLAUME D'AURIBEAU....	16 janvier 1862	Non installé.
PRON..................	1er février 1862.....	3 ans 9 mois 20 jours.
LEVAINVILLE	12 novembre 1865...	4 ans 3 mois 4 jours.
Vte MALHER	17 février 1870.....	6 mois 18 jours.
LENOEL................	6 septembre 1870..	15 jours.
LEMERCIER.............	22 septembre 1870..	7 jours.
LENOEL................	29 septembre 1870..	4 mois 5 jours.
FRÉMONT..............	4 février 1871.....	1 mois 10 jours.
VAULTIER..............	2 avril 1871	2 ans 7 mois.
DE CHAMPAGNAC.........	17 octobre 1873....	1 an 5 mois 28 jours.
BUCHOT...............	10 avril 1875...	1 an 9 mois 3 jours.
LAURENT	5 janvier 1877.....	4 mois 27 jours.
DU CHEVALARD..........	19 mai 1877	6 mois 29 jours.
POULIN	18 décembre 1877 .	2 ans 1 mois 5 jours.
FILIPPINI	12 janvier 1880.....	5 ans 3 mois 13 jours.
FAVALELLI	25 avril 1885	7 mois 3 jours.
P. FLORET	28 novembre 1885.	Installation du 11 décembre 1885.

SÉNATEURS DE LA MANCHE.

MM.	MM.
SÉBIRE O✻.	LENOEL.
LABICHE.	MOREL.

DÉPUTÉS DE LA MANCHE.

MM.	MM.
DE LA MARTINIÈRE ✻.	LEGRAND (Arthur) ✻.
BRIENS ✻.	CABART-DANNEVILLE.
RIOTTEAU.	DE LAGORSSE.
RAULINE.	

COMMISSION DÉPARTEMENTALE.

MM.	MM.
BERNARD ✻, *Président.*	PAIN.
LEFRESNE.	REGNAULT.
VRAC.	DENIS-THIEUDIÈRE.
TÉTREL ✻, *Secrétaire.*	

PRÉFECTURE.

M. FLORET O✻, O. I. P., *Préfet.*

M. SALVETAT O. A., *Secrétaire général.*

M. le Préfet reçoit, les samedis et jours de foire, toute la journée.

Les autres jours, il reçoit de 10 heures à 11 heures 1/2 et de 3 heures à 4 heures.

CONSEIL DE PRÉFECTURE.

MM. MÉNARD, *Vice-Président.*
   BOURGOIS, *Conseiller.*
   RIVALS,   *id.*
   SALVETAT, Secrétaire général, *Commissaire du Gouvernement.*

Le Conseil de Préfecture se réunit en séance publique, le vendredi de chaque semaine, à une heure et demie.

Les audiences sont suspendues pendant la tournée de révision.

BUREAUX DE LA PRÉFECTURE.

(OUVERTS AU PUBLIC TOUS LES JOURS DE 9 A 4 HEURES).

Cabinet du Préfet.

M. ILLY, *Chef du Cabinet.*

Ouverture des dépêches.—Correspondance particulière.—Affaires réservées.—Service du télégraphe du Cabinet.—Surveillance des journaux du département.—Sous-Préfets et Conseillers de Préfecture. — Conseillers généraux et Conseillers d'arrondissement. — Maires et Adjoints.—Beaux-Arts.—Honneurs et préséances.—Fêtes et cérémonies publiques.

M. BLONDEL O. A., *Chef-Adjoint.*

Distribution de la correspondance. — Personnel de tous les services et de toutes les administrations.—Prestations de serment des fonctionnaires.—Demandes d'audiences et de congés.—Nominations et promotions dans l'Ordre de la Légion d'honneur. — Ordres étrangers.—Médailles et récompenses pour belles actions.—Recours en grâce. — Secours à divers titres. — Bureaux de tabacs. — Débits de boissons. — Loteries. — Réfugiés politiques. — Conférences et cours publics.—Nomination des membres des Bureaux de bienfaisance et des Commissions administratives des établissements de bienfaisance.

Première Division.

Chef de Division : **M. POTEAUX.**

Réception et transmission du *Bulletin des Lois* et de toutes les publications officielles.—Imprimerie, librairie, colportage, estampes et gravures.—Abonnements et envois périodiques.—Brevets d'invention.—Statistique générale.—Procès-verbaux du Conseil général.—Élections.— Recrutement, enrôlements.— Engagements volontaires d'un an.—Réserve de l'armée active.—Armée territoriale.—Casernement des troupes. — Marine et colonies. — Sapeurs-pompiers. — Gendarmerie.—Poudres et salpêtres.—Ponts et chaussées, chemins de fer, navigation, usines, cours d'eau, dessèchements.—Mines et carrières.— Bacs et bateaux.— Lignes télégraphiques.— Propriétés, mobiliers, bâtiments civils, dons et legs, contentieux, en ce qui concerne le Département et l'État.—Bureaux d'enregistrement et affaires domaniales.—Police municipale.—Police de la chasse, de la pêche, des voitures publiques, des rivages de la mer, des subsistances, de la salubrité et de la sûreté publiques.—Établissements insalubres.—Médecins, pharmaciens, vétérinaires.—Prisons, surveillance des condamnés.—Divisions administratives et ecclésiastiques. — Associations. — Sociétés de secours mutuels. — Jury.— Population.—Passeports, légalisations.—Poids et mesures. —Agriculture.—Haras.—Industrie, commerce et manufactures.—Marque de garantie des matières d'or et d'argent.—Écoles spéciales et nationales.—Répertoires des actes sujets à l'enregistrement.

Deuxième Division.

Chef de Division : M. Alph. Colas, O. A.

PREMIER BUREAU

Voirie vicinale, urbaine et rurale.—Création, centralisation, recouvrement et répartition des ressources communales pour la vicinalité.—Prestations.—Emprunts à la Caisse des chemins vicinaux.—Subventions de l'Etat et du Département.—Subventions industrielles.—Exécution des lois sur l'achèvement des chemins vicinaux.—Projets de classement, de rectification, de construction des chemins de diverses catégories.—Devis des travaux.—Adjudications.— Régies.— Règlement des dépenses.— Fixation des tracés et des alignements des traverses des communes.— Acquisitions amiables ou forcées des terrains et règlement des indemnités pour cession ou occupation d'immeubles.—Expropriations pour cause d'utilité publique (lois des 21 mai 1836, 8 juin 1864, 20 août 1881).—Subventions et avances aux communes pour travaux d'art et paiement des terrains.—Extraction des matériaux et dommages divers. — Autorisations et fixation des indemnités. — Plantations, élagages sur les chemins. — Distribution et concession d'eau. — Demandes d'alignement des particuliers et permissions de voirie.— Etablissement des plans d'alignement et de nivellement des voies publiques communales.—Trottoirs et pavages dans les villes.— Chemins ruraux : reconnaissance (loi du 20 août 1881).

Instruction primaire et secondaire.—Ensemble du service de la comptabilité.—Liquidation des dépenses de l'Instruction primaire.— Bourses dans les lycées, collèges et établissement d'enseignement primaire supérieur pour les deux sexes.—Ecoles normales.—Ecoles communales.—Ecoles libres et pensionnats.—Conseil départemental de l'enseignement primaire.—Cours d'adultes.—Bibliothèques scolaires.—Caisses des écoles.—Création de postes, traitements, encouragements, secours, pensions de retraites des instituteurs communaux.

Dons et legs aux communes, établissements charitables, cures, fabriques, etc.—Rachats de rente et emploi de capitaux.—Mainlevée d'hypothèques. — Octrois : règlements, tarifs. — Droits de location de place dans les foires, marchés et abattoirs.—Droits de pesage, mesurage, jaugeage publics.—Droits de voirie et autres au profit des communes.—Frais de casernement et d'occupation de lits militaires.—Actions judiciaires et transactions des communes, des établissements charitables ou religieux.--Comités consultatifs.— Hospices et bureaux de bienfaisance : création, service intérieur, commissions de charité.—Administration des biens, adjudications et marchés, statistiques et situations périodiques —Création et emploi des ressources de toute nature destinées au soulagement des indigents.—Admission des malades et incurables dans les hospices et hôpitaux.—Pensions et retraite aux agents et employés des communes et établissements de bienfaisance.—Cures et fabriques, consistoires : administration, personnel, comptabilité.—Propriétés des communes et établissements publics : locations, ventes, échanges, partages, acquisitions.—Biens indivis.—Encouragement de l'Etat pour les services de bienfaisance publique.

Instruction primaire et secondaire.—Construction et appropriation de locaux scolaires.—Mobiliers.— Subventions.—Emprunts.— Propriétés communales : mairies, églises, presbytères. — Echanges, acquisitions, aliénations.—Travaux : subventions, adjudications, marchés, règlement, contentieux.—Cimetières : police, règlement des concessions, transactions, agrandissement.—Sessions des Conseillers municipaux.—Répartition du fonds commun des amendes de police correctionnelle.—Conseil départemental des bâtiments civils.—Comptabilité des communes, établissements de bienfaisance, hôpitaux, hospices, syndicats.— Budgets et autorisations supplémentaires.—Remboursement de fonds placés au Trésor.—Compte des Receveurs des communes et autres établissements : enregistrement, classement et notification des arrêtés d'apurement en Cour des Comptes ou Conseil de Préfecture.—Comptabilités de fait ou occultes.—Cotisations municipales : recouvrement et emploi.—Etat annuel de la situation financière des communes.—Statistiques pour les Ministères de l'Intérieur et de l'Agriculture relatives aux établissements charitables.—Taxe municipale sur les chiens.

Troisième Division.

Chef de Division : M. LEFÈVRE.

Comptabilité générale et départementale : mandatements des dépenses de toute nature : comptes et budgets départementaux, virements de crédits, réimputations, renversements, situations périodiques, comptes annuels et situations définitives en clôture d'exercice. —Colons réfugiés.—Réfugiés politiques, comptabilité.—Télégraphie, comptabilité.— Etablissements sanitaires, comptabilité.— Chambres de commerce, comptabilité.—Service des gens de mer, solde arriérée, secours sur la caisse des Invalides de la Marine.—Traitements administratifs.—Frais d'administration de la Préfecture et des Sous-Préfectures.—Trésor public : transport de fonds, refonte de monnaies.—Dette publique, rentes pour l'Etat.—Pensionnaires de l'Etat et rentiers viagers.—Contributions directes : sous-répartition, recouvrement, réclamations, poursuites. — Cadastre. — Contributions indirectes.—Douanes.—Caisse des retraites et liquidation des pensions des employés de la Préfecture et des autres services départementaux.—Liquidation des pensions des employés des prisons et du service de la vérification des poids et mesures.—Caisses d'épargne. —Caisse des retraites de la vieillesse.—Comptoirs nationaux.—Visa des récépissés.—Frais de justice.—Assistance publique, extinction de la mendicité, aveugles et sourds-muets, secours à divers titres. —Aliénés et enfants trouvés : personnel et ensemble du service.

GREFFE DU CONSEIL DE PRÉFECTURE.

(Ouvert tous les jours de 9 heures à 4 heures).

Greffier : M. VIEL.

Réception et enregistrement des actes introductifs d'instances.— Requêtes, exploits et procès-verbaux.—Communication aux parties ou à leurs mandataires, de pièces de procédure.—Etablissement des rôles.—Enregistrement et notification des décisions du Conseil.—Correspondance relative à la régularisation des affaires en instance.

Les renseignements ou communications que les parties jugent utile d'adresser à M. le Conseiller chargé du rapport, doivent être transmis par l'intermédiaire de M. le Préfet.

ARCHIVES DÉPARTEMENTALES.

M. DOLBET, *Archiviste*.

Archives de la Préfecture, des Sous-Préfectures, des Communes et des Hospices.—Classement, inventaire, récolements, rapports.—Communication et délivrance des titres.—Catalogues et surveillance des bibliothèques administratives.—Publication d'ouvrages historiques.

BATIMENTS CIVILS.

Architecte du Département.—M. PILLIOUD, à Saint-Lo.
Conducteur.—M. Levieux.

ARCHITECTES D'ARRONDISSEMENT.

MM. N..., à Saint-Lo ; Cheftel, fils, à Avranches ; Drancey, à Cherbourg ; Hue, à Mortain ; Desheulles, chargé de l'arrondissement de Coutances ; Gouy, chargé de l'arrondissement de Valognes.

POIDS ET MESURES.

Vérificateurs : MM. Michel, à Saint-Lo ; Jehenne, à Avranches ; Prévost, à Cherbourg ; Lecorbeiller, à Coutances ; Grandrie, à Mortain.

CONSEILS D'HYGIÈNE D'ARRONDISSEMENT

ARRONDISSEMENT DE SAINT-LO.

MM. P. Floret O ✳, O. I. P., Préfet, *président ;* N..., *vice-président ;* le Maire de Saint-Lo ; Granger, négociant ; Bernard ✳, Thomas, Leture, Alibert et Lhomond, docteurs-médecins ; Manoury, vétérinaire ; l'Ingénieur des ponts et chaussées ou faisant fonctions d'Ingénieur à Saint-Lo ; Fontaine et Sébire, pharmaciens ; Pommier, ancien pharmacien.

ARRONDISSEMENT D'AVRANCHES.

MM. Tardif (Alfred), Sous-Préfet, *président ;* Gautier, Conseiller général ; l'Ingénieur ordinaire des ponts et chaussées, à Granville ;

le Maire d'Avranches; le Tourneur, Le Do, Béchet, Frémin et Lemoine, docteurs-médecins; Pinel, Gilbert et Requier, pharmaciens; Blin, vétérinaire; Longrais, conducteur des ponts et chaussées.

ARRONDISSEMENT DE CHERBOURG.

MM. Martinet, Sous-Préfet, *président;* le Maire de Cherbourg; l'Ingénieur ordinaire des ponts et chaussées; Girard-Labarcerie, ancien médecin principal de la marine; Renault, Offret, Monnoye, fils, et Legard-Lafosse, docteurs-médecins; le Directeur du service de la santé de la marine; Le Poittevin, Levionnois, pharmaciens; Jouninet, ancien pharmacien; Pouppeville, vétérinaire.

ARRONDISSEMENT DE COUTANCES.

MM. Pascal, Sous-Préfet, *président;* Boissel-Dombreval ✳, Maire de Coutances; Saillard, Adjoint au Maire de Coutances; de la Bellière, Tanqueray, Dudouyt (Pierre), Laisney, Thomas, Leconte (Jacques-Léon), docteurs-médecins; Daniel, Marquez et Baize, pharmaciens; Levionnais, vétérinaire.

ARRONDISSEMENT DE MORTAIN.

MM. Salanson, Sous-Préfet, *président;* le Procureur de la République; de Bailliencourt, Maire de Mortain; Heurtaut, de la Breillot, Houssaye, Leriche, Malon, docteurs-médecins; Buisson, Almin, pharmaciens; Hergault-Lossinière, vétérinaire.

ARRONDISSEMENT DE VALOGNES.

MM. Leménicier, Sous-Préfet, *président;* Leneneu, Lebouteiller, Sébire O✳, Bricquebec, Leneveu fils, Fatôme, docteurs-médecins; Agnès-Roland, pharmacien; Le Marquand, Lebas, vétérinaires; Floquet, pharmacien.

CONSEIL GÉNÉRAL.

MEMBRES DU CONSEIL.	CANTONS.
Arrondissement de Saint-Lo.	
MM.	
Yver (Léon), propriétaire et maire, à Saint-Martin-de-Bonfossé.	Canisy.
Gouville fils, propriétaire.	Carentan.
Rauline, député.	Marigny.
Blouët ✳, propriétaire.	Percy.
Bernard ✳, docteur-médecin.	Saint-Clair.
Emile Lenoël, sénateur.	Saint-Jean-de-Daye.
Amiard, maire de Saint-Lo.	Saint-Lo.
Prémont (Léon), propriétaire.	Tessy-sur-Vire.
Pommier, docteur-médecin.	Torigni-sur-Vire.

MEMBRES DU CONSEIL.	CANTONS.

Arrondissement d'Avranches.

MM.

Gautier.	Avranches.
Denis-Thieudière, notaire.	Brécey.
Baron (Félix-Louis).	Ducey.
Riotteau, député.	Granville.
Fontaine, notaire.	La Haye-Pesnel.
Enguehard, propriétaire.	Pontorson.
Morel, sénateur.	Saint-James.
Basire, juge de paix.	Sartilly.
Tétrel ✻, maire de Villedieu.	Villedieu.

Arrondissement de Cherbourg.

MM.

Lemoigne, maire, chef de bureau au ministère des Finances.	Beaumont.
Moll C✻, directeur des constructions navales en retraite, maire de Cherbourg.	Cherbourg.
Bonamy, maire.	Les Pieux.
Vrac, docteur en droit, maire.	Octeville.
Vte de Tocqueville O✻.	Saint-Pierre-Eglise.

Arrondissement de Coutances.

MM.

De la Bellière, docteur-médecin.	Bréhal.
Guillemette ✻, juge de paix.	Cerisy-la-Salle.
Boissel-Dombreval ✻, maire de Coutances.	Coutances.
Piel-Ferronnière, maire du Mesnil-Amand.	Gavray.
De La Martinière ✻, député.	La Haye-du-Puits.
Fauvel, maire.	Lessay.
Quenault, vice-président du tribunal civil de Rouen.	Montmartin-sur-Mer.
Regnault, propriétaire à Périers, maire	Périers.
Pignard-Dudézert ✻, juge au tribunal de la Seine.	Saint-Malo-de-la-Lande.
Lemaltre, docteur-médecin.	Saint-Sauveur-Lendelin.

Arrondissement de Mortain.

MM

Legrand (Arthur) ✻, député, maire de Milly.	Barenton.
De Tesson, propriétaire à la Mancellière.	Isigny.
Grossin, maire de Juvigny.	Juvigny.
Dupont, notaire à Buais.	Le Teilleul.
Gaudin de Villaine, maire.	Mortain.
Lefresne, conseiller à la Cour d'appel de Rouen.	St-Hilaire-du-Harcouët.
Bidois, juge de paix.	Saint-Pois.
Labiche (Jules), sénateur, maire, propriétaire.	Sourdeval.

MEMBRES DU CONSEIL.	CANTONS.

Arrondissement de Valognes.

MM.

Denis, notaire.
De Traynel, propriétaire.
Cte de Pontgibaud ✳, maire de Saint-Marcouf.
Du Mesuildot.
Prémont (Alfred), propriétaire, maire de Sainte-Marie-du-Mont.
Pain, notaire honoraire.
Sébire O✳, sénateur.

Barneville.
Bricquebec.
Montebourg.
Quettehou.
Sainte-Mère-Eglise.
St-Sauveur-le-Vicomte.
Valognes.

CONSEILS D'ARRONDISSEMENT.

MEMBRES DU CONSEIL.	CANTONS.

Arrondissement de Saint-Lo.

MM.

Guérard, maire de Saint-Romphaire.
Leperdriel, expert.
Gosset, maire.
Lehéricey, propriétaire.
Manoury, vétérinaire.
Le Vte d'Osseville, propriétaire.
Dussaux, avoué, adjoint au maire de Saint-Lo.
Lemélorel-Lesmontils, maire de Fourneaux.
Cord'homme, maire de Guilberville.

Canisy.
Carentan.
Marigny.
Percy.
Saint-Clair.
Saint-Jean-de-Daye.
Saint-Lo.
Tessy-sur-Vire.
Torigni-sur-Vire.

Arrondissement d'Avranches.

MM.

Lenoir, maire d'Avranches.
Pinard, docteur-médecin, adjoint.
Dupont.
Letourneur, docteur-médecin, adjoint.
Lanos, maire, docteur-médecin.
Trincot, propriétaire.
Gautier (César).
Martin, notaire.
Ledo, docteur-médecin.

Avranches.
Brécey.
Ducey.
Granville.
La Haye-Pesnel.
Pontorson.
Saint-James.
Sartilly.
Villedieu.

5

MEMBRES DU CONSEIL.	CANTONS.

Arrondissement de Cherbourg.

MM.

Louis (Auguste), maire.	Beaumont.
Séhier, négociant, conseiller municipal.	Cherbourg.
Gosse, ancien notaire, à Cherbourg.	id.
Lenoir, docteur-médecin, maire.	Les Pieux.
Courtois-les-Hougues, maire.	id.
Lemarquand, juge de paix.	Octeville.
Contant (Léon), maire de Tourlaville.	id.
Touzard, maire.	Saint-Pierre-Eglise.
Lebas, propriétaire, maire.	id.

Arrondissement de Coutances.

MM.

Ameline, maire de Cérences.	Bréhal.
Savary, juge de paix.	Cerisy-la-Salle.
Baize, pharmacien.	Coutances.
Lecoupey, maire.	Gavray.
Roptin (Charles), maire.	La Haye-du-Puits.
Mardel, agriculteur.	Lessay.
Danlos, maire.	Montmartin-sur-Mer.
Leconte, propriétaire, juge de paix.	Périers.
Jehenne, maire.	Saint-Malo-de-la-Lande.
Lecacheux, propriétaire, suppléant du juge de paix.	Saint-Sauveur-Lendelin.

Arrondissement de Mortain.

MM.

Béchet, propriétaire.	Barenton.
Guérin, maire de Mesnil-Thébault.	Isigny.
Turquetil, maire.	Juvigny.
Regnault, propriétaire.	Le Teilleul.
Buisson, pharmacien, conseiller municipal.	Mortain.
Lucas, maire.	St-Hilaire-du-Harcouët.
Boucé, maire de Saint-Martin-de-Landelles.	id.
Martinet, maire.	Saint-Pois.
Bazin, négociant.	Sourdeval.

Arrondissement de Valognes.

MM.

Lecannellier (Adolphe), maire.	Barneville.
Pergeaux, conseiller municipal.	Bricquebec.
Buhot, maire.	Montebourg.
Colas-Corderie, maire.	Quettehou.
Hay, maire.	id.
D'Aigneaux, maire.	Sainte-Mère-Eglise.
Hersan (Raoul, fils), propriétaire à Saint-Sauveur-le-Vicomte.	St-Sauveur-le-Vicomte.
Lebouteiller, docteur-médecin.	Valognes.
De Mondésir.	id.

SOUS-PRÉFECTURES.

ARRONDISSEMENT D'AVRANCHES.

M. Oscar LEMÉNICIER, *Sous-Préfet.*
M. Sarlin, secrétaire.

ARRONDISSEMENT DE CHERBOURG.

M. DIESNIS, *Sous-Préfet.*
M. Bertaux, secrétaire.

ARRONDISSEMENT DE COUTANCES.

M. PASCAL ✱, O. A., *Sous-Préfet.*
M. Lecouillard O. A., secrétaire.

ARRONDISSEMENT DE MORTAIN.

M. SALANSON, *Sous-Préfet.*
M. Chemin, secrétaire.

ARRONDISSEMENT DE VALOGNES.

M. RAMONET, *Sous-Préfet.*
M. Marguerie, secrétaire.

MAIRIES.

MAIRIE DE SAINT-LO.

MM. AMIARD, *Maire ;* Dussaux et Dary, *Adjoints ;* N..., Criquet, Bernard ✱, Bosq, Robin, Lerendu O. A., Dyvrande, Lefèvre, N..., Manoury, Derbois, Lemasson, Patry, Jouanne, Guillemin, Lelong, Thomas, Horneeker, Leparquois, N..., conseillers municipaux.

Bureaux.—M. Daniel O. A., secrétaire.

Jours et heures d'ouverture : Tous les jours non fériés, de 9 heures à 4 heures.

Recette municipale.—M. Frestel, rue Torteron, 20.

Jours et heures d'ouverture de la recette : Tous les jours non fériés, de 11 heures à 4 heures.

Travaux communaux.— MM. Le Couteur, architecte, rue du Château ; Duc, conducteur.

Octroi.—MM. Guérin, préposé en chef ; Fleury, brigadier.

Caisse d'épargne.—M. Daniel, O. A., receveur.

Jours et heures d'ouverture : Le samedi, de 2 heures à 4 heures, et le dimanche, de 9 heures à midi.

MAIRIE D'AVRANCHES.

MM. LENOIR, *Maire ;* Desdouitils et Letréguilly, *Adjoints ;* Rollain, Barbier-Domin, Lecaille, Louvel, Mauduit, Falaise, Blin, Trochon, Mancel, Danjou, Desfeux, Loiseau, Péguenet, l'Ecolant, Dr Hodoul.

Bureaux.—MM. Cruchon et Gombert.

Recette municipale.—M. Fossard.

Voirie urbaine.—M. Louvel, architecte.

Octroi.—M. Chapon.

MAIRIE DE GRANVILLE.

MM. DIOR (Lucien), ✻ O. M. Agr., *Maire ;* Bureau et Lucas ✻ *Adjoints ;* Benoist, Leprince, Letourneur, Ch. Guillebot, J. Pannier, J. Trocheris, Ollivier, Lenormand, Legendre, Choinel, Fafin, H. Guillebot, Gaillard, Quesnel, Poirier, Jouault, Pergeaux, Lago, Toupet, N..., Lecharpentier, Poisson, Paturel, Nicole.

Bureaux.—M. L. Bougourd, secrétaire de la mairie.

Recette municipale.—M. L. Durier.

Voirie urbaine.—M. Guimont, architecte.

Octroi.—M. Duchesne, préposé en chef.

MAIRIE DE CHERBOURG.

MM. MOLL C ✻, *Maire ;* Daniel O. A. et Frigoult O. I., *Adjoints ;* Mouchel, Baude, Mannoury, Dutot, Pignot, Renault ✻, Menut, Offret, Leroy, Barbet, Cousin, Duhot (V.), Buhot (E.), Girard la Barcerie, Thorel, Dupont, Besselièvre, Maillot, Brégaint.

Bureaux.—M. Boivin O. A., secrétaire.

Recette municipale.—M. Houyvet.

Voirie urbaine.—MM. Gutelle O. A., architecte de la ville ; Poupeville, agent-voyer.

Octroi.—M. Raoul, préposé en chef.

Archives.—M. Amiot O. A., archiviste.

MAIRIE DE COUTANCES.

MM. BOISSEL-DOMBREVAL ✻, *Maire ;* Marie, *1er Adjoint ;* Saillard, *2e Adjoint ;* Rabec, Dupérouzel, Lehuby, Badin (Victor), Piton ✻, Salettes, Le Marchand, Geffroy, Briens, Girard, Baize, Ridel, Laisney, Lenoir, Leneslet, Laurent, Lair ✻, Badin (Léon), Héon, Blier.

Bureaux.—M. Vallée, secrétaire.

Recette municipale.—M. Leliepvre.

Voirie urbaine.—M. Deshoulles, architecte de la ville.

Octroi.—MM. Bellet, préposé en chef ; Bailly, brigadier.

MAIRIE DE MORTAIN.

MM. DE BAILLIENCOURT, *Maire ;* Delaunay, *Adjoint ;* Buisson, Amand, Jossel, Champs, Delaporte, Leriche, Gasnier-Hauteville, Saoul, Breux, Dufour, Queslier, de la Houssaye, Gallie et N.....

Bureaux.—M. Jamon, secrétaire.
Recette municipale.—M. Bourbon.
Voirie urbaine.—M. Corbin.
Octroi.—MM. Dupont et Aumont.

MAIRIE DE VALOGNES.

MM. SÉBIRE O ✳, *Maire ;* Hamel et Lemeland, *Adjoints ;* Le Bouteiller, Oury, N...., N...., Lemasson, Foulon, L'Hôtelier, Mariette-Boisville, Lerouge, Lemaréchal, Le Grusley, Duval, Le Cannellier, Pierre, Lecler, Pinel, N..., Blaisot, de Fontaine de Resbecq, N....

Bureaux.—M. Mouchel, secrétaire.
Recette municipale.—M. Leconte, receveur.
Préposé en chef de l'octroi.—M. Gosselin.

TABLEAU STATISTIQUE

indiquant le nombre d'arrondissements, cantons, communes, et la population du Département, d'après les derniers recensements.

NOMS DES ARRONDISSEMENTS.	NOMBRE PAR ARRONDISSEMENT DE		POPULATION EN	
	Cantons.	Communes.	1886.	1891.
Saint-Lo.....................	9	117	86,829	85,944
Avranches................. ..	9	124	98,590	96,895
Cherbourg.......	5	75	88,745	91,604
Coutances	10	138	105,527	102,633
Mortain........	8	74	64.680	63,084
Valognes ,....	7	117	75,494	73,655
TOTAUX...........	48	615	520,865	513,815

Différence en plus, en 1886....... 7,050

TABLEAU DES COMMUNES PAR ORDRE ALPHABETIQUE.

COMMUNES.	CANTONS.	COMMUNES.	CANTONS.
Acqueville	Beaumont.	Biville	Beaumont.
Agneaux..........	Saint-Lo.	Blainville.........	S.-M.-de-la-Lande.
Agon·· ···· ·····	Saint-Malo-de-la-Lande	Blosville........	Ste-Mère-Eglise.
Airel.............	Saint Clair.	Boisroger........	S.M.-de-la-Lande.
Amfreville........	Ste-Mère-Eglise.	Boisyvon	Saint-Pois.
Amigny...........	St-Jean-de-Daye.	Bolleville........	La Haye-du-Puits.
Ancteville........	Saint-Malo-de-la-Lande	Roucey..........	Pontorson.
Anctoville..... ..	Bréhal.	Bouillon.........	Granville.
Anger...........	Sartilly.	Rourey...........	Bréhal.
Angoville	St Pierre-Eglise.	Rourguenolles.....	Villedieu.
Angoville-au-Plain..	Ste-Mère-Eglise..	Boutteville........	Sainte-Mère-Eglise.
Angoville-sur-Ay...	Lessay.	Braffais..........	Brécey.
Anneville	id.	Brainville........	St-M.-de-la-Lande.
Anneville-en-Saire..	Quettehou.	Branville	Beaumont.
Annoville.........	Montmartin-sr-Mer.	Brécey..........	Brécey.
Appeville	La Haye-du-Puits.	Brectouville.......	Torigni-sur-Vire.
Ardevon..........	Pontorson.	Bréhal...........	Bréhal.
Argouges.........	Saint-James.	Bretteville.......	Octeville.
Aucey...	Pontorson.	Bretteville-sur-Ay..	Lessay.
Auderville	Beaumont.	Breuville	Bricquebec.
Audouville-la-Hub..	Ste-Mère Eglise.	Brévands	Carentan.
Aumeville-Lestre...	Quettehou.	Bréville.........	Bréhal.
Auvers...........	Carentan.	Bricquebec.......	Bricquebec.
Auxais...........	Id.	Bricquebosq.....	Les Pieux.
Avranches	Avranches.	Bricqueville-la-Bitte	Coutances.
Azeville..........	Montebourg.	Bricqueville-sr-Mer.	Bréhal.
Bacilly	Sartilly.	Brillevast	Saint-Pierre-Eglise
Barenton	Barenton.	Brix.............	Valognes.
Barfleur..........	Quettehou.	Brouains.........	Sourdeval.
Barneville........	Barneville.	Brucheville	Ste-Mère-Eglise.
Baubigny.........	Id.	Buais..	Le Teilleul.
Baudre	Saint-Lo.	Cambernon.......	Coutances.
Baudreville	La Haye-du-Puits.	Cametours........	Cerisy-la-Salle.
Baupte...........	Périers.	Camprond......	St-Sauv.-Lendelin.
Beauchamps.......	La Haye-Pesnel.	Canisy...........	Canisy.
Beaucoudray.. ..	Tessy-sur-Vire.	Canteloup....... ..	St-Pierre-Eglise.
Beauficel..... ...	Sourdeval.	Canville..........	La Haye-du-Puits.
Beaumont.........	Beaumont.	Carantilly........	Marigny.
Beauvoir..........	Pontorson.	Carentan....... ..	Carentan.
Bellefontaine	Juvigny.	Carnet...........	Saint-James.
Relval	Cerisy-la-Salle.	Carneville..... ..	St-Pierre-Eglise.
Benoltville........	Les Pieux.	Carolles..........	Sartilly.
Bérigny	Saint-Clair.	Carquebut........	Ste-Mère-Eglise.
Beslon...........	Percy.	Carteret...... ...	Barneville.
Besneville	St-Sauv.-le-Victe.	Catteville........	St-Sauvr-le-Victe.
Beuvrigny	Tessy-sur-Vire.	Catz............	Carentan.
Beuzeville-au-Plain.	Ste-Mère-Eglise.	Cavigny	St-Jean-de-Daye.
Beuzeville-la-Bastlle	Id.	Céaux...........	Ducey.
Biéville..........	Torigni-sur-Vire.	Cérences........	Bréhal.
Biniville..........	St-Sauveur-le-Vte.	Cerisy-la-Forêt....	Saint-Clair.
Bion	Mortain.	Cerisy-la-Salle.....	Cerisy-la-Salle.

COMMUNES.	CANTONS.	COMMUNES.	CANTONS.
Chalandrey..	Isigny.	Feugères.........	Périers.
Champcervon......	La Haye-Pesnel.	Fierville.	Barneville.
Champcey.........	Sartilly.	Flamanville	Les Pieux.
Champeaux	Id.	Fleury..	Villedieu.
Champrépus.......	Villedieu.	Flottemanville.....	Montebourg.
Chanteloup........	Bréhal.	Flottemanville-Hague..	Beaumont.
Chasseguey	Juvigny.	Folligny	La Haye-Pesnel.
Chavoy	Avranches.	Fontenay.........	Mortain.
Chef-du-Pont	Sainte-Mère-Eglise.	Fontenay-sur-Mer..	Montebourg.
Cherbourg.........	Cherbourg.	Foucarville	Sainte-Mère-Eglise.
Chérencé-le-Héron .	Villedieu.	Fourneaux	Tessy-sur-Vire.
Chérencé-le-Roussel	Juvigny.	Fresville.	Montebourg.
Chevreville........	St-Hilaire-du Harcouët	Gathemo	Sourdeval.
Chevry	Tessy-sur-Vire.	Gatteville	St-Pierre-Eglise.
Clitourps	St-Pierre-Eglise.	Gavray	Gavray.
Coigny	La Haye-du-Puits	Geffosses.........	Lessay.
Colomby..........	St-Sauvr-le-Victe.	Genest...........	Sartilly.
Condé-sur-Vire....	Torigni-sur-Vire.	Ger	Barenton.
Contrières	Montmartin-sr-Mer.	Gerville..........	La Haye-du-Puits.
Cormeray	Pontorson.	Giéville..........	Torigni-sur-Vire.
Cosqueville	St-Pierre-Eglise.	Glatigny..........	La Haye-du-Puits.
Coudeville	Bréhal.	Golleville	St-Sauvr-le-Victe.
Coulouvray-Boisbenâtre	Saint-Pois.	Gonfreville........	Périers.
Courcy	Coutances.	Gonneville	St-Pierre-Eglise.
Courtils..........	Ducey.	Gorges	Périers.
Coutances.........	Coutances.	Gouberville	St-Pierre-Eglise.
Couvains.........	Saint-Clair.	Gourbesville	Sainte-Mère-Eglise.
Couville	Octeville.	Gourfaleur	Canisy.
Crasville....... ...	Quettehou.	Gouvets..........	Tessy-sur-Vire.
Créances..........	Lessay.	Gouville	St-Malo-de-la-Lande.
Cretteville........	La Haye-du-Puits	Graignes..........	St-Jean-de-Daye.
Crollon.	Ducey.	Granville..........	Granville.
Crosville.........	St-Sauvr-le-Victe.	Gratot...........	St Malo-de-la-Lande.
Curey	Pontorson.	Gréville..........	Beaumont.
Cuves	Brécey.	Grimesnil	Gavray.
Dangy	Canisy.	Grosville.........	Les Pieux.
Denneville	La Haye-du-Puits.	Guéhébert.........	Cerisy-la-Salle.
Digosville.........	Octeville.	Guilberville	Torigni-sur-Vire.
Digulleville	Beaumont.	Hambye	Gavray.
Domjean...........	Tessy-sur-Vire.	Hamelin	Saint-James.
Donville	Granville.	Hardinvast........	Octeville.
Doville	La Haye-du-Puits	Hautteville.	St-Sauvr-le-Victe.
Dragey	Sartilly.	Hautteville-la-Guichard	St-Sauvr-Lendelin.
Ducey............	Ducey.	Hautteville-sur-Mer.	Montmartin-sr-Mer.
Ecausseville..	Montebourg.	Héauville	Les Pieux.
Ecoquenéauville ...	Sainte-Mère-Eglise.	Hébécrévon	Marigny.
Eculleville	Beaumont.	Helleville	Les Pieux.
Emondeville.......	Montebourg.	Hémevez....... ..	Montebourg.
Equeurdreville.. ...	Octeville.	Henneville........	Octeville.
Equilly..........	Bréhal.	Hérenguerville.....	Montmartin-sr-Mer.
Eroudeville	Montebourg.	Herqueville	Beaumont.
Etienville	St-Sauvr-le-Victe.	Heugueville	St-Malo-de-la-Lande.
Fermanville.......	St-Pierre-Eglise.	Heussé	Le Teilleul.
Ferrières.........	Le Teilleul.	Hiesville	Sainte-Mère-Eglise.
Fervaches........	Tessy-sur-Vire.	Hocquigny	La Haye-Pesnel.

COMMUNES.	CANTONS.	COMMUNES.	CANTONS.
Houesville	Ste-Mère-Eglise.	Le Guislain	Percy.
Houtteville	La Haye-du-Puits.	Le Ham	Montebourg.
Huberville	Valognes.	Le Hommet-d'Arth	St-Jean-de-Daye.
Hudimesnil	Bréhal.	Le Loreur	Bréhal.
Huisnes	Pontorson.	Le Lorey	St-Sauv.-Lendelin.
Husson	Le Teilleul	Le Luot	La Haye-Pesnel.
Hyenville	Montmartin-s.-Mer.	Le Mesnil	Barneville.
Isigny	Isigny.	Le Mesnil-Adelée.	Juvigny.
Jobourg	Beaumont.	Le Mesnil-Amand	Gavray.
Joganville	Montebourg.	Le Mesnil-Amcy	Marigny.
Juilley	Ducey.	Le Mesnil-Angot	St-Jean-de-Daye.
Juvigny	Juvigny.	Le Mesnil-Aubert	Bréhal
La Baleine	Gavray.	Le Mesnil-Auval	Octeville.
La Barre-de-Semilly	Saint-Lo.	Le Mesnil-Bœufs	Isigny.
La Bazoge	Juvigny.	Le Mesnil-Bonant	Gavray.
La Beslière	La Haye-Pesnel.	Le Mesnil-Bus	St-Sauv.-Lendelin
La Bloutière	Villedieu.	Le Mesnil-Drey	La Haye-Pesnel.
La Bonneville	St-Sauveur-le-Vic	Le Mesnil-Eury	Marigny.
La Boulouze	Ducey.	Le Mesnil Garnier	Gavray.
La Ch**-Baudouin	Brécey.	Le Mesnil-Gilbert	Saint-Pois.
La Chaplle-Cécelin	Saint-Pois.	Le Mesnil-Herman	Canisy.
La Chaplle-du-Fest	Torigni-sur-Vire.	Le Mesnil-Hue	Gavray.
La Chaplle-Enjuger.	Marigny.	Le Mesnillard	St-Hilaire-du-Harc.
La Chapelle-Urée	Brécey.	Le Mesnil-Opac	Tessy-sur-Vire.
La Colombe	Percy.	Le Mesnil-Ozenne	Ducey.
La Croix-Avranchin	Saint-James.	Le Mesnil-Rainfray.	Juvigny.
La Feuillie	Lessay.	Le Mesnil-Raoult	Tessy-sur-Vire.
La Godefroy	Avranches.	Le Mesnil-Rogues.	Gavray.
La Gohannière	Id.	Le Mesnil-Rouxelin.	Saint-Lo.
La Haye-Bellefonds.	Percy.	Le Mesnil-Thébault.	Isigny.
La Haye-d'Ectot	Barneville.	Le Mesnil-Tôve	Juvigny.
La Haye-du-Puits	La Haye-du-Puits.	Le Mesnil-Véneron.	St-Jean-de-Daye.
La Haye-Pesnel	La Haye-Pesnel.	Le Mesnil-Vigot	Marigny.
La Lande-d'Airou	Villedieu.	Le Mesnil-Villeman.	Gavray.
La Luce-d'Oute-Mer.	La Haye-Pesnel.	Le Neufbourg	Mortain.
La Luzerne	Saint-Lo.	Lengronne	Gavray.
La Mancellière	Isigny.	Le Perron	Torigni-sur-Vire.
La Mancellière	Canisy.	Le Petit-Celland	Brécey.
Lamberville	Torigni-sur-Vire.	Le Plessis	Périers.
La Meauffe	Saint-Clair.	Le Rozel	Les Pieux.
La Meurdraquière	Bréhal.	Les Biards	Isigny.
La Mouche	La Haye-Pesnel.	Les Chambres	La Haye-Pesnel.
Lapenty	St-Hilaire-du-Harc.	Les Ca.-de-Losques	St-Jean-de-Daye.
La Pernelle	Quettehou.	Les Chéris	Ducey.
La Rochelle	La Haye-Pesnel.	Les Cresnays	Brécey.
La Ronde-Haye	St-Sauv.-Lendelin.	Les Loges-Marchis	St-Hilaire-du-Harc.
Lastelle	Périers.	Les Logs-sr-Brécey	Brécey.
La Trinité	Villedieu.	Les Moitiers-d'Alle.	Barneville.
Laulne	Lessay.	Les Moitiers-en-Ba.	St Sauvr-le-Victe.
La Vendelée	St-M.-de-la-Lande.	Les Pas	Pontorson.
Le Buat	Isigny.	Les Perques	Bricquebec.
Le Chefresne	Percy.	Les Pieux	Les Pieux.
Le Dézert	St-Jean-de-Daye.	Lessay	Lessay.
Le Fresne-Poret	Sourdeval.	Lestre	Montebourg.
Le Grand-Celland	Brécey.	Les Veys	Carentan.

COMMUNES.	CANTONS.	COMMUNES.	CANTONS.
Le Tanu........ ..	La Haye-Pesnel.	Moon-sur-Elle.....	Saint-Clair.
Le Teilleul	Le Teilleul.	Morigny.........	Percy.
Le Theil.........	St-Pierre-Eglise.	Morsalines.	Quettehou.
Le Valdécie	Barneville.	Mortain	Mortain
Le Val-Saint-Pair ..	Avranches.	Morville.	Bricquebec.
Le Vast..........	St-Pierre-Eglise.	Moulines.........	St-Hilaire-du-Harc.
La Vicel....	Quettehou.	Moyon............	Tessy-sur-Vire.
Le Vrétot........	Bricquebec.	Muneville-le-Bing.	St-Sauvr-Lendelin.
Liesville.	Ste-Mère-Eglise.	Muneville-sur-Mer..	Bréhal.
Lieusaint.	Valognes.	Nacqueville...... ..	Beaumont.
Lingeard...... ...	Saint-Pois.	Naftel......... ..	Isigny.
Lingreville........	Montmartin-sr-Mer.	Nay..	Périers.
Lithaire.	La Haye-du-Puits.	Négreville.........	Bricquebec.
Lolif............	Sartilly.	Néhou	St-Sauvr.-le-Vic.
Longueville......	Bréhal.	Neufmesnil......	La Haye-du-Puits.
Lozon	Marigny.	Neuville-au-Plain .	Ste-Mère-Eglise.
Macey...........	Pontorson.	Neuville-en-Beaumt	St-Sauvr-le-Vic.
Magneville.	Bricquebec	Néville	St-Pierre-Eglise.
Marcey..........	Avranches.	Nicorps..........	Coutances.
Marchézieux	Périers.	Noirpalu.	La Haye-Pesnel.
Marcilly.	Ducey.	N.-D.-de-Cenilly .	Cerisy-la-Salle.
Margueray	Percy.	N.-D.-de-Livoye...	Brécey.
Marigny	Marigny.	Notre-Dame-d'Elle.	Saint-Clair.
Martigny	St-Hilaire-du-Harc.	N-D-de-Touchet..	Mortain.
Martinvast.	Octeville.	Nouainville.	Octeville.
Maupertuis.	Percy.	Octeville	Id.
Maupertus.	St-Pierre-Eglise.	Octeville-la-Venelle.	Quettehou.
Méautis.	Carentan.	Omonville-la-Petite.	Beaumont.
Millières.	Lessay.	Omonville-la- Rogue	Id.
Milly............	St-Hilaire-du-Harc.	Orglandes.	St-Sauveur-le-Vic.
Mobecq...........	La Haye-du-Puits	Orval	Montmartin-sr-Mer.
Moidrey..........	Pontorson.	Ourville..........	Barneville.
Montabot.	Percy.	Ouville...........	Cerisy-la-Salle.
Montaigu la-Bristte	Valognes.	Ozeville	Montebourg.
Montaigu-les-Bois ..	Gavray.	Parigny	St-Hilaire-du-Harc.
Montanel..........	Saint-James.	Percy............	Percy.
Montbray.........	Percy.	Périers	Périers.
Montchaton.	Montmartin-sr-Mer.	Perriers-en-Beaufc.	Sourdeval.
Montcnit..........	St-Sauvr-Lendelin.	Picauville........	Ste-Mère-Eglise.
Montebourg.......	Montebourg.	Pierreville........	Les Pieux.
Montfarville.	Quettehou.	Piron............	Lessay.
Montgardon.......	La Haye-du-Puits.	Placy-Montaigu....	Torigni-sur-Vire.
Montgothier......	Isigny.	Plomb	Avranches.
Monthuchon.	St-Sauvr-Lendelin	Poilley	Ducey.
Montigny.	Isigny.	Pontaubault	Avranches.
Montjoie.........	Saint-James.	Pont-Hébert	St-Jean-de-Daye.
Montjoie........ ..	Saint-Pois.	Pontorson.........	Pontorson.
Montmartin-en-Grss	St-Jean-de-Daye.	Ponts..	Avranches
Montmartin-sur- Mer	Montmartin-sr-Mer.	Portbail..........	Barneville.
Montpinchon......	Cerisy-la-Salle.	Précey...........	Ducey.
Montrabot........	Torigni-sur-Vire.	Précorbin	Torigni-sur-Vire.
Montreuil........	Marigny.	Prétot...........	La Haye-du-Puits.
Mont-Saint-Michel ..	Pontorson.	Querqueville.....	Octeville.
Montsurvent.	St-M.-de-la-Lande.	Quettehou.......	Quettehou.
Montviron........	Sartilly.	Quettetot.	Bricquebec.

COMMUNES.	CANTONS.	COMMUNES.	CANTONS.
Quettreville.......	Montm.-sur-Mer.	Saint-Gilles	Marigny.
Quibou.	Canisy.	St-Hilaire-du-Harc .	St-Hil.-du-Harc.
Quinéville........	Montebourg.	St-Hilaire-Petitville.	Carentan.
Raids.	Carentan.	Saint-James.......	Saint-James.
Rampan	Saint-Lo	St-Jean-de-Daye...	St-J.-de-Daye.
Rancoudray.......	Mortain.	St-Jean-de la-Haize.	Avranches
Rauville-la-Bigot...	Bricquebec.	St-Jean-de-la-Riv^re.	Barneville.
Rauville-la-Placè...	St-Sauveur-le-Vic .	St-Jean-de-Savigny.	Saint-Clair.
Ravenoville.......	Ste-Mère-Eglise.	St-J.-des-Baisants..	Torigni-sur-Vire.
Reffuveille........	Juvigny.	St-Jean-des-Champs	La Haye-Pesnel.
Regnéville	Montm.-sur-Mer.	St-Jean-du-Corail .	Brécey.
Reigneville........	St-Sauveur-le-Vic .	St-Jean-du-Corail. .	Mortain.
Remilly-sur-Lozon..	Marigny.	St-Jean-le-Thomas.	Sartilly.
Rétôville	St-Pierre-Eglise.	Saint-Jores	Périers.
Réville	Quettehou.	St-Laur.-de-Cuves..	Saint-Pois.
Romagny.........	Mortain	St-Laur.-de-Terreg.	Saint-James.
Roncey	Cerisy-la-Salle.	Saint-Léger.......	La Haye-Pesnel.
Ronthon.	Sartilly.	Saint-Lo	Saint-Lo.
Rouffigny........	Villedieu.	St-Louet-sur-Vire .	Tessy-sur-Vire.
Rouxeville........	Torigni-sur-Vire.	Saint-Loup.... ...	Avranches.
Sacey	Pontorson.	St-Malo-de-la-Lande	St-Mal.-de-la-Lande
Saint-Amand	Torigni-sur-Vire.	Saint-Marcouf.....	Montebourg.
St-André-de-Bohon .	Carentan.	St-Mart.-d'Aubigny.	Périers.
St-And.-de-l'Epine .	Saint-Clair.	St-Mart -d'Audouv..	Montebourg.
St-Aub.-des-Préaux.	Granville.	St-M.-de-Bonfossé .	Canisy.
St-Aub.-de-Terreg^te	Saint-James.	St-M.-de-Cenilly...	Cerisy-la-Salle.
St-Aub.-du-Perron..	St-Sauv^r-Lendelin	St-M.-de-Chaulieu..	Sourdeval.
Saint-Barthélemy...	Mortain.	St-Mart.-de-Land^e.	St-Hilaire-du-Har .
Saint-Brice.......	Avranches.	St-M.-des-Champs.	Avranches.
St-Brice-de-Land^s.	St-Hilaire-du-Harc.	St-Mart.-de-Varrev.	Ste-Mère-Eglise.
St-Christ^-du-Foc ..	Les Pieux.	St-M.-le-Bouillant.	Saint-Pois.
Saint-Clair	Saint-Clair.	St-Mart.-le-Gréard.	Octeville.
Saint-Clément.....	Mortain.	St-Mart.-le-Hébert .	Bricquebec.
St-Côme-du-Mont...	Carentan.	St-Maur-des-Bois..	Saint-Pois
St-Cyr-du-Bailleul..	Barenton.	Saint-Maurice.....	Barneville.
Saint-Cyr.........	Montebourg.	St-Mic.-de-la- Pierre	St-Sauv.-Lendelin.
St-Denis-le-Gast...	Gavray.	St-Mic.-des-Loups..	Sartilly.
St-Denis-le-Vêtu ...	Cerisy-la-Salle.	St-Nic.-de-Cout^s..	Coutances.
St-Eb.-de-Bonfossé .	Canisy.	St-Nic-de-Pierrep^.	La Haye-du Puits.
Sainteny..........	Carentan.	St-Nic.-des-Bois ...	Brécey.
Saint-Floxel......	Montebourg.	St-Nic.-p.-Granville.	Granville.
Saint-Fromond. ..	St-Jean-de-Daye.	Saint-Osvin..... ..	Avranches.
St-Georg.-de-Bohon	Carentan.	Saint-Pair.	Granville.
St-G.-de-la-Rivière.	Barneville.	St-Patr^ -de-Claids.	Lessay.
St-G.-de-Livoye ...	Brécey.	Saint-Pellerin.	Carentan.
St-Georges-d'Élle ..	Saint-Clair.	St-P.-d'Arthéglise .	Barneville
St-G.-de-Montcocq .	Saint-Lo.	St-P.-de-Coutances .	Coutances.
St-G.-de Rouelley..	Barenton.	St.-P.-de-Semilly..	Saint-Clair.
St-Germain-d'Elle ..	Saint-Clair.	St-Pierre-Eglise ...	St-Pierre-Eglise.
St-G.-des-Vaux....	Beaumont.	St-Pierre-Langers ..	Sartilly.
St-G.-de-Tournebut.	Montebourg	Saint-Planchers...	Granville.
St-G.-de-Varreville.	Ste-Mère-Eglise.	Saint-Pois....... ..	Saint-Pois.
St-G.-le-Gaillard...	Les Pieux.	Saint-Quentin.....	Ducey.
St-G.-sur-Sèves....	Périers.	St-Rémy-des-Land^s	La Haye-du-Puits.
St-Germain-sur-Ay..	Lessay.	Saint-Romphaire...	Canisy.

COMMUNES.	CANTONS.	COMMUNES.	CANTONS.
St-S.-de-Bonfossé ..	Canisy.	Taillepied........	St Sauveur.-le-Vic.
St-S.-de-Chaulieu ..	Sourdeval.	Tamerville........	Valognes.
St-S.-de-Pierrep¹ ..	La Haye-du-Puits.	Tanis............	Pontorson.
St-S.-la-Pommer ...	Bréhal.	Tessy-sur-Vire.....	Tessy-sur-Vire.
St-S.-Lendelin.....	St-Sauᵗ-Lendelin.	Teurthévᵉ-Bocage..	Quettehou.
St-S.-le-Vicomte ..	St-Sauv.-le-Vicᵗᵉ.	Teurthévᵉ-Hague ...	Octeville.
St-Séb.-de-Raids ...	Périers.	Théville..........	St-Pierre-Eglise.
St-Sén.de-Beuvron.	Saint-James.	Tirepied..........	Brécey.
St-S.-s.-Avranches..	Avranches.	Tocqueville	St-Pierre-Eglise.
Saint-Symphorien..	La Haye-du-Puits.	Tollevast	Octeville.
Saint-Symphorien..	Le Teilleul.	Tonneville.	Beaumont.
Saint-Symphorien..	Torigni-sur-Vire.	Torigni-sur-Vire ...	Torigni-sur-Vire.
Saint-Thomas....	Saint-Lo.	Tourlaville..... ...	Octeville.
Saint-Ursin	La Haye-Pesnel.	Tourville	St-M.-de-la-Lande .
St-Vaast-la-Hougue.	Quettehou.	Tréauville..	Les Pieux.
St-Vig.-des-Monts ..	Tessy-sur-Vire.	Trelly............	Montm.-sur-Mer.
Sainte-Cécile	Villedieu.	Tribehou..........	St-Jean-de-Daye.
Sainte-Colombe. ...	St-Sauᵛ-le-Vicᵗᵉ.	Troisgots.	Tessy-sur-Vire.
Ste-Croix-Hague ...	Beaumont.	Turqueville	Ste-Mère-Eglise.
Ste-C.-de-Saint-Lo..	Saint-Lo.	Urville	Montebourg.
Sainte-Eugienne ...	Brécey.	Urville-Hague	Beaumont.
Sainte-Geneviève...	Quettehou.	Vains............	Avranches.
Ste-Marie-du-Bois..	Le Teilleul.	Valcanville........	Quettehou.
Ste-Marie du-Mont..	Ste-Mère-Eglise.	Valognes.........	Valognes.
Ste-Mère-Eglise.. ..	Id.	Varenguebec	La Haye-du-Puits .
Sainte-Pience......	La Haye-Pesnel.	Varouville..	St-Pierre-Eglise.
Sainte-Suzanne. ...	Périers	Vasteville	Beaumont.
Sainte-Suzanne	Saint-Lo.	Vaudreville	Montebourg.
Sartilly	Sartilly.	Vaudrimesnil	St-Sauv.-Lendelin .
Saultˡ-du-Tronchet.	Villedieu.	Vauville	Beaumont.
Saussemesnil.....	Valognes.	Vengeons.........	Sourdeval.
Saussey..	Coutances.	Ver.......	Gavray.
Savigny..........	Cerisy-la-Salle.	Vergoncey	Saint-James.
Savigny-le-Vieux...	Le Teilleul.	Vernix	Brécey.
Sébeville.	Ste-Mère-Eglise.	Vesly	Lessay.
Sénoville	Barneville.	Vessey	Pontorson.
Servigny..........	St-M.-de-la-Lande .	Vezins........ ...	Isigny.
Servon............	Pontorson.	Videcosville.......	Quettehou.
Sideville..........	Octeville.	Vidouville	Torigni-sur-Vire.
Siouville.	Les Pieux.	Vierville	Ste-Mère-Eglise.
Sortosville.	Montebourg.	Villebaudon	Percy.
Sort.-en-Beaumont .	Barneville.	Villechien.	Mortain.
Sottevast.....	Bricquebec.	Villedieu	Villedieu.
Sotteville.	Les Pieux.	Villiers..	Saint-James.
Soules.	Canisy.	Villiers-Fossard ...	Saint-Clair.
Sourdeval.........	Sourdeval.	Vindefontaine	La Haye-du-Puits.
Sourdeval-les-Bois .	Gavray.	Virandeville	Octeville.
Subligny..........	La Haye-Pesnel.	Virey............	St-Hilaire-du- Harc.
Surtainville	Les Pieux.	Vrasville..........	St-Pierre-Eglise.
Surville..	La Haye-du-Puits.	Yquelon.	Granville.
		Yvetot.	Valognes.

TABLEAU DES COMMUNES

PAR ARRONDISSEMENT

Contenant la population par arrondissement, canton et commune ; — la superficie territoriale
la distance au chef-lieu du département, judiciaire, d'arrondissement, de canton ; les noms
Les bureaux de poste sont indiqués par ⊠ et les relais par ⚏ ; le ¶ placé à la suite de
Curés sont en italique.

NOM DES COMMUNES.	Population.	Superficie territoriale de chaque commune.	BUREAUX DE POSTE qui desservent les communes.	Principal des 4 contributions directes en 1891.	DISTANCE AU CHEF-LIEU			
					du département.	judiciaire.	d'arrondissement.	du canton.
ARRONDISSEMENT DE SAINT-LO.								
CANTON DE SAINT-LO ¶. Population :								
SAINT-LO⚏	11445	658	⊠	115042 80	»	28	»	»
Agneaux...............	912	691	Saint-Lo.	9117 05	2	26	2	2
Baudre...............	260	376	idem.	4012 67	4	32	4	4
La Barre-de-Semilly......	475	771	idem.	6576 77	5	32	5	5
La Luzerne	77	196	idem.	1531 50	5	33	5	5
Le Mesnil-Rouxelin.......	290	476	idem.	3992 »	5	33	5	5
Rampan.............	232	411	idem.	3526 82	6	34	6	6
Sainte-Croix-de-Saint-Lo ..	674	1187	idem.	11558 47	»	28	»	»
Saint-Georges-Montcocq...	568	895	idem.	9437 50	2	30	2	2
Sainte-Suzanne-sur-Vire ..	353	506	idem.	4707 33	7	33	7	7
Saint-Thomas-de-Saint-Lo.	270	430	idem.	4030 33	»	28	»	»
CANTON DE CANISY ¶. Population :								
CANISY..................	764	625	⊠	6978 56	9	22	9	»
Dangy.............	820	973	Canisy.	6908 37	·15	19	15	6
Gourfaleur..........	500	845	Saint-Lo.	7158 50	6	27	6	5
La Mancellière..........	405	680	idem.	4702 95	7	30	7	9
Le Mesnil-Herman	157	192	St-Samson-de-Bonf.	1211 »	12	28	12	8
Quibou...	1220	1713	Canisy.	13953 71	12	21	12	3
St-Ebrémond-de-Bonfossé..	671	1198	idem.	9440 03	8	24	8	3
Saint-Martin-de-Bonfossé..	707	1253	idem.	6467 33	10	27	10	3
Saint-Romphaire	711	997	St-Samson-de-Bonf.	7062 04	9	29	9	10
Saint-Samson-de-Bonfossé.	576	629	⊠	5042 73	9	27	9	5
Soulles...............	802	1487	St-Samson-de-Bonf.	7831 73	16	23	16	10
CANTON DE CARENTAN ¶. Population :								
CARENTAN	3483	1367	⊠	49554 82	28	34	28	»
Auvers................	1044	1872	Carentan.	16604 »	32	35	32	6
Auxais	273	776	Sainteny.	6085 »	29	30	29	14
Brévands..............	506	921	Carentan.	8622 67	29	42	29	8
Catz................ .	160	278	idem.	3368 »	26	39	26	5
Les Veys	521	1248	idem.	13635 45	28	41	28	7

DU DEPARTEMENT,

ET PAR CANTON,

de chaque commune;—les bureaux de poste;—le principal des quatre contributions directes;—
des Maires, Adjoints, Curés et Desservants, Instituteurs et Institutrices.
chaque canton indique que toutes les communes sont desservies tous les jours. Les noms des

Maires.	Adjoints.	Curés et Desservants.	Instituteurs.	Institutrices.

Population : 85,941 habitants.

15,556 habitants (11 communes).

MM.	MM.	MM.	MM.	MM^{lles}
Amiard.	Dussaux, Dary.	*Hamel.*	Genérie, Ecole Supérieure.	Marie, Ecole laïque.
			Loreaa, Ecole annexe	
			Pignet.	
			Lecordeux.	
Yver.	Leboucher.	Lelubée.	Godard.	Lion.
Nouet.	Lemoussu.	Delanoe.		Hamard.
Labbé.	Desfaudais.	Bouchard.	Chesnel.	Philippe.
Allix.	Barbenchon.	N...	*Réunie à St-An-*	
			dré-de-l'Epine.	
Surget.	Leclerc.	Larsonneur.		Lenormand.
Amey.	Vardon.	Lefresne.		Lelandais.
Lambert.	Lemieux.	*Blanchet.*	Lair.	Delafosse.
Lerouxel.	Hébert.	Leconte.	Aumont.	Bellamy.
Gilles.	Lerebours.	Desurvire.	Sébert.	Gilles.
Vieillard.	Desfontaines.		*Réuni à Saint-Lo.*	

7,333 habitants (11 communes).

Pacary.	Heussebrot.	*Hamel ;* Pinard.	Quinette.	Thomas.
Leconte.	Lepaulmier.	Hédouin.	Legros.	Grandin, Legardinier.
Marin.	Raoult.	Fossard.	Delahaye.	Delahaye (Mme).
Huet.	André.	Lemétayer.	Legouey.	Graindorge.
Levilly.	Herman.	Auvray.		Legendre.
Osmond.	Lechevallier.	Briant.	Gesbert.	Vaufleury.
Guernet.	Briard.	Gauchet.	Hébert.	Lecot.
Trur de la Vigne-Bernard.	Meslin.	Leboulanger, Pinard.	Lenoël.	Larose, Mahier.
Guérard.	Larsonneur.	Paris.	Latrouite.	Marigny.
Lafosse.	Coulleray.	Rainfroy.	Gautier.	Legrand.
Guilbert.	Houssin.	Gardie.	Delafosse.	Le Graverand.

11,347 habitants (14 communes).

Cauville.	Doucet, Bertrand.	*Lepoultel.*	N.., N..	Coussemaker, Girard.
Philippe.	Lhonorey.	Potel.	Lecaplain.	Pacary.
Palla.	Alexandre.	Clouard.		Crouin.
Sauvage.	Héroult.	Abraham.	Ollivier.	Joret.
Surcouf.	Belhache.	Langenais.		Lecaudey
Gosselin.	Bulot.	Aubril.	Robine.	Gautier.

NOM DES COMMUNES.	Population.	Superficie territoriale de chaque commune.	BUREAUX DE POSTE qui desservent les communes.	Principal des 4 contributions directes en 1891.	DISTANCE AU CHEF-LIEU			
					du département.	judiciaire.	d'arrondissement.	du canton.
								Suite du CANTON
Méautis	769	1698	Carentan.	16657 78	27	31	27	6
Raids..................	433	667	Sainteny.	5640 33	30	22	30	12
Saint-André-de-Bohon....	565	1042	idem	9666 54	21	30	21	10
Saint-Côme-du-Mont......	682	1256	Carentan.	15614 46	32	38	32	4
Sainteny	1456	2132	☒	21585 »	26	26	26	10
Saint-Georges-de-Bohon...	569	1698	Sainteny.	9439 33	24	31	24	8
Saint-Hilaire-Petitville....	464	985	Carentan.	10195 49	27	35	27	1
Saint-Pellerin	413	437	idem.	4809 91	25	39	25	5
CANTON DE MARIGNY ¶. Population :								
MARIGNY ⚑	1335	1032	☒	12323 22	13	16	13	»
Carantilly	803	1070	Marigny.	8669 02	16	19	16	4
Hébécrévon	824	1328	Saint-Lo.	9075 72	7	26	7	7
La Chapelle-Enjuger	824	1502	Marigny.	9407 67	13	20	13	4
Le Mesnil-Amey	209	281	idem.	2278 13	10	20	10	3
Le Mesnil-Eury	273	346	idem.	2841 53	13	22	13	6
Le Mesnil-Vigot.........	515	226	Remilly.	2782 17	17	18	17	9
Lozon.................	585	886	idem.	6245 72	17	18	17	6
Montreuil..............	404	646	idem.	4655 17	15	21	15	6
Remilly-sur-Lozon	878	956	☒	9210 67	18	23	18	14
Saint-Gilles.............	531	783	Saint-Lo.	6376 20	7	21	7	6
CANTON DE PERCY ¶ Population :								
PERCY	2606	3705	☒	23085 90	25	26	25	»
Beslon.................	991	1726	Villedieu.	7406 37	34	35	34	9
La Colombe.............	915	1448	idem.	6322 08	31	32	31	6
La Haye-Bellefonds...... .	173	285	Villebaudon.	1966 17	19	23	19	9
Le Chefresne	714	1130	Percy.	4891 50	28	22	28	3
Le Guislain	351	539	Villebaudon.	3344 »	21	23	21	9
Margueray	273	463	Percy.	1841 67	29	29	29	4
Maupertuis	278	541	Villebaudon.	2873 70	23	20	23	6
Montabot	603	1154	Percy.	4462 07	25	31	25	5
Montbray	988	1409	St-Sever (Calvados).	8548 90	30	33	30	7
Morigny...	248	453	idem.	2165 83	31	36	31	11
Villebaudon............	472	460	☒	3323 03	20	25	20	»
CANTON DE SAINT-CLAIR ¶. Population :								
SAINT-CLAIR.............	565	800	☒	6999 92	42	40	12	»
Airel	800	1017	☒	11556 93	15	37	15	6
Bérigny	549	1217	☒	7464 73	17	40	17	12
Cerisy-la-Forêt	1620	2383	☒	18946 33	18	46	18	9
Couvains	657	1503	Saint-Clair.	9758 53	10	38	10	4
La Meauffe.............	712	1022	idem.	10318 07	9	37	9	6
Moon-sur-Elle	781	980	idem.	8803 50	13	41	13	3
Notre-Dame-d'Elle	182	285	St-Jean-des-Baisants	1310 16	11	39	11	13
Saint-André-de-l'Epine....	326	724	Saint-Lo.	4207 17	9	37	9	7
Saint-Georges-d'Elle......	576	806	Cerisy-la-Forêt.	1063 66	11	39	11	11
Saint-Germain-d'Elle......	440	889	Bérigny.	5058 59	13	41	13	16

Maires.	Adjoints.	Curés et Desservants.	Instituteurs.	Institutrices.

DE CARENTAN.

MM.	MM.	MM.	MM.	MM^{lles}
Duval.	Leviautre.	Mouchel.	Roussel.	Surget.
Letenneur.	Osmont.	Leroux.	Jardin.	Jardin (Mme).
Lecuyer.	Caillemer.	Bécherel.	Lepagolet.	Denis.
Hervieu.	Hébert.	Saint.	Herbin.	Potrel.
Boyard de la Seusserie.	Bourdon.	Duval.	Loquet.	Grossin.
Guérard.	Osmont.	Baize.	Hébert.	Viffort.
Auvray.	Saint.	Creslé.	Delahaye.	
Hamelin.	Eury.	Mazier.	Le Gros.	Lenoël.

7,181 habitants (11 communes).

Douchin.	Lerouxel.	Mangon.	Follain.	Delafosse (Mme).
Gosset.	Lecluze.	Garnier.	Cahour.	Leroy.
Bosmel.	Godard.	Lécuyer.	Bertaux.	Edouard.
Genest.	Legrand	Girard.	Ernault.	Le Bas.
Asselin.	Legrand.	Costard.		Lemperrière.
Le Baron.	Chapel.	Osmond.		Delalonde.
Rose.	Lecarpentier.	Barbé.	Delacour.	Bouquerel.
Duperrouzel.	Auvray.	Lecat.	Lepage.	Ollivier.
Vollet.	Legrand	Lafosse.	Adelée.	Yger.
Raulline.	Lechevalier.	Vigier.	Lemaltre.	Esnouf.
Guillot.	Hardy.	Guérin.	Godefroy.	Alleaume.

8,612 habitants (12 communes).

Dufouc.	Leballais et Lenoir.	Helland.	Lemonnier.	Doucin, Hingan.
Aumont.	Renard.	Coupard.	Lefaudeux.	Simon.
Deschamps.	Lucas.	Guillon.	Lemoine.	Gallouin.
Carrey.	Estur.	Lemercier.		Rabel.
Larsonneur.	Meslier.	Leboulenger.	Letenneur.	Nativelle.
Delafosse (Arsène).	Delafosse (Andécime).	Dupard.	Caresmel.	Hennebic.
Lebrun.	Manson.	Ruault.		Nicolle.
Chapelle.	Legoupil.	Auvray.		Blanchet.
Bossard.	Lebouvier.	Bidois.	Bigot.	Bouillet.
Le Monnier.	Beauquet.	Collin.	Touroude.	Cerisier.
Vimont.	Deschamps.	Languet.		Lebugle.
Canuet.	Leredde.	Soyer.	Desmoulins.	Desmoulins (Mme).

8,514 habitants (14 communes).

Bernard.	Raulin.	Gardin.	De Saint-Denis.	Lemonnier.
Groualle.	Adam.	Letondeur.	Prével.	Blondel.
Sansrefus.	Dumont.	Beaufils.	Lehérichon.	Leroy.
Fouque.	Malherbe.	Travert.	Postel.	Hulmer.
Dhermilly.	Rogier.	Ranglet.	Durand.	Aubey.
Enouf.	Paingt.	Deshayes.	Desplanques.	Lefèvre.
Regnouf de Vains ✳.	Demagny.	Morisset.	Tiphaigne.	Ve Beauquet.
Lecot.	Defaudais.	Quinette.		Langlois.
Dhérouville.	Guilloy.	Fremond.		Ravenel.
Mignot.	Pacary.	Duboscq.	Desmoulins.	Delafosse.
Lechevalier.	Youf.	Letenneur.	Paquet.	Paquet (Mme).

NOMS DES COMMUNES.	Population.	Superficie territoriale de chaque commune	BUREAUX DE POSTE qui desservent les communes.	Principal des 4 contributions directes en 1891.	DISTANCE AU CHEF-LIEU			
					du département.	judiciaire.	d'arrondissement.	du canton.
				Suite du Canton				
Saint-Jean-de-Savigny....	489	755	Saint-Clair.	6195 67	13	41	13	3
Saint-Pierre-de-Semilly...	354	461	Saint-Lo.	3595 33	7	35	7	9
Villiers-Fossard	463	869	*idem.*	6203 42	6	34	6	5
			Canton de Saint-Jean-de-Daye ¶. Population :					
Saint-Jean-de-Daye	333	421	⊠	4431 »	15	33	18	»
Amigny................	205	370	Pont-Hébert.	3357 83	8	25	8	11
Cavigny...............	584	688	*idem.*	8062 15	11	35	11	7
Graignes	1081	1415	Saint-Jean-de-Daye.	10339 20	21	33	21	6
Le Dézert.............	714	1459	*idem.*	11681 12	13	29	13	4
Le Hommet-d'Arthenay...	502	1486	*idem.*	10751 50	14	27	14	7
Le Mesnil-Angot	99	408	*idem.*	4056 33	18	31	18	5
Le Mesnil-Véneron......	176	283	*idem.*	2818 »	18	33	18	3
Les Champs-de-Losques ..	449	931	*idem.*	9092 50	17	24	17	9
Montmartin-en-Graignes ..	1282	3032	*idem.*	24310 75	21	39	21	6
Pont-Hébert...........	908	1499	⊠	10250 13	7	31	7	8
Saint-Fromond	834	1551	Airel.	19082 82	15	37	15	4
Tribehou	1007	997	Saint-Jean-de-Daye.	8757 37	19	28	19	13
			Canton de Tessy-sur-Vire ¶. Population :					
Tessy-sur-Vire..........	1404	1586	⊠	13956 24	18	34	18	»
Beaucoudray	242	469	Villebaudon.	2003 67	21	27	21	7
Beuvrigny	313	689	Tessy-sur-Vire.	2783 67	21	40	21	6
Chevry...............	207	364	Villebaudon.	1925 33	19	29	19	6
Domjean	1100	1656	Tessy-sur-Vire.	8109 58	18	37	18	5
Fervaches.............	433	480	*idem.*	3405 80	15	33	15	3
Fourneaux	161	234	*idem.*	1497 »	21	37	21	3
Gouvets	651	1101	*idem.*	4579 20	24	34	24	6
Le Mesnil-Opac.........	332	557	*idem.*	3232 13	12	31	12	6
Le Mesnil-Raoult	328	399	Torigni-sur-Vire.	2910 08	12	32	12	10
Moyon................	1132	2334	Tessy-sur-Vire.	10469 55	14	30	14	6
Saint-Louet-sur-Vire.....	310	734	*idem.*	3570 87	21	40	21	6
Saint-Vigor-des-Monts	868	1574	Pontfarcy (Calv.)	8685 43	27	37	27	6
Troisgots..............	501	753	Tessy-sur-Vire.	4503 65	14	33	14	6
			Canton de Torigny-sur-Vire ¶. Population :					
Torigni-sur-Vire	2020	292	⊠	20893 53	14	39	14	»
Biéville	359	553	Torigni-sur-Vire .	3963 67	17	45	17	11
Brectouville	178	375	*idem.*	2528 17	14	40	14	4
Condé-sur-Vire	1675	2489	*idem.*	21754 86	9	30	9	5
Giéville	578	1033	*idem.*	6473 92	17	45	17	3
Guilberville	1380	2215	*idem.*	11770 95	21	45	21	7
La Chapelle-du-Fest......	184	374	*idem.*	1531 75	12	40	12	4
Lamberville........... .	382	706	*idem.*	5072 40	17	45	17	9
Le Perron	337	459	*idem.*	3113 87	20	43	20	7
Montrabot	184	386	St-Jean-des-Baisants	2079 67	16	44	16	19

Maires.	Adjoints.	Curés et Desservants.	Instituteurs.	Institutrices.

DE SAINT-CLAIR.

MM.	MM.	MM.	MM.	MM^{lles}
Detournière.	Dhermilly.	Bouillon.	Simon.	Lemoussu.
Durand.	Capelle.	Lallemand.	Guy.	Lucas.
Legendre.	Tréfeu	Fétille.	Mélot.	Lefèvre (Mme).

8,154 habitants (13 communes).

Raulline.	Maincent.	*Gilbert.*		Couillard.
Jouin.	Legrand.	Le Ménicier.		Herson.
Heussebrot.	Rauline.	Menard.	Guilbert.	Gancel.
Lescalier	Defortescu.	Denis.	Ruault.	Poulain.
Quennolt de la Graudière.	Thouroude.	Maillard.	Lelandais.	Deschamps.
D'Osseville.	Hébert	Tabard.	Pillevesse.	Moulin.
Leduc.	N...	Laurent.		Dufour.
Philippe.	Vaultier.	Levieux.		Grandin.
Touroude.	Desplanques.	Latire.	Painchaud.	Desplanques.
Lebas.	Gancel.	Chartrain.	Delacour, Daireaux.	Billard, Daireaux (M°)
Thomasse.	Godard.	Letot, Delarue, Puisney.	Michel.	Véron, Lefranc. Gazengel.
Lebas.	Laisney.	Surville.	Chrétienne.	Hébert (Mme).
Belleux.	Damecour.	Debon.	Lecoufle.	Renault.

7,982 habitants (14 communes).

Lesage.	Flicher.	*Gillot.*	Letenneur.	Godard.
Legablier.	Quesnel.	Bougis.		Canuet.
Delaville.	Letot.	Legrand.		Bataille.
Quesnel.	Godard.	Voisin.		Lelièvre.
Regnault de Bouthoneat.	Lamoureux.	Camus.	Martin.	Jamard.
Lucas.	Lefranc.	Brion.	Levallois.	Prével.
Lemélorel-Lesmontils	Lemariey.	Lesénéchal.		Lhullier.
Loisel.	Bisson.	Lescot.	Philippe.	Frigoult.
Lemeray.	Crocquevieille.	Puisney.		Bosquet.
Leloutre.	Julien.	Feron.		Leroux.
Beaufils.	Postel.	Langenais.	Lemoine.	Hairon.
Massier.	Mourocq.	Leboucher.		Desmier.
Lemélorel-Lesmontils	Chasle.	Manson.	Levallois.	Lemercerre.
Goulet.	Mourocq.	Lemare.	Suzanne.	Gandillet.

11,265 habitants (17 communes).

Dufour.	Jouet-Laconterie.	*Leroy* ; Cochard.	Bucaille.	Regnault.
Bailleul.	Auvray.	David.	Bazire.	Besnard.
Lepringard.	Fontaine.	Anne-Archard.		Coursin.
Laforge.	Leneveu.	Nicolle.	Bréard.	Leroussel.
Pommier.	Nativelle.	Queudeville.	Lalné.	Gaillard.
Cord'homme.	Tirard.	Marguerite.	Bizault.	Davodet.
Savare.	Lefèvre.	Savigny.		Couillard.
Bion.	Gaillard.	Heuzé.		Decosse.
Joret.	Huet.	Lemazurier.		Sanson.
Hervieu.	Pegoix.	Drouvassal.		Boutemy.

6

NOMS DES COMMUNES.	Population.	Superficie territoriale de chaque commune.	BUREAUX DE POSTE qui desservent les communes.	Principal des 4 contributions directes en 1891.	du département.	judiciaire.	d'arrondissement.	du canton.

Suite du CANTON DE

Placy-Montaigu	495	899	Torigni-sur-Vire.	4911 07	20	45	20	6
Précorbin	466	721	St-Jean-des-Baisants	5421 13	11	39	11	6
Rouxeville	384	576	*idem.*	3150 67	12	39	12	9
Saint-Amand	1206	2462	Torigni-sur-Vire.	12650 70	15	41	15	2
Saint-Jean-des-Baisants	1005	1336	⊠	8071 50	10	37	10	7
Saint-Symphorien	195	387	Torigni-sur-Vire.	1997 33	18	43	18	4
Vidouville	237	445	St-Jean-des-Baisants	3110 33	15	43	15	10

ARRONDISSEMENT D'AVRANCHES

CANTON D'AVRANCHES ¶. Population :

| AVRANCHES ⌂ | 7785 | 441 | ⊠ | 82318 77 | 50 | 47 | » | » |

Chavoy	160	371	Avranches.	2204 33	50	42	6	6
La Godefroy	188	364	*idem.*	1664 40	63	52	5	5
La Gohannière	225	370	*idem.*	1701 60	61	52	9	9
Le Val-Saint-Pair	1092	1110	*idem.*	10651 92	58	50	3	3
Marcey	716	673	*idem.*	2683 33	56	49	3	3
Plomb	574	819	*idem.*	5176 45	50	46	8	8
Pontaubault ⌂	383	195	*idem.*	2156 06	66	54	7	7
Ponts	424	670	*idem.*	5701 38	53	45	5	5
Saint-Brice	147	255	*idem.*	1579 77	57	48	5	5
Saint-Jean-de-la-Haize	611	875	*idem.*	6122 50	55	45	5	5
Saint-Loup	476	646	*idem.*	4079 83	62	54	6	6
Saint-Martin-des-Champs	561	649	*idem.*	5297 50	59	50	3	3
Saint-Osvin	750	670	*idem.*	4005 60	63	55	7	7
St-Senier-sous-Avranches	497	1253	*idem.*	6502 30	57	49	5	5
Vains	714	858	*idem.*	6492 23	59	52	6	6

CANTON DE BRÉCEY ¶. Population

Brécey	2400	2103	⊠	20957 45	49	48	17	»
Braffais	333	581	Brécey.	2622 38	46	35	13	9
Cuves	671	969	*idem.*	6977 58	54	54	22	5
La Chaise-Baudouin	857	1203	*idem.*	4392 »	48	43	16	8
La Chapelle-Urée ⌂	345	459	*idem.*	1664 63	57	57	17	9
Le Grand-Celland	975	1249	*idem.*	4612 73	60	54	14	6
Le Petit-Celland	407	657	*idem.*	2690 60	63	54	13	5
Les Cresnays	692	978	*idem.*	5690 70	54	52	21	4
Les Loges-sur-Brécey	363	527	*idem.*	2762 70	45	44	19	4
Notre-Dame-de-Livoye	238	355	*idem.*	1809 67	48	47	15	4
Sainte-Eugienne	93	179	*idem.*	805 33	51	43	10	10
Saint-Georges-de-Livoye	377	552	*idem.*	3339 60	43	48	14	5
Saint-Jean-du-Corail	143	362	*idem.*	953 75	44	41	21	6
Saint-Nicolas-des-Bois	240	357	*idem.*	1833 67	46	45	18	5
Tirepied	1043	1597	Avranches.	10984 60	59	52	9	8
Vernix	346	584	Brécey.	4032 83	54	51	18	5

Maires.	Adjoints.	Curés et Desservants.	Instituteurs.	Institutrices.

Torigni-sur-Vire.

MM.	MM.	MM.	MM.	MM^lles
Girauld	Lefoulon.	Huard.		Guyot.
Pasturel.	Leguédois.	Adelée.	Vigot.	Jamard.
Aumond.	Rouxeville.	Jaunet.	Legendre.	Lesongeur.
Lefoulon.	Philippe.	Hélène.	Lesouef.	Blier
Leberruyer.	Picard.	Lemière.	Leconte.	Letourneur.
Françoise.	Auvray.	Bochin.		Chauvois.
Défaudais.	James.	Deshayes		Sohier.

Population : 96,895 habitants.

15,303 habitants (16 communes).

Lenoir.	Desdouitils, Letre-guilly.	Le nains, à St-Gervais; Baudry, à Notre-Dame des-Champs ; Lebedel, à St-Saturnin.	Ruault.	Esnol.
Trochon.	Police.	Resbeut.		Besnard.
de Mansigny.	Lottin.	Boutin.		Viel.
Hubert.	Doublet.	Blouin.		Elisabeth.
Blier.	Lateurtois.	Piquois.	Levionnois.	Gautier.
Primaux.	Lefranc.	Challier.	Holley.	Davy.
Jamard.	Dubois.	Gillette.		Lurienne.
Godard.	Blouin.	Morin.		Loqué.
Haupais.	Gautier.	Lhoste.	Laurence.	Restoux.
Vauprès.	Boutelou.	Masselin.		Chauvin.
Dubois (Franç)	Dubois (Pierre).	Aubrée.	Aumont.	Hubert.
Ruault.	Pinel.	Piquot.	Bouillon.	Besnard.
Mauduit.	Pinel.	Belloir.		Dechérencey.
Bereult.	Loqué.	Maheux.	Mariette.	Feillet.
Lechoisne.	Lebreton.	Bernard.		Gloria.
Piton.	Lemétayer.	Gauché.	Hébert.	Ollivier.

9,523 habitants (16 communes).

Denis-Thieudière	Pinard.	Guesnon.	Lemonnier.	Bagot.
Cossé.	Gauquelin.	Guérin.		Gautier.
Leroyer.	Nicolle.	Bonnel.	Lemare.	Hochard.
Le Courtois.	Desfeux.	Hédou.	Vivier.	Aumond.
Desfoux.	Bazin.	Lecharpentier.		Chevallier.
Jouenne.	Roussin.	Fortin.	Fras.	Lebrun.
Sanson.	Jouault.	Gautier.		Lecomte.
Laurent.	Anfray.	Morin.		Picbard.
Robert.	Vaugrante.	Ameline.		Fauvel.
Généaux.	Loyson.	Moyse.		Salliot.
Maincent.	Frémond.			Froger.
Denis.	Debieu.	Liot.		Delauney.
Lepron.	Lepeltier.	Desloges.		Cordon.
De Besne.	Rigot.	Prével.		Serizier.
Leroux.	Navet.	Lefranc.	Jehenne.	Belloir.
Lerenard.	Leménager.	Goron.		Lepourcelet.

NOMS DES COMMUNES.	Population.	Superficie territoriale de chaque commune.	BUREAUX DE POSTE qui desservent les communes.	Principal des 4 contributions directes en 1890.		DISTANCE AU CHEF-LIEU			
						du département.	judiciaire.	d'arrondissement.	du canton.
CANTON DE DUCEY ¶. Population :									
Ducey..................	1821	1120	⊠	12339	68	67	56	9	»
Céaux	505	786	Avranches.	4943	22	68	59	12	9
Courtils.....	425	614	idem.	3740	33	69	60	13	10
Crollon.................	354	468	Ducey.	2620	67	70	61	13	10
Juilley.................	704	1152	idem.	6501	32	68	58	11	5
La Boulouze	133	218	idem.	977	40	62	60	13	10
Le Mesnil-Ozenne.......	206	460	idem.	2061	»	68	58	11	9
Les Chéris	420	591	idem.	3671	68	74	59	12	3
Marcilly	765	886	idem.	5974	77	70	57	10	5
Poilley	1003	1270	idem.	8636	50	67	58	10	2
Précey	502	773	idem.	4671	03	67	39	11	8
Saint-Quentin	1215	1668	idem.	11695	23	61	53	6	4
CANTON DE GRANVILLE ¶. Population :									
Granville ⚓	12721	268	⊠	103378	93	49	29	26	»
Bouillon........	468	639	Granville.	4421	42	60	39	20	10
Donville...............	797	296	idem.	4455	30	46	26	28	4
Saint-Aubin-des-Préaux...	390	824	idem.	5883	40	57	35	17	8
St-Nicolas-près-Granville..	1222	737	idem	12868	26	51	31	24	2
Saint-Pair...............	1310	1540	idem.	17004	99	52	35	23	5
Saint-Planchers..........	910	1197	idem.	9258	50	56	23	21	7
Yquelon	353	214	idem.	3170	88	48	27	26	4
CANTON DE LA HAYE-PESNEL ¶. Population :									
La Haye-Pesnel.........	1030	629	⊠	8028	»	44	32	15	»
Beauchamps	511	411	La Haye-Pesnel.	3930	92	56	31	21	6
Champcervon	321	558	idem.	2924	57	48	35	16	2
Folligny	527	410	idem.	3594	71	43	39	19	4
Hocquigny..............	259	305	idem.	1874	65	44	30	18	3
La Beslière	216	349	idem.	2269	»	44	31	20	5
La Lucerne-d'Outremer ..	855	1451	idem.	7289	07	44	35	15	3
La Mouche	255	443	idem.	2407	33	45	33	14	4
La Rochelle.............	445	751	Sartilly.	4187	83	49	37	13	5
Le Luot	384	851	Avranches.	4057	67	46	41	13	8
Le Mesnil-Drey..........	282	421	La Haye-Pesnel.	2905	67	45	31	18	2
Les Chambres........ ...	183	418	idem.	1910	»	48	37	13	4
Le Tanu	437	694	idem.	3987	07	41	37	20	5
Noirpalu........	144	819	idem.	1348	»	44	37	15	5
Sainte-Pience...........	537	868	Avranches.	3546	40	45	42	11	10
Saint-Jean-des-Champs...	688	1202	La Haye-Pesnel.	8513	10	47	33	21	6
Saint-Léger	138	196	Sartilly.	1365	10	60	38	17	8
Saint-Ursin.............	248	537	La Haye-Pesnel.	3133	20	47	36	18	3
Subligny.........	476	790	Avranches.	4028	03	50	40	9	8

Maires.	Adjoints.	Curés et Desservants.	Instituteurs.	Institutrices.

8,212 habitants (12 communes).

MM.	MM	MM.	MM.	MM^lles
Aumont.	Champion.	*Maudouit*.	Leroux.	
Provost.	Morel.	Miquelard.	Poullain.	
Colin	Prince.	Maillard.		Mauray.
Dumont.	Cordier.	Poirier.		Costentin.
Fardin.	Datin.	Guesnon.	Besnier.	Letimonier.
Barbé.	Daligault.	Dubois.		Anger.
Challier.	Lebrun.	Leprovost.		Poirier.
Caillou.	Gilbert	Roblin.		Pinel.
Boutelou	Dapilly.	Guillard.	Roblin.	Debon.
Morin.	Lafosse.	Olivier.	Leplanquais.	Colet.
Morel	Fleury.	Petitpas.	Guesnel.	Godard.
Dupont.	Le Bedel.	Basnel.	Duchêne.	Maloizel.
				Foulon.

18,171 habitants (8 communes).

Dior.	Bureau, Lucas.	*Turgot; Maquerel*.	Robbes, Primault.	Deguelle, Legastelois.
Digée.	Bry.	Boizard.	Lebasnier.	Barré.
Mequin.	Fissadame.	Briand.	Béchet.	Yberty.
Delarue.	Bazin	Esnoult.	Blanchet.	Hamon.
Chemin.	De Gibon.	*Duclos*.	Godier.	Borel.
Royer.	Lefèvre.	Gombert ; Lajoie, à Kairon.	Maloizel, Le Bas.	Lemasle, Duprey.
Jouenne.	Hamelin.	Petipas.	Allain.	Rosselin.
Delarue (Pierre).	Delarue (Gustave).	Rabel.	Potier.	Dubourg (Mme).

7,934 habitants (19 communes).

Lanos.	Avril.	*Vignon*.	Legallais.	Le Meslier.
Rosselin.	Simonne.	Lebas.	Leblanc.	Leroyer.
Poulain.	Lelandais.	Lambert.		Closet.
Provost.	Marion.	Guillet.	Letenneur.	Lehérissey.
Lemains.	Pinot.	Trochon.		Mazier.
Lhomme.	Fontaine.	Prével.		Lalleman.
Lebourgeois.	Goupil.	Berry.	Gautier.	Lehodey.
Dugué.	Duchemin.	Leresteux.		Levallois.
Hurel	Plaine.	Mazier.	Laurence.	Peslin.
Dugueycher.	Fillâtre.	Chauvet.		Frétel.
Genvresse (Alphonse)	Genvresse (Louis).	Allain.		Perrouault.
Deschamps-Boudent.	Garnier.	Prevel.		Desrues.
Micouin.	Lehodey.	Maillard.	Lethimonnier.	Yvon.
Mabey.	Janot.	Esnault.		Juin.
Jonquier.	Legrand.	Leconte.	Leroutier.	Lemarié.
Coulombier.	Lemuet.	Maillard.	Dumouchel.	Damonchel (Mme).
Lecoufle.	Encoignard.	Tabourel.		Dupré.
Rieu.	Lefèvre.	Lefranc.		Lechartier.
Le Bourgeois.	Pigeon (Jules).	Fougeray.	Thébault.	Leloutre

NOMS DES COMMUNES.	Population.	Superficie territoriale de chaque commune.	BUREAUX DE POSTE qui desservent les communes.	Principal des 4 contributions directes en 1890.	DISTANCE AU CHEF-LIEU			
					du département.	judiciaire.	d'arrondissement.	du canton.
CANTON DE PONTORSON ¶. Population :								
PONTORSON ⌂	2339	415	⊠	18356 70	70	69	22	»
Ardevon................	330	830	Pontorson.	3893 »	77	68	20	8
Aucey.................	746	951	idem.	6011 33	83	74	26	5
Beauvoir............. .	495	857	idem.	2865 50	84	60	21	8
Boucey................	640	1083	idem.	6372 27	81	72	23	2
Cormeray......... ..	102	190	idem.	1192 17	76	68	21	6
Curey	339	574	idem.	2922 60	77	67	20	4
Huisnes	324	654	idem.	3568 58	75	66	19	10
Les Pas	250	460	idem.	2664 67	77	67	19	5
Macey...............	243	587	idem.	6669 09	76	67	19	6
Moidrey	248	634	idem.	3918 33	82	69	22	2
Mont-Saint-Michel......	199	258	⊠	1087 92	89	72	24	9
Sacey	1100	1527	idem.	8964 83	86	72	25	7
Servon	561	923	idem.	5716 83	71	62	14	10
Tanis................	500	746	idem.	3905 60	73	64	16	10
Vessey	856	1261	idem.	6934 17	79	71	23	7
CANTON DE SAINT-JAMES ¶. Population :								
SAINT-JAMES......	3067	1819	⊠	24496 55	77	67	20	»
Argouges.............	1212	1639	Saint-James.	8623 08	82	71	22	6
Carnet................	836	1012	idem.	5861 30	80	70	23	3
Hamelin..............	185	246	idem.	1590 72	86	78	22	8
La Croix-Avranchin......	728	1082	idem.	6260 83	74	65	17	5
Montanel.............	838	1548	idem.	6108 77	80	71	24	10
Montjoie.............	514	745	idem.	3690 33	77	67	19	3
Saint-Aubin-de-Terregatte	1406	2098	idem.	13360 79	71	63	15	7
St-Laurent-de-Terregatte	1082	1641	idem.	9353 77	74	62	16	9
Saint-Senier-de-Beuvron..	607	1114	idem.	6404 95	71	62	14	16
Vergoncey	463	774	idem.	4189 33	74	64	16	7
Villiers	413	701	idem.	3856 38	77	67	20	7
CANTON DE SARTILLY ¶. Population :								
SARTILLY	1224	1154	⊠	9958 51	41	39	14	»
Angey................	215	247	Sartilly.	1461 33	53	42	14	3
Bacilly	1014	1587	Avranches.	10793 07	57	46	8	7
Carolles	450	384	Sartilly.	3764 91	62	41	19	8
Champcey	249	324	idem.	2524 83	54	43	9	4
Champeaux	401	422	idem.	3461 83	63	45	17	6
Dragey	604	1815	idem.	6724 67	57	44	12	5
Genest................	663	676	Avranches.	5730 83	58	47	11	8
Lolif.................	811	1348	idem.	8684 41	53	42	7	7
Montviron	371	593	Sartilly.	3912 62	52	42	9	4
Ronthon.............	314	484	idem.	3439 67	56	44	13	4
Saint-Jean-le-Thomas.....	197	338	idem.	2249 35	64	45	14	6
Saint-Michel-des-Loups. .	508	1426	idem.	4351 77	54	40	18	7
Saint-Pierre-Langers	632	840	idem.	6195 40	56	39	18	5

Maires.	Adjoints.	Curés et Desservants.	Instituteurs.	Institutrices.

9,272 habitants (16 communes).

MM.	MM.	MM.	MM.	MM^lles
Morel.	Guichard.	*Lecacheux.*	Auvray.	Quentin.
Menard.	Ferré.	Orvin.		Tesnière.
Pivert.	Duguépéroux.	Lair.	Forget.	Nicolle.
Leroy.	N...	Datin.		Lethimonnier.
Guichard.	Pichard.	Gohin.	Jamard.	Garandel.
Faguais.	Petipas.	Deslandes.		Letestu.
Farcy.	Doré.	Théberge.		Muris.
Leroy.	Laumaille.	Desdouitils.		Catrel.
Chauvière.	Royer.	Ruault.		Denoël.
Mis de Cacqueray	Faguais.	Lecharpentier.		Faguais.
Tardif de Moidre/.	Allain.	Gautier.		Badier.
Fontenier.	Lochet.	Laproste.		Tétrel.
Ozenne.	Trincot.	Soismier.	Morel.	Barbé.
Lion.	Domin.	Labigne.	Gillot.	Gastebois.
Desgranges.	Allain.	Dinard.	Gâté.	Victor.
Fouque.	Louiche.	Bigrel.	Desfeux.	Follain.

11,351 habitants (12 communes).

Morel.	Despréaux, Bes-nard.	*Legrand*, Guérin, à Saint-Benoît.	Fleury.	Hébert, Gauchet.
Trincot.	Jourdan.	Pierre.	Lehéricey.	Lethimonnier, Abraham.
Salmon.	Fouasse.	Théault.	Roblin.	Carnet.
Lesenéchal.	Le Monnier.	Roisille.		Legoupil.
Gautier.	N...	Guérin.	Duval.	Goron.
Costentin.	Jouanne.	Dupont.	Davy.	Charbonnel.
Madelaine.	Besnard.	Chevalier.	Dupré.	Tumoine.
Lusley.	Chevalier.	Lemoine.	Rault.	Lelandais.
Delacour.	Ameline.	Piquerel.	Lefrançois.	Hennequin.
Langlois.	Juin.	Filatre.	Maillard.	Gilbert.
Gautier-Lapérière.	Piquot.	Menard.	Leteurtrois.	Veaugeois.
Royer.	Ameline.	Martin.		Desfeux.

7,650 habitants (14 communes).

Lemenager.	Letellier-Parisière.	*Fossard.*	Aubril.	Anquetil.
Sicot.	Lânée.	Alexandre.		Morel.
Chauvin.	Lemaître.	Bougourd.	Leteurtrois.	Legendre.
Coupard.	Desroches.	Lecomte.		Servain.
Le Métayer.	Fleury.	Fertel.		Chesnel.
Lemaréchal.	Letellier-Parisière.	Martin.	Blin.	Blandin.
Basire.	Leplat.	Bachelot.	Heuzé.	Villard.
Lenepveu de Dangy.	Bedel.	Lemonnyer.	Blouin.	Duprey.
Delongraye.	Bellet.	Lefebvre.	Jouvin.	Adam.
Ballois.	Gautier.	Dumont.		Gilbert.
Gosse.	Bisson.	Rubé.		Châtel.
Lenoir.	Marie.	Barbot.		Guilmin.
Lenormand.	Bougon.	Doré.	Lerond.	Salmon.
Gond.	Méquin.	Bicrel.	Carouge.	Laurent.

NOMS DES COMMUNES.	Population.	Superficie territoriale de chaque commune.	BUREAUX DE POSTE qui desservent les communes.	Principal des 4 contributions directes en 1891.	DISTANCE AU CHEF-LIEU			
					du département.	judiciaire.	d'arrondissement.	du canton.

CANTON DE VILLEDIEU ⚶. Population :

VILLEDIEU ⚓	3505	82	⊠	25840 94	34	.32	22	»
Bourguenolles	404	764	Villedieu.	3646 50	41	40	18	8
Champrépus.	604	913	idem.	5867 25	41	29	22	8
Chérence-le-Héron	651	955	idem.	4230 80	40	38	21	6
Fleury.	837	1259	idem.	8114 70	38	30	27	5
La Bloutière	535	923	idem.	4880 03	33	28	28	6
La Lande d'Airou.	814	1509	idem.	7159 68	39	38	19	6
La Tricité	612	917	idem.	4336 75	42	40	18	8
Rouffigny	410	670	idem.	3624 28	39	38	17	6
Sainte-Cécile	589	1149	idem	5991 47	37	35	25	3
Saultchevreuil-du-Tronchet	518	707	idem.	4787 21	36	34	20	2

ARRONDISSEMENT DE CHERBOURG-

CANTON DE CHERBOURG ⚶. Population :

CHERBOURG ⚓	38554	651	⊠	364893 85	76	75	»	»

CANTON DE BEAUMONT ⚶. Population :

BEAUMONT	594	789	⊠	4694 58	93	82	18	»
Acqueville	321	579	Beaumont.	3550 13	84	75	11	10
Auderville	455	43 3	idem.	4295 49	102	91	27	9
Biville	380	870	idem.	3135 »	89	83	18	8
Branville	100	212	idem.	1160 »	89	79	14	4
Digulleville	418	789	idem.	6054 46	98	87	32	4
Eculleville	95	233	idem.	1530 67	96	86	17	4
Flottemanville-Hague	402	1130	Octeville.	4561 »	86	77	9	11
Gréville	484	1003	Beaumont-Hague.	7500 12	98	82	16	4
Herqueville	174	291	idem.	1422 33	97	86	22	4
Jobourg	505	1015	idem.	6596 42	98	88	21	6
Nacqueville	469	844	idem.	7215 33	86	81	10	9
Omonville-la-Petite	301	614	idem.	4071 11	100	88	24	6
Omonville-la-Rogue	432	429	idem.	4181 50	98	88	22	5
Sainte-Croix-Hague	446	984	idem.	4310 33	80	78	13	6
Saint-Germain-des-Vaux . .	508	635	idem.	7227 51	102	91	26	8
Tonneville	485	383	Equeurdreville.	2861 23	85	80	9	11
Urville-Hague	352	312	Beaumont-Hague.	3678 03	86	81	11	9
Vasteville	506	1672	idem.	7838 07	87	78	12	16
Vauville	403	1138	idem.	4519 62	94	84	20	3

Maires.	Adjoints.	Curés et Desservants.	Instituteurs.	Institutrices.

9,479 habitants (11 communes).

MM.	MM.	MM.	MM.	MMlles
Tétrel ✻.	Ledo, Boscher.	*Dupont.*	Peutrat (cours complre).	Lechevalier.
Fauvel.	Bouroux.	Costil.		Anfray.
Regnault.	Herbert.	Pichard.	Dufour.	Herpin.
Debroise.	Leprovost (Louis).	Morin de la Rivière.	Paisnel.	Milcent.
Hamel-Préfontaine.	Leriche.	Noblet.	Guérin.	Anfray.
Lecoutey.	Lenoir.	Dubois.	Charuel.	Villain.
Potrel.	Lepelletier.	Lanos.	Manet.	Lerogeron.
Chapel (Auguste)	Chapel (Paul).	Leroy.	Poidevin.	Costentin.
Tétrel.	Debroize.	Hardy.		Primault.
Nové.	Levasseur.	Lemazurier.	Herbert.	Liron.
Fauquet.	Le Maltre.	Roger ; Hus , à Saint-Pierre-du-Tronchet.		Lebugle ; Loyer.

Population : 91,604 habitants.

38,554 habitants (1 commune).

| Moll C✻ | Daniel et Frigoult. | *Leroux,* à Ste-Trinité; Lepoultel, à N.-Dme-du-Rie; *Moulin,* à N.-Dme-du-V. ; Germain, à Saint-Clément. | Thiébot, Simon, Delalande, Levallois, Leneveu , Lalavechef. | Bellenger (Mme), Mme Jeanne , Travers. Guerrand, Fossard. |

7,830 habitants (20 communes).

Louis.	Heleine.	*Lemaltre.*	De Saint-Jores.	Blaisot.
Lefilliatre.	Poullain.	Besnard.	Ingouf.	Prével.
Fabien.	Groult.	Desvergez.	Lecler.	Langevin.
Postel.	Sanson.	Bonhomme.		Ecolivet (Mme).
Liais.	Paysant.			Jacquot.
Lecostey.	Paris.	Letourneur.	Hébert.	Fontaine.
Lemoigne.	Canoville.			Restoux.
Dumoncel (Henri).	Dumoncel (Georg.)	Saillard.	Lecouturier.	Lecaplain.
Fleury.	Bosvy.	Gohel.	Picquot.	Moisy.
Leboulenger (Charles)	Leboulenger (Aug.)	Picard.		Jacquette.
Fleury.	Heleine.	Boissel.	Gosse.	Digard (Mme).
Leroy.	Lesdos-Lavallée.	Bézard.	Martin.	Guillotin.
Mesnil.	Falaize	Cabart.	Duvard.	Prével.
Millet.	Tripey.	Montiton.	Lemonnier.	Manson.
Le Costey (Félix)	Paris.	Angot.	Bazin.	Bazin (Mme).
Ladvenu.	Lecouvey.	Malard.	Henry.	Gain.
Orange.	Fleury.	Sauvey.		Blondel.
Lebarbenchon.	Lesdos.	Jean.	Leclerc.	Legendre.
Lamotte.	Auvray.	Lethimonnier.	Beaumont.	Pinel.
Jean.	Legrand.	Dubois.	Anquetil.	Jamard.

NOMS DES COMMUNES.	Population.	Superficie territoriale de chaque commune.	BUREAUX DE POSTE qui desservent les communes.	Principales des 4 contributions directes en 18..	DISTANCE AU CHEF-LIEU			
					du département.	judiciaire.	d'arrondissement.	du canton.
			CANTON DES PIEUX ¶. Population :					
LES PIEUX...............	1340	1531	⊠	14455 70	86	65	20	»
Benoîtville............	462	828	Les Pieux.	5281 15	59	68	18	3
Bricquebosq	437	805	Grosville.	4752 93	83	65	16	8
Flamanville........ ...	1188	736	⊠	8718 24	93	71	26	6
Grosville	857	1351	⊠	8749 70	81	62	20	5
Héauville.............	421	1079	Flamanville.	4277 17	97	75	15	10
Helleville.............	285	588	Les Pieux.	3050 »	92	71	17	6
Le Rozel.............	318	558	idem.	3308 17	91	63	24	4
Pierreville............	607	1012	idem.	7355 03	91	60	25	6
Saint-Christophe-du-Foc ..	189	358	Grosville.	2659 13	83	73	14	8
Saint-Germain-le-Gaillard .	702	1382	Les Pieux.	8758 62	90	62	23	4
Siouville	521	639	Flamanville.	5190 83	93	71	21	6
Sotteville.............	291	614	Grosville.	4256 80	91	71	17	6
Surtainville..........	1025	1483	Les Pieux.	9977 94	93	59	28	8
Tréauville	805	1327	Flamanville.	10850 73	89	68	20	3
			CANTON D'OCTEVILLE ¶. Population :					
OCTEVILLE	3028	775	⊠	15552 44	78	72	3	»
Bretteville	456	578	Tourlaville.	4297 63	84	82	7	10
Couville	440	862	Martinvast.	4362 52	76	64	13	10
Digosville............	628	927	Tourlaville.	5072 »	83	70	7	10
Equeurdreville	5421	507	⊠	20268 09	78	77	2	3
Hardinvast............	430	729	Martinvast.	3257 27	79	67	5	7
Henneville............	1496	767	Equeurdreville.	7209 92	82	79	10	5
Le Mesnil-Auval	333	1342	Tourlaville.	2602 17	72	67	7	12
Martinvast............	776	1104	⊠	5920 »	80	69	10	4
Nouainville...........	215	381	Octeville.	2070 33	82	76	5	4
Querqueville	1590	553	Equeurdreville.	5716 64	82	78	8	7
Saint-Martin-le-Gréard	204	286	Martinvast.	1369 67	73	66	12	9
Sideville.............	355	763	idem.	4491 86	82	74	9	6
Teurthéville-Hague.......	687	1273	idem.	7587 32	81	71	13	10
Tollevast.............	579	1162	idem.	4491 33	74	69	11	9
Tourlaville............	7382	3287	⊠	38882 13	80	79	4	7
Virandeville	595	823	Martinvast.	4892 »	81	74	12	9
			CANTON DE SAINT-PIERRE-EGLISE ¶. Population :					
SAINT-PIERRE-EGLISE.......	1865	802	⊠	16142 07	71	76	17	»
Angoville...	57	102	Saint-Pierre-Eglise.	1267 »	75	79	20	3
Brillevest.....	503	909	idem.	5095 30	74	72	17	5
Canteloup............	259	428	idem.	3066 33	38	79	19	5
Carneville............	355	688	idem.	3555 26	79	75	16	4
Clitourps	270	630	idem.	4207 »	70	75	19	4
Cosqueville	731	860	idem.	8993 50	74	79	20	3
Fermanville.	1334	1166	⊠	7890 61	74	77	21	4
Gatteville............	894	972	Barfleur.	14994 75	77	81	26	9
Gonneville......	815	1535	Saint-Pierre-Eglise.	8776 25	74	81	13	6
Gouberville...........	277	270	idem.	3702 »	78	79	24	7
Le Theil.............	693	1383	idem.	5713 25	71	66	14	11
Le Vast..............	820	1304	⊠	8542 48	65	71	21	7

Maires.	Adjoints.	Curés et Desservants.	Instituteurs.	Institutrices.

9,748 habitants (15 communes).

MM.	MM.	MM.	MM.	MM^{lles}
Bonamy.	Buhot.	*Fontaine.*	Bertrand.	Leprince.
Mabire.	Vaultier.	Baudry.	Avoyne.	Lerogueur.
Cottebrune.	Quenault	Lemieux.	Brochard.	Godfroy.
Courtois les Hongues.	Buhot.	Fessier.	Lefèvre.	Fossey.
Brisset.	Lenoir.	Grenier.	Douchin.	Gosselin.
Gibon.	Lemasson.	Duboscq.	Cord'homme.	Marguerie.
Toulorge.	Lebacheley.	Lemarié.		Bonissent.
Hairon.	Vrac.	Jouninet.	Lenfant.	Dupont.
Lefillastre.	Bellet.	Levesque.	Moulin.	Leprovost (Mme).
Mocquet.	Letourneur.	Blondel.		Pézet.
Sorel.	Godard.	Aumont.	Hambye.	Trébaol.
Lenoir.	Lefranc.	Vibet.	Anquetil.	Lemesle.
Bouchard.	Ferey	Gauvain.	Pays.	Cresté.
Le Cointe.	Le Bégin.	Lemarquand.	Baudry.	Roulland.
Le Bourgeois.	Toulorge-Lecacheur	Pillet.	Cosnefroy.	Lucas.

24,615 habitants (17 communes).

Lesage.	Polet, Mahien-Laroque.	*Doueffe.*	Durand.	Aubel.
Rouxel.	Planque.	Auvray.	Guérin.	Duchêne.
Compère.	Martin.	Tardif.	Luce.	Lecocq.
Brière.	Guéret.	Sorel.	Foucher.	Laloë.
Dumoncel.	Lecarpentier, Avoine.	Clément.	Duruel.	Assier (Mme).
Truffer.	Hébert.	Poisson.	Louail.	Leluan.
Sanson.	Quoniam.	Mosqueron.	Bihel.	Colette.
Germain.	Mahier.	Deux.		Fauny.
Robin.	Alexandre.	Bonissent.	Bouillault.	Louis.
Vrac.	Cousin.	Leforestier.		Journeaux.
De Couville ✳.	Cauvin.	Hainneville.	Catteloup.	Simiane.
Orange.	Decarité.	Gautran.		Cauvin.
Laisné.	Bourget.	Mauger.	Blondel.	Lemouton.
Gosselin.	Turbert.	Levêque.	Lebrec.	Noyon.
Letourneur.	Letouzé.	Letanneux.	Auvray.	Leboisselier.
Menut.	Burnel, Aubert.	Le Rouvillois; Chauvin.	Brunet, Laloé, Voisin, Vallée	Bra, Deveyen, Luce, Vallée
Lelong.	Douesnard.	Le Poil.	Lhôtellier.	Choisnel. (Mme).

10,857 habitants (20 communes).

Lebas.	Delacour.	*Pagny.*	Parey.	
Lebot (Michel).	Lehot (François).		réunie à Vrasville.	
D'Abeville la Chaussée.	Folliot.	Caruel.	Catherine.	Laurent.
Trohel.	Le Sacher.	Renouf.		Onfroy.
Mahaut.	Besselièvre.	Hautemanière.	Lefèvre.	Gouellain.
Delisle.	Heuvet.	Couppey.		Martin.
Vasse.	Michel.	Noël.	Lemière.	Jean.
Fatome.	Groult.	Louet.	Simon.	Picquenot.
Touzard.	Leneveu.	Delacour.	Morel.	Cousin.
Germain.	Lelong.	Delangle.	Groult.	Voidie.
Godel.	Lebourg.	Branthomme.		Ledanois.
Quetteville.	Lallemand.	Mesnil.	Anne.	Durel.
de la Germonière	Thiesselin.	Savary.	Simon.	Pilard.

NOM DES COMMUNES.	Population.	Superficie territoriale de chaque commune.	BUREAUX DE POSTE qui desservent les communes.	Principal des 4 contributions directes en 1891.	DISTANCE AU CHEF-LIEU				
					du département.	judiciaire.	d'arrondissement.	du canton.	

Suite du Canton de

Maupertus.............	195	335	Saint-Pierre-Eglise.	2814 83	70	73	11	7	
Néville.................	261	348	*idem.*	4127 33	78	83	24	7	
Réthôville.............	215	340	*idem.*	3947 72	77	72	23	6	
Théville..............	379	777	*idem.*	5027 28	76	74	15	2	
Tocqueville...........	478	500	*idem.*	7002 81	76	77	22	5	
Varouville............	323	418	*idem.*	3491 »	75	79	20	3	
Vrasville............ ..	134	142	*idem.*	1364 83	76	80	21	4	

ARRONDISSEMENT DE COUTANCES.

Canton de Coutances ¶. Population :

COUTANCES ⌂..........	8145	333	⊠	77954 59	28	»	»	»	
Bricqueville-la-Blouette...	475	625	Coutances.	6804 27	33	5	5	5	
Cambernon	943	1701	*idem.*	4170 51	27	6	6	6	
Courcy............... ..	750	1145	*idem.*	9355 40	34	4	4	4	
Nicorps.................	318	533	*idem.*	4817 80	34	5	5	5	
St-Nicolas-de-Coutances...	816	861	*idem.*	9793 66	28	»	»	»	
Saint-Pierre-de-Coutances.	201	449	*idem.*	3914 75	28	»	»	»	
Saussey	682	891	*idem.*	5551 68	32	6	6	6	

Canton de Bréhal ¶. Population :

Bréhal ⌂.....	1400	1362	⊠	13843 54	44	19	19	»	
Anctoville	135	215	Granville.	1761 40	50	27	27	9	
Bourey	149	360	Cérences.	1735 »	41	22	22	10	
Bréville	360	688	Bréhal.	3680 67	50	26	26	7	
Bricqueville-sur-Mer......	1292	1464	*idem.*	10544 »	46	18	18	2	
Cérences	1855	2242	⊠	20465 78	38	18	18	6	
Chanteloup.............	301	417	Bréhal.	3025 33	43	21	21	2	
Coudeville.....	715	872	*idem.*	6690 87	46	21	21	2	
Equilly......	328	566	Gavray.	3827 33	44	29	29	13	
Hudimesnil	1146	1877	Bréhal.	10823 63	50	24	24	5	
La Meurdraquière...... ..	432	762	Cérences.	4011 67	43	26	26	11	
Le Loreur	274	323	*idem.*	1851 97	41	23	23	7	
Le Mesnil-Aubert	490	596	*idem.*	3752 07	36	14	14	11	
Longueville............	423	411	Granville.	4205 »	50	26	26	7	
Muneville-sur-Mer.......	588	728	Cérences.	6189 67	48	15	15	4	
St-Sauveur-la-Pommeraye.	439	527	Bréhal.	4076 67	47	27	27	12	

Canton de Cerisy-la-Salle ¶. Population :

Cerisy-la-Salle.	1614	1685	⊠	13996 45	21	14	14	»	
Belval.................	405	567	Coutances.	4103 80	27	6	6	7	
Cametours	753	722	Marigny.	6528 30	17	14	14	6	
Guéhébert	292	629	Roncey.	4210 »	40	14	14	10	
Montpinchon............	1218	1693	Cerisy-la-Salle.	12142 67	23	12	12	3	
Notre-Dame-de-Cenilly....	1452	2523	*idem.*	15008 01	21	18	18	5	
Ouville.................	750	1220	Coutances.	6598 92	31	9	9	7	
Roncey.................	920	1216	⊠	9966 07	29	18	18	7	
Saint-Denis-le-Vêtu.......	1080	1317	Coutances.	11012 75	38	9	9	12	
Saint-Martin-de-Cenilly ...	507	677	Roncey.	5036 20	23	18	18	9	
Savigny	622	1016	Coutances.	6536 07	24	9	9	5	

Maires.	Adjoints.	Curés et Desservants.	Instituteurs.	Institutrices.

Saint-Pierre-Eglise.

MM.	MM.	MM.	MM.	MMlles
Noyon	Carré.	Philippe.		Fouque (Mme).
Cabart.	Roblot.	Briard.	Laronche.	Bulot.
Duhoux.	Laurens (Etienne).	Danneville.		Lecoutour.
Gibon.	Daireaux.	Blaizot.		Duvey (Mme).
Rouxel.	Birette.	Gouelle.	Lefèvre.	Restoux.
Germain.	Guerrand.	Lecluse.		Ruelle.
Piard.	Leroux.	Lehartel.		Guesnon.

Population : 102,633 habitants.

12,330 habitants (8 communes).

Boissel-Dombre-val ✱.	Marie, Saillard.	*Tollemer.*	Ménard ; Briens.	Perceptel (sours complémentalre.) ; Balottre.
Lecesne.	Corbet.	Pigasse.	Ménard.	Bouley.
Quesnel.	Laisney.	Hélaine.	Troude.	Desvallées.
Savary.	Laroque.	Brault.	Lefèvre.	Lefilleul.
Périer.	Lhullier.	Lebesnerois.		Lebreton.
Lefrançois.	Lemière.	*Tollemer.*	*réunis à Coutances*	
Menard.	Hédouin.	*Tollemer.*	*idem.*	
Guenon.	Delacour.	Lemaltre.	Picot.	Crouin.

10,327 habitants (16 communes).

de la Bellière.	Lemonnier.	*Destrès.*	Doucet.	Lucas.
Hélène.	Godal.	Hamel.		Turgot.
Faucon.	Quinette.	Année.		Torel.
Le Brun.	Lengronne.	Loisel.		Tétrel.
Thuilliet.	Frémin.	Germain.	Lelièvre.	Guesney.
Ameline.	Nicole.	*Bedel.*	Douchin.	Letan.
Clément.	Pimor.	Le Bailly.		Leménager.
Hecquard.	Lecailletel.	Fouque.	Méquin.	Boisyvon.
Cacquevel.	Gouelle.	Aupinel.		Lemoussu.
Touroude.	Lemonnyer.	Dubois.	Lechanteur.	Jean.
Lenoir.	Deguelle.	Guyot.		Yvon.
Tanqueray.	Laurence.	Pellé.		Gautier.
Fauchon.	Letarouilly.	Belloir.	Maupas.	Lechevallier.
Méquin.	Beaumont.	Lehaut.	Desrues.	Cheval.
Cirou.	Lebas.	du Mesnil-Adelée.	Robine.	Vigot
Coulombier.	Allain.	Templer.	Gautier.	Boutelou.

9,613 habitants (11 communes).

Gaillard.	Eudes.	*Binet.*	Desplanques.	Lecarpentier.
Lemosquet.	Damecour.	Hélaine.	Guilmin.	Nicolle.
Levallois.	Fossey.	Leroulley.	Lainé.	Gaillard.
Leconte.	Letarouilly.	Germain.		Morin.
Duval.	Enée.	Langevin.	Morel.	Guilbert.
Varin de la Brunelière	Quesnel.	Lecarpentier.	Ledentu.	Marie.
Boulay.	Lengronne.	Letavernier.	Lefrançois.	Coulomb.
Vigot.	Durand.	Leflamand.	De Saint-Denis	Viard.
Amy.	Delarue (Jean-Marie)	Huvé.	Sohier.	Tiphaigne.
Lebrun.	Leroux.	Boulay.	Rault.	Debieu.
Lepeu.	Basire.	Joubin.	Polloue.	Ourselin.

NOMS DES COMMUNES.	Population.	Superficie territoriale de chaque commune.	BUREAUX DE POSTE qui desservent les communes.	Principal des 4 contributions directes en 1891.	DISTANCE AU CHEF-LIEU			
					du département.	judiciaire.	d'arrondissement.	du canton.
CANTON DE GAVRAY ¶. Population :								
Gavray	1425	1601	⊠	11486 83	34	18	18	»
Grimesnil	169	261	Gavray.	1685 57	31	15	15	6
Hambye	2158	2957	⊠	23199 13	25	19	19	8
La Baleine	243	403	Gavray.	1840 20	32	20	20	4
Le Mesnil-Amand	345	663	idem.	4059 33	38	22	22	4
Le Mesnil-Bonant	200	230	idem.	1128 33	38	23	23	5
Le Mesnil-Garnier	548	923	idem.	4745 »	41	25	25	7
Le Mesnil-Hue	199	334	idem.	1972 »	39	24	24	6
Le Mesnil-Rogues	407	478	idem.	3010 »	41	26	26	8
Le Mesnil-Villeman	654	1071	idem.	5551 13	40	26	26	6
Lengronne	836	1208	idem.	8857 33	33	15	15	4
Montaigu-les-Bois	405	685	idem.	4404 27	40	24	24	6
Saint-Denis-le-Gast	1208	1671	idem.	13269 88	29	18	18	4
Sourdeval-les-Bois	413	585	idem.	2484 37	30	26	26	8
Ver	825	1376	idem.	9160 47	38	22	22	4
CANTON DE LA HAYE-DU-PUITS ¶. Population :								
La Haye-du-Puits 🔗	1418	517	⊠	14001 58	44	29	29	»
Appeville	550	1321	Prétot.	12583 8₃	38	46	46	17
Baudreville	296	464	La Haye-du-Puits.	3149 4³	51	36	36	7
Bolleville	410	623	idem.	4243 6²	46	31	31	2
Canville	285	534	idem.	4678 17	54	39	39	10
Coigny	399	412	Prétot.	4359 7	40	42	42	13
Cretteville	517	682	idem.	702 23»	46	44	44	14
Denneville	603	832	La Haye-du-Puits.	6159 »	54	39	39	10
Doville	510	1018	idem.	5303 83	47	33	33	3
Gerville	203	582	idem.	2707 93	44	28	28	5
Glatigny	306	499	idem.	3049 53	52	37	37	8
Houtteville	200	448	Prétot.	4696 27	41	44	44	15
Lithaire	803	1414	La Haye-du-Puits.	6611 17	42	30	30	5
Mobecq	403	816	idem.	6356 13	44	28	28	4
Montgardon	603	1331	idem.	6850 86	46	33	32	2
Neufmesnil	234	532	idem.	3503 »	36	32	32	2
Prétot	508	811	⊠	6182 »	46	39	39	10
St-Nicolas-de-Pierrepont . .	617	813	La Haye-du-Puits.	5038 05	49	34	34	5
Saint-Remy-des-Landes . . .	508	816	idem.	4882 07	52	36	36	7
St-Sauveur-de-Pierrepont .	407	819	idem.	5603 73	50	35	35	6
Saint-Symphorien	347	581	idem.	4933 60	45	30	30	1
Surville	331	746	idem.	3088 67	53	39	39	10
Varenguebec	734	2120	idem.	10164 35	50	36	36	7
Vindefontaine	513	838	Prétot.	7271 50	45	41	41	12
CANTON DE LESSAY ¶. Population :								
Lessay	1297	2240	⊠	11889 61	36	21	21	»
Angoville-sur-Ay	510	672	Lessay.	5074 58	40	26	26	5
Anneville	314	435	Gouville.	2951 25	41	13	13	10
Bretteville-sur-Ay	506	980	Lessay.	5910 67	48	30	30	9

Maires.	Adjoints.	Curés et Desservants.	Instituteurs.	Institutrices.

10,095 habitants (15 communes).

MM.	MM.	MM.	MM.	MMlles
Gritton.	Eudes.	*Etienne.*	Lesouef.	Houet.
Robine.	Quesnel.	Morel.		Legros.
Corson-Deslongchamps.	Quesnel.	*Lemazurier.*	Tostain.	Picot.
Leconte.	Lebargy.	Lepigeon.		Langlois
Piel-Parrounière.	Auvray.	Cosson.		Barbé
Boisnel.	Frémine.	Templer.		Hersent.
Groult.	Lethimonnier.	Havel.	Benoît.	Hédouin.
Regnault.	Joret.	Dauvergne.		Vimond.
Le Breton.	Décley.	Lechartier.	François dit Lemerchier	Leprovost
Cte de Gourmont.	Regnault.	Anquetil ; Delaunay.	Blouët	Godard, Lebigot.
Lechevalier.	Bosquet.	Larose.	Bédouin.	Corbe.
Marie.	Blin.	Thomas.	Letellier.	Paysant.
Le Coupé.	Drieu.	Gautier.	Morin.	Godefroy.
Dubois.	Legraverend.	Dubois, Lesage.	Sévaux.	Richet.
Cte de Mobecq.	Dupont.	Lemoigne.	Aumont.	Tétrel.

11,707 habitants (24 communes)

Ducloux.	Dolbet.	*Lepetit.*	Arondel.	Galichère.
Eudo.	Legigan.	Carouge.	Letourneur.	Eudes.
Houssel.	Desperques.	Drieu.		Jeanne.
Guillebert.	Lhullier.	Depériers.	Hubert.	Leduc.
Mauger.	Canu.	Portais.		Villette.
Vaultier.	Asseline.	Levillain.		James.
Jean.	Pontus	Milet.	Lefebvre.	Lepelley.
Poret.	Lemonnier.	de Saint-Jores.	Lefèvre.	Lebiguais.
Hostingue.	Lesage.	Riquier.	Martinet.	Martinet (Mme).
Pitance.	Levesque.	Leguillochet.		Corbet.
Hardy.	Holley.	Anger.	Gautier.	Gautier (Mme).
Adam.	Jehenne.	Jouaudin.		Gosselin.
Dupin.	Dolbet.	Hinard.	Lurienne.	Deslandes.
Leforestier.	Doley.	Dauguet.	Lebailly.	Lemoine.
Lemarquand.	Picquenot.	Hervieu.	Lirot.	Vautier.
Letourneur.	Roulland.	Saillard.		Folliot.
Fortin.	Gancel.	Lebert.	Lemière.	Lecesne.
Letourneur.	Lerouge.	Baudry.	Clouet.	Mancel (Mme).
Grossin.	Lacotte.	Godefroy.	Cirou	Godefroy.
Lesage.	Fauquet.	Regnault.	Lesigne.	Enée.
Hurel.	Amy.	Desrez.		Renaut.
Courtel.	Hurel.	Duval.	Hamel.	Jeanne.
Ledanois.	Tarin.	Voisin.	Pantin.	Lepley.
De La Martinière ✳.	Leconte.	Ollivier.	Mathey.	Lehodey.

10,835 habitants (13 communes).

Fauvel.	Jean.	*Leroux.*	Colin.	Loret.
Butel.	Brochard.	Durchon.	Ledoux.	André.
Dauvin (Eugène).	Dauvin (Léon).	Hérouard.		Lechevretel.
Tirel.	Aubin.	Desmottes.	Joret.	Fautrat.

NOM DES COMMUNES.	Population.	Superficie territoriale de chaque commune.	BUREAUX DE POSTE qui desservent les communes.	Principal des 4 contributions directes en 1891.		du département.	judiciaire.	d'arrondissement.	du canton.
						DISTANCE AU CHEF-LIEU			
									Suite du CANTON
Créances................	2080	2150	⊠	9032	83	39	21	21	3
Geffosses.........	889	2031	Gouville.	9988	74	39	14	14	12
La Feuillie.............	511	1384	Fériers	4277	10	32	18	18	6
Laulne	483	888	Lessay.	6428	37	36	25	25	6
Millières	920	2030	Périers.	7775	70	31	20	20	8
Pirou	1411	2811	Créances.	11585	25	42	19	19	5
Saint-Germain-sur-Ay....	642	1876	Lessay.	7382	93	44	26	26	5
Saint-Patrice-de-Claids....	336	559	Périers.	3598	17	32	22	22	9
Vesly..	936	1637	Lessay.	13778	95	44	26	26	5
						CANTON DE MONTMARTIN-SUR-MER ¶. Population :			
MONTMARTIN-SUR-MER	1080	1002	⊠	8749	75	41	10	10	»
Annoville..	863	851	Montmartin-sur-Mer.	7086	67	43	13	13	3
Contrières	565	913	Coutances.	8570	87	38	8	8	7
Hautteville-sur-Mer.......	601	339	Montmartin sʳ-Mer.	3323	»	40	12	12	2
Hérenguerville	243	271	Quettreville.	2290	50	43	13	13	2
Hyenville	281	331	Coutances.	3001	15	37	7	7	4
Lingreville............	1364	923	Bréhal.	9908	»	45	15	15	5
Montchaton	584	689	Coutances.	4839	17	38	7	7	4
Orval	1008	1231	*idem.*	11959	72	36	6	6	8
Quettreville..........	1357	1586	⊠	13182	68	40	10	10	5
Regnéville...	1621	1029	⊠	11511	14	40	11	11	3
Trelly	906	1175	Quettreville.	10798	96	43	13	13	8
						CANTON DE PÉRIERS ¶. Population :			
PÉRIERS.................	2689	1453	⊠	28756	43	26	16	16	»
Beaupte	293	226	Prétot.	2884	66	37	34	34	18
Feugères	687	832	Périers.	7454	42	21	15	15	8
Gonfreville	315	898	*idem.*	4507	60	35	23	23	7
Gorges................	952	2269	*idem.*	13258	47	38	25	25	9
Lastelle	170	398	Prétot.	2167	92	38	28	28	12
Le Plessis...	627	1096	*idem.*	6393	53	35	28	28	12
Marchésieux	1212	1975	Périers.	15250	16	23	20	20	8
Nay	192	249	*idem.*	1794	33	34	23	23	7
Sainte-Suzanne	169	352	Prétot.	2228	30	44	32	32	16
Saint-Germain-sur-Sèves ..	425	819	Périers.	6878	42	32	22	22	6
Saint-Jores............	784	1275	Prétot.	11048	67	40	30	30	14
Saint-Martin-d'Aubigny ...	732	1581	Périers.	10427	27	22	18	18	5
Saint-Sébastien-de-Raids..	451	520	*idem.*	4296	»	26	19	19	3
						CANTON DE SAINT-MALO-DE-LA-LANDE ¶. Population :			
SAINT-MALO-DE-LA-LANDE ...	407	397	⊠	2675	17	40	9	9	»
Agon.................	1590	1237	⊠	10558	10	41	11	11	4
Ancteville..............	427	773	St-Malo-de-la-Lande	4860	78	38	8	8	8
Blainville..............	1526	1280	⊠	10270	54	43	18	18	4

Maires.	Adjoints.	Curés et Desservants.	Instituteurs.	Institutrices.

DE LESSAY.

MM.	MM.	MM.	MM.	MM**lles**
Galusky ✳.	Pacquet.	Adam, Aupinel.	Libor.	Pasturel; Dubois.
Fesnien.	Maresq.	Osouf.	Varette.	Beaufils.
Hue.	Meslin.	Fras	Ledanois.	Auvray.
Delaune.	Grandemange.	Leroux.	Hugues.	Girard.
Fantrad.	Lebreton.	Fras	Houyvet.	Delaroque.
Leröty	Saussey.	Levillain.	Barbet.	Chasles.
Mabault.	Lancelot.	Couespel.	Dieudonné.	Lebarbier.
Lecœur.	Eude.	Hulmer.	Delacour.	Provost.
Duprey-Beuzeville.	Auvray.	Debout.	Villette.	Diesny.

10,479 habitants (12 communes).

Danlos.	Pannier.	*Lemasson.*	Etienne.	Darthenay.
Courois.	Legallais.	Prével, Lengronne	Lebasnier.	Drouet.
Legraverend.	Deguelle.	Auvray.	Cléraux.	Tirbard.
Viard.	Leloup.	Tréhu.	Guillemin.	Esnol.
Delalande.	Cottereau.	Rubé.		Dudouyt.
Dubreuil.	Delamare.	Hauvet.		Ameline.
Leconte.	Frémin.	Delacour.	Ozouf.	Angé.
Delamare (Pierre).	Nicolle.	Chardot.	Beaufils.	Réné.
Coulomb.	Le Graverend.	Lefrançois.	Houllier.	Ameline.
Paumier.	Dutertre.	Duchemin.	Letourneur.	Addes.
Lelièvre.	Dépérier.	Clouard, Vautier, Montaigne.	Lebargy.	Barbey, Legardinier, Lair.
Mesnage, [d'Académie. Officier] Vallet.		Adam.	Labaye.	Fouchard.

9,698 habitants (14 communes).

Regnault.	Vallée et Leconte.	*Dolbet.*	Le Prince (Ecole supéro.)	Cordeau.
Fremin.	Vichard.	Dumont.		Leclerc.
De la Conté.	Raulline.	Paquet.	Simon.	Aubry.
Bezard.	Dujardin.	Goueslain.	Letellier.	Lengronne.
Crespin.	Sanson.	Leprovost.	Robine.	Jean.
Lemoigne.	Regnault.	Papin.		Lecesne.
Guillemin.	Lefort.	Lecluze.	Saugrain.	Lenoir.
Hébert.	Oger.	Viard.	Lepage.	Lefiliâtre.
Pacary.	Lemarigny.	Gosselin.		Enée.
Lair (Frédéric).	Lair (Jean).	Laurence.		
Palla.	Dujardin.	Leblond.	Lerouet.	Bernard.
Bagot (Jacques).	Lemière.	Alix.	Alexandre.	Choux.
Lebailly.	Leforestier.	Legoubey.	Rose.	Laisney.
Le Guelinel.	Pacary.	Canto.	Noyer.	Leclerc.

9,288 habitants (13 communes).

Jehenne.	Poulain.	*Mauger.*	Mariette.	Mariette (M**me**).
Le Moine.	Estur.	Regnault.	James.	Esnault.
Guillot.	Bouillon.	Beaufils.		Delaroque.
Guillot.	Lebreton.	Chapdelaine.	Harache.	Dujardin.

7

NOMS DES COMMUNES.	Population.	Superficie territoriale de chaque commune.	BUREAUX DE POSTE qui desservent les communes.	Principal des 4 contributions directes en 1890.	DISTANCE AU CHEF-LIEU			
					du département.	judiciaire.	d'arrondissement.	du canton.

Suite du CANTON DE

NOMS DES COMMUNES.	Population.	Superficie	BUREAUX DE POSTE	Principal	du département.	judiciaire.	d'arrondissement.	du canton.
Boisroger.............	405	529	St-Malo-de-la Lande	3181 90	41	10	10	4
Brainville.............	232	319	idem.	2651 67	37	7	7	4
Gouville.............	1709	1295	⊠	10690 24	44	13	13	5
Gratot.............	631	1069	St-Malo-de-la-Lande	8434 97	35	5	5	4
Heugueville...........	535	674	Coutances.	6971 65	42	7	7	6
La Vendelée......	350	503	idem	3093 33	35	6	6	8
Montsurvent	447	833	St-Malo-de-la-Lande	6220 67	41	9	9	6
Servigny	261	395	Coutances.	2769 20	38	7	7	7
Tourville.............	688	903	St-Malo-de-la-Lande	6725 05	40	8	8	4

CANTON DE SAINT-SAUVEUR-LENDELIN ¶. Population :

SAINT-SAUVEUR-LENDELIN ...	1530	1689	⊠	15589 48	29	10	10	»
Camprond	490	619	Coutances.	3793 37	22	9	9	8
Hauteville-la-Guichard ...	977	1198	Marigny.	8693 95	22	14	14	10
La Ronde-Haye	513	663	St-Sauveur-Lendelin	4648 23	31	12	12	2
Le Lorey	969	1456	Marigny.	11565 17	19	12	12	10
Le Mesnil-Bus...........	651	498	St-Sauveur-Lendelin	4438 40	24	14	14	5
Montcuit...............	425	384	idem.	2072 75	22	13	13	5
Monthuchon	470	764	Coutances.	5732 75	32	6	6	5
Muneville-le-Bingard.....	1012	2000	St-Sauveur-Lendelin	10539 43	34	11	11	3
Saint-Aubin-du-Perron...	462	750	idem.	5107 33	28	15	15	5
Saint-Michel-de-la-Pierre	310	484	idem.	2846 20	28	13	12	5
Vaudrimesnil.......	532	603	Périers.	3924 97	31	13	13	13

ARRONDISSEMENT DE MORTAIN

CANTON DE MORTAIN ¶. Population :

MORTAIN ⚔	2231	684	⊠	18068 89	62	98	»	»
Bion	614	1264	Mortain.	5049 07	66	72	4	4
Fontenay	440	685	idem.	3369 40	67	68	8	8
Le Neufbourg...........	646	223	idem.	2724 97	62	68	2	2
Notre-Dame-du-Touchet...	1284	1795	idem.	8740 33	71	78	10	10
Rancoudray.............	404	852	idem.	1663 »	68	75	7	7
Romagny...............	1417	2946	idem.	9994 37	67	71	4	4
Saint-Barthélemy	411	679	idem.	2841 93	59	64	4	4
Saint-Clément...........	967	2382	idem.	5537 45	68	76	8	8
Saint-Jean-du-Corail	604	1404	idem.	4943 »	67	41	6	6
Villechien	563	1082	idem.	5337 90	69	78	10	10

CANTON DE BARENTON ¶. Population :

BARENTON	2516	3535	⊠	20663 17	72	78	10	»
Ger.......	2095	3936	⊠	11063 84	73	79	14	11
Saint-Cyr-du-Bailleul	1631	2941	Barenton.	13417 93	77	83	15	5
Saint-Georges-de-Rouelley.	1402	2044	idem.	9136 89	87	77	15	5

Maires.	Adjoints.	Curés et Desservants.	Instituteurs.	Institutrices.

SAINT-MALO-DE-LA-LANDE.

MM.	MM.	MM.	MM.	MM^{lles}
Fauvel.	Villedieu.	Larsenneur.	Lelion.	Lecouillard.
Hommet.	Desmottes.	Niobey		Hacqucbey (M^m
Jean.	Quarante.	Lagouche; Mottin,	Caubrière.	Leclaire (André
		Picault.		
Ferosey.	Robiquet.	Ouin, Duval.	Herbert.	Lechardeur, Tabourel (
Pignet.	Fauchon.	Lemétais.	Barbet.	Regnault.
Ozon.	Lefebvre.	Cardin.		Marie.
Gasnier.	Euvremer.	Gaignon.	Desplanques.	Legoupy.
Esnouf.	Robert.	Durier.		Laurent.
Dudouyt.	Fauvel.	Blanchet.	Ozouf.	Lecardonnel.

8,341 habitants (12 communes).

Lemaltre.	Ledentu.	*Fontaine.*	Duval.	Lion.
Guesney.	Defonteney.	Anger.	Cousin.	Adeline.
Lerouxel.	Legrand.	Bezard.	Julienne.	Guesney.
De St-Denis (Jean-B^{te})	Beaucousin.	Drouet.	Patrix.	Sublin.
Ozouf.	Lechevalier.	Gautier.	Huard.	Plantegenest.
Fremond.	Poutrel.	Delaroque.	Anger.	Caillard.
Groult.	Lejeune.	Depériers.	Lemarinel.	Lefrançois.
Tesson.	Lecacheux.	Gohier.	Hélie.	Jacquet.
Toulorge.	Desaintdenis.	Lemaigre.	Goguelin.	Heuguet.
Lebailly.	Ledot.	Legrand.	Dusiquet.	Gosselin.
Laisney.	Guilbert.	Huard.		Edine.
Rupalley.	Lecanu.	Moutier.	Quesnel.	Anger.

Population : 63,084 habitants.

9,581 habitants (11 communes).

De Baillencourt.	Delaunay.	*Lepeltier.*	Tillault	
Anfray.	Hamon.	Pillay.	Lebugle.	Lebugle (Mme).
Leclerc.	Couette.	Lepesteur.		Legros.
Brisou.	Garnier.	Colas-Lavigne.	*réuni à Mortain.*	
Boulanger.	Breillot.	Fouasse.	Hollande.	Lebrec (Vve).
Ledenais.	Millet.	Lelandais.		Labigne.
Legrand (An^{le})✳	Saoul.	Lenicolais.	Sineux.	Letanneur, Fillâtre (M
Martin.	Clouard.	Maillard.	Louise.	Delaunay.
Delatouche.	Robida.	Lesénéchal.	Desdevises.	Pasquier.
Gaudin de Villaine.	Moisseron.	Salmon.	Legoubey.	Boisroux.
Hamon.	Monder.	Pasquer.	Liot.	Boisroux.

7,664 habitants (4 communes).

Bechet.	Petit.	*Desclos.*	Lenoir.	Foinet.
Catelain.	Graindorge.	*Houssin.*	Dumont.	Degrasse, Couillard, marchand.
Heuzé.	Vezard.	Faucheur.	Leménuet.	Girault, Picquenot
Malon.	Le Sergent.	Mauduit.	Provost.	Boëda.

NOM DES COMMUNES.	Population.	Superficie territoriale de chaque commune.	BUREAUX DE POSTE qui desservent les communes.	Principal des 4 contributions directes en 1891.	DISTANCE AU CHEF-LIEU			
					du département.	judiciaire.	d'arrondissement.	du canton.
CANTON D'ISIGNY ¶. Population :								
Isigny................	314	425	⊠	2432 »	67	68	20	»
Chalandrey............	528	768	Isigny.	3674 83	67	65	20	5
La Mancellière.........	534	750	idem.	3709 93	60	60	18	4
Le Buat....	420	457	idem.	2920 90	61	61	20	3
Le Mesnil-Bœufs........	360	461	idem.	2398 87	63	62	19	5
Le Mesnil-Thébault......	462	969	idem.	3739 80	65	66	24	4
Les Biards.............	779	1060	St-Hilaire-du-Harc.	6037 47	70	71	23	3
Montgothier	529	750	Isigny	3981 27	63	63	21	6
Montigny..............	519	903	St-Hilaire-du Harc.	4103 75	29	60	15	8
Naftel	226	276	Isigny.	1528 60	64	63	17	4
Vezins	516	775	idem.	4338 83	73	63	27	5
CANTON DE JUVIGNY ¶. Population :								
Juvigny	819	750	⊠	4347 58	60	60	10	»
Bellefontaine............	322	673	Juvigny.	2133 83	62	62	»	4
Chasseguey............	176	306	idem.	1162 47	66	63	11	6
Chérencé-le-Roussel	766	1009	idem.	5229 17	57	57	11	5
La Bazoge.............	299	380	idem.	2537 20	64	64	8	4
Le Mesnil-Adelée	394	678	idem.	2896 93	58	56	18	8
Le Mesnil-Rainfray......	592	1147	idem.	4079 83	63	65	15	5
Le Mesnil-Tòve.........	629	1174	idem.	4982 25	57	57	13	3
Reffuveille.............	1237	2234	idem.	7975 47	57	57	17	7
CANTON DU TEILLEUL ¶. Population :								
Le Teilleul ⌂...........	2159	3048	⊠	17302 43	74	82	14	»
Buais......	1313	1779	⊠	8669 22	80	80	17	8
Ferrières	164	345	Buais.	1714 33	77	80	14	6
Heussé	720	1457	Le Teilleul.	4816 70	79	86	18	4
Husson	775	1356	idem.	7325 83	72	78	10	4
Sainte-Marie-du-Bois.....	254	477	idem.	2547 »	73	80	12	4
Saint-Symphorien........	480	675	St-Hilaire-du-Harc.	3250 78	81	76	14	14
Savigny-le-Vieux........	1108	1716	idem.	7291 25	85	76	19	14
CANTON DE SAINT-HILAIRE-DU-HARCOUET ¶. Population :								
St-Hilaire-du-Harcouet ⌂.	3705	995	⊠	30517 64	77	69	15	»
Chevreville	276	441	St-Hilaire-du-Harc.	2564 78	68	69	13	6
Lapenty................	906	1488	idem.	7666 30	75	69	11	7
Le Mesnillard..........	659	977	idem.	4459 18	67	68	11	7
Les Loges-Marchis.......	1422	1988	idem.	9044 48	81	73	19	4
Martigny	662	888	idem.	4984 57	63	65	16	6
Milly..................	659	964	idem.	5609 17	75	72	11	7
Moulines..............	434	731	idem.	3103 08	83	75	17	6
Parigny	1167	1162	idem.	7096 55	74	69	13	2
Saint-Brice-de-Landelles ..	954	1525	idem.	6722 68	84	77	23	8
Saint-Martin-de-Landelles.	1602	1965	idem.	10307 32	84	77	23	8
Virey.................	1229	1093	idem.	9086 33	80	63	18	5

Maires.	Adjoints.	Curés et Desservants.	Instituteurs.	Institutrices.

5,187 habitants (11 communes).

MM.	MM.	MM	MM	MM^{lles}
Foisil.	Varin.	*Levesque.*		Vauprès.
Jouenne (J)	Aubert.	Simon.	Normand.	Letouzé.
Danguy.	Guilmin.	Brault.	Bocage.	Filâtre.
Blouin.	Aubert.	Lemoine.		Huault.
Touroul.	Mazier.	Gautier.		Tencé.
Guérin.	Mahé.	Moisseron.		Maheu.
Davy.	Martin.	Piton.	Levivier.	Hamel.
Lechat.	Sauvé.	Ménard.	Travert.	Morin.
Mazier.	Macé.	Leroux.		Gautier.
Jouenne.	Datin.	Prével.		Roblin.
Morin.	Pelchat.	Lair.		Costard.

5,234 habitants (9 communes).

Grossin.	Raulin.	*Théot*	Lefranc.	Pierre.
Clouard.	Dussault	Guesdon.		Herbel.
De Verdun.	Martin.	Noël.		Esnouf.
Bazin.	Loisel.	Jamault.	Jouault.	Couette.
N...	de Saint-Germain.	Challier.	Colombel.	Robert.
Aguiton.	Hédou.	Fromentin.		Dardenne.
Besnier.	Georget.	Leroy.		Aguiton.
Mazure.	Herbin.	Fontaine.	Blondel.	Hamel.
Turquetil.	Loyvet.	Gautier.	Delafontaine.	Poullain.

6.973 habitants (8 communes).

Malon.	Ruault.	*Duval*	Lebigot.	Tencé, Maheu, Costentin.
Couilabin.	Rouel.	Genson.	Goupil.	Gazengel.
Jouin.	Hélie.	Poulain.		Leconte.
Potier.	Danguy.	Lebedel.	Marie.	Macé.
Louvet.	Buisson.	Fautrel.	Danguy.	Debesne.
Langlois.	Gautier.	Delafosse.		Genson.
Hamon.	Guillemin.	Vautier.		*Ecole libre.*
Tencé (Pierre-Marin).	Tencé (Eugène-Pierre).	Lemesle.	Beaumont.	Davoux.

13,675 habitants (12 communes).

Pleutin.	Delaporte, Hamel.	*Leroy.*	Alexandre (sœurs comptro)	Lechanoine.
Viel.	Bochin.	Ledos.		Bliard.
Lucas.	Landry.	Gesbert.	Lemonnier.	Dugué.
de Beaurepaire.	Bagot.	Gazengel.	Desilles.	Pinard.
Geslin.	Lepauvre.	Margueritte.	Durel.	Théault.
Vaudouer.	Pacilly.	Lehurey.	Villedieu.	Genevée.
Legrand (Art.) ✱	Margerie.	Levillain.	Le Capitaine.	Leroyer.
Fremin.	Restoux.	Pilley.		Planté.
Martin.	Blouin.	Quesnel.	Durand.	Leprieur.
Pautret.	Badiche.	Corbe.	Esnouf.	Duclos.
Boucé.	Alleaume.	Philippe.	Rault.	Costentin.
Pays	Dupont.	Pillay.	Coulon.	Ruel.

NOM DES COMMUNES.	Population.	Superficie territoriale de chaque commune.	BUREAUX DE POSTE qui desservent les communes.	Principal des 4 contributions directes en 1891.	DISTANCE AU CHEF LIEU			
					du département.	judiciaire.	d'arrondissement.	du canton.
CANTON DE SAINT-POIS ¶. Population :								
SAINT-POIS.	749	788, ⊠		4100 55	51	50	17	»
Boisyvon	224	385	Villedieu.	1529 07	45	43	27	10
Coulouvray-Boishenâtre ..	1352	1725	Saint-Pois.	5772 55	45	44	23	6
La Chapelle-Cécelin....	336	522	Villedieu.	2042 50	40	39	28	11
Le Mesnil-Gilbert	452	785	Saint-Pois.	3702 30	60	54	15	4
Lingeard.............	203	363	idem.	1323 17	54	54	15	4
Montjoie...	940	1437	idem.	4040 58	54	67	19	3
Saint-Laurent-de-Cuves...	1092	1480	idem.	6925 07	55	50	22	5
Saint-Martin-le-Bouillant ..	655	1237	Villedieu.	3493 33	42	40	28	11
Saint-Maur-des-Bois.....	283	497	idem.	1876 13	41	37	29	12
CANTON DE SOURDEVAL ¶. Population :								
SOURDEVAL ⌂	3765	3648 ⊠		29643 35	82	67	11	»
Beauficel	427	911	Sourdeval.	3806 .	57	61	13	5
Brouains	568	379	idem.	3123 49	57	60	10	8
Gathemo	662	1040	idem.	3924 40	49	57	18	7
Le Fresne-Poret........	686	1001	idem.	4643 10	57	75	19	8
Perriers-en-Beauficel	634	931	idem.	4118 60	53	61	14	12
Saint-Martin-de-Chaulieu .	503	788	idem.	3341 83	52	68	18	7
Saint-Sauveur-de-Chaulieu.	180	270	idem.	1296 67	52	68	19	8
Vengeons............	1042	1569	idem.	6816 62	50	62	16	5
ARRONDISSEMENT DE VALOGNES-								
CANTON DE VALOGNES ¶. Population :								
VALOGNES ⌂	5791	1748 ⊠		67840 86	68	54	»	»
Brix..................	2199	3357	Sottevast.	16880 42	67	64	10	10
Huberville	347	576	Valognes.	4501 93	61	58	4	4
Lieusaint	280	522	idem.	4935 67	62	50	4	4
Montaigu	758	1471	idem	7113 42	66	62	8	8
Saussemesnil........ ...	1230	2144	idem.	9671 72	65	62	8	8
Tamerville............	836	1933	idem.	11703 83	61	57	3	3
Yvetot	874	1246	idem.	13275 84	62	53	4	4
CANTON DE BARNEVILLE ¶. Population :								
BARNEVILLE	928	573 ⊠		6779 14	69	48	29	»
Baubigny.....	241	644	Barneville.	2199 83	77	56	33	8
Carteret	560	509	idem.	3462 53	73	51	30	3
Fierville.............	486	745	idem.	4647 83	69	47	23	8
La Haye-d'Ectot	318	730	idem.	3262 32	71	52	28	4
Le Mesnil............	245	345	idem.	2415 40	66	44	26	6
Les Moitiers-d'Allonne....	924	1712	idem.	7090 58	73	53	29	4
Le Valdécie	256	398	Bricquebec.	1667 83	73	73	19	11

Maires.	Adjoints.	Curés et Desservants.	Instituteurs.	Institutrices.

6,303 habitants (10 communes).

MM.	MM.	MM.	MM.	MMlles
Cte d'Auray.	Liot.	*Lemouland.*	Aubel.	Lechartier.
Gaultier de Carville.	Lebas.	Belloir.		Bataille.
Martinet.	Haupais.	Leménager.	Beloisin.	Pautret.
Haupais.	Le Jamtel.	Béatrix.		Carnet.
Garnier.	Delabroize (Daniel).	Langlois.		Aubel.
de Saint-Paul.	Vimont.	Faucheux.		Valentin.
Lesage.	Robillard.	Guénier.	Le Becherel.	Dauphin.
Rubé.	Roquet.	Vénisse.	Frican.	Vieillard.
Lair.	Mochon.	Roiesnel.	Porée.	Lenormand.
Davy.	Legorgeu.	Templer.		Navet.

8,467 habitants (9 communes).

Labiche.	Almin, Alix.	*Payen.*	Simon.	Lesrosnier, Millet.
Vaullegeard.	Raulin.	Delaunay.		Jeanne.
Lefrançais.	Maillard.	Turquetil.	Tesnière.	Coursin.
Lemonnier.	Champion.	Bonnel.	Poulain.	Abrabam.
Debon ✽.	Moulin.	Restout.	Lemercier.	Blin.
Lemonnier.	Caraby.	Saoul.	Vaugrente.	Rodde.
Lebigot.	Badiou.	Lerée.		Vallée.
Gallet.	Bazin.	Leriche.		Hamelin.
Champion.	Duval.	Tesnière.	Gautier.	Bazin.

Population : 73,655 habitants.

12,305 habitants (8 communes).

Sébire O✽.	Hamel, Lemeland.	*Tessero, Henry* ; Gamas, à Saint-Joseph.	Gondouin.	
Pasquier.	Langevin.	*Sellier.*	Legoupil.	Chastan.
Avoine.	Mouchel.	Levallois.		Quinette.
Lecrivain.	Villard.	Ameline.		David.
Hamel.	Thoumine.	Divetain.	Lesauvage.	Lainey.
de Mondésir.	Touraine Desvaux.	Lesauvage ; Lerosier.	Doucet, Margueritte.	Me Doucet.
Jaunet.	Valognes.	Yvelande.	Dorange.	Pilet.
Herquin.	Fenard.	Robin.	Leprieur.	Laurent.

8,134 habitants (16 communes).

Mathieu.	Giot.	*Hamelin.*	Durel.	Duval.
Larquemin.	Sibran.	Noël.		Lequertier.
Lepelletier.	Rachine.	Avenette.	Sollier.	Danguy.
Duval.	Quesneville.	Lefebvre.	Lepourry.	Roger.
Lechevalier.	Burnel.	Alix.	Herpin.	Herpin.
Lavechef.	Henry.	Sehier.		Royant.
Bouillon.	Chuquet.	Mautalent.	Lemesle.	Burnel (Mme).
Roberge.	Lepaumier.	Beaucousin.		Broquet (Mme).

NOMS DES COMMUNES.	Population.	Superficie territoriale de chaque commune.	BUREAUX DE POSTE qui desservent les communes.	Principal des 4 contributions directes en 1891.	DISTANCE AU CHEF-LIEU			
					du département.	judiciaire.	d'arrondissement.	du canton.

Suite du CANTON

Ourville.................	610	1184	Portbail.	7813 93	62	11	28	8
Portbail................	1674	2107	⊠	16040 58	64	43	29	6
St-Georges-de-la-Rivière ..	316	327	Barneville.	2462 25	67	46	32	3
Saint-Jean-de-la-Rivière...	239	358	*idem.*	2277 33	68	47	31	2
Saint-Maurice	370	745	*idem.*	3689 08	59	48	26	5
Saint-Pierre-d'Arthéglise .	271	539	*idem.*	1512 33	74	51	23	8
Senoville	282	717	*idem.*	3011 »	77	55	23	8
Sortosville-en-Beaumont..	414	1024	*idem.*	3653 52	75	57	24	7

CANTON DE BRICQUEBEC ¶ Population :

BRICQUEBEC.............	3661	5142	⊠	37269 53	70	52	13	»
Breuville	407	841	Sôttevast.	3642 17	78	62	16	10
Les Perques.............	251	485	Bricquebec.	2378 08	74	53	18	5
Le Vrétot	800	2056	*idem.*	9149 08	77	59	20	7
Magneville	520	949	*idem.*	7207 83	62	51	10	9
Morville................	362	708	Valognes.	6324 »	63	51	6	11
Négreville	1013	1642	*idem.*	11352 57	63	55	6	7
Quettetot	663	1242	Bricquebec..	5650 83	74	56	17	4
Rauville-la-Bigot	816	1716	Sottevast.	7136 29	78	60	17	8
Saint-Martin-le-Hébert....	187	213	*idem.*	1497 »	75	57	32	5
Sottevast...............	821	1985	⊠	7380 03	70	62	76	7

CANTON DE MONTEBOURG ¶. Population :

MONTEBOURG.............	2049	588	⊠	19373 88	51	56	7	»
Azeville	181	300	Montebourg.	2384 33	49	54	14	7
Ecausseville.............	151	524	*idem.*	4925 60	49	55	11	4
Emondeville.............	421	529	*idem.*	6338 33	48	54	11	4
Eroudeville.............	173	487	*idem.*	3931 17	50	58	9	2
Flottemanville...........	262	485	*idem.*	4718 34	56	51	4	5
Fontenay-sur-Mer........	432	814	*idem.*	7465 42	52	58	12	5
Fresville	642	1389	*idem.*	13610 67	47	51	13	6
Hémevez................	246	430	*idem.*	4177 33	59	49	6	6
Joganville	131	287	*idem.*	2775 80	49	53	10	3
Le Ham	242	387	*idem.*	4311 46	56	50	10	5
Lestre..................	543	759	*idem.*	6827 33	60	64	11	8
Ozeville	213	469	*idem.*	2064 92	56	60	11	4
Quinéville	318	460	*idem.*	4396 58	57	63	14	7
Saint-Cyr..............	223	570	*idem.*	3681 50	54	60	5	4
Saint Floxel.............	524	846	*idem*	8134 97	53	57	9	2
St-Germain-de-Tournebut..	613	1391	Valognes.	8817 37	58	62	8	6
Saint-Marcouf	640	1353	Montebourg.	11887 08	50	56	15	8
Saint-Martin-d'Audouville .	252	361	*idem.*	3490 03	56	61	9	5
Sortosville	138	348	*idem.*	1998 48	56	52	6	4
Urville	287	515	*idem.*	4526 50	59	48	7	7
Vaudreville	164	302	*idem.*	1914 »	55	60	10	4

Maires.	Adjoints.	Curés et Desservants.	Instituteurs.	Institutrices.

DE BARNEVILLE.

MM.	; MM.	MM.	MM.	MM^{lles}
Noël.	Vasselin.	Lefranc.	Dumouchel.	Fauvel.
Legriffon.	Fenouillères.	Mahieu, Lefèvre.	Besnard.	Lizieux.
Besnard.	Luce.	Fourmage.	Pays.	Goupillot.
Le Cannelier.	Cauchard.	Leherpeur.		Lebreton.
Burnel.	Lerouvillois.	Bazurais.		Le Basnier.
Desprez.	Godrel.	Raulin.		Halbecq.
James.	Mauger.	Levallois.		Leforestier.
Desprey.	Cosniam.	Vilquin.		Vrac.

9,501 habitants (11 communes).

Prével.	Mesnage, Anquetil.	Lebreton ; Marie, Tollemer.	Lecavelier.	Houssin, Retout, Poulard.
Lemarinel.	Jeanne.	Digard.	Hubert.	Beuve.
Langlois.	Lebailly.	Lesavourey.		Racine (Mme).
Mendret.	Le Pesqueur.	Lemarinel.	Leconnétable.	Chapey (Mme).
Lemarié (Jean).	Lemarié (Victor).	Lecavelier.	Marie dit Brumau	Bréhant.
Larquemin.	David.	Folliot.	Bardet.	Bédouin.
Picquenot.	Lepetit.	Gardin.	Herbin.	Dutot.
Le Rouvillois.	Hamel.	Moulin.	Quoniam.	Garnier.
Le Marchand	Pellerin.	Mabire.	Fossey.	
Couppey.	Mabire.	Lemarinel.		Lesavourey.
Lebarbenchon.	Jacqueline.	Leneveu.	Lemoyne.	Leroy (Mme).

8,845 habitants (22 communes).

Fremin.	Burnouf.	Dallain.	Le Tourneur.	Leroyer.
Féron.	Leforestier.	Cauvet.		Auvray.
Groult.	Pinel.	Caillebotte.		Leroux.
Legoupil (Charles).	Le Goupil (Omer).	Leblastier.	Pilard.	Lemonnier.
David.	Agasse.	Boullot.		Anne.
Legoupil.	Huet.	Godefroy.		Binet.
Olivier.	Lefret.	Onfroy, Lemoine.	Malassis.	Lacolley.
Lecouflet.	Duchemin.	Osmont.	Cariot.	Brière.
Folliot.	Gilles.	Cottebrune.		Figon (Mme).
Folliot.	Marie.	Dodeman.		Liot.
Buhot.	Navet.	Vermont.		Lefranc.
Rolland.	Legambier.	Guyot.	Hérout.	Thiébot.
Drouin.	Lechevalier.	Levesque.		Doré.
Ferrand.	Legendre.	Gaslonde.	Vimont.	Daniel.
Pothuau.	Leraché.	Pergeaux.		Lebarbenchon.
Lefrançois.	Leboulanger.	Quesnel.	Antoine.	Bigard.
Bon Baillod.	Gibert.	Lemennicier.	Thomelin.	Gouesmel.
Cte de Pontgibaud ✳.	Le Métais.	Godefroy.	Marie.	Vauprès, Lehnby.
Groult.	Pouppeville.	Benoist.		Roulois.
Leridez.	Dupont.	Seigneurie.		Corduan.
Lemoigne-Dutaillis.	Lehartel.	Roulland.		Perier.
Leroy.	Hallot.	Ogé.		Lehadouey.

NOMS DES COMMUNES.	Population.	Superficie territoriale de chaque commune	BUREAUX DE POSTE qui desservent les communes.	Principal des 4 contributions directes en 1891.	DISTANCE AU CHEF-LIEU			
					du département.	judiciaire.	d'arrondissement.	du canton.

CANTON DE QUETTEHOU ¶. Population :

NOMS DES COMMUNES.	Population.	Superficie	BUREAUX DE POSTE	Principal	du dép.	jud.	d'arr.	du cant.
QUETTEHOU	1238	1691	⊠	18288 53	65	70	16	»
Anneville-en-Saire	557	600	⊠	9574 13	70	75	21	5
Aumeville-Lestre	187	244	Quettehou.	1975 »	60	64	13	6
Barfleur	1135	95	⊠	5802 87	74	79	25	9
Crasville	341	717	Quettehou.	5661 23	59	64	11	6
La Pernelle	406	715	idem.	5652 23	69	74	20	4
Le Vicel	275	474	Anneville-en-Saire.	3234 67	71	75	21	5
Montfarville............	1181	517	Barfleur.	10952 90	73	77	25	8
Morsalines	362	365	Quettehou.	3824 40	63	68	15	3
Octeville-la-Venelle	406	686	idem.	5305 20	58	63	11	7
Réville	1512	1864	St-Vaast-la-Hougue.	15451 80	71	76	22	7
Sainte-Geneviève	450	495	Barfleur.	8834 »	74	78	24	8
Saint-Vaast ⚓	2713	630	⊠	24682 85	68	73	19	3
Teurthéville-Bocage......	1075	2146	Le Vast.	16128 83	63	68	12	7
Valcanville	669	645	Anneville-en-Saire.	8823 »	73	74	20	7
Videcosville............	154	251	Quettehou.	1583 83	59	65	12	7

CANTON DE SAINTE-MÈRE-EGLISE ¶. Population :

NOMS DES COMMUNES.	Population.	Superficie	BUREAUX DE POSTE	Principal	du dép.	jud.	d'arr.	du cant.
SAINTE-MÈRE-EGLISE......	1450	1770	⊠	25691 56	41	47	17	»
Amfreville............	683	1010	Sainte-Mère-Eglise.	8839 83	47	44	16	6
Angoville-au-Plain	100	565	Ste-Marie-du-Mont.	5135 »	34	40	26	9
Audouville-la-Hubert.....	188	640	Sainte-Mère Eglise.	6214 »	42	48	24	5
Beuzeville-au-Plain.	86	204	idem.	2499 03	45	50	19	3
Beuzeville-la-Bastille	354	433	Pont-Labbé (Picau-ville).	4460 39	46	39	21	8
Blosville	372	422	Sainte-Mère-Eglise.	4633 67	37	42	21	4
Boutteville............	143	182	Ste-Marie-du-Mont.	2445 »	41	44	24	7
Brucheville	290	1139	idem.	13361 17	43	45	27	10
Carquebut	495	825	Sainte-Mère-Eglise.	10080 37	42	46	22	5
Chef-du-Pont	376	376	idem.	4760 83	41	44	20	3
Ecoqueneauville........	143	352	idem.	3485 »	31	47	20	3
Foucarville	256	505	idem.	5899 92	47	52	19	7
Gourbesville	403	816	idem.	7733 83	52	44	15	8
Iliesville	140	403	Ste-Marie-du-Mont.	4730 67	38	43	23	7
Houesville............	370	499	idem.	4200 58	35	40	24	7
Liesville........	308	618	Sainte-Mère-Eglise.	4840 96	36	43	28	11
Neuville-au-Plain	216	470	idem.	4037 17	44	34	15	3
Picauville	2535	1906	Pont-Labbé.	28929 27	47	41	18	10
Ravenoville	618	1167	Sainte-Mère-Eglise.	10419 60	48	54	17	7
St-Germain-de-Varreville..	252	583	idem.	5604 67	46	51	19	7
Saint-Martin-de-Varreville.	1298	2977	⊠	25281 83	38	44	26	9
Sainte-Marie-du-Mont.....	340	836	Sainte-Mère-Eglise.	7173 25	46	51	21	9
Sebeville	92	288	idem.	2917 »	38	44	22	5
Turqueville	303	520	idem.	5753 75	43	49	21	4
Vierville,.............	95	376	Ste Marie-du-Mont.	3542 »	36	41	27	10

Maires.	Adjoints.	Curés et Desservants.	Instituteurs.	Institutrices.

12,661 habitants (16 communes).

MM.	MM.	MM.	MM.	MMlles
Colas-Corderie.	Glatigny.	*Duret.*	Postel.	Chalant.
du Mesnildot.	Hébert.	Lanon.	Guilbert.	Lemarinel.
Tiphaigne.	Fortin.	Leclerc.		Berson.
Hay.	Lepart.	Cauchon.	Belliard.	Lecaudey.
Basroger.	Onfroy.	Onfroy, Launay.		Eudet.
Lapierre.	Enault.	Brégis.	Lecostey.	Marguery.
Cte Le Marois.	Barreaux.	Létourneur.	Bosquet.	Labonde.
Hubert Dumanoir.	Legrin.	Vastel.	Baudry.	Lefranc.
Colas.	Leguay.	Leconte.	Deméautis.	Déméautis.
Leconte.	N...	Leroulley.	Laurent.	Guilbert.
De Caumont.	Lefauconnier.	Leroy.	Simon.	Beuf.
Langlois.	Mauviot	Lefèvre.	Lecaudey.	Renouf.
Hamelin.	Ardouin, Bidault.	*Jouenne.*	Courtois.	Hubert.
Legoupil.	Bouché.	Bedel.	Lebasnier.	Beillard.
Anthouard.	Mouchel.	Blestel.	Duchêne.	Gosselin.
Godefroy.	Cartot.	Bouillon.		Ruault.

11,814 habitants (26 communes).

Maires.	Adjoints.	Curés et Desservants.	Instituteurs.	Institutrices.
Hairon.	Butel.	*Gautier.*	Mabire.	Lair.
Ferey.	Besnard.	Dumoncel.	Larouche.	Lecocq.
Bordel.	Bulot.	Hamel.		Lemarchand.
Artu.	Henry.	Lefèvre.		Lehoux.
Mouton.	Duchemin.	Bellot.		
			Révni à St-Ger-de-Varreville.	
Mis de Beauffort.	Fautrat	Blanchère.	Robin.	Hérouard.
Lallier.	Lepelletier.	Bessin.	Mahier.	Hulmel.
Hays.	David.	Lecot.		Savary.
Levavasseur.	Lenourry.	Langlois.		Le Baron.
Lécuyer.	Anger.	Vindard.	Thiébot.	Beslon.
Rauline.	Guilbert.	Paisant.	Lelong.	Lebourg (Mme).
Marie (Louis).	Marie (Alphonse),	Lecavelier.		Costentin.
Letellier.	Besnard.	Joly.		Heurtault.
Levavasseur.	Blaizot.	Hurel.	Plantegenest.	Desplanques.
Corbin - Desmanneteaux.	Desplanques.	Aubrée.		
Simon.	Vautier.	Leduc.		Loyer.
Pepin.	Langlois.	Chancé.		Perrodin.
Liot.	Rabey.	Simonne.		Bonnel.
Vte d'Aigneaux.	Sebier.	Lepourry.	Dacier.	Legarand.
Masson.	Lepraëlo.	Collette.	Hérout.	Levesque.
Cte de Maquillé.	Huet.	Lair.		Annezo.
Prémont.	Dupuis.	Caruel.	Beillard.	Nativelle.
Lecacheux.	Renouf.	Marion.	Simon.	Hersent.
Carel.	Larose.	Lefèvre.	*Réuni à Blosville.*	Brunel.
Menant.	Duvernois.	Poignant.	Eliard.	Mahaut.
N...	Gamas.			Léréverend.

NOMS DES COMMUNES.	Population.	Superficie territoriale de chaque commune.	BUREAUX DE POSTE qui desservent les communes.	Principal des 4 contributions directes en 1891.	DISTANCE AU CHEF-LIEU			
					du département.	judiciaire.	d'arrondissement.	du canton.
CANTON DE SAINT-SAUVEUR-LE-VICOMTE ¶. Population :								
St-Sauveur-le-Vicomte ⌂..	2668	3523	⊠	31018 60	55	30	14	»
Besneville	957	1826	St-Sauveur-le-Vic^te.	10775 11	62	36	23	8
Biniville	154	298	idem.	2243 33	54	47	10	6
Catteville....	216	456	idem.	2771 »	64	35	10	4
Colomby	661	1116	Valognes.	9867 67	57	48	»	9
Crosville	177	406	St-Sauveur-le-Vic^te.	3285 »	52	43	18	5
Etienville	837	737	Pont-Labbé.	7018 »	40	30	16	8
Golleville...........	309	546	St-Sauveur-le-Vic^te.	5477 »	61	40	11	7
Hautteville..	140	422	idem.	3061 »	54	46	11	7
La Bonneville	318	631	idem.	5057 67	50	42	14	7
Les Moitiers-en-Beauptois.	423	776	Pont-Labbé.	5349 17	49	37	19	11
Néhou.........	1625	3642	St-Sauveur-le-Vic^te.	20031 94	59	49	15	7
Neuville-en-Beaumont . ..	155	168	idem.	1387 47	64	33	22	7
Orglandes........... ...	586	928	idem.	9460 25	53	44	10	8
Rauville-la-Place..	763	1186	idem.	10795 37	54	41	16	3
Reigneville	68	227	idem.	1066 »	52	49	13	7
Sainte-Colombe..........	244	499	idem.	3549 33	58	44	13	6
Taillepied	94	214	idem.	1491 73	51	44	26	5

Maires.	Adjoints.	Curés et Desservants.	Instituteurs.	Institutrices.

10,395 habitants (18 communes).

MM.	MM.	MM.	MM.	MM^{lles}
Pain.	Bellet, Mauger.	*Cléret ;* Aubert, Lefreteur.	Fleury.	Passilly, Folliot.
Prunier.	Cauchard.	Lamusse.	Mesnage.	Esnouf.
Lebreton.	Lengronne.	Briant.	*réuni à Hautteville*	
Morin.	Giot.	Blestel.		Marie.
Lelong	Bellin.	Viel.	Polidor.	Hébert.
Yonnet.	Burnouf.	Tencé.		Beauquesne.
Lagouche.	Dorey.	Giot.	Rouland.	Leroux.
De la Bretonnière.	Michel.	Jacques.	Pilet.	Chrétien.
Abaquesné de Parfouru.	André.	Sébline.	Dujardin.	
Baudouin.	Marguerie.	Luce.	Lesage.	Bernard.
Cottin.	Enquebec.	Jourdan.	Enquebec.	Roblot.
Laniepce.	Racine.	Etienne, Lamy.	Adelus, Dudouit.	Maillard, Pasturel.
Falaize.	Cuquemel.	Joret.		Lecornu.
Cadie.	Lecappon.	Lebourgeois.	Avoine.	Denis.
Gamas.	Lehadouey.	Durel.	Marienne.	Dennebouy.
Burguet.	Josse.		*réuni à Orglandes*	
Desprez.	Duhamel.	Allaire.	Villedieu.	Pican.
Meslin.	Lefèvre.	Deslandes.		Thiébot.

POLICE GÉNÉRALE.

Commissaires de Police.

Arrondissement de Saint-Lo.—MM. Boillerault, commissaire de police, à Saint-Lo.

Arrondissement d'Avranches.—MM. Fourquié, commissaire de police, à Avranches ; Mangon, idem à Granville ; Rheinhart, commissaire spécial de police sur les chemins de fer de l'Ouest et du port ; Bernard, inspecteur spécial de police, à Granville ; Gide, commissaire de police, à Villedieu.

Arrondissement de Cherbourg. — MM. Paysant, commissaire central de police, à Cherbourg ; Pagnot et Robert, commissaires de police, à Cherbourg.

Arrondissement de Coutances. — M. Laîtte, commissaire de police, à Coutances.

Arrondissement de Valognes.—M. N..., commissaire de police, à Valognes.

ORDRE JUDICIAIRE.

COUR D'APPEL DE CAEN.

MM. Houyvet C ✳ O. I. P., premier président ; Tiphaigne ✳, Hue ✳, présidents ; Guicherd ✳, Hoffmann ✳, Manchon, Surcouf, Victor Clément ✳, Duchemin, Aymé, Piquet, Lemare, Osmont de Courtisigny, Lenoël, Laubey, Villey, Desmeserets, Delamarc, Dureteste, conseillers.

MM. Faguet O ✳, procureur-général, Lerebours-Pigeonnière ✳, Vaudrus, avocats-généraux ; Lénard, Milliard, substituts ; Solange, greffier en chef ; Bottet, Marie, W. Delarue, commis greffiers.

Membres honoraires.

MM. Pochonnet, président ; Renault, Guillard, Turbout ✳, conseillers.

Composition des Chambres de la Cour d'appel de Caen, pendant l'année judiciaire 1891-1892.

Première Chambre.

Audience les lundi, mardi, mercredi et jeudi.

MM. Houyvet C ✳ O. I., premier président ; Tiphaigne ✳, pré_ sident ; Guicherd ✻, Hoffmann ✻, Clément ✻, Aymé, Piquet, Osmond de Courtisigny, Dureteste, conseillers.

MM. Faguet, O. ✻, procureur-général ; Vaudrus, avocat général ; Milliard, substitut ; Solange, greffier en chef ; Bottet, commis greffier.

Deuxième Chambre.

Audiences les mercredi, jeudi, vendredi et samedi.

MM. Huc, ✻, président ; Manchon, Surcouf, Duchemin, Lemare, Lenoël, Laubet, Villey, Desmescrets, Delamare, conseillers ; Lerebours-Pigeonnière, avocat général ; Lénard, substitut ; W. Delarue, commis greffier.

Chambre des mises en accusation.

Audience le mercredi.

MM. Tiphaigne ✻, président ; Hoffmann ✻, Aymé, Piquet, Dureteste, conseillers ; Lénard, Milliard, substituts ; Marie, commis greffier.

———————

TRIBUNAUX DE PREMIÈRE INSTANCE.

La Cour d'assises de la Manche siège à Coutances, sous la présidence d'un Conseiller à la Cour d'appel de Caen ; elle tient au moins quatre sessions par an, l'ouverture de chacune des sessions est ordinairement fixée au commencement des mois de *mars, juin, septembre* et *décembre.*

Tribunal civil séant à Saint-Lo.

Audiences : *mardi,* police correctionnelle ; — *vendredi,* rapports, affaires venant à bref délai ; — *mercredi* et *jeudi,* affaires du rôle, suivant la fixation ; — *samedi,* affaires de prompte expédition, publications et ventes.

Président.—M. Lemonnier de Gouville.

Juges.—MM. Simon et Granval, *juge d'instruction.*

Juges suppléants.—MM. Le Campion, Cusson.

Parquet.—MM. Simon, *procureur de la République ;* Regnault, *substitut.*

Greffe.—MM. Sicot, *greffier ;* Lorence et Jeanne dit Baudry, *commis greffiers.*

Avocats.— MM. Dieu, Amiard, Lelong, *bâtonnier ;* Hardouin, Guillot.

Stagiaires.— MM. Pommier, Breton, Pannier-Lachaussée, Leclerc.

Avoués.—MM. Simon aîné, *président ;* Jouanne, Hervieu, Dussaux, Thouroude, Pottier, Lehuré.

Huissiers. — MM. Letourneur, *syndic ;* Fontaine, *rapporteur :* Cardin, *trésorier ;* Hébert, *secrétaire.*

Audienciers du Tribunal civil.—MM. Cardin, Jeanne, Hébert.

Audiencier de Justice de paix.—M. Lerat, huissier à Saint-Lo.

Audiencier du Tribunal de commerce. — M. Sinel, huissier à Saint-Lo.

Huissiers résidant à Saint-Lo. — MM. Cardin, Jeanne, Hébert, *secrétaire;* Sinel, Thomine, Lerat.

Huissiers résidant dans l'arrondissement. — MM. Lenoël, à Saint-Clair ; Fauvel, à Cerisy-la-Forêt ; Letourneur, *syndic*, à Carentan ; Fontaine, à Pont-Hébert ; Hennequin. à Percy ; Fossard, à Torigni-sur-Vire ; Fauvel, à Tessy-sur-Vire ; Doublet, à Marigny.

Assistance judiciaire.—MM. Delisle, receveur de l'enregistrement ; Criquet, *président,* notaire honoraire ; Sicot, *secrétaire;* Simon, avoué, Ménard, vice-président du Conseil de Préfecture ; Lelong, bâtonnier de l'ordre des avocats.

Tribunal de commerce de Saint-Lo.

Audience le *vendredi*, à deux heures de l'après-midi.

Président.—M. Hornecker.

Juges.—MM. Patry, Lesage, J. Gâté.

Juges suppléants.—MM. A. Guillon, A. Letréguilly.

Greffe.—MM. Lebret, *greffier ;* Guérard, *commis greffier.*

MM. Vaudouer, Lefebvre et Thiéry, agréés et syndics.

Tribunal civil séant à Avranches.

Audiences : *mercredi*, police correctionnelle ; — *jeudi* et *vendredi*, affaires civiles ; — *samedi*, affaires urgentes sur requête, rapports, référés et adjudications.

Président.—M. Legrin, O. A.

Juges.—MM. Ponroy, *juge ;* Lemarchand, *juge d'instruction.*

Juges suppléants.—MM. Scelles, Lesaché.

Parquet.—M. Marchand, *procureur de la République.*

Greffe. — MM. Bameule, *greffier ;* Gombert et Besnier, *commis greffiers.*

Avocats. — MM. Simon, Scelles, Lemonnier, Layne, Bouvattier (Jules), Frémin, *secrétaire ;* Rachine, Dupérouzel, *bâtonnier ;* Bouvattier (Gustave), V. Le Montier ; *stagiaires :* Dupont, Davy, de la Broise.

Avoués.—MM. Guillaume, Normand, Palicot, *secrétaire ;* Saussey, Lemardeley, *président ;* Blanchet, *syndic ;* Heuvrard, *rapporteur ;* avoués honoraires : Fontaine, Levavasseur.

Huissiers audienciers.—MM. Lemasle, *syndic ;* Jean, *secrétaire ;* Artur, Sauvaget.

Huissier résidant à Avranches.—M. Fournerie.

Huissier résidant dans l'arrondissement.—MM. Macé, Goumault, à Brécey ; Berthelot, à Ducey ; Vallée, Lemarié, Quinette, à Granville ; Lainé et Guichard, à la Haye-Pesnel ; David et Goussé, à Pontorson ; Patris, Feudé, à Saint-James ; Fouasse, à Sartilly ; Angot, Héaumé, Aze, à Villedieu.

Assistance judiciaire —MM. Piel-Desruisseaux, ancien notaire, *président ;* Leménicier, sous-préfet ; Provost, receveur de l'enregistrement ; Fremin, avocat ; Blanchet, avoué ; Bameule, *secrétaire.*

Tribunal de commerce de Granville.

Le ressort de ce Tribunal embrasse tout l'arrondissement d'Avranches.— Audience le *jeudi.*

Président.—M. Langlois.

Juges.—MM. Béguin, Poirier, J. Pannier, Luce dit Aubin.

Juges suppléants.—MM. Doussin, Tronion, Leroy.

Greffier.—M. P. Ollivier.

Il n'y a pas d'agréés ; MM. Dupérouzel, avocat ; V. Le Montier, avocat ; Dauvin, Lemétayer, Vieillard et Godefroy, agents d'affaires.

Tribunal civil séant à Cherbourg.

Audiences : *lundi.* affaires correctionnelles ; *mardi* et *mercredi,* affaires civiles ; *jeudi,* adjudications.

Président.—M. Théry, O. I. P.

Juges.—MM. Lefrançois, O. A., *juge d'instruction ;* Ameline, Bernard, Delmas, *juges suppléants.*

Parquet.—MM. Delpy, *procureur de la République ;* Osmont de Courtisigny, *substitut.*

Greffe.—MM. Hauvet, *greffier ;* Oury, Hébert et Lamache, *commis-greffiers.*

Avocats.—MM. Boullement-d'Ingremard, Favier, Lucas, A. Liais, Lecarpentier, Legrin, Courtois.

Avoués.—MM. Lemagñent, Féron, *syndic ;* Francis Brière, Drouet, *président ;* Leblond, *trésorier.*

Huissiers audienciers.—MM. Lebastard, Vincent, Dorey.

Tribunal de commerce.—MM. Vincent, Le Bastard, Lemonnier et Dorey.

Justice de paix.—MM. Vincent, Le Bastard et Dorey.

Huissiers résidant dans l'arrondissement. — MM. Léger, aux Pieux ; Lavalley, à Saint-Pierre-Eglise ; Rébuffet, à Octeville.

Assistance judiciaire (séance le premier samedi de chaque mois): MM. Guillemin, conservateur des hypothèques, *président ;* Diesnis, Sous-Préfet ; Lecarpentier, avocat ; Robérye, notaire honoraire ; Drouet, avoué ; Hauvet, greffier, *secrétaire.*

Tribunal de commerce de Cherbourg.

Audience le *vendredi.*

Président.—M. Bonfils (Gustave).

· *Juges.*—MM. Legranché (Aimé), Langlois (Al.), Buhot (Eugène), Menut (Henri).

Juges suppléants.—MM. Noyon, Cottel, Jourdan, Flamary et Brun.
Greffe.—M. Dutot.

Tribunal civil séant à Coutances.

Président.—M. Jartel.

Juges.— MM. Goujon de Saint-Thomas, *juge d'instruction;*
Renault, Benoist, *juges;* Rabec, Delauney, Lumière, *juges suppléants.*

Parquet.—MM. Dudouyt, *procureur de la République;* Marie,
substitut.

Greffe.—MM. Dorléans, *greffier;* Duval, Levenard et Cauchard,
commis greffiers.

Audiences : *Lundi,* criées à 10 heures du matin ; correctionnelle à midi ;
mardi, mercredi et *jeudi,* audience civile à midi.

Avocats.—MM. Marie, Leterrier (aîné), Barbier, Guidon, Sarot,
Dupérouzel, *bâtonnier;* Chevalier, Rabec, *secrétaire;* Gritton, Amy
Larivière, Galuski, Leterrier (jeune).

Avoués.—MM. Lejolivet, *président;* Vilain, *syndic;* Lejolivet,
Jean, *secrétaire-trésorier;* Daniel, Conrairie, Saffrey.

Huissiers audienciers.—MM. Rachinel, Voisin, Anquetil, Néel,
Guérin, Lecrosnier.

Tribunal de commerce.—MM. Voisin, Canivet.

Huissiers résidant à Coutances — MM. Anquetil, Lecrosnier,
Voisin, Canivet, Néel, Guérin, Rachinel.

Huissiers résidant dans l'arrondissement. — MM. Chesnay, à
Bréhal ; Voisin, à Cérences ; Chardine, à Cerisy-la-Salle ; Bézard, à
Gavray ; Corbin, Genvrin, à la Haye-du-Puits ; Gancel, à Prétot ;
Navarre, à Lessay ; Robiquet, à Gratot ; . Guillon, à Quettreville ;
Desplanques, Lemoine, à Périers ; Bœufs, à Saint-Sauveur-
Lendelin.

Assistance judiciaire.—MM. Pascal, Sous-Préfet, *président;*
Saillard, ancien notaire, *vice-président;* Daniel, avoué ; Chevalier,
avocat ; Dudouyt, receveur de l'enregistrement ; Dorléans, *secrétaire.*

Tribunal de commerce de Coutances.

Audience le *samedi,* à 10 heures du matin.

Président.—M. Daireaux.

Juges.—MM. Salettes, Jouvet.

Juges suppléants.—MM. Gosselin, Chauvel.

Il n'y a pas d'agréés.

Tribunal civil séant à Mortain.

Cet arrondissement n'a point de juridiction consulaire ; c'est le Tribunal de première instance qui juge les affaires commerciales.—
Audiences : *jeudi* et *vendredi,* affaires civiles ; — *samedi,* police correctionnelle, affaires commerciales et criées.

Président.—M. Lefaverais.

Juges.—MM. Hommet et David.

Juges suppléants.—MM. Lemoine, Jouvet.

Parquet.—M. Guilmard, *procureur de la République.*

Greffe.—MM. Lemière, greffier ; Legoux, *commis greffier.*

Avocats.—MM. Lecrecq, Champs, Josset, Millet, Meslay.

Stagiaire.—M. Leteinturier-Laprise.

Avoués.—MM. Lesoudier, Poullain, *président ;* Delaunay, Lemardeley, *syndic ;* Radoul, *secrétaire-trésorier ;* Jarnouën de Villartay.

Huissiers audienciers.—MM. Le Baron et N...., résidant à Mortain.

Huissiers résidant dans l'arrondissement. — MM. Lemoine, à Barenton ; Calé, à Isigny-Paindavaine ; Bachelot, Boucey, à Saint-Hilaire-du-Harcouët ; Dollerie, à Juvigny-le-Tertre ; Desfeux, à Saint-Pois ; Bagot et Lechapelais, à Sourdeval ; Boutry, au Teilleul.

Assistance judiciaire. — MM. Salanson, Sous-Préfet ; Radoul, avoué ; Gérard, ancien avocat ; Jayet, receveur de l'enregistrement ; Champs, avocat ; Lemière, *secrétaire.*

Tribunal civil séant à Valognes.

L'arrondissement n'a point de juridiction commerciale, c'est le Tribunal de première instance qui juge les affaires de cette nature.—Audiences : *mardi,* affaires de commerce, d'expédition, d'adjudication ; — *mercredi* et *jeudi,* affaires du rôle général ; — *vendredi,* police correctionnelle ; — *samedi,* rapports en toutes matières ; jugements en Chambre du Conseil.

Président.—M. Le Clerc.

Juges.—MM. Faguet, *juge d'instruction ;* Mabire.

Juges suppléants.—MM. Costard, Maurice Marc.

Parquet.—M. Duchesne de la Sicotière, *procureur de la République.*

Greffe.—M. Guimond, *greffier ;* Hamel et Lecroisey, *commis greffiers.*

Avocats.—MM. Foulon, Lecacheux, Goubeaux, Baillod, Delangle, Leroy, de Resbecq, Couraye du Parc.

Avoués.—MM. Bitot, Braffin, Thouin, Breillot, Le Grusley, Cruchet, Lefèvre.

Huissiers audienciers.—MM. Leterrier, Demare, Lendormy.

Huissiers résidant à Valognes. — MM. Lendormy, Leterrier, Demare, Lelong.

Huissiers résidant dans l'arrondissement.—MM. Dancel, à Barneville ; Authouard, à Bricquebec ; Mendret et Butel, à Sainte-Mère-Eglise ; Le Mière, à Picauville ; Burnouf, à Montebourg ; Bouchet, à Saint-Vaast ; Thirard, à Saint-Sauveur-le-Vicomte.

Assistance judiciaire.—MM. Ramonet, sous-préfet ; Céron, receveur de l'enregistrement ; Le Grusley, avoué ; Dubois, notaire ; Delangle, avocat ; Guimond, *secrétaire.*

JUSTICE DE PAIX.

Noms des Juges de Paix, des Suppléants et des Greffiers.

CANTONS.	JUGES DE PAIX.	SUPPLÉANTS.	GREFFIERS.

Arrondissement de Saint-Lo.

	MM.	MM.	MM.
Saint-Lo... ...	Porquet........	Pommier, Criquet.....	Letrésor.
Canisy.........	Lebéricey......	Heussebrot, Sanson de Lavalesq.	Cantrel.
Carentan	Lenoël........	Bertrand, N..........	Legrand.
Marigny........	Delacour.......	Nicbey, Lemoigne	Legrand.
Percy..........	Loyer	Sévaux, Duboscq	Duval.
Saint-Clair......	Vigot..........	Madelaine, Lebrun....	Darondel.
St-Jean-de-Daye.	Margueritte. ...	Leclerc, Pézeril	Le Bouteiller.
Tessy-sur-Vire.	Anthouard......	Chasjes, Mithois	Ozenne.
Torigni-sur-Vire.	Gardin.........	Le Roquais, Pommier.	Lejeune.

Arrondissement d'Avranches.

	MM.	MM.	MM.
Avranches......	Basire.........	Lemardeley, Desdeu111s.....	Daubigny.
Brécey.........	Bidois........	Chapel, Denis-Thiendière	Boutry.
Ducey.........	Leguidecoq. ...	Juin-Duponcel, Baron .	Dupont.
Granville... ...	Lefébure.......	Dupérouzel Bureau...	Laîné.
La Haye-Pesnel..	Bitot	Fontaine, Pigeon	Bréhier.
Saint-James	Porcher........	Geffroy, Lechat.......	Allain.
Pontorson	Foucher	Trincot, Guichard. ...	Marie.
Sartilly.........	Lefresne	Leménager, Le Repveu de Dougy	Nicolle.
Villedieu	Vilquin	Davy, Tétrel..........	N...

Arrondissement de Cherbourg.

	MM.	MM.	MM.
Cherbourg......	Vauloup	Allix, Legrin.........	Leroux.
Beaumont	Damourette.....	Piquot, Louis.........	Millet.
Octeville	Poullain	Pouillat, Vrac	Mouchel.
Les Pieux	Lequerté-des-Roziers.	Lebourgeois, Courtois.	Hilaire (Félix)
St-Pierre-Eglise..	Fontaine.......	Touzard, Fleury	Dubost.

Arrondissement de Coutances.

	MM.	MM.	MM.
Coutances	Guillemette.....	V. Leloutre, Saillard..	Chuquet.
Bréhal	Tanqueray	Lemonnyer, Ameline..	Hue.
Cerisy-la-Salle...	Savary.........	Gaillard, Lehodey.....	Tréhet.
Gavray.	Osmond...... ..	Lechevallier, Niobey..	Canuet.
La Haye-du-Puits	Artu...........	Ducloux, Gaillard.....	Lecluze.
Montm.-sur-Mer..	Couraye-du-Parc	Pannier, Danlos	Lenesley.
Lessay.........	Dauvin	Lesigne, Dupray-Benzeville...	Larose.
Périers...	Le Comte	Lepareux, Lecauf.....	Dubuisson.
St-Malo-de-la-L.	Davy-Lahurie...	Séverie, Le Moine.....	Leguay.
St-Sauv.-Lendel.	Navarre........	Lecacheux, Ledentu ..	Guénon.

CANTONS.	JUGES DE PAIX.	SUPPLÉANTS.	GREFFIERS.

Arrondissement de Mortain.

	MM.	MM.	MM.
Mortain	Hardy	Le Bigot, Delaunay ...	Lorier.
Barenton	Norgeot........	Montécot, Bourguignon	Martignon.
St-Hil.-du-Harc¹.	Lesaint	Lebret, N	Tréhec.
Isigny-Paindav⁰.	Lefaverais	Guérin, Cruchet	Davalis.
Juv.-le-Tertre ...	Costard	Grossin, Maincent.....	Boursin.
Saint-Pois	Laurent........	Morel, N...	Lemare.
Sourdev¹-la Bʳʳᵉ.	Foubert........	Almin, Enguehard.....	Beaugeard.
Le Teilleul......	Hirbec.........	Dupont, Mâlon	Gesbert.

Arrondissement de Valognes.

	MM.	MM.	MM.
Barneville	Agnès	Denis, Lepelletier.....	Auvray.
Bricquebec	Caillard........	Hennequin, Langevin..	Leroux.
Montebourg.....	Le Sachey......	Vrac, Roumy........	Mouchel.
Quettehou	Sevaux	Hay, Colas Corderie...	Delagarde.
Ste-Mère-Eglise.	Catherine	Hairon, Lécuyer......	Raciquot.
St-Sauv.-le-Vic ..	Delange... ...	Pain, Morin.........	Dumaine.
Valognes	Le Marquand ...	Le Cauuellier, Le Grasley . .	Simon.

NOTAIRES.

Arrondissement de Saint-Lo. — MM. Guillemin, Leclerc, *secrétaire,* Delaunay, à Saint-Lo ; Pain , à Saint-Clair ; Mithois, *rapporteur,* à Domjean; Faudemer, à Saint-Jean-de-Daye; Hourtaut, à Pont-Hébert; Desprairies, *syndic,* Desplanques, à Carentan; Heussebrot, à Canisy ; Delarue à Marigny ; Leroquais, Gohier, à Torigni-sur-Vire ; Flicher, à Tessy-sur-Vire ; Duboscq, *trésorier,* à Percy ; Lechevrel, à La Chapelle-Enjuger ; Charuel, à Montbray ; Lechevallier, *président,* à Saint-Samson-de-Ronfossé ; Sébire, à Cerisy-la-Forêt.

Arrondissement d'Avranches. — MM. Le Comte-la-Prairie, *président,* Sergent, *secrétaire,* à Avranches; François, Denis-Thieudière, *syndic,* à Brécey; Aumont, Desfeux, à Ducey; Le Petit, Lamort, *rapporteur,* Taurines, à Granville ; Jouenne, Fontaine, *trésorier,* à la Haye-Pesnel ; Geoffroy, Darthenay, à Saint-James ; Levallois, Morel, à Pontorson ; Manuelle, Martin, à Sartilly ; Fontaine, Davy, à Villedieu.

Arrondissement de Cherbourg. — MM. Fleury, à Saint-Pierre-Eglise; Lebouteiller, *secrétaire,* à Cherbourg; Pouillat, à Tourlaville; Hamel, *président,* à Saint-Pierre-Eglise ; Marion, Enault, à Cherbourg ; Vauttier, *syndic,* à Beaumont ; Giot, *rapporteur,* aux Pieux; Lemarquand, à Sainte-Croix-Hague ; Laroque, aux Pieux; Le Goupil, *trésorier,* à Cherbourg.

Arrondissement de Coutances. — MM. Dandeville, Letonnellier,

Delarue, à Coutances ; Duprey-Beuzeville, à Bréhal ; Adam, à
Cérences ; Le Roscy, à Cerisy-la-Salle ; Badin, à Roncey ; Guernier,
à Gavray ; Fonnard, au Mesnil-Garnier ; Lecaplain, à Hambye ;
Fauvel (Léon), fils, à Lessay ; Lechevallier, à Pirou ; Pétron, Gaillard,
à la Haye-du-Puits ; Lemonnier, à Prétot ; Lelièvre, à Montmartin-
sur-Mer ; Savary, à Quettreville ; Levêque, Lecauf, à Périers ;
Gallien, Potier, à Blainville ; Saffray, à Saint-Sauveur-le-Vicomte.

Arrondissement de Mortain.—MM. Le Bigot, Hamard, *secrétaire,*
et Ledos, à Mortain ; Fiault et Lebreton, à Barenton ; Guérin,
syndic ; Lebret et Dupont, à Saint-Hilaire-du-Harcouët ; Varin, *trésorier* à Isigny-Paindavaine ; Cruchet, *président,* au Buat ; Damame
et Giroult, à Juvigny-le-Tertre ; Datin, à Saint-Pois ; Poisnel,
membre, à Coulouvray-Boisbenâtre ; Gorron et Guérin, à Sourdeval-la-Barre ; Trempu, au Teilleul ; Dupont, *rapporteur,* à Sainte-
Anne-de-Buais.

Arrondissement de Valognes.—MM. Oury, Dubois, Damécour,
à Valognes ; Le Breton, à Brix ; Langlois, Pican, à Bricquebec ;
Guiffart, Lechevallier, à Montebourg ; Lemarinel, Legoupil, à Saint-
Sauveur-le-Vicomte ; Lemerre, à Quettehou ; Mallet, à Saint-Vaast ;
Touroul, à Barfleur ; Denis, à Barneville ; Legriffon, à Portbail ;
Hairon, à Sainte-Mère-Eglise ; Luce, à Pont-Labbé ; Dalidan, à
Sainte-Marie-du-Mont.

ORDRE MILITAIRE.

10ᵉ Corps d'Armée et 10ᵉ Région militaire.

GRAND QUARTIER GÉNÉRAL A RENNES.

Départements formant la 10ᵉ Région : Ille-et-Villaine, Manche, Côtes-du-Nord

Général commandant en chef le Corps d'armée : CAILLIOT C ✳,
à Rennes.

Chef d'Etat-Major du 10ᵉ Corps : Colonel LEROY C ✳, à Rennes.

20ᵉ Division d'Infanterie et 5ᵉ, 6ᵉ, 7ᵉ et 8ᵉ subdivisions de la 10ᵉ Région.

Général commandant : VOSSEUR C ✳, à Saint-Servan.
39ᵉ brigade : Général de Geoffre de Chabrignac C✳, à Cherbourg.
25ᵉ de ligne.—Colonel Vallat O ✳, à Cherbourg.
136ᵉ de ligne.—Colonel Gillet ✳. Portion principale à Saint-Lo.
Un bataillon à Cherbourg.
40ᵉ brigade : Général Travailleur O ✳, à Saint-Malo.
2ᵉ de ligne.—Colonel Costes O ✳, à Granville.
47ᵉ de ligne.—Colonel Carpentier ✳, à Saint-Malo.

5ᵉ Subdivision, chef-lieu Cherbourg.

(Arrondissements de Cherbourg et de Valognes.)

Commandant. — Général de Geoffre de Chabrignac C ✳, à Cherbourg.

Intendance. — Bénard ✳, sous-intendant de 2ᵉ classe, à Cherbourg.

Major de la garnison de Cherbourg. — Un officier supérieur.

Artillerie. — Colonel d'Espinay O ✳, directeur, à Cherbourg ; chef d'escadron Masson ✳, sous-directeur, à Cherbourg.

Génie. — Lieutenant-colonel Lemardeley ✳, chef du génie, à Cherbourg.

Recrutement. — Commandant Dupuis O ✳, à Cherbourg.

Subsistances militaires. — Officier d'administration, Leclère, à Cherbourg.

8ᵉ Subdivision, chef-lieu Saint-Lo.

(Arrondissements de Saint-Lo et de Coutances).

Commandant. — Général de Geoffre de Chabrignac C ✳, à Cherbourg.

Intendance. — Appert, sous-intendant de 3ᵉ classe, à Saint-Lo.

Recrutement. — Chef de bataillon Péchoux O ✳, à Saint-Lo.

Remonte. — Capitaine Dumalle ✳, à Saint-Lo.

7ᵉ Subdivision, chef-lieu Granville.

(Arrondissements d'Avranches et de Mortain).

Génie. — Chef de bataillon Roux ✳, à Granville.

Recrutement. — Major Morier ✳, à Granville.

GENDARMERIE.

10ᵉ LÉGION.

Composée des compagnies d'Ille-et-Villaine, Manche et Côtes-du-Nord.

M. Olivier O ✳, colonel, commandant la légion, à Rennes.

Compagnie de la Manche.

MM. Besson ✳, chef d'escadrons, commandant la compagnie, à Saint-Lo.
Legavre, capitaine, à Saint-Lo.
Jardel, lieutenant-trésorier, à Saint-Lo.
Le Godec ✳, capitaine, à Cherbourg.
Vanloup, lieutenant, à Coutances.
Louison ✳, lieutenant, à Avranches.
Desprès, lieutenant, à Mortain.
Rozel, lieutenant, à Valognes.
Le Guillou, maréchal des logis adjoint au trésorier, à Saint-Lo.

Service des Brigades.

DÉSIGNATION ET RÉSIDENCE DES BRIGADES.	BRIGADES		SOUS-OFFICIERS et brigadiers COMMANDANT LES BRIGADES.
	à cheval de 5 hommes.	à pied de 5 hommes.	
Saint-Lo	1	»	MM. Le Méhauté.
Idem.........	1	»	Pinot.
Idem.......................	»	1	Taillandier.
Carentan	1	»	Perrée.
La Perrine.................	1	»	Gaingouin.
Torigni sur-Vire	1	»	Lair.
Villebaudon.	1	»	Doutressoulle.
Saint-Clair..................	1	»	Orvain.
Marigny	»	1	Verger.
Canisy	»	1	Renet.
Tessy-sur-Vire.....	»	1	Courtoux.
Cherbourg..................	1	»	Lahaie Mм. (1)
Idem.........	»	1	Prigent.
Les Pieux	»	1	Foucher.
Saint-Pierre-Eglise.............	»	1	Lemoigne Mм.
Equeurdreville	»	1	Joulaud.
Beaumont..................	»	1	Maffre Mм.
Tourlaville..................	»	1	Lamache.
Avranches	1	»	Le Lay.
Idem......................	»	1	Gleyo.
Granville	1	»	Hue.
Idem......................	»	1	Bonenfant.
Villedieu	1	»	Lévêque.
Pontorson	1	»	Briend Mм.
Ducey.....................	1	»	Desaintdenis.
Sartilly....................	1	»	Dugardin.
Bréccy	»	1	Lejuez.
Saint-James..................	»	1	Saligner.
La Haye-Pesnel...............	»	1	Dréano Mм.
Mortain....................	1	»	Mancel.
Idem.........	»	1	Quarantois.
Saint-Hilaire-du-Harcouët.......	1	»	Pélan.
Sourdeval	1	»	Chalmel.
Juvigny....................	»	1	Hallot.
Le Teilleul..................	»	1	Madoré.
Saint-Pois..................	»	1	Hains Mм.
Barenton	»	1	Lefèvre.
Isigny.....................	»	1	Galliot Mм.
Coutances	1	»	Brébion.
Idem.......	»	1	Mancel.
Périers	1	»	Bindel.
Gavray	1	»	Ruel.
Bréhal	1	»	Bocage.
Lessay	1	»	Simon.
Cerisy-la-Salle...............	1	»	N...

(1) Les lettres Mм indiquent les décorations de la Médaille militaire.

DÉSIGNATION ET RÉSIDENCE DES BRIGADES.	BRIGADES		SOUS-OFFICIERS et brigadiers COMMANDANT LES BRIGADES.
	à cheval de 5 hommes.	à pied de 5 hommes.	
La Haye-du-Puits	1.	»	MM. Fougeray.
Agon.............	»	1	Bergé.
Saint-Jores	»	1	Leréverend.
Montmartin-sur-Mer	»	1	Vaslot.
Saint-Sauveur-Lendelin.........	»	1	Josse.
Anneville-sur-Mer	»	1	Poncet.
Valognes	1	»	Cornille.
Idem...	»	1	Paulou.
Sainte-Mère-Eglise...	1	»	Rolland.
Saint-Sauveur-le-Vicomte	1	»	Faroux.
Saint-Vaast...	»	1	Martel Mм.
Montebourg..............	1	»	Perquis Mм.
Portbail	»	1	Crestey Mм.
Iricquebec..	»	1	Raux.
Barneville	»	1	Thomas.
Barfleur	»	1	Hairon.

MARINE.

Premier arrondissement maritime.

Préfecture maritime.

MM.

LESPÈS GO✱, vice-amiral, commandant en chef, préfet maritime.

Martin O✱, capitaine de frégate, chef d'état-major ; Comte, chef do bataillon d'infanterie de marine ; Giraud ✱, Nouette-d'Andrezel ✱, lieutenants de vaisseau, aides-de-camp ; Testard ✱, commissaire-adjoint, chef du secrétariat de la préfecture maritime ; Delacour sous-commissaire, secrétaire du conseil d'administration du port.

Majorité générale. — MM. Mathieu O✱, contre-amiral, major général ; Descamps, C✱, capitaine de vaisseau, major ; Thierry O✱ et Noirot O✱, capitaines de frégate, aides-major ; Eny, lieutenant de vaisseau, chef du secrétariat ; Jomier, lieutenant de vaisseau, chargé de l'observatoire et des archives ; Andréani ✱, de Royer de Saint-Julien ✱, et Lauaade ✱, lieutenants de vaisseau, sous-aides-major ; Pumpernéel ✱, commissaire-adjoint en retraite, commissaire du Gouvernement près le 1er conseil do guerre permanent ; Piton O✱, capitaine de frégate, inspecteur des sémaphores ; de Laurens O✱, capitaine de frégate en retraite, rapporteur près le 1er tribunal maritime ; Recevour✱, lieutenant de vaisseau, rapporteur du 1er conseil de guerre.

Majorité de la flotte.—MM. de Maigret O✿, contre-amiral, major de la flotte ; Grenouillaux ✿, capitaine de frégate, aide-de-camp ; Jonbert, lieutenant de vaisseau, officier d'ordonnance ; Le Cannellier ✿, lieutenant de vaisseau, chef du secrétariat ; Miquel ✿, mécanicien en chef, adjoint au major de la flotte.

Mouvement du port.—MM. Picot O✿, capitaine de vaisseau, directeur ; Dantin ✿, capitaine de frégate, sous-directeur ; Houette ✿, capitaine de frégate, sous-directeur ; Nisoen ✿, Gonin ✿, Vogt-d'hunslstein ✿, Vertier, lieutenants de vaisseau, officiers-adjoints ; Le Clézio, sous-commissaire de 2° classe, trésorier.

Génie maritime.—MM. Korn O✿, directeur des constructions navales; Gallon O✿, ingénieur de 1re classe, sous-directeur; Choron ✿, N..., ingénieur de 1re classe ; Bosquillon de Frescheville, ingénieurs de 2° classe, et Champenois ; Treboul, Marit, Bonvalet et Moissenet, sous-ingénieurs de 2° classe ; Guyot, Révol, Morin et Richard, sous-ingénieurs de 3° classe.

Défense fixe.—MM. Aubert ✿, capitaine de frégate, commandant; Audrieu ✿, Mercier de Lostende, Levavasseur, Aubin de Blanpré, lieutenants de vaisseau.

Défenses sous-marines. — Escunde O✿, capitaine de vaisseau, directeur ; Fortin ✿, capitaine de frégate ; Ridoux ✿, Meunier ✿, Girard la Barcerie ✿, Pinel ✿, Ducrest de Villeneuve ✿, Charlier, Fautrad ✿, d'Hespel, Mortenol, Barthes ✿, Morin de la Rivière ✿, Le Gouz de Saint-Seine, Fontaine ✿, lieutenants de vaisseau ; Devoir, Thorel, Lefebvre, enseignes de vaisseau ; Le Ponisard, Debray, mécaniciens principaux ; Collas, aide-commissaire, officier d'administration.

Commissariat. — MM. Avoine O✿, commissaire général ; Rossel ✿, Chalette ✿, Le Brisoys-Surmont ✿, Delacrose O✿, commissaires ; Babin ✿ et Martin ✿, commissaires-adjoints ; Nissen ✿, sous-commissaire de 1re classe ; Gigout, Mathieu, Lelaidier et Couray du Parc, sous-commissaires de 2° classe.

Inspection.—MM. Gestin O✿, inspecteur en chef ; Adam O✿, Bourée ✿, inspecteurs ; Hamelin ✿, inspecteur-adjoint.

Travaux hydrauliques.—MM. Fossard ✿, ingénieur en chef, directeur ; Minard, ingénieur ordinaire de 2° classe, Charbonnel et Dubois, ingénieurs ordinaires de 3° classe.

Service de santé. — MM. Dugé de Bernonville O✿, directeur ; Doué, sous-directeur; Mathis ✿, Michel, médecins en chef; Sollaud ✿, Burallier, Delisle et Remond ✿, médecins principaux ; Léo ✿, Bizardel, Maustang, Plouzané, Thémoin, Laborde, Menier, Girard, Duville, Leclerc, Ludger ✿, Chataing, Le Méhauté, Castellau, médecins de 1re classe, Gaillard, médecin de 2° classe ; Léonard. pharmacien en chef; Raynaud, pharmacien principal ; Baucher et Reboul, pharmaciens de 1re classe ; Speder, pharmacien de 2° classe.

Service des manutentions.—MM. Fortin, et Floch, sous-agents de manutention.

Personnel administratif des directions de travaux.—MM. Cointe, agent administratif principal ; Maurice, Boyer, Dounon, Quoniam et Lepelley, agents administratifs; Leprévost, Chesnel, Ozouf, Polidor, Gibert, Mignot, Bouin, sous-agents administratifs.

Comptables du matériel.—MM. Robin, agent comptable principal ; Courtois, Lapotaire, Bertaut, Fruchard et Le Pogam, agents comptables ; Monnoye, Fournerie, Aubert, Boulard, Robine, Moreau Le Dentu, Pouppeville, sous-agents comptables.

Aumônier. — M. Lorrain, aumônier de l'hôpital maritime ; M. Menard, aumônier de l'arsenal.

Bibliothèques—MM. Trève, conservateur de la bibliothèque du port ; Mesnil, conservateur de 'a bibliothèque de l'hôpital.

Mécaniciens principaux.—MM. Miquel et Girard ✳, mécaniciens en chef; N..., mécanicien principal de 2ᵉ classe.

Inscription maritime.—*Quartier de Cherbourg.*—MM. Bazin ✳, commissaire - adjoint, commissaire de l'inscription maritime ; Altemer, agent principal du commissariat; Poulain, agent du commissariat ; Rendu ✳, trésorier des invalides ; Gallien (Gustave), syndic, à Cherbourg ; Gallien (Alexandre), syndic, à Fermanville ; Agnès, syndic, à Omonville-la-Rogue ; Le Neveu, syndic, à Diélette ; Bertaut, syndic, à Portbail.

Quartiers de la Hougue et d'Isigny.—MM. Dubois, sous-commissaire, commissaire de l'inscription maritime, à la Hougue ; Sallé, sous-commissaire, commissaire de l'inscription maritime d'Isigny ; Jasset, sous-agent du commissariat, à la Hougue ; Bonniol, sous-agent du commissariat, à Isigny ; Le Biez, syndic, à la Hougue ; Duprey, syndic, à Carentan ; Prima, syndic, à Isigny ; Longuemare, syndic, à Grandcamp ; Le Cannelié, syndic, à Barfleur.

Equipages de la flotte.—*Division de Cherbourg.*—MM. Pontillon O✳, capitaine de vaisseau, commandant.—Mazier ✳, lieutenant de vaisseau, commandant en second ; Mulot ✳, lieutenant de vaisseau, major; de Champfeu, lieutenant de vaisseau, capitaine d'habillement ; Boireaux ✳, lieutenant de vaisseau, capitaine de casernement ; Grossin, lieutenant de vaisseau, adjudant-major ; Deuve, lieutenant de vaisseau, capitaine de la compagnie de dépôt ; Thélinge, Bihel, Lévy-Bing, Leprince, enseignes de vaisseau; de Gomiécourt, sous-commissaire, trésorier ; Deschiens O✳, médecin principal, médecin-major ; Percheron, médecin de 2ᵉ classe.

Batteries détachées.—MM. Viviès ✳, lieutenant-colonel commandant ; Girard du Demaine ✳, chef d'escadron ; Guigou, officier payeur et d'habillement ; N..., médecin de 2ᵉ classe ; Kiefer, médecin aide-major.

8ᵉ *batterie.*—MM. Arragon ✳, capitaine en 1ᵉʳ ; Bardot, capitaine en 2ᵉ ; Vailhen, Palâtre, lieutenants; Thevanod, Meneck, Crémieux, Batteux, Cubanel, Jaquet, sous-lieutenants.

9ᵉ *batterie.*—MM. Duhamel, capitaine ; Piedevache, capitaine en 2ᵉ ; Portères, lieutenant en 1ᵉʳ ; N..., lieutenant en 2ᵉ ; Paris, Muro, sous-lieutenants.

10ᵉ *batterie.*—MM. Troude, capitaine en 1ᵉʳ ; Breton, capitaine en 2ᵉ ; Groc-Picquenard, Lafferrière, Schultz, lieutenants en 1ᵉʳ ; Athénosy, sous-lieutenant.

11ᵉ *batterie.*—MM. Doré, capitaine en 1ᵉʳ ; Hune, capitaine en 2ᵉ ; Bouis, lieutenant en 1ᵉʳ ; Pécaud, lieutenant en 2ᵉ ; Raynal, sous-lieutenant.

12ᵉ *batterie.*—MM. Lecostey, capitaine en 1ᵉʳ ; Braud, capitaine en 2ᵉ ; N..., lieutenant en 1ᵉʳ ; Roos, lieutenant en 2ᵉ ; Fournier-Debats, sous-lieutenant.

1ʳᵉ compagnie d'ouvriers d'artillerie. — Allion ✳, capitaine en 1ᵉʳ ; Jesson, capitaine en 2ᵉ ; Nisse et Vallerey, lieutenants.

INFANTERIE DE MARINE.— 1ᵉʳ Régiment.

Etat-major.—MM. N... O✳, colonel ; Jorna de Lacale O✳, lieutenant-colonel ; Michaud O✳, Belin ✳, O A., de Bricay ✳, N..., chefs de bataillon ; Martin ✳, commandant-major ; Franquet, capitaine adjudant-major ; Migard-Savin, capitaine-trésorier ; Casse, capitaine d'habillement ; Evorse, capitaine de tir ; Vial, lieutenant adjoint au trésorier ; Delaforge, lieutenant adjoint au capitaine d'habillement ; Le Texier, lieutenant d'armement ; Besancenot, sous lieutenant porte-drapeau ; Delisle, médecin principal ; Dodard, médecin de 2ᵉ classe.

1ᵉʳ BATAILLON.

3ᵉ compagnie.—MM. N..., capitaine ; N..., lieutenant ; Marceau, sous-lieutenant.

4ᵉ compagnie. — MM. Rivière, capitaine ; N..., lieutenant ; Antoni, sous-lieutenant.

2ᵉ BATAILLON.

1ʳᵉ compagnie.—MM. Rives-Lange, capitaine ; Cailleau, lieutenant ; Chantepié, sous-lieutenant.

2ᵉ compagnie.—MM. Rival ✳, capitaine ; Doué, lieutenant ; Castarède, sous-lieutenant.

3ᵉ compagnie. — MM. Poulain, capitaine ; Faudet, lieutenant ; Vautier, sous-lieutenant.

4ᵉ compagnie. — MM. N.. , capitaine ; Perlić, lieutenant ; Allonard, sous-lieutenant.

3ᵉ BATAILLON.

1ʳᵉ compagnie. — MM. N..., capitaine ; Barféty, lieutenant ; Martin, sous-lieutenant.

2ᵉ compagnie. — MM. N..., capitaine ; Sarret, lieutenant ; Carutchet, sous-lieutenant.

3ᵉ compagnie.—MM. Brémaud, capitaine ; Mauger, lieutenant ; André, sous-lieutenant.

4ᵉ compagnie.—MM. Patriarche, capitaine ; Levasseur, lieutenant ; Chantepié, sous-lieutenant.

4ᵉ BATAILLON.

1ʳᵉ compagnie.—MM. de Gaye, capitaine ; Grimaud, lieutenant ; Lemagnen, Arnault, sous-lieutenants.

2ᵉ compagnie.—MM. Ytasse ✳, capitaine ; de Boeck, lieutenant ; Condamy, sous-lieutenant.

Suite.—MM. de Pellacot ✻, Vallancourt ✻, chefs de bataillon ; Onfroy de la Rosière, Leger, Revy, Millard, Parent de Curzon, Jacquemin, Fournier, Delimoges, Debuisson, Dugué de Bernonville, Annet, Oppenheim, Lambert, Bailly, Sarret, capitaines ; Lallement, Grimaud, Armentier, Dupin, Lados, Margotteau, Mortreuil, Fauchoux, Champmartin, Guérin, Delouche, Branlot, Bastian, Simonnin, Nozaret, Lesal, Mangin, Dugast, lieutenants ; Moreau, Chibasse-Lasalle, Barvet, Ducarre, Billies, Garnier, Le Nulzec, Chanaron, sous-lieutenants.

5ᵉ Régiment.

ETAT-MAJOR. — MM. Frey ✻, colonel ; Rémy O✻, lieutenant-colonel ; Bourdel, Larivière, chefs de bataillon ; Boistel ✻, commandant major ; N..., capitaine adjudant-major ; Péroux, Collinet, Dufour, adjudants-major ; Jactel ✻, capitaine trésorier ; Heurtebise, lieutenant d'habillement ; Taillat, lieutenant adjoint au trésorier ; Desdouys, sous-lieutenant porte-drapeau ; Chataing, médecin de 1ʳᵉ classe ; Gaillard, médecin de 2ᵉ classe.

1ᵉʳ BATAILLON.

1ʳᵉ compagnie.—MM. N..., capitaine ; Chieusse, lieutenant ; Famin, sous-lieutenant.

2ᵉ compagnie.—MM. Renard, capitaine ; Monnoye, lieutenant ; Guern, sous-lieutenant.

2ᵉ BATAILLON.

1ʳᵉ compagnie.—MM. Lecacheur, capitaine ; Bourquin, lieutenant ; Dodey, sous-lieutenant.

2ᵉ compagnie.—MM. Lombard ✻, capitaine ; Grenier, lieutenant ; Crété, sous-lieutenant.

3ᵉ compagnie.—MM. Lagarde ✻, capitaine ; Millet, lieutenant ; Primat, sous-lieutenant.

4ᵉ compagnie.—MM. Nicolas O. A., capitaine ; Clément, lieutenant ; Pourchot, sous-lieutenant.

3ᵉ BATAILLON.

1ʳᵉ compagnie. — MM. Nabat, capitaine ; Micolon, lieutenant ; Vincent, sous-lieutenant.

2ᵉ compagnie.—MM. Le Hoigot ✻, capitaine ; Soulié, lieutenant ; Philippe, sous-lieutenant.

3ᵉ compagnie.—MM. Robard, capitaine ; Léveillé, lieutenant ; de Goësbriand, sous-lieutenant.

4ᵉ compagnie.—MM. Lemoine ✻, capitaine ; Lepage, lieutenant ; Maillaud, sous-lieutenant.

4ᵒ BATAILLON.

1ʳᵉ compagnie.—MM. Lestoquoi, capitaine ; Bocquillon, lieutenant ; Sénélar, sous-lieutenant.

2ᵉ *compagnie.*—MM. Comte ✱, O. A., capitaine; Delmas, MM. ✱, lieutenant ; Dothal, sous-lieutenant.

Suite. — MM. N..., lieutenant-colonel ; Berthier, Allemand, de Montrigand, chefs de bataillon ; Barbier, Girardot, Robert, Dargelos, capitaines de 1ʳᵉ classe ; Barberot, Sensaric, Hossenger, Lévy, Cormeil, capitaines de 2ᵉ classe ; Pierron, Colombel, de Vachon, Dambiermont, Grand, Thierry, Millot, Bocquet, Chabalier, Vermeherck, Martelly, Coquant, Henry, Aubé, Langlois, Legendre, Poisson, Patin, Levy, Morisson, lieutenants; Gacon, Le Hagre, Morel, Guillermin, Roussel, Fleury, Plat, Delclos, sous-lieutenants.

Deuxième arrondissement maritime.

Sous-arrondissement de Saint-Servan.

QUARTIER DE GRANVILLE. — *Commissariat.* — MM. Augier ✱, commissaire-adjoint de la marine, commissaire de l'inscription maritime, à Granville ; Guimont, sous-agent ; Lamusso, commis de 1ʳᵉ classe ; Jean, commis de 3ᵉ classe ; Crespin, commis auxiliaire.

Trésorerie des Invalides.—M. Racine, trésorier de 2ᵉ classe, à Granville.

Hydrographie.—M. Jaffré, professeur de 1ʳᵉ classe.

Inspection des pêches.—M. Thomas ✱, inspecteur, à Granville.

Syndics des gens de mer. — MM. Luce, à Granville ; Devé, à Genest ; Cardin, à Bréhal ; Philippes de Trémaudant, à Carolles ; Pollet, à Avranches.

Gardes maritimes. — MM. Locquen, à Granville ; Tréquilly, à Courtils ; Lepeu, à Lingreville ; Bataille, à Champeaux-Bouillon ; Coupé, à Saint-Léonard-de-Vains.

Gendarmerie maritime.—MM. Corre, brigadier ; Gabioch, gendarme, à Granville.

Electro-sémaphores.—MM. Lerond, chef guetteur à Chausey ; Gouyet, guetteur, à Chausey ; Godefroy, chef guetteur, à Granville (le Roc) ; Constant, guetteur (le Roc) ; Le Breton, guetteur-suppléant (Chausey).

Quartier de Regnéville.—M. Comby, sous-commissaire, commissaire de l'inscription maritime, à Regnéville.

Trésorerie des Invalides.—M. Hennequin, préposé, à Regnéville, du trésorier de Granville.

Syndics des gens de mer. — MM. Robillard ✱, à Regnéville ; Laforge ✱, à Coutances ; Daliphard ✱, à Blainville.

Gardes maritimes.—MM. Regnault, à Regnéville ; Duchemin, à Gouville ; Meyer, à Agon.

Gendarmerie maritime.—M. L'Hostis, à Regnéville.

Electro-sémaphores.—MM. Helloco, chef guetteur ; Hersent (Ed.), guetteur, à Agon.

STATION NAVALE DE GRANVILLE.

M. Salaün de Kertanguy O✱, capitaine de frégate, commandant le *Cuvier* et la station navale de Granville.

M. Degouy ✳, lieutenant de vaisseau, commandant de la *Sainte-Barbe*, à Granville.

M. Miossec ✳, 1er maître de manœuvre, commandant du *Congre*, à Granville.

M. Maximi ✳, 1er maître de manœuvre, commandant de la *Macreuse*, à Carteret.

TRAVAUX PUBLICS.

Service des Mines.

Division du Nord-Ouest.

Inspecteur général.—M. LORIEUX, O✳, 2e classe, rue de Galilée, 45, Paris.

Arrondissement de Rouen.

Ingénieur en chef.—M. DE GENOUILLAC ✳, 1re classe, rue Pavée, 6, Rouen.

Ingénieur ordinaire. — M. Lecornu O. A., 1re classe, rue Jean-Romain, Caen.

Contrôleurs des mines.—MM. Scheffler, 1re classe, Caen ; Yvart, principal, Flers.

Contrôle des travaux (13e inspection).

(Infrastructure et Superstructure).

Inspecteur général.—M. FÉNOUX O✳, O. I. P., 2e classe, rue de Largillière, 3, à Passy-Paris.

LIGNE DE CARENTAN A CARTERET.

1re Section *(Carentan à La Haye-du-Puits).*

2e Section *(La Haye-du-Puits à Carteret).*

Ingénieur en chef.—M. GOUTON ✳, 2e classe, à Cherbourg.

Ingénieur ordinaire.—M. Leroy, conducteur principal, faisant fonctions d'ingénieur ordinaire, à Saint-Lo.

Conducteurs.—MM. Enquebecq, 1re classe, à Valognes ; Simon, 1re classe, à Carentan.

LIGNE DE COUTANCES A REGNÉVILLE.

Section unique.

Ingénieur en chef.—M. GOUTON ✳, 2e classe, d. n., à Cherbourg.

Ingénieur ordinaire.—M. de Larminat, 2° classe, à Granvil'e.

Conducteur.—M. Sanson (Th.), principal, à Coutances.

Service ordinaire et hydraulique (14° inspection).

(Fusionné avec le Service maritime, de la Navigation, des Dessèchements et des Chemins de fer.

Inspecteur général.—M. PICQUENOT ✳, 2° classe, 28, avenue Marceau, Paris.

Ingénieur en chef.—M. GOUTON ✳, 2° classe, d. n., à Cherbourg.

Ingénieurs ordinaires.—MM. Renard , 3° classe, à Cherbourg ; de Larminat, 2° classe, d. n., à Granville: Leroy, conducteur principal, faisant fonctions d'ingénieur ordinaire, d. n., à Saint-Lo.

Service ordinaire et services spéciaux.

Conducteurs.—MM. Saint, conducteur principal, à Avranches ; Enquebecq, 1re classe, d. n., à Valognes ; Gardin, 1re classe, à Cherbourg ; Loiseau, 1re classe, à Avranches ; Paysan (Désiré), 1re classe, à Cherbourg; Sanson (Th.), principal, d. n., à Coutances ; Simon (A.), 1re classe, d. n., à Carentan ; Dubost, 2° classe, à Saint-Lo ; Marie, 2° classe, à Saint-Lo ; Morin, 2° classe, à Granville ; Omond, 1re classe, à Saint-Lo ; Savary, 1re classe, à Cherbourg ; Servain, 2° classe, à Saint-Lo ; Jeanne (Eug.), 2° classe, à Cherbourg ; Renault, 2° classe, à Gatteville ; Roulland, 2° classe, à Cherbourg ; Bergot, 3° classe, à Villedieu ; Bernard (B.), 3° classe, à Saint-Lo ; Desmares, 3° classe, à Cherbourg ; Languehard, 3° classe, à Granville ; Leluan, 2° classe, à Cherbourg ; Le Magnen, 3° classe, à Cherbourg ; Paysant (Eug.), 3° classe, à Saint-Hilaire-du-Harcouët ; Pitron, 3° classe, à Granville ; Porée, 2° classe, à Granville ; Sanson (A.), 2° classe, à Granville ; Bazile, 3° classe, à Granville ; Dumonchel, 3° classe, à Granville ; Mabire, 3° classe, à Carentan ; Loyer, 4° classe, à Carentan.

En service détaché.—MM. Poteaux, 1re classe, chef de division à la Préfecture, à Saint-Lo ; Poupeville, 3° classe, conducteur-voyer de la ville de Cherbourg.

Commis.—MM. Marest, 1re classe, à Cherbourg ; Tual, 2° classe, à Saint-Lo ; Bataille, 3° classe, à Granville ; Bonnemains, 3° classe, à Cherbourg ; Douchin, 3° classe, à Saint-Lo ; Ferdinand, 2° classe, à Saint-Lo ; Pellé, 3° classe, à Cherbourg ; Robiquet, 3° classe, à Saint-Lo ; Safrané (Eug.), 3° classe, à Cherbourg ; Thomelin, 2° classe, à Granville ; Lamy, 3° classe, à Saint-Lo ; Corre, 3° classe, à Cherbourg ; Fleury, 3° classe, à Cherbourg ; Safrané (Louis), 4° classe, à Cherbourg ; Turbert, 4° classe, à Cherbourg ; Wagner, 4° classe, à Granville ; Dumoncel, 4° classe, à Cherbourg.

Officiers et maîtres de port.—MM. Giot, O. A., capitaine de classe, à Cherbourg ; Yvon, lieutenant de 2° classe, à Granville; Philippes, maître de 1re classe, à Granville ; Cresté, maître de 3° classe, à Saint-Vaast ; Hauvet, maître de 3° classe, à Cherbourg ; Le Crest, maître de 3° classe, à Barfleur ; Le Clerc, maître de 4° classe, à Regnéville ; Bazire, faisant fonctions de maître, à Portbail ; Bonnissent, faisant fonctions de maître, à Diélette ; Dessoulles, faisant fonctions de maître, à Carentan.

Phares et Balises.

Inspecteur général de 1re classe chargé de la direction du service.—M. Bernard (Em.), O✻, 43, avenue du Trocadéro, Paris.

Ingénieur en chef de 1re classe, adjoint à l'Inspection et chargé du service central.—M. Bourdelles O✻, 43, avenue du Trocadéro, Paris.

Le service des Phares et Balises du Département est confié au personnel du service maritime de la Manche.

Voies ferrées d'intérêt général des quais des ports maritimes.

Inspecteur général. —M. de Villiers du Terrage O✻, rue Barbet-de-Jouy, 30, Paris.

Le service du Contrôle local technique et commercial est confié aux ingénieurs, conducteurs et officiers de port du service maritime.

Service du Contrôle de l'exploitation des chemins de fer d'intérêt général exploités par les Compagnies.

Lignes de Paris a Cherbourg, d'Argentan a Granville, de Lison a Lamballe, de Sottevast a Coutances, de Vitré a Fougères et prolongements.

Inspecteur général.—M. de Villiers du Terrage O✻, 2e classe, ponts et chaussées, 30, rue Barbet-de-Jouy, à Paris.

Ingénieurs en chef.—MM. Pelletan ✻ (mines), 2e classe, chargé du contrôle technique, 27, rue Fresnel, Paris; Chabert ✻, 2e classe (ponts et chaussées), chargé du contrôle des travaux neufs et de l'entretien, 19, rue Jacob, Paris.

Ingénieurs ordinaires.—MM. Barbé, 1re classe (ponts et chaussées), à Caen; Michel, 2e classe (ponts et chaussées), à Rennes; Lecornu, 1re classe (mines), à Caen; Bernheim, 3e classe (mines), à Rennes.

Conducteurs.—MM. Lavalley, principal, à Caen; Saint, principal, à Avranches; Bessy, 1re classe, à Rennes; Deschateaux, 3e classe, à Bayeux; Planchais, 4e classe, à Rennes.

Commis des ponts et chaussées.— MM. Rigand, 2e classe, à Rennes; Danglard, 3e classe, à Caen.

Contrôleurs des Mines.—MM. Scheffler, 1re classe, à Caen; Chevreul, 1re classe, à Rennes.

Commissaires.— MM. Martineau (H.) ✻, 1re classe, à Granville; Du Merle, 1re classe, à Bayeux; Thionnaire, 2e classe, à Avranches; Marion ✻, 4e classe, à Vitré; Poret, 1re classe, à Dinan; Lepetit ✻, 3e classe, à Cherbourg; Vallette ✻, 4e classe, à Saint-Lo.

LIGNE DE VIRE A SAINT-LO.

Ingénieur en chef —M. LUNEAU ✻, place Saint-Martin, 13, Caen.

Ingénieur ordinaire.—M. Chevalier, 3ᵉ classe, à Bayeux.

Conducteur.—M. Leroy, conducteur, à Caen.

LIGNES DE FOUGÈRES A VIRE ET D'AVRANCHES A DOMFRONT.

Ingénieur en chef.— M. PERRIN ✻, à Alençon.

Ingénieurs ordinaires. — MM. Godron, 3ᵉ classe, à Alençon ; Locherer, 2ᵉ classe, à Mayenne.

Conducteurs.—MM. Mignan, 1ʳᵉ classe, à Avranches ; Louvel, 2ᵉ classe, à Alençon ; Rocher, 2ᵉ classe, à Alençon ; Fouqué, 3ᵉ classe, à Mayenne.

FINANCES.

Trésorerie générale.

Trésorier-payeur général.—M. CAVAROC, à Saint-Lo.

Fondé de pouvoirs du trésorier général.—M. Griffouil.

Chef de comptabilité.—M. Domet.

Chef du bureau de la perception.—M. Vautier.

Chef du bureau de la dépense. --M. Lecoq.

Caissier.— M. Lemazurier.

Percepteurs surnuméraires. — MM. Leguay, Boutreuil, Hiot, Avenette, Dufour.

Recettes particulières.

Avranches.—M. Vignon, reveveur particulier ; M. Gauthier, fondé de pouvoirs.

Cherbourg.—M. Chabert, receveur particulier ; M. Hazard, fondé de pouvoirs.

Coutances. — M. Le Pomellec, receveur particulier ; M. Landon, fondé de pouvoirs.

Mortain.—M. Deplanche, receveur particulier ; M. Eustache, fondé de pouvoirs.

Valognes..-M. Rougelot, receveur particulier ; M. Leviandier, fondé de pouvoirs.

PERCEPTEURS.

ARRONDISSEMENT DE SAINT-LO.

Percepteurs, MM.

Lebel, *Saint-Lo*, Agneaux.

Lelièvre, *Canisy*, Dangy, Quibou, Saint-Martin-de-Bonfossé, Soules.

Courtel, *Carentan*, Auvers, Saint-Côme-du-Mont, Saint-Hilaire-Petitville, Brévands, Catz, les Veys, Saint-Pellerin.

Legraverend, *Gourfaleur* (résidence à Saint-Lo), la Mancellière, le Mesnil-Herman, Saint-Ebrémond-de-Bonfossé, Saint-Romphaire, Saint-Samson-de-Bonfossé.

De Saint-Stéban, *la Colombe* (résidence à Percy), Beslon, Margueray, Montbray, Morigny.

Clavereul, *Lozon* (résidence à Marigny), la Chapelle-Enjuger, le Mesnil-Eury, le Mesnil-Vigot, Montreuil, Remilly.

Taillefer, *Marigny*, Carantilly, Hébécrevon, le Mesnil-Amey, Saint-Gilles.

Flambard, *Moyon* (résidence à Tessy-sur-Vire), Beaucoudray, Chevry, Fervaches, le Mesnil-Opac, le Mesnil-Raoult, Troisgots.

Marigny, *Percy*, la Haye-Bellefonds, le Chefresne, le Guislain, Maupertuis, Montabot, Villebaudon.

Baco, *Pont-Hébert*, Amigny, Cavigny, le Dézert, le Hommet-d'Arthenay, les Champs-de-Losques, Tribehou

Levoy, *Saint-Clair* (résidence à Saint-Lo), Airel, Couvains, la Meauffe, Moon-sur-Elle, Saint-Jean-de-Savigny, Villiers-Fossard.

Cresté, *Sainte-Croix* (résidence à Saint-Lo), Baudre, la Barre-de-Semilly, la Luzerne, le Mesnil-Rouxelin, Rampan, Saint-Georges-de-Montcocq, Sainte-Suzanne-sur-Vire, Saint-Thomas.

Brodin, *Sainteny* (résidence à Carentan), Auxais, Raids, Saint-André-de-Bohon, Saint-Georges-de-Bohon, Méautis.

Potier de la Houssaye, *Saint-Georges-d'Elle* (résidence à Saint-Lo), Bérigny, Cerisy-la-Forêt, Notre-Dame-d'Elle, Saint-André-de-l'Epine, Saint-Germain-d'Elle, Saint-Pierre-de-Semilly.

Tardif, *Saint-Jean-de-Daye*, Graignes, le Mesnil-Angot, le Mesnil-Vénéron, Montmartin-en-Graignes, Saint-Fromond.

Garnier, *Saint-Jean-des-Baisants* (résidence à Torigni-sur-Vire), Condé-sur-Vire, la Chapelle-du-Fest, Montrabot, Rouxeville, Précorbin, Vidouville.

Pierre, *Tessy-sur-Vire*, Beuvrigny, Domjean, Fourneaux, Gouvets, Saint-Louet-sur-Vire, Saint-Vigor-des-Monts.

Poupinel, *Torigni-sur-Vire*, Brectouville, Saint-Amand, Biéville, Lamberville, Giéville, Guilberville, le Perron, Placy-Montaigu, Saint-Symphorien.

ARRONDISSEMENT D'AVRANCHES.

Percepteurs, **MM.**

Hurel. *Avranches.*

Pierre, *Brécey*, Cuves, la Chapelle-Urée, le Grand-Celland, le Petit-Celland, les Cresnays, les Loges-sur-Brécey, Saint-Nicolas-des-Bois.

Girardot, *Carnet* (résidence à Saint-James), Argouges, Montanel, Vergoncey, Villiers.

Trincot, *Curey* (résidence à Sacey), Aucey, Boucey, Cormeray, Macey, Sacey, Vessey, Servon, Tanis.

Bardou, *Ducey*, la Boulouze, le Mesnil-Ozenne, les Chéris, Marcilly, Saint-Quentin.

Garnier, *Granville*, Saint-Pair, Bouillon, Donville, Saint-Aubin-des-Préaux, Saint-Nicolas-près-Granville, Saint-Planchers, Yquelon.

Campain, *la Beslière* (résidence à la Haye-Pesnel), Folligny, Hocquigny, la Lucerne-d'Outremer, la Rochelle, le Mesnildrey, Saint-Jean-des-Champs, Saint-Léger, Saint-Ursin.

Le Pelley-Fonteny, *la Haye-Pesnel*, Beauchamps, Champcervon, la Mouche, Le Luot, Le Tanu, les Chambres, Noirpalu, Sainte-Pience, Subligny.

Garnier, *Montviron* (résidence à Sartilly), Bacilly, Champcey, Dragey, Genest, Lolif.

Groult, *Pontaubault* (résidence à Avranches), Céaux, Courtils, Crollon, Juilley, Poilley, Précey.

Lemutricy, *Pontorson*, Ardevon, Beauvoir, Huisnes, le Mont-Saint-Michel, les Pas, Moidrey.

Péguenet, *Ponts* (résidence à Avranches), Chavoy, Marcey, Plomb, Saint-Jean-de-la-Haize, Vains, le Val-Saint-Pair.

Trottet, *Saint-Georges-de-Livoye* (résidence à Brécey, Braffais, la Chaise-Baudouin, Notre-Dame-de-Livoye, Sainte-Eugienne, Saint-Jean-du-Corail, Tirepied, Vernix.

Gautier, *Saint-James*, Hamelin, la Croix-Avranchin, Montjoie, Saint-Aubin-de-Terregatte, Saint-Laurent-de-Terregatte, Saint-Sénier-de-Beuvron.

Pêtre, *Saint-Sénier-sous-Avranches* (résidence à Avranches), la Godefroy, la Gohannière, Saint-Brice, Saint-Loup, Saint-Martin-des-Champs, Saint-Osvin.

Eudine, *Sartilly*, Angey, Carolles, Champeaux, Ronthon, Saint-Jean-le-Thomas, Saint-Michel-des-Loups, Saint-Pierre-Langers.

Lefrançois, *Villedieu*, Bourguenolles, Champrépus, Chérencé-le-Héron, Fleury, la Bloutière, la Lande-d'Airou, la Trinité, Rouffigny, Sainte-Cécile, Saultchevreuil.

ARRONDISSEMENT DE CHERBOURG.

Percepteurs : **MM.**

Peyronnet, *Cherbourg.*

Pupin, *Beaumont*, Auderville, Digulleville, Eculleville, Gréville, Herqueville, Jobourg, Omonville-la-Petite, Omonville-la-Rogue, Saint-Germain-des-Vaux.

Gloumeau, *Brillevast* (résidence à Saint-Pierre-Eglise), Canteloup, Clitourps, Gonneville, le Theil, le Vast, Varouville.

Du Laurens de Montbrun, *Equeurdreville* (résidence à Cherbourg), Henneville, Nouainville, Octeville, Querqueville.

Bernard, *les Pieux*, Grosville, le Rozel, Pierreville, Saint-Germain-le-Gaillard, Surtainville.

Joublin, *Martinvast* (résidence à Cherbourg), Couville, Hardinvast, Saint-Martin-le-Gréard, Sideville, Teurthéville-Hague, Tollevast, Virandeville.

Dupont, *Sainte-Croix-Hague*, Acqueville, Biville, Branville, Flottemanville-Hague, Nacqueville, Tonneville, Urville-Hague, Vasteville, Vauville.

Groult, *Saint-Pierre-Eglise*, Carneville, Cosqueville, Fermanville, Maupertus, Théville.

Requier, *Siouville* (résidence aux Pieux), Benoistville, Bricquebosq, Flamanville, Héauville, Helleville, Saint-Christophe-du-Foc, Sotteville, Tréauville.

Griset, *Tocqueville*, Angoville, Gatteville, Gouberville, Néville, Réthoville, Vrasville.

Tirel, *Tourlaville* (résidence à Cherbourg), Bretteville, Digosville, le Mesnil-Auval.

ARRONDISSEMENT DE COUTANCES.

Percepteurs : MM.

Bosquet, *Coutances*, Saint-Nicolas-de-Coutances, Saint-Pierre-de-Coutances.

Leheusey, *Baudreville* (résidence à la Haye-du-Puits), Canville, Denneville, Doville, Glatigny, Saint-Nicolas-de-Pierrepont, Saint-Rémy-des-Landes, Saint-Sauveur-de-Pierrepont, Surville.

Dujardin, *Bréhal*, Anctoville, Bréville, Bricqueville-sur-Mer, Chanteloup, Coudeville, Longueville, Muneville-sur-Mer.

Drieu, *Cérences*, Bourey, Equilly, Hudimesnil, la Meurdraquière, le Loreur, le Mesnil-Aubert, Saint-Sauveur-la-Pommeraye.

Lavieille, *Cerisy-la-Salle*, Belval, Cametours, Montpinchon, Ouville, Savigny, Roncey, Guéhébert, Notre-Dame-de-Cenilly, Saint-Denis-le-Vêtu, Saint-Martin-de-Cenilly.

Lemazurier, *Courcy* (résidence à Coutances), Bricqueville-la-Blouette, Cambernon, Nicorps, Saussey.

Desponts, *Gavray*, le Mesnil-Amand, le Mesnil-Garnier, le Mesnil-Hue, le Mesnil-Rogues, le Mesnil-Villeman, Montaigu-les-Bois, Ver.

Lallier, *Gorges* (résidence à Périers), Baupte, Lastelle, le Plessis, Saint-Jores, Sainte-Suzanne.

Barbier, *Hambye* (résidence à Gavray), Grimesnil, la Baleine, Lengronne, le Mesnil-Bonant, Saint-Denis-le-Gast, Sourdeval-les-Bois.

Lemière, *la Haye-du-Puits*, Bolleville, Gerville, Lithaire, Mobecq, Montgardon, Neufmesnil, Saint-Symphorien.

Dudouyt, *Lessay*, Angoville-sur-Ay, Bretteville-sur-Ay, Laulne, Saint-Germain-sur-Ay, Saint-Patrice-de-Claids, Vesly.

Tardif, *le Mesnil-Bus*, Montcuit, Camprond, Hautteville-la-Guichard, le Lorey, Saint-Aubin-du-Perron.

Doux, *Montmartin-sur-Mer*, Annoville, Hautteville-sur-Mer, Hérenguerville, Lingreville, Montchaton, Regnéville.

Pican, *Périers*, Feugères, Gonfreville, Marchésieux, Nay, Saint-Martin-d'Aubigny, Saint-Sébastien-de-Raids, Saint-Germain-sur-Sèves.

Regnault, *Pirou*, Anneville, Créances, Geffosses, la Feuillie, Millières.

Guidon, *Prétot*, Appeville, Coigny, Cretteville, Houtteville, Varenguebec, Vindefontaine.

De Villartay, *Quettreville*, Contrières, Hyenville, Orval, Trelly.

Laurent, *Saint-Malo-de-la-Lande* (résidence à Agon), Ancteville, Boisroger, Brainville, Gratot, la Vendelée, Montsurvent, Servigny, Agon, Blainville, Gouville, Heugueville, Tourville.

Lecorre, *Saint-Sauveur-Lendelin*, la Ronde-Haye, Monthuchon, Mueville-le-Bingard, Saint-Michel-de-la-Pierre, Vaudrimesnil.

ARRONDISSEMENT DE MORTAIN.

Percepteurs, MM.

Bourbon, *Mortain*, Bion, Rancoudray, le Neufbourg, Saint-Barthélemy, Saint-Clément, Saint-Jean-du-Corail.

Delagneau, *Barenton*, Ger, Saint-Cyr-du-Bailleul, Saint-Georges-de-Rouelley.

Clerc, *Buais*, Ferrières, Heussé, Saint-Symphorien, Savigny le-Vieux.

Quenette, *Isigny*, les Biards, le Buat, Chalandrey, la Mancellière, le Mesnil-Bœufs, le Mesnil-Thébault, Montgothier, Montigny, Naftel, Vézins.

Lebrun, *Juvigny*, Bellefontaine, Chasseguey, Chérencé-le-Roussel, le Mesnil-Adelée, la Bazoge, le Mesnil-Rainfray, le Mesnil-Tôve, Reffuveille.

Nicolas, *Milly* (résidence à Saint-Hilaire-du-Harcouët), Chevreville, Lapenty, Martigny, le Mesnillard, Parigny, Virey.

Dauteuille, *Notre-Dame-du-Touchet* (résidence à Mortain), Fontenay, Romagny, Villechien.

Duverne, *Saint-Hilaire-du-Harcouët*, les Loges-Marchis, Moulines, Saint-Brice-de-Landelles, Saint-Martin-de-Landelles.

Lemasson, *Saint-Pois*, Boisyvon, la Chapelle-Cécelin, Coulouvray-Boisbenâtre, Lingeard, le Mesnil-Gilbert, Montjoie, Saint-Laurent-de-Cuves, Saint-Martin-le-Bouillant, Saint-Maur-des-Bois.

Hervy, *Sourdeval*, Beauficel, Brouains, le Fresne-Porel, Gathemo, Perriers-en-Beauficel, Saint-Martin-de-Chaulieu, Saint-Sauveur-de-Chaulieu, Vengeons.

Laborde, *le Teilleul*, Husson, Sainte-Marie-du-Bois.

ARRONDISSEMENT DE VALOGNES.

Percepteurs, MM.

Baize, *Valognes*, Brix, Huberville, Lieusaint, Montaigu, Saussemesnil, Tamerville, Yvetot.

Jourdan, *Barfleur*, Anneville-en-Saire, le Vicel, Montfarville, Sainte-Geneviève, Valcanville.

Legay, *Barneville*, Baubigny, Carteret, la Haye-d'Ectot, les Moitiers-d'Allonne, Saint-Pierre-d'Arthéglise, Sénoville, Sortosville-en-Beaumont.

Leloutre, *Bricquebec*, les Perques, le Vretot, Quettetot.

Legouix, *Emondeville* (résidence à Montebourg), Azeville, Ecausseville, Fontenay, Fresville, Joganville, Ozeville, Quinéville, Saint-Marcouf.

Laurent, *Montebourg*, Eroudeville, Flottemanville, Hémevez, le Ham, Lestre, Saint-Cyr, Saint-Floxel, Saint-Germain-de-Tournebut, Saint-Martin-d'Audouville, Sortosville, Urville, Vaudreville.

Hébert, *Négreville* (résidence à Bricquebec), Breuville, Magneville, Morville, Saint-Martin-le-Hébert, Rauville-la-Bigot, Sottevast.

Macel, *Néhou* (résidence à Saint-Sauveur-le-Vicomte), Biniville, Colomby, Golleville, Hautteville, Orglandes, Sainte-Colombe.

Groult, *Picauville*, Amfreville, Beuzeville-la-Bastille, Gourbesville, Houesville, Liesville.

Ferrand, *Portbail*, Fierville, le Valdécie, Saint-Georges-de-la-Rivière, Saint-Jean-de-la-Rivière, Saint-Lo-d'Ourville, Saint-Martin-du-Mesnil, Saint-Maurice.

Sinoir, *Quettehou*, Aumeville-Lestre, Crasville, Octeville-la-Venelle, Teurthéville-Bocage, Videcosville.

Pestre-Lamy, *Saint-Sauveur-le-Vicomte*, Besneville, Catteville, Crosville, Etienville, la Bonneville, les Moitiers-en-Bauptois, Neuville-en-Beaumont, Rauville-la-Place, Reigneville, Taillepied.

Le Loup, *Saint-Vaast*, la Pernelle, Morsalines, Réville.

Clavreul, *Sainte-Marie-du-Mont*, Angoville, Audouville-la-Hubert, Blosville, Boutteville, Brucheville, Hiesville, Saint-Martin-de-Varreville, Sébeville, Vierville.

Boultvreuil, *Sainte-Mère-Eglise*, Beuzeville-au-Plain, Carquebut, Chef-du-Pont, Ecoquenéauville, Foucarville, Neuville-au-Plain, Saint-Germain-de-Varreville, Ravenoville, Turqueville.

Succursale de la Banque de France, à Saint-Lo.

Directeur : M. SIMON.

Censeurs : MM. Derbois, Pannier-Lachaussée, Cavaroc.

Administrateurs : MM. Angot, Breton, Vaultier, Trocheris, Dary, N....

Caissier : M. Barreau.

Chef de comptabilité : M. Motel.

Commis : MM. Dieuleveult, de Chappotin.

Bureau auxiliaire de Cherbourg.

Chef : M. Delalande.

Caissier : M. de Lorgeril.

Les opérations de la Banque de France consistent à :

1° Escompter des effets de commerce payables à Paris ou dans les succursales, dans le délai de trois mois, revêtu de trois signatures, ou seulement de deux avec dépôt de titre en garantie ;

2° Faire des avances de 80 % sur rentes françaises et 75 % sur actions et obligations des chemins de fer, obligations de la ville de Paris, foncières et algériennes ;

3° Emettre des billets à ordre payables à Paris, ou dans les succursales, moyennant une commission de 0 fr. 50 c. pour 1,000 fr.

ADMINISTRATION DES CONTRIBUTIONS DIRECTES
ET DU CADASTRE

Directeur : M. LORIN, à Saint-Lo, rue du Château, 12.

Bureaux de la Direction : rue Dame-Denise, 3, à Saint-Lo.

Contrôleur 1er commis : M. Fauvel, à Saint-Lo, rue du Château, 6.

Les bureaux sont ouverts tous les jours excepté les dimanches et fêtes de huit heures du matin à onze et demie et de une heure et demie à quatre heures et demie du soir, pour les renseignements, ainsi que pour la délivrance des extraits de matrices cadastrales et des copies de plan.

Inspecteur : M. Bontemps, rue Grande-Rue, 7 bis, à Saint-Lo.

Contrôleurs.

Saint-Lo.—M. Lubet, contrôleur principal, rue du Mouton, n° 8.— Perceptions de Canisy, Gourfaleur, Lozon, Marigny, Moyon, Percy (partie), Tessy, Sainte-Croix-de-Saint-Lo.

Carentan.—M. Bony, contrôleur de 2e classe, à Saint-Lo, rue Torteron, 95 bis.—Perceptions de Carentan, Pont-Hébert, Saint-Clair, Sainteny, Saint-Georges-d'Elle, Saint-Hilaire-Petitville, Saint-Jean-de-Daye, Sainte-Marie-du-Mont, Torigni.

Valognes.—M. de Gratien, contrôleur de 1re classe, à Valognes, rue du Vieux-Château. — Perceptions de Barfleur, Emondeville, Montebourg, Quettehou, Sainte-Mère-Eglise, Saint-Vaast, Valognes.

Cherbourg.—M. Le Gouix, contrôleur principal, à Cherbourg, quai de Paris, 78.—Perceptions de Brillevast, Cherbourg, Equeurdreville, Saint-Pierre-Eglise, Tocqueville, Tourlaville.

Bricquebec.—M. Bossu, contrôleur de 2e classe, à Cherbourg, place de la Révolution, 23.—Perceptions de Barneville, Beaumont, Bricquebec, Les Pieux, Martinvast, Négreville, Portbail, Sainte-Croix-Hague, Siouville.

Coutances.—M. Vallée, contrôleur hors classe, à Coutances.— Perceptions d'Agon, Cerisy-la-Salle, Courcy, Coutances, Le Mesnil-Bus, Montmartin, Quettreville, Saint-Malo-de-la-Lande, Saint-Sauveur-Lendelin.

Périers.—M. Tanqueray, contrôleur de 3e classe, à Coutances, rue du Pertuis-Nouard, 17.—Perceptions de Baudreville, Gorges, la Haye-du-Puits, Lessay, Néhou, Périers, Pirou, Prétot, Saint-Sauveur-le-Vicomte.

Granville.—M. Guérard, contrôleur de 1re classe, à Granville, rue Saint-Michel, 26 et 27.—Perceptions de Bréhal, Cérences, Granville, La Beslière, Montviron, Sartilly.

Avranches.—M. Chassan, contrôleur de 2e classe, à Avranches, rue du Séminaire, 3.—Perceptions d'Avranches, Carnet, Curcy, Ducey, Isigny, Pontaubault, Pontorson, Ponts, Saint-James, Saint-Senier.

Villedieu.— M. Bouvattier, contrôleur de 1re classe, à Avranches, boulevard du Sud, n° 36.—Perceptions de Brécey, Gavray, Hambye, la Colombe, la Haye-Pesnel, Percy (partie), Saint-Georges-de-Livoye, Saint-Pois, Villedieu.

Mortain.—M. Josset, contrôleur hors classe, à Mortain.—Perceptions de Barenton, Buais, Juvigny, Le Teilleul, Milly, Mortain, Notre-Dame-du-Touchet, Saint-Hilaire-du-Harcouët, Sourdeval-la-Barre.

Contrôleur adjoint.

M. Lejoly-Senoville, à Saint-Lo, rue du Neufbourg, 13.

ENREGISTREMENT, DOMAINE, TIMBRE

ET HYPOTHÈQUES.

M. Leroy, directeur, à Saint-Lo.

Inspecteur. — M. Blavon-Duchesne, à Saint-Lo.

Sous-Inspecteurs. — MM. Julliot de Lamorandière, à Saint-Lo ; Sanquer, à Cherbourg ; Morin, à Avranches ; Lecarpentier, à Coutances ; Bohn, à Valognes ; Dufour, à Mortain.

Receveur rédacteur près de la Direction. — M. Rigault.

Employé du timbre. — M. Devaux, garde-magasin, contrôleur de comptabilité.

Conservateurs des hypothèques.—MM. de Mendonça, à Saint-Lo; de Puniet de Parry, à Avranches ; Guillemin, à Cherbourg ; Chevallot, à Coutances ; Gautier, à Mortain ; Plessis, à Valognes.

Receveurs des actes civils et des successions. — MM. Brémont, à Saint-Lo ; Tacheau, à Cherbourg ; Roulier, à Coutances.

Receveurs des actes judiciaires et des Domaines.--MM. Delisle, à Saint-Lo ; Badin, à Cherbourg ; Dudouyt, à Coutances.

Receveurs de l'Enregistrement et des Domaines. — MM. Dutheil, à Canisy ; Le Biez, à Carentan ; Aze, à Marigny ; Guillon, à Percy ; Le Tellier, à Pont-Hébert ; Lecourt, à Tessy-sur-Vire ; Ameline-Basbourg, à Torigni-sur-Vire ; Provost, à Avranches ; Philippe-Desportes, à Brécey ; Gautier, à Ducey ; Millet, à Granville ; Javuen, à la Haye-Pesnel ; Lefebvre, à Pontorson ; Dhangest, à Saint-James ; Chaillou de l'Etang, à Sartilly ; Thomas, à Villedieu ; Mortain, à Beaumont ; Roullé, à Saint-Pierre-Eglise ; Brouard, aux Pieux ; Laboureur, à Bréhal ; Casteilla, à Corisy-la Salle ; N..., à Gavray ; Agnés, à la Haye-du-Puits ; Dubois, à Lessay ; Danlos, à Montmartin-sur-Mer ; Dumont, à Périers ; Divoy, à Saint-Sauveur-Lendelin ; Jayet, à Mortain ; Frémond, à Barenton ; Castillon, à Saint-Hilaire-du-Harcouët ; Willay, à Isigny-le-Buat ; Massip, à Juvigny ; Dubreuil, à Saint-Pois ; Herpin, à Sourdeval ; Billaudeau, au Teilleul ; Céron, à Valognes ; Sueur, à Barneville ; Broyelle, à Bricquebec ; Guérin, à Montebourg ; Le Marié, à Sainte-Mère-Eglise ; Bresson, à Saint-Sauveur-le-Vicomte ; Pierre, à Saint-Vaast.

Surnuméraires. — MM. Leveinard et Goulet, à Saint-Lo ; de Rommilly, de Saint-Julien, à Cherbourg; N..., à Valognes; Leroulley, Leconte et Lemattre, à Coutances ; Trincot et Leguidecoq, à Avranches ; Gautier, à Mortain ; Dumoncel, à Granville.

ADMINISTRATION DES FORÊTS.

Le département de la Manche fait partie de la 2ᵉ conservation dont le siége est à Rouen, et relève directement de l'Inspection de Bayeux (Calvados) gérée par M. Surell, inspecteur-adjoint, chef de service.

Une partie de la forêt domaniale de Cerisy, dite le *Bois-l'Abbé*, d'une contenance de 334 hectares 49 centiares, se trouve située dans le département de la Manche.

Le bois de *Mingret*, 20 hectares, appartenant à l'hospice de Saint-Lo, est soumis au régime forestier ; il est géré par l'Administration des forêts et fait partie de l'Inspection de Bayeux.

ADMINISTRATION DES DOUANES.

Directeur : M. Le Boullenger ✳, à Saint-Malo (1).

Service administratif et de perception.

Inspecteurs divisionnaires. — MM. de Saint-Quentin, à Cherbourg ; Chérot, à Granville.

Principalité de Granville. — MM. Harivel, receveur principal, à Granville ; Roulos, Dairou, contrôleurs, à Granville ; Le Rumeur, Giron et Duval, commis à Granville ; Hennequin, receveur, à Regnéville ; Le Cardonnel, receveur-buraliste, à Pontorson.

Principalité de Cherbourg. — MM. Chaumel, receveur principal, à Cherbourg ; Lucciana, sous-inspecteur ; Cousin, contrôleur principal ; Henry, Ponchau, contrôleurs ; Le Buhotel et Adam, contrôleurs-adjoints ; Richard, Delamer, Menu, commis à Cherbourg ; Lepoittevin, receveur, à Barfleur ; Leprévost, receveur, à Saint-Vaast ; Gillot, commis, à Saint-Vaast; Audoire, receveur, à Portbail; Manquest, receveur, à Carteret ; Bellée, receveur, à Carentan ; Foubert, receveur, à Diélette ; Vasselin, receveur-buraliste, à Omonville.

---

(1) Indépendamment des inspections divisionnaires de Granville et de Cherbourg, auxquelles se rattachent les services indiqués ici, la Direction des Douanes de Saint-Malo comprend les trois inspections de Saint-Malo, de Saint-Brieuc et de Tréguier, situés dans l'Ille-et-Vilaine et les Côtes-du-Nord.

Service des brigades.

Capitainerie de Pont-Gilbert.— MM. Le Couturier, capitaine, à Pont-Gilbert ; Dumas, lieutenant, à Saint-Jean-le-Thomas. — Brigadiers : MM. Rondreux, à Beauvoir ; Le Bas, à Pont-Gilbert ; Lelaidier, à Genest; Sorel, à Saint-Jean-le-Thomas ; Leufant, à Carolles.

Capitainerie de Granville.—MM. Maron, capitaine, à Granville ; Jouvin, lieutenant, à Granville ; Hautemanière, lieutenant, à Regné- ville.—Brigadiers : MM. Duval, à Saint-Pair; Le Gué, Pinson, à Granville ; Adigar, à Bréville ; Duval, à Bricqueville ; Jouenne, à Hautteville ; Lemonnyer, à Regnéville.—M. David, patron, à Granville.

Capitainerie de Gouville.—MM. Fardel, capitaine, à Gouville ; Lecannellier, lieutenant, à Blainville ; Lechevalier, lieutenant, à Pirou.—Brigadiers : MM. Jugan, à Agon ; Lemoine, à Blainville ; Ameline et Lenoir, à Gouville ; Lebourg, à Pirou ; Aubin, à Créances.

Capitainerie de Portbail.—MM. Butel, capitaine, à Portbail ; Rapilly, lieutenant, à Carteret ; Giffard, lieutenant, à La Cosnar- dière. — Brigadiers : MM. Lecouflet, à Saint-Germain-sur-Ay ; Lahousse, à La Cosnardière ; Grossin, à Denneville ; Groult, à Portbail ; Le Gruel, à Roualle ; Simon, à Carteret ; Quenault, à Hattainville.—M. Guesnon, patron, à Portbail.

Capitainerie de Diélette.—MM. Savenay, capitaine, à Diélette ; Le Floch, sous-lieutenant, au Rozel ; Le Boullenger, lieutenant, à Siouville.—Brigadiers : MM. Lecouillard, à Surtainville ; Beuzeval, au Rozel ; Joubert, à Flamanville ; Cahu, à Diélette ; Devicq, à Siouville ; Deganne, à Vauville. — M. Fourmy, patron, à Diélette.

Capitainerie du Grand-Vey.—MM. Palette, capitaine, au Grand- Vey ; Leclerc, lieutenant, à Carentan ; Lefebvre, lieutenant, à Ravenoville.—Brigadiers : MM. Montcuit, à Quinéville ; Jeanne, à Ravenoville ; Journeaux, à la Madeleine ; Le Guest, au Grand-Vey ; Leconte, à Carentan ; Jean, à Brévands.

Capitainerie de Beaumont.— MM. Laurent, capitaine, à Beau- mont ; Jeanne, lieutenant, à Auderville ; Leray, sous-lieutenant, à Jobourg ; Leprieur, lieutenant, à Omonville. — Brigadiers : MM. Moncel, à Beaumont ; Agnès, à Herqueville ; Belliard, à Jobourg ; Joubert, à Marquetot ; Digard, à Auderville ; Fauny, à Saint-Germain-des-Vaux ; Le Bégin, à Saint-Martin-des-Vaux ; Yver, à Omonville ; Couillard, aux Ducs ; Lemétayer, à Landemer.— Patrons : MM. Castel, à Auderville ; Enault, à Omonville.

Capitainerie de Cherbourg.— MM. Liébard, capitaine, à Cher- bourg ; Lemétayer, Blondel, lieutenants, à Cherbourg.—Brigadiers : MM. Hochet, à Querqueville ; Burnel, à Sainte-Anne ; Fontaine, Leviel, Osmont, à Cherbourg ; Moitié, à Bourbourg ; Le Terrier, au Becquet.—M. Jeanne, patron, à Cherbourg.

Capitainerie de Barfleur.—MM. Quidéville, capitaine, à Barfleur ; Levallois, lieutenant, à Fermanville ; Baudour, lieutenant, à Saint- Vaast.—Brigadiers : MM. Legagneux, à Maupertus ; Legagneux, à Fermanville ; Novince, à Cosqueville ; Lecourt, à Gouberville ;

Mahaut, à Barfleur ; Duval, à Montmorin ; Clouet, à Saint-Vaast ; Fiquet, à Morsalines.—MM. Simon, patron, à Fermanville et Bertrand, patron, à Saint-Vaast.

Organisation militaire (1).

27e *bataillon*.—Commandant : M. de Saint-Quentin, inspecteur, à Cherbourg ; capitaine-adjudant-major : M. Quidéville, à Barfleur.
Compagnies actives. — 1re : MM. Palette, capitaine ; Leclerc et Lefebvre, lieutenants. — 2e : MM. Laurent, capitaine ; Leprieur, lieutenant ; Leray, sous-lieutenant. -- 3e : MM. Butel, capitaine ; Le Boullenger et Rapilly, lieutenants.—4e : MM. Fardet, capitaine ; . Dumas et Giffard, lieutenants.
Compagnie de forteresse de Granville. — MM Maron, capitaine ; Jouvin et Hautemanière, lieutenants.
Compagnie de forteresse de Cherbourg.—MM. Liébard, capitaine ; Lemétayer et Blondel, lieutenants.
Section de forteresse de la Hougue. — M. Beaudour, lieutenant.

Services de santé.

Capitainerie du Pont-Gilbert. — MM. Lelandais, Frémin et N..., médecins.
Capitainerie de Granville. — MM. Lemoine, de la Bellière et Danlos, médecins.
Capitaineries de Gouville et de Portbail.—MM. Vincent, Bétaillouloux et Marguerie, médecins.
Capitaineries de Diélette et de Beaumont. — M. Leduc, médecin.
Capitainerie de Cherbourg. — M. Monnoye, médecin.
Capitainerie de Barfleur. — MM. Dalidan, Legalcher-Baron et Ménard, médecins.
Capitainerie du Grand-Vey. — MM. Carbonnel et Le Goupil, médecins.

Administration des Contributions indirectes.

M. GUILLAUMIN, directeur.
MM. Delaon, contrôleur, 1er commis de direction ; Cossé, Gahard, Perdon, commis de direction ; Duchemin, surnuméraire.
MM. Silie, Cresson, Boyer, Inspecteurs.

Circonscription administrative de Saint-Lo.

Saint-Lo. -- Le Moisson, receveur principal, entreposeur.
— Tortu, contrôleur.
Gouet, Lory, Choupault, Ereau, commis ; Guillaumin, Dubois surnuméraires.
Taupin, receveur ; Turquand d'Auzay, commis principal.

---

(1) Le 27e bataillon et les compagnies et sections de forteresse de la Manche sont rattachés au 10e corps d'armée.

Carentan. — Sylvestre, receveur; Yvenat, commis principal.

Marigny. — Mallet, receveur; Ruaud, commis principal.

Tessy. — Fauvel, receveur; Cotherel, commis principal.

Torigni. — Lecoutey, receveur; Dutertre, commis principal.

Coutances. — L'Equillebec, receveur, entreposeur.

Lemasurier, commis principal de 3e classe, chef de poste.

Poligné, Le Maigre, Duranton, commis.

Armenault, receveur; Fleury, commis principal.

Bréhal.—Danican, receveur; Arvieu, commis principal.

Cerisy-la-Salle.—Garcelle, receveur; Etienne, commis principal.

Gavray.—Masson, receveur; Kervern, commis principal.

La Haye-du-Puits. — Lemoine, receveur; Treilles, commis principal.

Lessay.—Boivert, receveur; Lebrequier, commis principal.

Périers.—Lehodey, receveur; de Monty, commis principal.

Circonscription administrative d'Avranches.

M. Baudoux, sous-directeur.

MM. Hamonic, Guillon, commis de sous-direction; Clamens, surnuméraire.

Avranches.—Cazin, receveur principal, entreposeur.

Perrault, contrôleur.

L. Haridon, Guillory, Dessay, Belan, commis; N...., surnuméraire.

Granville.—Brindejon, contrôleur.

— Picquet, receveur particulier sédentaire.

— Montigny, Dupradeau, Le Bihan, Cancelier, Joret, commis.

Brécey.—Frigot, receveur; Augrain, commis principal.

Ducey.—Poirier, receveur; Faligot, commis principal.

Pontorson.—Dufeu, receveur; Perrier, commis principal.

Saint-James.—Monmirel, receveur; Le Berrigaud, commis principal.

Sartilly.—Desplanques, receveur; Testu, commis principal.

Villedieu.—Néel, receveur; Guillot, commis principal.

Mortain.—Chanteux, receveur, entreposeur; Etesse, receveur; Loir, commis principal.

Le Teilleul.—Hédou, receveur, Lenoir, commis principal.

Saint-Hilaire.—Danguy, receveur; Guéneu, commis principal.

Saint-Pois.—Duchesne, receveur ; Kerleau, commis principal.

Sourdeval.—Fouqué, receveur ; Adam, commis principal.

M. Degord, sous-directeur.

MM. Dufour, Briens, Couray, commis de sous-direction, Sicard, surnuméraire.

Cherbourg.—Lemutricy, receveur principal, entreposeur ; Bazin, receveur particulier ; Fels, contrôleur ; Desbois, Pelletier, commis principaux, chefs de poste.

Lefèvre, Havy, Burgant, Verger, Enlard de Guémy, Roquier, commis ; Rondel, surnuméraire.

Beaumont.—Gauvain, receveur ; Briend, commis principal.

Equeurdreville.—Lelièvre, receveur ; Hébert, commis principal.

Les Pieux.—Hébert, receveur ; Béhin, commis principal.

Saint-Pierre-Eglise.—Leguelinel, receveur ; Le Tanaff, commis principal.

Tourlaville.—Ozenne, receveur ; Heurtel, commis principal.

Valognes.—Piriou , receveur-entreposeur; Lépine , receveur Gouronnec, commis principal.

Bricquebec.—Guillain, receveur ; Briend, commis principal.

Montebourg.—Mabire, receveur ; Coulon, commis principal.

Sainte-Mère-Eglise.—Josse , receveur ; Beaugrand , commis principal.

Saint-Sauveur-le-Vicomte. — Desheulles , receveur; Guérin , commis principal.

Saint-Vaast.—Mocquet, receveur ; Chauveloy, commis principal.

POSTES ET TÉLÉGRAPHES.

DIRECTION DU DÉPARTEMENT.

M. RAULT, *directeur,* à Saint-Lo.

MM. Le Grand, *inspecteur,* en résidence à Cherbourg ; Postaire et Le Landais, *inspecteurs,* à Saint-Lo.

MM. Bougourd, *commis principal ;* Legendre, Lotot, Osmond, Touzé, Desfaudais et Bonhomet, *commis.*

BUREAUX.

NOMS DRS BUREAUX.	NOMS DES RECEVEURS (1).	
	POSTES.	TÉLÉGRAPHES.
Saint-Lo..............	M. Delhomme, rec. p¹.	M. Delhomme, rᵣp¹.
Agon	Mˡˡᵉ Lecadey.	Mˡˡᵉ Lecadey.
Airel................	Mᵐᵉˢ Piriou.	Mᵐᵉˢ Piriou.
Anneville-en-Saire	Pâques.	Pâques.
Avranches.............	M. Hantraye.	M Hantraye.
Barenton....	Mˡˡᵉˢ Simon.	Mˡˡᵉˢ Simon.
Barfleur........... ...	Debourgogne.	Debourgogne
Barneville-sur-Mer.... .	Gesbert.	Gosbert.
Beauchamps......ꞏ..	Picot.	»
Beaumont-Hague.......	Mˡˡᵉˢ Lepasquier.	»
Bérigny..............	Mᵐᵉ Bigot.	Mᵐᵉ Bigot.
Blainville.............	Mˡˡᵉˢ Rabec.	Mˡˡᵉˢ Rabec
Brécey...............	Achard	Achard.
Bréhal............. ..	M. Lesage.	M. Lesage.
Bricquebec.	Mˡˡᵉˢ Halley.	Mˡˡᵉˢ Halley.
Buais......	Jossaume.	Jossaume.
Canisy...............	Mᵐᵉ Lemeray	Mᵐᵉ Lemeray.
Garentan.............	Mˡˡᵉˢ Enée.	Mˡˡᵉ Enée.
Carolles..............	»	M. Lecouteur.
Cérences.	Debieu.	Mˡˡᵉ Debieu.
Cerisy-la-Forêt........	Mᵐᵉ veuve Delafosse.	Mᵐᵉ vᵉ Delafosse.
Cerisy-la-Salle.	Mᵐᵉ Vindard.	Mᵐᵉ Vindard.
Cherbourg...........	M. Roulier.	M. Roulier.
Id. (bureau de l'arsenal) .	»	M. Legagneux.
Id. (bureau de Val-de-Saire,.	M Schemel.	M. Schemel.
Coutances............	M. Lucas.	M. Lucas.
Créances.............	Mˡˡᵉˢ Coupard.	»
Ducey	Tournebois.	Mˡˡᵉ Tournebois.
Equeurdréville........	Mᵐᵉ Le Cuirot.	Mᵐᵉ Le Cuirot.
Fermanville...........	Mˡˡᵉˢ Hardy.	»
Flamanville...........	Lelanchon.	»
Gavray...............	Lancelot.	Mˡˡᵉ Lancelot.
Genets	»	Mᵐᵉ Lechevretel.
Ger	Mᵐᵉ Desvoyes.	Mᵐᵉ Desvoyes.
Gouville	Mˡˡᵉ Jean.	Mˡˡᵉ Jean.
Granville	M. Lecherre.	M. Lecherre.
Grosville.............	Mᵐᵉ Tesnière.	»
Hambye	Mˡˡᵉ Bézard.	Mˡˡᵉ Bézard.
Haye-du-Puits (la)......	Mᵐᵉ Mangin.	Mᵐᵉ Mangin.
Haye-Pesnel (la)........	Mˡˡᵉ Nicolle.	Mˡˡᵉ Nicolle.
Isigny-le-Buat..........	Mᵐᵉ Anfray.	Mᵐᵉ Anfray.
Jullouville...	»	Mˡˡᵉ Chevalier.
Juvigny-le-Tertre.......	Mˡˡᵉ Villedieu.	Mˡˡᵉ Villedieu.
Lessay...............	M Devaine.	M. Devaine.
Marigny	Mᵐᵉ Boucher.	Mᵐᵉ Boucher .
Martinvast........	Mˡˡᵉ Creveuil.	Mˡˡᵉ Creveuil.

(1) Les communes pour lesquelles ne figurent pas de nom de Receveur dans l'une des colonnes dans la liste de ces agents ne sont pourvues que de l'un des deux services : Postes et Télégraphes.

NOMS	NOMS DES RECEVEURS (*).	
DES BUREAUX.	POSTES	TÉLÉGRAPHES.
Milly (bureau auxiliaire de poste).—(Téléph⁰).	M. Hérault.	M. Hérault, gérᵗ.
Montebourg.	Mᵐᵉ Josse	Mᵐᵉ Josse.
Montmartin- sur-Mer. . .	Mˡˡᵉ Bourdon.	Mˡˡᵉ Bourdon.
Mont- Saint- Michel	Mᵐᵉ Joubart.	Mᵐᵉ Joubart.
Mortain.	M. Le Crecq.	M. Lecrecq.
Octeville	Mᵐᵉ Doucet.	Mᵐᵉ Doucet.
Percy. . . . . *	Mˡˡᵉ Mauduit.	Mˡˡᵉ Mauduit.
Périers	Mᵐᵉ veuve Leclerc.	Mᵐᵉ vᵉ Leclerc.
Pieux (les)	Mᵐᵉ Lechevalier.	Mᵐᵉ Lechevalier.
Pont-Hébert.	Mˡˡᵉ Gallery de la Trem- blaye.	Mˡˡᵉ Gallery de la Tremblaye.
Pont-Labbé-Picauville .	M. Amiot	M Amiot.
Pontorson	Mᵐᵉ Rihouet.	Mᵐᵉ Rihouet.
Portbail.	Mˡˡᵉˢ Hinet.	Mˡˡᵉˢ Hinet.
Prétot.	Lombard.	»
Quettehou	Thin.	Thin.
Quettreville.	Delacour.	Delacour.
Regnéville	M. Loison.	M. Loison.
Remilly	Mˡˡᵉ Eve.	Mˡˡᵉ Eve.
Roncey	Mᵐᵉ Ruault.	Mᵐᵉ, Ruault.
Ruffosses . . . . . •	»	M.₁ Marguerite.
Sartilly	Mˡˡᵉ Leterrier	Mˡˡᵉ Leterrier.
Sottevast	Mᵐᵉ Lebarbenchon.	»
Sourdeval.	Mˡˡᵉˢ Gaignet.	Gaignet.
Saint- Clair-sur -Elle . . .	Savary.	Savary
Sainte–Croix–Hague. . . .	Villedieu.	
Saint-Denis- le- Gast. . . .	Tréhet.	Mˡˡᵉ Tréhet.
Sainteny	Mᵐᵉ Lebreton.	Mᵐᵉ Lebreton.
St-Hilaire-du-Harcouët	M. Bertaux.	N. Bertaux.
Saint-James.	M. Lemoine.	M. Lemoine.
Saint-Jean-de-Daye	Mᵐᵉ Lebouteiller.	Mᵐᵉ Lebouteiller.
Saint-Jean-des-Baisants .	Mˡˡᵉˢ Castel	»
Saint-Malo-de-la-Lande. .	Bourdet.	Mˡˡᵉ Bourdet.
Sainte-Marie-du-Mont . . .	Mᵐᵉ Levavasseur.	Mᵐᵉ Levavasseur.
Sainte-Mère-Eglise	Mˡˡᵉˢ Vieillard.	Mˡˡᵉˢ Vieillard.
Saint-Pair	Mondo.	Mondo.
Sainte-Pience	Brionne.	Brionne.
Saint-Pierre- Eglise	Mᵐᵉˢ Burnel.	Mᵐᵉˢ Burnel.
Saint-Pois.	Coguyec.	Coguyec.
St-Samson-de-Bonfossé. .	Mˡˡᵉˢ Perrin.	»
St–Sauveur–Lendelin. . .	Guénon	Mˡˡᵉˢ Guénon.
St–Sauvʳ-sur-Douves. . . .	Leprévost.	Leprévost.
Saint-Vaast-la-Hougue . .	Lompech.	Lompech.
Teilleul (le)	Joubin.	Joubin.
Tessy-sur-Vire	Mᵐᵉ veuve Morisset.	Mᵐᵉ vᵉ Morisset.
Torigni-sur-Vire	Mˡˡᵉ Frault.	Mˡˡᵉ Frault.
Tourlaville	Mᵐᵉ Bernard.	Mᵐᵉ Bernard.
Valognes	M. Jouanne.	M. Jouanne.
Vast (le)	Mˡˡᵉ Fossey.	Mᵐᵉ Laronche.
Villebaudon	Mᵐᵉ veuve Hus.	»
Villedieu-les-Poëles	Mˡˡᵉ Peslin.	Mˡˡᵉ Peslin.

SÉMAPHORES OUVERTS AU SERVICE DE LA TÉLÉGRAPHIE PRIVÉE.

Agon.
Barfleur-Gatteville.
Cap la Hague.
Cap Lévy.
Carteret.
Cherbourg-Digue.

Flamanville.
Fort la Hougue.
Ile Chausey.
Ile Pelée
Nez de Jobourg.
Onglet (Vigie de l').

Pointe Jardeheu.
Pointe du Roc.
Portbail.
Querqueville.

GARES OUVERTES AU SERVICE DE LA TÉLÉGRAPHIE PRIVÉE.

Sottevast.

SERVICE VICINAL.

M. Lelièvre O. A., agent voyer en chef du département, à Saint-Lo.

AGENTS VOYERS D'ARRONDISSEMENT.

MM. Durel, à Saint-Lo ; Benard, à Avranches ; Mesnage, à Cherbourg ; Lepuissant, à Coutances ; Hermann, à Mortain ; Enquebecq, à Valognes.

Agents voyers et Employés attachés aux divers Bureaux.

BUREAU DE L'AGENT VOYER EN CHEF.

MM. Heude, agent voyer principal, chef de bureau ; Darthenay, agent voyer de 1re classe, chargé de la comptabilité ; Bigot, agent voyer, aide-comptable ; Desaunette, agent voyer, chargé du service d'ordre ; Adam, agent voyer, dessinateur ; Levillain, agent voyer auxilliaire ; Damécourt, expéditionnaire.

BUREAUX DES ARRONDISSEMENTS.

Arrondissement de Saint-Lo.— MM. Horel, agent voyer cantonal et Lamoureux, agent voyer surnuméraire.

Arrondissement d'Avranches. — MM. Letondeur, employé de comptabilité, et Lacolley, agent voyer surnuméraire.

Arrondissement de Cherbourg. — MM. Raynel, agent voyer cantonal, et Poupeville, agent voyer auxilliaire.

Arrondissement de Coutances. — MM. Marie, agent voyer cantonal, et Duval, agent voyer surnuméraire.

Arrondissement de Mortain. — MM. Leconte et Parey, agents voyers surnuméraires.

Arrondissement de Valognes. — MM. Bienvenu, agent voyer auxilliaire, et Renault, agent voyer surnuméraire.

Agents Voyers cantonaux du service actif.

Arrondissement de Saint-Lo. — MM. Pitron, à Saint-Lo ; Lerebours, à Tessy ; Lecousté, à Torigny ; Dupont, à Carentan ; Letemplier, à Percy ; Fournier, Pain, à Saint-Lo.

Arrondissement d'Avranches. — MM. Thébault, à Granville ; Leduc, à Villedieu ; Liron, à Saint-James ; Lépine et Dubosc, à Avranches ; Desgranges, à Brécey ; Madeleine, à Sartilly ; Leriverend, à Pontorson ; Huet, à la Haye-Pesnel.

Arrondissement de Cherbourg. — MM. Roger, agent voyer hors classe, à Cherbourg ; Lacolley, à Saint-Pierre-Eglise ; Boitel, aux Pieux ; Lerebourg, à Beaumont.

Arrondissement de Coutances. — MM. Meslet et Hubert, à Coutances ; Moitié, à la Haye-du-Puits ; Erard, à Gavray ; Provost, à Périers ; Désiré, à Bréhal ; Jeanne, à Lessay ; Valéry, à Cerisy-la-Salle.

Arrondissement de Mortain. — MM. Coguyec, à Saint-Pois ; Fleury, à Saint-Hilaire-du-Harcouët ; Corbin, à Mortain ; Martin, au Teilleul ; Boitel, jeune, à Sourdeval ; Lemonnier, à Juvigny-le-Tertre.

Arrondissement de Valognes. — MM. Fortin, agent voyer hors classe, à Sainte-Mère-Eglise ; Garnier, à Saint-Sauveur-le-Vicomte ; Liron, aîné, à Bricquebec ; Douchin, à Saint-Vaast ; Lechanteur, à Valognes ; Jeanne, à Montebourg ; Dorange, à Barneville.

CLERGÉ DU DIOCÈSE.

Evêque : Mgr Germain (Abel-Anatase) né le 1er avril 1833, à Saint-Sylvain (Calvados) sacré à Bayeux, le 19 mars 1876, 88e évêque.

Vicaires généraux.

MM. Durel, official ; Legoux, agréé par le Gouvernement ; Bizon, supérieur du grand-séminaire.

Secrétariat de l'Eêvché.

MM. Mauduit, secrétaire général ; Sanson, Fleury, pro-secrétaires ; Laisney, secrétaire particulier de Mgr l'Evêque.

Chanoines d'honneur.

S. E. le cardinal Place ✳, archevêque de Rennes ; S. E. le cardinal Macchi ; NN. SS. Ducellier, archevêque de Besançon ; Osouf, archevêque de Tokio ; Hugonin ✳, évêque de Bayeux ; Billard, évêque de Carcassonne ; Bécel ✳, évêque de Vannes ; Le Coq, évêque de Nantes ; Perraud ✳ évêque d'Autun ; Jourdan de la Passardière, évêque de Roséa ; Cléret ✳, évêque de Laval ; le R. P. Germain, abbé de Notre-Dame-de-Grâce ; Mgr Marini, camérier secret de S. S.

Chanoines titulaires.

MM. Laisney, Mabire, Pigeon, Joubin, Mauduit, Roursin, Ménard.

Chanoines honoraires résidant dans le diocèse.

MM. Guesnon, Ameline, Legrand, Duval, Langenais, Gillot, Jouenne, Dallain, Bizon, Lemonnier, Tessero, Dubois, Lemains, Hamel, Turgot, Sanson, Leroux, Chesnel, Blanchet, Béatrix, Germain, Yvetot, Lepeltier, Leroy (A.), Vignon, Dupont, Moulin. Maquerel, Bouffaré, Laisney, Lecacheux, Binet, Tollemer (H.), Tollemer (A.), Leroy (M.), Duclos, Lebedel, Richer, de Longueville, Destrès, Gardin, Gibon.

Chanoines honoraires résidant hors du diocèse.

MM. Gravey, Grandjean, Cluzel, Montagnon, Gillouard, Loisel, Delarue, Tirhard.

Conseil épiscopal.

MM. les Vicaires généraux et le Secrétaire général de l'Evéché.

Grand-Séminaire.

MM. Bizon, supérieur ; Marty, directeur, professeur de morale ; Ollivier, professeur d'écriture sainte ; Brin, professeur de dogme ; Colibert, économe ; Thézard, professeur de droit canon ; Dutour, Parpaillon, professeurs de philosophie.

Bureaux d'administration des Séminaires.

Mgr l'Evêque, président ; MM. Durel, vicaire général ; Bizon, supérieur du grand-séminaire ; Legoux, vicaire général, trésorier ; Colibert, économe ; Mauduit, secrétaire.

ÉTABLISSEMENTS ECCLÉSIASTIQUES.

Petit-Séminaire de Mortain.

MM. Supérieur : Dubois, chanoine honoraire. — Supérieur honoraire : Ameline, chanoine honoraire.—Philosophie : Saint, diacre.— Rhétorique : Signeux, prêtre.—Sciences : Laisney, Jamault, Détret, prêtres.—Histoire : Godefroy, prêtre.—Seconde : Yon, prêtre.— Troisième : Fortin, prêtre. — Quatrième : Louage, prêtre. — Cinquième : Renault, prêtre.—Sixième : Baudry, prêtre.—Septième et huitième : Briand, prêtre.—Français : François, Gastebois, prêtres. —Anglais : Datin, prêtre.—Préfet de discipline : Godefroy.—Présidents d'étude : Costard, Lebaron, prêtres ; Colin, sous-diacre.— Dessin : Briens, prêtre.—Musique : un laïque.

Petit-Séminaire et Collège diocésain de Saint-Lo.

MM. Supérieur : Lemonnier, chanoine honoraire.— Directeur : Lenvoisé, prêtre. — Mathématiques élémentaires : Hérembourg, prêtre.—Philosophie : Lenvoisé, prêtre. — Rhétorique : Jeanne,

Postel, prêtres.—Sciences : Quesnel, Périer, Lenesley, prêtres.—
Histoire et géographie : Savary : prêtre.—Seconde : Lepage, prêtre.
—Troisième : Lemasson, Richard, prêtres.— Quatrième : Morel, Granier, prêtres.—Cinquième : Couture, Casseville, prêtres.—Sixième :
Leveillé, prêtre, Lepelletier, sous-diacre.—Septième : Abraham,
prêtre.—Huitième : Mesplet, prêtre ; Hue, diacre suppléant.—Classe
préparatoire : un laïque.—Français : David, prêtre, un laïque.—
Anglais : Houyvet, prêtre.—Allemand : Gibon, prêtre.—Econome :
Durel, prêtre.—Préfet de discipline : Blin (J.), prêtre.—Présidents
d'étude : Durel (A.), Martin, Lécluze, Gourat, prêtres.—Dessin : un
laïque.—Musique : deux laïques.— Gymnastique et escrime : un
laïque.

Petit-Séminaire et Collège diocésain de Valognes.

MM. Supérieur : Chevrel, prêtre.—Directeur : Lebrun, prêtre.—
Philosophie : Lebrun, prêtre. — Rhétorique : Bérest, prêtre. —
Sciences : Gendrot, Loüin, Goguillot, prêtres.—Histoire : Guérillon,
prêtre.—Seconde : Kerdal, prêtre. — Troisième : Rouxel, prêtre.—
Quatrième : Lepigoché, prêtre. — Cinquième : Guérin, prêtre. —
Sixième, Thousry, prêtre. — Septième : Gallicher, prêtre. — Hui-
tième : Guillois, prêtre.—Anglais : Meurier, prêtre.—Présidents
d'étude : Lebastard, Pelletier, Doudet, prêtres.—Dessin : un laïque.
—Musique : Bérest, prêtre.

Ecoles ecclésiastiques recevant des élèves jusqu'à la 4ᵉ inclus.

A Granville (collège).—MM. Pontis, prêtre, directeur ; Leconte,
Amoline, prêtres ; Gardie, Talvoz, diacres ; deux laïques, profes-
seurs.
A Montebourg (établissement des frères de la Miséricorde).—
MM. Estard, prêtre, directeur ; Deshoulets, Legallais, prêtres, pro-
fesseurs.
A Villedieu (institution Saint-Joseph). — MM. Bouffaré, prêtre,
directeur ; Ruault, prêtre ; Penitot, sous-diacre ; deux frères de la
Miséricorde ; un laïque, professeurs.
A Saint-James (collège).—MM. Marguerie, prêtre, directeur ;
Parigny, Lemasson, prêtres ; Lemare, sous-diacre, professeurs.

Missionnaires du diocèse.

A Donville.—MM. Belloni, supérieur ; Boucher, Thébaud, Len-
gronne, Epron, Garnier, Colin.
A Notre-Dame-sur-Vire. — MM. Yvetot, supérieur ; Villain,
Jennequin, Lemasson.
Au Mont-Saint-Michel. — MM. Laproste, supérieur ; Laforêt-
Levatois, Grosset, Lefrançois, Pouvreau, missionnaires.

Chapelains de communautés religieuses.

A Avranches, Ursulines, M. Rabec ; Sœurs de Notre-Dame-du-
Mont-Carmel, M. Richer ; à Granville, Petites-Sœurs des Pauvres,
M. Blin ; à Saint-James, Trinitaires, M. Besnard ; à Ducey, Trinitaires, M. Carnet ; à Cherbourg, Sœurs de la Charité de Jésus
et de Marie, M. Delaune ; à Saint-Pierre-Eglise, Augustines,

M. Le Sellier ; à Coutances, *Augustines*, M. Vautier ; *Sacré-Cœur*, M. Poullain ; à Mortain, *Ursulines*, M. Tréboisnel ; à Barenton, *Augustines*, M. Hamard ; à Saint-Lo, *Bon-Sauveur*, MM. Marie et Lescalier ; à Carentan, *Augustines*, M. Jardin ; à Valognes, *Bénédictines*, M. Douville ; *Augustines*, M. Leconte ; à Saint-Sauveur-le-Vicomte, *Sœurs de la Miséricorde*, M. Moulin ; à Pont-Labbé-Picauville, *Bon-Sauveur*, MM. Hélie et Picot ; à Montebourg, *Etablissement et Ecole normale des Frères de la Miséricorde*, M. Estard.

Aumôniers d'hospices.

A Avranches, M. Massy ; à Granville, M. Bochet ; à Pontorson, M. Thébault ; à Saint-James, M. N...; à Villedieu, M. Lemoine ; à Cherbourg, le clergé de Saint-Clément ; à Coutances, M. Leguerrier ; à Périers, M. Vallée ; à Mortain, M. Perrée ; à Saint-Lo, M. Ollivier ; à Carentan, M. Saillard ; à Valognes, M. Lerévérend ; à Montebourg, M. N...; à Torigni, M. N...

Aumôniers de la Marine.

M. Néel, aumônier honoraire.

Aumôniers des Prisons.

A Avranches, M. Lefrançois ; à Cherbourg, M. Viel de Hautmesnil ; à Coutances, M. Fleury ; à Saint-Lo, M. Adde ; à Mortain, M. Jamault ; à Valognes, M. Poret.

Aumôniers d'Orphelinats.

A Avranches, M. Tabard ; à Périers, M. Guérard.

Prêtres du diocèse employés dans l'Instruction publique.

A Coutances, M. Aubry, aumônier du lycée ; à Cherbourg, M. Lefèvre, aumônier du lycée.

Archiviste du diocèse : M. Mauduit, secrétaire général.

CULTE PROTESTANT.

Ministres du Saint Evangile.

MM. Capillery, à Cherbourg et à Siouville ; Gast, au Chefresne et à Saint-Lo.

INSTRUCTION PUBLIQUE.

M. Dériès, Inspecteur d'Académie.

MM. Rouel O. A., commis principal, secrétaire de l'inspection académique; Fouchard, Davodet, commis de l'inspection.

CONSEIL DÉPARTEMENTAL DE L'INSTRUCTION PUBLIQUE.

MM. FLORET O✳, O.I., Préfet, *président;* Déviès, inspecteur d'Académie, *vice-président*; Riotteau, député; Morel, sénateur ; Regnault et Lemoigne, conseillers généraux ; M. le Directeur de l'Ecole normale de Saint-Lo ; Mme la Directrice de l'Ecole normale de Coutances ; MM. Gamas, instituteur en retraite à Morville; Robbes, instituteur public à Granville ; MM^lles Travers, institutrice publique à Cherbourg ; Dujardin O. A., institutrice publique à Blainville ; MM. Aubin O.I., inspecteur primaire à Saint-Lo et Chancerel O. I., inspecteur primaire à Avranches.

Membres adjoints pour les affaires contentieuses et disciplinaires de l'enseignement privé : MM. Barbé, instituteur privé laïque à Cherbourg ; Duvivier, instituteur congréganiste privé à Avranches.

Lycée de Coutances.

MM. Lucas-Girardville O. I., proviseur.

Leparquier O. I., censeur des études ; l'abbé Aubry, aumônier ; Le Caplain O. A., économe; Collette, Mottin, commis d'économat ; Pacquet, surveillant général délégué.

Philosophie : Havard ; rhétorique : Foulon O. I. ; seconde : Goulet ; troisième : Leitz ; sciences physiques : Basin et Fesquez; mathématiques : Lauvernay, Cauvin, Frémiot, Binet; histoire : Le Révérend O. I. et Dubois; langue anglaise : Astruc et Dupont ; langue allemande : Wetrel; quatrième : Liber; cinquième : Lavieille O. A. ; sixième : Lemare O. I.; septième : Roullé; huitième : Daireaux O. I. ; neuvième : Félix O. A. ; dessin d'imitation : Quesnel père, O. I., Quesnel, fils, O. A.; travaux graphiques : Muriel O. I.—Enseignement secondaire spécial : Bréville, Basin, Le Révérend, Prioult, Carabeuf, Muriel ; classe primaire : Aubril ; gymnastique : Héon O. A.

Lycée de Cherbourg.

MM. H. Le Roux O. I., proviseur.

Salé, censeur des études ; l'abbé Lefèvre, aumônier; Mairot, économe ; Lepot, Abadie, commis d'économat ; Bonvoisin; surveillant général.

Philosophie : Hérelle O. I. ; histoire : Costantin, Halley ; rhétorique : Renard ; seconde : Galland ; troisième : Chamard ; allemand : Dax, Beaumann ; anglais : Dispan de Floran, Hodge ; quatrième : Lesigne ; cinquième : Lefèvre; sixième : Burnouf; septième : Leduit O. A. ; huitième : Fresson; anglais : Vincendon, Dispande, Floran, Hodge ; mathématiques : Noël, Abelin, Etienne O. I., Giot, Onde, Cousin ; physique : Givert, Goudemant, Corbière O. A. ; lettres en marine : Halley. — Enseignement secondaire spécial : Pouthier, Dagon, Merlot, Jeanne O. A., Levallois, Leneveu, Duval; dessin : Onfroy, Deguerne ; classe primaire : Dubost, Delisle ; gymnastique : Flaux.—Classe enfantine : Mlle Grard.

COLLÈGES COMMUNAUX.

Collège d'Avranches.

MM. Vilon O. A., principal.

Lucas, sous-principal; l'abbé Trochon, aumônier; philosophie : Letellier; rhétorique : Doutelleaux O. I.; seconde : Dumont O. A.; troisième : Nelet O. A.; sciences physiques : Durel O. A., Desfeux; mathématiques : Horel; histoire : Mazen; langue anglaise : Béghin; quatrième : Gautier O. A.; cinquième : Toutain; sixième : Lucas; septième : Denolle; huitième : Heubert; dessin et travaux graphiques : Fouqué. — Enseignement secondaire moderne : Durel, Horel, Nelet O. A., Lematte, Encoignard O. A., Malenfant; classes primaires : MM^{lles} Fouquet, Raulin.

Collège de Carentan.

MM. Mathieu, principal.

Classes de latin : MM. Mathieu; enseignement spécial, sciences : Exmélin, Renouvin; lettres : Mathieu; langues vivantes : Mathieu. — Classe primaire : Lelandais, directeur; Roblin, instituteur adjoint; Lemullois, instituteur adjoint.

Collège de Mortain.

MM. Goutière, principal.

L'abbé Théot, aumônier; lettres : Lesage; grammaire : Carouge; sciences physiques : Gallie; langues vivantes : Burnel; enseignement moderne : Oger, Le Juez.

Inspection de l'Instruction primaire.

MM. Chancerel O. I., à Avranches; Bréard O. I., à Cherbourg, Leclerc O. A., à Coutances; Belval, à Mortain; Aubin O. I., à Saint-Lo; Desprez O. I., à Valognes.

ÉCOLES NORMALES.

Ecole normale d'instituteurs de Saint-Lo.

Conseil d'administration de l'Ecole.

MM. Dériès, inspecteur d'Académie, *président*; Amiard, conseiller général, maire de Saint-Lo; Blouët ✳, conseiller général; Simon O. A., juge au tribunal civil; Lerendu O. A., conseiller municipal, à Saint-Lo; Dussaux, adjoint au maire de Saint-Lo.

Fonctionnaires de l'Ecole.

MM. Hanriot O. A., directeur; N.... économe; Postel, Arnould, Louis, professeurs; Piatte, maître-adjoint; Postel professeur d'anglais; Lorans, directeur de l'école primaire annexe; Louis, maître de chant ; Ravaut O. A., professeur de dessin ; Brunin O. A., maître de gymnastique ; Roscray, professeur d'agriculture ; Leconte, professeur d'horticulture ; le docteur Bernard ✳, médecin de l'école.

Ecole normale d'Institutrices de Coutances.

Conseil d'administration de l'Ecole.

MM. Dériès, inspecteur d'Académie, *président ;* Boissel-Dombreval ✳,conseiller général, maire de Coutances ; Guillemette ✳, conseiller général ; Saillard, adjoint au maire de Coutances ; Briens ✳, député ; Pascal ✳, sous-préfet ; Lair ✳, proviseur honoraire.

Fonctionnaires de l'Ecole.

MM.^{mes} Crouzel-Fontecave, directrice ; Chicoineau, économe ; Brémont, Jacquot, Michaud, professeurs ; Buscalion, maîtresse adjointe ; Thisse, directrice de l'école primaire annexe ; Marthel, directrice de l'école maternelle annexe.

Mlle Michaud professeur d'anglais ; MM. Léon Quesnel, professeur de dessin ; docteur Laisney O. A., médecin de l'école.

Cours secondaire de jeunes filles de Cherbourg.

Directeur : M. H. Le Roux O. I., proviseur du lycée ; surveillante générale : Mme Lemoine.

Professeurs : MM^{lles} Duporge : sciences ; Peysson : lettres ; MM. Frigoult O. I. : littérature ; Wolf : grammaire et histoire littéraire ; Halley : histoire ; Hérelle : morale ; Dispan de Floran et Hodge : anglais ; Thommin : musique ; Deguerne et Onfroy : dessin ; Mme Lemoine : travaux manuels.

Institutrices primaires : MM^{lles} Lebrettevillois O. A, Simon, Lemoine (Julia).

Jury d'examen des Aspirants et des Aspirantes au certificat d'aptitude pédagogique.

MM. Dériès, inspecteur d'académie, *président* ; Hanriot, directeur de l'école normale de Saint-Lo ; Aubin, Bréard, Chancerel, Desprez, Lecler, Séjourné, inspecteurs primaires ; Arnould, professeur à l'école normale de Saint-Lo ; Pignet, directeur de l'école mutuelle de Saint-Lo ; Ménard, directeur d'école communale à Coutances ; Godard, instituteur à Agneaux ; Mme Crouzel-Fontecave, directrice de l'école normale de Coutances ; Mlle Marie, directrice d'école communale à Saint-Lo.

Jury d'examen des Aspirants et des Aspirantes au brevet de capacité.

MM. Hanriot, directeur de l'école normale, Aubin, inspecteur primaire, à Saint-Lo ; Barbey, chef d'institution, à Cherbourg ; Lelièvre, agent voyer en chef ; un inspecteur primaire ; Gendrin, directeur de l'école primaire supérieure ; Mme Crouzel-Fontecave, directrice de l'école normale ; Mlle Marie directrice d'école communale ; Mme Dalimier, ancienne maîtresse de pension.

Sciences physiques : M. N..., professeur au lycée de Coutances ; anglais : M. Postel, professeur à l'école normale de Saint-Lo ; dessin : M. Ravaut, professeur à l'école normale ; chant : M. Nicolas ; gymnastique : M Brunin, professeur à l'école normale ; agriculture et horticulture : M Roseray.

Dames adjointes pour l'examen des travaux d'aiguille des Aspirantes.

MM^{mes} N..., Duhamel, Dalimier, Hanriot.

Jury départemental chargé d'examiner les Aspirants aux bourses nationales, départementales et communales dans les lycées et collèges communaux.

MM. Déviès, inspecteur d'académie, *président;* Hanriot, directeur de l'école normale ; Aubin, inspecteur primaire ; Lemare, professeur au lycée de Coutances ; N..., professeur au lycée de Coutances ; Arnould, Louis, professeurs à l'école normale.

SCIENCES ET ARTS.

Société d'agriculture, d'Archéologie et d'Histoire naturelle du département de la Manche.

Présidents d'honneur : M. le Préfet de la Manche ; M. le Maire de Saint-Lo ; Mgr Germain, évêque de Coutances et d'Avranches.

Président : M. Ed. Lepingard, avocat, ancien chef de division à la Préfecture ; *Vice-Présidents* : MM. Blanchet, curé de Sainte-Croix ; Matinée ✳, proviseur honoraire ; *Secrétaire :* M. Gambillon, ancien chef de division à la Préfecture ; *Secrétaire-adjoint :* M. Leclerc, docteur-médecin ; *Conservateur :* M. Gaëtan Guillot, avocat et maire de Saint-Gilles ; *Conservateurs-adjoints :* MM. A. Dieu, avocat ; Onfroy, propriétaire ; Didier, architecte ; *Bibliothécaire :* M. Derbois, ancien professeur ; *Trésorier :* M. Leconte-d'Olonde, architecte ; *Classificateur de la section d'Agriculture :* M. Granger, ingénieur.—*Classificateur de la section d'Archéologie :* M. Queillé, architecte ; *Sous-classificateur :* M. Le Creps, propriétaire ; *Classificateur de la section d'Histoire naturelle :* M. Sébire, pharmacien de 1re classe ; *Sous-Classificateur :* M. Lelièvre, agent voyer en chef du département.

Soicété d'Archéologie, de Littérature, Sciences et Arts des arrondissements d'Avranches et de Mortain.

Composition du bureau de la Société en 1892.

Président : M. Alfred de Tesson ✳, capitaine de frégate en retraite.—*Vice-Présidents :* MM. Charles Philbert ✳, ancien consul général et Albert Legrin O. A., président du Tribunal civil ; *Bibliothécaire-Archiviste :* Mlle Ida Hubert.—*Secrétaire :* M. le comte Joseph de Chabannes.—*Secrétaire-adjoint* et *Secrétaire du Conseil d'administration :* M. Paul Bouvattier, contrôleur des contributions directes.—*Trésorier :* M. Thébault, libraire.—*Questeur :* M. Jules Bouvattier O. A., avocat, ancien député.

Conservateurs (Membres du Bureau.)

1° Des Tableaux et Statuts : M. Charles Fouqué O. A., professeur de dessin ; M. Potier de La Varde, conservateur honoraire.—*2° Des Objets d'histoire naturelle :* M. Durel O. A., professeur de sciences physiques et naturelles.— *3° Des Médailles et des Antiquités :* M. le vicomte de Potiche.—*4° Du Musée lapidaire :* M. Louvel O. A., architecte.

Membres adjoints au bureau pour former le Conseil d'Administration.

MM. Lenoir O. A., maire d'Avranches ; Lebel, libraire; Saint, conducteur principal des ponts et chaussées ; Sosthène Mauduit, maire de Saint-Martin-des-Champs ; le comte de Clinchamp ✳.

Officiers d'honneur pour Mortain.

Vice-Président : M. de Bailliencourt, maire de Mortain.—*Secrétaire :* M. Charles Guérin, propriétaire au Mesnil-Thébault.

Société nationale des Sciences naturelles et mathématiques de Cherbourg.

(Établissement d'utilité publique par décret du 26 août 1865.)

BUREAU DE LA SOCIÉTÉ POUR 1892.

MEMBRES A VIE.

MM. Aug. Le Jolis, directeur et archiviste perpétuel ; Emmanuel Liais, secrétaire perpétuel honoraire.

MEMBRES ÉLUS POUR 1892.

Président : MM. Jouan.— *Vice-Président :* N....—*Secrétaire :* G. Le Jolis, avocat.—*Trésorier :* Dr Guiffard, directeur de la santé.

Société artistique et industrielle de Cherbourg.

Présidents d'honneur : MM. le Maire de Cherbourg C✳, le Sous-Préfet de Cherbourg ✳, Alfred Liais, ancien maire ✳, Vallon, capitaine de vaisseau ✳. — *Président honoraire :* H. de la Chapelle O. A —*Vice-Président honoraire :* Mangin ✳, géomètre.

Président : MM. A. Menut O. I.— *Vice-Présidents :* Gutelle et Dutot. — *Secrétaire :* Barbe.—*Conseillers ;* Bréard O. I., Lanièce, Le Boisselier, Saillard, fils, Mahieu, Laroque, Lavallée, Paul Séhier, Macé, Louise.— *Trésorier :* Brégaint. — *Bibliothécaire-archiviste :* Le Boisselier. — *Secrétaire-adjoint :* Jourdan. — *Comité de rédaction :* Bréard, Dutot, Brière, Cousin.

Société académique de Cherbourg.

Bureau.—MM. Jouan, *directeur ;* Frigoult, *secrétaire ;* de Pontaumont, *archiviste-trésorier.*

Société académique du Cotentin.

Président de droit : Mgr l'Evêque de Coutances.— *Vice-Président :* MM. l'abbé Pigeon, correspondant du Ministre de l'Instruction publique.— *Vice-président honoraire :* Sarot, avocat, à Coutances.— *Trésorier :* Saillard, adjoint au maire de Coutances.— *Secrétaire :* Leterrier, avocat, à Coutances.

Groupe de l'Alliance française pour la propagation de la Langue française à l'étranger.

Présidents d'honneur : MM. P. Floret O✳, préfet de la Manche, Boissel-Dombreval ✳, maire de Coutances.— *Président annuel :* Alphonse Lair ✳, proviseur honoraire.— *Trésorier :* Bréville.

Société Archéologique, Artistique, Littéraire et Scientifique de l'arrondissement de Valognes.

CONSEIL D'ADMINISTRATION.

Président : MM. Le Clerc, Président du Tribunal.— *Vice-Présidents :* De Moré, Cte de Pontgibaud ; Foulon, avocat.— *Secrétaire :* Gouye, architecte de la ville et de l'arrondissement.— *Vice-Secrétaire :* Leneveu, fils, docteur-médecin.— *Trésorier :* B. Hamel. — *Conservateur-archiviste :* de Fontaine de Resbecq.— *Membres adjoints :* Desprez, inspecteur primaire ; Guimond, greffier du tribunal.

BIBLIOTHÈQUES.

Saint-Lo.—M. A. Pillon, bibliothécaire.— *Jours et heures de l'ouverture :* les mardi, mercredi et jeudi de chaque semaine, de 11 heures à 4 heures.

Avranches.—M. Fauvel, bibliothécaire. — *Jours et heures de l'ouverture :* les lundi, mercredi, jeudi et samedi, de 10 heures du matin à midi et de 2 heures à 4 heures du soir.

Cherbourg.—M. Amiot, bibliothécaire.— *Jours et heures de l'ouverture :* tous les jours non fériés, de 6 heures à 10 heures du soir et les mardi et jeudi, de midi à 4 heures.

Coutances.—M. Daireaux, bibliothécaire.— *Jours et heures de l'ouverture :* tous les jours non fériés, de 10 heures à 2 heures.

Mortain.—M. N......, bibliothécaire. — *Jours et heures de l'ouverture :* les mercredi, jeudi et vendredi de chaque semaine, de 7 heures à 9 heures du soir.

Membres du Comité de surveillance de la bibliothèque.

MM. Broux, ancien professeur de l'Université ; Pinot, agrégé, id., Josset, avocat ; N....

Valognes.—M. N....

ASILES DÉPARTEMENTAUX DES ALIÉNÉS.

ASILE DU BON-SAUVEUR DE SAINT-LO.

M. le Dr Lhomond, *médecin de l'établissement.* — Mme sœur Dramard-Burnel, *directrice.*—M. l'abbé Marie, *aumônier*.

Prix de la Pension.

1re classe (avec soins exceptionnels), 2,000 fr.—2e classe, 1,200 fr. —3e classe, 800 fr.—4e classe, 600 fr.—5e classe, 450 fr.

ASILE DE PONTORSON.

(Quartier d'aliénés.)

M. Lemoine, *médecin préposé responsable.* — M. Rihouet, *chevalier du Mérite agricole, économe.*—M. Lavoué, *receveur.*— M. l'abbé Thébault, *aumônier*.

Prix de la Pension.

1re classe, 1,600 fr.—2e classe, 1,050 fr.—3e classe, 800 fr.— 4e classe, 600 fr.—5e classe, 500 fr.—Aliénés placés au compte du département de la Manche, 360 fr.—Départements de la Seine et Seine-et-Oise, 400 fr.

ASILE DE PONT-L'ABBÉ.

M. Legruel, *docteur-médecin* et M. Viel, *docteur-médecin adjoint.*—Mme Jean, *supérieure.*— MM. Hélie et Picot, *aumôniers*.

Prix de la Pension.

1re classe, 2,000 fr.—2e classe, 1,500 fr.—3e classe, 1,000 fr.— 4e classe, 800 fr.—5e classe, 600 fr.—6e classe, 400 fr.

PERSONNEL DU DÉPOT DÉPARTEMENTAL DE MENDICITÉ.

établi au Mans par décret du 3 mai 1852.

MM. Garé, *directeur.* — Martin, *receveur économe.* — Goutard, *médecin.* — L'abbé Foulon, *aumonier*.

ADMINISTRATION DES HOSPICES.

MM. Pirodon, inspecteur des enfants assistés, à Saint-Lo. — N...., inspecteur adjoint, à Saint-Lo.

Commission administrative des Hospices.

Hospice de Saint-Lo.

MM. Amiard, maire de Saint-Lo, *président ;* Leparquois, conseiller municipal ; Bosq, conseiller municipal ; Jouanne, avoué, conseiller municipal ; Guillot (Edouard), propriétaire ; Leclerc, avocat, ancien notaire.
Receveur Econome : M. Nicolas, officier de l'Instruction publique. —*Service médical :* MM. Bernard ✳ et Thomas. — *Service intérieur :* MM^mes les Religieuses do l'Ordre de Saint-Paul de Chartres. — *Supérieure :* Mme sœur Adrien. — *Aumônier :* M. l'abbé Ollivier.

Hospice de Carentan.

MM. le maire de Carentan, *président ;* Triquet, propriétaire ; Lerosier, négociant ; Lenoël, juge de paix, ancien notaire ; Lepelletier, négociant ; Hue, négociant ; Letourneur, huissier.
Receveur : M. Aubin (Louis). — *Econome-secrétaire :* M. Héloin (Hyacinthe). — *Service médical :* MM. Artu (Armand) ; Carbonnel (Pierre). — *Service intérieur :* MM^mes les Religieuses de la Sagesse. — *Supérieur :* Mme Gérard (Laure). — *Aumônerie :* M. l'abbé Saillard.

Hospice de Torigni-sur-Vire.

MM. le maire de Torigni-sur-Vire, *président ;* Plouin, receveur de l'enregistrement ; Leboucher, propriétaire ; Gohier, notaire ; Leroquais, notaire ; Nativelle, propriétaire ; Groualle, négociant.
Receveur économe : MM. Hébert, receveur ; Bures, économe. — *Service médical :* M. Pommier. — *Service intérieur :* MM^mes les Religieuses du Sacré-Cœur de Coutances (sœurs saint Victorin et sainte Blandine). — *Supérieure* Mme sainte Eugène. — *Aumônerie :* M. Mourocq.

Hospice d'Avranches.

MM. le Maire d'Avranches, *président ;* Desdouitils, adjoint au Maire ; Lechevalier, propriétaire ; Aubry, négociant ; Quinton, propriétaire ; Delaroche, propriétaire ; Semery, propriétaire.
Receveur économe : M. Langlois. —*Service médical :* MM. Frémin, médecin ; Béchet, chirurgien. —*Service intérieur :* MM^mes les Religieuses de Saint-Thomas de Villeneuve. —*Supérieure :* Mme Duport. —*Aumônerie :* M. l'abbé Massy.

Hospice de Ducey.

MM. le Maire de Ducey, *président ;* Champion (Paul), adjoint ; Chesnay, marchand de vins ; Boisnard, propriétaire ; Lecointe, propriétaire ; Maudouit, curé-doyen, *vice-président.*

Hospice de Granville.

MM. le Maire de Granville, *président ;* J Pannier, négociant ; Le Prince, négociant ; Duchêne, propriétaire ; Lefebure, juge de paix ; P. Villars, armateur ; Ch. Guillebot, courtier maritime.
Receveur économe : M. Clair.—*Service médical :* MM. Benoist, Letourneur, Davalis et Lemoine.—*Service intérieur :* MM^mes les Religieuses de Saint-Thomas de Villeneuve. — *Supérieure :* Mme Miot.—*Aumónier :* M. l'abbé Bochet.

BUREAU DE BIENFAISANCE DE GRANVILLE.

MM. le Maire de Granville, *président;* Legendre, mécanicien ; Trocheris, négociant ; Le Prince, négociant ; Benoist, docteur-médecin ; Letourneur, docteur-médecin ; Pergeaux, propriétaire.

Hospice de Pontorson.

COMMISSION ADMINISTRATIVE.

MM. le Maire de Pontorson, *président ;* Bourges, vétérinaire ; Lecacheux, curé-doyen ; Guichard, horloger, adjoint au maire ; Lefèvre, receveur de l'enregistrement, des domaines et du timbre ; Lefondré, propriétaire et Levallois (Jacques), maître d'hôtel.
Économe : M. Rihouet.—*Service médical :* M. Lemoine, docteur-médecin.—*Receveur :* M. Lavoué.— *Service intérieur :* MM^mes les Religieuses de la Sagesse, au nombre de 23. — *Supérieure :* Mme sainte Lucide.—*Aumónerie :* M. l'abbé Thébault.

Hospice de Saint-James.

MM. Morel, sénateur, maire de Saint-James, *président ;* Besnard, ancien pharmacien ; Despréaux, propriétaire ; Gautier (Pierre) ; Geffroy, notaire ; Legrand, curé-doyen ; Dupont (Victor.)
Receveur économe : N.....—*Service médical :* MM. les docteurs Legros et Ameline.—*Service intérieur :* Mme Canton, *supérieure.*

Hospice de Villedieu.

MM. le Maire de Villedieu, *président ;* Havard (Joseph), conseiller municipal ; Lelegeard (J.-B.), conseiller municipal, propriétaire ; Dupont, curé-doyen ; Brochet, propriétaire ; Pigeon-Litan, propriétaire ; Pitel (Louis), propriétaire.
Receveur économe : M. Gautier.—*Service médical :* M. Ledo.— *Service intérieur :* MM^mes les Religieuses de la Providence d'Evreux. —*Supérieure :* Mme sœur Longuemare.—*Aumónerie :* M. l'abbé Lemoine.

Hospice de Cherbourg.

MM. le Maire de Cherbourg, *président;* Baude et Barbet, conseillers municipaux ; Legoupil, ancien négociant ; Hervé, Noyon et Le Bacheley.

M. Buhot, économe.—M. Meslet, receveur.—*Service médical :* MM. Renault-Guiffard. Legard-Lafosse et Monnoye.—*Service intérieur :* MM^mes les Religieuses de saint Paul de Chartres.—*Supérieure :* Mme Carette.— *Aumônerie :* N....

Hospice de Coutances.

MM. le Maire de Coutances, *président :* Guillemette ✳, conseiller général, juge de paix, *vice-président :* Dudouyt, procureur de la République, à Coutances ; M. Lair ✳, proviseur honoraire, conseiller municipal ; Lehuby, Rabec et Geffroy, délégués du Conseil municipal.

Econome : M. Legros. — *Receveur :* M. Leliepvre. — *Service médical :* MM. Laisney, médecin en chef ; Dudouyt (Pierre), médecin et chirurgien adjoint. — *Service intérieur :* MM^mes les Religieuses Augustines de Coutances.—*Aumônerie :* M. l'abbé Leguerrier.

BUREAU DE BIENFAISANCE.

MM. Boissel-Dombreval ✳, maire, *président;* Alphonse Lair ✳, proviseur honoraire ; Laisney, docteur-médecin ; Guillemette ✳, conseiller général ; Baize, président du tribunal de Coutances ; Adde, propriétaire ; Lebel, percepteur ; Leliepvre, receveur.

Hospice de Périers.

MM. Regnault, conseiller général, maire de Périers, *président ;* Leconte (Jacques), juge de paix ; Lepareux, négociant ; Rihouet, propriétaire ; Desplanques, Lecauf et Guy.

Receveur économe : M. Ledrans.—*Service médical :* M. Leroux, docteur en médecine.—*Service intérieur :* MM^mes les Religieuses de saint Paul de Chartres.—*Supérieure :* Mme Leguay (Marie), sœur Adolphe.—*Aumônerie :* N....

Hospice de Mortain.

MM. le Maire de Mortain, *président ;* Buisson, propriétaire ; Chanteux ; Gallie ; Milan, négociant ; Le Bigot, notaire ; David (Louis).

Recevéur : M. Bourbon.—*Econome :* M. Laumondais.—*Service médical :* M de la Houssaye.—*Service intérieur :* MM^mes les Religieuses de la Providence de Séez.—*Supérieure :* Mme Noël.— *Aumônerie :* l'abbé Perrée.

Hospice de Barenton.

MM. le Maire de Barenton, *président ;* Liot (Auguste) ; Hamelin, propriétaire ; Pioche, propriétaire ; Fiault (Eugène) ; Desclos ; Chemin (Jean-Jacques).

Hospice de Saint-Hilaire-du-Harcouët.

MM. le Maire de Saint-Hilaire-du-Harcouët, *président ;* Fauchon, propriétaire ; Cherel, Lebigot (Louis), Lesénéchal (Ernest), N...; Lemonnier (Eugène).

Hospice de Valognes.

MM. le Maire de Valognes, *président ;* Hamel, *ordonnateur ;* Lebouteiller, docteur-médecin ; Le Clerc, président du tribunal ; Oury, notaire ; Lerouge, propriétaire ; Néel, propriétaire.

Receveur économe : M. Jules Leconte.—*Service médical :* MM. Leneveu et Bricquebec.—*Service intérieur :* MM^mes les Religieuses Filles de la Sagesse.—*Aumônerie :* M. l'abbé Lerévérend.

BUREAU DE BIENFAISANCE.

MM. le Maire de Valognes, *président ;* Lemeland (Pierre), *ordonnateur ;* Lecannellier, propriétaire ; Foulon, avocat ; Le Grusley, avoué ; Viel, juge ; Tessero, curé archiprêtre.

Hospice de Barfleur.

MM. le Maire de Barfleur, *président ;* Dalidan (Ernest), propriétaire ; Dalidan, docteur-médecin ; Cauchon, curé desservant ; Lepart (Charles), Tardif (Alfred), Blanvillain (Charles).

Receveur économe : M. Jourdan, receveur municipal.—*Service médical :* M. Dalidan.—*Service intérieur :* MM^mes les Religieuses de la Miséricorde de Saint-Sauveur-le-Vicomte. — *Supérieure :* Mme Marguerite-de-la-Croix.—*Aumônerie :* M. l'abbé Cauchon.

Hospice de Montebourg.

MM. le Maire de Montebourg, *président ;* Lefoulon, curé doyen ; Duval, marchand chapelier ; Vrac, négociant ; Anfray (Louis), négociant ; Mariette (Guillaume), propriétaire ; Guiffard, notaire.

Receveur : M. Laurent.—*Econome-secrétaire :* M. Leconte.—*Service médical :* M. Crocquevieille.—*Service intérieur :* MM^mes les Religieuses de la Miséricorde.—*Supérieure :* Mme Théodora.

Hospice de Sainte-Marie-du-Mont.

MM. le Maire de Sainte-Marie-du-Mont, *président ;* Blondel, propriétaire ; Corbin-Desmanneteaux, propriétaire ; Caruel, curé ; Monverand, propriétaire ; Morel, propriétaire.

Receveur économe : M. Clavreul.—*Service médical :* M. Le Goupils.—*Service intérieur :* Mme sœur saint Débonnaire, *supérieure.*—*Aumônerie :* M. Caruel.

Hospice de Sainte-Mère-Eglise.

MM. Hairon, maire de Sainte-Mère-Eglise, *président,* qui a délégué M. Butel, adjoint, pour remplir ces fonctions ; Cirou, propriétaire.

ancien juge de paix ; Malençon, propriétaire; Leprince, propriétaire ; Gautier, curé ; Philippe (Auguste), propriétaire ; Caillemer (Amand), propriétaire.

Hospice de Saint-Sauveur-le-Vicomte.

MM. le Maire de Saint-Sauveur-le-Vicomte, *président ;* Lemonnier (Jean), propriétaire, *ordonnateur* ; Lejoly-Senoville (Lambert), docteur-médecin ; Pain-Delestan, propriétaire ; Mesnage, négociant ; Legoupil, notaire, et Morel (Gustave), *membres.*

Receveur : M. Pestre-Lamy, percepteur.—*Econome :* M. Tahot, secrétaire de la mairie.—*Service médical :* M. Bellet.—*Service intérieur :* MM^mes les Religieuses de saint Paul de Chartres.— *Supérieure :* Mme sœur Berthe.—*Aumônerie :* M. l'abbé Drieu.

Hospice de Saint-Vaast.

MM. le Maire de Saint-Vaast, *président ;* Maillard (Louis), maître voilier; Leguay (Pierre-Nicolas), propriétaire; Cornibert (Alexandre), maître au cabotage ; Thin (Marc), ancien capitaine au long cours Valette, négociant.

Receveur économe : M. Leloup, percepteur.—*Service médical :* M. Ménard, docteur-médecin. — *Service intérieur :* MM^mes les Religieuses du Sacré-Cœur. — *Supérieure :* Mme saint Urbin.— *Aumônerie :* M. l'abbé Jouenne, curé de Saint-Vaast.

SOCIÉTÉ MATERNELLE.

LISTE DES DAMES FORMANT LE COMITÉ D'ADMINISTRATION.

SAINT-LO.

MM^mes Simon (Adolphe), *présidente ;* V^e Le Campion et Lepingard, *vice-présidentes.*

Mesdames assistantes : Breton, Ve Chardon, Ve Chesnel, de Comines, Derbois (Jores), Ve Descoqs, Ve Desfaudais, la baronne d'Espinoss, Ve Elie, Ve Fouques, Frémin, Gambillon, Ve Guillot (Paul), Labarre, Ve Lefèvre, Lhomond, Le Monnier de Gouville, Lelellier, Levaillant, Ve Poupion, Rauline (Gustave), Ve Toutain, les Supérieures du Bon-Sauveur et du Sacré-Cœur (orphelinat et gardes-malades).

BUREAU DE SAINT-JAMES.

Société pour l'extinction de la mendicité.

Présidente : Mme Hippolyte Morel.—*Vice-présidentes :* Mme Louis Despréaux et Mme la Supérieure de la Retraite.—*Trésorière :* Mme Victor Porcher.—*Secrétaire :* Mme Frédéric Gautier.—*Dames patronnesses :* Mme Jules Gautier, Mlle Gouin de Roil, MM^mes André Chevalier, Geffroy, Mlle Enjourbault, Mmes Léon Besnard, Paven, Darthenay, Tribouillard. Montmirel et Eugène Lemoine.

COMMISSIONS DU TRAVAIL DES ENFANTS ET DES FILLES MINEURES

EMPLOYÉS DANS L'INDUSTRIE.

Arrondissement de Saint-Lo. — MM. N.. ; Bosq, ancien président du Tribunal de commerce de Saint-Lo ; N.. ; l'Inspecteur primaire, à Saint-Lo; Granger, négociant, à Saint-Lo; Breton, propriétaire de la papeterie, à Saint-Lo ; Leturc, docteur-médecin, à Saint-Lo.

Arrondissement d'Avranches. — MM. Tétrel ✳, conseiller général, maire de Villedieu ; Gautier, conseiller général ; Lebiez, maire de Granville ; Chancerel, inspecteur primaire, à Avranches ; Gautier (César), conseiller d'arrondissement, négociant, à Saint-James ; Lecaille, conseiller municipal et industriel, à Avranches.

Arrondissement de Cherbourg. — MM. l'Ingénieur en chef de la navigation, à Cherbourg ; Le Jolis, président du Tribunal de commerce de Cherbourg ; Mauger (Léon), président de la Chambre de commerce de Cherbourg ; l'Inspecteur primaire ; Mahieu (Alfred), membre de la Chambre de commerce de Cherbourg ; Legard-Lafosse, docteur-médecin, à Cherbourg ; Fleury (Paul), filateur, à Gonneville.

Arrondissement de Coutances. — MM. Quenault, conseiller général, à Montmartin-sur-Mer ; N.. ; Lelandais, conseiller d'arrondissement, à Coutances ; l'inspecteur primaire, à Coutances ; Ducloux, maire de La Haye-du-Puits ; Guillot, maire de Blainville ; le Conducteur des ponts et chaussées, à Coutances.

Arrondissement de Mortain. — MM. de Bailliencourt, maire de Mortain ; l'Inspecteur primaire, à Mortain ; Leriche, docteur-médecin, à Mortain ; Lemonnier (Eugène), conseiller municipal, à Saint-Hilaire-du-Harcouët ; Leconte, directeur de filature, au Neufbourg ; Bréillot (Joseph), marchand de nouveautés, à Mortain ; Bazin (Victor), négociant, à Sourdeval-la-Barre.

Arrondissement de Valognes. -- MM. Desprez, inspecteur primaire, à Valognes ; Enquebecq, conducteur des ponts et chaussées, à Valognes ; Leneveu, fils, docteur-médecin, à Valognes ; Dalidan, ancien maire de Barfleur ; Mauduit, pharmacien, à Valognes.

SOCIÉTÉS DE SECOURS MUTUELS.

VILLE DE SAINT-LO.

Société de Secours mutuels des Patrons et Ouvriers de la ville de Saint-Lo.

COMPOSITION DU BUREAU. — M. le Préfet de la Manche, Mgr l'Evêque de Coutances et d'Avranches, M. le Maire de la ville de Saint-Lo, *présidents d'honneur* : MM. E. Breton, directeur de la papeterie de

Valvire, *président ;* Dyvrande, négociant et Léon Leparquois, fabricant, *vice-présidents;* Queillé, architecte, *vice-président honoraire;* Pierre dit Girard, *secrétaire ;* Besnard, employé, *secrétaire-adjoint;* Marie, épicier, *trésorier;* Ruel, commis de banque, *trésorier-adjoint ;* Sénéchal, employé, *contrôleur de la perception ;* Leprovost et Kist, *visiteurs des malades ;* Lecoustey, plafonneur, Rivey, cordonnier, Lecerf, peintre, Lelandais, serrurier, Birée, maçon, *administrateurs.*

Société de Secours mutuels entre les Charpentiers, Scieurs de long et Marchands de bois de la ville et du canton de Saint-Lo.

MM. J. Bosq, *président;* Lefèvre, fils, *vice-président;* Jung, *secrétaire-trésorier.*

Société de Secours mutuels des Médecins de la Manche.

Président : M. Bernard ✻, Conseiller général ; *secrétaire :* O. Leclerc.

Société de Secours mutuels établie entre les Instituteurs et les Institutrices de la Manche.

Président : MM. N....., inspecteur d'académie ; *vice-présidents :* Lenoël, sénateur et Hanriot, directeur de l'école normale ; *secrétaire-trésorier :* Pignet, directeur de l'école mutuelle de Saint-Lo; *secrétaire-adjoint :* Bucaille, instituteur public, à Torigni.

MEMBRES DU BUREAU. — MM. N....., inspecteur d'académie, *président;* Labiche, sénateur; Riotteau, député ; Regnault, conseiller général, ancien député ; Aubin, inspecteur primaire, à Saint-Lo ; Bréard, inspecteur primaire, à Cherbourg ; Desprez, inspecteur primaire, à Valognes ; Fautrad, instituteur public, à Villedieu ; Ruault, instituteur public, à Avranches ; Gamas, instituteur, à Cherbourg ; Simon, instituteur, au Vast ; Le Souef, instituteur public, à Gavray ; Simon, instituteur, à Sourdeval-la-Barre ; Alexandre, instituteur, à Saint-Hilaire-du-Harcouët; Pignet, instituteur public, à Saint-Lo ; Bucaille, instituteur public, à Torigni; Courtois, instituteur public, à Saint-Vaast-la-Hougue ; Letourneur, instituteur public, à Montebourg.

Société de Secours mutuels entre les Cantonniers du Service vicinal.

(Approuvée par arrêté préfectoral du 8 juillet 1867).

Président d'honneur : MM. Floret, préfet de la Manche, Officier de la Légion d'honneur, etc. ; *président honoraire :* Leroy, agent voyer en chef honoraire du département du Nord ; *président :* Lelièvre O. A., agent voyer en chef du département de la Manche ;

vice-présidents : E. Lenoël, sénateur, membre du Monseil général ; Colas O. A., chef de division à la Préfecture de la Qanche; *secré-tair₃* : Heude, agent voyer principal, chef de bureau de l'agent voyer en chef ; *secrétaire-adjoint* : Pagel. agent voyer cantonal de 1ʳᵉ classe, en retraite ; *trésorier* : Darthenay, agent voyer cantonal de 1ʳᵉ classe.

Administrateurs principaux d'arrondissement.

MM. Durel, à Saint-Lo ; Benard, à Avranches ; Mesnage, à Cherbourg; Lepuissant, à Coutances ; Hermann, à Mortain ; Enquebecq, à Valognes.

VILLE DE TORIGNI-SUR-VIRE.

MM. Philippe-Desportes (Michel), *président ;* Jouet-Lacouture (Ferdinand), *vice-président ;* Harivel, secrétaire de la mairie, *secrétaire :* Groualle, négociant, *trésorier ;* Letellier (Léonor), serrurier, et Vimard, jardinier, *administrateurs.*

VILLE D'AVRANCHES.

Société de Secours mutuels de Saint-François-Xavier.

MM. Chaumeil ✻, capitaine en retraite, *président ;* Mgʳ Germain, évêque de Coutances et d'Avranches, *président d'honneur ;* Bouvattier, capitaine, Lepennetier, *administrateurs ;* Lhomer, *secrétaire ;* Hamel, *trésorier ;* Laurence, maître charpentier ; Vachon, jardinier, *contrôleurs.*

Société de Secours mutuels la Fraternelle.

Présidents d'honneur : MM. Leménicier, sous-préfet d'Avranches ; Lenoir, maire d'Avranches ; *président :* Mauduit, conseiller municipal; *vice-présidents :* Letréguilly (Victor), et Louvel, conseillers municipaux ; *secrétaire :* Jorand, typographe ; *vice-secrétaire :* Desfeux (Ch.) ; *trésorier :* Dufour ; *vice-trésorier :* Poidvin, employé ; *administrateurs :* Saint, conducteur principal des ponts et chaussées ; Desdouitils, adjoint au maire ; Longrais, conducteur principal des ponts et chaussées ; Péguenet, conseiller municipal ; Le Bocey, menuisier ; Lemesle, Legrand, Fardin (Alexis).

VILLE DE VILLEDIEU.

M. Jules Tétrel ✻, O. A., conseil général, maire de Villedieu, *président.*

VILLE DE SAINT-JAMES.

Société de Secours mutuels.

M. Gautier (César), conseiller d'arrondissement, *président.*

VILLE DE GRANVILLE.

Société de Secours mutuels et de pensions de retraite.

MM. Dior (Lucien) ✳, O. M. Agr., *président;* Lenormand
(François), négociant, *vice-président;* Leconte (Louis), *secrétaire;*
Bougourd (Louis), secrétaire de la mairie, *trésorier;* Herpin (Emma-
nuel), armateur; Laroque (Léon), maréchal ferrant; Legendre
(Louis-François), mécanicien; Lechartier (Edouard), ferblantier;
Heurtaut (Charles), mécanicien; Mallet (Louis-Adolphe), menuisier;
Joret (Pierre), constructeur de navires; Février (Eugène), poulieur;
Fontaine (Emile), peintre; Dior (Lucien), fils, ingénieur, Gatebois
(Adolphe), comptable, *administrateurs.*

VILLE DE CHERBOURG.

*Société de Secours mutuels des Distributeurs et autres Employés
et Ouvriers du port et de la ville de Cherbourg.*

MM. Lanièce (Jacques), *président;* Levavasseur (Alphonse),
Philippe (Louis), *vice-présidents;* Lefrançois (Eugène), *secrétaire;*
Moitié (Louis), *secrétaire honoraire;* Anne (Alphonse), *trésorier;*
Cadet (François), Conor (Victor), Esterlingot (François), Legoupil
(Théodore), Auvray (Louis), Bourlaire (Alexandre), Langlois (Alfred),
receveurs particuliers; Bourlaire (Jules), Lemarquand (Eugène),
Paysant (Alexis), Dorléans, Broquet (Jacques), *administrateurs.*

Société de Secours mutuels la Cherbourgeoise.

MM. Pignot (Charles), *président;* Lebiez, chef contre-maître,
vice président; N. ..., *trésorier;* Vaslot, ouvrier forgeron;
Sanson, ouvrier calfat; Bihel, ouvrier ajusteur; Mesnil, ouvrier
chaudronnier; Renouf, chef ouvrier charpentier; Antoine, contre-
maître charpentier; Chauvin, ouvrier charpentier, *administrateurs;* Vautier, retraité de la marine, *archiviste;* Godreuil,
écrivain de la marine, *secrétaire.*

*Société de Secours mutuels des médecins de l'arrondissement
de Coutances.*

MM. Lefèvre (père), à Périers, *président;* Lemière, *vice-président;* Laisney, *trésorier;* Dudouyt, *secrétaire.*

VILLE DE COUTANCES.

MM. Boissel-Dombreval, maire, *président;* Bouley, *vice-président;* Héon, professeur, *secrétaire:* Roguelin, *trésorier;* Lemeslet,
trésorier-adjoint; Lecluse, Salmon, Hennequin, *administrateurs.*

VILLE DE SAINT-HILAIRE-DU-HARCOUET.

Société de Secours mutuels (Sapeurs-Pompiers).

MM. Fauchon (Victor), *président ;* Amiard (René), *vice-président ;* Dubosq (Joseph), *secrétaire ;* Lesénéchal (Ernest), Leroy, Charbonnel, (François), *administrateurs.*

Société de Secours mutuels des Ouvriers (200 Membres).

MM. Lefresne, conseiller général, *président ;* Chérel (Théophile), et Lemonnier-Datinière (Louis), *vice-présidents ;* Beaumont, *trésorier ;* Samion (Georges), *secrétaire ;* Pleutin, Guérin, Fautrad, Dodard, Yvon, Orvain, *administrateurs ;* Beaubigny (Jean), Diguet, Gauthier (Louis), Gautier (Pierre), Giquel, Charuel et Guérin (Ernest), *chefs de quartier.*

VILLE DE VALOGNES.

MM. Viel, ancien juge, *président ;* B. Hamel, *vice-président ;* Lecannellier *secrétaire ;* Lepetit *trésorier ;* Lecoquierre, serrurier ; Roberge, négociant ; Lerouge, propriétaire ; A. Lemasson, Paris peintre ; Vasselier, cultivateur ; Lhôtellier, *administrateurs.*

VILLE DE BRICQUEBEC.

MM. N...., *président ;* Guidon, *vice-président.*

PRISONS.

Les prisons de la Manche forment, avec celles de l'Ille-et-Vilaine et de la Mayenne, la 13ᵉ circonscription pénitentiaire, dont l'administration est confiée au Directeur de la maison centrale de Rennes (Décret du M. le Président de la République en date du 20 mars 1888).

M. Th. Hallo, docteur en droit, à Rennes (Ille-et-Vilaine).

Gardiens chefs.

Saint-Lo : M. Civel.—Avranches : M. Dufour. — Cherbourg : M. Auriol.—Coutances : M. Lerée.—Mortain : M. Martin.— Valognes : M. Legrand.

Aumôniers et Médecins.

Saint-Lo : MM. Adde et Lhomond.—Avranches : MM. Lefrançois et Béchet.—Cherbourg : MM. Vielhautmesnil et Offret.—Coutances: MM. Fleury et Leconte.—Mortain : MM. Jamault et de la Houssaye. —Valognes : MM. Poret et Le Bouteiller. —Saint-Lo : M. Pignet, instituteur.

Commissions de surveillance des Prisons.

Arrondissement de Saint-Lo. — MM. le Maire de Saint-Lo , Bernard ✻, docteur-médecin , conseiller général ; Lerendu , conseiller municipal ; Lelièvre, agent voyer en chef ; Dussaux, avoué, adjoint au maire de Saint-Lo.

Arrondissement d'Avranches. — MM. le Maire d'Avranches ; Desdouitils, 1ᵉʳ adjoint au maire d'Avranches ; Lechevallier , (Octave), conseiller municipal ; Lemardelé (Emile), avoué, conseiller municipal ; Barbier-Domin , conseiller municipal ; Scelles, juge-suppléant, avocat.

Arrondissement de Cherbourg. —MM. le Maire de Cherbourg ; Asselin, président honoraire du Tribunal civil ; Favier, avocat ; Renault, docteur-médecin, conseiller municipal ; Levallois, juge au Tribunal civil ; Poittevin pharmacien ; le percepteur de Cherbourg.

Arrondissement de Coutances. —MM. Pascal ✻, sous-préfet , *président ;* le maire de Coutances ; Saillard, adjoint au maire de Coutances ; Vastel, président du Tribunal civil ; Dudouyt, procureur de la République ; A. Lair ✻, proviseur honoraire ; Rabec, avocat ; Guillemette ✻, juge de paix, conseiller général ; Dupérouzel, avocat ; Lemuet (Alphonse), propriétaire ; N....

Arrondissement de Mortain. — MM. le Maire de Mortain ; Le Crecq, avocat ; Josset, avocat ; Buisson, pharmacien ; Norgeot, juge de paix ; Leriche, docteur-médecin.

Arrondissement de Valognes. — MM. le Maire de Valognes ; Bernard , conseiller municipal ; Bricquebec , docteur-médecin ; Dansos, docteur-médecin ; Foulon, avocat ; Lebouteiller, docteur-médecin ; le percepteur de Valognes.

AGRICULTURE.

Ecole départementale d'agriculture et de laiterie

créée par arrêté ministériel du 21 août 1886.

Directeur : M. Etienbled.

Personnel enseignant.— *Physique et chimie,* M. Champseix ; *sciences naturelles,* M. Le Dain ; *anglais,* M. Rivoiron ; *enseignement primaire et primaire supérieur,* M. Nicolle, instituteur ; *enseignement de l'extérieur et de l'hygiène des animaux et de la pratique sanitaire,* M. Bernard, vétérinaire ; *chef de pratique agricole et d'industrie laitière,* M. Crinon ; *jardinier chef de pratique agricole,* M. Oger ; *instruction militaire,* M. Lithard.

Comité de surveillance et de perfectionnement. — MM. l'Inspecteur général de l'enseignement agricole, attaché à la région, *président ;* Regnault, Bonamy, Amiard, membres du Conseil général ; N..., *secrétaire ;* Savary, agriculteur, à Montpinchon ; Lebarbenchon, agriculteur, à Sottevast.

Cette école, installée dans la ferme du Vieux-Château, dépendant du domaine de Coigny, situé en la commune de ce nom, est destinée à former des chefs de culture, à donner une bonne instruction professionnelle aux fils de cultivateurs, propriétaires et fermiers, et, en général, aux jeunes gens qui se destinent à la carrière agricole.

Elle est destinée particulièrement à l'enseignement et à l'étude de tout ce qui se rattache à l'industrie laitière.

L'école reçoit des élèves internes, des demi-pensionnaires et des élèves externes.

La durée du cours est de deux ans.

Le prix de la pension est de 400 fr. ; celui de la demi-pension, de 250 fr. ; les externes paient 50 fr., le tout exigible d'avance et par dixièmes, en trois versements, savoir : trois dixièmes en entrant, trois dixièmes en janvier et quatre dixièmes en avril.

Les examens d'admission ont lieu, tous les ans, au siège de l'école, le troisième lundi de septembre.

Les candidats doivent avoir 14 ans au moins, et 20 ans au plus dans l'année de l'admission.

Des prospectus faisant connaître toutes les conditions d'admission et du régime de l'école sont déposés à la Préfecture (1re division), aux Sous-Préfectures et aux Mairies du département. De son côté, M. le Directeur de l'école en adressera à toutes les personnes qui lui en feront la demande.

Laboratoire de chimie agricole à Granville.

Directeur : M. LAUROT, chimiste à Granville.

Ce laboratoire spécial destiné à l'analyse des engrais chimiques employés en agriculture fonctionne, à Granville, depuis l'année 1885. Il est subventionné par le Ministre de l'Agriculture et le département de la Manche.

Les analyses sont gratuites. Les agriculteurs ont à pourvoir seulement aux frais d'expédition des échantillons à M. Laurot, et à l'affranchissement du bulletin d'analyse renvoyé par le Directeur du laboratoire.

Enseignement départemental et communal de l'agriculture.

(Loi du 16 juin 1879.)

Chaire départementale d'agriculture, créée par décision ministérielle du 26 juin 1885.

Titulaire : M. ROZERAY, chevalier du Mérite agricole, ancien répétiteur à l'école nationale d'agriculture du Grand-Jouan.

Ecole primaire et professionnelle d'agriculture de Sartilly.

Directeur : M. AUBRIL.

PERSONNEL ENSEIGNANT.—*Physique et chimie*, M. Hubert; *vétérinaire*, M. Ollivier (Edouard); *chef de pratique*, M. Lamy; *enseignement primaire*, M. Guérin; *instructeur militaire*, M. Lesigne.

COMITÉ DE SURVEILLANCE ET DE PERFECTIONNEMENT. — MM. l'Inspecteur général de l'enseignement agricole attaché à la région, *président ;* l'Inspecteur primaire de l'arrondissement ; Elphège Basire, conseiller général, maire de Dragey ; le docteur Leménager, maire de Sartilly ; Duchemin (Alfred), ancien maire de Dragey, propriétaire-cultivateur.

SOCIÉTÉS D'AGRICULTURE.

Arrondissement de Saint-Lo.—MM. Floret, Préfet de la Manche, *président ;* Manoury, conseiller d'arrondissement, Lenoël, sénateur, Sanson de la Valesquerie (Félix, propriétaire-cultivateur ; *vice-présidents :* Robin (Nestor), éleveur, *secrétaire ;* N..., *secrétaire-adjoint ;* Bosq, banquier, *trésorier ;* Thouroude, éleveur, *trésorier-adjoint ;* Rozeray, professeur d'agriculture, *archiviste.*

Arrondissement d'Avranches.—MM. E. Garnot, *président ;* J. Bouvattier fils, et Henry Raulin, *vice-présidents ;* d'Avenel, *secrétaire ;* Pitel et Lechoisne, *vice-secrétaires ;* Vauprès, propriétaire, *trésorier ;* A. Latouche ✳, *conservateur ;* Louis Hardy, à Tirepied ; François Leresteux, à Pontorson ; Potier de Lavarde, à Saint-Pair ; Collet, à Poilley ; N..., à la Haye-Pesnel ; René de Cantily, à Lolif ; N..., à la Lande-d'Airou ; Victor Chevalier, à Saint-James, *membres du comité d'administration.*

Nouvelle Société d'agriculture d'Avranches.—MM. Riotteau et Morel, *présidents ;* Lenoir, maire d'Avranches, Le Chevalier (Octave), Desdouitils, adjoint au maire d'Avranches, *vice-présidents ;* Basire (Elphège), Letréguilly, *secrétaires ;* Loiseau, *trésorier ;* Gombert, *trésorier-adjoint.*

Arrondissement de Cherbourg.—*Président d'honneur :* M. le Sous-Préfet de Cherbourg ; *président honoraire :* M. le Cte de Sesmaisons, ministre plénipotentiaire ; *président :* M. Léon Hainneville, président du Tribunal de commerce ; *vice-président :* M. Aimé Legranché, ancien élève de l'Ecole polytechnique ; *vice-présidents cantonaux :* MM. J.-B. Le Bas, Feuardent-Duhutrel, Augustin Gamache, Courtois-les-Hougues ; *Secrétaire :* M. J. Folliot, agriculteur ; *secrétaire-adjoint :* M. Levesque, professeur d'arboriculture ; *trésorier :* M. Joublin, percepteur de Martinvast ; *archiviste :* M. Edouard Cousin, contrôleur des douanes ; *conseillers d'administration :* MM. Auguste Pouppeville, Emile Samson, J.-B. Lecerf, Anténor Bosvy, Jean Lécrivain, François Lecanu, Ferdinand Léveillé, François Roger, Henri Menut et Jacques Pontis.

Arrondissement de Coutances. — MM. Briens ✳, *président ;* Regnault, conseiller général, Dombreval✳, conseiller général, maire de Coutances, *vice-présidents ;* Guillemette ✳, conseiller général, *secrétaire général ;* Saillard, adjoint au maire de Coutances, Lemarchand, propriétaire à Coutances, *vice-secrétaires ;* Adde, propriétaire à Coutances, *trésorier ;* Bienvenu, propriétaire à Coutances, *trésorier-adjoint.*

Arrondissement de Mortain.—MM. d'Auray, *président ;* Dumarais, propriétaire au Neufbourg, Laurent, juge de paix à Saint-Pois, *vice-présidents ;* Josset, *secrétaire ;* de Bailliencourt, propriétaire à Mortain, *trésorier ;* Ladvoué, propriétaire à Mortain, *vice-trésorier ;* N..., *bibliothécaire.*—*Présidents cantonaux :* MM. Béchet, pour Barenton ; Guérin, pour Isigny ; Herbin (Gustave), pour Juvigny ; N..., pour le Teilleul ; Dumarais, à Mortain ; Bréhier (Julien), pour Saint-Hilaire-du-Harcouët ; d'Auray, maire de Saint-Pois, pour Saint-Pois ; Labiche (Paul), propriétaire, pour Sourdeval.

Arrondissement de Valognes.— MM. le Sous-Préfet, *président honoraire ;* Sébire O✻, *président ;* Roumy et Buhot, *vice présidents ;* Lemarquand, *secrétaire ;* Leduc, *trésorier ;* Vassellier, *bibliothécaire.*

CHAMBRES CONSULTATIVES D'AGRICULTURE.

Arrondissement de Saint-Lo.—*Canisy,* MM. Deshayes (Albert), agriculteur.—*Carentan,* Lenoël, juge de paix.—*Marigny,* Delarue, notaire.— *Percy,* Blouët ✻, conseiller général. — *Saint-Clair,* Bernard (Adolphe), maire à Saint-Clair. — *Saint-Jean-de-Daye,* Pézeril, propriétaire.—*Saint-Lo,* N....—*Tessy-sur-Vire,* Beaufils, maire de Moyon.—*Torigni-sur-Vire,* Cord'homme, maire, conseiller d'arrondissement.

Arrondissement d'Avranches. — *Avranches,* MM. Couraye du Parc ✻, membre de la Société d'agriculture.—*Brécey,* Laurent, maire aux Cresnays. — *Ducey,* Dupont, maire.—*Granville,* Duchemin, agriculteur, à Dragey.—*La Haye-Pesnel,* Basire (Elphège), propriétaire à Dragey.—*Pontorson,* M¹ˢ de Verdun de la Crenne, maire d'Aucey, conseiller d'arrondissement.—*Saint-James,* Morel, président du Comice agricole.—*Sartilly,* Riotteau, président du Comice agricole de Sartilly. — *Villedieu,* Tétrel ✻, conseiller général, président du Comice agricole de Villedieu.

Arrondissement de Cherbourg.—*Beaumont,* MM. Louis, maire de Beaumont.—*Cherbourg,* Hainneville, négociant, président de la Société d'agriculture.—*Octeville,* Cᵗᵉ de Sesmaisons et Lesage, maire d'Octeville.—*Les Pieux,* Lequérié-Desroziers, juge de paix. —*Saint-Pierre-Eglise,* Lebas, maire.

Arrondissement de Coutances.—*Bréhal,* MM. Fauchon (Eugène), maire. — *Cerisy-la-Salle,* Guillemotte (Fréd.) ✻. — *Coutances,* Boissel-Dombreval ✻, maire, conseiller général.—*Gavray,* Lecoupé (Marcel).—*La Haye-du-Puits,* Ducloux, maire.—*Lessay,* Galuski ✻, maire. — *Montmartin-sur-Mer,* Quenault, conseiller général.— *Périers,* Regnault, ancien député, conseiller général.—*Saint-Malo-de-la-Lande,* Jehenne, conseiller d'arrondissement, maire.— *Saint-Sauveur-Lendelin,* Toulorge (Eugène).

Arrondissement de Mortain. — *Barenton*, MM. Chemin, propriétaire.—*Isigny*, Davy, maire.—*Juvigny*, Grossin, maire, conseiller général. —*Le Teilleul*, Jouin (Zéphirin).—*Mortain*, Le Bigot, notaire. — *Saint-Hilaire-du-Harcouët*, Boucé, maire de Saint-Martin-de-Landelles.—*Saint-Pois*, Lechaptois, conseiller municipal à Boisyvon.—*Sourdeval*, Esnault (Charles), propriétaire.

Arrondissement de Valognes. — *Barneville*, MM. Lepelletier, maire de Carteret.—*Bricquebec*, N....—*Montebourg*, le Cᵗᵉ de Pontgibaud ✳, maire et conseiller général. — *Quettehou*, N... — *Sainte-Mère-Eglise*, Roumy, propriétaire. — *Saint-Sauveur-le-Vicomte*, Leclerc (Pierre), maire.—*Valognes*, Sébire ✳, sénateur, conseiller général.

COMICES AGRICOLES.

Percy, Tessy-sur-Vire et Torigni-sur-Vire. — MM. Ganne de Beaucoudray, *président ;* G. Canu, médecin-vétérinaire à Torigni, et Canuet-Préfontaine, maire à Villebaudon, *vice-présidents ;* Goulet, père, à Tessy, *secrétaire-trésorier.*

Brécey.—M. Laurent, maire des Cresnays, *président.*

Ducey.—M. Raulin, agriculteur à Juilley, *président.*

La Haye-Pesnel.—M. Fontaine, conseiller général, notaire à la Haye-Pesnel, *président ;* Le Bourgeois, maire de La Lucerne, *1ᵉʳ vice-président ;* Rosselin, maire de Beauchamps, *2ᵉ vice-président ;* Polley, *secrétaire ;* Le Pelley-Fonteny, *trésorier.*

Pontorson.—M. Fonténier ✳, maire du Mont-Saint-Michel, *président.*

Sartilly.—M. Riotteau, député, conseiller général, *président.*

Saint-James.—M. Morel, sénateur, maire de Saint-James, *président.*

Villedieu.—M. Tétrel ✳, conseiller général, maire de Villedieu, *président.*

Bréhal.—MM. Briens, député, *président ;* docteur de la Bellière, conseiller général, *vice-président ;* Dujardin, *trésorier.*

Gavray.—MM. Lecoupé (Marcel), propriétaire à Saint-Denis-le-Gast, *président ;* Michel, maire du Mesnil-Garnier ; Leclère (Edmond), propriétaire à Gavray, *vice-présidents ;* Coueffin (Amand), propriétaire à Gavray, *secrétaire ;* Durville (Albert), propriétaire à Gavray, *vice-secrétaire ;* Barbier, percepteur de Hambye, *trésorier.*

La Haye-du-Puits et Lessay.—MM. de La Martinière ✳, *président ;* N..., *vice-président ;* Piquot, propriétaire *secrétaire.*

CERISY-LA-SALLE.– MM. Guillemette, conseiller général, *président;* N....., *vice-président ;* Duperrouzel, propriétaire, *secrétaire ;* Gaillard, *trésorier.*

PÉRIERS.—MM. Regnault, conseiller général, *président ;* Leconte, conseiller d'arrondissement, *vice-président ;* Pican, *secrétaire ;* Ledrans, *trésorier.*

SAINT-MALO-DE-LA-LANDE. — MM. Dudezert, conseiller général, juge au tribunal de la Seine, *président ;* Lemoine, ancien professeur au lycée, *1er vice-président ;* Jules Jehenne, conseiller d'arrondissement, *2e vice-président ;* Tanqueray (Almire), *secrétaire ;* Vincent, médecin, *secrétaire-adjoint ;* Lecuir, propriétaire, *trésorier ;* Gervaise (Eugène), *trésorier-adjoint.*

SAINT-SAUVEUR-LENDELIN.—MM. le docteur Lemattre, conseiller général, *président ;* Toulorge, maire de Muneville-le-Bingard, et Lecacheux , adjoint à Monthuchon , *vice-présidents ;* Dumont, *trésorier ;* Ledentu, adjoint, *secrétaire.*

ISIGNY.—MM. Fauchon, ancien conseiller général, le Sous-Préfet de Mortain , *présidents d'honneur ;* Guérin , maire du Mesnil-Thébault, *président ;* Davy, maire des Biards, Cruchet, notaire au Bual, de Tesson, à la Mancellière, *vice-présidents ;* Varin, notaire à Isigny, *secrétaire ;* Anfroy et Heslouin, au Bual, *vice-secrétaires ;* N..., *trésorier ;* Jouenne (Paul), à Montigny, Sinoir, receveur de l'enregistrement à Isigny, *vice-présidents.*

SAINT-HILAIRE-DU-HARCOUET.—MM. le Sous-Préfet de Mortain, *président honoraire ;* Genest, de Saint-Hilaire-du-Harcouët, *vice-président honoraire ;* Lefresne (Alfred), *président ;* Boucé (Julien), Lemonnier, *vice-présidents ;* Beaumont, *secrétaire ;* Piel , *vice-secrétaire ;* Hirbec, *trésorier ;* N..., *vice-trésorier.*

COMICE AGRICOLE DU COTENTIN.— MM. de la Gorsse , député, *président ;* Léon Lenoël, *secrétaire ;* Allix-Courboy et Maillard, *vice-présidents ;* Legrand, *trésorier.*

SOCIÉTÉS D'HORTICULTURE.

Arrondissement d'Avranches.—MM. le Préfet de la Manche, le Sous-Préfet d'Avranches, *présidents d'honneur ;* d'Aisy ✳, *président ;* Louvet (Constant) ✳, *président honoraire ;* Roussel, horticulteur, Morel (Paul), horticulteur, *vice-présidents ;* Saint, conducteur principal des ponts et chaussées, *secrétaire ;* Lemardelé et Hamel (Alexandre), horticulteur, *secrétaires-adjoints ;* Fontaine-Laporte, *trésorier ;* Vachon, horticulteur, *conservateur-archiviste ;* N..., Cte de Chabannes, Desdouitils, adjoint au maire d'Avranches, Degrenne, horticulteur, *membres du Comité d'administration.*

Arrondissement de Cherbourg. — *Membres d'honneur de la Société.*—Présidents d'honneur : M. le Sous-Préfet de l'arrondissement ; M. le Maire de Cherbourg.—Président honoraire : M. Emmanuel Liais ✳, ancien directeur de l'Observatoire impérial du Brésil. —Vice-président honoraire : M. Orry, O. I., avoué honoraire.

Membres du Bureau pour 1892.—Président : MM. le docteur Renault ✳, O. A.—Vice-présidents : Cauvin, propriétaire ; Levesque, marchand de fer.—Conseillers d'administration : MM, Jollet ✳, chef de bataillon d'infanterie de marine retraité ; Hervieux, propriétaire ; de la Chapelle O. A., contrôleur des douanes retraité ; Dutot, greffier du tribunal de commerce.—Trésorier : M. Orange. agent comptable de la marine retraité.—Secrétaire : M. Lelièvre (Paulin).—Secrétaires-adjoints : MM. Macé, Adrien, négociant.— Bibliothécaire : M. Noyon. — Bibliothécaire-adjoint : M. Cavron (Léon), horticulteur.

Commissions permanentes.—Culture d'utilité : MM. Levesque, président ; Lecarpentier, avocat ; Lemagnen, horticulteur ; Havard, maître principal du port retraité ; Maillard, négociant.—Culture d'agrément : MM. Cauvin, président ; Robine, ancien avoué ; Giot, conducteur des travaux hydrauliques ; Legrin, avocat ; Corbière O. A., professeur de sciences naturelles au lycée.

Comité de rédaction. — MM. de la Chapelle O. A., président ; Dutot, secrétaire ; les Membres du Bureau.—MM. Corbière O. A., le Dʳ Bernadet, Nicollet O. I., professeurs en retraite.— Directeur du jardin : M. Hervieux.—Professeur d'arboriculture : M. Levesque. — Délégué pour invoquer aux inhumations des sociétaires : M. d'Aboville, propriétaire.

Arrondissement de Coutances.—MM. Magny, *président ;* Saillard, *vice-président ;* Lemarchand, *secrétaire ;* N..., *secrétaire-adjoint ;* Dupuy, *trésorier ;* Félix, *conservateur-archiviste.*

Arrondissement de Mortain.—MM. le Préfet, *président honoraire ;* le Sous-Préfet de Mortain, *vice-président honoraire ;* Delaporte, *président ;* Ganier-Hauteville, *vice-président ;* Lebiget, *secrétaire ;* Durand, *secrétaire-adjoint ;* Lebigot, notaire, *trésorier ;* N..., *conservateur-archiviste.*

Arrondissement de Valognes.—MM. le Sous-Préfet de l'arrondissement et le maire de Valognes, *présidents d'honneur ;* Sébire O✳, *président ;* Dagoury, *vice-président ;* Crosville, *secrétaire ;* Lepetit, *vice-secrétaire ;* Falaize, *trésorier ;* N..., *bibliothécaire ;* Lechevallier, Lemarquand, *administrateurs.*

DÉPOT NATIONAL D'ÉTALONS

DE SAINT-LO.

Inspection générale du premier arrondissement.

MM. Delaunay ✳, chevalier du Mérite agricole, *inspecteur général;* Chambry, chevalier du Mérite agricole, *directeur;* Clauzel, *sous-directeur;* Letestu, Bruneton, *surveillants;* Manoury, chevalier du Mérite agricole, *vétérinaire.*

Stations.

Manche : Saint-Lo, Carentan, Sainte-Marie-du-Mont, Sainte-Mère-Eglise, Querqueville, Saint-Pierre-Eglise, Périers, Avranches, Villedieu, la Haye-Pesnel, la Chapelle-Urée, Quettehou, la Haye-du-Puits, Beaumont, les Pieux, Valognes, Saint-Sauveur-le-Vicomte, Saint-James, Saint-Hilaire-du-Harcouët, Sourdeval, Gavray, Bricquebec, Sartilly, Saint-Pair, Percy, Saint-Jean-de-Daye, Bréhal, Marigny, Montebourg, Torigni-sur-Vire.

Calvados : Bayeux, Trévières, Isigny, Balleroy, Vire, Villers-Bocage, Condé-sur-Noireau, Bény-Bocage, Caumont.

SOCIÉTÉ DES COURSES DE SAINT-LO.

Président d'honneur : MM. Floret, préfet de la Manche; *président honoraire :* Louis Yver; *président :* Henri Regnouf de Vains; *vice-président :* Chambry, directeur du dépôt d'étalons; *secrétaire :* Damecour; *trésorier :* Barreau.

SOCIÉTÉ DES COURSES D'AVRANCHES.

MM. Morel (Hippolyte), sénateur, conseiller général, *président;* Gautier, *vice-président d'honneur;* Basire, *vice-président;* Loiseau, *trésorier;* Lenoir et Desdouitils, *secrétaires.*

SOCIÉTÉ DES COURSES DU COTENTIN.

MM. le Vᵗᵉ de Tocqueville ✳, *président;* Châtelier, *trésorier;* Leconte, *secrétaire.*

SOCIÉTÉ DES COURSES DE BOURIGNY.

MM. Salanson, sous-préfet de Mortain, *président;* Lefresne et Tétrel, conseillers généraux, *vice-présidents;* Pichon, *trésorier;* Loyer, *secrétaire;* Bidois, conseiller général, Lechaptois, Loyer et Lebrun, *commissaires.*

VÉTÉRINAIRES BREVETÉS.

Arrondissement de Saint-Lo.—MM. Cauville (Alexis-Edouard), Carentan ; Manoury (Edouard), Saint-Lo ; Canu (Georges-Léonard), Torigni-sur-Vire ; Gaillard (François-Victor-Jean-Baptiste), Saint-Lo; Lebrun (Octave), Percy.

Arrondissement d'Avranches.— MM. Dufour (Joseph-Casimir), Toupé (Alexandre), à Avranches ; Ollivier (Pierre-Edouard), à Granville ; Bourges (Jean-Marie-Léon), à Pontorson ; Ollivier (Louis), à Granville.

Arrondissement de Cherbourg.—MM. Poupeville (Auguste), à Cherbourg ; Boisanfray (Jacques-Frédéric-Joseph), à Cherbourg ; Debroize (Léon-Jules), à Tocqueville.

Arrondissement de Coutances.—MM. Levionnais (Joseph-Marie), Cauvin (Louis-Charles), Cauvin (Pierre-Victor), fils, Crouzel (Théobald) à Coutances ; Bernard (Stanislas), à la Haye-du-Puits.

Arrondissement de Mortain.—MM. Goubin, à Saint-Hilaire-du-Harcouët ; Hergault-Losinière (Emile-Ovide), à Mortain.

Arrondissement de Valognes. — MM. Gosselin (Bon-Hippolyte-Joseph), à Valognes ; Lemarquand (Auguste), à Valognes ; Lebas (Alphonse-Jacques), à Valognes.

CHAMBRES DE COMMERCE.

Cherbourg. — MM. Léon Mauger, *président ;* Buhot, *vice-président ;* Hainneville (Eugène), *secrétaire ;* Bonfils, Bayard, Menut, de la Germonière (Edmond), du Vast, Hay, Bretel, Langlois, *trésorier.*

Granville.—MM. Riotteau, *président ;* Fossé, *vice-président ;* Breton, Dior (Lucien), Ch. Guillebot, Leclère, Langlois, Toupet, Phérivong ; Gaillard, *trésorier.*

AGENTS CONSULAIRES.

Cherbourg.—MM. Vercker, consul d'Angleterre ; Bonfils, vice-consul d'Angleterre ; Postel (Emile), agent consulaire des Etats-Unis d'Amérique ; Postel (Emile), vice-consul de Russie ; Postel (Emile), vice-consul d'Italie ; Lebrun (Pierre), agent consulaire d'Autriche ; Buhot (E.), fils, vice-consul du Danemark ; Bonfils (G.), vice-consul de Suède et de Norwège ; Liais (Edouard), consul de Belgique ; Liais (Léon), vice-consul d'Espagne ; Menut (Henri), vice-consul du Portugal ; Postel (Armand), consul de Turquie ; Liais (Edouard), vice-consul des Pays-Bas ; Postel (Charles), consul du Mexique ; Postel (Charles), consul du Vénézuéla ; Postel (Charles), consul du Chili ; Postel (Charles), consul de Costa-Rica ; Postel (Charles), consul de Haïti ; Postel (Charles), vice-consul de San-Salvador ; Bonfils (G.), vice-consul du Brésil ; Menut (Henri), consul de Guatémala.

Granville.—MM. N...., vice-consul d'Angleterre ; de Lalun, vice-consul de Portugal ; Pannier (Jules), vice-consul de Suède et de Norwège ; N..., vice-consul de Danemark ; N..., vice-consul d'Italie.

CONSEILS SANITAIRES

DES PORTS DU DÉPARTEMENT DE LA MANCHE

Cherbourg. — MM. Martinet, sous-préfet, *président ;* un délégué du vice-amiral commandant en chef, préfet maritime du 1er arrondissement ; un délégué du général commandant la 39e brigade ; le major général de la marine ; le directeur des mouvements du port ; le directeur du service de santé de la marine ; l'ingénieur en chef des ponts et chaussées ou un délégué ; Moll, directeur des constructions navales en retraite, conseiller général, maire de Cherbourg ; le docteur Guiffard, médecin en chef de l'Hôtel-Dieu, directeur de la santé; le docteur Legard-Lafosse, chirurgien en chef de la 1re section de l'Hôtel-Dieu, délégué du comité d'hygiène ; le docteur Renault, chirurgien en chef de la 2me section de l'Hôtel-Dieu, médecin des épidémies ; N..., délégué du conseil municipal, de Saint-Quentin, inspecteur des douanes ; Alfred Mahieu, délégué de la chambre de commerce ; Emile Postel, vice-consul de Russie, d'Italie, et des Etats-Unis d'Amérique, délégué du corps consulaire.

Granville. — MM. Dior, maire, *président ;* le commandant de place, colonel du 2e régiment d'infanterie de ligne ; le commissaire de l'inscription maritime ; l'inspecteur des douanes ; l'ingénieur des ponts et chaussées ; Lemoine, docteur-médecin, délégué du conseil municipal ; Phérivong, capitaine au long-cours, délégué de la chambre de commerce ; Leclerc, armateur, vice-consul d'Espagne, délégué du corps consulaire ; Letourneur, docteur-médecin, conseiller d'arrondissement, médecin des épidémies ; Jouvin, lieutenant des douanes, agent sanitaire.

Saint-Vaast. — MM. Hamelin-Dectot, maire, *président ;* Guiffart, docteur-médecin, directeur de la santé à Cherbourg ; le commissaire de l'inscription maritime ; Ménard, docteur-médecin ; Bondeur, lieutenant des douanes, agent sanitaire.

FOIRES DE LA MANCHE.

Les foires en *italique*, sont celles qui, tombant un dimanche sont avancées ou retardées d'un jour. — Les foires *mensuelles* figurent à leurs dates.

JANVIER.—1er Montbray, Portbail, Sainte-Geneviève, 3 Gavray, Brécey, Beaumont. 6 Carentan, Saint-Clair, Bréhal, Ducey, Ville-dieu. 7 Tessy. 10 Avranches. 13 La Haye-du-Puits. 14 Montmartin-sur-Mer, Sainte-Mère-Eglise, Tourlaville. 15 Montbray. 19 Saint-Hi-laire-du-Harcouët. 20 Quettehou, Sourdeval-la-Barre. 21 La Haye-Pesnel, Pontorson. 22 Les Pieux. 25 Saint-Lo. 27 Cherbourg. 30 Périers.

FÉVRIER. — 2 Saint-James. 3 Bréhal, Ducey, Villedieu, Monte-bourg. 4 Saint-Hilaire-du-Harcouët. 5 Montbray, Sartilly. 7 Gavray. 9 Coutances, Saint-James, Bricquebec, Coulouvray-Boisbenâtre. 11 La Haye-du-Puits, Montmartin-sur-Mer, Saint-Pierre-Eglise. 14 Ga-vray, Avranches, Montebourg. 16 Carentan, Bricquebec, Valognes. 17 Sourdeval. 18 La Haye-Pesnel. 19 Montbray, Vesly. 20 Torigni. 21 Beaumont. 23 Percy, Barenton. 25 Saint-Pierre-Eglise. 27 La Haye-du-Puits.

MARS. — 3 Bréhal (franche), Ducey, Villedieu, Buais. 5 Saint-Lo, Montbray. 6 Carentan, Mortain. 7 Gavray, Périers. 9 Bricquebec. 10 Avranches. 11 Marigny, Montmartin-sur-Mer, La Haye-Pesnel. 14 Avranches. 17 Sourdeval. 18 La Haye-Pesnel, Teilleul. 19 Mont-bray, Isigny. 21 Avranches, Montebourg. 23 Coutances, Bricquebec, Cherbourg. 25 La Haye-du-Puits, Saint-Pierre-Eglise, Saint-Hilaire-du-Harcouët. 27 Carentan, Barfleur. 28 Périers. 30 Saint-James. 31 Valognes, Savigny-le-Vieux.

AVRIL. — 1er Tessy, Brécey, forte foire de bestiaux. 2 Montbray. 4 Gavray, Avranches, Montebourg. 5 Brix. 6 Carentan, Bricquebec. 7 Bréhal, Ducey, Villedieu, Reffuveille, Montmartin-sur-Mer.10 Gran-ville (2 jours). 11 Gréville. 12 Portbail. 13 Barenton. 15 La Haye-Pes-nel, Saint-Sauveur-le-Vicomte. 16 Montbray, Saint-Malo-de-la-Lande. 19 Cérences. 21 Sourdeval. 22 Airel, Lessay, Teilleul. 23 Les Pieux. 26 Juvigny. 28 Saint-Lo. 29 Picauville. 30 Le Guislain.

MAI.—1er Fierville. 2 Gavray, Prétot, La Haye-Pesnel, Valognes, Mortain. 4 Torigni, Villedieu, Quettehou, Teurthéville-Hague. 5 Bréhal, Cuves, Ducey, Villedieu. 6 Pontorson. 7 Lithaire. 8 Saint-Clair, Montbray. 9 Avranches, Bricquebec. 12 Cuves, Saint-Martin-de-Landelles, Notre-Dame-du-Touchet. 13 Marigny, Montmartin-sur-Mer. 14 Saint-Sauveur-Lendelin, Montebourg. 15 Saint-Pierre-Eglise. 16 Saint-Pierre-de-Semilly, Périers, Beaumont. 18 Coutances, Saint-James, Besneville. 19 Bréhal, Ducey, Sourdeval. 20 Saint-Jean-de-Daye, Haye-Pesnel. 21 Montbray, Brix, Saint-Clément. 22 Beaucou-dray. 23 Gavray. 25 Carentan, Cerisy-la-Forêt, Sartilly, Cherbourg, Saint-Martin-le-Gaillard. 26 Lessay. 31 La Pernelle, Sourdeval.

JUIN.—1er Saint-James. 2 Bréhal, Ducey, Villedieu. 3 Montmartin-sur-Mer, Brix. 4 Saint-Lo, Montbray. 6 Gavray, Avranches. 10 Montmartin-sur-Mer, Gréville. 11 Barneville, Teilleuil. 12 Folligny. 14 Juvigny. 15 Néhou, Saint-Cyr-du-Bailleul. 16 Sourdeval, 17 La Haye-Pesnel. 18 Montbray. 20 Tourlaville. 23 Avranches, Les Pieux. 24 Marigny. 25 Hambye, Le Vicel. 26 La Haye-du-Puits. 29 Tessy. 30 Bricquebec, Juvigny.

JUILLET.— 1er Pontorson, Barenton. 2 Montbray, Cerisy-la-Salle 4 Gavray, Brécey, Argouges. 6 Saint-James, Montsurvent, Les Pieux, 7 Bréhal, Ducey, Villedieu. 8 Montmartin-sur-Mer. 9 Le Teilleul. 10 Sartilly. 11 Avranches, Querqueville. 12 Valognes. 15 Cerisy-la-Forêt, La Haye-Pesnel, Saint-Sauveur-le-Vicomte. 16 Montbray. 18 Carentan, Saint-Clair, La Haye-du-Puits. 20 Quettehou. 21 Bréhal, Ducey, Sourdeval. 22 Saint-Lo. 23 La Haye-Pesnel. 24 Saint-Martin-d'Aubigny. 25 Montbourg. 27 Quettreville, Bricquebec, Buais, Coulouvray-Boisbenâtre. 31 Saint-Germain-de-Varreville.

AOUT.—1er La Meauffe, Gavray, Prétot, Avranches, Saint-Pierre-Eglise. 3 Millières. 4 Bréhal, Ducey, Villedieu. 6 Montbray. 8 Torigni. 9 Rauville-la-Place. 11 Montpinchon. 12 Montmartin-sur-Mer. 16 Montebourg. 18 Sourdeval. 19 La Haye-Pesnel. 20 Montbray. 26 Savigny, Cherbourg. 27 Le Teilleul. 28 Créances. 29 Tocqueville.

SEPTEMBRE.—1er Bréhal, Ducey, Villedieu, Fierville. 2 Lengronne Saint-Hilaire-du-Harcouët. 3 Saint-Lo, Montbray, Teurtheville-Bocage. 4 Rauville-la-Bigot. 5 Gavray. 7 Percy, Gréville. 8 Notre-Dame-du-Touchet. 9 Marigny, Montmartin-sur-Mer, Pontorson, Villedieu, Valognes, Juvigny. 10 Le Teilleul. 11 Saint-Pois, 12 Lessay. 14 Brécey, Virandeville. 15 Ducey, Sourdeval, Savigny-le-Vieux. 16 La Haye-Pesnel. 17 Montbray, Saint-Floxel. 18 Notre-Dame-de-Cenilly. 19 Granville, Ger. 21 Avranches, Barenton. 22 Saint-Lo, Le Grand-Celland, Bricquebec. 25 Roncey, Valcanvile. 26 Sartilly, Isigny. 28 Saint-Côme-du-Mont, Le Hommet-d-Arthenay, Saint-James. 59 Varenguebec. 30 Coutances, Teurtheville-Hague.

OCTOBRE.—1er Montbray, La Haye-Pesnel, Le Teilleul, Buais. 2 Portbail. 3 Gavray, Avranches. 5 Torigni, Lestre, Saint-Sauveur-le-Vicomte. 6 Bréhal, Ducey, Villedieu, Valognes. 7 Tessy, Pontorson, Saint-Pierre-Eglise. 8 Saint-Clair. 9 Mesnil-Garnier, Brix. 10 Saint-Denis-le-Gast, Périers. 12 Saint-Hilaire-du-Harcouët. Romagny. 13 Saint-Jean-de-Daye, Clitourps. 14 Montmartin-sur-Mer. 15 Montbray, Bouteville, Le Teilleul. 16 Brécey, La Lande-d'Airou, Teurthéville-Hague. 17 Varenguebec. 20 Sottevast, Reffuveille, Sourdeval. 21 La Haye-Pesnel. 23 Airel. 25 Montebourg. 26 Sourdeval. 28 Quettehou. 29 Saint-Malo-de-la-Lande, Sacey, Sainte-Mère-Eglise. 31 Avranches.

NOVEMBRE. — 2 Saint-James, Cherbourg. 3 Bréhal, Saint-Denis, le-Gast. Sartilly, Villedieu. 4 Pontorson. 5 Montbray, Quettreville, Rauville-la-Place, Saint-Pois. 7 Carentan, Gavray, Ducey. 10 Cerisy-la-Salle. 11 Torigni, Montmartin-sur-Mer. 12 Montsurvent, Brécey, Les Pieux. 14 Avranches. 16 Valognes. 17 Cérences, Sourdeval. 18 Montmartin-sur-Mer, La Haye-Pesnel. 19 Montbray. 23 Villedieu. 25 Cerisy-la-Forêt. Bricquebec. 29 Saint-Lo.

DÉCEMBRE. — 1 Bréhal, Ducey, Villedieu, Picauville, Saint-Pierre-Eglise. 2 Pontorson. 3 Montbray. 5 Gavray, Avranches. 7 Saint-James. 9 Montmartin-sur-Mer, Valognes. 15 Sartilly, Sourdeval. 16 La Haye-Pesnel. 17 Montbray. 19 Saint-Lo. 21 Barneville, Carentan. 24 Montebourg. 27 Hambye. 31 Valognes.

Foires mensuelles.

Brécey, 1er vendredi de chaque mois ; Bréhal, Ducey, Villedieu, le 1er mardi de chaque mois ; Bricquebec, le 2e lundi de chaque mois, marché à bestiaux ; Cérences, le dernier jeudi du mois, marché, à bestiaux ; Gavray, le 1er samedi de chaque mois ; La Haye-Pesnel, le 3e mercredi de chaque mois. Montbray, les 1er et 3e jeudis de de chaque mois ; Montmartin-sur-Mer, le 2e mercredi de chaque mois ; Pontorson, le 1er mercredi de chaque mois excepté janvier, mai, juin et septembre ; Sourdeval, le 3e mardi de chaque mois ; Sartilly, le 2e lundi de chaque mois.

MARCHÉS DE LA MANCHE.

Arrondissement d'Avranches. —Avranches, le samedi.—La veille des foires Montre ; Brécey, le vendredi ; Tirepied, le jeudi ; Ducey, le mardi ; Granville, le samedi ; La Haye-Pesnel, le mercredi ; La Lande-d'Airou, 2e lundi de chaque mois ; Pontorson, le mercredi ; Saint-James, le lundi ; Saint-Pair, le mercredi ; Sartilly, le lundi ; Villedieu, le mardi.

Arrondissement de Cherbourg.—Beaumont, le samedi.—Marché aux bestiaux gras le dernier samedi de chaque mois ; Cherbourg, lundi et jeudi ; Les Pieux, le vendredi ; Le Vast, le lundi ; Equeurdreville, le dimanche ; Flamanville, le mardi ; Saint-Pierre-Eglise, le mercredi.

Arrondissement de Coutances. — Agon , le dimanche (été) ; Bréhal, le mardi ; Cérences, le jeudi.—Grand marché de bestiaux les 2e et derniers jeudis de chaque mois ; Cerisy-la-Salle, le samedi ; Coutances, le lundi ; Créances, le dimanche ; Gavray, le samedi ; Hambye, le mardi ; La Haye-du-Puits, le mercredi ; Lessay, le mardi ; Montmartin-sur-Mer , le mercredi ; Lingreville , le dimanche ; Périers, le samedi ; Prétot, le mardi ; Saint-Sauveur-Lendelin, le jeudi ; Saint-Denis-le-Gast, le dimanche.

COUTANCES.—Le 1er lundi de *Carême* et le lundi de la *Mi-Carême* sont considérés comme fortes foires. La veille de chaque foire il y a *montre*. Grand *marché à bestiaux*, tous les 15 jours. Grand *marché à chevaux* le lundi de la petite Saint-Michel.— BRÉHAL, *marché à bestiaux*, le 3e mardi du mois.—LA HAYE-DU-PUITS, grand *marché à bestiaux*, le 1er mercredi de chaque mois. —PERIÈRS, grand marché de 15 jours en 15 jours, à partir du 8 janvier.

Arrondissement de Mortain.—Barenton, le lundi ; Ger, le jeudi ; Isigny, le lundi ; Juvigny, le jeudi ; Le Teilleul, le jeudi ; Mortain, le samedi (bestiaux) ; Saint-Hilaire-du-Harcouët, le mercredi ; Saint-Pois, le jeudi ; Sourdeval, le mardi.

Arrondissement de Saint-Lo.—Airel, le samedi ; Canisy, le vendredi ; Carentan, les lundi et vendredi ; Cerisy-la-Forêt, le mercredi ; Les Champs-de-Losques, le mardi (beurre) ; Marigny, le mercredi ; Percy, le lundi ; Saint-Clair, le mardi ; Saint-Jean-de-Daye, le vendredi ; Saint-Lo, les mardi et samedi ; Tessy-sur-Vire, le mercredi ; Torigni-sur-Vire, le lundi.

SAINT-LO. — Grand *marché à bestiaux*, tous les mardis. — CARENTAN.—Grand marché tous les lundis. De 15 en 15 jours, à partir du 2 janvier, *grand marché à bestiaux* et *marché à chevaux*. Tous les vendredis, vente de beurre, volaille, poisson, etc.

Arrondissement de Valognes.—Barneville, le samedi ; Bricquebec, le lundi ; Barfleur, le samedi ; Montebourg, le samedi ; Picauville, le vendredi ; Portbail, le mardi (porcs, veaux, moutons) ; Quettehou, le mardi ; Sainte-Mère-Eglise, le jeudi ; Saint-Sauveur-le-Vicomte, le samedi ; Saint-Vaast, le samedi ; Valognes, les mardi et vendredi.

VALOGNES.—Marchés *francs* de bestiaux, tous les 1ers mardis de chaque mois qui ne sont pas jours de foire.—PICAUVILLE.— Grand marché le vendredi. — SAINT-SAUVEUR-Le-VICOMTE.— Grand *marché à bestiaux*, le 1er samedi de chaque mois.

TABLE ALPHABÉTIQUE DES MATIÈRES

CONTENUES DANS L'*ANNUAIRE DE LA MANCHE*.

L'Annuaire de la Manche se trouve

CHEZ MM.

Le Tual, imprimeur, éditeur de l'*Annuaire*, à Saint-Lo ;

Jean Cordier, libraire, à Saint-Lo ;

Letréguilly, libraire, à Saint-Lo ;

Omond, libraire, à Saint-Lo ;

Anfray, libraire, à Avranches ;

Marguerie, libraire, à Cherbourg ;

Daireaux, imprimeur-libraire, à Coutances ;

Salettes, imprimeur-libraire, à Coutances ;

Lebel, imprimeur-libraire, à Mortain ;

Luce, imprimeur-libraire, à Valognes ;

Capelle, libraire, à Valognes.

ANNUAIRE

DU DÉPARTEMENT DE LA MANCHE.

———

65e ANNÉE. — 1893.

ANNUAIRE

DU DÉPARTEMENT

DE LA MANCHE

— ·◦:◦¦◦:◦· —

65ᵉ ANNÉE. — 1893

SAINT-LO
IMPRIMERIE F. LE TUAL, RUE DES PRES, 5

—

M DCCC XCIII

PRÉFACE

Nous publions dans *l'Annuaire* de cette année, un article de M. Léopold DELISLE relatant des *Actes concernant les évêques de Coutances et d'Avranches*. Ces actes, intéressants par eux-mêmes, le sont plus encore par les événements auxquels ils se rattachent. Quelques-uns d'entre eux se rapportent à d'anciens us et coutumes, d'autres à des faits de l'histoire locale, d'autres enfin à des faits de l'histoire générale.

Sous la signature de M. Emile TRAVERS nous présentons la suite de son travail très apprécié de l'an dernier sur la *Paroisse d'Agon*.

M. le chanoine PIGEON nous fait retrouver, dans l'épaisseur des murailles de la belle cathédrale de Coutances, les *Restes de la Basilique du XIᵉ siècle* qui l'a précédée. Le savant chanoine apporte, à l'appui de ses conclusions, des données aussi nettes, aussi précises que celles qu'il a développées, dans un autre ordre d'idées, pour Saint-Pair et la Forêt de Scissy, dans sa remarquable histoire du *Diocèse d'Avranches*.

Avec M. Lepingard, enfin, nous continuons l'intéressante exploration des *Villages de Saint-Lo* ; mine très riche à exploiter, sans doute, mais qui nécessite de la part de celui qui s'en occupe tant de minutieuses et judicieuses recherches.

Nous remercions nos dévoués collaborateurs ; grâce à eux, notre *Annuaire de* 1893 ne sera pas inférieur à ses devanciers.

L'Editeur.

Saint-Lo, février 1893.

Janvier 1893.

Pleine Lune le 2.
Dernier Quartier le 9.
Nouvelle Lune le 16.
Premier Quartier le 25.

1	D.	CIRCONCISION.
2	lund.	s. Basile.
3	mar.	s° Geneviève.
4	mer.	s. Rigobert.
5	jeud.	s° Amelie.
6	ven.	ÉPIPHANIE.
7	sam.	s° Mélanie.
8	D.	s. Lucien, m.
9	lund.	s. Marcellin.
10	mar.	s. Paul, 1er er.
11	mer.	s. Theodose.
12	jeud.	s. Arcade, m.
13	ven.	Bapt. de N.-S.
14	sam.	s. Hilaire, év.
15	D	s. Maur.
16	lund.	s. Marcel.
17	mar.	s. Antoine.
18	mer.	s. Prisca.
19	jeud.	s. Sulpice.
20	ven.	s. Sébastien.
21	sam.	ste Agnès, m.
22	D.	s. Vincent, m.
23	lund.	s. Raymond.
24	mar.	s. Timothée.
25	mer.	C. S. Paul.
26	jeud.	s° Victorine.
27	ven.	s. Julien, év.
28	sam.	s. Charlem.
29	D.	SEPTUAGÉSIME.
30	lund.	s° Martine.
31	mar.	s° Marcelle.

Février.

Pleine Lune le 1.
Dernier Quartier le 8.
Nouvelle Lune le 16.
Premier Quartier le 23.

1	mer.	s. Ignace.
2	jeud	PURIFICATION.
3	ven.	s. Blaise, év.
4	sam.	s. Gilbert.
5	D.	SEXAGÉSIME.
6	lund.	s. Amand.
7	mar.	s. Fidèle.
8	mer.	s. Jean de M.
9	jeud.	ste Apoline.
10	ven.	s° Scholast.
11	sam.	s° Adolphe.
12	D.	QUINQUAGÉSIM.
13	lund.	ste Eulalie.
14	mar.	Les Cendres.
15	mer.	ste Julienne.
16	jeud.	s. Théodule.
17	ven.	s. Sylvin.
18	sam.	s. Siméon, m
19	D.	QUADRAGÉSIM.
20	lund.	s. Gabin, m.
21	mar.	s. Sylvin.
22	mer.	Quat.-Temps.
23	jeud.	s. Gérard.
24	ven.	s. Edilber.
25	sam.	s. Mathias.
26	D.	REMINISCERE.
27	lund.	ste Honorine.
28	mar.	s. Nestor.

R. d'Or. 13. Épact. III. Cycle solaire 26. Ind. R. 5. L. 6. L. 4. L.

Mars.

Pleine Lune le 2.
Dernier Quartier le 10.
Nouvelle Lune le 18.
Premier Quartier le 24.

1	mer.	s. Aubin, év.
2	jeud.	s. Théophile.
3	ven.	s. Marin, s. m
4	sam.	s. Casimir.
5	D.	OCULI.
6	lund.	s. Thom. d'A.
7	mar.	s° Véronique.
8	mer.	ste Isabelle.
9	jeud.	Mi-Carême.
10	ven.	s. Euloge.
11	sam.	s. Marius.
12	D.	LÆTARE.
13	lund.	ste Euphrasie
14	mar.	ste Mathilde.
15	mer.	s. Zacharie.
16	jeud	s. Cyriaq. m.
17	ven.	ste Gertrude.
18	sam.	s. Alexandre.
19	D.	PASSION.
20	lund.	s. Joachim.
21	mar.	s Benoît, ab,
22	mer.	s° Léa.
23	jeud.	s. Victor. m.
24	ven.	s. Doctrové.
25	sam.	ANNONCIATION.
26	D.	RAMEAUX.
27	lund.	s. Emmanuel
28	mar.	s. Gontrand.
29	mer.	s. Eustase.
30	jeud.	s. Amédée.
31	ven.	Vend. Saint.

Avril.

Pleine Lune le 1.
Dernier Quartier le 9.
Nouvelle Lune le 16.
Premier Quartier le 23.
Pleine Lune le 30.

1	sam.	s. Hugues, év
2	D.	PÂQUES.
3	lund.	Férié.
4	mar.	s. Isidore.
5	mer.	s. Vincent F.
6	jeud.	s. Franç. P.
7	ven.	s. Clotaire.
8	sam.	s. Albert.
9	D.	QUASIMODO.
10	lun.	s° Marie E.
11	mar.	s. Léon II, p.
12	mer.	s. Jules.
13	jeud.	s° Ida.
14	ven.	s. Tiburce, c.
15	sam.	s° Balbine.
16	D.	s. Fructueux.
17	lund.	s. Prudent.
18	mar.	s. Parfait.
19	mer.	s. Socrate.
20	jeud.	s. Théodore.
21	ven.	s. Anselme, é.
22	sam.	s. Léonide.
23	D.	s. Georges.
24	lund.	s. Gaston.
25	mar.	s. Marc, évan
26	mer.	ss. Clet et M.
27	jeud.	s. Frédéric.
28	ven.	s. Aimé, év.
29	sam.	s. Robert.
30	D.	s. Eutrope.

Mai.

Dernier Quartier le 9.
Nouvelle Lune le 15.
Premier Quartier le 22.
Pleine Lune le 30.

1	lund.	ss. Jacq et Ph.
2	mar.	s. Athanase.
3	mer.	Inv. s° Croix.
4	jeud.	s° Monique.
5	ven.	s. Pie V.
6	sam.	s. Jean P. L.
7	D.	s. Stanislas-K
8	lund.	Rogations.
9	mar.	s. Grégoire.
10	mer.	s° Solange.
11	jeud.	ASCENSION.
12	ven.	s. Achille.
13	sam.	s. Onésime.
14	D.	s° Boniface.
15	lund.	s° Denise.
16	mar.	s. Honoré.
17	mer.	s. Pascal B.
18	jeud.	s. Venant, m.
19	ven.	s. Yves.
20	sam.	s. Bernardin.
21	D.	PENTECÔTE.
22	lund.	Férié.
23	mar.	s. Désiré.
24	mer.	Quat. Temps.
25	jeud.	s. Urbain Ier.
26	ven.	ste Angèle, v.
27	sam.	s. Ildevert.
28	D.	TRINITÉ.
29	lund.	s. Maximin.
30	mar.	s. Ferdinand.
31	mer	s° Pétronille.

Juin.

Dernier Quartier le 7.
Nouvelle Lune le 14.
Premier Quartier le 21.
Pleine Lune le 29.

1	jeud.	FÊTE-DIEU.
2	ven.	s° Emilie.
3	sam.	s° Clotilde.
4	D.	s. Optat.
5	lund.	s. Fortuné.
6	mar.	s. Olivier.
7	mer.	s° Sébast°.
8	jeud.	s. Médard.
9	ven.	s. Félicien.
10	sam.	s. Landry.
11	D.	s. Barnabé, a.
12	lund.	s. Emile.
13	mar.	s. Antoine P.
14	mer.	s. Rufin.
15	jeud.	s° Germaine.
16	ven.	s° Giselle.
17	sam.	s. Avit.
18	D.	s. Florentin.
19	lund.	s. Gervais, m
20	mar.	s. Silvère.
21	mer.	s. Raoul.
22	jeud.	s. Alban.
23	ven.	s. Félix de V.
24	sam.	s. Jean-Bapt.
25	D.	s. Prosper.
26	lund.	s. David.
27	mar.	s. Crescent.
28	mer.	s. Fabien.
29	jeud.	ss Pier. et Paul
30	ven.	s° Emilienne.

Juillet.

Dernier Quartier le 6.
Nouvelle Lune le 13.
Premier Quartier le 20.
Pleine Lune le 28.

1 sam. s. Martial.
2 D. V. de la s¹ᵉ V.
3 lund. s. Anatole.
4 mar. s. Berthe.
5 mer. sᵉ Zoé.
6 jeud. s. Dominique.
7 ven. sᵉ Aubierge.
8 sam. sᵉ Virginie.
9 D. sᵉ Cyrille, m.
10 lund. sᵉ Félicité.
11 mar. s. Norbert.
12 mer. s. J. Gualbert.
13 jeud. s. Eugène.
14 ven. FÊTE NATIONᵃˡᵉ
15 sam. s. Henri, em.
16 mar. s. Hélier, m.
17 lund. s. Alexis, c.
18 mar. s. Camille, c.
19 mer. s. Vinc. de P.
20 jeud. sᵉ Marguerit.
21 ven. s. Victor.
22 sam. sᵉ Marie-M.
23 D. s. Apollinaire
24 lund. sᵉ Christine.
25 mar. s. Christophe
26 mer. sᵗᵉ Anne.
27 jeud. sᵗᵉ Natalie.
28 ven. s. Samson.
29 sam. sᵉ Marthe, v.
30 D. ss. Abdon.et S
31 lund. s. Germain.

Août.

Dernier Quartier le 5.
Nouvelle Lune le 11.
Premier Quartier le 19.
Pleine Lune le 27.

1 mar. s. Pierre-ès-l.
2 mer. s. Alph. de L.
3 jeud. s. Geoffroy.
4 ven. s. Dominique
5 sam. s. Abel.
6 D. Tra. de N. S.
7 lund. s. Gaëtan, c.
8 mar. s. Justin, mar
9 mer. s. Samuel.
10 jeud. s. Laurent, m.
11 ven. sᵉ Suzanne.
12 sam. sᵗᵉ Claire, v.
13 D. s. Hippolyte.
14 lund. s. Eusèbe, vj.
15 mar. ASSOMPTION
16 mer. s. Roch.
17 jeud. s. Bᵗme.
18 ven. sᵉ Hélène.
19 sam. s. Flavien.
20 D. s. Bernard, a.
21 lund. sᵗᵉ Jeanne.
22 mar. s. Symphor.
23 mer. sᵉ Sidonie.
24 jeud. s. Barthélemy
25 ven. s. Louis, r.de F
26 sam. s. Privat.
27 D. s. Césaire, é.
28 lund. s. Augustin,é.
29 mar. s. Médéric.
30 mer. s. Fiacre.
31 jeud. s. Aristide.

Septembre.

Dernier Quartier le 3.
Nouvelle Lune le 10.
Premier Quartier le 18.
Plei. Lune le 25.

1 ven. ss. Leu et G.
2 sam. s. Lazare.
3 D. s. Grégoire.
4 lund. sᵗᵉ Rosalie, v.
5 mar. s. Bertin.
6 mer. s. Onesiphore
7 jeud. s. Cloud, c.
8 ven. Nativité.
9 sam. s. Omer.
10 D. sᵉ Pulchérie.
11 lund. s. Hyacinthe.
12 mar. sᵉ Perpétue.
13 mer. s. Maurille.
14 jeud. Ex. de la S. C.
15 ven. s. Nicomède.
16 sam. sᵉ Édithe.
17 D. s. Lambert.
18 lund. sᵉ Sophie.
19 mar. s. Janvier.
20 mer. Quat.-Temps.
21 jeud. s. Eustache.
22 ven. s. Maurice.
23 sam. s. Lin, p.
24 D. s. Andoche.
25 lund. s. Firmin.
26 mar. sᵗᵉ Justine.
27 mer. s. Cosme.
28 jeud. s. Wenceslas.
29 ven. s. Michel, arc.
30 sam. s. Jérôme E.

Octobre.

Dernier Quartier le 2.
Nouvelle Lune le 9.
Premier Quartier le 17.
Pleine Lune le 25.
Dernier Quartier le 31.

1 D. s. Rémi, év.
2 lund. ss. Anges gar.
3 mar. s. Fauste.
4 mer. s. Franç. d'A.
5 jeud. s. Cns tant.
6 ven. s. Bruno, c.
7 sam. s. Serge.
8 D. sᵉ Laurence.
9 lund. s. Denys, m.
10 mar. s. Paulin.
11 mer. s. Quirin.
12 jeud. s. Willfrid, é.
13 ven. s. Edouard,c.
14 sam. s. Caliste, p.
15 D. sᵗᵉ Thérèse, v.
16 lund. s. Edwige.
17 mar. s. Agnan.
18 mer. s. Luc, évan.
19 jeud. s. Savinien.
20 ven. s. Aurélien.
21 sam. sᵉ Céline.
22 D. s. Modéran.
23 lund. s. Hilarion.
24 mar. s. Magloire, é.
25 mer. ss. Crépin et C.
26 jeud. s. Evariste.
27 ven. s. Abraham.
28 sam. s. Alfred.
29 D. s. Rodolphe.
30 lund. s. Arsène.
31 mar. s. Narcisse, é.

Novembre.

Nouvelle Lune le 8.
Premier Quartier le 16.
Pleine Lune le 23.
Dernier Quartier le 30.

1 mer. TOUSSAINT.
2 jeud. Les Morts.
3 ven. s. Hubert.
4 sam. s. Charl. Bor.
5 D. s. Théotime.
6 lund. s. Léonard, c.
7 mar. s. Ernest.
8 mer. s. Godfro.
9 jeud. s. Mathurin.
10 ven. s. Juste.
11 sam. s. Martin, év.
12 D. s. René.
13 lund. s. Brice.
14 mar. sᵉ Philomène.
15 mer. sᵉ Eugénie.
16 jeud. sᵉ Irénée, év.
17 ven. sᵉ Agnan.
18 sam. s. Eudes.
19 D. sᵉ Elisab. R.
20 lund. s. Edmond.
21 mar. Prés. de la V.
22 mer. sᵗᵉ Cécile. v.
23 jeud. s. Clém. I, p.
24 ven. sᵉ Flor.
25 sam. sᵗᵉ Cather., v.
26 D. sᵉ Delphine.
27 lund. s. Mamert.
28 mar. s. Sosthène.
29 mer. s. Saturnin.
30 jeud. s. André, ap.

Décembre.

Nouvelle Lune le 8.
Premier Quartier le 16.
Pleine Lune le 23.
Dernier Quartier le 29.

1 ven. s. Éloi, év.
2 sam. sᵉ Aurélie.
3 D. AVENT.
4 lund. sᵗᵉ Barbe, m.
5 mar. s. Sabas.
6 mer. s. Nicolas, év.
7 jeud. s. Ambroise.
8 ven. Imm. Concept.
9 sam. sᵉ Léocadie.
10 D. sᵉ Julie.
11 lund. s. Damase, p.
12 mar. sᵗᵉ Constance
13 mer. sᵗᵉ Lucie, v.m
14 jeud. sᵉ Philogone.
15 ven. sᵉ Irénée, év.
16 sam. sᵉ Adélaïde.
17 D. s. Olympe.
18 lund. s. Gatien.
19 mar. s. Timoléon.
20 mer. Quat.-Temps.
21 jeud. s. Thomas.
22 ven. s. Honorat.
23 sam. sᵗᵉ Victoire.
24 D. sᵉ Irmine, vj
25 lund. NOËL.
26 mar. s. Étienne, R.
27 mer. s. Jean, évan.
28 jeud. ss. Innocents
29 ven. s. Thomas.
30 sam. s. Roger.
31 D. s. Sylvestre.

HISTOIRE ET ANTIQUITÉS

ACTES CONCERNANT

les évêques de Coutances & d'Avranches

CONSERVÉS

dans les collections de Gaignières.

Dans les collections de titres originaux que Roger de Gaignières tira surtout des archives de la Chambre des Comptes, sous le règne de Louis XIV, et qui sont aujourd'hui conservés à la Bibliothèque nationale, il en est un certain nombre qui intéressent directement les établissements ecclésiastiques des anciens diocèses de Coutances et d'Avranches. J'ai pensé qu'il y aurait quelque utilité à les porter à la connaissance de mes compatriotes, qui ne manqueront pas d'y remarquer beaucoup de détails précieux à relever pour notre histoire locale et sur lesquels on consulterait en vain nos riches archives départementales. Je commence aujourd'hui par les séries qui concernent les évêques de Coutances et d'Avranches.

EVÊQUES DE COUTANCES.

Guillaume de Thieuville.

1347, 4 octobre. — Laurent de Thieuville, pénitencier de Coutances, reçoit 455 l. 18 s. 6 d. obole tournois, en remboursement d'un prêt qu'il avait fait à la duchesse de Normandie sur la succession de Guillaume de Thieuville, évêque de Coutances, dont il était l'exécuteur testamentaire.

(Ms. fr. 20882, n° 39.)

Louis d'Erquery.

1354 (1355, n. st.), 3 mars, à Valognes. — Louis, évêque de Coutances, certifie que le prieur de Saint-Pair, en raison des dommages que la guerre lui a fait éprouver, ne doit pas contribuer au décime biennal, accordé par le pape Innocent VI au roi Jean.

(Ms. fr. 20882, n° 40.)

1364 (1365' n. st.), 10 février, à Paris. — Mandement du roi Charles V pour le paiement d'une écarlate donnée à l'évêque de Coutances.

(Ms fr. 20882, n°41.)

1367, 20 mai, au bois de Vincennes. — Charles V assigne à Louis, évêque de Coutances, une somme de 700 francs d'or à prendre sur la ville de Montivilliers, à valoir sur la somme de 1456 l. 8 s. 9 d. t. que le roi devait à feu Jacques dit Harpin, chevalier, sire d'Erquery, dont le dit évêque était l'oncle et l'héritier.

(Ms. fr. 20882, n° 42.)

1367, 19 octobre. — Louis, évêque de Coutances, donne quittance de cette somme de 700 fr.

(Ms. fr. 20882, n° 43.)

Silvestre de la Cervelle.

1371 (1372, n. st.), 5 janvier, à Paris. — Charles V donne 600 francs d'or à l'évêque de Coutances, en considération de la diminution des revenus de son évêché.

(Ms fr. 20882, n°s 44 et 45.)

1372, 31 mars, 27 juillet et 1 octobre. — Quittances de sommes reçues par l'évêque S., en acquit de la pension qu'il recevait du roi.

(Ms fr. 20882, n°s 46, 47 et 51.)

1372 (1373, n. st.), 1, 4 et 16 février. — Mandements expédiés au nom des commissaires ordonnés par le roi pour le fait de Saint-Sauveur-le-Vicomte. L'un de ces commissaires était l'évêque Silvestre, dout le sceau est plaqué au bas des mandements.

(Ms. fr. 20882, n⁰ˢ 48, 49 et 50.)

1375, 16 octobre, à Château-Thierri. — Charles V donne une somme de 1,000 francs d'or à l'évêque de Coutances pour le récompenser de la part qu'il avait prise aux opérations qui aboutirent à retirer des mains des Anglais la place de Saint-Sauveur-le-Vicomte.

(Ms. fr. 20882, n° 52.)

1375 (1376, n. st.), 15 mars. — Quittance de cette somme par l'évêque Silvestre.

(Ms. fr. 20882, n° 53.)

Guillaume de Crevecœur.

1393, 4 mai. — Quittance d'une somme de 10 l. 10 s. t. touchée par Guillaume, évêque de Coutances, sur la recette de Saint-Sauveur Lendelin.

(Ms. fr. 20882, n° 54.)

1394, 21 juillet, à Paris. — Mandement de Louis, duc d'Orléans, touchant le paiement d'une rente de 21 l. t. que l'évêque de Coutances avait à prendre sur la recette de la vicomté de Saint-Sauveur-Lendelin, à cause de la demi-prébende de Cherbourg. Le prince rappelle « les guerres des ennemis du royaume, qui longuement ont esté ou dit diocèse, et pris et occupé la ville et eglise de Coustances avant la fortifficacion d'icelle, par quoy la greigneur partie des chartres, lettres et autres escriptures anciennes appartenant à la dite eglise ont esté perdues, arses et destruites... »

(Ms. fr. 20882, n° 55.)

1401, 8 mai. — Quittance d'une somme de 10 l. 10 s. t. touchée par Guillaume, évêque de Coutances, sur la recette de Saint-Sauveur Lendelin.

(Ms. fr. 20882, n° 56.)

1407, 31 octobre. — Semblable quittance.

(Ms. fr. 20882, n° 57.)

Gilles des Champs.

1408, 10 octobre. — Quittance d'une somme de 10 l. 10 s. t.
touchée par Gilles, évêque de Coutances, sur la recette de
Saint-Sauveur Lendelin.

(Ms. fr. 20882, n° 58.)

1413 (1414, n. st.), 31 janvier. — Le recteur de l'université
de Paris atteste que maître Adam de Sahurs, curé d'Epône,
étudie à Paris, à la faculté de théologie, sous Gilles, évêque de
Coutances, maître en théologie.

(Ms. fr. 20882, n° 59.)

Philibert de Montjeu.

1428, 14 juillet. — Philebert de Mongeu, évêque de Coutances, Enguerran de Champront, chanoine du dit lieu, et
Bernard le Cointe reçoivent 225 l. t. à raison d'un voyage fait
par eux à Paris, par devers le duc de Bedford, régent du
royaume, pour l'utilité du pays de Cotentin « à l'expulsion des
brigans et ennemis du roi [d'Angleterre] estans en ycellui. »

(Ms. fr. 20882, n° 60).

1429 (1430, n. st.), 2 mars. — Certificat d'indigence délivré
par l'official de Coutances à Pierre Jean, curé de Sainte-Croix
du Bocage dans le doyenné de Valognes.

(Ms. fr. 20882, n° 61.)

Gilles de Durefort.

1439 (1440, n. st.), 7 janvier, et 1440, 5 avril. — Gilles,
évêque de Coutances, naguère abbé dè Fécamp, conseiller du
roi, donne quittance de deux quartiers deses gages de conseiller,
montant à 1000 l. par an.

(Ms. fr. 20882, n°° 62 et 63.)

Jean de Castiglione.

1446, 21 novembre, à Rouen.— Jean, évêque de Coutances.
conseiller du roi, donne quittance d'une somme de 180 l, t.
à lui allouée pour le voyage qu'il avait fait pendant le mois de
septembre an bas pays de Normandie à l'effet d'assembler les

trois états du pays de Normandie, « pour avoir leur advis au fait, entretenue et conduite des affaires de la seigneurie du roy [d'Angleterre] pour ceste presente année ».

(Ms. fr. 20882, n° 64.)

1448, 14 décembre, à Rouen. — Henri VI, roi d'Angleterre, accorde à son conseiller Jean de Castillon, évêque de Coutances, un délai d'un an pour bailler aveu du temporel de son évêché.

(Ms. fr. 20882, n° 65.)

Richard Olivier.

1454 (1455, n. st.), 6 mars ; 1455, 9 juin ; 1456, 6 juin ; 1458 (1459, n. st.), 14 mars ; 1459 (1460, n. st.), 18 février. — Quittances de Richard Olivier ; 1459 (1460, n. st.), 18 février, évêque de Coutances, pour le paiement de la pension que le roi lui faisait servir. Il prend le titre de cardinal dans les deux dernières quittances.

(Ms. fr. 20882, n°° 66-70.)

1460 (1461, n. st.), 1 mai. — Quittance d'une somme de 200 l. t. payée à Richard, évêque de Coutances, sur les revenus de la vicomté de Rouen.

(Ms. lat. 17025, 2° partie, fol. 158.)

1461, 2 juillet. — Quittance de Richard, cardinal et évêque de Coutances, pour une somme de 450 l. t. à lui allouée en raison du voyage que le roi l'avait chargé de faire en 1460 par devers le duc de Bourgogne.

(Ms. fr. 20882, n° 71.)

Vers la fin de l'année 1461. — Requête adressée à Louis XI par l'évêque de Coutances avant le départ de ce prélat, que le roi envoyait en ambassade à Rome.

L'évêque demande si le roi entend lui conserver l'office de présidence de ses comptes.

Il prie de faire expédier les lettres relatives à la pension de 300 livres sur les vicomtés de Rouen et d'Auge, qu'il avait touchée annuellement depuis la réduction de Rouen, « en laquelle il se employa, comme il est assez notoire..., laquelle pension il pleut au roy accorder au dit evesque et lui renouveler à Paris le ix° jour de septembre derrain passé...»

Il rappelle « qu'il pleut au roy dire au dit evesque, au villaige de Taveaux près Lieuce, (1) quant il alla devers lui, qu'il le retenoit de son conseil et en son service, à telz honneurs, gaiges et pensions comme il avoit avecques le roy son père, et que, oultre les choses dessus dictes, lui donnoit l'office de presidence en la chambre des comptes...» — Outre la pension de 300 livres ci-dessus mentionnée, le roi Charles VIII lui avait alloué une pension annuelle de 1200 écus.

(Ms. la.t 17025, 2° partie, fol. 158.)

1463, 16 septembre, à Rome. — Richard, prêtre cardinal du titre de Saint-Eusèbe, administrateur de l'abbaye de la Trinité de Vendôme, nomme des commissaires chargés de prononcer l'excommunication du prieur et de plusieurs religieux de cette abbaye. Parmi les commissaires figure Nicolas Michel, chanoine de Coutances.

(Ms. fr. 20882, n° 72.)

Adrien Gouffier.

1516 (1517, n. st.), 28 février.— Adrien, cardinal de Boisy, évêque de Coutances, abbé commandataire de l'abbaye du Be , donne quittance d'une somme reçue pour le remboursement d'une rente que son prédécesseur Guillaume Guérin, abbé du Bec, avait achetée en 1513 sur le grenier à sel de Pont-Audemer.

(Ms. fr. 20882, n° 73.)

ÉVÊQUES D'AVRANCHES.

Jean Hautfuné.

15 septembre 1355, à Paris. — Jean, évêque d'Avranches, commissaire du Saint Siège, statue sur les réclamations des bénéficiers qui, à raison des pertes occasionnées par la guerre, devaient être dispensés de payer le décime biennal que le pape avait accordé au roi de France.

En seront exemptés le chapitre de Saint-Evroul et Saint-Firmat de Mortain, les abbés du Mont-Saint-Michel et de Savigni, les prieurs de Genest, de Balan, des Biards, de Saint-Hilaire le Harcouet, de Saint-Léonard, du Rocher de Mortain, de Sacey et de Saint-Jean le Thomas, le chantre, le trésorier et l'infirmier du Mont-Saint-Michel, les curés de Naftel, d'Isigny,

(1) Tavaux et Liesse, dans l'arr. de Laon.

de Parigny, de Chevreville, de Braffais, de Bouillon, de Vessey, de Montviron, « de Monte Asola, » de Saint-Martin des Champs, de Notre-Dame du Rocher de Mortain, de Pontorson, de Sacey et de Moidrey. Sont rejetées les réclamations du doyen de l'église de Mortain, du prieur de Ceaux et du curé de La Chaise. La réclamation du curé de Romagni est ajournée jusqu'à plus ample informé.

(Ms. fr. 20879, n° 83.)

1357, 3 mai, à Rouen. — Jean, évêque d'Avranches, déclare que l'abbé et le couvent du Mont-Saint-Michel, en raison des dommages à eux causés par la guerre, sont dispensés de contribuer au décime biennal accordé au roi par le Saint Siège.

(Ms. fr. 20879, n° 84.)

Robert de la Porte.

1363, 16 octobre, à Avranches. — Robert, évêque d'Avranches, conseiller du roi de Navarre, certifie que, par ordre de lui et de l'abbé de Cherbourg, il a été payé « à noble homme mons. Guillaume du Guerclin, chevalier, pour deux roncins qui lui furent donnez, neuf vins frans ; et cent frans pour ce qu'il avoit esté en ostage, à la requeste de Philippe de Navarre, à Sabley, pour cause de certaine finance deue au Bour de Luxe pour le vuidement du fort d'Aunoy ; et à certaines gens d'armes qui menèrent et condistrent le dit chevalier à Pontorson, pour leur despens, quatre frans. »

(Ms. fr. 20879, n° 85.)

1364, 25 juin, à Cherbourg. — Robert, évêque d'Avranches, et Guillaume, abbé de Cherbourg, conseillers du roi de Navarre, et lieutenants du captal de Buch, lui même lieutenant du dit roi, en Normandie, allouent une somme de 200 francs d'or à Jacques Froissart, clerc du roi, pour l'aider à payer sa rançon. Il avait été fait prisonnier en compagnie du captal.

(Ms. fr. 20879, n° 86.)

1364, 27 juin. — Robert, évêque d'Avranches, et Guillaume, abbé de Cherbourg, certifient que Gerard de Crepon, vicomte de Valognes, a payé 210 écus d'or du roi Jean pour parfaire le paiement de la pension de Jean Chandos.

(Ms. fr. 20879, n° 87.)

1364, 8 août. — Robert, évêque d'Avranches, et Guillaume, abbé de Cherbourg, assignent une rente de 50 livres à Pierre

2

Hecquet pour le dédommager des pertes qu'il avait subies à Trousseauville par suite de sa fidélité au roi de Navarre.

(Ms. fr. 20879, n° 88.)

1365, 1 décembre, à Gavray. — Décharge donnée par Robert, évêque d'Avranches, Guillot le Mariey, garde des garnisons du château de Gavray, pour les denrées, munitions et objets qu'il s'était fait livrer pendant son séjour au dit château, notamment : « Sept quartiers d'avainne, tant pour la despense de nos chevaulx que pour autres choses qui touchent le fait du siege de La Rochelle ; item deux poz de sain, chascun pessant xxx livres, portez pour ardre boys sur les engins, qui estoit (sic) eu bosc des Preaulx ; item troys quartiers et demy d'avainne despensée pour nous et livrée à nos genz au dit chastel quant l'en y fut pour le parlement d'entre les genz du roy nostre sire et les Francoys sur le vuidement de Carenten, de Trinchebray, de Saint-Sever et d'autres fors. »

(Ms. fr. 20879, n° 89.)

1365 (1366, n. st.), 1 février. — Charles, roi de Navarre, assigne une pension annuelle de 2,000 francs d'or à son fidèle conseiller [Robert], évêque d'Avranches.

(Ms. fr. 20789, n° 90.)

1365 (1366, n. st.), 4 février. — Charles, roi de Navarre, assigne une pension annuelle de 1000 francs d'or à [Robert], évêque d'Avranches, pour tenir en bon état le château de Régnéville, dont il venait de lui confier la garde.

(Ms. fr. 20879, n° 91.)

1366, 8 octobre, à Avranches. — Robert, évêque d'Avranches, atteste que la reine de Navarre, « quant el fut derrenierement es parties de par deça, » fit payer 6 francs d'or à deux chapelains pour dire des messes, et 6 francs aux fils de maître Richard le Jolis, menestrels.

(Ms. fr. 20879, n° 92)

1368 (1369, n. st.), 28 mars, à Gavray. — Certificat de Robert, évêque d'Avranches, touchant une somme de 120 francs payée par son ordre à Nicole Painel. — « Il fu ordené par nous et par Ferrando d'Aiens que mons. Nicole Paygnel iroit en Bretaigne, en la compaignie du balli de Caen et de mons, Henry de Thieville, qui y alloient de par le roy, pour faire vuider les Bretons qui estoient à Champeaux et à Geneix... »

(Ms. fr. 20879, n° 93.)

Même date. — Certificat du même, touchant une somme de 220 francs et demi payée au Gascoing du Bois, pour vint et une paie qui furent aux gaiges de monseigneur [le roy de Navarre], demourans à Gavray, par xxii jours, pour aider à resister au fait des Bretons qui estoient à Champeaux et à Geneiz... »

(Ms. fr. 20879, n° 94.)

1369, 15 juin, à Régnéville. — Quittance d'un à compte payé à Robert, évêque d'Avranches, sur la pension qui lui était due pour la garde du château de Régnéville.

(Ms. fr. 20879, n° 95.)

1370, 10 octobre, à Gavray. — Charles, roi de Navarre, ordonne de lever dans la vicomté de Coutances une aide de 60 francs par mois, pour parfaire la pension annuelle de 1000 francs qu'il avait donnée à Robert, évêque d'Avranches, en considération de la garde du château de Régnéville. Cette pension avait d'abord été assignée sur le revenu du port de Régnéville ; mais, « pour les occupations qui à present sont en mer, tant par le fait des guerres comme autrement, la dicte revenue est maintenant de si petite value qu'elle ne pourroit pas souffire au quart de la dicte garde. . »

(Ms. fr. 20879, n° 96.)

1371, 17 juillet. — Quittance d'une somme de 42 francs d'or reçue prr Robert, évêque d'Avranches, pour la garde de Régnéville.

(Ms. fr. 20879, n° 97.)

1372, 13 juillet, à Evreux. — Robert, évêque d'Avranches, fait remise d'une somme de 15 francs d'or à Michel Fouquet, qui avait administré pendant huit mois le bailliage d'Orbec, pour le roi de Navarre.

(Ms. fr. 20879, n° 98.)

1376, 20 décembre, à Evreux. — Pierre de Navarre, comte de Mortain, lieutenant de son père le roi de Navarre, fixe à 500 livres par an la pension de Robert, évêque d'Avranches, plus 4 francs par jour quand il sera au service du roi.

(Ms. fr. 20879, n° 99.)

1376 (1377, n. st.), 27 janvier, à Saint-Philbert sur Risle. —

Robert, évêque d'Avranches, reconnait avoir reçu du vicomte de Pont-Audemer 120 francs d'or, pour être venu d'Avranches à Evreux, assister à l'échiquier tenu pour le roi de Navarre.

(Ms. fr. 20879, n° 100.)

1377, 26 juillet. — Quittance d'une somme de 100 francs d'or reçue par Robert, évêque d'Avranches, pour un voyage à Paris dans les premiers jours du mois de juin et pour un voyage à Evreux en juillet.

(Ms. fr. 20879, n° 101.)

1377, 7 août, au Parc. — Robert, évêque d'Avranches, reconnait avoir reçu le cerf que le roi doit faire prendre pour lui, chaque année, dans la forêt de Lande Pourrie.

(Ms fr. 20879, n° 102.)

Laurent de Faye (1)

1386, 25 juillet, à Saint-Cloud. — Charles VI réduit à 300 francs l'amende de 800 francs à laquelle l'échiquier de Normandie avait condamné l'évêque d'Avranches pour les excès commis par l'official du dit évêque à l'égard de Tassart de Monstereul, bailli de Cotentin. Cette réduction est accordée sous la réserve que l'évêque ne réclamera pas le remboursement d'une somme de 500 francs d'or qu'il avait prêtée au roi.

(Ms. fr. 20879, n° 103.)

1389, 4 août. — Laurent, évêque d'Avranches, reconnait avoir reçu de Fraslin de Cambray, chevalier, seigneur d'Escageul et de Boussentier, le cerf qu'il devait avoir annuellement comme dîme des venaisons de la forêt de Lande Pourrie.

(Ms. fr. 20879, n°104.)

---

(1) L'occasion s'en présentant, je donne ici le texte d'une note que j'ai jadis relevée au commencement d'un manuscrit copié par Laurent de Faye : « Istum librum habui ego Thomas Mielle a magistro Johanne de Faya in puro dono. editum et scriptum manu propria reverend; patris domini Laurencii de Faya, episcopi Abrincensis, pro majori sua parte. » Ce volume appartenait avant la révolution au chapitre de la cathédrale de Tours; il est aujourd'hui conservé sous le n° 94 à la bibliothèque publique de Tours. Les gardes de ce manuscrit sont formées de deux feuillets mutilés d'un registre du XIVe siècle, contenant les noms des personnes excommuniées dans plusieurs paroisses du diocèse d'Avranches.

1391, 24 juin, à Avranches. — Laurent de Faye, évêque d'Avranches, reconnait avoir reçu un cerf de messire Fralin de Combray (*sic*), chevalier, sergent fieffé en la forêt de Lande Pourrie.

(Ms. fr. 20879, n° 105.)

Jean de Saint-Avit.

1392 (1393, n. st.), 27 janvier. — Quittance du cerf livré au receveur de l'évêque d'Avranches pour la dîme des venaisons de la forêt de Lande Pourrie.

(Ms. fr. 20879, n° 106.)

1392 (1393, n. st.), 12 mars. — J., évêque d'Avranches, reçoit une somme de 12 l. t., montant de la rente due pour un jardin sur l'emplacement duquel avaient été faits les murs, clôture et.fossés du dit lieu.

(Ms. fr. 20879, n° 107.)

1406, 3 décembre. — Semblable quittance de Jean, évêque d'Avranches.

(Ms. fr. 20879, n° 108.)

Martin Pinard.

1444, 22 août, à Saint-Etienne de Caen. — Martin, évêque d'Avranches, institue des procureurs qui devront comparaître et agir en son lieu et place, le 1er septembre, à Caudebec, en présence de Richard, duc d'York, régent de France et de Normandie. Ces procureurs sont Philippe de la Rose, trésorier de Rouen, Jean de Gouys, conseiller du roi, Renaud le Jeune, curé du Caudebec, et Robert de Caux, prêtre du diocèse de Rouen.

(Ms. fr. 20879, n° 109.)

1448, 30 juillet. — Martin, évêque d'Avranches, conseiller du roi, reçoit 150 l. t. pour procéder dans les bailliages de Caen et de Rouen à certaine réformation générale avisée par le roi être faite au pays et duché de Normandie.

(Ms fr. 28879, n° 110.)

1449 (1450 n. st.), 22 mars. — Quittance de Martin, évêque

d'Avranches, administrateur perpétuel du prieuré de Gram-
mont-les-Rouen, pour une rente que ce prieuré avait sur la
vicomté de l'eau de Rouen.

(Ms. fr. 20879, n° 111.)

1449, 9 juillet, à Rouen.— Quittance d'une somme de 240 l.
t. touchée par Martin, évêque d'Avranches, pour les frais d'un
voyage à faire en Angleterre par devers le roi.

(Ms. fr. 20879, n° 112.)

Jean Boucart.

1453, 2 juillet. — Aveu rendu au roi par Jean, évêque
d'Avranches, pour les baronnies d'Avranches et de Saint-
Philbert sur Risle.

(Ms. fr. 20879, n° 113.)

1453, 30 décembre.— Quittance de 12 l. t. reçues par Jean,
évêque d'Avranches, pour la rente qu'il avait sur la vicomté
d'Avranches.

(Ms. fr. 20879, n° 114.)

1459 (1460, n. st.), 15 mars, an 38 du règne, à Rasilly. —
Le roi Charles VII ordonne de payer différentes sommes sur
l'imposition de 250,000 l. t. levée en Normandie pour le
paiement des gens de guerre à partir du 1 janvier 1459 (v. st.).
notamment 100 l. t. à l'évêque d'Avranches, « pour le recom-
penser de partie de la despense par luy faicte en ung voyage
qu'il fist l'année passée, et autres du pays en sa compaignie,
devers nous, pour les affaires du dit païs, où ilz furent par
long temps, tant à Tours, Montbason que à Chinon, attendans
leur expedicion...»

(Ms. fr. 20879, n° 115.)

1460, 24 septembre, à Avranches. — Quittance de cette
somme par Jean, évêque d'Avranches, qui dit avoir fait le
voyage « en la compaignie de monseigneur d'Estouteville et
plusieurs autres envoiez de par les troys estas de Normandie
devers le roy.»

(Ms fr. 20879, n° 116.)

1460 (1461, n. st.), 28 février. — Jean, évêque d'Avranches,
déclare que, moyennant le paiement d'une somme de 8 l. t., il

a été tenu quitte en 1460 de la rente de 40 l. t. due pour deux moulins à blé, appelés les Moulins le Roi, situés près d'Avranches, que ses prédécesseurs avaient jadis pris à fieffe du domaine royal. Ces moulins avaient été ruinés pendant la guerre.

(Ms. fr. 20880, n° 1.)

1463, 15 avril.— Le doyen et le chapitre d'Avranches reconnaissent avoir reçu 197 l. 1 s. t. à valoir sur la somme de 985 l. que le roi Charles VII leur avait allouée en compensation « de certains joyaulx de l'église d'Avranches, prins du temps des guerres au Mont Saint Michel, par feu Bertran Campion pour lors maistre d'ostel du dit seigneur, et par son ordonnance et commandement, lesquelx joyaulx avions mys en garde au dit lieu du Mont Saint Michiel (1). »

(Ms. fr. 20880, n° 2.)

1469, 13 décembre. — Quittance de 12 l. t. reçues par Jean, évêque d'Avranches, pour la rente qu'il avait sur la vicomté d'Avranches.

(Ms. fr. 20880, n° 4.)

1468, 27 avril. — Quittance de la pension de 1200 l. t. allouée à Jean, évêque d'Avranches.

(Ms. fr. 20880, n° 3.)

---

(1) La lettre de Charles VII qui allouait au chapitre d'Avranches une indemnité représentant la valeur des objets pris par Bertran Campion est du 21 avril 1458. Il y en a une copie à la Bibliothèque nationale, au fol. 58 du manuscrit latin 17022. Cet acte nous apprend plusieurs particularités très curieuses pour l'histoire de la cathédrale d'Avranches.

Voici d'abord la liste des objets que le chapitre avait déposés au Mont-Saint-Michel après la descente du Henri V, roi d'Angleterre, en Normandie, et dont Bertrand Campion disposa en 1421 : « 15 calices dorés, une custode pour porter Corpus Domini, 4 encensiers, 1 benoistier, 1 gympillon, 4 bacins, 2 navettes, 2 cuilleres pour encens, 2 esmaulx dorés et esmaillés à chapes, 2 burettes, 2 piez à croix, » le tout pesant environ 85 marcs 6 onces 8 esterlins obole d'argent, d'une valeur approximative de 977 l. t.

A l'appui de leur réclamation, les chanoines avaient invoqué « les grans pertes et dommages qui sont advenues durant les guerres et divisions qui ont eu cours en nostre royaulme, tant à la dite eglise que à l'occasion des sieges qui ont esté tenuz devant la dite ville d'Avranches : partie de la dite eglise a esté arse et l'une des tours d'icelle demolye et abatue par la tempeste et orage de temps qui y est tumbée puis huit ans en ça, tellement que de present la dite eglise est en grant ruyne et desolation.. »

1470, 3 septembre, à Saint-Lo. — Le roi Louis XI donne à son conseiller et confesseur Jean, évêque d'Avranches, la garde des enfants mineurs de Jehan Ca mpion, seigneur de Vironvay en la vicomté d'Evreux, mort depuis cinq ou six ans.

Dans un acte de Jean Chartier, dit Limoges, ecuyer, vicomte d'Evreux, du 3 novembre 1470.

(Ms. fr. n° 20880, n° 5.)

1471 (1472. n. st.), 15 janvier. — Quittance d'un semestre de la pension de Jean, évêque d'Avranches, conseiller et confesseur du roi.

(Ms. fr. 20880, n° 6.)

1476 (1477, n. st.), 29 janvier. — Quittance d'une somme de 50 l. t. reçue par Jean, évêque d'Avranches, en qualité d'abbé du Bec.

(Ms. fr. 20880, n° 8.)

1376 (1477, n. st.), 22 février. — Quittance d'une année de la pension de Jean, évêque d'Avranches.

(Ms. fr. 20880, n° 7.)

1478, 1 décembre. — Quittance d'une année de la pension de Jean, évêque d'Avranches.

(Ms. fr. 20880, n° 9.)

1480, 27 décembre. — Quittance de Jean Le Marchant, doyen et chanoine d'Avranches, pour une somme de 50 l. t. qu'il avait reçue comme procureur de l'évêque d'Avranches, perpetuel administrateur ou commendataire de l'abbaye du Bec.

(Ms. fr. 20880, n° 10.)

1480 (1481, n. st.), 6 avril, au Plessis du Parc. — Le roi Louis XI accorde un délai de deux ans à l'évêque d'Avranches, pour lui bailler le dénombrement et aveu de ce qu'il tenait en qualité d'abbé du Bec.

(Ms. fr. 20880, n° 11.)

1481 (1482, n. st.) 18 février. — Déclaration de Jean, évêque d'Avranches, au sujet du rachat qu'il avait fait d'une rente de 40 l. t. due au roi pour la fieffe des Moulins le Roi situés près d'Avranches. Il est rappelé que l'évêque avait acquitté en 1480 et en 1481 une redevance d'un épervier.

(Ms. fr. 20880, n° 12.)

1483, 29 novembre, à Cléry. — Charles VIII autorise Jean, évêque d'Avranches, à prêter entre les mains du bailli de Rouen ou du bailli de Cotentin le serment de fidelité qu'il devait au roi. Il lui accorde un délai d'un an pour bailler le dénombrement des biens de son évêché et des abbayes du Bec et de Cormery dont il était commendataire.

(Ms. fr. 20880, n° 13.)

1483, 11 décembre.— Le bailli de Rouen reçoit de l'évêque d'Avranches le serment de fidélité que ce prélat devait au roi pour son évêché et pour les abbayes du Bec et de Cormery.

(Ms. fr. 20880, n° 13.)

Louis de Bourbon.

1484 (1485, n. st.), 22 mars, à Evreux.—Charles VIII reçoit le serment de fidélité de Louis de Bourbon, évêque d'Avranches.

(Ms. fr. 20880, n° 14.)

1499, 1 mai. — Quittance de Louis de Bourbon, évêque d'Avranches, pour la pension de 400 l. t. que le roi lui faisait.

(Ms. fr. 20880, n° 15.)

1511, 20 juillet. — Louis, évêque d'Avranches, nomme maltre Jean Le Roy receveur du temporel de son évêché en la baronnie d'Avranches.

(Ms. fr. 20880, n° 16.)

Louis Herbert.

1513 (1514, n. st.', 29 mars. — Louis, évêque d'Avranches, et d'autres commissaires royaux vendent aux bourgeois de Bernai, pour une somme de 100 l. t., une rente de 10 l. t. sur le grenier à sel de Bernai.

(Ms. fr. 20880, n° 17.)

1515, 21 mai. — Quittance de Louis Herbert, évêque d'Avranches, pour arrérages d'une rente de 113 l. 9 s. 8 d. t., qui lui avait été constituée par les commissaires royaux sur les fermes du tabellionage, prévôté, cohue et coutume d'Avranches. Le prélat rappelle que le fief, terre et seigneurie de la Chaise-Baudouin lui avaient été engagés, comme équivalant à 86 l. 10 s. 4 d. de rente.

(Ms. fr. 20880, n° 18.)

1519, 16 juin. — Louis, évêque d'Avranches, et les autres commissaires du roi vendent à l'abbaye de Saint-Taurin d'Evreux, pour une somme de 500 l. t., une rente de 50 l. t. à prendre sur le grenier à sel d'Evreux.

(Ms. fr. 20880, n° 19.)

Léopold DELISLE.

NOTES

Sur la paroisse d'Agon.

(Suite et fin.) (1)

———

Entre les procès qu'eurent à soutenir les religieux du prieuré de Saint-Lô de Rouen contre les seigneurs d'Agon à propos de leurs droits sur cette paroisse, le plus considérable fut entamé en 1662. A cette époque, un sieur de Bois-David ou Bois-Davy se prétendait seigneur et patron d'Agon et disputait ce fief à la famille Guérin, qui le possédait depuis plus d'un siècle et entre les mains de laquelle il resta bientôt définitivement.

M. de Glanville a analysé toutes les pièces de cette contestation dont je vais indiquer les phases principales. M. de Bois-Davy se refusait de reconnaître les droits des religieux dans la paroisse d'Agon. Il les cita à ses plaids et comme ils ne comparurent pas, il voulut les condamner par défaut et même il ordonna que la grange où ils resserraient leurs dîmes et leur héritage seraient saisis et incorporés à la seigneurerie. Les religieux, de leur côté, représentèrent qu'ils avaient toujours possédé dans la paroisse d'Agon une terre dîmeresse avec quelques masures et diverses propriétés et qu'ils en avaient toujours « baillé déclaration à la Chambre des Comptes » ainsi que de leurs autres biens comme relevant du Roi seulement. Les prétentions de M. de Bois-Davy furent donc repoussées, mais le seigneur d'Agon trouva bientôt un nouveau sujet de chicane à propos des droits honorifiques. Dès la même année, il intenta un autre procès au curé, qui avait fait boucher, sans son autorisation, une porte par laquelle de tout temps le seigneur d'Agon avec sa famille entrait pour se rendre à son banc dans le chœur de l'église. En outre il voulait être recommandé au prône de la messe paroissiale.

Pour sa défense, continue M. de Glanville, le curé répondit que lorsqu'il fut pourvu de la cure d'Agon, en 1641, il trouva l'église « en grande décadence et destituée de tous ornements propres à célébrer le service divin » ; qu'il n'existait aucune séparation entre le chœur et la nef ; qu'il s'était adressé alors

(1) V. *Annuaire de la Manche*, 1892, page 28-37.

au couvent de Saint-Lô de Rouen et au chapitre de Notre-Dame de Coutances pour les prier de rétablir « la décoration d'icelle », s'engageant à faire à ses frais la séparation entre le chœur et la nef « au dessoubs du crucifix » et leur demander en même temps l'autorisation « de boucher et fermer la dicte porte », ce qu'ils permirent tout d'une voix. Le curé soutenait donc à juste titre qu'il n'avait agi que d'après l'avis de ses vrais patrons et que le seigneur d'Agon ne pouvait s'en plaindre, puisque le travail avait été exécuté sous ses yeux, en 1648, sans qu'il eût soulevé aucune opposition. Il existait, d'ailleurs, ajoutait le curé, trois autres petites portes dans la nef par lesquelles M. de Bois-Davy pouvait entrer pour aller à « sa séance qui a esté de tout temps hors le chœur », les vrais patrons ayant seuls le droit, à l'exception de toutes autres personnes, d'avoir leur « séance » dans le chœur et qu'il n'en connaît pas d'autres que les chapitres dont le droit ressort de la réunion des deux portions du bénéfice en une seule dès l'année 1237, tandis que ledit seigneur d'Agon ne fait voir aucun titre sur lequel il puisse appuyer sa demande pas plus que pour être recommandé au prône, « chose tout à fait inusitée ».

Le résultat de toute cette discution est inconnue. Un arrêt intervint-il ? On peut en douter. La famille Guérin rentra peu après dans la possession de la seigneurie d'Agon et sans doute elle abandonna les prétentions soulevées par M. de Bois-Davy.

Si les religieux du prieuré de Saint-Lô de Rouen défendaient sévèrement leurs droits et leurs prérogatives, ils ne mettaient pas toujours la même exactitude à remplir leurs engagements. Ce n'était quelquefois pas leur faute. Les monastères et les communautés avaient de lourdes charges et leurs revenus leur étaient parfois assez mal payés. Faute d'argent leurs fermes et les églises dont ils avaient le patronage étaient souvent mal entretenues.

On vient de voir qu'en 1648 le curé de Saint-Évroult d'Agon avait adressé à ses supérieurs des réclamations sur le mauvais état de son église. Il ajoutait qu'il y avait déjà mis à ses frais « des chasubles, des chappes, avec deux calices d'argent » et qu'il avait « faict construire un autel de carreau de Caen avec ses appartenances qui lui a coûté 500 livres, faict blanchir tout le chœur, la nef et les chapelles de la dicte église » ; enfin il demandait l'autorisation de « faire séparer le chœur de la nef au dessous du crucifix. »

Un siècle plus tard, en 1765, l'état de l'église était encore plus triste. Le curé d'alors écrivait au procureur du prieuré de Saint-Lô que les murailles du chœur et du chancel étaient fort peu solides. « A notre honte, dit-il, notre chœur est si indécemment entretenu qu'il ressemble plus à un lieu abandonné qu'au temple du Seigneur ; ce lieu, comme nous n'en pouvons disconvenir, exige de nous un entretien décent, comme nous

percevons les fruits sans que nous en percevions les charges. »
Deux personnes charitables « sensibles à la décence et à la
décoration de la maison du Seigneur » lui ont donné la somme
nécessaire pour faire un autel plus convenable.

« Il n'est pas possible de placer l'ouvrage dans le cœur (sic)
en l'état où il est. L'autel qui sera détruit est une masse de
carreau accompagnée aux deux bouts de deux portes de même
matière pour entrer dans la sacristie qui est derrière l'autel ;
j'espère trouver dans la démolition de l'autel et des portes
des matériaux pour la réparation du pavet... Les vitres du cœur
doivent aussi être réparées en entier. Elles sont si crevas-
sées et en si mauvais état par vétusté qu'il est honteux pour
nous de ne les avoir pas réparées ; d'ailleurs on n'y voit point
dans le cœur. La grande vitre du côté du midi est partagée du
haut en bas par une aiguille ou colonne de pierre qui par
vétusté est courbée en dedans du cœur par le haut, et en dehors
par le bas ; il y a déjà quelque temps qu'un vitrier en réparant
cette vitre m'avertit que cette colonne était ébranlée et ne tenant
à rien, j'eusse à prendre peur que quelqu'un ne fût blessé par
sa chutte ». En terminant, le curé engageait le prieur à contribuer à la réparation des murs et du pavage et à blanchir l'intérieur du chœur. Les religieux de Saint-Lô et le chapitre de
Coutances s'entendirent pour faire les travaux demandés, après
avoir pris une consultation et conformément à un édit de 1695,
prescrivant que les réparations devaient être supportées par
tous les gros décimateurs en proportion des dîmes qu'ils
percevaient.

Ne pouvant, dans des cas analogues, faire toujours des
avances importantes, les religieux pour sortir d'embarras obligèrent leur fermier à faire les réparations. En 1785, en affer-
mant pour neuf ans le droit de percevoir les grosses dîmes et
prébendes, tout et autant qu'il pouvait leur appartenir dans la
paroisse d'Agon et aux environs, compris le marais dépendant
de la seigneurie, les religieux de Saint-Lô, ne se réservant que
le droit de présentation à la cure, imposèrent au preneur de se
charger de toutes les obligations et aumônes qui pourraient
être dues par eux, ainsi que de toutes les réparations à faire à
la grange, au chœur et au chancel de l'église. Le fermier leur
devait, en outre, 850 livres par an, 750 livres de vin, une fois
payées et aussi « chaque année deux culottes de mouton de
mielle du meilleur crû pesant au moins 10 à 12 livres chaque
culotte qui seront portées à Rouen quittes de port par les mes-
sageries. » En vertu de ce bail des réparations importantes
furent faites à la grange, au chœur et au chancel de l'église
d'Agon.

Je me suis quelque peu attardé à tous ces détails relatifs aux
réparations dont la vieille église d'Agon a été l'objet dans les
deux derniers siècles. Il n'était pas cependant inutile de les

donner ici et ils pourront servir à ceux qui voudront étudier, en connaissance de cause, les remaniements de cet intéressant édifice à travers les âges.

Dans le cours de ses recherches, M. de Glanville a rencontré les noms de divers curés d'Agon qu'il convient de citer ici. Ce sont : vers 1475, maître Robert Secles ; Jean Angot ; — en 1532, Jean Quétil, bachelier en droit canon ; — en 1599, Pierre de la Fabrique, archidiacre du Val-de-Vire ; — en 1662, messire Louis Lebas, archidiacre ; — en 1765, messire Bichue.

Telles sont les notes que j'ai cru devoir emprunter à *l'Histoire du Prieuré de Saint-Lô de Rouen*, due aux savantes recherches de M. de Glanville. Puissent-elles offrir quelque intérêt aux historiens de nos paroisses du Cotentin.

Un mot encore sur deux localités dont M. de Glanville a été amené à parler incidemment.

Il a été question dans cet article de la paroisse d'Orval, *Ourval*, sur laquelle les religieux de Saint-Lô de Rouen percevaient, d'après l'aveu et dénombrement de leurs biens rendu au Roi, en 1462, « traize boisseaux de fourment » et où ils possédaient aussi « une masure tenue de eulx » et pour laquelle il leur était dû « rente en deniers et en oyseaulx. » Cette paroisse, dont l'église sous le vocable de Sainte-Hélène, était sous le patronage de l'abbaye de Lessay, dépendait de l'archidiaconé de Coutances et du doyenné de la chrétienté. M. Renault lui a consacré un long article dans sa *Revue monumentale et historique de l'arrondissement de Coutances* (1). Orval est aujourd'hui une commune du canton de Montmartin-sur-Mer.

Enfin, sur le territoire qui forme de nos jours le département de la Manche, le prieuré de Saint-Lô de Rouen possédait, en 1659, à Saint-Georges-de-Montcocq, une ferme et des dîmes dont M. de Glanville ne nous indique pas l'importance. C'est un point sur lequel peuvent se porter les érudites investigations de mon ami, M. Éd. Lepingard, qui s'occupe si curieusement de l'histoire de Saint-Lô et de ses environs.

Émile TRAVERS.

---

(1) *Annuaire de la Manche*, 1853, p. 48-56.

RESTES D'UNE BASILIQUE DU XI° SIÈCLE

Dans la Cathédrale de Coutances.

———∿∿∿———

La cathédrale de Coutances est une des plus complètes et des plus régulières que possède la France. Elle comprend deux flèches jumelles mesurant chacune 75 mètres, une nef avec collatéraux, deux transsepts et, au centre de la croisée, un dôme gothique dont la coupole est assurément très remarquable, enfin un chœur avec double déambulatoire et des absidioles qui rayonnent autour du sanctuaire. Au xiv° siècle les collatéraux de la nef eurent des chapelles qui, d'après M. Bourassé, sont les plus belles de France. Vers le même temps, l'évêque Sylvestre de la Cervelle en éleva une autre à la Sainte-Vierge, au centre de l'abside.

Le vaisseau en entier, sauf les chapelles, est désigné par MM. Viollet-le-Duc, de Caumont, Vitet et Bourassé, comme appartenant au style ogival le plus pur. Tous les détails architectoniques comme bases, colonnes, chapiteaux, feuillages, arceaux, autels et vitraux rappellent le xiii° siècle, c'est-à-dire l'époque de Philippe-Auguste et de Saint-Louis.

Néanmoins plusieurs historiens Coutançais des xvii°, xviii° et xix° siècles ont prétendu que cette cathédrale était du xi° siècle et remontait à Geoffroy de Montbray, qui la consacra en 1056.

D'où venait cette erreur? Assurément du défaut de titres remontant au xiii° siècle. Dans un aveu rendu, en 1540, au roi François I°ʳ, le chapitre de Coutances déclare qu'il n'a plus aucun acte de propriété et qu'il a tout perdu à la suite des guerres et des incendies dont le diocèse avait été trop souvent le théâtre (1). Si les chartes les plus précieuses ont disparu, on ne doit guère s'attendre à retrouver les registres et les comptes de fabrique qui pourraient nous éclairer. Cependant un titre ancien a échappé au naufrage, c'est l'histoire de la fondation de la cathédrale au xi° siècle. Conservée jadis dans un pouillé du xiii° siècle, elle a été reproduite dans le xi° volume du Gallia christiana et dans les manuscrits d'Arthur Dumoustier, auteur du *Neustria pia*.

Comme les historiens locaux se basent sur ce texte et prétendent qu'il donne, dans l'énumération des travaux de Geoffroy, une description abrégée de la cathédrale actuelle, nous traduisons le passage qui désigne la basilique :

(1) Toustain de Billy, Histoire des Evêques de Coutances.

« L'évêque Geoffroy, dit l'historien, construisit le grand
» crucifix (c'est-à-dire les deux transsepts), le chevet qui
couronne la nef avec son air ou chœur ; à droite et à gauche
du chevet principal deux autres absides fort nobles et considérables. Au bas de la nef (elle avait été construite par son
prédécesseur), il éleva deux clochers et, au centre de la
croisée, une autre tour plus élevée que les autres, sur laquelle
ꞵ il plaça un coq doré. Le tout fut recouvert de plomb, etc... »

« Majorem crucifixum largis sumptibus et tempore longo
» construxit... capitium navis ecclesiae cum areâ et hinc et
» indè duo minora capitia nobiliora et ampliora construxit.
» Duas turres posteriores à fundamentis tertiamque supra
» chorum opere spectabili sublimavit, in quibus classicum
» consonans et preciosum imposuit et haec omnia plumbo
» cooperuit... deauratum gallum majori turri superimposuit. »

Ce texte nous montre une cathédrale assez simple : deux
tours au bas des nefs, une troisième plus élevée et surmontée
d'un coq doré ; puis trois absides, l'une considérable, renfermant le trône du pontife, les sièges du presbyterium et l'autel ;
les deux autres plus petites, à l'orient des transsepts.

Or, qu'y a-t-il de commun entre cette église et celle qui
existe aujourd'hui ? Deux choses : le plan des nefs et la position
des trois tours ; en dehors de cela, il n'y a plus rien. Les
absides des transsepts n'existent plus, le modeste *Capitium*
terminant la nef et l'*Area* sont remplacés par un vaste chœur à
double circuit et de nombreuses chapelles. La haute tour
centrale d'autrefois est aujourd'hui de beaucoup la moins
élevée. Les clochers encadrant le portail de l'Ouest, jadis les
plus humbles, sont présentement surmontés de hautes pyra-
mides dominant le dôme ou tour centrale. Dans la nef, bâtie
par l'évêque Robert, vers l'an 1030, on voyait, au xi° siècle,
inscrits sur les arcades et sculptés dans la pierre, les noms des
principaux bienfaiteurs, « *Aliquot ipsorum nomina insculpta
lapidibus in ecclesiae arcubus.* » Actuellement aucun de ces
noms ne paraît plus. Donc la cathédrale de Geoffroy a été
refaite et celle qui existe n'est nullement son œuvre.

Des preuves écrites, nous avons dit qu'il n'en existe plus.

On sait seulement qu'il y eut deux dédicaces, celle du
8 décembre, la plus ancienne, et celle du 12 juillet. A partir du
xiii° siècle ou du commencement du xiv°, on fêta l'anniversaire
du 12 juillet et on ne parla plus du 8 décembre. On sait encore
qu'au commencement du xiii° siècle, de 1208 à 1238, un
évêque de Coutances, Hugues de Morville, érigea, derrière le
chœur, plusieurs chapelles et qu'il enrichit la cathédrale de
nouveaux revenus.

Si on ignore le reste et si les chartes se taisent, les pierres
parlent et nous révèlent une construction au xiii° siècle.

En effet, en considérant intérieurement la cathédrale, nous ne rencontrons partout que le style ogival et la pierre calcaire. La nef a un aspect plus archaïque ; refaite la première, elle est venue se souder avec les piliers de la tour centrale de Geoffroy. Le chœur d'une ordonnance toute différente a été élevé quelque temps après. Ses arches sont plus élancées et laissent voir les fenêtres des chapelles et du premier déambulatoire. La voûte de ce déambulatoire surpasse de beaucoup la hauteur des bas côtés de la nef et du second circuit du chœur. Pour que la voûte du sanctuaire s'accordât néanmoins avec celle de la nef, on a creusé le sol à plus d'un mètre de profondeur et, à l'aide de marches ou de degrés, les différentes parties de l'édifice communiquent facilement entre elles.

Les piles du dôme, bien que supportant la même charge, sont inégales et celles du sanctuaire sont un tiers moins considérables que celles du bas du chœur. Aussi M. Viollet-le-Duc a-t-il supposé qu'elles renfermaient un noyeau ancien, c'est-à-dire les supports de l'antique tour du xie siècle.

L'hypothèse de l'éminent archéologue est aujourd'hui un fait acquis, car l'église primitive du xie siècle existe encore, presque en entier, dans la basilique du xiiie siècle. Il est vrai qu'elle a été si ingénieusement dissimulée, qu'elle ne se révèle qu'aux yeux attentifs et bien exercés. A la première vue on ne la distingue pas. Mais visitons les endroits peu explorés de l'édifice actuel, et montons dans l'intérieur des tours. Si la première chambre n'offre qu'une maçonnerie très ancienne avec des reprises en sous-œuvre et de différentes époques, le second étage, haut de plus de 20 mètres et couronné par une voûte ogivale au-dessus de laquelle commencent les flèches, offre un style qui n'a plus aucun rapport avec ce que nous avons vu. M. Bouet l'ayant entrevu en 1868, ne craignit pas de dire : « Nous avons retrouvé, existant encore jusqu'à une grande hauteur, les clochers romans de la cathédrale de Geoffroy de Montbray. » (1)

Ces clochers primitifs, dans cette seconde chambre, déjà élevée de plus de 20 mètres au-dessus du sol, atteignent encore une hauteur de 15 à 16 mètres. Ils prennent, à partir du second étage, la forme de cylindres octogonaux. L'appareil, les ouvertures, les joints, la pierre, la voûte, rien ne ressemble au reste du vaisseau. L'appareil, formé de pierres cubiques plus souvent rectangulaires, offre des assises d'une grande régularité. Les joints assez larges ont une couleur rougeâtre quand ils n'ont pas été recouverts par un nouvel enduit. Seize ouvertures romanes, deux sur chaque face, laissaient pénétrer la lumière dans l'intérieur de cet étage. Ces ouvertures étaient

_____

(1) Analyse architecturale de l'abbaye de Saint-Etienne de Caen, par M. Bouet, page 5. Note.

surmontées de quatre autres baies répondant aux quatre points cardinaux, mais aujourd'hui détruites en partie. Au bas de cette chambre, de grands cintres ouvraient sur la nef et des fenêtres pénétraient de nouveau les murs. Une d'elles, refaite extérieurement, existe encore. Des passages voûtés en berceau conduisaient sur les galeries du clerestory de la nef. En sortant de ces tours, pour aller sur ces galeries, on trouve de chaque côté de la nef, une porte cintrée avec un escalier extérieur destiné jadis à inspecter les toitures et les goutières.

Les galeries que nous venons de signaler traversent les grosses piles supportant le dôme. Or, la moitié de ces passages, au-dessous de la coupole, sont romans et voûtés en berceau. L'appareil, la nature des pierres, les joints sont semblables à ceux des tours. L'autre moitié de chacun de ces passages, est en pierre calcaire, les joints sont petits, les assises ne correspondent pas aux anciennes et la voûte est plate et unie. Le point de jonction de ces deux murs, partout visible et frappant, donne raison à l'hypothèse de M. Viollet-le-Duc, supposant un noyeau ancien, renfermé dans ces immenses supports. Au-delà des passages du dôme, on ne trouve plus rien rappelant le XIe siècle, si ce n'est quelques étoiles romanes employées çà et là comme moellons dans la maçonnerie.

Vue à l'extérieur, la cathédrale de Coutances n'offre plus aux regards que les splendeurs du style ogival. Néanmoins, du haut des toitures plates qui couronnent les chapelles laterales, on aperçoit, près des tours, les deux petites portes que nous avons indiquées en allant des clochers dans la galerie du clerestory. Cachées en partie par les reliefs des tours, on n'a pas songé à les dissimuler et, à l'œil attentif, elles présentent leurs cintres et leurs claveaux en pierres syénitiques du pays.

Tout le reste a été revêtu d'un parement gothique en pierres calcaires. Les anciennes tours, polygonales à l'intérieur, offrent à l'extérieur un plan carré et des 42 ouvertures romanes qu'on voyait jadis sur leurs faces, une seule apparaît encore, mais à condition qu'elle laissera sa forme romane pour devenir une gracieuse baie rectangulaire.

Vue dans l'intérieur de la tour septentrionale, cette même baie, avec son embrasure profonde, permet de constater l'épaisseur du mur ancien et celle du mur nouveau. La muraille du XIe siècle mesure encore $0^m 90$ et celle du XIIIe siècle $0^m 60$, total $1^m 50$. En 1881, sur le pignon de la façade Ouest, on a retrouvé le mur primitif et le mur neuf qui n'a pas moins d'un demi-mètre. Quant aux ouvertures des vieux clochers, elles ont été remplies de grosses pierres qui servent d'amorces aux murs de revêtement. Ces murs, recouvrant les anciens, sont encore soutenus par les contreforts, les voussures du grand portail de l'Ouest, les escaliers des tours reliées entre elles par des galeries et des arcs-boutants, enfin par la nouvelle disposition des tours qui, en reprenant un plan carré, ont obtenu des murs angulaires de plus de trois mètres d'épaisseur. C'est par ce procédé ingénieux qu'on a solidement cimenté le travail neuf avec l'ancien et que la construction primitive a été si habilement dissimulée qu'on a été plusieurs siècles sans même la soupçonner.

CONCLUSION.

D'après ce qui reste de la cathédrale de Coutances consacrée en 1056, nous pouvons juger quels étaient les caractères distinctifs de son architecture :

1° Son plan, présentant une croix latine, n'avait point de déambulatoire autour du chœur, et les nefs latérales se terminaient, dans les transsepts, par des chapelles absidales ;

2° Le moyen appareil en pierres parfois cubiques, plus souvent allongées en forme de rectangle, est uniquement employé. La taille est peu soignée, les joints sont larges et le mortier renferme de la brique concassée qui lui donne, quand il est encore visible, une teinte rougeâtre ;

3° Les voûtes des passages sont toutes en berceau ;

4° Les portes, de la plus grande simplicité, n'offrent que des cintres dont les claveaux sont, parfois en pierres calcaires, plus souvent en pierres syénitiques du pays ;

5° Les ouvertures des tours présentent la même forme ; celles qui sont géminées sur chacune des faces, sont étroites et élancées ;

6° Les ornements connus décorant jadis les archivoltes étaient en pierre calcaire d'Yvetot, nom d'une commune du diocèse de Coutances ; ils représentaient des étoiles qu'on retrouve encore, çà et là, dans les murailles les moins apparentes du XIIIᵉ siècle et de riches entrelas (1).

7° Les tours, à base carrée, mais devenant polygonales à la naissance des voûtes de la grande nef, étaient éclairées par trois zônes d'ouvertures au nombre de 42, dans les deux clochers ;

8° Des restes d'arcades géminées et encadrées dans de grands cintres, se voient encore près des tours et décoraient jadis les murs intérieurs de la basilique ;

---

(1) On a aussi découvert dans l'impasse de l'évêché de beaux entrelas romans fort bien conservés, ainsi que la tête du tombeau de l'archidiacre Normand, cité au temps de Geoffroy de Montbray, dans le livre des miracles de la cathédrale : « Normannus Archidiaconus. »

9° La tour élevée au centre de la croisée et surmontée d'une flèche, était une œuvre hardie pour son époque.

Après ce résumé, on est en droit de conclure que la cathédrale de Geoffroy de Montbray n'avait aucun rapport avec le style ogival. C'était un monument simple et sévère dont la nef du Mont-Saint-Michel, celle de l'abbaye de Cerisy et les parties anciennes de Saint-Etienne de Caen, peuvent encore nous donner une idée.

Notre cathédrale actuelle est donc un magnifique monument ogival greffé sur le plein-cintre, une basilique romane transformée au xiii° siècle et à laquelle on ajouta plus tard les ravissantes chapelles qui bordent les collatéraux. Ainsi, comme dans la plupart de nos églises-mères, quelque soit leur enveloppe sculptée et brodée, on retrouve toujours au-dessous, au moins à l'état de germe et de rudiment, une église primitive.

E.-A. Pigeon.

NOTES

pour servir à l'histoire de Saint-Lo et de ses environs.

LES VILLAGES DE SAINT-LO.

V.

LE HUTEREL.

Le Huterel, qui dépend de la commune de Saint-Thomas, est situé à deux kilomètres environ au Sud de Saint-Lo.

Deux chemins y donnent accès : l'un s'embranche sur le prolongement de la Grande-Rue allant à la Gouerie, c'est le chemin proprement dit de Saint-Lo au Huterel ; l'autre sur le chemin de grande communication tendant de cette ville à Tessy-sur-Vire.

Les limites de ce village sont, au Nord, les terres du Monchais, autrefois le Moncheel, et de la Gouerie ; à l'Est, la Haute-Folie ; au Sud, les domaines du Grand-Candol et de Lignerolles ; à l'Ouest, ceux de la Grande et de la Petite-Seigneurie.

C'est au *Livre Rouge* de la Maison-Dieu de Saint-Lo que le nom du Huterel apparaît pour la première fois et cela à propos d'une pièce de terre cédée à cet établissement par Richard du Huterel, fils de Thomas du Huterel (avril 1250). Le même chartrier le cite une seconde fois dans un acte d'avril 1270 qui donne le chemin tendant du manoir à l'Orfèvre *au Huterel* comme limite à une pièce de terre grevée de certaines rentes, « que pecia butat ad terram Guillelmi Torquet, et, ex alio, ad » cheminum per quod graditur de Manerio Aurifabri apud le » Huterel. » (1)

Le mot Huterel signifie, en Basse-Normandie, *butte* ou *levée de terre* et non *tombereau*, comme le dit le Dictionnaire de l'ancienne langue française de Godefroy. Un contrat de 1590 donne cette définition. On y lit que Guillaume Huet, du village de Saint-Thomas-de-Saint-Lo, accorde « plains pouvoir, puis-

---

(1) Archives de l'Hôtel-Dieu de Saint-Lo. —Livre Rouge n° 161.

» sauce et auctorité à Clément de Launay, chappelier, bour-
» geois de Saint-Lo, de *abattre* ung *Huterel* de *terre* estant
» entre une pièce de terre, au dict Huet appartenante, nommée
» le camp du Hamel, et le chemyn tendant de Saint-Lo à
» Sainct-Ouen de Baudre, et, *icelluy abattu, l'applanir* et y
» faire du compost. »

Le village du Huterel offre un aspect particulier. Les maisons, au lieu de s'aligner en rues, sont disséminées autour
d'un terrain vague appelé la *commune* du Huterel et contenant
un hectare environ. La jouissance de cette place est exclusivement réservée aux riverains. (1)

Presqu'au milieu de ce terrain se voient tout ensemble une
vieille fontaine ornée d'une statuette de la Sainte Vierge ; le
piédestal et un tronçon d'une croix renversée soit aux temps
des guerres de religion, soit à la fin du siècle dernier. Cette
croix serait, dit-on, la croix aux *Alizots* érigée, selon les uns,
au haut de Bechevel, selon les autres, proche la pièce aux
Alizots située à l'embranchement du petit chemin du Monchais
sur la route de Saint-Lo au pont de Gourfaleur ; enfin, un
vieux peuplier, qui n'est autre qu'un arbre de la liberté planté
vers 1793 et dont la foudre et les ans ont abattu la cime. La
partie basse du communal est occupée par une mare. Autrefois
une chênaie en couvrait la partie la plus élevée.

Des maisons qui entourent cette grande place, une seule,
la première à gauche, en venant par le chemin direct de
Saint-Lo, présente quelques caractères d'ancienneté. Elle
remonte au xviᵉ siècle et est appelée, dans un partage effectué
le 30 octobre 1594, la *Grande Maison du Huterel,* qualification
qu'elle mérite toujours, malgré les dimensions des habitations
modernes qui l'avoisinent.

Vers la même époque (1589), il en existait une autre nommée la *Vieulle Maison du Huterel,* aujourd'hui disparue, qui
pourrait avoir appartenu à Thomas du Huterel et à Richard,
son fils, lequel, en janvier 1250 (2), vendit à l'Hôpital de
Saint-Lo un champ cité, dans l'acte de 1589, sous le nom de
Clos de l'Hôtel-Dieu, nom qu'il porte maintenant encore.

La Grande et la *Vieulle* Maison du Huterel faisaient partie
du Fief Taby, ainsi appelé du nom d'une des premières
familles qui tinrent cette roture du Baron Evêque de Saint-Lo.
Un Thomas Taby existait à Saint-Thomas, vers le milieu du
xiiiᵉ siècle. On lit, en effet, dans une charte de 1250 (3) contenant vente d'une pièce de terre à la Maison-Dieu par Jehan

---

(1) Archives départementales. — Bailliage de Saint-Lo. — Acte du 9
novembre 1762.

(2) Archives de l'Hopital de Saint-Lo. — Livre rouge, fol. 71 rᵒ.

(3) Archives de l'Hopital de Saint-Lo. — Livre rouge, fol. 84 vᵒ.

Feron «... ...... Ità tamen quod dicti Hospitale et Fratres
» reddint annuatim *Thome Tabi* et heredibus suis de dicta
» terra decem ova ad Pascha. »........

A l'origine, le Fief Taby relevait nuement de la Baronnie de
Saint-Lo ; il comptait même parmi les *Fieux* dits *Robert de
Saint-Lo*, suivant les comptes de cette seigneurie, rendus à
l'Evêque de Coutances, en 1444-46, par son *mesnager*, Philippin
Damian. (1) Il en fut détaché, en 1692, pour être uni, avec
d'autres terres, comme le Boscdelle, la Seigneurie, etc. etc.,
à la seigneurie de la Vaucelle, lorsque ce dernier domaine fut
érigé en Fief noble en faveur de messire François Duchemin,
écuyer, sieur de la Tour. Il demeura néanmoins dans la mouvance de la Baronnie.

Son *ainesse* était primitivement attachée à UNE PORTION *de la
Maison et Mesnage* du Huterel, possédée en 1584, par Robert
Le Miard, alias Le Mière, de Saint-Thomas, qui, à cette date, la
vendit, avec deux champs, à Jean Fauchon, sieur de la Haute-
Folie, agissant comme tuteur, au nom des mineurs de feu
Robert Le Tellier. En 1594, par suite des partages de la succession de ce dernier entre ses cinq fils, cette aînesse fut
imposée au premier lot le quel comprenait la Grande Maison
dont probablement les *Estres* ayant appartenu à Le Miard
étaient une dépendance. En compensation, Jacob Le Tellier,
auquel échut ce premier lot, reçut un boisseau de froment de
rente de chacun de ses frères, à la condition qu'il recueillerait
les rentes seigneuriales dues par les puînés, savoir : 27 sous
6 deniers en argent, 7 boisseaux de froment, 5 pains, 5 gelines
et 50 œufs, pour regard.

Perrin Leroy, qui vivait en 1444, est le premier aîné connu
du Fief Taby. A ce titre, il payait 5 sous tournois de rente, au
terme de Saint-Lo. Une année plus tard, Girard Blaisot, au
droit du précédent, acquitait les rentes en grains, pains,
poulardes et œufs. Ces redevances ne semblent guère concorder
avec celles ci-dessus indiquées. Mais il faut remarquer que les
comptes de la Baronnie de 1444-46 ont des lacunes nombreuses, des cahiers entiers ayant été enlevés du registre qui
les renferme.

Dès le xv⁰ siècle, les Le Tellier possédaient au Huterel
divers champs dont la tenure n'est pas connue. On lit aux
comptes de 1444 l'article suivant :

« LE HUTEREL. — LA CANEL.

» Jouhan Le Tellier, pour le clos Denicrop, vij boisseaux froment,
» iij pains, ij chappons, ij guelines. »

(1) Archives départementales. — Baronnie de Saint-Lo.

On y trouve également Jehan Hardy, qui payait 4 boisseaux de froment pour une pièce de terre.

Au xvi°, les journaux de l'Abbaye de Saint-Lo indiquent Jehan Ybert comme débiteur de 6 boisseaux d'avoine, 1 pain et 1 geline, au droit de Jehan Bedemie et parchonniers ; de même les hoirs Colin Sanxon pour 2 raies d'avoines, 2 pains et 2 gelines ; de même encore Jehan Herbin, à cause de la Refaite, sa femme, chargée de 6 boisseaux d'avoine, 1 pain et 1 gueline (années 1561 et 1562.)

Le 25 mars 1577, Maître Michel Putot, avocat, prenait le titre de sieur du Huterel, dans le contrat de mariage de sa nièce, Madelaine du Prey, avec Gilles Rouxelin, de la Meauffe. Il n'était cependant qu'un simple puîné, puisque la rente seigneuriale de 1 boisseau de froment et 13 sous 1 denier qu'il devait à la Baronnie de Saint-Lo, *pour ses* héritages du Huterel, passait par les mains de Robert Le Miard qui tenait encore l'aînesse en 1584, ainsi que nous l'avons vu.

Charles Putot, son fils, lui succéda au Huterel (1583-31 mars.)

Avec lui se trouvent, comme puînés, Jean Pain, d'abord, et, ensuite, les filles de ce dernier, dont l'une, nommée Ebrémonde, avait épousé Jean Lechevallier.

Quelques années plus tard, on rencontre encore au Huterel des Hardy, des Sanson avec de nouveaux propriétaires, des Le Roux, des Le Paulmier et des Patrix, Gilles de Bechevel, écuyer, sieur de la Gouerie ; mais surtout des Le Tellier, Jean, Michel, Sanson et Thomas, dont les descendants demeurèrent propriétaires de la terre du Huterel jusqu'en 1771, au moins, Le père de famille se qualifiait, de génération en génération, sieur du Huterel : tels Maistre Jacques Le Tellier, en 1697 ; Maistre Jean-Pierre-David Le Tellier, d'abord conseiller et avocat du Roi au bailliage de Saint-Lo, en 1771 ; ensuite avocat-général au Conseil supérieur de Bayeux. Certains de leurs parents accolaient d'autres sieuries à leurs noms. Ainsi, dans un contrat du 2 mars 1692, Jacques Le Tellier était titré sieur de la Poterie, tandis que David, son frère, se disait sieur des Fosses.

Quoiqu'il en soit, dès 1757 la grande terre du Huterel était amoindrie. L'aînesse du Fief Taby en avait été distraite et la glèbe à laquelle elle était attachée, se trouvait aux mains de Jean du Boscq, vraisemblablement avec une partie des héritages du domaine, et, chose remarquable, l'acte de procédure exercé au Bailliage de Saint-Lo qui fournit ce renseignement ne mentionne même pas un membre de la famille Le Tellier parmi les puînés. Il ne cite qu'André Huet, Jean Jacques, Charles et Paul Putot, frères, François Pouchin, Etienne Cristille, Jacques Le Roux, Marie Pain, Jacques et Pierre Enguebard.

Aujourd'hui, une grande partie de la terre du Huterel appartient à Madame Vieillard et à ses enfants pour l'avoir recueillie dans la succession de son oncle, M. de Marquambye, dont le nom est inséparable de celui de son parent, M. Havin, qui, à diverses reprises et sous différents régimes, fut Député de la Manche. La famille Putot y est représentée par M. Auguste Putot, propriétaire. Celle des Pain y a laissé comme souvenir l'inscription suivante transportée d'une maison manable sur un cellier :

FAIT FAIRE EN 1744
LE 10 MAY
PAR PIERRE PAIN
PATER. AVE.

LA VAUCELLE.

(Annexe à la Notice de 1891.) (1)

L'article sur la Vaucelle, que nous avons publié en 1891, mentionne simplement l'érection de cette roture en Terre Noble, sans indiquer ni les dispositions, ni la date de l'acte qui l'a prononcée.

Nous comblons cette lacune en insérant le texte des lettres patentes de mars 1692 à la suite de la Notice sur le Huterel. Ce ne sera pas un hors d'œuvre, puisque le village était une dépendance du *Fief Taby* lequel fut, ainsi que le *Fief au Seigneur*, alias de la *Seigneurie*, et la Terre du Boscdelle, désuni de la Baronnie de Saint-Lo, pour former le Gage-Plège du Nouveau Fief, Terre et Seigneurie appartenant aux Du Chemin.

1692 (Mars).

Louis, par la grâce de Dieu, roy de France et de Navarre, à tous présents et avenir, salut : Nostre cher et bien aimé François Du Chemin, sieur de la Tour, nostre Conseiller Lieutenant général et particulier civil et criminel du Bailly de Costentin, au siege de Saint-Lo, nous a fait remonstrer que la terre de la Vaucelle, qu'il possède, scituée aux environs de la ville de Saint-Lo, dans la paroisse de Notre-Dame du dit lieu, avec tout ce qui en dépend, est une roture sous la mouvance de la Baronnie du dit Saint-Lo, appartenant, à droit successif, à nostre amé et féal Léonord de Matignon, Evesque de Lisieux, qui la tient nuement de Nous, sous nostre Duché de Normandie, et que, par acte passé par devant Nottaires, le 30 Juillet dernier, il a consenty que la dite terre, circonstances et dépendances, fut érigée en *Fief Noble* pour un quart de fief de haubert, le dit acte cy-attaché sous le contre scel de Nostre Chancellerie, même qu'au dit Fief fut uny et incorporé une *Maison* et *Jardin* appartenant à l'exposant scituée tant dans la dite ville de Saint-Lo qu'au faux bourg d'icelle, étant de la mesme mouvance ; avec 30 l. tr. de rente foncière due au dit exposant par les habitants de la dite ville, et spécialement affectée sur les maisons appartenants au sieur de Martigny-Le Mennicier, pour estre le tout, à l'avenir, possédé par l'exposant, sans division ny pouvoir estre partagé entre ses enfants ; et ayant ledit Evesque consenty, par le mesme acte, pour donner plus de décoration à la dite Terre de la Vaucelle, de desunir de sa dite Baronnie et transférer en icelle la mouvance du *Fief Tably* (1) et *Au Seigneur*, autrement dit *La Seigneurie*, ainsy que la mouvance de la *Terre du Bosdelle*, en son entier, avec leurs circonstances et dépendances; et tous droits, rentes et devoirs seigneuriaux, aux quels les dits deux Fiefs et Terre peuvent estre sujets envers la dite Baronnie, pour estre à l'avenir rendue et paiée au dit *Fief de la Vaucelle*, ainsi et de la mesme maniere que les dits Vassaux avoient coustume de les luy rendre et de les paier, à cause des héritages composant les dits deux Fiefs Taby et Au Seigneur, autrement dit la Seigneurie; la quelle terre de la Vaucelle semble devoir estre d'autant plus érigée en Fief Noble, sous le titre et dénomination du *Fief de la Vaucelle*, qu'elle est des mieux basties de tout le voisinage et des plus considérables en revenus, aiant desja plusieurs droits, comme celuy de Chapelle, qui y est érigée dans le Manoir, depuis plus de deux siècles, et où l'exposant a un soin tout particulier de faire entretenir la fondation; droit de deux Colombiers, qui y sont de tout temps élevés; droit de pesche aussi dans la rivière de Vire, qui en borde les héritages, le tout suivant les anciens titres et possessions et, enfin, d'une telle distinction et considération, dans le pays, que les Rois, nos prédécesseurs, François Ier et Charles IX y ont logé; et mettant, d'ailleurs, en considération les services que l'exposant et ceux que son père nous ont rendus, tant dans nos armées, pendant leur jeunesse, que dans les charges qu'ils ont depuis occupées, voulant donner moyen à l'exposant et à ses successeurs de nous les continuer, nous ayant très humblement requis nos lettres sur ce necessaires : A ces causes et autres à ce Nous mouvantes, de Nostre grâce speciale, pleine puissance et autorité royale, du consentement du dit sieur Evesque de Lizieux, baron du dit Saint-Lo, du 30 juillet dernier, comme dit est, cy attaché sous nostre dit contre scel, Nous avons érigé et érigeons la dite Terre de la Vaucelle, circonstances et dépendances en *Fief Noble* pour un quart de Fief de Haubert, sous le titre et dénomination de *Fief de la Vaucelle*, auquel nous avons uni et unissons la dite Maison et Jardin, ensemble les dites 30 livres de rente foncière, pour estre le tout possédé, sans division ny partage, aux termes de la Coustume de *Notre Province de Normandie*, et jouir, en ce faisant, par le dit Sieur de la Tour et ses successeurs au dit Fief de tous les avantages accordés aux autres fiefs de la dite province; mesme avons autorisé et aprouvé la dite désunion de la dite Baronnie de Saint-Lo et la translation au dit Fief de la Vaucelle de la mouvance des dits Fiefs Taby et au Seigneur, ainsi que de la dite Terre du Bosdelle, en son entier, avec toutes leurs circonstances et dépendances, droits rentes et devoirs seigneuriaux, et aux quelles *(sic)* les

(1) Fief *Tably* pour Fief *Taby*.

dits deux Fiefs et Terre du Bosdelle pouvaient estre sujets envers la dite Baronnie, qui seront rendus et paiés, à l'avenir, au dit Fief de la Vaucelle, ainsy et de la mesme maniere que les Vassaux avoient coustume de les rendre et paier, à cause des heritages dont la mouvance a été cédée par le dit Sieur Evesque, sans que, pour raison de la presente réunion, désunion et translation, les Vassauz et habitans soient tenus a autres et plus grands droits que ceux qu'ils doivent à présent, et pourvu aussi que ces présentes ne préjudicient pas à nos droits et à ceux d'autruy et ne dérogent aux us et coustumes des lieux ; et à la charge aussy des clauses et conditions, mouvances, rentes et redevances portées par le dit consentement du dit Evesque ; si donnons en mandement à nos amez et féaulx Conseillers les gens tenans nostre Chambre des Comptes à Rouen que ces presentes ils fassent registrer, et de leur contenu jouir et user le dit Exposant, ses successeurs et propriétaires du Fief de la Vaucelle pleinement, paisiblement et perpétuellement, cessant et faisant cesser tous troubles et empeschements contraires, car tel est Nostre plaisir ; Et, afin que ce soit chose ferme et stable à tous jours, Nous avons fait mettre nostre scel à ces présentes. — Donné à Versailles, au mois de mars l'an de grâce 1692 et de nostre reigne le quarante neufviesme. Signé : Louis — Par le Roy : Signé : Philipeaux, et scellés.

Les dites lettres d'Erection et d'Union ont été enregistrées ès registres de la Cour des Comptes, Aides et Finances de Normandie pour estre exécutées selon leur forme et teneur, à la charge par le dit Du Chemin de la Tour de rendre ses devoirs au Roy, dans le temps de l'Ordonnance. — Arrêt du 27 février 1730. — (Archives de la Seine-Inférieure. — Mémoriaux. — Janvier 1729 et Juillet 1730, 13115).

VI.

LE MONCHAIS ou MONCHEZ.

La terre du Monchais ou Monchez qui, au xiii° siècle, s'appela le Moncel ou Moncelle et, plus tard, le Moncheel et Monchel, se trouve à l'extrême limite des deux communes de Saint-Lo et de Saint-Thomas, sur le chemin tendant de Saint-Lo au Huterel ; on y accède aussi par deux anciennes voies se détachant du chemin de Saint-Lo au pont de Gourfaleur : l'une, à la hauteur du lavoir de Béchevel ; l'autre, à environ 150 mètres au-dessus de Bois-Marcel.

Son manoir, avec le vaste jardin (1) y attenant au Sud, est situé sur le territoire de Saint-Lo ; hôtel et jardin étaient compris dans la Bourgeoisie de cette ville, d'après le procès-verbal dressé en 1409, pour la fixation des « Mettes du Bourgage », en exécution d'un accord intervenu entre, d'une part, les Bourgeois de la cité, et, d'autre part, l'Evêque de Coutances, Mgr Gilles Deschamps, baron de Saint-Lo. D'après ce document, la *Sangle*, au départ d'une croix jadis située à l'intersection des chemins de la Gouerie et du Huterel, allait « par le chemin » jusqu'au Moncel, compris icelluy hostel et jardins entour les » murs, et du tout allant par le chemin allant à la Croix-aux- » Lizots (2) étante sur le pavement du chemin de la rue de la » Villette à Saint-Lo. » (3) Ce constat des lieux, en 1409, décrit parfaitement encore leur état actuel. Le chemin du Huterel dessert toujours les bâtiments du Monchais et longe, comme il y a bientôt 500 ans, les vieux murs enclosant les jardins attenant à l'habitation.

●Le domaine donna certainement son nom à la famille du Moncel, Moncelle ou Monchais, dont firent partie *Thomas de Moncello*, filius *Herberani*, *Gregorius* de *Moncel*, *Reginardus* ou *Reginaldus*, *Johanna* et *Aelicia* ou *Alicia de Moncello*, cités au Livre Rouge de la Maison-Dieu de Saint-Lo. (4)

Cette ancienne famille avait encore des représentants au xv° siècle ; Thomas du Monchois, bourgeois de Saint-Lo, figure, comme témoin, dans un contrat du 27 juin 1458 passé devant

(1) Le mot *Jardin* signifiait jadis terrain planté de pommiers. Le Jardin potager était dit *Jardin herbier*.

(2) Aliàs aux *Alizots*. Des champs de ce nom longent la route de Saint-Lo au pont de Gourfaleur.

(3) La rue de la *Villette de Saint-Lo* n'est autre que la rue *Béchevel*.

(4) Archives de l'hôpital de Saint-Lo. —Livre Rouge, n°ˢ 157, 158 , 159, 162 et 163.

Thomin du Maresc, tabellion à Saint-Lo (1); de même Guillaume
du Moncel, avec sa femme, Jehenne, de Notre-Dame-de-Saint-
Lo, qui, de concert avec Jehan Voisin, prebstre, achetèrent, en
1464, « ung hostel sis en la dicte parroisse, en la rue de la
Posterne. » (2) Mais alors ils ne possédaient plus leur patri-
moine. Dès avant 1437, le Mouchais appartenait à un nommé
Regnouf Quetier dit le Monceel, qui l'avait ensuite cédé à Jehan
Coquet, écuier. Le fait est établi par le chartrier de l'Eglise
Notre-Dame de Saint-Lo lorsqu'il nous apprend que Thomas
Brébeuf avait fait remise au Trésor de cette église d'une pièce
de terre sise à Saint-Thomas de Saint-Lo, laquelle butait
« à Johan Coquet, à cause des terres qui furent Regnouf
Quetier, appellé le Monceel ». Par ailleurs, Jehan Coquet figure
aux comptes de la baronnie de Saint-Lo pour les années 1444-
46 comme « tenant le fief du Moncelle ». (3)

En 1447, Emon Coquet, qui succéda au précédent, son père,
très probablement, réunit au Monchais, les champs ayant
appartenu à Thomas Brébœuf, que lui cédèrent les Trésoriers
de Notre-Dame, en échange d'une rente de 15 sous tournois
dont il était créancier sur Jehan Lecarpentier, de Saint-Georges
de Montcoq. De cet Emon dut hériter Olivier Coquet, que
Montfaouq trouva noble à Saint-Lo, en 1463, et, de celui-ci,
Julien Coquet, qui vivait en 1495 (4)

Aux premières années du xvi° siècle, cette famille devint, à
ce qu'il semble, étrangère à Saint-Lo. (5) Après elle, les Samson,
que l'on trouve au xv° siècle, à la Canel, en Saint-Thomas,
apparaissent comme propriétaires du Monchais. Le 7 janvier
1592, M. Pierre Samson porte le titre de sieur du Moncheel.
A sa mort, arrivée vers 1628, terre et sieurie passèrent à son
fils Pierre Samson, qui, le 10 mai 1634, donna au Prêche de
Saint-Lo 14 livres de rente hypothèque, que Mᵉ Jacques
Samson, son fils et son successeur dans la sieurie du Monchais,
reconnut, en 1673, au profit de l'Hôtel-Dieu, auquel avaient été

(1) Archives de l'hôpital de Saint-Lo. — Inventaire de Mᵉ David
Vaudevire, p. 77.

(2) Archives de l'église Notre-Dame. — Cartulaire de 1437 et années
suivantes. La rue de la *Poterne* était située dans l'Enclos et n'est
probablement autre que la rue du *Rampart*.

(3) Archives du département de la Manche. — Baronnie de Saint-Lo.
Dès 1417 on trouve Jehan Coquet, à Saint-Lo, débiteur d'une rente à la
Maison-Dieu. Registre-Inventaire de David Vaudevire.

(4) Archives de Notre-Dame de Saint-Lo. — Cartulaire, 1437. — Acte
du 11 novembre 1437.

(5) La famille Coquet existait encore au xvii° siècle. En 1640, on trouve
Jean Coquet, écuier au Mesnil-Aubert, canton de Bréhal, arrondissement
de Coutances.

attribués les héritages et revenus dépendant de l'Eglise Réformée de Saint-Lo. (1)

Devenu veuf d'Elisabeth Osmond, femme, en premières noces, de Georges Esnouf, sieur de la Cerverie (2), Jacques Samson convola, en secondes noces, avec demoiselle Suzanne du Pray, fille de feu Jean du Pray, écuier. Il eut deux enfants : Jean Samson, mort, sans hoirs, en 1679, et Madelaine Samson qui, en 1661, épousa honorable homme Pierre Dieu, sieur de la Pierre, issu lui-même d'une Samson (3). Pierre Dieu était monnoyer en la Monnaie de Saint-Lo et bourgeois de cette ville. Son fils aîné, Jean Dieu, se qualifiait, en 1718, sieur du Monchais, tandis que Jacques Dieu, fils puîné, prenait le titre de sieur de la Ferrière.

En 1721, les deux frères étaient en procès, au Bailliage de Saint-Lo, au sujet de l'exercice de leurs droits respectifs à l'héritage de feu Jacques Samson, sieur de Cabanel (4) et de demoiselle Judith Samson, sa sœur, déclarés absents et fugitifs du Royaume, pour le fait de la Religion, et comme tels, déchus de leurs biens.

« La demoiselle petite-fille et héritière » *(sic)* de son grand-père Jean Dieu et de demoiselle Anne Dieu, son aïeule, dut recueillir l'ensemble de leur succession. Elle avait épousé messire Louis-Georges du Mesnil-Adelée, seigneur de Dragueville. En octobre 1748, ils étaient en procès avec les Vallières, de Saint-Lo, à propos d'une rente de 40 l. t. due à la dame du Mesnil-Adelée étant aux droits d'Anne Dieu, au profit de laquelle Ravend Vallière avait constitué cette rente par acte du 27 mai 1700. (5)

La famille Le Brun devint propriétaire du Monchais aux premières années de ce siècle et l'a conservé jusqu'en ces derniers temps. M. Héliard, ancien négociant à Saint-Lo, l'a tout récemment acquis.

Le Monchais était un fief roturier tenu nuement de la Baronnie de Saint-Lo. Il est cité comme tel dans un écrit de 1670 énumératif des aînesses relevant de cette seigneurie. (6) On y lit : « Le fief du Monchel dont est ainsné Jacques Samson. » Il compte parmi ceux appelés « Fieux de Robert de Saint-Lo. » (7)

---

(1) Archives de l'hôpital de Saint-Lo. — Inventaire de M° David Vaudevire, in fine : Rentes provenant de l'Eglise Réformée de Saint-Lo.

(2) Contrat devant les tabellions de Saint-Lo, du 21 mars 1653.

(3) Contrat de mariage de Pierre Dieu et de Magdelaine Samson, du 27 février 1661.

(4) Cahanel, petit fief sis à Gourfaleur.

(5) Archives du département de la Manche. — Bailliage de Saint-Lo.

(6) Archives de l'Eglise Notre-Dame de Saint-Lo. — « Mémoire des » fiefs roturiers, dressé par le sieur Fossé, agent de M. de Matignon. »

(7) Archives du département de la Manche. — Comptes de 1444-46

Ses charges et redevances ne sont pas bien déterminées. Dans les comptes déjà cités, de 1444-46, il n'est porté que pour une rente de 14 deniers, argent, 1 pain, 2 chapons et 20 œufs. Nul doute que ses détenteurs ne deussent également quelque rente en grains et autres services.

Aujourd'hui, l'ancienne demeure des Coquet, des Samson et des Dieu, n'est plus qu'une simple ferme qui, dans son ensemble, n'a rien d'intéressant, pas même le pigeonnier qui en fait partie. Signalons cependant dans la charreterie, contigüe à la maison manable, une petite fenêtre ou crédance de style ogival datant du xiv⁰ ou du xv⁰ siècle, à côté de laquelle la muraille qui l'encastre, se creuse comme si la paroi eut appartenu à une tourelle. Une tradition, peut-être récente, y voit les derniers vestiges d'une chapelle, qu'alors il faudrait faire remonter aux temps des Coquet ou des Quetier.

Assurément ce ne fut pas l'œuvre des Samson qui, des premiers, embrassèrent le calvinisme et furent des derniers à l'abjurer. Eux aussi ont laissé comme souvenir de leur passage un fragment de sculpture sur pierre calcaire, ornement soit d'un linteau de porte, soit d'une cheminée disparue depuis bien des années.

Cette sculpture, qu'on n'a pu compléter et qui appartient au Musée de Saint-Lo, représente une *mâchoire* d'animal, ainsi qu'une *clef* sur laquelle un *sabre nu* est *posé en sautoir*. Ces motifs rappellent, à ce qu'il nous semble, les principaux exploits de *Samson* qui défit les Philistins et les tuait à coups de *mâchoire d'âne ;* qui enleva les portes de la ville de Gazza figurées par la *clef*. Il se peut que le surplus du morceau ait représenté une *colonne* en souvenir du dernier trait de courage et de dévouement du héros hébreu lorsqu'il ébranla et fit écrouler le palais dans lequel ses ennemis l'avaient exposé à la risée du peuple.

Assurément une telle œuvre ne constituait pas des *armes* parlantes ; mais on y peut voir une espèce de rébus destiné à perpétuer le nom d'une famille qui posséda le Monchez.

Décembre 1892.

Lepingard.

ADMINISTRATION. — PERSONNEL.

LISTE CHRONOLOGIQUE DES PRÉFETS
DU DÉPARTEMENT DE LA MANCHE.

NOMS.	DATES DES NOMINATIONS.	DURÉE DE LEURS FONCTIONS.
MM.		
MAGNYTOT	12 ventôse an VIII .	1 an 1 mois 15 jours.
MONTALIVET.	29 germinal an IX..	2 ans 11 mois 23 jours.
COSTAZ	10 germinal an XII.	2 ans 10 mois 16 jours.
BOSSI..	12 février 1810	5 ans 5 mois 4 jours.
DE VANSSAY.	17 juillet 1815.	5 ans 2 jours.
ESMANGART	19 juillet 1820	3 ans 8 mois 17 jours.
D'ESTOURMEL	7 avril 1824	6 ans 4 mois.
BAUDE.	10 août 1830.	Non installé
GATTIER.	19 août 1830.	6 ans 2 mois.
MERCIER	21 octobre 1836	6 ans 8 jours.
BONNET	29 novembre 1842..	5 ans 3 mois.
HAVIN (Commissaire).	26 février 1848.	2 mois 2 jours.
VIEILLARD (Commissaire) .	2 mars 1848	2 mois.
LE HODEY (Commissaire par intérim)	2 mai 1848	} 8 mois 22 jours.
LE HODEY (Préfet).	23 juillet 1848. . .)	
DE TANLAY.	24 janvier 1849. . .	2 ans 10 mois.
JOURDAIN.	26 novembre 1851..	1 mois 26 jours.
PAULZE-D'YVOY.	22 janvier 1852	1 an 6 mois 8 jours.
DUGUÉ.	28 juillet 1853	6 ans.
DE BOUVILLE (Cte).	27 juillet 1859. . . .	2 ans 5 mois 15 jours.
GUILLAUME D'AURIBEAU. . . .	16 janvier 1862	Non installé.
PRON.	1er février 1862. . . .	3 ans 9 mois 20 jours.
LEVAINVILLE	12 novembre 1865. .	4 ans 3 mois 4 jours.
Vte MALHER	17 février 1870	6 mois 18 jours.
LENOEL	6 septembre 1870..	15 jours.
LEMERCIER.	22 septembre 1870.	7 jours.
LENOEL	29 septembre 1870 .	4 mois 5 jours.
FRÉMONT	4 février 1871.	1 mois 10 jours.
VAULTIER.	2 avril 1871.	2 ans 7 mois.
DE CHAMPAGNAC.	17 octobre 1873. . . .	1 an 5 mois 28 jours.
BUCHOT.	10 avril 1875	1 an 9 mois 3 jours.
LAURENT	5 janvier 1877. . . .	4 mois 27 jours.
DU CHEVALARD.	19 mai 1877.	6 mois 29 jours.
POULIN	18 décembre 1877..	2 ans 1 mois 5 jours.
FILIPPINI.	12 janvier 1880. . . .	5 ans 3 mois 13 jours.
FAVALELLI	25 avril 1885.	7 mois 3 jours.
P. FLORET.	28 novembre 1885..	Installation du 11 décembre 1885.

4

SÉNATEURS DE LA MANCHE.

MM.
SÉBIRE O✻.
LABICHE.

MM.
LENOEL.
MOREL.

DÉPUTÉS DE LA MANCHE.

MM.
De La MARTINIÈRE ✻.
BRIENS ✻.
RIOTTEAU.
RAULINE.

MM.
LEGRAND (Arthur) ✻.
CABART-DANNEVILLE.
De LAGORSSE.

COMMISSION DÉPARTEMENTALE.

MM.
BERNARD ✻, *Président*.
LEFRESNE.
VRAC.
TÉTREL ✻, *Secrétaire*.

MM.
DUPONT.
REGNAULT.
DENIS.

PRÉFECTURE.

M. FLORET O✻, O. I. P., *Préfet*.

M. SALVETAT O. A., *Secrétaire général*.

M. le Préfet reçoit, les samedis et jours de foire, toute la journée.

Les autres jours, il reçoit de 10 heures à 11 heures 1/2 et de 3 heures à 4 heures.

CONSEIL DE PRÉFECTURE.

MM. MÉNARD, *Vice-Président*.
BOURGOIS, *Conseiller*.
RIVALS, *id*.
SALVETAT, Secrétaire général, *Commissaire du Gouvernement*.

Le Conseil de Préfecture se réunit en séance publique, le vendredi de chaque semaine, à une heure et demie.

Les audiences sont suspendues pendant la tournée de révision.

BUREAUX DE LA PRÉFECTURE.

(OUVERTS AU PUBLIC TOUS LES JOURS DE 9 A 4 HEURES).

Cabinet du Préfet.

M. ILLY, *Chef du Cabinet.*

Ouverture des dépêches.—Correspondance particulière.—Affaires réservées.—Service du télégraphe du Cabinet.—Surveillance des Journaux du département.—Sous-Préfets et Conseillers de Préfecture.—Conseillers généraux et Conseillers d'arrondissement.—Maires et Adjoints.—Beaux-Arts.—Honneurs et préséances.—Fêtes et cérémonies publiques.

M. LEFÈVRE, *Chef-Adjoint.*

Distribution de la correspondance.—Personnel de tous les services et de toutes les administrations — Prestations de serment des fonctionnaires.—Demandes d'audiences et de congés.—Nominations et promotions dans l'Ordre de la Légion d'honneur. — Ordres étrangers.—Médailles et récompenses pour belles actions.—Recours en grâce. — Secours à divers titres. — Bureaux de tabacs. — Débits de boissons. — Loteries. — Réfugiés politiques. — Conférences et cours publics.—Nomination des membres des Bureaux de bienfaisance et des Commissions administratives des établissements de bienfaisance.

Première Division.

Chef de Division : **M. POTEAUX.**

Réception et transmission du *Bulletin des Lois* et de toutes les publications officielles.—Imprimerie, librairie, colportage, estampes et gravures.—Abonnements et envois périodiques.—Brevets d'invention.—Statistique générale.—Procès-verbaux du Conseil général·—Elections.—Recrutement, enrôlements.— Réserve de l'armée active.—Armée territoriale. — Casernement des troupes. — Marine et colonies.—Sapeurs-pompiers. — Gendarmerie. — Poudres et salpêtres.—Ponts et chaussées, chemins de fer, routes nationales, navigation, usines, cours d'eau, desséchements. — Associations syndicales. — Mines et carrières. — Bacs et bateaux. — Postes et télégraphes. — Propriétés, mobiliers, bâtiments civils, contentieux, en ce qui concerne le Département et l'Etat.—Etablissements reconnus d'utilité publique.—Dons et legs. — Bureaux d'enregistrement et affaires domaniales. — Police municipale. — Police de la chasse, de la pêche, des voitures publiques, des rivages de la mer, des subsistances, de la salubrité et de la sûreté publiques.—Etablissements insalubres. — Médecins, pharmaciens, vétérinaires. — Prisons, surveillance des condamnés. — Divisions administratives et ecclésiastiques. — Associations. — Sociétés de secours mutuels.—Jury.—Population.—Passeports, légalisations.—Poids et mesures.—Agriculture.—Haras.—Industrie, commerce et manufactures.—Marque de garantie des matières d'or et d'argent.—Ecoles spéciales et nationales.—Répertoires des actes sujets à l'enregistrement.

Chef de Division : M. Alph. COLAS, O. A.

PREMIER BUREAU

Voirie vicinale, urbaine et rurale. — Création, centralisation, recouvrement et répartition des ressources communales pour la vicinalité.—Prestations.—Emprunts à la Caisse des chemins vicinaux.—Subventions de l'Etat et du Département.—Subventions industrielles.—Exécution des lois sur l'achèvement des chemins vicinaux.—Projets de classement, de rectification, de construction des chemins de diverses catégories.—Adjudications.—Régies.—Fixation des tracés et des alignements des traverses des communes.—Acquisitions amiables ou forcées des terrains et règlement des indemnités pour cession ou occupation d'immeubles.—Expropriations pour cause d'utilité publique (lois des 21 mai 1836, 8 juin 1864, 20 août 1881). —Subventions et avances aux communes pour travaux d'art et paiement des terrains.—Extraction des matériaux et dommages divers. — Autorisations et fixation des indemnités. — Plantations, élagages sur les chemins.—Distribution et concession d'eau.— Demandes d'alignement des particuliers et permissions de voirie.— Etablissement des plans d'alignement et de nivellement des voies publiques communales.—Trottoirs et pavages dans les villes.— Chemins ruraux : reconnaissance (loi du 20 août 1881).

Instruction primaire et secondaire.—Ensemble du service de la comptabilité.—Liquidation des dépenses de l'Instruction primaire.— Bourses dans les lycées, collèges et établissements d'enseignement primaire supérieur pour les deux sexes.—Ecoles normales.—Ecoles communales.—Ecoles libres et pensionnats.—Conseil départemental de l'enseignement primaire.—Cours d'adultes.—Bibliothèques scolaires.— Caisses des écoles.—Création de postes, traitements, encouragements, secours, pensions de retraites des instituteurs communaux.

Dons et legs aux communes, établissements charitables, cures, fabriques, etc.—Rachats de rente et emploi de capitaux.—Mainlevée d'hypothèques. — Octrois : règlements, tarifs. — Droits de location de places dans les foires, marchés et abattoirs.—Droits de pesage, mesurage, jeaugage publics.—Droits de voirie et autres au profit des communes.—Frais de casernement et d'occupation de lits militaires.—Actions judiciaires et transactions des communes, des établissements charitables ou religieux.—Comités consultatifs.— Hospices et bureaux de bienfaisance : création, service intérieur.— Administration des biens, adjudications et marchés, statistiques et situations périodiques.—Création et emploi des ressources de toute nature destinées au soulagement des indigents.—Assistance médicale et pharmaceutique gratuite.—Admission des malades et incurables dans les hospices et hôpitaux.—Pensions et retraites aux agents et employés des communes et établissements de bienfaisance.—Cures et fabriques, consistoires : administration, personnel, comptabilité. —Propriétés des communes et établissements publics : locations, ventes, échanges, partages, acquisitions. — Biens indivis. — Encouragements de l'Etat pour les services de bienfaisance publique.

DEUXIÈME BUREAU.

Instruction primaire et secondaire.—Construction et appropriation de locaux scolaires.— Mobiliers.—Subventions.—Emprunts.— Propriétés communales : mairies, églises, presbytères. — Echanges, acquisitions, aliénations. — Travaux : subventions, adjudications, marchés, règlement, contentieux.—Cimetières : police, règlement des concessions, transactions, agrandissement.—Sessions des Conseils municipaux. — Répartition du fonds commun des amendes de police correctionnelle.—Conseil départemental des bâtiments civils.—Comptabilité des communes, établissements de bienfaisance, hôpitaux, hospices, syndicats. — Budgets et autorisations supplémentaires.—Remboursement de fonds placés au Trésor.—Compte des Receveurs des communes et autres établissements : enregistrement, classement et notification des arrêtés d'apurement en Cour des Comptes ou Conseil de Préfecture.— Comptabilités de fait ou occultes.—Cotisations municipales : recouvrement et emploi.—Etat annuel de la situation financière des communes.—Statistiques pour les Ministères de l'Intérieur et de l'Agriculture relatives aux établissements charitables.—Taxe municipale sur les chiens.

Troisième Division.

Chef de Division : **M. LEFÈVRE.**

Comptabilité générale et départementale : mandatements des dépenses de toute nature : comptes et budgets départementaux, virements de crédits, réimputations, renversements, situations périodiques, comptes annuels et situations définitives en clôture d'exercice. —Colons réfugiés. — Réfugiés politiques, comptabilité. — Etablissements sanitaires, comptabilité.—Chambres de commerce, comptabilité.—Service des gens de mer, solde arriérée, secours sur la caisse des Invalides de la Marine. — Traitements administratifs. — Frais d'administration de la Préfecture et des Sous-Préfectures. — Trésor public : transport de fonds, refonte de monnaies.—Dettes publiques, rentes sur l'Etat. — Pensionnaires de l'Etat et rentiers viagers. — Contributions directes : sous-répartition, recouvrement, réclamations, poursuites. — Cadastre. — Contributions indirectes. — Douanes. — Caisse des retraites et liquidation des pensions des employés de la Préfecture et des autres services départementaux.— Liquidation des pensions des employés des prisons et du service de la vérification des poids et mesures.—Caisses d'épargne. — Caisse des retraites de la vieillesse.— Visa des récépissés.—Frais de justice. — Assistance publique, extinction de la mendicité, aveugles et sourds-muets, secours à divers titres. — Aliénés et enfants assistés, protection des enfants du 1er âge : personnel et ensemble du service.—Subvention aux élèves sages-femmes.

GREFFE DU CONSEIL DE PREFECTURE.
(Ouvert tous les jours de 9 heures à 4 heures).

Greffier : **M. VIEL.**

Réception et enregistrement des actes introductifs d'instances.— Requêtes, exploits et procès-verbaux.—Communication aux parties ou à leurs mandataires, de pièces de procédure.—Etablissement des rôles.—Enregistrement et notification des décisions du Conseil.— Correspondance relative à la régularisation des affaires en instance,

Les renseignements ou communications que les parties jugent utiles d'adresser à M. le Conseiller chargé du rapport, doivent être transmis par l'intermédiaire de M. le Préfet.

ARCHIVES DÉPARTEMENTALES.

M. DOLBET, *Archiviste.*

Archives de la Préfecture, des Sous-Préfectures, des Communes et des Hospices.—Classement, inventaire, récolements, rapports.— Communication et délivrance des titres.—Catalogues et surveillance des bibliothèques administratives.—Publication d'ouvrages historiques.

ASSISTANCE PUBLIQUE DÉPARTEMENTALE.

Enfants assistés, moralement abandonnés et Protection des Enfants du Premier âge.

MM. Pirodon, Inspecteur départemental, à Saint-Lo; Lavaurs, Sous-Inspecteur à Saint-Lo.

BATIMENTS CIVILS.

Architecte du Département.—M. PILLIOUD, à Saint-Lo.
Conducteur.—M. Levieux.

Architectes d'arrondissement.

MM. N..., à Saint-Lo ; Cheftel, fils, à Avranches ; Leroy, à Cherbourg ; Hue, à Mortain ; Desheulles, chargé de l'arrondissement de Coutances ; Enquebecq, agent voyer d'arrondissement, chargé de l'arrondissement de Valognes.

POIDS ET MESURES.

Vérificateurs : MM. Michel, à Saint-Lo ; Lejugeur, à Avranches ; Prévost, à Cherbourg; Pardaillon, à Coutances; Grandrie, àMortain.

CONSEILS D'HYGIÈNE D'ARRONDISSEMENT

Arrondissement de Saint-Lo.

MM. P. Floret O ✸, O. I. P., Préfet, *président* ; N..., *vic.-président* ; le Maire de Saint-Lo ; Granger, négociant ; Bernard ✸, Thomas, Leture, Alibert et Lhomond, docteurs-médecins ; Manoury, vétérinaire ; l'Ingénieur des ponts et chaussées ou faisant fonctions d'Ingénieur à Saint-Lo ; Fontaine, Sébire et Debroize, pharmaciens.

Arrondissement d'Avranches.

MM. Leménicier, O. A., Sous-Préfet, *président* ; Gautier, Conseiller général ; l'Ingénieur ordinaire des ponts et chaussées, à Granville ; le Maire d'Avranches ; Le Tourneur, Le Do, Hodoul, Frémin et Lemoine, docteurs-médecins ; Pinel, Gilbert et Requier, pharmaciens ; Dufour, vétérinaire ; Longrais, conducteur des ponts et chaussées.

Arrondissement de Cherbourg.

MM. Diény, Sous-Préfet, *président* ; le Maire de Cherbourg l'Ingénieur en chef des ponts et chaussées ; Girard-Labarcerie, ancien médecin principal de la marine ; Renault, Offret, Monnoye, fils et Lesdos, docteurs-médecins ; le Directeur du service de la santé de la marine ; Le Poittevin, Levionnois (père), pharmaciens ; Jouninet, ancien pharmacien ; Pouppeville, vétérinaire.

Arrondissement de Coutances.

MM. Pascal ✳, Sous-Préfet, *président* ; Lair, Maire de Coutances; Boissel-Dombreval; de la Bellière, Danlos, Dudouyt (Pierre), Laisney, Thomas, Leconte (Jacques-Léon), docteurs-médecins; Daniel, Marquez et Baize, pharmaciens ; Crouzel, vétérinaire.

Arrondissement de Mortain.

MM. Salanson, Sous-Préfet, *président* ; le Procureur de la République ; de Balliencourt ✳, Maire de Mortain ; Heurtaut, Breillot de la Houssaye, Leriche, Malon, docteurs-médecins ; Buisson, Almin, pharmaciens ; Hergault-Lossinière, vétérinaire.

Arrondissement de Valognes.

MM. Chapron, Sous-Préfet, *président* ; Leneveu, père, Lebouteiller, Sébire, O✳, Fabre O✳, Leneveu, fils, Rousselin, docteurs-médecins ; Agnès-Roland, pharmacien ; Le Marquand, Lebas, vétérinaires ; Floquet, pharmacien.

CONSEIL GÉNÉRAL.

MEMBRES DU CONSEIL.	CANTONS.
Arrondissement de Saint-Lo.	
MM.	
Yver (Léon), propriétaire et maire, à Saint Martin-de-Bonfossé.	Canisy.
Gouville fils, propriétaire.	Carentan.
Rauline, député.	Marigny.
Blouët ✳, propriétaire.	Percy.
Bernard ✳, docteur-médecin.	Saint-Clair.
Emile Lenoël, sénateur.	Saint-Jean-de-Daye.
Amiard, maire de Saint-Lo.	Saint-Lo.
Prémont (Léon), propriétaire.	Tessy-sur-Vire.
Pommier, docteur-médecin.	Torigni-sur-Vire.

MEMBRES DU CONSEIL.	CANTONS.

Arrondissement d'Avranches.

MM.

Gautier.	Avranches.
Denis-Thieudière, notaire.	Brécey.
Baron (Félix-Louis).	Ducey.
Riotteau, député.	Granville.
Fontaine, notaire.	La Haye-Pesnel.
Trincot, propriétaire.	Pontorson.
Morel, sénateur.	Saint-James.
Basire, juge de paix.	Sartilly.
Tétrel ✳, maire de Villedieu.	Villedieu.

Arrondissement de Cherbourg.

MM.

Lemoigne ✳, maire, chef de bureau au ministère des Finances.	Beaumont.
Liais ✳, maire.	Cherbourg.
Bonamy, maire.	Les Pieux.
Vrac, docteur en droit, maire.	Octeville.
Vᵗᵉ de Tocqueville O✳.	Saint-Pierre-Eglise.

Arrondissement de Coutances.

MM.

De la Bellière, docteur-médecin.	Bréhal.
Guillemette ✳, juge de paix.	Cerisy-la-Salle.
Chevalier, avocat.	Coutances.
Piel-Ferronnière, maire du Mesnil-Amand.	Gavray.
De La Martinière ✳, député.	La Haye-du-Puits.
Fauvel, maire.	Lessay.
Quenault, vice-président du tribunal civil de Rouen.	Montmartin-sur-Mer.
Regnault, propriétaire à Périers, maire.	Périers.
Pignard-Dudezert ✳, juge au tribunal de la Seine.	Saint-Malo-de-la-Lande.
Lemaltre, docteur-médecin.	Saint-Sauveur-Lendelin.

Arrondissement de Mortain.

MM.

Legrand (Arthur) ✳, député, maire de Milly.	Barenton.
Foisil, maire.	Isigny.
Grossin, maire de Juvigny.	Juvigny.
Dupont, notaire à Buais.	Le Teilleul.
Gaudin de Villaine, maire.	Mortain.
Lefresne, conseiller à la Cour d'appel de Rouen.	St-Hilaire-du-Harcouët.
Bidois.	Saint-Pois.
Labiche (Jules), sénateur, maire, propriétaire.	Sourdeval.

MEMBRES DU CONSEIL.	CANTONS.

Arrondissement de Valognes.

MM.

MEMBRES DU CONSEIL.	CANTONS.
Denis, notaire.	Barneville.
Marguerie ✳, Conseiller d'Etat.	Bricquebec.
C̅ᵗᵉ de Pontgibaud.	Montebourg.
Du Mesnildot.	Quettehou.
Prémont (Alfred), propriétaire, maire de Sainte-Marie-du-Mont.	Sainte-Mère-Eglise.
Pain, notaire honoraire.	St-Sauveur-le-Vicomte.
Lebouteiller, docteur-médecin.	Valognes.

CONSEILS D'ARRONDISSEMENT.

MEMBRES DU CONSEIL.	CANTONS.

Arrondissement de Saint-Lo.

MM.

MEMBRES DU CONSEIL.	CANTONS.
Guérard, maire de Saint-Romphaire.	Canisy.
Leperdriel, expert.	Carentan.
Gosset, propriétaire.	Marigny.
Grente, négociant.	Percy.
Manoury, vétérinaire.	Saint-Clair.
Le Vᵗᵉ d'Osseville, propriétaire.	Saint-Jean-de-Daye.
Dussaux, avoué, adjoint au maire de Saint-Lo.	Saint-Lo.
Lemélorel-Lesmontils.	Tessy-sur-Vire.
Gohier, notaire.	Torigni-sur-Vire.

Arrondissement d'Avranches.

MM.

MEMBRES DU CONSEIL.	CANTONS.
Lenoir, maire d'Avranches.	Avranches.
Pinard, docteur-médecin, adjoint.	Brécey.
Dupont.	Ducey.
Letourneur, docteur-médecin, adjoint.	Granville.
Lanos, maire, docteur-médecin.	La Haye-Pesnel.
Bailleul, docteur-médecin.	Pontorson.
Gautier (César).	Saint-James.
Martin, notaire.	Sartilly.
Ledo, docteur-médecin.	Villedieu.

MEMBRES DU CONSEIL.	CANTONS.

Arrondissement de Cherbourg.

MM.

Louis (Auguste), maire.	Beaumont.
Séhier négociant, conseiller municipal.	Cherbourg.
Gosse, ancien notaire, à Cherbourg.	id.
Lenoir, docteur-médecin, maire.	Les Pieux.
Courtois-les-Hougues, maire.	id.
Lemarquand, juge de paix.	Octeville.
Contant (Léon), maire de Tourlaville	id.
Touzard, maire.	Saint-Pierre-Eglise.
Lebas, propriétaire, maire.	id.

Arrondissement de Coutances.

MM.

Ameline, maire de Cérences.	Bréhal.
Savary, juge de paix.	Cerisy-la-Salle.
Dudouyt, docteur-médecin.	Coutances.
Lecoupey, maire.	Gavray.
Roptin (Charles), maire.	La Haye-du-Puits.
Hardel, agriculteur.	Lessay.
Danlos, maire.	Montmartin-sur-Mer.
Leconte, propriétaire, maire.	Périers.
Jehenne, maire.	Saint-Malo-de-la-Lande.
Lecacheux, propriétaire, suppléant du juge de paix.	Saint-Sauveur-Lendelin.

Arrondissement de Mortain.

MM.

Fechet, propriétaire.	Barenton.
Guérin, maire de Mesnil-Thébault.	Isigny.
Turquetil, maire.	Juvigny.
Malou, docteur-médecin, maire.	Le Teilleul.
Buisson, pharmacien, conseiller municipal.	Mortain.
Lucas, maire.	St-Hilaire-du-Harcouët.
Geslin, maire.	id.
Martinet, maire.	Saint-Pois.
Bazin, négociant.	Sourdeval.

Arrondissement de Valognes.

MM.

Lecannellier (Adolphe), maire.	Barneville.
Pergeaux, conseiller municipal.	Bricquebec.
Buhot, maire.	Montebourg.
Leroy, négociant.	Quettehou.
Hay, maire.	id.
D'Aigneaux, maire.	Sainte-Mère-Eglise.
Hersan (Raoul, fils), propriétaire à Saint-Sauveur-le-Vicomte.	St-Sauveur-le-Vicomt e.
Mariette-Boisville, conseiller municipal.	Valognes.
De Mondésir.	id.

SOUS-PRÉFECTURES.

ARRONDISSEMENT D'AVRANCHES.

M. Leménicier, O. A., *Sous-Préfet.*
M. *Sarlin*, secrétaire.

ARRONDISSEMENT DE CHERBOURG.

M. Diény, *Sous-Préfet.*
M. *Bertaux*, secrétaire.

ARRONDISSEMENT DE COUTANCES.

M. Pascal ✳, O. A., *Sous-Préfet.*
M. *Lecouillard* O. A., secrétaire.

ARRONDISSEMENT DE MORTAIN.

M. Salanson, *Sous-Préfet.*
M. *Chemin*, secrétaire.

ARRONDISSEMENT DE VALOGNES.

M. Chapron, *Sous-Préfet.*
M. *Marguerie*, secrétaire.

MAIRIES.

MAIRIE DE SAINT-LO.

MM. AMIARD, *Maire* ; Dussaux et Dary, *Adjoints* ; Bernard ✳, Lefèvre, Lerendu O. A., Bosq, Leturc, Jouanne, Patry, Robin, Dyvrande, Manoury, Hornecker, Leparquois, Plouin, Guillemin, Pézeril, Germain, Guillot, Lemasson, Leclerc, Gain, conseillers municipaux.

Jours et heures d'ouverture : Tous les jours non fériés, de 9 heures à 4 heures.

Bureaux. — M. Daniel O. A., secrétaire.

Recette municipale. — M. Frestel, rue Torteron, 20.

Jours et heures d'ouverture de la recette : Tous les jours non fériés, de 11 heures à 4 heures.

Travaux communaux. — MM. Le Couteur, architecte, rue du Château ; Duc, conducteur.

Octroi. — MM. Guérin, préposé en chef; Fleury, brigadier.

Caisse d'épargne. — M. Daniel, O. A., receveur.

Jours et heures d'ouverture : Le samedi, de 2 heures à 4 heures, et le dimanche, de 9 heures à midi.

MAIRIE D'AVRANCHES.

MM. LENOIR, *Maire*, Desdouitils et Letréguilly, *Adjoints ;* Pinel, Desfeux, docteur Hodoul, Lecaille, Louvel, Mauduit, Falaise, Vallée, Trochon, Mancel, Danjou, Loiseau, Péguenet, l'Ecolant, Provost, Lucas, Lemutricy, Guillaume dit le Taunière, Semery, Jacques, Conseillers municipaux.

Bureaux. — MM. Cruchon et Gombert.

Recette municipale. — M. Fossard.

Voirie urbaine. — M. Louvel, architecte.

Octroi. — M. Chapon.

MAIRIE DE GRANVILLE.

MM. BUREAU, *Maire*, Lucas ✳ et Poirier, *Adjoints ;* Lenormand, Benoît, Choinel, Ch. Guillebot, Le Petit, Le Prince, Poisson, J. Pannier, Letourneur, Trocheris, H. Guillebot, Legendre, Toupet, Pergeaux, Nicole, Jouault, Pignolet, Dior, Dupérouzel, Launay, Quesnel, Fossé, Beust, Conseillers municipaux.

Bureaux.—M. L. Bougourd, secrétaire de la mairie.

Recette municipale.—M. L. Durier.

Voirie urbaine.—M. Guimont, architecte.

Octroi.—M. Duchesne, préposé en chef.

MAIRIE DE CHERBOURG.

MM. Liais, (Em.) ✳, *Maire ;* Frigoult O. I. et Dutot, *Adjoints ;* Lanièce, Renault ✳ O. A., Lecerf, Barbet, Ventrillon, Cousin, Le Boissellier, Marguerie, Leflambe, Menut, Levallois O. A., Buhot (Victor), Tison, Buhot (Eugène), Legrin, Grignard, Jolliet ✳, Lavallée, Lohen, Cussy, Mouchel ✳, Offret, Lefrançois, Brun, Brégaint, Merlot, Conseillers municipaux.

Bureaux.—M. Boivin, O. A., secrétaire.

Recette municipale.—M. Houyvet.

Voirie urbaine.—MM. Gutelle, O. A , architecte de la ville ; Poupeville, agent-voyer.

Octroi.—M. Raoul, préposé en chef.

Archives.—M. Amiot, O. A., archiviste.

MAIRIE DE COUTANCES.

MM. LAIR ✳, *Maire ;* Baize et Laurent, *Adjoints ;* Boissel-Dombreval ✳, Marie, Rabec, Dupérouzel, Lehuby, Badin (Victor), Salettes, Geffroy, Briens, Bidel, Laisney, Lenoir, Leneslet, Chevalier, Adde, Blondel, Dudouyt, Daireaux, Foubert, Brision, Montaigne, Conseillers municipaux.

Bureaux.—M. Vallée, secrétaire.

Recette municipale.—M. Leliepvre.

Voirie urbaine.—M. Desheulles, architecte de la ville.

Octroi.—MM. Bellet, préposé en chef ; Bailly, brigadier

MAIRIE DE MORTAIN.

MM. DE BAILLIENCOURT ✳, *Maire*; Delaunay, *Adjoint*; Buisson, Amand, Josset, Champs, Delaporte, Leriche, Saoul, Breux, Queslier, Gallie, Radoul, Pasquer, Bardou et Loricr, Conseillers municipaux.

Bureaux.—M. Jamon, secrétaire.

Recette municipale.—M. Bourbon.

Voirie urbaine.—M. Corbin.

Octroi.—MM. Dupont et Aumont.

MAIRIE DE VALOGNES.

MM. OURY, *Maire*; Viel et Baudry ✳, *Adjoints*; Le Bouteillor, Lande, Viel, Bretel, de Fontaine de Resbecq, Oury, le vicomte de Blangy, Lemaréchal, Roberge, Blaisot, Pinel, Lepetit, Lecler, Léger, Thion, Durand, Simon, Lemeland, Mariette-Boisville, Le Grusley, Baudry ✳, Hamel, Lemasson, Conseillers municipaux.

Bureaux.—M. Mouchel, secrétaire.

Recette municipale.—M. Lecomte, receveur.

Préposé en chef de l'octroi.—M. Gosselin.

TABLEAU STATISTIQUE

indiquant le nombre d'arrondissements, cantons, communes, et la population du Département, d'après les derniers recensements.

NOMS	NOMBRE PAR ARRONDISSEMENT DE		POPULATION EN	
DES ARRONDISSEMENTS.	Cantons.	Communes.	1886.	1891.
Saint-Lo........	9	117	86,829	85,945
Avranches.	9	124	98,590	96,895
Cherbourg......	5	73	88,745	91,604
Coutances	10	138	106,527	102,633
Mortain........	8	74	64.680	63,084
Valognes ,.....	7	117	75,494	73,655
TOTAUX..........	48	615	520,865	513,815

Différence en plus, en 1886........   7,050

TABLEAU DES COMMUNES PAR ORDRE ALPHABÉTIQUE.

COMMUNES.	CANTONS.	COMMUNES.	CANTONS.
Acqueville	Beaumont.	Biville	Beaumont.
Agneaux.	Saint-Lo	Blainville	St-M.-de-la-Lande.
Agon...	St-M.-de-la-Lande.	Blosville.........	Ste-Mère-Eglise.
Airel	Saint-Clair.	Boisroger	St-M.-de-la-Lande.
Amfreville........	Ste-Mère-Eglise.	Boisyvon.........	Saint-Pois
Amigny	St-Jean-de-Daye.	Bolleville	La Haye-du-Puits.
Ancteville........	St-M.-de-la-Lande.	Boucey	Pontorson.
Anctoville........	Bréhal.	Bouillon	Granville.
Anger	Sartilly.	Bourey	Bréhal.
Angoville	St-Pierre-Eglise.	Bourguenolles....	Villedieu.
Angoville-au-Plain..	Ste-Mère-Eglise.	Boutteville	Sainte-Mère-Eglise.
Angoville-sur-Ay...	Lessay.	Braffais	Brécey.
Anneville	Id.	Brainville	St-M.-de-la-Lande.
Anneville-en-Saire..	Quettehou.	Branville.........	Beaumont.
Annoville	Montmartin-sr-Mer	Brécey...........	Brécey.
Appeville	La Haye-du-Puits.	Brectouville	Torigni-sur-Vire.
Ardevon	Pontorson.	Bréhal..	Bréhal.
Argouges........	Saint-James.	Bretteville........	Octeville.
Aucey......	Pontorson.	Bretteville-sur-Ay..	Lessay.
Auderville........	Beaumont.	Breuville.........	Bricquebec.
Audouville-la-Hub..	Ste-Mère-Eglise.	Brévands.........	Carentan.
Aumeville-Lestre...	Quettehou.	Bréville..........	Bréhal.
Auvers...........	Carentan.	Bricquebec.......	Bricquebec.
Auxais..	Id	Bricquebosq......	Les Pieux.
Avranches	Avranches.	Bricqueville-la-Btte	Coutances.
Azeville...........	Montebourg.	Bricqueville-sr-Mer	Bréhal.
Bacilly...........	Sartilly.	Brillevast	Saint Pierre-Eglise.
Barenton..........	Barenton.	Brix.............	Valognes.
Barfleur..........	Quettehou.	Brouains.........	Sourdeval.
Barneville.......	Barneville.	Brucheville.......	Sainte-Mère-Eglise.
Baubigny	Id.	Buais............	Le Teilleul.
Baudre	Saint-Lo.	Cambernon......	Coutances.
Baudreville	La Haye-du-Puits.	Cametours	Cerisy-la-Salle.
Baupte	Périers.	Camprond........	St-Sauv.-Lendelin.
Beauchamps.......	La Haye-Pesnel.	Canisy...........	Canisy.
Beaucoudray	Tessy-sur-Vire.	Canteloup........	Saint-Pierre-Eglise.
Beauficel.	Sourdeval.	Canville.........	La Haye-du-Puits.
Beaumont........	Beaumont.	Carantilly..	Marigny.
Beauvoir.........	Pontorson.	Carentan.........	Carentan.
Bellefontaine	Juvigny.	Carnet...........	Saint-James.
Belval	Cerisy-la-Salle.	Carneville........	Saint-Pierre-Eglise.
Benoîtville	Les Pieux.	Carolles..........	Sartilly.
Bérigny...........	Saint-Clair.	Carquebut........	Sainte-Mère-Eglise.
Beslon............	Percy.	Carteret.........	Barneville.
Besneville........	St-Sauv.-le-Victe.	Catteville	St-Sauvr-le-Victe.
Beuvrigny........	Tessy-sur-Vire.	Catz.	Carentan.
Beuzeville-au-Plain.	Ste-Mère-Eglise.	Cavigny..........	St-Jean-de-Daye.
Beuzeville-la-Bastlle	Id.	Céaux	Ducey.
Biéville.	Torigni-sur-Vire.	Cérences	Bréhal.
Biniville	St-Sauveur-le-Victe	Cerisy-la-Forêt....	Saint-Clair.
Bion.	Mortain.	Cerisy-la-Salle	Cerisy-la-Salle.

COMMUNES.	CANTONS.	COMMUNES.	CANTONS.
Chalandrey	Isigny.	Feugères	Périers.
Champcervon	La Haye-Pesnel.	Fierville	Barneville.
Champcey	Sartilly.	Flamanville	Les Pieux.
Champeaux	Id.	Fleury	Villedieu.
Champrépus	Villedieu.	Flottemanville	Montebourg.
Chanteloup	Bréhal.	Flottemanville-Hague.	Beaumont.
Chasseguey	Juvigny	Folligny	La Haye-Pesnel.
Chavoy	Avranches.	Fontenay	Mortain.
Chef-du-Pont	Sainte-Mère-Eglise.	Fontenay-sur-Mer	Montebourg.
Cherbourg	Cherbourg.	Foucarville	Sainte-Mère-Eglise.
Chérencé-le-Héron	Villedieu	Fourneaux	Tessy-sur-Vire.
Chérencé-le-Roussel	Juvigny.	Fresville	Montebourg.
Chevreville	St-Hil.-du-Harcouët	Gathemo	Sourdeval.
Chevry	Tessy-sur-Vire.	Gatteville	St-Pierre-Eglise.
Clitourps	St-Pierre-Eglise.	Gavray	Gavray.
Coigny	La Haye-du-Puits.	Geffosses	Lessay.
Colomby	St-Sauvʳ-le-Vicᵗᵉ.	Genest	Sartilly.
Condé-sur-Vire	Torigni-sur-Vire.	Ger	Barenton.
Contrières	Montmartin-sʳ-Mer.	Gerville	La Haye-du-Puits.
Cormeray	Pontorson.	Giéville	Torigni-sur-Vire.
Cosqueville	St-Pierre-Eglise.	Glatigny	La Haye-du-Puits.
Coudeville	Bréhal.	Golleville	St-Sauvʳ-le-Vicᵗᵉ.
Coulouvray Boisbenâtre	Saint-Pois.	Gonfreville	Périers.
Courcy	Coutances.	Gonneville	St-Pierre-Eglise.
Courtils	Ducey.	Gorges	Périers.
Coutances	Coutances.	Gouberville	St-Pierre-Eglise.
Couvains	Saint-Clair.	Gourbesville	Sainte-Mère-Eglise.
Couville	Octeville.	Gourfaleur	Canisy.
Crasville	Quettehou.	Gouvets	Tessy-sur-Vire.
Créances	Lessay.	Gouville	St-M.-de-la-Lande.
Cretteville	La Haye-du-Puits.	Graignes	Saint-Jean-de-Daye.
Crollon	Ducey.	Granville	Granville.
Crosville	St-Sauvʳ-le-Vicᵗᵉ.	Gratot	St-M.-de-la-Lande.
Curey	Pontorson.	Gréville	Beaumont.
Cuves	Brécey.	Grimesnil	Gavray.
Dangy	Canisy.	Grosville	Les Pieux.
Denneville	La Haye-du-Puits.	Guéhébert	Cerisy-la-Salle.
Digosville	Octeville.	Guilberville	Torigni-sur-Vire.
Digulleville	Beaumont.	Hambye	Gavray.
Domjean	Tessy-sur-Vire.	Hamelin	Saint-James.
Donville	Granville.	Hardinvast	Octeville.
Doville	La Haye-du-Puits.	Hautteville	St-Sauvʳ-le-Vicᵗᵉ.
Dragey	Sartilly.	Hautteville-la-Guichard	St-Sauvʳ-Lendelin.
Ducey	Ducey.	Hautteville-sur-Mer	Montmartin-sur-Mer.
Ecausseville	Montebourg.	Héauville	Les Pieux.
Ecoquenéauville	Sainte-Mère-Eglise.	Hébécrévon	Marigny.
Eculleville	Beaumont.	Helleville	Les Pieux.
Emondeville	Montebourg.	Hémevez	Montebourg.
Equeurdreville	Octeville.	Henneville	Octeville.
Equilly	Bréhal.	Hérenguerville	Montmartin-sur-Mer.
Eroudeville	Montebourg.	Herqueville	Beaumont.
Etienville	St-Sauvʳ-le-Vicᵗᵉ.	Heugueville	St-M.-de-la-Lande.
Fermanville	St-Pierre-Eglise.	Heussé	Le Teilleul.
Ferrières	Le Teilleul.	Hiesville	Sainte-Mère-Eglise.
Fervaches	Tessy-sur-Vire.	Hocquigny	La Haye-Pesnel.

COMMUNES.	CANTONS.	COMMUNES.	CANTONS.
Houesville.........	Sainte-Mère-Eglise.	Le Guislain	Percy.
Houtteville	La Haye-du-Puits.	Le Ham......	Montebourg.
Huberville	Valognes.	Le Hommet-d'Arthenay.	St-Jean-de-Daye.
Hudimesnil.......	Bréhal.	Le Loreur	Bréhal.
Huisnes..........	Pontorson.	Le Lorey	St-Sauv^r-Lendelin.
Husson	Le Teilleul.	Le Luot	La Haye-Pesnel.
Hyenville	Montmartin-s^r-Mer.	Le Mesnil.......	Barneville
Isigny.............	Isigny.	Le Mesnil-Adelée .	Juvigny.
Jobourg	Beaumont.	Le Mesnil-Amand.	Gavray.
Joganville.........	Montebourg.	Le Mesnil-Amey ..	Marigny.
Juilley............	Ducey.	Le Mesnil Angot.	St-Jean-de-Daye.
Juvigny...........	Juvigny.	Le Mesnil-Aubert	Bréhal.
La Baleine..	Gavray.	Le Mesnil-Auval ..	Octeville.
La Barre-de-Semilly	Saint-Lo.	Le Mesnil-Bœufs..	Isigny.
La Bazoge	Juvigny.	Le Mesnil-Bonant.	Gavray.
La Beslière	La Haye-Pesnel.	Le Mesnil Bus ...	St-Sauv^r-Lendelin
La Bloutière	Villedieu.	Le Mesnil-Drey ...	La Haye-Pesnel.
La Bonneville	St-Sauv^r-le-Vic^te.	Le Mesnil-Eury ...	Marigny
La Boulouze	Ducey.	Le Mesnil-Garnier.	Gavray.
La Ch^pe-Baudouin..	Brécey.	Le Mesnil-Gilbert	Saint-Pois.
La Chap^lle-Cécelin .	Saint-Pois.	Le Mesnil-Herman.	Canisy.
La Chap^lle-du-Fest.	Torigni-sur-Vire.	Le Mesnil Hue ...	Gavray.
La Chap^lle-Enjuger	Marigny.	Le Mesnillard	St-Hilaire-du-Harc.
La Chapelle-Urée ..	Brécey.	Le Mesnil-Opac...	Tessy-sur-Vire.
La Colombe.......	Percy.	Le Mesnil-Ozenne.	Ducey.
La Croix-Avranchin	Saint James.	Le Mesnil-Rainfray	Juvigny.
La Feuillie........	Lessay.	Le Mesnil-Raoult..	Tessy-sur-Vire.
La Godefroy	Avranches.	Le Mesnil-Rogues.	Gavray.
La Gohannière	Id.	Le Mesnil-Rouxelin..	Saint-Lo.
La Haye-Bellefonds	Percy.	Le Mesnil-Thébault..	Isigny.
La Haye-d'Ectot...	Barneville.	Le Mesnil-Tôve .	Juvigny.
La Haye-du-Puits..	La Haye-du-Puits.	Le Mesnil-Véneron ..	St-Jean-de-Daye.
La Haye-Pesnel....	La Haye-Pesnel.	Le Mesnil-Vigot...	Marigny.
La Lande-d'Airou .	Villedieu.	Le Mesnil-Villeman..	Gavray.
La Luc^e-d'Out^e- Mer	La Haye-Pesnel.	Le Neufbourg	Mortain.
La Luzerne	Saint-Lo.	Lengronne........	Gavray.
La Mancellière ...	Isigny.	Le Perron	Torigni-sur-Vire.
La Mancellière.....	Canisy.	Le Petit-Celland ..	Brécey.
Lamberville.......	Torigni-sur-Vire.	Le Plessis	Périers.
La Meauffe........	Saint-Clair.	Le Rozel........	Les Pieux.
La Meurdraquière..	Bréhal.	Les Biards.......	Isigny.
La Mouche........	La Haye-Pesnel.	Les Chambres.....	La Haye-Pesnel.
Lapenty	St-Hilaire-du-Harc	Les Ch.-de Losq..	St- Jean-de-Daye.
La Pernelle..... .	Quettehou.	Les Chéris.......	Ducey.
La Rochelle.......	La Haye-Pesnel.	Les Cresnays....	Brécey.
La Ronde-Haye....	St-Sauv^r-Lendelin.	Les Loges-Marchis	St-Hilaire-du-Harc.
Lastelle..........	Périers.	Les Loges-s^r-Bréc.	Brécey.
La Trinité	Villedieu.	Les Moitiers-d'Al^e.	Barneville.
Laulne	Lessay.	Les Moitiers-en-B^e	St-Sauv^r-le-Vic^te.
La Vendelée.......	St-M.-de-la-Lande.	Les Pas	Pontorson.
Le Buat	Isigny.	Les Perques	Bricquebec.
Le Chefresne......	Percy.	Les Pieux........	Les Pieux.
Le Dézert........	St-Jean-de-Daye.	Lessay	Lessay.
Le Fresne-Poret ...	Sourdeval.	Lestre...........	Montebourg.
Le Grand-Celland ..	Brécey.	Les Veys	Carentan.

COMMUNES.	CANTONS.	COMMUNES.	CANTONS.
Le Tanu	La Haye-Pesnel.	Moon-sur-Elle	Saint-Clair.
Le Teilleul	Le Teilleul.	Morigny	Percy.
Le Theil	St-Pierre-Eglise.	Morsalines	Quettehou.
Le Valdécie	Barneville.	Mortain	Mortain.
Le Val-Saint-Pair	Avranches.	Morville	Bricquebec.
Le Vast	St-Pierre Eglise.	Moulines	St-Hilaire-du-Harc.
Le Vicel	Quettehou.	Moyon	Tessy-sur-Vire.
Le Vrétot	Bricquebec.	Muneville-le-Bing	St-Sauvr-Lendelin.
Liesville	Ste-Mère-Eglise.	Muneville-sur-Mer	Bréhal.
Lieusaint	Valognes.	Nacqueville	Beaumont.
Lingeard	Saint-Pois.	Naftel	Isigny.
Lingreville	Montmartin-sr-Mer.	Nay	Périers.
Lithaire	La Haye-du-Puits.	Négreville	Bricquebec.
Lolif	Sartilly.	Néhou	St-Sauvr-le-Victe.
Longueville	Bréhal.	Neufmesnil	La Haye-du-Puits.
Lozon	Marigny.	Neuville-au-Plain	Ste-Mère-Eglise.
Macey	Pontorson.	Neuville-en-Beaumt.	St-Sauvr-le-Victe.
Magneville	Bricquebec.	Néville	St-Pierre-Eglise.
Marcey	Avranches.	Nicorps	Coutances.
Marchézieux	Périers.	Noirpalu	La Haye-Pesnel.
Macilly	Ducey.	N.-D.-de-Cenilly	Cerisy-la-Salle.
Margueray	Percy.	N.-D.-de-Livoye	Brécey.
Marigny	Marigny.	Notre-Dame-d'Elle.	Saint-Clair.
Martigny	St-Hilaire-du-Harc.	N.-D.-de-Touchet	Mortain.
Martinvast	Octeville.	Nouainville	Octeville.
Maupertuis	Percy.	Octeville	Id.
Maupertus	St-Pierre-Eglise	Octeville-la-Venelle.	Quettehou.
Méautis	Carentan.	Omonville le-Petite.	Beaumont.
Millières	Lessay.	Omonville-la-Rogue	Id.
Milly	St-Hilaire-du-Harc.	Orglandes	St-Sauvr-le-Victe.
Mobecq	La Haye-du-Puits.	Orval	Montmartin-sr-Mer.
Moidrey	Pontorson.	Ourville	Barneville.
Montabot	Percy.	Ouville	Cerisy-la-Salle.
Montaigu-la-Bristte	Valognes.	Ozeville	Montebourg.
Montaigu-les-Bois	Gavray.	Parigny	St-Hilaire-du-Harc.
Montanel	Saint James.	Percy	Percy.
Montbray	Percy.	Périers	Périers.
Montchaton	Montmartin-sr-Mer.	Perriers-en-Beaufic.	Sourdeval.
Montcuit	St-Sauvr-Lendelin.	Picauville	Ste-Mère-Eglise.
Montebourg	Montebourg.	Pierreville	Les Pieux.
Montfarville	Quettehou.	Pirou	Lessay.
Montgardon	La Haye-du-Puits	Placy-Montaigu	Torigni-sur-Vire.
Montgothier	Isigny.	Plomb	Avranches.
Monthuchon	St-Sauvr-Lendelin	Poilley	Ducey.
Montigny	Isigny.	Pontaubault	Avranches.
Montjoie	Saint-James.	Pont-Hébert	St-Jean-de-Daye.
Montjoie	Saint-Pois.	Pontorson	Pontorson.
Montmartin-en-Grst.	St-Jean-de-Daye.	Ponts	Avranches.
Montmartin-sur-Mer.	Montmartin-sr-Mer.	Portbail	Barneville.
Montpinchon	Cerisy-la-Salle.	Précey	Ducey.
Montrabot	Torigni-sur-Vire.	Précorbin	Torigni-sur-Vire.
Montreuil	Marigny.	Prétot	La Haye-du-Puits.
Mont-Saint-Michel	Pontorson.	Querqueville	Octeville.
Montsurvent	St-M.-de-la-Lande.	Quettehou	Quettehou
Montviron	Sartilly.	Quettetot	Bricquebec.

5

COMMUNES.	CANTONS.	COMMUNES.	CANTONS.
Quettreville	Montmartin-s\-Mer	Saint Gilles........	Marigny.
Quibou..	Canisy.	St-Hilaire-du-Harc..	St-Hilaire-du-Harc.
Quinéville.........	Montebourg.	St-Hilaire-Petitville	Carentan.
Raids....	Carentan.	Saint-James	Saint-James.
Rampan	Saint-Lo.	St-Jean-de-Daye ...	St-Jean-de-Daye.
Rancoudray.......	Mortain.	St-Jean-de-la-Haize.	Avranches.
Rauville-la Bigot...	Bricquebec.	St-Jean-de-la-Riv\ro	Barneville.
Rauville-la-Place...	St-Sauv\r-le-Vic\te.	St-Jean-de-Savigny .	Saint-Clair.
Ravenoville	Ste-Mère-Eglise.	St-J.-des-Baisants ..	Torigni-sur-Vire.
Reffuveille	Juvigny.	St-Jean-des-Champs	La Haye-Pesnel.
Regnéville	Montmartin-s\-Mer	St-Jean-du-Corail...	Brécey.
Reigneville.......	St-Sauv\r-le-Vic\te.	St-Jean-du-Corail...	Mortain.
Remilly-sur-Lozon.	Marigny.	St-Jean-le-Thomas..	Sartilly.
Rétòville.........	St-Pierre-Eglise.	Saint-Jores........	Périers.
Réville	Quettehou.	St-Laur.-de-Cuves..	Saint-Pois.
Romagny	Mortain.	St-Laur.-de-Terreg .	Saint-James.
Roncey...........	Cerisy-la-Salle.	Saint-Léger	La Haye-Pesnel.
Ronthon.	Sartilly.	Saint-Lo	Saint-Lo.
Roulfigny........	Villedieu.	St-Louet-sur-Vire ..	Tessy-sur-Vire.
Rouxeville	Torigni-sur–Vire.	Saint-Loup........	Avranches.
Sacey	Pontorson.	St-Malo-de-la-Lande	St-M.-de-la-Lande.
Saint-Amand	Torigni-sur-Vire.	Saint-Marcouf	Montebourg.
St-André-de-Bohon.	Carentan.	St-Mart.-d'Aubigny.	Périers.
St-André-de-l'Epine.	Saint-Clair.	St-Martin-d'Audouv.	Montebourg.
St-Aub.-des-Préaux.	Granville.	St-M.-de Bonfossé..	Canisy.
St-Aub.-de-Terreg\te	Saint-James.	St-M.-de-Cenilly ...	Cerisy-la-Salle.
St-Aub.-du-Perron .	St-Sauv\r-Lendelin.	St-M.-de-Chaulieu ..	Sourdeval.
Saint-Barthélemy..	Mortain.	St-Mart.-de-Land\lles	St-Hilaire-du-Harc.
Saint-Brice.......	Avranches.	St-M.-des-Champs .	Avranches.
St-Brice-de-Land\lles	St-Hilaire-du-Harc.	St-M.-de-Varreville.	Ste-Mère-Eglise.
St-Christe-du-Foc ..	Les Pieux.	St-M.-le-Bouillant ..	Saint-Pois.
Saint-Clair.........	Saint-Clair.	St-Martin-le-Gréard.	Octeville.
Saint-Clément	Mortain.	St-Mart.-le-Hébert..	Bricquebec.
St-Còme-du-Mont...	Carentan.	St-Maur-des-Bois...	Saint-Pois.
St-Cyr-du-Bailleul ..	Barenton.	Saint-Maurice......	Barneville.
Saint-Cyr..........	Montebourg.	St-Mic.-de-la-Pierre.	St-Sauv.-Lendelin.
St-Denis-le-Gast....	Gavray.	St-Mic.-des-Loups ..	Sartilly.
St-Denis-le-Vétu ...	Cerisy-la-Salle.	St-Nic.-de-Cout\es...	Coutances.
St-Eb.-de-Bonfossé..	Canisy.	St-Nic.-de-Pierrep\t.	La Haye-du-Puits.
Sainteny	Carentan.	St-Nic.-des-Bois. ...	Brécey.
Saint-Floxel.......	Montebourg.	St-Nic.-p.-Granville.	Granville.
Saint-Fromond.....	St-Jean-de-Daye.	Saint-Osvin	Avranches.
St-Georg.-de-Bohon.	Carentan.	Saint-Pair.........	Granville.
St-G.-de-la-Rivière .	Barneville.	St-Patre-de-Claids..	Lessay.
St-G.-de-Livoye....	Brécey.	Saint-Pellerin......	Carentan.
St-Georges-d'Elle ..	Saint-Clair.	St-P.-d'Artbéglise ..	Barneville.
St-G.-de Montcocq..	Saint-Lo.	St-P.-de-Coutances.	Coutances.
St-G.-de-Rouelley.	Barenton.	St-Pierre-de-Semilly	Saint-Clair.
St-Germain-d'Elle ..	Saint-Clair.	St-Pierre-Eglise....	St-Pierre-Eglise.
St-G.-des-Vaux.....	Beaumont.	St-Pierre-Langers..	Sartilly.
St-G.-de-Tournebut.	Montebourg.	Saint-Planchers....	Granville.
St-G.-de-Varreville.	Ste-Mère-Eglise.	Saint Pois.........	Saint-Pois.
St-G.-le Gaillard ...	Les Pieux.	Saint-Quentin.....	Ducey.
St-G.-sur-Sèves. ..	Périers.	St-Rémy-des-Land\es	La Haye-du-Puits.
St-Germain-sur-Ay.	Lessay.	Saint-Romphaire. ..	Canisy.

COMMUNES.	CANTONS.	COMMUNES.	CANTONS.
St-S.-de-Bonfossé .	Canisy.	Tamerville	Valognes.
St-S.-de-Chaulieu...	Sourdeval.	Tanis...........	Pontorson.
St-S.-de-Pierrepont.	La Haye-du-Puits.	Tessy-sur-Vire....	Tessy-sur-Vire.
St-S.-la-Pommeraye	Bréhal.	Teurthév⁰-Bocage .	Quettehou.
St-Sauvᵣ-Lendelin..	St-Sauvᵣ-Lendelin .	Teurthévᵉ-Hague..	Octeville.
St-Sauvᵣ-le-Vicomte	St-Sauvᵣ-le-Vicᵗᵉ.	Théville	St-Pierre-Eglise.
St-Séb.-de-Raids ...	Périers.	Tirepied	Brécey.
St-Sén.-de-Beuvron.	Saint-James.	Tocqueville.......	St-Pierre-Eglise
St-S.-s.-Avranches..	Avranches.	Tollevast........	Octeville.
Saint-Symphorien..	La Haye-du-Puits	Tonneville	Beaumont.
Saint-Symphorien..	Le Teilleul.	Torigni-sur-Vire...	Torigni-sur-Vire.
Saint-Symphorien..	Torigni-sur-Vire.	Tourlaville.......	Octeville.
Saint -Thomas	Saint-Lo.	Tourville........	St-M.-de-la-Lande.
Saint-Ursin........	La Haye-Pesnel.	Tréauville........	Les Pieux.
St-Vaast-la-Hougue .	Quettehou.	Trelly	Montmartin-sᵣ-Mer.
St-Vig.-des-Monts ..	Tessy-sur-Vire.	Tribehou	St-Jean-de-Daye.
Sainte-Cécile	Villedieu.	Troisgots	Tessy-sur-Vire.
Sainte-Colombe....	St-Sauvᵣ-le-Vicᵗᵉ.	Turqueville	Sainte-Mère-Eglise.
Ste-Croix-Hague ...	Beaumont.	Urville..........	Montebourg.
Ste-C.-de-Saint-Lo..	Saint-Lo.	Urville-Hague	Beaumont.
Sainte-Eugienne....	Brécey.	Vains..	Avranches.
Sainte-Geneviève...	Quettehou.	Valcanville.......	Quettehou.
Ste-Marie-du-Bois...	Le Teilleul.	Valognes........	Valognes.
Ste-Marie-du-Mont..	Ste-Mère-Eglise.	Varenguebec	La Haye-du-Puits.
Sainte-Mère-Eglise .	Id.	Varouville	St Pierre-Eglise.
Sainte-Pience......	La Haye-Pesnel.	Vasteville.......	Beaumont.
Sainte-Suzanne	Périers.	Vaudreville	Montebourg.
Sainte-Suzanne	Saint-Lo.	Vaudrimesnil.....	St-Sauvᵣ-Lendelin.
Sartilly	Sartilly.	Vauville	Beaumont.
Sault¹-du-Tronchet .	Villedieu.	Vengeons	Sourdeval.
Saussemesnil......	Valognes.	Ver	Gavray.
Saussey..........	Coutances.	Vergoncey	Saint-James.
Savigny	Cerisy-la-Salle.	Vernix..........	Brécey.
Savigny-le-Vieux...	Le Teilleul.	Vesly	Lessay.
Sébeville.........	Sainte-Mère-Eglise.	Vessey..........	Pontorson.
Sénoville	Barneville.	Vezins..........	Isigny.
Servigny... ...ᵗ..	St-M. de-la-Lande .	Videcosville......	Quettehou.
Servon	Pontorson.	Vidouville...... .	Torigni-sur-Vire.
Sideville.	Octeville.	Vierville........	Ste-Mère-Eglise.
Siouville.........	Les Pieux.	Villebaudon	Percy.
Sortosville.	Montebourg.	Villechien.......	Mortain.
Sort.-en-Beaumont .	Barneville.	Villedieu........	Villedieu.
Sottevast.....	Bricquebec.	Villiers.........	Saint-James.
Sotteville	Les Pieux.	Villiers-Fossard...	Saint-Clair.
Soules.......... .	Canisy.	Vindefontaine.....	La Haye-du-Puits.
Sourdeval........	Sourdeval.	Virandeville......	Octeville.
Sourdeval-les Bois .	Gavray.	Virey...........	St-Hilaire-du-Harc.
Subligny..........	La Haye Pesnel.	Vrasville........	St-Pierre-Eglise.
Surtainville	Les Pieux.	Yquelon	Granville.
Surville..........	La Haye-du-Puits.	Yvetot..........	Valognes.
Taillepied...... ..	St-Sauvᵣ-le-Vicᵗᵉ.		

TABLEAU DES COMMUNES

PAR ARRONDISSEMENT

Contenant la population par arrondissement, canton et commune ; — la superficie territoriale la distance au chef-lieu du département, judiciaire, d'arrondissement, de canton ; les noms Les bureaux de poste sont indiqués par ⊠ et les relais par ⚏ ; le ¶ placé à la suite de Curés sont en italique.

NOMS DES COMMUNES.	Population.	Superficie territoriale de chaque commune.	BUREAUX DE POSTE qui desservent les communes.	Principal des 4 contributions directes en 1893.	du département.	judiciaire.	d'arrondissement.	du canton.
							DISTANCE AU CHEF-LIEU	

ARRONDISSEMENT DE SAINT-LO.

CANTON DE SAINT-LO ¶. Population :

SAINT-LO⚏	11445	658	⊠	115042 80	»	28	»	»
Agneaux..............	912	694	Saint-Lo	9117 05	2	26	2	2
Baudre..............	260	376	idem.	4012 67	4	32	4	4
La Barre-de-Semilly......	475	771	idem	6576 77	5	33	5	5
La Luzerne............	77	196	idem.	1531 50	5	33	5	5
Le Mesnil-Rouxelin	290	476	idem.	3992 »	5	33	5	5
Rampan..........	232	411	idem.	3526 82	6	34	6	6
Sainte-Croix-de-Saint-Lo ..	674	1187	idem.	11558 47	»	28	»	»
Saint-Georges-Montcocq...	568	895	idem.	9437 50	2	30	2	2
Sainte-Suzanne-sur-Vire ..	353	506	idem.	4707 33	7	33	7	7
Saint-Thomas-de-Saint-Lo.	270	430	idem.	4030 33	»	28	»	»

CANTON DE CANISY ¶. Population :

CANISY.................	764	625	⊠	6978 56	9	22	9	»
Dangy..	820	973	Canisy.	6908 37	15	19	15	6
Gourfaleur...........	500	845	Saint-Lo.	7158 50	6	27	6	5
La Mancellière....	405	680	idem.	4702 95	7	30	7	9
Le Mesnil-Herman	157	192	St-Samson-de-Bonf.	1211 »	12	28	12	8
Quibou..	1220	1713	Canisy.	13953 71	12	21	12	3
St-Ebrémond-de-Bonfossé.	671	1198	idem.	9440 03	8	24	8	3
Saint-Martin-de-Bonfossé..	707	1253	idem.	6467 33	10	27	10	3
Saint-Romphaire	711	997	St-Samson-de-Bonf.	7062 04	9	29	9	10
Saint-Samson-de-Bonfossé.	576	629	⊠	5042 73	9	27	9	5
Soulles..............	802	1487	St-Samson-de-Bonf.	7831 73	16	23	16	10

CANTON DE CARENTAN ¶. Population :

CARENTAN.....	3483	1567	⊠	49554 82	28	34	28	»
Auvers..............	1044	1872	Carentan.	16604 »	32	35	32	6
Auxais	273	776	Sainteny.	6085 »	29	30	29	14
Brévands.............	506	921	Carentan.	8622 67	29	42	29	8
Catz.................	169	278	idem.	3368 »	26	39	26	5
Les Veys	521	1248	idem.	13635 45	28	41	28	7

DU DEPARTEMENT,

ET PAR CANTON,

de chaque commune;—les bureaux de poste;—le principal des quatre contributions directes;—
des Maires, Adjoints, Curés et Desservants, Instituteurs et Institutrices.
chaque canton indique que toutes les communes sont desservies tous les jours. Les noms des

Maires.	Adjoints.	Curés et Desservants.	Instituteurs.	Institutrices.

Population : 85,944 habitants.

15,556 habitants (11 communes).

MM.	MM.	MM.	MM.	MMlles
Amiard.	Dussaux, Dary.	Hamel.	Gendrin, Ecole Supérieure.	Marie, Ecole laïque.
			Platte, Ecole annexe.	Cours complément.
			Pignet.	
			Lecordeux.	
Marie.	Lecluze.	Lelubée.	Godard.	Lion.
Demortreux.	Lemoussu.	Delanoe.		Hamard.
Labbé.	Desfaudais.	Jouandin.	Chesnel.	Philippe.
Allix.	Carouge.	Bazire.	Réunie à St-An-	
			dré-de-l'Epine.	
Surget.	Harivel.	Larsonneur.		Lenormand.
Amey.	Liot.	Lefresne.		Lelandais.
Lambert.	Lemieux.	Blanchet.	Lair.	Delaplanche.
Roussel.	Hébert.	Leconte.	Aumont.	Bellamy.
Gilles.	Lerebours.	Desurvire.	Sébert	Gilles.
Vieillard.	Desfontaines.		Réuni à Saint-Lo.	

7,333 habitants (11 communes).

Pacary.	Heussebrot.	Hamel.	Quinette.	Thomas.
Leconte.	Lepaulmier.	Hédouin, Pinard.	Legros.	Grandin, Legardinier.
Marin.	Raoult.	Fossard.	Delahaye.	Delahaye (Mme)
André.	Lerebours	Lemétayer.	Legouey.	Graindorge.
Levilly.	Herman.	Auvray.		Legendre.
Herman.	Lechevallier.	Ameline.	Gesbert.	Vaufleury.
Guernet.	Leboucher.	Gauchet.	Hébert.	Lecanuet.
Yver de la Vigne-Bernard.	Guernet.	Leboulanger.	Lenoël.	Larose, Mahier.
Guérard.	Leblondel.	Paris.	Latrouite.	Marigny.
Lafosse.	Bessin.	Rainfroy.	Gautier.	Legrand.
Guilbert.	Houssin.	Gardie.	Delafosse.	Lavalley (Mme).

11,347 habitants (14 communes).

Cauville.	Doucet, Duval.	Lepoultel.	Laquebocq, école supre.	Coussemaker, Girard.
Philippe.	Viel	Potel.	Lecaplain.	Pacary.
Palla.	Alexandre.	Clouard.		Crouin.
Gancel (Louis).	Gancel (Gustave).	Abraham.	Ollivier.	Joret.
Belhache.	Canivet.	Langenais.		Godefroy.
Gosselin.	Bulot.	Aubril.	Robine.	Gautier.

NOMS DES COMMUNES.	Population.	Superficie territoriale de chaque commune.	BUREAUX DE POSTE qui desservent les communes.	Principal des 4 contributions directes en 1893.	DISTANCE AU CHEF-LIEU			
					du département.	judiciaire.	d'arrondissement.	du canton.
								Suite du Canton
Méautis	769	1698	Carentan.	16657 78	27	31	27	6
Raids.	433	667	Sainteny.	5640 33	30	22	30	12
Saint-André-de-Bohon. . . .	505	1042	idem.	9666 54	21	30	21	10
Saint-Côme-du-Mont.	682	1256	Carentan.	15614 46	32	38	32	4
Sainteny	1456	2132	⊠	21585 »	26	26	26	10
Saint-Georges-de-Bohon. . .	569	1698	Sainteny.	9439 33	24	31	24	8
Saint-Hilaire-Petitville. . . .	464	985	Carentan	10195 49	27	35	27	1
Saint-Pellerin	413	437	idem.	4899 91	25	39	25	5
				CANTON DE MARIGNY ¶. Population :				
MARIGNY ⚔	1335	1032	⊠	12323 22	13	16	13	»
Carantilly	803	1070	Marigny.	8669 02	16	19	16	4
Hébécrevon	824	1328	Saint-Lo.	9075 72	7	26	7	7
La Chapelle-Enjuger.	824	1502	Marigny.	9407 67	13	20	13	4
Le Mesnil-Amey	209	281	idem.	2278 13	10	20	10	3
Le Mesnil-Eury	273	346	idem.	2841 53	13	22	13	6
Le Mesnil-Vigot	515	228	Remilly.	2782 17	17	18	17	9
Lozon.	585	886	idem.	6245 72	17	18	17	6
Montreuil.	404	646	idem.	4655 17	15	21	15	6
Remilly-sur-Lozon	878	956	⊠	9210 67	18	23	18	14
Saint-Gilles.	531	783	Saint-Lo.	6576 20	7	21	7	6
				CANTON DE PERCY ¶. Population :				
PERCY.	2606	3705	⊠	23085 90	25	26	25	»
Beslon.	991	1726	Villedieu.	7408 37	34	35	34	9
La Colombe.	915	1448	idem.	6322 08	31	32	31	6
La Haye-Bellefonds	173	285	Villebaudon.	1966 17	19	23	19	9
Le Chefresne	714	1130	Percy.	4891 50	28	22	28	3
Le Guislain	351	539	Villebaudon.	3344 »	21	23	21	9
Margueray	273	465	Percy.	1841 67	29	20	29	4
Maupertuis	278	541	Villebaudon.	2873 70	23	20	23	6
Montabot	603	1154	Percy.	4462 07	25	31	25	5
Montbray	988	1409	St-Séver (Calvados).	8548 90	30	33	30	7
Morigny	248	453	idem.	2165 83	31	36	31	11
Villebaudon.	472	469	⊠	3323 03	20	25	20	»
				CANTON DE SAINT-CLAIR ¶. Population :				
SAINT-CLAIR.	565	800	⊠	6999 92	42	40	12	»
Airel	800	1017	⊠	11555 93	15	37	15	6
Bérigny	549	1217	⊠	7464 73	17	40	17	12
Cerisy-la-Forêt	1620	2383	⊠	18946 33	18	46	18	9
Couvains	657	1503	Saint-Clair.	9758 53	10	38	10	4
La Meauffe	712	1022	idem.	10318 07	9	37	9	6
Moon-sur-Elle	781	980	idem.	8803 50	13	41	13	3
Notre-Dame-d'Elle	182	285	St-Jean-des-Baisants	1310 16	11	39	11	13
Saint-André-de-l'Epine. . . .	326	724	Saint-Lo.	4207 17	9	37	9	7
Saint-Georges-d'Elle	576	896	Cerisy-la-Forêt.	4003 66	11	39	11	11
Saint-Germain-d'Elle.	440	889	Bérigny.	5058 59	13	41	13	16

Maires.	Adjoints.	Curés et Desservants.	Instituteurs.	Institutrices.

DE CARENTAN.

MM.	MM.	MM.	MM.	MMlles
Duval.	Leviautre.	Mouchel.	Roussel.	Surget
Letenneur	Osmont.	Leroux.	Jardin	Jardin (Mme).
Lecuyer.	Caillemer.	Bécherel.	Lepagelet.	Denis.
Leveillant de Folleville.	Bauche.	Saint.	Herbin.	Potrel.
Beysel de la Sausserie.	Bourdon.	Duval.	Loquet.	Grossin.
Anne dit Achard	Marie.	Baize.	Hébert.	Viffort.
Auvray.	Leprovôt.	Creslé.	Delahaye.	
Hamelin.	Lhermitte.	Mazier.	Daireaux.	Daireaux (Mme).

7,181 habitants (11 communes).

Douchin.	Briard.	*Nicolle.*	Follain.	Legendre.
Guesnet.	Lecluze.	Garnier.	Cahour.	Leroy.
Godard.	Lemeray.	Lécuyer.	Bertaux.	Edouard.
Genest.	Le Grand.	Girard.	Ernault.	Le Bas.
Asselin.	Le Grand.	Costard.		Lemperrière.
Le Baron.	Le Duc.	Hue.		Delalonde.
Rose.	Lecarpentier.	Barbé.	Delacour.	Guelle.
Duperrouzel.	Auvray.	Lecat.	Lepage.	Lenoël.
Le Grand.	Vollet	Guillemin.	Hubert.	Yger.
Raulline.	Lechevallier.	Vigier.	Lemaltre.	Esnouf.
Guillot.	Hardy.	Guérin.	Godfroy.	Alleaume.

8,612 habitants (12) communes).

Dufouc.	Lehallais et Lenoir.	*Helland.*	Lemonnier.	Doucin, Hingan.
Aumont.	Renard.	Coupard.	Tostain.	Simon.
Deschamps.	Lucas.	Guillon.	Lemoine.	Gallouin.
Carrey.	Estur	Lemercier.		Rabel.
Larsonneur.	Meslier.	Leboulenger.	Desrues.	Nativelle.
Delafosse (Arsène).	Delafosse (Audécime).	Dupard.	Caresmel.	Hennebic.
Lebrun.	Manson.	Ruault.		Nicolle.
Chapelle.	Legoupil.	Auvray.		Blanchet.
Bossard.	Le Bouvier.	Bidois.	Bigot.	Bouillet.
Le Monnier.	Ozenne.	Collin.	Touroude.	Cerisier.
Vimont.	Tostain.	Manson.		Lebugle.
Canuet.	Leredde.	Soyer.	Desmoulins.	Desmoulins (Mme).

8,314 habitants (14 communes).

Bernard.	Raulin.	*Gardin.*	Dutot.	Lemonnier.
Groualle.	Adam.	Letondeur.	Prével.	Blondel.
Sansrefus.	Dumont.	Beaufils.	Herpin.	Herpin (Mme).
Fouque.	Malherbe.	Travert.	Postel.	Hulmer.
Ohermilly.	Rogier.	Ranglet.	Durand.	Aubey.
Enouf.	Paingt.	Deshayes.	Desplanques.	Lefèvre.
Demagny.	Pignolet.	Morisset.	Tiphaigne.	Ve Beauquet.
Lecot.	Desfaudais.	Lerendu.		Langlois.
Guilloy.	Leguédois.	Fremond		Ravenel.
Mignot.	Pacary.	Duboscq.	Desmoulins.	Delafosse.
Lechevallier.	Saint-Laurent.	Letenneur.	Paquet.	Paquet (Mme).

NOMS DES COMMUNES.	Population.	Superficie territoriale de chaque commune.	BUREAUX DE POSTE qui desservent les communes.	Principal des 4 contributions directes en 1893.	du département.	judiciaire.	d'arrondissement.	du canton.

Suite du CANTON

Saint-Jean-de-Savigny....	489	755	Saint-Clair.	6195 67	13	41	13	3
Saint-Pierre-de-Semilly...	354	461	Saint-Lo.	3595 33	7	35	7	9
Villiers-Fossard	463	869	idem.	6263 42	6	34	6	5

CANTON DE SAINT-JEAN-DE-DAYE ¶. Population :

SAINT-JEAN-DE-DAYE........	333	421	⊠	4431 »	15	33	15	»
Amigny................	205	370	Pont-Hébert.	3357 83	8	25	8	11
Cavigny	584	688	idem.	8062 15	11	35	11	7
Graignes	1081	1415	Saint-Jean-de-Daye.	10339 20	21	33	21	6
Le Dézert.............	714	1459	idem.	11681 12	13	29	13	4
Le Hommet-d'Arthenay ...	502	1486	idem.	10751 50	14	27	14	7
Le Mesnil-Angot........	99	408	idem.	4056 33	18	31	18	5
Le Mesnil-Véneron......	176	283	idem.	2818 »	18	33	18	3
Les Champs-de-Losques ..	449	931	idem.	9092 50	17	24	17	9
Montmartin-en-Graignes ..	1262	3032	idem.	24310 75	21	39	21	6
Pont-Hébert............	908	1499	⊠	10250 13	7	31	7	8
Saint-Fromond..........	834	1551	Airel.	19082 82	15	37	15	4
Tribehou	1007	997	Saint-Jean-de-Daye.	8757 37	19	28	19	13

CANTON DE TESSY-SUR-VIRE ¶. Population :

TESSY-SUR-VIRE	1404	1586	⊠	13956 24	18	34	18	»
Beaucoudray	242	469	Villebaudon.	2003 67	21	27	21	7
Beuvrigny	313	669	Tessy-sur-Vire.	2783 67	21	40	21	6
Chevry................	207	364	Villebaudon.	1925 33	19	29	19	6
Domjean...............	1100	1656	Tessy-sur-Vire.	8109 58	18	37	18	5
Fervaches.....	433	480	idem.	3405 80	15	33	15	3
Fourneaux	161	234	idem.	1497 »	21	37	21	3
Gouvets	651	1101	idem.	4579 20	24	34	24	6
Le Mesnil-Opac....	332	557	idem.	3232 13	12	31	12	6
Le Mesnil-Raoult	328	399	Torigni-sur-Vire.	2910 08	12	32	12	10
Moyon.................	1132	2334	Tessy-sur-Vire.	10469 55	14	30	14	6
Saint-Louet-sur-Vire.....	310	734	idem.	3570 87	21	40	21	6
Saint-Vigor-des-Monts	868	1574	Pontfarcy (Calv.)	8685 43	27	37	27	6
Troisgots..............	501	753	Tessy-sur-Vire.	4503 65	14	33	14	6

CANTON DE TORIGNI-SUR-VIRE ¶. Population :

TORIGNI-SUR-VIRE	2020	292	⊠	20893 53	14	39	14	»
Biéville	359	553	Torigni-sur-Vire.	3963 67	17	45	17	11
Brectouville	178	375	idem.	2528 17	14	40	14	4
Condé-sur-Vire	1675	2489	idem.	21754 86	9	30	9	5
Giéville	578	1033	idem.	6473 92	17	45	17	3
Guilberville............	1380	2215	idem.	11770 95	21	45	21	7
La Chapelle-du-Fest......	184	374	idem.	1531 75	12	40	12	4
Lamberville...........	382	706	idem.	5072 40	17	45	17	9
Le Perron	337	459	idem.	3113 87	20	43	20	7
Montrabot	184	386	St-Jean-des-Baisants	2079 67	16	44	16	19

Maires.	Adjoints.	Curés et Desservants.	Instituteurs.	Institutrices.

DE SAINT-CLAIR.

MM.	MM.	MM.	MM	MM^{lles}
Detournières.	Rabot.	Bouillon.	Simon.	Lemoussu.
Durand.	Capelle.	Lallemand.	Guy.	Lucas.
Fauchon.	Tréfeu.	Fétille.	Polidor.	Lefèvre (Mme).

8,154 habitants (13 communes).

Raulline.	Doublet.	*Gilbert.*		Couillard.
Jouin.	Le Grand.	Le Ménicier.		Herson.
Heussebrot.	Rauline.	Menard.	Guilbert.	Décosse.
Lescalier.	Defortescu.	Denis.	Marie.	Poulain.
Thouroude.	Langeard.	Maillard.	Lelandais.	Deschamps.
Lelorestier d'Osseville.	Huault.	Tabard.	Pillevesse.	Moulin.
Poullain.	Marie.	Laurent.		Dufour.
Philippe.	Vaultier.	Laurent.		Grandin
Touroude.	Pottier.	Latire.	Painchaud.	Desplanques.
Tonzard.	Gancel.	Chartrain.	Delacour, Deméautis.	Auvray, Deméautis (Mme)
Thomasse.	Godard.	Letot, Delarue, Puiney.	Delisle.	Véron, Lefranc, Gazengel.
Lebas.	Laisney.	Surville.	Chrétienne.	Hébert (Mme).
Duboscq.	Lebedel.	Debon.	Lecoufle.	Delafosse.

7,982 habitants (14 communes).

Lesage.	Flicher.	*Gillot.*	Letenneur.	Godard.
Legablier.	Papillon.	Bougis.		Canuet.
Letot.	Bourges.	Legrand.		Bataille.
Quesnel.	Godard.	Voisin.		Lelièvre.
Requant de Boultement.	Lamoureux.	Camus.	Martin.	Jamard.
Lucas.	Lefranc.	Brion.	Levallois.	Prével.
Onfroy.	Godard.	Lesénéchal.		Ravenel.
Loisel	Bisson.	Lescot.	Philippe.	Frigoult.
Lemeray.	Crocquevieille.	Puisney.		Bosquet.
Leloutre.	Julien.	Lecardonnel.		Leroux.
Beaufils.	Postel.	Langenais.	Lemoine.	Hairon.
Massier.	Mourocq.	Leboucher.		Desmier.
Lemélorel-Lesmoutils	Chasle.	Gillette.	Levallois.	Lemercerre.
Goulet.	Mourocq.	Lemare.	Suzanne.	Lhullier.

11,265 habitants (17 communes).

Dufour.	Jouet-Laconterie.	*Leroy* ; Ccenard.	Rucaille.	Regnault.
Philippe.	Auvray.	David.	Bazire.	Besnard.
Lepringard.	Fontaine.	Anne-Archard.		Coursin.
Leneveu.	Laforge.	Bouchard.	Bréard.	Leroussel.
Massier (Jean).	Massier (Jules).	Queudeville.	Laîné.	Gaillard.
Lesouef.	Lesieur.	Marguerite.	Bizault.	Davodet
Savare.	Lefèvre.	Savigny.		Couillard.
Bion.	Gaillard.	Heuzé.		Lecaudey.
Huet.	Fortin.	Lemazurier.		Sanson.
Herviou.	Pegoix.	Drouvassal.		Boutemy.

NOMS DES COMMUNES.	Population.	Superficie territoriale de chaque commune	BUREAUX DE POSTE qui desservent les communes.	Principal des 4 contributions directes en 1893.	DISTANCE AU CHEF-LIEU			
					du département.	judiciaire.	d'arrondissement.	du canton.

Suite du CANTON DE

Placy-Montaigu.	495	899	Torigni-sur-Vire.	4911 07	20	45	20	6
Précorbin	466	721	St-Jean-des-Baisants	5421 13	11	39	11	6
Rouxeville	384	576	idem.	3150 67	12	39	12	9
Saint-Amand	1206	2462	Torigni-sur-Vire.	12650 70	15	41	15	2
Saint-Jean-des-Baisants . . .	1005	1336	⊠	8071 50	10	37	10	7
Saint-Symphorien	195	387	Torigni-sur-Vire.	1997 33	18	43	18	4
Vidouville	237	445	St-Jean-des-Baisants	3110 33	15	43	15	10

ARRONDISSEMENT D'AVRANCHES

CANTON D'AVRANCHES ¶. Population :

AVRANCHES⊿	7785	444	⊠	82318 77	50	47	»	»
Chavoy	160	371	Avranches.	2204 33	50	42	6	6
La Godefroy.	188	364	idem.	1664 40	63	52	5	5
La Gohannière	225	370	idem.	1701 60	61	52	9	9
Le Val-Saint-Pair	1092	1110	idem.	10651 92	58	50	3	3
Marcey	716	673	idem.	2682 33	56	49	3	3
Plomb	574	819	idem.	5176 45	50	46	8	8
Pontaubault ⊿	383	195	idem.	2156 06	66	54	7	7
Ponts	424	670	idem.	5701 38	53	45	5	5
Saint-Brice	147	255	idem.	1579 77	57	48	5	5
Saint-Jean-de-la-Haize	611	875	idem.	6122 50	55	45	5	5
Saint-Loup	476	646	idem.	4079 83	62	54	6	6
Saint-Martin-des-Champs . .	561	649	idem.	5297 50	59	50	3	3
Saint-Osvin	750	670	idem.	4005 60	63	55	7	7
St-Senier-sous-Avranches . .	497	1253	idem.	6502 30	57	49	5	5
Vains	714	858	idem.	6492 25	59	52	6	6

CANTON DE BRÉCEY ¶. Population :

BRÉCEY	2400	2103	⊠	20957 45	49	48	17	»
Braffais	333	581	Brécey.	2622 38	46	35	13	9
Cuves	671	969	idem.	6977 58	54	54	22	5
La Chaise-Baudouin	857	1203	idem.	4392 »	48	43	16	8
La Chapelle-Urée ⊿	345	459	idem.	1664 65	57	57	17	9
Le Grand-Celland	975	1249	idem.	4612 73	60	54	14	6
Le Petit-Celland	407	657	idem.	2690 60	63	54	13	5
Les Cresnays	692	978	idem.	5690 70	54	52	21	4
Les Loges-sur-Brécey	363	527	idem.	2762 70	45	44	19	4
Notre-Dame-de-Livoye	238	355	idem.	1809 67	48	47	15	4
Sainte-Eugienne	93	179	idem.	805 33	51	43	10	10
Saint-Georges-de-Livoye . .	377	552	idem.	3339 60	43	48	14	5
Saint-Jean-du-Corail	143	362	idem.	952 75	41	41	21	6
Saint-Nicolas-des-Bois	240	357	idem.	1833 50	46	45	18	5
Tirepied	1043	1597	Avranches.	10984 60	59	52	9	8
Vernix	346	584	Brécey.	4032 83	54	51	18	5

Maires.	Adjoints.	Curés et Desservants.	Instituteurs.	Institutrices.

TORIGNI-SUR-VIRE.

MM.	MM.	MM.	MM.	MM^{lles}
Girault.	Lefoulon.	Huare.		Guyot.
Pasturel.	Le Guédois.	Adelée.	Vigot.	Jamard.
Aumond.	Rouxeville.	Jaunet.	Legendre.	Lesongeur.
Lescot.	Baudel.	Hélène.	Lesouef.	Blier.
Leberruyer.	Picard.	Lemière.	Leconte.	Letourneur.
Françoise.	Marie.	Leroyer.		Chauvois.
Défaudais.	James.	Deshayes.		Sohier.

Population : 96,895 habitants.

15,303 habitants (16 communes).

Lenoir.	Desdouitils, Letre-guilly.	*Lemains, à St-Gervais; Baudry, à Notre-Dame-des-Champs ; Lebedel, à St-Saturnin.*	Ruault.	Esnol.
Trochon.	Police.	Resbeut.		Besnard.
de Mansigny.	Lottin.	Boutin.		Viel.
Hubert.	Doublet.	Blouin.		Elisabeth (Mme).
Béguin.	Allain	Piquois.	Levionnois.	Gautier.
Primaux.	Lefranc.	Challier.	Bicrel.	Davy.
Jamard.	Dubois.	Salmon.		Lurienne.
Godard.	Blouin.	Morin.		Anger.
Haupais.	Gautier.	Lhoste.	Laurence.	Restoux.
Vauprès.	Dubois.	Masselin.		Chauvin.
Dubois (Franç).	Dubois (Pierre).	Aubrée.	Besnier.	Hubert.
Ruault.	Pinel.	Piquot.	Bouillon.	Besnard.
Mauduit.	Pinel.	Belloir.		Dechérencey.
Bereult.	Loqué.	Maheux.	Mariette.	Feillet.
Lechoisne.	Lebreton.	Bernard.		Gloria.
Piton.	Lemétayer.	Gauché.	Gâté.	Ollivier.

9,523 habitants (16 communes).

Denis-Thieudière	Pinard.	*Guesnon.*	Lemonnier.	Bagot.
Cossé.	Gauquelin.	Guérin.		Gautier.
Leroyer.	Nicolle.	Bonnel.	Lemare.	Hochard.
Lecourtois.	Delaporte.	Hédou.	Vivier.	Geffroy.
Desfoux.	Bazin.	Lecharpentier.		Chevallier.
Jouenne.	Roussin.	Fortin.	Fras.	Lebrun.
Sanson.	Jouault.	Gautier.		Lecomte.
Anfray.	Baguet.	Morin.		Pichard.
Robert.	Vaugrante.	Ameline.		Fauvel.
Généaux.	Loyson.	Moyse.		Salliot.
Maincent.	Frémond.			Froger.
Denis.	Debieu.	Liot.		Delauney.
Lepron.	Lepeltier.	Desloges.		Cordon.
De Besne.	Rigot.	Prével.		Serizier.
Navet.	Denolle.	Lefranc.	Jehenne.	Belloir.
Lerenard.	Leménager.	Goron.		Lepourcelet.

NOMS DES COMMUNES.	Population.	Superficie territoriale de chaque commune.	BUREAUX DE POSTE qui desservent les communes.	Principal des 4 contributions directes en 1843.	DISTANCE AU CHEF-LIEU			
					du département.	judiciaire.	d'arrondissement.	du canton.
CANTON DE DUCEY ¶. Population :								
Ducey...............	1821	1120	⊠	12539 68	67	56	9	»
Céaux	505	786	Avranches.	4943 22	68	59	12	9
Courtils.....	425	614	idem.	3740 33	69	60	13	10
Crollon.................	354	468	Ducey.	2620 67	70	61	13	10
Juilley.................	704	1182	idem.	6501 32	68	58	11	5
La Boulouze............	133	218	idem.	977 40	62	60	13	10
Le Mesnil-Ozenne	296	460	idem.	2061 »	68	58	11	9
Les Chéris	429	591	idem.	3671 68	74	59	12	3
Marcilly	765	886	idem.	5974 77	70	57	10	5
Poilley	1003	1270	idem.	8636 50	67	58	10	2
Précey	562	773	idem.	4671 03	67	39	11	8
Saint-Quentin	1215	1068	idem.	11695 23	61	53	6	4
CANTON DE GRANVILLE ¶. Population :								
Granville ⚓	12721	268	⊠	103378 95	49	29	26	»
Bouillon........	468	639	Granville.	4421 42	60	39	20	10
Donville................	797	296	idem.	4455 30	46	26	28	4
Saint-Aubin-des-Préaux...	390	824	idem.	5883 40	57	35	17	8
St-Nicolas-près-Granville..	1222	737	idem.	12868 26	51	34	24	2
Saint-Pair...............	1310	1540	idem.	17004 99	52	35	23	5
Saint-Planchers..........	910	1197	idem.	9258 50	56	23	21	7
Yquelon	353	214	idem.	3170 88	48	27	26	4
CANTON DE LA HAYE-PESNEL ¶. Population :								
La Haye-Pesnel...........	1030	629	⊠	8028 »	44	32	15	»
Beauchamps	511	411	La Haye-Pesnel.	3930 92	56	31	21	6
Champcervon	321	558	idem.	2924 57	48	35	16	2
Folligny	527	410	idem.	3594 71	43	39	19	4
Hocquigny..............	259	305	idem.	1874 65	44	30	18	3
La Beslière.............	216	349	idem.	2269 »	44	31	20	5
La Lucerne-d'Outremer...	855	1451	idem.	7289 07	44	35	15	3
La Mouche.............	255	443	idem.	2407 33	45	33	14	4
La Rochelle.............	445	751	Sartilly.	4187 83	49	37	13	5
Le Luot................	384	851	Avranches.	4057 67	46	41	13	8
Le Mesnil-Drey	282	421	La Haye-Pesnel.	2905 67	45	31	18	2
Les Chambres	183	418	idem	1910 »	48	37	13	4
Le Tanu	437	694	idem.	3987 07	41	37	20	5
Noirpalu...............	144	819	idem.	1348 »	44	37	15	5
Sainte-Pience...........	537	868	Avranches.	3546 40	45	42	11	10
Saint-Jean-des-Champs...	688	1202	La Haye-Pesnel.	8513 10	47	33	21	6
Saint-Léger	138	196	Sartilly.	1365 10	60	38	17	8
Saint-Ursin.............	246	537	La Haye-Pesnel.	3133 20	47	36	18	3
Subligny........	476	790	Avranches.	4028 03	50	40	9	8

Maires.	Adjoints.	Curés et Desservants.	Instituteurs.	Institutrices.
8,212 habitants (12 communes).				
MM.	MM.	MM.	MM.	MM^{lles}
Juin-Delaroche.	Champion.	*Maudouit.*	Leroux.	
Provost.	Morel.	*Miquelard.*	Poullain	Mauray.
Colin.	Prime.	Maillard.		Costentin.
Cordier.	Dumont.	Poirier.		Letimonnier.
Fardin.	Louange.	Guesnon.	Hébert.	Hébert (Mme).
Daligault.	Gautier.	Dubois.		Poirier.
Laloi.	Challier.	Leprovost.		Pinel.
Caillou.	Gilbert.	Roblin.		Deben.
Boutelou.	Dapilly.	Guillard.	Roblin.	Colet.
Morin.	Lafosse.	Olivier.	Leplanquais.	Godard.
Morel.	Tesnière.	Petitpas.	Guesnel.	Maloizel.
Dupont.	Le Bedel.	Basnel.	Duchêne.	Foulon.
18,171 habitants (8 communes).				
Bureau.	Lucas, Poirier.	*Turgot ; Maquerel.*	Robbes, Primault.	Deguelle, Legastelois.
Digée.	Bry.	Boizard.	Lebasnier.	Barré.
Mequin.	Fissadame	Briand.	Béchet.	Yberty.
Delarue.	Bazin.	Esnoult.	Blanchet.	Hamon.
Boisyvon.	Lechevallier.	*Duclos.*	Godier.	Borel.
Royer.	Lefèvre.	Gombert ; Leconte, à Kairon.	Maloizel, Guérin.	Lamasle, Duprey.
Jouenne.	Hamelin.	Petitpas.	Allain.	Rosselin.
Lepelley-Fonteny.	Delarue (Gustave).	Rabel.	Potier.	Dubourg (Mme).
7,934 habitants (19 communes).				
Lanos.	Avril.	*Vignon.*	Legallais.	Le Meslier.
Rosselin.	Simonne.	Lebas.	Leblanc.	Leroyer.
Poulain.	Lelandais.	Gohin		Closet.
Provost.	Marion.	Guillet.	Letenneur.	Lehérissey.
Lemains.	Pinot.	Trochon.		Mazier.
Lhomme.	Fontaine.	Torel.		Lalleman.
Lebourgeois.	Arondel.	Chauvet.	Gautier.	Lehodey.
Dugué.	Duparc.	Leresteux.		Levallois.
Hurel	Poulain.	Mazier.	Laurence.	Peslin.
Dugueycher.	Fillâtre.	Lair.		Frétel.
Genvresse (Alphonse)	Genvresse (Louis).	Allain.		Perrouault.
Deschamps-Boudent.	Garnier.	Prevel.		Desrues.
Micouin.	Lehodey.	Maillard.	Lethimonnier.	Yvon.
Mahey.	Langelier.	Esnault.		Juin.
Jonquier.	Vivier.	Leconte.	Leroutier.	Lemarié.
Coulombier.	Lemuet.	Maillard.	Dumouchel.	Dumonchel (Mme).
Lecouflé.	Encoignard.	Tabourel.		Dupré.
Rieu.	Lefèvre.	Lefranc.		Girard.
Le Bourgeois.	Pigeon (Jules).	Fougeray	Thébault.	Leloutre

NOM DES COMMUNES.	Population.	Superficie territoriale de chaque commune.	BUREAUX DE POSTE qui desservent les communes.	Principal des 4 contributions directes en 1893.	DISTANCE AU CHEF-LIEU du département.	judiciaire.	d'arrondissement.	du canton.
CANTON DE PONTORSON ¶. Population :								
Pontorson 🏛	2339	415 ⊠		18356 70	70	69	22	»
Ardevon.	320	830	Pontorson.	3893 »	77	68	20	8
Aucey	746	951	idem.	6011 33	83	74	26	5
Beauvoir	495	857	idem.	2865 50	84	60	21	8
Boucey	610	1083	idem.	6372 27	81	72	23	2
Cormeray	102	190	idem.	1192 17	76	68	21	6
Curey	339	574	idem.	2922 60	77	67	20	4
Huisnes	334	654	idem.	3568 58	75	66	19	10
Les Pas	250	460	idem.	2664 67	77	67	19	5
Macey	243	587	idem.	6669 09	76	67	19	6
Moidrey	248	636	idem.	3918 33	82	69	22	2
Mont-Saint-Michel	199	258 ⊠		1087 92	89	72	24	9
Sacey	1100	1527	idem.	8964 83	86	72	25	7
Servon	561	923	idem.	5716 83	71	62	14	10
Tanis.	500	746	idem.	3905 60	73	64	16	10
Vessey	856	1261	idem.	6934 17	79	71	23	7
CANTON DE SAINT-JAMES ¶. Population :								
Saint-James	3067	1819 ⊠		24496 55	77	67	20	»
Argouges	1212	1639	Saint-James.	8623 08	82	71	22	6
Carnet	836	1012	idem.	5861 30	80	70	23	3
Hamelin	185	246	idem.	1590 72	86	78	22	8
La Croix-Avranchin	728	1082	idem.	6260 83	74	65	17	5
Montanel	838	1548	idem.	6108 77	80	71	24	10
Montjoie	514	745	idem.	3690 33	77	67	19	3
Saint-Aubin-de-Terregatte	1406	2098	idem.	13360 79	71	63	15	7
St-Laurent-de-Terregatte	1082	1641	idem.	9353 77	74	62	16	9
Saint-Senier-de-Beuvron	607	1114	idem.	6404 93	71	62	14	16
Vergoncey	463	774	idem.	4189 33	74	64	16	7
Villiers	413	791	idem.	3856 38	77	67	20	7
CANTON DE SARTILLY ¶. Population :								
Sartilly	1224	1151 ⊠		9958 51	41	39	14	»
Angey	215	247	Sartilly.	1461 33	53	42	14	3
Bacilly	1011	1587	Avranches.	10793 07	57	46	8	7
Carolles	450	384	Sartilly.	3764 91	62	41	19	8
Champcey	249	324	idem.	2524 83	54	43	9	4
Champeaux	401	422	idem.	3461 83	63	45	17	6
Dragey	604	1815	idem.	6724 07	57	44	12	5
Genest	663	676	Avranches.	5730 83	58	47	11	8
Lolif	811	1348	idem.	8684 41	53	42	7	7
Montviron	371	593	Sartilly.	3912 62	52	42	9	4
Ronthon	314	484	idem.	3439 67	56	44	13	4
Saint-Jean-le-Thomas	197	238	idem.	2249 35	64	45	14	6
Saint-Michel-des-Loups	508	1426	idem.	4351 77	54	40	18	7
Saint-Pierre-Langers	632	840	idem.	6195 40	56	39	16	5

Maires.	Adjoints.	Curés et Desservants.	Instituteurs.	Institutrices.

9,272 habitants (16 communes).

MM.	MM.	MM.	MM.	MMlles
Morel.	Guichard.	*Lecacheux.*	Auvray.	Quentin.
Poisson.	Farcy.	Orvin.		Tesnière.
Pivert.	Duguépéroux.	Lair.	Forget.	Nicolle.
Bedel.	Sanson.	Datin.		Lethimonnier.
Guichard.	Pichard.	Lambert.	Jamard.	Garandel.
Faguais.	Petitpas.	Deslandes.		Letestu.
Farcy.	Faguais.	Leroy.		Muris.
Leroy.	Laumaille.	Desdouitils.		Catrel.
Chauvière.	Royer.	Ruault.		Denoël.
Mᴵˢ de Cacqueray	Faguais.	Lecharpentier.		Faguais.
Tardif de Moidrny.	Allain.	Deschamps.		Badier.
Fontenier.	Lochet.	Danjou.		Tétrel.
Ozenne.	Trincot.	Soismier.	Morel.	Barbé.
Lion.	Jamault.	Labigne.	Gillot.	Gastebois.
Desgranges.	Leroy.	Dinard.	Lefaudeux.	Boutelou.
Roger.	Bernier.	Bigrel.	Desfeux.	Follain.

11,351 habitants (12 communes).

Morel.	Despréaux, Besnard-Locherie.	*Legrand*, Guérin, à Saint-Benoît.	Fleury.	Hébert, Gauchet.
Trincot.	Jourdan.	Pierre.	Lehéricey.	Lethimonnier, Abraham.
Fouasse.	Salmon-Maheux.	Théault.	Roblin.	Carnet.
Lesénéchal.	Le Monnier.	Roisille.		Legoupil.
Gautier.	Poirier.	Guérin.	Duval.	Goron.
Jouanne.	Martin.	Dupont.	Davy.	Charbonnel.
Madelaine.	Rault.	Chevalier.	Dupré.	Tumoine
Lusley.	Chevalier.	Lemoine.	Rault.	Lelandais.
Ameline.	Legendre.	Piquerel.	Lefrançois.	Hennequin.
Langlois.	Portier.	Fillatre.	Maillard.	Gilbert.
Gautier-Lapérière.	Piquot.	Menard.	Leteurtrois.	Veaugeois.
Royer.	Ameline.	Martin.		Desfeux.

7,650 habitants (14 communes).

Lemenager.	Letellier-Parisière.	*Fossard*	Aubril.	Anquetil.
Sicot.	Lânée.	Alexandre.		Morel.
Chauvin.	Lemaltre.	Bougourd.	Leteurtois.	Delafosse (Mme).
Coupard.	Desroches.	Lecomte.		Servain.
Le Métayer.	Fleury.	Fertel.		Chesnel.
Letellier-Parisière.	Tanqueray.	Martin.	Blin.	Blandin.
Basire.	Leplat.	Bachelot.	Heuzé.	Villard.
Lenepven de Dangy.	Bedel.	Lemonnyer.	Blouin.	Duprey.
Delongraye.	Bellet.	Lefebvre.	Jouvin.	Adam.
Ballois.	Lhoste-Desfaveries.	Dumont.		Gilbert.
Gosse.	Bisson.	Rubé.		Châtel.
Lenoir.	Marie	Barbot.		Guilmin.
Lenormand.	Follain.	Doré.	Lerond.	Salmon.
Gond.	Méquin.	Bicrel.	Carouge.	Déguelle.

NOMS DES COMMUNES.	Population.	Superficie territoriale de chaque commune	BUREAUX DE POSTE qui desservent les communes.	Principal des 4 contributions directes en 1863.	DISTANCE AU CHEF-LIEU			
					du département.	judiciaire.	d'arrondissement.	du canton.

CANTON DE VILLEDIEU ¶. Population :

VILLEDIEU 🖂..........	3505	82	🖂	25840 94	34	32	22	»
Bourguenolles	404	764	Villedieu.	3646 50	41	40	18	8
Champrépus.	604	913	idem.	5867 25	41	29	22	8
Chérencé-le-Héron........	651	955	idem.	4230 80	40	38	21	6
Fleury.	837	1259	idem.	8114 70	38	30	27	5
La Bloutière..........	535	923	idem.	4880 03	33	28	28	6
La Lande-d'Airou	814	1509	idem.	7139 68	39	38	19	6
La Trinité...	612	917	idem.	4336 75	42	40	18	8
Rouffigny	410	670	idem.	3624 28	39	38	17	6
Sainte-Cécile	589	1149	idem.	5991 47	37	35	25	3
Saultchevreuil-du-Tronchet	518	707	idem.	4787 21	36	34	20	2

ARRONDISSEMENT DE CHERBOURG.

CANTON DE CHERBOURG ¶. Population :

CHERBOURG 🖂	38554	651	🖂	364893 85	76	75	»	»

CANTON DE BEAUMONT ¶. Population :

BEAUMONT	594	789	🖂	4694 58	93	82	18	»
Acqueville	321	579	Beaumont.	3550 13	84	75	11	10
Auderville	455	433	idem.	4295 49	102	91	27	9
Biville..	380	870	idem.	3135 »	89	83	18	8
Branville.	100	212	idem.	1100 »	89	79	14	4
Digulleville	418	789	idem.	6054 46	98	87	32	4
Eculleville	95	233	idem.	1539 67	96	86	17	4
Flottemanville-Hague.....	402	1130	Octeville.	4561 »	86	77	9	11
Gréville	484	1003	Beaumont-Hague.	7500 12	98	82	16	4
Herqueville	174	291	idem.	1422 33	97	86	22	4
Jobourg	505	1015	idem.	6896 42	98	88	24	6
Nacqueville	469	841	idem.	7215 33	86	81	10	9
Omonville-la-Petite	301	614	idem.	4071 11	100	88	24	6
Omonville-la-Rogue......	432	429	idem.	4181 50	98	83	22	5
Sainte-Croix-Hague......	446	984	idem.	4310 33	80	78	13	6
Saint-Germain-des-Vaux ..	508	635	idem.	7227 51	102	91	26	8
Tonneville	485	383	Equeurdreville.	2561 23	85	80	9	11
Urville-Hague	352	312	Beaumont-Hague.	3678 03	86	81	11	9
Vasteville	506	1672	idem.	7838 07	87	78	12	16
Vauville	403	1138	idem.	4519 62	94	84	20	3

Maires.	Adjoints.	Curés et Desservants.	Instituteurs.	Institutrices.

9,479 habitants (11 communes).

MM.	MM.	MM.	MM.	MM^lles
Tétrel ✻.	Ledo, Boscher.	Dupont.	Fautrat (sans emploi).	Lechevallier.
Fauvel.	Bouroux.	Costil.		Anfray.
Regnault.	Herbert.	Pichard.	Dufour.	Herpin.
Besnier.	Leprovost.	Morin de la Rivière.	Paisnel.	Milcent.
Hamel-Préfontaine.	Leriche.	Leroy.	Le Bas.	Anfray.
Lecoutey.	Lenoir.	Dubois.	Charuel.	Villain.
Potrel.	Lepelletier.	Lanos.	Manet.	Lerogeron.
Chapel (Auguste)	Chapel (Paul).	Leroy.	Poidevin.	Costentin.
Tétrel.	Debroize.	Hardy.		Primault.
Noté.	Levasseur.	Lemazurier.	Herbert.	Liron.
Lemaître.	Ligot.	Roger ; Hus, à Saint-Pierre-du-Tronchet.		Lebugle ; Loyer.

Population : 91,604 habitants.

38,554 habitants (1 commune).

Liais ✻.	Frigoult, Dutot.	Leroux, à Ste-Trinité ; Leduc, à N.-D^me-du-R^te ; Moulin, à N.-D^me-du-V. ; Germain, à Saint-Clément.	Thiébot, Simon, Bertrand, Levallois, Leneveu, Lalavechef.	MM^mes Jeanne, Travers, Letan, Guerrand, Fossard.

7,830 habitants (20 communes).

Louis.	Digard.	Lemaître.	De Saint-Jores.	Blaisot.
Lefilliatre.	Poullain.	Besnard.	Joubert.	Prével.
Groult.	Fabien.	Desvergez.	Leclerc.	Langevin.
Postel.	Sanson.	Bonhomme.		Ecolivet (Mme).
Liais.	Fortin.			Jacquot.
Lecostey.	Paris.	Lehartel.	Hébert.	Fontaine.
Le Moigne.	Canoville.			Lelaidier.
Dumoncel (Henri).	Dumoncel (Georges)	Saillard.	Lecouturier.	Lecaplain.
Fatôme.	Fleury.	Gohel.	Picquot.	Fontaine.
Samson.	Leboulenger.	Picard.		Jacquette.
Lecostey.	Heleine.	Boissel.	Gosse.	Digard (Mme).
Leroy.	Lesdes-Lavallée.	Bezard.	Martin.	Esnault.
Perrotte.	Falaize.	Cabard.	Duvard.	Dupont.
Allain.	Tripey.	Montiton.	Lemonnier.	Prével.
Paris (Bernardin).	Paris (Ferdinand).	Angot.	Bazin.	Bazin (Mme).
Ladvenu.	Levallois.	Malard.	Henry.	Gain.
Orange.	Fleury.	Lechevallier.		Blondel.
Lebarbenchon.	Lesdos.	Jean.	Leclerc.	Legendre.
Lamotte.	Auvray.	Lethimonnier.	Beaumont.	Pinel.
Jean.	Legrand.	Dubois.	Anquetil.	Jamard.

6

NOMS DES COMMUNES.	Population.	Superficie territoriale de chaque commune.	BUREAUX DE POSTE qui desservent les communes.	Principal des 4 contributions directes en 1891.	DISTANCE AU CHEF-LIEU			
					du département.	judiciaire.	d'arrondissement.	du canton.
				CANTON DES PIEUX ¶. Population :				
LES PIEUX............. .	1340	1531	⊠	14455 70	86	65	20	»
Benoltville.............	462	828	Les Pieux.	5281 15	59	68	18	3
Bricqueboscq	437	805	Grosville.	4752 93	83	65	16	8
Flamanville...	1488	736	⊠	8718 24	93	71	26	6
Grosville	857	1351	⊠	8749 70	81	62	20	5
Héauville	421	1079	Flamanville.	4277 17	97	75	15	10
Helleville.............	285	588	Les Pieux	3050 »	92	71	17	6
Le Rozel...............	318	558	idem.	3308 17	91	63	24	4
Pierreville.............	607	1012	idem	7355 03	91	60	25	6
Saint-Christophe-du-Foc ..	189	358	Grosville.	2659 13	83	73	14	8
Saint-Germain-le-Gaillard .	702	1382	Les Pieux.	8758 62	90	62	23	4
Siouville	521	639	Flamanville.	5190 83	93	71	21	6
Sotteville.............	291	614	Grosville.	4256 80	91	71	17	6
Surtainville............	1025	1483	Les Pieux.	9977 94	93	59	28	8
Tréauville	805	1327	Flamanville.	10850 73	80	68	20	3
				CANTON D'OCTEVILLE ¶. Population :				
OCTEVILLE.............	3028	775	⊠	15552 44	78	72	3	»
Bretteville...........	456	578	Tourlaville.	4207 63	84	82	7	10
Couville.............. .	440	862	Martinvast.	4362 52	76	64	13	10
Digosville............	628	927	Tourlaville.	5072 »	83	70	7	10
Equeurdreville	5421	507	⊠	20268 09	78	77	2	3
Hardinvast.............	430	729	Martinvast.	3257 27	79	67	5	7
Henneville.............	1496	767	Equeurdreville.	7209 92	82	79	10	5
Le Mesnil-Auval	333	1342	Tourlaville.	2602 17	72	67	7	12
Martinvast............	776	1104	⊠	5920 »	80	69	10	4
Nouainville	215	381	Octeville.	2070 33	82	76	5	4
Querqueville	1590	553	Equeurdreville.	5716 64	82	78	8	7
Saint-Martin-le-Gréard....	204	286	Martinvast.	1369 67	73	66	12	9
Sideville..............	355	763	idem.	4491 86	82	71	9	6
Teurthéville-Hague	687	1273	idem.	7587 32	81	71	13	10
Tollevast............. .	579	1162	idem.	4491 33	74	69	11	9
Tourlaville............	7382	3287	⊠	38882 13	80	79	4	7
Virandeville	595	822	Martinvast.	4892 »	81	74	12	9
				CANTON DE SAINT-PIERRE-EGLISE ¶. Population :				
SAINT-PIERRE-EGLISE.......	1865	802	⊠	16142 07	71	76	17	»
Angoville...	57	102	Saint-Pierre-Eglise.	1267 »	75	79	20	3
Brillevast...	503	909	idem.	5095 30	74	72	17	5
Canteloup.............	259	428	idem.	3066 30	38	74	19	5
Carneville............	355	688	idem.	3555 26	79	75	16	4
Clitourps	270	630	idem.	4207 »	70	75	19	4
Cosqueville	731	860	idem.	8993 50	74	79	20	3
Fermanville.	1334	1166	⊠	7890 61	74	77	21	4
Gatteville.............	894	972	Barfleur.	14994 75	77	81	26	9
Gonneville............	815	1535	Saint-Pierre-Eglise.	8776 25	74	81	13	6
Gouberville	277	270	idem.	3702 »	78	79	24	7
Le Theil.............	692	1383	idem.	5713 25	71	66	14	11
Le Vast..............	820	1304	⊠	8542 48	65	71	21	7

Maires.	Adjoints.	Curés et Desservants.	Instituteurs.	Institutrices.

9,748 habitants (15 communes).

MM.	MM.	MM.	MM.	MMlles
Bonamy.	Buhot.	*Fontaine.*	N...	Leprince.
Mabire.	Pezet.	Baudry.	Avoyne.	Lerogueur.
Quenault.	Belhoste.	Lemieux.	Brochard.	Godfroy.
Conrtois les Hougues.	Ruhot.	Fessier.	Lefèvre.	Fossey.
Brisset.	Lenoir.	Grenier.	Douchin.	Gosselin.
Gibon.	Lemasson.	Baude.	Legros.	Marguerie.
Toulorge.	Agnès.	Lemarié.		Bonissent.
Hairon.	Vrac.	Jouninet.	Lenfant.	Couillard.
Lefilastre.	Simon.	Levesque.	Moulin.	Leprévost (Mme).
Mocquet.	Letourneur.	Blondel.		Pézet.
Sorel.	Sanson.	Aumont.	Hambye.	Trébaol.
Lenoir.	Lebourgeois.	Vibet.	Anquetil.	Lemesle.
Bouchard.	Lecoutour.	Gauvain.		Hélaïne.
Avoinne.	Le Bégin.	Lemarquand.	Baudry.	Roulland.
Toulorge, Jean.	Hébert.	Pillet.	Cosnefroy.	Lucas.

24,615 habitants (17 communes).

Revert.	Née, Tiphagne.	*Doueffe.*	Durand.	Aubel.
Germain	Liot.	Auvray.	Guérin.	Duchêne.
Compère.	Maurouard	Tardif.	Luce.	Cresté.
Brière.	Guéret	Sorel.	Foucher.	Laloë.
Dumoucel.	Juhel, Duval.	Clémert.	Duruel.	Assier (Mme.)
Truffert.	Hébert.	Poisson.	Louail.	Leluan.
Sanson.	Quoniam.	Mosqueron.	Bihel.	Lecocq.
Germain.	Mahier.	Deux.		Fauny.
Cte de Pourtalès.	Férey.	Bonissent.	Bouillault.	Louis.
Vrac.	Langevin.	Gréard.		Journeaux.
De Couville ✳.	Cauvin.	Hainneville.	Catteloup.	Simiano.
Orange.	Adam.	Gautran.		Cauvin.
Laisné.	Sorel.	Mauger.	Blondel.	Fortin (Mme).
Gosselin.	Turbert.	Levêque.	Lebrec.	Noyon.
Letourneur.	Lotouzé.	Letanneux.	Auvray.	Leboisselier.
Contant.	Aubert, Burnel.	Lerouvillois, Yver.	Brosel, Laloë, Durel, Vallée	Bru, Deroyon, Lelièvre,
Lelong.	Douesnard.	Le Poil.	Lhôtellier.	[Mme Val.éo.

10,857 habitants (20 communes).

Lebas.	Delacour.	*Pagny.*	Parey.	
Lehot (Michel.)	Lehot (François).		*réunie à Vrasville.*	
D'Abberille la Chenale.	Lemaresquier.	Caruel.	Catherine.	Laurent.
Trohel.	Le Sacher.	Renouf.		Onfroy.
Mahaut.	Besselièvre.	Lerenard.	Varette.	Gouellain.
Delisle.	Enquebec.	Couppey.		Martin.
Vasse.	Michel.	Noël.	Lemière.	Jean.
Fatome.	Bazin.	Louet.	Simon.	Picquenot.
Touzard.	Leneveu.	Delacour.	Morel.	Cousin.
Germain.	Lelong.	Delangle.	Groult.	David.
Godel.	Lebourg.	Branthomme.		Ledanois.
Quetteville.	Lallemand.	Mesnil.	Anne.	Durel.
de la Germonière	Thiesselin.	Savary.	Simon.	Desprez.

NOMS DES COMMUNES.	Population.	Superficie territoriale de chaque commune.	BUREAUX DE POSTE qui desservent les communes.	Principal des 4 contributions directes en 1893.	DISTANCE AU CHEF-LIEU			
					du département.	judiciaire.	d'arrondissement.	du canton.
					Suite du CANTON DE			
Maupertus	195	335	Saint-Pierre-Eglise	2814 83	70	73	11	7
Néville	261	348	*idem*.	4127 33	78	83	24	7
Réthóville	215	340	*idem*.	2947 72	77	72	23	6
Théville	379	777	*idem*.	5027 28	76	74	15	2
Tocqueville	478	590	*idem*.	7062 81	76	77	22	5
Varouville	323	418	*idem*.	3491 »	75	79	20	3
Vrasville.	134	142	*idem*.	1364 83	76	80	21	4

ARRONDISSEMENT DE COUTANCES.

CANTON DE COUTANCES ¶. Population :

NOMS DES COMMUNES.	Population.	Superficie	BUREAUX DE POSTE	Principal	du dép.	jud.	d'arr.	du cant.
COUTANCES ⚓	8145	333	☒	77954 59	28	»	»	»
Bricqueville-la-Blouette...	475	825	Coutances.	6804 27	33	5	5	5
Cambernon	943	1701	*idem*.	4170 51	27	6	6	6
Courcy	750	1145	*idem*.	9355 40	34	4	4	4
Nicoips.................	318	563	*idem*.	4817 80	34	5	5	5
St-Nicolas-de-Coutances...	816	881	*idem*.	9793 66	28	»	»	»
Saint-Pierre-de-Coutances.	201	449	*idem*.	3914 75	28	»	»	»
Saussey	682	894	*idem*.	5551 68	32	6	6	6

CANTON DE BRÉHAL ¶. Population :

NOMS DES COMMUNES.	Population.	Superficie	BUREAUX DE POSTE	Principal	du dép.	jud.	d'arr.	du cant.
BRÉHAL ⚓	1400	1362	☒	13843 54	44	19	19	»
Anctoville	135	215	Granville.	1761 40	50	27	27	9
Bourey	149	360	Cérences.	1735 »	41	22	22	10
Bréville	360	688	Bréhal.	3680 67	50	26	26	7
Bricqueville-sur-Mer.	1292	1464	*idem*.	10544 »	46	18	18	2
Cérences	1855	2242	☒	20465 78	38	18	18	6
Chanteloup.............	301	417	Bréhal.	3025 33	43	21	21	2
Coudeville	715	872	*idem*.	6690 87	46	21	21	2
Equilly.........	328	566	Gavray.	3827 33	44	29	29	13
Hudimesnil	1146	1877	Bréhal.	10823 63	50	24	24	5
La Meurdraquière........	432	762	Cérences.	4011 67	43	26	26	11
Le Loreur	274	323	*idem*.	1851 97	41	23	23	7
Le Mesnil-Aubert	490	596	*idem*.	3752 07	36	14	14	11
Longueville.............	423	411	Granville.	4205 »	50	26	26	7
Muneville-sur-Mer	588	728	Cérences.	6189 67	48	15	15	4
St-Sauveur-la-Pommeraye.	439	527	Bréhal.	4076 67	47	27	27	12

CANTON DE CERISY-LA-SALLE ¶. Population :

NOMS DES COMMUNES.	Population.	Superficie	BUREAUX DE POSTE	Principal	du dép.	jud.	d'arr.	du cant.
CERISY-LA-SALLE	1614	1685	☒	13996 45	21	14	14	»
Belval.................	405	567	Coutances.	4103 80	27	6	6	7
Cametours	753	722	Marigny.	6528 30	17	14	14	6
Guéhébert	292	629	Roncey.	4210 »	40	14	14	10
Montpinchon	1218	1693	Cerisy-la-Salle.	12142 67	23	12	12	3
Notre-Dame-de-Cenilly....	1452	2522	*idem*	15008 01	21	18	18	5
Ouville.................	750	1220	Coutances.	6398 92	31	9	9	7
Roncey.................	920	1216	☒	9966 07	29	18	18	7
Saint-Denis-le-Vêtu.......	1080	1317	Coutances.	11012 75	38	9	9	12
Saint-Martin-de-Cenilly ...	507	677	Roncey.	5036 20	23	18	18	9
Savigny	622	1016	Coutances.	6536 07	24	9	9	5

Maires.	Adjoints.	Curés et Desservants.	Instituteurs.	Institutrices.

SAINT-PIERRE-ÉGLISE.

MM.	MM.	MM.	MM.	MM^{lles}
Noyon	Carré.	Philippe.		Fouque (Mme).
Lefèvre.	Roblot.	Briard.	Laronche.	Boitard.
Laurens (Aug.)	Laurens (Etienne).	Danneville.		Lecoutour.
Gibon.	Daireaux.	Blaizot.		Duvey (Mme).
Rouxel.	Birette.	Gouelle.	Lefèvre.	Restoux.
Germain.	Guerrand.	Lecluse.		Restoux.
Piard.	Leroux.	Lehartel.		Guesnon.

Population : 102,633 habitants.

12,330 habitants (8 communes).

Lair ✳.	Baize, Laurent.	*Tollemer.*	Ménard ; Briens.	Mme Girard (cours complémentaire.); Halatre.
Lecesne.	Corbet.	Gautier.	Ménard.	Choux.
Quesnel.	Bellail.	Hélaine.	Troude.	Desvallées.
Challe.	Deshogues.	Brault.	Lefèvre.	Lefilleul.
Lhullier.	Beaugendre.	Lebesnerois.		Lebreton.
Lefrançois.	Lemière.	*Tollemer.*	*réunis à Coutances*	
Ménard.	Hédouin.	*Tollemer.*	*idem.*	
Guenon.	Delacour.	Lemaltre.	Hugues.	Crouin.

10,327 habitants (16 communes).

de la Bellière.	Lemonnier.	*Destrès.*	Doucet.	Lechardeur.
de la Musse.	Godal.	Hamel.		Turgot.
Faucon.	Quinette.	Année.		Torel.
Le Brun.	Binet.	Loisel.		Tétrel.
Thuillet.	Frémin.	Germain.	Lelièvre.	Guesney.
de la Faucherie.	Adam.	*Bedel.*	Douchin.	Letan.
Clément.	Pimor.	Le Bailly.		Leménager.
Hecquard.	Lecailletel.	Chancé.	Méquin.	Boisyvon.
Cacquevel.	Lalné	Aupinel.		Lemoussu.
Touroude.	Lemonnyer.	Dubois.	Lechanteur.	Jean.
Lenoir.	Deguelle.	Guyot.		Yvon.
Tanqueray.	Bidel.	Pellé.		Gautier.
Pantin.	Fouchard.	Belloir.	Maupas.	Lechevallier.
Delaune.	Larose.	Lebaut.	Lebreton.	Cheval.
Cirou.	Lebas.	du Mesnil-Adelée.	Ruault.	Vigot.
Allain.	Février.	Templer.	Gautier.	Letan.

9,613 habitants (11 communes).

Gaillard.	Eudes.	*Binet.*	Desplanques.	Lecarpentier.
Lemosquet.	Damecour.	Hélaine.	Lehérichon.	Nicolle.
Levallois.	Fossey.	Leroulley.	Lalné.	Gaillard.
Letarouilly.	Lecomte.	Germain.		Delauney.
Duval.	Hédouin.	Langevin.	Morel.	Guilbert.
Varin de la Brunelière	Quesnel.	Lecarpentier.	Ledentu.	Marie.
Thomas.	Lengronne.	Letavernier.	Lefrançois.	Coulomb.
Vigot.	Badin.	Leflamand.	De Saint-Denis.	Bouley.
Lehodey.	Delarue.	Huvé.	Rigault.	Tiphaigne.
Lebrun.	Leroux.	Boulay.	Rault.	Debieu.
Lepeu.	Marie.	Joubin.	Polloue.	Mahé.

NOMS DES COMMUNES.	Population.	Superficie territoriale de chaque commune.	BUREAUX DE POSTE qui desservent les communes.	Principal des 4 contributions directes en 1893.	DISTANCE AU CHEF-LIEU		
					du département.	judiciaire.	d'arrondissement.	du canton.

CANTON DE GAVRAY ¶. Population :

NOMS DES COMMUNES.	Pop.	Sup.	BUREAUX	Contrib.	dép.	jud.	arr.	cant.
GAVRAY	1425	1604	⊠	11486 83	34	18	18	»
Grimesnil...............	169	261	Gavray.	1685 57	31	15	15	6
Hambye	2158	2957	⊠	23199 13	25	19	19	8
La Baleine	243	403	Gavray.	1840 20	32	20	20	4
Le Mesnil-Amand........	345	665	idem.	4059 33	38	22	22	4
Le Mesnil-Bonant	200	239	idem.	1128 33	38	23	23	5
Le Mesnil-Garnier.......	548	923	idem.	4743 »	41	25	25	7
Le Mesnil-Hue...........	199	334	idem.	1972 »	39	24	24	6
Le Mesnil-Rogues.......	407	478	idem.	3010 »	41	26	26	8
Le Mesnil-Villeman	654	1071	idem.	5551 13	40	26	26	6
Lengronne...............	836	1208	idem.	8857 33	33	15	15	4
Montaigu-les-Bois.......	465	665	idem.	4004 27	40	24	24	6
Saint-Denis-le-Gast......	1208	1671	idem.	13269 88	29	18	18	4
Sourdeval-les-Bois......	413	585	idem.	2484 37	30	20	20	8
Ver...................	825	1376	idem.	9160 47	38	22	22	4

CANTON DE LA HAYE-DU-PUITS ¶. Population :

NOMS DES COMMUNES.	Pop.	Sup.	BUREAUX	Contrib.	dép.	jud.	arr.	cant.
LA HAYE-DU-PUITS ⚓	1418	517	⊠	14001 58	44	29	29	»
Appeville...............	550	1321	Prétot.	12583 83	38	46	46	17
Baudreville.............	296	464	La Haye du-Puits.	3149 42	51	36	36	7
Bolleville	410	623	idem.	4243 67	46	31	31	2
Canville	285	534	idem.	4678 17	54	39	39	10
Coigny	399	412	Prétot.	4359 »	40	42	42	13
Cretteville	517	682	idem.	5702 23	46	44	44	14
Denneville	603	832	La Haye-du-Puits.	6159 »	54	39	39	10
Doville.................	510	1018	idem.	5303 83	47	33	33	3
Gerville...............	203	582	idem.	2707 93	44	28	28	5
Glatigny...............	306	499	idem.	3049 53	52	37	37	8
Houtteville.............	200	448	Prétot.	4896 27	41	44	44	15
Lithaire................	805	1414	La Haye-du-Puits.	6611 17	42	30	30	5
Mobecq.................	403	816	idem.	6356 13	44	28	28	4
Montgardon.............	603	1331	idem.	6850 86	46	32	32	2
Neufmesnil.............	234	532	idem.	3503 »	36	32	32	2
Prétot.................	508	811	⊠	6182 »	46	39	39	10
St-Nicolas-de-Pierrepont..	617	813	La Haye-du-Puits.	5038 05	49	34	34	5
Saint-Remy-des-Landes ..	508	816	idem.	4882 07	52	36	36	7
St-Sauveur-de-Pierrepont.	407	819	idem.	5603 73	50	35	35	6
Saint-Symphorien........	347	581	idem.	4933 60	45	30	30	1
Surville	331	746	idem.	3088 67	53	39	39	10
Varenguebec.............	734	2120	idem.	10164 35	50	36	36	7
Vindefontaine	513	838	Prétot.	7271 50	45	41	41	12

CANTON DE LESSAY ¶. Population :

NOMS DES COMMUNES.	Pop.	Sup.	BUREAUX	Contrib.	dép.	jud.	arr.	cant.
LESSAY................	1297	2246	⊠	11889 61	36	21	21	»
Angoville-sur-Ay	510	672	Lessay.	5974 58	40	26	26	5
Anneville	314	435	Gouville.	2951 25	41	13	13	10
Bretteville-sur-Ay........	506	980	Lessay.	5010 67	48	30	30	9

Maires.	Adjoints.	Curés et Desservants.	Instituteurs.	Institutrices.

10,005 habitants (15 communes).

Maires.	Adjoints.	Curés et Desservants.	Instituteurs.	Institutrices.
MM.	MM.	MM.	MM.	MM^{lles}
Durville.	Vallet.	*Etienne.*	Lesouef.	Houet.
Robine.	Quesnel.	Morel.		Legros.
Gosset-Boulengchamps.	Quesnel.	*Lemazurier.*	Robine.	Picot
Leconte.	Lebargy.	Lepigeon.		Langlois.
Piel-Perronnière.	Auvray.	Jouvin.		Barbé.
Boisnel.	Frémine.	Templer.		Beauquesne.
Groult.	Lethimonnier.	Havel.	Benoît.	Hédouin.
Regnault.	Pichard.	Dauvergne.		Vimond.
Le Breton.	Décley.	Lechartier.	François dit Lemercier.	Leprovost.
Cte de Gourmont.	Regnault.	Anquetil; Delaunay.	Blouët.	Godard, Lebigot.
Lecaplain.	Bosquet. .	Larose.	Bédouin.	Corbe.
Marie.	Gravey.	Thomas.	Letellier.	Paysant.
Le Coupé.	Drieu.	Gautier.	Morin.	Godefroy.
Dubois.	Legrand.	Dubois ; André.	Sévaux.	Richet.
Cte de Mobecq.	Dupont.	Lemoigne'.	Aumont.	Tétrel.

11,707 habitants (24 communes).

Maires.	Adjoints.	Curés et Desservants.	Instituteurs.	Institutrices.
Ducloux.	Dolbet.	*Lepetit.*	Arondel.	Galichère.
Eude.	Perrotte.	Carouge.	Letourneur.	Eudes.
Jean.	Desperques.	Drieu.		Jeanne.
Bonnemain.	Roptin.	Depériers.	Adelée.	Le Jamtel.
Mauger.	Canu.	Portais.		Bonnel.
Auvray.	Leledy.	Levillain.		James.
Jean.	Pontus.	Leherpeur.	Lefebvre.	Lepelley.
de Beaudrap.	Lemonnier.	de Saint-Jores.	Lefèvre.	Lebigais.
Hostingue.	Lesage.	Riquier.	Martinet.	Martinet (Mme).
Pitance.	Levesque.	Leguillochet.		Corbet.
Lemarquand.	Pacquet.	Vallée.	Lebled.	Dubois.
Fautrat.	Dufour.	Desplanques.		Gosselin.
Dupin.	Roger.	Hinard.	Lurienne.	Deslandes.
Dolbet.	Doley.	Dauguet.	Lebailly.	Lemoine.
Lemarquand.	Picquenot.	Hervieu.	Lirot.	Vautier.
Letourneur.	Roulland.	Saillard.		Costard.
Fortin.	Gancel.	Lebert.	Lemière.	Lecosne.
Letourneur.	Hostingue.	Baudry.	Clouet.	Mancel (Mme)
Roulland.	Grossin.	Godefroy.	Gautier.	Gautier.
Lesage.	Quiédeville.	Regnault.	Lesigne.	Enée.
Roptin.	Haize.	Desrez.		Renaut.
Courtel.	Hurel.	Duval.	Hamel.	Jeanne.
Tarin.	Eliard.	Voisin.	Pantin.	Tiphaine.
De la Martinière ✳.	Leconte.	Ollivier.	Mathey.	Lehodey.

10,835 habitants (13 communes).

Maires.	Adjoints.	Curés et Desservants.	Instituteurs.	Institutrices.
Laigle de Grainville.	Larose.	*Leroux.*	Colin.	Loret.
Butel.	Brochard.	Durchon.	Ledoux.	André.
Chardot.	Renouf.	Hérouard.		Lechevretel.
Tirel.	Luce.	Desmottes.	Guesnon.	Fautrat.

NOM DES COMMUNES.	Population.	Superficie territoriale de chaque commune.	BUREAUX DE POSTE qui desservent les communes.	Principal des 4 contributions directes en 1893.	DISTANCE AU CHEF-LIEU			
					du département.	judiciaire.	d'arrondissement.	du canton.
								Suite du CANTON
Créances...............	2080	2150	☒	9632 83	39	21	21	3
Geffosses..............	889	2031	Gouville.	9988 74	39	14	14	12
La Feuillie............	511	1384	Périers.	4277 10	32	18	18	6
Laulne.................	483	888	Lessay.	6428 37	36	25	25	6
Millières...............	920	2030	Périers.	7775 70	31	20	20	8
Pirou	1411	2811	Créances.	11585 25	42	19	19	5
Saint-Germain-sur-Ay....	642	1876	Lessay.	7382 93	44	26	26	5
Saint-Patrice-de-Claids....	336	559	Périers.	3598 17	32	22	22	9
Vesly.................	936	1637	Lessay.	13778 95	41	26	26	5
					CANTON DE MONTMARTIN-SUR-MER ¶. Population :			
MONTMARTIN-SUR-MER.......	1080	1002	☒	8749 75	41	10	10	»
Annoville..............	863	851	Montmartin-sur-Mer.	7086 67	43	13	13	3
Contrières	563	913	Coutances.	8570 87	38	8	8	7
Hautteville-sur-Mer.......	601	339	Montmartin-sur-Mer.	3323 »	40	12	12	2
Hérenguerville	243	271	Quettreville.	2290 50	43	13	13	2
Hyenville	287	331	Coutances.	3001 15	37	7	7	4
Lingreville.............	1364	923	Bréhal.	9906 »	45	15	15	5
Montchaton	584	689	Coutances.	4839 17	38	7	7	4
Orval	1008	1231	*idem.*	11959 72	36	6	6	8
Quettreville............	1357	1586	☒	13182 68	40	10	10	5
Regnéville.............	1621	1029	☒	11511 14	40	11	11	3
Trelly	906	1175	Quettreville.	10798 96	43	13	13	8
					CANTON DE PÉRIERS ¶. Population :			
PÉRIERS.........	2689	1453	☒	28756 43	26	16	16	»
Baupte	293	226	Prétot.	2884 66	37	34	34	18
Feugères	687	832	Périers.	7454 42	21	15	15	8
Gonfreville	315	898	*idem.*	4507 60	35	23	23	7
Gorges	952	2269	*idem.*	13258 47	38	25	25	9
Lastelle	170	398	Prétot.	2167 92	38	28	26	12
Le Plessis....	627	1096	*idem.*	6393 53	35	28	28	12
Marchésieux	1212	1975	Périers.	15.50 16	23	20	20	8
Nay...................	192	249	*idem.*	1794 33	34	23	23	7
Saint-Germain-sur-Sèves ..	435	819	*idem.*	6878 42	32	22	22	6
Saint-Jores.............	784	1275	Prétot.	11048 67	40	30	30	14
Saint-Martin-d'Aubigny ...	732	1581	Périers.	10427 27	22	18	18	5
Saint-Sébastien-de-Raids..	451	520	*idem.*	4296 »	26	19	19	3
Sainte-Suzanne	169	352	Prétot.	2228 30	44	32	32	16
					CANTON DE SAINT-MALO-DE-LA-LANDE ¶ Population :			
SAINT-MALO-DE-LA-LANDE....	407	397	☒	2675 17	40	9	9	»
Agon..................	1590	1237	☒	10558 10	41	11	11	4
Ancteville..............	427	773	St-Malo-de-la-Lande.	4860 78	38	8	8	8
Blainville.............	1526	1280	☒	10270 54	43	18	18	4

Maires.	Adjoints.	Curés et Desservants.	Instituteurs.	Institutrices.

DE LESSAY.

MM.	MM.	MM.	MM.	MM^{lles}
Galuski ✳.	Pacquet.	Adam, Aupinel.	Ledoux.·	Pasturel ; Gancel.
Fesnien.	Marescq	Osouf.	Noyer.	Beaufils.
Hue.	Meslin	Fras.	Ledanois.	Auvray.
Simon.	Grandemange.	Leroux.	Frémont.	Girard.
Fautrad.	Lebreton.	Fras.	Houyvet.	Delaroque.
Leròty.	Saussey.	Levillain.	Barbet.	Chasles.
Mahault.	Ernouf.	Duboscq.	Dieudonné	Lebarbier.
Lecœur.	Eude.	Hulmer.		Provost.
Dupray-Beuzeville.	Auvray.	Debout.	Ingouf.	Diesny.

10,479 habitants (12 communes).

Danlos.	Pannier.	Lemasson.	Etienne.	Darthenay.
Courois.	Legallais.	Prével, Lengronne.	Lebasnier	Drouet
Legraverend.	Deguelle.	Auvray.	Cléraux.	Tirhard.
Michel d'Annoville.	Leloup.	Tréhu.	Guillemin.	Esnol.
Delalande.	Cottereau.	Rubé.		Dudouyt.
du Breuil.	Delamare.	Hauvet.		Lengronne.
Leconte.	Liot.	Delacour.	Ozouf.	Leconte.
Delamare.	Nicolle.	Chardot.	Beaufils.	René.
Coulomb.	Le Graverend.	Lefrançois.	Houllier.	Ameline.
Paumier.	Dutertre.	Duchemin.	Letourneur.	Addes.
Lelièvre.	Dépériers.	Clouard, Vautier, Montaigne.	Lebargy.	Barbier, Legardinier, Lair.
Mesnage, [d'Académie.] Officier,	Vallet.	Adam.	Lahaye.	Fouchard.

9,698 habitants (14 communes),

Regnault.	Vallée et Leconte.	Dolbet.	Le Prince École supér^{re}	Viard.
Bagot.	Vichard.	Dumont.		Leclerc.
De la Conté.	Raulline.	Paquet.	Simon.	Aubry.
Dujardin.	Martin-Martinière.	Jennequin.		Lenoël.
Crespin.	Sanson.	Leprovost	De Saint-Denis.	Jean.
Delaune.	Dolbet.	Papin.		Lecesne.
Lair.	Guillemin.	Lecluze.	Saugrain.	Lenoir.
Hébert.	Oger.	Viard.	Lepage.	Lefiliâtre.
Pacary.	Le Marigny.	Gosselin.		Snée.
Palla.	Finel.	Leblond.	Lerouet.	Bernard.
Bagot.	Lemière.	Alix.	Alexandre.	Villette.
Lebailly	Ruault.	Legoubey.	Rose.	Laisney.
Le Guelinel.	Pacary.	Canto.	Girou.	Leclerc.
Hochet.	Robillard.	Laurence.		

9,288 habitants (13 communes).

Jehenne.	Poulain.	Mauger.	Mariette.	Mariette (Mme).
Le Moine.	Estur.	Regnault.	James.	Billard.
Guillot.	Bouillon.	Beaufils.		Delaroque.
Guillot.	Moulard.	Fouque. ·	Harache.	Dujardin.

NOMS DES COMMUNES.	Population.	Superficie territoriale de chaque commune.	BUREAUX DE POSTE qui desservent les communes.	Principal des 4 contributions directes en 1863.	du département.	judiciaire.	d'arrondissement.	du canton.
					DISTANCE AU CHEF-LIEU			

Suite du CANTON DE

Boisroger.............	405	529	St-Malo-de-la-Lande	3181 90	41	10	10	4
Brainville........	232	319	idem.	2651 67	37	7	7	4
Gouville...............	1709	1295	⊠	10690 24	44	13	13	5
Gratot.................	631	1069	St-Malo-de-la-Lande	8434 97	35	5	5	4
Heugueville..	535	674	Coutances.	6971 63	42	7	7	6
La Vendelée............ .	350	503	idem.	3693 33	35	6	6	8
Montsurvent...........	447	833	St-Malo-de-la-Lande	6220 67	41	9	9	6
Servigny	261	395	Coutances.	2769 20	38	7	7	7
Tourville.	688	903	St-Malo-de-la-Lande	6725 05	40	8	8	4

CANTON DE SAINT-SAUVEUR-LENDELIN ¶. Population :

SAINT-SAUVEUR-LENDELIN...	1530	1689	⊠	15589 48	29	10	10	»
Camprond	490	619	Coutances.	3793 37	22	9	9	8
Hautteville-la-Guichard..	977	1198	Marigny.	8693 95	22	14	14	10
La Ronde-Haye..........	513	665	St-Sauveur-Lendelin	4648 23	31	12	12	2
Le Lorey.............	969	1456	Marigny.	11565 17	19	12	12	10
Le Mesnil-Bus..........	651	498	St-Sauveur-Lendelin	4438 40	24	14	14	5
Montcuit................	425	384	idem.	2972 75	22	13	13	5
Monthuchon	470	764	Coutances.	5733 75	32	6	6	5
Muneville-le-Bingard.....	1012	2000	St-Sauveur-Lendelin	10539 43	34	11	11	3
Saint-Aubin-du-Perron....	462	750	idem.	5107 33	28	15	15	5
Saint-Michel-de-la-Pierre ..	310	484	idem.	2846 20	28	12	12	5
Vaudrimesnil........ ...	532	603	Périers.	3924 97	31	13	13	13

ARRONDISSEMENT DE MORTAIN.

CANTON DE MORTAIN ¶. Population :

MORTAIN ⚔.............	2231	684	⊠	18068 89	62	98	»	»
Bion	614	1264	Mortain.	5049 07	66	72	4	4
Fontenay	440	685	idem.	3369 40	67	68	8	8
Le Neufbourg........ ...	646	223	idem.	2724 97	62	68	2	2
Notre-Dame-du-Touchet...	1284	1795	idem.	8740 33	71	78	10	10
Rancoudray.............	404	852	idem.	1663 »	69	75	7	7
Romagny	1417	2946	idem.	9994 37	67	71	4	4
Saint-Barthélemy	411	679	idem.	2811 93	59	64	4	4
Saint-Clément	967	2382	idem.	5537 45	68	76	8	8
Saint-Jean-du-Corail	604	1404	idem.	4943 »	67	41	6	6
Villechien	563	1082	idem.	5337 90	69	78	10	10

CANTON DE BARENTON ¶. Population :

BARENTON	2516	3535	⊠	20663 17	72	78	10	»
Ger.......	2095	3936	⊠	11065 84	73	79	14	11
Saint-Cyr-du-Bailleul	1651	2941	Barenton.	13417 93	77	83	15	5
Saint-Georges-de-Rouelley.	1402	2044	idem.	9136 89	87	77	15	5

Maires.	Adjoints.	Curés et Desservants.	Instituteurs.	Institutrices.

Saint-Malo-de-la-Lande.

MM.	MM.	MM.	MM.	MM^{lles}
Villedieu.	Letorel.	Lemardeley.	Lelion.	Lecouillard.
Hommet.	Desmottes.	Niobey.		Roussel.
Jean.	Quarante.	Adde, Mottin, Pi cault.	Caubrière.	Leclaire (André).
Le Rosey.	Robiquet.	Ouin, Duval.	Laisney.	Hersent, Tabourd (Mme).
Pignet.	Fauchon.	Lemétais.	Barbet.	Hommet (Mme)
Ozon.	Lefebvre.	Cardin		Marie
Bonté.	Girard.	Gaignon.	Desplanques.	Legoupy.
Esnouf.	Robert.	Durier.		Laurent.
Dudouyt.	Fauvel.	Blanchet.	Lefebvre.	Lecardonnel.

8,341 habitants (12 communes).

Lemaltre.	Ledentu.	*Fontaine.*	Duval.	Lion.
Guesney.	Defonteney.	Anger.	Cousin.	Blin.
Lerouxel.	Legrand.	Bezard.	Julienne.	Guillard.
De Saint-Denis.	Beaucousin.	Drouet.	Patrix.	Sublin.
Osouf.	Lechevallier.	Gautier.	Huard.	Plantegenest.
Campain.	Anger.	Osmont.	Anger.	Caillard.
Groult.	Lejeune.	Depériers.	Prod'homme.	Lefrançois.
Tesson.	Lecacheux.	Gohier.	Hélie.	Jacquet.
Toulorge.	De Saint-Denis.	Lemaigre.	Goguelin.	Heuguet.
Lebailly.	Ledot.	Legrand.	Dusiquet.	Gosselin
Laisney.	Guilbert.	Huard.		Desvallées.
Rupalley.	Leranu.	Moutier.	Quesnel.	Anger.

Population : 63,084 habitants.

9,581 habitants (11 communes).

De Bailliencourt.	Delaunay.	*Lepeltier.*	Tillault.	Lanos.
Hamon.	Potier.	Pillay.	Lebugle.	Lebugle (Mme).
Milet.	Couette.	Lepesteur.		Legros.
Brisou.	Garnier.	Colas-Lavigne.	*réuni à Mortain.*	
Breillot.	Hardy.	Fouasse.	Hollande.	Lebrec (Vve).
Ledenais.	Millet.	Lelandais.		Jouault
Legrand (An^{le})✳	Saoul	Lenicolais.	Sineux.	Letourneur, Pillâtre (Mme
Martin.	Clouard.	Jamault	Louise.	Delaunay.
Delatouche.	Millet.	Lesénéchal.	Desdevises.	Pasquier.
Gaudin de Vilaine.	Moisseron.	Dumont.	Legoubey.	Boisroux.
Hamon.	Mondher.	Pasquer.	Liot.	Boisroux.

7,664 habitants (4 communes).

Bechet.	Langlois.	*Desclos.*	Lenoir.	Foinet.
Catelain.	Marivint.	*Houssin.*	Dumont.	Degrenne, Jourdan, Lemarchand.
Heuzé.	Hamard.	Faucheux.	Leménuet.	Giroult, Piequenard.
Malon.	Le Sergent.	Mauduit.	Provost.	Boëda.

NOMS DES COMMUNES.	Population.	Superficie territoriale de chaque commune.	BUREAUX DE POSTE qui desservent les communes.	Principal des 4 contributions diret es en 8.	DISTANCE AU CHEF-LIEU			
					du département.	judiciaire.	d'arrondissement.	du canton.
CANTON D'ISIGNY ¶. Population :								
ISIGNY	314	425	⊠	2432 "	67	68	20	"
Chalandrey	528	768	Isigny.	3074 83	67	65	20	5
La Mancellière	534	750	idem.	3709 93	60	60	18	4
Le Buat	420	457	idem.	2920 90	61	61	20	3
Le Mesnil-Bœufs	360	461	idem.	2398 87	63	62	19	5
Le Mesnil-Thébault	462	969	idem.	3739 80	65	66	24	4
Les Biards	779	1060	St-Hilaire-du-Harc	6037 47	70	71	23	3
Montgothier	529	730	Isigny.	3961 27	63	63	21	6
Montigny	519	903	St-Hilaire-du-Harc.	4103 73	29	60	15	8
Naftel	226	276	Isigny.	1528 60	64	63	17	4
Vezins	516	775	idem.	4338 83	73	63	27	5
CANTON DE JUVIGNY ¶. Population :								
JUVIGNY	819	750	⊠	4347 58	60	60	10	"
Bellefontaine	322	673	Juvigny.	2133 83	62	62	"	4
Chasseguey	176	306	idem.	1162 47	66	63	11	6
Chérencé-le-Roussel	766	1009	idem	5329 17	57	57	11	5
La Bazoge	299	580	idem.	2537 20	64	64	8	4
Le Mesnil-Adelée	394	678	idem.	2896 93	58	58	18	8
Le Mesnil-Rainfray	592	1147	idem.	4079 83	63	65	15	5
Le Mesnil-Tôve	629	1174	idem.	4982 25	57	57	13	3
Reffuveille	1237	2234	idem.	7975 47	57	57	17	7
CANTON DU TEILLEUL ¶. Population :								
LE TEILLEUL	2159	3048	⊠	17302 42	74	82	14	"
Buais	1313	1770	⊠	8669 22	80	80	17	8
Ferrières	164	343	Buais.	1714 33	77	80	14	6
Heussé	720	1457	Le Teilleul	4816 70	79	86	18	4
Husson	775	1356	idem.	7325 83	72	78	10	4
Sainte-Marie-du-Bois	254	477	idem	2547 "	73	80	12	4
Saint-Symphorien	480	675	St-Hilaire-du-Harc	3250 78	81	76	14	14
Savigny-le-Vieux	1108	1716	idem.	7291 25	85	76	19	14
CANTON DE SAINT-HILAIRE-DU-HARCOUET ¶. Population :								
ST-HILAIRE-DU-HARCOUET	3705	995	⊠	30517 64	77	69	15	"
Chevreville	276	441	St-Hilaire-du-Harc.	2564 78	68	69	13	6
Lapenty	906	1488	idem.	7666 30	75	69	11	7
Le Mesnillard	659	977	idem.	4459 18	67	68	11	7
Les Loges-Marchis	1422	1988	idem.	9044 48	81	73	19	4
Martigny	602	888	idem.	4984 57	63	65	16	6
Milly	650	964	idem.	5609 17	75	72	11	7
Moulines	434	731	idem.	3103 08	83	75	17	6
Parigny	1167	1162	idem.	7096 55	74	69	13	2
Saint-Brice-de-Landelles	951	1525	idem.	6722 68	84	77	23	8
Saint-Martin-de-Landelles	1602	1963	idem.	10307 32	84	77	23	8
Virey	1229	1693	idem.	9086 33	80	63	18	5

Maires.	Adjoints.	Curés et Desservants.	Instituteurs.	Institutrices.

5,187 habitants (11 communes).

MM.	MM.	MM.	MM.	MM^lles
Foisil.	Varin.	Levesque.		Vauprès.
Aubert.	Roupnel.	Noël.	Normand.	Letouzé.
Danguy.	Guilmin.	Brault.	Bocage.	Filâtre.
Blouin.	Trochon.	Lemoine.		Levesque.
Touroul.	Mazier.	Gautier.		Tencé.
Guérin.	Mahé.	Moisseron.		Costentin.
Davy.	Besnier.	Piton.	Osmont.	Hamel.
Lechat.	Sauvé.	Ménard.	Travert.	Morin.
Mazier.	Macé.	Leroux.		Gautier.
Jouenne.	Datin.	Prével.		Roblin.
Morin.	Pelchat.	Languet.		Costard.

5,234 habitants (9 communes).

Grossin.	Maincent.	Théot.	Lefranc.	Pierre.
Clouard.	Ledos.	Guesdon.		Herbel.
De Verdun.	Martin.	Noël.		Esnouf.
Bazin.	Loisel.	Jamault.	Jouault.	Couette.
De Saint-Germain.	Hamel.	Challier.	Colombel.	Robert
Aguiton.	Hédou.	Fromentin.		Dardenne.
Besnier.	Castille.	Leroy.		Aguiton.
Mazure.	Herbin.	Fontaine.	Blondel.	Hamel.
Turquetil.	Loyvet.	Gautier.	Delafontaine.	Poullain.

6,973 habitants (8 communes).

Malon.	Ruault.	Duval.	Lebigot.	Bacaille, Helmel, Hahou.
Dupont.	Couillabin.	Genson.	Goupil.	Tencé.
Jouin.	Hélie.	Prével.		Leconte.
Breillot.	Danguy.	Lebedel.	Marie.	Macé.
Louvet.	Buisson.	Fautrel.	Danguy.	Debesne.
Langlois.	Gontier.	Delafosse.		Genson.
Hamon.	Guillemin.	Vautier.		Ecole libre.
Hirbec.	Tencé.	Lemesle.	Beaumont.	Davoux.

13,675 habitants (12 communes).

Pleutin.	Delaporte, Hamon.	Leroy.	Alexandre (cours compl^re)	Lechanoine.
Viel.	Bochin.	Ledos.		Bliard.
Lucas.	Landry.	Gesbert.	Lemonnier.	Dugué.
De Beaurepaire.	Bagot.	Gazengel.	Desilles.	Pinard.
Geslin.	Lepauvre.	Margueritte.	Durel.	Théault.
Vaudouer.	Piel.	Lehuré.	Villedieu.	Genevée.
Legrand (Art.) ✳	Margerie.	Levillain.	Le Capitaine.	Leroyer.
Fremin.	Restoux.	Pilley.		Planté.
Martin.	Garnier.	Prével.	Durand.	Leprieur.
Pautret.	Tencé.	Corbe.	Esnouf.	Duclos.
Frémin.	Angot.	Philippe.	Lelandais.	Costentin.
Pays.	Dupont.	Pilley.	Coulon.	Ruel

NOMS DES COMMUNES.	Population.	Superficie territoriale de chaque commune.	BUREAUX DE POSTE qui desservent les communes.	Principal des 4 contributions directes en 1803	DISTANCE AU CHEF-LIEU			
					du département.	judiciaire.	d'arrondissement.	du canton.

CANTON DE SAINT-POIS ¶. Population :

SAINT-POIS............ ...	749	7 8 ⊠		4100 55	51	50	17	»
Boisyvon	221	385	Villedieu.	1529 07	45	43	27	10
Coulouvray-Boisbenâtre ..	1352	1725	Saint-Pois.	5772 55	45	44	23	6
La Chapelle-Cécelin......	356	522	Villedieu.	2042 50	40	39	28	11
Le Mesnil-Gilbert	452	785	Saint-Pois	3702 30	60	54	15	4
Lingeard...............	203	363	idem.	1322 17	54	54	15	4
Montjoie...............	940	1437	idem.	4040 58	54	67	19	3
Saint-Laurent-de-Cuves ...	1092	1480	idem.	6925 07	55	50	22	5
Saint-Martin-le-Bouillant ..	655	1237	Villedieu.	3493 33	42	40	28	11
Saint-Maur-des-Bois......	283	497	idem.	1876 13	41	37	29	12

CANTON DE SOURDEVAL ¶. Population :

SOURDEVAL 🏠.............	3765	3648	⊠	29643 35	82	67	11	»
Beauficel	427	911	Sourdeval.	3806 »	57	61	13	5
Brouains	568	379	idem.	3133 49	57	60	10	8
Gathemo	662	1040	idem.	3924 40	49	57	18	7
Le Fresne-Poret........	686	1001	idem.	4643 10	57	75	19	8
Perriers-en-Beauficel	634	931	idem.	4118 60	53	61	14	12
Saint-Martin-de-Chaulieu..	503	788	idem.	3341 83	52	68	18	7
Saint-Sauveur-de-Chaulieu.	180	270	idem.	1296 67	52	68	19	8
Vengeons..............	1042	1569	idem.	6816 62	50	62	16	5

ARRONDISSEMENT DE VALOGNES

CANTON DE VALOGNES ¶. Population :

VALOGNES 🏠..........	5791	1748	⊠	67840 86	68	54	»	»
Brix...................	2199	3357	Sottevast.	16880 42	67	64	10	10
Huberville.....	337	376	Valognes.	4501 93	61	58	4	4
Lieusaint	280	522	idem.	4935 67	62	50	4	4
Montaigu..............	758	1471	idem.	7113 42	66	62	8	8
Saussemesnil........ ...	1230	2144	idem.	9671 72	65	62	8	8
Tamerville.............	836	1933	idem.	11703 83	61	57	3	3
Yvetot	874	1246	idem.	13275 84	62	53	4	4

CANTON DE BARNEVILLE ¶. Population :

BARNEVILLE......	928	573	⊠	6779 14	69	48	29	»
Baubigny.....	241	644	Barneville.	2159 83	77	56	33	8
Carteret	560	509	idem.	3462 53	73	51	30	3
Fierville.............. .	486	745	idem.	4617 83	69	47	23	8
La Haye-d'Ectot	318	730	idem.	3262 32	71	52	28	4
Le Mesnil.............	245	345	idem.	2415 40	66	44	26	6
Les Moitiers-d'Allonne....	924	1712	idem.	7090 58	73	52	29	4
Le Valdécie............	256	398	Bricquebec.	1667 83	73	73	19	11

Maires.	Adjoints.	Curés et Desservants.	Instituteurs.	Institutrices.

6,303 habitants (10 communes).

MM.	MM.	MM.	MM.	MM^{lles}
Cte d'Auray.	Liot.	*Lemouland.*	Aubel.	Lechartier.
Gaultier de Carville.	Lebas.	Belloir.		Bataille.
Martinet.	Picbon.	Leménager.	Belouin.	Pautret.
Haupais.	Le Jamtel.	Béatrix.		Carnet.
Garnier.	Tesnière.	Langlois.		Aubel.
De Saint-Paul.	Vimont.	Faucheux.		Valentin.
Danjou.	Robillard	Guénier.	Le Becherel	Dauphin.
Rubé.	Roquet.	Vénisse.	Robine.	Vieillard.
Lair.	Mochon.	Roussel.	Porée.	Lenormand.
Davy.	Legorgeu.	Viel.		Gontier.

8,467 habitants (9 communes).

Labiche.	Almin, Alix.	*Payen.*	Simon.	Lecrossier, Millet.
Vaullegeard.	Danjou.	Delaunay.		Jeanne.
Lefrançais.	Voisvenel.	Turquetil.	Tesnière.	Coursin.
Laumonnier.	Champion.	Bonnel.	Poulain.	Abraham.
Buffard.	Levallois (Auguste)	Restout	Lemercier.	Blin.
Davy.	Caraby.	Saoul.	Vaugrente.	Rodde.
Lebigot.	Badiou.	Lerée.		Vallée.
Gallet.	Bazin.	Leriche.		Hamelin.
Champion.	Duval.	Tesnière.	Gautier.	Bazin.

Population : 73,655 habitants.

12,305 habitants (8 communes).

Oury.	Viel, Baudry.	*Henry,* Gamas, à Saint-Joseph.	Gondouin.	
Pasquier.	Langevin.	*Sellier.*	Legoupil.	Chastan.
Avoinne	Mouchel.	Levallois.		Quinette.
Lecrivain.	Villard.	Lebédel.		David.
Hamel.	Varin.	Divetain.	Lesauvage.	Lainey.
de Mondésir.	Touraine Desvaux.	Lesauvage, Lerosier.	Doucet, Margueritte.	Doucet (Mme).
Jaunet.	Le Marotel.	Yvelande.	Cord'homme.	Pilet.
Herquin.	Fenard.	Robin.	Leprieur.	Laurent.

8,134 habitants (16 communes).

Giot.	Dumouchel.	*Hamelin.*	Voisin.	Duval.
Larquemin.	Hébert.	Noël.		Lequertier.
Lepelletier.	Subileau.	Avenette.	Sollier.	Danguy.
Lerouvillois.	Lepetit.	Lefebvre.	Lepourry.	Roger.
Lechevallier.	Buttet.	Godemer.	Duprey.	Lemouton.
Lavechef (Louis)	Lavechef (Jean).	Sehier.		Royant.
Leprévost.	Mabire.	Mautalent.	Lemesle.	Burnel (Mme).
Roberge.	Lepaumier.	Beaucousin.		Broquet (Mme).

NOMS DES COMMUNES.	Population.	Superficie territoriale de chaque commune.	BUREAUX DE POSTE qui desservent les communes.	Principal des 4 contributions directes en 1893.	du département.	judiciaire.	d'arrondissement.	du canton.
						DISTANCE AU CHEF-LIEU		

Suite du CANTON

NOMS DES COMMUNES.	Population.	Superficie.	BUREAUX DE POSTE.	Principal.	du dép.	judic.	arrond.	canton.
Ourville..............	610	1184	Portbail.	7813 93	62	41	28	8
Portbail..............	1674	2107	⊠	16640 58	64	43	29	6
Saint-Georges-de-la-Rivière	316	327	Barneville.	2462 25	67	46	32	3
Saint-Jean-de-la-Rivière ..	239	358	idem.	2277 33	68	47	31	2
Saint-Maurice	370	745	idem.	3689 08	59	48	26	5
Saint-Pierre-d'Arthéglise.	271	539	idem.	1512 33	74	51	23	8
Senoville	282	717	idem.	3011 »	77	55	23	8
Sortosville-en-Beaumont..	414	1024	idem.	3653 52	75	57	24	7

CANTON DE BRICQUEBEC ¶. Population :

BRICQUEBEC............	3661	5142	⊠	37239 53	70	52	13	»
Breuville.............	407	841	Sottevast.	3642 17	78	62	16	10
Les Perques	251	483	Bricquebec.	2378 08	74	53	18	5
Le Vrétot.............	800	2056	idem.	9149 08	77	59	20	7
Magneville............	520	949	idem.	7207 83	62	51	10	9
Morville..............	362	708	Valognes.	6324 »	63	51	6	11
Négreville	1013	1642	idem.	11352 57	63	55	6	7
Quettetot	663	1243	Bricquebec.	5650 83	74	56	17	4
Rauville-la-Bigot	816	1716	Sottevast.	7136 29	78	60	17	8
Saint-Martin-le-Hébert....	187	213	idem.	1497 »	75	57	32	5
Sottevast	821	1985	⊠	7380 03	70	62	76	7

CANTON DE MONTEBOURG ¶. Population :

MONTEBOURG	2049	588	⊠	19373 88	51	56	7	»
Azeville	181	300	Montebourg.	2384 33	49	54	14	7
Ecausseville...........	151	524	idem.	4925 60	49	55	11	4
Emondeville...........	421	529	idem.	6338 33	48	54	11	4
Eroudeville	173	487	idem.	3931 17	50	58	9	3
Flottemanville..........	262	495	idem.	4718 34	56	51	4	5
Fontenay-sur-Mer	432	814	idem.	7465 42	52	58	12	5
Fresville	642	1389	idem.	13610 67	47	51	13	6
Hémevez.....	246	430	idem.	4177 33	50	49	6	6
Joganville	131	287	idem.	2775 80	49	53	10	3
Le Ham	242	387	i.lem.	4311 46	56	50	10	5
Lestre................	543	759	idem.	6827 33	60	64	11	8
Ozeville	213	469	idem.	2964 92	56	60	11	4
Quinéville	318	400	idem.	4396 58	57	63	14	7
Saint-Cyr.............	223	570	idem.	3681 50	54	60	5	4
Saint Floxel...........	524	846	idem.	8134 97	53	57	9	2
St-Germain-de-Tournebut..	613	1391	Valognes.	8817 37	58	62	8	6
Saint-Marcouf	640	1353	Montebourg.	11887 08	50	56	15	8
Saint-Martin-d'Audouville.	252	361	idem.	3490 03	56	61	9	5
Sortosville............	138	348	idem.	1998 48	56	52	6	4
Urville	287	515	idem.	4526 50	59	48	7	7
Vaudreville	164	302	idem.	1914 »	55	60	10	4

Maires.	Adjoints.	Curés et Desservants.	Instituteurs.	Institutrices.

DE BARNEVILLE.

MM.	MM.	MM.	MM.	MM^lles
Noël.	Henry.	Lefranc.	Dumouchel.	Fauvel.
Leheuzey.	Bouchard.	Mahieu, Lefèvre.	Besnard.	Lizieux.
Luce.	Néel.	Fourmage.	Joret.	Goupillot.
Le Cannelier.	Cauchard.	Legigan.		Lebreton.
Burnel.	Lecerf.	Bazurais.		Le Basnier.
Desprey.	Goderel.	Raulin.		Halbecq.
Lesauvage.	Mauger.	Levallois.		Leforestier.
Desprez.	Cosniam.	Vilquin.		Vrac.

9,501 habitants (11 communes).

Prével.	Anquetil, Mesnage.	Lebreton ; Marie, Tollemer.	Lecavelier.	Houssin, Retout, Poulard.
Lemarinel.	Jeanne.	Digard.	Hubert.	Beuve.
Couppey.	Cosnefroy.	Lesavourey.		Lamache.
Mendret.	Le Pesqueur.	Lemarinel.	Lelong.	Chapey (Mme).
Lemarié.	Duchemin.	Lecavelier.	Ruault.	Bréhant.
Gamas.	Martin.	Folliot.	Bardet.	Bédouin.
Piquenot.	Lepetit.	Gardin.	Herbin.	Dutot.
Le Rouvillois.	Férey.	Anger.	Quoniam.	Garnier.
Le Marchand.	Pellerin.	Mabire.	Fossey.	
Helland.	Mabire.	Lemarinel.		Lesavourey.
Jacqueline.	Mabire.	Leneveu.	Lemoyne.	Leroy (Mme).

8,845 habitants (22 communes).

Fremin.	Burnouf.	Lefoulon.	Le Tourneur.	Leroyer.
Féron.	Dorey.	Cauvet.		Sonnet.
Gro:.lt.	Pinel.	Caillebotte		Leroux.
Legoupil (Charles).	Legoupil (Homère)	Leblastier.	Pilard.	Lemonnier.
David.	Agasse.	Boullot.		Anne.
Lecacheux.	Huet.	Godefroy.		Binet.
Laffolley.	Jouanne.	Onfroy, Lemoine.	Dujardin.	Lacolley.
Lecouflet.	Duchemin.	Osmont.	Malassis.	Brière.
Folliot.	Gilles.	Cauvet.		Figun (Mme).
Folliot.	Marie.	Dodeman.		Liot.
Buhot.	Navet.	Vermont.		Lefranc.
Rolland.	Tiphaigne.	Guyot.	Lemennier.	Thiébot.
Drouin	Hamel.	Levesque.		Doré.
Ferrand.	Legendre.	Gaslonde.	Vimont.	Daniel.
Pothuau.	Fortin.	Pergeaux.		Lebarbenchon.
Frigot.	Picot	Quesnel.	Antoine.	Bigard.
Bon Baillod.	Gibert.	Lemennicier.	Thomelin.	Gouesmel.
de Pontgibaud.	Le Métais.	Godefroy.	Marie.	Vauprès, Lehuby.
Groult.	Pouppeville.	Benoist.		Roulois.
Dupont.	Lemoigne.	Seigneurie.		Corduan.
Lemoigne-Dutaillis.	Lebartel.	Roulland.		Vilquin.
Leroy.	Hallot.	Ogé.		Lehadouey.

7

NOMS DES COMMUNES.	Population.	Superficie territoriale de chaque commune.	BUREAUX DE POSTE qui desservent les communes.	Principal des 4 contributions directes en 1893.	DISTANCE AU CHEF-LIEU du département.	judiciaire.	d'arrondissement.	du canton.

CANTON DE QUETTEHOU ¶. Population :

NOMS DES COMMUNES.	Population.	Superficie	BUREAUX DE POSTE	Principal	du département.	judiciaire.	d'arrondissement.	du canton.
QUETTEHOU	1238	1691	⊠	18288 58	65	70	16	»
Anneville-en-Saire	557	600	⊠	9574 13	70	75	21	5
Aumeville-Lestre	187	244	Quettehou	1975 »	60	64	13	6
Barfleur..............	1135	95	⊠	5802 87	74	79	25	9
Crasville	341	717	Quettehou.	5661 23	59	64	11	6
La Pernelle	406	715	idem.	5652 23	69	74	20	4
Le Vicel	275	474	Anneville-en-Saire .	3234 67	71	75	21	5
Montfarville...........	1181	517	Barfleur.	109)2 90	73	77	25	8
Morsalines	362	365	Quettehou.	3824 40	63	68	15	3
Octeville-la-Venelle	406	686	idem	5305 20	58	63	11	7
Réville	1512	1864	St-Vaast-la-Hougue.	15451 80	71	76	22	7
Sainte-Geneviève	450	495	Barfleur.	8834 »	74	74	24	8
Saint-Vaast ⚓.	2713	630	⊠	24682 85	68	73	19	3
Teurthéville-Bocage.....	1075	2146	Le Vast.	10128 83	65	68	12	7
Valcanville	669	645	Anneville-en-Saire.	8823 »	73	74	20	7
Videcosville.	154	251	Quettehou.	1583 83	59	65	12	7

CANTON DE SAINTE-MÈRE-EGLISE ¶. Population :

NOMS DES COMMUNES.	Population.	Superficie	BUREAUX DE POSTE	Principal	du département.	judiciaire.	d'arrondissement.	du canton.
SAINTE-MÈRE-EGLISE	1450	1770	⊠	25691 56	41	47	17	»
Amfreville	683	1010	Sainte-Mère-Eglise .	8839 83	47	44	16	6
Angoville-au-Plain	100	565	Ste-Marie-du-Mont.	5135 »	34	40	26	9
Audouville-la-Hubert.....	188	640	Sainte-Mère-Eglise.	6214 »	42	48	24	5
Beuzeville-au-Plain.......	86	204	idem.	2499 93	45	50	19	3
Beuzeville-la-Bastille ...	354	433	Pont-Labbé (Picau-[ville]).	4460 39	46	39	21	8
Blosville	372	422	Sainte-Mère-Eglise .	4033 67	37	42	21	4
Boutteville...........	145	182	Ste-Marie-du-Mont.	2445 »	41	44	24	7
Brucheville	296	1139	idem.	13361 17	43	45	27	10
Carquebut	495	825	Sainte-Mère-Eglise .	10080 37	42	46	22	5
Chef-du-Pont	376	376	idem.	4760 83	41	44	20	3
Ecoqueneauville	143	352	idem.	3485 »	31	47	20	3
Foucarville	256	505	idem.	5899 93	47	52	19	7
Gourbesville	403	816	idem.	7733 83	52	44	15	8
Iliesville.............	140	403	Ste-Marie-du-Mont	4730 67	38	43	23	7
Houesville	370	499	idem.	4200 58	35	40	24	7
Liesville............	308	618	Sainte-Mère-Eglise.	4840 96	36	43	28	11
Neuville-au-Plain	216	470	idem.	4037 17	44	34	15	3
Picauville	2535	1906	Pont-Labbé.	28929 27	47	41	18	10
Ravenoville	618	1167	Sainte-Mère-Eglise .	10419 50	48	54	17	7
St-Germain-de-Varreville..	252	583	idem.	5604 67	46	51	19	7
Saint-Martin-de-Varreville.	1298	2777	⊠	25381 83	38	44	26	9
Sainte-Marie-du-Mont.....	340	836	Sainte-Mère-Eglise.	7173 25	46	51	21	9
Sebeville	92	288	idem.	2917 »	34	44	22	5
Turqueville	303	520	idem.	5753 75	43	49	21	4
Vierville.............	95	376	Ste-Marie-du-Mont.	3542 »	36	44	27	10

Maires.	Adjoints.	Curés et Desservants.	Instituteurs.	Institutrices.

12,661 habitants (16 communes).

MM.	MM.	MM.	MM.	MM^{lles}
Glatigny.	Vimont.	*Duret.*	Postel	Chalant.
du Mesnildot	Hébert.	Lanon.	Guilbert.	Lemarinel.
Fortin.	Gallis.	Lecler.		Berson.
Hay.	Lepart.	Cauchon.	Belliard.	Lecaudey.
Basroger.	Onfroy.	Onfroy, Launay.		Eudet.
Lapierre.	Enault.	Brégis.	Lecostey.	Moisy.
Le Marois.	Barreaux.	Letourneur.	Bosquet.	Labonde.
Hébert.	Debrix.	Vastel	Magnin.	Lefranc.
Joly.	Leguay.	Leconte.	Mauviel.	Marguerie.
Tiphaigne.	Lescot.	Leroulley.	Laurent.	Guilbert.
De Caumont.	Lefauconnier.	Leroy.	Simon.	Beuf.
Langlois.	Mauviot.	Lefèvre.	Lecaudey.	Renouf.
Hamelin.	Ardouin, Bidault.	*Jouenne.*	Courtois.	Hubert.
Legoupil.	Bouché.	Bedel.	Lebasnier.	Beillard.
Anthouard.	Mouchel.	Blestel.	Duchène.	Gosselin.
Godefroy.	Cartot.	Bouillon.		Ruault.

11,814 habitants (26 communes).

Maires.	Adjoints.	Curés et Desservants.	Instituteurs.	Institutrices.
Hairon.	Butel.	*Gautier.*	Mabire.	Lair.
Ferey.	Besnard.	Dumoncel.	Laronche.	Lecocq.
Bertin.	Clément-Larosière.	Lehérissey.		Lemarchand.
Artu.	Brohier.	Lefèvre.		Gilles.
Mouton.	Milet.	N...	*Réuni à St-Germain-de-l'arr.*	
Mis de Beauffort.	Fautrat.	Blanchère.	Robin.	Hérouard.
Paindextre.	Lepelletier.	Bessin.	Mahier.	Hulmel.
Lecartel.	David.	Lecot.		Savary.
Levavasseur.	Lecaudey.	Langlois.		Le Baron.
Lécuyer.	Chevreuil.	Vindard. .	Thiébot.	Beslon.
Rachine.	Guilbert.	Paisant.	Delacour.	Lebourg (Mme).
Marie.	Clément-Compère	N...		Costentin.
Letellier.	Besnard.	Joly.		Heurtault.
Levavasseur.	Blaizot.	Hurel.	Blanguernon.	Desplanques.
Corbin- Desman- neteaux.	Caillemer.	Aubrée.		
Simon.	Vautier.	Leduc.		Loyer.
Pepin.	Langlois.	Homo.		Perjodin.
Liot.	Rabé.	Simonne.		Bonnel.
Vte d'Aigneaux.	Sadot.	Lepourry.	Dacier.	Legarand.
Masson.	Leprelle.	Collette.	Hérout.	Levesque.
Cte de Maquillé.	Huet.	Lair.		Lediot.
Lecacheux.	Renouf.	Caruel.		Nativelle.
Prémont.	Dupuis.	Marion.	Beillard.	Hersent.
Roublot	Galis.	Lefèvre.	Simon.	Brunel.
Maillard.	Duvernois.	Poignant.	*Réuni à Blosville.*	
Levert.	Leloup.		Eliard.	Mahaut.
				Leréverend.

NOMS DES COMMUNES.	Population.	Superficie totale réelle de chaque commune.	BUREAUX DE POSTE qui desservent les communes.	Principal des 4 contributions directes en 1803.	du département.	judiciaire.	d'arrondissement.	du canton.
					DISTANCE AU CHEF-LIEU			

CANTON DE SAINT-SAUVEUR-LE-VICOMTE ¶. Population :

ST-SAUVEUR-LE-VICOMTE ⌂..	2668	3523	⊠	31018 60	55	30	14	»
Besneville	957	1826	St-Sauveur-le-Vic^te.	10775 11	62	36	23	8
Biniville	154	298	idem.	2243 33	54	47	10	6
Catteville	210	456	idem.	2771 »	64	35	10	4
Colomby	661	1116	Valognes.	9867 67	57	48	»	9
Crosville..............	177	406	St-Sauveur le-Vic^te.	3285 »	52	43	18	5
Etienville	837	737	Pont-Labbé.	7018 »	40	30	16	8
Golleville	309	546	St-Sauvenr-le-Vic^te.	5477 »	61	40	11	7
Hautteville.......... .	140	422	idem.	3061 »	54	46	11	7
La Bonneville	318	631	idem.	5057 67	50	42	14	7
Les Moitiers-en-Beauptois.	423	776	Pont-Labbé	5349 17	49	37	19	11
Néhou.................	1625	3642	St-Sauveur-le-Vic^te.	20031 61	59	49	15	7
Neuville-en-Beaumont	155	168	idem.	1387 47	64	33	22	7
Orglandes..	586	926	idem.	9460 25	53	44	10	8
Rauville-la-Place	763	1188	idem.	10795 37	54	41	16	3
Reigneville	68	227	idem.	1066 »	52	49	13	7
Sainte-Colombe.........	244	499	idem.	3549 33	58	44	13	6
Taillepied	94	214	idem.	1491 73	51	44	26	5

Maires.	Adjoints.	Curés et Desservants.	Instituteurs.	Institutrices.

10,395 habitants (18 communes).

MM.	MM.	MM.	MM.	MM^{lles}
Pain.	Cumont, Mauger.	*Cléret* ; Aubert, Lefreteur.	Fleury.	Passilly, Folliot.
Suret.	Cauvin.	Lamusse.	Mesnage.	Bernard.
Lebreton.	Taillefesse.	Briant.		
Langlois.	Giot.	Blestel.		Marie.
Lelong.	Bellin.	Viel.	Plantegenest.	Hébert.
Duchemin.	Burnouf.	Tencé.		Ameline.
Lagouche.	Cauvin.	Hamel.	Rouland.	Leroux.
De la Bretonnière.	Lebrun.	Jacques.	Pays.	Chrétien.
Varengue	Aubert	Sébline.	Lehoux.	
Lescroël-Desprez	Yonnet.	Luce.	Levionnois.	Quéru.
Cottin.	Enquebec.	Jourdan.	Enquebecq.	Roblot.
Laniepce.	Racine.	Etienne, Lamy.	Adelus, Dudouit.	Maillard, Pasturel.
Falaize.	Cuquemel.	Joret.		Lecornu.
Cadic.	Lecappon.	Lebourgeois.	Avoine.	Denis.
Gamas.	Lehadouey.	Durel.	Marienne.	Dennebouy.
Burguet.	Josse.		*réuni à Orglandes*	
Desprez.	Blandamour.	Allaire.	Villedieu.	Pican.
Meslin.	Meslin.	Deslandes		Hennequin (Mme)

POLICE GÉNÉRALE.

Commissaires de Police.

Arrondissement de Saint-Lo. — MM. Michau, commissaire de police, à Saint-Lo ; Dréano, à Carentan.

Arrondissement d'Avranches. — MM. Fourquié, commissaire de police, à Avranches ; Mangon, idem à Granville ; Rheinhart, commissaire spécial de police sur les chemins de fer de l'Ouest et du port ; Gide, commissaire de police, à Villedieu.

Arrondissement de Cherbourg. — MM. Graverol, commissaire central de police, à Cherbourg ; Pagnot et Robert, commissaires de police à Cherbourg.

Arrondissement de Coutances. — M. Lafitte, commissaire de police, à Coutances.

Arrondissement de Valognes. — M. Boury, commissaire de police, à Valognes.

ORDRE JUDICIAIRE.

COUR D'APPEL DE CAEN.

MM. Houyvet C ✳ O. I. P., premier président ; Tiphaigne ✳, Hue ✳, présidents ; Guicherd ✳, Hoffmann ✳, Manchon, Surcouf, Victor Clément ✳, Duchemin, Aymé, Piquet, Lemare, Osmont de Courtisigny, Lenoël, Laubet, Villey-Desmeserets, Delamare, Dureteste, conseillers.

MM. Faguet O ✳, procureur-général, Lerebours-Pigeonnière ✳, Vaudrus, avocats-généraux ; Milliard, Mazière, substituts ; Solange, greffier en chef, Bottet, Marie, W. Delarue, commis greffiers.

Membres honoraires.

MM. Pochonnet, président ; Guillard, Turbout ✳, O. I. P., conseillers.

Composition des Chambres de la Cour d'appel de Caen, pendant l'année judiciaire 1892-1893.

Première Chambre.

Audience les lundi, mardi, mercredi et jeudi.

MM. Houyvet C ✳ O. I. P., premier président ; Hue ✳, président ;

Guicherd ✱ Hoffmann ✱, Manchon, Surcouf, Duchemin, Laubet, Dureteste, conseillers.

MM. Faguet, O. ✱, procureur-général ; Lerebours-Pigeonnière, avocat général ; Mazière, substitut ; Solange, greffier en chef ; Bottet, commis-greffier.

Deuxième Chambre.

Audiences les mercredi, jeudi, vendredi et samedi.

MM. Tiphaigne ✱, président ; Clément ✱, Aymé, Piquet, Lemare, Osmond de Courtisigny, Lenoël, Villey-Desmeserets, Delamare, conseillers ; Vaudrus, avocat général ; Milliard, substitut ; W. Delarue, commis greffier.

Chambre des mises en accusation.

Audience le mercredi.

MM. Hue ✱, président ; Manchon, Surcouf, Duchemin, Laubet, conseillers ; Milliard, Mazière, substituts ; Marie, commis greffier.

TRIBUNAUX DE PREMIÈRE INSTANCE.

La Cour d'assises de la Manche siège à Coutances, sous la présidence d'un Conseiller à la Cour d'appel de Caen ; elle tient au moins quatre sessions par an, l'ouverture de chacune des sessions est ordinairement fixée au commencement des mois de *mars, juin, septembre* et *décembre*.

Tribunal civil séant à Saint-Lo.

Audiences : *mardi*, police correctionnelle ; — *vendredi*, rapports, affaires venant à bref délai ; — *mercredi* et *jeudi*, affaires du rôle, suivant la fixation ; — *samedi*, affaires de prompte expédition, publications et ventes.

Président.—M. Lemonnier de Gouville.

Juges.—MM. Simon et Granval, *juge d'instruction.*

Juges suppléants.—MM. Le Campion, Cusson.

Parquet. — MM. Simon, *procureur de la République* ; Regnault, *substitut.*

Greffe.—MM. Sicot, *greffier* ; Lorence et Jeanne dit Baudry, *commis-greffiers.*

Avocats. — MM. Dieu, Amiard, *bâtonnier*, Lelong, Hardoin, Guillot.

Stagiaires.—MM. Pannier-Lachaussée, Leclerc.

Avoués.—MM. Hervieu, *président ;* Jouanne, Dussaux, Thouroude, Pottier, Lehuré, Fougeray.

Huissiers. — MM. Letourneur, *syndic ;* Fontaine, *rapporteur ;* Jeanne, *trésorier ;* Hébert, *secrétaire.*

Audienciers du Tribunal civil.—MM. Jeanne, Hébert, Sinel.

Audiencier de Justice de Paix.—M. Heaumé, huissier à Saint-Lo.

Audiencier du Tribunal de commerce. —M. Thomine, huissier Saint-Lo.

Huissiers résidant à Saint-Lo. —MM. Jeanne, Hébert, *secrétaire*, Sinel, Thomine, Heaumé, Alaterre.

Huissiers résidant dans l'arrondissement. — MM. Lenoël, à Saint-Clair ; Fauvel, à Cerisy-la-Forêt ; Letourneur, *syndic*, à Carentan ; Fontaine, à Pont-Hébert ; Hennequin, à Percy ; Racine, à Torigny-sur-Vire ; Fauvel, à Tessy-sur-Vire ; Doublet, à Marigny.

Assistance judiciaire. —MM. Delisle, receveur de l'enregistrement ; N.. *président ;* Lebas, notaire honoraire, Sicot, *secrétaire ;* Hervieu, avoué ; Ménard, vice-président du Conseil de Préfecture ; Amiard, bâtonnier de l'Ordre des avocats.

Tribunal de commerce de Saint-Lo.

Audience le *vendredi*, à deux heures de l'après-midi.

Président. —M. Hornecker.

Juges. — MM. Patry, Lesage, J. Gâté.

Juges suppléants. —MM. A. Guillon, A. Letréguilly.

Greffe. — MM. Lebret, *greffier ;* Guérard, *commis-greffier.*

MM. Vaudouer, Lefebvre et Thiéry, agréés et syndics.

Tribunal civil séant à Avranches.

Audiences : *mercredi*, police correctionnelle ; — *jeudi et vendredi*, affaires civiles ; — *samedi*, affaires urgentes sur requête, rapports, référés et adjudications.

Président. — M. Legrin, O. A.

Juges. — MM. Ponroy, *juge ;* Lemarchand, *juge d'instruction.*

Juges suppléants. —MM. Scelles, Lesaché.

Parquet. —M. Marchand, *procureur de la République.*

Greffe. — MM. Bameule, *greffier ;* Gombert et Gilbert, *commis-greffiers.*

Avocats. —MM. Simon, *bâtonnier ;* Scelles, Lemonnier, Layue, Bouvattier (Jules), Frémin, *secrétaire ;* Rachine, Bouvattier (Gustave), V. Le Monier ; *stagiaire :* de la Broise.

Avoués. —MM. Lemardeley, *président ;* Guillaume dit Taunière, *syndic ;* Heuvrard, *rapporteur ;* Saussey, *secrétaire-trésorier ;* Normand, Blanchet, Davy, *avoués honoraires ;* Fontaine.

Huissiers audienciers. — MM. Lemasle, *syndic ;* Jean, *secrétaire ;* Artur, Sauvaget.

Huissier résidant à Avranches. —M. Fournerie.

Huissiers résidant dans l'arrondissement. — MM. Macé, Goumault, à Brécey ; Berthelot, à Ducey ; Vallée, Lemarié, Quinette, à Granville ; Esnol et Guichard, à la Haye-Pesnel ; Davy et Goussé à Pontorson ; Robert, Feudé, à Saint-James ; Fouasse, à Sartilly ; Angot, Aze, à Villedieu.

Assistance judiciaire.—MM. Piel-Desruisseaux, ancien notaire, *président* ; Leménicier, sous-préfet ; Provost, receveur de l'enregistrement ; Simon, avocat ; Davy, avoué ; Bameule, *secrétaire.*

Tribunal de commerce de Granville.

Le ressort de ce Tribunal embrasse tout l'arrondissement d'Avranches.—Audience le *jeudi.*

Président.—M. Langlois.

Juges.—MM. Béguin, Poirier, J. Pannier, Luce dit Aubin.

Juges suppléants.—MM. Tronion, Leroy, Requier.

Greffier.—M. P. Ollivier.

Il n'y a pas d'agréés ; MM. Dupérouzel, avocat ; V. Le Montier, avocat ; Dauvin, Lemétayer, Vieillard et Godefroy, agents d'affaires.

Tribunal civil séant à Cherbourg.

Audiences : *lundi*, affaires correctionnelles ; *mardi* et *mercredi*, affaires civiles ; *jeudi*, adjudications.

Président.—M. Théry, O. I. P.

Juges.—MM. Lefrançois, O. A., *juge d'instruction ;* Ameline, Bernard, *juges ;* Delmas, *juge suppléant.*

Parquet.—MM. Delpy, *procureur de la République ;* Osmond de Courtisigny, *substitut.*

Greffe.—MM. Hauvet, *greffier ;* Oury, Hébert et Lamache, *commis-greffiers.*

Avocats.—MM. Boullement-d'Ingremard, Favier, Lucas, A. Liais, Lecarpentier, Legrin, Courtois, Léon Favier.

Avoués.—MM. Lemagnent, Féron, *syndic ;* Francis Brière, Drouet, *président ;* Leblond, *trésorier.*

Huissiers audienciers. - MM. Lebastard, Vincent, Dorey.

Tribunal de commerce.—MM. Vincent, Lebastard, Lemonnier et Dorey.

Justice de paix.—MM. Vincent, Le Bastard et Dorey.

Huissiers résidant dans l'arrondissement.—MM. Léger, aux Pieux ; Lavalley, à Saint-Pierre-Eglise ; Rébuffet, à Octeville.

Assistance judiciaire (séance le premier samedi de chaque mois) : MM. Guillemin, conservateur des hypothèques, *président ;* Diény, Sous-Préfet ; Legrin, avocat ; Roberge, notaire honoraire ; Lemagnent, avoué ; Hauvet, greffier, *secrétaire.*

Tribunal de commerce de Cherbourg.

Audience le *vendredi.*

Président.—M. Hainneville.

Juges.—MM. Noyon, Langlois, Jourdan, Cottel.

Juges suppléants.—MM. Brun, Lempérière, Sehier, Flamary.
Greffe.—M. Dutot.

Tribunal civil séant à Coutances.

Président.—M. Jartel.

Juges.—MM. Goujon de Saint-Thomas, *juge d'instruction;* Renault, Benoist, *juges :* Rabec, Delauney, *juges suppléants.*

Parquet.—MM. Dudouyt, *procureur de la République;* Marie, *substitut.*

Greffe.—MM. Dorléans, *greffier;* Duval, Levenard et Cauchard, *commis-greffiers.*

Audiences : *Lundi,* criées à 10 heures du matin ; correctionnelle à midi ; *mardi, mercredi* et *jeudi,* audience civile à midi.

Avocats.—MM. Marie, Leterrier (aîné), Barbier, Guidon, Sarot, Dupérouzel, *bâtonnier;* Chevalier, Rabec, *secrétaire;* Gritton, Amy, Larivière, Leterrier (jeune).

Avoués.—MM. Lejolivet, *président;* Veillot, *syndic;* Jean, *secrétaire-trésorier :* Daniel, Conrairie, Saffrey.

Huissiers audienciers.—MM. Rachinel, Voisin, Anquetil, Néel, Guérin, Lecrosnier.

Tribunal de commerce.—MM. Voisin, Canivet.

Huissiers résidant à Coutances.—MM. Anquetil, Lecrosnier, Voisin, Canivet, Néel, Guérin, Rachinel.

Huissiers résidant dans l'arrondissement.—MM. Chesnay, à Bréhal; Voisin, à Cérences ; Chardine, à Cerisy-la-Salle; Bézard, à Gavray ; Corbin, Genvrin, à la Haye-du-Puits ; Gancel, à Prétot ; Navarre, à Lessay ; Robiquet, à Gratot ; Guillon, à Quettreville; Desplanques, Lemoine, à Périers ; Bœufs, à Saint-Sauveur-Lendelin.

Assistance judiciaire. — MM. Pascal, Sous-Préfet, *président;* Boissel-Dombreval, *vice-président;* Conrairie, avoué ; Gritton, avocat; Dudouyt, receveur de l'enregistrement; Dorléans, *secrétaire.*

Tribunal de commerce de Coutances.

Audience le *samedi,* à 10 heures du matin.

Président.—M. Daireaux.

Juges.—MM. Salettes, Jouvet, Bidel.

Juges suppléants.—MM. Gosselin, Chauvel.

Il n'y a pas d'agréés.

Tribunal civil séant à Mortain.

Cet arrondissement n'a point de juridiction consulaire; c'est le Tribunal de première instance qui juge les affaires commerciales. — Audiences : *jeudi* et *vendredi* affaires civiles ; — *samedi,* police correctionnelle, affaires commerciales et criées.

Président.—M. Lefaverais.

Juges.— MM. Hommet et David.

Juges suppléants.—MM. Lemoine, N..

Parquet.—M. Guilmard, *procureur de la République.*

Greffe.—MM. Lemière, *greffier*, Legoux, *commis-greffier.*

Avocats.— MM. Lecrecq, Champs, Josset, Millet, Meslay.

Stagiaire.—M. Leteinturier-Laprise.

Avoués.—MM. Lesoudier, *syndic ;* Poullain, *secrétaire-trésorier ;* Delaunay, Lemardeley, *président ;* Radoul, Jarnouën de Villartay, *rapporteur.*

Huissiers audienciers. — MM. Le Baron, Raine et Boucherie, résidant à Mortain.

Huissiers résidant dans l'arrondissement. — MM. Lemoine; à Barenton ; Calé, à Isigny-Paindavaine ; Bachelot, Boucey à Saint-Hilaire-du-Harcouët; Doré, à Juvigny-le-Tertre ; Desfeux, à Saint-Pois ; Bagot et Lechapelais, à Sourdeval ; Boutry, au Teilleul.

Assistance judiciaire.—MM. Salanson, Sous-Préfet ; Lemardeley, avoué ; Gérard, ancien avocat ; Jayet, receveur de l'enregistrement ; Josset avocat ; Lemière, *secrétaire.*

Tribunal civil séant à Valognes.

L'arrondissement n'a point de juridiction commerciale, c'est le Tribunal de première instance qui juge les affaires de cette nature.—Audiences : *mardi*, affaires de commerce, d'expédition, d'adjudication ; — *mercredi* et *jeudi*, affaires du rôle général ; —*vendredi*, police correctionnelle ; — *samedi*, rapports en toutes matières ; jugements en Chambre du Conseil.

Président.—M. Le Clerc.

Juges.—MM. Faguet, *juge d'instruction ;* Piton.

Juges suppléants.—MM. Costard, Jouvet.

Parquet.—M. Duchesne de la Sicotière, *procureur de la République.*

Greffe.—M. Guimont, *greffier* ; Hamel et Lecroisey, *commis-greffiers.*

Avocats.—MM. Goubeaux, Baillod, Delangle, Leroy, de Resbecq, Couraye du Parc.

Avoués.—MM. Bitot, Brafin, Thouin, Breillot, Le Grusley, Cruchet, Lefèvre.

Huissiers audienciers.—MM. Leterrier, Demare, Lendormy.

Huissiers résidant à Valognes. — MM. Leterrier, Demare, Lendormy, Jullienne.

Huissiers résidant dans l'arrondissement.—MM. Dancel, à Barneville ;Authouard, à Bricquebec ; Mendret et Butel, à Sainte-Mère-Eglise ; Le Mière, à Picauville ; Burnouf, à Montebourg ; Bouchet, à Saint-Vaast ; Thirard, à Saint-Sauveur-le-Vicomte.

Assistance judiciaire.—MM. Chapron, Sous-Préfet ; Céron, receveur de l'enregistrement ; Le Grusley, avoué ; Dubois, notaire ; Delangle, avocat ; Guimond, *secrétaire.*

JUSTICE DE PAIX.

—

Noms des Juges de Paix, des Suppléants et des Greffiers.

CANTONS	JUGES DE PAIX.	SUPPLÉANTS.	GREFFIERS.

Arrondissement de Saint–Lo.

	MM.	MM	MM.
Saint-Lo......	Norgeot..	N..., Robin	Letrésor.
Canisy.........	Lehéricey	Henssebrot, Sanson de Lavalerq.	Cantrel.
Carentan......	Lenoël..	Bertrand, Artu	Legrand.
Marigny	Delacour......	Niobey, Lemoigne.....	Legrand.
Percy	Loyer	Sévaux, Duboscq	Duval.
Saint-Clair	Vigot.........	Madelaine, Lebrun....	Darondel.
St-Jean-de-Daye.	Margueritte . .	Leclerc, Pézeril.......	Le Bouteiller.
Tessy-sur-Vire..	Anthouard	Chasles, Mithois	Ozenne.
Torigni-sur-Vire.	Gardin	Le Roquais, Pommier..	Lejeune.

Arrondissement d'Avranches.

	MM.	MM.	MM.
Avranches	Basire.........	Lemardeley, Desdouitils.....•	N...
Brécey.........	Laurent........	Chapel, Denis-Thieudière. . . '	Boutry.
Ducey	Leguidecoq	Juin-Duponcel, Baron..	Dupont.
Granville.	Lefébure.......	Dupérouzel, Bureau...	Lainé.
La Haye-Pesnel.	Bitot	Fontaine, Pigeon	Brébier.
Saint-James	Porcher........	Geffroy, Lechat.......	Allain
Pontorson.....	Foucher	Trincot, Guichard.....	Goron.
Sartilly	Delélée-Préhaut	Leménager, Le Nepveu de Doury	Nicolle.
Villedieu...... .	Vilquin	Davy, Tétrel	Lepetit.

Arrondissement de Cherbourg.

	MM.	MM.	MM.
Cherbourg	Vauloup	Allix, Legrin...•......	Leroux.
Beaumont... ..	Dimourette,....	Piquot, Louis	Millet.
Octeville......	Poullain.......	Pouillat, Vrac.	Mouchel.
Les Pieux.....	N	Lebourgeois, Courtois.	Lecoûté.
St-Pierre-Eglise.	Fontaine.......	Touzard, Fleury	Dubost.

Arrondissement de Coutances.

	MM.	MM.	MM.
Coutances......	Guillemette.....	V. Leloutre, Lair.	Chuquet.
Bréhal.........	Frémin	Lemonnyer, Ameline..	Hue.
Cerisy-la-Salle ..	Savary	Gaillard, Lehodey	Tréhet.
Gavray	Osmond	Lechevallier, Lecaplain	Canuet.
La Haye-du-Puits	Artu...........	Ducloux, Gaillard.....	Lecluze.
Montm.-sur-Mer	N.............	Pannier, Danlos	Lenesley.
Lessay....	Dauvin	Le-Igne, Dupray-Beuzeville...	Larose.
Périers	Le Conte	Lepareux, Lecauf.....	Dubuisson.
St-Malo-de-la-L.	Davy-Lahurie...	Séverie, Le Moine	Leguay.
St-Sauv.-Lendel.	Navarre........	Lecacheux, Ledentu...	Guénon.

CANTONS.	JUGES DE PAIX.	SUPPLÉANTS.	GREFFIERS.

Arrondissement de Mortain.

	MM.	MM.	MM.
Mortain........	Hardy.........	Le Bigot, Delaunay ...	N ..
Barenton......	Levivier.......	Montécot, Bourguignon	Martignon .
St.-Hil.-du-Harc¹.	Lesaint........	Lebret, Hamel........	Tréhec.
Isigny-Paindav⁰.	Lefaverais.....	Guérin, Cruchet	Davalis.
Juv.-le-Tertre...	Costard........	Grossin, Maincent.....	Roursin.
Saint-Pois......	Péraud	Morel, N.............	Lemare.
Sourdev¹ la-Bʳʳᵉ.	Foubert........	Almin, Enguehard	Beaugeard.
Le Teilleul	Hirbec	Dupont, Mâlon	Gesbert.

Arrondissement de Valognes.

	MM.	MM.	MM.
Barneville... ..	Agnès	Denis, Lepelletier.....	Auvray.
Bricquebec.....	Caillard........	Hennequin, Langevin.	Leroux.
Montebourg ...	Le Sachey......	Vrac, Buhot..........	Mouchel.
Quettehou......	Sevaux	Hay, N	Delagarde.
Ste-Mère-Eglise.	Catherine	Hairon, Lécuyer......	Raciquot.
St-Sauv.-le-Vic.	Delange........	Pain, Morin.........	Dumaine.
Valognes.......	Le Marquand...	Le Canselier, Le Grasley.....	Simon.

NOTAIRES.

Arrondissement de Saint-Lo.—MM. Guillemin, Leclerc, Delaunay, *secrétaire*, à Saint-Lo ; Pain, à Saint-Clair ; Mithois, *rapporteur*, à Domjean ; Faudemer, à Saint-Jean-de-Daye ; Heurtaux, à Pont-Hébert ; Desprairies, *syndic*, Desplanques, à Carentan ; Heussebrot, à Canisy ; N.. à Marigny ; Leroquais, Gohier, à Torigny-sur-Vire ; Flicher, à Tessy-sur-Vire ; Dubosq, *trésorier*, à Percy ; Lechevrel, à La Chapelle-Enjuger ; Charuel, à Montbray ; Lechevallier, *président*, à Saint-Samson-de-Bonfossé ; Sébire, à Cerisy-la-Forêt.

Arrondissement d'Avranches. — MM. Le Comte-la-Prairie, Sergent, *secrétaire*, à Avranches ; François, Denis-Thieudière, *rapporteur*, à Brécey ; Aumont, Gosselin, à Ducey ; Le Petit, Lamort, *président*, Taurines, à Granville ; Jouenne, Fontaine, *trésorier*, à la Haye-Pesnel ; Geoffroy, Darthenay, à Saint-James ; Levallois, Morel, à Pontorson ; Manuelle, Martin, à Sartilly ; Fontaine, *syndic*, Davy, à Villedieu.

Arrondissement de Cherbourg. — MM. Fleury, à Saint-Pierre-Eglise ; Lebouteiller, *secrétaire*, à Cherbourg ; Pouillat, à Tourlaville ; Hamel, *président*, à Saint-Pierre-Eglise ; Marion, Enault, à Cherbourg ; Vauttier, *syndic*, à Beaumont ; Giot, *rapporteur*, aux Pieux ; Damourette, à Sainte-Croix-Hague ; Laroque, aux Pieux ; Le Goupil, *trésorier*, à Cherbourg.

Arrondissement de Coutances. — MM. Dandeville, Letonnellier,

Delarue, à Coutances ; Duprey-Beuzeville, à Bréhal ; Adam, à Cérences ; Le Rosey, à Cerisy-la-Salle ; Badin, à Roncey ; Guernier, à Gavray ; Fonnard, au Mesnil-Garnier ; Lecaplain, à Hambye ; Fauvel (Léon), fils, à Lessay ; Lechevalier, à Pirou ; Pétron, Gaillard, à la Haye-du-Puits ; Lemonnier, à Prétot ; Lelièvre, à Montmartin-sur-Mer ; Savary, à Quettreville ; Levêque, Lecauf, à Périers ; Vallée, Potier, à Blainville ; Saffray, Berthelot, à Saint-Sauveur-Lendelin.

Arrondissement de Mortain. — MM. Le Bigot, *rapporteur*, Hamard, *secrétaire*, et Ledos, à Mortain ; Fiault et Lebreton, à Barenton ; Guérin, *président*, Lebret et Dupont, à Saint-Hilaire-du-Harcouët ; Varin, à Isigny-Paindavaine ; Cruchet, *syndic*, au Buat ; Damame et Giroult, à Juvigny-le-Tertre ; Datin, à Saint-Pois ; Poisnel, à Coulouvray-Boisbénâtre ; Gorron, *membre*, et Guérin, à Sourdeval-la-Barre ; Trempu, *membre*, au Teilleul ; Dupont, *trésorier*, à Sainte-Anne-de-Buais.

Arrondissement de Valognes. — MM. Oury, Dubois, Damecour, à Valognes ; N . à Brix ; Langlois, Pican, à Bricquebec ; Guiffard, Lechevalier, à Montebourg ; Lemarinel, Legoupil, à Saint-Sauveur-le-Vicomte ; Lemerre, à Quettehou ; Mallet, à Saint-Vaast ; Touroul, à Barfleur ; Denis, à Barneville ; Legriffon, à Portbail ; Hairon, à Sainte-Mère-Eglise ; Luce, à Pont-Labbé ; Dalidan, à Sainte-Marie-du-Mont.

ORDRE MILITAIRE.

10° Corps d'Armée et 10° Région militaire.

GRAND QUARTIER GÉNÉRAL A RENNES.

Départements formant la 10° Région : Ille-et-Villaine, Manche, Côtes-du-Nord.

Général commandant en chef le corps d'armée : CAILLIOT C ✽, à Rennes.

Chef d'Etat-Major du 10° Corps : Colonel Leroy C ✽, à Rennes.

20° Division d'Infanterie et 5°, 6°, 7° et 8° subdivisions de la 10° Région.

Général commandant : Gallimard O ✽, à Saint-Servan.

39° brigade : Général de Geoffre de Chabrignac C✽, à Cherbourg.

25° de ligne.— Colonel Vallat O ✽, à Cherbourg.

136° de ligne.—Colonel Gillet O ✽. Portion principale à Saint-Lo. Un bataillon à Cherbourg.

40° brigade : Général Travailleur O ✽, à Saint-Malo.

2° de ligne.—Colonel Coste O ✽, à Granville.

47° de ligne.—Colonel Carpentier O ✽, à Saint-Malo.

5ᵉ Subdivision, chef-lieu Cherbourg.

(Arrondissements de Cherbourg et de Valognes.)

Commandant. — Général de Geoffre de Chabrignac C ✳, à Cherbourg.

Intendance. — Bénard ✳, sous-intendant de 2ᵉ classe, à Cherbourg.

Major de la garnison de Cherbourg. — Un officier supérieur.

Artillerie. — Colonel d'Espinay O ✳, directeur, à Cherbourg ; chef d'escadrons Masson ✳, sous-directeur, à Cherbourg.

Génie. — N..., chef du génie, à Cherbourg.

Recrutement. — Commandant Duclos ✳, à Cherbourg.

Subsistances militaires. — Officier d'administration, Leclère, à Cherbourg.

8ᵉ Subdivision, chef-lieu Saint-Lo.

(Arrondissements de Saint-Lo et de Coutances).

Commandant. — Général de Geoffre de Chabrignac C✳, à Cherbourg.

Intendance. — Appert, sous-intendant de 3ᵉ classe, à Saint-Lo.

Recrutement. — Chef de bataillon Péchoux O ✳, à Saint-Lo.

Remonte. — Chef d'escadrons Dumalle ✳, à Saint-Lo.

7ᵉ Subdivision, chef-lieu Granville.

(Arondissements d'Avranches et de Mortain)

Génie. — Chef de bataillon Roux ✳, à Granville.

Recrutement. — Major Morier ✳, à Granville.

GENDARMERIE.

10ᵉ LÉGION.

Composée des compagnies d'Ille-et-Vilaine, Manche et Côtes-du-Nord.

M. OLIVIER O ✳, colonel, commandant la légion, à Rennes.

Compagnie de la Manche.

MM. Saunier ✳, chef d'escadrons, commandant la compagnie, à Saint-Lo.

Legavre, capitaine, à Saint-Lo.
Jardel ✳, lieutenant-trésorier, à Saint-Lo.
Le Godec ✳, capitaine, à Cherbourg.
Vanloup, lieutenant, à Coutances.
Vuillermoz, lieutenant, à Avranches.
Desprès, lieutenant, à Mortain.
Rozel, lieutenant, à Valognes.
Le Guillou, maréchal des logis adjoint au trésorier, à Saint-Lo.

Service des Brigades.

DÉSIGNATION ET RÉSIDENCE DES BRIGADES.	BRIGADES		SOUS-OFFICIERS et brigadiers COMMANDANT LES BRIGADES.
	à cheval de 5 hommes	à pied de 5 hommes.	
Saint-Lo........	1	»	MM. Le Méhauté.
Idem.	1	»	Bocage.
Idem............	»	1	N...
Carentan	1	»	Perrée.
La Perrine...................	1	»	Gaingouin.
Torigni-sur-Vire	1	»	Lair.
Villebaudon..................	1	»	Doutressoule.
Saint-Clair.......	1	»	Orvain.
Marigny.	»	1	Verger.
Canisy	»	1	Renet.
Tessy-sur-Vire	»	1	Courtoux.
Cherbourg..	1	»	Lahaie MM. (1)
Idem.....................	»	1	Prigent.
Les Pieux	»	1	Foucher.
Saint-Pierre-Eglise............	»	1	Lemoigne MM.
Equeurdreville.	»	1	Bindel MM.
Beaumont................	»	1	Le Bourdonnec MM.
Tourlaville.	»	1	Lamache.
Avranches.	1	»	Le Lay.
Idem.....................	»	1	Gleyo.
Granville..............	1	»	Hue.
Idem.....................	»	1	Omnée.
Villedieu	1	»	Lévêque.
Pontorson.................	1	»	Briend MM.
Ducey....................	1	»	Desaintdenis.
Sartilly...................	1	»	Dugardin.
Brécey.......	»	1	Lejuez
Saint-James.......	»	1	Saligner.
La Haye-Pesnel...........	»	1	Dréano MM.
Mortain	1	»	Mancel.
Idem.....................	»	1	Quarantois.
Saint-Hilaire-du-Harcouët.......	1	»	Pélan.
Sourdeval	1	»	Chalmel.
Juvigny....................	»	1	Hallot.
Le Teilleul..................	»	1	Madoré.
Saint-Pois	»	1	Hains MM.
Barenton....................	»	1	Pican.
Isigny.....................	»	1	Galliot MM.
Coutances	1	»	Brébion.
Idem.....................	»	1	Mancel.
Périers........	1	»	Simon.
Gavray..............	1	»	Ruel.
Bréhal.....................	1	»	Pinot.
Lessay	1	»	Ride.
Cerisy-la-Salle................	1	»	Ollivier.

(1) Les lettres MM indiquent les décorations de la Médaille militaire.

DÉSIGNATION ET RÉSIDENCE DES BRIGADES.	BRIGADES		SOUS-OFFICIERS et brigadiers COMMANDANT LES BRIGADES.
	à cheval de 5 hommes.	à pied de 5 hommes.	
La Haye-du-Puits.............	1	»	MM. Fougeray.
Agon	»	1	Bergé.
Saint-Jores.....	»	1	Leréverend.
Montmartin-sur-Mer...........	»	1	Vaslot.
Saint-Sauveur-Lendelin........	»	1	Josse.
Anneville-sur-Mer............	»	1	Poncet.
Valognes	1	»	Cornille.
Idem......	»	1	Paulou.
Sainte-Mère-Eglise...........	1	»	Rolland.
Saint-Sauveur-le-Vicomte	1	»	Dorel.
Saint-Vaast..................	»	1	Corduan MM.
Montebourg..................	1	»	Chavenois MM.
Portbail....................	»	1	Crestey MM.
Bricquebec	»	1	Raux.
Barneville	»	1	Thomas.
Barfleur...................	»	1	Hairon.

MARINE.

Premier arrondissement maritime.

Préfecture maritime.

MM.

Cavelier de Cuverville G ✳, Vice-Amiral, Commandant en Chef, Préfet maritime.

D'Hespel ✳, Ronin, lieutenants de vaisseau, aides-de-camp.

Etat-major du 1er arrondissement maritime. — MM. Véron O✳, contre-amiral, chef d'état-major de l'arrondissement; Ingouf O✳, capitaine de vaisseau, sous-chef d'état-major; Dussaud ✳, capitaine de frégate, chef de la 1re section ; de Larosière, lieutenant de vaisseau ; Allys ✳, capitaine de frégate, chef de la 2e section; Nissen ✳, sous-commissaire, chef de la 3e section ; Comte ✳, chef de bataillon d'infanterie de marine, chef de la 4e section; Le Marquand, sous-commissaire, secrétaire du conseil d'Administration du port.

Secrétariat de l'Etat-major de l'arrondissement. — M. Cazalas-Gaillon, lieutenant de vaisseau, secrétaire du chef d'état-major.

Archives, cartes, plans et observatoire. — M. Jomier, lieutenant de vaisseau, chargé du service.

Inspection des Electro-Sémaphores.—M. Piton O✳, capitaine de frégate, inspecteur.

8

Service de la justice maritime. — **MM.** Hamelin O✱, capitaine de frégate en retraite, commissaire du Gouvernement près le 1er conseil de guerre ; Receveur ✱, lieutenant de vaisseau, rapporteur du 1er conseil de guerre ; de Laurens O✱, capitaine de frégate en retraite, commissaire-rapporteur près le 1er tribunal maritime.

Majorité générale. — **MM.** de la Bonninière de Beaumont, contre-amiral, major général de la marine ; Vranken, capitaine de vaisseau, major de la marine ; Andréani, capitaine de frégate, 1er aide-de-camp ; Le Bihant, mécanicien en chef, adjoint au major général ; N..., lieutenant de vaisseau, 2e aide-de-camp ; N..., lieutenant de vaisseau, capitaine de la compagnie des gardes-consignes ; Guthgsell, lieutenant de vaisseau, chef du secrétariat.

Mouvements du port. — **MM.** Picot O✱, capitaine de vaisseau, directeur ; Kœnig, capitaine de frégate, sous-directeur ; Collin-Portjégoux, capitaine de frégate, sous-directeur ; Courmes ✱, Durand, Freed, lieutenants de vaisseau ; Levasseur, enseigne de vaisseau, officiers adjoints ; Dubois, sous-commissaire de 1re classe, trésorier.

Génie maritime. — **MM.** Eynaud O✱, directeur des constructions navales ; Korn O✱, ingénieur de 1re classe, sous-directeur ; Choron ✱, ingénieur de 1re classe ; Champenois, Tréboul, ingénieurs de 2e classe ; Marit, Moissenet, Bonvalet, Robin, sous-ingénieurs de 1re classe ; Guyot, Morin et Revol, sous-ingénieurs de 2e classe ; Brillié, Simonot, sous-ingénieurs de 3e classe.

Défense fixe. — **MM.** Le Moine, capitaine de frégate, commandant la défense fixe ; Vanel ✱, Andrieu ✱, lieutenants de vaisseau.

Défenses sous-marines. — **MM.** Escande O✱, capitaine de vaisseau, directeur ; Landry, capitaine de frégate sous-directeur ; Le Roy, capitaine de frégate ; Meunier ✱, Girard la Barcerie ✱, Morin de la Rivière ✱, Le Gouz de Saint-Seine, Viard ✱, Jean-Pascal, Mercier de Lostende, Salichon, Eng, Giraud, lieutenants de vaisseau ; Brisson, de Domville, de Maillefeu, Villemot, Dupriez, de la Croix de Castries, Lévy, Bing, Moritz, enseignes de vaisseau ; Le Bouésard, Le Henauf, mécaniciens principaux ; Lemarquand, aide-commissaire, officier d'administration.

Commissariat. — **MM.** Avoine O✱, commissaire général ; Rossel ✱, Chalette ✱, Le Brisoys-Surmont ✱, commissaires ; Martin ✱, Tolla O ✱, de Miniac, commissaires-adjoints ; Jézéquel, Le Clézio, Sallé, Cherbonnel, sous-commissaires de 1re classe ; Gigout, L'Equilbec, sous-commissaires de 2e classe ; Anquetil, Potigny, Le Masson, aides-commissaires.

Inspection. — **MM.** Prigent O✱, inspecteur en chef ; Dutouquet ✱, inspecteurs ; Moufflet, inspecteur-adjoint.

Travaux hydrauliques. — **MM.** Frossard ✱, ingénieur en chef, directeur ; Minard, ingénieur ordinaire de 1re classe ; Charbonnel et Dubois, ingénieurs ordinaires de 2e classe.

Service de santé. — **MM.** Merlin O✱, directeur ; Michel sous directeur ; Bertrand, médecin en chef ; Delisle, Pascalis, Léo, médecins principaux ; Plouzané, Thémoin, Fras, Retière, Nollet et Branellec, médecins de 1re classe ; de Moutard, Hennequin, médecins de 2e classe ; Léonard, pharmacien en chef ; Baucher, pharmacien principal ; Reboul, Vignoli, pharmaciens de 1re classe ; Beaumont, Henry et Lasalle, pharmaciens de 2e classe.

Service des manutentions. — MM. Fortin et Floch, sous-agents de manutention.

Personnel administratif des directions de travaux. — MM. N...., agent administratif principal ; Méré, Boyer, Dounon, Quoniam et Lepelley, agents administratifs ; Leprévost, Guillemot, Polidor, Gibert, Duchemin, Mignot, Bouin, sous-agents administratifs.

Comptables du matériel. — MM. Courtois, agent comptable principal ; Michel, Lapotaire, Lacroix, Fruchard et Le Pogam, agents comptables ; Lepoittevin, Fournerie, Duval, Boulard, Robine, Moreau Frigout, Le Dentu, Poupeville, sous agents comptables.

Aumônier. — MM. Le Gac, aumônier de l'hôpital maritime ; N..., aumônier de l'arsenal.

Bibliothèques. — MM. Trève, conservateur de la bibliothèque du port ; Offret, conservateur de la bibliothèque de l'hôpital.

Mécaniciens principaux. — MM. Miquel et Le Bihant ✻, mécaniciens en chef.

Inscription maritime.—Quartier de Cherbourg.—MM Testard ✻, commissaire-adjoint, commissaire de l'inscription maritime ; Poulain, agent du commissariat ; Rendu ✻, trésorier des invalides ; Gallien (Gustave), syndic, à Cherbourg ; Gallien (Alexandre), syndic, à Fermanville ; Agnès, syndic, à Omonville-la-Rogue ; Le Neveu, syndic, à Diélette ; Bertaut, syndic, à Portbail.

Quartier de la Hougue. — MM. Jean-Pascal, sous-commissaire, commissaire de l'inscription maritime, à la Hougue ; Bonniol, sous-agent du commissariat, à La Hougue ; Le Biez, syndic, à la Hougue ; Duprey, syndic, à Carentan ; Maubert, préposé de l'inscription maritime, à Isigny ; Longuemare, syndic, à Grandcamp ; Le Cannelié, syndic, à Barfleur.

Equipages de la flotte. — *Division de Cherbourg.* — MM. Martin O✻, capitaine de vaisseau, commandant ; Carpentin, capitaine de frégate, commandant en second ; Mazier ✻, lieutenant de vaisseau, adjudant-major ; Mulot ✻, lieutenant de vaisseau, major ; de Champfeu, lieutenant de vaisseau, capitaine d'habillement ; Grossin, lieutenant de vaisseau, capitaine de casernement et d'armement ; Mangematin, lieutenant de vaisseau, capitaine de la compagnie de dépôt ; Jeannel, lieutenant de vaisseau, capitaine de la compagnie du petit Etat-major ; Schæffer, Pô et Dumoulin, enseignes de vaisseau ; Mathieu, sous-commissaire, trésorier ; Géraud O✻, médecin principal, médecin-major ; Fossard, médecin de 2ᵉ classe.

Batteries détachées. — MM. Viviès ✻, lieutenant-colonel commandant ; Vicq ✻, chef d'escadron ; Roos, officier payeur et d'habillement ; Hennequin, médecin de 2ᵉ classe ; N..., médecin aide-major.

8ᵉ batterie. — MM. Arragon ✻, capitaine en 1ᵉʳ ; N....., capitaine en 2ᵉ ; Vailhen, N. ..., lieutenants ; Meneck, Crémieux, Batteux, Cubanel, Jaquet, Thévenod, sous-lieutenants.

9ᵉ batterie. — MM. Odent, capitaine en 1ᵉʳ ; Maillé, capitaine en 2ᵉ ; Portères, lieutenant en 1ᵉʳ ; N..., lieutenant en 2ᵉ ; Roux, sous-lieutenant.

10ª batterie. — MM. Esmenjaud, capitaine en 1ᵉʳ ; N..., capitaine en 2ᵉ; Morty, Bizard, lieutenants en 1ᵉʳ; N..., sous-lieutenant.

11ª batterie.— MM. Bergeret ✳, capitaine en 1ᵉʳ ; Jacques, capitaine en 2ᵉ ; N..., lieutenant en 1ᵉʳ ; Chassagnette, Lambert, lieutenants en 2ᵉ; N..., sous-lieutenant.

12ª batterie. — MM. Schatz, capitaine en 1ᵉʳ ; Barbier, capitaine en 2ᵉ ; N..., lieutenant en 1ᵉʳ ; Brand, capitaine en 2ᵉ; N..., lieutenants en 2ᵉ ; Béroud, sous-lieutenant.

1ʳª compagnie d'ouvriers d'artillerie. — Bellanger ✳, capitaine en 1ᵉʳ ; N..., capitaine en 2ᵉ; Jordan, lieutenant en 1ᵉʳ.

INFANTERIE DE MARINE. — 1ᵉʳ Régiment.

ETAT-MAJOR. — MM. Jorna de Lacale O✳, colonel ; Héligenmeyer ✳, lieutenant-colonel; de Brisay ✳, Dain ✳, Wallancourt ✳, chefs de bataillon ; Recroix, major ; Millard, Lambert, Bailly, Nicoli, capitaines adjudants-majors ; Migard-Savin, capitaine-trésorier ; Benoit, capitaine d'habillement ; Delimoge, capitaine de tir ; Vial, lieutenant, adjoint au trésorier ; Margotteau, lieutenant adjoint au capitaine d'habillement ; de Vachon, lieutenant d'armement ; Seguin, lieutenant porte-drapeau ; Delisle, médecin principal ; N..., médecin de 2ᵉ classe.

2ᵉ BATAILLON.

1ʳª compagnie. — MM. Rives-Lange, capitaine ; Lallement, lieutenant ; Beynet, sous-lieutenant.

2ª compagnie. — MM. Léger, capitaine ; Bastien, lieutenant ; Simon, sous-lieutenant.

3ª compagnie. — MM. N...., capitaine ; Lesol, lieutenant ; Fonteny, sous-lieutenant.

4ª compagnie. — MM. Sarret, capitaine ; Perlié, lieutenant ; Allouard, sous-lieutenant.

3ᵉ BATAILLON.

1ʳª compagnie. — MM. Cléret ✳, capitaine ; Dupin, lieutenant ; Mahieu, sous-lieutenant.

2ª compagnie.—MM. Fournier, capitaine ; Armentier, lieutenant ; Giorgi, sous-lieutenant.

3ª compagnie. — MM. Annet, capitaine ; Bachot, lieutenant ; Lamblo, sous-lieutenant.

4ª compagnie. — Deuxdeniers, capitaine ; Guillet, lieutenant ; Pennas, sous-lieutenant.

4ᵉ BATAILLON.

1ʳª compagnie. — MM. Faudet, capitaine ; Dubreuil, lieutenant ; Roy, sous-lieutenant.

2ª compagnie. — MM. Ytasse ✳, capitaine ; Nazarot, lieutenant ; Chanaron, sous-lieutenant.

Suite.— MM. Boilère, colonel; Raffenel, Goldschoën ✽, Tane ✽, Belin ✽, chefs de bataillon ; David, Pouillard, de Razout, Tipveau, Simonin, capitaines de 1ʳᵉ classe ; Porion, de Gaye, Lebas, Bouvier, Dumoulin, capitaines de 2ᵉ classe ; Rauch, Destre, Delort, Clavel, Mortreuil, Champmartin, Guérin, Hirtzman, Blanc, Jacob, Labache, Vermesch, lieutenants de 1ʳᵉ classe ; de Boëck, Mailloux, Choisy, Thibaud, Chevalier, Véret, Kœchly, Reset, Philippe, Puidupin, Bonnefoy, lieutenants de 2ᵉ classe ; Billès, sous-lieutenant ; de Moutord, médecin de 2ᵉ classe.

5ᵉ Régiment.

ETAT-MAJOR. — MM. Frey ✽, colonel; Rémy O ✽, lieutenant-colonel ; Dain, Péroz, chefs de bataillons ; Boistel ✽, commandant major; Desbuisson, Laumonnier, capitaines adjudants-majors ; Loulain, capitaine-trésorier ; Thierry, lieutenant d'habillement ; Taillat, lieutenant adjoint au trésorier ; Poisson, lieutenant porte-drapeau ; Pascalis, médecin principal ; Plouzané, médecin-major.

1ᵉʳ BATAILLON.

1ʳᵉ compagnie.—MM. Barbecot, capitaine ; Legendre, lieutenant ; N..., sous-lieutenant.

2ᵉ compagnie. — MM. Muller, capitaine ; N..., lieutenant ; Guern, sous-lieutenant.

3ᵉ compagnie. — MM. Esmez-Deutout capitaine ; Dubus, lieutenant ; Cailleaud, sous-lieutenant.

4ᵉ compagnie. — MM. Révy, capitaine ; Simonnin, lieutenant ; Guibé, sous-lieutenant.

2ᵉ BATAILLON.

1ʳᵉ compagnie. — MM. N..., capitaine ; Aubé, lieutenant ; Fleury, sous-lieutenant.

2ᵉ compagnie. — MM. Bécourt capitaine ; Grenier, lieutenant ; Bernard, sous-lieutenant.

3ᵉ compagnie. — MM. Jacob, capitaine ; Chofarde, lieutenant ; Saillant, sous-lieutenant.

4ᵉ compagnie. — MM. Legrand, capitaine ; Clément, lieutenant ; Dufaure de Citres, sous-lieutenant.

3ᵉ BATAILLON.

1ʳᵉ compagnie.— MM. Limbourg, capitaine ; Micolon, lieutenant; Manificat, sous-lieutenant.

2ᵉ compagnie. — MM. Lestoquoi capitaine ; Langlois, lieutenant ; Tessier, sous-lieutenant.

3ᵉ compagnie.— MM. Thomassin, capitaine ; Bocquet, lieutenant ; Dussaux, sous-lieutenant.

4ᵉ *compagnie.* — MM. Henry, capitaine; Marie, lieutenant; Fenard, sous-lieutenant.

4ᵉ BATAILLON.

1ʳᵉ *compagnie.* — MM. N..., capitaine ; Malafayde, lieutenant; Prouhet, sous-lieutenant.

2ᵉ *compagnie.* — MM. N.., capitaine ; Millot, lieutenant; N...., sous-lieutenant.

Suite. — MM. Courot-Duclaux, lieutenant-colonel ; Borbal-Combet ✳, chef de bataillon ; Renaud, Lagarde, Brunet, capitaines de 1ʳᵉ classe ; Legrand, Beaudoin, Hibon de Fohn, Sensaric, Pierron, Bois, Daval, Gallemon, Rondomy, Arpedaine de Belleville, capitaines de 2ᵉ classe; Patin, Genesseau, Martelly, Chambert, Morel, lieutenant de 1ʳᵉ classe ; Mordelle, Clerc, Mazurié, Soulié, Laulhier, Savry, Lebrun, Tifton, Poinsel, Bunas, Hutin, Ollivier, Henry, Grandmontagne, lieutenant de 2ᵉ classe ; Fouque, sous-lieutenant.

Deuxième arrondissement maritime.

Sous-arrondissement de Saint-Servan.

QUARTIER DE GRANVILLE. — *Commissariat.* — MM. Augier ✳, commissaire-adjoint de la marine, commissaire de l'inscription maritime, à Granville ; Guimont, sous-agent ; Lamusse, commis de 1ʳᵉ classe ; Jean, commis de 3ᵉ classe ; Crespin, commis auxiliaire.

Trésorerie des Invalides. — MM. Racine, trésorier de 2ᵉ classe, à Granville ; Hennequin, préposé à Régnéville.

Ecole d'hydrographie.—M. Jaffré, professeur de 1ʳᵉ classe.

Préposé à l'inscription maritime à Régnéville.—M. Robillard ✳.

Inspection des pêches.- M. Thomas ✳, inspecteur, à Granville.

Syndics des gens de mer. — MM. Luce, à Granville ; Dové, à Genest ; Sire, à Bréhal; Philippes de Trémaudant, à Carolles ; Pollet, à Avranches; Laforge ✳, à Coutances ; Daliphiard ✳, à Blainville.

Gardes maritimes. — MM. Locquen, à Granville ; Tréquilly, à Courtils ; Lepeu, à Lingreville ; Caruel, à Champeaux-Bouillon ; Coupé, à Saint-Léonard-de-Vains; Regnault, à Régnéville ; Duchemin, à Gouville ; Meyer, à Agon.

Gendarmerie maritime. — MM. Corre, brigadier; Gabioch, gendarme, à Granville.

Electro-Sémaphores. — MM. Lerond, chef guetteur, à Chausey; Gouyet, guetteur, à Chausey ; Godefroy, chef guetteur, à Granville (le Roc); Constant, guetteur (le Roc); Helloco, chef guetteur et Hersent, guetteur, à Agon.

STATION NAVALE DE GRANVILLE.

M. Ozanne ✳, lieutenant de vaisseau, commandant la *Sainte Barbe* et la station navale de Granville.

M. Miossec ✻, 1ᵉʳ maître de manœuvre, commandant du *Congre*, à Granville.

M. Maximi ✻, 1ᵉʳ maître de manœuvre, commandant de la *Macreuse*, à Carteret.

TRAVAUX PUBLICS.

Service des Mines.

Division du Nord-Ouest.

Inspecteur général. — M. LORIEUX O✻, 2ᵉ classe, rue de Galilée, 45, Paris.

Arrondissement de Rouen.

Ingénieur en chef. — M. DE GENOUILLAC ✻, 1ʳᵉ classe, rue Pavée, 6, Rouen.

Ingénieur ordinaire. — M. Lecornu ✻, O. A., 1ʳᵉ classe, rue Jean-Romain, Caen.

Contrôleurs des mines. — MM. Scheffler, 1ʳᵉ classe, Caen ; Yvart, principal, Flers.

Contrôle des travaux et des études (14ᵉ inspection).

Inspecteur général. — M. PICQUENOT ✻, 2ᵉ classe, 28, avenue Marceau, Paris.

LIGNE DE CARENTAN A CARTERET.

1ʳᵉ Section (*Carentan à la Haye-du-Puits*).

Ingénieur en chef. — M. GOUTON ✻, 1ʳᵉ classe, (✻ M. A.), à Cherbourg.

Ingénieur ordinaire. — M. Leroy, conducteur principal, faisant fonctions d'ingénieur ordinaire, à Saint-Lo.

Conducteur. — M. Simon, 1ʳᵉ classe, à Carentan.

2ᵉ Section (*La Haye-du-Puits à Carteret*), en exploitation.

LIGNE DE COUTANCES A REGNÉVILLE.

Ingénieur en chef. — M. GOUTON ✻, 1ʳᵉ classe, d. n., à Cherbourg.

Ingénieur ordinaire. — M. de Larminat, 2ᵉ classe, à Granville.

Conducteur. — M. Sanson (Th.), conducteur principal, à Coutances.

Service ordinaire, maritime, de la navigation, des desséchements (Travaux publics, 14° inspection) *et hydraulique* (Agriculture, Direction de l'Hydraulique Agricole).

Inspecteur général. — M. PICQUENOT ✳, 2° classe, 28, avenue Marceau, Paris.

Ingénieur en chef. — M. GOUTON ✳ (M. A.', 1° classe, d. n., à Cherbourg.

Ingénieurs ordinaires. — MM. Renard, 2° classe, à Cherbourg ; de Larminat, 2° classe, d. n., à Granville ; Leroy, conducteur principal, faisant fonctions d'ingénieur ordinaire, d. n., à Saint-Lo.

Conducteurs. — MM. Sanson (Th.), principal, d. n., à Coutances ; Paysant (Désiré), 1° classe ; Le Chevalier, 1° classe à Cherbourg ; Mignan, 1° classe, à Avranches ; Simon (A.), 1° classe, d. n., à Carentan ; Enquebecq, 1° classe, à Valognes ; Gardin, 1° classe, à Cherbourg ; Loiseau, 1° classe, à Avranches ; Omond, 1° classe, à Saint-Lo ; Savary, 1° classe, à Cherbourg ; Servin, 2° classe ; Marie, 2° classe ; Dubost, 2° classe, à Saint-Lo ; Morin, 2° classe, à Granville ; Roulland, 2° classe ; Jeanne (Eug.), 2° classe, à Cherbourg ; Porée, 2° classe ; Sanson (A.), 2° classe, à Granville ; Renault, 2° classe, à Gatteville ; Leluan, 2° classe ; Desmares, 3° classe, à Cherbourg ; Languehard, 3° classe, à Granville ; Bergot, 3° classe, à Villedieu ; Paysant (Eug.), 3° classe, à Saint-Hilaire-du-Harcouët ; Le Magnen, 3° classe, à Cherbourg ; Pitron, 3° classe, à Granville ; Bernard (B). 3° classe, à Saint-Lo ; Bazile, 3° classe, à Beaumont ; Mabire, 3° classe, à Carentan ; Dumouchel, 3° classe, à Granville ; Loyer, 4° classe, à Carentan.

Services divers. — MM Poteaux, 1° classe, chef de division à la Préfecture, à Saint-Lo ; Fafin, 1° classe, à la compagnie des phosphates du Cotentin, à Pont-l'Abbé-Picauville ; Guéroult, 1° classe, à la compagnie de l'Ouest, à La Haye-du-Puits ; Hervé, 3° classe, en disponibilité, pour cause de santé, à Granville ; Poupeville, 3° classe, conducteur voyer de la ville de Cherbourg.

Commis. — MM Marest, 1° classe, à Cherbourg ; Tual, 2° classe, à Saint-Lo ; Thomelin, 2° classe, à Granville ; Ferdinand, 2° classe, à Saint-Lo ; Bataille, 3° classe, à Granville ; Safrané (Eug.), 3° classe ; Pellé, 3° classe, Robiqnet, 3° classe à Cherbourg ; Douchin, 3° classe, à Saint-Lo ; Bonnemains, 3° classe, à Cherbourg ; Lamy, 3° classe, à Saint-Lo ; Corre, 3° classe ; Fleury, 3° classe ; Turbert, 3° classe ; Dumoncel, 4° classe, à Cherbourg ; Wagner, 4° classe, à Granville ; Safrané (Louis), 4° classe, à Cherbourg.

Officiers et maîtres de port. — MM. Giot, O. A., capitaine de 2° classe, à Cherbourg ; Yvon, lieutenant de 2° classe, à Granville ; Quilbé, faisant fonctions de maître de port, 1° classe, à Granville ; Le Crest, maître de 3° classe, à Barfleur ; Cresté, maître de 3° classe, à Saint-Vaast ; Le Clerc, maître de 4° classe, à Regnéville ; Tesnière, maître de 4° classe, à Cherbourg ; Bonnissent, faisant fonctions de maître, à Diélette ; Dessoulles, faisant fonctions de maître à Carentan ; Picot, faisant fonctions de maître à Portbail.

Services divers. — Courtet, commis de 2° classe, conducteur-adjoint à la compagnie de l'Ouest ; Hubert, commis de 3° classe à la compagnie de l'Ouest.

PHARES ET BALISES.

Inspecteur général de 1re classe, chargé de la direction du service.—M. BERNARD, (Em.), O✳, 43, avenue du Trocadéro, Paris.

Ingénieur en chef de 1re classe, adjoint à l'Inspection et chargé du service central.—M. Bourdelles O✳, 43, avenue du Trocadéro, Paris.

Le service des phares et balises du Département est confié au personnel du service maritime de la Manche.

VOIES FERRÉES D'INTÉRÊT GÉNÉRAL DES QUAIS DES PORTS MARITIMES.

Inspecteur général.—M. DEMOUY ✳, rue Bayen, 20, Paris.

Le service du Contrôle local technique et commercial est confié aux ingénieurs, conducteurs et officiers de port du service maritime.

Service du Contrôle de l'exploitation des chemins de fer d'intérêt général exploités par les Compagnies.

LIGNES DE PARIS A CHERBOURG, D'ARGENTAN A GRANVILLE, DE LISON A LAMBALLE, DE SOTTEVAST A COUTANCES, DE VITRÉ A FOUGÈRES ET PROLONGEMENTS.

Inspecteur général.—M. DEMOUY ✳, 2e classe, ponts et chaussées, 20, rue Bayen, à Paris.

Ingénieurs en chef.—MM. Pelletan ✳ (mines), 2e classe, chargé du contrôle technique, 27, rue Fresnel, Paris ; Chabert ✳, 2e classe (ponts et chaussées), chargé du contrôle des travaux neufs et de l'entretien, 19, rue Jacob, Paris.

Ingénieurs ordinaires.—MM. Barbé, 1re classe (ponts et chaussées), à Caen ; Michel, 2e classe (ponts et chaussées), à Rennes ; Lecornu ✳, 1re classe (mines), à Caen ; Bernheim, 3e classe (mines), au Mans.

Conducteurs.—MM. Lavalley, principal, à Caen ; Mignan, 1re classe à Avranches ; Bessy ; 1re classe, à Rennes ; Deschateaux, 3e classe, à Caen ; Planchais, 4e classe, à Rennes.

Commis.—MM. Poupard, 3e classe, au Mans ; Danglard, 3e classe, à Caen ; Trouplin, 4e classe, à Caen.

Contrôleurs des Mines.—MM. Scheffler, 1re classe, à Caen ; Chevreul, 1re classe, à Rennes.

Commissaires.—MM. Martineau, (H.), ✳, 1re classe, à Granville ; Du Merle, 1re classe, à Bayeux ; Thionnaire, 2e classe, à Avranches ; Marion ✳, 4e classe, à Vitré ; Poret, 1re classe, à Dinan ; Lepetit ✳, 3e classe, à Cherbourg ; Vallette ✳, 4e classe, à Saint-Lo.

LIGNE DE VIRE A SAINT-LO.

Ingénieur en chef.—M. LUNEAU ✸, place Saint-Martin, 15, Caen.

Ingénieur ordinaire.—M. Chevalier, à Bayeux.

Conducteur.—M. Leroy, conducteur, à Caen.

LIGNES DE FOUGÈRES A VIRE ET D'AVRANCHES A DOMFRONT.

Ingénieur en chef.—M. PERRIN ✸, à Alençon.

Ingénieurs ordinaires.—MM. Godron, 3ᵉ classe, à Alençon ; Michaux, 3ᵉ classe, à Mayenne.

Conducteurs.—MM. Mignan, 1ʳᵉ classe, à Avranches ; Louvel, 2ᵉ classe, à Alençon ; Rocher, 2ᵉ classe, à Alençon ; Fouqué, 3ᵉ classe, à Mayenne.

FINANCES.

Trésorerie générale.

Trésorier-payeur général.—M. BELLIER DE VILLENTROY, à Saint-Lo.

Fondé de pouvoirs du trésorier général.—M. Griffouil.

Chef de comptabilité.—M. Domet.

Chef du bureau de la perception.—M. Vautier.

Chef du bureau de la dépense.—M. Lecoq.

Caissier.—M. Lemazurier.

Percepteurs surnuméraires.—MM. Boutreuil, Hiot, Avenette, Dufour, Alix.

Recettes particulières.

Avranches. — M. Vignon, receveur particulier ; M. Gauthier, fondé de pouvoirs.

Cherbourg.—M. Chabert, receveur particulier ; M. Hazard, fondé de pouvoirs.

Coutances.—M. Le Pomellec, receveur particulier ; M. Landon, fondé de pouvoirs.

Mortain.—M. Deplanche, receveur particulier ; M. Eustache, fondé de pouvoirs.

Valognes.—M. Rougelot, receveur particulier ; M. Leviandier, fondé de pouvoirs.

PERCEPTEURS.

CHEFS-LIEUX DE PERCEPTION ET COMMUNES QUI LES COMPOSENT.

ARRONDISSEMENT DE SAINT-LO.

Percepteurs, MM.

Lebel, *Saint-Lo*, Agneaux.

Lelièvre, *Canisy*, Dangy, Quibou, Saint-Martin-de-Bonfossé, Soules.

Courtel, *Carentan*, Auvers, Saint-Côme-du-Mont, Saint-Hilaire-Petitville, Brévands, Catz, les Veys, Saint-Pellerin.

Legraverend, *Gourfaleur* (résidence à Saint-Lo), la Mancellière, le Mesnil-Herman, Saint-Ébrémond-de-Bonfossé, Saint-Romphaire, Saint-Samson-de-Bonfossé.

De Saint-Stéban, *la Colombe* (résidence à Percy), Beslon, Margueray, Montbray, Morigny.

Clavereul, *Lozon* (résidence à Marigny), la Chapelle-Enjuger, le Mesnil-Eury, le Mesnil-Vigot, Montreuil, Remilly-sur-Lozon.

Taillefer, *Marigny*, Carantilly, Hébécrévon, le Mesnil-Amey, Saint-Gilles.

Flambard, *Moyon* (résidence à Tessy-sur-Vire), Beaucoudray, Chevry, Fervaches, le Mesnil-Opac, le Mesnil-Raoult, Troisgots.

Marigny, *Percy*, la Haye-Bellefonds, le Chefresne, le Guislain, Maupertuis, Montabot, Villebaudon.

Baco, *Pont-Hébert*, Amigny, Cavigny, le Dézert, le Hommet-d'Arthenay, les Champs-de-Losques, Tribehou.

Levoy, *Saint-Clair* (résidence à Saint-Lo), Airel, Couvains, la Meauffe, Moon-sur-Elle, Saint-Jean-de-Savigny, Villiers-Fossard.

Cresté, *Sainte-Croix* (résidence à Saint-Lo), Baudre, la Barre-de-Semilly, la Luzerne, le Mesnil-Rouxelin, Rampan, Saint-Georges-de-Montcocq, Sainte-Suzanne-sur-Vire, Saint-Thomas.

Brodin, *Sainteny* (résidence à Carentan), Auxais, Raids, Saint-André-de-Bohon, Saint-Georges-de-Bohon, Méautis.

Potier de la Houssaye, *Saint-Georges-d'Elle* (résidence à Saint-Lo), Bérigny, Cerisy-la-Forêt, Notre-Dame-d'Elle, Saint-André-de-l'Epine, Saint-Germain-d'Elle, Saint-Pierre-de-Semilly.

Tardif, *Saint-Jean-de-Daye*, Graignes, le Mesnil-Angot, le Mesnil-Véneron, Montmartin-en-Graignes, Saint-Fromond.

Leblanc, *Saint-Jean-des-Baisants* (résidence à Torigni-sur-Vire), Condé-sur-Vire, la Chapelle-du-Fest, Montrabot, Rouxeville, Précorbin, Vidouville.

Pierre, *Tessy-sur-Vire*, Beuvrigny, Domjean, Fourneaux, Gouvets, Saint-Louet-sur-Vire, Saint-Vigor-des-Monts.

Lallier, *Torigni-sur-Vire*, Brectouville, Saint-Amand, Biéville, Lamberville, Giéville, Guilberville, le Perron, Placy-Montaigu, Saint-Symphorien.

ARRONDISSEMENT D'AVRANCHES.

Percepteurs : MM.

Hurel, *Avranches*.

Pierre, *Brécey*, Cuves, la Chapelle-Urée, le Grand-Celland, le Petit-Celland, les Cresnays, les Loges-sur-Brécey, Saint-Nicolas-des-Bois.

Girardot, *Carnet* (résidence à Saint-James), Argouges, Montanel, Vergoncey, Villiers.

Trincot, *Curey* (résidence à Sacey), Aucey, Boucey, Cormeray, Macey, Sacey, Vessey, Servon, Tanis.

Bardou, *Ducey*, la Boulouze, le Mesnil-Ozenne, les Chéris, Marcilly, Saint-Quentin.

Gautier, *Granville*, Saint-Pair, Bouillon, Donville, Saint-Aubin-des-Préaux, Saint-Nicolas-près-Granville, Saint-Planchers, Yquelon.

Canpain, *la Beslière* (résidence à la Haye-Pesnel), Folligny, Hocquigny, la Lucerne-d'Outremer, la Rochelle, le Mesnildrey, Saint-Jean-des-Champs, Saint-Léger, Saint-Ursin.

Le Pelley-Fonteny, *la Haye-Pesnel*, Beauchamps, Champcervon, la Mouche, Le Luot, Le Tanu, les Chambres, Noirpalu, Sainte-Pience, Subligny.

Garnier, *Montviron* (résidence à Sartilly), Bacilly, Champcey, Dragey, Genest, Lolif.

Groult, *Pontaubault* (résidence à Avranches), Céaux, Courtils, Crollon, Juilley, Poilley, Précey.

Lemutricy, *Pontorson*, Ardevon, Beauvoir, Huisnes, le Mont-Saint-Michel, les Pas, Moidrey.

Péguenet, *Ponts* (résidence à Avranches), Chavoy, Marcey, Plomb, Saint-Jean-de-la-Haize, Vains, le Val-Saint-Pair.

Trottet, *Saint-Georges-de-Livoye* (résidence à Brécey), Braffais, la Chaise-Baudouin, Notre-Dame-de-Livoye, Sainte-Eugienne, Saint-Jean-du-Corail, Tirepied, Vernix.

Gautier, *Saint-James*, Hamelin, La Croix-Avranchin, Montjoie, Saint-Aubin-de-Terregatte, Saint-Laurent-de-Terregatte, Saint-Sénier-de-Beuvron.

Pêtre, *Saint-Sénier-sous-Avranches* (résidence à Avranches), la Godefroy, la Gohannière, Saint-Brice, Saint-Loup, Saint-Martin-des-Champs, Saint-Osvin.

Eudine, *Sartilly*, Angey, Carolles, Champeaux, Ronthon, Saint-Jean-le-Thomas, Saint-Michel-des-Loups, Saint-Pierre-Langers.

Lefrançois, *Villedieu*, Bourguenolles, Champrépus, Chérencé-le-Héron, Fleury, la Bloutière, la Lande-d'Airou, la Trinité, Rouffigny, Sainte-Cécile, Saultcheveuil.

ARRONDISSEMENT DE CHERBOURG.

Percepteurs : MM.

Peyronnet, *Cherbourg*.

Pupin, *Beaumont*, Auderville, Digulleville, Eculleville, Gréville, Herqueville, Jobourg, Omonville-la-Petite, Omonville-la-Rogue, Saint-Germain-des-Vaux.

Gloumeau, *Brillevast* (résidence à Saint-Pierre-Eglise), Canteloup, Clitourps, Gonneville, le Theil, le Vast, Varouville.

Du Laurens de Montbrun, *Equeurdreville* (résidence à Cherbourg), Henneville, Nouainville, Octeville, Querqueville.

Bernard, *les Pieux*, Grosville, le Rozel, Pierreville, Saint-Germain-le-Gailard, Surtainville.

Joublin, *Martinvast* (résidence à Cherbourg), Couville, Hardinvast, Saint-Martin-le-Gréard, Sideville, Teurthéville-Hague, Tollevast, Virandeville.

Dupont, *Sainte-Croix-Hague*, Acqueville, Biville, Branville, Flotte-manville-Hague, Nacqueville, Tonneville, Urville-Hague, Vaste-ville, Vauville.

Groult, *Saint-Pierre-Eglise*, Carneville, Cosqueville, Fermanville, Maupertus, Théville.

Requier, *Siouville* (résidence aux Pieux), Benoistville, Bricquebosq, Flamanville, Héauville, Helleville, Saint-Christophe-du-Foc, Sotteville, Tréauville.

Griset, *Tocqueville*, Angoville, Gatteville, Gouberville, Néville, Réthóville, Vrasville.

Tirel, *Tourlaville* (résidence à Cherbourg), Bretteville, Digosville, le Mesnil-Auval.

ARRONDISSEMENT DE COUTANCES.

Percepteurs : MM.

Bosquet, *Coutances*, Saint-Nicolas-de-Coutances, Saint-Pierre-de-Coutances.

Leheusey, *Baudreville* (résidence à la Haye-du-Puits), Canville, Denneville, Doville, Glatigny, Saint-Nicolas-de-Pierrepont, Saint-Rémy-des-Landes, Saint-Sauveur-de-Pierrepont, Surville.

Dujardin, *Bréhal*, Anctoville, Bréville, Bricqueville-sur-Mer, Chan-teloup, Coudeville, Longueville, Muneville-sur-Mer.

Drieu, *Cérences*, Bourey, Equilly, Hudimesnil, la Meurdraquière, le Loreur, Le Mesnil-Aubert, Saint-Sauveur-la-Pommeraye.

Lavieille, *Cerisy-la-Salle*, Belval, Cametours, Montpinchon, Ouville, Savigny, Roncey, Guéhébert, Notre-Dame-de-Cenilly, Saint-Denis-le-Vétu, Saint-Martin-de-Cenilly.

Lemazurier, *Courcy* (résidence à Coutances), Bricqueville-la-Blouette, Cambernon, Nicorps, Saussey.

Desponts, *Gavray*, le Mesnil-Amand, le Mesnil-Garnier, le Mesnil-Hue, le Mesnil-Rogues, le Mesnil-Villeman, Montaigu-les-Bois, Ver.

Barbier, *Hambye* (résidence à Gavray), Grimesnil, la Baleine, Len-gronne, le Mesnil-Bonant, Saint-Denis-le-Gast, Sourdeval-les-Bois.

Lemière, *la Haye-du-Puits*, Bolleville, Gerville, Lithaire, Mobecq, Montgardon, Neufmesnil, Saint-Symphorien.

Dudouyt, *Lessay*, Angoville-sur-Ay, Bretteville-sur-Ay, Laulne, Saint-Germain-sur-Ay, Saint-Patrice-de-Claids, Vesly.

Tardif, *le Mesnil-Bus*, Montcuit, Camprond, Hautteville-la-Guichard, le Lorey, Saint-Aubin-du-Perron.

Doux, *Montmartin-sur-Mer*, Annoville, Hautteville-sur-Mer, Héren-guerville, Lingreville, Montchaton, Regnéville.

Pican, *Périers*, Feugères, Gonfreville, Marchésieux, Nay, Saint-Martin-d'Aubigny, Saint-Sébastien-de-Raids, Saint-Germain-sur-Sèves, Gorges, Baupte, Lastelle, Le Plessis, Saint-Jores, Sainte-Suzanne.

Regnault, *Pirou*, Anneville, Créances, Geffosses, la Feuillie, Millières.

Guidon, *Prétot*, Appeville, Coigny, Cretteville, Houtteville, Varenguebec, Vindefontaine.

De Villartay, *Quettreville*, Contrières, Hyenville, Orval, Trelly.

Laurent, *Saint-Malo-de-la-Lande* (résidence à Agon), Ancteville, Boisroger, Brainville, Gratot, la Vendelée, Montsurvent, Servigny, Agon, Blainville, Gouville, Heugueville, Tourville.

Lecorre, *Saint Sauveur-Lendelin*, la Ronde-Haye, Monthuchon, Muneville-le-Bingard, Saint-Michel-de-la-Pierre, Vaudrimesnil.

ARRONDISSEMENT DE MORTAIN.

Percepteurs, MM.

Bourbon, *Mortain*, Bion, Rancoudray, le Neufbourg, Saint-Barthélemy, Saint-Clément, Saint-Jean-du-Corail.

Delagneau, *Barenton*, Ger, Saint-Cyr-du-Bailleul, Saint-Georges-de-Rouelley.

Clerc, *Buais*, Ferrières, Heussé, Saint-Symphorien, Savigny-le-Vieux.

Quenette, *Isigny*, les Biards, le Buat, Chalandrey, la Mancellière, le Mesnil-Bœufs, le Mesnil-Thébault, Montgothier, Montigny, Nattel, Vézins.

Lebrun, *Juvigny*, Bellefontaine, Chasseguey, Chérencé-le-Roussel, le Mesnil-Adelée, la Bazoge, le Mesnil-Rainfray, le Mesnil-Tôve, Reffuveille.

Nicolas, *Milly* (résidence à Saint-Hilaire-du-Harcouët), Chevreville, Lapenty, Martigny, le Mesnillard, Parigny, Virey.

Dautouille, *Notre-Dame-du-Touchet* (résidence à Mortain), Fontenay, Romagny, Villechien.

Duverne, *Saint-Hilaire-du-Harcouët*, les Loges-Marchis, Moulines, Saint-Brice-de-Landelles, Saint-Martin-de-Landelles.

Lemasson, *Saint-Pois*, Boisyvon, la Chapelle-Cécelin, Coulouvray-Boisbenâtre, Lingeard, le Mesnil-Guilbert, Montjoie, Saint-Laurent-de Cuves, Saint-Martin-le-Bouillant, Saint-Maur-des-Bois.

Hervy, *Sourdeval*, Beauficel, Brouains, le Fresne-Poret, Gathemo, Perriers-en-Beauficel, Saint-Martin-de-Chaulieu, Saint-Sauveur-de-Chaulieu, Vengeons.

Goulias, *le Teilleul*, Husson, Sainte-Marie-du-Bois.

ARRONDISSEMENT DE VALOGNES.

Percepteurs, MM.

Clavreul, *Valognes*, Brix, Huberville, Lieusaint, Montaigu, Saussemesnil, Tamerville, Yvetot.

Jourdan, *Barfleur*, Anneville-en-Saire, le Vicel, Montfarville, Sainte-Geneviève, Valcanville.

Leguay, *Barneville*, Baubigny, Carteret, la Haye-d'Ectot, les Moitiers-d'Allonne, Saint-Pierre-d'Arthéglise, Sénoville, Sortosville-en-Beaumont.

Leloutre, *Bricquebec*, les Perques, le Vrétot, Quettetot.

Legouix, *Emondeville* (résidence à Montebourg), Azeville, Ecausseville, Fontenay-sur-Mer, Fresville, Joganville, Ozeville, Quinéville, Saint-Marcouf.

Laurent, *Montebourg*, Eroudeville, Flottemanville, Hémevez, le Ham, Lestre, Saint-Cyr, Saint-Floxel, Saint-Germain-de-Tournebut, Saint-Martin-d'Audouville, Sortosville, Urville, Vaudreville.

Hébert, *Négreville* (résidence à Bricquebec), Breuville, Magneville, Morville, Saint-Martin-le-Hébert, Rauville-la-Bigot, Sottevast.

Macel, *Néhou* (résidence à Saint-Sauveur-le-Vicomte), Biniville, Colomby, Golleville, Hautteville, Orglandes, Sainte-Colombe.

Groult, *Picauville*, Amfreville, Beuzeville-la-Bastille, Gourbesville, Houesville, Liesville.

Ferrand, *Portbail*, Fierville, le Valdécie, Saint-Georges-de-la-Rivière, Saint-Jean-de-la-Rivière, Saint-Lo-d'Ourville, Saint-Martin-du-Mesnil, Saint-Maurice.

Sinoir, *Quettehou*, Aumeville-Lestre, Crasville, Octeville-la-Venelle, Teurthéville-Bocage, Videcosville.

Pestre-Lamy, *Saint-Sauveur-le-Vicomte*, Besneville, Catteville, Crosville, Etienville, la Bonneville, les Moitiers-en-Bauptois, Neuville-en-Beaumont, Rauville-la-Place, Reignevillo, Taillepied.

Le Loup, *Saint-Vaast-la-Hougue*, la Pernelle, Morsalines, Réville.

Garnier, *Sainte-Marie-du-Mont*, Angoville, Audouville-la-Hubert, Blosville, Boutteville, Brucheville, Hiesville, Saint-Martin-de-Varreville, Sébeville, Vierville.

Boultvreuil, *Sainte-Mère-Eglise*, Beuzeville-au-Plain, Carquebut, Chef-du-Pont, Ecoquenéauville, Foucarville, Neuville-au-Plain, Saint-Germain-de-Varreville, Ravenoville, Turqueville.

Succursale de la Banque de France, à Saint-Lo.

Directeur : M. SIMON.

Censeurs : MM. Pannier-Lachaussée, Cavaroc, N...

Administrateurs : MM. Angot, Breton, Vaultier, Trocheris, Dary, N....

Caissier : M. Barreau.

Chef de comptabilité : M. Motel.

Commis : MM. Dieuleveult, de Chappotin.

Bureau auxiliaire de Cherbourg.

Chef : M. Delalande.

Caissier : M. de Lorgeril.

Les opérations de la Banque de France consistent à :

1° Escompter des effets de commerce payables à Paris ou dans les succursales, dans le délai de trois mois, revêtu de trois signatures, ou seulement de deux avec dépôt de titre en garantie ;

2° Faire des avances de 80 % sur rentes françaises et 75 % sur actions et obligations des chemins de fer, obligations de la ville de Paris, foncières et algériennes ;

3° Emettre des billets à ordre payables à Paris, ou dans les succursales, moyennant une commission de 0 fr. 50 c. pour 1,000 fr.

ADMINISTRATION DES CONTRIBUTIONS DIRECTES
ET DU CADASTRE.

Directeur : M. LORIN, à Saint-Lo, rue du Château, 12.
Bureaux de la Direction ; rue Dame-Denise, 3, à Saint-Lo.
Contrôleur 1er commis : M. Fauvel, à Saint-Lo, rue du Château, 6.

Les bureaux sont ouverts tous les jours excepté les dimanches et fêtes de huit heures du matin à onze et demie et de une heure et demie à quatre heures et demie du soir, pour les renseignements, ainsi que pour la délivrance des extraits de matrices cadastrales et des copies de plan.

Inspecteurs : M. Jozeau, place des Beaux-Regards, n° 18, à Saint-Lo.

Contrôleurs à partir du 19 avril 1893.

Saint-Lo.—M. Lubet, contrôleur principal, rue du Mouton, n° 8.— Perceptions de Canisy, Gourfaleur, Lozon, Marigny, Pont-Hébert, Sainte-Croix-de-Saint-Lo, Saint-Jean-de-Daye, Saint-Lo.

Torigni. — M. Bony, contrôleur de 2e classe, à Saint-Lo, rue Torteron, 95 bis. — Perceptions de La Colombe, Moyon, Percy, Saint-Jean-des-Baisants, Saint-Clair, Saint-Georges-d'Elle, Tessy, Torigni.

Carentan. — M. Huret, contrôleur à Carentan. — Perceptions de Carentan, Lessay, Périers, Picauville, Pirou, Prétot, Sainte-Marie-du-Mont, Sainteny.

Valognes. — M. de Gratien, contrôleur de 2e classe, à Valognes, rue du Vieux-Château. — Perceptions de Barfleur, Emondeville, Montebourg, Quettehou, Sainte-Mère-Eglise, Saint-Vaast, Valognes.

Saint-Pierre-Eglise. — M. Bossu, contrôleur de 2e classe, à Cherbourg, place de la Révolution, 23. — Perceptions de Beaumont, Brillevast, Les Pieux, Martinvast, Sainte-Croix-Hague, Saint-Pierre-Eglise, Siouville, Tocqueville.—Communes de Bretteville, Digosville, Hainneville, Le Mesnil-au-Val et Nouainville.

Cherbourg. — M. Le Gouix, contrôleur principal, à Cherbourg, quai de Paris, 78. — Communes de Cherbourg, Equeurdreville, Octeville, Querqueville, Tourlaville.

Bricquebec.—M. Tanqueray, contrôleur de 3e classe à Valognes. — Perceptions de Barneville, Baudreville, Bricquebec, La Haye-du-Puits, Négreville, Néhou, Portbail, Saint-Sauveur-le-Vicomte.

Coutances.—M. Caussé, contrôleur de 3e classe, à Coutances.— Perceptions d'Agon, Cerisy-la-Salle, Courcy, Coutances, Le Mesnil-Bus, Montmartin, Quettreville, Saint-Malo-de-la-Lande, Saint-Sauveur-Lendelin.

Granville. — M. Guérard, contrôleur de 1re classe, à Granville, rue Saint-Michel, 26 et 27. — Perceptions de Bréhal, Cérences, Granville, La Deslière, Montviron, Sartilly.

Avranches.—M. Chassan, contrôleur de 1re classe, à Avranches, rue du Séminaire, n° 3. — Perceptions d'Avranches, Carnet, Curey, Ducey, Pontaubault, Pontorson, Ponts, Saint-James, Saint-Senier.

Villedieu. — M. Bouvattier, contrôleur hors classe, à Avranches, boulevard du Sud, n° 36.—Perceptions de Brécey, Gavray, Hambye, Isigny, la Haye-Pesnel, Saint-Georges-de-Livoye, Saint-Pois, Villedieu.

Mortain.—M. Josset, contrôleur hors classe, à Mortain.—Perceptions de Barenton, Buais, Juvigny, Le Teilleul, Milly, Mortain, Notre-Dame-du-Touchet, Saint-Hilaire-du-Harcouët, Sourdeval-la-Barre.

Surnuméraire-Contrôleur.

M. Morio, à Saint-Lo, rue Torteron, 36.

ENREGISTREMENT, DOMAINE, TIMBRE
ET HYPOTHÈQUES.

M. Leroy, directeur, à Saint-Lo.

Inspecteur. — M. Blavon-Duchesne, à Saint-Lo.

Sous-Inspecteurs. — MM. Julliot de Lamorandière, à Saint-Lo ; Sanquer, à Cherbourg ; Morin, à Avranches ; Lecarpentier, à Coutances ; Bohn, à Valognes ; Dary, à Mortain.

Receveur rédacteur près de la Direction. — M. Rigault.

Employé du timbre. — M. Devaux, garde-magasin, contrôleur de comptabilité.

Conservateurs des hypothèques.—MM de Mendonça, à Saint-Lo ; de Puniet de Parry, à Avranches ; Guillemin, à Cherbourg ; Chevallot, à Coutances ; Gautier, à Mortain ; Plessis, à Valognes.

Receveurs des actes civils et des successions. — MM. Brémont, à Saint-Lo ; Tacheau, à Cherbourg ; Roulier, à Coutances.

Receveurs des actes judiciaires et des Domaines. — MM. Delisle, à Saint-Lo ; Badin, à Cherbourg ; Dudouyt, à Coutances.

Receveurs de l'Enregistrement et des Domaines.—MM. Dutheil, à Canisy ; Le Biez, à Carentan ; Ferré, à Marigny ; Guillon, à Percy ; Le Tellier, à Pont-Hébert ; Lecourt, à Tessy-sur-Vire ; Ameline-Basbourg, à Torigni-sur-Vire ; Provost, à Avranches ; Philippe-Desportes, à Brécey ; Gautier, à Ducey ; Millet, à Granville ; Jaouen, à la Haye-Pesnel ; Lefebvre, à Pontorson : Dhangest, à Saint-James ; Chaillou de l'Etang, à Sartilly ; Thomas, à Villedieu ; Mortain, à Beaumont ; Tanqueray, à Saint-Pierre-Eglise ; Brouard, aux Pieux ; Laboureur, à Bréhal ; Casteilla, à Cerisy-la-Salle ; Schlinger, à Gavray ; Agnès, à la Haye-du-Puits ; Dubois, à Lessay ; Danlos, à Montmartin-sur-Mer ; Dumont, à Périers ; Divoy, à Saint-Sauveur-Lendelin ; Jayet, à Mortain ; Cerisier, à Barenton ; Guillier, à Saint-Hilaire-du-Harcouët; Menant, à Isigny-le-Buat; Massip, à Juvigny ; Dubreuil, à Saint-Pois ; Raphanel, à Sourdeval, Billaudeau, au Teilleul ; Céron, à Valognes ; Sueur, à Barneville ; Broyelle, à Bricquebec ; Guérin, à Montebourg ; Le Marié, à Sainte-Mère-Eglise ; Bresson, à Saint-Sauveur-le-Vicomte ; Pierre, à Saint-Vaast.

9

Surnuméraires.—MM. Levenard, Goulet et Levallois, à Saint-Lo ;
de Laurens, Dégot, de Saint-Julien, Badin et Roulier, à Cherbourg ;
Aupoix à Valognes, Leroulley, Vivier, Dudouyt et Lemaître, à Coutances ; Leguidecoq, à Avranches ; Gautier à Mortain ; Dumoncel,
à Granville.

ADMINISTRATION DES FORÊTS.

Le département de la Manche lait partie de la 2ᵉ conservation
dont le siège est à Rouen, et relève directement de l'inspection de
Bayoux (Calvados) gérée par M. Bertrand, inspecteur-adjoint, chef de
service.

Une partie de la forêt domaniale de Cerisy, dite le *Bois-l'Abbé*,
d'une contenance de 334 hectares 49 centiares, se trouve située
dans le département de la Manche, commune de Cerisy-la-Forêt,
canton de Saint-Clair, arrondissement de Saint-Lo.

Le bois de *Mingret*, 20 hectares, situé sur le territoire de la
commune d'Hébécrevon et appartenant à l'hospice de Saint-Lo,
est soumis au régime forestier ; il est géré par l'Administration
des forêts et fait partie de l'Inspection de Bayeux.

ADMINISTRATION DES DOUANES.

Directeur : M. LE BOULLENGER ✻, à Saint-Malo (1).

Service administratif et de perception.

Inspecteurs divisionnaires. — MM. de Saint-Quentin ✻, à Cherbourg ; Chérot, à Granville.

Principalité de Granville. — MM. Harivel, receveur principal, à
Granville ; Reulos, vérificateur, à Granville ; Giron, de la Massuère
et Duval, vérificateurs-adjoints, à Granville ; Dairou et Le Rumeur,
commis principaux, à Granville ; Mariette et Launay, commis, à
Granville ; Hennequin, receveur, à Regnéville ; Le Cardonnel,
receveur-buraliste, à Pontorson.

Principalité de Cherbourg. — MM. Chaumel, receveur principal,
à Cherbourg ; Lucciana, sous-inspecteur ; Cousin, contrôleur ;
Henry, Monnier et Le Buhotel, vérificateurs ; Adam, vérificateur-
adjoint; Richard, Delamer, Menu, commis, à Cherbourg ; Lepoittevin,
receveur, à Barfleur ; Leprévost, receveur, à Saint-Vaast ; Guyader,
commis, à Saint-Vaast ; Audoire, receveur, à Portbail ; Houin,
receveur, à Carteret ; Manquest, receveur, à Carentan ; Foubert,
receveur, à Diélette ; Vasselin, receveur-buraliste, à Omonville.

(1) Indépendamment des inspections divisionnaires de Granville et de Cherbourg
auxquelles se rattachent les services indiqués ici, la Direction des Douanes de Saint-
Malo comprend les trois inspections de Saint-Malo, de Saint-Brieuc et de Tréguier,
situés dans l'Ille-et-Villaine et les Côtes-du-Nord.

Service des brigades.

Capitainerie de Pont-Gilbert. — **MM.** Le Couturier, capitaine, à Pont-Gilbert ; Dumas, lieutenant, à Saint-Jean-le-Thomas. — Brigadiers : **MM.** Rondreux, à Beauvoir ; Le Bas, à Pont-Gilbert ; Lelaidier, à Genest ; Sorel, à Saint-Jean-le-Thomas ; Lenfant, à Carolles.

Capitainerie de Granville. — **MM.** Maron, capitaine, à Granville ; Jouvin, lieutenant, à Granville ; Hautemanière, lieutenant, à Regnéville — Brigadiers : **MM.** Duval, à Saint-Pair ; Le Gué, Pinson, à Granville ; Launay, à Bréville ; Lequéret, à Bricquevillo ; Jouenne, à Hautteville ; Lecouillard, à Regnéville. — **M.** David, patron, à Granville.

Capitainerie de Gouville. — **MM.** Fardel, capitaine, à Gouville ; Lecannellier, lieutenant, à Blainville ; Poiraud, sous-lieutenant, à Pirou. — Brigadiers : **MM.** Jugan, à Agon ; Lemoine, à Blainville ; Ameline et Lenoir, à Gouville ; Lebourg, à Pirou ; Aubin, à Créances.

Capitainerie de Portbail. — **MM.** Trégret, capitaine, à Portbail ; Rapilly, lieutenant, à Carteret ; Giffard, lieutenant, à La Cosnardière. — Brigadiers : **MM.** Lecouflet, à Saint-Germain-sur-Ay ; Lahousse, à La Cosnardière ; Grossin, à Denneville ; Groult, à Portbail ; Le Gruel, à Roualle ; Simon, à Carteret ; Quenault, à Hattainville. — **M.** Guesnon, patron, à Portbail.

Capitainerie de Diélette. — **MM.** Hilt, capitaine, à Diélette ; Le Floch, sous-lieutenant, au Rozel ; Le Boullenger, lieutenant, à Siouville. — Brigadiers : **MM.** Fleury, à Surtainville ; Cahu, au Rozel ; Joubert, à Flamanville ; Beuzeval, à Diélette ; Devicq, à Siouville ; Deganne, à Vauville. — **M.** Fourmy, patron, à Diélette.

Capitainerie du Grand-Vey. — **MM.** Grumelart, capitaine, au Grand-Vey ; Leclerc, lieutenant, à Carentan ; Lechevalier, lieutenant, à Ravenoville. — Brigadiers : **MM.** Montcuit, à Quinéville ; Jeanne, à Ravenoville ; Journaux, à la Madeleine ; Mahaut, au Grand-Vey ; Leconte, à Carentan ; Jean, à Brévands.

Capitainerie de Beaumont. — **MM.** Laurent, capitaine, à Beaumont ; Jeanne, lieutenant, à Auderville ; Leray, sous-lieutenant, à Jobourg ; Leprieur, lieutenant, à Omonville. — Brigadiers : **MM.** Moucel, à Beaumont ; Agnès, à Herqueville ; Belliard, à Jobourg ; Joubert, à Merquetot ; Digard, à Auderville ; Fauny, à Saint-Germain-des-Vaux ; Jean, à Saint-Martin-des-Vaux ; Le Bezin, à Omonville ; Marion, aux Ducs ; Lemétayer, à Landemer. — Patrons : **MM.** Castel, à Auderville ; Enault, à Omonville.

Capitainerie de Cherbourg. — **MM.** Liébard, capitaine, à Cherbourg ; Lemétayer, Blondel, lieutenants, à Cherbourg. — Brigadiers : **MM.** Hochet, à Querqueville ; Le Guest, à Sainte-Anne ; Fontaine, Leviel, Osmont, à Cherbourg ; Moitié, à Bourbourg ; Le Terrier, au Becquet. — **M.** Jeanne, patron, à Cherbourg.

Capitainerie de Barfleur. — **MM.** Quiédeville, capitaine, à Barfleur ; Levallois, lieutenant, à Fermanville ; Baudour, lieutenant, à Saint-Vaast. — Brigadiers : **MM.** Legagneux, à Maupertus ; Legagneux, à Fermanville ; Novince, à Cosqueville ; N...., à Gouberville ;

Couillard, à Barfleur ; Duval, à Montmorin ; Clouet, à Saint-Vaast ; Fiquet, à Morsalines. — MM. Simon, patron, à Fermanville et Bertrand, patron, à Saint-Vaast.

Organisation militaire (1).

27ᵉ *bataillon*. — Commandant : M. de Saint-Quentin, inspecteur, à Cherbourg ; capitaine-adjudant-major : M. Quiédeville, à Barfleur.

Compagnies actives. — 1ʳᵉ : MM. Grumelart, capitaine ; Leclerc et Lechevalier, lieutenants.—2ᵉ : MM. Laurent, capitaine ; Leprieur, lieutenant ; Leray, sous-lieutenant. — 3ᵉ : MM Hilt, capitaine ; Le Floch et Rapilly, lieutenants. — 4ᵉ : MM. Fardet, capitaine ; Dumas et Giffard, lieutenants.

Compagnie de forteresse de Granville.— MM. Maron, capitaine ; Jouvin et Hautemanière, lieutenants.

Compagnie de forteresse de Cherbourg.—MM. Liébard, capitaine ; Lemétayer et Blondel, lieutenants.

Section de forteresse de la Hougue. — M. Beaudour, lieutenant.

Services de santé.

Capitainerie de Pont-Gilbert.—MM. Bailleul, Frémin et Papillon, médecins.

Capitainerie de Granville. — MM. Lemoine, de la Bellière et Danlos, médecins.

Capitaineries de Gouville et de Portbail. — MM. Vincent, Bétaillouloux et Marguerie, médecins.

Capitaineries de Diélette et de Beaumont. —M. Leduc, médecin.

Capitainerie de Cherbourg. — M. Monnoye, médecin.

Capitainerie de Barfleur. — MM. Dalidan, Legalcher-Baron et Ménard, médecins.

Capitainerie du Grand-Vey. — MM. Carbonnel et Le Goupil, médecins.

Administration des Contributions indirectes.

M. Guillaumin, directeur.

MM. Carion, contrôleur, 1ᵉʳ commis de direction ; Cossé, Courbaize, Marcelleau, commis de direction ; Yver, surnuméraire.

MM. Silie, Cresson, Royer, inspecteurs.

Circonscription administrative de Saint-Lo.

Saint-Lo. — Le Moisson, receveur principal, entreposeur.
— Pelletier, contrôleur.
— Lory, Choupaut, Ereau, Flament, commis ; Jeanne, surnuméraire.
Taupin, receveur ; Turquand d'Auzay, commis principal.

---

(1) Le 27ᵉ bataillon et les compagnies et sections de forteresse de la Manche sont rattachés au 10ᵉ corps d'armée.

Carentan. — Sylvestre, receveur ; Yvenat, commis principal.

Marigny. — Mallet, receveur ; Ruaud, commis principal.

Tessy. — Fauvel, receveur ; Gaulthier, commis principal.

Torigni. — Lecouley, receveur ; Dutertre, commis principal.

Coutances. — L'Equillebec, receveur, entreposeur.

    —   Lemasurier, commis principal de 3e classe, chef de poste.

        Poligné, Poupard, Duranton, commis.

    —   Armenault, receveur ; Fleury, commis principal.

Bréhal. — Danican, receveur ; Arvieu, commis principal.

Cerisy-la-Salle. — Garcelle, receveur ; Guéneu, commis principal.

Gavray. — Masson, receveur ; Mandon, commis principal.

La Haye-du-Puits. — Lemoine, receveur ; Treilles, commis principal.

Lessay. — Boivert, receveur ; Gensous, commis principal.

Périers. — Lehodey, receveur ; Le Coz, commis principal.

Circonscription administrative d'Avranches.

M. d'Aubenton, sous-directeur.

MM. Hamonic, Guillon, commis de sous-direction ; Lechardeur, surnuméraire.

Avranches. — Cazin, receveur principal, entreposeur.

    —   Perrault, contrôleur.

    —   Laray, Pioche, Dessay, Anger, commis.

Granville. — Brindejon, contrôleur.

    —   Picquet, receveur particulier sédentaire.

        Brugalé, Dupradeau, Le Bihan, Cancelier, Joret, commis.

Brécey. — Frigot, receveur ; Augrain, commis principal.

Ducey. — Poirier. receveur ; Faligot, commis principal.

Pontorson. — Dufeu, receveur ; Perrier, commis principal.

Saint-James. — Monmirel, receveur ; Le Borrigaud, commis principal.

Sartilly. — Cordon, receveur ; Testu, commis principal.

Villedieu. — Néel, receveur ; Bré, commis principal.

Mortain. — Chanteux. receveur, entreposeur ; Etesse, receveur ; Loir, commis principal.

Le Teilleul. — Hédou, receveur ; Lenoir, commis principal.

Saint-Hilaire. — Danguy, receveur ; Tissier, commis principal.

Saint-Pois. — Doussin, receveur ; Kerleau, commis principal.

Sourdeval. — Fouquet, receveur ; Adam, commis principal.

Circonscription administrative de Cherbourg.

M. Degord, sous-directeur.

MM Dufour, Delon et Roquier, commis de sous-direction, N.. , surnuméraire.

Cherbourg. — Addisson, receveur principal, entreposeur ; Bazin, receveur particulier ; Momont, contrôleur ; Desbois, Toinel et Guérin Villaubreil, commis principaux, chefs de poste.

Havy, Enlard de Guémy, Goignard, Sauvage, Grall, Baudou et Rigal, commis.

Beaumont. — Gauvin, receveur ; Chedeville-Desvaucelles, commis principal.

Equeurdreville.—Lelièvre, receveur ; Hébert, commis principal.

Les Pieux. — Hébert, receveur ; Bébin, commis principal.

Saint-Pierre-Eglise. — Leguélinel, receveur ; Le Tanaff, commis principal.

Tourlaville. — Ozenne, receveur ; Heurtel, commis principal.

Valognes. — Piriou, receveur-entreposeur ; Lépine, receveur, Guégan, commis principal.

Bricquebec. — Mouchot, receveur ; Briend, commis principal.

Montebourg.—Desplanques, receveur ; Miette, commis principal.

Sainte-Mère-Eglise. — Josse, receveur ; Gondouin, commis principal.

Saint-Sauveur-le-Vicomte.—Desheulles , receveur ; Guérin , commis principal.

Saint-Vaast. — Mocquet, receveur ; Chauvelon, commis principal.

POSTES ET TÉLÉGRAPHES.

DIRECTION DU DÉPARTEMENT.

M. RAULT, *directeur*, à Saint-Lo.

MM. Le Grand, *inspecteur*, en résidence à Cherbourg ; Postaire et Le Landais, *inspecteurs*, à Saint-Lo.

MM. Bougourd, *commis principal ;* Legendre, Letot, Lelandais, Osmont, Desfaudais et Bonhomet, *commis.*

MM. Duval et Menant, *brigadiers-facteurs.*

BUREAUX.

NOMS DES BUREAUX.	NOMS DES RECEVEURS (1).	
	POSTES.	TÉLÉGRAPHES.
Saint-Lo..............	M. Delhomme, rec. p¹.	M. Delhomme, rᵉ pl.
Agon	Mˡˡᵉ Lecadet.	Mˡˡᵉ Lecadet.
Airel................	Mᵐᵉˢ Piriou.	Mᵐᵉˢ Piriou.
Anneville-en-Saire	Pâques.	Pâques.
Avranches...........	M. Hantraye.	M. Hantraye.
Barenton..	Mˡˡᵉˢ Simon.	Mˡˡᵉˢ Simon.
Barfleur.............	Debourgogne.	Debourgogne
Barneville-sur-Mer.	Gesbert.	Gesbert.
Beauchamps	Piquot.	
Beaumont-Hague	Lepasquier.	Lepasquier.
Bérigny.............	Mᵐᵉ Bigot.	Mᵐᵉ Bigot.
Blainville.	Mˡˡᵉˢ Rabec.	Mˡˡᵉˢ Rabec.
Brécey..............	Achard.	Achard.
Bréhal	M. Lesage.	M. Lesage.
Bricquebec	Mˡˡᵉ Halley.	Mˡˡᵉ Halley.
Buais	Mᵐᵉˢ Clouard.	Mᵐᵉˢ Clouard.
Canisy	Lemeray.	Lemeray.
Carentan	Mˡˡᵉˢ Enée.	Mˡˡᵉ Enée.
Carolles.............	»	M. Lecouteur.
Cérences	Hardy.	Mˡˡᵉ Hardy
Cerisy-la-Forêt........	Mᵐᵉˢ veuve Delafosse.	Mᵐᵉˢ vᵉ Delafosse.
Cerisy-la-Salle	Vindard.	Vindard.
Cherbourg............	M. Roulier.	M. Roulier.
Id. (bureau de l'arsenal). .	»	M. Legagneux.
Id. (bureau du Val-de-Saire).	M. Schemel.	M. Schemel.
Coutances	M. Lucas.	M. Lucas.
Créances	Mᵐᵉ Clément.	»
Ducey...............	Mˡˡᵉ Tournebois.	Mˡˡᵉ Tournebois.
Equeurdreville	Mᵐᵉˢ Le Cuirot.	Mᵐᵉ Le Cuirot.
Fermanville..........	Duval-Lapallière.	»
Flamanville..........	Mˡˡᵉˢ Lelanchon.	»
Gavray..............	Lancelot.	Mˡˡᵉ Lancelot.
Genets	»	Mᵐᵉˢ Lechevretel.
Ger.................	Mᵐᵉ Desvoyes.	Desvoyes.
Gouville.............	Mˡˡᵉ Jean.	Mˡˡᵉ Jean.
Granville.	M. Lecherre.	M. Lecherre.
Grosville............	Mᵐᵉ Tesnière.	»
Hambye.	Mˡˡᵉ Bézard.	Mˡˡᵉ Bézard.
Haye-du-Puits (La)......	Mᵐᵉ Mangin.	Mᵐᵉ Mangin.
Haye-Pesnel (La)	Mˡˡᵉ Nicolle.	Mˡˡᵉ Nicolle.
Isigny-le-Buat	Mᵐᵉ Anfray.	Mᵐᵉ Anfray.
Jullouville............	»	Mˡˡᵉˢ Chevalier.
Juvigny-le-Tertre	Mˡˡᵉ Villedieu.	Villedieu.
Lessay	M. Devaine.	M. Devaine.
Marigny	Mᵐᵉ Boucher.	Mᵐᵉ Boucher.
Martinvast.......... .	Mˡˡᵉ Creveuil.	Mˡˡᵉ Creveuil.

(1) Les communes pour lesquelles ne figurent pas de nom de Receveur dans l une des colonnes dans la liste de ces agents ne sont pourvues que de l'un des deux services : Postes et Télégraphes.

NOMS DES BUREAUX.	NOMS DES RECEVEURS (1).	
	POSTES.	TÉLÉGRAPHES.
Milly (bureau auxiliaire de poste).—(Téléph°)	M. Hér ult.	M. Hérault, gér^t.
Montebourg.............	Mme Josse.	Mme Josse.
Montmartin-sur-Mer.....	Mlle Bourdon.	Mlle Bourdon.
Mont-Saint-Michel......	Mme Joubart.	Mme Joubart.
Mortain	M. Le Crecq.	M. Le Creq.
Octeville	Mme Doucet.	Mme Doucet.
Percy.................	Mlle Mau:.uit.	Mlle Mauduit.
Périers.	Mmes veuve Leclerc.	Mmes v° Leclerc.
Pieux (Les)	Lechevallier.	Lechevallier.
Pont-Hébert...........	Mlles Gallery de la Trem-blaye.	Mlle Gallery de la Tremblaye.
Pont-Labbé-Picauville...	Lombard.	Mlle Lombard.
Pontorson.	Mme Rihouet.	Mme Rihouet.
Portbail..............	Mlles Hinet.	Mlles Hinet.
Prétot................	Delabaye.	»
Quettehou	Thin.	Thin.
Quettreville...........	Delacour.	Delacour.
Regnéville............	M. Loison.	M. Loison.
Remilly	Mlle Eve.	Mlle Eve.
Roncey	Mme Ruault.	Mme Ruault.
Ruffosses.............	»	M. Marguerite.
Sartilly..............	Mlle Leterrier.	Mlle Leterrier.
Sottevast.............	Mme Lebarbenchon.	»
Sourdeval	M. Amiot.	M. Amiot.
Saint-Clair-sur-Elle.....	Mlles Savary.	Mlles Savary.
Sainte-Croix-Hague	Villedieu.	»
Saint-Denis-le-Gast.....	Tréhet.	Tréhet.
Sainteny.............	Coupard.	Mlle Coupard.
St-Hilaire-du-Harcouët..	M. Bertaux.	M. Bertaux.
Saint-James...........	M. Lemoine.	M. Lemoine.
Saint-Jean-de-Daye	Mme Lebouteiller.	Mme Lebouteiller.
Saint-Jean-des-Baisants..	Mlles Castel.	
Saint-Malo-de-la-Lande..	Bourdet.	Mlle Bourdet.
Sainte-Marie-du-Mont...	Mme Levavasseur.	Mme Levavasseur.
Sainte-Mère-Eglise	Mlles Vieillard.	Mlles Vieillard.
Saint Pair	Mondo.	Mondo.
Sainte-Pience	Brionne.	Brionne.
Saint-Pierre-Eglise......	Mmes Burnel.	Mmes Burnel.
Saint-Pois	Coguyec.	Coguyec.
St-Samson-de-Bonfossé..	Mlles Perrin.	
St-Sauveur-Lendelin	Guénon.	Mlles Guénon.
St-Sauv^r-sur-Douves .. .	Leprévost.	Leprévost.
Saint-Vaast-la-Hougue..	Lompech.	Lompech.
Teilleul (Le)...........	Joubin.	Joubin.
Tessy-sur-Vire	Mme veuve Morisset.	Mme v° Morisset.
Torigni-sur-Vire.......	Mlle Fraut.	Mlle Fraut.
Tourlaville...........	Mme Bernard.	Mme Bernard.
Valognes.	M. Jouanne.	M. Jouanne.
Vast (Le).............	Mlle Fossey.	Mme Laronche.
Villebaudon	Mme veuve Hus.	»
Villedieu-les-Poëles	Mlle Peslin.	Mlle Peslin.

SÉMAPHORES OUVERTS AU SERVICE DE LA TÉLÉGRAPHIE PRIVÉE.

Agon.
Barfleur-Gatteville.
Cap la Hague.
Cap Lévi.
Carteret.
Cherbourg-Digue.

Flamanville.
Fort la Hougue.
Ile Chausey.
Ile Pelée.
Nez de Jobourg.
Onglet (Vigie de l').

Pointe Jardeheu.
Pointe du Roc.
Querqueville.
Saint-Germain-sur-Ay.

GARES OUVERTES AU SERVICE DE LA TÉLÉGRAPHIE PRIVÉE.

Sottevast.

SERVICE VICINAL.

M. LELIÈVRE O. A., agent voyer en chef du département, à Saint-Lo.

AGENTS VOYERS D'ARRONDISSEMENT.

MM. Durel, à Saint-Lo ; Benard, à Avranches; Mesnage, à Cherbourg ; Lepuissant O A., à Coutances; Hermann, à Mortain; Enquebecq, à Valognes.

Agents voyers et Employés attachés aux divers Bureaux.

BUREAU DE L'AGENT VOYER EN CHEF.

MM. Heude, agent voyer principal, chef de bureau; Darthenay, agent voyer de 1re classe, chargé de la comptabilité ; Bigot, agent voyer, aide-comptable ; Desaunette, agent voyer, chargé du service d'ordre; Adam, agent voyer, dessinateur ; Levillain, agent voyer auxiliaire ; Damécourt, expéditionnaire.

BUREAUX DES ARRONDISSEMENTS.

Arrondissement de Saint-Lo.—MM. Horel, agent voyer cantonal, et Lamoureux, agent voyer surnuméraire.

Arrondissement d'Avranches. — MM. Letondeur, employé de comptabilité, et Lacolley, agent voyer surnuméraire.

Arrondissement de Cherbourg. — MM. Raynel, agent voyer cantonal, et Poupeville, agent voyer auxiliaire.

Arrondissement de Coutances. — MM. Marie, agent voyer cantonal, et Duval, agent voyer surnuméraire.

Arrondissement de Mortain. — MM. Leconte, agent voyer auxiliaire, et Parey, agent voyer surnuméraire.

Arrondissement de Valognes. — MM. Renault, agent voyer auxiliaire, et Fras, agent voyer surnuméraire.

Agents voyers cantonaux du service actif.

Arrondissement de Saint-Lo. — MM. Pitron, à Saint-Lo ; Lerebours, à Tessy ; Lecousté, à Torigni ; Dupont, à Carentan ; Letemplier, à Percy ; Fournier, Pain, à Saint-Lo ; Bienvenu, à Marigny.

Arrondissement d'Avranches. — MM. Thébault, à Granville ; Leduc, à Villedieu ; Liron, à Saint-James ; Lépine et Dubosc, à Avranches ; Desgranges, à Brécey ; Madeleine, à Sartilly ; Leriverend, à Pontorson ; Huet, à la Haye-Pesnel.

Arrondissement de Cherbourg. — MM. Roger, agent voyer hors classe, à Cherbourg ; Levast, à Saint-Pierre-Eglise ; Boitel, aux Pieux ; Lerebours, à Beaumont.

Arrondissement de Coutances. — MM. Meslet et Hubert, à Coutances ; Moitié, à la Haye-du-Puits ; Erard, à Gavray ; Provost, à Périers ; Désiré, à Bréhal ; Jeanne, à Lessay ; Valéry, à Cerisy-la-Salle.

Arrondissement de Mortain. — MM. Coguyec, à Saint-Pois ; Fleury, à Saint-Hilaire-du-Harcouët ; Corbin, à Mortain ; Martin, au Teilleul ; Boitel, jeune, à Sourdeval ; Lemonnier, à Juvigny-le-Tertre.

Arrondissement de Valognes. — MM. Fortin, agent voyer hors classe, à Sainte-Mère-Eglise ; Garnier, à Saint-Sauveur-le-Vicomte ; Liron, aîné, à Bricquebec ; Douchin, à Saint-Vaast ; Lechanteur, à Valognes ; Jeanne, à Montebourg ; Dorange, à Barneville.

CLERGÉ DU DIOCÈSE.

Evêque : Mgr Germain (Abel-Anatase), né le 1er avril 1833, à Saint-Sylvain (Calvados), sacré à Bayeux le 19 mars 1876, 88e évêque.

Vicaires généraux.

MM. Durel, official ; Legoux, agréés par le Gouvernement ; Bizon, supérieur du grand-séminaire.

Secrétariat de l'Evêché.

MM. Mauduit, secrétaire général ; Sanson, Fleury, pro-secrétaires ; Laisney, secrétaire particulier de Mgr l'Evêque.

Chanoines d'honneur.

S. E. le cardinal Place ✳, archevêque de Rennes ; S. E. le cardinal Macchi ; NN. SS. Ducellier, archevêque de Besançon ; Osouf, archevêque de Tokio ; Hugonin ✳, évêque de Bayeux ; Billard, évêque de Carcassonne ; Bécel ✳, évêque de Vannes ; Le Coq, évêque de Nantes ; Perraud ✳, évêque d'Autun ; Jourdan de la Passardière, évêque de Roséa ; Cléret ✳, évêque de Laval ; Le Roy, évêque d'Alinda, vic. ap. du Gabon ; le R. P. Germain, abbé de Notre-Dame-de-Grâce ; Mgr Marini, camérier secret de S. S.

Chanoines titulaires.

MM. Laisney, Mabiro, Pigeon, Joubin, Mauduit, Boursin, Ménard.

Chanoines honoraires résidant dans le diocèse.

MM. Guesnon, Ameline, Duval, Langenais, Gillot, Jouenne, Dallain, Bizon, Lemonnier, Dubois, Lemains, Hamel, Turgot, Sanson, Leroux, Blanchet, Béatrix, Germain, Lepeltier, Leroy (A.), Vignon, Dupont, Moulin, Maquerel, Bouffaré, Laisney, Lecacheux, Binet, Tollemer (H.), Tollemer (A.), Leroy (M.), Duclos, Lebedel, Richer, de Longueville, Destrès, Gardin, Gibon, Douville.

Chanoines honoraires résidant hors du diocèse.

MM. Gravey, Grandjean, Montagnon, Gillouard, Loisel, Delarue, Tirhard.

Conseil épiscopal.

MM. les Vicaires généraux et le Secrétaire général de l'Evêché.

Grand-Séminaire.

MM. Bizon, supérieur; Marty, directeur, professeur de morale; Ollivier, professeur d'écriture sainte; Brin, professeur de dogme; Colibert, économe; Thézard, professeur de droit canon; Dutour; Parpaillon, Vauloup, professeurs de philosophie.

Bureaux d'administration des Séminaires.

Mgr l'Evêque, président; MM. Durel, vicaire général; Bizon, supérieur du grand-séminaire; Legoux, vicaire général, trésorier; Colibert, économe; Mauduit, secrétaire.

ÉTABLISSEMENTS ECCLÉSIASTIQUES.

Petit-Séminaire de Mortain.

MM. Supérieur : Dubois, chanoine honoraire. — Supérieur honoraire : Ameline, chanoine honoraire.—Philosophie : Saint, prêtre.— Rhétorique : Signeux, prêtre. — Sciences : Laisney, Détret, prêtres; Pasquet, diacre. — Histoire : Godefroy, prêtre. — Seconde : Yon, prêtre.—Troisième : Fortin, prêtre. — Quatrième : Gonet, prêtre. — Cinquième : Baudry, prêtre.—Sixième : Gastebois, prêtre.—Septième et huitième : Madelaine, acolyte. — Français : François, prêtre; Chaulieu, acolyte.—Anglais : Datin, prêtre. — Préfet de discipline : Godefroy.—Présidents d'étude : Costard, Lebaron, Colin, prêtres.— Dessin : Briens, prêtre.—Musique : un laïque.

Petit-Séminaire et Collège diocésain de Saint-Lo.

MM. Supérieur : Lemonnier, chanoine honoraire. — Directeur : Lenvoisé prêtre. — Mathématiques élémentaires : Hérembourg, prêtre. — Philosophie : Lenvoisé, prêtre. — Rhétorique : Jeanne, prêtre.—Sciences : Quesnel, Périer, Lenesley, prêtres. —Histoire et géographie : Savary, prêtre.—Seconde : Postel, Lepage, prêtres.—Troisième : Lemasson, Richard, prêtres. — Quatrième : Morel, Granier, prêtres.—Cinquième : Casseville, Gourat, prêtres.— Sixième : Abraham, prêtre, Lepelletier, diacre. — Septième : Louis, prêtre. — Huitième : Mesplet, prêtre; Marie, prêtre, suppléant. — Classe préparatoire : un laïque. — Français : David, prêtre, un laïque. — Anglais : Houyvet, prêtre. — Allemand : Gibon, prêtre.— Econome : Durel, prêtre.—Préfet de discipline : Blin (J.), prêtre. — Présidents d'étude : Durel (A.), Leveillé, Lécluze, prêtres; Saint, diacre.—Dessin : un laïque.—Musique : deux laïques.—Gymnastique et escrime : un laïque.

Petit-Séminaire et Collège diocésain de Valognes.

MM. Supérieur : Chevrel, prêtre. — Directeur : Lebrun, prêtre. — Philosophie : Lebrun, prêtre. — Rhétorique : Poignant, prêtre. — Sciences : Gendrot, Goguillot, Délin, prêtres. — Histoire : Damourette, prêtre. — Seconde : Kerdal, prêtre.—Troisième : Rouxel (B.), prêtre. — Quatrième : Guérin, prêtre. — Cinquième : Roussel (P.), prêtre. — Sixième : Thouary, prêtre. — Septième : Pelletier, prêtre. —Huitième : Burgot, prêtre. — Anglais : Meurier, prêtre. — Présidents d'étude : Lebastard, Leventoux, prêtres ; Bain, clerc. — Dessin : un laïque. — Musique : Burgot, prêtre.

Ecoles ecclésiastiques recevant des élèves jusqu'à la 4ᵉ inclus.

A Granville (collège). — **MM.** Pontis, prêtre, directeur; Gardie, Talvaz, prêtres ; Roblin, sous-diacre ; Hébert, acolyte ; deux laïques, professeurs.

A Montebourg (établissement des frères de la Miséricorde).— **MM.** Estard, prêtre, directeur; Deshouletz, Legallais, prêtres, professeurs.

A Villedieu (institution Saint-Joseph). — **MM.** Bouffaré, prêtre, directeur ; Ruault, prêtre ; Penitot, diacre ; deux frères de la Miséricorde ; un laïque, professeurs.

A Saint-James (collège). — **MM.** Marguerie, prêtre, directeur ; Parigny, Lemasson, prêtres, professeurs.

Missionnaires du diocèse.

A Donville. — **MM.** Belloni, supérieur ; Boucher, Thébaud, Savary, Epron, Garnier, Colin.

A Notre-Dame-sur-Vire. — **MM.** Vautier, supérieur ; Villain, Lemasson, D. Confiant, Delaplanche.

Au Mont-Saint-Michel. — **MM.** Danjou, supérieur; Grosset, Pouvreau, Bouteloup, missionnaires.

Chapelains de communautés religieuses.

A Avranches, *Ursulines*, M. Rabec ; *Sœurs de Notre-Dame-du-Mont-Carmel*, M. Richer ; à Granville, *Petites-Sœurs des Pauvres*, M. Blin ; à Saint-James, *Trinitaires*, M. Besnard ; à Ducey, *Trinitaires*, M. Carnet; à Cherbourg, *Sœurs de la Charité de Jésus et de Marie*, M. Delaune ; à Saint-Pierre-Eglise, *Augustines*,

M. Le Sellier ; à Coutances, *Augustines*, M. Rouillon ; *Sacré-Cœur*, M. Poullain ; à Mortain, *Ursulines*, M. Tréboisnel ; à Barenton, *Augustines*, M. Hamard ; à Saint-Lo, *Bon-Sauveur*, MM. Marie et Lescalier ; à Carentan, *Augustines*, M. Jardin ; à Valognes, *Bénédictines*, M. Douville ; *Augustines*, M. Leconte ; à Saint-Sauveur-le-Vicomte, *Sœurs de la Miséricorde*, M. Moulin ; à Pont-Labbé-Picauville, *Bon-Sauveur*, MM. Hélie et Moulin ; à Montebourg, *Etablissement et Ecole normale des Frères de la Miséricorde*, M. Estard.

Aumôniers d'hospices.

A Avranches, M. Massy ; à Granville, M. Perrée ; à Pontorson, M. Thébault ; à Saint-James, M. N..., à Villedieu, M. Lemoine ; à Cherbourg, le clergé de Saint-Clément ; à Coutances, M. Leguerrier; à Périers, M. Vallée; à Mortain, M. Louaye; à Saint-Lo, M. Ollivier; à Carentan, M. Saillard ; à Valognes, M. Lerévérend ; à Montebourg, M. N...; à Torigni, M. N...

Aumôniers de la Marine.

M. Néel, aumônier honoraire.

Aumôniers des Prisons.

A Avranches, M. Lefrançois ; à Cherbourg, M. Viel de Hautmesnil ; à Coutances, M. Fleury ; à Saint-Lo, M. Pénitot ; à Mortain, M. Renault ; à Valognes, M. Poret.

Aumôniers d'Orphelinats.

A Avranches, M. Tabard ; à Périers, M. Guérard.

Prêtres du diocèse employés dans l'Instruction publique.

A Coutances, M. Aubry, aumônier du lycée ; à Cherbourg, M. Lefèvre, aumônier du lycée.

CULTE PROTESTANT.

Ministres du Saint-Evangile.

MM. Braud, à Cherbourg et à Siouville ; Martin, au Chefresne et à Saint-Lo.

INSTRUCTION PUBLIQUE.

M. Déries O. A., Inspecteur d'Académie.

MM. Rouel O. A., commis principal, secrétaire de l'inspection académique ; Fouchard O. A., Vacheron, commis de l'inspection.

CONSEIL DÉPARTEMENTAL DE L'INSTRUCTION PUBLIQUE.

MM. FLORET O✳, O. I., Préfet, *président ;* Déries, inspecteur d'Académie, *vice-président ;* Riotteau, député ; Morel, sénateur ; Regnault et Lemoigne, conseillers généraux ; M. le Directeur de l'Ecole normale de Saint-Lo ; Mme la directrice de l'Ecole normale de Coutances ; MM. Menard, instituteur public à Coutances ; Robbes, instituteur public, à Granville ; MM^lles Dujardin O. A. institutrice publique, à Blainville ; Travers, institutrice·publique, à Cherbourg ; MM. Aubin O. I., inspecteur primaire, à Saint-Lo et Chancerel O. I., inspecteur primaire, à Avranches.

Membres adjoints pour les affaires contentieuses et disciplinaires de l'enseignement privé : MM. Guezet, instituteur privé laïque à Cherbourg ; Duvivier, instituteur congréganiste privé, à Avranches.

Lycée de Coutances.

MM. Lucas-Girardville O. I., proviseur.

Leparquier O. I., censeur des études ; l'abbé Aubry, aumônier ; Le Caplain O. A., économe ; Collette, Mottin, commis d'économat ; Pacquet, surveillant général, délégué.

Philosophie : Havard ; rhéthorique : Foulon O. I. ; seconde : Goulet O. A ; troisième : Leitz ; sciences physiques : Basin et Fitremann ; mathématiques : Lauvernay, Frémiot, Binet ; histoire : Le Révérend O. I. et Dubois ; langue anglaise : Astruc et Dupont ; langue allemande : Wetzel ; quatrième : Liber ; cinquième : Prost ; sixième : Lemare O. I. ; septième · Roullé ; huitième : Daireaux O. I. ; neuvième : Félix O. A. ; dessin d'imitation : Deturck ; travaux graphiques : Muriel O. I. — Enseignement secondaire moderne : Billard, Basin, Le Révérend, Prioult, Marmion, Carabeuf, Muriel ; classe primaire : Aubril ; gymnastique : Héon O. A.

Lycée de Cherbourg.

MM. Chevrier O. I., proviseur.

Treich, O. A., censeur des études ; l'abbé Lefèvre, aumônier ; Rogliano, O. A., économe. — Lepot, Abadie, commis d'économat ; Bonvoisin, surveillant général.

Philosophie : Hérelle O. I. ; histoire : Constantin, Loth, Halley ; rhétorique : Renard ; seconde : Galland ; troisième : de Martonne ; allemand : Vincendon, Dax, Beaumann ; anglais : Quesnel, Hodge ; quatrième : Lesigne (Arth.); cinquième : Lefèvre ; sixième : Burnouf ; septième : Leduit O. A. ; huitième : Barré ; mathématiques : Noël, Etienne O. I., Giot, Onde, Cousin ; physique : Givert, Goudemant, Corbière O. A. ; lettres en marine : Halley. — Enseignement secondaire moderne : Joffroy, Lesigne (Alexandre), Loisel, Levallois, Leneveu O. A.,; dessin : Onfroy, Deguerre ; classe primaire : Dubost, Morel ; gymnastique : Flaux. — Classe enfantine : Mlle Grard.

COLLÉGES COMMUNAUX.

Collège d'Avranches.

MM. Goujon, O. I., principal.

Lucas, sous-principal; l'abbé Trochon, aumônier ; philosophie : Goujon ; rhétorique : Doutelleaux, O. I. ; seconde : Dumont, O. A. ; troisième : Nelet, O. A. ; sciences physiques : Durel, O. A., Desfeux ; mathématiques : Horel ; histoire : Mazen ; langue anglaise : Cornou; quatrième : Gautier, O. A. ; cinquième : Toutain ; sixième : Lucas ; septième : Denolle ; huitième : Heubert; dessin et travaux graphiques : Fouqué.— Enseignement secondaire moderne : Durel, Horel, Nelet, O. A , Lematte, Encoignard, O. I., Malenfant ; classes primaires : Mᶫˡᵉˢ Fouquet, Raulin.

Collège de Mortain.

MM. Goutière, principal.

L'abbé Théot, aumônier ; lettres : Lesage; philosophie et histoire : Rodillon; grammaire : Carouge; sciences physiques: Gallie; langues vivantes : Burnel ; enseignement moderne : Oger, Lemoyne, Le Juez ; législation et économie politique : David, O. A.

Inspection de l'Instruction primaire.

MM. Chancerel O. I., à Avranches ; Renouvin, à Cherbourg ; Lecler O. A., à Coutances ; Belval à Mortain ; Aubin O. I., à Saint-Lo ; Desprez O. I., à Valognes.

ÉCOLES NORMALES.

Ecole normale d'instituteurs de Saint-Lo.

Conseil d'administration de l'Ecole.

MM. Déries O. A., inspecteur d'Académie, *président;* Amiard, conseiller général, maire de Saint-Lo; Blouёt ✻, conseiller général ; Simon O. A., juge au tribunal civil ; Lerendu O. A., conseiller municipal, à Saint-Lo ; Dussaux, adjoint au maire de Saint-Lo ; Lorin, directeur des Contributions directes de la Manche.

Fonctionnaires de l'Ecole.

MM. Hanriot O. I., directeur ; Pellore, économe ; Marie, Dupéron, Louis, professeurs ; Payen, maître-adjoint ; Dupéron, professeur d'anglais ; Piatte, directeur de l'école primaire annexe; Valton, maître de chant; Ravaut O. A., professeur de dessin ; Brunin O. A., maître de gymnastique ; Roseray, professeur d'agriculture ; Leconte, professeur d'horticulture ; le docteur Bernard ✻, médecin de l'école.

Ecole normale d'Institutrices de Coutances.

Conseil d'administration de l'Ecole.

MM. Déries O. A., inspecteur d'Académie, *président*; Regnault, conseiller général; Guillemette ✳, conseiller général; Briens ✳, député; Pascal ✳, Sous-Préfet; Lair ✳, proviseur honoraire; Boissel-Dombreval ✳, ancien conseiller général, ancien maire.

Fonctionnaires de l'Ecole.

MM^mes Crouzel-Fontecave, directrice; Chicoineau, économe; Enjourbault, Brémont, Jacquot, Michaud, professeurs; Caille, maîtresse adjointe; Daudu, directrice de l'école primaire annexe; Marthel, directrice de l'école maternelle annexe.

Mlle Michaud, professeur d'anglais; Mlle Brémont, professeur de dessin; docteur Laisney O. A., médecin de l'école.

Cours secondaire de jeunes filles de Cherbourg.

Directeurs : MM. Chevrier, proviseur du lycée; surveillante générale : Mme Lemoine.

Professeurs : Mlles Assómat : sciences; Lesigne (Arthur) : lettres; MM. Frigoult, O. I., Renard et Galland : littérature; Lesigne (Alexandre) : géographie; Wolf : grammaire; Halley : histoire; Hérelle : morale; Hodge : anglais; Thommin : musique; Deguerne et Onfroy : dessin; Mme Lemoine : travaux manuels.

Institutrices primaires : MM^lles Lebrettevillois O. A., Simon, Lemoine (Julia), Hébert.

Jury d'examen des Aspirants et des Aspirantes au certificat d'aptitude pédagogique.

MM. Déries, inspecteur d'Académie, *président;* Hanriot, directeur de l'école normale de Saint-Lo; Aubin, Renouuin, Chancerel, Desprez, Lecler, Belval, inspecteurs primaires; Marie, professeur à l'école normale de Saint-Lo; Pignet, Lecordeux, directeurs de l'école mutuelle de Saint-Lo; Godard, instituteur à Agneaux; Mme Crouzel-Fontecave, directrice de l'école normale de Coutances; Mlle Marie, directrice d'école communale à Saint-Lo.

Jury d'examen des Aspirants et des Aspirantes au brevet de capacité.

MM. Hanriot, directeur de l'école normale, Aubin, inspecteur primaire, à Saint-Lo; Barbey, chef d'institution, à Cherbourg; Lelièvre, agent voyer en chef; un inspecteur primaire; Gendrin, directeur de l'école primaire supérieure; Mme Crouzel-Fontecave, directrice de l'école normale; Mlle Marie, directrice d'école communale; Mme Dalimier, ancienne maîtresse de pension.

Sciences physiques : **M.** Basin, professeur au lycée de Coutances ; anglais : **M.** Dupéron, professeur à l'école normale de Saint-Lo ; dessin : **M.** Ravaut, professeur à l'école normale ; chant : **M.** Nicolas ; gymnastique : **M.** Brunin, professeur à l'école normale ; agriculture et horticulture : **M.** Roscray.

Dames adjointes pour l'examen des travaux d'aiguille des Aspirantes.

MMmes Floret, Duhamel, Dalimier, Hanriot.

Jury départemental chargé d'examiner les Aspirants aux bourses nationales, départementales et communales dans les lycées et collèges communaux.

MM. Déries, inspecteur d'Académie, *président* ; Hanriot, directeur de l'école normale ; Aubin, inspecteur primaire ; Lemare, professeur au lycée de Coutances ; Astruc, professeur au lycée de Coutances ; Marie, professeur à l'école normale.

SCIENCES ET ARTS.

Société d'Agriculture, d'Archéologie et d'Histoire naturelle du département de la Manche.

Présidents d'honneur : **M.** le Préfet de la Manche ; **M.** le Maire de Saint-Lo ; Mgr Germain, évêque de Coutances et d'Avranches.

Président : **M** Ed. Lepingard, avocat, ancien chef de division à la Préfecture ; *Vice-Présidents :* **MM.** Blanchet, curé de Sainte-Croix ; Matinée ✱, proviseur honoraire ; *Secrétaire :* **M.** Gambillon, ancien chef de division à la Préfecture ; *Secrétaire-adjoint :* **M.** Leclerc, docteur-médecin ; *Conservateur :* **M.** Gaëtan Guillot, avocat et maire de Saint-Gilles ; *Conservateurs-adjoints :* **MM.** A. Dieu, avocat ; Onfroy, propriétaire ; Didier, architecte ; *Bibliothécaire :* **M.** Derbois, ancien professeur ; *Trésorier :* **M.** Leconte-d'Olonde, architecte ; *Classificateur de la section d'Agriculture :* **M.** Granger, ingénieur. — *Classificateur de la section d'Archéologie :* **M.** N....., *Sous-classificateur :* **M.** N...; *Classificateur de la section d'Histoire naturelle :* **M.** Sébire, pharmacien de 1re classe ; *Sous-classificateur :* **M.** Lelièvre, agent voyer en chef du département.

Société d'Archéologie, de Littérature, Sciences et Arts des arrondissements d'Avranches et de Mortain.

Composition du bureau de la Société en 1893.

Président : **M.** Alfred de Tesson ✱, capitaine de frégate en retraite.— *Vice-Présidents :* **MM.** Charles Philbert ✱, ancien consul général et Albert Legrin O. A., président du Tribunal civil ; *Bibliothécaire-Archiviste :* **M**lle Ida Hubert. — *Secrétaire :* **M.** le comte Joseph de Chabannes.—*Secrétaire-adjoint* et *Secrétaire du Conseil* *d'administration* : M. Paul Bouvattier, contrôleur des contributions directes. — *Trésorier* : M. Thébault, libraire. — *Questeur* : M. Jules Bouvattier O. A , avocat, ancien député.

Conservateurs (*Membres du Bureau*).

1° *Des Tableaux et Statues* : M. Charles Fouqué O. A., professeur de dessin ; M. Potier de la Varde, conservateur honoraire. — 2° *Des Objets d'histoire naturelle* : M. Durel O. A., professeur de sciences physiques et naturelles. — 3° *Des Médailles et des Antiquités* : M. le vicomte de Potiche.—4° *Du Musée lapidaire* : M. Louvel O. A. architecte.

Membres adjoints au bureau pour former le Conseil d'Administration.

MM. Lenoir O. A., maire d'Avranches ; Lebel, libraire ; Saint, conducteur principal des ponts et chaussées ; Sosthène Mauduit, maire de Saint-Martin-des-Champs ; le comte de Clinchamp ✻.

Officiers d'honneur pour Mortain.

Vice-Président : M. Bailliencourt, maire de Mortain. — *Secrétaire* : M. Charles Guérin, propriétaire, au Mesnil-Thébault.

Société nationale des Sciences naturelles et mathématiques de Cherbourg.

(Établissement d'utilité publique par décret du 26 août 1865).

BUREAU DE LA SOCIÉTÉ POUR 1893.

MEMBRES A VIE.

MM. Aug. Le Jolis, directeur et archiviste perpétuel ; Emmanuel Liais, secrétaire perpétuel honoraire.

MEMBRES ÉLUS POUR 1893.

Président : MM. Jouan. — *Vice-Président* : N... — *Secrétaire* : G. Le Jolis, avocat.—*Trésorier* : Dr Guiffard, directeur de la santé.

Société artistique et industrielle de Cherbourg.

Présidents d'honneur : MM. le Maire de Cherbourg ✻, le Sous-Préfet de Cherbourg, Alfred Liais ✻, ancien maire, Vallon ✻, capitaine de vaisseau. — *Président honoraire* : H. de la Chapelle O. A. — *Vice-Président honoraire* : Mangin ✻, géomètre.

Président : MM. A. Menut O. I.—*Vice-Présidents* : Gutelle O. A. et Dutot.—*Secrétaire* : Barbe.—*Conseillers* : Bréard O. I., Lanièce, Le Boisselier, Saillard (fils), Mahieu-Laroque, Lavallée, Paul Séhier, Macé, Louise. — *Trésorier* : Brégaint. — *Bibliothécaire-archiviste* : Le Boisselier. — *Secrétaire-adjoint* : Jourdan. — *Comité de rédaction* : Bréard, Dutot, Brière, Cousin.

Société académique de Cherbourg.

Bureau. — MM. Jouan O ✳, *directeur* ; Frigoult O. I., *secrétaire* ;
de Pontaumont, *archiviste-trésorier.*

Société académique du Cotentin.

Président de droit : Mᵍʳ l'Evêque de Coutances.—*Vice-Président :*
MM. l'abbé Pigeon, correspondant du Ministre de l'Instruction pu-
blique.— *Vice-Président honoraire :* Sarot, avocat, à Coutances.—
Trésorier : N..., — *Secrétaire :* Leterrier, avocat, à Coutances.

Groupe de l'Alliance française pour la propagation de la Langue française à l'étranger.

Présidents d'honneur : MM. P. Floret O ✳, préfet de la Manche ;
Boissel-Dombreval ✳. — *Président annuel :* Alphonse Lair ✳,
proviseur honoraire. — *Trésorier :* N....

Société Archéologique, Artistique, Littéraire et Scientifique de l'Arrondissement de Valognes.

CONSEIL D'ADMINISTRATION.

Président : MM. Le Clerc, Président du Tribunal. — *Vice-Président :* De Moré. — *Secrétaire :* N..., — *Vice-Secrétaire :*
Leneveu, fils, docteur-médecin. — *Trésorier :* B. Hamel. —
Conservateur-archiviste : de Fontaine de Resbecq. — *Membres
adjoints :* Desprez, inspecteur primaire ; Guimond, greffier du
tribunal.

BIBLIOTHÈQUES.

Saint-Lo. — M. A. Pillon, bibliothécaire. — *Jours et heures de
l'ouverture :* les mardi, mercredi et jeudi de chaque semaine, de
11 heures à 4 heures.

Avranches. — M. Fauvel, bibliothécaire. — *Jours et heures de
l'ouverture :* les lundi, mercredi, jeudi et samedi, de 10 heures du
matin à midi et de 2 heures à 4 heures du soir.

Cherbourg. — M. Amiot, O. A., bibliothécaire. —*Jours et heures
de l'ouverture :* tous les jours non fériés, de 6 heures à 10 heures
du soir et les mardi et jeudi, de midi à 4 heures.

Coutances. — M. Daireaux, bibliothécaire. — *Jours et heures de
l'ouverture :* tous les jours non fériés, de 10 heures à 2 heures.

Mortain. — M. Lemoine, bibliothécaire. — *Jours et heures de
l'ouverture :* les mercredi, jeudi et vendredi de chaque semaine, de
7 heures à 9 heures du soir.

Membres du Comité de surveillance de la bibliothèque.

MM. Pinot, agrégé, ancien professeur de l'Université ; Josset, avocat ; N....

Valognes. — M. N..., bibliothécaire.

Membres du Comité d'achat et de surveillance.

MM. Oury, maire, *président.* — Desprez, Le Clerc, Delangle, Viel, Guimond.

ASILES DÉPARTEMENTAUX DES ALIÉNÉS.

ASILE DU BON-SAUVEUR DE SAINT-LO

M. le Dr Lhomond, *médecin de l'établissement.* — Mme sœur Dramard-Burnel, *directrice.*— M. l'abbé Lescalier, *aumônier.*

Prix de la Pension.

1re classe (avec soins exceptionnels), 2,000 fr.—2e classe, 1,200 fr. — 3e classe, 800 fr.— 4e classe, 600 fr. — 5e classe, 450 fr.

ASILE DE PONTORSON.

(Quartier d'aliénés.)

M. Lemoine, *médecin préposé responsable.* — M. Rihouet, *Chevalier du Mérite agricole, économe.*— M. Lavoué, *receveur.*— M. l'abbé Thébault, *aumônier.*

Prix de la Pension.

1re classe, 1,600 fr. — 2e classe, 1,050 fr. — 3e classe, 800 fr. — 4e classe, 600 fr.— 5e classe, 500 fr.— Aliénés placés au compte du département de la Manche, 360 fr. — Départements de la Seine et Seine-et-Oise, 400 fr.

ASILE DE PONT-LABBÉ.

M. Legruel, *docteur-médecin* et M. Viel, *docteur-médecin adjoint.* — Mme Jean, *supérieure.* — MM. Hélie et Moulin, *aumôniers.*

Prix de la Pension

1re classe, 2,000 fr.— 2e classe, 1,500 fr.— 3e classe, 1,000 fr — 4e classe, 800 fr.— 5e classe, 600 fr.— 6e classe, 400 fr.

ADMINISTRATION DES HOSPICES.

COMMISSION ADMINISTRATIVE DES HOSPICES.

Hospice de Saint-Lo.

MM. Amiard, maire de Saint-Lo, *président ;* Leparquois, conseiller municipal ; Bosq, conseiller municipal ; Jouanne, avoué, conseiller municipal ; Guillot (Edouard', propriétaire, conseiller municipal ; Leclerc, avocat, ancien notaire, conseiller municipal.

Receveur Econome : M Nicolas, officier de l'Instruction publique. —*Service médical :* MM. Bernard ✱ et Thomas. —*Service intérieur :* MM^{mes} les Religieuses de l'Ordre de Saint-Paul de Chartres. — *Supérieure :* Mme sœur Adrien. — *Aumônier :* M. l'abbé Ollivier.

Hospice de Carentan.

MM. le Maire de Carentan, *président ;* Triquet, propriétaire ; Lerosier, négociant ; Lenoël, Juge de paix, ancien notaire ; Lepelletier, négociant ; Hue, négociant ; Letourneur, huissier.

Receveur : M. Aubin (Louis). — *Econome-secrétaire :* M. Héloin (Hyacinthe). — *Service médical :* MM. Artu (Armand) ; Carbonnel (Pierre). — *Service intérieur :* MM^{mes} les Religieuses de la Sagesse. — *Supérieure :* Mme Gérard (Laure). — *Aumônerie :* M. l'abbé Saillard.

Hospice de Torigni-sur-Vire.

MM. le Maire de Torigni-sur-Vire, *président ;* Plouin, receveur d'enregistrement en retraite ; Leboucher, propriétaire ; Gohier, notaire ; Leroquais, notaire ; Nativelle, propriétaire ; Jouet-Lacontrie, propriétaire.

Receveur économe : MM. Hébert, receveur ; Bures, économe. — *Service médical :* M. Pommier. — *Service intérieur :* MM^{mes} les Religieuses du Sacré-Cœur de Coutances (sœur Saint-Victorin et Sainte-Blandine). — *Supérieure :* Mme Sainte-Eugène. — *Aumônerie :* M. Mourocq.

Hospice d'Avranches.

MM. le Maire d'Avranches, *président ;* Desdouitils, adjoint au Maire ; Lechevalier, propriétaire ; Aubry, négociant ; Quinton, propriétaire ; Delaroche, propriétaire ; Semery, propriétaire.

Receveur économe : M. Langlois —*Service médical :* MM. Frémin, médecin ; Héon, chirurgien. — *Service intérieur :* MM^{mes} les Religieuses de Saint-Thomas de Villeneuve. —*Supérieure :* Mme Duport. — *Aumônerie :* M. l'abbé Massy.

Hospice de Ducey.

MM. le Maire de Ducey, *président ;* Champion, Paul, adjoint ; Chesnay, marchand de vins ; Boisnard, propriétaire ; Hermon, propriétaire ; Maudouit, curé-doyen, *vice-président,* Jaunet, négociant.

Hospice de Granville.

MM. le Maire de Granville, *président ;* J. Pannier, négociant ; Le Prince, négociant ; Duchêne, propriétaire ; Lefebure, Juge de paix ; P. Villars, armateur ; Ch. Guillebot, courtier maritime.
Receveur économe : M. Clair. — *Service médical :* MM. Benoist, Letourneur et Leménicier. — *Service intérieur :* MM^{mes} les Religieuses de Saint-Thomas de Villeneuve. — *Supérieure :* Mme Miot. *Aumônier :* M. l'abbé Perrée.

BUREAU DE BIENFAISANCE DE GRANVILLE.

MM. le Maire de Granville, *président ;* Legendre, mécanicien ; Trocheris, négociant ; Le Prince, négociant ; Benoist, docteur-médecin ; Pergeaux, propriétaire ; Ollivier, greffier du Tribunal de commerce.

Hospice de Pontorson.

COMMISSION ADMINISTRATIVE.

MM. le Maire de Pontorson, *président ;* Bourges, vétérinaire ; Lecacheux, curé-doyen ; Guichard, horloger, adjoint au maire ; Lefèvre, receveur de l'enregistrement, des domaines et du timbre ; Lefondré, propriétaire et Levallois (Jacques), maître d'hôtel.
Économe : M. Rihouet.— *Service médical :* M. Lemoine, docteur-médecin.—*Receveur :* M. Lavoué.— *Service intérieur :* MM^{mes} les Religieuses de la Sagesse, au nombre de 23. — *Supérieure :* Mme Sainte-Lucide. — *Aumônerie :* M. l'abbé Thébault.

Hospice de Saint-James.

MM. Morel, sénateur, maire de Saint-James, *président ;* Besnard, ancien pharmacien ; Despréaux, propriétaire ; Gautier (Pierre) ; Geffroy, notaire ; Dupont (Victor), Challier (Adolphe).
Receveur économe : N... — *Service médical :* MM. les docteurs Legros et Ameline. — *Service intérieur :* Mme Canton, *supérieure.*

Hospice de Villedieu.

MM. le Maire de Villedieu, *président ;* Havard (Joseph), conseiller municipal ; Lelegeard (J.-B.), conseiller municipal, propriétaire ; Dupont, curé-doyen ; Brochet, propriétaire ; Pigeon-Litan, propriétaire ; Pitel (Louis), propriétaire.
Receveur économe : M. Gautier.—*Service médical :* M. Ledo. — *Service intérieur :* MM^{mes} les Religieuses de la Providence d'Evreux. — *Supérieure :* Mme sœur Longuemare. — *Aumônerie :* M. l'abbé Lemoine.

Hospice de Cherbourg.

MM. le Maire de Cherbourg, *président ;* Leflambe et Barbet, conseillers municipaux ; Legoupil, ancien négociant ; Noyon, Bernard et Ventrillon.

M. Buhot, économe.—M. Meslet, receveur.—*Service médical :* MM. Renault, Guiffard, Monnoye, Lesdos, Bourdet-Hubert, Lefrançois et Offret.—*Service intérieur :* MM^{mes} les Religieuses de Saint-Paul de Chartres.—*Supérieure :* Mme Carette.—*Aumônerie :* N....

Hospice de Coutances.

MM. le Maire de Coutances, *président ;* Guillemette ✳, conseiller général, juge de paix, *vice-président ;* Dudouyt, procureur de la République, à Coutances ; M. Delaunay, Lehuby, Rabec et Geffroy, délégués du Conseil municipal.

Econome : M. Legros. — *Receveur :* M. Leliepvre. — *Service médical :* MM. Laisney, médecin en chef ; Dudouyt (Pierre), médecin et chirurgien adjoint. — *Service intérieur :* MM^{mes} les Religieuses Augustines de Coutances.—*Aumônerie :* M. l'abbé Leguerrier.

BUREAU DE BIENFAISANCE.

MM. Boissel-Dombreval ✳, *président ;* Lemarchand ; Laisney, docteur-médecin ; Guillemette ✳, conseiller général ; Geffroy et Mahé ; Adde, propriétaire ; Leliepvre, receveur.

Hospice de Périers.

MM. Regnault, conseiller général, maire de Périers, *président ;* Leconte (Jacques), juge de paix ; Lepareux, négociant ; Rihouet, propriétaire ; Desplanques, Legoupil et Guy.

Receveur économe : M. Ledrans.—*Service médical :* M. Leroux, docteur en médecine.—*Service intérieur :* MM^{mes} les Religieuses de Saint-Paul de Chartres.—*Supérieure :* Mme Leguay (Marie), sœur Adolphe.—*Aumônerie :* N....

Hospice de Mortain.

MM. le Maire de Mortain, *président ;* Buisson, propriétaire ; Chanteux ; Gallie ; Milan, négociant ; Le Bigot, notaire ; David (Louis).

Receveur : M. Bourbon.—*Econome :* M. Laumondais.—*Service médical :* M. de la Houssaye.—*Service intérieur :* MM^{mes} les Religieuses de la Providence de Séez.—*Supérieure :* Mme Noël.— *Aumônerie :* l'abbé Louaye.

Hospice de Barenton.

MM. le Maire de Barenton, *président ;* Liot (Auguste) ; Hamelin, propriétaire ; Desclos ; Chemin (Jean-Jacques) ; Lelièvre (Ferdinand) ; Anfray (Ambroise).

Hospice de Saint-Hilaire-du-Harcouët.

MM. le Maire de Saint-Hilaire-du-Harcouët, *président ;* Fauchon, fils, propriétaire *;* Lebigot (Louis) ; Hamon, docteur médecin ; Pinel (Edouard), Alliaume, Pioline.

Hospice de Valognes.

MM. le Maire de Valognes, *président ;* Hamel, *ordonnateur ;* Le Clerc, président du tribunal ; Delangle, avocat ; de Resbecq, avocat ; Rabé, propriétaire ; Mariette-Boisville.

Receveur économe : M. Jules Leconte. — *Service médical* : MM. Leneveu et Le Bouteiller, docteurs-médecins.—*Service intérieur* : MM^mes les Religieuses Filles de la Sagesse. — *Aumônier* : M. l'abbé Lerévérend.

BUREAU DE BIENFAISANCE.

MM. le Maire de Valognes, *président ;* Lemeland (Pierre) *ordonnateur ;* Lecannellier, propriétaire ; Crosville *;* Viel, juge ; Lemeland Pierre), propriétaire et Féron.

Hospice de Barfleur.

MM. le Maire de Barfleur, *président ;* Dalidan (Ernest), propriétaire ; Dalidan, docteur - médecin ; Cauchon, curé desservant ; Lepart 'Charles), Tardif (Alfred), Blanvillain (Charles).

Receveur économe : M. Jourdan, receveur municipal. — *Service médical* : M. Dalidan. — *Service intérieur* : MM^mes les Religieuses de la Miséricorde de Saint-Sauveur-le-Vicomte. — *Supérieure* : Mme Marguerite-de-la-Croix. — *Aumônerie* : M. l'abbé Cauchon.

Hospice de Montebourg.

MM. le Maire de Montebourg, *président ;* Burnouf, adjoint et huissier ; Duval, marchand chapelier ; Leroux, négociant ; Anfray (Louis), négociant ; Mariette (Guillaume), propriétaire ; Guiffard, notaire.

Receveur : M. Laurent. — *Econome-secrétaire* : M. Leconte. — *Service médical* : M. Crocquevieille.— *Service intérieur* : MM^mes les Religieuses de la Miséricorde. — *Supérieure* : Mme Théodora.

Hospice de Sainte-Marie-du-Mont.

MM. le Maire de Sainte-Marie-du-Mont, *président ;* Blondel, propriétaire ; Corbin - Desmannetaux, propriétaire ; Caruel, curé ; Monverand, propriétaire ; Jean (Léon) ; Poisson (Bienaimé).

Receveur économe : M. Garnier. — *Service médical* : M. Le Goupils. — *Service intérieur* : Mme sœur Saint-Débonnaire, *supérieure.* — *Aumônerie* : M. Caruel.

Hospice de Sainte-Mère-Eglise.

MM. Hairon, maire de Sainte-Mère-Eglise, *président,* qui a délégué M. Butel, adjoint, pour remplir ces fonctions ; Cirou, propriétaire, ancien juge de paix ; Leprince, propriétaire ; Gautier, curé ; Philippe (Auguste), propriétaire ; Caillemer (Amand), propriétaire, Leménicier.

Hospice de Saint-Sauveur-le-Vicomte.

M. lo Maire de Saint-Sauveur-le-Vicomte, *président ;* Travert (Jean-Baptiste), négociant ; Delalonde; Pain-Delestan, propriétaire ; Mesnage, négociant ; Legoupil, notaire, et Macel (Gustave), *membres.*

Receveur : M. Pestre-Lamy, percepteur. — *Econome :* M. Tahot, secrétaire de la mairie. — *Service médical :* M. Bellet.— *Service intérieur :* MM^{mes} les Religieuses de Saint-Paul de Chartres. — *Supérieure :* Mme sœur Berthe.— *Aumônerie :* M. l'abbé Drieu.

Hospice de Saint-Vaast.

MM. le Maire de Saint-Vaast, *président ;* Triquet (Antoine), capitaine au long cours; Cornibert (Alexandre), commissaire de marine retraité ; Thin (Marc), ancien capitaine au long cours; Valette, négociant, Oury, Maillard.

Receveur économe : M. Leloup, percepteur. — *Service médical :* M. Ménard, docteur-médecin. — *Service intérieur :* MM^{mes} les Religieuses du Sacré-Cœur. — *Supérieure :* Mme Saint-Urbin. — *Aumônerie :* M. l'abbé Jouenne, curé de Saint-Vaast.

SOCIÉTÉ MATERNELLE.

LISTE DES DAMES FORMANT LE COMITÉ D'ADMINISTRATION.

SAINT-LO.

MM^{mes} Simon (Adolphe), *présidente ;* V^e Le Campion et Lepingard, *vice-présidentes.*

Mesdames assistantes : Breton, Ve Chardon, Ve Chesnel, Dary, de Commines de Marsilly, Derbois (Jores), Ve Descoqs, Ve Desfaudais, la baronne d'Espinoss, Ve Elie, Ve Fouques, Frémin, Gambillon, Ve Guillot (Paul), Labarre, Ve Lefèvre, Lhomond, Le Monnier de Gouville, Letellier, Levaillant, Ve Poupion, Rauline (Gustave), Ve Toutain, les Supérieures du Bon-Sauveur et du Sacré-Cœur (orphelinat et gardes-malades).

BUREAU DE SAINT-JAMES.

Société pour l'extinction de la mendicité.

Présidente : Mme Hippolyte Morel.— *Vice-présidentes :* Mme Louis Despréaux et Mme la Supérieure de la Retraite. — *Trésorière :* Mme Victor Porcher.— *Secrétaire :* Mme Frédéric Gautier. — *Dames patronnesses :* Mme Jules Gautier, Mlle Gouin de Roil, MM^{mes} André Chevalier, Geffroy, Mlle Enjourbault, MM^{mes} Léon Besnard, Paven, Darthenay, Tribouillard, Montmirel et Eugène Lemoine.

SOCIÉTÉS DE SECOURS MUTUELS.

VILLE DE SAINT-LO.

Société de Secours mutuels des Patrons et Ouvriers de la ville de Saint-Lo.

COMPOSITION DU BUREAU.—M. le Préfet de la Manche, Mgr l'Evêque de Coutances et d'Avranches, M. le Maire de la ville de Saint-Lo, *présidents d'honneur ;* MM. E. Breton, directeur de la papeterie de Valvire, *président ;* Dyvrande, négociant et Léon Leparquois, fabricant, *vice-présidents ;* Pierre dit Girard, *secrétaire ;* Besnard, employé, *secrétaire-adjoint ;* Marie, épicier, *trésorier ;* Ruel, commis de Banque, *trésorier-adjoint ;* Sénéchal, employé, *contrôleur de la perception ;* Leprovost et Kist, *visiteurs des malades ;* Lecoustey, plafonneur, Rivey, cordonnier, Lecerf, peintre, Lelandais, serrurier, Birée, maçon, *administrateurs.*

Société de Secours mutuels entre les Charpentiers, Scieurs de long et Marchands de bois de la ville et du canton de Saint-Lo.

MM. J. Bosq, *président ;* Lefèvre, fils, *vice-président ;* Jung, *secrétaire-trésorier.*

Association départementale des Médecins de la Manche.

Président : Dr Bernard ✳, Conseiller général; *secrétaire :* Dr Le Clerc.

Société de Secours mutuels établie entre les Instituteurs et les Institutrices de la Manche.

Président : MM. Déries, inspecteur d'académie ; *vice-présidents :* Lenoël, sénateur et Hanriot, directeur de l'Ecole normale ; *secrétaire-trésorier :* Pignet, directeur de l'école mutuelle de Saint-Lo ; *secrétaire-adjoint :* Bucaille, instituteur public, à Torigni.

MEMBRES DU BUREAU. — MM. Déries, inspecteur d'académie, *président ;* Labiche, sénateur, *député ;* Riotteau, *député ;* Rognault, conseiller général, ancien député ; Aubin, inspecteur primaire, à Saint-Lo ; Bréard, inspecteur primaire, à Cherbourg ; Desprez, inspecteur primaire, à Valognes ; Fautrad, instituteur public, à Villedieu ; Ruault, instituteur public, à Avranches ; Simon, instituteur, à Cherbourg ; Simon, instituteur public, au Vast ; Le Souef, instituteur public, à Gavray ; Simon, instituteur, à Sourdeval-la-Barre ; Alexandre, instituteur, à Saint-Hilaire-du-Harcouët ; Pignet, instituteur public, à Saint-Lo ; Bucaille, instituteur public, à Torigni ; Courtois, instituteur public, à Saint-Vaast-la-Hougue ; Letourneur, instituteur public, à Montebourg.

Société de Secours mutuels entre les Cantonniers
du Service vicinal.

(Approuvée par arrêté préfectoral du 8 juillet 1867).

Président d'honneur : MM. Florot, préfet de la Manche, Officier de la Légion d'honneur, etc. ; *président honoraire* : Leroy, agent voyer en chef honoraire du département du Nord ; *président* : Lelièvre O. A., agent voyer en chef du département de la Manche ; *vice-présidents* : E. Lenoël, sénateur, membre du Conseil général ; Colas O. A., chef de division à la Préfecture de la Manche ; *secrétaire* : Heude, agent voyer principal, chef de bureau de l'agent voyer en chef; *secrétaire-adjoint* : Pagel, agent voyer cantonal de 1re classe, en retraite ; *trésorier* : Dartenay, agent voyer cantonal de 1re classe.

Administrateurs principaux d'arrondissement

MM. Durel, à Saint-Lo ; Benard, à Avranches ; Mesnage, à Cherbourg; Lepuissant O. A., à Coutances ; Hermann, à Mortain ; Enquebecq, à Valognes.

VILLE DE TORIGNI-SUR-VIRE.

MM. Philippe-Desportes (Michel), *président ;* Jouet-Laconterie (Ferdinand), *vice-président ;* Harivel (François-Anne), *secrétaire ;* Groualle, négociant, *trésorier ;* Letellier (Léonor), serrurier, et Vimard, jardinier, *administrateurs.*

VILLE D'AVRANCHES

Société de Secours mutuels de Saint-François Xavier.

MM. Lepennetier ✳, capitaine en retraite, *président ;* Mgr Germain, évêque de Coutances et d'Avranches, *président d'honneur ;* Bouvattier, Poutrel, *administrateurs* ; Lecanu, *secrétaire ;* Lhomer, *vice-secrétaire ;* Hamel, *trésorier* ; Laurence, maître charpentier, Vachon, jardinier, *contrôleurs.*

Société de Secours mutuels La Fraternelle.

Présidents d'honneur : MM. Leménicier, sous-préfet d'Avranches; Lenoir, maire d'Avranches; *président* : Mauduit, conseiller municipal ; *vice-présidents* : Letréguilly (Victor) et Louvel, conseillers municipaux ; *secrétaire* : Jorand, typographe ; *vice-secrétaire* : Desfeux (Ch.); *trésorier* : Dufour ; *vice-trésorier* : Poidvin, employé ; *administrateurs* : Gautier, conseiller général ; Desdouitils, adjoint au maire ; Péguenet, conseiller municipal ; Le Bocey, menuisier; Lemesle, Legrand, Fardin (Alexis), Dutheil.

VILLE DE VILLEDIEU.

M. Jules Tétrel ✳, O. A., conseiller général, maire de Villedieu, *président*.

VILLE DE SAINT-JAMES.

Société de Secours mutuels.

M. Gautier (César), conseiller d'arrondissement, *président*.

VILLE DE GRANVILLE.

Société de Secours mutuels et de pensions de retraite.

MM. Dior (Lucien) ✳, O. M. Agr., *président ;* Lenormand (François) négociant, *vice-président ;* Leconte (Louis), *secrétaire ;* Bougourd (Louis), secrétaire de la mairie, *trésorier ;* Herpin (Emmanuel), armateur ; Laroque (Léon), maréchal-ferrant ; Legendre (Louis-François), mécanicien ; Lechartier Edouard), ferblantier ; Heurtaut (Charles), mécanicien ; Mallet (Louis-Adolphe), menuisier ; Joret (Pierre), constructeur de navires ; Février (Eugène), poulieur ; Fontaine (Emile), peintre ; Dior (Lucien), fils, ingénieur, Gatebois Adolphe), comptable, *administrateurs*.

VILLE DE CHERBOURG.

Société de Secours mutuels des Distributeurs et autres Employés et Ouvriers du Port et de la ville de Cherbourg.

MM. Lanièce (Jacques), *président ;* Levavasseur (Alphonse), Philippe (Louis), *vice-présidents ;* Lefrançois (Eugène), *secrétaire ;* Moitié (Louis), *secrétaire honoraire ;* Anne (Alphonse), *trésorier :* Cadet (François), Conor (Victor), Esterlingot (François), Legoupil (Théodore), Auvray (Louis), Bourtaire (Alexandre), Langlois (Alfred), *receveurs particuliers ;* Bourtaire (Jules), Lemarquand (Eugène), Paysant (Alexis), Dorléans, Broquet (Jacques), *administrateurs*.

Société de Secours mutuels « La Cherbourgeoise. »

MM. Pignot (Charles), *président ;* Lebiez (Louis), chef contremaître, *vice-président ;* Lebiez (Félix), *trésorier :* Gervais, charpentier ; Sanson (Pierre), ouvrier calfat ; Bihel (Alfred), chef ouvrier ; Chaulieu, dessinateur ; Viel, chaudronnier ; Varin, contre-maître de la marine ; Lepelletier, tonnelier ; Romald, contre-maître charpentier ; Chauvin, charpentier et Houel, retraité de la marine, *administrateurs ;* Godreuil, écrivain de la marine, *secrétaire*.

Société de Secours mutuels des médecins de l'arrondissement de Coutances.

MM. Lefèvre (père), à Périers, *président ;* Lemière, *vice-président ;* Laisney, *trésorier ;* Dudouyt, secrétaire.

VILLE DE COUTANCES.

MM. Boissel-Dombreval, *président;* Bouley, *vice-président;* Héon, professeur, *secrétaire;* Roguelin, *trésorier;* Lemeslet, *trésorier-adjoint;* Lecluse, Salmon, Hennequin, *administrateurs.*

VILLE DE SAINT-HILAIRE-DU-HARCOUET.

Société de Secours mutuels (Sapeurs-Pompiers).

MM. N...., *président;* Amiard (René), *vice-président;* Dubosq (Joseph), *secrétaire;* Leroy, *trésorier;* Pioline, Colin et Seigneur, *administrateurs.*

Société de Secours mutuels des Ouvriers (200 Membres).

MM. Lefresne, conseiller général, *président;* Pinel (Edouard) et Pleutin, *vice-présidents;* Provost (Auguste), *trésorier;* Lemonnier, *vice-trésorier;* Yvon, *secrétaire;* Ville, *vice-secrétaire;* Guérin, Fautrad, Dodard, Orvin, *administrateurs;* Beaubigny (Jean), Diguet, Boower (Georges), Gautier (Pierre), Giquel, Guérin (Amand), Semery, *chefs de quartier.*

VILLE DE VALOGNES.

MM. Viel, ancien juge, *président;* B. Hamel, *vice-président;* N...., *secrétaire;* Lepetit, *trésorier;* Lecoquierre, serrurier; Roberge, négociant; Lerouge, propriétaire; A. Lemasson; Paris, peintre; Vasselier, cultivateur; Lhôtellier, *administrateurs.*

VILLE DE BRICQUEBEC.

MM. N....., *président:* Guidon, *vice-président.*

PRISONS.

Les prisons de la Manche forment, avec celles de l'Ille-et-Vilaine et de la Mayenne, la 13e circonscription pénitentiaire, dont l'administration est confiée au Directeur de la maison centrale de Rennes. (Décret de M. le Président de la République en date du 20 mars 1888).

M. Th. Hallo, docteur en droit, à Rennes (Ille-et-Villaine).

Gardiens chefs.

Saint-Lo : M. Civel. — Avranches : M. Dufour. — Cherbourg : M. Fabre. — Coutances : M. Loréec. — Mortain : M. Martin. — Valognes : M. Legrand.

Aumôniers et médecins.

Saint-Lo : MM. Pénitot et Lhomond.—Avranches : MM. Lefrançois et Héon. — Cherbourg : MM. Vilhautmesnil et Offret. — Coutances : MM. Fleury et Leconte.—Mortain : MM. Renault et de la Houssaye. — Valognes : MM. Poret et Le Bouteiller.

Saint-Lo : M. Pignet, instituteur.

Commissions de surveillance des Prisons.

Arrondissement de Saint-Lo. — MM. le Maire de Saint-Lo ; Bernard ✳, docteur-médecin, conseiller général ; Lerendu, conseiller municipal ; Lelièvre, agent voyer en chef ; Dussaux, avoué, adjoint au maire de Saint-Lo.

Arrondissement d'Avranches. — MM. le Maire d'Avranches ; Desdouitils, 1er adjoint au maire d'Avranches ; Lechevallier (Octave), conseiller municipal ; Lemardelé (Emile), avoué, conseiller municipal ; Barbier-Domin, conseiller municipal ; Scelles, juge-suppléant, avocat.

Arrondissement de Cherbourg.— MM. le Maire de Cherbourg ; Asselin, président honoraire du Tribunal civil ; Favier, avocat ; Renault, docteur-médecin, conseiller municipal ; Levallois, juge au Tribunal civil ; Poittevin, pharmacien ; le percepteur de Cherbourg.

Arrondissement de Coutances. — MM. Pascal ✳, sous-préfet, *président ;* le Maire de Coutances ; N....; Vastel, président du Tribunal civil ; Dudouyt, procureur de la République ; N....; Rabec, avocat ; Guillemette ✳, juge de paix, conseiller général ; Dupérouzel, avocat ; Lemuet (Alphonse), propriétaire ; N.....

Arrondissement de Mortain. — MM. le Maire de Mortain ; Le Crecq, avocat ; Josset, avocat ; Buisson, pharmacien ; Norgeot, juge de paix ; Leriche, docteur-médecin.

Arrondissement de Valognes. — MM. le Maire de Valognes ; Bernard, conseiller municipal ; Bricquebec, docteur-médecin ; Dansos, docteur-médecin ; Foulon, avocat ; Lebouteiller, docteur-médecin ; le percepteur de Valognes.

AGRICULTURE.

Ecole départementale d'agriculture et de laiterie

créée par arrêté ministériel du 21 août 1886.

Directeur : M. ETIENBLED.

PERSONNEL ENSEIGNANT. — *Physique et chimie,* M. Houdet ; *sciences maturelles,* M. Pinon ; *anglais,* M. Rivoiron ; *enseignement primaire et primaire supérieur,* M. Guérin instituteur ;

*enseignement de l'extérieur et de l'hygiène des animaux et de la
pratique sanitaire*, M. Bernard, vétérinaire ; *chef de pratique
agricole et d'industrie laitière*, M. Lithard ; *jardinier chef de pratique agricole*, M. Gouveno ; *instruction militaire*, M. Lithard.

COMITÉ DE SURVEILLANCE ET DE PERFECTIONNEMENT. — MM. l'Inspecteur général de l'enseignement agricole, attaché à la région,
président ; Regnault, Amiard, Denis, membres du Conseil général ;
Rozeray, professeur d'agriculture, *secrétaire ;* Savary, agriculteur,
à Montpinchon ; Raulline,' agriculteur, maire de Remilly-sur-
Lozon.

Cette école, installée dans la ferme du Vieux-Château, dépendant
du domaine de Coigny, situé en la commune de ce nom, est destinée à former des chefs de culture, à donner une bonne instruction
professionnelle aux fils de cultivateurs, propriétaires et fermiers, et,
en général, aux jeunes gens qui se destinent à la carrière agricole.

Elle est destinée particulièrement à l'enseignement et à l'étude
de tout ce qui se rattache à l'industrie laitière.

L'école reçoit des élèves internes, des demi-pensionnaires et des
élèves externes.

La durée des cours est de deux ans.

Le prix de la pension est de 400 fr. ; celui de la demi-pension, de
250 fr. ; les externes paient 50 fr., le tout exigible d'avance et par
dixièmes, en trois versements, savoir : trois dixièmes en entrant,
trois dixièmes en janvier et quatre dixièmes en avril.

Les examens d'admission ont lieu, tous les ans, au siège de
l'école, le troisième lundi de septembre.

Les candidats doivent avoir 14 ans au moins, et 20 ans au plus
dans l'année de l'admission.

Des prospectus faisant connaître toutes les conditions d'admission
et du régime de l'école sont déposés à la préfecture (1re division),
De son côté, M. le Directeur de l'école en adressera à toutes les
personnes qui lui en feront la demande.

Laboratoire de chimie agricole à Granville.

Directeur : M. LAUROT, chimiste à Granville.

Ce laboratoire spécial destiné à l'analyse des engrais chimiques
employés en agriculture fonctionne, à Granville, depuis l'année
1885. Il est subventionné par le Ministre de l'Agriculture et le
département de la Manche.

Les analyses sont gratuites. Les agriculteurs ont à pourvoir seulement aux frais d'expédition des échantillons à M. Laurot, et à
l'affranchissement du bulletin d'analyse renvoyé par le Directeur du
laboratoire.

Enseignement départemental et communal de l'agriculture

(Loi du 16 juin 1879).

*Chaire départementale d'agriculture, créée par décision
ministérielle du 26 juin 1885.*

Titulaire : M. ROZERAY, chevalier du Mérite agricole, ancien
répétiteur à l'école nationale d'agriculture du Grand-Jouan.

Ecole primaire et professionnelle d'agriculture de Sartilly.

Directeur : M. Aubril.

Personnel enseignant.—*Physique et chimie*, M. Hubert ; *vétérinaire*, M. Ollivier (Edouard) ; *chef de pratique*, M. Lamy ; *enseignement primaire*, M. Desbouillons ; *instructeur militaire*, M. Lesigne.

Comité de surveillance et de perfectionnement. — MM. l'Inspecteur général de l'enseignement agricole attaché à la région, *président* ; l'Inspecteur primaire de l'arrondissement ; Elphège Basire, conseiller général, maire de Dragey ; le docteur Leménager, maire de Sartilly ; Duchemin (Alfred), ancien maire de Dragey, propriétaire-cultivateur.

SOCIÉTÉS D'AGRICULTURE.

Arrondissement de Saint-Lo.— MM. Floret, préfet de la Manche, *président ;* Manoury, conseiller d'arrondissement, Lenoël, sénateur, Sanson de la Valesquerie (Félix), propriétaire-cultivateur, *vice-présidents* ; Robin, (Nestor), éleveur : *secrétaire ;* N..., *secrétaire-adjoint ;* Bosq, banquier : *trésorier ;* Thouroude, éleveur : *trésorier-adjoint ;* Roseray, professeur d'agriculture, *archiviste.*

Nouvelle Société d'agriculture d'Avranches. — MM. Riotteau et Morel, *présidents ;* Lenoir, maire d'Avranches, Le Chevalier (Octave), Desdouitils, adjoint au maire d'Avranches, *vice-présidents* ; Basire (Elphège), Letréguilly, *secrétaires ;* Loiseau, *trésorier ;* Gombert, *trésorier-adjoint.*

Arrondissement de Cherbourg. — *Président d'honneur* : M. le sous-préfet de Cherbourg ; *président honoraire* : M. le Cte de Sesmaisons, ministre plénipotentiaire ; *président* : M. Léon Hainneville ; *vice-président* : M. Aimé Legranché, ancien élève de l'Ecole polytechnique ; *vice-présidents cantonaux* : MM. J.-B. Le Ras, Feuardent-Duhutrel, Augustin Gamache, Courtois-les-Hougues ; *secrétaire* : M. J. Folliot, agriculteur ; *secrétaire-adjoint* : M. Levesque, professeur d'arboriculture ; *trésorier* : M. Joublin, percepteur de Martinvast ; *archiviste* : M. Edouard Cousin, contrôleur des douanes ; *conseillers d'administration* : MM. Auguste Pouppeville, Emile Samson, J.-B. Lecerf, Anténor Bosvy, Jean Lécrivain, François Lecanu, Ferdinand Léveillé, François Roger, Henri Menut et Jacques Pontis.

Arrondissement de Coutances. — MM. Briens ✳, *président ;* Regnault, conseiller général, Dombreval ✳, conseiller municipal, *vice-présidents ;* Guillemette ✳, conseiller général, *secrétaire général* ; Lemarchand, propriétaire à Coutances, *vice-secrétaires ;* Adde, propriétaire à Coutances, *trésorier ;* Bienvenu, propriétaire à Coutances, *trésorier-adjoint.*

Arrondissement de Mortain. — MM. d'Auray, *président ;* Dumarais, propriétaire au Neufbourg, Laurent, Juge de paix à Brécey, *vice-présidents ;* Josset, *secrétaire ;* de Bailliencourt, propriétaire à Mortain, *trésorier ;* Ladvoué, propriétaire à Mortain, *vice-trésorier ;* N..., *bibliothécaire.* — *Présidents cantonaux :* MM. Béchet, pour Barenton ; Guérin, pour Isigny ; Herbin (Gustave), pour Juvigny ; N..., pour Le Teilleul ; Dumarais, à Mortain ; Bréhier (Julien), pour Saint-Hilaire-du-Harcouët ; d'Auray, maire de Saint-Pois, pour Saint-Pois ; Labiche (Paul), propriétaire, pour Sourdeval.

Arrondissement de Valognes. — MM. le Sous-Préfet, *président honoraire ;* Sébire O ✱, *président ;* Buhot, *vice-président ;* Lemarquant, *secrétaire.;* Leduc, *trésorier ;* Vasselier, *bibliothécaire.*

CHAMBRES CONSULTATIVES D'AGRICULTURE.

Arrondissement de Saint-Lo. — *Canisy,* MM. Deshayes (Albert), agriculteur. — *Carentan,* Lenoël, juge de paix. — *Marigny,* Delarue, notaire. — *Percy,* Blouët ✱, conseiller général. — *Saint-Clair,* Bernard (Adolphe), maire à Saint-Clair. — *Saint-Jean-de-Daye,* Pézeril, propriétaire. — *Saint-Lo,* N... — *Tessy-sur-Vire,* Beaufils, maire de Moyon. — *Torigni-sur-Vire,* Cord'homme, propriétaire.

Arrondissement d'Avranches. — *Avranches,* MM. Couraye du Parc ✱, membre de la Société d'agriculture. — *Brécey,* Laurent, juge de paix à Brécey. — *Ducey,* Dupont. maire. — *Granville,* Duchemin, agriculteur, à Dragey. — *La Haye-Pesnel,* Basire (Elphège), propriétaire à Dragey. — *Pontorson,* Mᵗ de Verdun de la Crenne, maire d'Aucey, conseiller d'arrondissement. — *Saint-James,* Morel, président du Comice agricole. — *Sartilly,* Riotteau, président du Comico agricole de Sartilly. — *Villedieu,* Tétrel ✱, conseiller général, président du Comice agricole de Villedieu.

Arrondissement de Cherbourg. — *Beaumont,* MM. Louis, maire de Beaumont. — *Cherbourg,* Hainneville, négociant, président de la Société d'agriculture. — *Octeville,* Cᵗᵉ de Sesmaisons et Lesage, maire d'Octeville. — *Les Pieux,* N... — *Saint-Pierre-Eglise,* Lehas, maire.

Arrondissement de Coutances. — *Bréhal,* MM. Fauchon (Eugène), maire. — *Cerisy-la-Salle,* Guillemetto (Fred.) ✱. — *Coutances,* Boissel-Dombreval ✱, conseiller municipal. — *Gavray,* Lecoupé (Marcel). — *La Haye-du-Puits,* Ducloux, maire. — *Lessay,* Galuski ✱, maire. — *Montmartin-sur-Mer,* Quenault, conseiller général. — *Périers,* Regnault, ancien député, conseiller général. — *Saint-Malo-de-la-Lande,* Jehenne, conseiller d'arrondissement, maire. — *Saint-Sauveur-Lendelin,* Lecacheux, conseiller d'arrondissement.

Arrondissement de Mortain. — *Barenton*, MM. Chemin, propriétaire. — *Isigny*, Davy, maire. — *Juvigny*, Grossin, maire, conseiller général. — *Le Teilleul*, Jouin (Zéphirin). — *Mortain*, Le Bigot, notaire. -- *Saint-Hilaire-du-Harcouët*, Lucas, maire de Lapenty. — *Saint-Pois*, Lechaptois, conseiller municipal, à Boisyvon. — *Sourdeval*, Esnault (Charles), propriétaire.

Arrondissement de Valognes. — *Barneville*, MM. Lepelletier, maire de Carteret. — *Bricquebec*, N.... — *Montebourg*, N... — *Quettehou*, Leroy, Léon, conseiller d'arrondissement. — *Sainte-Mère-Eglise*, Roumy, propriétaire. — *Saint-Sauveur-le-Vicomte*, Leclerc (Pierre), maire. — *Valognes*, Sébire ✳, sénateur, conseiller général.

COMICES AGRICOLES.

PERCY, TESSY-SUR-VIRE et **TORIGNI-SUR-VIRE.** — MM. Ganne de Beaucoudray, *président ;* G. Canu, médecin-vétérinaire à Torigni, et Canuet-Préfontaine, maire à Villebaudon, *vice-présidents ;* O. Lebrun, vétérinaire à Percy, *secrétaire-trésorier.*

BRÉCEY.— M. Laurent, maire des Cresnays, *président.*

DUCEY.— M. Raulin, agriculteur à Juilley, *président.*

LA HAYE-PESNEL.— M. Fontaine, conseiller général, notaire à La Haye-Pesnel, *président ;* Le Bourgeois, maire de La Lucerne, 1er *vice-président;* Rosselin, maire de Beauchamps, 2me *vice-président;* Polley, *secrétaire ;* Le Pelley-Fonteny, *trésorier.*

PONTORSON.— M. Octave-Lechevalier, propriétaire à Tanis, *président.*

SARTILLY.— M. Riotteau, député, conseiller général, *président.*

SAINT-JAMES.— M. Morel, sénateur, maire de Saint-James, *président.*

VILLEDIEU. — M. Tétrel ✳, conseiller général, maire de Villedieu, *président.*

BRÉHAL. — MM. Briens, député, *président ;* docteur de la Bellière, conseiller général, *vice-président ;* Dujardin, *trésorier.*

GAVRAY.— MM. Lecoupey (Marcel), propriétaire à Saint-Denis-le-Gast, *président;* Michel, maire du Mesnil-Garnier ; Leclère (Edmond), propriétaire à Gavray, *vice-présidents ;* Coueffin (Amand), propriétaire à Gavray, *secrétaire ;* Durville (Albert), propriétaire à Gavray, *vice-secrétaire ;* Barbier, percepteur de Hambye, *trésorier.*

LA HAYE-DU-PUITS et LESSAY. — MM. de La Martinière ✳, *président ; N...., vice-président ;* Piquot, propriétaire, *secrétaire.*

CERISY-LA-SALLE. — MM. Guillemette ✳, conseiller général, *président ; N......, vice-président ;* Duperrouzel, propriétaire, *secrétaire ;* Gaillard, *trésorier.*

PÉRIERS.—MM. Regnault, conseiller général, *président ;* Leconte, juge de paix, *vice-président ;* Pican, *secrétaire :* Ledrans, *trésorier.*

SAINT-MALO-DE-LA-LANDE.— MM. Dudézert ✳, conseiller général, juge au tribunal de la Seine, *président ;* Lemoine, ancien professeur au lycée, *1ᵉʳ vice-président ;* Jules Johenne, conseiller d'arrondissement, *2ᵉ vice-président ;* Tanqueray (Almire), *secrétaire ;* Vincent, médecin, *secrétaire-adjoint :* Lecuir, propriétaire, *trésorier ;* Gervaise (Eugène), *trésorier-adjoint.*

SAINT-SAUVEUR-LENDELIN. — MM. le docteur Lemaltre, conseiller général, *président ;* Lecacheux, adjoint à Monthuchon, *vice-président ;* Dumont, *trésorier ;* Ledentu, adjoint, *secrétaire.*

ISIGNY. — MM. le Sous-Préfet de Mortain, *président d'honneur ;* Guérin, maire du Mesnil-Thébault, *président ;* Davy, maire des Biards, Cruchet, notaire au Buat, de Tesson, à la Mancellière, *vice-présidents ;* Varin, notaire à Isigny, *secrétaire ;* Anfroy et Heslouin, au Buat, *vice-secrétaires ;* Davy, *trésorier ;* Jouenne (Paul) à Montigny, Willay, receveur de l'enregistrement à Isigny, *vice-trésorier.*

SAINT-HILAIRE-DU-HARCOUET. — MM. le Sous-Préfet de Mortain, *président honoraire ;* Genest et Lemonnier (Eugène), *vice-présidents honoraires ;* Lefresne (Alfred), *président ;* Lesaint, Lucas et Dupont, *vice-présidents ;* Alexandre. *secrétaire ;* Piel, *vice-secrétaire ;* Nicolas, *trésorier.*

COMICE AGRICOLE DU COTENTIN. — MM. de la Gorsse, député, *président ;* Léon Lenoël, *secrétaire ;* Alix-Courboy et Maillard, *vice-présidents :* Legrand, *trésorier.*

SOCIÉTÉS D'HORTICULTURE.

*Arrondissement d'*Avranches. — MM. le Préfet de la Manche, le Sous-Préfet d'Avranches, *présidents d'honneur ;* d'Aisy ✳, *président ;* Louvet (Constant) ✳, *président honoraire ;* Roussel, horticulteur, Morel (Paul), horticulteur, *vice-présidents ;* Saint, conducteur principal des ponts et chaussées, *secrétaire ;* Lemardelé et Hamel (Alexandre), horticulteur, *secrétaires-adjoints ;* Fontaine-Laporte, *trésorier ;* Vachon, horticulteur, *conservateur-archiviste ;* Cᵗᵉ de Chabannes, Desdouitils, adjoint au maire d'Avranches, Juhel et Cléret, fils, horticulteurs, *membres du Comité d'administration.*

Arrondissement de Cherbourg. — *Membres d'honneur de la Société.* — Présidents d'honneur : M. le Sous-Préfet de l'arrondissement ; M. le Maire de Cherbourg.— *Président honoraire* : M. Emmanuel Liais ✳, ancien directeur de l'Observatoire impérial du Brésil. — *Vice-président honoraire* : M. Orry, O. I., avoué honoraire.

Membres du Bureau pour 1893. — *Président* : MM. le docteur Renault ✳, O. A. — *Vice-présidents* : Cauvin, propriétaire ; Levesque, marchand de fer.—*Conseillers d'administration* : MM. Jollet✳, chef de bataillon d'infanterie de marine retraité ; Hervieux, propriétaire ; de la Chapelle O. A., contrôleur des douanes retraité ; Dutot, greffier du tribunal de commerce. — *Trésorier* : M. Orange, agent comptable de la marine retraité. — *Secrétaire* : M. Lelièvre (Paulin). — *Secrétaires-adjoints* : MM. Macé, Adrien, négociant. — *Bibliothécaire* : M. Noyon. — *Bibliothécaire-adjoint* : M. Cavron, (Léon), horticulteur.

Commissions permanentes. — Culture d'utilité : MM. Levesque, *président ;* Lecarpentier, avocat ; Lemagnen, horticulteur ; Havard, maître principal du port retraité ; Maillard, négociant. — Culture d'agrément : MM. Cauvin, *président ;* Robine, ancien avoué ; Giot, conducteur des travaux hydrauliques ; Legrin, avocat ; Corbière O. A., professeur de sciences naturelles au lycée.

Comité de rédaction. — MM. de la Chapelle O. A., *président ;* Dutot, *secrétaire ;* les Membres du Bureau. — MM. Corbière O. A., le Dʳ Bernadet, Nicollet O. I., professeurs en retraite. — Directeur du jardin : M. Hervieux.—Professeur d'arboriculture : M. Levesque. — Délégué pour invoquer aux inhumations des sociétaires : M. d'Aboville, propriétaire.

Arrondissement de Coutances.—MM. Magny, *président ;* Lemarchand, *secrétaire ;* N..., *secrétaire-adjoint ;* Dupuy, *trésorier ;* Félix, *conservateur-archiviste.*

Arrondissement de Mortain.—MM. le Préfet, *président honoraire ;* le Sous-Préfet de Mortain, *vice-président honoraire ;* Delaporte, *président ;* Ganier-Hauteville, *vice-président ;* Lebigot, *secrétaire ;* Durand, *secrétaire-adjoint ;* Lebigot, notaire, *trésorier ;* N..., *conservateur-archiviste.*

Arrondissement de Valognes.—MM. le Sous-Préfet de l'arrondissement et le maire de Valognes, *présidents d'honneur ;* Sebire O✳, *président ;* Dagoury. *vice-président ;* Crosville, *secrétaire ;* Lepetit, *vice-secrétaire ;* Leconte, *trésorier ;* N..., *bibliothécaire ;* Lechevallier, Lemarquand, *administrateurs.*

DÉPOT NATIONAL D'ÉTALONS
DE SAINT-LO.

Inspection générale du premier arrondissement.

MM. Delanney ✳, chevalier du Mérite agricole, *inspecteur général ;* Chambry, chevalier du Mérite agricole, *directeur ;* Clauzel, *sous-directeur ;* Bruneton, *surveillant ;* Manoury, chevalier du Mérite agricole, *vétérinaire.*

Stations.

Manche : Saint-Lo, Carentan, Sainte-Marie-du-Mont, Sainte-Mère-Eglise, Querqueville, Saint-Pierre-Eglise, Périers, Avranches, Villedieu, La Haye-Pesnel, La Chapelle-Urée, Quettehou, La Haye-du-Puits, Beaumont, Les Pieux, Valognes, Saint-Sauveur-le-Vicomte, Saint-James, Saint-Hilaire-du-Harcouët, Sourdeval, Gavray, Bricquebec, Sartilly, Saint-Pair, Percy, Saint-Jean-de-Daye, Bréhal, Marigny, Montebourg, Torigni-sur-Vire, Barneville-sur-Mer, Ducey, Brécey.

Calvados : Bayeux, Trévières, Isigny, Balleroy, Vire, Villers-Bocage, Condé-sur-Noireau, Bény-Bocage, Caumont.

SOCIÉTÉ DES COURSES DE SAINT-LO.

Président d'honneur : **MM.** Floret, préfet de la Manche ; *président honoraire :* Louis Yver ; *président :* Henri Regnouf de Vains ; *vice-président :* Chambry, directeur du dépôt d'étalons ; *secrétaire :* Damecourt ; *trésorier :* Barreau.

SOCIÉTÉ DES COURSES D'AVRANCHES.

MM. Morel (Hippolyte), sénateur, conseiller général, *président ;* Gautier, *vice-président d'honneur ;* Basire, *vice-président ;* Loiseau, *trésorier ;* Lenoir et Desdouitils, *secrétaires.*

SOCIÉTÉ DES COURSES DU COTENTIN.

MM. le Vte de Tocqueville ✳, *président ;* Châtelier, *secrétaire-trésorier.*

SOCIÉTÉ DES COURSES DE BOURIGNY.

MM. Salanson, sous-préfet de Mortain, *président ;* Lefresne et Tétrel, conseillers généraux, *vice-présidents ;* Pichon, *trésorier ;* Loyer, *secrétaire ;* Lechaptois, Loyer et Lebrun, *commissaires.*

VÉTÉRINAIRES BREVETÉS.

Arrondissement de Saint-Lo. — **MM.** Cauville (Alexis-Edouard), Carentan ; Manoury (Edouard) et Hamon (Guillaume-Joseph-Marie), Saint-Lo ; Canu (Georges-Léonard), Torigni-sur-Vire ; Lebrun (Octave), Percy ; Raux (Frédéric), Carentan.

Arrondissement d'Avranches. — **MM.** Dufour (Joseph-Casimir), Toupé (Alexandre), à Avranches ; Ollivier (Pierre-Edouard), à Granville ; Bourges (Jean-Marie-Léon), à Pontorson ; Ollivier (Louis), à Granville.

Arrondissement de Cherbourg. — **MM.** Poupeville (Auguste), à Cherbourg ; Boisanfray (Jacques-Frédéric-Joseph), à Cherbourg ; Debroize (Léon-Jules), à Tocqueville.

Arrondissement de Coutances. — **MM.** Cauvin (Louis-Charles), Cauvin (Pierre-Victor), fils, Crouzel (Théobald), à Coutances ; Bernard (Stanislas), à La Haye-du-Puits ; Letanneur (Charles-Jean-Désiré), à Périers.

Arrondissement de Mortain. — **MM.** Goubin (Auguste-Victor), et Tréhet (Amand-Pierre-Paul), à Saint-Hilaire-du-Harcouët ; Hergault-Losinière (Emile-Ovide), à Mortain.

Arrondissement de Valognes. — **MM.** Lemarquand (Auguste), à Valognes ; Lebas (Alphonse-Jacques), à Valognes ; Canteau (Georges-Philippe-Henri), à Bricquebec.

CHAMBRES DE COMMERCE.

Cherbourg.—**MM.** Léon Mauger, *président ;* Hainneville (Eugène), *vice-président ;* Bayard, Menut, de la Germonière (Edmond), Bretel, Langlois, *trésorier ;* Paul Sehier, *secrétaire ;* Le Brun, banquier, Charles Postel, Eugène Buhot, Noyon.

Granville.— **MM.** Riotteau, *président ;* Langlois, *vice-président :* Breton, Dior (Lucien), Ch. Guillebot, Le Prince, Toupet, J. Pannier, *secrétaire ;* Fossé, Gaillard, *trésorier.*

AGENTS CONSULAIRES.

Cherbourg. — **MM.** Vereker, consul d'Angleterre ; Caville, vice-consul d'Angleterre ; Postel (Emile), agent consulaire des Etats-Unis d'Amérique ; Postel (Emile), vice-consul de Russie ; Postel (Emile), vice-consul d'Italie ; Lebrun (Pierre), agent consulaire d'Autriche ; Buhot (E.), fils, vice-consul du Danemark ; Liais (Edouard), consul de Belgique ; Liais (Léon), vice-consul d'Espagne; Menut (Henri), vice-consul du Portugal ; Postel (Armand), consul de Turquie; Liais (Edouard), vice-consul des Pays-Bas; Postel (Charles), consul du Mexique ; Postel (Charles), consul du Vénézuéla ; Levastois (Léon), consul du Chili ; Postel (Charles), consul de Costa-Rica ; Postel (Charles), consul de Haïti ; Postel (Charles), vice-consul de San-Salvador ; N..., vice-consul du Brésil ; Menut (Henri), consul de Guatémala ; Buhot (Eugène), vice-consul de Suède et Norwège ; Lyssikas, vice-consul de Grèce.

Granville. — MM. N..., vice-consul d'Angleterre ; de Lalun, vice-consul de Portugal ; Pannier (Jules), vice-consul de Suède et de Norwège ; N..., vice-consul de Danemark ; N..., vice-consul d'Italie.

CONSEILS SANITAIRES

DES PORTS DU DÉPARTEMENT DE LA MANCHE.

Cherbourg. — MM. Diény, sous-préfet, *président ;* un délégué du vice-amiral commandant en chef, préfet maritime du 1er arrondissement ; un délégué du général, commandant la 39e brigade ; le major général de la marine ; le directeur des mouvements du port ; le directeur du service de santé de la marine ; l'ingénieur en chef des ponts et chaussées, ou un délégué ; Emmanuel Liais, conseiller général, maire de Cherbourg ; le docteur Guiffart, médecin en chef de l'Hôtel-Dieu, directeur de la santé ; N.., délégué du comité d'hygiène ; le docteur Renault, chirurgien en chef de la 1re section de l'Hôtel-Dieu ; le docteur Offret, délégué du conseil municipal ; de Saint-Quentin, inspecteur des douanes ; Langlois, courtier maritime, délégué de la chambre de commerce ; Emile Postel, vice-consul de Russie, d'Italie et des Etats-Unis d'Amérique, délégué du corps consulaire.

Granville. — MM. Bureau, maire, *président ;* le commandant de place, colonel du 2e régiment d'infanterie de ligne ; le commissaire de l'inscription maritime ; l'inspecteur des douanes ; l'ingénieur des ponts et chaussées ; le docteur Benoît, délégué du Conseil municipal ; Phérivong, capitaine au long cours, délégué de la chambre de commerce ; le docteur Letourneur, conseiller d'arrondissement, médecin des épidémies ; J. Pannier, délégué par le corps consulaire ; Jouvin, lieutenant des douanes, agent sanitaire.

Saint-Vaast. — MM. Hamelin-Dectot, maire, *président ;* Guiffart, docteur-médecin, directeur de la santé, à Cherbourg ; le commissaire de l'inscription maritime ; Ménard, docteur-médecin ; Baudour, lieutenant des douanes, agent sanitaire.

FOIRES DE LA MANCHE.

Les foires en *italique*, sont celles qui, tombant un dimancbe sont avancées ou retardées d'un jour. — Les foires *mensuelles* figurent à leurs dates.

JANVIER.—1er *Montbray, Portbail, Sainte-Geneviève*. 3 Gavray, Brécey, Beaumont, 6 Carentan, Saint-Clair, Bréhal, Ducey, Villedieu. 7, Tessy. 10 Avranches. 13 La Haye-du-Puits. 14 Montmartin-sur-Mer, Sainte-Mère-Eglise, Tourlaville. 15 *Montbray*. 19 Saint-Hilaire-du-Harcouët. 20 Quettehou, Sourdeval-la-Barre. 21 La Haye-Pesnel, Pontorson. 22 *Les Pieux*. 25 Saint-Lo. 27 Cherbourg. 30 Périers.

FÉVRIER. — 2 Saint-James. 3 Bréhal, Ducey, Villedieu, Montebourg. 4 Saint-Hilaire-du-Harcouët. 5 *Montbray, Sartilly*. 7 Gavray. 9 Coutances, Saint-James, Bricquebec, Coulouvray-Boisbenâtre. 11 La Haye-du-Puits, Montmartin-sur-Mer, Saint-Pierre-Eglise 14 Gavray, Avranches, Montebourg. 16 Carentan, Bricquebec, Valognes. 17 Sourdeval. 18 La Haye-Pesnel. 19 *Montbray, Vesly*. 20 Torigni. 21 Beaumont, 23 Percy, Barenton. 25 Saint-Pierre-Église. 27 La Haye-du-Puits.

MARS. — 3 Bréhal (franche), Ducey, Villedieu, Buais, 5 *Saint-Lo, Montbray*. 6 Carentan, Mortain. 7 Gavray, Périers. 9 Bricquebec. 10 Avranches. 11 Marigny, Montmartin-sur-Mer, La Haye-Pesnel. 14 Avranches. 17 Sourdeval. 18 La Haye-Pesnel, Teilleul. 19 *Montbray, Isigny*. 21 Avranches, Montebourg. 23 Coutances, Bricquebec, Cherbourg. 25 La Haye-du-Puits, Saint-Pierre-Eglise, Saint-Hilaire-du-Harcouët. 27 Carentan, Barfleur. 28 Périers. 30 Saint-James. 31 Valognes, Savigny-le-Vieux.

AVRIL. — 1er Tessy, Brécey, forte foire de bestiaux. 2 *Montbray*, 4 Gavray, Avranches, Montebourg. 5 Brix. 6 Carentan, Bricquebec. 7 Bréhal, Ducey, Villedieu, Reffuveille, Montmartin-sur-Mer. 10 Granville (2 jours). 11 Gréville. 12 Portbail. 13 Barenton. 15 La Haye-Pesnel, Saint-Sauveur-le-Vicomte. 16 *Montbray, Saint-Malo-de-la-Lande*. 19 Cérences, 21 Sourdeval. 22 Airel, Lessay, Teilleul. 23 *Les Pieux*. 26 Juvigny. 28 Saint-Lo. 29 *Picauville*. 30 Le Guislain.

MAI.— 1er Fierville, 2 Gavray, Prétot, La Haye-Pesnel, Valognes, Mortain, 4 Torigni, Villedieu, Quettehou, Teurthéville-Hague. 5 Bréhal, Cuves, Ducey, Villedieu. 6 Pontorson. 7 *Lithaire*. 8 Saint-Clair, Montbray, 9 Avranches, Bricquebec. 12 Cuves, Saint-Martin-de-Landelles, Notre-Dame-du-Touchet. 13 Marigny, Montmartin-sur-Mer. 14 *Saint-Sauveur-Lendelin, Montebourg*. 15 Saint-Pierre-Eglise. 16 Saint-Pierre-de-Semilly, Périers, Beaumont. 18 Coutances Saint-James, Besneville. 19 Bréhal, Ducey, Sourdeval. 20 Saint-Jean-de-Daye, Haye-Pesnel. 21 *Montbray, Brix, Saint-Clément*. 22 Beaucoudray. 23 Gavray. 25 Carentan, Cerisy-la-Forêt, Sartilly, Cherbourg, Saint-Martin-le-Gaillard. 26 Lessay, 27 La Croix-Avranchin. 31 La Pernelle, Sourdeval,

JUIN.—1ᵉʳ Saint-James, 2 Bréhal, Ducey, Villedieu, 3 Montmartin-sur-Mer, Brix. 4 *Saint-Lo, Montbray*, 6 Gavray, Avranches. 10 Montmartin-sur-Mer, Gréville, 11 *Barneville, Le Teilleul*. 12 Folligny. 14 Juvigny. 15 Néhou, Saint-Cyr-du-Bailleul, 16 Sourdeval, 17 La Haye-Pesnel, 18 *Montbray*. 20 Tourlaville. 23 Avranches, Les Pieux, 24 Marigny. 25 Hambye, Le Vicel. 26 La Haye-du-Puits. 29 Tessy. 30 Bricquebec, Juvigny.

JUILLET.—1ᵉʳ Pontorson, Barenton, 2 *Montbray, Cerisy-la-Salle*. 4 Gavray, Brécey, Argouges. 6 Saint-James, Montsurvent, Les Pieux. 7 Bréhal, Ducey, Villedieu. 8 Montmartin-sur-Mer. 9 *Le Teilleul*. 10 Sartilly. 11 Avranches, Querqueville. 12 Valognes. 13 Cerisy-la-Forêt, la Haye-Pesnel, Saint-Sauveur-le-Vicomte, 16 *Montbray*. 18 Carentan, Saint-Clair, La Haye-du-Puits. 20 Quettehou. 21 Bréhal. Ducey, Sourdeval. 22 Saint-Lo, 23 *La Haye-Pesnel*. 24 Saint-Martin-d'Aubigny. 25 Montebourg. 27 Quettreville, Bricquebec, Buais, Coulouvray-Boisbenâtre. 31 Saint-Germain-de-Varreville.

AOUT.—1ᵉʳ La Meauffe, Gavray, Prétot, Avranches, Saint-Pierre-Eglise. 3 Millières. 4 Bréhal, Ducey, Villedieu. 6 *Montbray*. 8 Torigni. 9 Rauville-la-Place. 11 Montpinchon. 12 Montmartin-sur-Mer. 16 Montebourg. 18 Sourdeval. 19 La Haye-Pesnel. 20 *Montbray*. 26 Savigny, Cherbourg. 27 Le Teilleul. 28 Créances. 29 Tocqueville.

SEPTEMBRE.—1ᵉʳ Bréhal, Ducey, Villedieu, Fierville. 2 Lengronne Saint-Hilaire-du-Harcouët. 3 *Saint-Lo, Montbray, Teurtheville-Bocage*. 4 Rauville-la-Bigot. 5 Gavray. 7 Percy, Gréville, Bacilly. 8 Notre-Dame-du-Touchet. 9 Marigny, Montmartin-sur-Mer, Pontorson, Villedieu, Valognes, Juvigny. 10 *Le Teilleul*. 11 Saint-Pois, Aucey. 12 Lessay. 14 Brécey, Virandeville. 15 Ducey, Sourdeval, Savigny-le-Vieux. 16 La Haye-Pesnel. 17 *Montbray, Saint-Floxel*. 18 Notre-Dame-de-Cenilly. 19 Granville, Ger. 21 Avranches, Barenton. 22 Saint-Lo, Le Grand-Celland, Bricquebec. 25 Roncey, Valcanville. 26 Sartilly, Isigny, 28 Saint-Côme-du-Mont, Le Hommet-d'Artheney, Saint-James. 29 Varenguebec. 30 Coutances, Teurthéville-Hague.

OCTOBRE.—1ᵉʳ *Montbray, La Haye-Pesnel, Le Teilleul, Buais*. 2 Portbail. 3 Gavray, Avranches 5 Torigni, Lestre. 6 Bréhal, Ducey, Villedieu, Valognes. 7 Tessy, Pontorson, Saint-Pierre-Eglise, Saint-Sauveur-le-vicomte. 8 *Saint-Clair*. 9 Mesnil-Garnier, Brix. 10 Saint-Denis-le-Gast, Périers. 12 Saint-Hilaire-du-Harcouët. Romagny. 13 Saint-Jean-de-Daye, Clitourps. 14 Montmartin-sur-Mer. 15 *Montbray, Bouteville, Le Teilleul*. 16 Brécey, La Lande-d'Airou, Teurthéville-Hague. 17 Varenguebec. 20 Sottevast, Reffuveille, Sourdeval. 21 La Haye-Pesnel. 23 Airel. 25 Montebourg, 26 Sourdeval. 28 Quettehou. 29 *Saint-Malo-de-la-Lande, Sacey, Sainte-Mère-Eglise*. 31 Avranches.

NOVEMBRE. — 2 Saint-James, Cherbourg. 3 Bréhal, Saint-Denis-le-Gast, Sartilly, Villedieu. 4 Pontorson. 5 *Montbray, Quettreville, Rauville-la-Place, Saint-Pois*. 7 Carentan, Gavray, Ducey. 10 Corisy-la-Salle. 11 Torigni, Montmartin-sur-Mer. 12 *Montsurvent, Brécey, Les Pieux*. 14 Avranches. 16 Valognes. 17 Cérences, Sourdeval, Montmartin-sur-Mer, La Haye-Pesnel. 19 *Montbray*. 23 Villedieu. 25 Cerisy-la-Forêt, Bricquebec. 29 Saint-Lo.

DÉCEMBRE.—1er Bréhal,Ducey, Villedieu, Picauville, Saint-Pierre-Eglise. 2 Pontorson. 3 *Montbray*. 5 Gavray, Avranches. 7 Saint-James. 9 Montmartin-sur-Mer, Valognes. 15 Sartilly, Sourdeval. 16 La Haye-Pesnel. 17 *Montbray*. 19 Saint-Lo 21 Barneville, Carentan, 24 *Montebourg*. 27 Hambye. 31 *Valognes*.

Foires mensuelles.

Brécey, 1er vendredi de chaque mois ; Bréhal, Ducey, Villedieu, le 1er mardi de chaque mois ; Bricquebec, le 2e lundi de chaque mois, marché à bestiaux ; Cérences, le dernier jeudi du mois, marché à bestiaux ; Gavray, le 1er samedi de chaque mois ; La Haye-Pesnel, le 3e mercredi de chaque mois ; Montbray, les 1er et 3e jeudis de chaque mois ; Montmartin-sur-Mer, le 2e mercredi de chaque mois; Pontorson, le 1er mercredi de chaque mois excepté janvier, ma, juin et septembre ; Sourdeval, le 3e mardi de chaque mois ; Sartilly, le 2e lundi de chaque mois.

MARCHÉS DE LA MANCHE.

Arrondissement d'Avranches.—Avranches, le samedi.—La veille des foires, Montre ; Brécey, le vendredi ; Tirepied, le jeudi ; Ducey, le mardi ; Granville, le samedi ; La Haye-Pesnel, le mercredi ; La Lande-d'Airou, 2e lundi de chaque mois ; Pontorson, le mercredi ; Saint-James, le lundi ; Saint-Pair, le mercredi ; Sartilly, le lundi ; Villedieu, le mardi.

Arrondissement de Cherbourg.—Beaumont, le samedi.—Marché aux bestiaux gras le dernier samedi de chaque mois ; Cherbourg, lundi et jeudi ; Les Pieux, le vendredi ; Le Vast, le lundi ; Equeurdreville, le dimanche ; Flamanville, le mardi ; Saint-Pierre-Eglise, le mercredi.

Arrondissement de Coutances. — Agon, le dimanche (été) ; Bréhal, le mardi ; Cérences, le jeudi. — Grand marché de bestiaux les 2e et derniers jeudis de chaque mois ; Cerisy-la-Salle, le samedi ; Coutances, le lundi ; Créances, le dimanche ; Gavray, le samedi ; Hambye, le mardi ; La Haye-du-Puits, le mercredi ; Lessay, le mardi ; Montmartin-sur-Mer, le mercredi ; Lingreville, le dimanche ; Périers, le samedi ; Prétot, le samedi ; Saint-Sauveur-Lendelin, le jeudi ; Saint-Denis-le-Gast, le dimanche.

COUTANCES. — Le 1er lundi de *Carême* et le lundi de la *Mi-Carême* sont considérés comme fortes foires. La veille de chaque foire il y a *montre*. Grand *marché à bestiaux*, tous les 15 jours. Grand *marché à chevaux* le lundi de la petite Saint-Michel. — BRÉHAL, *marché à bestiaux*, le 3e mardi du mois.—LA HAYE-DU-PUITS, grand *marché à bestiaux*. le 1er mercredi de chaque mois. —PÉRIERS, grand marché de 15 jours en 15 jours, à partir du 8 janvier.

Arrondissement de Mortain — Barenton, le lundi ; Ger, le jeudi ; Isigny, le lundi ; Juvigny, le jeudi ; Le Teilleul, le jeudi ; Mortain, le samedi (bestiaux) ; Saint-Hilaire-du-Harcouët, le mercredi ; Saint-Pois, le jeudi ; Sourdeval, le mardi.

Arrondissement de Saint-Lo. — Airel, le samedi ; Canisy, le vendredi ; Carentan, les lundi et vendredi ; Cerisy-la-Forêt, le mercredi ; Les Champs-de-Losques, le mardi (beurre) ; Marigny, le mercredi ; Percy, le lundi ; Saint-Clair, le mardi ; Saint-Jean-de-Daye, le vendredi ; Saint-Lo, les mardi et samedi ; Tessy-sur-Vire, le mercredi ; Torigni-sur-Vire, le lundi.

SAINT-LO. — Grand *marché à bestiaux*, tous les mardis. — CARENTAN. — Grand marché tous les lundis. De 15 en 15 jours, à partir du **2** janvier, *grand marché à bestiaux* et *marché à chevaux.* Tous les veudredis, vente de beurre, volaille et poisson, etc.

Arrondissement de Valognes. — Barneville, le samedi ; Bricquebec, le lundi ; Barfleur le samedi ; Montebourg, le samedi ; Picauville, le vendredi ; Portbail, le mardi (porcs, veaux, moutons) ; Quettehou, le mardi ; Sainte-Mère-Eglise, le jeudi ; Saint-Sauveur-le-Vicomte, le samedi ; Saint-Vaast, le samedi ; Valognes, les mardi et vendredi.

VALOGNES. — Marchés *francs* de bestiaux, tous les 1ers mardis de chaque mois qui ne sont pas jours de foire. — PICAUVILLE. — Grand marché le vendredi. — SAINT-SAUVEUR-LE-VICOMTE. — Grand *marché à bestiaux*, le 1er samedi de chaque mois.

TABLE ALPHABÉTIQUE DES MATIÈRES

CONTENUES DANS L'*ANNUAIRE DE LA MANCHE*.

L'Annuaire de la Manche se trouve

CHEZ MM.

Le Tual, imprimeur, éditeur de l'*Annuaire*, à Saint-Lo ;

Jean Cordier , libraire , à Saint-Lo ;

Letréguilly , libraire , à Saint-Lo ;

Omond, libraire, à Saint-Lo ;

Anfray, libraire , à Avranches ;

Marguerie, libraire, à Cherbourg ;

Daireaux , imprimeur-libraire, à Coutances ;

Salettes , imprimeur-libraire, à Coutances ;

Lebel, imprimeur-libraire, à Mortain ;

Martin, imprimeur-libraire, à Valognes ;

Capelle, libraire, à Valognes.

ANNUAIRE

DU DÉPARTEMENT DE LA MANCHE.

——

66 ANNÉE. — 1894.

ANNUAIRE

DU DÉPARTEMENT

DE LA MANCHE

66ᵉ ANNÉE. — 1894

SAINT-LO

IMPRIMERIE F. LE TUAL, RUE DES PRES, 5

—

M DᶜCC XCIV

PRÉFACE.

Notre *Annuaire* est à sa 66ᵉ année ; il a déjà une longue période d'existence au cours de laquelle il n'a cessé d'affirmer son utilité. Nous avons l'ambition de le rendre plus utile encore en y donnant place à des indications nouvelles, empruntées à la statistique ou de natures diverses ; cette amélioration se réalisera dans un avenir prochain. Cette année nous avons révisé avec soin les renseignements relatifs à la population et à la superficie des communes parmi lesquels quelques inexactitudes s'étaient glissées.

M. LEPINGARD nous donne la suite de son étude descriptive et historique des *Villages des environs de Saint-Lo*. On y trouvera, comme dans les parties précédentes du même travail, le témoignage des consciencieuses recherches de l'auteur.

M. Emile TRAVERS présente, touchant les *Laiteries coopératives* et d'après M. le Docteur LOUISE, directeur de la station agronomique de Caen, une très intéressante notice. « La fabrication du beurre, » comme il le dit aux premières lignes de son article, « est une des sources les plus abondantes de richesse pour la Normandie et pour le Cotentin en particulier. » Nos agriculteurs — propriétaires et fermiers — se plaignent de ce qu'ils tirent du sol un rendement moins satisfaisant qu'autrefois ; ils doivent avoir à cœur, du moins, de ne pas laisser péricliter la renommée si bien justifiée de leurs beurres. Rien n'est à négliger à cet égard ; la lutte contre la falsification est un devoir encore plus qu'un droit. L'organisation de la coopération est peut-être de nature à couronner les efforts des producteurs.

Nous avions pensé pouvoir comprendre, dans la première partie du volume de cette année, un article de M. Léopold DELISLE ; nous avons reçu de l'éminent historien la lettre suivante :

■ Paris, le 5 janvier 1893.

» Monsieur et cher compatriote,

» J'ai été accablé, dans ces derniers mois, par un » surcroît d'occupations qui m'ont empêché de préparer le » travail que je voulais donner à votre *Annuaire*. Je » ne prévois pas avoir le moindre loisir pour vous payer » cette fois-ci ma dette annuelle. Faites-moi donc, je vous » prie, crédit jusqu'à l'an prochain, et veuillez agréer, . » Monsieur et cher compatriote, avec mes excuses, ■ l'assurance de mes sentiments les plus dévoués.

» L. DELISLE. »

A 1895 donc, la réalisation de nos espérances !

L'EDITEUR.

Saint-Lo, février 1894.

l. d'or, 14 Eract, XIII, Cycle solaire 27, Ind. R. 7, L. d. 6.

Janvier 1894.

Nouvelle Lune le 7.
Premier Quartier le 15.
Pleine Lune le 21.
Dernier Quartier le 28.

1 lund. CIRCONCISION.
2 mar. s. Basile.
3 mer. se Geneviève.
4 jeud. s. Rigobert.
5 ven. se Amélie.
6 sam. EPIPHANIE.
7 D. se Mélanie.
8 lund. s. Lucien, m.
9 mar. s. Marcellin.
10 mer. s. Paul, 1er er.
11 jeud. s. Theodose.
12 ven. s. Arcade, m.
13 sam. Bapt de N.-S.
14 D s. Hilaire, év.
15 lund. s. Maur.
16 mar. s. Marcel.
17 mer. s. Antoine.
18 jeud. s. Prisca.
19 ven. s. Sulpice.
20 sam. s. Sébastien.
21 D. SEPTUAGÉSIME.
22 lund. s. Vincent, m.
23 mar. s. Raymond.
24 mer. s. Babylas.
25 jeud. C. S. Paul.
26 ven. se Victorine.
27 sam. s. Julien, év.
28 D. SEXAGÉSIME.
29 lund. s. François.
30 mar. ste Martine.
31 mer. se Marcelle.

Février.

Nouvelle Lune le 5.
Premier Quartier le 13.
Pleine Lune le 20.
Dernier Quartier le 27.

1 jeud. s. Ignace.
2 ven. PURIFICATION.
3 sam. s. Blaise, év.
4 D. QUINQUAGÉSIM.
5 lund. se Agathe.
6 mar. s. Amand.
7 mer. Les Cendres.
8 jeud. s. Jean de M.
9 ven. ste Apoline.
10 sam. se Scholast.
11 D. QUADRAGÉSIM.
12 lund. ste Eulalie.
13 mar. s. Lezin.
14 mer. Quat.-Temps.
15 jeud. s. Faustin, m
16 ven. ste Julienne.
17 sam. s. Théodule
18 D. REMINISCERE.
19 lund. s. Gabin, m.
20 mar. s. Sylvain.
21 mer. s. Pépin.
22 jeud. ste Isabelle.
23 ven. s. Gérard.
24 sam. s. Mathias.
25 D. OCULI.
26 lund. s. Nestor.
27 mar. Mi Carême.
28 mer. s. Romain.

Mars.

Nouvelle Lune le 7.
Premier Quartier le 14.
Pleine Lune le 21.
Dernier Quartier le 2i.

1 jeud. s. Aubin, év.
2 ven. s. Jacob.
3 sam. s. Marin, s. m
4 D. LÆTARE.
5 lund. s. Théophile.
6 mar. se Colette.
7 mer. s. Thom. d'A.
8 jeud. se Véronique.
9 ven. se Françoise.
10 sam. s. Doctrové.
11 D. PASSION.
12 lund. s. Marius.
13 mar. ste Euphrasie
14 mer. ste Mathilde.
15 jeud. s. Zacharie.
16 ven. s. Cyriaq., m.
17 sam. ste Gertrude.
18 D. RAMEAUX.
19 lund. s. Joseph.
20 mar. s. Joachim.
21 mer. s. Benoît, ab.
22 jeud. se Léa.
23 ven. Vend. Saint.
24 sam. s. Timothée.
25 D. PAQUES.
26 lund. Férié.
27 mar. s. Emmanuel
28 mer. s. Gontrand.
29 jeud. s. Eustase.
30 ven. s. Amédée.
31 sam. s. Benjamin.

Avril.

Nouvelle Lune le 6.
Premier Quartier le 13.
Pleine Lune le 20.
Dernier Quartier le 28.

1 D. QUASIMODO.
2 lund. s. Franç. P.
3 mar. s. Richard.
4 mer. s. Isidore.
5 jeud. s. Vincent F.
6 ven. s. Célestin.
7 sam. s. Clotaire.
8 D. s. Albert.
9 lun. se Marie E.
10 mar. s. Fulbert.
11 mer. s. Léon II, p.
12 jeud. s. Jules.
13 ven. se Ida.
14 sam. s. Tiburce, c.
15 D. se Anastasie.
16 lund. s. Fructueux.
17 mar. s. Prudent.
18 mer. s. Parfait.
19 jeud. s. Sorrate.
20 ven. s. Théodore.
21 sam. s. Anselme, é.
22 D. s. Léonide.
23 lund. s. Georges.
24 mar. s. Gaston.
25 mer. s. Marc, évan
26 jeud. ss. Clet et M.
27 ven. s. Frédéric.
28 sam. s. Aimé, év.
29 D. s. Robert.
30 lund. Rogations.

Mai.

Nouvelle Lune le 5.
Premier Quartier le 12.
Pleine Lune le 19.
Dernier Quartier le 27.

1 mar. ss. Jacq et Ph.
2 mer. s. Athanase.
3 jeud. ASCENSION.
4 ven. se Monique.
5 sam. s. Pie V.
6 D. s. Jean P. L.
7 lund. s. Stanislas-K
8 mar. s. Désiré.
9 mer. s. Grégoire.
10 jeud. se Solange.
11 ven. s. Boniface.
12 sam. s. Achille.
13 D. PENTECÔTE.
14 lund. Férié.
15 mar. se Denise.
16 mer. Quat. Temps.
17 jeud. s. Pascal B.
18 ven. s. Venant, m.
19 sam. s. Yves.
20 D. TRINITÉ.
21 lund. se Giselle.
22 mar. s. Emile.
23 mer. s. Didier.
24 jeud. FÊTE-DIEU.
25 ven. s. Urbain 1er
26 sam. se Angèle, v.
27 D. s. Ildevert.
28 lund. s. Olivier.
29 mar. s. Maximin.
30 mer. s. Ferdinand.
31 jeud. se Pétronille.

Juin.

Nouvelle Lune le 3.
Premier Quartier le 10.
Pleine Lune le 18.
Dernier Quartier le 26.

1 ven. s. Fortuné.
2 sam. se Emilie.
3 D. se Clotilde.
4 lund. s. Optat.
5 mar. se Valérie.
6 mer. s. Claude.
7 jeud. se Sébast.
8 ven. s. Médard.
9 sam. s. Félicien.
10 D. s. Landry.
11 lund. s. Barnabé, a.
12 mar. s. Emile.
13 mer. s. Antoine P.
14 jeud. s. Rufin.
15 ven. se Germaine.
16 sam. se Giselle.
17 D. s. Avit.
18 lund. s. Florentin.
19 mar. s. Gervais, m
20 mer. s. Silvère.
21 jeud. s. Raoul.
22 ven. s. Alban.
23 sam. s. Félix de V.
24 D. s. Jean-Bapt.
25 lund. s. Prosper.
26 mar. s. David.
27 mer. s. Crescent.
28 jeud. s. Fabien.
29 ven. ss. Pier. et Paul
30 sam. se Emilienne.

Juillet.

Nou lle Lune le 3.
Prem r Quartier le 9.
Pleine Lune le 17.
Dernier Qut le 25.

1 D. s. Martial.
2 lund. V. de la ste V.
3 mar. s. Anatole.
4 mer. s. Berthe.
5 jeud. ste Zoé.
6 ven. s. Dize
7 sam. s. Aubierge.
8 D. s. Virginie
9 lund. s. Cyrille, m.
10 mar. ste Félicité.
11 mer. s. Norbert.
12 jeud. s. Gilbert.
13 ven. s. Eugène.
14 sam. FÊTE NATION'
15 D. s. Henri, em
16 lund. s. Hélier, m.
17 mar. s. Alexis, c.
18 mer. s. Calis , c.
19 jeud. s. Vinc. de P.
20 ven. ste Marguerit.
21 sam. s. Vict
22 D. ste Mad
23 lund. s. Apollinaire
24 mar. ste Chm
25 mer. s. Cep
26 jeud. ste Anne.
27 ven. s. Natalie.
28 sam. s. Samson.
29 D. ste Mtr
30 lund. ss. Abdon et S
31 mar. s. Gier

Août.

Nouvelle Lune le 1.
Prem r Quartier le 8.
Pleine Lune le 16.
Dern r Quartier le 24.
Nouvelle Lune le 30.

1 mer. s. Pierre-ès-l.
2 jeud. s. Alph. de L.
3 ven. s. Cff
4 sam. s. Dominique.
5 D. s. Abel.
6 lund. Tra. de N. S.
7 mar. s. Gaëtan, c.
8 mer. s. Justin, mar
9 jeud. s. Samuel.
10 ven. s. Laurent, m.
11 sam. ste Suzanne.
12 D. ste Claire, v.
13 lund. s. Hippolyte.
14 mar. s. Eusèbe, vj
15 mer. ASSOMPTION
16 jeud. s. Roch.
17 ven. s. Septim
18 sam. ste Hélène.
19 D. s. Flavien.
20 lund. s. Bernard, a.
21 mar. ste Jeanne.
22 mer. s. Symphor.
23 jeud. ste Sidonie.
24 ven. s. Barthélemy
25 sam. s. Louis, r.de F
26 D. s. Césaire, é.
27 lund. s. Privat.
28 mar. s. Augustin, é.
29 mer. s. Médéric.
30 jeud. s. Fiao
31 ven. s. Aristide.

Septembre.

Premier Quar le 7.
Pleine Lune le 15.
Dern r Quartier le 22.
Nouv lle Lune le 29.

1 sam. ss. Leu et G.
2 D. s. Lazare.
3 lund. s. Grégoire.
4 mar. ste Rosalie, v.
5 mer. s. Bertin.
6 jeud. s. Onésiphore
7 ven. s. Cloud, c.
8 sam. Nativité.
9 D. s. Omer.
10 lund. ste Pulchérie.
11 mar. s. Hyacinthe
12 mer. s. Pée
13 jeud. s. Maurille.
14 ven. Ex. de la S. C.
15 sam. s. Nicomède
16 D. s. Edithe.
17 lund. s. Lambert.
18 mar. ste Sophie.
19 mer. Quat.-Temps.
20 jeud. s. Eustache.
21 ven. s. Matt
22 sam. s. Maurice.
23 D. s. Lin, p.
24 lund. s. Andoche.
25 mar. s. Firmin.
26 mer. ste Justine.
27 jeud. s. Cosme.
28 ven. s. Wenceslas.
29 sam. s. Michel, arc.
30 D. s. Jéme

Octobre.

Premier Quar le 6.
Pleine Lune le 14.
Dern r Quartier le 21.
Nouvelle Lune le 28.

1 lund. s. Rémi, év.
2 mar. ss. Anges gar.
3 mer. s. Fauste.
4 jeud. s. Franç. d'A.
5 ven. s. Tir
6 sam. s. Bruno, c.
7 D. s. Serge.
8 lund. ste Laurence.
9 mar. s. Denys, m.
10 mer. s. Paulin.
11 jeud. s. Quirin.
12 ven. s. Wilfrid, é.
13 sam. s. Edouard, c.
14 D. s. Cias P.
15 lund. ste Thérèse, v.
16 mar. s. Léopold.
17 mer. ste Edwige.
18 jeud. s. Luc, évan.
19 ven. s. Savinien.
20 sam. s. Aurélien.
21 D. ste Céline.
22 lund. s. Modéran.
23 mar. s. Hilarion.
24 mer. s. Magloire, é.
25 jeud. ss. Crépin etC
26 ven. s. Evariste.
27 sam. s. Abraham.
28 D. s. Alfred.
29 lund. s. Rodolphe.
30 mar. s. Arsène.
31 mer. s. Narcisse, é.

Novembre.

Premier Quar le 5.
Pleine Lune le 13.
Dern r Quartier le 20.
Nouvelle Lune le 27.

1 jeud. s. TOUSSAINT.
2 ven. Les Morts.
3 sam. s. Hb
4 D. s. Chl Bor.
5 lund. s. Tib
6 mar. s. Léonard, c.
7 mer. s. Ernest.
8 jeud. s. Godfroy.
9 ven. s. Mathurin.
10 sam. s. Juste.
11 D. s. Martin, év.
12 lund. s. René.
13 mar. s. Brice.
14 mer. s. Philomène
15 jeud. s. Eugénie.
16 ven. s. Edme.
17 sam. s. Agnan.
18 D. s. Eudes.
19 lund. ste Elisab. R.
20 mar. s. Edmond.
21 mer. Prés. de la V.
22 jeud. ste Cécile, v.
23 ven. s. Clém. l. p.
24 sam. ste Flora.
25 D. ste Cather., v.
26 lund. s. Philogone.
27 mar. s. Séverin.
28 mer. s. Sosthène.
29 jeud. s. Saturnin.
30 ven. s. André, ap.

Décembre.

Premier Quartier le 5.
Pleine Lune le 13.
Dern r Quartier le 19.
Nouvelle Lune le 27.

1 sam. s. Eloi, év.
2 D. AVENT.
3 lund. s. Franç. Xav
4 mar. ste Barbe, m.
5 mer. s. Sabas.
6 jeud. s. Nicolas, év.
7 ven. s. Ambroise.
8 sam. Imm. CONCEPT.
9 D. ste Léocadie.
10 lund. ste Julie.
11 mar. s. Damase, p.
12 mer. ste Constance
13 jeud. ste Lucie, v. m
14 ven. s. Nicaise.
15 sam. s. Irénée, év.
16 D. s. .delaïde.
17 lund. s. Olympe.
18 mar. s. Gatien.
19 mer. Quat.-Temps.
20 jeud. s. Philogone.
21 ven. s. Thomas.
22 sam. s. Honorat.
23 D. ste Victoire.
24 lund. ste Irmine. vj
25 mar. NOEL.
26 mer. s. Etienne, R.
27 jeud. s. Jean, évan.
28 ven. ss. Innocents
29 sam. s. Eléonore.
30 D. s. Roger.
31 lund. s. Sylvestre.

HISTOIRE ET ANTIQUITÉS

___

NOTES

pour servir à l'histoire de Saint-Lo et de ses environs.

___

LES VILLAGES DE SAINT-LO.

___

VII.

LA POULINIÈRE.

Le village de la Poulinière, antérieurement *la Poulennière*, est situé à quelques cents mètres au Sud-Ouest du Boscdelle, presqu'à flanc de côteau du versant oriental de la Vire, en face de l'écluse du Rocquereuil et du Pré de l'Isle, jadis la propriété de la Maison-Dieu de Saint-Lo.

Deux voies assez étroites y conduisaient. La première s'embranchait sur l'ancien Grand-Chemin de Saint-Lo à Avranches, entre Falourdel et la Carrière à ardoises, traversait le domaine de la Seigneurie, se dirigeait vers l'Ouest pour se retourner d'équerre et arriver à la Poulinière ; la seconde partait du haut des Ruettes, côtoyait les bâtiments de la Vaurelle puis ceux du Boscdelle et aboutissait à la précédente, précisément au coude brusque fait par celle-ci, la seule, du reste, qui soit demeurée viable.

Quelques maisons sans caractère composent le hameau de la Poulinière. Une seule habitation s'en détache, celle du Valençon, qu'entourent de grands arbres touffus se prolongeant en un ombreux bosquet vers le haut de la Vallée.

Le nom de Poulinière donné à cet assemblage de demeures rurales provient d'une famille Poullain qui, à l'origine, y posséda quelques champs, témoins le Clos *Robert Poullain* mentionné dans un contrat du 6 novembre 1582, passé devant Jehan Lechibelier et Richard Planchon, tabellions à Saint-Lo ; *le Grand* et *le Petit Derrière Poullain* qui figurent dans l'acte de partage de la succession de Pierre Le Pigault, reçu le 16 mars 1640, par les tabellions de Tessy. Au reste, le compte de la Baronnie de Saint-Lo de 1444-46 cite parmi les tenants d'héritages sis à *Campdol* et *environs* « Gervaise et Phlipot dis les

« Poullains » Or, Gervaise tenait « la terre au Cossu » qu'on retrouve, en 1673 et 1674, sous le nom de *Clos au Cossu*, riverain du chemin « de la Poullenière à la rivière de Vire » et que rappelle peut-être le *Causet*, nom d'une parcelle dénommée en la matrice cadastrale de Saint-Lo.

Des actes allant du XV⁰ au XVIII⁰ siècle nous ont conservé les noms de plusieurs familles ayant possédé ou possédant maintenant encore des terres à la Poulinière. Presque toutes appartenaient à la bourgeoisie Saint-Loise. Citons, en dehors de la famille Poullain, Guillaume et Renouf Gouhier, des parents peut-être des Gouhier de la Gouerie devenus plus tard les de Bechevel. Le premier vivait en 1437 ; le second en 1444-46. Celui-ci était représenté, en 1582, par Gillette Gohier, femme de Pierre Perron, propriétaire du Clos Robert Poullain.

Au XV⁰ encore, on trouve « la déguerpie et les hoirs Johan Lenepveu » portés au compte de la Baronnie de Saint-Lo ; Perrin Le Nepveu, dont les biens touchaient au domaine de la Vaucelle et à ceux de Guillaume Adigard. Bien certainement, Maître Philippe Le Nepveu, prêtre de la Maison-Dieu de Saint-Lo, vivant en 1486, se rattache à cette famille.

En 1580, Michel, Jacques et Nicolas Adam ; en 1591, Pierre Martin, Jean Perron, Jean du Mesnil-Drieu et Jean Giffard tenaient des héritages à la Poulinière. De 1627 à 1772 s'y rencontrent des Le Pigault, aux droits d'Anne et de Jeanne Le Nepveu, leurs auteurs, ainsi que des Sanson de la Canel. Mais d'entre ces familles celle des Le Nepveu fut de tout temps prépondérante. En 1591, elle y est représentée par Geoffroy et Robert Le Nepveu ; en 1596, par David, fils Raullin. En 1610 et 1625, Jacques Le Nepveu, avocat et monnoier en la Monnaie de Saint-Lo, prend le titre de sieur de la Poulinière, que son fils M⁰ Jacques Le Nepveu revêt en 1644. Ce dernier avait épousé une fille de demoiselle Marthe Gallet, veuve de M⁰ Philippe Le Vallois, écuier, Bailly de Moyon.

L'affixe passe, en 1661, à Daniel Le Nepveu, fils aîné des précédents, qui le porte encore en 1701. L'année suivante, il appartient à David Le Nepveu, fils et héritier de Daniel, comme le prouve son acte de mariage avec Judith Bucaille, fille d'Isaac, de Hébécrevon. Mais ni Jacques ni Pierre, les fils de Daniel, ne l'accolent à leur nom. En 1753, Jacques, l'aîné, s'appelle uniquement Le Nepveu-la-Poulinière, parceque, la terre patrimoniale était morcelée dès ce temps. Un acte exercé au Bailliage de Saint-Lo, le 22 février 1757, fait voir, en effet, que M⁰ Philippe de la Lande la possédait en partie ; le surplus était aux mains des Le Pigault, parents des Le Nepveu.

Dès 1769, le sieur de la Lande vendit ses immeubles de la Poulinière à M⁰ Jean-Baptiste-Antoine Bernard, conseiller et avocat du Roi au Bailliage de Saint-Lo, l'organisateur énergique de la fonderie de canons créée en cette ville en 1793. Celui-ci en aliéna une partie au profit de demoiselle Thomasse Lambert, femme du sieur Hervé Le Coustey, de Saint-Lo, tandis que le reste passa, par succession, à Madame veuve Boursin et de celle ci à sa petite fille Madame Le Creps, née Le Guay.

Quant aux biens des Le Pigault ils échurent, par mariage, à M⁰ Michel Lambert, conseiller du Roi, commissaire des saisies réelles à Saint-Lo, époux de demoiselle Madeleine Le Pigault, et, par succession, aux nièces de ce magistrat, Julie Thomasse et Sophie-Marie-Michelle Le Coustey, fille de Jacques Le Coustey ou Le Cousté, marchant bourgeois de St-Lo. Les deux sœurs les possédèrent indivisement de 1773 à 1815.

Julie Le Cousté ayant épousé Jacques Doray, sa part vertit au profit de ses trois enfants, Jacques, Gustave et Clémentine Doray, qui furent nos contemporains. En 1816, Pierre Lastelle et Marie Le Nepveu, sa femme, achetèrent le lot de Sophie Le Cousté.

Le tout appartient aujourd'hui aux arrière-petits enfants de M. Jean-Marie Formey Saint-Louvent, avocat et conseiller de Préfecture de la Manche, et de Madame Marie Trigant, son épouse, qui s'en rendirent acquéreurs en 1821.

Il ne faut pas croire que les Le Nepveu soient devenus étrangers à la Poulinière. La matrice cadastrale de Saint-Lo atteste le contraire. Une des branches de cette ancienne famille y possède toujours la terre appelée le *Valençon*, en 1580 et 1669, le Balençon en 1591, le Vey-Laçon, en 1582 et le Velanchon en 1697. Elle est représentée de nos jours par Madame veuve d'Osbert, née Longien, dont le père avait épousé une demoiselle Le Nepveu.

Ce nom de Valençon s'explique naturellement par la situation de cette terre sur les bords de la Vire. Dans le voisinage, n'a-t-on point la Vaucelle et plus bas Valvire, faubourg de Saint-Lo? Cependant la forme *Vey*-Laçon et *V*elanchon aurait également sa raison d'être, à cause du voisinage du *Radier* ou Gué de la Poulinière, si connu des amateurs de pêche. On trouve, en effet, en amont de ce point, le *Vey*-Cat, le *Vey*-Richard, où jadis existèrent des Gués disparus depuis la canalisation de la Vire et, très en aval, sur Montmartin-en-Graignes, le *Vey*-Morend, le *Vey* de Rupalay. Ajoutons, à l'appui de cette interprétation, que, dans un partage d'immeubles, sis *en la paroisse Saint-Gilles, sur la rive gauche de la rivière,* certains champs ont pour abornement la *Rue du Velanchon.* Or une telle voie allant au lieu dit Velanchon, situé sur la rive droite du même cours d'eau (la Vire) aboutissait *au Gué* ou *Vey,* ainsi nommé, qui avait, lui aussi, sur le territoire de Saint-Lo, un chemin tendant, d'un côté, à cette ville et de l'autre au Pont de Candol.

La Poulinière se relevait en simple roture de la Baronnie de Saint-Lo. On ignore la nature et le montant des charges et redevances seigneuriales qui la grevaient. Divers contrats ne citent que les Reliefs et XIII°, ainsi que la comparence au Gage-Plège.

Elle était le centre du Trait de Dîmes, dit de la Poulinière, appartenant à l'Abbaye de Saint-Lo. A la fin du siècle dernier, la *Grange à Dimes* existait encore et faisait partie du lot de demoiselle Sophie Le Coustey. Elle fut convertie en pressoir.

Les archives de l'Eglise Notre-Dame de Saint-Lo font connaître que les Le Nepveu de la Poulinière furent, jusqu'en 1625, redevables d'une rente de 22 sous aux Prêtres et Chœuriers de la Paroisse.

VIII.

CANDOL.

Le Triage de Candol fait suite à la Poulinière et, comme ce dernier, occupe la rive droite de la Vire qu'il domine. Il s'étend sur les communes de Saint-Lo et de Saint-Thomas et est traversé par l'ancien Grand Chemin de St-Lo à Avranches, prolongement de la rue Neuve-Rue, ainsi que par la route départementale n° 9 de Saint-Lo à Villedieu, mieux connue sous le nom de Route de Candol.

Ce petit canton comprend tout ensemble la partie méridionale du plateau qui sépare la Vire du Torteron, son tributaire ; le versant adjacent et les riches prairies que baignent les eaux de la rivière en amont et en aval des Moulins de Candol. Il se divise en Grand et Petit Candol et aussi en Candol de Haut et Candol de Bas.

Le Grand Candol fait partie du territoire rural de Saint-Lo ; il a pour limites à l'Est et à l'Ouest les deux routes ci-dessus indiquées. Le Petit Candol appartient à Saint-Thomas et est au couchant de l'ancien Grand Chemin d'Avranches. Ces deux villages réunis constituent le Haut-Candol ; le Bas-Candol avoisine le pont jeté sur la Vire.

On confond quelquefois le Grand et le Petit Candol. Mais les titres anciens prouvent l'exactitude de la situation ci-dessus indiquée. Des partages effectués, le 6 novembre 1582, devant Jean Le Chibelier et Richard Planchon, tabellions à Saint-Lo, énoncent formellement que les héritages qu'ils concernent sont situés aux *Villages Notre-Dame, au Hamel du Grand Campdol ;* de même qu'une charte de Geoffroy le Féron, de la Canel, de 1251, contenant fieffe d'un champ, sis à Saint-Thomas, fait voir que l'objet aliéné est *proche du petit Campdol* « Prope parvum Candol ». Un contrat du 1er février 1589 confirme cette situation réciproque quand il énonce que « Michel Le Tellier, du village « de Saint-Thomas, a vendu à Pierre Le Nepveu, du village de « Notre-Dame, la Petite Croulte, sise audit village de Saint- « Thomas et lui assigne pour abornements, *le Chemin du* « *Petit Candol* au *Grand Candol* et *la rue du Petit Candol* « *tendant à Saint-Lo.*

Les villages ont-ils donné leur nom à la famille Quandol, Campdol ou Candol, qui vivait au XIII° siècle ? Ou bien est-ce la famille qui leur imposa le sien ? La première hypothèse semble la plus plausible. Le livre rouge de l'hôpital de Saint-Lo cite, en effet, « Johannes de Quandol, Nicholaus, Willelmus et « Gaufridus de Candol ».

Candol était une dépendance de la Baronnie de Saint-Lo dont il relevait nuement. Voici un aperçu des rentes seigneuriales en argent, grains, pains, poulailles et œufs dues à cette seigneurie : Argent, 12 l. 4 s. ; froment, 38 boisseaux ; pains, 16 ; volailles tant gelines que chapons, 23 ; œufs, 70.

Au XV° siècle, les tenants appartenaient aux familles Poullain, Le Danoiz, Le Lorey, Evrard dits Binet, Le Nepveu, Lehérault, Meriel, Quesnot (1), Eumery, Pynel, Lescripvain, Le Paulmier, Gouhier, Tiret, La Chouque, de Caigny, Le Seigneur, Boullon (Bouillon ?), Le Clerc et Perrinet. La Maison-Dieu de Saint-Lo tenait des terres à Candol.

Au siècle suivant s'y rencontrent encore les familles Pynel (1587), Le Nepveu et Évrard dits Binet (1583-1587) ; mais avec de nouveaux propriétaires les Le Tellier, Bernard, Vincent, Esnouf, Perron, Le Myart (Le Mière) et Adam.

Les actes du XVII° siècle outre les Le Tellier, les Brun et les Adam indiquent, les Cleret, seigneurs de Rampan et de Lignorelles, fief noble sis à Saint-Thomas et voisin de Candol, les Brumoi, Néel, Le Pétiard, les Le Dain, dont les terres devinrent la propriété du Trésor de l'Eglise Notre-Dame de Saint-Lo qui, de ce chef, était redevable de 5 métans de froment de rente à la Maison-Dieu de cette ville.

Il est bon d'ajouter qu'à Candol, les Evêques Barons de Saint-Lo, possédaient une notable étendue de domaines non fieffés, surtout en prés et prairies, parmi lesquels les *Prés Faisables*, c'est-à-dire que fauchaient et fanaient par corvées, les hommes astreints à ce travail par leurs titres de propriété.

Lors de la cession de la Baronnie au Maréchal de Matignon, par l'Evêque de Coutances (22 mai 1576), la majeure partie des terres non fieffées y furent comprises. Arthus de Cossé retint toutefois la prairie de l'Ile André, aliàs Andrieu, assise près et au-dessus du moulin de Candol ; il l'incorpora à sa baronnie de la Motte-l'Evêque, dont le chef était à Saint-Ebrémond-de-Bonfossé.

Quand aux moulins, s'ils furent aliénés comme biens nationaux confisqués sur l'émigré Grimaldi, leur nom ne figure pas au compte de la Baronnie pour les années 1444-46, à côté de ceux de Vire, de Dollée, au Cat, et Berot dont le produit est très exactement consigné à la ligne de chacun de ces moulins. Il n'apparait pas même qu'ils aient anciennement servi « à faire de Bled farine » suivant l'expression consacrée. Et cependant, il en existait au moins un au XVI° siècle, puisqu'il est mentionné dans l'acte du 22 mai 1576 ci-dessus rappelé. Ce n'était qu'un simple moulin à foulon mais fort utile à l'importante corporation des Drapiers-Sergiers de SaintLo.

(1) Un ancêtre de Pierre Quesnot qui fut l'un des premiers imprimeurs de Saint-Lo.

Deux siècles plus tard ce moulin reçut une destination bien différente. La manufacture d'armes créée à Saint-Lo comportait une fonderie de canons. Ce fut aux moulins de Candol qu'eut lieu le forage des 76 pièces de 4 sorties de l'atelier organisé par le comité d'armes de la ville.

Les deux premiers canons, fondus et forés au commencement de novembre 1793, furent mis presqu'aussitôt en batterie sur le *Haut-Candol*, à la nouvelle de la pointe hardie faite sur Villedieu par une troupe de Vendéens, commandée par de la Rochejacquelin et Stoflet. Heureusement la précaution fut inutile.

En 1852, le pont de Candol résista à la violente inondation qui détruisit ceux de Tessy, de Gourfaleur et de Saint-Lo. Mais les moulins furent en partie emportés par le torrent.

Il se conserve à Candol une tradition de trésor caché qui a donné lieu au dicton « entre Candol et Candolan il y a une pipe d'or et d'argent ». Ne pas oublier qu'en langage normand, *Pipe* signifie un tonneau de 3 à 400 litres. Mais les chercheurs sont prévenus que si Candol est connu il n'en est pas de même de Campdolan. C'est également au Grand Candol qu'est déposée la clochette de l'ancienne confrairie de la Charité de Notre-Dame, qu'il est d'usage de sonner aux enterrements. Ses habitants profitent exclusivement de cette coutume.

IX.

LIGNEROLLES et LA CANEL ou CANEE.

Le Hamel de Lignerolles est situé en la commune de Saint-Thomas de Saint-Lo, presqu'à l'embranchement de la ligne vicinale qui relie le chemin du pont de Gourfaleur à l'ancien grand chemin de Saint-Lo au pont de Candol et à Avranches. Il figure sur la carte cantonale sous le nom de Ferme de Lignerolles. Les constructions qui le composent justifient une pareille désignation.

Lignerolles fut cependant le *chef* d'un huitième de Fief de Haubert relevant de la Seigneurie de Montcoq-Rampan, située à Saint-Georges-de-Montcoq et *ailleurs*.

Son nom apparaît pour la première fois, en 1144, dans la bulle du Pape Eugène confirmative à l'Abbaye de Saint-Lo des biens de toute nature que les religieux avaient reçus en aumône ou acquis à un titre quelconque. On lit, en effet, dans ce document : « Terra Gaufridi filii Hersendis in *Linerolis* » ; ces mots *in Linerolis* montrent que, dès le XII° siècle, il ne s'agissait pas seulement d'un lieu dit, mais encore d'un assez grand domaine. Dès ce temps aussi, ces terres se groupaient autour du Manoir seigneurial et d'un hameau puisque la charte de la dédicace de l'église Saint-Thomas, datée de 1174, comprend dans les limites de cette paroisse : « Terrule iste que erant de Parrochia Sancti » Laudi et sancte Marie de Castello ...... Hamellum de » Linerolles ».

L'étendue du fief de ce nom est loin d'être exactement connue ; ses limites atteignaient vraisemblablement, à l'Est, Saint-Ouen-de-Baudre, puis enserraient une partie, au moins, du village de Cantepie et des terres avoisinantes appelées « Campania de Cantapita » ; au Sud, les prairies riveraines de la Vire ; à l'Ouest et au Nord, les fiefs roturiers du Huterel, du Montcheel, du Pontcheel, de la Feronnière, etc., etc.

On est encore moins édifié sur la consistance du Domaine non fieffé. Quant au domaine Fieffé ou Gage-Plège, si l'on connaît les noms de quelques aînesses, les renseignements font défaut sur le plus grand nombre.

Le fief noble de Lignerolles était dans la mouvance de la Baronnie de Saint-Lo, tout comme celui de Montcoq-Rampan, dont il relevait par un demi-quart de fief de Haubert. A ce titre il devait au fief dominant 16 deniers pour *Tournu et Charroi*, au jour Saint-Michel de chaque année, et 20 sous à la Montmartin.

Cette seigneurie fut tantôt en la main de son chef seigneur, tantôt possédée en parage du seigneur de Montcoq-Rampan. L'union en la même main résulte d'un aveu rendu, le 13 janvier 1389, à l'Évêque Baron de Saint-Lo, par Renouf de Rampan. L'avouant déclare, en effet, que son fief de Montcoq-Rampan s'étend aux paroisses de Saint-Thomas de Saint-Lo et de Notre-Dame. L'extension sur Saint-Thomas n'était autre que le franc-fief de Lignerolle. Au besoin, on en déduirait la preuve de ce fait qu'en novembre 1308, Joires ou Jores (Georges) de Rampan, écuyer, vendit à l'Hôtel-Dieu de Saint-Lo son droit d'indemnité sur plusieurs terres que cette maison possédait dans l'Aînesse du grand fief de la Canel, sis à Saint-Thomas, moyennant 20 livres tournois et pour le salut de son âme et de celles de ses prédécesseurs ; et encore d'un acte avant la Saint-Clément 1309 par lequel le même seigneur quitta, afin d'héritage, à Robert Poupel la seiche moulte du tènement que ce Vassal tenoit du dict seigneur de Rampen en Saint-Thomas de Saint-Lo, et ce par le prix de 2 boiseaux d'avoine de rente. Cette union des deux fiefs dans la même main remonterait même jusqu'au XIIIᵉ siècle puisqu'en 1271, la terre de *Thomas de Rampan*, chanoine, et celle de Raoul Le Dain (Terra· Radulfine Deim) vassal de Lignerolles (comme les le Daim l'étaient encore de 1502 à 1667), servaient de bornes à un champ de cinq vergées sis à Sainte-Croix (In parrochia sancti Laudi) et limitrophe de Saint-Thomas.

Après Renouf de Rampan, le fief de Montcoq-Rampan et son annexe passèrent, dans la première moitié du XVᵉ siècle, à la famille Clairel ou Clerel. Robin Clerel tenait le fief dominant, tandis que Lignerolles appartenait à Colin Hue, mari de Jeanne Clerel, sœur de Robin Ce fait est établi par un acte du chartrier de Montcoq-Rampan daté de 1433. Un autre acte du même recueil fait voir qu'en 1482, Guillaume Le Chevalier, écuier, leur avait succédé. A cette date, le nouveau seigneur de Lignerolles faisait échange avec Guillaume Clerel, seigneur de Montcoq-Rampan « de toutes et telles rentes qui pouvaient « appartenir à ce dernier en la seigneurie de Lignerolles ». Guillaume Lechevalier vivait encore en 1538. Un contrat du 16 juillet l'indique comme riverain du clos Coespel, situé à la Canel, en Saint-Thomas.

Après lui, Lignerolles fit sûrement retour aux Clerel. Michel en fut seigneur de 1553 à 1586 ou 1587. Vint ensuite André Clerel, fils aîné du précédent, et, après lui, en ligne directe, Jacques Clerel, premier du nom, qui se titrait encore de seigneur de Lignerolles en 1667.

A Jacques Iᵉʳ succéda collatéralement son neveu Michel Clerel, fils de Guillaume, seigneur du Breuil, qui réunit les deux fiefs de Montcoq-Rampan et de Lignerolles. A la mort de ce dernier, Lignerolles échut à son second fils Jacques, qui le transmit à Michel IIIᵉ, son fils unique. Ce dernier étant mort

sans postérité, tout l'héritage des Clerel fut recueilli par sa
tante, demoiselle Suzanne Clerel, veuve de François de
Chaumontel, écuier, seigneur d'Audrieu, dont la fille et unique
héritière, demoiselle Suzanne d'Audrieu, épousa Messire
Jacques-Robert d'Hericy, chevalier, seigneur de Villiers,
Vaussieux, etc., auquel elle apporta en dot les fiefs nobles de
Montcoq-Rampan et de Lignerolles. Les d'Hericy les conser-
vèrent au moins en partie jusqu'au commencement de ce siècle.

Une procédure exercée au Bailliage de Saint-Lo (année
1734-35), fait connaître qu'un différend s'était élevé entre
l'Hôpital de cette ville et Messire Jacques d'Hericy, seigneur de
Lignerolles, relativement à la nature des rentes dues à cet
établissement par son seigneur. D'après M. d'Hericy, la mesure
seigneuriale était *rentière* et ne contenait que 18 pots, en vertu
d'un règlement du 9 septembre 1600, tandis que l'Hôpital la
prétendait *mesure du marché de Saint-Lo* fixée à 20 pots 3/4.
La différence était notable. On ne sait qui eut gain de cause.
Mais un point est acquis, Lignerolles avait une mesure qui lui
était propre, égale toutefois à celle de la seigneurie de
Baudre, qu'il y a lieu de croire la même que celle de la Baronnie
de Saint-Lo.

Comme partout ailleurs, le domaine fieffé de Lignerolles se
divise en aînesses et en tènements plus ou moins étendus.
Voici ceux qui sont jusqu'à présent connus.

Le Grand Fief de la Canel qui se subdivisait en Fief Colin
de la Canel, Fief de Géoffroy de la Canel et Fief Binet-
Le-Feutrier ; le Fief au Chien ; le Fief Colombel ou Coulombel ;
le Fief Corbel ; le Fief Faudin ; le Fief de la Frayrie ; le Fief
Nicolle Julienne ; le Fief à l'Official ; le Fief Pellecoq ; le
Fief de la Rourerie ou Roverye ; le Fief Scelles ; le Fief du Val.

En tout douze fiefs roturiers. Mais ni l'étendue de ces
aînesses, ni les rentes, redevances, services et autres devoirs
seigneuriaux qu'elles devaient ne sont généralement connus.
Les contrats qui concernent des terres en dépendant s'en réfèrent
invariablement aux anciens aveux.

Il ne sera ici question que d'une seule de ces aînesses, le
Grand Fief de la Canel ou Canée.

Cette aînesse, qui était la plus considérable de la seigneurie
de Lignerolles, doit peut-être son nom au voisinage d'un vallon
très resserré et fort déclive, à l'entrée duquel a été bâti le
hameau de la Canée ou Canel, situé au midi et en face de la
Ferme de Lignerolles. N'appelle-t-on pas, en effet, du nom de
Canet ou *Canel* les gorges si étroites et presque verticales qui
séparent entre eux les pitons des roches du Ham, à Condé-
sur-Vire ?

Le Grand Fief comprenait réellement trois fiefs distincts,
ainsi que l'indique le contrat de partage de la succession de

M⁰ Pierre Brunoy, sieur de la Canel, conseiller du Roi, lieutenant
en l'Élection de Saint-Lo, savoir : Le Fief Colin de la Canel,
Le Fief Geoffroy de la Canel et le Fief Binet-Le-Feutrier, pour
lesquels il était dû, en bloc, à Lignerolles 4 rasières d'avoine,
34 sous, 6 pains, 4 chapons, 2 poules et 40 œufs ; service de
provoté et gâteau de mariage. Ces redevances furent réparties
par arrêt du Parlement entre les trois fiefs ainsi qu'il suit : à
ceux de Colin de la Canel et de Geoffroy de la Canel, chacun
2 rasières d'avoine et 17 sous en argent, en plus service de
provôté et gâteau de mariage, prestation également imposée au
Fief Binet Le Feutrier qui, de son côté, était chargé de 6 pains,
4 chapons, 2 poules et 40 œufs.

Outre le village de la Canel, lieu chevel du Grand-Fief de ce
nom, celui-ci se composait de la majeure partie des terres
circonscrites par le chemin de Saint-Lo au pont de Gourfaleur
au levant, par la Vire au midi, et au nord par le chemin vicinal
de jonction de la route de Tessy au vieux chemin de Saint-Lo
au pont de Candol. Quant à ses limites occidentales, elles
demeurent indéterminées ; et encore, en ce qui concerne les
méridionales faut-il, sur divers points, les restreindre là où
s'interposaient entre elles et la rivière, les prés et dépendances du moulin d'Arondel, certaines prairies fauchables,
propriétés de la Baronnie de Saint-Lo, notamment le *Pré des
Prières* ou *Pré Faisable*, ainsi que partie de la terre du Burillon,
comme le prouve un acte notarié du 5 février 1587. Toutefois
les prés Gohier, tenus, en 1291, par Geoffroy Gohier ou Gouhier,
dépendaient du Grand fief de la Canel.

Nombreuses furent les familles qui possédèrent cette partie
du domaine fieffé ; plusieurs d'entre elles ont ou donné ou
emprunté leur nom à d'autres terres importantes des environs
de Saint-Lo.

Ce fut, d'abord, les de la Canel, représentés par Colin et
Geoffroy, premiers possesseurs des héritages portant ce nom.
Ils avaient pour descendants, au XIII⁰ siècle, Robert et Jean,
Guillaume et Laurent ; au siècle suivant, Guillaume, Thomas et
Jourdan de la Canel ; au XV⁰ Robert de la Canel, dont la fille
Collette épousa Jean Varable ou Verable.

Les Feron, qui ont transmis leur nom à la petite et à la grande
Feronnière, et parmi lesquels on compte, en 1250 et 1251,
Geoffroy, Henri et Guillaume. Ils se sont perpétués jusqu'en
ces derniers temps.

Les du Montcel, Montceel ou Montcheel, à savoir : Reginald,
Thomas, Jeanne et Alice, veuve de Guillaume Feron ci-dessus dé-
signé ; Thomas Burillon (1392) qui donna son nom à la terre du
Burillon, devenue plus tard la propriété de Jouhan Hardi le viel
et de Jouhan Hardi le jeune, son fils. En 1502, on retrouve
Thomas Hardi à la Canel.

Les Samson ou Sanxon — Nicolas et Michel Samson étaient contemporains de Thomas Burillon et des Hardi. Ils sont la souche de cette nombreuse famille qui posséda la Canel, Candol, la Bellouerie, le Montchel, le Montmirel, en Saint-Thomas, Craime à Saint-Georges-Montcoq, Cahanel en Gourfaleur. Deux rameaux de cette maison subsistent toujours : les Sanson de la Valesquerie et leurs congénères de Saint-Georges-Montcoq, représentés par M. l'abbé Lecat, curé de Lozon, dont la mère était une Sanson. Les Blaisot (1494-1687), originaires de Saint-Germain-d'Elle ; ils se qualifiaient d'*écuyer* et se disaient sieurs de la Canel. Leurs prétentions nobiliaires furent repoussées par un arrêt de 1584 ; aussi ne prennent-ils aux derniers temps que le titre de Bourgeois de Saint-Lo.

A cette famille succédèrent les Le Deim ou Le Daim et les Hébert leurs alliés. On voit en 1502, Guillaume Le Daim à la Canel ; Etienne en 1517 ; Robert et Julien, fils Richard, en 1593 ; à la fin du XVII° siècle, Abraham Le Daim, également propriétaire à la Poulinière (1667);

En 1589, apparaissent les Hébert au droit de Jeanne Blaisot, femme de Robert Hébert ; en 1669, Georges et Hervé Hébert sont encore propriétaires des héritages de leurs ancêtres. L'hôtel Hébert, qui fut le lieu chevel du fief, sis presqu'en face de Ligneroles, leur doit son nom. Cette famille existe toujours. Celle des Le Daim s'est éteinte tout récemment.

Les Brumoy possédaient quelques terres à la Canel antérieurement à 1583. C'est, d'abord, Pierre Brumoy, dont les fils Paul et Michel se partagent la succession en cette même année. Raoul, comme aîné, prend le titre de sieur de la Canel, que revêt à son tour, en 1657, M° Pierre Brumoy, dont il a été ci-dessus question. La fille de ce dernier, nommée Elisabeth, ayant épousé Jean Samson, bourgeois de Saint-Lo et monnaier en la Monnaie de cette ville, son mari devint sieur de la Canel, et, après lui, leur fils Jean Samson aussi bourgeois et monnaier. En 1727 et 1741, Marc-Antoine Samson portait ce titre sieurial que Charles-Michel Samson, son fils, échangea en 1748 contre celui de la Valesquerie.

La Canel eut encore d'autres tenants. Il faut citer, au XIII° siècle, les le Prieur, Poupel, de Pelains ou Pelains, Le Seigneur, Ransac, d'Agon, Boutelou, du Mont, Vaultier ; au XIV°, les Basire, Bedanne, du Coudray, Le Mercier ; au XV°, les Béranger, la Picote, Messin, Bedane ou Bedenne, Langlois, Jourdain ; au XVI°, Les Marie, Le Moigne, du Fou-Crespelière, Rouxelin de Cahanel, Le Coustançais ; au XVII° les Trouvey, Le Tellier, Le Crosnier, Le Paulmier, Le Roux, Clerel, seigneur de Rampan-Lignerolles, Poincheval, de Launay, Alix, etc., etc.

Une remarque en passant : au XVI° siècle et XVII°, la plupart de ces familles professaient la religion prétendue réformée, comme si Lignerolles, propriété des Clerel, eût été un foyer de propagande.

La Maison-Dieu de Saint-Lo fut aussi un des propriétaires de la Canel. — Au XIII° elle détenait, soit par suite d'acquisitions ou de donations, les terres des Feron, du Montcel, Dagon, Poupel, etc. En 1308, son domaine comptait 10 acres d'étendue. Comme il tombait en main-morte, Joires (Georges) de Rampan, à titre de seigneur de Lignerolles, réclama une indemnité qui fut fixée à 20 livres tournois. Le Prieur et les frères s'engagèrent de plus à prier pour l'âme de ce seigneur et pour celles de ses parents défunts.

Non seulement l'Hôtel-Dieu était tenant de la Canel, il y percevait aussi des rentes en grains et en argent. Celles-ci s'accrurent par l'aliénation de ses terres qu'il fieffa moyennant une rente de 10 boiseaux de froment et 60 sous en argent, dont étaient débiteurs, en 1691, le seigneur de Rampan-Lignerolles, les sieurs Ravend-Allix La Fontaine, Poincheval, de Launay, Michel Hébert et le Trésor de l'église Notre-Dame de Saint-Lo. En 1727, le seigneur de Rampan reconnut ces diverses rentes.

L'Abbaye de Saint-Lo touchait, elle aussi, une rente de 4 boiseaux de froment grévant le Clos Coespel, sis à la Canel et appartenant à Jean Hardi le jeune, acquéreur de Thomas Burillon. Celui-ci lui donna sa rente fieffale pour la pitence des religieux. L'acte est du 12 février 1399. En 1581, André et Gilles Clerel, fils de noble homme Michel Clerel seigneur de Rampan, servaient cette rente comme détenteurs du Clos Coespel.

Nul des tenants du Grand Fief de la Canel, dont les noms sont relatés ci-dessus, n'est désigné nominativement comme aîné, soit de ce grand fief, soit d'un des trois arrieres-aînesses qui le composaient, sans en excepter *Colin* et *Geoffroy* de la *Canel*. Il n'est pas impossible que les Blaisot (1494) et après eux les Le Daim (1502 à 1667) et les Hébert, tous parents ou alliés, aient été chargés de ce service. Un contrat du 5 juillet 1593 fait voir que Julien et Robert Le Daim, frères, nés au village de la Canel, vendirent à M° Raoul Brumoy, bourgeois de Saint-Lo, le droit de trye, volière ou fuye à pigeons qu'eux et leurs prédécesseurs avaient obtenus du seigneur de Lignerolles, moyennant une rente annuelle de 2 pigeons. Ce droit étant essentiellement seigneurial, n'en pourrait-on pas conclure qu'il fut concédé à ceux-là qui tenaient l'aînesse ? Pierre Brumoy fut lui aussi l'aîné du Grand Fief de la Canel, c'est-à-dire in globo des trois fiefs dont était formé le Grand. Il résulte, en effet, du contrat du 18 novembre 1661, déjà mentionné, « qu'il ne pré- « tendait bailler qu'un seul aveu » ce qui est réservé à tout *aîné*, tandis que les seigneurs de Lignerolles soutenaient, « au contraire, qu'il leur estoit deut aultant de services de provosté

« et d'adveux comme il y avoit de fiefs ». Après lui, Anne Brumoy, sa fiille, veuve de Jacob Saint, monnaier, et sa descendance tint par aînesse le Fief Binet le Feutrier ; Pierre Brumoy le Fief Colin de la Canel ; et enfin Judith Brumoy, femme de Pierre Lalouel, sieur de la Soudexterie, le Fief Geoffroy de la Canel.

X.

LE PONCHAIS ou GRIMOUVILLE.

Le Poncel, Poncelle, Pontcheel ou Ponchais, aujourd'hui Grimouville, est situé au Sud de Saint-Lo, en la paroisse Notre-Dame, à la rencontre de la rue de la Fontaine-Venise avec le chemin qui des Fourchemins tend à la Féronnière et au Bois-Jugan. Ce domaine comprend une maison de maître de construction récente, l'ancien manoir et des bâtiments d'exploitation.

L'ancien manoir donne immédiatement sur le bord du chemin venant des Fourchemins. Il consiste en une habitation carrée à trois étages, n'ayant pour caractère distinctif que d'étroites fenêtres, dont les jambages et linteaux, en schiste piqué du pays, sont ébrasés aux angles. Sa construction ne remonte pas au-delà des dernières années du XVIe siècle. Il remplaça l'Hôtel primitif qui existait en 1409, suivant « la teneure des mercs et » devises du Bourgage de la ville de Saint-Lo » (1).

Là se trouvait, selon toutes les probabilités, la rességntise du Fief du Pontcheel, qui, lors de l'érection et de la dotation de l'Abbaye de Saint-Lo par les Evêques-Barons, fut, on peut le supposer, divisé en deux branches ou sous aînesses, dont l'une relevant toujours de la Baronnie, reçut le non de Fief au Begault, tandis que la partie aumônée au nouveau monastère, conserva le nom du Pontcheel.

Ce morcellement est antérieur à 1272, puisque Robert le Valois, du consentement de sa femme Emma, fille et héritière de Pierre du Poncel, donnait, en cette même année, à l'Abbé et Couvent de Saint-Lo une rente de 2 sous 6 deniers tournois et 10 œufs à prendre « super tercia parte cujusdam clausi siti » apud Poncellum, in parochia Sancti Laudi, *in feodo* dictorum » religiosorum » (2). Il dut subsister jusqu'en 1792, car, d'un côté, le fief du Ponceel figure au Journal des rentes de l'Abbaye pour les années 1561-1562 (3); et, de l'autre, au journal de la Baronnie de l'an 1667, celui plus ancien de Fieu au Bégault ayant disparu (4).

Ainsi qu'il vient d'être dit, l'Hôtel du Ponchcel existait en 1409 ; il était compris dans la Bourgeoisie avec quelques terres situées au Nord ; tous les champs sis au Sud étaient hors bourgage (5).

(1) Archives départementales. — Baronnie de Saint-Lo.
(2) Archives départementales, cartul. mss. de l'Abbaye de St-Lo, p. 765.
(3) Archives départementales, fonds de l'Abbaye de Saint-Lo.
(4) Archives départementales, fonds de la Baronnie de Saint-Lo.
(5) Id.   Id.

Le Baron de Saint-Lo, à cause de l'ancienne aînesse au Begault, percevait, d'après les comptes de sa seigneurie pour les années 1444-46, ij sous vj deniers, en une partie, et, en l'autre xvj deniers seulement ; en 1667, il ne touchait plus que xvj deniers, (1) alors que la terre du Poncheel rapportait annuellement à l'Abbaye 10 boisseaux 1/2 de froment, 3 pains. 3 chapons et 30 œufs (2) : la partie de l'Abbaye devait être banale soit du moulin l'Abbé. soit du moulin du Bois ou au Vivier ; tandis que celle de la Baronnie l'était du moulin Berot et comme telle « tenue de rétablir la meule gisante du dit moulin » (3). Le fief au Begault comptait jadis parmi les tènements appelés du nom collectif de « Fieux Robert de Saint-Lo (4).

Les premiers possesseurs connus du Pontcheel sont Robert du Poncell (Robertus de Poncello) qui vivait en 1192, (5) ; Pierre et Barthélemy du Poncell cités par la donation de 1272 ci-dessus mentionnée (6) ; Gervais du Poncel, qui, en janvier 1272, vendit 4 sous tournois de rente à l'Abbé de Saint-Lo (7) ; enfin, Robert du Poncell, marqué comme curé de Saint-Georges-Montcoq de 1296 à 1328 (8) ;

Parmi leurs successeurs possibles on peut citer, au XIVᵉ siècle, Thomas du Poncheel, propriétaire d'une maison sise au Chastel de Saint-Lo, entre la rue Dame-Denise et celle de la Court-l'Evêque, aujourd'hui du Château (9) ; au XVᵉ, Jehan Pontcheel, qui reçut du Prieur de la Maison-Dieu quittance de 4 boisseaux de froment du nombre de 8 boisseaux grevant le clos Paçari sis au Pontcheel ; l'acte est de 1419 (10). En 1440, Thomas du Poncel, fils de Jean, possédait en la rue du Neufbourg, une maison sur laquelle le Trésor de l'Eglise Notre-Dame de

(1) Archives départementales, baronnie de Saint-Lo, journal des rentes de 1667.

(2) Archives départementales, fonds de l'abbaye de Saint-Lo.—Journal des rentes de 1561-62.

(3) Archives départementales, baronnie de Saint Lo. — Adjudication de la meule du moulin Berot. Ce moulin est situé sur la Dollée entre le moulin l'Abbé et le moulin au Cat et touche à la route départementale de Saint-Lo à Isigny.

(4) Archives départementales, baronnie de Saint-Lo. — Comptes de 1444-46.

(5) Archives départementales, abbaye de Saint-Lo. — Cartul. mss. p. 403, 404.

(6) Archives de l'hôpital de Saint-Lo. — Registre inventaire de 1727. lettre z. c.

(7) Archives départementales, abbaye de Saint-Lo, cartul. mss. p. 767.

(8) Archives départementales, abbaye de Saint-Lo, cartul. mss. p. 699.

(9) Archives de Notre-Dame de Saint-Lo. — cartul. 1437, fol. 23 r.

(10) Archives de l'hôpital, registre inventaire de 1727, lettre z c.

Saint-Lo levait une rente de 51 sous tournois, dont les arrérages
étaient dûs « depuis la descente et conqueste faitte par le roy,
« nostre souverain seigneur » (1417-Henri V roi d'Angleterre) (1). Julien et Jehan du Ponchel étaient les contemporains
du précédent ; ils figurent au compte de la baronnnie de
Saint-Lo de 1444-46. En 1468 et en 1499 Richart et Jehan du
Poncheel se reconnaissent débiteurs envers l'Hôpital de 67 sous
6 deniers tournois, pour arrérages échus de la rente de 4 boisseaux de froment déjà mentionnée ; enfin, en 1536, Guillaume
du Ponchel s'oblige à payer à cet établissement charitable
7 livres tournois pour arrérages échus (2).

Peu d'années après (1542) les de la Lande apparaissent
comme propriétaires de terres tenues de la branche du Bégault.
C'est Jean de la Lande qui, par contrat passé devant les tabellions du Hommet, achète de Pierre Brumoy un *jardin* faisant
partie « des héritages du Poncheel » (3) ; c'est Pierre de la
Lande, son fils et époux de Marie du Bois, que « ceulx de l'hos-
« pital, assignaient en paiement de la rente qui leur estoit deue
« sur cette terre » (4) ; c'est aussi Me Jean du Bois, Conseiller
et Procureur du roi au bailliage, vicomté et monnaie de
Saint-Lo, l'insigne bienfaiteur de l'église Notre-Dame et des
pauvres de la cité ; il est qualifié sieur du Ponchais en même
temps que son beau-frère Pierre de la Lande, ce qui ne permet
pas, faute de documents, de savoir au quel des deux la tenure
de l'aînesse du Ponchel appartenait. Cette dualité de sieurie se
retrouve chez Jean et chez Pierre de la Lande, les deux fils de
Pierre de la Lande. Le premier fut avocat au Parlement à
Rouen et mourut antérieurement au 22 mai 1628 ; le second,
contre garde hérédital en la monnaie de Saint-Lo, périt de
mort violente, le 1er août 1639 (5), sans qu'on sache ni comment,
ni par qui, ni pourquoi le crime fut commis. Le meurtre nous
est révélé par une délibération des Trésoriers et paroissiens de
Notre-Dame, datée de 1643 etportant acceptation du don de 1400
livres tournois fait par damoiselle Jacqueline de la Lande, veuve
de feu Jacques le Roy, écuier, seigneur de Daye, « la ditte
« damoiselle désirant, à son proffit, imiter la piété et suivre le
« bon exemple du dit sieur Dubois, bienfaiteur de cette ville et
« église Notre-Dame ; voulant aussi, d'ailleurs, la ditte damoi
« selle, avoir soin du *sainct du Ponchais*, puisqu'ayant esté
« *malheureusement tué*, il a esté prévenu et empesché d'exécuter

(1) Archives de Notre-Dame de Saint-Lo. — cartul. fol. 59 recto.

(2) Archives de l'hôpital, registre inventaire 1727, lettres z. c.

(3) Contrat du 16 novembre 1594 devant Richard Planchon et Jean
Baudet, tabel. à Saint-Lo.

(4) Archives de l'hôpital, registre iventaire 1727, lettres z. c.

(5) Archives départementales, fonds des Pénitents de Saint-Lo, registre
des revenus 1630 et suivants.

« luy mesme les bons et louables desseins qu'il avoit en faveur
« de la religion catholique et de ceste église et de n'employer
« pas des deniers qui luy pourroient estre jugés pour les inthé-
« rests et réparations de la mort de son frère à d'autre usage
« que celuy que l'Eglise nous enseigne estre agréable à Dieu,
« pour les prières et sacrifices offerts à sa divine Majesté, pour
« le respect des fidelles trespassez. Les 1400 livres furent direc-
« tement versées par les condamnés aux Trésoriers de Notre-
« Dame, en écus d'or pistoles, du nombre des deniers adjugés
« jusques à présent pour l'inthérest et réparation de la mort du
« sieur du Ponchais, pour prières en la chapelle Saint-Georges
« appartenant à la ditte damoiselle, au droit du sieur
« Dubois ». La fondatrice ne put se résoudre à ce que les
deniers passassent par ses mains.

La qualification de *saint du Ponchais* donnée à Pierre de la
Lande, la mention de ses *bons et louables desseins envers la religion catholique*, rapprochées des condamnations encourues par
les meurtriers permettent de supposer que le frère de Jacqueline
de la Lande fut victime d'une de ces querelles religieuses si
communes à la fin du XVI° siècle et qui n'étaient que mal
assoupies aux premières années du siècle suivant. En 1642, la
dame de Daye avait déjà fait une première fondation de
50 livres de rente aux frères Pénitents de Saint-Lo, en mémoire
de son parent (1).

Messire Hervé Le Roy, seigneur de Daye, conseiller du roy,
maître en la chambre des comptes de Normandie, fils aîné et
héritier, en sa partie, de dame Jacqueline de la Lande, veuve de
messire Jacques Le Roy, seigneur de Daye, devint, à sa mort,
propriétaire du Ponchais.

Bien que désigné par le commissaire Chamillard comme pro-
duisant ses preuves de noblesse en 1666, Hervé Le Roy était
décédé à cette époque. La preuve de sa mort se tire des termes
d'un contrat passé, le 20 septembre 1665, devant David La Rose
et Jacques Vaultier, tabellions au siège de Saint-Lo. On lit, en
effet, dans cet acte que dame Françoise de Palme était *veuve* du
seigneur de Daie qualifié Maistre ordinaire des comptes « à
« Rouen. »

A la mort de Hervey Le Roy, le Ponchais échut à son frère
Marc-Antoine Le Roy, chevalier, seigneur de Daye (2) la Vieille
court (3) et des Hayes (4), chevalier de Saint-Lazare et de
Notre-Dame-du-Mont-Carmel, commandeur de Dreux. En 1681,
il habitait son manoir du Ponchais ; on le trouve encore, en

---

(1) Archives départementales. — Fond. des Pénitents de Saint-Lo.

(2) Arrondissement de Saint-Lo. — Canton de Saint-Jean-de-Daye.

(3) Commune du Mesnil-Angot, canton de Saint-Jean-de-Daye.

(4) Commune du Désert, canton de Saint-Jean-de-Daye.

1694 et 1695, débiteur, avec sa belle-sœur, Françoise de Palme, d'une rente de 20 sous tournois, envers la Maison-Dieu de Saint-Lo (1).

Marc-Antoine eut pour successeur son neveu Nicolas-François Le Roy, fils mineur de feu Scipion Le Roy, écuier. Toutefois M⁰ Jean-Baptiste de La Lande Fauconnet, Conseiller du roi en l'Election de Saint-Lo, tuteur de Nicolas-François, n'accepta la succession du feu commandeur de Dreux que sous bénéfice d'inventaire (2).

La liquidation fut-elle désastreuse ? Le Ponchais fut-il mis en décret ou simplement vendu ? Les renseignements font défaut à cet égard.

Toujours est-il qu'à la date du 16 mars 1754, Messire Charles-François-Elisabeth de Grimouville, baron de Larchant, chevalier de l'ordre royal et militaire de Saint-Louis, actionnait en justice Messire Pierre Hue, sieur de la Roque « à l'occa- « sion de sa terre du Pontchel, située paroisse de Saint-Thomas », le sieur de la Roque ayant obstrué un chemin donnant accès à diverses pièces de terre dépendant de ce domaine, afin de fermer la retenue ou étang de la Petite-Feronnière, pro- priété de Pierre Hûe (3).

Le nouveau sieur du Ponchais avait épousé noble dame Henriette-Jeanne-Michelle de Grimouville-Cussy, morte à Saint-Lo, le 26 septembre 1834. De leur union sortit M. Théo- dore-Benjamin de Grimouville-Larchant, écuier, capitaine au corps royal du génie, chevalier de la Légion d'honneur, qui devint, à son tour, propriétaire du domaine objet de cette notice. Dès 1825, il y avait établi son domicile, quoique sa résidence fût à Cherbourg (4).

De son mariage avec mademoiselle Marie de Baudre de Noyers du Tourneur, naquirent plusieurs filles. L'une d'elles épousa M. de Beauvais, de Coutances. Elle a transmis à Mme de Guernon, une de ses enfants, la terre de l'ancien Pontcheel, devenue *Grimouville*, à la suite de la construction par son grand-père de la nouvelle maison de maltre qui en fait une des plus charmantes demeures de la banlieue de Saint-Lo.

M. Théodore-Benjamin de Grimouville-Larchant est décédé, à Saint-Lo, le 17 janvier 1867 (5). En lui s'est éteinte la descen-

(1) Archives de l'hôpital de Saint-Lo.— Etat des biens et revenus pour les années 1694-95.

(2) Archives départementales. — Bailliage de Saint-Lo, procédures de 1725-26.

(3) Archives départementales. — Bailliage de Saint-Lo, procédures de 1754.

(4) Etat civil de Saint-Lo.

(5) Etat civil de Saint-Lo.

dance mâle de la branche des Larchant à laquelle il appartenait.
L'aménité de son caractère, la rectitude de son jugement, en
même temps que son intelligence et ses connaissances étendues
sont demeurées présentes à l'esprit de ceux qui l'ont connu ou
simplement approché.

Une dernière remarque. C'est à Saint-Lo que mourut le dernier des Grimouville-Larchant et le Musée de cette ville possède
la statue à mi-corps d'un des plus vaillants de cette race cheva-
leresque, celle de Nicolas de Grimouville-Larchant, chevalier
de l'ordre du Saint-Esprit, capitaine des Gardes du roi Henri IV,
conseiller d'Etat, tué au siège de Rouen, en 1592, dans une
grande sortie commandée par le gouverneur de cette ville.
(26 fév.) (1).

(1) Masseville T. 5 p. 325.

XI.

BOISMARCEL.

Vers la fin du XVIe siècle, tout au haut de Béchevel, l'ancienne Villette de Saint-Lo, la famille du Pray constituait l'embryon de la terre qui, plus tard, s'appela Boismarcel, au manoir de laquelle conduisait, dès cette époque, comme il le fait maintenant encore, le chemin du pont de Gourfaleur, en suivant toutefois une direction un peu différente.

Placé au flanc du côteau méridional du ruisseau le Torteron, d'où elle domine Saint-Lo et ses environs, cette gentille demeure se compose d'un seul corps de logis de forme carrée qu'accostent deux minces tourelles couronnées d'un toit pointu. De vastes jardins, de plantureux herbages plantés de pommiers l'environnent ; plusieurs bouquets d'arbres l'agrémentent. Sa construction est due à messire Isaac du Pray, sieur de Sainte-Barbe ; elle date de 1609.

Les terres qui l'entourent encore aujourd'hui provenaient, en majeure partie, de la succession de honorable homme Guillaume du Pray qui lui-même les avait recueillies à la mort de sa mère Marguerite Putot, femme de honorable homme Richard du Pray, aïeul d'Isaac. Le sieur de Sainte-Barbe agrandit le domaine. Un contrat du 8 mars 1594 fait voir qu'il acheta de Charles Putot, son parent, le Grand Jardin de Béchevel et le Calivary, dont il rendit aveu, le 26 juin 1617, au Baron de Saint-Lo, messire Charles de Matignon.

A la mort d'Isaac, manoir et terres échurent à son fils Michel du Pray, sieur de la Féronnière, et. après ce dernier, à ses trois enfants : Jean, écuier, sieur des Montmartins ; Michel, écuier, sieur du Manoir et Joachim, écuier, sieur des Isles, qui les recueillirent, non à titre successif, ayant renoncé à la succession de leur père, mais comme constituant leur légitime appelée tiers coutumier.

Les affaires de Jean du Pray ne furent pas plus prospères que celles de son père, car ses biens furent partagés à la requête de ses créanciers. Là encore fut certainement appliquée la réserve du tiers coutumier, car Didier du Pray, écuier, un des enfants prit le titre de sieur des Montmartins, tandis que Charles, écuier, son autre fils, se qualifiait sieur de Boismarcel.

Ce fut ce dernier ou peut-être Charles-François, son fils, qui rassembla en ses mains l'ensemble du domaine. Il ne paraît pas, en effet, que ni Michel du Pray, sieur du Manoir, ni Anne, sa sœur, se soient mariés et il est certain que cette demoiselle avait acquis tout ou partie des dépendances formant le lot de son frère Michel, dépendances que l'on retrouve en 1808 parmi les terres de Boismarcel.

Charles-François du Pray, écuier, sieur de Boismarcel, mourut entre 1778 et 1782 ; il ne laissa que des filles de son union avec Marie-Michelle-Geneviève Hue (1). C'est sous leur nom collectif de *Demoiselles* de Boismarcel que leur terre fut inscrite au cadastre de Saint-Lo, sections A et D.

Un sieur de Cussy leur succéda.

Aujourd'hui Boismarcel appartient aux héritiers de M. Pierre Derbois, ancien négociant et ancien Adjoint au Maire de Saint-Lo. Le nouveau propriétaire a restauré son petit castel et en a accru les dépendances, en réincorporant au domaine certaines parcelles qui en avaient été détachées.

Une d'elles, le Calivary, a son histoire datant du XIV° siècle.

A cette époque, un bourgeois de Saint-Lo, et qui plus est, un tabellion, M° Colin Le Moustardier, dans un mouvent de joyeuse humeur, organisa un charivary, on ne sait ni pourquoi, ni contre qui ; mais le tapage fut si fort et les excès si grands que la justice royale s'en mêla. La maison que M° Colin possédait dans l'Enclos fut bel et bien confisquée et rasée et les autres biens du coupable grevés au profit du domaine royal, d'une rente de 90 livres tournois pour amende encourue. L'emplacement de la maison fut baptisé du nom de *Calivary* ou *Calivaly du roi,* nom qui s'étendit aux autres immeubles du malheureux tabellion et que conservent encore les champs inscrits au cadastre de Saint-Lo sous les n°ˢ 50 et 51 (section D).

Nul doute que, comme le *Calivary,* les autres terres composant Boismarcel aient relevé de la baronnie de Saint-Lo. Mais nous ne sommes point en mesure de spécifier de quelles aînesses elles étaient tenues ni de dire si elles étaient possédées nuement, par alleron ou hors fief. Il se pourrait cependant que *la masure Gydon* qui, en 1591, échut à Isaac du Pray, ait appartenu aux hoirs *Robert Guesdon,* mentionnés dans le compte de la baronnie de 1444-46, comme propriétaires à la Villette de Saint-Lo, maintenant Bechevel. Dans ce cas, une partie de Boismarcel aurait compté parmi les Fieux de Robert de Saint-Lo.

(1) Pierre Hüe, écuier, sieur de la Roque, avait acquis, le 2 décembre 1730, de Jacques du Pray, sieur de Boisandré, la Ferronnière, située en Sainte-Croix.

XII.

BOISANDRÉ.

Presque concurremment avec Boismarcel, et c'est pour cela que nous en parlons ici, les du Pray créaient, à Saint-Georges-Montcoq, c'est-à-dire tout à l'opposite de celui-ci, la terre de Boisandré.

Ce domaine occupe les deux rives du ruisselet fluant de la Fontaine du Mesnil-Rouxelin et déversant ses eaux dans la Dollée, au bas du Mesnil-Croc. On y accède par le chemin de Saint-Lo à Villiers-Fossard et par une voie rurale d'embranchement située à quelques cents mètres de la ferme de la Croix-Paing.

Jadis, Boisandré comptait près de cent hectares. Aujourd'hui, ses limites primitives ne sont plus connues à cause de morcellements successifs dûs à des partages et à des aliénations, et aussi parce qu'à l'origine, elle fut formée de tènements dépendants qui de la Baronnie de Saint-Lo, qui de l'Abbaye de cette ville ; d'autres, enfin, relevants de la seigneurie de Rampan (Montcocq), ainsi que nous l'apprend une procédure exercée devant le Bailliage de Saint-Lo, entre les trois seigneurs au sujet de droits de XIIIme à percevoir sur le prix de diverses ventes. On sait *grosso modo* que Boisandré touchait au chemin de Villiers, aux terres du Chêsne-Dancel et de la Dangye, ainsi qu'à celles des Vallées. Il ne dépassait pas cependant la Fontaine du Mesnil.

Le manoir de Boisandré, auquel, il y a quelques années, on arrivait par une assez belle avenue, se compose d'un grand bâtiment à deux étages formant un carré long, orienté Nord-Sud, que prolonge vers le Midi une chapelle maintenant ruinée. Ce logis est posé sur la voûte d'une banvole à deux portes, aujourd'hui bouchées, qui donnaient accès dans une vaste cour fermée à gauche et à droite par des bâtiments d'exploitation de construction plus ou moins récente ; le côté méridional finit par une maison manable. De celles qu'on appelait, il y a deux ou trois cents ans, un *hostel*. En face se pose un colombier solide et trapu.

Le nom de Boisandré ne paraît pas ancien. Il ne se rencontre que vers le milieu du xviie siècle porté qu'il est comme *sieurie*, par Jacques du Pray, dans la recherche de noblesse de Chamillard (1666). Les ancêtres du sieur de Boisandré étaient qualifiés de sieurs de la Féronnière, de la Porte, de la Rivière, et, plus anciennement, sieurs de Sainte-Barbe.

Isaac du Pray, écuyer, sieur de Sainte-Barbe, doit, jusqu'à nouvel ordre, être considéré conme le créateur du noyau de la terre de Boisandré comme il le fut de Boismarcel. Entre les années 1599 et 1613, il achetait de Pierre Lastelle, aîné du fief *Secourant*, des terres tenues de cette aînesse ; il y joignit d'autres immeubles faisant partie des fiefs des Vallées, de Macé des Vallées, de la Fouquelinière et autres tènements circonvoisins dont les noms sont inconnus, le tout situé sur Saint-Thomas-de Saint-Lo et relevant de la seigneurie de l'Abbaye de cette ville.

Il se pourrait qu'au début, ces acquisitions eussent reçu le nom de Terre de la Porte, dont Jean du Pray, second fils d'Isaac, se fit un titre de *sieurie*, après le partage de la succession paternelle, alors que Michel, son frère aîné. héritait de la Féronnière, et Jacques, son cadet, de la Rivière.

Ce qui est certain, c'est que Jean du Pray, conseiller du Roi et général en la Cour des Aydes de Normandie, accrut notablement son domaine. En 1631, il y incorporait tous les immeubles laissés au décès de Michel de la Dangie, écuyer, sieur de la Champagne, que lui cédèrent demoiselles Renée et Anne de la Dangie, filles du défunt et femmes de François. du Saulcey, écuyer, sieur du lieu, et de Jacques Michel, écuyer, sieur de la Douisière. Dans la cession était compris le fief de Basanville, dont le chef était situé au *petit village* de Champeaux, mais dont les terres s'étendaient et sur Saint-Thomas-de-Saint-Lo et sur Saint-Georges-de-Montcoq, et aussi le fief au Forbeu.

Messire Jean du Pray mourut sans enfants et sa succession échut à ses neveux, fils des sieurs de la Ferronnière et de la Rivière.

Jacques, l'aîné de ce dernier, reçut dans son lot une partie au moins de la terre de la Porte qui, unie à l'héritage paternel, devint Boisandré. (1)

On a de lui un aveu sans date, rendu à l'Abbé de Saint-Lo, à cause du fief *Secourant*, ainsi conçu : « Je, Jacques Du Pray,

---

(1) « Messire de la Porte possède les héritages cy-après déclarés, tenus
» et mouvants de la seigneurie de l'abbaye de Saint-Lo :
» Premièrement : une pièce de terre nommée la Grande Croulte, conte-
» nant 25 à 30 vergées ;
‹ Une pièce nommée le Clos à Bœufs, contenant 4 vergées ;
» Une pièce nommée les Petites Croultes, contenaut 5 vergées ;
» Une pièce nommée Le Racullet, du fief Macé des Vallées, contenant
» 6 vergées.
» La plupart des héritages ont esté acquis par deffunct messire Isaac
» du Pray, sieur de Sainte-Barbe, de Pierre Lastelle, dans les quelles
» terres y est compris le fief Secourant.
» Le sieur de la Porte est propriétaire en partie du fief Macé des Vallées;
» plus, propriétaire de la plus grande partie du fief Bassenville acquise des
» héritiers de deffunct sieur de la Champagne dict la Dangie, escuier. »
(Note existant aux Archives départementales. — Abbaye de Saint-Lo).

» escuier, sieur de Boisandré, confesse et advoüe tenir par
» foy et par hommage, comme aisné du Fief Secourant, situé
» en la parroisse de Saint-Thomas-de-Saint-Lo, lequel fief
» contient dix vergées de terre, ou viron, que je tiens en ma
» main divizez en deux pièces de terre entretenantes ensemble,
» dont la première est appelée le Clos à Bœufs, contenant
» quatre vergées ou viron, bute d'un but moy dict aisné,
» d'autre but les représentans Thomas Lastelle ; la deuxième
» pièce est de dix vergées à avoir et prendre en une pièce à
» moy appartenante nommée la Grande Croutte, joignant,
» d'un costé le Clos à Bœufs, le chemin tendant de la Luzerne
» à Saint-Lo, du costé du soleil couchant, la voye du village
» de Saint-Thomas-de-Saint-Lo aux *Vallées.*

» Les héritiers de Thomas Lastelle sont tenus de me
» décharger de sept boisseaux de froment de rente » (1)
mesure de Saint-Lo sur 10 boisseaux que devait le fief
entier (2). L'aînesse devait de plus deux corvées de charrue.

Le sieur de Boisandré vivait encore en 1701.

Sa fille, Jeanne du Pray, maria deux fois. Elle épousa, en
premières noces, David Boudier, écuyer, sieur du Boscq (3)
dont elle eut deux enfants, Pierre-Denis Boudier et Marguerite
Boudier, qui épousa Abraham Chemin ; en secondes noces, elle
s'unit à Guillaume Le Maistre, écuyer, sieur du Domaine,
garde du corps de S. A. R. le duc d'Orléans (4).

De cette union sortirent trois filles :

1° Marie-Madelaine Le Maître ;

2° Marie qui, le 22 août 1714, épousa messire Jean-Charles
de la Mariouse, chevalier, seigneur, baron et patron de Montbray,
auquel elle apporta la terre de la *Féronnière*, sise à Sainte-
Croix et à Saint-Thomas-de-Saint-Lo et celle de la Chevalerie,
située à Marigny ;

3° Jeanne qui, le 15 février 1719, devint femme de messire
Jacques Le Maistre, conseiller du roi et président au présidial

(1) L'aveu est postérieur au 7 mai 1684. A cette date, Rachel Laurent,
veuve de Thomas Lastelle, *aîné* du fief Secourant, reconnaît devoir à
l'abbé de Saint-Lo 7 boisseaux de froment de rente à la décharge de
messire Jacques Dupray, écuyer, sieur de Boisandré. — Arch. de la
Manche. — Abbaye de Saint-Lo. — Paroisse Saint-Thomas de Saint-Lo.

(2) Aveu de Helie Rogier, de Saint-Thomas de Saint-Lo. rendu le
dimanche après la Saint-Ambroise 1353, aux abbé et religieux de
Saint-Lo. — Archives de la Manche, abbaye de Saint-Lo. — Saint-
Thomas.

(3) Acte devant les tabellions de Quibou, du 3 mars 1682, par lequel
demoiselle Jeanne du Pray, veuve de David Boudier, écuyer, lègue tous
ses biens meubles à sa petite fille Marie Chemin.

(4) Il était de la famille des Le Maistre, sieurs de la Noblerie, en Percy.

de Coutances. Sa part dans la succession de sa mère consistant en la terre de la *Porte*, située à Saint-Georges-Montcoq, à Sainte-Croix et à Saint-Thomas-de-Saint-Lo.

La terre de Boisandré ne demeura pas longtemps aux mains des la Mariouze et des Le Maistre ; dès 1736, un sieur Guichard, vicomte de Gavray, demandait des délais aux agents de l'Abbé de Saint-Lo pour s'acquitter des rentes seigneuriales dues par le fief Secourant et le tènement de la Fouquelinière.

En 1738, Pierre-Denis Boudier, écuyer, s'intitulait sieur de Bois André, en Saint-Georges (1).

En 1760, Pierre Aubril possédait cette terre qu'il avait acquise moyennant la somme de 34,392 livres tournois. Il souleva un débat de tenure devant le Bailliage de Saint-Lo, au sujet des XIIIes réclamés concurremment par messire le comte de Valentinois, baron de Saint-Lo ; messire Charles, baron d'Halberg, abbé de Saint-Lo, et, enfin, messire Anne-Robert de Hericy, seigneur et patron de Rampan-Montcoq, Pierrefitte et autres lieux.

Pierre Aubril, sieur de Boisandré, fit célébrer, le 21 février 1775, dans sa chapelle, le mariage de sa fille Françoise-Jeanne avec Jean-François Burnel, fils Jean.

Boisandré est aujourd'hui la propriété de plusieurs familles parmi lesquelles nous citerons les Le Terrier, les Hébert, etc , etc.

Quant à celle des du Pray, qui l'ont créée, voici les renseignements, fort incomplets d'ailleurs, que nous avons recueillis sur les principaux d'entre ses membres.

Il est permis de penser que Jean du Pray, archer de retenue, qui vécut en 1478, en est la tige, et que Geffroy du Pray qui, le 6 juillet 1488, possédait des terres en Saint-Thomas, non loin du petit village de Champeaux, s'y rattache.

Mais le premier du Pray authentique est messire Richard du Pray, bourgeois de Saint-Lo, qui épousa Marguerite Putot.

Il eut trois fils : messire Jean du Pray, conseiller du roi aux Bailliages de Caen et Cotentin ; messire Pierre et messire Guillaume du Pray. Celui-ci prit une part active aux troubles qui suivirent la descente de Montgommery en Cotentin (1574). Sa mort est antérieure au 25 mars 1577, date du contrat de mariage de sa fille Marguerite avec Gilles Rouxelin.

Isaac du Pray, fils Guillaume, fut anobli en 1620. Il figura au rôle des gentilshommes du Cotentin dressé en 1640, avec la note suivante : « Vieil homme anobly ; a trois enfants : l'un

_____

(1) Vente du fief de la Danoisière, en Percy, par Henri-Charles de Couvains.

» Conseiller à la court des Aydes, à Rouen (1); les deux autres
» portent l'épée. -- Riche de 8,000 livres tournois de rente et
» estoit drapier. »

Des deux fils d'Isaac, qui portaient l'épée, Michel était sieur
de la Féronnière, et Jacques sieur de la Rivière ; le rôle de 1640
le représente comme « un homme violent [qui], bien que fort
» jeune, [a] tué trois hommes fort mal ».

Du mariage de Jacques avec demoiselle Léonore Le Painteur
de Bois-Jugan naquirent cinq fils :

Jacques, l'aîné, est, comme on l'a vu, le premier sieur
de Boisandré. Il était écuyer de S. A. R. le duc d'Orléans et
aussi écuyer ordinaire du Roy. Il fut, à ce titre, autorisé par
André Morlet, abbé de Saint-Lo, à poser un banc dans l'église
Saint-Georges, à main gauche de la chapelle de la Trinité (1660).

Jean, fils second, mourut à Boisandré ; il était prêtre et curé
de Rampan.

Raphaël, écuyer, sieur de Marsilly, fut successivement
capitaine au régiment de Lorraine et au régiment du duc
d'Anjou.

Ceux-ci et leurs cousins germains obtinrent, en 1667, la
confirmation de leur noblesse que Chamillard n'avait pas
admise.

Les armes des du Pray étaient « d'argent au sautoire endenté
» de sable, cantonné de 4 quintefeuilles de gueules ».

Les La Mariouse s'armaient « d'azur à la bande d'argent
» accompagnée de 3 losanges d'or ».

Les Boudier « d'or, au pal d'azur, chargé d'un croissant
» d'argent en cœur, accompagné de 2 molettes d'épron d'or,
» une en chef, l'autre en pointe ».

Janvier 1894.

LEPINGARD.

DES LAITERIES COOPÉRATIVES

La fabrication du beurre est une des sources les plus abondantes de richesse pour la Normandie et pour le Cotentin en particulier. Longtemps notre province a obtenu la suprématie sur les marchés du monde entier avec les produits de cette industrie. Il n'en est plus de même aujourd'hui. De coupables falsifications, que des lois à l'étude viendront réprimer heureusement, ont fait perdre sa renommée au beurre normand. Des rivaux en ont profité pour le discréditer en Angleterre, où il a peine à lutter contre les stocks chaque jour plus considérables expédiés par le Danemark, la Hollande, le Canada, l'Australie, etc., etc.

On se préoccupe en haut lieu de cet état de choses et M. le docteur E. Louïse, le zélé directeur de la station agronomique de Caen, a été envoyé, en 1892, par le Ministère de l'Agriculture, en Danemark pour y étudier l'organisation et le fonctionnement des laiteries coopératives. Au retour de cette mission, M. E. Louïse en a consigné les résultats dans un intéressant travail sur lequel on ne saurait trop appeler l'attention des propriétaires et des fermiers bas-normands. Il est intitulé *Organisation et fonctionnement des laiteries coopératives en Danemark*, a d'abord été inséré dans le *Bulletin du Ministère de l'Agriculture*, et a été réimprimé à Caen, chez Valin (1893, in-8° de 47 pages). Cette brochure est le résultat de consciencieuses études que l'auteur qualifie de plus économiques que réellement agricoles. M. E. Louïse est trop modeste, car le côté pratique de la question est traité par lui de la manière la plus claire et la plus substantielle.

En Danemark l'industrie beurrière a une importance considérable et constitue une des principales ressources de l'agriculture. Elle emploie des procédés pour ainsi dire scientifiques qui exigent un matériel compliqué, mais assurent une production meilleure et plus régulière.

« Les laiteries coopératives, dit M. E. Louïse, sont de véritables usines destinées à la fabrication exclusive du beurre et organisées par une réunion de cultivateurs habitant une même région. Ces derniers fondent l'établissement au moyen d'un emprunt amortissable en un certain nombre d'années. Ils s'engagent en même temps à fournir le lait nécessaire au fonctionnement de l'usine. Chacun d'eux reçoit tous les mois une somme proportionnée à la quantité et à la qualité du lait qu'il apporte, mais inférieure toutefois à la valeur absolue du produit. Ils s'engagent de plus à reprendre le lait écrémé et le petit lait qu'ils payent à la Société. Cet argent joint au bénéfice prélevé sur le lait, permet de subvenir aux frais généraux, d'éteindre la dette et souvent de répartir encore un excédent entre les divers sociétaires. Après quelques années, l'emprunt étant amorti, l'établissement leur appartient et les bénéfices se trouvent naturellement augmentés dans une large proportion.»

Le système des laiteries coopératives présente les résultats les plus avantageux. Il fonctionne à la satisfaction des cultivateurs danois depuis plusieurs années, à la suite de premiers essais déjà heureux, mais que des circonstances diverses avaient fait échouer. M. E. Louïse a retracé l'historique de ces tentatives, puis il a décrit sommairement, quoique d'une façon assez complète pour en donner une juste idée, les procédés de fabrication du beurre ; il a aussi exposé le mouvement commercial de cette industrie, la répartition des dividendes et la fixation du prix officiel de la livre de marchandise ; enfin, il a analysé les curieux statuts de la laiterie coopérative de Kildewœld.

Ces statuts, adoptés en assemblée générale le 17 mai 1888, peuvent, sauf les modifications à y introduire suivant les circonstances, servir de modèle aux laiteries coopératives. Il n'est donc pas sans utilité d'en donner ici des extraits.

Objet de la Société. — L'objet de la Société est de permettre à ses membres, par l'établissement d'une laiterie coopérative, de tirer le meilleur parti possible du lait de leurs vaches.

A cet effet, le lait est acheté par la Société qui en extrait la crème (par le procédé centrifuge), et vend le beurre au profit des sociétaires. Quant au lait écrémé et au petit lait, elle les rend à ceux-ci moyennant un prix de convention qui vient en déduction de la valeur du lait fourni.

Sociétaires. — Pour être membre de la Société il faut :

1° Posséder des vaches laitières ;

2° Etre reçu par l'assemblée générale à la majorité des deux tiers des voix ;

3° Verser à la caisse sociale, comme droit d'entrée, une couronne par tête de vache, si l'on est fondateur, et dans le cas contraire, cinq couronnes (7 francs) par vache.

Chaque membre a, dans les votes, un nombre de voix proportionné à son nombre de vaches laitières, savoir :

De 1 à 10 vaches............................... 1 voix.
De 11 à 20 vaches .... 2 —
De 21 à 40 vaches .... 3 —
Au-dessus de 40 vaches .... 4 —

Conseil d'administration. — L'administration de la Société est confiée à un Conseil de cinq membres choisis par l'assemblée générale parmi les sociétaires.

Ce Conseil élit dans son sein son président, son secrétaire et son trésorier.

Aucun sociétaire ne peut refuser de faire partie du Conseil d'administration.

Le Conseil est renouvelé chaque année par cinquième. Le sort désigne le membre sortant pendant les quatre premières années, puis on suit le roulement établi.

Le membre sortant peut être réélu, s'il y consent.

Les fonctions des administrateurs sont gratuites : mais ceux-ci peuvent s'adjoindre un comptable dont le traitement maximum est calculé à raison de 40 ores (0 fr. 56 c.) par vache et par an.

Ce traitement et les autres frais d'administration sont payés par la caisse sociale.

Le Conseil d'administration représente la Société vis-à-vis des sociétaires et vis-à-vis des tiers pour toutes les affaires sociales.

Il faut les signatures des cinq administrateurs pour engager tous les sociétaires.

Assemblée générale. — Les sociétaires sont convoqués en assemblée générale chaque année au mois de février.

Cette assemblée a la direction suprême de la Société ; elle tranche souverainement les contestations de l'administration avec les sociétaires ou des sociétaires entre eux pour faits d'association.

Le Conseil d'administration présente à l'assemblée générale le compte-rendu, arrêté au 1er janvier, des opérations de l'année écoulée et le plan des opérations de l'année courante.

L'assemblée générale remplace l'administrateur sortant ; elle nomme en outre, chaque année, un appréciateur et un contrôleur dont les fonctions sont gratuites. La révision des comptes est faite par deux contrôleurs nommés pour deux ans, mais renouvelés chaque année à tour de rôle ; le sort désigne celui qui doit sortir la première année.

Le Conseil d'administration peut convoquer les sociétaires en assemblée générale extraordinaire quand il le juge nécessaire ; il le doit quand il en a reçu la demande signée du tiers au moins des sociétaires.

A peine de nullité, les convocations doivent être remises par les voitures de la Société au moins dix jours à l'avance ; elles doivent contenir l'ordre du jour de la réunion. Tout vote sur une question n'étant pas à l'ordre du jour doit être remis à la réunion suivante.

Les modifications aux statuts et les propositions de dissolution ne peuvent être adoptées qu'à la majorité des deux tiers des voix des membres présents. Les autres décisions sont prises à la majorité simple.

Capital social. — Le Conseil d'administration est autorisé à emprunter, au taux maximum de 4 p. %, la somme nécessaire pour l'installation de la laiterie et l'acquisition de son matériel.

Chaque sociétaire est garant de cet emprunt proportionnellement au nombre de vaches qu'il possède.

Retraite ou exclusion des sociétaires. — Celui qui aliène son exploitation de vaches laitières cesse de faire partie de la Société; mais il peut y substituer son successeur.

Sauf ce cas d'aliénation, on ne peut se retirer de la Société qu'après l'amortissement complet de la dette sociale et en prévenant alors par écrit l'administration trois mois à l'avance.

Quel que soit le motif de sa retraite, le sociétaire non remplacé ou son ayant-cause n'a droit qu'à la moitié de sa part sociale au jour de sa sortie.

Le sociétaire exclu par l'assemblée générale perd tous ses droits à cette part.

Personnel. — Le Conseil d'administration nomme un chef de laiterie chargé de la direction des travaux et de la tenue des livres, à l'exception du livre de caisse et du registre des procès-verbaux des séances.

Le chef de laiterie engage, paie et nourrit ses employés; l'un d'eux doit avoir des connaissances spéciales pour la fabrication du beurre, un autre pour l'entretien et la direction des machines.

Le chef de laiterie est payé par trimestre. En sus du logement, de l'éclairage, du chauffage et des produits de la laiterie nécessaires à son ménage, il reçoit un traitement fixe peu élevé. A la fin de l'année il touche une prime en argent par 100 livres de beurre vendu avec bénéfice. Cette prime se compose de : 1° un cinquième de l'excédent du prix de vente sur le cours fixé par la commission spéciale ; 2° un sixième du bénéfice net.

Achat du lait. — Le lait est payé aux sociétaires proportionnellement à sa richesse en crème constatée par le chef de laiterie. A cet effet, on suppose qu'il faut en Danemark 28 livres de lait pour produire une livre de beurre, et l'on prend comme prix du beurre celui du cours de la Chambre de commerce.

D'un autre côté, on s'appuie sur le degré de crème trouvé dans chaque lait, comparé au degré moyen de l'ensemble des échantillons pris aux jours choisis par le chef de laiterie, opération faite au moyen d'appareils qui donnent des résultats aussi exacts que possible.

Reprise des résidus. — Jusqu'à ce que la dette sociale soit amortie, le sociétaire doit reprendre à rais n de 1 ore (0 fr. 14) par livre, le lait écrémé et le petit lait résultant de sa fourniture.

Après l'extinction de la dette, l'assemblée générale fixera les conditions auxquelles ces résidus seront rendus.

Emploi des bénéfices jusqu'à l'amortissement. — Les bénéfices serviront aux dépenses de l'exploitation et le surplus sera placé pour faire face à l'amortissement et être au besoin distribués en dividendes.

Inventaire après amortissement. — La dette amortie, le président du Conseil d'administration, l'appréciateur et le chef de laiterie dresseront l'inventaire de l'avoir social.

Le produit en sera porté à l'actif de chaque sociétaire, proportionnellement à la quantité de lait livrée par lui depuis la fondation de la Société.

Les sommes dont chaque sociétaire sera ainsi crédité produiront à son profit un intérêt de 5 p. °/₀, le capital restant réservé pour les besoins sociaux.

Règlement. — La Société se charge de tous les transports de lait écrémé et de petit lait entre la ferme et la laiterie. Elle fournit et entretient les récipients nécessaires.

Toutefois, pour les livraisons inférieures à 100 livres, le sociétaire doit apporter et venir reprendre son lait au passage de la voiture sur la route la plus proche. Les livraisons supérieures à 100 livres sont prises et faites à domicile lorsque le sociétaire entretient convenablement le chemin qui y conduit.

Chaque jour le conducteur indique pour le lendemain l'heure du passage de la voiture. Les vases doivent être préparés pour cette heure.

Soins et propreté. — On doit apporter les plus grands soins de propreté à la traite et au nettoyage de tous les ustensiles. Le lait doit être tamisé avant sa mise dans les récipients et ceux-ci doivent être aussitôt plongés dans de l'eau froide souvent renouvelée.

On ne doit pas envoyer à la laiterie le lait de vaches malades ni, pendant les quatre premiers jours, celui des vaches ayant vêlé.

En passant le lait, le chef de laiterie en vérifie la fraicheur et la bonne qualité. Si les vases ne sont pas propres ou si le lait est sûr, il en avertit par écrit le sociétaire ; en cas de récidive, il refuse son lait. En cas de nouvelle récidive, il lui inflige une amende de deux couronnes (2 fr. 80 c.) par vache.

Vente du lait. — Les sociétaires ne peuvent vendre leur lait à d'autres laiteries qu'à celle de la Société, ni faire avec ce lait du beurre ou du fromage pour la vente.

Ils peuvent seulement conserver le lait qui serait nécessaire pour leurs besoins et ceux de quelques voisins qui n'auraient pas de vache, sans toutefois que cela puisse nuire aux intérêts de la Société.

Ils peuvent acheter à la laiterie le beurre nécessaire à leur ménage au prix moyen de la vente du jour.

Nourriture des vaches. — Les sociétaires doivent choisir la nourriture de leurs vaches de manière que le lait n'ait pas de mauvais goût nuisible à la qualité du beurre.

Les choux, les têtes de turneps (rutabaga) et les choux-raves doivent en être proscrits.

Le sociétaire qui emploie des pommes de terre, du seigle, des vesces, des fèves, des tourteaux de tournesol ou d'arachide, ou d'autres nourritures d'un résultat douteux, doit en prévenir le chef de laiterie pour appeler son attention sur la réception du lait livré.

Si le mode de nourriture donne un mauvais goût constaté dans le lait, dans la crème ou dans le beurre, le chef de laiterie en avertit le sociétaire par écrit ; si ce mauvais goût se reproduit le lait est refusé.

Le Président de la Commission et le chef de laiterie peuvent toujours interdire l'usage de telle ou telle nourriture peu avantageuse.

Le sociétaire contrevenant à l'une des dispositions du présent paragraphe aura à payer une amende de 2 à 10 couronnes (2 fr. 80 à 14 fr.) par vache, sans préjudice de la réparation du dommage causé, le tout fixé par le président, l'appréciateur et le chef de laiterie.

Pour assurer aux vaches de bonnes nourritures à bon marché, le Conseil d'administration ou une commission désignée par lui pourra acheter ces nourritures en gros et en faire la répartition entre les intéressés.

Afin de donner de l'arôme au beurre, chaque sociétaire doit avoir une provision de tourteaux de colza suffisante pour que chaque vache puisse en recevoir une livre par jour pendant tout l'hiver.

La commission veillera à la qualité et à la composition judicieuse des pâturages ; elle procurera au besoin les graines des diverses plantes dont la consommation aurait un effet avantageux sur la qualité du beurre.

Visite des étables, etc. — Les administrateurs et le chef de laiterie peuvent visiter les étables, la chambre au lait, les provisions de nourriture et les pâturages, chaque fois qu'ils le jugent néce.saire. Le sociétaire est tenu de donner tous les renseignements nécessaires qui lui sont demandés au cours de ces visites.

S'il est établi que le sociétaire a dissimulé quelque chose ou donné des renseignements inexacts, il lui sera infligé une amende de 2 à 10 couronnes (2 fr. 80 à 14 fr.) par vache, sans préjudice de tous dommages-intérêts à fixer par le président, l'appréciateur et le chef de laiterie.

Maladies contagieuses. — Pour éviter une cause de propagation des maladies contagieuses, le lait écrémé sera chauffé avant d'être rendu.

Tout sociétaire chez lequel se déclarera une maladie contagieuse quelconque devra cesser ses livraisons à la laiterie, jusqu'à ce que le mal ait disparu et que les locaux aient été désinfectés.

Si la maladie se déclare à la laiterie, le chef de laiterie éloignera le malade et procédera à une désinfection complète.

Toute contravention au présent paragraphe sera punie d'une amende qui ne pourra être supérieure à 100 couronnes (140 fr.)

Surveillance. — Le Conseil d'administration doit surveiller le chef de laiterie et avoir soin que l'usine et son matériel soient toujours en parfait état d'entretien. Une inspection toute spéciale en sera faite au printemps, à l'approche des chaleurs.

En préparant le compte-rendu annuel, le président, l'appréciateur et le chef de laiterie dresseront un inventaire estimatif complet de l'avoir social, afin que chaque sociétaire puisse toujours connaître la situation de la Société.

Placements. — Le Conseil doit placer l'argent disponible.

Le compte des sociétaires est réglé toutes les quatre semaines. On leur paie le montant de leurs livraisons de lait, défalcation faite de ce qu'ils doivent à la laiterie pour les produits qu'ils en ont tirés (beurre, lait écrémé, petit lait, etc.)

Les bénéfices ne sont répartis qu'à la fin de l'année, lorsque les comptes ont été arrêtés en assemblée générale.

Achat de lait à des tiers. — Dans le cas où les sociétaires ne pourraient fournir assez de lait pour les besoins de l'établissement, l'administration pourra en acheter à des tiers.

Depuis la mise en vigueur de ces statuts, la laiterie coopérative de Kildevœld a obtenu les résultats les plus avantageux.

Il y a longtemps déjà qu'il existe en Normandie, pour la fabrication en gros du beurre et des fromages, des établissements importants et presque tous sont prospères. Mais jusqu'ici aucun essai de coopération n'a été tenté, à ce que je crois. Et cependant, si nous voulons reconquérir pour nos produits sur les marchés de France et de l'étranger leur vieille et bonne renommée, si nous voulons surtout lutter avec succès contre la concurrence des pays du Nord et de ceux d'Outre-Mer, il faut entrer dans la voie nouvelle tracée par nos rivaux. Les agriculteurs normands savent bien qu'ils doivent sortir de la routine et de l'isolement et déjà le bruit court que des établissements coopératifs vont être montés. Ceux qui prendront l'initiative de cette pacifique et utile révolution recourront alors à la brochure de M. le docteur E. Louïse. Ils ne pourront choisir un meilleur conseiller.

Émile TRAVERS.

ADMINISTRATION. — PERSONNEL.

LISTE CHRONOLOGIQUE DES PRÉFETS

DU DÉPARTEMENT DE LA MANCHE.

NOMS.	DATES DES NOMINATIONS.	DURÉE DE LEURS FONCTIONS.
MM.		
MAGNYTOT	12 ventôse an VIII .	1 an 1 mois 15 jours.
MONTALIVET....	29 germinal an IX..	2 ans 11 mois 23 jours.
COSTAZ	10 germinal an XII.	2 ans 10 mois 16 jours.
BOSSI...................	12 février 1810	5 ans 5 mois 4 jours.
DE VANSSAY.............	17 juillet 1815.....	5 ans 2 jours.
ESMANGART	19 juillet 1820	3 ans 8 mois 17 jours.
D'ESTOURMEL............	7 avril 1824......	6 ans 4 mois.
BAUDE.................	10 août 1830.......	Non installé
GATTIER...............	19 août 1830......	6 ans 2 mois
MERCIER	21 octobre 1836. ..	6 ans 8 jours.
BONNET.................	29 novembre 1842..	5 ans 3 mois.
HAVIN (Commissaire).....	26 février 1848.....	2 mois 2 jours.
VIEILLARD (Commissaire) .	2 mars 1848......	2 mois.
LE HODEY (Commissaire par intérim)	2 mai 1848.......	} 8 mois 22 jours.
LE HODEY (Préfet).......	23 juillet 1848.....	}
DE TANLAY.........	24 janvier 1849....	2 ans 10 mois.
JOURDAIN..............	26 novembre 1851..	1 mois 26 jours.
PAULZE-D'YVOY........ .	22 janvier 1852....	1 an 6 mois 8 jours.
DUGUÉ................	28 juillet 1853....	6 ans.
DE BOUVILLE (Cte)........	27 juillet 1859. ...	2 ans 5 mois 15 jours.
GUILLAUME D'AURIBEAU....	16 janvier 1862....	Non installé.
PRON.................	1er février 1862....	3 ans 9 mois 20 jours.
LEVAINVILLE	12 novembre 1865..	4 ans 3 mois 4 jours.
Vte MALHER	17 février 1870....	6 mois 18 jours.
LENOEL	6 septembre 1870.	15 jours.
LEMERCIER.............	22 septembre 1870 .	7 jours.
LENOEL	29 septembre 1870.	4 mois 5 jours.
FRÉMONT..............	4 février 1871....	1 mois 10 jours.
VAULTIER.............	2 avril 1871......	2 ans 7 mois.
DE CHAMPAGNAC.........	17 octobre 1873....	1 an 5 mois 28 jours.
BUCHOT...............	10 avril 1875	1 an 9 mois 3 jours.
LAURENT	5 janvier 1877....	4 mois 27 jours.
DU CHEVALARD.....	19 mai 1877.......	6 mois 29 jours.
POULIN	18 décembre 1877..	2 ans 1 mois 5 jours.
FILIPPINI..............	12 janvier 1880....	5 ans 3 mois 13 jours.
FAVALELLI	25 avril 1885.. ...	7 mois 3 jours.
P. FLORET.	28 novembre 1885.	Installation du 11 décembre 1885

SÉNATEURS DE LA MANCHE.

MM.
SÉBIRE O✻.
LABICHE.

MM.
BRIENS.
MOREL.

DÉPUTÉS DE LA MANCHE.

MM.
REGNAULT ✻.
RIOTTEAU.
RAULINE.
LEGRAND (Arthur) ✻

MM.
CABART-DANNEVILLE.
GUÉRIN.
LE MARE

COMMISSION DÉPARTEMENTALE.

MM.
BERNARD ✻, *Président.*
LEFRESNE.
VRAC.
TÉTREL ✻, *Secrétaire.*

MM.
DE LA BELLIÈRE.
DUDEZERT.
LE BOUTEILLER.

PRÉFECTURE.

M. FLORET O✻, O I. P., *Préfet.*

M. SALVETAT O. A., *Secrétaire général.*

M. le Préfet reçoit, les samedi et jours de foire, toute la journée.

Les autres jours, il reçoit de 10 heures à 11 heures 1/2 et de 3 heures. à 4 heures.

CONSEIL DE PRÉFECTURE.

MM. MÉNARD, *Vice-Président.*
BOURGOIS, *Conseiller.*
RIVALS,   *id.*
SALVETAT, Secrétaire général, *Commissaire du Gouvernement.*

Le Conseil de Préfecture se réunit en séance publique le vendredi de chaque semaine à une heure et demie.

Les audiences sont suspendues pendant la tournée de révision.

BUREAUX DE LA PRÉFECTURE.

(OUVERTS AU PUBLIC TOUS LES JOURS DE 9 A 4 HEURES.)

Cabinet du Préfet.

M. VITTINI, *Chef du Cabinet.*

Ouverture des dépêches.—Correspondance particulière.— Affaires réservées. — Service du télégraphe du Cabinet. — Surveillance des journaux du département.—Sous-Préfets et Conseillers de Préfecture. — Conseillers généraux et Conseillers d'arrondissement. — Maires et Adjoints.—Beaux-Arts.— Honneurs et préséances.— Fêtes et cérémonies publiques.

M. LEFÈVRE, *Sous-Chef.*

Distribution de la correspondance. — Personnel de tous les services et de toutes les administrations. — Prestations de serment des fonctionnaires.—Demandes d'audiences et de congés.—Nominations et promotions dans l'Ordre de la Légion d'honneur. — Ordres étrangers.—Médailles et récompenses pour belles actions.—Recours en grâce. — Secours à divers titres. — Bureaux de tabacs. — Débits de boissons. — Loteries. — Réfugiés politiques. — Conférences et cours publics. — Nomination des membres des Bureaux de bienfaisance et des Commissions administratives des établissements de bienfaisance.

Première Division.

Chef de Division : **M. LAMARCHE.**

Réception et transmission du *Bulletin des Lois* et de toutes les publications officielles.—Imprimerie, librairie, colportage, estampes et gravures.—Abonnements et envois périodiques.—Brevets d'invention.—Statistique générale.— Procès-verbaux du Conseil général.— Elections.—Recrutement, enrôlements.— Réserve de l'armée active. —Armée territoriale.— Casernement des troupes. — Marine et colonies.— Sapeurs-pompiers. — Gendarmerie.— Poudres et salpêtres.— Ponts et chaussées, chemins de fer, routes nationales, navigation, usines, cours d'eau, dessèchements. — Associations syndicales.— Mines et carrières. — Bacs et bateaux. — Postes et télégraphes. — Propriétés, mobiliers, bâtiments civils, contentieux, en ce qui concerne le Département et l'Etat.—Etablissements reconnus d'utilité publique. — Dons et legs. — Bureaux d'enregistrement et affaires domaniales.—Police municipale.—Police de la chasse, de la pêche, des voitures publiques, des rivages de la mer, des subsistances, de la salubrité et de la sûreté publiques.— Etablissements insalubres.— Médecins, pharmaciens, vétérinaires. — Prisons, surveillance des condamnés. — Divisions administratives et ecclésiastiques — Associations. — Sociétés de secours mutuels. — Jury. — Population. — Passeports, légalisations.—Poids et mesures.—Agriculture.—Haras. —Industrie, commerce et manufactures. — Marque de garantie des matières d'or et d'argent. — Ecoles spéciales et nationales. — Répertoires des actes sujets à l'enregistrement.

Deuxième Division.

Chef de Division : M. Alph. COLAS, O. A.

PREMIER BUREAU.

Voirie vicinale, urbaine et rurale. — Création, centralisation, recouvrement et répartition des ressources communales pour la vicinalité. — Prestations. — Emprunts à la Caisse des chemins vicinaux. — Subventions de l'Etat et du Département. — Subventions industrielles. — Exécution des lois sur l'achèvement des chemins vicinaux. — Projets de classement, de rectification, de construction des chemins de diverses catégories. — Adjudications. — Régies. — Fixation des tracés et des alignements des traverses des communes. — Acquisitions amiables ou forcées des terrains et règlement des indemnités pour cession ou occupation d'immeubles. — Expropriations pour cause d'utilité publique (lois des 21 mai 1836, 8 juin 1864, 20 août 1881).—Subventions et avances aux communes pour travaux d'art et paiement des terrains. — Extraction des matériaux et dommages divers. — Autorisations et fixation des indemnités. — Plantations, élagages sur les chemins. — Distribution et concession d'eau. — Demandes d'alignement des particuliers et permissions de voirie. —Etablissement des plans d'alignement et de nivellement des voies publiques communales. — Trottoirs et pavages dans les villes. — Chemins ruraux : reconnaissance (loi du 20 août 1881).

Instruction primaire et secondaire. — Ensemble du service de la comptabilité.—Liquidation des dépenses de l'instruction primaire. — Bourses dans les lycées, collèges et établissements d'enseignement primaire supérieur pour les deux sexes.—Ecoles normales. — Ecoles communales.—Ecoles libres et pensionnats.—Conseil départemental de l'enseignement primaire. — Cours d'adultes. — Bibliothèques scolaires. — Caisses des écoles. — Création de postes, traitements, encouragements, secours, pensions de retraites des instituteurs communaux.

Dons et legs aux communes, établissements charitables, cures, fabriques, etc. — Rachats de rente et emploi de capitaux. — Mainlevée d'hypothèques. — Octrois : réglements, tarifs. — Droits de location de places dans les foires, marchés et abattoirs. — Droits de pesage, mesurage, jeaugeage publics.—Droits de voirie et autres au profit des communes —Frais de casernement et d'occupation de lits militaires. — Actions judiciaires et transactions des communes, des établissements charitables ou religieux. — Comités consultatifs. — Hospices et bureaux de bienfaisance : création, service intérieur. — Administration des biens, adjudications et marchés, statistiques et situations périodiques.— Création et emploi des ressources de toute nature destinées au soulagement des indigents.—Assistance médicale et pharmaceutique gratuite. — Admission des malades et incurables dans les hospices et hôpitaux. — Pensions et retraites aux agents et employés des communes et établissements de bienfaisance. — Cures et fabriques, consistoires : administration, personnel, comptabilité. — Propriétés des communes et établissements publics : locations, ventes, échanges, partages, acquisitions. — Biens indivis. — Encouragements de l'Etat pour les services de bienfaisance publique.

DEUXIÈME BUREAU.

Instruction primaire et secondaire.—Construction et appropriation de locaux scolaires. — Mobiliers. — Subventions. — Emprunts. — Propriétés communales : mairies, églises, presbytères. — Échanges, acquisitions, aliénations. — Travaux : subventions, adjudications, marchés, règlement, contentieux. — Cimetières : police, règlement des concessions, transactions, agrandissement. — Sessions des Conseils municipaux. — Répartition du fonds commun des amendes de police correctionnelle. — Conseil départemental des bâtiments civils.—Comptabilité des communes, établissements de bienfaisance, hôpitaux, hospices, syndicats. — Budgets et autorisations supplémentaires. — Remboursement de fonds placés au Trésor. — Compte des Receveurs des communes et autres établissements : enregistrement, classement et notification des arrêtés d'apurement en Cour des Comptes ou Conseil de Préfecture. — Comptabilités de fait ou occultes.—Cotisations municipales : recouvrement et emploi.— Etat annuel de la situation financière des communes. — Statistiques pour les Ministères de l'Intérieur et de l'Agriculture relatives aux établissements charitables.— Taxe municipale sur les chiens.

Troisième Division.

Chef de Division : M. Lefèvre.

Comptabilité générale et départementale : mandatements des dépenses de toute nature : comptes et budgets départementaux, virements de crédits, réimputations, reversements, situations périodiques, comptes annuels et situations définitives en clôture d'exercice.— Colons réfugiés.— Réfugiés politiques, comptabilité. — Etablissements sanitaires, comptabilité. — Chambres de commerce, comptabilité.—Service des gens de mer, solde arriérée, secours sur la caisse des Invalides de la Marine. — Traitements administratifs.— Frais d'administration de la Préfecture et des Sous-Préfectures. — Trésor public : transport de fonds, refonte de monnaies. — Dettes publiques, rentes sur l'Etat. — Pensionnaires de l'Etat et rentiers viagers. — Contributions directes : sous-répartition, recouvrement, réclamations, poursuites. — Cadastre. — Contributions indirectes.— Douanes. — Caisse des retraites et liquidation des pensions des employés de la Préfecture et des autres services départementaux.— Liquidation des pensions des employés des prisons et du service de la vérification des poids et mesures. — Caisses d'épargne. — Caisse des retraites de la vieillesse.—Visa des récépissés.—Frais de justice. Assistance publique, extinction de la mendicité, aveugles et sourds-muets, secours à divers titres. — Aliénés et enfants assistés, protection des enfants du 1er âge : personnel et ensemble du service. — Subvention aux élèves sages-femmes.

GREFFE DU CONSEIL DE PRÉFECTURE.

(Ouvert tous les jours de 9 heures à 4 heures.)

Greffier : M. Viel.

Réception et enregistrement des actes introductifs d'instances. — Requêtes, exploits et procès-verbaux. — Communication aux parties ou à leurs mandataires, de pièces de procédure.—Etablissement des rôles. — Enregistrement et notification des décisions du Conseil. — Correspondance relative à la régularisation des affaires en instance.

Les renseignements ou communications que les parties jugent utiles d'adresser à M. le Conseiller chargé du rapport, doivent être transmis par l'intermédiaire de M. le Préfet.

ARCHIVES DÉPARTEMENTALES.

M. DOLBET, *Archiviste.*

Archives de la Préfecture, des Sous-Préfectures, des Communes et des Hospices. — Classement, inventaire, récolements, rapports.— Communication et délivrance des titres.—Catalogues et surveillance des bibliothèques administratives. — Publication d'ouvrages historiques.

ASSISTANCE PUBLIQUE DÉPARTEMENTALE.

Enfants assistés, moralement abandonnés et Protection des Enfants du Premier âge.

MM. Pirodon, Inspecteur départemental, à Saint-Lo ; Davodet, Sous-Inspecteur, à Saint-Lo.

BATIMENTS CIVILS.

Architecte du Département. — M. PILLIOUD, à Saint-Lo.
Conducteur. — M. Levieux.

Architectes d'arrondissement.

MM. N..., à Saint-Lo ; Cheftel, fils, à Avranches ; Leroy, à Cherbourg ; Hue, à Mortain ; Desheulles, chargé de l'arrondissement de Coutances ; Enquebecq, agent voyer d'arrondissement, chargé de l'arrondissement de Valognes.

POIDS ET MESURES.

Vérificateurs : MM. Michel, à Saint-Lo ; Lejugeur, à Avranches ; Prévost, à Cherbourg ; Pardaillon, à Coutances ; Grandrie, à Mortain.

CONSEILS D'HYGIÈNE D'ARRONDISSEMENT

Arrondissement de Saint-Lo.

MM. P. Floret O✱, O. I. P., Préfet, *président ;* N..., *vice-président ;* le Maire de Saint-Lo ; Granger, négociant ; Bernard ✱, Thomas, Leturc, Alibert et Lhomond, docteurs-médecins ; Manoury, vétérinaire ; l'Ingénieur des ponts et chaussées ou faisant fonctions d'Ingénieur à Saint-Lo ; N..., Sébire et Debroize, pharmaciens.

Arrondissement d'Avranches.

MM. Leménicier, O. A., Sous-Préfet, *président ;* Gautier, Conseiller général ; l'Ingénieur ordinaire des ponts et chaussées, à Granville ; le Maire d'Avranches ; Le Tourneur, Le Do, Hodoul, Frémin et Lemoine, docteurs-médecins ; Pinel, Gilbert et Requier, pharmaciens ; Dufour, vétérinaire ; Longrais, conducteur des ponts et chaussées en retraite.

Arrondissement de Cherbourg.

MM. Diény, Sous-Préfet, *président ;* le Maire de Cherbourg ; l'Ingénieur en chef des ponts et chaussées ; Lefrançois, Renault, Offret, Monnoye fils et Lesdos, docteurs-médecins ; le Directeur du service de santé de la marine ; Le Poittevin, Calot, pharmaciens ; Jouninet, ancien pharmacien ; Pouppeville, vétérinaire.

Arrondissement de Coutances.

MM. Pascal ✱, Sous-Préfet, *président ;* Lair, Maire de Coutances ; Boissel-Dombreval, Conseiller municipal ; de la Bellière, Danlos, Dudouyt (Pierre), Laisney, Leconte (Jacques-Léon), docteurs-médecins ; Daniel, Marquez, Baize et Thomas, pharmaciens ; Crouzel, vétérinaire.

Arrondissement de Mortain.

MM. Salanson, Sous-Préfet, *président ;* le Procureur de la République ; de Bailliencourt ✱, Maire de Mortain ; Hamon, Breillot, de la Houssaye, Leriche, Malon, docteurs-médecins ; Almin, pharmacien ; Buisson, ancien pharmacien ; Hamon, vétérinaire.

Arrondissement de Valognes.

MM. Chapron, Sous-Préfet, *président ;* Leneveu, père, Lebouteiller. Sébire O✱, Fabre O✱, Leneveu fils, Rousselin, docteurs-médecins ; Agnès-Roland, Floquet, pharmaciens ; Le Marquand, Lebas, vétérinaires.

MÉDECINS DES EPIDÉMIES.

ARRONDISSEMENTS.	NOMS.	RÉSIDENCES.
Saint-Lo..............	MM. Lhomond........	Saint-Lo.
Avranches	Frémin..........	Avranches.
Id	Letourneur......	Granville.
Cherbourg	Lesdos..	Cherbourg.
Coutances..	Laisney	Coutances
Mortain	Leriche..	Mortain.
Valognes	Lebouteiller	Valognes.

CONSEIL GÉNÉRAL.

MEMBRES DU CONSEIL.	CANTONS.

Arrondissement de Saint-Lo.

MM.

Yver (Léon), propriétaire et maire, à Saint-Martin-de-Bonfossé.	Canisy.
Gouville, fils, propriétaire	Carentan.
Rauline, député.	Marigny.
Blouët ✻, propriétaire.	Percy.
Bernard ✻, docteur-médecin.	Saint-Clair.
Lebrun, ingénieur.	Saint-Jean-de-Daye.
Amiard, maire de Saint-Lo.	Saint-Lo.
Mithois, notaire.	Tessy-sur-Vire.
Pommier, docteur-médecin	Torigni-sur-Vire.

Arrondissement d'Avranches.

MM.

Gautier.	Avranches.
Pinard, docteur-médecin	Brécey.
Baron (Félix-Louis).	Ducey.
Riotteau, député.	Granville.
Fontaine notaire	La Haye-Pesnel.
Trincot, propriétaire.	Pontorson.
Morel, sénateur.	Saint-James.
Basire, juge-de-paix.	Sartilly.
Tétrel ✻, maire de Villedieu.	Villedieu.

Arrondissement de Cherbourg.

MM

Le Moigne ✻, maire, chef de bureau au Ministère des Finances.	Beaumont.
Liais ✻, maire.	Cherbourg

MEMBRES DU CONSEIL.	CANTONS.

Arrondissement de Cherbourg (Suite).

MM.

Bonamy, maire.	Les Pieux.
Vrac. docteur en droit, maire.	Octeville.
Vte de Tocqueville O✻.	Saint-Pierre-Eglise.

Arrondissement de Coutances.

MM.

De la Bellière, docteur-médecin.	Bréhal.
Guillemette ✻, juge de paix.	Cerisy-la-Salle.
Chevalier, avocat.	Coutances.
Piel-Ferronnière, maire du Mesnil-Amand.	Gavray.
De La Martinière ✻, député.	La Haye-du-Puits.
Fauvel, maire	Lessay.
Quenault,✻ vice-président du Tribunal civil de Rouen.	Montmartin-sur-Mer.
Regnault, propriétaire à Périers. maire.	Périers.
Pignard-Dudézert ✻, juge au Tribunal de la Seine	Saint-Malo-de-la-Lande.
Lemaltre, docteur médecin.	Saint-Sauveur-Lendelin.

Arrondissement de Mortain.

MM.

Legrand (Arthur) ✻, député, maire de Milly.	Barenton.
Foisil, maire.	Isigny.
Grossin, maire de Juvigny.	Juvigny.
Dupont, notaire à Buais.	Le Teilleul.
Gaudin de Villaine, maire.	Mortain.
Lefresne, Juge au Tribunal civil de la Seine.	St-Hilaire-du-Harcouët.
Bidois.	Saint-Pois.
Labiche (Jules), sénateur, maire, propriétaire	Sourdeval.

Arrondissement de Valognes.

MM.

Denis, notaire.	Barneville.
Marguerie ✻, Conseiller d'Etat.	Bricquebec.
Cte de Pontgibaud.	Montebourg.
Du Mesnildot.	Quettehou.
Prémont (Alfred), propriétaire, maire de Sainte-Marie-du-Mont.	
Pain, notaire honoraire.	Sainte-Mère-Eglise.
Lebouteiller, docteur-médecin	Saint-Sauveur-le-Vicomte Valognes.

CONSEILS D'ARRONDISSEMENT.

MEMBRES DU CONSEIL.	CANTONS.
Arrondissement de Saint-Lo	
MM.	
Guérard, maire de Saint-Romphaire.	Canisy.
Leperdriel, expert.	Carentan.
Gosset, propriétaire.	Marigny.
Grente, négociant.	Percy.
Manoury, vétérinaire.	Saint-Clair.
Le Vte d'Osseville, propriétaire.	Saint-Jean-de-Daye.
Dussaux, avoué, adjoint au maire de Saint-Lo.	Saint-Lo.
Lemélorel-Lesmontils.	Tessy-sur-Vire.
Gohier, notaire.	Torigni-sur-Vire.
Arrondissement d'Avranches.	
MM.	
Lenoir, maire d'Avranches.	Avranches.
Macé, conseiller municipal.	Brécey.
Dupont, maire.	Ducey.
Letourneur, docteur-médecin, adjoint.	Granville.
Lanos, maire, docteur-médecin.	La Haye-Pesnel.
Bailleul, docteur-médecin	Pontorson.
Gautier (César).	Saint-James.
Martin, notaire.	Sartilly.
Ledo, docteur-médecin.	Villedieu.
Arrondissement de Cherbourg	
MM.	
Louis (Auguste), maire.	Beaumont.
Séhier, négociant, conseiller municipal.	Cherbourg.
Gosse, ancien notaire, à Cherbourg.	Id.
Lenoir, docteur-médecin, maire.	Les Pieux.
Courtois les-Hougues, maire.	Id.
Lemarquand, juge de paix.	Octeville.
Contant (Léon), maire de Tourlaville.	Id.
Touzard, maire.	Saint-Pierre-Eglise.
Lebas, propriétaire, maire.	Id.
Arrondissement de Coutances.	
MM.	
Ameline, maire de Cérences.	Bréhal.
Savary, juge de paix.	Cerisy-la-Salle.
Dudouyt, docteur-médecin.	Coutances.
Lecoupey, maire.	Gavray.
Roptin (Charles), maire.	La Haye-du-Puits.
Haidel, agriculteur.	Lessay.
Danlos, maire.	Montmartin-sur-Mer.
Leconte, propriétaire, maire.	Périers.
Jebenne, maire.	Saint-Malo-de-la-Lande.
Lecacheux, propriétaire, suppléant du juge de paix.	Saint-Sauveur-Lendelin.

MEMBRES DU CONSEIL.	CANTONS.

Arrondissement de Mortain.

MM.

Béchet, propriétatre.	Barenton.
Guérin, maire de Mesnil-Thébault.	Isigny.
Turquetil, maire.	Juvigny.
Malon, docteur-médecin, maire.	Le Teilleul.
Buisson, pharmacien, conseiller municipal	Mortain.
Lucas, maire.	St-Hilaire-du-Harcouët.
Geslin, maire.	Id.
Martinet, maire.	Saint-Pois.
Bazin, négociant.	Sourdeval.

Arrondissement de Valognes.

MM.

Lecannellier (Adolphe), maire.	Barneville
Pergeaux, conseiller municipal.	Bricquebec.
Buhot, maire.	Montebourg.
Leroy, négociant.	Quettehou.
Hay, maire.	Id.
d'Aigneaux, maire.	Sainte-Mère-Eglise
Hersan (Raoul, fils), propriétaire à Saint-Sauveur-le-Vicomte.	St-Sauveur-le-Vicomte
Mariette-Boisville, conseiller municipal.	Valognes.
De Mondésir.	Id.

SOUS-PRÉFECTURES.

ARRONDISSEMENT D'AVRANCHES

M. LEMÉNICIER, O. A., *Sous-Préfet.*
M. *Dufour*, secrétaire.

ARRONDISSEMENT DE CHERBOURG.

M. DIÉNY, *Sous-Préfet* ✱.
M. *Bertaux*, secrétaire.

ARRONDISSEMENT DE COUTANCES.

M. PASCAL ✱, O. A., *Sous-Préfet.*
M. *Lecouillard*, O. A., secrétaire.

ARRONDISSEMENT DE MORTAIN.

M. SALANSON, O. A. *Sous-Préfet.*
M. *Chemin*, secrétaire.

ARRONDISSEMENT DE VALOGNES.

M. Chapron, *Sous-Préfet.*
M. *Lesauvage*, secrétaire.

MAIRIES.

MAIRIE DE SAINT-LO.

MM. AMIARD, *Maire ;* Dussaux et Dary, *Adjoints ;* Bernard ✻, Lefèvre, N..... Bosq, Leture, Jouanne, N......, Robin, Dyvrande, Manoury, Hornecker, Leparquois, Plouin, Guillemin, Pézeril, Germain, Guillot, Lemasson, Leclerc, Gain, conseillers municipaux.

Jours et heures d'ouverture : Tous les jours non fériés, de 9 heures à 4 heures.

Bureaux. — M. Daniel, O. A., secrétaire.

Recette municipale. — M. Frestel, rue Torteron, 20.

Jours et heures d'ouverture de la recette : Tous les jours non fériés, de 10 heures à 4 heures.

Travaux communaux. — MM. Le Couteur, architecte, rue du Château ; Duc, conducteur.

Octroi. — MM. Guérin, préposé en chef ; Deslandes, brigadier.

Caisse d'épargne. — M. Daniel O. A., receveur.

Jours et heures d'ouverture : Le samedi, de 2 heures à 4 heures, et le dimanche, de 9 heures à midi.

MAIRIE D'AVRANCHES.

MM. LENOIR, *Maire ;* Desdouitils et Letréguilly, *Adjoints ;* Pinel, Desfeux, docteur Hodoul, Lecaille, Louvel, Mauduit, Falaise, Vallée, Trochon, Mancel, Danjou, Loiseau, Péguenet, l'Ecolant, Provost, Lucas, Lemutricy, Guillaume dit Taunière, Semery, Jacques, conseillers municipaux.

Bureaux. — MM. Cruchon et Gombert.

Recette municipale. — M. Fossard.

Voirie urbaine. — M. Louvel, architecte.

Octroi. — M. Chapon.

MAIRIE DE GRANVILLE.

MM. BUREAU, *Maire ;* Lucas ✻ et Poirier, *Adjoints ;* Lenormand, Benoist, Choinel, Ch. Guillebot, N...., Le Prince, Poisson, J. Pannier, Letourneur, Trocheris, H. Guillebot, Legendre, Toupet, Pergeaux, Nicole, Jouault, Pignolet, Dior, Dupérouzel, Launay, Quesnel, N..., Beust, conseillers municipaux.

Bureaux. — M. L. Bougourd, secrétaire de la mairie.

Recette municipale. — M. L. Durier.

Voirie urbaine. — M. Guimont, architecte.

Octroi. — M. Duchesne, préposé en chef.

MAIRIE DE CHERBOURG.

MM. LIAIS (Emm.) ✳, *Maire;* Frigoult O. I., et Dutot, *Adjoints;* Lanièce, Renault ✳, O. A., Lecerf, Barbet, Ventrillon, Cousin, Le Boissellier, Marguerie, Leflambe, Menut, Levallois O. A. Buhot (Victor), Tison, Buhot (Eugène), Logrin, Grignard, Jolliet ✳, Lavallée, Lohen, Cussy, N..., Offret, Lefrançois, Brun, Brégaint, Merlot, conseillers municipaux.

Bureaux. — M. Boivin O. A., secrétaire.

Recette municipale. — M. Houyvet.

Voirie urbaine. — MM. Gutelle O. A., architecte de la ville; Poupeville, agent voyer.

Octroi. — M. Raoul, préposé en chef.

Archives. — M. Amiot O. A., archiviste.

MAIRIE DE COUTANCES.

MM. LAIR ✳, *Maire;* Baize et Laurent, *adjoints;* Boissel-Dombreval ✳. Marie, Rabec, Dupérouzel, Lehuby. N..., N..., Geffroy, Briens, Bidel, Laisney, Lenoir, Leneslet, Chevalier, Adde, Blondel, Dudouyt, Daireaux, Foubert, Brision, Montaigne, conseillers municipaux.

Bureaux. — M. Vallée, secrétaire.

Recette municipale. — M. Leliepvre.

Voirie urbaine. — M. Desheulles, architecte de la ville.

Octroi. — MM. Bellet, préposé en chef; Bailly, brigadier.

MAIRIE DE MORTAIN.

MM. DE BAILLIENCOURT ✳, *Maire;* Delaunay, *Adjoint;* Buisson, Amand, Josset, Champs, Delaporte, Leriche, Saoul, Breux, Queslier, Gallie, Radoul, Pasquer, Bardou et Lorier, conseillers municipaux.

Bureaux. — M. Jamon, secrétaire.

Recette municipale. — M. Bourbon.

Voirie urbaine. — M. Corbin.

Octroi. — MM. Dupont et Aumont.

MAIRIE DE VALOGNES.

MM. OURY, *Maire;* Viel et Baudry ✳, *Adjoints;* Le Bouteiller, Lande, Viel, Bretel, de Fontaine de Resbecq, Oury, le vicomte de Blangy, Lemaréchal, Roberge, Blaisot, Pinel, Lepetit, Lecler, Léger, Thion, Durand, N....., Lemeland, Mariette-Boisville, Le Grusley, Baudry ✳, Hamel, Lemasson, conseillers municipaux.

Bureaux. — M. Mouchel, secrétaire.

Recette municipale. — M. Lecomte, receveur

Préposé en chef de l'octroi. — M. Gosselin.

Caissier de la caisse d'épargne : M. Gonbaux. — *Contrôleur de la caisse* : M. Mouchel.

TABLEAU STATISTIQUE

indiquant le nombre d'arrondissements, cantons, communes, et la population du Département, d'après les derniers recensements.

NOMS DES ARRONDISSEMENTS.	NOMBRE PAR ARRONDISSEMENT DE		POPULATION EN	
	Cantons.	Communes.	1886.	1891.
Saint-Lo....................	9	117	86,829	85,944
Avranches...............	9	124	98,590	96,895
Cherbourg...............	5	73	88,745	91,604
Coutances	10	138	106,527	102,633
Mortain........	8	74	64,680	63,084
Valognes	7	117	75,494	73,655
TOTAUX...........	48	643	520,865	513,815

Différence en plus, en 1886...... .   7,050

TABLEAU DES COMMUNES PAR ORDRE ALPHABÉTIQUE.

COMMUNES.	CANTONS.	COMMUNES.	CANTONS.
Acqueville	Beaumont.	Biville	Beaumont.
Agneaux	Saint-Lo.	Blainville	St-M.-de-la-Lande.
Agon	St-M.-de-la-Lande.	Blosville	Ste-Mère-Eglise.
Airel	Saint-Clair.	Boisroger	St-M.-de-la-Lande.
Amfreville	Sainte-Mère-Eglise.	Boisyvon	Saint-Pois.
Amigny	St-Jean-de-Daye.	Bolleville	La Haye-du-Puits.
An-teville	St-M.-de-la-Lande.	Boucey	Pontorson.
Anctoville	Bréhal.	Bouillon	Granville.
Anger	Sartilly.	Bourey	Bréhal.
Angoville	St-Pierre-Eglise.	Bourguenolles	Villedieu.
Angoville-au-Plain	Ste-Mère-Eglise.	Boutteville	Sainte-Mère-Eglise.
Angoville-sur-Ay	Lessay.	Braffais	Brécey.
Anneville	Id.	Brainville	St-M.-de-la-Lande.
Anneville-en-Saire	Quettehou.	Branville	Beaumont.
Annoville	Montmartin-sr-Mer.	Brécey	Brécey.
Appeville	La Haye-du-Puits.	Brectouville	Torigni-sur-Vire.
Ardevon	Pontorson.	Bréhal	Bréhal.
Argouges	Saint-James.	Bretteville	Octeville.
Aucey	Pontorson.	Bretteville-sur-Ay	Lessay.
Auderville	Beaumont.	Breuville	Bricquebec.
Audouville-la-Hub.	Ste-Mère-Eglise.	Brévands	Carentan.
Aumeville-Lestre	Quettehou.	Bréville	Bréhal.
Auvers	Carentan.	Bricquebec	Bricquebec.
Auxais	Id.	Bricquebosq	Les Pieux.
Avranches	Avranches.	Bricqueville-la-Bltte	Coutances.
Azeville	Montebourg.	Bricqueville-sr-Mer	Bréhal.
Bacilly	Sartilly.	Brillevast	St-Pierre-Eglise.
Barenton	Barenton.	Brix	Valognes.
Barfleur	Quettehou.	Brouains	Sourdeval.
Barneville	Barneville.	Brucheville	Ste-Mère-Eglise.
Baubigny	Id.	Buais	Le Teilleul.
Baudre	Saint-Lo.	Cambernon	Coutances.
Baudreville	La Haye-du-Puits.	Cametours	Cerisy-la-Salle.
Baupte	Périers.	Camprond	St-Sauv.-Lendelin.
Beauchamps	La Haye-Pesnel.	Canisy	Canisy.
Beaucoudray	Tessy-sur-Vire.	Canteloup	St-Pierre-Eglise.
Beauficel	Sourdeval.	Canville	La Haye-du-Puits.
Beaumont	Beaumont.	Carantilly	Marigny.
Beauvoir	Pontorson.	Carentan	Carentan.
Bellefontaine	Juvigny.	Carnet	Saint-James.
Belval	Cerisy-la-Salle.	Carneville	St-Pierre-Eglise.
Benoltville	Les Pieux.	Carolles	Sartilly.
Bérigny	Saint-Clair.	Carquebut	Ste-Mère-Eglise.
Beslon	Percy.	Carteret	Barneville.
Besneville	St-Sauv.-le-Victe.	Catteville	St-Sauv.-le-Victe.
Beuvrigny	Tessy-sur-Vire.	Catz	Carentan.
Beuzeville-au-Plain	Ste-Mère-Eglise.	Cavigny	St-Jean-de-Daye.
Beuzeville-la-Bastlle	Id.	Céaux	Ducey.
Biéville	Bréhal.	Cérences	Bréhal.
Biniville	St-Sauv.-le-Victe.	Cerisy-la-Forêt	Saint-Clair.
Bion	Mortain.	Cerisy-la-Salle	Cerisy-la-Salle

COMMUNES.	CANTONS.	COMMUNES.	CANTONS.
Chalandrey	Isigny.	Feugères	Périers.
Champcervon	La Haye-Pesnel.	Fierville	Barneville.
Champcey	Sartilly.	Flamanville	Les Pieux.
Champeaux	Id.	Fleury	Villedieu.
Champrépus	Villedieu.	Flottemanville	Montebourg.
Chanteloup	Bréhal.	Flottemanville-Hague	Beaumont.
Chasseguey	Juvigny.	Folligny	La Haye-Pesnel.
Chavoy	Avranches.	Fontenay	Mortain.
Chef-du Pont	Ste-Mère-Eglise.	Fontenay-sur-Mer	Montebourg.
Cherbourg	Cherbourg.	Foucarville	Ste-Mère-Eglise.
Chérencé-le Héron	Villedieu.	Fourneaux	Tessy-sur-Vire.
Chérencé-le-Roussel	Juvigny.	Fresville	Montebourg.
Chevreville	St-Hil.-du-Harcouët	Gathemo	Sourdeval.
Chevry	Tessy sur-Vire.	Gatteville	St-Pierre-Eglise.
Clitourps	St-Pierre-Eglise.	Gavray	Gavray.
Coigny	La Haye-du Puits.	Geffosses	Lessay.
Colomby	St-Sauv.-le-Vic*.	Genest	Sartilly.
Condé-sur-Vire	Torigni-sur-Vire.	Ger	Barenton.
Contrières	Montmartin-s*-Mer.	Gerville	La Haye-du-Puits.
Cormeray	Pontorson.	Giéville	Torigni-sur-Vire.
Cosqueville	St-Pierre-Eglise.	Glatigny	La Haye-du-Puits.
Coudeville	Bréhal.	Golleville	St-Sauv.-le-Vic*.
Coulouvray-Boisbenâtre	Saint-Pois.	Gonfreville	Périers.
Courcy	Coutances.	Gonneville	St-Pierre-Eglise.
Courtils	Ducey.	Gorges	Périers.
Coutances	Coutances.	Gouberville	St-Pierre-Eglise.
Couvains	Saint-Clair.	Gourbesville	Ste-Mère-Eglise.
Couville	Octeville.	Gourfaleur	Canisy.
Crasville	Quettehou.	Gouvets	Tessy-sur-Vire.
Créances	Lessay.	Gouville	St-M.-de-la-Lande.
Cretteville	La Haye-du-Puits.	Graignes	St-Jean-de-Daye.
Crollon	Ducey.	Granville	Granville.
Crosville	St-Sauv -le-Vic*.	Gratot	St-M.-de-la-Lande.
Curey	Pontorson.	Gréville	Beaumont.
Cuves	Brécey.	Grimesnil	Gavray.
Dangy	Canisy.	Grosville	Les Pieux.
Denneville	La Haye-du-Puits.	Guéhébert	Cerisy-la-Salle.
Digosville	Octeville.	Guilberville	Torigni-sur-Vire.
Digulleville	Beaumont.	Hambye	Gavray.
Domjean	Tessy-sur-Vire.	Hamelin	Saint-James.
Donville	Granville.	Hardinvast	Octeville.
Doville	La Haye-du-Puits.	Hautteville	St-Sauv.-le-Vic*.
Dragey	Sartilly.	Hautteville-la-Guichard	St-Sauv.-Lendelin.
Ducey	Ducey.	Hautteville-sur-Mer	Montmartin-s*-Mer.
Ecausseville	Montebourg.	Héauville	Les Pieux.
Ecoquenéauville	Ste-Mère-Eglise.	Hébécrevon	Marigny.
Eculleville	Beaumont.	Helleville	Les Pieux.
Emondeville	Montebourg.	Hémevez	Montebourg.
Equeurdreville	Octeville.	Henneville	Octeville.
Equilly	Bréhal.	Hérenguerville	Montmartin-s*-Mer.
Eroudeville	Montebourg.	Herqueville	Beaumont.
Etienville	St-Sauv.-le-Vic*.	Heugueville	St-M.-de-la-Lande.
Fermanville	St-Pierre-Eglise.	Heussé	Le Teilleul.
Ferrières	Le Teilleul.	Hiesville	Ste-Mère-Eglise.
Fervaches	Tessy-sur-Vire.	Hocquigny	La Haye-Pesnel.

COMMUNES.	CANTONS.	COMMUNES.	CANTONS.
Houesville	Sainte-Mère-Eglise.	Le Guislain	Percy.
Houtteville........	La Haye-du-Puits.	Le Ham	Montebourg.
Huberville	Valognes.	Le Bonnet-d'Arthenay...	St-Jean-de-Daye.
Hudimesnil	Bréhal.	Le Loreur	Bréhal.
Huisnes	Pontorson.	Le Lorey	St-Sauvr-Lendelin.
Husson	Le Teilleul.	Le Luot	La Haye-Pesnel.
Hyenville	Montmartin-sr-Mer.	Le Mesnil	Barneville.
Isigny	Isigny.	Le Mesnil Adelée...	Juvigny.
Jobourg	Beaumont.	Le Mesnil Amand ..	Gavray.
Joganville	Montebourg.	Le Mesnil-Amey ...	Marigny.
Juilley	Ducey.	Le Mesnil-Angot...	St-Jean-de-Daye.
Juvigny	Juvigny.	Le Mesnil-Aubert ..	Bréhal.
La Baleine	Gavray.	Le Mesnil-Auval ...	Octeville.
La Barre-de-Semilly	Saint-Lo.	Le Mesnil-Bœufs ...	Isigny.
La Bazoge	Juvigny.	Le Mesnil-Bonant..	Gavray.
La Beslière	La Haye-Pesnel.	Le Mesnil-Bus	St-Sauvr-Lendelin.
La Bloutière	Villedieu.	Le Mesnil-Drey ...	La Haye-Pesnel.
La Bonneville	St-Sauvr-le-Victe	Le Mesnil-Eury ...	Marigny.
La Boulouze	Ducey.	Le Mesnil-Garnier..	Gavray.
La Chse-Baudouin..	Brécey.	Le Mesnil-Gilbert .	Saint-Pois.
La Chaplle-Cécelin	Saint-Pois.	Le Mesnil Herman .	Canisy.
La Chaplle-du-Fest .	Torigni-sur-Vire.	Le Mesnil-Hue	Gavray.
La Chaplle-Énjuger.	Marigny.	Le Mesnillard	St-Hilaire-du-Harc.
La Chapelle-Urée ..	Brécey.	Le Mesnil-Opac ...	Tessy-sur-Vire.
La Colombe.......	Percy.	Le Mesnil-Ozenne..	Ducey.
La Croix-Avranchin	Saint-James.	Le Mesnil-Rainfray .	Juvigny.
La Feuillie	Lessay.	Le Mesnil-Raoult...	Tessy-sur-Vire.
La Godefroy	Avranches.	Le Mesnil-Rogues .	Gavray.
La Gobannière	Id.	Le Mesnil-Rouxelin.	Saint Lo.
La Haye-Bellefonds.	Percy.	Le Mesnil-Thébault.	Isigny.
La Haye-d'Ectot ...	Barneville.	Le Mesnil-Tôve ...	Juvigny.
La Haye-du-Puits .	La Haye-du-Puits.	Le Mesnil-Vénéron .	St-Jean-de-Daye.
La Haye-Pesnel	La Haye-Pesnel.	Le Mesnil-Vigot....	Marigny.
La Lande-d'Airou ..	Villedieu.	Le Mesnil-Villeman	Gavray.
La Luce-d'Oute-Mer.	La Haye-Pesnel.	Le Neufbourg	Mortain.
La Luzerne	Saint-Lo.	Lengronne	Gavray.
La Mancellière ...	Isigny.	Le Perron	Torigny-sur-Vire.
La Mancellière	Canisy.	Le Petit-Celland...	Brécey.
Lamberville	Torigny-sur-Vire.	Le Plessis	Périers.
La Meauffe	Saint-Clair.	Le Rozel	Les Pieux.
La Meurdraquière..	Bréhal.	Les Biards	Isigny.
La Mouche	La Haye Pesnel.	Les Chambres	La Haye-Pesnel.
Lapenty	St-Hilaire-du-Harc	Les Ch.-de-Losques	St-Jean-de-Daye.
La Pernelle	Quettehou.	Les Chéris	Ducey.
La Rochelle.. ...	La Haye-Pesnel.	Les Cresnays......	Brécey.
La Ronde-Haye ...	St-Sauvr-Lendelin .	Les Loges-Marchis .	St-Hilaire-du-Harc.
Lastelle	Périers.	Les Loges-sr-Brécey	Brécey.
La Trinité	Villedieu.	Les Moitiers-d'Alle	Barneville.
Laulne	Lessay.	Les Moite-en-Beaupte	St-Sauvr-le-Victe.
La Vendelée	St-M.-de-la-Lande .	Les Pas	Pontorson.
Le Buat	Isigny.	Les Perques	Bricquebec.
Le Chefresne	Percy.	Les Pieux.........	Les Pieux.
Le Dézert	St-Jean-de-Daye.	Lessay	Lessay.
Le Fresne-Poret ...	Sourdeval.	Lestre	Montebourg.
Le Grand-Celland ..	Brécey.	Les Veys	Carentan.

COMMUNES.	CANTONS.	COMMUNES.	CANTONS.
Le Tanu	La Haye-Pesnel.	Moon-sur-Elle	Saint-Clair.
Le Teilleul	Le Teilleul.	Morigny	Percy.
Le Theil	St-Pierre-Eglise.	Morsalines	Quettehou.
Le Valdécie	Barneville.	Mortain	Mortain.
Le Val-Saint-Pair	Avranches.	Morville	Bricquebec.
Le Vast	St-Pierre-Eglise.	Moulines	St-Hilaire-du-Harc.
Le Vicel	Quettehou.	Moyon	Tessy-sur-Vire.
Le Vrétot	Bricquebec.	Muneville-le-Bingard	St-Sauv^r-Lendelin.
Liesville	Ste-Mère-Eglise.	Muneville-sur-Mer	Bréhal.
Lieusaint	Valognes.	Nacqueville	Beaumont.
Lingeard	Saint-Pois.	Naftel	Isigny.
Lingreville	Montmartin-s^r-Mer.	Nay	Périers.
Lithaire	La Haye-du-Puits.	Négreville	Bricquebec.
Lolif	Sartilly.	Néhou	St-Sauv^r-le-Vic^{te}.
Longueville	Bréhal.	Neufmesnil	La Haye-du-Puits.
Lozon	Marigny.	Neuville-au-Plain	Ste-Mère-Eglise.
Macey	Pontorson.	Neuville-en-Beaum^t.	St-Sauv^r-le-Vic^{te}.
Magneville	Bricquebec.	Néville	St-Pierre-Eglise.
Marcey	Avranches.	Nicorps	Coutances.
Marchézieux	Périers.	Noirpalu	La Haye-Pesnel.
Macilly	Ducey.	N.-Dame-de-Cenilly	Cerisy-la-Salle.
Margueray	Percy.	N.-Dame-de-Livoye.	Brécey.
Marigny	Marigny.	Notre-Dame-d'Elle	Saint-Clair.
Martigny	St-Hilaire-du-Harc.	N.-D.-de-Touchet	Mortain.
Martinvast	Octeville.	Nouainville	Octeville.
Maupertuis	Percy.	Octeville	Id.
Maupertus	St-Pierre-Eglise.	Octeville-la-Venelle	Quettehou.
Méautis	Carentan.	Omonville-la-Petite.	Beaumont.
Millières	Lessay.	Omonville-la-Rogue	Id.
Milly	St-Hilaire-du-Harc.	Orglandes	St-Sauv^r-le-Vic^{te}.
Mobecq	La Haye-du-Puits.	Orval	Montmartin-s^r-Mer.
Moidrey	Pontorson.	Ourville	Barneville.
Montabot	Percy.	Ouville	Cerisy-la-Salle.
Montaigu-la-Brisette	Valognes.	Ozeville	Montebourg.
Montaigu-les-Bois	Gavray.	Parigny	St-Hilaire-du-Harc.
Montanel	Saint-James.	Percy	Percy.
Montbray	Percy.	Périers	Périers.
Montchaton	Montmartin-s^r-Mer.	Perriers-en-Beaufic.	Sourdeval.
Montcuit	St-Sauv^r-Lendelin.	Picauville	Ste-Mère-Eglise.
Montebourg	Montebourg.	Pierreville	Les Pieux.
Montfarville	Quettehou.	Pirou	Lessay.
Montgardon	La Haye-du-Puits.	Placy-Montaigu	Torigni-sur-Vire.
Montgothier	Isigny.	Plomb	Avranches.
Monthuchon	St-Sauv^r-Lendelin.	Poilley	Ducey.
Montigny	Isigny.	Pontaubault	Avranches.
Montjoie	Saint-James.	Pont-Hébert	St-Jean-de-Daye.
Montjoie	Saint-Pois.	Pontorson	Pontorson.
Montmartin-en-Gr^{es}.	St-Jean-de-Daye.	Ponts	Avranches.
Montmartin-sur-Mer	Montmartin-s^r-Mer.	Portbail	Barneville.
Montpinchon	Cerisy-la-Salle.	Précey	Ducey.
Montrabot	Torigni-sur-Vire.	Précorbin	Torigni-sur-Vire.
Montreuil	Marigny.	Prétot	La Haye-du-Puits.
Mont-Saint-Michel	Pontorson.	Querqueville	Octeville.
Montsurvent	St-M.-de-la-Lande.	Quettehou	Quettehou.
Montviron	Sartilly.	Quettetot	Bricquebec.

COMMUNES.	CANTONS.	COMMUNES.	CANTONS.
Quettreville	Montmartin-s^r-Mer.	Saint-Gilles	Marigny.
Quibou	Canisy.	St-Hil.-du-Harcouët.	St-Hilaire-du-Harc.
Quinéville	Montebourg.	St-Hilaire-Petitville	Carentan.
Raids	Carentan.	Saint-James	Saint-James.
Rampan	Saint-Lo.	Saint-Jean-de-Daye	St-Jean-de-Daye.
Rancoudray	Mortain.	St-Jean-de-la-Haize.	Avranches.
Rauville-la-Bigot	Bricquebec.	St Jean-de la-Riv^r.	Barneville.
Rauville-la-Place	St-Sauv^r-le-Vic^{te}.	St-Jean de-Savigny	Saint-Clair.
Ravenoville	Ste-Mère-Eglise.	St-Jean-des-Baisants	Torigni-sur Vire.
Reffuveille	Juvigny.	St-Jean-des-Champs	La Haye-Pesnel.
Regnéville	Montmartin-s^r-Mer.	St-Jean-du-Corail	Brécey.
Reigneville	St-Sauv^r-le-Vic^{te}.	St-Jean-du-Corail	Mortain.
Remilly-sur Lozon	Marigny.	St-Jean-le-Thomas	Sartilly.
Rétoville	St-Pierre-Eglise.	Saint-Jores	Périers.
Réville	Quettehou.	St-Laurent-de-Cuves	Saint-Pois.
Romagny	Mortain.	St-Laur.-de-Terreg^{te}	Saint-James.
Roncey	Cerisy-la-Salle.	Saint-Léger	La Haye-Pesnel.
Ronthon	Sartilly.	Saint-Lo	Saint Lo.
Rouffigny	Villedieu.	St-Louet-sur-Vire	Tessy-sur-Vire.
Rouxeville	Torigni-sur-Vire.	Saint-Loup	Avranches.
Sacey	Portorson.	St Malo-de-la-Lande.	St-M-de-la-Lande
Saint-Amand	Torigni-sur-Vire.	Saint-Marcouf	Montebourg.
St-André-de-Bohon.	Carentan.	St-Mart.-d'Aubigny	Périers.
St-André-de-l'Epine.	Saint-Clair.	St-Mart.-d'Audouv.	Montebourg.
St-Aub.-des-Préaux	Granville.	St-M.-de-Bonfossé	Canisy.
St-Aub.-de-Terreg^{tte}	Saint-James.	St-Martin-de-Cenilly.	Cerisy-la-Salle.
St-Aubin-du-Perron	St-Sauv^r-Lendelin.	St-M.-de-Chaulieu	Sourdeval.
Saint-Barthélemy	Mortain.	St-Mart.-de-Land^{lles}.	St-Hilaire-du-Harc.
Saint-Brice	Avranches.	St-M.-des-Champs	Avranches.
St-Brice-de-Land^{lles}	St-Hilaire-du-Harc.	St-M.-de-Varreville.	Ste-Mère-Eglise.
St Christop.-du-Foc	Les Pieux.	St-M.-le-Bouillant	Saint-Pois.
Saint-Clair	Saint-Clair.	St-Martin-le-Gréard.	Octeville.
Saint-Clément	Mortain.	St-Martin-le-Hébert.	Bricque bec
St-Côme-du-Mont	Carentan.	Saint-Maur-des-Bois.	Saint-Pois.
St-Cyr-du-Bailleul	Barenton.	Saint-Maurice	Barneville.
Saint-Cyr	Montebourg.	St-Mic.-de la-Pierre.	St-Sauv^r-Lendelin.
St-Denis-le-Gast	Gavray.	St-Mic.-des-Loups.	Sartilly.
Saint-Denis-le-Vêtu	Cerisy-la-Salle.	St-Nic.-de-Coutances	Coutances.
St-Eb.-de-Bonfossé.	Canisy.	St-Nic.-de-Pierrep^t	La Haye-du-Puits.
Sainteny	Carentan.	St-Nicolas-des-Bois.	Brécey.
Saint-Floxel	Montebourg.	St-Nic.-p^s-Granville.	Granville.
Saint-Fromond	St-Jean-de-Daye.	Saint-Osvin	Avranches.
St-Georg.-de-Bohon.	Carentan.	Saint-Pair	Granville.
St-G.-de-la-Rivière	Barneville.	St-Patrice-de-Claids.	Lessay.
St-Georg.-de-Livoye	Brécey.	Saint-Pellerin	Carentan.
St-Georges-d'Elle	Saint-Clair.	St-P.-d'Arthéglise.	Barneville.
St-G.-de Montcocq	Saint-Lo.	St-P.-de-Coutances.	Coutances.
St-G.-de-Rouelley	Barenton.	St-Pierre-de Semilly	Saint-Clair.
St-Germain-d'Elle	Saint-Clair.	Saint-Pierre-Eglise.	St-Pierre-Eglise.
St-Germ.-des-Vaux	Beaumont.	St-Pierre-Langers.	Sartilly.
St-G.-de-Tournebut.	Montebourg.	Saint Planchers	Granville.
St-G.-de-Varreville	Ste-Mère-Eglise.	Saint-Pois	Saint-Pois.
St-Germ.-le-Gaillard	Les Pieux.	Saint-Quentin	Ducey.
St-Germ.-sur-Sèves.	Périers.	St-Rémy-des-Landes	La Haye-du-Puits.
St-Germain-sur-Ay.	Lessay.	Saint-Romphaire	Canisy.

COMMUNES.	CANTONS,	COMMUNES.	CANTONS.
St-S -de-Bonfossé..	Canisy.	Tamerville........	Valognes.
St-Sʳ-de-Chaulieu ..	Sourdeval.	Tanis	Pontorson.
St-Sʳ-de-Pierrepont.	La Haye-du-Puits.	Tessy-sur-Vire.....	Tessy-sur-Vire.
St-Sʳ-la-Pommeraye	Bréhal.	Teurthév.-Bocage .	Quettehou.
St-Sauvʳ-Lendelin..	St-Sauvʳ-Lendelin.	Teurthéville-Hague.	Octeville.
St-Sauvʳ-le-Vicomte.	St-Sauvʳ-le-Vicᵗᵉ.	Théville	St Pierre-Eglise.
St-Sébast.-de Raids.	Périers.	Tirepied	Brécey.
St Senʳ-de-Beuvron.	Saint-James.	Tocqueville	St-Pierre-Eglise.
St-Sen.-sˢ-Avranches	Avranches	Tollevast...	Octeville.
Saint-Symphorien .	La Haye-du-Puits.	Tonneville	Beaumont.
Saint-Symphorien .	Le Teilleul.	Torigni-sur-Vire ...	Torigni-sur-Vire.
Saint-Symphorien..	Torigni-sur-Vire.	Tourlaville	Octeville.
Saint-Thomas. . . .	Saint-Lo.	Tourville	St-M.ᵉ-de-la-Lande .
Saint-Ursin	La Haye-Pesnel.	Tréauville	Les Pieux.
St-Vaast-la-Hougue .	Quettehou.	Trelly	Montmartin-sʳ Mer.
St-Vigor des-Monts.	Tessy-sur-Vire.	Tribehou	St-Jean-de-Daye.
Sainte-Cécile	Villedieu.	Troisgots	Tessy-sur-Vire....
Sainte-Colombe. ..	St-Sauvʳ-le-Vicᵗᵉ.	Turqueville	Sainte-Mère-Eglise.
Ste-Croix Hague ..	Beaumont.	Urville	Montebourg.
Ste-Croix-de-St-Lo .	Saint-Lo.	Urville-Hague	Beaumont.
Sainte-Eugienne ...	Brécey	Vains	Avranches.
Sainte-Geneviève .	Quettehou.	Valcanville........	Quettehou.
Ste Marie-du-Bois .	Le Teilleul.	Valognes	Valognes.
Ste-Marie- du-Mont .	Ste-Mère-Eglise.	Varenguebec	La Haye-du-Puits .
Sainte-Mère-Eglise .	Id.	Varouville	St-Pierre-Eglise.
Sainte-Pience	La Haye Pesnel.	Vasteville	Beaumont.
Sainte-Suzanne	Périers.	Vaudreville	Moutebourg.
Ste-Suzanne-sʳ Vire.	Saint-Lo.	Vaudrimesnil	St-Sauvʳ-Lendelin.
Sartilly........ ..	Sartilly.	Vauville	Beaumont.
Saultˡ-du-Tronchet .	Villedieu.	Vengeons	Sourdeval.
Saussemesnil	Valognes.	Ver	Gavray.
Saussey	Coutances.	Vergoncey	Saint-James.
Savigny	Cerisy-la-Salle.	Vernix	Brécey.
Savigny-le Vieux .	Le Teilleul.	Vesly	Lessay.
Sébeville	Sainte-Mère-Eglise.	Vessey...	Pontorson.
Sénoville	Barneville.	Vezins..	Isigny.
Servigny	St-M.-de-la-Lande.	Videcosville......	Quettehou.
Servon	Pontorson.	Vidouville	Torigni-sur-Vire.
Sideville..........	Octeville.	Vierville	Ste-Mère-Eglise.
Siouville ......:..	Les Pieux.	Villebaudon	Percy.
Sortosville	Montebourg.	Villechien.........	Mortain.
Sort.-en-Beaumont .	Barneville.	Villedieu.........	Villedieu.
Sottevast	Bricquebec.	Villiers	Saint-James.
Sotteville	Les Pieux.	Villiers-Fossard ...	Saint-Clair.
Soules......	Canisy.	Vindefontaine	La Haye-du-Puits .
Sourdeval	Sourdeval.	Virandeville	Octeville.
Sourdeval-les-Bois .	Gavray.	Virey.	St-Hilaire-du-Harc.
Subligny	La Haye-Pesnel.	Vrasville	St-Pierre-Eglise.
Surtainville	Les Pieux.	Yquelon	Granville.
Surville	La Haye-du-Puits.	Yvetot............	Valognes.
Taillepied........	St-Sauveur-le-Vic.		

TABLEAU DES COMMUNES

PAR ARRONDISSEMENT

Contenant la population par arrondissement, canton et commune ; | — la superficie territoriale la distance au chef-lieu du département, judiciaire, d'arrondissement, de canton ; les noms Les bureaux de poste sont indiqués par ⊠ et les relais par ⚐ ; le ¶ placé à la suite de Curés sont en italique.

NOMS DES COMMUNES.	Population.	Superficie territoriale de chaque commune.	BUREAUX DE POSTE qui desservent les communes.	Principal des 4 contributions directes en 1893.	DISTANCE AU CHEF-LIEU			
					du département.	judiciaire.	d'arrondissement.	du canton.
ARRONDISSEMENT DE SAINT-LO								
CANTON DE SAINT-LO ¶. Population :								
SAINT-LO⚐	11445	675 ⊠		115042 80	»	28	»	»
Agneaux...............	913	672	Saint-Lo.	91177 05	2	26	2	2
Baudre...............	260	376	idem.	4012 67	4	32	4	4
La Barre-de-Semilly......	475	771	idem.	6576 77	5	33	5	5
La Luzerne............	77	196	idem.	1531 50	5	33	5	5
Le Mesnil-Rouxelin	290	476	idem.	3992 »	5	33	5	5
Rampan...............	232	411	idem.	3526 82	6	34	6	6
Sainte-Croix-de-Saint-Lo ..	674	1187	idem.	11558 47	»	28	»	»
Saint-Georges-Montcocq...	588	895	idem.	9437 50	2	30	2	2
Sainte-Suzanne-sur-Vire ..	353	506	idem.	4707 33	7	33	7	7
Saint-Thomas-de-Saint-Lo.	270	430	idem.	4030 33	»	28	»	»
CANTON DE CANISY ¶. Population :								
CANISY...............	764	625	⊠	8978 56	9	23	9	»
Dangy................	820	973	Canisy.	6908 37	15	19	15	6
Gourfaleur...........	500	845	Saint-Lo.	7158 50	6	27	6	5
La Mancellière..........	405	680	idem.	4702 95	7	30	7	9
Le Mesnil-Herman	157	192	St-Samson-de-Bonf.	1211 »	12	23	12	8
Quibou.............	1220	1713	Canisy.	13953 71	12	21	12	3
St-Ebrémond-de-Bonfossé.	671	1178	idem.	9440 03	8	24	8	3
Saint-Martin-de-Bonfossé..	707	1274	idem.	6467 33	10	27	10	3
Saint-Romphaire	711	997	St-Samson-de-Bonf.	7062 04	9	29	9	10
Saint-Samson-de-Bonfossé.	576	629	⊠	5042 73	9	27	9	5
Soulles...............	802	1487	St-Samson de-Bonf.	7831 73	16	23	16	10
CANTON DE CARENTAN ¶. Population :								
CARENTAN................	3483	1567	⊠	49554 82	28	34	28	»
Auvers................	1044	1875	Carentan.	16604 »	32	35	32	6
Auxais................	273	776	Sainteny.	6085 »	29	30	29	14
Brévands.............	506	982	Carentan.	8622 67	29	42	29	8
Catz................	169	278	idem.	3368 »	26	39	26	5
Les Veys............	521	1294	idem.	13635 45	28	41	28	7

DU DEPARTEMENT

ET PAR CANTON

de chaque commune;—les bureaux de poste;—le principal des quatre contributions directes;—
des Maires, Adjoints, Curés et Desservants, Instituteurs et Institutrices.
chaque canton indique que toutes les communes sont desservies tous les jours. Les noms des

Maires.	Adjoints.	Curés et Desservants.	Instituteurs.	Institutrices.
Population : 85,944 habitants.				
15,556 habitants (11 communes).				
MM.	MM.	MM.	MM.	MM^{lles}
Amiard.	Dussaux, Dary.	Hamel.	Gendrin, École Supérieure. Pratte, École annexe.	Marie, École Laïque, Cours complément.
			Pignet.	
			Lecordeux.	
Marie.	Lecluze.	Lelubée.	Godard.	Lion.
Demortreux.	Lemoussu.	Delanœ.		Hamard.
Labbé.	Desfaudais.	Jouaudin.	Houssin.	Philippe.
Allix.	Carouge.	Bazire.	Réunie à St-André-de-l'Epine.	
Surget.	Harivel.	Larsonneur.		Pirodon.
Amey.	Liot.	Lefresne.		Olivier.
Lambert.	Lemieux.	Blanchet.	Lair.	Delaplancho.
Roussel.	Hébert.	Leconte.	Aumont.	Bellamy.
Gilles.	Lerebours.	Desurvire.	Sébert.	Leneveu.
Vieillard.	Desfontaines.		réuni à Saint-Lo.	
7,333 habitants (11 communes).				
Pacary.	Heussebrot.	Hamel.	Quinette.	Thomas.
Leconte.	Lepaulmier.	Hédouin, Pinard.	Legros	Grandin. Legardinier
Marin.	Raoult.	Fossard	Delahaye.	Delahaye (Mme).
André.	Lerebours.	Lemétayer.	Legouey.	Graindorge.
Levilly.	Herman.	Auvray.		Legendre.
Herman.	Lechevallier.	Ameline.	Gesbert.	Vaufleury.
Guernet.	Leboucher.	Gauchet.	Hébert.	Lecanuet (Mme).
Tour de la Vigne-Bernard.	Guernet.	Leboulanger.	Lenoël.	Larose, Mahier.
Guérard.	Leblondel.	Paris.	Latrouite.	Marigny.
Lafosse.	Bessin.	Rainfroy.	Gautier.	Legrand.
Guilbert.	Houssin.	Enault.	Delafosse.	Lavalley (Mme).
11,347 habitants (14 communes).				
Cauville.	Doucet, Duval.	Lepoultel.	Esquebecq, école supérieure	Coussemaker, Girard
Philippe.	Viel.	Potel.	Lecaplain.	Pacary.
Palla.	Alexandre.	Clouard.		Crouin.
Gancel (Louis).	Gancel (Gustave).	Abraham.	Ollivier.	Joret.
Belhache.	Canivet.	Langenais.		Godefroy.
Gosselin.	Bulot.	Aubril.	Robine.	Gautier.

NOMS DES COMMUNES.	Population.	Superficie territoriale de chaque commune.	BUREAUX DE POSTE qui desservent les communes.	Principal des 4 contributions directes en 1893.	du département.	judiciaire.	d'arrondissement.	du canton.
								Suite du CANTON
Méautis................	769	1698	Carentan.	16657 78	27	31	27	6
Raids.................	433	667	Sainteny.	5640 33	30	22	30	12
Saint-André-de-Bohon....	565	1042	idem.	9666 54	21	30	21	10
Saint-Côme-du-Mont......	682	1266	Carentan.	15614 46	32	38	32	4
Sainteny..............	1456	2132	⊠	21585 »	26	26	26	10
Saint-Georges-de-Bohon...	569	1398	Sainteny.	9439 33	24	31	24	8
Saint-Hilaire-Petitville....	464	995	Carentan.	10195 49	27	35	27	1
Saint-Pellerin..........	413	437	idem.	4899 91	25	39	25	5
								CANTON DE MARIGNY ⚓. Population :
MARIGNY ⚓..............	1335	1032	⊠	12323 22	13	16	13	»
Carantilly..............	803	1070	Marigny.	8669 02	16	19	16	4
Hébécrevon.............	824	1340	Saint-Lo.	9075 72	7	26	7	7
La Chapelle-Enjuger.....	824	1502	Marigny.	9407 67	13	20	13	4
Le Mesnil-Amey........	209	281	idem.	2278 13	10	20	10	3
Le Mesnil-Eury.........	273	346	idem.	2841 53	13	22	13	6
Le Mesnil-Vigot........	515	220	Remilly.	2782 17	17	18	17	9
Lozon.................	585	886	idem.	6245 72	17	18	17	6
Montreuil..............	404	646	idem.	4655 17	15	21	15	6
Remilly-sur-Lozon.......	878	956	⊠	9210 67	18	23	18	14
Saint-Gilles............	531	781	Saint-Lo.	6576 20	7	21	7	6
								CANTON DE PERCY ⚓. Population :
PERCY.................	2606	3705	⊠	23085 90	25	26	25	»
Beslon................	901	1726	Villedieu.	7408 37	34	35	34	9
La Colombe..........	915	1448	idem.	6322 08	31	32	31	8
La Haye-Bellefonds.....	173	285	Villebaudon.	1966 17	19	23	19	9
Le Chefresne..........	714	1130	Percy.	4891 50	28	22	28	3
Le Guislain..........	351	539	Villebaudon.	3344 »	21	23	21	9
Margueray............	273	465	Percy.	1841 67	29	29	20	4
Maupertuis.....	278	541	Villebaudon.	2873 70	23	20	23	6
Montabot.............	603	1154	Percy.	4462 07	25	31	25	5
Montbray.............	988	1405	St-Sever (Calvados).	8548 90	30	33	30	7
Morigny..............	248	435	idem.	2165 83	31	36	31	11
Villebaudon..........	472	469	⊠	3323 03	20	25	20	»
								CANTON DE SAINT-CLAIR ⚓. Population :
SAINT-CLAIR...........	585	800	⊠	6999 92	42	40	12	»
Airel..................	800	1017	⊠	11556 93	15	37	15	6
Bérigny...............	549	1217	⊠	7464 73	17	40	17	12
Cerisy-la-Forêt..........	1620	2383	⊠	18946 33	18	46	18	9
Couvains..............	657	1503	Saint-Clair.	9758 53	10	38	10	4
La Meauffe............	712	1022	idem.	10318 07	9	37	9	6
Moon-sur-Elle..........	781	980	idem.	8803 50	13	41	13	3
Notre-Dame-d'Elle......	182	285	St-Jean-des-Baisants	1310 16	11	39	11	13
Saint-André-de-l'Epine....	326	724	Saint-Lo.	4207 17	9	37	9	7
Saint-Georges-d'Elle.....	576	896	Cerisy-la-Forêt.	4063 68	11	39	11	11
Saint-Germain-d'Elle......	440	889	Bérigny.	5058 59	13	41	13	16

Maires.	Adjoints.	Curés et Desservants.	Instituteurs.	Institutrices.

DE CARENTAN.

Maires.	Adjoints.	Curés et Desservants.	Instituteurs.	Institutrices.
MM.	MM.	MM	MM.	MM^{lles}
Duval.	Leviautre.	Mouchel.	Roussel.	Surget (Mme)
Letenneur.	Osmont.	Leroux.	Jardin.	Jardin (Mme).
Lecuyer.	Caillemer.	Bécherel.	Lepagelet.	Denis
Levaillant de Folleville.	Bauche.	Saint.	Herbin	Potrel.
Deyrel de la Sausserie.	Bourdon.	Duval.	Loquet.	Grossin.
Anne dit Achard	Marie.	Baize.	Hébert.	Viffort.
Leprovôt.	Auvray.	Greslé.	Delahaye.	
Hamelin.	Lhermitte.	Mazier.	Daireaux.	Daireaux (Mme).

7,181 habitants (11 communes).

Maires.	Adjoints.	Curés et Desservants.	Instituteurs.	Institutrices.
Douchin.	Briard.	Nicolle.	Follain.	Legendre.
Guesnet.	Lecluze.	Garnier.	Cahour.	Leroy.
Godard.	Lemeray.	Lécuyer.	Bertaux.	Edouard.
Genest.	Le Grand.	Girard.	Ernault.	Le Bas.
Asselin.	Le Grand.	Blouin.		Lemperrière.
Lebaron.	Le Duc.	Hue.		Delalonde.
Roze.	Lecarpentier.	Barbé.	Delacour.	Guelle.
Duperrouzel.	Auvray.	Lecat.	Lepage.	Lenoël.
Le Grand.	Vollet.	Guillemin.	Hubert.	Yger.
Raulline.	Lechevallier.	Vigier.	Lemaltre.	Esnouf.
Guillot.	Hardy.	Guérin.	Godfroy.	Alleaume.

8,612 habitants (12 communes).

Maires.	Adjoints.	Curés et Desservants.	Instituteurs.	Institutrices.
Dufouc.	Lehallais et Lenoir.	Helland.	Lemonnier.	Doucin, Hingan.
Aumont.	Renard.	Coupard.	Tostain.	Simon.
Deschamps.	Baisnée.	Lengronne.	Lemoine.	Gallouin.
Carrey.	Estur.	Lemercier.		Rabel.
Larsonneur.	Meslier.	Leboulenger.	Desrues.	Nativelle.
Delafosse (Arsène).	Delafosse (Audécime).	Dupard.	Caresmel.	Hennebic.
Lebrun.	Manson.	Ruault.		Nicolle.
Chapelle.	Legoupil.	Lesénéchal.		Blanchet.
Bossard.	Le Bouvier.	Bidois.	Bigot.	Bouillet.
Le Monnier.	Ozenne.	Doré.	Touroude.	Cerisier.
Vimont.	Tostain.	Manson.		Lebugle.
Canuet.	Leredde.	Soyer.	Desmoulins.	Desmoulins (Mme).

8,514 habitants (14 communes).

Maires.	Adjoints.	Curés et Desservants.	Instituteurs.	Institutrices.
Bernard.	Raulin.	Gardin.	Dutot.	Lemonnier.
Groualle.	Adam.	Letondeur.	Prével.	Blondel.
Sansrefus.	Dumont.	Beaufils.	Herpin.	Herpin (Mme).
Fouque.	Rupalley.	Travert.	Postel.	Hulmer.
Dhermilly.	Rogier.	Ranglet.	Durand.	Aubey.
Enouf.	Paingt.	Deshayes.	Desplanques.	Lefèvre.
Demagny.	Pignolet.	Morisset.	Tiphaigne.	Ve Beauquet.
Lecot.	Desfaudais.	Lerendu.		Langlois.
Guilloy.	Leguédois.	Frémond.		Lelandais.
Mignot.	Pacary.	André.	Desmoulins.	Delafosse.
Lechevallier.	Varin (Charles).	Letenneur.	Paquet.	Paquet (Mme).

NOMS DES COMMUNES.	Population.	Superficie territoriale de chaque commune.	BUREAUX DE POSTE qui desservent les communes.	Principal des contributions directes en 1893.	DISTANCE AU CHEF-LIEU			
					du département.	judiciaire.	d'arrondissement.	du canton.
								Suite du CANTON
Saint-Jean-de-Savigny....	489	755	Saint-Clair.	6195 67	13	41	13	3
Saint-Pierre-de-Semilly...	354	461	Saint-Lo	3595 33	7	35	7	9
Villiers-Fossard	463	869	idem.	6263 42	6	34	6	5
				CANTON DE SAINT-JEAN-DE-DAYE¶. Population :				
SAINT-JEAN-DE-DAYE........	333	421	⊠	4431 »	15	33	15	»
Amigny.................	205	370	Pont-Hébert.	3357 83	8	25	8	11
Cavigny.................	584	678	idem.	8062 15	11	35	11	7
Graignes	1081	1415	Saint-Jean-d e-Dye.	10339 20	21	33	21	6
Le Dézert........	714	1459	idem.	11681 12	13	29	13	4
Le Hommet-d'Arthenay ...	502	1486	idem.	10751 50	11	27	14	7
Le Mesnil-Angot........	90	408	idem.	4056 33	18	31	18	5
Le Mesnil-Véneron......	176	283	idem.	2818 »'	18	33	18	3
Les Champs-de-Losques ..	449	931	idem.	9092 50	17	24	17	9
Montmartin-en-Graignes .	1262	1035	idem.	24310 75	21	39	21	6
Pont-Hébert.............	908	1499	⊠	10250 13	7	31	7	8
Saint-Fromond	834	1551	Airel.	19082 82	15	37	15	4
Tribehou	1007	997	Saint-Jean-de-Daye.	8757 37	19	28	19	13
				CANTON DE TESSY-SUR-VIRE ¶. Population :				
TESSY-SUR-VIRE	1404	1586	⊠	13056 24	18	34	18	»
Beaucoudray	242	469	Villebaudon.	2003 67	21	27	21	7
Beuvrigny.....	313	669	Tessy-sur-Vire	2783 67	21	40	21	6
Chevry.................	207	364	Villebaudon.	1025 33	19	29	19	6
Domjean................	1100	1656	Tessy sur-Vire.	8109 58	18	37	18	5
Fervaches..............	433	489	idem.	3405 80	15	33	15	3
Fourneaux	161	334	idem.	1497- »	21	37	21	3
Gouvets	651	1101	idem.	4579 20	24	34	24	6
Le Mesnil-Opac....	332	557	idem.	3232 13	12	31	12	6
Le Mesnil-Raoult	328	399	Torigni-sur-Vire.	2910 08	12	32	12	10
Moyon..................	1132	2334	Tessy-sur-Vire.	10469 55	11	30	11	6
Saint-Louet-sur-Vire....	310	734	idem	3570 87	21	40	21	6
Saint-Vigor-des-Monts	868	1574	Pontfarcy (Calv.)	8683 43	27	37	27	6
Troisgots........	501	753	Tessy Vire.	4303 65	14	33	14	6
				CANTON DE TORIGNI-SUR-VIRE ¶. Population :				
TORIGNI-SUR-VIRE	2020	202	⊠	20893 53	14	39	14	»
Biéville	359	553	Torigni-sur Vire.	3963 67	17	45	17	11
Brectouville	178	375	idem.	2528 17	14	40	14	4
Condé-sur-Vire	1675	2489	idem.	21751 86	9	30	9	5
Giéville	578	1033	idem.	6473 92	17	45	17	3
Guilberville	1380	2215	idem.	11770 95	21	45	21	7
La Chapelle-du-Fest.....	184	374	idem.	1531 75	12	40	12	4
Lamberville...........	382	702	idem.	5072 40	17	45	17	9
Le Perron	337	459	idem.	3113 87	20	43	20	7
Montrabot	184	386	St-Jean-des-Baisants	2079 67	16	44	16	19

Maires.	Adjoints.	Curés et Desservants.	Instituteurs.	Institutrices.

DE SAINT-CLAIR.

Maires.	Adjoints.	Curés et Desservants.	Instituteurs.	Institutrices.
MM.	MM.	MM.	MM.	MM^{lles}
Detournières.	Rabot.	Bouillon.	Simon.	Lemoussu.
Durand.	Capello.	Lallemand.	Guy.	Lucas.
Fauchon.	Trefeu.	Fétille.	Polidor.	Lefévre (Mme).

8,154 habitants (13 communes).

Pezeril.	N....	Gilbert.		Couillard.
Jouin.	Le Grand.	Le Ménicier.		Herson.
Heussebrot.	Raulinc.	Menard.	Guilbert.	Décosse.
Lescalier.	Defortescu.	Denis.	Marie.	Poulain.
Thouroude.	Langeard.	Maillard.	Lelandais.	Deschamps.
Leforatier d'Osseville	Huault.	Tabard.	Lecaplain.	Moulin.
Poullain.	Marie			Dufour.
Philippe.	Vaultier.	Laurent.		Grandin.
Touroude.	Pottier.	Latire.	Painchaud.	Desplanques.
Touzard.	Gancel.	Chartrain.	Delacour, Deméantis.	Avray, Deméantis (Mme)
Thomasse.	Godard	Letot, Delarue, Puiney.	Delisle.	Véron, Lefranc, Gazengel.
Lebas.	Laisney.	Surville.	Chrétienne.	Hébert (Mme).
Duboscq.	Lebedel.	Debon.	Lecoufle.	Delisle (Mme)

7,982 habitants (14 communes).

Lesage.	Flicher.	Gillot.	Letenneur.	Godard.
Legablier.	Papillon.	Aussant.		Canuet.
Letot.	Bourges.	Legrand.		Bataille.
Quesnel.	Godard.	Voisin.		Lelièvre.
Regnault de Bouttement.	Lamoureux.	Camus.	Martin.	Lanos.
Lucas.	Lefranc.	Brion.	Levallois.	Prével.
Onfroy.	Godard.	Lesénéchal.		Ledinot.
Loisel.	Bisson.	Lescot.	Philippe.	Frigoult.
Lemeray.	Crocquevieille.	Puisney.		Bosquet.
Lelontre.	Julien.	Lecardonnel.		Leroux.
Beaufils.	Lesaulnier.	Langenais.	Lemoine.	Hairon.
Massier.	Mourocq.	Leboucher.		Desmier.
Lemélorel Lesmontils	Chasle.	Gillette.	Levallois.	Lemercerre.
Goulet.	Herman.	Lemare.	Ruault.	Lhullier.

11,265 habitants (17 communes).

Dufour.	Jouet-Laconterie.	Leroy; Cochard.	Bucaille.	Regnault.
Philippe.	Auvray.	David.	Bazire.	Besnard.
Lepringard.	Godard.	Anne-Archard.		Coursin.
Leneveu.	Laforge.	Bouchard.	Bréard.	Leroussel.
Massier (Jean).	Massier (Jules).	Queudeville.	Lalné.	Gaillard.
Lesouef.	Lesieur.	Marguerite.	Bizault.	Davodet.
Savare.	Lefèvre.	Suvigny.		Couillard.
Bion.	Gaillard.	Heuzé.		Lecaudey.
Huet.	Fortin	Lemazurier.		Sanson.
Hervieu.	Pegoix.	Drouvassal.		Boutemy.

NOM DES COMMUNES.	Population.	Superficie territoriale de chaque commune.	BUREAUX DE POSTE qui desservent les communes.	Principal des 4 contributions directes en 1893.	DISTANCE AU CHEF-LIEU			
					du département.	judiciaire.	d'arrondissement.	du canton.

Suite du CANTON DE

Placy-Montaigu.........	495	899	Torigni-sur-Vire.	4911 07	20	45	20	6
Précorbin.............	466	721	St-Jean-des-Baisants	5421 13	11	39	11	6
Rouxeville.............	384	582	idem.	3150 67	12	39	12	9
Saint-Amand...........	1206	2162	Torigni-sur-Vire.	12650 70	15	41	15	2
Saint-Jean-des-Baisants ...	1005	1336	⊠	8071 50	10	37	10	7
Saint-Symphorien.......	195	387	Torigni-sur-Vire.	1997 33	18	43	18	4
Vidouville	237	445	St-Jean-des-Baisants	3110 33	15	43	15	10

ARRONDISSEMENT D'AVRANCHES

CANTON D'AVRANCHES ¶. Population :

AVRANCHES⚓.........	7785	444	⊠	82318 77	50	47	»	»
Chavoy................	160	371	Avranches.	2204 33	50	42	6	6
La Godefroy............	188	364	idem.	1664 40	63	52	5	5
La Gohannière..........	225	380	idem.	1701 60	61	52	9	9
Le Val-Saint-Pair	1092	1110	idem.	10651 92	58	50	3	3
Marcey................	716	673	idem.	2682 33	56	49	3	3
Plomb................	574	819	idem.	5176 45	50	46	8	8
Pontaubault ⚓	383	195	idem.	2156 06	66	54	7	7
Ponts	424	670	idem.	5701 38	53	45	5	5
Saint-Brice	147	255	idem.	1579 77	57	48	5	5
Saint-Jean-de-la-Haize...	611	895	idem.	6122 50	55	45	5	5
Saint-Loup	476	646	idem.	4079 83	62	51	6	6
Saint-Martin-des-Champs..	561	649	idem.	5297 50	59	50	3	3
Saint-Osvin	750	1057	idem.	4005 60	63	55	7	7
St-Senier-sous-Avranches..	497	875	idem.	6503 30	57	49	5	5
Vains	714	858	idem.	6492 25	59	52	6	6

CANTON DE BRÉCEY ¶. Population :

BRÉCEY......	2400	2103	⊠	20957 45	49	48	17	»
Braffais	333	581	Brécey.	2622 38	46	35	13	9
Cuves	671	969	idem.	6977 58	54	54	22	5
La Chaise-Baudouin......	857	1203	idem.	4392 »	48	43	16	8
La Chapelle-Urée ⚓	345	459	idem.	1664 65	57	57	17	9
Le Grand-Celland	975	1249	idem.	4612 73	60	54	14	6
Le Petit-Celland	407	657	idem.	2690 60	63	54	13	5
Les Cresnays............	692	978	idem.	5690 70	54	52	21	4
Les Loges-sur-Brécey	363	527	idem.	2762 70	45	44	19	4
Notre-Dame-de-Livoye	238	355	idem.	1809 07	48	47	15	4
Sainte-Eugienne	94	179	idem.	405 33	51	43	10	10
Saint-Georges-de-Livoye ..	377	552	idem	3339 60	43	48	14	5
Saint-Jean-du-Corail.....	143	362	idem.	952 75	44	41	21	6
Saint-Nicolas-des-Bois	240	357	idem.	1833 30	47	45	18	5
Tirepied......	1043	1697	Avranches.	10984 60	59	52	9	8
Vernix	346	584	Brécey.	4032 83	54	51	18	5

Maires.	Adjoints.	Curés et Desservants.	Instituteurs.	Institutrices.

Torigni-sur-Vire.

MM.	MM.	MM.	MM.	MM

MM.	MM.	MM.	MM.	MM^lles
Girault.	Lefoulon.	Huare.		Marie (Mme).
Pasturel.	Le Guédois.	Adelée.	Vigot.	Jamard.
Aumond.	Rouxeville.	Auvray.	Legendre.	Lesongeur.
Lescot.	Baudel.	Hélène.	Lesouef.	Blier.
Leberruyer.	Picard.	Lemière.	Leconte.	Letourneur.
Françoise.	Javalet.	Leroyer.		Chauvois.
Défaudais.	James.	Delaunay.		Sobier.

Population : 96,895 habitants.

13,303 habitants (16 communes).

Lenoir.	Desdouitils, Letré-guilly.	*Douville*, à St Gervais; *Baudry*, à Notre-Dame-des-Champs ; Lebedel, à St-Saturnin.	Ruault.	Esnol.
Trochon	Police.	Resbeut.		Besnard.
de Mansigny.	Lottin.	Boutin.		Viel.
Thébault.	Doublet.	Blouin.		Elisabeth (Mme).
Béguin.	Allain.	Piquois.	Levionnois.	Gautier.
Primaux.	Lefranc.	Rubé.	Duclos.	Davy.
Jamard.	Dubois.	Caraby.		Lurienne.
Godard.	Blouin.	Morin.		Anger.
Haupais.	Gautier.	Lhoste	Laurence.	Restoux.
Vauprès.	Dubois.	Masselin.		Chauvin.
Dubois (Franç.)	Dubois (Pierre).	Aubrée.	Besnier.	Hubert.
Ruault.	Pinel.	Piquot.	Bouillon.	Besnard.
Mauduit.	Pinel.	Belloir.		Dechérencey.
Bereult.	Poullain.	Maheux.	Mariette.	Feillet.
Lechoisne.	Lebreton.	Bernard.		Gloria.
Piton.	Lemétayer.	Gauché.	Gâté.	Ollivier.

9,523 habitants (16 communes).

Pinard.	Dodeman.	*Guesnon*.	Lemonnier.	Bagot.
Cossé.	Gauquelin.	Bougis.		Gautier.
Leroyer.	Nicolle	Bonnel.	Lemare.	Hochard.
Chapel.	Delaporte.	Hédou.	Vivier.	Geffroy.
Desfoux.	Bazin.	Lecharpentier.		Chevallier.
Roussin.	Challier	Fortin.	Fras.	Lebrun.
Sanson.	Jouault.	Gautier.		Lecomte.
Anfray.	Raguet.	Morin.		Pichard.
Robert.	Vaugrante.	Ameline.		Fauvel.
Généaux.	Loyson.	Moyse.		Salliot.
Maincent.	Cudeloup.			Froger.
Denis.	Debieu.	Liot.		Osmont.
Lepron.	Lepeltier.	Desloges.		Cordon.
De Besne.	Maincent.	Prével.		Serizier.
Navet.	Denolle.	Lefranc.	Jehenne.	Belloir.
Leménager.	Germain.	Goron.		Lepourcelet.

NOMS DES COMMUNES.	Population.	Superficie territoriale de chaque commune.	BUREAUX DE POSTE qui desservent les communes.	Principal des 4 contributions directes en 1893.	DISTANCE AU CHEF-LIEU			
					du département.	judiciaire.	d'arrondissement.	du canton.
CANTON DE DUCEY ¶. Population :								
Ducey.............	1821	1120	⊠	12539 68	67	56	9	»
Céaux.............	505	786	Avranches.	4943 22	68	59	12	9
Courtils...........	425	614	idem.	3740 33	69	60	13	10
Crollon............	354	468	Ducey.	2620 67	70	61	13	10
Juilley.............	704	1122	idem.	6501 32	68	58	11	5
La Boulouze........	133	218	idem.	977 40	62	60	13	10
Le Mesnil-Ozenne.....	296	460	idem.	2061 »	68	58	11	9
Les Chéris.........	429	591	idem.	3671 68	74	59	12	3
Marcilly...........	765	886	idem.	5974 77	70	57	10	5
Poilley............	1003	1270	idem.	8036 50	67	58	10	2
Précey.............	562	773	idem	4671 03	67	39	11	8
Saint-Quentin........	1215	1608	idem.	11695 23	61	53	6	4
CANTON DE GRANVILLE ¶. Population :								
Granville ⚓...........	12721	266	⊠	103378 95	49	29	26	»
Bouillon...........	468	629	Granville.	4421 42	60	39	20	10
Donville...........	797	301	idem.	4155 30	46	26	28	4
Saint-Aubin-des-Préaux...	390	824	idem.	5883 40	57	35	17	8
St-Nicolas-près-Granville..	1222	737	idem	12868 26	51	31	24	2
Saint-Pair.........	1310	1510	idem.	17001 99	52	35	23	5
Saint-Planchers.........	910	1197	idem.	9258 50	56	23	21	7
Yquelon...........	353	214	idem.	3170 88	48	27	26	4
CANTON DE LA HAYE-PESNEL ¶. Population :								
La Haye-Pesnel...........	1030	629	⊠	8028 »	44	32	15	»
Beauchamps........	511	411	La Haye-Pesnel.	3930 09	56	31	21	6
Champcervon..........	321	558	idem.	3924 57	48	35	16	2
Folligny...........	527	410	idem.	3594 71	43	39	19	4
Hocquigny..........	259	305	idem.	1874 65	44	30	18	3
La Beslière........	216	349	idem.	2269 »	44	31	20	5
La Lucerne-d'Outremer..	855	1451	idem.	7289 07	44	35	15	3
La Mouche..........	255	443	idem	2407 33	45	33	14	4
La Rochelle........	445	751	Sartilly.	4187 83	49	37	13	5
Le Luot...........	384	851	Avranches.	4057 67	46	41	13	8
Le Mesnil-Drey.......	282	421	La Haye-Pesnel	2905 67	45	31	18	2
Les Chambres........	183	418	idem	1910 »	48	37	13	4
Le Tanu...........	437	694	idem.	3987 07	41	37	20	5
Noirpalu...........	144	319	idem.	1348 »	44	37	15	5
Sainte-Pience.......	537	868	Avranches	3546 40	45	42	11	10
Saint-Jean-des-Champs....	688	1202	La Haye-Pesnel.	8513 10	47	33	21	6
Saint-Léger...........	138	196	Sartilly.	1365 10	60	38	17	8
Saint-Ursin........	246	537	La Haye-Pesnel.	3133 20	47	36	18	3
Subligny...........	476	790	Avranches.	4028 03	50	40	9	8

Maires.	Adjoints.	Curés et Desservants.	Instituteurs.	Institutrices.

8,212 habitants (12 communes).

MM.	MM.	MM.	MM.	MMlles
Juin-Delaroche	Champion.	*Maudouit.*	Leroux.	
Provost.	Morel.	Miquelard	Poullain.	Mauray.
Colin	Prime.	Maillard.		Costentin
Cordier.	Dumont.	Poirier.		Maheu.
Fardin.	Louange.	Guesnon.	Hébert.	Hébert (Mme).
Daligault.	Gautier.	Dubois.		Poirier.
Laloi.	Challier.	Leprovost		Pinel.
Caillou	Gilbert.	Roblin.		Debon.
Routelou.	Dapilly.	Guillard.	Roblin.	Colet.
Morin.	Lalosse.	Olivier.	Leplanquais.	Godard.
Morel.	Tesnière.	Petitpas.	Guesnel.	Maloizel.
Dupont.	Le Bedel.	Basnel.	Duchêne.	Foulon.

18,171 habitants (8 communes).

Maires.	Adjoints.	Curés et Desservants.	Instituteurs.	Institutrices.
Bureau.	Lucas, Poirier.	*Turgot, Maquerel.*	Robbes, Primault.	Deguelle, Legastelnis
Digée.	Bry.	Roizard.	Lebasnier.	Barré.
Mequin.	Fissadame.	Briand.	Béchet.	Yberty.
Delarue.	Bazin.	Esnoult.	Bicrel.	Hamon.
Boisyvon.	Lechevallier.	*Duclos.*	Godier.	Borel.
Royer.	Lefèvre.	Gombert; Leconte, à Kairon.	Maloizel, Guérin.	Lemasle, Duprey.
Jouenne.	Hamelin	Petitpas.	Allain.	Rosselin.
Lepelley-Fonteny.	Delarue (Gustave).	Rabel.	Potier.	Dubourg (Mme).

7,934 habitants (19 communes).

Maires.	Adjoints.	Curés et Desservants.	Instituteurs.	Institutrices.
Lanos.	Avril.	*Vignon*	Legallais	Le Meslier.
Rosselin.	Simonne.	Lebas.	Leblanc.	Leroyer.
Lelandais.	Vivier	Gohin.		Closet.
Provost.	Marion.	Guillet.	Letenneur.	Lehérissey.
Lemains.	Pinot.	Trochon		Mazier.
Lhomme.	Fontaine.	Torel.		Lalleman.
Lebourgeois.	Arondel.	Chauvet.	Gautier.	Lehodey.
Dugué.	Duparc	Leresteux.		Levallois.
Hurel.	Poulain.	Mazier.	Laurence.	Peslin.
Dugueycher.	Fillâtre.	Lair.		Frétel.
Genvresse (Alphonse)	Genvresse (Louis).	Allain.		Perrouault.
Deschamps-Boudent	Garnier.			Desrues.
Micouin.	Lehodey.	Maillard.	Lethimonnier.	Yvon.
Mahey	Langelier.	Esnault.		Juin.
Jonquier.	Vivier.	Leconte.	Leroutier.	Lambert Mme).
Chemin.	Hérembourg.	Maillard.	Dumouchel.	Du nouchel (Mme).
Lecouflé.	Encoignard.	Tabourel.		Dupré.
Rieu.	Lefèvre.	Lefranc		Girard.
Le Bourgeois.	Pigeon (Jules).	Fougeray.	Thébault.	Leloutre.

NOMS DES COMMUNES.	Population.	Superficie territoriale de chaque commune.	BUREAUX DE POSTE qui desservent les communes.	Principal des 4 contributions directes en 1893.	DISTANCE AU CHEF-LIEU			
					du département.	judiciaire.	d'arrondissement.	du canton.
CANTON DE PONTORSON ¶. Population :								
PONTORSON ⚓.	2339	515	☒	18356 70	70	69	22	»
Ardevon.	320	830	Pontorson.	3893 »	77	68	20	8
Aucey	746	951	idem.	6011 33	83	74	26	5
Beauvoir	495	650	idem.	2865 50	84	60	21	8
Boucey	640	983	idem.	6372 27	81	72	23	2
Cormeray	102	190	idem.	1192 17	76	68	21	6
Curey	339	574	idem.	2922 60	77	67	20	4
Huisnes	334	654	idem.	3568 58	75	66	19	10
Les Pas	250	460	idem.	2664 67	77	67	19	5
Macey	243	587	idem.	6669 09	76	67	19	6
Moidrey	248	631	idem.	3918 33	82	69	22	2
Mont-Saint-Michel	199	9	☒	1087 92	89	72	24	9
Sacey	1100	1527	idem.	8964 83	86	72	25	7
Servon	561	923	idem.	5716 83	71	62	14	10
Tanis	500	746	idem.	3905 60	73	64	16	10
Vessey	856	1261	idem.	6934 17	79	71	23	7
CANTON DE SAINT-JAMES ¶. Population :								
SAINT-JAMES	3067	1819	☒	24496 53	77	67	20	»
Argouges	1212	1639	Saint-James.	8623 08	82	71	22	6
Carnet.	836	1012	idem.	5861 30	80	70	23	3
Hamelin	185	246	idem.	1590 72	86	78	22	8
La Croix-Avranchin	728	1082	idem.	6260 83	74	65	17	5
Montanel	838	1518	idem.	6108 77	80	71	24	10
Montjoie	514	745	idem.	3090 33	77	67	19	3
Saint-Aubin-de-Terregatte	1406	2098	idem.	13360 79	71	63	15	7
St-Laurent-de-Terregatte	1082	1641	idem.	9353 77	74	62	16	9
Saint-Senier-de-Beuvron	607	1114	idem.	6404 95	71	62	14	16
Vergoncey	463	774	idem.	4189 33	74	64	16	7
Villiers	413	791	idem.	3856 38	77	67	20	7
CANTON DE SARTILLY ¶. Population :								
SARTILLY .	1224	1151	☒	9958 51	41	39	14	»
Angey.	215	217	Sartilly.	1461 33	53	42	14	3
Bacilly	1011	1587	Avranches.	10793 07	57	46	8	7
Carolles	450	384	Sartilly.	3764 91	62	41	19	8
Champcey	269	324	idem.	2524 83	54	43	9	4
Champeaux	401	422	idem.	3401 83	63	45	17	6
Dragey	604	1015	idem.	6724 67	57	44	12	5
Genest	663	696	Avranches.	5730 83	58	47	11	8
Lolif	811	1248	idem.	8684 41	53	42	7	7
Montviron	371	593	Sartilly.	3012 62	52	42	9	4
Ronthon	314	484	idem.	3439 67	56	44	13	4
Saint-Jean-le-Thomas	197	238	idem.	2249 35	64	45	14	6
Saint-Michel-des-Loups	508	1426	idem.	4351 77	54	40	18	7
Saint-Pierre-Langers	632	840	idem.	6195 40	56	39	16	5

Maires.	Adjoints.	Curés et Desservants.	Instituteurs.	Institutrices.

9,272 habitants (16 communes).

MM.	MM.	MM.	MM.	MM.lles
Morel.	Guichard.	Lecacheux.	Auvray.	Quentin.
Poisson.	Farcy.	Orvin.		Tesnière.
Pivert.	Duguépéroux.	Lair.	Blanchet.	Nicolle.
Bedel.	Sansou.	Datin.		Lethimonnier
Guichard.	Pichard.	Lambert.	Jamard	Garandel.
Faguais.	Petitpas.	Deslandes.		Letestu.
Farcy.	Faguais.	Leroy.		Muris.
Leroy.	Laumaille	Desdouitils.		Catrel.
Chauvière.	Royer.	Ruault.		Denoël.
Mis de Cacqueray	Faguais.	Lecharpentier.		Faguais.
Tardif de Muidrey.	Allain.	Deschamps.		Badier.
Fontenier.	Lochet.	Danjou.		Tétrel.
Ozenne.	Trincot.	Jaunet.	Morel.	Barbé.
Lion.	Jamault.	Labigne.	Gillot.	Gastebois.
Desgranges.	Leroy.	Dinard.	Lefaudeux.	Boutelou.
Roger.	Bernier.	Bigrel.	Desfeux.	Follain.

11,351 habitants (12 communes).

Maires.	Adjoints.	Curés et Desservants.	Instituteurs.	Institutrices.
Morel.	Despréaux, Besnard Locherie.	Challier, Guérin, à Saint-Benoît	Ledentu.	Hébert, Gauchet.
Trincot.	Jourdan.	Pierre.	Lehéricey.	Lethimonnier, Abraham.
Fouasse.	Salmon-Maheux.	Théault.	Roblin.	Carnet.
Lesénéchal.	Le Monnier.	Roisille.		Legoupil.
Gautier.	Poirier.	Guérin.	Duval.	Goron.
Jouanne.	Martin.	Dupont.	Blondel.	Charbonnel.
Madelaine.	Rault.	Chevalier.	Dupré.	Tumoine.
Lusley.	Chevalier.	Lemoine.	Rault.	Lelandais.
Ameline.	Legendre.	Piquerel.	Lefrançois.	Hennequin.
Langlois.	Portier.	Fillâtre.	Maillard.	Gilbert.
Piquot.	Villalard.	Menard.	Leteurtrois.	Veaugeois.
Royer.	Ameline.	Martin.		Desfeux.

7,650 habitants (14 communes).

Maires.	Adjoints.	Curés et Desservants.	Instituteurs.	Institutrices.
Lemenager	Letellier-Parisière.	Collin.	Aubril.	Anquetil.
Sicot.	Lânée.	Alexandre.		Morel.
Chauvin.	Lemaltre.	Bougourd.	Leteurtois.	Delafosse (Mme).
Coupard.	Desroches.	Lecomte.		Servain.
Le Métayer.	Fleury.	Fertel.		Legoupy.
Letellier-Parisière.	Tanqueray.	Martin.	Blin.	Blandin.
Basire.	James.	Bachelot.	Heuzé.	Villard.
Lenepveu de Dungy.	Bedel.	Lemonnyer.	Blouin.	Duprey.
Delongraye.	Bellet.	Aupinel.	Jouvin.	Adam.
Ballois.	Lhoste-Desfaveries.	Dumont.		Salliot.
Gosse.	Bisson.	Duguéperoux.		Châtel.
Lenoir.	Marie.	Barbot.		Guilmin.
Lenormand.	Follain.	Costard.	Lerond.	Salmon.
Gond.	Méquin.	Bicrel.	Carouge.	Déguelle.

NOMS DES COMMUNES.	Population.	Superficie territoriale de chaque commune.	BUREAUX DE POSTE qui desservent les communes.	Principal des 4 contributions directes en 1891	du département.	judiciaire.	d'arrondissement.	du canton.
						DISTANCE AU CHEF-LIEU		

CANTON DE VILLEDIEU ¶. Population :

NOMS DES COMMUNES.	Population.	Superficie	BUREAUX DE POSTE	Principal des 4 contributions	du département.	judiciaire.	d'arrondissement.	du canton.
VILLEDIEU ⊠	3505	82	⊠	25840 94	34	33	22	»
Bourguenolles	404	764	Villedieu.	3646 50	41	40	18	8
Champrépus	604	913	idem.	5867 25	41	29	23	8
Chérencé-le-Héron	651	955	idem.	4230 80	40	38	21	6
Fleury	837	1259	idem.	8114 70	38	30	27	5
La Bloutière	535	933	idem.	4880 03	33	28	28	6
La Lande-d'Airou	814	1509	idem.	7159 68	39	38	19	6
La Trinité	612	917	idem.	4336 75	42	40	18	8
Rouffigny	410	670	idem.	3624 28	39	38	17	6
Sainte-Cécile	589	1151	idem.	5991 47	37	35	25	3
Saultchevreuil-du-Tronchet	518	704	idem.	4787 21	36	34	20	2

ARRONDISSEMENT DE CHERBOURG

CANTON DE CHERBOURG ¶. Population :

NOMS DES COMMUNES.	Population.	Superficie	BUREAUX DE POSTE	Principal des 4 contributions	du département.	judiciaire.	d'arrondissement.	du canton.
CHERBOURG ⊠	38554	651	⊠	364893 85	76	75	»	»

CANTON DE BEAUMONT ¶. Population :

NOMS DES COMMUNES.	Population.	Superficie	BUREAUX DE POSTE	Principal des 4 contributions	du département.	judiciaire.	d'arrondissement.	du canton.
BEAUMONT	594	789	⊠	4694 58	93	82	18	»
Acqueville	321	579	Beaumont.	3550 13	84	75	11	10
Auderville	455	433	idem.	4295 49	102	91	27	9
Biville	380	870	idem.	3135 »	89	83	18	8
Branville	100	212	idem.	1160 »	89	79	14	4
Digulleville	418	789	idem.	6054 46	98	87	33	4
Eculleville	95	233	idem.	1539 67	96	86	17	4
Flottemanville-Hague	402	1139	Octeville.	4561 »	86	77	9	11
Gréville	484	1003	Beaumont-Hague.	7500 12	98	82	16	4
Herqueville	174	291	idem.	1422 33	97	86	23	4
Jobourg	505	1015	idem.	6506 42	98	88	24	6
Nacqueville	469	861	idem.	7215 33	86	81	10	9
Omonville-la-Petite	301	614	idem.	4071 11	100	88	24	6
Omonville-la-Rogue	432	420	idem.	4184 50	98	88	22	5
Sainte-Croix-Hague	446	984	idem.	4310 33	80	78	13	6
Saint-Germain-des-Vaux	508	635	idem.	7227 51	102	91		8
Tonneville	485	383	Equeurdreville.	2561 23	85	80		11
Urville-Hague	352	312	Beaumont-Hague.	3678 03	86	81		9
Vasteville	506	1372	idem.	7838 07	87	78	26	16
Vauville	403	1638	idem.	4519 62	94	84	29	3

Maires.	Adjoints.	Curés et Desservants.	Instituteurs.	Institutrices.

9,479 habitants (11 communes).

MM.	MM.	MM.	MM.	M^{Mlles}
Tétrel ✻.	Ledo, Frémond.	Dupont.	Pastrad (cours complre).	Lechevallier.
Fauvel.	Bouroux.	Costil.		Anfray.
Regnault.	Herbert.	Pichard.	Dufour.	Herpin.
Besnier.	Leprovost.	Hus.	Paisnel.	Milcent.
Hamel-l'réfontaine.	Leriche.	Leroy.	Le Bas.	Anfray.
Lecoutey.	Lenoir.	Dubois.	Charuel.	Villain.
Potrel.	Lepelletier.	Lanos.	Manet.	Lerogeron.
Chapel (Auguste)	Chapel (Paul).	Leroy.	Poidevin.	Costentin.
Tétrel.	Debroize.	Hardy.		Primault.
Nové.	Levasseur.	Lemazurier.	Herbert.	Delauney.
Lemaltre.	Ligot	Roger ; Hus , à Saint-Pierre-du-Tronchet.		Lebugle ; Loyer.

Population : 1,604 habitants.

38,554 habitants (1 commune).

Liais ✻.	Frigoult, Dutot.	Leroux, à Ste-Trinité ; Leduc, à N^{re}-D^{me}-du-R^{le} ; Moulin, à N.-D^{me}-du-V.; Germain, à St-Clément.	Thiébot, Simon, Bertrand, Levallois, Leneveu, Lelavechef.	MM^{mes} Jeanne, Travers, Letan, Guerrand, Fossard.

7,830 habitants (20 communes).

Louis.	Digard.	Lemaltre.	De Saint-Jores.	Blaisot.
Lefilliâtre.	Letullier.	Besnard.	Joubert.	Prével.
Nicolle.	Fabien.	Desvergez.	Lecler.	Langevin.
Postel.	Sanson.	Bonhomme.		Ecolivet (Mme).
Liais.	Fortin.			Jacquot.
Lecostey.	Paris	Lebartel.	Hébert.	Fontaine.
Le Moigne.	Canoville.			Lelaidier.
Dumoncel (Henri).	Dumoncel (Georges)	Saillard.	Lecouturier.	Lecaplain.
Fatôme.	Fleury.	Seigneurie	Picquot.	Fontaine.
Samson.	Leboulenger.	Delorme.		Jacquette.
Lecostey.	Heleine.	Boissel.	Gosse.	Digard (Mme).
Leroy.	Lesdos-Lavallée.	Bezard.	Martin.	Esnault.
Perrotte.	Falaize.	Cabart.	Lefèvre.	Quéru (Mme).
Allain.	Tripey.	Montiton.	Lemonnier.	Prével.
Paris (Bernardin).	Paris (Ferdinand).	Angot.	Bazin.	Bazin (Mme).
Ladvenu.	Levallois.	Malard.	Henry.	Gain.
Orange.	Fleury.	Lechevallier.		Blondel.
Lebarbenchon.	Lesdos.	Jean.	Leclerc.	Legendre.
Lamotte.	Auvray.	Lethimonnier.	Beaumont.	Pinel.
Jean.	Legrand.	Dubois.	Anquetil.	Jamard.

NOMS DES COMMUNES.	Population.	Superficie territoriale de chaque commune.	BUREAUX DE POSTE qui desservent les communes.	Principal des 4 contributions directes en 1893.	DISTANCE AU CHEF-LIEU			
					du département.	judiciaire.	d'arrondissement.	du canton.
CANTON DES PIEUX ¶. Population :								
Les Pieux.............	1340	1531	⊠	14455 70	86	65	20	»
Benoîtville	462	828	Les Pieux.	5281 15	59	68	18	3
Bricqueboscq	437	805	Grosville.	4752 93	83	63	16	8
Flamanville..	1488	705	⊠	8718 24	93	71	26	6
Grosville..............	857	1351	⊠	8749 70	81	62	20	5
Héauville	421	1079	Flamanville.	4377 17	97	75	15	10
Helleville.....	285	588	Les Pieux.	3050	92	71	17	6
Le Rozel..	318	558	idem.	3308 17	91	63	24	4
Pierreville	607	1012	idem.	7355 03	91	60	25	6
Saint-Christophe-du-Foc ..	189	358	Grosville.	2650 13	83	73	14	8
Saint-Germain-le-Gaillard .	702	1382	Les Pieux.	8758 62	90	62	23	4
Siouville.............	521	619	Flamanville	5190 83	93	71	21	6
Sotteville...	291	614	Grosville.	4256 80	91	71	17	6
Surtainville	1025	1483	Les Pieux.	9977 94	93	59	28	8
Tréauville	805	1327	Flamanville.	10850 73	89	68	20	3
CANTON D'OCTEVILLE ¶. Population :								
Octeville.............	3028	775	⊠	15552 44	78	72	3	»
Bretteville	456	578	Tourlaville.	4297 63	84	82	7	10
Couville........	440	862	Martinvast.	4362 52	76	64	13	10
Digosville.............	628	927	Tourlaville.	5072 »	83	70	7	10
Equeurdreville	5421	507	⊠	20268 09	78	77	2	3
Hardinvast............	430	729	Martinvast.	3257 27	79	67	5	7
Henneville	1496	767	Equeurdreville.	7209 92	82	79	10	5
Le Mesnil-Auval........	333	1342	Tourlaville.	2602 17	72	67	7	12
Martinvast...	776	1034	⊠	5920 »	80	69	10	4
Nouainville	215	381	Octeville.	2070 33	82	76	5	4
Querqueville..	1590	553	Equeurdreville.	5716 64	82	78	8	7
Saint-Martin-le-Gréard....	204	286	Martinvast.	1369 67	73	66	12	9
Sideville.	355	763	idem.	4491 86	82	71	9	8
Teurtheville-Hague	687	1273	idem.	7587 32	81	71	13	10
Tollevast.............	579	1232	idem.	4491 33	74	69	11	9
Tourlaville.............	7382	3340	⊠	38882 13	80	79	4	7
Virandeville	595	822	Martinvast.	4893 »	81	74	12	9
CANTON DE SAINT-PIERRE-EGLISE ¶. Population :								
Saint-Pierre-Eglise.......	1865	802	⊠	16142 07	71	76	17	»
Angoville...	57	108	Saint-Pierre-Eglise .	1207 »	75	79	20	3
Brillevast...:	503	909	idem.	5095 30	74	72	17	5
Canteloup.............	259	428	idem.	3066 33	38	74	19	5
Carneville.............	355	688	idem.	3555 26	79	75	16	4
Clitourps	270	630	idem.	4207 »	70	75	19	4
Cosqueville............	731	860	idem.	8993 50	74	79	20	3
Fermanville.	1334	1166	⊠	7890 61	74	77	21	4
Gatteville.............	894	972	Barfleur.	14994 75	77	81	26	9
Gonneville	815	1535	Saint-Pierre-Eglise .	8776 25	74	81	13	6
Gouberville	277	279	idem.	3702 »	78	79	24	7
Le Theil..............	692	1383	idem.	5713 25	71	66	14	11
Le Vast...............	820	1304	⊠	8542 48	65	71	21	7

Maires.	Adjoints.	Curés et Desservants.	Instituteurs.	Institutrices.
9,748 habitants (15 communes).				
MM.	MM.	MM.	MM.	MMlles
Bonamy.	Buhot.	*Fontaine.*	Libor.	Leprince.
Mabire.	Pezet.	Baudry.	Avoyne.	Lerogueur.
Quenault.	Belhoste.	Lemieux.	Brochard.	Godfroy.
Buhot.	Leboulenger.	Fessier.	Lefèvre.	Fossey.
Brisset.	Lenoir.	Grenier.	Douchin.	Gosselin.
Gibon.	Lemasson.	Baude.	Legros.	Marguerie.
Toulorge.	Agnès.	Lemarié.		Bonnissent.
Hairou.	Vrac.	Marie.	Lentant	Couillard.
Lefilastre.	Simon.	Levesque.	Moulin.	Leprévost (Mme).
Mocquet.	Letourneur.	Blondel.		Pézet.
Sorel.	Sanson.	Aumont.	Hambye.	Tiébaol.
Lenoir.	Lebourgeois.	Vibet.	Anquetil.	Lemesle.
Bouchard.	Lecoutour.	Gauvain.		Hélaine
Avoinne.	Le Bégin.	Lemarquand.	Baudry.	Roulland.
Toulorge, Jean.	Hébert.	Pillet.	Cosnefroy.	Lucas
24,615 habitants (17 communes).				
Revert.	Née, Tiphagne	*Doueffe.*	Durand.	Aubel.
Germain.	Liot.	Auvray.	Guérin.	Duchêne.
Compère.	Maurouard.	Tardif.	Luce.	Cresté.
Brière.	Guéret.	Sorel.	Foucher.	Laloë.
Dumoncel.	Juhel, Duval.	Clément.	Duruel.	Assier (Mme.)
Truffert.	Hébert.	Poisson.	Louail	Leluan.
Sanson.	Quoniam.	Mosqueron.	Bibel.	Hébert (Mme.)
Germain.	Mahier.	Deux.		Boitard.
Cte de Pourtalès.	Férey.	Bonissent.	Bouillault	Louis.
Vrac.	Langevin.	Delaune.		Journeaux.
De Couville ✱.	Cauvin.	Hainneville.	Bazin.	Simiane
Lesauvage.	Adam (Louis).	Gautran.		Cauvin.
Laisné.	Sorel.	Mauger.	Blondel.	Fortin (Mme.)
Gosselin.	Turbert.	Levêque.	Lebrec.	Noyon.
Letourneur.	Letouzé.	Letanneux.	Auvray.	Leboisselier.
Contant.	Aubert, Burnel.	Guillon, Yver.	Drouet, Laled. Durel, Vallée	Bra, Devoyen, Lelièvre (Me)
Lelong.	Douesnard.	Le Poil.	Lhôtellier.	Marie. [Mme Vallée.
10,857 habitants (20 communes).				
Lebas.	Delacour.	*Pagny.*	Parey.	
Lehot (Michel).	Lehot (François).		*réunie à Vrasville*	
D'Abbeville la Chesnaie.	Lemaresquier.	Caruel	Catherine.	Laurent.
Trobel.	Le Sacher.	Renouf.		Onfroy.
Mahaut.	Besselièvre.	Lerenard.	Varette.	Vibert.
Delisle.	Enquebec.	Couppey.		Thélot.
Vasse.	Michel.	Noël.	Lemière.	Jean.
Fatome.	Bazin.	Louet.	Simon.	Picquenot.
Touzard.	Leneveu.	Delacour.	Morel.	Ruel.
Germain.	Lelong	Delangle.	Groult.	David.
Godel.	Lebourg.	Branthomme.		Anger.
Quetteville.	Lallemand.	Mesnil.	Anne.	Durel.
de la Germonière	Thiesselin.	Savary.	Simon.	Bosquet (Mme).

NOMS DES COMMUNES.	Population.	Superficie territoriale de chaque commune.	BUREAUX DE POSTE qui desservent les communes.	Principal des 4 contributions directes en 1893.	DISTANCE AU CHEF-LIEU			
					du département.	judiciaire.	d'arrondissement.	du canton.

Suite du CANTON DE

Maupertus	195	335	Saint-Pierre-Eglise.	2814 83	70	73	11	7
Néville	261	348	*idem.*	4127 33	78	83	24	7
Réthôville	215	340	*idem.*	2947 72	77	72	23	6
Théville	379	777	*idem.*	5027 28	76	74	15	2
Tocqueville	478	590	*idem.*	7062 81	76	77	22	5
Varouville	323	418	*idem.*	3491 »	75	79	20	3
Vrasville	134	142	*idem.*	1364 83	76	80	21	4

ARRONDISSEMENT DE COUTANCES.

CANTON DE COUTANCES ¶. Population :

COUTANCES ⚖	8145	333	☒	77954 59	28	»	»	»
Bricqueville-la-Blouette...	475	635	Coutances.	6804 27	33	5	5	5
Cambernon	943	1701	*idem.*	4170 51	27	6	6	6
Courcy	750	1145	*idem.*	9355 40	34	4	4	4
Nicops.................	318	563	*idem.*	4817 80	34	5	5	5
St-Nicolas-de-Coutances...	816	881	*idem.*	9793 66	28	»	»	»
Saint-Pierre-de-Coutances.	201	439	*idem.*	3914 75	28	»	»	»
Saussey	682	891	*idem.*	5351 68	32	6	6	6

CANTON DE BRÉHAL ¶. Population

BRÉHAL ⚖	1400	1362	☒	13243 54	44	19	19	»
Anctoville	135	215	Granville	1761 40	50	27	27	9
Bourey	149	260	Cérences.	1735 »	41	22	22	10
Bréville	360	688	Bréhal.	3680 67	50	26	26	7
Bricqueville-sur-Mer.	1292	1461	*idem.*	10544 »	46	18	18	2
Cérences	1855	2242	☒	20465 78	38	18	18	6
Chanteloup......	301	417	Bréhal.	3025 33	43	21	21	2
Coudeville	715	872	*idem.*	6690 81	46	21	21	2
Equilly	328	566	Gavray.	3827 33	44	29	29	13
Hudimesnil	1146	1877	Bréhal.	10823 63	50	24	24	5
La Meurdraquière.......	432	762	Cérences.	4011 67	43	26	26	11
Le Loreur	274	323	*idem.*	1851 97	41	23	23	7
Le Mesnil-Aubert	490	596	*idem.*	3752 07	36	14	14	11
Longueville......... ..	423	411	Granville.	2205 »	50	26	26	7
Muneville-sur-Mer	588	728	Cérences.	6189 67	48	15	15	4
St-Sauveur-la-Pommeraye.	439	527	Bréhal.	4076 67	47	27	27	12

CANTON DE CERISY-LA-SALLE ¶. Population :

CERISY-LA-SALLE	1614	1685	☒	13996 45	21	14	14	»
Belval.................	405	567	Coutances.	4103 80	27	6	6	7
Cametours	753	722	Marigny.	6528 30	17	14	14	6
Guéhébert	292	629	Roncey.	4210 »	40	14	14	10
Montpinchon...........	1218	1693	Cerisy-la-Salle.	12142 67	23	12	12	3
Notre-Dame-de-Cenilly....	1452	2522	*idem.*	15008 01	21	18	18	5
Ouville................	750	1131	Coutances.	6598 92	31	9	9	7
Roncey....	920	1216	☒	9966 07	29	18	18	7
Saint-Denis-le-Vêtu..	1080	1405	Coutances.	11012 75	38	9	9	13
Saint-Martin-de-Cenilly ...	507	677	Roncey.	5036 20	23	18	18	9
Savigny...	622	1016	Coutances.	6536 07	24	9	9	5

Maires.	Adjoints.	Curés et Desservants.	Instituteurs.	Institutrices.

SAINT-PIERRE-EGLISE.

MM.	MM.	MM.	MM.	MM^{lles}
Noyon.	Carré.	Philippe.		Fouque (Mme).
Lefèvre.	Roblot.	Briard.	Laronche.	Dupont.
Laurens (Aug.)	Laurens (Etienne)	Danneville.		Lecoutour.
Gibon.	Daireaux.	Blaizot.		Duvey (Mme).
Rouxel.	Birette.	Gouelle.	Lefèvre.	Restoux.
Germain.	Guerrand.	Lecluse.		Restoux.
Piard.	Leroux			Guesnon.

Population : 102,633 habitants

12,330 habitants (8 communes).

Lair ✻.	Baize, Laurent.	*Tollemer.*	Ménard ; Briens.	Mme Girard (cours complémentaire); Malattre.
Lecesne.	Corbet.	Gautier.	Ménard.	Choux.
Quesnel.	Bellail.	Hélaine.	Troude.	Desvallées.
Challe	Deshogues.	Brault.	Esnol.	Lefilleul.
Lhullier.	Beaugendre.	Lebesnerois.		Lebreton.
Lefrançois.	Lemière.	*Tollemer.*	*réunie à Coutances*	
Hédouin.	Legagneur.	*Tollemer.*	*idem.*	
Guenon.	Delacour.	Lemaltre.	Hugues.	Crouin.

10,327 habitants (16 communes).

de la Bellière.	Lemonnier.	*Destrès.*	Doucet.	Lechardeur.
de la Musse.	Godal.	Hamel.		Turgot.
Faucon.	Quinette.	Année.		Torel.
Le Brun	Binet.	Loisel.		Tétrel.
Thuillet.	Frémin.	Germain.	Lelièvre.	Guesney.
de la Faucherie.	Lecocq.	*Bedel. -*	Douchin.	Renault.
Clément	Pimor.	Le Bailly.		Leménager.
Hecquard.	Lecailletel.	Chancé.	Méquin.	Boisyvon.
Cacquevel.	Lalné.	Rault.		Lemoussu.
Touroude.	Lemonnyer.	Dubois.	Lechanteur.	Jean.
Lenoir.	Deguelle.	Guyot.		Yvon.
Tanqueray.	Bidel.	Pellé.		Gautier.
Pantin.	Fouchard.	Belloir.	Maupas.	Lechevallier.
Delaune.	Larose.	Lehaut.	Lebreton.	Cheval.
Cirou.	Lebas.	Ju Mesnil-Adelée.	Ruault.	Vigot.
Allain.	Février.	Templer.	Gautier.	Letan.

9,613 habitants (11 communes)

Gaillard.	Eudes.	*Binet.*	Desplanques.	Lecarpentier.
Lemosquet.	Lerendu.	Hélaine.	Lebérichon.	Nicolle.
Levallois.	Fossey.	Leroulley.	Lalné	Gaillard.
Letarouilly.	Lecomte.	Germain.		Delauney.
Duval.	Hédouin.	Langevin.	Morel.	Guilbert.
Varin de la Brunelière	Quesnel.	Lecarpentier.	Forget.	Marie.
Thomas.	Lengronne.	Letavernier.	Lefrançois.	Coulomb.
Vigot.	Badin.	Leflamand.	De Saint-Denis.	Bouley.
Lehodey.	Vimond.	Huvé.	Picot.	Cousin.
Lebrun.	Leroux.	Boulay.	Rault.	Debieu.
Lepeu.	Marie.	Joubin.	Polloue.	Mahé.

NOMS DES COMMUNES.	Population.	Superficie territoriale de chaque commune.	BUREAUX DE POSTE qui desservent les communes.	Principal des 4 contributions directes en 1893.	DISTANCE AU CHEF-LIEU			
					du département.	judiciaire.	d'arrondissement.	du canton.
CANTON DE GAVRAY ¶. Population :								
Gavray	1425	1606	⊠	11486 83	34	18	18	»
Grimesnil	169	261	Gavray.	1685 57	31	15	15	6
Hambye	2158	2957	⊠	23199 13	25	19	19	8
La Baleine	243	403	Gavray.	1840 20	32	20	20	4
Le Mesnil-Amand	345	674	idem.	4059 33	38	22	22	4
Le Mesnil-Bonant	200	239	idem.	1128 33	38	23	23	5
Le Mesnil-Garnier.	548	923	idem.	4743 »	41	25	25	7
Le Mesnil-Hue.	199	329	idem.	1972 »	39	24	24	6
Le Mesnil-Rogues.	407	478	idem.	3010 »	41	26	26	8
Le Mesnil-Villeman	654	1071	idem.	5551 13	40	26	26	6
Lengronne	836	1208	idem.	8857 33	33	15	15	4
Montaigu-les-Bois	465	665	idem.	4004 27	40	24	24	6
Saint-Denis-le-Gast	1208	1671	idem.	13269 88	29	18	18	4
Sourdeval-les-Bois	413	585	idem.	2484 37	30	26	26	8
Ver	825	1376	idem.	9160 47	38	22	22	4
CANTON DE LA HAYE-DU-PUITS ¶. Population :								
La Haye-du-Puits ⌂	1418	517	⊠	14001 58	44	29	29	»
Appeville	550	1321	Prétot.	12583 83	38	46	46	17
Baudreville	296	464	La Haye-du-Puits.	3149 42	51	36	36	7
Bolleville	410	623	idem.	4243 67	46	31	31	2
Canville	285	534	idem.	4678 17	54	39	39	10
Coigny	399	451	Prétot	4359 »	40	42	42	13
Cretteville	517	643	idem.	5702 23	46	44	44	14
Denneville	603	832	La Haye-du-Puits	6159 »	54	39	39	10
Doville	510	1018	idem	5303 83	47	33	33	3
Gerville	203	582	idem.	2707 93	44	28	28	5
Glatigny	306	499	idem	3049 53	52	37	37	8
Houtteville	200	448	Prétot.	4696 27	41	44	44	15
Lithaire	805	1414	La Haye-du-Puits.	6611 17	42	30	30	5
Mobecq	403	806	idem.	6356 13	44	28	28	4
Montgardon	603	1331	idem.	6850 86	46	32	32	2
Neufmesnil	234	532	idem.	3503 »	36	32	32	2
Prétot	508	811	⊠	6182 »	48	39	39	10
St-Nicolas-de-Pierrepont . .	617	813	La Haye-du-Puits.	5038 05	49	34	34	5
Saint-Remy-des-Landes . . .	508	816	idem.	4882 07	52	36	36	7
St-Sauveur-de-Pierrepont .	407	819	idem.	5603 73	50	35	35	6
Saint-Symphorien	347	581	idem.	4933 00	45	30	30	1
Surville	331	746	idem.	3088 67	53	39	39	10
Varenguebec	734	2120	idem.	10164 35	50	36	36	7
Vindefontaine	513	838	Prétot.	7271 50	45	41	41	12
CANTON DE LESSAY ¶. Population :								
Lessay.	1297	2246	⊠	11889 61	36	21	21	»
Angoville-sur-Ay	510	672	Lessay.	5974 58	40	26	26	5
Anneville	314	435	Gouville.	2051 25	41	13	13	10
Bretteville-sur-Ay	506	980	Lessay.	5910 67	48	30	30	9

Maires.	Adjoints.	Curés et Desservants.	Instituteurs.	Institutrices.

10,095 habitants (15 communes).

MM.	MM.	MM.	MM.	MM^{lles}
Durville.	Vallet.	*Etienne.*	Lesouef.	Houet.
Robine.	Quesnel.			Legros.
Geeuen-Dulengehemps	Quesnel.	*Lemazurier*	Robine.	Picot.
Leconte.	Lebargy.	Lechevallier		Langlois.
Piel-Ferronnière.	Auvray.	Jouvin.		Barbé.
Boisnel.	Frémine.	Templer		Beauquesne.
Groult.	Lethimonnier.	Havel.	Benolt.	Hédouin.
Regnault.	Pichard.	Dauvergne.		Vimond.
Le Breton.	Décley.	Lechartier.	Prançois dit Lemercier.	Leprovost.
Cte de Gourmont	Regnault.	Auquetil; Delaunay.	Blouët.	Godard, Lebigot.
Lecaplain.	Bosquet.	Larose.	Dujardin.	Corbe.
Marie.	Gravey.	Brégis.	Letellier.	Regnault.
Le Coupé.	Drieu.	Gautier.	Morin.	Godefroy.
Dubois.	Legrand.	Dubois ; Lemare.	Sévaux.	Richet.
Cte de Mobecq.	Dupont.	Lemoigne.	Aumont.	Tétrel.

11,707 habitants (24 communes).

Ducloux.	Dolbet.	*Lepetit.*	Arondel.	Galichère.
Eude.	Perrotte.	Carouge.	Letourneur.	Eudes.
Jean.	Desperques.	Drieu		Jeanne.
Bonnemain.	Roptin.	Depériers.	Adelée.	Le Jamtel.
Mauger.	Canu.	Portais.		Bonnel.
Auvray.	Leledy	Levillain.		James.
Jean	Pontus.	Leherpeur.	Lefebvre.	Fauny.
de Beaudrap.	Lemonnier.	de Saint-Jores.	Lefèvre.	Lebiguais.
Hostingue.	Lesage	Riquier.	Martinet.	Martinet (Mme).
Pitance.	Levesque.	Leguillochet.		Corbet.
Lemarquand.	Pacquet.	Vallée.	Lebled.	Lenoir (Mme).
Fautrat.	Dufour.	Desplanques.		Gosselin.
Dupin.	Roger.	Hinard.	Lurienne.	Deslandes.
Dolbet.	Doley.	Dauguet.	Lebailly.	Lemoine.
Lemarquand.	Picquenot.	Hervieu.	Lirot	Vautier.
Letourneur.	Roulland.	Picard.		Hacquebey (Mme)
Fortin.	Gancel.	Lebert.	Lemière.	Lecesne.
Letourneur.	Hostingue.	Baudry.	Clouet.	Mancel (Mme).
Roulland.	Grossin.	Godefroy.	Gautier.	Gautier (Mme).
Lesage.	Quiédeville.	Laforêt ; Levatois.	Lesigne.	Enée.
Roptin.	Houel.	Desrez.		Bellanger (Mme).
Courtel.	Hurel.	Duval.	Hamel.	Bosvy.
Tarin.	Eliard.	Voisin.	Pantin.	Tiphaine.
De La Martinière✳	Leconte.	Ollivier.	Mathey.	Lehodey.

10,835 habitants (13 communes).

Laigle de Grainville	Larose.	*Leroux.*	Colin.	Loret.
Butel	Brochard.	Durchon.	Requier.	André.
Chardot.	Renouf.	Hérouard.		Lefranc.
Tirel.	Luce.	Desmottes	Guesnon.	Fautrat.

NOMS DES COMMUNES.	Population.	Superficie territoriale de chaque commune.	BUREAUX DE POSTE qui desservent les communes.	Principal des 4 contributions directes en 1863.	DISTANCE AU CHEF-LIEU			
					du département.	judiciaire.	d'arrondissement.	du canton.
						Suite du CANTON		
Créances...............	2080	2150	⊠	9632 83	39	21	21	3
Geffosses	889	1196	Gouville.	9988 74	39	14	14	12
La Feuillie.......	511	1324	Périers.	4277 10	32	18	18	6
Laulne .;......	483	888	Lessay.	6428 37	36	25	25	6
Millières	920	2030	Périers.	7775 70	31	20	20	8
Pirou	1411	2811	Créances.	11583 25	42	19	19	5
Saint-Germain-sur-Ay....	642	1876	Lessay.	7382 93	44	26	26	5
Saint-Patrice-de-Claids....	336	559	Périers.	3598 17	32	22	22	9
Vesly............... ..	936	1637	Lessay.	13778 95	41	26	26	5
			CANTON DE MONTMARTIN-SUR-MER ¶. Population :					
MONTMARTIN-SUR-MER.......	1080	1002	⊠	8749 75	41	10	10	»
Annoville..	863	851	Montmartin-sur-Mer	7086 67	43	13	13	3
Contrières	565	913	Coutances.	8570 87	38	8	8	7
Hautteville-sur-Mer.......	601	339	Montmartin-sur-Mer	3323 »	40	12	42	2
Hérenguerville	243	271	Quettreville.	2290 50	43	13	13	2
Hyenville	287	331	Coutances	3001 15	37	7	7	4
Lingreville.	1364	923	Bréhal.	9908 »	45	15	15	5
Montchaton	584	689	Coutances.	4839 17	38	7	7	4
Orval	1008	1251	idem.	11959 72	36	6	6	8
Quettreville............	1357	1586	⊠	13182 68	40	10	10	5
Regnéville...	1621	921	⊠	11511 14	40	11	11	3
Trelly	906	1175	Quettreville.	10798 96	43	13	13	8
			CANTON DE PÉRIERS ¶. Population :					
PÉRIERS......... ..	2689	1453	⊠	28756 43	26	16	16	»
Baupte	293	226	Prétot.	2884 66	37	34	34	18
Feugères	687	833	Périers.	7454 42	21	15	15	8
Gonfreville	315	898	idem.	4507 60	35	23	23	7
Gorges	952	2269	idem.	13258 47	38	25	25	9
Lastelle	170	398	Prétot.	2167 92	38	28	28	12
Le Plessis....	627	1006	idem.	6393 53	35	28	28	12
Marchésieux	1212	1975	Périers.	15250 16	23	20	20	8
Nay....................	192	249	idem.	1794 33	34	23	23	7
Saint-Germain-sur-Sèves ..	4:5	819	idem.	6878 4.	32	22	22	6
Saint-Jores.	784	1275	Prétot.	11048 67	40	30	30	14
Saint-Martin-d'Aubigny ...	732	1501	Périers.	10427 37	22	18	18	5
Saint-Sébastien-de-Raids..	451	520	idem.	4296 »	26	19	19	3
Sainte-Suzanne	169	352	Prétot.	2228 30	44	32	32	16
			CANTON DE SAINT-MALO-DE-LA-LANDE ¶. Population :					
SAINT-MALO-DE-LA-LANDE....	407	397	⊠	2675 17	40	9	9	»
Agon....................	1590	1237	⊠	10558 10	41	11	11	4
Ancteville..............	427	773	St-Malo-de-la-Lande	4860 78	38	8	8	8
Blainville..............	1526	1280	⊠	10270 54	43	18	18	4

Maires.	Adjoints.	Curés et Desservants.	Instituteurs.	Institutrices.

DE LESSAY.

MM.	MM.	MM.	MM.	MM^lles
Galuski ✳.	Pacquet.	Adam, Aupinel.	Ledoux.	Pasturel ; Gancel.
Fesnien.	Marescq.	Osouf.	Noyer.	Beaufils.
Hue.	Meslin.	Fras.	Ledanois.	Auvray.
Simon.	Grandemange.	Leroux.	Frémont.	Girard.
Fautrad.	Lebreton.	Fras.	Houyvet.	Delaroque.
Leróty.	Saussey.	Levillain.	Barbet.	Chasles.
Mahault.	Ernouf.	Duboscq.	Dieudonné.	Lebarbier.
Lecœur.	Eude.	Hulmer.		Provost.
Dupray-Beuzeville.	Auvray.	Debout.	Ingouf.	Diesny.

10,479 habitants (12 communes).

Danlos.	Caignon.	Lemasson.	Etienne.	Darthenay.
Courois.	Legallais.	Prével, Couset.	Lebasnier.	Drouet.
Legraverend.	Deguelle.	Auvray.	Cléraux.	Tirbard.
Michel d'Annoville.	Leloup.	Tréhu.	Guillemin.	Esnol.
Delalande.	Cottereau.	Rubé.		Dudouyt.
du Breuil.	Delamare.	Hauvet.		Lengronne.
Leconte.	Liot.	Delacour.	Ozouf.	Leconte.
Delamare.	Nicolle.	Chardot.	Beaufils.	René.
Coulomb.	Le Graverend.	Lefrançois.	Lebasnier.	Ameline.
Paumier.	Dutertre.	Duchemin.	Letourneur.	Addes.
Lelièvre.	Dépériers.	Clouard, Vautier, Montaigne.	Lebargy ; Duprey	Lebargy (Mme); Barbey ; Lair.
[d'Académie. Mesnage, Officier	Vallet.	Adam.	Lahaye.	Fouchard.

9,698 habitants (14 communes).

Regnault.	Vallée et Leconte.	Dolbet.	Sagot, (école supér'e).	Viard.
Maloisel.	Vichard.	Dumont.		Leclerc.
De la Conté.	Raulline.	Paquet.	Simon.	Aubry.
Dujardin.	Martin-Martinière.	Jennequin.		Lenoël.
Crespin.	Sanson.	Leprovost.	De Saint Denis.	Jean.
Delaune	Dolbet.	Papin.		Lecesne.
Lair.	Guillemin.	Lecluze.	Saugrain.	Lenoir.
Oger.	Poullain.	Viard.	Lepage.	Lefiliâtre.
Pacary.	Le Marigny.			Enée.
Palla.	Finel.	Leblond.	Lerouet.	Bernard.
Bagot.	Lemière.	Alix.	Alexandre.	Villette.
Lebailly.	Ruault.	Legoubey.	Rose.	Laisney.
Le Guelinel.	Pacary.	Canto.	Cirou.	Leclerc.
Ronez.	Robillard.	Laurence.		

9,288 habitants (13 communes).

Jehenne.	Poulain.	Soyer.	Mariette.	Mariette (Mme).
Le Moine.	Estur.	Regnault.	James.	Billard.
Guillot.	Bouillon	Beaufils.		Delaroque.
Guillot.	Moulard.	Fouque.	Harache.	Tipbaigne.

NOMS DES COMMUNES.	Population.	Superficie territoriale de chaque commune	BUREAUX DE POSTE qui desservent les communes.	Principal des 4 contributions directes en 1891.	du département.	judiciaire.	d'arrondissement.	du canton.
						DISTANCE AU CHEF-LIEU		

Suite du CANTON DE

Boisroger....	405	529	St-Malo-de-la-Lande.	3181 90	41	10	10	4
Brainville.........	232	319	*idem.*	2651 67	37	7	7	4
Gouville...........	1709	1285	⊠	10690 24	44	13	13	5
Gratot.................	631	1069	St-Malo-de-la-Lande.	8434 97	35	5	5	4
Heugueville..	535	674	Coutances.	6971 65	42	7	7	6
La Vendelée........	350	503	*idem.*	3693 33	35	6	6	8
Montsurvent..	447	833	St-Malo-de-la-Lande.	6220 67	41	9	9	6
Servigny....	261	395	Coutances.	2769 20	38	7	7	7
Tourville..........	688	903	St-Malo-de-la-Lande.	6725 05	40	8	8	4

CANTON DE MONTMARTIN-SUR-MER ¶. Population :

SAINT-SAUVEUR–LENDELIN ..	1530	1639	⊠	15589 48	29	10	10	»
Camprond	400	619	Coutances.	3793 37	22	9	9	8
Hautteville-la-Guichard. .	977	1161	Marigny.	8693 95	22	14	14	10
La Ronde-Haye..........	513	665	St-Sauveur-Lendelin	4648 23	31	12	12	2
Le Lorey..............	969	1456	Marigny.	11565 17	19	12	12	10
Le Mesnil-Bus......... .	651	498	St Sauveur-Lendelin	4438 40	24	14	14	5
Montcuit..............	425	478	*idem.*	3972 75	22	13	13	5
Monthuchon	470	764	Coutances.	5732 75	32	6	6	5
Muneville-le-Bingard.....	1012	2000	St-Sauveur-Lendelin	10539 43	34	11	11	3
Saint-Aubin-du-Perron. ..	462	750	*idem.*	5107 33	28	15	15	5
Saint-Michel-de-la-Pierre ..	310	427	*idem.*	2846 20	28	12	12	5
Vaudrimesnil.	532	603	Périers.	3924 97	31	13	13	13

ARRONDISSEMENT DE MORTAIN.

CANTON DE MORTAIN ¶. Population :

MORTAIN ⚖	2231	684	⊠	18068 89	62	98	»	»
Bion	614	1266	Mortain.	5049 07	66	72	4	4
Fontenay	440	685	*idem.*	5369 40	67	68	8	8
Le Neufbourg	646	223	*idem.*	2724 97	62	68	2	2
Notre-Dame-du-Touchet...	1284	1765	*idem.*	8740 33	71	78	10	10
Rancoudray.............	404	816	*idem.*	1663 »	68	75	7	7
Romagny...............	1417	2946	*idem.*	9994 37	67	71	4	4
Saint-Barthélemy	411	679	*idem.*	2841 93	59	64	4	4
Saint-Clément	967	2420	*idem.*	5537 45	68	76	8	8
Saint-Jean-du-Corail	604	1404	*idem.*	4943 »	67	41	6	6
Villechien	563	1082	*idem.*	5337 90	69	78	10	10

CANTON DE BARENTON ¶. Population :

BARENTON	2516	3535	⊠	20663 17	72	78	10	»
Ger.......	2095	3936	⊠	11065 84	73	79	14	11
Saint-Cyr-du-Bailleul ..'..	1651	2941	Barenton	13417 93	77	83	15	5
Saint-Georges-de-Rouelley.	1402	2044	*idem.*	9136 89	87	77	15	5

Maires.	Adjoints.	Curés et Desservants.	Instituteurs.	Institutrices.

SAINT-MALO-DE-LA-LANDE.

MM.	MM.	MM.	MM.	MM.
Villedieu.	Letorel	Lemardeley.	Lelion.	Lecouillard.
Desmottes.	Lerouxel.	Gosselin.		Marie
Jean.	Quarante.	Adde, Mottin, Picault.	Caubrière.	Leclaire ; André.
Le Rosey	Robiquet.	Ouin, Duval.	Laisney.	Hermant, Tabeurel (Mm°).
Pignet.	Fauchon.	Lemétais.	Barbet.	Hommet (Mme).
Ozon.	Lefebvre.	Cardin.		Marie.
Bonté.	Lejoli.	Gaignon.	Desplanques.	Legoupy.
Esnouf.	Robert.	Durier.		Laurent.
Dudouyt.	Fauvel.	Blanchet.	Lefebvre.	Lecardonnel.

8,341 habitants (12 communes).

Lemaltre.	Ledentu.	*Fontaine.*	Duval.	Lion.
Guesney.	Defonteney.	Anger.	Cousin.	Blin.
Gardie.	Legrand.	Bezard.	Julienne.	Guillard.
De Saint-Denis.	Beaucousin.	Drouet.	Patrix.	Sublin.
Osouf.	Lechevallier.	Deshayes.	Huard.	Plantegenest.
Campain.	Anger.	Osmont.	Anger.	Caillard.
Groult.	Lejeune.	Depériers.	Prod'homme.	Lefrançois.
Tesson.	Lecacheux.	Lenavetier.	Hélie	Jacquet.
Toulorge.	De Saint-Denis.	Lemaigre.	Goguelin.	Heuguet.
Lebailly.	Ledot.	Legrand.	Dusiquet	Gosselin.
Laisney.	Guilbert.	Huard.		Desvallées.
Rupalley.	Lecanu.	Moutier.	Quesnel.	Anger.

Population : 63,084 habitants.

9,581 habitants (11 communes).

De Bailliencourt.	Delaunay.	*Lepeltier.*	Tillaut.	Ravenel.
Hamon	Potier.	Pillay.	Lebugle.	Lebugle (Mme)
Milet.	Couette.	Lepesteur.		Legros.
Brisou.	Leperdriel.	Colas Lavigne.	*réuni à Mortain.*	
Breillot.	Hardy.	Fouasse.	Hollande.	Lebrec (Vve).
Ledenais.	Millet.	Lelandais.		Jouault.
Legrand (Anle)✳	Saoul.	Denicolais.	Sineux.	Letanneur, Fillâtre (Mm°).
Martin.	Clouard.	Jamault.	Louise.	Delaunay.
Delatouche.	Millet.	Lesénéchal.	Desdevises.	Pasquier.
Gaudin de Vilaiue.	Moisseron.	Dumont.	Legoubey.	Boiroux.
Hamon.	Mundher.	Pasquer.	Liot.	Boisroux.

7,664 habitants (4 communes).

Bechet.	Langlois.	*Desclos.*	Lenoir.	Foinet.
Catelain.	Marivint.	*Houssin.*	Dumont.	Degrenne, Jourdan, Lemarchand.
Heuzé.	Leroux.	Faucheux.	Leménuet	Giroult, Picquenard.
Malon.	Le Sergent.	Mauduit.	Provost.	Lemière.

NOMS DES COMMUNES.	Population.	Superficie territoriale de chaque commune.	BUREAUX DE POSTE qui desservent les communes.	Principal des contributions directes en 1893.		du département.	judiciaire.	d'arrondissement.	du canton.
						DISTANCE AU CHEF-LIEU			

CANTON D'ISIGNY ¶. Population :

Isigny	314	425	⊠	2432	»	67	68	20	»
Chalandrey	528	768	Isigny.	3674	83	67	65	20	5
La Mancellière..	534	750	idem.	3709	93	60	60	18	4
Le Buati.	420	457	idem.	2920	90	61	61	20	3
Le Mesnil-Bœufs . . . .-. . . .	360	461	idem.	2398	87	63	62	19	5
Le Mesnil-Thébault.	462	969	idem.	3739	80	65	66	24	4
Les Biards	779	1060	St-Hil.-du-Harcouët	6037	47	70	71	23	3
Montgothier.	529	750	Isigny.	3961	27	63	63	21	6
Montigny.	519	903	St-Hil.-du-Harcouët.	4103	75	29	60	15	8
Naftel.	226	276	Isigny.	1528	60	64	63	17	4
Vezins.	516	775	idem.	4338	83	73	63	27	5

CANTON DE JUVIGNY ¶. Population :

Juvigny	819	750	⊠	4347	58	60	60	10	»
Bellefontaine	322	673	Juvigny.	2133	83	62	62	»	4
Chasseguey.	176	306	idem.	1162	47	66	63	11	6
Chérencé-ie-Roussel.	766	1099	idem.	5229	17	57	57	11	5
La Bazoge	299	580	idem.	2537	20	64	64	8	4
Le Mesnil-Adelée.	394	678	idem.	2896	93	58	56	18	8
Le Mesnil-Rainfray	292	1147	idem.	4079	83	63	05	15	5
Le Mesnil-Tôve	629	1174	idem.	4982	25	57	57	13	3
Reffuveille..	1237	2334	idem.	7975	47	57	57	17	7

CANTON DU TEILLEUL ¶. Population :

Le Teilleul ⌂	2159	3048	⊠	17302	42	74	82	14	»
Buais.	1313	1779	⊠	8669	22	80	80	17	8
Ferrières	164	345	Buais.	1714	33	77	80	14	6
Heussé	720	1457	Le Teilleul.	4816	70	79	86	18	4
Husson	775	1356	idem.	7325	83	72	78	10	4
Sainte-Marie-du-Bois	254	477	idem.	2547	»	73	80	12	4
Saint-Symphorien	480	675	St-Hil.-du-Harcouët	3350	78	81	76	14	14
Savigny-le-Vieux	1108	1716	idem.	7291	25	85	76	19	14

CANTON DE SAINT-HILAIRE-DU-HARCOUET ¶. Population :

St-Hilaire-du-Harcouet ⌂ .	3705	995	⊠	30517	64	77	69	15	»
Chevreville	276	441	St-Hil.-du-Harcouët	2564	78	68	69	13	6
Lapenty	906	1488	idem.	7666	33	75	69	11	7
Le Mesnillard	659	977	idem.	4459	18	67	68	11	7
Les Loges-Marchis.	1422	1988	idem.	9044	48	81	73	19	4
Martigny	662	888	idem.	4984	57	63	65	16	6
Milly	659	964	idem.	5609	17	75	72	11	7
Moulines.	434	731	idem.	3103	08	83	75	17	6
Parigny	1167	1162	idem.	7096	55	74	69	13	2
Saint-Brice-de-Landelles ..	954	1525	idem.	6722	68	84	77	23	8
Saint-Martin-de-Landelles.	1602	1965	idem.	10307	32	84	77	23	8
Virey.	1229	1693	idem	9086	33	80	63	18	5

Maires.	Adjoints.	Curés et Desservants.	Instituteurs.	Institutrices.

5.187 habitants (11 communes).

MM.	MM.	MM.	MM.	MM^les
Foisil.	Varin.	Levesque.		Vauprès.
Aubert.	Roupnel.	Noël.	Normand.	Letouzé.
Danguy.	Guilmin.	Brault.	Bocage.	Filâtre.
Blouin.	Trochon.	Lemoine.		Levesque.
Touroul.	Mazier.	Gautier.		Tencé.
Guérin.	Mahé.	Moisseron		Joret
Davy.	Besnier.	Piton.	Osmont.	Hamel.
Lechat.	Sauvé.	Noël.	Travert.	Costentin.
Mazier.	Macé.	Lerou x.		Gautier.
Jouenne.	Datin.	Prével.		Roblin.
Morin.	Le Sénéchal.	Languet.		Costard.

5,234 habitants (9 communes).

Grossin.	Maincent.	Théot.	Lefranc.	Pierre.
Clouard.	Ledos.	Guesdon.		Herbel.
De Verdun.	Martin.			Esnouf.
Bazin.	Loisel.	Jamault.	Jouault.	Couette.
De Saint-Germain.	Hamel.	Challier.		Robert.
Aguiton.	Hédou.	Fromentin.		Dardenne.
Besnier.	Castille.	Leroy	Colombel.	Aguiton.
Mazure.	Herbin.	Fontaine.	Blondel.	Hamel.
Turquetil.	Levesque.	Gauthier.	Delafontaine.	Poullain.

6,973 habitants (8 communes).

Maion.	Ruault.	Duval.	Lebigot.	Decaille, Hamel, Haben
Dupont.	Couillabin.	Villain.	Goupil.	Tencé.
Jouin.	Hélie.	Prével.		Leconte.
Breillot.	Danguy.	Lebedel.	Marie.	Macé.
Louvet.	Buisson.	Fautrel.	Danguy.	Debesne.
Langlois.	Gontier.	Delafosse.		Genson.
Hamon.	Guillemin.	Vautier.		Ecole libre.
Hirbec.	Tencé.	Lemesle.	Beaumont.	Davoux.

13,675 habitants (12 communes).

Pleutin.	Delaporte, Hamon.	Leroy..	Alexandre (cours compl^re)	Lechanoine.
Viel.	Bochin	Ledos.		Bliard.
Lucas.	Landry.	Gesbert	Lemonnier.	Dugué.
De Beaurepaire.	Bagot.	Cazengel.	Desilles.	Pinard.
Geslin.	Lepauvre.	Margeritte.	Durel.	Théault.
Vaudouer.	Piel	Lehurey.	Leteurtois.	Genevée
Legrand (Art.) ✳	Margerie.	Levillain.	Le Capitaine.	Leroyer.
Fremin.	Restoux.	Pilley.		Planté.
Martin.	Garnier.	Prével.	Durand.	Leprieur.
Pautret.	Tencé.	Corbe.	Esnouf.	Jeanne.
Frémin.	Angot.	Philippe.	Lelandais.	Costentin.
Pays.	Dupont.	Pillay.	Coulon.	Letimonier.

NOMS DES COMMUNES.	Population.	Superficie territoriale de chaque commune.	BUREAUX DE POSTE qui desservent les communes.	Principal des 4 contributions directes en 1893.	DISTANCE AU CHEF-LIEU			
					du département.	judiciaire.	d'arrondissement.	du canton.
CANTON DE SAINT-POIS ¶. Population :								
SAINT-POIS............	749	778	⊠	4100 58	51	50	17	»
Boisyvon............. ..	221	385	Villedieu.	1529 07	45	43	27	10
Coulouvray-Boisbenâtre ..	1352	1725	Saint-Pois.	5772 55	45	44	23	6
La Chapelle-Cécelin.....	356	522	Villedieu.	2042 50	40	39	28	11
Le Mesnil-Gilbert.	452	785	Saint Pois.	3702 30	60	54	15	4
Lingeard...............	203	363	*idem.*	1322 17	54	54	15	4
Montjoie...	940	1437	*idem.*	4040 58	54	67	19	3
Saint-Laurent-de-Cuves ..	1092	1480	*idem.*	6925 07	55	50	22	5
Saint-Martin-le-Bouillant ..	635	1237	Villedieu.	3493 33	42	40	28	11
Saint-Maur-des-Bois.. ...	283	497	*idem.*	1876 13	41	37	29	12
CANTON DE SOURDEVAL ¶. Population :								
SOURDEVAL ⚔...........	3765	3648	⊠	29643 35	82	67	11	»
Beauficel	427	911	Sourdeval.	3806 »	57	61	13	5
Brouains	568	379	*idem.*	3133 49	57	60	10	8
Gathemo	662	1040	*idem.*	3924 40	49	57	18	7
Le Fresne-Poret.......	686	1000	*idem.*	4643 10	57	75	19	8
Perriers-en-Beauficel	634	931	*idem.*	4118 60	53	61	14	12
Saint-Martin-de-Chaulieu..	503	788	*idem.*	3341 83	52	68	18	7
Saint-Sauveur-de-Chaulieu.	180	270	*idem.*	1296 67	52	68	19	8
Vengeons	1042	1569	*idem.*	6816 62	50	62	16	5

ARRONDISSEMENT DE VALOGNES

CANTON DE VALOGNES ¶. Population :

NOMS DES COMMUNES.	Population.	Superficie territoriale de chaque commune.	BUREAUX DE POSTE qui desservent les communes.	Principal des 4 contributions directes en 1893.	du département.	judiciaire.	d'arrondissement.	du canton.
VALOGNES ⚔...........	5791	1748	⊠	67840 86	68	54	»	»
Brix....................	2199	3357	Sottevast.	16880 42	67	64	10	10
Huberville............. ..	337	576	Valognes.	4501 93	61	58	4	4
Lieusaint	280	522	*idem.*	4935 07	62	50	4	4
Montaigu..............	758	1471	*idem.*	7113 42	66	62	8	8
Saussemesnil........ ..	1230	2144	*idem.*	9671 73	65	62	8	8
Tamerville............	836	1933	*idem.*	11703 83	61	57	3	3
Yvetot	874	1246	*idem.*	13275 84	62	53	4	4
CANTON DE BARNEVILLE ¶. Population :								
BARNEVILLE.......	928	573	⊠	6779 14	69	48	29	»
Baubigny.....	241	644	Barneville.	2199 83	77	56	33	8
Carteret	560	509	*idem.*	3462 53	73	51	30	3
Fierville....... .	486	745	*idem.*	4647 83	69	47	23	8
La Haye-d'Ectot	318	730	*idem.*	3262 32	71	52	28	4
Le Mesnil.............	245	345	*idem.*	2415 40	66	44	26	6
Les Moitiers-d'Allonne....	924	1712	*idem.*	7090 58	73	52	29	4
Le Valdécie	256	396	Bricquebec.	1667 83	73	73	19	11

Maires.	Adjoints.	Curés et Desservants.	Instituteurs.	Institutrices.

6,303 habitants (9 communes).

MM.	MM.	MM.	MM.	MM^{lles}
Cte d'Auray.	Liot.	*Lemouland.*	Aubel.	Lechartier.
Gaultier de Carville.	Lebas	Belloir.		Bataille.
Martinet.	Pichon.	Leménager.	Belouin.	Pautret.
Haupais.	Le Jamtel.	Béatrix.		Carnet.
Garnier.	Tesnière.	Langlois.		Poulard.
De Saint-Paul.	Vimont.	Faucheux.		Valentin.
Danjou.	Robillard.	Guénier.	Le Becherel.	Dauphin.
Rubé.	Roquet.	Vénisse.	Robine.	Vieillard.
Lair.	Mochon.	Roussel.	Porée.	Lenormand.
Davy.	Legorgeu.	Viel.		Gontier.

8,467 habitants (9 communes).

Labiche.	Almin, Alix.	*Payen.*	Simon.	Lecrosnier, Millet
Vaullegeard.	Danjou.	Delaunay.		Bréhant.
Lefrançais.	Delabrouaise.	Turquetil.	Tesnière.	Coursin.
Laumonnier.	Champion.	Bonnel	Poulain.	Abraham.
Buffard.	Levallois (Auguste)	Restout.	Lemercier.	Blin.
Davy.	Caraby.	Saoul.	Vaugrente.	Rodde (Mme).
Lebigot.	Badiou.	Lerée.		Bulot.
Gallet.	Bazin.	Leriche.		Hamelin.
Poisnel.	Duval.	Tesnière.	Gautier.	Bazin.

Population : 73,655 habitants.

12,305 habitants (8 communes).

Oury.	Viel, Baudry.	*Henry,* Gamas, à Saint-Joseph.	Gondouin.	Gouesmel.
Pasquier.	Langevin	*Sellier.*	Legoupil.	Chastan.
Avoinne.	Mouchel	Levallois.		Quinette.
Lecrivain.	Villard.	Lebédel.		Pican.
Hamel.	Varin.	Divetain.	Lefévre.	Lainey.
de Mondésir.	Touraine-Desvaux.	Lesauvage, Lerosier.	Leboulanger, Marguerite.	Chapey (Mme).
Jaunet.	Le Marotel.	Yvelande.	Cord'homme.	Pilet.
Herquin.	Fenard.	Robin.	Leprieur.	Laurent.

8,134 habitants (16 communes).

Mahieu.	Dumouchel.	*Hamelin.*	Voisin.	Duval.
Larquemin.	Sibran.	Noël.		Lequertier.
Lepelletier.	Subileau.	Avenette.	Sollier.	Sollier (Mme).
Lerouvillois.	Lepetit.	Lefebvre.	Lepourry.	Roger.
Lechevallier.	Buttet.	Godemer.	Duprey.	Lemouton.
Lavechef (Louis)	Lavechef (Jean).	Sebier.	.	Royant.
Leprévost.	Mabire.	Mautalent.	Lemesle.	Burnel (Mme).
Roberge.	Lepaumier.	Beaucousin.		Broquet (Mme).

NOMS DES COMMUNES.	Population.	Superficie territoriale de chaque commune.	BUREAUX DE POSTE qui desservent les communes.	Principal des 4 contributions directes en 1893.	DISTANCE AU CHEF-LIEU			
					du département.	judiciaire.	d'arrondissement.	du canton.
								Suite du Canton
Ourville....	610	1134	Portbail.	7813 93	62	41	28	8
Portbail	1674	2013	☒	16640 58	64	43	29	6
Saint-Georges-de-la-Rivière	316	322	Barneville.	2462 25	67	46	32	3
Saint-Jean-de-la-Rivière ..	239	358	*idem.*	2277 33	68	47	31	2
Saint-Maurice	370	745	*idem.*	3689 08	59	48	26	5
Saint-Pierre-d'Arthéglise..	271	539	*idem*	1512 33	74	51	23	8
Senoville.........	282	717	*idem.*	3011 »	77	55	23	8
Sortosville-en-Beaumont..	414	1024	*idem.*	3653 52	75	57	24	7
				CANTON DE BRICQUEBEC ¶. Population :				
BRICQUEBEC....	3661	5142	☒	37269 53	70	52	13	»
Breuville....	407	841	Sottevast.	3642 17	78	62	16	10
Les Perques....	251	485	Bricquebec.	2378 08	74	53	18	5
Le Vrétot	800	2056	*idem.*	9149 08	77	59	20	7
Magneville...	520	949	*idem.*	7207 83	62	51	10	9
Morville......	302	708	Valognes.	6324 »	63	51	6	11
Négreville	1013	1642	*idem.*	11352 57	63	55	6	7
Quettetot	663	1243	Bricquebec.	5650 83	74	56	17	4
Rauville-la-Bigot	816	1716	Sottevast.	7136 29	78	60	17	8
Saint-Martin-le-Hébert....	187	213	*idem.*	1497 »	75	57	32	5
Sottevast	821	1085	☒	7380 03	70	62	76	7
				CANTON DE MONTEBOURG ¶. Population :				
MONTEBOURG	2049	588	☒	19373 88	51	56	7	»
Azeville	181	300	Montebourg.	2384 33	49	54	14	7
Ecausseville............	151	524	*idem.*	4925 60	49	55	11	4
Emondeville............	421	529	*idem.*	6338 33	48	54	11	4
Eroudeville............	173	487	*idem.*	3931 17	50	58	9	2
Flottemanville..........	262	485	*idem.*	4718 34	56	51	4	5
Fontenay-sur-Mer........	432	814	*idem.*	7465 42	52	58	12	5
Fresville	643	1389	*idem.*	13610 67	47	51	13	6
Hémevez..	246	430	*idem.*	4177 33	59	49	6	6
Joganville	131	287	*idem.*	2775 80	49	53	10	3
Le Ham	242	387	*idem.*	4311 46	56	50	10	5
Lestre	543	764	*idem.*	6827 33	60	64	11	8
Ozeville	213	469	*idem.*	2964 92	56	60	11	4
Quinéville	318	460	*idem.*	4396 58	57	63	14	7
Saint-Cyr	223	570	*idem.*	3681 50	54	60	5	4
Saint Floxel............	524	846	*idem.*	8134 97	53	57	9	2
St-Germain-de-Tournebut..	613	1391	Valognes.	8817 37	58	62	8	6
Saint-Marcouf	640	1353	Montebourg.	11887 08	50	56	15	8
Saint-Martin-d'Audouville .	252	361	*idem.*	3490 03	56	61	9	5
Sortosville	138	248	*idem.*	1998 48	56	52	6	4
Urville	287	515	*idem.*	4526 50	59	48	7	7
Vaudreville	164	302	*idem.*	1914 »	55	60	10	4

Maires.	Adjoints.	Curés et Desservants.	Instituteurs.	Institutrices.

DE BARNEVILLE.

Maires.	Adjoints.	Curés et Desservants.	Instituteurs.	Institutrices.
MM.	MM.	MM.	MM.	Mlles
Noël	Henry.	Jouninet.	Dumouchel.	Fauvel.
Leheuzey.	Bouchard.	Mahieu, Lesellier.	Besnard.	Lizieux.
Luce.	Néel.	Fourmage.	Joret.	Goupillot.
Le Cannellier.	Cauchard.	Legigan.		Lebreton.
Burnel	Lecerf.	Bazurais.		Le Basnier.
Desprey.	Goderel.	Raulin		Halbecq.
Lesauvage.	Mauger.	Levallois.		James (Mme).
Desprez.	Cosniam.	Gréard.		Vrac.

9,501 habitants (11 communes).

Maires.	Adjoints.	Curés et Desservants.	Instituteurs.	Institutrices.
Prével.	Anquetil, Brasy.	*Lebreton*, Marie, Desplanques.	Lecavelier.	Houssin, Retout, Poulard.
Lemarinel	Jeanne.	Digard.	Hubert.	Beuve.
Couppey.	Cosnefroy	Lesavourey.		Racine (M^mc).
Mendret.	Le Pesqueur.	Lemarinel.	Lelong.	Ledanois
Lemarié.	Duchemin.	Lecavelier.	Doucet.	Doucet (Mme).
Gamas.	Martin.	Folliot.	Bardet.	Bédouin.
Picquenot	Lepetit.	Gardin.	Herbin.	Dutot.
Le Rouvillois.	Férey.	Anger.	Quoniam.	Garnier.
Le Marchand.	Pellerin.	Mabire.	Fossey.	
Helland.	Mabire.	Lemarinel.		Lesavourey.
Jacqueline·	Mabire.	Leneveu.	Lemoyne.	Leroy (Mme).

8,845 habitants (22 communes).

Maires.	Adjoints.	Curés et Desservants.	Instituteurs.	Institutrices.
Fremin.	Burnouf.	*Lefoulon*.	Le Tourneur.	Leroyer.
Féron.	Dorey.			Sonnet.
Groult.	Pinel.	Caillebotte.		Leroux.
Legoupil (Charles)	Legoupil (Homère).	Leblastier.	Pilard.	Lemonnier.
David	Agasse.	Boullot.		Anne.
Lecacheux.	Huet.	Godefroy.		Binet.
Laffolley.	Jouanne.	Onfroy, Lemoine.	Dujardin.	Lacolley.
Lecouflet.	Duchemin.	Gohel.	Xalassis.	Brière.
Folliot.	Gilles.	Cauvet.		Figon (Mme).
Folliot.	Marie.	Dodeman.		Liot.
Buhot.	Navet.	Vermont.		Lefèvre (Mme).
Rolland.	Tiphaigne.	Guyot.	Lemennier.	Thiébot.
Drouin.	Hamel.	Levesque.		Doré.
Ferrand.	Legendre.	Durand.	Vimont.	Daniel.
Pothuau.	Fortin.	Anfray.		Lebarbenchon.
Frigot.	Picot.	Quesnel.	Antoine.	Bigard.
Bon Baillod.	Gibert.	Lemennicier.	Thomelin.	Vilquin.
Postel.	Le Métais.	Godefroy.	Marie.	Vauprès, Lehuby.
Groult.	Pouppeville.	Benoist.		Roulois.
Dupont.	Lemoigne.	Seigneurie.		Corduan.
Lemoigne-Dutaillis.	Lebartel.	Roulland.		Jamard.
Leroy.	Hallot.	Ogé.		Lehadouey.

NOMS DES COMMUNES.	Population.	Superficie territoriale de chaque commune.	BUREAUX DE POSTE qui desservent les communes.	Principal des 4 contributions directes en 18	du département.	judiciaire.	d'arrondissement.	du canton.
CANTON DE QUETTEHOU ¶. Population :								
QUETTEHOU	1238	1620	⊠	18268 58	65	70	16	»
Anneville-en-Saire	557	600	⊠	9574 13	70	75	21	5
Aumeville-Lestre	187	244	Quettehou.	1975 »	60	64	13	6
Barfleur	1135	71	⊠	5802 87	74	79	25	9
Crasville	341	717	Quettehou.	5661 23	59	64	11	6
La Pernolle	406	715	idem	5652 23	69	74	20	4
Le Vicel	275	474	Anneville-en-Saire.	3234 67	71	75	21	5
Montfarville	1181	542	Barfleur.	10952 90	73	77	25	8
Morsalines	362	365	Quettehou.	3824 40	63	68	15	3
Octeville-la-Venelle	406	686	idem.	5305 20	58	63	11	7
Réville	1512	1064	St-Vaast-la-Hougue.	15451 80	71	76	22	7
Sainte-Geneviève	450	495	Barfleur.	8834 »	74	78	24	8
Saint-Vaast ⚓.	2713	633	⊠	24682 85	68	73	19	3
Teurthéville-Bocage.....	1073	2146	Le Vast.	16128 83	65	68	12	7
Valcanville	669	645	Anneville-en-Saire.	8823 »	73	74	20	7
Videcosville...	154	251	Quettehou.	1583 83	59	65	12	7
CANTON DE SAINTE-MÈRE-EGLISE ¶. Population :								
SAINTE-MÈRE-EGLISE	1450	1770	⊠	25691 56	41	47	17	»
Amfreville	683	1010	Sainte-Mère-Eglise.	8839 83	47	44	16	6
Angoville-au-Plain	100	573	Ste-Marie-du-Mont.	5135 »	34	40	26	9
Audouville-la-Hubert.....	188	640	Sainte-Mère-Eglise.	6214 »	42	48	24	5
Beuzeville-au-Plain.	86	204	idem.	2199 93	45	50	19	3
			(ville).					
Beuzeville-la-Bastille	351	433	Pont-Labbé (Picau-	4460 39	46	39	21	8
Blosville	372	422	Sainte-Mère-Eglise.	4633 67	37	42	21	4
Boutteville.............	145	182	Ste-Marie-du-Mont.	2445 »	41	44	24	7
Brucheville	296	1344	idem.	13361 17	43	45	27	10
Carquebut	495	825	Sainte-Mère-Eglise.	10080 37	42	46	22	5
Chef-du-Pont	376	376	idem.	4760 83	41	44	20	3
Ecoqueneauville	143	352	idem.	3485 »	31	47	20	3
Foucarville	256	505	idem.	5899 92	47	52	19	7
Gourbesville	403	816	idem.	7733 83	52	44	15	8
Iliesville	140	403	Ste-Marie-du-Mont.	4730 67	38	43	23	7
Houesville	370	499	idem.	4200 58	35	40	24	7
Liesville........	308	618	Sainte-Mère-Eglise.	4840 96	36	43	28	11
Neuville-au-Plain	216	470	idem.	4037 17	44	34	15	3
Picauville	2535	1906	Pont-Labbé.	28929 27	47	41	18	10
Ravenoville...	518	1167	Sainte-Mère-Eglise.	10419 50	48	54	17	7
St-Germain-de-Varreville..	252	583	idem.	5604 67	46	51	19	7
Sainte-Marie-du-Mont.....	1298	2830	⊠	25281 83	38	44	26	9
Saint-Martin-de-Varreville.	340	836	Sainte-Mère-Eglise.	7173 25	46	51	21	9
Sebeville	92	288	idem.	2917 »	38	44	22	5
Turqueville	303	520	idem.	5753 75	43	49	21	4
Vierville................	95	396	Ste Marie-du-Mont.	3542 »	36	41	27	10

Maires.	Adjoints.	Curés et Desservants.	Instituteurs.	Institutrices.

12,661 habitants (16 communes).

MM.	MM.	MM.	MM.	MM lles
Glatigny.	Vimont.	*Duret.*	Postel.	Chalant.
du Mesnildot.	Hébert.	Lanon.	Guilbert.	Lemarinel.
Fortin.	Gallis.	Lecler.		Berson.
Hay.	Lepart.	Cauchon.	Belliard.	Lecaudey.
Basroger.	Onfroy.	Lenoble.		Eudet.
Lapierre. .	Enault.	Joret.	Lecostey.	Moisy.
Barreaux.	Bourde t.	Letourneur.	Bosquet.	Germaine.
Hébert.	Debrix.	Vastel.	Magnin.	Lefranc.
Joly.	Leguay.	Leconte.	Mauviel.	Marguerie.
Tiphaigne.	Lescot.	Leroulley.	Laurent.	Guilbert.
De Caumont.	Lefauconnier.	Leroy.	Simon.	Beuf.
Langlois.	Mauviot.	Lefèvre.	Lecaudey.	Renouf.
Hamelin.	Ardouin, Bidault.	*Jouenne.*	Courtois.	Hubert.
Guérin.	Bouché.	Bedel.	Dubost.	Beillard.
Anthouard.	Mouchel.	Blestel.	Duchêne.	Gosselin.
Godefroy.	Cartot.	Bouillon.		Ruault.

11,814 habitants (26 communes).

Hairon.	Butel.	*Gautier.*	Mabire.	Lair.
Ferey.	Besnard.	Dumoncel.	Laronche.	Lecocq.
Bertin.	Damecour.	Lebérissey.		Lemarchand.
Artu.	Brohier.	Lefèvre.		Gilles.
Mouton.	Milet.	N...	*Réuni à St-Germain-de-Varr.*	
M is de Beauffort.	Fautrat.	Blanchère.	Robin.	Hérouard.
Paindextre.	Lepelletier.	Bessin. –	Mahier.	Hulmel.
Lecartel.	David.	Lecot.		Savary.
Levavasseur.	Lecaudey.	Langlois.		Le Baron.
Lécuyer.	Chevreuil.	Vindard.	Thiébot.	Beslon.
Rachine.	Guilbert.	Paisant.	Delacour.	Lebourg (Mme
Marie.	Clément-Compère.	Auvray.		Costentin.
Letellier.	Besnard.	Joly.		Heurtault.
Levavasseur.	Blaizot.	Hurel.	Blanguernon.	Desplanques.
Corbin - Desman- netaux.	Caillemer.	Aubrée.		
Simon.	Vautier.	Leduc.		Poyer.
Pepin.	Langlois.	Homo.		Perrodin.
Liot.	Rabé.	Simonne.		Demelun.
V te d'Aigneaux.	Sadot.	Lepourry.	Dacier.	Legarand.
Masson.	Leprelle.	Collette.	Hérout.	Levesque.
C te de Maquillé.	Huet.	Lair.		Lediot.
Lecacheux.	Renouf.	Marion.	Beillard.	Nativelle.
Prémont.	Dupuis.	Caruel.	Simon.	Hersent.
Roublot.	Ledolay.		*Réuni à Blosville.*	Brunel.
Maillard.	Duvernois.	Poignant.	Eliard.	Lemarchand.
Levert.	Leloup.			Leréverend.

7

NOMS DES COMMUNES.	Population	Superficie territoriale de chaque commune.	BUREAUX DE POSTE qui desservent les communes.	Principal des 4 contributions directes en 1889	du département.	judiciaire.	d'arrondissement.	du canton.
					DISTANCE AU CHEF-LIEU			

CANTON DE SAINT-SAUVEUR-LE-VICOMTE ¶. Population :

NOMS DES COMMUNES.	Population	Superficie	BUREAUX DE POSTE	Principal	du départ.	judic.	d'arrond.	du canton
St-Sauveur-le-Vicomte ⚖..	2668	3523	⊠	31018 60	55	30	14	»
Besneville	957	1826	St-Sauveur-le-Vic^te.	10775 11	62	36	23	8
Biniville...............	154	298	idem.	2243 33	54	47	10	6
Catteville	216	456	idem.	2771 »	64	35	10	4
Colomby	661	1116	Valognes.	9867 67	57	48	»	9
Crosville.............	177	406	St-Sauveur-le-Vic^te.	3285 »	52	43	18	5
Etienville	837	737	Pont-Labbé.	7018 »	40	30	16	8
Golleville............ ...	309	546	St-Sauveur-le-Vic^te.	5477 »	61	40	11	7
Hautteville.......... . .	140	422	idem.	3061 »	54	46	11	7
La Bonneville	318	631	idem.	5057 67	50	42	14	7
Les Moitiers-en-Beauptois.	423	776	Pont-Labbé.	5349 77	49	37	19	11
Néhou.................	1625	3642	St-Sauveur-le-Vic^te.	20031 61	59	49	15	7
Neuville-en-Beaumont	155	168	idem.	1387 47	64	33	22	7
Orglandes......	586	926	idem.	9460 25	53	44	10	8
Rauville-la-Place	763	1186	idem.	10795 37	54	41	16	3
Reigneville	68	227	idem.	1066 »	52	49	13	7
Sainte-Colombe..........	244	499	idem.	3549 33	58	44	13	6
Taillepied.	94	214	idem.	1491 73	51	44	26	5

Maires.	Adjoints.	Curés et Desservants.	Instituteurs.	Institutrices.

10,395 habitants (18 communes).

MM.	MM.	MM.	MM.	M Mlles
Pain.	Cumont, Mauger.	*Cléret;* Aubert, Le-freteur.	Fleury.	Passilly, Folliot.
Suret.	Cauvin.	Lamusse	Mesnage.	Périer.
Lebreton.	Taillefesse.	Briant.		Bernard.
Langlois	Giot.	Blestel.		Marie.
Lelong.	Bellin.	Viel.	Plantegenest.	Hébert.
Duchemin.	Burnouf.	Tencé.		Ameline.
Lagouche.	Cauvin.	Hamel.	Rouland.	Leroux.
De la Bretonnière.	Lebrun.	Jacques.	Pays.	Fouilleul.
Varengue.	Aubert.	Sébline.		Lehoux.
Lescroël-Desprez	Yonnet.	Luce.	Levionnois.	Orain.
Cottin.	Enquebec.	Jourdan.	Enquébec.	Roblot.
Laniepce.	Racine.	Etienne, Lamy.	Adelus, Dudouit.	Maillard, Pasturel.
Falaize.	Cuquemel.	Durier.		Lecornu.
Cadic.	Lecappon.	Lebourgeois.	Avoine.	Denis.
Gamas.	Lehadouey.	Durel.	Marienne.	Dennebouy.
Burguet.	Josse.		*réuni à Orglandes*	
Desprez.	Blandamour.	Allaire.	Villedieu.	Desmont.
Mauger.	Meslin.	Deslandes.		Hennequin (Mme)

POLICE GÉNÉRALE.

Commissaires de Police.

Arrondissement de Saint-Lo. — MM. Michau, commissaire de police, à Saint-Lo ; Dréano, à Carentan.

Arrondissement d'Avranches — MM. Fourquié, commissaire de police, à Avranches ; Mangon, idem à Granville ; Rheinhart, commissaire spécial de police sur les chemins de fer de l'Ouest et du port ; N...., commissaire de police, à Villedieu.

Arrondissement de Cherbourg. — MM Graverol, commissaire central de police, à Cherbourg ; Pagnot et Parisot de Sainte-Marie, commissaires de police à Cherbourg ; Desrez, commissaire spécial.

Arrondissement de Coutances. — M. Freyburger, commissaire de police, à Coutances.

Arrondissement de Valognes. — M. Cazalas, commissaire de police à Valognes.

ORDRE JUDICIAIRE.

COUR D'APPEL DE CAEN.

MM. Houyvet C ✳ O. I. P. , premier président ; Tiphaine ✳, Hue ✳, présidents ; Guicherd ✳, Hoffmann ✳, Manchon, Surcouf, Victor Clément ✳, Duchemin, Aymé, Piquet, Lemare, Osmont de Courtisigny, Lenoël, Laubet, Villey-Desmeserets, Delamare, Dureteste, conseillers.

MM. Faguet O ✳, procureur-général, Lerebours-Pigeonnière ✳, Vaudrus, avocats généraux ; Millard, Mazière, substituts ; Solange, greffier en chef, Bottet, Marie, W. Delarue, commis greffiers.

Membres honoraires.

MM. Pochonnet, président ; Turbout ✳, O. I. P., conseillers.

Composition des Chambres de la Cour d'appel de Caen, pendant l'année judiciaire 1893-1894.

Première Chambre.

Audience les lundi, mardi, mercredi, et jeudi.

MM. Houyvet C ✳, O. I. P., premier président ; Tiphaigne ✳,

président ; Guicherd ✳, Manchon, Duchemin, Le Maro, Lenoël, Villey-Desmeserets, Delamarre, conseillers.

MM. Faguet, O ✳, procureur général ; Vaudrus, avocat général ; Solange, greffier en chef ; Bottet, commis-greffier.

Deuxième Chambre.

Audiences les mercredi, jeudi, vendredi et samedi.

MM. Hue ✳, président ; Hoffmann ✳, Surcouf, Clément ✳, Aymé, Piquet, Osmont de Courtisigny, Laubet, Dureteste, conseillers ; Lerebours-Pigeonnière, avocat général ; W. Delarue, commis-greffier.

Chambre des mises en accusation.

Audience le mercredi.

MM. Tiphaine ✳, président ; Guicherd ✳, Lemare, Lenoël, Villey-Desmeserets, conseillers; Millard, Mazière, substituts ; Marie, commis-greffier.

TRIBUNAUX DE PREMIÈRE INSTANCE.

La Cour d'assises de la Manche siège à Coutances, sous la présidence d'un conseiller à la Cour d'appel de Caen ; elle tient au moins quatre sessions par an, l'ouverture de chacune des sessions est ordinairement fixée au commencement des mois de *mars, juin, septembre* et *décembre*.

Tribunal civil séant à Saint-Lo.

Audiences : *mardi*, police correctionnelle ; — *vendredi*, rapports, affaires venant à bref délai ; — *mercredi* et *jeudi*, affaires du rôle suivant la fixation ; — *samedi*, affaires de prompte expédition, publications et vente.

Président. — M. Lemonnier de Gouville.

Juges. — MM. Simon et Granval, *juge d'instruction*.

Juges suppléants. — MM. Le Campion, Cusson.

Parquet. — MM. Simon, *procureur de la République* ; Regnault, *substitut*.

Greffe. — MM. Sicot, *greffier :* Lorence et Jeanne dit Baudry, *commis-greffiers.*

Avocats. — MM. Dieu, Amiard, *bâtonniers*, Lelong, Hardouin, Guillot, Pannier-Lachaussée, Leclerc.

Stagiaires. — M. Lebas.

Avoués.—MM. Pottier, *président :* Jouanne, Dussaux, Thouroude, Lehuré, Fougeray, Lecouillard.

Huissiers. — **MM**. Fauvel, *syndic* ; Fontaine, *rapporteur ;* Jeanne, *trésorier ;* Hébert, *secrétaire.*

Audienciers du Tribunal civil. — **MM**. Jeanne, Hébert, Sinel.

Audiencier de Justice de Paix. — **M**. Heaumé, huissier à Saint-Lo.

Audiencier du Tribunal de commerce.—**M**. Thomine, huissier à Saint-Lo.

Huissiers résidant à Saint-Lo.—**MM**. Jeanne, Hébert, *secrétaire,* Sinel, Thomine, Heaumé, Alaterre.

Huissiers résidant dans l'arrondissement. — **MM**. Lenoël, à Saint-Clair ; Fauvel, *syndic,* à Cerisy-la-Forêt ; Rogues, à Carentan ; Fontaine, à Pont-Hébert ; Hennequin, à Percy ; Racine, à Torigni-sur-Vire ; Fauvel, à Tessy-sur-Vire ; Leforestier, à Marigny.

Assistance judiciaire.—**MM**. Delisle, receveur de l'enregistrement ; Lebas, notaire honoraire ; Sicot, *secrétaire ;* Pottier, avoué ; Ménard, vice-président du Conseil du Préfecture ; Amiard, bâtonnier de l'Ordre des avocats, *président.*

Tribunal de commerce de Saint-Lo.

Audience le *vendredi,* à deux heures de l'après-midi.

Président. — **M**. Dyvrande.

Juges.—**MM**. Lesage, J. Gâté.

Juges suppléants.—**MM**. A. Guillon, A. Letréguilly.

Greffe.—**MM**. Lebret, *greffier ;* Guérard, *commis-greffier.*

MM. Vaudouer, Lefebvre et Thiéry, agréés et syndics.

Tribunal civil séant à Avranches.

Audiences : *mercredi,* police correctionnelle ; — *jeudi* et *vendredi,* affaires civiles ; — *samedi,* affaires urgentes sur requête, rapports, référés et adjudications.

Président.—**M**. Legrin, O. A.

Juges.—**MM**. Penroy, *juge ;* Lemarchand, *juge d'instruction.*

Juges suppléants.—**MM** Scelles, Lesaché.

Parquet.—**M**. Marchand, *procureur de la République.*

Greffe.—**MM**. Bameule, *greffier ;* Gombert et Gilbert, *commis-greffiers.*

Avocats.—**MM**. Simon, *bâtonnier ;* Scelles, Lemonnier, Layne, Bouvattier (Jules), Frémin, *secrétaire ;* Rachine, Bouvattier (Gustave), V. Le Montier ; *stagiaire :* de la Broise.

Avoués. — **MM**. Blanchet, *président ;* Guillaume dit Taunière, *syndic ;* Heuvrard, *rapporteur ;* Saussey, *secrétaire-trésorier ;* Normand, Lemardeley, Davy, Fontaine, *avoué honoraire.*

Huissiers audienciers.—**MM**. Lemasle, *syndic ;* Jean, *secrétaire ;* Artur, Sauvaget.

Huissiers résidant à Avranches.—**M**. Fournerie.

Huissiers résidant dans l'arrondissement. —MM. Macé, Goumault, à Brécey ; Berthelot, à Ducey ; Vallée, Lemarié, Quinette, à Granville. Esnol et Guichard, à La Haye-Pesnel ; Davy et Goussé, à Pontorson ; Robert, Feudé, à Saint-James ; Fouasse, à Sartilly ; Angot, Aze, à Villedieu.

Assistance judiciaire. — MM. Piel-Desruisseaux, ancien notairo *président ;* Leménicier, sous-préfet ; Provost, receveur de l'enregistrement; Ouvrard, avocat; Lemardeley, avoué; Bameule, *secrétaire*.

Tribunal de commerce de Granville.

Le ressort de ce Tribunal embrasse tout l'arrondissement d'Avranches. · · Audience le *jeudi*.

Président. — M. Langlois.

Juges. — MM. Tronion, Poirier, J Pannier, Luce dit Aubin.

Juges suppléants. — MM. Encoignard, Leroy, Requier.

Greffier. — M. P. Ollivier.

Il n'y a pas d'agréés ; MM. Dupérouzel, avocat ; V. Le Montier, avocat ; Dauvin, Lemétayer, Vieillard, Godefroy et Dupont, agents d'affaires.

Tribunal civil séant à Cherbourg.

Audiences : *lundi*, affaires correctionnelles ; *mardi* et *mercredi*, affaires civiles ; *jeudi*, adjudications.

Président. — M. Théry, ✳, O. I. P.

Juges. — MM. Lefrançois, O. A., *juge d'instruction* ; Ameline, Bernard, *juges* ; Delmas, *juge suppléant*.

Parquet. MM. Delpy, *procureur de la République* ; Osmont de Courtisigny, *substitut*.

Greffe. — MM. Hauvet, *greffier ;* Oury et Lamarche, *commis-greffiers*.

Avocats. — MM. Boullement-d'Ingremard, Favier, Lucas, A. Liais, Lecarpentier, Legrin, Courtois, Léon Favier, Vrac.

Avoués. — MM. Lemagnoent, Féron, *président*; Francis Brière, Drouet, *secrétaire* ; Leblond, *trésorier*.

Huissiers audienciers. — MM. Lebastard, Doré, Jamot.

Tribunal de commerce. — MM. Lebastard, Lemonnier, Doré et Jamot.

Justice de paix. — MM. Lebastard, Doré et Jamot.

Huissiers résidant dans l'arrondissement.—MM. Léger, aux Pieux ; Lavalley, à Saint-Pierre-Eglise ; Rébuffet, à Octeville.

Assistance judiciaire (séance le premier samedi de chaque mois) : MM. Guillemin, conservateur des hypothèques, *président ;* Diény, Sous-Préfet ; Courtois, avocat ; Roberge, notaire honoraire ; Féron, avoué ; Hauvet, greffier, *secrétaire*.

Tribunal de commerce de Cherbourg.

Audience le *vendredi*.

Président.—M. Hainneville.

Juges. — MM. Noyon, Menut, Cottel, Lesage.

Juges suppléants. — MM. Jourdan, Brun, Lempérière, Descottes, Genan.

Greffe.—M. Dutot.

Tribunal civil séant à Coutances.

Président.—M. Jartel.

Juges. — MM. Goujon de Saint-Thomas, *juge d'instruction* ; Renault, Benoist, *juges* ; Rabec, Delauney, *juges suppléants.*

Parquet.—MM. Dudouyt, *procureur de la République* ; Marie, *substitut.*

Greffe.—MM. Dorléans, *greffier* ; Duval, Levenard et Chauviret, *commis-greffiers.*

Audiences : *Lundi*, criées à 10 heures du matin ; correctionnelle à midi ; *mardi, mercredi* et *jeudi*, audience civile à midi.

Avocats.—MM. Marie, Leterrier (aîné), Guidon, Dupérouzel, *secrétaire* ; Chevalier, Rabec, *bâtonnier* ; Gritton, Amy-Larivière, Leterrier (jeune).

Avocats stagiaires —Fauvel, Maundrell, Beuville.

Avoués.—MM. Lejolivet, *président* ; Vieillot, *syndic* ; Jean, *secrétaire-trésorier* ; Daniel, Conrairie, Saffray.

Huissiers audienciers.—MM. Rachinel, Voisin, Anquetil, Néel, Guérin, Lecrosnier.

Tribunal de commerce.—MM. Voisin, Canivet.

Huissiers résidant à Coutances.—MM. Anquetil, Lecrosnier, Voisin, Canivet, Néel, Guérin, Rachinel.

Huissiers résidant dans l'arrondissement. — MM. Chesnay, à Bréhal ; Rupé, à Cérences ; Chardine, à Cerisy-la-Salle ; Bézard, à Gavray ; Corbin, Genvrin, à La Haye-du-Puits ; Gancel, à Prétot ; Navarre, à Lessay ; Robiquet, à Gratot ; Guillon, à Quettreville ; Desplanques, Lemoine, à Périers ; Bœufs, à Saint-Sauveur-Lendelin.

Assistance judiciaire. — MM. Pascal, Sous-Préfet, *président* ; Boissel-Dombreval, *vice-président* ; Jean, avoué ; Amy-Larivière, avocat ; Dudouyt, receveur de l'enregistrement ; Dorléans, *secrétaire.*

Tribunal de commerce de Coutances.

Audience le *samedi*, à 10 heures du matin.

Président.—M. Daireaux.

Juges.—MM. N..., Jouvet.

Juges suppléants.—MM. Gosselin, Chauvel.

Il n'y a pas d'agréés.

Tribunal civil séant à Mortain.

Cet arrondissement n'a pas de juridiction consulaire ; c'est le Tribunal de première instance qui juge les affaires commerciales.—Audiences : *jeudi* et *vendredi*, affaires civiles ; — *samedi*, police correctionnelle, affaires commerciales et criées.

Président.—M. Lefaverais.

Juges.—MM. Hommet et David.

Juges suppléants.—MM. Calloué, N...

Parquet.—M. Guilmard, *procureur de la République.*

Greffe.—MM. Lemière, *greffier* ; Legoux, *commis-greffier.*

Avocats.—MM. Lecrecq, Champs, Josset, Millet, Meslay.

Stagiaire.—M. Bidois.

Avoués.—MM. Lesoudier, Poullain, *président ;* Delaunay, Lemardeley, *secrétaire-trésoier ;* Radoul, *syndic ;* Jarnouën de Villartay, *rapporteur.*

Huissiers audienciers.—MM. Le Baron, Raine et Boucherie, résidant à Mortain.

Huissiers résidant dans l'arrondissement.—MM. Lemoine, à Barenton ; Calé, à Isigny-Paindavaine ; Bachelot, Boucey à Saint-Hilaire-du-Harcouët ; Doré, à Juvigny-le-Tertre ; Desfeux, à Saint-Pois ; Ragot et Lechapelais, à Sourdeval ; Boutry, au Teilleul.

Assistance judiciaire.—MM. Salanson, Sous-Préfet ; Lesoudier, avoué ; Gérard, ancien avocat ; Fouilleul, receveur de l'enregistrement ; Champs, avocat ; Lemière, *secrétaire.*

Tribunal civil séant à Valognes.

L'arrondissement n'a point de juridiction commerciale, c'est le Tribunal de première instance qui juge les affaires de cette nature. — Audiences : *mardi*, affaires de commerce, d'expédition, d'adjudication ; — *mercredi* et *jeudi*, affaires du rôle général ; *vendredi*, police correctionnelle ; — *samedi*, rapports en toutes matières ; jugements en Chambre du Conseil.

Président.—M. Le Clerc.

Juges.—MM. Job, *juge d'instruction ;* Piton.

Juges suppléants.—MM. Costard, Jouvet.

Parquet. — M. Duchesne de la Sicotière, *procureur de la République.*

Greffe. — MM. Guimond, *greffier* ; Hamel et Lecroisey, *commis-greffiers.*

Avocats. — MM. Baillod, Delangle, Couraye du Parc.

Avoués.—MM. Bitot, Brafin, Thouin, Breillot, Le Grusley, Cruchet, Lefèvre.

Huissiers audienciers. — **MM.** Leterrier, Demare, Lemonnier.

Huissiers résidant à Valognes. — **MM.** Leterrier, Demare Julienne, Lemonnier.

Huissiers résidant dans l'arrondissement. — **MM.** Dancel, à Barneville; Authouard, à Priquebec; Butel et Tarin, à Sainte-Mère-Eglise; Le Mière, à Picauville; Burnouf, à Montebourg; Bouchet, à Saint-Vaast; Thirard, à Saint-Sauveur-le-Vicomte.

Assistance judiciaire. — **MM.** Chapron, Sous-Préfet; Céron, receveur de l'enregistrement; Le Grusley, avoué; Dubois, notaire; Delangle, avocat; Guimond, *secrétaire.*

JUSTICE DE PAIX.

Noms des Juges de Paix, des Suppléants et des Greffiers.

CANTONS	JUGES DE PAIX	SUPPLÉANTS	GREFFIERS

Arrondissement de Saint-Lo.

	MM.	MM.	MM.
Saint-Lo	Norgeot	Robin, Bosq	Letrésor.
Canisy	Lehéricey	Heussebrot, N	Cantrel.
Carentan	Lenoël	Bertrand, Artu	Legrand.
Marigny	Delacour	Niobey, Lemoigne	Legrand.
Percy	Loyer	Blouet, Duboscq	N.
Saint-Clair	Vigot	Madelaine, Sébire	N.
St-Jean-de-Daye.	Margueritte	Leclerc, Pézeril	Le Bouteiller.
Tessy-sur-Vire..	Anthouard	Chasles, Mithois	Ozenne.
Torigni-sur-Vire.	Gardin	Le Roquais, Pommier.	Lejeune.

Arrondissement d'Avranches.

	MM.	MM.	MM.
Avranches	Basire	Lemardeley, Desdouitlis	Pinot de la Bodinais.
Brécey	Laurent	Chapel, Denis-Thiendière	Lemoyne.
Ducey	Leguidecoq	Juin-Duponcel, Baron..	Dupont.
Granville	Lefébure	Dupérouzel, Bureau	Lainé.
La Haye-Pesnel.	Bitot	Fontaine, Pigeon	Bréhier.
Saint-James	Porcher	Geffroy, Lechat	Allain.
Pontorson	Foucher	Trincot, Guichard	Goron.
Sartilly	Le Gourd	Lemésager, Le Nepveu de Bussy	Nicolle.
Villedieu	Vilquin	Davy, Tétrel	Lepetit.

Arrondissement de Cherbourg.

	MM.	MM.	MM.
Cherbourg	Vauloup	Allix, Legrin	Leroux.
Beaumont	Damourette	Piquot, Louis	Millet.
Octeville	Poullain	Pouillat, Vrac	Mouchel.
Les Pieux	Courtois	Lebourgeois, Laroque.	Lecoûté.
St-Pierre-Eglise.	Fontaine	Touzard, Fleury	Dubost.

CANTONS.	JUGES DE PAIX.	SUPPLÉANTS.	GREFFIERS.

Arrondissement de Coutances.

	MM.	MM.	MM.
Coutances	Guillemette.....	Lair, N...	Chuquet.
Bréhal..	Frémin	Lemonnyer, Ameline..	Ernouf.
Cerisy-la-Salle .	Savary	Gaillard, Lebodey. ...	Tréhet.
Gavray	Osmond	Lechevalier, Lecaplain.	Canuet
La Haye-du-Puits	Artu	Ducloux, Gaillard	Lecluze.
Montm.-sur-Mer	Pannier	Danlos, N..........	Lenesley.
Lessay.........	Dauvin.......	Lesigne, Dupray-Beauzeville .	Larose.
Périers	Le Conte.	Lepareux, Lecauf.....	Dubuisson.
St-Malo de-la-L..	Davy-Lahurie ...	Sévérie, Le Moine.....	Leguay.
St-Sauv.-Lendel.	Navarre........	Lecacheux, Ledentu..	Berthelot.

Arrondissement de Mortain.

	MM.	MM.	MM.
Mortain..	Hardy	Le Bigot, Delaunay....	Lorier.
Barenton	Levivier	Montécot, Bourguignon	Letourneur.
St-Hil.-du-Harc^t.	Joubioux	Lebret, Hamel	Tréhec.
Isigny-Paindav^e.	Lefaverais......	Guérin, Cruchet..	Davalis.
Juv.-le-Tertre...	Costard........	Grossin, Maincent	Boursin.
Saint-Pois......	Péraud	Morel, N.....	Gasnier.
Sourdev^l-la-B^rre.	Foubert	Almin, Enguehard	Beaugeard.
Le Teilleul	Hirbec.........	Dupont, Mâlon.... ...	Gesbert.

Arrondissement de Valognes.

	MM.	MM.	MM.
Barneville	Agnès	Denis, Lepelletier.....	Auvray.
Bricquebec.....	Caillard........	Regnart, Langevin	Leroux.
Montebourg	Le Sachey......	Vrac, Bubot..........	Mouchel.
Quettehou	Sevaux	Hay, Vimont	Delagarde.
Ste-Mère-Eglise .	Catherine	Hairon, Lécuyer	Egret.
St-Sauv.-le-Vic..	Delange	Pain, Morin	Dumaine.
Valognes	Le Marquand...	Le Cannelier, Le Grasley.....	N.

NOTAIRES.

Arrondissement de Saint-Lo. —MM. Guillemin, Leclerc, Delaunay, *secrétaire*, à Saint-Lo; Pain, à Saint-Clair; Mithois, *président*, à Domjean; Faudemer, à Saint-Jean-de-Daye; Seigneuret, à Pont-Hébert; Desprairies, *syndic*, Desplanques, à Carentan; Heussebrot, à Canisy; Leclerc, à Marigny; Leroquais, *trésorier*, Gohier, à Torigni-sur-Vire; Flicher, à Tessy-sur-Vire; Dubosq, à Percy; Lechevrel, à La Chapelle-Enjuger; Charuel, à Montbray; Lechevallier, à Saint-Samson-de-Bonfossé; Sébire, à Cerisy-la-Forêt.

Arrondissement d'Avranches. — **MM.** Le Comte-la-Prairie, *président*, Sergent, à Avranches; François, Herbert, à Brécey; Aumont, *secrétaire*, Gosselin, à Ducey; Hurel, Lamort, Taurines, à Granville; Jouenne, Fontaine, *trésorier*, à la Haye-Pesnel; Geoffroy, Darthenay, à Saint-James; Levallois, Morel, à Pontorson; Manuelle, Martin, à Sartilly; N...., *syndic*, Davy, *rapporteur*, à Villedieu.

Arrondissement de Cherbourg. — **MM.** Fleury, à Saint-Pierre-Eglise; Le Bouteiller, *secrétaire*, à Cherbourg; Pouillat, *président*, à Tourlaville; Hamel, à Saint-Pierre-Eglise; Marion, *rapporteur*, Enault, à Cherbourg; Vautier, *trésorier*, à Beaumont; Giot, *syndic*, aux Pieux; Damourette, à Sainte-Croix-Hague; Laroque, aux Pieux; Legoupil, à Cherbourg; Née, à Octeville.

Arrondissement de Coutances. — **MM.** Dandeville, Letonnelier, Delarue, à Coutances; Duprey-Beuzeville, à Bréhal; Adam, à Cérences; Le Rosey, à Cerisy-la-Salle; Badin, à Roncey; Guernier, à Gavray; Fonnard, au Mesnil-Garnier; Lecaplain, à Hambye; Fauvel (Léon), fils, à Lessay; Lechevalier, à Pirou; Pétron, Gaillard, à la Haye-du-Puits; Lemonnier,.à Prétot; Lelièvre, à Montmartin-sur-Mer; Savary, à Quettreville; Levêque, Lecauf, à Périers; Vallée, Pottier, à Blainville; Saffray, Berthelot, à Saint-Sauveur Lendelin.

Arrondissement de Mortain. — **MM.** Le Bigot, *rapporteur*, Hamard et Ledos, *secrétaire*, à Mortain; Lebreton et Duchâtellier, à Barenton; Guérin, *président*, Lebret et Dupont, à Saint-Hilaire-du-Harcouët; Varin, à Isigny-Paindavaine, *membre;* Cruchet, *syndic*, au Buat; Damame, *membre* et Giroult, à Juvigny-le-Tertre; Datin, à Saint-Pois; Poisnel, à Coulouvray-Boisbenâtre; Gorron et Guérin, à Sourdeval-la-Barre; Trempu, au Teilleul; Dupont, *trésorier*, à Sainte-Anne-de-Buais.

Arrondissement de Valognes. — **MM.** Oury, Dubois, Damecour, à Valognes; Bault, à Brix; Langlois, Pican, à Bricquebec; Guiffard, Lechevalier, à Montebourg; Lemarinel, Legoupil, à Saint-Sauveur-le-Vicomte; Lemerre, à Quettehou; Mallet, à Saint-Vaast; Tourroul, à Barfleur; Denis, à Barneville; Legriffon, à Portbail; Hairon, à Sainte-Mère-Eglise; Luce, à Pont-Labbé; Dalidan, à Sainte-Marie-du-Mont.

ORDRE MILITAIRE.

10ᵉ Corps d'Armée et 10ᵉ Région militaire.

GRAND QUARTIER GÉNÉRAL A RENNES.

Départements formant la 10ᵉ Région : Ille-et-Vilaine, Manche, Côtes-du-Nord.

Général commandant le corps d'armée : Caillot G O ✳, à Rennes.

Chef d'Etat-Major du 10ᵉ Corps : Colonel Allotte de la Füye O ✳

Général commandant : Gallimard O ✳, à Saint-Servan.

39ᵉ brigade : Général de Geoffre de Chabrignac C ✳, à Cherbourg.

25ᵉ de ligne. — Colonel Vallat, O ✳, à Cherbourg.

136ᵉ de ligne. — Colonel Lacoste ✳. Portion principale à Saint-Lo. Un bataillon à Cherbourg.

40ᵉ brigade : Général Travailleur O ✳, à Saint-Malo.

2ᵉ de ligne. — Colonel Nynck O ✳, à Granville.

47ᵉ de ligne. — Colonel Rivière ✳, à Saint-Malo.

5ᵉ Subdivision, chef-lieu Cherbourg.

(Arrondissements de Cherbourg et de Valognes).

Commandant. — Général de Geoffre de Chabrignac C ✳, à Cherbourg.

Intendance. — Hislaire ✳, sous-intendant de 2ᵉ classe, à Cherbourg.

Major de la garnison de Cherbourg. — Un officier supérieur.

Artillerie. — Colonel Lair de la Motte O ✳, directeur à Cherbourg ; chef d'escadron Masson ✳, sous-directeur à Cherbourg.

Génie. — Cornille, chef du génie, à Cherbourg.

Recrutement. — Commandant Duclos ✳, à Cherbourg.

Subsistances militaires. — Officier d'administration, Leclère, à Cherbourg.

8ᵉ Subdivision, chef-lieu Saint-Lo.

(Arrondissements de Saint-Lo et de Coutances).

Commandant. — Général de Geoffre de Chabrignac C ✳, à Cherbourg.

Intendance. — Appert, sous-intendant de 3ᵉ classe, à Saint-Lo.

Recrutement. — Chef de bataillon Péchoux O ✳, à Saint-Lo.

Remonte. — Chef d'escadron Dumalle ✳, à Saint-Lo.

7ᵉ Subdivision, chef-lieu Granville.

(Arrondissements d'Avranches et de Mortain).

Génie. — Chef de bataillon Roux ✳, à Granville.

Recrutement. — Chef de bataillon Morier ✳, à Granville.

GENDARMERIE.

10ᵉ LÉGION.

Composée des compagnies d'Ille-et-Vilaine, Manche et Côtes-du-Nord.

M. Olivier O ✳, colonel, commandant la légion, à Rennes.

Compagnie de la Manche.

MM. Saunier ✳, chef d'escadrons, commandant la compagnie à Saint-Lo.
Legavre✳, capitaine, à Saint-Lo.
Memerat, lieutenant-trésorier, à Saint-Lo.
Simon, capitaine, à Cherbourg.
Lecoutour, lieutenant, à Coutances.
Vuillermoz, lieutenant, à Avranches.
Desprès, lieutenant, à Mortain.
Rozel, lieutenant, à Valognes.
Le Guillou Mm. maréchal-des-logis adjoint au trésorier, à Saint-Lo.

Service des Brigades.

DÉSIGNATION ET RESIDENCE DES BRIGADES.	BRIGADES à cheval de 5 hommes.	à pied de 5 hommes.	SOUS-OFFICIERS et brigadiers COMMANDANT LES BRIGADES.
Saint-Lo	1	»	MM. Le Méhauté Mm.
Idem	1	»	Bocage.
Idem	»	1	Dupont.
Carentan	1	»	Perrée.
La Perrine	1	»	Gaingouin.
Torigni-sur-Vire	1	»	Lair.
Villebaudon	1	»	Clouet.
Saint-Clair	1	»	Jarno.
Marigny	»	1	Pottier.
Canisy	»	1	Renet.
Tessy-sur-Vire	»	1	Courtoux.
Cherbourg	1	»	Lahaie Mm.
Idem	»	1	Morin.
Les Pieux	»	1	Foucher Mm.
Saint-Pierre-Eglise	»	1	Lemoigne Mm.
Equeurdreville	»	1	Bindel Mm.

(1) Les lettres Mm indiquent les décorations de la Médaille militaire.

DÉSIGNATION ET RÉSIDENCE DES BRIGADES.	BRIGADES		SOUS-OFFICIERS et brigadiers COMMANDANT LES BRIGADES
	à cheval de 5 homm.es.	à pied de 5 hommes.	
Beaumont...................	»	1	MM. Le Bourdonnec.
Tourlaville...................	»	1	Lamache.
Avranches...................	1	»	Lebrun.
Idem........................	»	1	Gleyo Mм.
Granville....	1	»	Hue.
Idem........................	»	1	Omnée.
Villedieu....	1	»	Lévêque.
Pontorson...................	1	»	Briend.
Ducey........	1	»	Desaintdenis.
Sartilly........	1	»	Rabé.
Brécey.....................	»	1	Leréverend.
Saint-James.................	»	1	Saligner Mм.
La Haye-Pesnel....	»	1	Hascoët.
Mortain..............	1	»	Mancel Mм.
Idem	»	1	Mignot.
Saint-Hilaire-du-Harcouët......	1	»	Pélan.
Sourdeval...................	1	»	Chalmel.
Juvigny	»	1	Hallot.
Le Teilleul...	»	1	Guilbert.
Saint-Pois...........	»	1	Verger.
Barenton	»	1	Pican.
Isigny	»	1	Galliot Mм.
Coutances...................	1	»	Brébion.
Idem.......................	»	1	Mancel Mм.
Périers.....................	1	»	Simon.
Gavray.....................	1	»	Ruel.
Bréhal.....................	1	»	Pinot.
Lessay.....................	1	»	Ride.
Cerisy-la-Salle...............	1	»	Ollivier.
La Haye-du-Puits	1	»	Fougeray.
Agon.......................	»	1	Bergé.
Saint-Jores	»	1	Ganier.
Montmartin-sur-Mer...........	»	1	Vaslot.
Saint-Sauveur-Lendelin	»	1	Rouxel.
Anneville-sur-Mer	»	1	Hamon.
Valognes...................	1	»	Cornille.
Idem.......................	»	1	Paulou.
Sainte-Mère-Eglise	1	»	Rolland.
Saint-Sauveur-le-Vicomte	1	»	Dorel.
Saint Vaast	»	1	Corduan.
Montebourg..................	1	»	Chavenois.
Portbail....................	»	1	Crestey Mм.
Bricquebec	»	1	Raux Mм.
Barneville...................	»	1	Thomas.
Barfleur....................	»	1	Hairon.

MARINE.

Préfecture maritime.

MM.

CAVELIER DE CUVERVILLE G ✳, Vice-Amiral, Commandant en Chef, Préfet maritime.

Cavelier de Cuverville ✳, Ronin ✳, lieutenants de vaisseau, aides-de-camp.

Etat-major du 1er arrondissement maritime. — MM. Véron O ✳, contre-amiral, chef d'état-major de l'arrondissement ; Ingouf O ✳, capitaine de vaisseau, sous-chef d'état-major ; d'Aboville, capitaine de frégate, chef de la 1re section ; Martel, lieutenant de vaisseau ; Mallet ✳, capitaine de frégate, chef de la 2e section ; Le Clézio, sous-commissaire, chef de la 3e section ; Comte ✳, chef de bataillon d'infanterie de marine, chef de la 4e section ; Le Marquant, sous-commissaire, secrétaire du conseil d'administration du port.

Secrétariat de l'Etat-major de l'arrondissement. — M. Cazalas-Gaillon, lieutenant de vaisseau, secrétaire du chef d'état-major.

Archives, cartes, plans et observatoire. — M. Jomier, lieutenant de vaisseau, chargé du service.

Inspection des Electro-Sémaphores. — M. Piton O✳, capitaine de frégate, inspecteur.

Service de la justice maritime.—MM. Hamelin O ✳, capitaine de frégate en retraite, commissaire du Gouvernement près le 1er conseil de guerre ; de Laurens O ✳, capitaine de frégate, en retraite, commissaire-rapporteur près le 1er tribunal maritime

Majorité générale.—MM. Fournier O ✳, contre-amiral, major général de la marine ; Vranken O ✳, capitaine de vaisseau, major de la marine ; Andréani ✳, capitaine de frégate, 1er aide-de-camp ; Le Bihant ✳, mécanicien en chef, adjoint au major général ; de Fauques de Jonquières, lieutenant de vaisseau, 2me aide-de-camp ; Doublet, lieutenant de vaisseau, capitaine de la compagnie des garde-consignes ; Goullet de Rugy, enseigne de vaisseau, chef du secrétariat.

Mouvements du port. — MM. Picot O✳, capitaine de vaisseau, directeur ; de Marolles, capitaine de frégate, sous-directeur ; Collin-Portjégoux, capitaine de frégate, sous-directeur ; Freed, Eng, Assier de Pompignan, lieutenants de vaisseau ; Calvet, Schæffer, enseignes de vaisseau, officiers adjoints; Dubois, sous-commissaire de 1re classe trésorier.

Génie maritime. — MM. Eynaud O✳, directeur des constructions navales; Korn O✳, ingénieur de 1re classe, sous-directeur; Choron ✳, ingénieur de 1re classe ; Champenois, Tréboul, ingénieurs de 2e classe; Marit, Moissenet, Bonvalet, Robin, sous-ingénieurs de 1re classe; Guyot, Morin et Revol, sous-ingénieurs de 2e classe; Brillié, Simonot, sous-ingénieurs de 3e classe.

Défense fixe. — MM. Jean Pascal, capitaine de frégate, comman-dant la défense fixe; Meunier ✳, Andrieu ✳, lieutenants de vaisseau.

Défenses sous-marines. — MM. Pillot O✳, capitaine de vaisseau, directeur; Receveur, capitaine de frégate, sous-directeur; Le Roy, capitaine de frégate, commandant; Viard ✳, Mercier de Lostende, Moritz, Barbin, de Pommereau, Le Cannellier, Martinse, Levy-Bing, de Perrinelle-Dunvay, Lanxade, Pumpernœl, Deloche, lieutenants de vaisseau; Brisson, de Douville, de Maillefeu, Villemot, Dursez, Nel, Delcroix, Morel, Pioger, Festugière, Leclerc, Rey, Pomnellet, Trubert, Revault, Escande, de Masson, d'Antume-Faivre, enseignes de vaisseau; Girard, mécanicien en chef; Leclerc, mécanicien prin-cipal de 1re classe; Arnba et Benabes, mécaniciens principaux de 2e classe; Lemarquand, aide-commissaire, officier d'administration; Fras, médecin de 1re classe.

Commissariat. — MM. Le Grix O ✳, commissaire général; Gabrié O✳, Balles ✳, Le Brisoys-Surmont ✳, commissaires; Martin ✳, Fuzier, Nissen ✳, commissaires-adjoints; Jézéquel ✳, Sallé, Cherbonnel, Gigout, L'Equilbec, sous-commissaires de 1re classe; Aubry, Palais, sous-commissaires de 2e classe; Humblot, Desmares, aides-commissaires.

Inspection.—MM. Prigent O✳, inspecteur en chef; Dutouquet ✳, Hamelin ✳, inspecteurs; Moufflet ✳, inspecteur-adjoint.

Travaux hydrauliques. — MM. Frossard ✳, ingénieur en chef, directeur; Minard, ingénieur ordinaire de 1re classe; Charbonnel, ingénieur ordinaire de 2e classe.

Service de santé.— MM. Merlin O✳, directeur; Michel O✳, sous-directeur; Bertrand ✳, médecin en chef; Delisle ✳, Pascalis ✳, Léo ✳, Géraud ✳, médecins-principaux; Plouzané, Thémoin, Retière, Deblenne, L'Houen, Duprat, Barholain, Rabot, médecins de 1re classe; Hennequin, Guitton, Condé, Faucheraud, Carbonnel, Aubert, Reboul, médecins de 2e classe; Léonard ✳, pharmacien en chef; Baucher ✳, pharmacien principal; Vignoli, pharmacien de 1re classe; Henry, pharmacien de 2e classe.

Service des manutentions. — MM. Fortin et Floch, sous-agents de manutention.

Personnel administratif des directions de travaux. — MM. Des-mazure, agent administratif principal; Dounon, Quoniam, Ozouff et Lepelley, agents administratifs; Leprévost, Guillemot, Polidor, Gibert, Duchemin, Mignot, Bouin, sous-agents administratifs.

Comptables du matériel. — MM. Courtois, agent comptable prin-cipal; Michel, Lapotaire, Lacroix, Bérenguier et Le Pogam, agents comptables; Lepoittevin, Duval, Boulard, Robine, Frigout, Le Dentu, Poupeville, Boyer, Langlois, Flandrin, sous agents comptables.

Aumônier — M. Mac, aumônier de l'hôpital maritime; Lainard, aumônier de l'arsenal.

Bibliothèques. — MM. Trève O✳, conservateur de la bibliothèque du port; Offret, conservateur de la bibliothèque de l'hôpital.

Inscription maritime.--Quartier de Cherbourg.—MM. Testard ✳, commissaire-adjoint, commissaire de l'inscription maritime; Poulain, agent du commissariat; Rendu ✳, trésorier des Invalides; Gallien.

(Gustave), syndic à Cherbourg , Gallien (Alexandre), syndic, à Fermanville; Agnès, syndic, à Omonville-la-Rogue ; Le Neveu, syndic, à Diélette; Bertaut , syndic, à Portbail.

Quartier de la Hougue. — MM. Jean-Pascal, sous-commissaire, commissaire de l'inscription maritime à la Hougue ; Bonniol, sous-agent du commissariat, à la Hougue ; Le Biez, syndic, à la Hougue ; Duprey, syndic, à Carentan ; Maubert, préposé de l'inscription maritime, à Isigny; Longuemare, syndic, à Grandcamp; Le Cannelié, syndic, à Barfleur.

Equipages de la flotte.—1er Dépôt.—MM. Dumont O✳, capitaine de vaisseau, commandant; Bongrain, capitaine de frégate, commandant en second; Noël ✳, lieutenant de vaisseau, adjudant-major; Mazier ✳, lieutenant de vaisseau, major ; de Champfeu, lieutenant de vaisseau, capitaine d'habillement; Grossin, lieutenant de vaisseau, capitaine de casernement et d'armement; Mangematin, lieutenant de vaisseau, capitaine de la compagnie de dépôt; Guillon, lieutenant de vaisseau, capitaine de la compagnie du petit Etat-major ; Franques et Talon, enseignes de vaisseau; Sallé, sous-commissaire, trésorier; Riche O✳, médecin principal, médecin-major; Hagen, médecin de 2e classe.

2e régiment d'artillerie de la marine. — MM. Delaissey, colonel; Viviès, lieutenant-colonel; Vicq, major; Roussel, Lecœur, chefs d'escadron ; Chauvin, capitaine-trésorier; Gez, capitaine d'habillement.

1re Batterie montée. — MM. Pillivyt, capitaine en 1er; Richemberg, capitaine en 2e; Sarrien, lieutenant en 1er.

2e Batterie montée. — Bergeret, capitaine en 1er; Lemoine, capitaine en 2e; Marty, lieutenant en 1er; Lucas, sous-lieutenant.

3e Batterie montée. — Esmenjaud, capitaine en 1er; Gautier, capitaine en 2e; Marty, lieutenant en 1er; Pelletier et Lazare, sous-lieutenants.

4e Batterie de montagne — Grosmanjin, capitaine en 1er; Manet, capitaine en 2e; Piquemal, lieutenant en 1er.

5e Batterie à pied. — Schatz, capitaine en 1er; Petiot, capitaine en 2e; Aubertin, sous-lieutenant.

1re Compagnie d'ouvriers.—Bellenger, capitaine en 1er; Bourgoin, capitaine en 2e; Jourdan, lieutenant en 1er; Chassagnette, lieutenant en 2e.

INFANTERIE DE MARINE. — 1e Régiment.

ETAT-MAJOR.— MM. Boilève, colonel; Héligenemeyer, lieutenant-colonel; Tane, Belin, Lombard, d'Albignac et Roget, chefs de bataillon; Lestoquoi, capitaine-trésorier; Benoit, capitaine d'habillement; Delimoges, capitaine de tir; Margotteau, lieutenant-adjoint au capitaine d'habillement; Lallement, lieutenant d'armement; Séguin, lieutenant porte-drapeau ; Giraud, médecin-major.

2e BATAILLON.

1re Compagnie.—Puidupin, lieutenant.

2e Compagnie. — Ballot, sous-lieutenant.

3e Compagnie.—Jacob, lieutenant; Conrad, sous-lieutenant.

3ᵉ Bataillon.

2ᵉ Compagnie.—Fournier, capitaine; Kœchly, lieutenant; Giorgi, sous-lieutenant.

3ᵉ Compagnie.—Porion, capitaine; Bachot, lieutenant.

4ᵉ Compagnie.—Guillet, lieutenant.

4ᵉ Bataillon.

1ʳᵉ Compagnie.—Faudet, capitaine; Hirtzman, lieutenant; Diard, sous-lieutenant.

5ᵉ Régiment.

Etat-Major. — MM. N..., colonel; Courot, lieutenant-colonel; Péroz, Lambert, chefs de bataillon; Thomassin, Desbuisson, capitaines adjudant-major; Poulain, capitaine-trésorier; Clerc, lieutenant d'habillement; Lebrun, lieutenant adjoint au trésorier; Pascalis, médecin principal; Plouzané, médecin-major; Condé, médecin aide-major.

1ᵉʳ Bataillon.

1ʳᵉ Compagnie.—Phélis, sous-lieutenant.

2ᵉ Compagnie.—Périn, sous-lieutenant.

3ᵉ Compagnie. — Esmez-Detont, capitaine; Hartelly, lieutenant; Cailleaud, sous-lieutenant.

4ᵉ Compagnie. — Révy, capitaine; Simouin, lieutenant; Guibé, sous-lieutenant.

2ᵉ Bataillon.

1ʳᵉ Compagnie.—Hibon de Frohen, capitaine; Génesseau, lieutenant; Calendini, sous-lieutenant.

2ᵉ Compagnie.—Pierron, capitaine.

3ᵉ Compagnie.—Jacob, capitaine; Chosardet, lieutenant.

4ᵉ Compagnie. — Legrand, capitaine; Dusor de Litres, sous-lieutenant.

3ᵉ Bataillon.

1ʳᵉ Compagnie.—Manificat, sous-lieutenant.

2ᵉ Compagnie.—Langlois, lieutenant.

3ᵉ Compagnie.—Dussault, sous-lieutenant.

4ᵉ Compagnie. — Henry, capitaine; Marie, lieutenant; Fénard, sous-lieutenant.

4ᵉ Bataillon.

1ʳᵉ Compagnie.—Gouvain, lieutenant.

2ᵉ Compagnie.—Millot, lieutenant; Fouques, sous-lieutenant

Deuxième arrondissement maritime.

Sous-arrondissement de Saint-Servan.

QUARTIER DE GRANVILLE. — *Commissariat.* — MM. Barbaroux ✳,
commissaire-adjoint de la marine, commissaire de l'inscription
maritime, à Granville ; Guimond, agent de 2ᵉ classe ; Lamusse, commis de 1ʳᵉ classe ; Jean, commis de 3ᵉ classe.

Trésorerie des Invalides —MM. Racine, trésorier de 2ᵐᵉ classe,
à Granville ; M. Hennequin, préposée à Régneville.

Ecole d'hydrographie —M. Dutard, professeur de 2ᵉ classe.

Préposé à l'inscription maritime à Regnéville.—M. Robillard ✳.

Inspection des pêches.—M. Thomas ✳, inspecteur, à Granville.

Syndics des gens de mer.—MM. Luce, à Granville ; Villard, à
Genest ; Sire, à Bréhal ; Philippes de Trémaudant, à Carolles ;
Daliphard ✳, à Avranches ; Daniel, à Blainville.

Gardes maritimes.—MM. Locquen, à Granville ; Tréguilly, à Courtils ; Lepeu, à Lingreville ; Caruel, à Champeaux-Bouillon ; Coupé,
à Saint-Léonard-de-Vains ; Regnault, à Regnéville ; Duchemin, à
Gouvil e ; Meyer, à Agon.

Gendarmerie maritime. — MM. Corre, brigadier ; Gabioch, gendarme, à Granville.

Electro-Sémaphores. — MM. Lerond, chef guetteur, à Chaussey ;
Gouyet, guetteur, à Chaussey ; Godefroy, chef guetteur, à Granville
(le Roc) ; Le Rozec, guetteur (le Roc) ; Helloco, chef guetteur et
Hersent, guetteur à Agon.

STATION NAVALE DE GRANVILLE.

M. Ducrest de Villeneuve, lieutenant de vaisseau, commandant
la *Sainte-Barbe* et la station navale de Granville.

M. Floch, 1ᵉʳ maître de manœuvre, commandant du *Congre*,
à Granville.

M. Agasse, 1ᵉʳ maître de manœuvre, commandant de la *Macreuse*,
à Carteret.

TRAVAUX PUBLICS.

Service des Mines.

Division du Nord-Ouest.

Inspecteur général. — M. LORIEUX O ✳, 2ᵉ classe, rue de Galilée,
45, Paris.

Arrondissement de Rouen.

Ingénieur en chef. — M. DE GENOUILLAC ✳, 1re classe, rue Pavée, 6, Rouen.

Ingénieur ordinaire. — Herscher, 3e classe, rue Jean-Romain, Caen.

Contrôleurs des mines. — MM. Scheffler, 1re classe, Caen ; Yvart, principal, Flers.

Etudes, travaux et contrôle de travaux (14e inspection).

Inspecteur général. — M. PICQUENOT O ✳, 2e classe, 28, avenue Marceau, Paris.

LIGNE DE CARENTAN A CARTERET.

1re Section (*Carentan à la Haye-du-Puits*).

Ingénieur en chef. — M. Gouton ✳, 1re classe, (M. A.), à Cherbourg.

Ingénieur ordinaire. — M. Leroy (M. A.), conducteur principal, faisant fonctions d'ingénieur ordinaire, à Saint-Lo.

Conducteur. — M. Loyer, 4e classe, à Carentan.

2e Section (*La Haye-du-Puits à Carteret*), en exploitation.

LIGNE DE COUTANCES A REGNÉVILLE.

Ingénieur en chef. — M. Gouton ✳, (M. A.), 1re classe, d. n.; à Cherbourg.

Ingénieur ordinaire. — M. de Larminat, 2e classe, à Granville.

Conducteur. — M. Sanson (Th.), conducteur principal, à Coutances.

Service ordinaire, maritime, de la navigation, des desséchements (Travaux publics, 14e inspection) *et hydraulique* (Agriculture, Direction de l'Hydraulique Agricole).

Inspecteur général. — M. PICQUENOT O✳, 2e classe, 28, avenue Marceau, Paris.

Ingénieur en chef. — M. GOUTON ✳ (M. A.), 1re classe, d. n., à Cherbourg.

Ingénieurs ordinaires. — MM. Renard, 2e classe, à Cherbourg ; de Larminat, 2e classe, d. n., à Granville ; Leroy M. A.), conducteur principal, faisant fonctions d'ingénieur ordinaire, d. n., à Saint-Lo.

Conducteurs. — MM. Sanson (Th.), principal, d. n., à Coutances ; Mignan, principal, à Avranches; Paysant (Désiré), 1re classe ; Le Chevalier, 1re classe, à Cherbourg ; Enquebecq, 1re classe, à Valognes ;

Gardin, 1ʳᵉ classe, à Cherbourg ; Loiseau, 1ʳᵉ classe, à Avranches ;
Omond, 1ʳᵉ classe, à Saint-Lo ; Savary, 1ʳᵉ classe, à Cherbourg ;
Servain, 1ʳᵉ classe ; Marie, 2ᵉ classe; Dubost, 2ᵉ classe, à Saint-Lo ;
Morin, 2ᵉ classe, à Granville ; Roulland, 2ᵉ classe ; Jeanne (Eug.),
2ᵉ classe, à Cherbourg ; Porée, 2ᵉ classe ; Sanson (A), 2ᵉ classe, à
Granville; Renault, 2ᵉ classe, à Barfleur; Leluan, 2ᵉ classe; Desmares,
2ᵉ classe, à Cherbourg ; Languehard, 2ᵉ classe, à Granville; Bergot,
3ᵉ classe, à Villedieu; Paysant (Eug.), 3ᵉ classe, à Saint-Hilaire-du-
Harcouët ; Le Magnen, 3ᵉ classe, à Cherbourg ; Pitron, 3ᵉ classe, à
Granville ; Bernard (B.), 3ᵉ classe, à Saint-Lo ; Bazile, 3ᵉ classe, à
Granville ; Mahire, 3ᵉ classe, à Carentan ; Dumouchel, 3ᵉ classe, à
Granville ; Loyer, 4ᵉ classe, à Carentan.

Services divers. — MM. Fafin, 1ʳᵉ classe, à la compagnie des
phosphates du Cotentin, à Pont-l'Abbé-Picauville; Guéroult, 1ʳᵉ classe,
à la compagnie de l'Ouest, à La Haye-du-Puits ; Hervé, 3ᵉ classe,
en disponibilité, pour cause de santé, à Granville ; Poupeville,
3ᵉ classe, conducteur voyer de la ville de Cherbourg ; Courtet,
4ᵉ classe, à la compagnie de l'Ouest.

Commis.—MM Marest, 1ʳᵉ classe, à Cherbourg ; Tual, 2ᵉ classe,
à Saint-Lo ; Thomelin, 2ᵉ classe, à Granville ; Ferdinand, 2ᵉ classe,
à Saint-Lo; Bataille, 2ᵉ classe, à Granville; Safrané (Eug.), 2ᵉ classe;
Pellé, 2ᵉ classe, Robiquet, 2ᵉ classe, à Cherbourg; Douchin, 3ᵉ classe,
à Saint-Lo ; Bonnemains, 3ᵉ classe, à Cherbourg ; Lamy, 3ᵉ classe,
à Saint-Lo ; Corre, 3ᵉ classe; Fleury, 3ᵉ classe ; Turbert, 3ᵉ classe;
Dumoncel, 3ᵉ classe, à Cherbourg ; Wagner, 3ᵉ classe, à Granville ;
Safrané (Louis), 4ᵉ classe, à Cherbourg.

Officiers et maîtres de port. — MM. Giot O. A., capitaine de
2ᵉ classe, à Cherbourg ; Yvon, lieutenant de 2ᵉ classe, à Granville;
Quilbé, faisant fonctions de maître de port, 1ʳᵉ classe, à Granville ;
Le Crest, maître de 3ᵉ classe, à Barfleur; Cresté, maître de 3ᵉ classe,
à Saint-Vaast; Le Clerc, maître de 4ᵉ classe, à Regnéville; Tesnière,
maître de 4ᵉ classe, à Cherbourg ; Bonnissent, faisant fonctions de
maître, à Diélette ; Dessoulles, faisant fonctions de maître, à Carentan ; Picot, faisant fonctions de maître, à Portbail.

PHARES ET BALISES.

*Inspecteur général de 2ᵉ classe, chargé de la direction du
service.* — M. BOURDELLES O✳, 43, avenue du Trocadéro, Paris.

*Ingénieur en chef, adjoint à l'Inspection et chargé du service
central.*—M. Ribière ✳, 43, avenue du Trocadéro, Paris.

Le service des phares et balises du Département est confié au
personnel du service maritime de la Manche.

Chemins de fer de l'Ouest en exploitation.

VOIES FERRÉES D'INTÉRÊT GÉNÉRAL DES QUAIS DES PORTS MARITIMES.

Inspecteur général. — M. DEMOUY ✳, 2ᵉ classe, rue Bayen,
20. Paris.

Le Service du Contrôle local technique et commercial des voies de quai est confié aux ingénieurs, conducteurs et officiers de port du service maritime.

Service du contrôle de l'exploitation des chemins de fer d'intérêt général exploités par les Compagnies.

LIGNES DE PARIS A CHERBOURG, D'ARGENTAN A GRANVILLE, DE LISON A LAMBALLE, DE SOTTEVAST A COUTANCES, DE VITRÉ A FOUGÈRES ET PROLONGEMENTS.

Inspecteur général.—M. DEMOUY ✱, 2ᵉ classe, ponts et chaussées, 20, rue Bayen, Paris.

Ingénieurs en chef. — MM. Pelletan ✱, 2ᵉ classe (mines), chargé du contrôle de l'exploitation, 10, quai de Billy, Paris ; Chabert ✱, 2ᵉ classe (ponts et chaussées), chargé des études et travaux, 19, rue Jacob, Paris ; Kleine ✱, 2ᵉ classe (ponts et chaussées), chargé du contrôle de la voie et des bâtiments, 30, rue des Boulangers, Paris ; Le Cornu ✱, 2ᵉ classe (mines), chargé du service central, 14, boulevard Montparnasse, Paris.

Ingénieurs ordinaires. — MM. Barbé ✱, 1ʳᵉ classe (ponts et chaussées), à Caen ; Herscher, 3ᵉ classe (mines) à Caen ; Nanot 1ʳᵉ classe (ponts et chaussées), au Mans ; Bernheim, 3ᵉ classe (mines), au Mans.

Conducteurs. — MM. Lavalley, principal, à Caen ; Pinguet, 1ʳᵉ classe, au Mans ; Bessy, 1ʳᵉ classe, à Rennes ; Deschâteaux, 3ᵉ classe, à Caen.

Commis. — MM. Leroux, 3ᵉ classe, au Mans ; Trouplin (M.), 4ᵉ classe, à Caen ; Trouplin (R.), 4ᵉ classe, à Caen.

Contrôleurs des Mines. — MM. Scheffler, 1ʳᵉ classe, à Caen ; Chevreul, 2° classe, à Rennes.

Contrôleurs comptables.—MM. Juffé, 3ᵉ classe, au Mans ; Perrier, 3ᵉ classe, à Caen.

Commissaires. — MM. Martineau (H.) ✱, 1ʳᵉ classe, à Granville ; Du Merle, 1ʳᵉ classe, à Bayeux; Thionnaire, 1ʳᵉ classe, à Avranches; Poret, 1ʳᵉ classe, à Dinan ; Lepetit ✱, 3ᵉ classe, à Cherbourg ; Marion ✱, 4ᵉ classe, à Vitré ; Vallette ✱, 4ᵉ classe, à Saint-Lo.

LIGNE DE VIRE A SAINT-LO.

Ingénieur en chef. — M. Lestelle ✱, rue du docteur Rayer, 3, à Caen.

Ingénieur ordinaire. — M. Chevalier, à Bayeux.

Conducteur. — M. Leroy, conducteur, à Caen.

LIGNES DE FOUGÈRES A VIRE ET D'AVRANCHES A DOMFRONT.

Ingénieur en chef. — M. PERRIN ✱, à Alençon.

Ingénieurs ordinaires. — MM. Godron, 3ᵉ classe, à Alençon ; Michaux, 3ᵉ classe, à Mayenne.

Conducteurs. — MM. Mignan, principal, à Avranches ; Louvel, 1ʳᵉ classe, à Alençon ; Rocher, 1ʳᵉ classe, à Alençon ; Fouqué, 3ᵉ classe, à Mayenne.

FINANCES.

Trésorerie générale.

Trésorier-payeur général. — M. BELLIER DE VILLENTROY, à Saint-Lo.
Fondé de pouvoirs du trésorier général. — M. Taillard.
Chef de comptabilité. — M. Vautier.
Chef du bureau de la perception. — Lemazurier.
Chef du bureau de la dépense. — M. Lecoq.
Caissier. — M. Gault.
Percepteurs surnuméraires. — MM. Alix, Maître, Ragueneau, Savaete, Le Clerc.

Recettes particulières.

Avranches. — M. Vignon, receveur particulier ; M. Gauthier, fondé de pouvoirs.
Cherbourg. — M. Chabert, receveur particulier ; M. Hazard, fondé de pouvoirs.
Coutances. -- M. Benoît, receveur particulier ; M. Mueller, fondé de pouvoirs.
Mortain. — M. Deplanche, receveur particulier ; M. Eustache, fondé de pouvoirs.
Valognes. — M. Rougelot, receveur particulier ; M. Leviandier, fondé de pouvoirs.

PERCEPTEURS.

CHEFS-LIEUX DE PERCEPTION ET COMMUNES QUI LES COMPOSENT.

ARRONDISSEMENT DE SAINT-LO.

Percepteurs, MM.

Lebel, *Saint-Lo*, Agneaux.
Lelièvre, *Canisy*, Dangy, Quibou, Saint-Martin-de-Bonfossé, Soules.

Courtel, *Carentan*, Auvers, Saint-Côme-du-Mont, Saint-Hilaire-Petitville, Brévands, Catz, les Veys, Saint-Pellerin.

Hiot, *Gourfaleur*, (résidence à Saint-Lo¹, la Mancellière, le Mesnil-Herman, Saint-Ébremond-de-Bonfossé, Saint-Romphaire, Saint-Samson-de-Bonfossé.

Bouthreuil, *la Colombe*, (résidence à Percy), Beslon, Margueray, Montbray, Morigny.

Clavereul, *Lozon* (résidence à Marigny), la Chapelle-Enjuger, le Mesnil-Eury, le Mesnil-Vigot, Montreuil, Remilly-sur-Lozon.

Taillefer, *Marigny*, Carantilly, Hébécrevon, le Mesnil-Amey, Saint-Gilles.

Flambard *Moyon* (résidence à Tessy-sur-Vire), Baucoudray, Chevry, Fervaches, le Mesnil-Opac, le Mesnil-Raoult, Troisgots.

Marigny, *Percy*, la Haye-Bellefonds, le Chefresne, le Guislain, Maupertuis, Montabot, Villebaudon.

Baco, *Pont-Hébert*, Amigny, Cavigny, le Dézert, le Hommet-d'Arthenay, les Champs-de-Losques, Tribehou.

Levoy, *Saint-Clair* (résidence à Saint-Lo), Airel, Couvains, la Meauffe, Moon-sur-Elle, Saint-Jean-de-Savigny. Villiers-Fossard.

Cresté, *Sainte-Croix* (résidence à Saint-Lo), Baudre, la Barre-de-Semilly, la Luzerne, le Mesnil-Rouxelin, Rampan, Saint-Georges-de-Montcocq, Sainte-Suzanne-sur-Vire, Saint-Thomas.

Brodin, *Sainteny* (résidence à Carentan), Auxais, Raids, Saint-André-de-Bohon, Saint-Georges-de-Bohon, Méautis.

Potier de la Houssaye, *Saint-Georges-d'Elle* (résidence à Saint-Lo), Bérigny, Cerisy-la-Forêt, Notre-Dame-d'Elle, Saint-André-de-l'Epine, Saint-Germain-d'Elle, Saint-Pierre-de-Semilly.

Tardif, *Saint-Jean-de-Daye*, Graignes, le Mesnil-Angot, le Mesnil-Véneron, Montmartin-en-Graignes, Saint-Fromond.

Leblanc, *Saint-Jean-des-Baisants* (résidence à Torigni-sur-Vire), Condé-sur-Vire, la Chapelle-du-Fest, Montrabot, Rouxeville, Précorbin, Vidouville.

Pierre, *Tessy-sur-Vire*, Beuvrigny, Domjean, Fourneaux, Gouvets, Saint-Louet-sur-Vire, Saint-Vigor-des-Monts.

Lallier, *Torigni-sur-Vire*, Brectouville, Saint-Amand, Biéville, Lamberville, Giéville, Guilberville, le Perron, Placy-Montaigu, Saint-Symphorien.

ARRONDISSEMENT D'AVRANCHES.

Percepteurs : MM.

Hurel, *Avranches*.

Pierre, *Brécey*, Cuves, la Chapelle-Urée, le Grand-Celland, le Petit-Celland, les Cresnays, les Loges-sur-Brécey, Saint-Nicolas-des-Bois.

Martin, *Carnet* (résidence à Saint-James), Argouges, Montanel, Vergoncey, Villiers.

Trincot, *Curey*, (résidence à Sacey), Aucey, Boucey, Cormeray, Macey, Sacey, Vessey, Servon, Tanis.

Bardou, *Ducey*, la Boulouze, le Mesnil-Ozenne, les Chéris, Marcilly, Saint-Quentin.

Gautier, *Granville*, Saint-Pair, Bouillon, Donville, Saint-Aubin-des-Préaux, Saint-Nicolas-près-Granville, Saint-Planchers, Yquelon.

De Saint-Stéban, *la Beslière* (résidence à La Haye-Pesnel), Folligny, Hocquigny, la Lucerne d'Outremer, la Rochelle, le Mesnildrey, Saint-Jean-des-Champs, Saint-Léger, Saint-Ursin.

Le Pelley-Fonteny, *la Haye-Pesnel*, Beauchamps, Champcervon, la Mouche, le Luot, le Tanu, les Chambres, Noirpalu, Sainte-Pience, Subligny.

Garnier, *Montviron* (résidence à Sartilly), Bacilly, Champcey, Dragey, Genest, Lolif.

Groult, *Pontaubault* (résidence à Avranches), Céaux, Courtils, Crollon, Juilley, Poilley, Précey.

Lemutricy, *Pontorson*, Ardevon, Beauvoir, Huisnes, le Mont-Saint-Michel, les Pas, Moidrey.

Péguenet, *Ponts* (résidence à Avranches), Chavoy, Marcey, Plomb, Saint-Jean-de-la-Haize, Vains, le Val-Saint-Pair.

Trottet, *Saint-Georges-de-Livoye* (résidence à Brécey), Braffais, la Chaise-Baudouin, Notre-Dame-de-Livoye, Sainte-Eugienne, Saint-Jean-du-Corail, Tirepied, Vernix.

Gautier, *Saint-James*, Hamelin, la Croix-Avranchin, Montjoie, Saint-Aubin-de-Terregatte, Saint-Laurent-de-Terregatte, Saint-Sénier-de-Beuvron.

Lecavelier, *Saint-Sénier-sous-Avranches* (résidence à Avranches), la Godefroy, la Gohannière, Saint-Patrice, Saint-Loup, Saint-Martin-des-Champs, Saint-Osvin.

Eudine, *Sartilly*, Angey, Carolles, Champeaux, Ronthon, Saint-Jean-le-Thomas, Saint-Michel-des-Loups, Saint-Pierre-Langers.

Nicolas, *Villedieu*, Bourguenolles, Champrépus, Chérencé-le-Héron, Fleury, la Bloutière, la Lande-d'Airou, la Trinité, Rouffigny, Sainte-Cécile, Saultchevreuil.

ARRONDISSEMENT DE CHERBOURG.

Percepteurs, MM.

Peyronnet, *Cherbourg*.

Pupin, *Beaumont*, Auderville, Digulleville, Eculleville, Gréville, Herqueville, Jobourg, Omonville-la-Petite, Omonville-la-Rogue, Saint-Germain-des-Vaux.

Gloumeau, *Brillevast* (résidence à Saint-Pierre-Eglise), Canteloup, Clitourps, Gonneville, le Theil, le Vast, Varouville.

Du Laurens de Montbrun, *Equeurdreville* (résidence à Cherbourg), Henneville, Nouainville, Octeville, Querqueville.

Bernard, *Les Pieux*, Grosville, le Rozel, Pierreville, Saint-Germain-le-Gaillard, Surtainville.

Marguerie, *Martinvast* (résidence à Cherbourg), Couville, Hardinvast, Saint-Martin-le-Gréard, Sideville, Teurthéville-Hague, Tollevast, Virandeville.

Chartier, *Sainte-Croix-Hague*, Acqueville, Biville, Branville, Flottemanville-Hague, Nacqueville, Tonneville, Urville-Hague, Vasteville, Vauville.

Groult, *Saint-Pierre-Eglise*, Carneville, Cosqueville, Fermanville, Maupertus, Théville.

Requier *Siouville* (résidence aux Pieux), Benoistville, Bricquebosq, Flamanville, Héauville, Helleville, Saint-Christophe-du-Foc, Sotteville, Tréauville.

Griset, *Tocqueville*, Angoville, Gatteville, Gouberville, Néville, Réthóville, Vrasville.
Tirel, *Tourlaville* (résidence à Cherbourg), Bretteville, Digosville, le Mesnil-Auval.

ARRONDISSEMENT DE COUTANCES.

Percepteurs, MM.

Bosquet, *Coutances*, Saint-Nicolas-de-Coutances, Saint-Pierre-de-Coutances.
Leheusey, *Baudreville* (résidence à la Haye-du-Puits), Canville, Denneville, Doville, Glatigny, Saint-Nicolas-de-Pierrepont, Saint-Rémy-des-Landes, Saint-Sauveur-de-Pierrepont, Surville.
Dujardin, *Bréhal*, Anctoville, Bréville, Bricqueville-sur-Mer, Chanteloup, Coudeville, Longueville, Muneville-sur-Mer.
Drieu, *Cérences*, Bourey, Equilly, Hudimesnil, la Meurdraquière, le Loreur, le Mesnil-Aubert, Saint-Sauveur-la-Pommeraye.
Lavieille, *Cerisy-la-Salle*, Belval, Cametours, Montpinchon, Ouville, Savigny, Roncey, Guéhébert, Notre-Dame-de-Cenilly, Saint-Denis-le-Vêtu, Saint-Martin-de-Cenilly.
Lemazurier *Courcy* (résidence à Coutances), Bricqueville-la-Blouette, Cambernon, Nicorps, Saussey.
Desponts, *Gavray*, le Mesnil-Amand, le Mesnil-Garnier, le Mesnil-Hue, le Mesnil-Rogues, le Mesnil-Villeman, Montaigu-les-Bois, Ver.
Barbier, *Hambye* (résidence à Gavray), Grimesnil, la Baleine, Lengronne, le Mesnil-Bonant, Saint-Denis-le-Gast, Sourdeval-les-Bois.
Lemière, *la Haye-du-Puits*, Bolleville, Gerville, Lithaire, Mobecq, Montgardon, Neufmesnil, Saint-Symphorien.
Dudouyt, *Lessay*, Angoville-sur-Ay, Bretteville-sur-Ay, Laulne, Saint-Germain-sur-Ay, Saint-Patrice-de-Claids, Vesly.
Tardif, *le Mesnilbus*, Montcuit, Camprond, Hautteville-la-Guichard, le Lorey, Saint-Aubin-du-Perron.
Doux, *Montmartin-sur-Mer*, Annoville, Hautteville-sur-Mer, Hérenguerville, Lingreville, Montchaton, Regnéville.
Pican, *Périers*, Feugères, Gonfreville, Marchésieux, Nay, Saint-Martin-d'Aubigny, Saint-Sébastien-de-Raids, Saint-Germain-sur-Sèves, Gorges, Baupte, Lastelle, le Plessis, Saint-Jores, Sainte-Suzanne.
Regnault, *Pirou*, Anneville, Créances, Geffosses, la Feuillie, Millières.
Guidon, *Prétot*, Appeville, Coigny, Cretteville, Houtteville, Varenguebec, Vindefontaine.
De Villartay, *Quettreville*, Contrières, Hyenville, Orval, Trelly.
Laurent, *Saint-Malo-de-la-Lande* (résidence à Agon), Ancteville, Boisroger, Brainville, Gratot, la Vendelée, Montsurvent, Servigny, Agon, Blainville, Gouville, Heugueville, Tourville.
Lecorre, *Saint-Sauveur Lendelin*, la Rondehaye, Monthuchon, Muneville,-le-Bingard, Saint-Michel-de-la-Pierre, Vaudrimesnil.

ARRONDISSEMENT DE MORTAIN.

Percepteurs, MM.

Bourbon, *Mortain*, Bion, Rancoudray, le Neufbourg, Saint-Barthélemy, Saint-Clément, Saint-Jean-du-Corail.

Delagneau, *Barenton*, Ger, Saint-Cyr-du-Bailleul, Saint-Georges-de-Rouelley.

Clerc, *Buais*, Ferrières, Heussé, Saint-Symphorien, Savigny-le-Vieux.

Quenette, *Isigny*, les Biards, le Buat, Chalandrey, la Mancellière, le Mesnil-Bœufs, le Mesnil-Thébault, Montgothier, Montigny, Naftel, Vézins.

Lebrun, *Juvigny*, Bellefontaine, Chasseguey, Chérencé-le-Roussel, le Mesnil-Adelée, la Bazoge, le Mesnil-Hainfray, le Mesnil-Tôve, Reffuveille.

Dauteuille, *Milly*, (résidence à Saint-Hilaire-du-Harcouët), Chévreville, Lapenty, Martigny, le Mesnillard, Parigny, Virey.

Avenette, *Notre-Dame-du-Touchet*, (résidence à Mortain), Fontenay, Romagny, Villechien.

Duverne, *Saint-Hilaire-du-Harcouët*, les Loges-Marchis, Moulines, Saint-Brice-de-Landelles, Saint-Martin-de-Landelles.

Lemasson, *Saint-Pois*, Boisyvon, la Chapelle-Cécelin, Coulouvray-Boisbenâtre, Lingeard, le Mesnil-Guilbert, Montjoie, Saint-Laurent-de-Cuves, Saint-Martin-le-Bouillant, Saint-Maur-des-Bois.

Hervy, *Sourdeval*, Beauficel, Brouains, le Fresne-Poret, Gathemo, Perriers-en-Beauficel, Saint-Martin-de-Chaulieu, Saint-Sauveur-de-Chaulieu, Vengeons.

Goulias, *le Teilleul*, Husson, Sainte-Marie-du-Bois.

ARRONDISSEMENT DE VALOGNES.

Percepteurs : **MM.**

Clavreul, *Valognes*, Brix, Huberville, Lieusaint, Montaigu, Saussemesnil, Tamerville, Yvetot.

Jourdan, *Barfleur*, Anneville-en-Saire, le Vicel, Montfarville, Sainte-Geneviève, Valcanville.

Leguay, *Barneville*, Baubigny, Carteret, la Haye-d'Ectot, les Moitiers-d'Allonne, Saint-Pierre-d'Arthéglise, Sénoville, Sortosville-en-Beaumont.

Leloutre, *Bricquebec*, les Perques, le Vrétot, Quettetot.

Legouix, *Emondeville* (résidence à Montebourg), Azeville, Ecausseville, Fontenay-sur-Mer, Fresville, Joganville, Ozeville, Quinéville, Saint-Marcouf.

Laurent, *Montebourg*, Eroudeville, Flottemanville, Hémevez, le Ham, Lestre, Saint-Cyr, Saint-Floxel, Saint-Germain-de-Tournebut, Saint-Martin-d'Audouville, Sortosville, Urville, Vaudreville.

Hébert, *Négreville* (résidence à Bricquebec), Breuville, Magneville, Morville, Saint-Martin-le-Hébert, Rauville-la-Bigot, Sottevast.

Macel, *Néhou* (résidence à Saint-Sauveur-le-Vicomte), Biniville, Colomby, Golleville, Hautteville, Orglandes, Sainte-Colombe.

Groult, *Picauville*, Amfreville, Beuzeville-la-Bastille, Gourbesville, Houesville, Liesville.

Legraverend, *Portbail*, Fierville, le Valdécie, Saint-Georges-de-la-Rivière, Saint-Jean-de-la-Rivière, Saint-Lo-d'Ourville, Saint-Martin-du-Mesnil, Saint-Maurice.

Sinoir, *Quettehou*, Aumeville-Lestre, Crasville, Octeville-la-Venelle, Teurthéville-Bocage, Videcosville.

Pestre-Lamy, *Saint-Sauveur-le-Vicomte,* Besneville, Catteville, Grosville, Etienville, la Bonneville, les Moitiers-en-Bauptois, Neuville-en-Beaumont, Rauville-la-Place, Reigneville, Taillepied.

Le Loup, *Saint-Vaast-la-Hougue,* la Pernelle, Morsalines, Réville.

Garnier, *Sainte-Marie-du-Mont,* Angoville, Audouville-la-Hubert, Blosville, Boutteville, Brucheville, Hiesville, Saint-Martin-de-Varreville, Sébeville, Vierville.

Bouthreuil, *Sainte-Mère-Eglise,* Beuzeville-au-Plain, Carquebut, Chef-du-Pont, Ecoquenéauville, Foucarville, Neuville-au-Plain, Saint-Germain-de-Varreville, Ravenoville, Turqueville.

Succursale de la Banque de France, à Saint-Lo.

Directeur : M. SIMON.

Censeurs : MM. Bellier de Villentroy, de Commines de Marsilly, Blouët.

Administrateurs : MM. Angot, Breton, Vaultier, Trocheris, Dary Pannier-Lachaussée.

Caissier : M. Barreau.

Chef de comptabilité : M. Caubère.

Commis : MM. Dieuleveult, Loroy.

Bureau auxiliaire de Cherbourg.

Chef : M. Simas.

Caissier : M. Genty.

Les opérations de la Banque de France consistent à :

1° Escompter des effets de commerce payables à Paris ou dans les succursales, dans le délai de trois mois, revêtu de trois signatures, ou seulement de deux avec dépôt de titre en garantie ;

2° Faire des avances de 80 % sur rentes françaises et 75 % sur actions et obligations des chemins de fer, obligations de la ville de Paris, foncières et algériennes ;

3° Emettre des billets à ordre payables à Paris, ou dans les succursales, moyennant une commission de 0 fr. 50 c. pour 1,000 fr.

ADMINISTRATION DES CONTRIBUTIONS DIRECTES.

ET DU CADASTRE.

Directeur : M. Ed. LORIN, à Saint-Lo, rue du Château, 12.

Bureaux de la Direction : rue Dame-Denise, 3, à Saint-Lo.

Contrôleur principal 1er commis : M. Fauvel, à Saint-Lo, rue du Château, 6.

Les bureaux sont ouverts tous les jours excepté les dimanches et fêtes de huit heures du matin à onze heures et demie et de une heure et demie à quatre heures et demie du soir, pour les renseignements, ainsi que pour la délivrance des extraits de matrices cadastrales et des copies de plan.

Inspecteurs : M. Jozeau, place des Beaux-Regards, n° 18, à Saint-Lo.

Contrôleurs.

Saint-Lo.—M. Lubet, contrôleur principal, rue du Mouton, n° 8.— Perceptions de Canisy, Gourfaleur, Lozon, Marigny, Pont-Hébert, Sainte-Croix-de-Saint-Lo. Saint-Jean-de-Daye, Saint-Lo.

Torigni. — M. Bony, contrôleur de 2e classe, à Saint-Lo, rue Torteron, 95 bis. — Perceptions de La Colombe, Moyon, Percy, Saint-Jean-des-Baisants, Saint-Clair, Saint-Georges-d'Elle, Tessy, Torigni.

Carentan — M. Huret, contrôleur de 3e classe, à Carentan — Perceptions de Carentan, Lessay, Périers, Picauville, Pirou, Prétot, Sainte-Marie-du-Mont, Sainteny.

Valognes. — M. de Gratien, contrôleur de 2e classe, à Valognes, rue du Vieux-Château. — Perceptions de Barfleur, Emondeville, Montebourg, Quettehou, Sainte-Mère-Eglise, Saint-Vaast, Valognes.

Saint-Pierre-Eglise. — M. Bossu, contrôleur de 2e classe, à Cherbourg, place de la Révolution, 23. — Perceptions de Beaumont, Brillevast, les Pieux, Martinvast, Sainte-Croix-Hague, Saint-Pierre-Eglise, Siouville, Tocqueville.—Communes de Bretteville, Digosville, Hainneville, le Mesnil-au-Val et Nouainville.

Cherbourg. — M. Le Gouix, contrôleur principal, à Cherbourg, quai de Paris, 78. — Communes de Cherbourg, Equeurdreville, Octeville, Querqueville, Tourlaville.

Bricquebec.—M. Tanqueray, contrôleur de 3e classe, à Valognes. —Perceptions de Barneville, Baudreville, Bricquebec, la Haye-du-Puits, Négreville, Néhou, Portbail, Saint-Sauveur-le-Vicomte.

Coutances. — M. Caussé, contrôleur de 3e classe, à Coutances. — Perceptions d'Agon, Cerisy-la-Salle, Courcy, Coutances, le Mesnilbus, Montmartin, Quettreville, Saint-Malo-de-la-Lande, Saint-Sauveur-Lendelin.

Granville. — M. Guérard, contrôleur de 1re classe, à Granville, rue Saint-Michel, 26 et 27. — Perceptions de Bréhal, Cérences, Granville, la Beslière, Montviron, Sartilly.

Avranches. — M. Chassan, contrôleur de 1re classe, à Avranches, rue du Séminaire, n° 3. — Perceptions d'Avranches, Carnet, Curey, Ducey, Pontaubault, Pontorson, Ponts, Saint-James, Saint-Sénier.

Villedieu. — M. Bouvattier, contrôleur hors classe, à Avranches, boulevard du Sud, n° 36.—Perceptions de Brécey, Gavray, Hambye, Isigny, la Haye-Pesnel, Saint-Georges-de-Livoye, Saint-Pois, Villedieu.

Mortain.—M. Josset, contrôleur hors classe, à Mortain.—Perceptions de Barenton, Buais, Juvigny, Le Teilleul, Milly, Mortain, Notre-
Dame-du-Touchet, Saint-Hilaire-du-Harcouët, Sourdeval-la-Barre.

Surnuméraires-Contrôleurs.

MM. A. Lorin, 12, rue du Château, et Picquenot, 24, rue du
Neufbourg, à Saint-Lo.

ENREGISTREMENT, DOMAINE, TIMBRE
ET HYPOTHÈQUES.

M. Leroy, directeur, à Saint-Lo.

Inspecteur. — M. Gley, à Saint-Lo.

Sous-Inspecteurs. — MM. Julliot de Lamorandière, à Saint-Lo ;
Sanquer, à Cherbourg ; Morin, à Avranches ; Lecarpentier, à
Coutances ; Bohn, à Valognes ; Dary, à Mortain.

Receveur rédacteur près de la Direction. — M. Rigault.

Employé du Timbre. — M. Devaux, garde-magasin, contrôleur
de comptabilité.

Conservateurs des hypothèques.—MM. de Mendonça, à Saint-Lo;
de Puniet de Parry, à Avranches ; Guillemin, à Cherbourg ; Chevallot, à Coutances ; Gautier, à Mortain ; Plessis, à Valognes.

Receveurs des actes civils et des successions. — MM. Brémont, à
Saint-Lo ; Bénard, à Cherbourg ; Roulier, à Coutances.

Receveurs des actes judiciaires et des Domaines. — MM. Delisle,
à Saint-Lo ; Badin, à Cherbourg ; Dudouyt, à Coutances.

Receveurs de l'Enregistrement et des Domaines. — MM. Dutheil,
à Canisy ; Le Biez, à Carentan; Ferré, à Marigny; Guillon, à Percy;
Le Tellier, à Pont-Hébert ; Lecourt, à Tessy-sur-Vire ; Ameline-
Basbourg, à Torigni-sur-Vire ; Provost, à Avranches ; Philippe-
Desportes, à Brécey ; Gautier, à Ducey ; Millet, à Granville ; Jaouen,
à la Haye-Pesnel ; Lefebvre, à Pontorson ; Dhangest, à Saint-James ;
Chaillou de l'Etang, à Sartilly ; Thomas, à Villedieu ; Mortain, à
Beaumont ; Tanqueray, à Saint-Pierre-Eglise ; Brouard, aux Pieux ;
Laboureur, à Brébal ; Loyer, à Cerisy-la-Salle ; Schlinger, à Gavray;
Agnès, à la Haye-du-Puits ; Dubois, à Lessay ; Danlos, à Montmar-
tin-sur-Mer ; Dumont, à Périers ; Divoy, à Saint-Sauveur-Lendelin ;
Fouilleul, à Mortain ; Cerisier, à Barenton ; Guillier, à Saint-Hilaire-
du-Harcouët; Menant, à Isigny-le-Buat; Massip, à Juvigny; Dubrouil,
à Saint-Pois ; Raphanel, à Sourdeval ; Billaudeau, au Teilleul ;
Céron, à Valognes ; Sueur, à Barneville ; Broyelle, à Bricquebec ;
Guérin, à Montebourg ; Le Marié, à Sainte-Mère-Eglise ; Bresson, à
Saint-Sauveur-le-Vicomte ; Pierre, à Saint-Vaast.

Surnuméraires.—MM. Levenard, Goulet et Levallois, à Saint-Lo ;
de Laurens, Dégot, de Saint-Julien, Badin et Roulier, à Cherbourg ;
Aupoix, à Valognes ; Vivier, Dudouyt et Lemaître, à Coutances ;
Gautier, à Mortain ; Dumoncel, à Granville.

ADMINISTRATION DES FORÊTS.

Le département de la Manche fait partie de la 2ᵉ conservation dont le siège est à Rouen, et relève directement de l'inspection de Bayeux (Calvados) gérée par M. Bertrand, inspecteur-adjoint, chef de service.

Une partie de la forêt domaniale de Cerisy, dite le *Bois-l'Abbé*, d'une contenance de 334 hectares 49 centiares, se trouve située dans le département de la Manche, commune de Cerisy-la-Forêt, canton de Saint-Clair, arrondissement de Saint-Lo.

Le bois de *Mingret*, 20 hectares, situé sur le territoire de la commune d'Hébécrevon et appartenant à l'hospice de Saint-Lo, est soumis au régime forestier ; il est géré par l'Administration des forêts et fait partie de l'Inspection de Bayeux.

ADMINISTRATION DES DOUANES.

Directeur : M. LE BOULLENGER ✳, à Saint-Malo (1).

Service administratif et de perception.

Inspecteurs divisionnaires. — MM. de Saint-Quentin ✳, à Cherbourg ; Chérot, à Granville.

Principalité de Granville — MM. Harivel, receveur principal, à Granville ; Reulos, vérificateur, à Granville ; Giron, de la Massuère et Duval, vérificateurs-adjoints, à Granville ; Dairou et Le Rumeur, commis principaux, à Granville ; Mariette et Launay, commis, à Granville ; Hennequin, receveur, à Regnéville ; Le Cardonnel, receveur-buraliste, à Pontorson.

Principalité de Cherbourg. — MM. Chaumel, receveur principal, à Cherbourg ; Lucciana, sous-inspecteur ; Cousin, contrôleur ; Henry, Monnier et Le Buhotel, vérificateurs ; Adam, vérificateur-adjoint ; Bonifay, Leclercq et Level, commis, à Cherbourg ; Lepoittevin, receveur, à Barfleur ; Leprévost, receveur, à Saint-Vaast ; Binet, commis, à Saint-Vaast ; Audoire, receveur, à Portbail ; Houin, receveur, à Carteret ; Manquest, receveur, à Carentan ; Lelaidier, receveur, à Diélette ; Vasselin, receveur-buraliste, à Omonville.

Service des Brigades.

Capitainerie de Pont-Gilbert. — MM. Le Couturier, capitaine, à Pont-Gilbert ; Dumas, lieutenant, à Saint-Jean-le-Thomas. —

(1) Indépendamment des inspections divisionnaires de Granville et de Cherbourg auxquelles se rattachent les services indiqués ici, la Direction des Douanes de Saint-Malo, comprend les trois inspections de Saint-Malo, de Saint-Brieuc et de Tréguier, situées dans l'Ille-et-Vilaine et les Côtes-du-Nord.

Brigadiers : **MM.** Rondreux, à Beauvoir ; Le Bas, à Pont-Gilbert ;
Névot, à Genest; Sorel, à Saint-Jean-le-Thomas; Lenfant, à
Carolles.

Capitainerie de Granville. — **MM.** Maron, capitaine, à Granville ;
Jouvin, lieutenant, à Granville ; Rapilly, lieutenant, à Regnéville. —
Brigadiers : **MM.** Duval, à Saint-Pair ; Le Gué, Pinson, à Granville ;
Launay, à Bréville ; Hulin, à Bricqueville ; Jouenne, à Hautteville ;
Lequéret, à Regnéville. — **M.** David, patron, à Granville.

Capitainerie de Gouville. — **MM.** Fardet, capitaine, à Gouville ;
Hautemanière, lieutenant, à Blainville ; Baudour, sous-lieutenant, à
Pirou. — Brigadiers : **MM.** Jugan, à Agon ; Lemoine, à Blainville ;
Ameline et Lenoir, à Gouville ; Journeaux, à Pirou ; Aubin, à
Créances.

Capitainerie de Portbail. — **MM.** Trégret, capitaine, à Portbail ;
Lafosse, lieutenant, à Carteret ; Giffard, lieutenant, à La Cosnar-
dière. — Brigadiers : **MM.** Lecouflet, à Saint-Germain-sur-Ay ;
Labousse, à La Cosnardière ; Grossin, à Denneville ; Groult, à
Portbail ; Le Gruel, à Roualle ; Simon, à Carteret ; Quenault, à
Hattainville. — **M.** Guesnon, patron, à Portbail.

Capitainerie de Diélette. — **MM.** Hilt, capitaine, à Diélette ; N...,
sous-lieutenant, au Rozel ; Le Boullenger, lieutenant, à Siouville. —
Brigadiers : **MM.** Jeanne, à Surtainville ; Cahu, au Rozel ; Joubert, à
Flamanville ; Beuzeval, à Diélette ; Devicq, à Siouville ; Deganne, à
Vauville. — **M.** Fourmy, patron, à Diélette.

Capitainerie du Grand-Vey. — **MM.** Grumelart, capitaine, au
Grand-Vey; Leclerc, lieutenant, à Carentan ; Lechevalier, lieutenant,
à Ravenoville.—Brigadiers : **MM.** Montcuit, à Quinéville ; Chauvel, à
Ravenoville. — Fortin, à la Madelaine ; Mahaut, au Grand-Vey ;
Moitié, à Carentan ; Vaugrande, à Brévands.

Capitainerie de Beaumont. — **MM.** Laurent, capitaine, à Beau-
mont ; Jeanne, lieutenant, à Auderville ; Rumeau, sous-lieutenant, à
Jobourg ; Leprieur, lieutenant, à Omonville. — Brigadiers : **MM.** Le
Guest, à Beaumont; Deganne, à Herqueville ; Bréard, à Jobourg;
Joubert, à Merquetot; Digard, à Auderville; Fauny, à Saint-Germain-
des-Vaux ; Jean, à Saint-Martin-des-Vaux ; Le Begin, à Omonville ;
Chasles, aux Ducs; Lemétayer, à Landemer.—Patrons : **MM.** Castel,
à Auderville ; Enault, à Omonville.

Capitainerie de Cherbourg. — **MM.** Liébard, capitaine, à Cher-
bourg ; Lemétayer, Blondel, lieutenants, à Cherbourg.—Brigadiers :
MM. Hochet, à Querqueville ; Moncel, à Sainte-Anne ; Fontaine,
Leviel, Osmont, à Cherbourg ; Marion, à Bourbourg ; Le Terrier, au
Becquet. — **M.** Jeanne, patron, à Cherbourg.

Capitainerie de Barfleur.—**MM.** Quiédeville, capitaine, à Barfleur;
Levallois, lieutenant, à Fermanville ; Le Floch, lieutenant, à Saint-
Vaast. — Brigadiers : **MM.** Legagneux, à Maupertus ; Legagneux, à
Fermanville ; Belliard, à Cosqueville ; Burnel, à Gouberville ;
Couillard, à Barfleur ; Duval, à Montmorin ; Clouet, à Saint-Vaast ;
Fiquet, à Morsalines. — **MM.** Simon, patron, à Fermanville et Ber-
trand, patron, à Saint-Vaast.

9

Organisation militaire (1).

27ᵉ bataillon.—Commandant : M. de Saint-Quentin ✳, inspecteur, à Cherbourg ; capitaine-adjudant-major : M. Quiédeville ✳, à Barfleur.

Compagnies actives. — 1ʳᵉ : MM. Grumelart, capitaine ; Leclerc et Lechevalier, lieutenants.—2ᵉ : MM. Laurent, capitaine ; Leprieur, lieutenant ; Rumeau, sous-lieutenant. — 3ᵉ : MM. Hilt, capitaine ; Lafosse et N. ., lieutenants. — 4ᵉ : MM. Fardel, capitaine ; Dumas et Giffard, lieutenants. — 5ᵉ : MM. Maron, capitaine ; Jouvin et Rapilly, lieutenants.

Compagnie de forteresse de Cherbourg.—MM. Liébard, capitaine ; Lemétayer et Blondel, lieutenants.

Section de forteresse de la Hougue.—M. Le Floch, lieutenant.

Services de santé.

Capitainerie de Pont-Gilbert.—MM. Bailleul, Frémin et Papillon, médecins.

Capitainerie de Granville. — MM. Letourneur, de la Bellière et Danlos, médecins.

Capitaineries de Gouville et de Portbail. — MM. Vincent, Bétail-louloux, et Marguerie, médecins.

Capitaineries de Diélette et de Beaumont. — M. Leduc, médecin.

Capitainerie de Cherbourg. — M. Monnoye, médecin.

Capitainerie de Barfleur. — MM. Leterrier, Legalcher-Baron et Ménard, médecins.

Capitainerie du Grand-Vey. — MM. Carbonnel et Le Goupil, médecins.

Administration des Contributions indirectes.

M. Guillaumin, directeur.

MM. Carion, contrôleur, 1ᵉʳ commis de direction ; Cossé, Courbaize, Marcetteau, commis de direction ; N..., surnuméraire.

MM. Berluteau, Cresson, Boyer, inspecteurs.

Circonscription administrative de Saint-Lo.

Saint-Lo. — Rebstock, receveur principal, entreposeur.
    —   Pelletier, contrôleur.

(1) Le 27ᵉ bataillon et les compagnies et sections de forteresse de la Manche sont rattachés au 10ᵉ corps d'armée.

Saint-Lo,—Ereau, Flament, Chapt, Beaume, commis; N...,
surnuméraire.

— Taupin, receveur; Turquand d'Auzay, commis
principal.

Carentan.—Sylvestre, receveur; Yvenal, commis principal.

Marigny.—Mallet, receveur; Ruaud, commis principal.

Tessy.—Maréchal, receveur; Gaulthier, commis principal.

Torigni.—Lecoutey, receveur; Rabardel, commis principal.

Coutances.—L'Equillebec, receveur, entreposeur.

— Lemasurier, commis principal de 2ᵉ classe, chef
de poste.

Poligné, Poupard, Béra, commis.

— Armenault, receveur; Fleury, commis principal.

Bréhal.—Roudant, receveur; Arvieu, commis principal.

Cerisy-la-Salle.—Garcelle, receveur; Guénou, commis principal.

Gavray.—Masson, receveur; Mandon, commis principal.

La Haye-du-Puits.—Lemoine, receveur; Treilles, commis principal.

Lessay.—Boivert, receveur; Gensous, commis principal.

Périers—Lehodey, receveur; Le Coz, commis principal

Circonscription administrative d'Avranches.

M. d'Aubenton, sous-directeur.

MM. Hamonic, Guillon, commis de sous-direction; Lechardeur,
surnuméraire.

Avranches.—Cazin, receveur principal, entreposeur.

— Perrault, contrôleur.

— Laray, Pioche, Dessay, Angor, commis.

Granville.- Brindejon, contrôleur.

— Picquet, receveur particulier sédentaire.

— Brugalé, Dupradeau, Le Bihan, Cancelier, commis.

Brécey.—Frigot, receveur; Augrain, commis principal.

Ducey.--Poirier, receveur; Faligot, commis principal.

Pontorson.—Danican, receveur; Dessieux, commis principal.

Saint-James.—Monmirel, receveur; Le Berrigaud, commis principal.

Sartilly.—Cordon, receveur; Testu, commis principal.

Villedieu.—Néel, receveur; Bré, commis principal.

Mortain.—Chanteux, receveur, entreposeur; Etesse, receveur;
Gaillard, commis principal.

Le Teilleul.—Boucher, receveur; Herbert, commis principal.

Saint-Hilaire.—Danguy, receveur; Tissier, commis principal;
Guégan, commis du service des distilleries.

Saint-Pois.—Doussin, receveur; Kerleau, commis principal.

Sourdeval.—Fouquet, receveur; Adam, commis principal.

Circonscription administrative de Cherbourg.

M. Degord, sous-directeur.

MM. Dufour, Delon et Prat, commis de sous-direction; N...., surnuméraire.

Cherbourg.—Addison, receveur principal, entreposeur; Bazin, receveur particulier; Momont, contrôleur; Desbois, Toinel et Guérin Villaubreil, commis principaux, chefs de poste.

Enlart de Guémy, Sauvage, Grall, Baudou, Rigal, Groux, Le Roux, commis.

Beaumont.—Gauvin, receveur; Chedeville-Desvaucelles, commis principal.

Equeurdreville.—Lelièvre, receveur; Hébert, commis principal.

Les Pieux.—Lafage, receveur; Bébin, commis principal.

Saint-Pierre-Eglise.—Leguélinel, receveur; Le Tanaff, commis principal.

Tourlaville.—Ozenne, receveur; Heurtel, commis principal.

Valognes.—Piriou, receveur-entreposeur; Lépine, receveur; Guégan, commis principal.

Bricquebec.—Mouchot, receveur; Briend, commis principal.

Montebourg.—Desplanques, receveur; Miette, commis principal.

Sainte-Mère-Eglise.—Josse, receveur, Gondouin, commis principal.

Saint-Sauveur-le-Vicomte.—Desheulles, receveur; Guérin, commis principal.

Saint-Vaast.—Mocquet, receveur; Clauzet, commis principal.

POSTES ET TÉLÉGRAPHES.

DIRECTION DU DÉPARTEMENT

M. RAULT, *directeur*, à Saint-Lo.

MM. Le Grand, *inspecteur*, en résidence à Cherbourg; Postaire et Le Landais, *inspecteurs*, à Saint-Lo.

MM. Bougourd, *commis principal*; Legendre, Desfaudais, Bonhomet, Osmond, Sibran, Lebreton, commis.

MM. Duval et Menant, *brigadiers-facteurs*.

BUREAUX.

NOMS DES BUREAUX.	NOMS DES RECEVEURS (1)	
	POSTES.	TÉLÉGRAPHES.
Saint-Lo.............	M. Delhomme, rec. p¹	M. Delhomme, r* p¹
Agon	Mlle Lecadet.	Mlle Lecadet.
Airel.	Mmes Piriou.	Mmes Piriou.
Anneville-en-Saire	Pâques.	Pâques.
Avranches............	M. Hantraye.	M. Hant·aye.
Bacilly..............		M. Morin.
Barenton	Mlles Simon.	Mlles Simon.
Barfleur.	Debourgogne.	Debourgogne
Barneville-sur-Mer.....	Gesbert.	Gesbert.
Beauchamps	Piquot.	»
Beaumont-Hague.......	Lepasquier.	Lepasquier.
Bérigny.............	Mme Bigot.	Mme Bigot.
Blainville.	Mlles Rabec.	Mlles Rabec.
Brécey.............	Achard.	Achard.
Bréhal..............	M. Lesage.	M. Lesage.
Bricquebec	Mlle Halley.	Mlle Halley.
Buais	Mmes Clouard.	Mmes Clouard.
Canisy	Lemeray.	Lemeray.
Carentan	de Confevron.	Mmes de Confevron
Carolles	»	Lacroix.
Cérences	Mlle Hardy.	Mlle Hardy.
Cerisy la-Forêt	Mmes veuve Delafosse.	Mmes v^e Delafosse.
Cerisy-la-Salle.........	Vindard.	Vindard.
Cherbourg	M. Roulier.	M. Roulier.
Id. (bureau de l'arsenal)....	»	M. Legagneux.
Id. (bureau du Val-de-Saire) .	M. Schemel.	M. Schemel.
Coulouvray-Boisbenâtre.	Mlle Dromer.	
Coutances	M. Lucas.	M Lucas.
Créances	Mme Clément.	
Ducey	Mlle Tournebois.	Mlle Tournebois.
Equeurdreville	Mmes Le Cuirot.	Mme Le Cuirot.
Fermanville..	Duval-Lapallière.	»
Flamanville...........	Mlles Lelanchon.	
Gavray	Lancelot.	Mlle Lancelot.
Genest..............	»	Mmes Lechevretel .
Ger...	Mme Desvoyes.	Desvoyes.
Gouville............	Mlle Jean.	Mlle Jean.
Granville............	M. Lecherre.	M. Lecherre.
Grosville	Mme Tesnière.	»
Hambye..	Mlle Bézard.	Mlle Bézard.
Haye-du-Puits (La).....	Mme Mangin.	Mme Mangin.
Haye-Pesnel (La)	Mlle Nicolle.	Mlle Nicolle.
Isigny-le-Buat.........	Mme Anfray.	Mme Anfray.
Jullouville...........	»	Mlles Chevalier.
Juvigny-le-Tertre.......	Mlle Villedieu.	Villedieu.
Lessay.	M. Devaine.	M. Devaine.
Marigny.............	Mme Boucher.	Mme Boucher.
Martinvast......... ...	Mlle Creveuil.	Mlle Creveuil.

(1) Les communes pour lesquelles ne figurent pas le nom de Receveur dans l'une des colonnes dans la liste de ces agents ne sont pourvues que de l'un des deux services : Postes ou Télégraphes.

NOMS DES BUREAUX.	NOMS DES RECEVEURS	
	POSTES.	TÉLÉGRAPHES.
Milly (bureau auxiliaire de poste).—(Téléph⁰)..	M. Hérault.	M. Hérault, gér¹.
Montbray	Mˡˡᵉ Nourry.	Mˡˡᵉ Nourry.
Montebourg.........	Mᵐᵉ Josse	Mᵐᵉ Josse.
Montmartin-sur-Mer....	Mˡˡᵉ Bourdon.	Mˡˡᵉ Bourdon.
Mont-Saint-Michel.....	Mᵐᵉ Joubart.	Mᵐᵉ Joubart.
Mortain	M. Le Crecq.	M. Le Crecq.
Octeville	Mᵐᵉ Doucet.	Mᵐᵉ Doucet.
Percy....	Mˡˡᵉ Mauduit	Mˡˡᵉ Mauduit.
Périers	Mᵐᵉˢ veuve Leclerc.	Mᵐᵉˢ vᵉ Leclerc.
Pieux (Les)	Lechevallier.	Lechevallier.
Pont-Hébert	Mˡˡᵉˢ Gallery de la Trem-blaye.	Mˡˡᵉ Gallery de la Tremblaye .
Pont-l'Abbé-Picauville.	Lombard.	Mˡˡᵉ Lombard.
Pontorson.	Mᵐᵉ Rihouet.	Mᵐᵉ Rihouet.
Portbail	Mˡˡᵉˢ Hinet.	Mˡˡᵉˢ Hinet.
Prétot.............	Delahaye.	»
Quettehou	Thin	Thin.
Quettreville	Delacour.	Delacour.
Regnéville	M. Loison.	M. Loison.
Remilly ....: ..	Mˡˡᵉ Eve.	Mˡˡᵉ Eve.
Roncey	Mᵐᵉ Ruault.	Mᵐᵉ Ruault.
Ruffosses.............	»	M. Marguerite.
Sartilly	Mˡˡᵉ Leterrier.	Mˡˡᵉ Leterrier.
Sottevast	Mᵐᵉ Lebarbenchon.	
Sourdeval	M. Amiot.	M. Amiot.
Saint-Clair-sur-Elle ...'..	Mˡˡᵉˢ Savary.	Mˡˡᵉˢ Savary.
Sainte-Croix-Hague	Villedieu.	Villedieu.
Saint-Denis-le-Gast.....	Trébet.	Trébet.
Sainteny.........	Coupard.	Coupard.
St-Hilaire-du-Harcouët ..	M. Bertaux.	M. Bertaux.
Saint-James	M. Lemoine.	M. Lemoine.
Saint-Jean-de-Daye	Mᵐᵉ Lebouteiller	Mᵐᵉ Lebouteiller.
Saint-Jean-des-Baisants .	Mˡˡᵉˢ Castel.	»
Saint Malo-de la-Lande..	Bourdet.	Mˡˡᵉ Bourdet.
Sainte-Marie-du-Mont . .	Mᵐᵉ Levavasseur.	Mᵐᵉ Levavasseur.
Sainte-Mère-Eglise	Mˡˡᵉˢ Vieillard.	Mˡˡᵉˢ Vieillard.
Saint-Pair	Mondo.	Mondo.
Sainte-Pience	Brionne.	Brionne.
Saint-Pierre-Eglise	Mᵐᵉˢ veuve Larrue.	Mᵐᵉˢ vᵉ Larrue.
Saint-Pois.............	Coguyec.	Coguyec.
St-Samson-de-Bonfossé.	Mˡˡᵉˢ Perrin.	»
Saint-Sauveur-Lendelin .	Guénon.	Mˡˡᵉˢ Guénon.
St-Sauveur-sur-Douves ..	Leprévost.	Leprévost.
Saint-Vaast-la-Hougue ..	Lompech.	Lompech.
Teilleul (Le)	Joubin.	Joubin.
Tessy-sur-Vire	Mᵐᵉ veuve Morisset..	Mᵐᵉ vᵉ Morisset.
Torigni-sur-Vire	Mˡˡᵉ Frault.	Mˡˡᵉ Frault.
Tourlaville	Mᵐᵉ Bernard.	Mᵐᵉ Bernard.
Valognes..............	M. Jouanne.	M. Jouanne.
Vast (Le)	Mˡˡᵉ Fossey.	Mᵐᵉ Laronche.
Villebaudon............	Mᵐᵉ veuve Hus.	»
Villedieu-les-Poêles.. ..	Mˡˡᵉ Peslin.	Mˡˡᵉ Peslin.

SÉMAPHORES OUVERTS AU SERVICE DE LA TÉLÉGRAPHIE PRIVÉE.

Agon	Flamanville.	Pointe Jardeheu.
Barfleur-Gatteville.	Fort la Hougue.	Pointe du Roc.
Cap la Hague.	Ile Chautey.	Querqueville.
Cap Lévi.	Ile Peléc.	Saint-Germain-sur-Ay.
Carteret.	Nez de Jobourg.	
Cherbourg-Digue.	Onglet (Vigie de l').	

GARES OUVERTES AU SERVICE DE LA TÉLÉGRAPHIE PRIVÉE.

Sottevast.

SERVICE VICINAL.

M. Lelièvre O. A. M. O., agent voyer en chef du département, à Saint-Lo.

AGENTS VOYERS D'ARRONDISSEMENT.

MM. Durel, à Saint-Lo; Benard, à Avranches; Mesnage, à Cherbourg; Lepuisant, O. A. à Coutances; Hermann, à Mortain; Enquebecq, à Valognes.

Agents voyers et Employés attachés aux divers Bureaux.

BUREAU DE L'AGENT VOYER EN CHEF.

MM. Heude, agent voyer principal, chef de bureau; Darthenay, agent voyer de 1re classe, chargé de la comptabilité; Bigot, agent voyer, aide-comptable; Desaunette, agent voyer, chargé du service d'ordre; Adam, agent voyer, dessinateur; Douchin, agent voyer surnuméraire; Damécourt, expéditionnaire.

BUREAUX DES ARRONDISSEMENTS.

Arrondissement de Saint-Lo.—MM. Horel, agent voyer cantonal, et Garnier, agent voyer surnuméraire.

Arrondissement d'Avranches. — MM. Madelaine, agent voyer cantonal, et Lacolley, agent voyer surnuméraire.

Arrondissement de Cherbourg. — MM. Raynel, agent voyer cantonal, et Simonne, agent voyer surnuméraire.

Arrondissement de Coutances. — MM. Marie, agent voyer cantonal, et Duval, agent voyer auxiliaire.

Arrondissement de Mortain. — MM. Leconte, agent voyer auxiliaire, et Parey, agent voyer surnuméraire.

Arrondissement de Valognes. — **MM**. Renault, agent voyer auxiliaire, et Fras, agent voyer surnuméraire.

Agents voyers cantonaux du service actif.

Arrondissement de Saint-Lo. — **MM**. Pitron, à Saint-Lo ; Lerebours à Tessy ; Lecousté, à Tessy ; Dupont, à Carentan ; Lamoureux, à Percy ; Fournier, Pain, à Saint-Lo ; Bienvenu, à Marigny.

Arrondissement d'Avranches. — **MM**. Thébault, à Granville ; Leduc, à Villedieu ; Liron, à Saint-James ; Lépine et Dubosc, à Avranches ; Desgranges, à Brécey ; Poupeville, à Sartilly ; Leriverend, à Pontorson ; Huet, à la Haye-Pesnel.

Arrondissement de Cherbourg. — **MM**. Roger, agent voyer hors classe, à Cherbourg ; Levast, à Saint-Pierre-Eglise ; Boitel, aux Pieux ; Lerebours, à Beaumont.

Arrondissement de Coutances. — **MM**. Meslet, et Hubert, à Coutances ; Moitié, à la Haye-du-Puits ; Erard, à Gavray ; Provost, à Périers ; Désiré, à Bréhal ; Jeanne, à Lessay ; Valéry, à Cerisy-la-Salle.

Arrondissement de Mortain. — **MM**. Coguyec, à Saint-Pois ; Fleury, à Saint-Hilaire-du-Harcouët ; Corbin, à Mortain ; Martin, au Teilleul ; Boitel, jeune, à Sourdeval ; Levillain, à Juvigny-le-Tertre.

Arrondissement de Valognes. — **MM**. Fortin, agent voyer hors classe, à Sainte-Mère-Eglise ; Garnier, à Saint-Sauveur-le-Vicomte ; Liron, aîné, à Bricquebec ; Douchin, à Saint-Vaast ; Lechanteur, à Valognes ; Jeanne, à Montebourg ; Dorange, à Barneville.

CLERGÉ DU DIOCÈSE.

Evêque : **Mgr** Germain (Abel-Anasthase), né le 1er avril 1833, à Saint-Sylvain (Calvados), sacré à Bayeux le 19 mars 1876, 88e évêque.

Vicaires généraux.

MM. Durel, official ; Legoux, agréé par le Gouvernement ; Bizon, supérieur du grand-séminaire.

Secrétariat de l'Evêché.

MM. Mauduit, secrétaire général ; Sanson, Fleury, pro-secrétaires ; Laisney, secrétaire particulier de Mgr l'Evêque.

Chanoine d'honneur.

S. E. le cardinal Macchi, NN. SS. Osouf, archevêque de Tokio ; Hugonin ✳, évêque de Bayeux ; Billard, évêque de Carcassonne ; Bécel ✳, évêque de Vannes ; Perraud ✳, évêque d'Autun ; Jourdan de la Passardière, évêque de Roséa ; Cléret ✳, évêque de Laval ; Le Roy, évêque d'Alinda, vic. ap. du Gabon ; **Mgr** Marini, camérier secret de S. S.

Chanoines titulaires.

MM. Laisney, Pigeon, Joubin, Mauduit, Boursin, Ménard.

Chanoines honoraires résidant dans le diocèse.

MM. Ameline, Duval, Langenais, Gillot, Jouenne, Dallain, Bizon, Lemonnier, Dubois, Hamel (F.), Turgot, Sanson, Leroux, Blanchet, Béatrix, Germain, Lepeltier, Leroy (A.), Vignon, Dupont, Moulin, Maquerel, Bouffaré, Laisney, Lecacheux, Binet, Tollemor (H.), Tollemer (A.), Leroy (M.), Duclos, Lebedel, Richer, de Longueville, Destrès, Gardin, Gibon, Douville, Dolbet, Hamelin, Fossard, Bonhomme, Vautier, Hélie, Hamel (J. L.)

Chanoines honoraires résidant hors du diocèse.

MM. Gravey, Grandjean, Montagnon, Gillouard, Loisel, Delarue, Tirhard, Bizon.

Conseil épiscopal.

MM. les Vicaires généraux et le Secrétaire général de l'Evêché.

Grand-Séminaire.

MM. Bizon, supérieur ; Marty, directeur, professeur de morale ; Ollivier, professeur d'écriture sainte ; Brin, professeur de droit canon ; Colibert, économe ; Lagardère, professeur de dogme ; Parpaillon, Vauloup, professeurs de phisolophie.

Bureaux d'administration des Séminaires.

Mgr. l'Evêque président ; **MM.** Durel, vicaire général ; Bizon, supérieur du grand-séminaire ; Legoux, vicaire général, trésorier ; Colibert, économe ; Mauduit, secrétaire.

ÉTABLISSEMENTS ÉCCLÉSIASTIQUES.

Petit-Séminaire de Mortain.

MM. Supérieur : Dubois, chanoine honoraire. — Supérieur honoraire : Ameline, chanoine honoraire. — Phisolophie : Godefroy prêtre. — Rhétorique : Signeux, prêtre. — Sciences : Laisney, prêtre ; Pasquet, diacre ; Duchesne, clerc. — Histoire : Détret, prêtre. — Seconde : Yon, prêtre. — Troisième : Fortin prêtre. — Quatrième : Gonet, Baudry, prêtres. — Cinquième : Gastebois, prêtre. — Sixième : Madelaine, diacre. — Septième, et huitième : Morel, sous-diacre. — Français : François, prêtre ; Chaulieu, diacre. — Anglais : Datin, prêtre. — Préfet de discipline : Godefroy. — Présidents d'études : Costard, Lebaron, Colin, prêtres. — Dessin : François, prêtre. — Musique : un laïque.

Petit-Séminaire et Collège diocésain de Saint-Lo.

MM. Supérieur : Lemonnier. chanoine honoraire. — Directeur : Lenvoisé prêtre. — Mathématiques élémentaires : Quesnel, prêtre ; Houssin, diacre. — Philosophie : Lenvoisé prêtre. — Rhétorique : Jeanne, prêtre. — Sciences : Hérembourg, Lenesley, prêtres. — Histoire et géographie : Savary, prêtre. — Seconde : Postel, prêtre. — Troisième : Lemasson, Richard, prêtres. — Quatrième : Morel, Granier, prêtres. — Cinquième : Casseville, Gourat, prêtres. — Sixième : Lepeltier, diacre ; Fontaine. — Septième : Louis, prêtre. — Huitième : Mesplet, prêtre ; Marie, prêtre, suppléant. — Classe préparatoire : un laïque. — Français : David, prêtre, un laïque. - Anglais : Houyvet, prêtre. — Allemand : Gibon, prêtre. — Econome : Durel, prêtre. — Préfet de discipline : Blin (J.), prêtre. — Présidents d'études : Durel (A.), Leveillé, Lécluze, prêtres ; Pasturel, sous-diacre. - Dessin : un laïque. — Musique : deux laïques. — Gymnastique et escrime : un laïque.

Petit-Séminaire et Collège diocésain de Valognes.

MM. Supérieur ; Chevrel, prêtre. -- Directeur : Guiné, prêtre. — Philosophie : Guiné prêtre. — Rhétorique : Poignant, prêtre. — Sciences : Gendrot, Renault, Délin, prêtres. — Histoire : Damourette, prêtre. -- Seconde : Kerdal, prêtre. - Troisième : Rouxel (B.), prêtre. — Quatrième : Levallois, prêtre. — Cinquième : Roussel (P.), prêtre. -- Sixième : Thouary, prêtre. — Septième : Pelletier, prêtre. — Huitième : Burgot, prêtre. — Anglais : Meurier, prêtre. — Présidents d'études : Nouvel, Leventoux, prêtres ; de Mons, acolyte. — Dessin : un laïque. — Musique : Burgot, prêtre.

Ecoles ecclésiastiques recevant des élèves jusqu'à la 4ᵉ inclus.

A Granville (collège). — **MM.** Pontis, prêtre, directeur ; Gardie, Talvaz, prêtres ; Roblin, diacre ; Hébert acolyte ; trois laïques, professeurs.

A Montebourg (établissement des frères de la Miséricorde). — **MM.** Estard, prêtre, directeur ; Desbouletz, prêtre ; Salmon, diacre ; professeurs.

A Villedieu (institution Saint-Joseph). — **MM.** Bouffaré, prêtre, directeur ; Ruault, Pénitot, prêtres ; deux frères de la Miséricorde ; un laïque, professeurs.

A Saint-James (collège). — **MM.** Périer, prêtre, directeur ; Parigny, Lemasson, prêtres, professeurs.

Missionnaires du diocèse.

A Donville. — **MM.** Belloni, supérieur, Boucher, Savary, Epron, Garnier, Colin.

A Notre-Dame-sur-Vire. — **MM.** Vaultier, supérieur ; Lemasson, Confiant, Delaplanche, Guillaume.

Au Mont-Saint-Michel. — **MM.** Danjou, supérieur ; Mabille, Grosset, Talva, Pouvreau, Bouteloup, Lévêque, missionnaires.

Chapelains de communautés religieuses.

Avranches, *Ursulines*, M. Rabec ; *Sœurs de Notre-Dame-du-Mont-Carmel*, M. Richer ; à Granville, *Petites-Sœurs des Pauvres*, M. Blin ; à Saint-James, *Trinitaires*, M. Provost ; à Ducey, *Trinitaires*, M. Carnet ; à Cherbourg, *Sœurs de la Charité de Jésus et de Marie*, M. Delaune ; à Saint-Pierre-Eglise, *Augustines*, M. Lebourgais; à Coutances, *Augustines*, M. Bouillon; *Sacré-Cœur*, M. Poullain ; à Mortain, *Ursulines*, M. Tréboisnel ; à Barenton, *Augustines*, M. Hamard ; à Saint-Lo, *Bon-Sauveur*, MM. Marie et Lescalier ; à Carentan, *Augustines*, M. Trincot ; à Valognes, *Bénédictines*, M. Lehodey ; *Augustines*, M. Leconte ; à Saint-Sauveur-le-Vicomte, *Sœurs de la Miséricorde*, M. Moulin ; à Pont-Labbé-Picauville, *Bon-Sauveur*, MM. Hélio et Moulin ; à Montebourg, *Etablissement et Ecole normale des Frères de la Miséricorde*, M. Estard.

Aumôniers d'hospices.

A Avranches, M. Massy ; à Granville, M. Perrée ; à Pontorson, M. Thébault ; à Saint-James, M. N... ; à Villedieu, M. Lemoine ; à Cherbourg, le clergé de Saint-Clément ; à Coutances, M. Leguerrier; à Périers, M. Vallée ; à Mortain, M. Louaye; à Saint-Lo, M. Ollivier; à Carentan, M. Saillard ; à Valognes, M. Lerévérend; à Montebourg, M. N...; à Torigni, M. N...

Aumôniers de la Marine.

M. Néel, aumônier honoraire.

Aumôniers des Prisons.

A Avranches, M. Lefrançois; à Cherbourg, M. Viel de Hautmesnil; à Coutances, M. Fleury; à Saint-Lo, M. Pénitot ; à Mortain, M. Renault ; à Valognes, M Poret.

Aumôniers d'Orphelinats.

A Avranches, M. Tabard ; à Périers, M. Guérard.

Prêtres du diocèse employés dans l'Instruction publique.

A Coutances, M. Aubry, aumônier du lycée ; à Cherbourg, M. Lefèvre, aumônier du lycée.

CULTE PROTESTANT.

Ministres du Saint-Evangile.

MM. Braud, à Cherbourg et à Siouville ; Martin, au Chefresne et à Saint-Lo.

INSTRUCTION PUBLIQUE.

M. Déries O. A., Inspecteur d'Académie.

MM. Rouel O. A., secrétaire de l'inspection académique ; Fouchard O. A., Vacheron, commis de l'inspection.

CONSEIL DÉPARTEMENTAL DE L'INSTRUCTION PUBLIQUE.

MM. FLORET O✻, O. I., préfet, *président;* Déries O. A., inspecteur d'académie, *vice-président;* Riotteau, député ; Morel, sénateur ; Regnault et Lemoigne, conseillers généraux ; M. le Directeur de l'Ecole normale de Saint-Lo ; Mᵐᵉ la Directrice de l'Ecole normale de Coutances ; MM. Menard, instituteur public, à Coutances ; Robbes O. A., instituteur public, à Granville ; MMˡˡᵉˢ Marie O. A., institutrice publique, à Saint-Lo ; Travers, institutrice publique, à Cherbourg ; MM Aubin O. I., inspecteur primaire à Saint-Lo et Chancerel O. I , inspecteur primaire, à Avranches.

Membres adjoints pour les affaires contentieuses et disciplinaires de l'enseignement privé : MM. Guezet, instituteur privé laïque, à Cherbourg ; Duvivier, instituteur congréganiste privé, à Avranches.

Lycée de Coutances.

MM. Lucas-Girardville O. I., proviseur.

Leparquier O. I., censeur des études ; l'abbé Aubry, aumônier ; Le Caplain O. I., économe ; Collette O. A., Mottin, commis d'écomat ; Pacquet, surveillant général, délégué.

Philosophie : Havard ; rhétorique : Foulon O. I.; seconde : Quoillé; troisième : Leitz ; sciences physiques : Basin et Fitremann ; mathématiques : Frémiot ; histoire : Lorévérend O. I. et Dubois ; langue anglaise : Astruc O. A. et Dupont O. A.; langue allemande : Wetzel; quatrième : Liber ; cinquième : Prost ; sixième : Lemare O. I.; septième : Roullé; huitième : Daireaux O. I.; neuvième : Félix O. A.; dessin d'imitation : Deturck ; gymnastique : Héon O. A.—Enseignement secondaire moderne : Héon, Billard, Basin, Le Révérend, Prioult O. A., Muriel O. I , Coricon, Fleury; classe enfantine : Mˡˡᵉ Pichon.

Lycée de Cherbourg.

MM. Chevrier O. I , proviseur.

Treich O. A., censeur des études ; l'abbé Lefèvre, aumônier ; Rogliano O. A., économe. — Lepot, commis d'économat ; Abadie, Roubichon, commis aux écritures ; Vimont, surveillant général.

Philosophie : Hérelle O. I ; histoire : Aufavray, Halley O. A.; rhétorique : Robert ; seconde : Galland ; troisième : de Martonne ; allemand : Clarens, Dax, Beaumann, Dhaleine ; anglais : Quesnel, Hodge ; quatrième : Lesigne (Arth.); cinquième : Lefèvre O. A.;

sixième : Burnouf O. A.; septième : Leduit O. A.; huitième : Barré ; mathématiques : Noël, Etienne O. I., Giot, Onde, Cousin O. A.; physique : Pont, Goudemant ; sciences naturelles : Corbière O. A.— Enseignement secondaire moderne : Joffroy, Losigne (Alexandre), Loisel, Levallois O. A., Leneveu O. A.; dessin : Onfroy, Deguerne ; gymnastique : Flaux. — Classes primaires : Aubril, Morel. — Classe enfantine : Mlle Grard.

COLLÈGES COMMUNAUX.

Collège d'Avranches.

MM. Goujon, O. I., principal.

N., sous-principal ; l'abbé Trochon, aumônier ; philosophie : Goujon ; rhétorique : Doutelleaux, O. I. seconde : Dumont, O. A. ; troisième : Nellet, O. A. ; sciences physiques : Durel, O. A., Desfeux ; mathématiques : Horel ; histoire : Mazen ; langue anglaise : Guéroult; quatrième : Gautier, O. A. cinquième : Toutain ; sixième : Lucas ; septième : Denolle ; huitième : Heubert; dessin et travaux graphiques : Fouqué. — Enseignement secondaire moderne : Durel, Horel, Nelet, O. A., Lematte, Encoignard, O. I., Malenfant ; classes primaires : Mlles Fouquet, Raulin.

Collège de Mortain.

MM. Goutière O. A., principal.

L'abbé Théot, aumônier ; lettres : Lesage; philosophie et histoire : Rodillon ; grammaire : Carouge; sciences pyhsiques : Gallies; langues vivantes : Burnel ; enseignement moderno : Oger, Lemoyne, Le Juetz ; législation et économie politique : David, O. A.

Inspection de l'Instruction primaire.

MM. Chancerel O. I., à Avranches; Renouvin, à Cherbourg ; Lecler O. A., à Coutances ; Mabilais O. A, à Mortain ; Aubin O. I, à Saint-Lo ; Desprez O. I., à Valognes.

ÉCOLES NORMALES.

Ecole normale d'instituteurs de Saint-Lo.

Conseil d'administration de l'Ecole.

MM. Déries O. A., inspecteur d'Académie, *président ;* Amiard, conseiller général, mai.e de Saint-Lo ; Blouët ✳, conseiller général ; Simon, O. A., juge au tribunal civil ; Lerendu, O. A., conseiller municipal, à Saint-Lo ; Dussaux, adjoint au maire de Saint-Lo ; Lorin, directeur des Contributions directes de la Manche.

Fonctionnaires de l'Ecole.

MM. Hanriot O. I., directeur ; Poulin, économe ; Marie, Dupéron, Gambier, Pa.en, professeurs ; Dupéron, professeur d'anglais ; Piatte, directeur de l'école primaire annexe ; Valton, maître de chant ; Ravaut O. A , professeur de dessin ; Brunin O. A., maître de gym- nastique ; Fasquelle, professeur d'agriculture ; Leconte, professeur d'horticulture ; le docteur Bernard ✱, médecin de l'école.

Ecole normale d'Institutrices de Coutances.

Conseil d'administration de l'Ecole.

MM. Déries O. A., inspecteur d'académie, *président ;* Regnault, député, conseiller général ; Guillemette ✱, conseiller général ; Briens ✱, député ; Pascal ✱, sous-préfet ; Lair ✱, proviseur hono- raire ; Boissel-Dombreval ✱, ancien conseiller général, ancien maire.

Fonctionnaires de l'Ecole.

MM^{mes} Crouzel O. A., directrice ; Chicoineau, économe ; Enjour- bault, Brémont, Jumau, Michaud, professeurs ; Caille, maîtresse adjointe ; Guérin, directrice de l'école primaire annexe ; Blanc, directrice de l'école maternelle annexe.
Mlle Michaud, professeur d'anglais ; Mlle Brémont, professeur de dessin ; docteur Laisney O. A., médecin de l'école.

Cours secondaire de jeunes filles de Cherbourg.

Directeurs.—MM. Chevrier O. I., proviseur du lycée ; surveillante générale : Mme Lemoine.

Professeurs : Mlle Marsat : sciences; Lesigne (Arthur) : grammaire; MM. Frigoult O. I., Robert : littérature ; Lesigne (Alexandre) : géo- graphie ; Halley, Aufavray : histoire ; Hérelle : morale ; Hodge, Quesnel : anglais ; Mlle Rossignol : musique ; Deguerne et Onfroy : dessin ; Mme Lemoine : travaux manuels.

Institutrices primaires : Mlles Lebrettevillois O. A., Simon, Lemoine (Julia), Hébert.

Jury d'examen des Aspirants et des Aspirantes au certificat d'aptitude pédagogique.

MM. Déries, inspecteur d'académie, *président ;* Hanriot , directeur de l'école normale de Saint-Lo; Aubin, Renouvin, Chancerel, Desprez, Lecler, Mabilais, inspecteurs primaires ; Pignet, Lecordeux, direc- teurs d'écoles publiques à Saint-Lo; Godard, instituteur à Agneaux; Mme Crouzel, directrice de l'école normale de Coutances; Mlle Marie, directrice d'école publique,à Saint-Lo.

Jury d'examen des Aspirants et des Aspirantes au brevet de capacité.

MM. Déries, inspecteur d'académie, *président ;* Lair, proviseur honoraire ; Hanriot, directeur de l'école normale, Aubin, inspecteur primaire, à Saint-Lo ; un inspecteur primaire ; Marie, professeur à l'école normale de Saint-Lo ; Gendrin, directeur de l'école primaire supérieure ; Mme Crouzel, directrice de l'école normale ; Mlle Marie, directrice d'école communale ; Mme Dalimier, ancienne institutrice privée.

Sciences physiques : M. Basin, professeur au lycée de Coutances ;
anglais : M. Dupéron, professeur à l'école normale de Saint-Lo ;
dessin : M. Ravaut, professeur à l'école normale ; chant : M. Nicolas ;
gymnastique : M. Brunin, professeur à l'école normale ; agriculture
et horticulture : M. Fasquelle.

Dames adjointes pour l'examen des travaux d'aiguille des Aspirantes.

MMmes Floret, Hanriot.

*Jury départemental chargé d'examiner les Aspirants aux bourses
nationales, départementales et communales dans les lycées et
collèges communaux.*

MM Déries, inspecteur d'académie, *président ;* Hanriot, directeur
de l'école normale ; Aubin, inspecteur primaire ; Lemare, professeur
au lycée de Coutances ; Dupéron et Marie, professeurs à l'école
normale.

SCIENCES ET ARTS.

**Société d'Agriculture, d'Archéologie et d'Histoire naturelle
du département de la Manche.**

Présidents d'honneur : M. le Préfet de la Manche ; M. le Maire
de Saint-Lo ; Mgr Germain, évêque de Coutances et d'Avranches.

Président : M. Ed. Lepingard, avocat, ancien chef de division à la
Préfecture ; *vice-présidents :* MM. Blanchet, curé de Sainte-Croix ;
Matinée ✽, proviseur honoraire ; *secrétaire :* M. Gambillon, ancien
chef de division à la Préfecture ; *secrétaire-adjoint :* M. Leclerc,
docteur-médecin ; *conservateur :* M. Gaëtan Guillot, avocat et maire
de Saint-Gilles ; *conservateurs-adjoints :* MM. A. Dieu, avocat ;
Onfroy, propriétaire ; *trésorier :* M. Leconte-d'Olonde, architecte ;
classificateur de la section d'agriculture : M. Granger, ingénieur.
— *Classificateur de la section d'archéologie :* M. Derbois, ancien
professeur ; *sous-classificateur :* M. N... ; *classificateur de la section
d'histoire naturelle :* M. Sébire, pharmacien de 1re classe ; *sous-
classificateur :* M. Lelièvre, agent voyer en chef du département.

**Société d'Archéologie, de Littérature, Sciences et Arts des
arrondissements d'Avranches et de Mortain.**

Composition du bureau de la Société en 1894.

Président : M. Alfred de Tesson ✽, capitaine de frégate en
retraite.—*Vice-présidents :* MM. Charles Philbert ✽, ancien consul
général et Albert Legrin O. A., président du tribunal civil ; *bibliothécaire-archiviste :* Mlle Ida Hubert. — *Secrétaire :* M. le comte
Joseph de Chabannes — *Secrétaire-adjoint et secrétaire du Conseil
d'administration :* M. Paul Bouvattier, contrôleur des contributions
directes. — *Trésorier :* M. Thébault, libraire. — *Questeur :* M. Jules
Bouvattier O. A., avocat, ancien député.

Conservateurs (Membres du Bureau).

1° *Des Tableaux et Statues :* M. Charles Fouqué O. A., professeur de dessin ; M. Potier de la Varde, conservateur honoraire. — 2° *Des Objets d'Histoire naturelle :* M. Durel O. A, professeur de sciences physiques et naturelles.—3° *Des Médailles et des Antiquités :* M. le vicomte de Potiche. — 4° *Du Musée lapidaire :* M. Louvel O. A., architecte.

Membres adjoints au bureau pour former le Conseil d'administration.

MM. Lenoir O. A., maire d'Avranches ; Lobel, libraire ; de Tonge, propriétaire ; Sosthène Mauduit, maire de Saint-Martin-des-Champs ; le comte de Clinchamp ✻.

Officiers d'honneur pour Mortain.

Vice-président : M. Bailliencourt ✻, maire de Mortain. — *Secrétaire :* M. Charles Guérin, propriétaire, au Mesnil-Thébault.

Société nationale des Sciences naturelles et mathématiques de Cherbourg.

(Établissement d'utilité publique par décret du 26 août 1865).

BUREAU DE LA SOCIÉTÉ POUR 1894.

MEMBRES A VIE.

MM. Aug. Le Jolis, directeur et archiviste perpétuel ; Emmanuel Liais, secrétaire perpétuel honoraire.

MEMBRES ÉLUS POUR 1894.

Président : MM. Jouan.— *Vice-président :* Emmanuel Liais ✻.— *Secrétaire :* A. Le Jolis, avocat.— *Trésorier :* Dr Guiffard, directeur de la santé.

Société artistique et industrielle de Cherbourg.

Membres d'honneur de la Société.

Présidents d'honneur : MM. le vice-amiral, préfet maritime ; le général commandant la subdivision ; le Préfet de la Manche ; le Sous-Préfet de l'arrondissement ; le Maire de Cherbourg ; le Député de Cherbourg.—*Président honoraire :* M. de la Chapelle (Henri) O. A. contrôleur des douanes en retraite, ancien président, fondateur.

Président : MM. Monut (Henri) O. I., négociant, juge au tribunal de commerce, rue Christine, 5. — *Vice-présidents :* Dutot, greffier du tribunal de commerce, adjoint au maire, rue Montebello, 56 ; Gutelle O. A., architecte de la ville, rue de l'Alma, 12 bis. — *Secré-*

laire : Barbe, commis de la mairie, rue Motre-Dame, 14. — *Trésorier :* Brégaint, propriétaire, rue de la Polle, 32. — *Bibliothécaire-archiviste :* Voisin, relieur, rue de la Fontaine, 41.—*Secrétaire-adjoint :* Jourdan, comptable, rue du Chantier, 76. — *Conseillers :* Bréard, O. I., Lanièce, Macé, Pellé, Lavallée, Le Boisselier, Louise, Mahieu-Laroque, Le Maout. — *Comité de rédaction :* MM. de la Chapelle, Bréard, Dutot, Jourdan, Macé, Voisin et Le Maout.

Société académique de Cherbourg.

BUREAU.— MM. Jouan O✳, *directeur ;* Frigoult O. I., *secrétaire ;* de la Chapelle, *archiviste-trésorier.*

Société académique du Cotentin.

Président de droit : Mgr l'Evêque de Coutances.—*Vice-président :* MM. l'abbé Pigeon, correspondant du Ministère de l'Instruction publique. — *Vice-président honoraire :* Sarot, avocat, à Coutances. —*Trésorier :* N...—*Secrétaire :* Leterrier, avocat, à Coutances.

Groupe de l'Alliance française pour la propagation de la Langue française à l'étranger.

Présidents d'honneur : MM. P. Floret O✳, préfet de la Manche ; Boissel-Dombreval ✳. — *Président annuel :* Alphonse Lair ✳, proviseur honoraire. — *Trésorier :* N...

Société Archéologique, Artistique, Littéraire et Scientifique de l'arrondissement de Valognes.

CONSEIL D'ADMINISTRATION.

Président : MM. Le Clerc, président du tribunal.—*Vice-président :* de Mondésir. — *Secrétaire :* Desprez. — *Vice-Secrétaire :* Lenevou, fils, docteur-médecin. — *Trésorier :* B. Hamel. — *Conservateur-archiviste :* N... — *Membre adjoint :* Guimond, greffier du tribunal.

BIBLIOTHÈQUES.

Saint-Lo.— M. A. Pillon, bibliothécaire. — *Jours et heures de l'ouverture :* les mardi, mercredi et jeudi de chaque semaine, de 11 heures à 4 heures.

Avranches.— M. Fauvel, bibliothécaire. — *Jours et heures de l'ouverture :* les lundi, mercredi, jeudi et samedi, de 10 heures du matin à midi et de 2 heures à 4 heures du soir.

Cherbourg.— M. Amiot O. A., bibliothécaire. — *Jours et heures de l'ouverture :* tous les jours non fériés, de 6 heures à 10 heures du soir et les mardi et jeudi, de midi à 4 heures.

Coutances.— M. Daireaux, bibliothécaire. — *Jours et heures de l'ouverture :* tous les Jours non fériés, de 10 heures à 2 heures.

10

Mortain.— M. Lemoine, bibiothécaire. — *Jours et heures de l'ouverture :* les mercredi, Jeudi et vendredi de chaque semaine, de 7 heures à 9 heures du soir.

Membres du Comité de surveillance de la bibliothèque.

MM. Pinot, agrégé, ancien professeur de l'Université ; Josset, avocat ; N....

Valognes. — M. N...., bibliothécaire.

Membres du Comité d'achat et de surveillance.

MM. Oury, maire *président.* — Desprez, Leclerc, Delangle, Viel, Guimond.

ASILES DÉPARTEMENTAUX DES ALIÉNÉS.

ASILE DU BON-SAUVEUR DE SAINT-LO.

M. le Dr Lhomond, *médecin de l'établissement.* — Mme sœur Dramard-Burnel, *directrice.*—M. l'abbé Lescalier, *aumônier.*

Prix de la Pension.

1re classe (avec soins exceptionnels), 2,000 fr.—2e classe, 1,200 fr. —3e classe, 800 fr.—4e classe, 600 fr.—5e classe, 450 fr.

ASILE DE PONTORSON.
(Quartier d'aliénés).

M. Lemoine, *médecin préposé responsable.* — M. Rihouet, *Chevalier du Mérite agricole, économe.* — M. Lavoué, *receveur.*— M. l'abbé Thébault, *aumônier.*

Prix de la Pension.

1re classe, 1,600 fr. — 2e classe, 1,050 fr. — 3e classe, 800 fr. — 4e classe, 600 fr. — 5e classe, 500 fr. — Aliénés placés au compte du département de la Manche, 360 fr. — Départements de la Seine et Seine-et-Oise, 400 fr.

ASILE DE PONT-L'ABBÉ.

M. Legruel, *docteur-médecin* et M. Viel, *docteur-médecin adjoint.* —Mme Jean, *supérieure.*—MM. Hélie et Moulin, *aumôniers.*

Prix de la Pension.

1re classe, 2,000 fr. — 2e classe, 1,500 fr. — 3e classe, 1,000 fr. — 4e classe, 800 fr. — 5e classe, 600 fr. — 6e classe, 400 fr.

ADMINISTRATION DES HOSPICES.

COMMISSION ADMINISTRATIVE DES HOSPICES.

Hospice de Saint-Lo

MM. Amiard, maire de Saint-Lo, *président ;* Leparquois, conseiller municipal ; Bosq, conseiller municipal ; Jouanne, avoué, conseiller municipal ; Guillot (Edouard), propriétaire, conseiller municipal ; Leclerc, avocat, ancien notaire, conseiller municipal.

Receveur économe : M. Nicolas, Officier de l'Instruction publique. —*Service médical :* MM. Bernard ✻ et Thomas.—*Service intérieur :* MM^mes les Religieuses de l'Ordre de Saint-Paul de Chartres. — *Supérieure :* Mme sœur Adrien.—*Aumônier :* M. l'abbé Ollivier.

Hospice de Carentan

MM. le Maire de Carentan, *président ;* Triquet, propriétaire ; Lerosier, négociant ; Lenoël, juge de paix, ancien notaire ; Lepelletier, négociant ; Hue, négociant ; Letourneur, huissier.

Receveur : M. Aubin (Louis). — *Econome-secrétaire :* M. Héloin (Hyacinthe). — *Service médical :* MM. Artu (Armand) ; Carbonnel (Pierre).—*Service intérieur :* MM^mes les Religieuses de la Sagesse.— *Supérieure :* Mme Gérard (Laure).—*Aumônerie :* M. l'abbé Saillard.

Hospice de Torigni-sur-Vire

MM. le Maire de Torigni-sur-Vire, *président ;* Plouin, receveur d'enregistrement en retraite ; Leboucher, propriétaire ; Gohier, notaire; Leroquais, notaire; Nativelle, propriétaire ; Jouet-Lacontrie, propriétaire.

Receveur : M. Hébert.—*Econome :* M. Bures.—*Service médical :* M. Pommier. — *Service intérieur :* MM^mes les Religieuses du Sacré-Cœur de Coutances (sœurs Saint-Victorin et Sainte-Mathilde). — *Supérieure :* Mme Sainte-Eugène.—*Aumônerie :* M. Mourocq.

Hospice d'Avranches

MM. le Maire d'Avranches, *président ;* Desdouitils, adjoint au Maire ; Lechevalier, propriétaire ; Aubry, négociant ; Quinton, propriétaire ; Delaroche, propriétaire ; Semery, propriétaire.

Receveur-économe : M. Langlois.—*Service médical :* MM. Frémin, médecin ; Héon, chirurgien. — *Service intérieur :* MM^mes les Religieuses de Saint-Thomas-de-Villeneuve.— *Supérieure :* Mme Duport. —*Aumônerie :* M. l'abbé Massy.

Hospice de Ducey

MM. le Maire de Ducey, *président ;* Champion (Paul), adjoint ;
Chesnay, marchand de vins ; Boisnard, propriétaire ; Hermon, propriétaire ; Maudouit, curé-doyen, *vice-président,* Jaunet, négociant.

Hospice de Granville

MM. le Maire de Granville, *président ;* J. Pannier, négociant ;
Le Prince, négociant ; Duchêne, propriétaire ; Lefebure, juge de paix ;
P. Villars, armateur ; Ch. Guillebot, courtier maritime.

Receveur-économe : M. Clair. — *Service médical :* MM. Benoist,
Letourneur et Leménicier. — *Service intérieur :* MM^mes les Reli-
gieuses de Saint-Thomas de Villeneuve.—*Supérieure :* Mme Desury.
—*Aumônier :* M. l'abbé Perrée.

BUREAU DE BIENFAISANCE DE GRANVILLE.

MM. le Maire de Granville, *président ;* Legendre, mécanicien ;
Trocheris, négociant ; Le Prince, négociant ; Benoist, docteur-
médecin ; Pergeaux, propriétaire ; Ollivier, greffier du tribunal de
commerce.

Hospice de Pontorson

COMMISSION ADMINISTRATIVE.

MM. le Maire de Pontorson, *président ;* Bourges, vétérinaire ;
Lecacheux, curé-doyen ; Guichard, horloger, adjoint au maire ;
Lefèvre, receveur de l'enregistrement, des domaines et du timbre ;
Lefondré, propriétaire et Levallois (Jacques), maître d'hôtel.

Econome : M. Rihouet.—*Service médical :* M. Lemoine, docteur-
médecin.— *Receveur :* M. Lavoué. — *Service intérieur :* MM^mes les
Religieuses de la Sagesse, au nombre de 23. — *Supérieure :*
Mme Sainte-Lucide.—*Aumônerie :* M. l'abbé Thébault.

Hospice de Saint-James

MM. Morel, sénateur, maire de Saint-James, *président ;* Besnard,
ancien pharmacien ; Despréaux, propriétaire ; Gautier (Pierre) ;
Geffroy, notaire ; Dupont (Victor), Challier (Adolphe).

Receveur-économe : N... — *Service médical :* MM. les docteurs
Legros et Ameline. — *Service intérieur :* Mme Canton, *supérieure.*

Hospice de Villedieu

MM. le Maire de Villedieu, *président ;* Havard (Joseph), conseiller
municipal ; Lelegeard (J.-B.), conseiller municipal, propriétaire ;
Dupont, curé-doyen ; Brochet, propriétaire ; Pigeon-Litan, propriétaire ; Pitel (Louis), propriétaire.

Receveur-économe : M. Gautier — *Service médical :* M. Ledo.—
Service intérieur : MM^mes les Religieuses de la Providence d'Evreux.
—*Supérieure :* Mme sœur Longuemare. — *Aumônerie :* M. l'abbé
Lemoine.

Hospice de Cherbourg

MM. le Maire de Cherbourg, *président ;* Leflambe et Barbet, conseillers municipaux ; Noyon, négociant ; Bernard, juge ; Brière, avoué et Ventrillon, conseiller municipal.

M. Buhot, économe. — M Meslet, receveur. — *Service médical :* MM. Renault, Monnoye, Lesdos, Bourdet, Hubert, Lefrançois et Offret. — *Service intérieur :* MM^{mes} les Religieuses de Saint-Paul de Chartres.—*Supérieure :* Mme Carette.—*Aumônerie :* N...

Hospice de Coutances

MM. le Maire de Coutances, *président ;* Guillemette ✻, conseiller général, juge de paix, *vice-président ;* Dudouyt, procureur de la République, à Coutances ; Delaunay, Lehuby, Rabec et Geffroy, délégués du Conseil municipal.

Econome : M. Legros. — *Receveur :* M. Leliepvre. — *Service médical :* MM. Laisney, médecin en chef ; Dudouyt (Pierre), médecin et chirurgien adjoint. — *Service intérieur :* MM^{mes} les Religieuses Augustines de Coutances.—*Aumônerie :* M. l'abbé Leguerrier.

BUREAU DE BIENFAISANCE.

MM. Boissel-Dombreval ✻, *président ;* Lemarchand ; Laisney, docteur-médecin ; Guillemette ✻, conseiller général ; Geffroy et Mahé ; Adde, propriétaire ; Leliepvre, receveur.

Hospice de Périers

MM. Regnault, député, conseiller général, maire de Périers, *président ,* Leconte (Jacques), juge de paix ; Lepareux, négociant ; Rihouet, propriétaire ; Desplanques, Legoupil et Guy.

Receveur-économe : M. Ledrans.— *Service médical :* M. Leroux, docteur en médecine. — *Service intérieur :* MM^{mes} les Religieuses de Saint-Paul de Chartres.—*Supérieure :* Mme Leguay (Marie), sœur Adolphe. — *Aumônerie :* N...

Hospice de Mortain

MM. le Maire de Mortain, ✻ *président ;* Buisson, propriétaire ; Chanteux ; Gallie ; Milan, négociant ; Le Bigot, notaire ; David Louis).

Receveur : M. Bourbon.—*Econome :* M. Daumondais.— *Service médical :* M. de la Houssaye. — *Service intérieur :* MM^{mes} les Religieuses de la Providence de Séez. — *Supérieure :* Mme Noël. — *Aumônerie :* l'abbé Louaye.

Hospice de Barenton

MM. le Maire de Barenton, *président ;* Liot (Auguste) ; Hamelin, propriétaire ; Desclos ; Chemin (Jean-Jacques) ; Lelièvre (Ferdinand) ; (Yver (Dominique).

Hospice de Saint-Hilaire-du-Harcouët.

MM. le Maire de Saint-Hilaire-du-Harcouët, *président ;* Fauchon, fils, propriétaire ; Lebigot (Louis) ; Hamon, docteur-médecin ; Pinel (Edouard), Alliaume, Violine.

Hospice de Valognes

MM. le Maire de Valognes, *président ;* Le Clerc, président du Tribunal *vice-président ;* Hamel, *ordonnateur ;* Delangle, avocat ; de Resbecq, avocat ; Rabé, propriétaire ; Mariette-Boisville.

Receveur économe : M. Jules Leconte. — *Service médical :* MM. Leneveu et Le Bouteiller, docteurs-médecins. — *Service intérieur :* MM^{mes} les Religieuses Filles de la Sagesse. — *Aumônier :* M. l'abbé Lerévérend.

BUREAU DE BIENFAISANCE.

MM. le Maire de Valognes, *président ;* Viel, *vice-président ;* Lemeland (Pierre), *ordonnateur ;* Lecannellier, propriétaire ; Crosville, Lemeland (Pierre), propriétaire et Féron.

Hospice de Barfleur

MM. le Maire de Barfleur, *président ;* Dalidan (Ernest), propriétaire ; N. Cauchon, curé desservant ; Lepart (Charles), Tardif (Alfred), Blanvillain (Charles).

Receveur économe : M. Jourdan, receveur municipal. — *Service médical :* M. Leterrier. — *Service intérieur :* MM^{mes} les Religieuses de la Miséricorde de Saint-Sauveur-le-Vicomte. — *Supérieure :* Mme Marguerite-de-la-Croix. — *Aumônerie :* M. l'abbé Cauchon.

Hospice de Montebourg

MM. le Maire de Montebourg, *président ;* Burnouf, adjoint et huissier ; Duval, marchand chapelier ; Leroux, négociant ; Auffray (Louis), négociant ; Guiffard, notaire.

Receveur : M. Laurent. — *Econome-secrétaire :* M. Jules Guillotte. — *Service médical :* M. Crocquevieille. — *Service intérieur :* MM^{mes} les Religieuses de la Miséricorde. — *Supérieure :* Mme Théodora.

Hospice de Sainte-Marie-du-Mont

MM. le Maire de Sainte-Marie-du-Mont, *président ;* Blondel, propriétaire ; Caruel, curé ; Monverand, propriétaire ; Jean (Léon) ; Poisson (Bienaimé), Retout (Paul).

Receveur économe : M. Garnier. — *Service médical :* M. Le Goupils. — *Service intérieur :* Mme sœur Saint-Débonnaire, *supérieure.* — *Aumônerie :* M. Caruel.

Hospice de Sainte-Mère-Eglise

MM. Hairon, maire de Sainte-Mère-Eglise, *président*, qui a délégué M. Butel, adjoint, pour remplir ces fonctions ; Cirou, propriétaire, ancien juge de paix ; Leprince, propriétaire ; Gautier, curé ; Philippe (Auguste), propriétaire ; Caillemer (Armand), propriétaire ; Leménicier, négociant.

Hospice de Saint-Sauveur-le-Vicomte

M. le Maire de Saint-Sauveur-le-Vicomte, *président* ; Travert (Jean-Baptiste), négociant ; Delalonde, Pain-Delestan, propriétaire, conseiller général ; Mesnage, négociant ; Legoupil, notaire, et Marcel (Gustave), *membres*.

Receveur : M. Pestre-Lamy, percepteur. — *Econome* : M. Tahot, secrétaire de la Mairie. — *Service médical* : MM. Bellet et Le Joly-Senoville. — *Service intérieur* : MM^{mes} les Religieuses du Saint-Paul de Chartres. — *Supérieure* : Mme sœur Saint-Joseph. — *Aumônerie* : M. l'abbé Drieu.

Hospice de Saint-Vaast

MM. le Maire de Saint-Vaast, *président ;* Triquet (Antoine), capitaine au long cours ; Cornibert (Alexandre), commissaire de marine retraité ; Thin (Marc), ancien capitaine au long cours ; Valette, négociant ; Oury.

Receveur économe : M. Leloup, percepteur. — *Service médical* : M. Ménard, docteur-médecin. — *Service intérieur* : MM^{mes} les Religieuses du Sacré-Cœur. — *Supérieure* : Mme Saint-Urbin. — *Aumônerie* : M. l'abbé Jouenne, curé de Saint-Vaast.

SOCIÉTÉ MATERNELLE

LISTE DES DAMES FORMANT LE COMITÉ D'ADMINISTRATION.

SAINT-LO.

MM^{mes} Auguste Vaultier, *présidente honoraire;* Simon (Adolphe), *présidente* ; V^e Le Campion et Lepingard, *vice-présidentes*.

Mesdames assistantes : Breton, Ve Chardon, Ve Chesnel, Dary, de Commines de Marsilly, du Champglin, de la Brunellière, Dussaux, Derbois (Jores), Ve Descoqs, Ve Desfaudais, Ve Elie, Frémin, Gambillon, Ve Guillot (Paul), Labarre, Ledurdinier, Ve Lefèvre, Lhomond, Le Monnier de Gouville, Letellier, Le Turc, Levaillant, Lorin, Ve Poupion, Rauline (Gustave), Ve Toutain, les Supérieures du Bon-Sauveur et du Sacré-Cœur (orphelinat et gardes-malades).

SOCIÉTÉS DE SECOURS MUTUELS.

VILLE DE SAINT-LO.

Société de Secours mutuels des Patrons et Ouvriers de la ville de Saint-Lo.

COMPOSITION DU BUREAU.—M. le Préfet de la Manche, Mg^r l'Evêque de Coutances et d'Avranches, M. le Maire de la ville de Saint-Lo, *présidents d'honneur* ; MM. E. Breton, directeur de la papeterie de Valvire, *président* ; Dyvrande, négociant et Léon Leparquois, fabricant, *vice-présidents* ; Pierre dit Girard, *secrétaire* ; Besnard, employé, *secrétaire-adjoint* ; Marie, épicier, *trésorier* ; Ruel, commis de Banque, *trésorier-adjoint* ; Sénéchal, employé, *contrôleur de la perception* ; Leprovost et Kist, *visiteurs des malades* ; Lecoustey, plafonneur, Rivey, cordonnier, Lecerf, peintre, Lelandais, serrurier, Birée, maçon, *administrateurs.*

Société de Secours mutuels entre les Charpentiers, Scieurs de long et Marchands de bois de la ville et du canton de Saint-Lo.

MM. J. Bosq, *président* ; Lefèvre, fils, *vice-président* ; Jung, *secrétaire-trésorier.*

Association départementale des Médecins de la Manche.

Président : Dr Bernard ✳, conseiller général ; *secrétaire* : D^r Le Clerc.

Société de Secours mutuels établie entre les Instituteurs et les Institutrices de la Manche.

Président : MM. Déries, inspecteur d'académie ; *vice-présidents* : N..., et Hanriot, directeur de l'Ecole normale ; *secrétaire-trésorier* : Pignet, directeur de l'école mutuelle de Saint-Lo ; *secrétaire-adjoint* : Bucaille, instituteur public, à Torigni.

Membres du Conseil d'administration. — MM. Déries, inspecteur d'académie, *président ;* Labiche, sénateur ; Riotteau, député ; Regnault, député ; Aubin, inspecteur primaire, à Saint-Lo ; Desprez, inspecteur primaire, à Valognes ; Fautrad, instituteur public, à Villedieu ; Ruault, instituteur public, à Avranches ; Lelavechef, instituteur public à Cherbourg ; Simon, instituteur public, à Le Vast ; Le Souef, instituteur public, à Gavray ; Colin, instituteur public, à Lessay ; Simon, instituteur public, à Sourdeval-la-Barre ; Alexandre, instituteur public à Saint-Hilaire-du-Harcouët ; Pignet, instituteur public, à Saint-Lo ; Bucaille, instituteur public, à Torigni ; Courtois, instituteur public, à Saint-Vaast-la-Hougue ; Letourneur, instituteur public, à Montebourg.

Société de Secours mutuels entre les Cantonniers du Service vicinal.

(Approuvée par arrêté préfectoral du 8 juillet 1867.)

Président d'honneur : MM. Floret, préfet de la Manche, Officier de la légion d'honneur, etc. ; *président honoraire :* Leroy, agent voyer en chef honoraire du département du Nord ; *président :* Lelièvre O. A. M. O., agent voyer en chef du département de la Manche ; *vice-présidents :* Colas O. A., chef de division à la Préfecture de la Manche ; *secrétaire ;* Heude, agent voyer principal, chef de bureau de l'agent voyer en chef ; *secrétaire adjoint :* Pagel, agent voyer cantonal de 1re classe, en retraite ; *trésorier :* Darthenay, agent voyer cantonal de 1re classe.

Administrateurs principaux d'arrondissement.

MM. Durel, à Saint-Lo ; Benard, à Avranches ; Mesnage, à Cherbourg ; Lepuissant O. A., à Coutances ; Hermann, à Mortain ; Enquebecq, à Valognes.

VILLE DE TORIGNI-SUR-VIRE.

MM. Philippe-Desportes (Michel), *président* ; Jouet-Laconterie (Ferdinand) *vice-président* ; Harivel (François-Anne), *secrétaire* ; Groualle, négociant, *trésorier* ; Quesnel (Emile), propriétaire et Vimard, jardinier, *administrateurs.*

VILLE D'AVRANCHES.

Société de Secours mutuels de Saint-François Xavier.

MM. Lepennetier ✳, capitaine en retraite, *président* ; Mgr Germain, évêque de Coutances et d'Avranches, *président d'honneur* ; Bouvattier, Poutrel, *administrateurs* ; Lecanu, *secrétaire* ; Lhomer, *vice-secrétaire* ; Hamel, *trésorier* ; Laurence, maître charpentier, Vachon, jardinier, *contrôleurs.*

Société de Secours mutuels La Fraternelle.

Présidents d'honneur : **MM.** Leménicier, sous-préfet d'Avranches ; Lenoir, maire d'Avranches ; *président* : Mauduit, conseiller municipal ; *vice-présidents* : Letréguilly (Victor) et Louvel, conseillers municipaux ; *secrétaire :* Jorand, typographe ; *vice-secrétaire* : Destreux (Ch.) ; *trésorier :* Fauvel ; *vice-trésorier* : Poidvin, employé ; *administrateurs* : Gautier, conseiller général ; Desdouitils, adjoint au Maire ; Péguenet, conseiller municipal ; Le Bocey, menuisier ; Lomesle, Legrand, Fardin (Alexis), Dutheil, Dufour.

VILLE DE VILLEDIEU.

M. Jules Tétrel ✳, O. A., conseiller général, maire de Villedieu, *président.*

VILLE DE SAINT-JAMES.

Société de Secours mutuels.

M. Gautier (César), conseiller d'arrondissement, *président.*

VILLE DE GRANVILLE.

Société de Secours mutuels et de pensions de retraite.

MM. Dior (Lucien) ✳, O. M. Agr., *président ;* Lenormand (François) négociant, *vice-président ;* Leconte (Louis), *secrétaire ;* Bougourd (Louis), secrétaire de la mairie, *trésorier ;* Herpin (Emmanuel), armateur ; Laroque (Léon), maréchal-ferrant ; Legendre (Louis-François), mécanicien ; Lechartier (Edouard), ferblantier ; Heurtaut (Charles), mécanicien ; Mallet, (Louis-Adolphe), menuisier ; Joret (Pierre), constructeur de navires ; Février (Eugène), poulieur ; Fontaine (Emile), peintre ; Bunel (Pierre), employé de commerce ; Dufruit (Louis), plâtrier ; *administrateurs.*

VILLE DE CHERBOURG.

Société de Secours mutuels des Distributeurs et autres Employés et Ouvriers du Port et de la ville de Cherbourg.

MM. Lanièce, (Jacques), *président ;* Cadet (François) et Philippe (Louis), *vice-présidents ;* N..., , *secrétaire ;* Moitié (Louis), *secrétaire honoraire ;* Anne (Alphonse), *trésorier ;* Conor (Victor), Esterlingot (François), Legoupil (Théodore), Auvray (Louis), Bourtaire (Alexandre), Langlois (Alfred), Guilbert (Albert), *receveurs particuliers ;* Bourtaire (Jules), Lemarquand (Eugène), Poinsard (Charles), Toulorge (Emile), Déquilbecq (Auguste), Poirier (Emile), Gounaud (Eugène), Férey (Armand), Barbé (Auguste), Gallien, *administrateurs*

Société de Secours mutuels « La Cherbourgeoise. »

MM. Pignot (Charles) O. A., *président ;* Lebiez (Louis), chef contremaître, *vice-président ;* Lebiez (Félix), *trésorier ;* Perrel (Eugène), *archiviste :* Gervais, charpentier ; Sanson (Pierre), ouvrier calfat ; Bihel (Alfred), chef ouvrier ; Chaulieu, dessinateur ; Viel, chaudronnier ; Varin, contre-maître de la marine ; Lepelletier, tonnelier ; Fauvel, dessinateur ; Chauvin, charpentier et Houel, retraité de la marine, *administrateurs ;* Godreuil, écrivain de la marine, *secrétaire.*

Société de Secours mutuels des médecins de l'arrondissement de Coutances.

MM. Lefèvre (père), à Périers, *président ;* Lemière *vice-président ;* Laisney, *trésorier ;* Dudouyt, *secrétaire.*

VILLE DE COUTANCES.

MM. Boissel-Dombreval, *président ;* Bouley, *vice-président ;* Héon, professeur, *secrétaire ;* Roguelin, *trésorier ;* Lemeslet, *trésorier-adjoint ;* Lecluse, Salmon, Hennequin, *administrateurs.*

VILLE DE SAINT-HILAIRE-DU-HARCOUET.

Société de secours mutuels (Sapeurs-Pompiers).

MM. N...., *président ;* Amiard (René), *vice-président ;* Dubosq (Joseph), *secrétaire ;* Leroy, *trésorier ;* Pioline, Colin et Seigneur, *administrateurs.*

Société de Secours mutuels des ouvriers (200 Membres).

MM. Lefresne, conseiller général, *président ;* Pinel (Edouard) et Pleutin, *vice-présidents ;* Provost (Auguste), *trésorier ;* Lemonnier, *vice-trésorier ;* Yvon, *secrétaire ;* Ville, *vice-secrétaire ;* Guérin, Fautrad, Dodard, Orvin, *administrateurs ;* Beaubigny (Jean), Diguet, Boower (Georges), Gautier (Pierre), Giquel, Guérin (Amand), Semery, *chefs de quartier.*

VILLE DE VALOGNES.

MM. Viel, ancien juge, *président ;* Sébire *président honoraire ;* B. Hamel, *vice-président ;* Féron, *secrétaire ;* Lepetit, *trésorier ;* Lecoquierre, serrurier ; Roberge, négociant ; Lerouge, propriétaire ; A. Lemasson ; Paris, peintre ; Vasselier, cultivateur ; Lhôtellier, *administrateurs.*

PRISONS.

Les prisons de la Manche forment, avec celles de l'Ille-et-Vilaine et de la Mayenne, la 13ᵉ circonscription pénitentiaire, dont l'administration est confiée au Directeur de la maison centrale de Rennes. (Décret de M. le Président de la République en date du 20 mars 1888).

M. Th. Hallo, docteur en droit, à Rennes (Ille-et-Vilaine).

Gardiens chefs.

Saint-Lo : M. Civel. — Avranches : M. Dufour. — Cherbourg : M. Martin. — Coutances : M. Leréec. — Mortain : M. Martin. — Valognes : M. Legrand.

Aumôniers et médecins.

Saint-Lo : MM. Pénitot et Lhomond. — Avranches : MM. Lefrançois et Héon. — Cherbourg : MM. Vilhautmesnil et Offret. — Coutances : MM. Fleury et Leconte. — Mortain : MM. Renault et de la Houssaye. — Valognes : MM. Poret et Le Bouteiller.

Saint-Lo : M. Pignet, instituteur.

Commissions de surveillance des Prisons.

Arrondissement de Saint-Lo. — MM. le Maire de Saint-Lo ; Bernard ✳, docteur-médecin, conseiller général ; Lelièvre, agent voyer en chef ; Dussaux, avoué, adjoint au maire de Saint-Lo, conseiller d'arrondissement ; Leturc, docteur-médecin ; Robin, conseiller municipal.

Arrondissement d'Avranches. — MM. le Maire d'Avranches ; Desdouitils, 1ᵉʳ adjoint au maire d'Avranches ; Lechevallier (Octave), conseiller municipal ; Lemardelé (Emile), avoué, conseiller municipal ; Barbier-Domin, conseiller municipal ; Scelles, juge-suppléant, avocat.

Arrondissement de Cherbourg. — MM. le Maire de Cherbourg ; Legrin, avocat ; Favier, avocat ; Renault, docteur-médecin, conseiller municipal ; Vauloup, juge au Tribunal civil ; Poitevin, pharmacien ; le percepteur de Cherbourg.

Arrondissement de Coutances. — MM. Pascal ✳, sous-préfet, *président ;* le Maire de Coutances ; Boissel-Dombreval, conseiller municipal ; Vastel, président du Tribunal civil ; Dudouyt, procureur de la République ; Delauney, ancien avoué ; Rabec, avocat ; Guillomette ✳, juge de paix, conseiller général ; Dupérouzel, avocat ; Lemuet (Alphonse), propriétaire ; Addc, ancien vérificateur des poids et mesures.

Arrondissement de Mortain. — **MM.** le Maire de Mortain ; Le Crecq, avocat ; Josset, avocat ; Buisson, ancien pharmacien ; Leriche, docteur-médecin ; Delauney, avoué.

Arrondissement de Valognes. — **MM.** le Maire de Valognes ; Lemeland (Pierre), conseiller municipal ; Lecannellier, avoué honoraire ; Mariotte-Boisville, conseiller d'arrondissement ; Delangle, avocat ; Hamel (Bienaimé), conseiller municipal ; le percepteur de Valognes.

AGRICULTURE.

Ecole départementale d'agriculture et de laiterie de Coigny

créée par arrêté ministériel du 21 août 1886.

Directeur : M. ETIENBLED.

PERSONNEL ENSEIGNANT. — *Agriculture,* M. Pinon ; *Physique et chimie, industrie laitière,* M. Houdet ; *Sciences naturelles,* M. Barba ; *enseignement primaire et primaire supérieur,* M. Guérin (en congé, Deshouillons suppléant) ; *extérieure et hygiène des animaux, police sanitaire,* M. Bernard ; *chef de pratique agricole,* M. Etienbled (fils) ; *chef de pratique horticole,* M. Decaux ; *instructeur militaire surveillant,* M. Lithard.

COMITÉ DE SURVEILLANCE ET DE PERFECTIONNEMENT. — **MM.** l'Inspecteur général de l'enseignement agricole, attaché à la région, *président* ; Regnault, Amiard, Denis, membres du Conseil général ; Fasquelle, *secrétaire* ; Savary, agriculteur, à Montpinchon, Raulline, agriculteur, maire de Remilly-sur-Lozon.

Cette école installée dans la ferme du Vieux-Château, dépendant du domaine de Coigny, situé en la commune de ce nom, est destinée à former des chefs de culture, à donner une bonne instruction professionnelle aux fils de cultivateurs, propriétaires et fermiers, et en général, aux jeunes gens qui se destinent à la carrière agricole.

Elle est destinée particulièrement à l'enseignement et à l'étude de tout ce qui se rattache à l'industrie laitière.

L'école reçoit des élèves internes, des demi-pensionnaires et des élèves externes.

La durée des cours est de deux ans.

Le prix de la pension est de 400 fr. ; celui de la demi-pension, de 250 fr. ; les externes paient 50 fr., le tout exigible d'avance et par dixièmes, en trois versements, savoir : trois dixièmes en entrant, trois dixièmes en janvier et quatre dixièmes en avril.

Les examens d'admission ont lieu, tous les ans, au siège de l'école, le troisième lundi de septembre

Les candidats doivent avoir 14 ans au moins, et 20 ans au plus dans l'année de l'admission.

Des prospectus faisant connaître toutes les conditions d'admission et du régime de l'école sont déposés à la préfecture (1re division). De son côté, M. le le Directeur de l'école en adressera à toutes les personnes qui lui en feront la demande.

Laboratoire de chimie agricole à Granville.

Directeur : M. Laurot, chimiste à Granville.

Ce laboratoire spécial destiné à l'analyse des engrais chimiques employés en agriculture fonctionne, à Granville, depuis l'année 1885. Il est subventionné par le Ministre de l'Agriculture et le département de la!Manche.

Les analyses sont gratuites. Les agriculteurs ont à pourvoir seulement aux frais d'expédition des échantillons à M. Laurot, et à l'affranchissement du bulletin d'analyse renvoyé par le Directeur du laboratoire.

Enseignement départemental et communal de l'agriculture

(Loi du 16 juin 1879).

Chaire départementale d'agriculture, créée par décision ministérielle du 26 juin 1885.

Titulaire : M. Fasquelle, ingénieur agronome.

Ecole primaire et professionnelle d'agriculture de Sartilly

Directeur : M. Aubril, chevalier du Mérite agricole.

Personnel enseignant.—*Physique et chimie*, M. Hubert ; *vétérinaire*, M. Ollivier (Edouard) ; *chef de pratique*, M. Lamy ; *enseignement primaire*, M. Desbouillons ; *instructeur militaire*, M. Lesigne.

Comité de surveillance et de perfectionnement. — MM. l'Inspecteur général de l'enseignement agricole attaché à la région, *président* ; l'Inspecteur primaire de l'arrondissement ; Elphège Basire, conseiller général, maire de Dragey ; le docteur Leménager, maire de Sartilly ; Duchemin (Alfred), ancien maire de Dragey, propriétaire-cultivateur.

SOCIÉTÉS D'AGRICULTURE.

Arrondissement de Saint-Lo.— MM. Floret, préfet de la Manche, *président ;* Manoury, conseiller d'arrondissement, Sanson de la Valesquerie (Félix), propriétaire-cultivateur, Amiard, conseiller général, *vice-présidents ;* Robin (Nestor), éleveur, *secrétaire* ; Saint, vétérinaire, *secrétaire-adjoint* ; Bosq, banquier, *trésorier* ; Thouroude, éleveur, *trésorier-adjoint ;* Fasquelle, professeur d'agriculture, *archiviste.*

Nouvelle Société d'agriculture d'Avranches. — MM. Riotteau et Morel, *présidents ;* Lenoir, maire d'Avranches, Le Chevalier (Octave), Desdouitils, adjoint au maire d'Avranches, *vice-présidents* ; Basire (Elphège), Letréguilly et Gissot, *secrétaires ;* Loiseau, *trésorier;* Gombert, *trésorier-adjoint.*

Arrondissement de Cherbourg. — *Présidents d'honneur:* MM. le sous-Préfet de Cherbourg, le maire de Cherbourg ; *président honoraire* : M. le Cᵗᵉ de Sesmaisons, ministre plénipotentiaire ; *président :* M. Léon Hainneville; *vice-président :* M. Aimé Legranché, ancien élève de l'école polytechnique ; *vice-présidents cantonaux :* MM. J.-B. Le Bas, Fatosme, Augustin Gamache, Courtois-les-Hougues; *secrétaire* : M. J. Folliot, agriculteur ; *secrétaires-adjoints* : MM. Levesque, professeur d'arboriculture, G. Amiot, bibliothécaire de la ville de Cherbourg ; *trésorier :* M. Joublin, percepteur en retraite ; *archiviste* : M. Edouard Cousin, contrôleur des douanes ; *conseillers d'administration* : MM Auguste Pouppeville, Emile Samson, J.-B. Lecerf, Anténor Bosvy, Jean Lécrivain, François Lecanu, Ferdinand Léveillé, François Roger, Henri Menut et Jacques Pontis.

Arrondissement de Coutances. — MM. Briens ✱, *président ;* Regnault, député, conseiller général, Dombreval ✱, conseiller municipal, *vice-présidents* ; Guillemette ✱, conseiller général, *secrétaire général*; Lemarchand, propriétaire à Coutances, Delaunay, ancien avoué, *vice-secrétaires* ; Adde, propriétaire à Coutances, *trésorier ;* Bienvenu, propriétaire à Coutances, *trésorier-adjoint.*

Arrondissement de Mortain. — MM. d'Auray, *président ;* Dumarais, propriétaire au Neufbourg, Laurent, juge de paix à Brécey, *vice-présidents ;* Jossel, *secrétaire ;* de Bailliencourt, propriétaire à Mortain, *trésorier ;* Ladvoué, propriétaire à Mortain, *vice-trésorier ;* Lemoine, *bibliothécaire.* — *Présidents cantonaux :* MM. Béchel, pour Barenton ; Guérin, pour Isigny ; Herbin (Gustave), pour Juvigny ; Gérard (François), pour Le Teilleul ; Dumerais, à Mortain ; Bréhier (Julien), pour Saint-Hilaire-du-Harcouët ; d'Auray, maire de Saint-Pois, pour Saint-Pois ; Labiche (Paul), propriétaire, pour Sourdeval.

Arrondissement de Valognes. — MM. le Sous-Préfet, Sébire, sénateur, O ✱, *présidents honoraires ;* de la Gorse *président ;* Buhot, *vice-président ;* Lemarquant, *secrétaire ;* Leduc, *trésorier ;* Vasselier, *bibliothécaire.*

CHAMBRES CONSULTATIVES D'AGRICULTURE.

Arrondissement de Saint-Lo. — *Canisy*, MM. Sanson de la Valesquerie, propriétaire. — *Carentan*, Lenoël, juge de paix. — *Marigny*, Raulline. — *Percy*, Blouët ✱, conseiller général. — *Saint-Clair*, Bernard (Adolphe), maire à Saint-Clair. — *Saint-Jean-de-Daye*, Pézeril, propriétaire. — *Saint-Lo*, Robin, père, propriétaire-agriculteur. — *Tessy-sur-Vire*, Beaufils, maire de Moyon. — *Torigni-sur-Vire*, Cord'homme, propriétaire.

Arrondissement d'Avranches. — *Avranches*, MM. Couraye du Parc ✳, membre de la Société d'agriculture. — *Brécey*, Laurent, juge de paix à Brécey. — *Ducey*, Dupont, maire. -- *Granville*, Duchemin, agriculteur, à Dragey.—*La Haye-Pesnel*, Basire (Elphège), propriétaire à Dragey. — *Pontorson*, Trincot, propriétaire. — *Saint-James*, Morel, président du Comice agricole. — *Sartilly*, Riotteau, député, président du Comice agricole de Sartilly. — *Villedieu*, Tétrel ✳, conseiller général, président du Comice agricole de Villedieu.

Arrondissement de Cherbourg. — *Beaumont*, MM. Louis, maire de Beaumont.—*Cherbourg*, Hainneville, négociant, président de la Société d'agriculture. — *Octeville*, Cᵗᵉ de Sesmaisons et Lesage, maire d'Octeville. — *Les Pieux*, Bonamy, maire. — *Saint-Pie·re-Eglise*, Lebas, maire.

Arrondissement de Coutances.—*Bréhal*, MM. Fauchon (Eugène), maire. — *Cerisy-la-Salle*, Guillemette (Fréd.) ✳. — *Coutances*, Boissel-Dombreval ✳, conseiller municipal. —*Gavray*, Lecoupé (Marcel).— *La Haye-du-Puits*, Ducloux, maire.—*Lessay*, Galuski ✳, maire. — *Montmartin-sur-Mer*, Quenault, conseiller général. — *Périers*, Regnault, député, conseiller général. — *Saint-Malo-de-la-Lande*, Jehenne, conseiller d'arrondissement, maire. — *Saint-Sauveur-Lendelin*, Lecacheux, conseiller d'arrondissement.

Arrondissement de Mortain. — *Barenton*, MM. Chemin, propriétaire. -- *Isigny*, Davy, maire. — *Juvigny*, Grossin, maire, conseiller municipal.— *Le Teilleul*, Jouin (Zéphirin).—*Mortain*, Le Bigot, notaire. — *Saint-Hilaire-du-Harcouët*, Lucas, maire de Lapenty. — *Saint-Pois*, Lechaptois, conseiller municipal, à Boisyvon.— *Sourdeval*, Esnault (Charles), propriétaire.

Arrondissement de Valognes — *Barneville*, MM. Lepelletier, maire de Carteret. — *Briquebec*, Sébire, Amencia. — *Montebourg*, N.,.—*Quettehou,*Leroy (Léon), conseiller d'arrondissement.—*Sainte-Mère-Eglise*, Roumy, propriétaire. — *Saint-Sauveur-le-Vicomte*, Leclerc (Pierre), maire.— *Valognes*, Sébire ✳, sénateur, conseiller général.

COMICES AGRICOLES.

PERCY, TESSY-SUR-VIRE et TORIGNI-SUS-VIRE. — MM. Ganne de Beaucoudray, *président*; G. Canu, médecin-vétérinaire à Torigni, et Canuet-Préfontaine, maire à Villebaudon, *vice-présidents*; O. Lebrun, vétérinaire à Percy, *secrétaire-trésorier*.

BRÉCEY.— M. Laurent, maire des Cresnays, *président*

DUCEY.— M. Raulin, agriculteur à Juilley, *président*.

La Haye-Pesnel.— M. Fontaine, conseiller général, notaire à La Haye-Pesnel, *président* ; Le Bourgeois, maire de La Lucerne, 1ᵉʳ_[*vice-président* ; Rosselin, maire de Beauchamps, 2ᵐᵉ *vice-président* ; Polley, *secrétaire* ; Le Pelly-Fonteny, *trésorier*.

Pontorson.— M. Octave-Lechevalier, propriétaire à Tanis, *président*.

Sartilly.— M. Riotteau, député, conseiller général, *président*.

Saint-James.— M. Morel, sénateur, maire de Saint-James, *président*.

Villedieu.— M. Tétrel ✻, conseiller général, maire de Villedieu, *président*.

Bréhal.— MM. Briens, député, *président* ; docteur de la Bellière, conseiller général, *vice-président*; Dujardin, *trésorier*.

Gavray.— MM. Lecoupey (Marcel), propriétaire à Saint-Denis-le-Gast, *président* ; Michel, maire du Mesnil-Garnier ; Leclère (Edmond), propriétaire à Gavray, *vice-présidents* ; Couefflin (Amand), propriétaire à Gavray, *secrétaire* ; Durville (Albert), propriétaire à Gavray, *vice-secrétaire* ; Barbier, percepteur de Hambye, *trésorier*.

La Haye-du-Puits et Lessay. — MM. de La Martinière ✻, *président* ; N..., *vice-président ;* Piquot, propriétaire, *secrétaire*.

Cerisy-la-Salle. — MM. Guillemette ✻, conseiller général, *président ;* N..., *vice-président;* Duperrouzel, propriétaire, *secrétaire ;* Gaillard, *trésorier*.

Périers. — MM. Regnault, conseiller général, *président ;* Leconte, ·juge de paix, *vice-président ;* Pican, *secrétaire* ; Ledrans, *trésorier*.

Saint-Malo-de-la-Lande. — MM. Dudézert ✻, conseiller général, juge au tribunal de la Seine, *président ;* Lemoine, ancien professeur au lycée, 1ᵉʳ *vice-président ;* Jules Jehenne, conseiller d'arrondissement, 2ᵉ *vice-président;* Tanqueray (Almire), *secrétaire ;* Vincent, médecin, *secrétaire-adjoint ;* Lecuir, propriétaire, *trésorier ;* Gervaise (Eugène), *trésorier-adjoint*.

Saint-Sauveur-Lendelin. — MM. le docteur Lemaître, conseiller général, *président ;* Lecacheux, adjoint à Monthuchon, *vice-président ;* Dumont, *trésorier ;* Lecdentu, adjoint, *secrétaire*.

Isigny. — MM. le Sous-Préfet de Mortain, *président d'honneur ;* Guérin, maire du Mesnil-Thébault, *président ;* Davy, maire des Biards, Cruchet, notaire au Buat, de Tesson, à la Mancellière, *vice-présidents ;* Varin, notaire à Isigny, *secrétaire ;* Anfray et Helsouin, au Buat, *vice-secrétaires ;* Davy, *trésorier ;* Jouenne (Paul), à Montigny, Willay, receveur de l'enregistrement à Isigny, *vice-trésoriers*.

Saint-Hilaire-du-Harcouet. — MM. le Sous-Préfet de Mortain, *président honoraire ;* Genest et Lemonnier (Eugène), *vice-présidents honoraires ;* Lefresne (Alfred), *président ;* Lesaint, Lucas et Dupont, *vice-présidents ;* Alexandre, *secrétaire ;* Piol, *vice-secrétaire ;* Nicolas, *trésorier*.

11

COMICE AGRICOLE DU COTENTIN. — **MM**. de la Gorsse, député, *président ;* Richard, ancien juge de paix, *secrétaire ;* Alix-Courboy et Maillard, *vice-présidents ;* Legrand, *trésorier*.

SOCIÉTÉS D'HORTICULTURE.

Arrondissement d'Avranches. — MM. le Préfet de la Manche, le Sous-Préfet d'Avranches, *présidents d'honneur ;* d'Aisy ✳, *président ;* Louvel (Constant) ✳, *président honoraire ;* Roussel, horticulteur, Morel (Paul), horticulteur, *vice-présidents ;* Thébault, ancien libraire, *secrétaire ;* Lemardelé et Hamel (Alexandre), horticulteur, *secrétaires-adjoints ;* Fontaine-Laporte, *trésorier ;* Vachon, horticulteur, *conservateur-archiviste ;* Cᵗᵉ de Chabannes, Desdouitils, adjoint au maire d'Avranches, Juhel et Cléret fils, horticulteurs, *membres du Comité d'administration*.

Arrondissement de Cherbourg. — *Membres d'honneur de la Société.* — Président d'honneur : M. le Sous-Préfet de l'arrondissement ; M. le Maire de Cherbourg.— *Président honoraire* : M. Emmanuel Liais ✳, ancien directeur de l'Observatoire impérial du Brésil. — *Vice-président honoraire* : M. Orry, O. I., avoué honoraire.

Membres du Bureau pour 1893. — *Président* : MM. le docteur Renault ✳, O. A. — *Vice-présidents* : Cauvin, propriétaire ; Levesque, marchand de fer.—*Conseillers d'administration* : MM. Jollet✳, chef de bataillon d'infanterie de marine retraité ; Hervieux, propriétaire ; de la Chapelle O. A., contrôleur des douanes retraité ; Dutot, greffier du tribunal de commerce. — *Trésorier* : M. Orange, agent comptable de la marine retraité. — *Secrétaire* : M. Lelièvre (Paulin). — *Secrétaires-adjoints* : MM. Macé (Adrien), négociant, et Thommin, commis de marine. — *Bibliothécaire* : M. Noyon. — *Bibliothécaire-adjoint* : M. Cavron (Léon), horticulteur.

Commissions permanentes. — Cultures d'utilité : MM. Levesque, *président ;* Lecarpentier, avocat ; Lemagnent, horticulteur ; Havard, maître principal du port retraité ; Maillard, négociant ; Paysant, maître au port, retraité. — Cultures d'agrément : MM. Cauvin, *président ;* Robine, ancien avoué ; Legrin, avocat ; Corbière, O. A., professeur de sciences naturelles au lycée ; Nicollet, professeur en retraite ; Point, propriétaire.

Comité de rédaction. — MM. de la Chapelle O. A., *président ;* Dutot, *secrétaire ;* les Membres du Bureau. — MM. Corbière O. A., Nicollet O. I., professeurs en retraite. — Directeur du jardin : M. Hervieux. — Professeur d'arboriculture : M. Levesque. — Délégué pour invoquer aux inhumations des sociétaires : M. d'Aboville, propriétaire.

Arrondissement de Coutances. — MM. Magny, *président ;* Lemarchand, *secrétaire ;* N..., *secrétaire-adjoint ;* Dupuy, *trésorier ;* Félix, *conservateur-archiviste*.

Arrondissement de Mortain.—MM. le Préfet, *président honoraire;* le Sous-Préfet de Mortain, *vice-président honoraire;* Delaporte, *président;* Ganier-Hauteville, *vice-président;* Lebigot, *secrétaire;* Durand, *secrétaire-adjoint;* Lebigot, notaire, *trésorier;* Lemoine, *conservateur-archiviste.*

Arrondissement de Valognes.—MM. le Sous-Préfet de l'arrondissement et le maire de Valognes, *présidents d'honneur;* Sebire O✳, *président;* Dagoury, *vice-président;* Crosville, *secrétaire;* Lepetit, *vice-secrétaire;* Leconte, *trésorier;* N..., *bibliothécaire;* Lechevallier, Lemarquand, *administrateurs.*

DÉPOT NATIONAL D'ÉTALONS
DE SAINT-LO.
Inspection générale du premier arrondissement.

MM. Delanney ✳, chevalier du Mérite agricole, *inspecteur général;* Chambry, chevalier du Mérite agricole, *directeur;* Clauzel, *sous-directeur;* Bruneton, Daigremont, *surveillants;* Manoury, chevalier du Mérite agricole, *vétérinaire.*

Stations.

Manche : Saint-Lo, Carentan, Sainte-Marie-du-Mont, Sainte-Mère-Eglise, Querqueville, Saint-Pierre-Eglise, Périers, Avranches, Villedieu, La Haye-Pesnel, La Chapelle-Urée, Quettehou, La Haye-du-Puits, Beaumont, Les Pieux, Valognes, Saint-Sauveur-le-Vicomte, Saint-James, Saint-Hilaire-du-Harcouët, Sourdeval, Gavray, Bricquebec, Sartilly, Saint-Pair, Percy, Saint-Jean-de-Daye, Bréhal, Marigny, Montebourg, Torigni-sur-Vire, Barneville-sur-Mer, Ducey, Brécey, Tessy-sur-Vire, Cerisy-la-Forêt.

Calvados : Bayeux, Trévières, Isigny, Vire, Villers-Bocage, Condé-sur-Noireau, Bény-Bocage, Caumont.

SOCIÉTÉ DES COURSES DE SAINT-LO.

Président d'honneur : MM. Floret, préfet de la Manche ; *président honoraire :* Louis Yver; *président :* Henri Regnouf de Vains ; *vice-président :* Chambry, directeur du dépôt d'étalons ; *secrétaire :* Damécourt; *trésorier :* Barreau.

SOCIÉTÉ DES COURSES DE GRANVILLE

MM. Rousselle, *président;* G. Beust, le comte Amelot de Chaillou, *vice-présidents;* A. Trocheris, *secrétaire;* Hurel, *trésorier.*

SOCIÉTÉ DES COURSES D'AVRANCHES.

MM. Morel (Hippolyte), sénateur, conseiller général, *président ;*
Gautier, *vice-président d'honneur ;* Basire, *vice-président ;* Loiseau,
trésorier ; Lenoir et Desdouitils, *secrétaires.*

SOCIÉTÉ DES COURSES DU COTENTIN.

MM. le Vte de Tocqueville O ✻, *président ;* Châtelier, *secrétaire-
trésorier.*

SOCIÉTÉ DES COURSES DE BOURIGNY.

MM. Salanson, sous-préfet de Mortain, *président ;* Lefresne et
Tétrel, conseillers généraux, *vice-présidents ;* Pichon, *trésorier ;*
Loyer, *secrétaire ;* Lechaptois, Loyer et Lebrun, *commissaires.*

VÉTÉRINAIRES BREVETÉS.

Arrondissement de Saint-Lo. — **MM.** Cauville (Alexis-Edouard),
Carentan ; Manoury (Edouard) et Saint (Emmanuel Victor), Saint-Lo ;
Canu (Georges-Edouard), Torigni-sur-Vire ; Lebrun (Octave),Percy ;
Raux (Frédéric), Carentan.

Arrondissement d'Avranches. — **MM.** Dufour (Joseph-Casimir),
Toupé (Alexandre), à Avranches ; Olivier (Pierre-Edouard), à
Granville ; Bourges (Jean-Marie-Léon), à Pontorson ; Olivier (Louis),
à Granville.

Arrondissement de Cherbourg.— **MM.** Poupeville (Auguste), à
Cherbourg ; Boisanfray (Jacques-Frédéric-Joseph), à Cherbourg ;
Debroize (Léon-Jules), à Tocqueville.

Arrondissement de Coutances. — **MM.** Cauvin (Louis-Charles),
Cauvin (Pierre-Victor), fils; Crouzel (Théobald), à Coutances ;
Bernard (Stanislas), à La Haye-du-Puits ; Letanneur (Charles-Jean-
Désiré), à Périers.

Arrondissement de Mortain. — **MM** Goubin (Auguste-Victor), et
Tréhet (Amand-Pierre-Paul), à Saint-Hilaire-du-Harcouët ; Hamon,
(Guillaume-Joseph-Marie), à Mortain.

Arrondissement de Valognes.— **MM.** Lemarchand (Auguste), à
Valognes ; Lebas (Alphonse-Jacques), à Valognes ; Canteau (Georges-
Philippe-Henri), à Briquebec.

CHAMBRES DE COMMERCE.

Cherbourg.—MM. Léon Mauger, *président* ; Hainneville (Eugène), *vice-président* ; Bayard, de la Germonière (Edmond), Menut, père, Bretel, Langlois, *trésorier* ; Paul Sehier, *secrétaire* ; Le Brun, banquier, Charles Postel, Eugène Buhot, Noyon, Léon Leroy.

Granville.— MM. Riotteau, *président* ; Langlois, *vice-président* ; Breton, Dior (Lucien), Ch. Guillebot, Le Prince, Toupet, J. Pannier, *secrétaire*; Gaillard, *trésorier*.

AGENTS CONSULAIRES.

Cherbourg.— MM. Vereker, consul d'Angleterre ; Caville, vice-consul d'Angleterre ; Postel (Emile), agent consulaire des Etats-Unis d'Amérique ; Postel (Emile), vice-consul de Russie ; Postel (Emile), vice-consul d'Italie ; Lebrun (Pierre) agent consulaire d'Autriche ; Buhot (E.), fils, vice-consul du Danemark ; Liais (Edouard), consul de Belgique ; Liais (Léon) vice-consul d'Espagne ; Menut (Henri), vice-consul du Portugal ; Postel (Armand) consul de Turquie ; Liais (Edouard) vice-consul des Pays-Bas; Postel (Charles) consul du Mexique; Postel (Charles), consul du Vénézuéla ; Levastois (Léon), consul du Chili ; Postel (Charles), consul de Costa-Rica ; Postel (Charles), consul de Haïti ; Postel (Charles), vice-consul de San-Salvador ; Postel (Armand), vice-consul du Brésil ; Menut (Henri), consul de Guatémala ; Buhot (Eugène), vice-consul de Suède et Norvège ; Pharmacopoulos, consul de Grèce ; Belisario-Laza, consul de Colombie ; Liais (Edouard), consul du Paraguay.

Granville. — MM. N..., vice-consul d'Angleterre ; de Lalun, vice-consul du Portugal ; Pannier (Jules), vice-consul de Suède et de Norwège ; N..., vice-consul du Danemark; N..., vice-consul d'Italie.

SERVICE MÉDICAL.

Arrondissement de Saint-Lo.

Docteurs-Médecins.

MM. Alibert, Bernard, Leclerc, Leturc, Lhomond, Thomas, Ygouf, à Saint-Lo ; Carbonnel, Dameuve, Hamel, à Carentan : Combes, à Cerisy-la-Forêt ; Duval, à Marigny ; Lefranc-Lavallée, à La Meauffe ; Lehallais, Vidal, à Percy ; Vanhaecke, à Tessy-sur-Vire ; Pinel, Pommier, à Torigni-sur-Vire.

Officier de santé.

M. Rondel, à Saint-Fromond.

Pharmaciens.

MM. Bigot, Duval, Lenoir, Poitevin, Sébire, Simon, à Saint-Lo ; Debroize, Le Cannu, Lepetit, à Carentan ; Frilley, à Cerisy-la-Forêt ; Letouzé, à Marigny ; Jean, à Percy ; Vibert, à Saint-Fromond ; Renouf, à Tessy-sur-Vire ; Ballé, Tinard, à Torigni-sur-Vire.

Sages-Femmes.

MMᵐᵉˢ Aubrais (veuve Damemme), Burnel (femme Dieu), Joret, Pacary, à Saint-Lo; Boulland, à Carentan ; Lemieux (femme Poterie), à Montmartin-en-Graignes; Marie (femme Paingt), à Remilly : Lebatard, à Saint-Amand; Parey (femme Brébion), à Saint-Clair ; Cocherel, à Saint-Jean-des-Baisants ; Salmon (femme Langeard), à Sainteny ; Goutard (femme Lecarpentier), à Torigni-sur-Vire ; Lebailly (femme Vincent), à Villebaudon.

Arrondissement d'Avranches.

Docteurs-Médecins.

MM. Aubrée, Béchet, fils, Frémin, Hantraye, Hodoul, Isabel, Lebocey, à Avranches ; Année, Pinard, à Brécey ; Tison, à Ducey ; Benoît, Frémin, Leménicier, Letourneur, Touzé, Vallais, à Granville ; Lanos, Nolais, à La Haye-Pesnel ; Bailleul, Bouffaré, à Pontorson ; Ameline, Legros, à Saint-James ; Papillon, à Sartilly ; Frémond, Le Do, à Villedieu.

Pharmaciens.

MM. Champion, Hantraye, Lebocey, Pinel (Charles-Louis), Pinel (Emile), Vallée, à Avranches ; Challier, Fontaine, à Brécey; Delaroche, Jehane, à Ducey ; Delamarre, Dubos, Jolivet, Requier-Desjardins, Riban, à Granville ; Pigeon, à La Haye-Pesnel ; Besnou, Gralland, à Pontorson ; Chauvois, Gilbert, à Saint-James ; Hubert, à Sartilly ; Laclais, Vardon, Viel, à Villedieu.

Sages-Femmes.

MMᵐᵉˢ Gautier (femme Lemercier), à Avranches ; Vermée (femme Tardif), à Granville ; Colin, Rousselot, à Pontorson ; Houtoux, (femme Krien), à Villedieu.

Arrondissement de Cherbourg.

Docteurs-Médecins.

MM. Offret, à Cherbourg ; Peyron, à Hainneville ; Legalcher-Baron, à Saint-Pierre-Eglise ; Lenoir, à Siouville.

Officier de santé.

M. Ridard, à Beaumont.

Pharmaciens.

MM. Crouin, à Les Pieux ; Levallois, à Saint-Pierre-Eglise.

Sages-Femmes.

MM^{mes} Cordier (femme Remond), Ruquais (veuve Leclerc), à Cherbourg ; Larrue, Lesens, à Saint-Pierre-Eglise.

Arrondissement de Coutances

Docteurs-Médecins.

MM. Coulbeaur, Dudouyt, Fauvel, Laisney, Leconte, à Coutances ; Viaud, Vincent, à Agon ; de la Bellière, à Bréhal ; Pignard, à Cérences ; Eudes, à Cerisy-la-Salle ; Quesnel, à Hambye ; Callégari, Letarouilly, Saint-Lo, à La Haye-du-Puits ; Danlos, à Montmartin-sur-Mer ; Gasnier, à Montsurvent ; Jacquet, Lefèvre, Lefèvre, Lemaître, Leroux, à Périers ; Betaillouloux, à Pirou ; Jouault, à Saint-Denis-le-Gast ; Mesnage, à Trelly.

Officiers de santé.

MM. Carpon, à Hambye ; Sadot, à Saint-Sauveur-Lendelin.

Pharmaciens.

MM. Baize, Laforest, Daniel, Marquez, à Coutances ; Villain dit Marais, à Agon ; Gâté à Bréhal ; Huard, Rouelle, à Cerisy-la-Salle ; Lecornu, Leroux, à Gavray ; Duval, à Hambye ; Chanteux, Desrez, à La Haye-du-Puits ; Fontaine, à Montmartin-sur-Mer ; Gilles, Leconte, Thomas, à Périers.

Sages-Femmes.

MM^{mes} Calypso, à Blainville ; Rognault, femme Marie, à Gorges ; Ducrocq (veuve Auvray), à La Haye-du-Puits ; Lebailly, à Lessay ; Auvray (femme Mahaut), à Bricquebec.

Arrondissement de Mortain.

Docteurs-Médecins.

MM. Dufour, de Lahoussaye, Le Riche, à Mortain ; Petit, à Barenton ; Mauger-Lavente, à Ger ; Mâlon, à Le Teilleul ; Fauchon, Hamon, Hantraye, à Saint-Hilaire-du-Harcouët ; Breillot, Enguehard, Heurtaut, Lemeignen, à Sourdeval.

Pharmaciens.

MM. Boulard, Fleury, à Mortain ; Beaugeard, Delaroche, à Juvigny ; Hamel, à Le Teilleul ; Dumas, Guérin, Ville, à Saint-Hilaire-du-Harcouët ; Lechapelais, à Saint-Pois ; Almin, Lelièvre, à Sourdeval.

Sages-Femmes.

MM^mes Robbe, à Barenton ; Gendron (femme Normand), à Buais ; Mauger (femme Chesnel), à Le Teilleul ; Deslandes, à Saint-Georges-de-Rouelley ; Gautier (femme Roussel), à Saint-Hilaire-du-Harcouët ; Cailly (femme Divet), à Sourdeval.

Arrondissement de Valognes.

Docteurs-Médecins.

MM. Lebouteiller, Leneveu, à Valognes ; Leterrier, à Barfleur ; Langevin, Leledy, à Bricquebec ; Lefauve, Le Gruel, Viel, à Picauville ; Le Goupils, à Sainte-Marie-du-Mont ; Mantey, à Sainte-Mère-Eglise ; Bellet, Le Joly-Senoville, à Saint-Sauveur-le-Vicomte ; Menard, à Saint-Vaast.

Officiers de santé.

MM. Crocquevieille, Faucon, à Montebourg ; Séhier, à Picauville ; Marguerie, à Portbail.

Pharmaciens.

MM. Agnès-Rouland, Damecour, à Valognes ; Delamer, à Barfleur ; Vastel, à Bricquebec ; Rippert, Saillard, à Montebourg ; Sadot, à Picauville ; Denis, Doullys, à Sainte-Mère-Eglise ; Poret, à Saint-Sauveur-le-Vicomte ; Floquet, Lucas, à Saint-Vaast-la-Hougue.

Sages-Femmes.

MM^mes Gaucher, à Valognes ; Corduan, à Besneville ; Sauzeau, (femme Guérin), à Montebourg.

CONSEILS SANITAIRES

DES PORTS DU DÉPARTEMENT DE LA MANCHE.

Cherbourg. — **MM.** Diény ✳, sous-préfet, *président*; un délégué du vice-amiral commandant en chef, préfet maritime du 1er arrondissement ; un délégué du général, commandant la 39e brigade ; le major général de la marine ; le directeur des mouvements du port ; le directeur du service de santé de la marine ; l'ingénieur en chef des

ponts et chaussées, ou un délégué; Emmanuel Liais, conseiller général, maire de Cherbourg ; le docteur Guiffart, médecin en chef
honoraire de l'Hôtel-Dieu, directeur de la santé; le docteur Renault,
chirurgien en chef de la 1re section de l'Hôtel-Dieu, délégué du
comité d'hygiène ; le docteur Offret, délégué du conseil municipal ;
de Saint-Quentin, inspecteur des douanes ; Langlois, courtier
maritime, délégué de la chambre de commerce ; Emile Postel, vice-
consul de Russie, d'Italie et des Etats-Unis d'Amérique, délégué du
corps consulaire.

Granville. — **MM.** Bureau, maire, *président* , le commandant de
place, colonel du 2e régiment d'infanterie de ligne ; le commissaire
de l'inscription maritime ; l'inspecteur des douanes ; l'ingénieur des
ponts et chaussées ; le docteur Benoît, délégué du Conseil municipal ;
Phérivong, capitaine au long cours, délégué de la chambre de
commerce ; le docteur Letourneur, conseiller d'arrondissement,
médecin des épidémies ; J. Pannier, délégué par le corps consu -
laire ; Jouvin, lieutenant des douanes, agent sanitaire.

Saint-Vaast. — **MM.** Hamelin-Dectot, maire, *président* ; Guiffart,
docteur-médecin, directeur de la santé, à Cherbourg; le commissaire
de l'inscription maritime ; Ménard, docteur-médecin ; Baudour, lieutenant des douanes, agent sanitaire.

FOIRES DE LA MANCHE.

Les foires en *italique*, sont celles qui, tombant un dimanche sont
avancées ou retardées d'un jour. — Les foires *mensuelles* figurent à leurs
dates.

JANVIER.—1er *Montbray, Portbail, Sainte-Geneviève.* 3 Gavray,
Brécey, Beaumont, 6 Carentan, Saint-Clair, Bréhal, Ducey, Villedieu.
7, Tessy. 10 Avranches. 13 La Haye-du-Puits. 14 Montmartin-sur-
Mer, Sainte-Mère-Eglise, Tourlaville. 15 *Montbray.* 19 Saint-Hilaire-
du-Harcouët. 20 Quettehou, Sourdeval-la-Barre. 21 La Haye-Pesnel,
Pontorson. 22 *Les Pieux.* 25 Saint-Lo. 27 Cherbourg. 30 Périers.

FÉVRIER. — 2 Saint-James. 3 Bréhal, Ducey, Villedieu, Montebourg. 4 Saint-Hilaire-du-Harcouët. 5 *Montbray*, *Sartilly.* 7 Gavray.
9 Coutances, Saint-James, Bricquebec, Coulouvray-Boisbenâtre.
11 La Haye-du-Puits, Montmartin-sur-Mer, Saint-Pierre-Eglise. 14 Gavray, Avranches, Montebourg. 16 Carentan, Bricquebec, Valognes.
17 Sourdeval. 18 La Haye-Pesnel. 19 *Montbray*, *Vesly.* 20 Torigni.
21 Beaumont, 23 Percy, Barenton. 25 Saint-Pierre-Eglise. 27 La
Haye-du-Puits.

MARS. — 3 Bréhal (franche), Ducey, Villedieu, Buais, 5 *Saint-Lo*,
Montbray. 6 Carentan, Mortain. 7 Gavray, Périers. 9 Bricquebec.
10 Avranches. 11 Marigny, Montmartin-sur-Mer, La Haye-Pesnel.
14 Avranches. 17 Sourdeval. 18 La Haye-Pesnel, Teilleul. 19 *Mont-*

bray, Isigny. **21** Avranches, Montebourg. **23** Coutances, Bricquebec, Cherbourg. **25** La Haye-du-Puits, Saint-Pierre-Eglise, Saint-Hilaire-du-Harcouët. **27** Carentan, Barfleur. **28** Périers. **30** Saint-James. **31** Valognes, Savigny-le-Vieux.

AVRIL. — **1er** Tessy, Brécey, forte foire de bestiaux. **2** *Montbray*, **4** Gavray, Avranches, Montebourg. **5** Brix. **6** Carentan, Bricquebec. **7** Bréhal, Ducey, Villedieu, Reffuveille, Montmartin-sur-Mer. **10** Granville (2 jours). **11** Gréville. **12** Portbail. **13** Barenton. **15** La Haye-Pesnel, Saint-Sauveur-le-Vicomte. **16** *Montbray, Saint-Malo-de-la-Lande.* **19** Cérences, **21** Sourdeval. **22** Airel, Lessay, Teilleul. **23** *Les Pieux.* **26** Juvigny. **28** Saint-Lo. **29** *Picauville.* **30** Le Guislain.

MAI.— **1er** Fierville, **2** Gavray, Prétot, La Haye-Pesnel, Valognes, Mortain, **4** Torigni, Villedieu, Quettehou, Teurthéville-Hague. **5** Bréhal, Cuves, Ducey, Villedieu. **6** Pontorson. **7** *Lithaire.* **8** Saint-Clair, Montbray, **9** Avranches, Bricquebec. **12** Cuves, Saint-Martin-de-Landelles, Notre-Dame-du-Touchet. **13** Marigny, Montmartin-sur-Mer. **14** *Saint-Sauveur-Lendelin, Montebourg.* **15** Saint-Pierre-Eglise. **16** Saint-Pierre-de-Semilly, Périers, Beaumont. **18** Coutances Saint-James, Besneville. **19** Bréhal, Ducey, Sourdeval. **20** Saint-Jean-de-Daye, Haye-Pesnel. **21** *Montbray, Brix, Saint-Clément.* **22** Beaucoudray. **23** Gavray. **25** Carentan, Cerisy-la-Forêt, Sartilly, Cherbourg, Saint-Martin-le-Gaillard. **26** Lessay. **27** La Croix-Avranchin. **31** La Pernelle, Sourdeval.

JUIN.— **1er** Saint-James, **2** Bréhal, Ducey, Villedieu, **3** Montmartin-sur-Mer, Brix. **4** *Saint-Lo, Montbray*, **6** Gavray, Avranches. **10** Montmartin-sur-Mer, Gréville, **11** *Barneville, Le Teilleul.* **12** Folligny. **14** Juvigny. **15** Néhou, Saint-Cyr-du-Bailleul, **16** Sourdeval, **17** La Haye-Pesnel, **18** *Montbray.* **20** Tourlaville. **23** Avranches, Les Pieux, **24** Marigny. **25** Hambye, Le Vicel. **26** La Haye-du-Puits. **29** Tessy. **30** Bricquebec, Juvigny.

JUILLET.— **1er** Pontorson, Barenton, **2** *Montbray.* **4** Gavray, Brécey, Argouges. **6** Saint-James, Montsurvent, Les Pieux. **7** Bréhal, Ducey, Villedieu, *Cerisy-la-Salle.* **8** Montmartin-sur-Mer. **9** *Le Teilleul.* **10** Sartilly. **11** Avranches, Querqueville. **12** Valognes. **15** Cerisy-la-Forêt, la Haye-Pesnel, Saint-Sauveur-le-Vicomte, **16** *Montbray.* **18** Carentan, Saint-Clair, La Haye-du-Puits. **20** Quettehou. **21** Bréhal. Ducey, Sourdeval. **22** Saint-Lo, **23** *La Haye-Pesnel.* **24** Saint-Martin-d'Aubigny. **25** Montebourg. **27** Quettreville, Bricquebec, Buais, Coulouvray-Boisbenâtre. **31** Saint-Germain-de-Varreville.

AOUT.— **1er** La Meauffe, Gavray, Prétot, Avranches, Saint-Pierre-Eglise. **3** Millières. **4** Bréhal, Ducey, Villedieu. **6** *Montbray.* **8** Torigni. **9** Rauville-la-Place. **11** Montpinchon. **12** Montmartin-sur-Mer. **16** Montebourg. **18** Sourdeval. **19** La Haye-Pesnel. **20** *Montbray.* **26** Savigny, Cherbourg. **27** Le Teilleul. **28** Créances. **29** Tocqueville.

SEPTEMBRE.— **1er** Bréhal, Ducey, Villedieu, Fierville. **2** Lengronne Saint-Hilaire-du-Harcouët. **3** *Saint-Lo, Montbray, Teurthéville-Bocage.* **4** Rauville-la-Bigot. **5** Gavray. **7** Percy, Gréville, Bacilly. **8** Notre-Dame-du-Touchet. **9** Marigny, Montmartin-sur-Mer, Pontorson,

Villedieu, Valognes, Juvigny. 10 *Le Teilleul.* 11 Saint-Pois, Aucey. 12 Lessay. 14 Brécey, Virandeville. 15 Ducey, Sourdeval, Savigny-le-Vieux. 16 La Haye-Pesnel. 17 *Montbray, Saint-Floxel.* 18 Notre-Dame-de-Cenilly. 19 Granville, Ger. 21 Avranches, Barenton. 22 Saint-Lo, Le Grand-Celland, Bricquebec. 25 Roncey, Valcanville. 26 Sartilly, Isigny, 28 Saint-Côme-du-Mont, Le Hommet-d'Arthenay, Saint-James. 29 Varenguebec. 30 Coutances, Teurthéville-Hague.

OCTOBRE.—1er *Montbray, La Haye-Pesnel, Le Teilleul, Buais.* 2 Portbail. 3 Gavray, Avranches. 5 Torigni, Lestre. 6 Bréhal, Ducey, Villedieu, Valognes. 7 Tessy, Pontorson, Saint-Pierre-Eglise, Saint-Sauveur-le-Vicomte. 8 *Saint-Clair.* 9 Mesnil-Garnier, Brix. 10 Saint-Denis-le-Gast, Périers. 12 Saint-Hilaire-du-Harcouët. Romagny. 13 Saint-Jean-de-Daye, Clitourps. 14 Montmartin-sur-Mer. 15 *Montbray, Bouteville, Le Teilleul.* 16 Brécey, La Lande-d'Airou, Teurthéville-Hague. 17 Varenguebec. 20 Sottevast, Reffuveille, Sourdeval. 21 La Haye-Pesnel. 23 Airel. 25 Montebourg, 26 Sourdeval. 28 Quettehou. 29 *Saint-Malo-de-la-Lande, Sacey, Sainte-Mère-Eglise.* 31 Avranches.

NOVEMBRE. — 2 Saint-James, Cherbourg. 3 Bréhal, Saint-Denis-le-Gast, Sartilly, Villedieu. 4 Pontorson. 5 *Montbray, Quettreville. Rauville-la-Place, Saint-Pois.* 7 Carentan, Gavray, Ducey. 10 Cerisy-la-Salle. 11 Torigni, Montmartin-sur-Mer. 12 *Montsurvent, Brécey, Les Pieux.* 14 Avranches. 16 Valognes. 17 Cérences, Sourdeval, Montmartin-sur-Mer, La Haye-Pesnel. 19 *Montbray.* 23 Villedieu. 25 Cerisy-la-Forêt, Bricquebec. 29 Saint-Lo.

DÉCEMBRE. — 1er Bréhal, Ducey, Villedieu. Picauville, Saint-Pierre-Eglise. 2. Pontorson. 3 *Montbray.* 5 Gavray, Avranches. 7 Saint-James. 9 Montmartin-sur-Mer, Valognes. 15 Sartilly, Sourdeval. 16 La Haye-Pesnel. 17 *Montbray.* 19 Saint-Lo. 21 Barneville, Carentan. 24 *Montebourg.* 27. Hambye. 31 *Valognes.*

Foires mensuelles.

Brécey, 1er vendredi de chaque mois ; Bréhal, Ducey, Villedieu, le 1er mardi de chaque mois ; Bricquebec, le 2e lundi de chaque mois, marché à bestiaux ; Cérences, le dernier jeudi du mois, marché à bestiaux ; Gavray, le 1er samedi de chaque mois ; La Haye-Pesnel, le 3e mercredi de chaque mois ; Montbray, les 1er et 3e jeudis de chaque mois ; Montmartin-sur Mer, le 2e mercredi de chaque mois ; Pontorson, le 1er mercredi de chaque mois excepté janvier, mai, juin et septembre ; Sourdeval, le 3e mardi de chaque mois ; Sartilly, le 2e lundi de chaque mois.

MARCHÉS DE LA MANCHE.

Arrondissement d'Avranches. — Avranches, le samedi. — La veille des foires, Montre ; Brécey, le vendredi ; Tirepied, le jeudi ; Ducey, le mardi ; Granville, le samedi ; La Haye-Pesnel, le mercredi ;

La Lande-d'Airou, 2ᵉ lundi de chaque mois; Pontorson, le mercredi; Saint-James, le lundi; Saint-Pair, le mercredi; Sartilly, le lundi; Villedieu, le mardi.

Arrondissement de Cherbourg. — Beaumont, le samedi. — Marché aux bestiaux gras le dernier samedi de chaque mois; Cherbourg, lundi et jeudi; Les Pieux, le vendredi; Le Vast, le lundi; Equeurdreville, le dimanche; Flamanville, le mardi; Saint-Pierre-Eglise, le mercredi.

Arrondissement de Coutances. — Agon, le dimanche (été); Bréhal, le mardi; Cérences, le jeudi. — Grand marché de bestiaux les 2ᵉ et derniers jeudis de chaque mois; Cerisy-la-Salle, le samedi; Coutances, le lundi; Créances, le dimanche; Gavray, le samedi; Hambye, le mardi; La Haye-du-Puits, le mercredi; Lessay, le mardi; Montmartin-sur-Mer, le mercredi; Lingreville, le dimanche; Périers, le samedi; Prétot, le samedi; Saint-Sauveur-Lendelin, le jeudi; Saint-Denis-le-Gast, le dimanche.

COUTANCES. — Le 1ᵉʳ Lundi de *Carême* et le lundi de la *Mi-Carême* sont considérés comme fortes foires La veille de chaque foire il y a *montes* Grand *marché à bestiaux*, tous les quinze jours. Grand *marché à chevaux* le lundi de la petite Saint-Michel. — BRÉHAL, *marché à bestiaux*, le 3ᵉ mardi du mois. — LA HAYE-DU-PUITS, grand *marché à bestiaux*, le 1ᵉʳ mercredi de chaque mois. — PÉRIERS, grand marché de 15 jours en 15 jours, à partir du 8 janvier.

Arrondissement de Mortain.—Barenton, le lundi; Ger, le jeudi; Isigny, le lundi; Juvigny, le jeudi; Le Teilleul, le jeudi; Mortain, le samedi (bestiaux); Saint-Hilaire-du-Harcouët, le mercredi; Saint-Pois, le jeudi; Sourdeval, le mardi.

Arrondissement de Saint-Lo.—Airel, le samedi; Canisy, le vendredi; Carentan, les lundi et vendredi; Cerisy-la-Forêt, le mercredi; Les Champs-de-Losques, le mardi (beurre); Marigny, le mercredi; Percy, le lundi; Saint-Clair, le mardi; Saint-Jean-de-Daye, le vendredi; Saint-Lo, les mardi et samedi; Tessy-sur-Vire, le mercredi; Torigni-sur-Vire, le lundi.

SAINT-LO. — Grand *marché à bestiaux*, tous les mardis. — CARENTAN. — Grand marché tous les lundis. De 15 en 15 jours, à partir du 2 janvier, *grand marché à bestiaux* et *marché à chevaux*. Tous les vendredis, vente de beurre, volaille et poisson, etc.

Arrondissement de Valognes.—Barneville, le samedi; Bricquebec, e lundi; Barfleur, le samedi; Montebourg, le samedi; Picauville, le vendredi; Portbail, le mardi (porcs, veaux, moutons); Quettehou, le mardi; Sainte-Mère-Eglise, le jeudi; Saint-Sauveur-le-Vicomte, le samedi; Saint-Vaast, le samedi; Valognes, les mardi et vendredi.

VALOGNES.—Marchés *francs* de bestiaux, tous les 1ᵉʳˢ mardis de chaque mois qui ne sont pas jours de foire. — PICAUVILLE. — Grand marché le vendredi. — SAINT-SAUVEUR-LE-VICOMTE. — Grand *marché à bestiaux*, le 1ᵉʳ samedi de chaque mois.

TABLE ALPHABÉTIQUE DES MATIÈRES

CONTENUES DANS L'*ANNUAIRE DE LA MANCHE*.

———◦◦◦◦◦———

L'Annuaire de la Manche se trouve

CHEZ MM.

LE TUAL, imprimeur, éditeur de l'*Annuaire*, à Saint-Lo ;

Jean CORDIER, libraire, à Saint-Lo ;

LETRÉGUILLY, libraire, à Saint-Lo ;

OMOND, libraire, à Saint-Lo ;

ANFRAY, libraire, à Avranches ;

MARGUERIE, libraire, à Cherbourg ;

DAIREAUX, imprimeur-libraire, à Coutances ;

LEBEL, imprimeur-libraire, à Mortain ;

MARTIN, imprimeur-libraire, à Valognes ;

CAPELLE, libraire, à Valognes.

ANNUAIRE

DU DÉPARTEMENT DE LA MANCHE.

———

67ᵉ ANNÉE. — 1895.

ANNUAIRE

DU DÉPARTEMENT

DE LA MANCHE

—·—◦◦◦◦—·—

67ᵉ ANNÉE. — 1895

SAINT-LO

IMPRIMERIE F. LE TUAL, RUE DES PRES, 5

—

M DᶜCC XCV

PRÉFACE.

———

La guerre de Cent ans, la guerre des Anglais, quelle douloureuse période dans notre histoire ! Guerre civile, souvent, autant que guerre étrangère, d'où devait sortir pourtant la nationalité française et qui devait aboutir aussi à l'héroïsme de Jeanne Darc comme pour témoigner que le peuple, qui n'avait plus guère à attendre de ses chefs. pendant cet àge de transition de la féodalité, trouverait en lui seul son salut ! C'est à cette période troublée que se rattachent les *Fragments d'une chronique inédite, relatifs aux événements militaires arrivés en Basse-Normandie, de 1353 à 1389,* que nous publions sous la signature de M. Léopold DELISLE ; bonne fortune pour le 67ᵉ volume de l'*Annuaire.* C'est véritablement un chapitre de l'histoire de notre province ; plus d'un lecteur de notre région y rencontrera, mêlé à des faits de guerre, le nom de sa localité, où rien dans l'époque actuelle ne rappelle même le souvenir de ces luttes d'autrefois.

Avec M. Emile TRAVERS nous trouvons, sous le titre : *Les premiers Imprimeurs de Saint-Lo,* un article très intéressant pour notre chef-lieu et qui montre qu'à la fin du XVIᵉ siècle, cette ville était un centre intellectuel d'une réelle importance.

*La Feronnière, la Haute-Folie, la Métairie, le Burel,
ic Poirier*, forment la suite des notices que M. LEPINGARD
nous a antérieurement données sur les *Villages de
Saint-Lo*, articles portant toujours la marque des
patientes et laborieuses recherches de l'auteur dans nos
archives locales.

Nous prions les auteurs de ces articles, d'agréer
l'expression de notre vive reconnaissance.

L'EDITEUR.

Saint-Lo, février 1895.

Janvier 1895.

Premier Quartier le 4.
Pleine Lune le 11.
Dernier Quartier le 17.
Nouvelle lne le 25.

1 mar. | CIRCONCISION.
2 mer. s. Basile.
3 jeud. se Geneviève.
4 ven. s. Rigobert.
5 sam. se Amelie.
6 D. ÉPIPHANIE.
7 lund. se Mélanie.
8 mar. s. ...len, m.
9 mer. s. Marcellin.
10 jeud. s. Paul,1er er.
11 ven. s. Theodose.
12 sam. s. ...le, m.
13 D. Bapt. de N.-S.
14 lund. s. Hilaire, év.
15 mar. s. Maur.
16 mer. s. ...
17 jeud. s. Antoine.
18 ven. s. Prisca.
19 sam. s. Sulpice.
20 D. s. Sébastien.
21 lund. ste Agnès.
22 mar. s. Vincent, m.
23 mer. s. Raymond.
24 jeud. s. Babylas.
25 ven. C. S. Paul.
26 sam. s. ...
27 D. s. Julien, év.
28 lund. s. Charlem.
29 mar. s. François.
30 mer. ste Martine.
31 jeud. se Marcelle.

Février.

Premier ...er le 3.
Pleine Lune le 9.
Dernier ...er le 16.
Nouvelle Lune le 24.

1 ven. s. Ignace.
2 sam. PURIFICATION.
3 D. s. ...e, év.
4 lund. s. Gilbert.
5 mar. se Agathe.
6 mer. s. Amand.
7 jeud. s. Fidèle.
8 ven. s. Jean de M.
9 sam. ste Apoline.
10 D. SEPTUAGÉSIME.
11 lund. s. Adolphe.
12 mar. ste Eulalie.
13 mer. s. Lezin.
14 jeud. s. Faustin, m
15 ven. ste Julienne.
16 sam. s. ...lle
17 D. SEXAGÉSIME.
18 lund. s. Siméon.
19 mer. s. Gabin, m.
20 mer. s. Sylvain.
21 jeud. s. Pépin.
22 ven. ste Isabelle.
23 sam. s. Gérald.
24 lund. QUINQUAGÉSIME.
25 mar. s. Léandre.
26 mar. s. Nestor.
27 mer. s. Les Cendres.
28 jeud. s. Romain.

Mars.

Premier ...rtier le 4.
Pleine Lune le 11.
Dernier ...er le 18.
Nouvelle l une le 26.

1 ven. s. Aubin, év.
2 sam. s. ...deb.
3 D. QUADRAGÉSIME
4 lund. s. Casimir.
5 mar. s. Théophile.
6 mer. Quat. Temps.
7 jeud. s. Thom. d'A.
8 ven. se Véronique.
9 sam. se Françoise.
10 D. REMINISCERE.
11 lund. s. Euloge.
12 mar. s. Marius.
13 mer. ste Euphrasie
14 jeud. ste ...Me.
15 ven. s. Zacharie.
16 sam. s. Cyriaq. m.
17 D. OCULI.
18 lund. s. Gabriel.
19 mar. s. Joseph.
20 mer. s. Joachim.
21 jeud. s. Benoît, ab,
22 ven. se Léa.
23 sam. s. Victorien.
24 D. LÆTARE.
25 lund. Annonciation
26 mar. s. Emmanuel
27 mer. ste Lydie.
28 jeud. s. Gontran.
29 ven. s. Eustase.
30 sam. s. Amédée.
31 D. PASSION.

Avril.

Premier Quartier le 2.
Pleine Lune le 9.
Dernier ...rtier le 16.
...lle Lune le 25.

1 lund. s. Hugues.
2 mar. s. Franç. P.
3 mer. s. Richard.
4 jeud. s. Isidore.
5 ven. s. Vincent F.
6 sam. s. Célestin.
7 D. RAMEAUX.
8 lun. s. Albert.
9 mar. se ...fie E.
10 mer. s. Fulbert.
11 jeud. s. Léon II, p.
12 ven. Vendr. saint.
13 sam. s. l'a.
14 D. PAQUES.
15 lund. Férié.
16 mar. s. Fructueux.
17 mer. s. Anicet.
18 jeud. s. Parfait.
19 ven. s. Socrate.
20 sam. s. Théodore.
21 D. QUASIMODO.
22 lund. s. Léonide.
23 mar. s. Georges.
24 mer. s. ...
25 jeud. s. Marc, évan
26 ven. ss. Clet et M.
27 sam. s. Frédéric.
28 D. s. Aimé, év.
29 lund. s. Robert.
30 mar. s. ...bic.

Mai.

Premier Quartier le 2.
Pleine Lune le 9.
Dernier ...er le 16.
Premier ...rtier le 31.

1 mer. ss. Jacq et Ph.
2 jeud. s. Athanase.
3 ven. Inv. ste Croix
4 sam. ste Monique.
5 D. s. Pie V.
6 lund. s. Jean P. L.
7 mar. s. Stanislas-K
8 mer. s. Désiré.
9 jeud. s. Grégoire.
10 ven. se Solange.
11 sam. s. Mamert.
12 D. s. Achille.
13 lund. s. Servais.
14 mar. s. Boniface.
15 mer. se Denise.
16 jeud. s. thé
17 ven. s. Pascal B.
18 sam. s. Venant, m.
19 D. s. Yves.
20 lund. Rogations.
21 mar. se Giselle.
22 mer. s. Emile.
23 jeud. ASCENSION.
24 ven. se Angèle, v.
25 sam. s. Urbain Ier
26 D. s. Philippe.
27 lund. s. Ildevert.
28 mar. s. Olivier.
29 mer. s. Maximin.
30 jeud. s. Ferdinand.
31 ven. ste Pétronille.

Juin.

Pleine Lune le 7.
Dernier Quartier le 15.
Nouvelle Lune le 22.
Premier Quartier le 29.

1 sam. s. Fortuné.
2 D. PENTECÔTE.
3 lund. Férié.
4 mar. s. Optat.
5 mer. Quat.-Temps.
6 jeud. s. Claude.
7 ven. se Sébast.
8 sam. s. Médard.
9 D. Trinité.
10 lund. s. Landry.
11 mar. s. Barnabé, a.
12 mer. s. Emile.
13 jeud. Fêt-Dieu.
14 sam. s. Rufin.
15 sam. se Germaine.
16 D. se Giselle.
17 lund. s. Avit.
18 mar. s. Florentin.
19 mer. s. Gervais, m
20 jeud. s. Silvère.
21 ven. s. Raoul. Eté
22 sam. s. Alban.
23 D. s. Félix de V.
24 lund. s. Jean-Bapt.
25 mar. s. Prosper.
26 mer. s. David.
27 jeud. s. Crescent.
28 ven. s. Fabien.
29 sam. ss. Pier. et Paul
30 D. se Emilienne.

Juillet.

Pleine Lune le 6.
Dernᵣ Quartier le 15.
Nlle Lune le 22.
Premier Quartier le 28.

1 lund. s. Martial.
2 mar. V. de la ste V.
3 mer. s. Anatole.
4 jeud. s. Berthe.
5 ven. ste Zoé.
6 sam. s. Dup
7 D. s. Aubierge.
8 lund. ste Virginie.
9 mar. s. Cyrille, m.
10 mer. ste Félicité.
11 jeud. s. Nel.)
12 ven. s. Gualbert.
13 sam. s. Eugène.
14 D. FÊTE NATIONᵉ
15 lund. s. Henri, em
16 mar. s. Hélier, m.
17 mer. s. Alexis, c.
18 jeud. s. Camille, c.
19 ven. s. Vinc. de P.
20 sam. ste Marguerit.
21 D. s. Victor.
22 lund. ste Marie-M.
23 mar. s. Apollinaire
24 mer. ste Christine
25 jeud. s. Christophe
26 ven. ste Anne.
27 sam. ste Natalie.
28 D. s. Samson.
29 lund. ste Marthe, v.
30 mar. ss. Abdon et S
31 mer. s. Germain.

Août.

Pleine Lune le 5.
Dernier Quartier le 13.
Nouvelle Lune le 20.
Premier Quartier le 27.

1 jeud. s. Pierre-è-l.
2 ven. s. Alph. de L.
3 sam. s. Geoffroy.
4 D. s. Dominique.
5 lund. s. Abel.
6 mar. Tra. de N. S.
7 mer. s. Gᵃ , c.
8 jeud. s. Justin, mar
9 ven. s. Samuel.
10 sam. s. Laurent, m.
11 D. ste Suzanne.
12 lund. ste Clie v.
13 mar. s. Hippolyte
14 mer. s. Eusèbe, vj.
15 jeud. ASSOMPTION
16 ven. s. Roch.
17 sam. s. Septime.
18 D. ste Hélène.
19 lund. s. Flavien.
20 mar. s. Bernard, a.
21 mer. ste Jeanne.
22 jeud. s. Symphor.
23 ven. ste Sidonie.
24 sam. s. Barthélemy
25 D. s. Louis, r de F
26 lund. s. Privat.
27 mar. s. Césaire, é.
28 mer. s. Augustin, é.
29 jeud. s. Médéric.
30 ven. s. Fiacre.
31 sam. s. Aristide.

Septembre.

Pleine Lune le 4.
Dernier Quartier le 12.
Nouvelle Lune le 18.
Premier Quartier le 25.

1 D. ss. Leu et G.
2 lund. s. Lazare.
3 mar. s. Grégoire.
4 mer. ste Rosalie, v.
5 jeud. s. Bertin.
6 ven. s. Onesiphore
7 sam. s. Cloud, c.
8 D. Nativité.
9 lund. s. Omer.
10 mar. ste Pulchérie.
11 mer. s. Hyacinthe.
12 jeud. s. Raphaël.
13 ven. s. Maurille
14 sam. Ex. de la S. C.
15 D. s. Nicomède
16 lund. ste Edithe.
17 mar. s. Lambert.
18 mer. Quat.-Temps.
19 jeud. s. Janvier.
20 ven. s. Eustache.
21 sam. s. Mathieu.
22 D. s. Maurice.
23 lund. s. Lin, p.
24 mar. s. Andoche.
25 mer. s. Firmin
26 jeud. s. Cosme.
27 ven. s. Wenceslas.
28 sam. s. Michel, arc.
29 D. s. Rodolphe.
30 lund. s. Jérôme E.

Octobre.

Pleine Lune le 3.
Dernier Quartier le 11.
Nouvelle Lune le 18.
Premier Quartier le 25.

1 mar. s. Rémi, év.
2 mer. ss. Anges gar.
3 jeud. s. Faute.
4 ven. s. Franç. d'A.
5 sam. s. Constant.
6 D. s. Bruno, c.
7 lund. s. Serge.
8 mar. ste Laurence.
9 mer. s. Denys, m.
10 jeud. s. Paulin.
11 ven. s. Quirin.
12 sam. s. Wilfrid, é.
13 D. s. Edouard, c.
14 lund. s. Caliste, p.
15 mar. ste Thérèse, v.
16 mer. s. Léopold.
17 jeud. ste Edwige.
18 ven. s. Luc, évan.
19 sam. s. Savinien.
20 D. s. Aurélien.
21 lund. ste Céline.
22 mar. s. Moderan.
23 mer. s. Hilarion.
24 jeud. s. Magloire, é.
25 ven. ss. Crépin et C
26 sam. s. Evariste.
27 D. s. Abraham.
28 lund. s. Alfred.
29 mar. s. Rodolphe.
30 mer. s. Arsène.
31 jeud. s. Narcisse, é.

Nᵇre.

Pleine Lune le 2.
Dernier Quartier le 9.
Nouvelle Lune le 16.
Premier Quartier le 23.

1 ven. TOUSSAINT.
2 sam. Les Morts.
3 D. s. Hubert.
4 lund. s. Chl Bor.
5 mar. s. Théotime.
6 mer. s. Léonard, c.
7 jeud. s. Ernest.
8 ven. s. Godfroy.
9 sam. s. Mathurin.
10 D. s. Juste.
11 lund. s. Martin, év.
12 mar. s. René.
13 mer. s. Brice.
14 jeud. s. Philb
15 ven. ste Eugénie.
16 sam. s. Edme.
17 D. s. Agnan.
18 lund. s. Eudes.
19 mar. ste Elisab. R.
20 mer. s. Edmond.
21 jeud. Prés. de la V.
22 ven. ste Cécile, v.
23 sam. s. Clm 1, p.
24 D. s. Flra
25 lund. ste Cather., v.
26 mar. ste Delphine.
27 mer. s. Séverin.
28 jeud. s. Sosthène.
29 ven. s. Saturnin.
30 sam. s. André, ap

Décembre.

Pleine Lune le 2.
Dernier Quartier le 9.
Nlle Lune le 16.
Pᵐ r Quartier le 24.
Pleine Lune le 31.

1 D. AVENT.
2 lund. ste Aurélie.
3 mar. s. Franç. Xav
4 mer. ste Barbe, m.
5 jeud. s. Sabas.
6 ven. s. Nicolas, év.
7 sam. s. Ambroise.
8 D. Imm. Concept.
9 lund. ste Léocadie.
10 mar. ste Julie.
11 mer. s. Damase, p.
12 jeud. ste Constance
13 ven. ste Lucie, v. m
14 sam. s. Nicaise.
15 D. s. Irénée, év.
16 lund. ste adelaide.
17 mar. s. Olympe.
18 mer. Quat.-Temps.
19 jeud. s. Timoléon.
20 ven. s. Philogone.
21 sam. s. Thomas.
22 D. s. Honorat.
23 lund. ste Victoire.
24 mar. s. Irmine, vj
25 mer. NOEL.
26 jeud. s. Etienne, R.
27 ven. s. Jean, évan.
28 sam. ss. Innocents
29 D. s. Eléonore.
30 lund. s. Roger.
31 mar. s. Sylvestre

HISTOIRE ET ANTIQUITÉS.

FRAGMENTS

d'une Chronique inédite

relatifs aux événements militaires

arrivés en Basse-Normandie, de 1353 à 1389.

Sous le règne du roi Jean et du roi Charles V, la Basse Normandie et particulièrement le Cotentin furent le théâtre d'événements militaires, dont tous les détails ne sont pas encore bien connus. J'ai essayé jadis de raconter ceux au souvenir desquels le nom de Saint-Sauveur-le-Vicomte doit rester attaché (1). Je mis alors surtout à profit les débris des archives de la Chambre des comptes, et plusieurs chroniqueurs, de mérite inégal, mais dont les récits se complètent et se contrôlent les uns par les autres. Les ouvrages de ces chroniqueurs ont été, dans ces trente dernières années, l'objet d'éditions critiques, qui en rendent l'emploi beaucoup plus sûr et plus commode que par le passé.

Le prince de nos historiens du xiv⁰ siècle, Jean Froissart, a trouvé un éditeur digne de lui dans notre très regretté compatriote, Siméon Luce, qu'une mort prématurée a empêché de poursuivre l'édition et l'annotation au-delà du premier livre des Chroniques (2). L'édition dont il avait, sous les auspices de la Société de l'Histoire de France, mené à bonne fin la partie la plus considérable et la plus difficile, sera continuée par M. Gaston Raynaud, dont le travail satisfera les juges les plus exigeants, comme on peut dès maintenant s'en assurer en parcourant le volume tout récemment paru (3) qui contient le commencement du second livre.

(1) *Histoire du château et des sires de Saint-Sauveur-le-Vicomte, suivie de pièces justificatives.* Valognes, 1867. In 8°.

(2) *Chroniques de J. Froissart, publiées pour la Société de l'Histoire de France.* Tomes I-VIII. Paris 1869-1888. In-8°.

(3) *Chroniques de J. Froissart. Deuxième livre.* Tome IX. Paris, 1894. In-8°.

Une chronique anonyme, s'arrêtant à l'année 1372, dans laquelle les évènements de notre province tiennent une place considérable, a été mise au jour, en 1882, par MM. Auguste et Émile Molinier ; au texte établi d'après deux manuscrits de la Bibliothèque nationale et de la bibliothèque de Toulouse, les éditeurs ont ajouté un sommaire et des annotations analogues aux sommaires et aux annotations qui donnent tant de prix au Froissart de Siméon Luce. Cette publication forme un volume de la Société de l'Histoire de France, intitulé *Chronique normande du xiv° siècle;* Paris, 1882. In-8°.

La *Chronique du Mont-Saint-Michel,* conservée dans le manuscrit latin 5696 de la Bibliothèque nationale, ne contient qu'un bien petit nombre d'articles se rapportant au xiv° siècle. Je dois cependant la citer, parcequ'elle renferme plusieurs passages dérivant, selon toute apparence, de la même source que la Chronique anonyme dont je dois faire connaître aujourd'hui la meilleure partie. La *Chronique du Mont-Saint-Michel* a eu la bonne fortune d'avoir pour éditeur Siméon Luce, qui a compris dans sa publication une longue série de pièces très importantes pour l'histoire de la défense nationale pendant l'occupation anglaise au xv° siècle (1).

. Près de vingt ans auparavant, le même savant avait inauguré ses publications de textes historiques, en faisant sortir de l'oubli une chronique normande d'une réelle importance, à laquelle il a donné le titre de *Chronique des quatre premiers Valois* (2) et qui embrasse la période comprise entre les années 1327 et 1393.

Je laisse de côté la *Chronique normande de Pierre Cochon,* que M. Charles de Beaurepaire a publiée en 1870 pour la Société de l'histoire de Normandie. C'est à peine si Pierre Cochon a consacré quelques lignes aux événements dont les diocèses de Coutances et d'Avranches furent le théâtre au xiv° siècle.

Telles sont les chroniques qui sont venues s'ajouter dans les trente dernières années, aux récits originaux, tels que ceux des rédacteurs des *Grandes chroniques* et des continuateurs de Guillaume de Nangis, que nous possédions depuis plus ou moins longtemps et auxquels nous devions demander des renseignements sur l'histoire de notre province pendant les règnes de Philippe de Valois, de Jean II, de Charles V et de Charles VI.

---

(1) *Chronique du Mont-Saint-Michel* (1343-1468), *publiée avec notes et pièces diverses relatives au Mont-Saint-Michel et à la défense nationale pendant l'occupation anglaise,* par Siméon Luce. Paris 1879 et 1883. Deux volumes in-8° de la collection de la Société des anciens textes français.

(2) Paris, 1862. In-8°. De la collection de la Société de l'Histoire de France.

Un assez curieux fragment du même genre, qui paraît avoir echappé à mes devanciers, m'a semblé mériter d'être mis en lumière. C'est une collection de notes relatives à des événements accomplis depuis 1342 jusqu'en 1389. Ces notes couvrent les vingt premières pages d'un volume dans lequel a été copiée, au xv⁰ siècle, la Chronique en prose des ducs de Normandie. Le manuscrit, qui a appartenu à Pierre-Daniel Huet, évêque d'Avranches, porte aujourd'hui à la Bibliothèque nationale le n° 11900 du fonds français. J'en ai extrait les paragraphes qui se rapportent à la Basse-Normandie.

Plusieurs de ces paragraphes ont un air de parenté avec les passages correspondants de la *Chronique normande* et de la *Chronique du Mont-Saint-Michel* dont je parlais tout à l'heure ; mais plusieurs sont tout à fait indépendants des récits contemporains, recueillis jusqu'à ce jour. Il convient de les tenir en grande considération ; car l'auteur, qui écrivait du vivant du roi Charles VI, et très probablement en Normandie, paraît avoir été exactement renseigné, du moins pour ce qui concerne le Cotentin et l'Avranchin. C'est ce qui résultera des observations dont j'ai fait suivre le texte de la Chronique. On sera frappé, je crois, de l'accord qui règne entre les notes du chroniqueur anonyme et les témoignages fournis soit par les autres chroniqueurs soit par les pièces d'archives, et notamment par ce Compte du roi de Navarre qu'a publié M. Izarn (1) et qui est une des meilleures sources de renseignements pour l'histoire de notre province pendant les années 1357-1370.

1353

Et adoncques furent assises les terres que le roy de Navarre avoit en Normendie, c'est assavoir la conté de Beaumont, la baronnie de Brete[u]il, la baronnie de Conches, la viconté d'Orbec, la viconté du Ponteaudemer, la viconté do Vallongnes, la viconté de Carenten, toutes ces terres en recompensassion de xl mille livres de rente qu'il prenoit sur les coffres du roy, tant pour le mariage de sa fame que pour la conté de Champaigne ; et l'an dessus dit print la possession des dictes terres.

1354

En l'an liiii se partit monseigneur Martin de Navarre sans congié, et s'en alla par devers mons. Thomas de Hollande, lors lieutenant du roy d'Angleterre en Bretagne.

Et l'an dessus dit, le dit mons. Martin et mons. Thomas firent une chevauchie en Normandie jusques aux faubours de Caen, et en ardirent part[ie] et de ceulx de Baieulx.

(1) *Le compte des recettes et dépenses du roi de Navarre en France et en Normandie, de 1357 à 1370, publié* par E. Izarn, *avec une introduction* par Gustave A. Prevost. Paris, 1885. In-8⁰.

1355

En l'an dessus dit avoit esté mons. de Donnehan lieutenant en Bretaigne, et demoura au Ponttorsum, et là eut une bataille de ung chevalier de Picardie, appellé mons. Quyret de Weaucourt (1), et là fut le dit Cript desconfit et mort en champt.

Et l'an dessus dit, le roi de Navarre fut lieutenant en Bretaigne. Et la septmaine devant Pasques le duc de Normendie donna à digner au roy de Navarre et à grant fouison de chevaliers Et là le roy vint et fist prendre le roy de Navarre et le conte de Harecourt, le sire de Graville et Marbue de Maintemare (2), et mons de Friquans, Johan, et Colin Doublel. Et fut mort mons. de Harcourt et mons. de Graville. Le dit Marbue et le dit Colin Doublel et Friquans et Johan de Blance (3) lors furent mis en prison en Chastellet, et là furent temps. Et depuis Friquanx s'en partit sans congié, et s'en alla devers le roy d'Angleterre. Et quand le roy de Navarre eut esté grant pièche en Chastellet, il fut mené en ung chastel en Picardie (4), et fut baillié à garder à mons. de Betysy, et là fut longuement.

1356

En l'an LVI mons. Phelippe de Navarre s'en partit et s'en vint à Chirebourg ; et vint avec lui mons. Regnault de Trye, de Mariel, mons. Johan de Versill,es], mons. Joham de Morbec ; et par lui fist assembler grant fouison de gens tant du païs que de alleurs. Et là fut mons. Godeffray de Harecourt.

Et fist le [dit] Phelippe deffier le roy, et commencha la guerre qui dura grant pièche. Car ledit mons. Phelippe envoya querre le duc de Lenclastre, qui o grant foeson de gens vint en Costentin. Et en tant qu'il mist à venir, le dit mons. Phelippe assist l'abbaie de Lessay, où il estoit entré gens d'armes qui furent prins, et fut la dicte abbaie arse.

Et quant le duc de Lenquastre feut venu, il partit la vigille Saint Joham de Costentin, pour aller lever le siège du Ponteaudemer, lequel estoit assis des gens du roy ; et fut le siège levey et le chastel reffrechy. Et de là partit le duc et le conte Phelippe et le duc de Bretaigne, et chevauchièrent jusques à Verneul, et prindrent la tour et la ville ; et de illecques se partit bien en haste. Car il luy fut raporté que le roy avoit assemblé grant ost pour venir sur eulx, et les parsuit jusques à Tueubeuf (5) ; et de illecques retourna et mist le siège à Breteul, et fut tant devant que il print.

(1) Je crois qu'il faut suppléer ici les mots : « et de un chevalier alemant appelé Eriq de Ridebourt. » Cette restitution est justifiée par le texte de la *Chronique normande du XIVe siècle*, p. 107.

(2) Guillaume Maubue de Mainemares.

(3) Jean de Bantalu, suivant les *Grandes Chroniques*, t. VI, p. 26. — La forme « de Bantalu » est justifiée par une charte de 1364 que Siméon Luce a publiée dans *la Jeunesse de Du Guesclin*, p. 594.

(4) Le château de Crèvecœur en Cambrésis.

(5) Il s'agit de Tubœuf, Orne, arrondissement de Mortagne, canton de Laigle.

....

En l'an dessus dit fut la bataille à Sainte Marie du Mont. Et là fut mort mons. Godeffroy de Harecourt, et furent les gens au roy de Navarre desconfis, desquieulx estoit cappitaine mons. Pierre de Saqueinville, qui avoit grant foison d'Englois et de Navarrés avec lui et des gens du païs Et pour le roy estoit lieutenant miss. Robert de Cleremont. Et fut le jour saint Martin d'iver.

Et l'an dessus dit retourna mons. Phelippe de Navarre d'Angleterre, en sa compagnie quatre chevaliers de par le roy d'Angleterre. Et fist le dit mons. Phelippe aliance au roy d'Angleterre et hommage. Et au devant avoit deffié le roy par ung nommé Godeffroy de Breban.

Et l'an dessus dit, eu mois de aoust, viron la Saint Laurens, fut la besoigne des Veiz, où mons. de Saquenville et mons. Ameury de Meulenc furent prins, et mons. de Fertey et plusieurs aultres. Et le dit mons. Pierres (1) venoit tout droit du siège de Remilly, lequel il avoit prins par force.

Et l'an dessus dit, fist mons. de Hanget une chevauchie à Carenten, et print la ville et grant foison de gens qui estoient dedens, tant d'Engloiz que d'aultres gens du païs. Et le dit mons. Pierres se retrait au Pont d'Ove.

Et tantost le dit missire Pierres fist une chevauchie pour lever le [siège du] Ponteaudemer. Et ou viage out plusieurs encontres en alant, là fut mons. Robert d'O, et leva le siège du dit lieu. Et adonc s'en revint le dit mons. Phelippe sans riens perdre.

Et quant le dit missire Phelippe fut revenu d'Angleterre, et en sa compaignie quatre chevaliers, mons. Richart de Wache, mons. Guillaume de Stapheton, mons. Joham Avenel, mons. Collequin de Lovem, il fist une chevauchie en Bessin, et print Ysigny et Creuli.

Et tantost après fist une chevauchie jusques devant Chartez. Et là fist grandement de chevalliers, tant d'Allemans, Engloiz que d'aultres. Et tantost comme il fut retourné, il partit pour aller parler au duc de Lenclastre devant Reignes, que il luy rendist le chastel de Avrenches, que ses parens avoient prins sur ung chevallier appelley le sire de Hauche. Et là oult de grosses parolles entre le duc et missire Phelippe. Et toutes foiz le chastel fut rendu. Et tant qu'il fut par devers le duc, lez Angloiz prindrent Terre, et les Navarrés le chastel de Hambie.

Et l'an dessus dit, Michiel de Chaulx, navarrés, prinst le chastel de Damfront.

Et l'an dessus dit se formèrent les trois estas en France.

1358

En l'an LVIII... le roy de Navarre se retraist à Mante, et mons. Phelippe en Costentin.

1359

En l'an LIX le roy de Navarre fist sa paix au regent.

(1) Pierre de Saquainville.

Et se departit donc missire Thomas de Holande, lequel vint faire ung fort à Barefleu, et print à hommage gens de païs, chevaliers et escuiers. Et après mons. Phelippe de Navarre demoura lieutenant du roy d'Angleterre.

1360

En l'an LX chevaucha le roy d'Angleterre et le prince de Galles et le duc de Lanclastre devant Paris.

Et donc fut la grant famine et la grand fredure, qui fut après Quasimodo.

Et se retrait le roy d'Angleterre parmy le Neufbourg, et vint le roy de Navarre parler à luy à la Rivière de Tybouville, et d'illecques le roy d'Angleterre ala à Honnefleu, et monta à la mer pour aller à son païs.

Et l'an dessus dit, les ostages pour aller en Angleterre (1).

Par le conseil du père Urbain, saint homme, et de gens de France et d'Angleterre, la paix se fist ; et là fut le roy Joham et le roy d'Angleterre et le conte et mons. Phelippe de Navarre. Et là fut l'acort fait entre les roys ; et demoura la duchie de Guyenne et la conté de Pontif au roy d'Angleterre. Et là fut missire Phelippe de Navarre, qui print congié au roy d'Angleterre, et luy rendit son hommage et ses aliances, et presentement fist hommage au roy de France. Et là fut donnée la terre de Saint-Sauver-le-Viconte à mons. Jouham Chandos.

Et l'an dessus dit, mons. Thomas de Hollande fut ordonné pour faire vuidier les fors de Normendie et de France, et en fist assés bien [son] devoir, et tant que auchuns tiennent qu'il en fust emprisonné et mort à Rouen.

1361

En l'an LXI vindrent grant fouison d'Angloiz à Quinquernon et voulurent enforchier Roumelly. Et là fut mons. Philippe de Navarre et grant fouison de gens de Normendie, et fist coupe [r] la teste à ung navarrés appellé Loupe Dagoreste, et vuidèrent le païs.

Et après, missire Phelippe fut mort de maldie, de quoy ce fut grant dommagè et pitié. Et fut enterré à Evreux en la grant eglise, et de là fut aporté à Saint-Denis.

1364

En l'an LXIIII furent prins Mante et Meullenc par mons. Bertran.

Et en l'an dessus dit vint le cadal du Buth, lieutenant du roy de Navarre.

Et cel an fut la besoigne d'Escaulleville en Costentin par mons. Guillaume du Melle, lors lieutenant du roy ; et furent les gens du roy de Navarre desconfiz. Et lors fut Carentan prins.

(1) Il y a peut-être ici quelques mots omis dans le manuscrit

Et dedens huit jours fut la bataille de Coherel par mons. Bertran le bon chevalier, lors lieutenant du roy, et par le cadal, qui avoi grant fuison d'Angloiz et de Navarrés et d'aultre gens. Et fut le cadal prins et desconfit. Et là fut mort le viconte de Beaumont. Et là fut prins mons. Pierres de Saquenville, lequel fut mort à Rouen. Et là fut mort le Basque de Mareul, et furent les gens du roy [de Navarre] desconfiz et mors.

Et lors le roy Charlles print la possession de Vernon, qui estoit à la rayne Blance, et print Longueville, et d'illecques s'en ala à son couronnement à Rains.

Et tantost après, mons. Bertran vint mestre le siège devant Vailloignes, et prinst le chastel et Magneville et Barefleu et le Pont l'Abbé et Neauhou, et d'illecques s'en ala en Bretaigne à mons. le bon duc Charlles. Et adonc fut la bataille à Dauray, où fut mort le bon duc. Et le bon chevalier missire Bertran et ung bon chevalier d'Angleterre nommé Chandos eschapèrent la bataille.

1366

En l'an LXVI vint une compaignie au Homme par le blanc chevalier angloiz, et furent tous mors et prins pour ce qu'il n'avoient point de titre de guerre. Et lors estoit lieutenant du roy mons. Guillaume du Mesloy.

Et en l'an dessus dit vint le roy Petro d'Espaigne à Bordeaulx par devers le prince de Galles, pour requerre secours touchant Henry, son frère, bastart d'Escorntemare.......

1368

Et l'an LXVIII partit une grant compaignie d'Angloiz et d'aultres gens qui prindrent le Chastel Gaultier ; et d'illecques, l'an dessus dit, se partit ung chevalier appeloy mons. Guieffray Esselle pour prendre Chierebourg, et fist grant dommage au païs de Costentin et se retrait au Chastel Gautier sans plus faire.

Et l'an dessus dit, fut le roy Charles ney, qui à present est.

Et l'an dessus dit, vint ung chevalier nommé missire Johan Chandos, qui fist moult amender le chastel de Saint-Sauveur-le-Viconte.

. . . .

1369

En l'an LXIX vint le roy de Navarre en Costentin, eu moys d'aoust, et vint par Bretaigne, et parla au duc et à la duchesse, et l'amena mons. de Clison jusquez à Avrenches.

Tantost les compaignons qui estoient au Chastel Gautier vindrent après en Costentin à Saint Sauveur le Viconte. Et tantost tous les grans seigneurs des basses marches vindrent après et les assidrent à Saint Sauveur, c'est assavoir mes deulx seigneurs les mareschaulx de France, Sansseure et Blainville, et mons. le viconte de Sansseurre, mons. de Craon, mons. de Clison et mons. de Raes, et plusieurs. Le roy de Navarre estoit adoncques à Chierebourg. Et adoncques tantost se departirent, et lez Engloiz demourèrent en Costentin et prindrent ung chastel nommé Arrundeville, et ung aultre nommé Guernetot.

1370

En l'an LXX, fut mis le siège devant Arondeville par le mareschal de Bleinville et les gens du roy de Navarre, et fut prins le dit hostel.

Et en l'an dessus dit, le roy de Navarre alla parler au roy d'Angleterre, environ la mi aoust ; et demoura en ostage à Chierebourg par ledit roy l'evesque de Durraume, le conte de Warvic et le conte de Selson. Le roy de Navarre amena avesquez luy l'evesque, pour ce qu'il estoit trop vieulx. Et fut le roy de Navarre devers le roy d'Angleterre XV jours à Charentonne après Sallebières, et là oul grant feste.

Et au retour furent trouvés deulx carraques en la mer, qui estoient en la cité de Jennes (1), et furent prinses par leur orguil, et leur fist l'an grant dommage ; més toutefois fist rendre le roy d'Angleterre tout ce que l'en peult trouver, et leur donna une nef appellée le Vent.

1373

En l'an LXXIII, le roy d'Angleterre fist une armée pour aler en France, et fut bien six sepmaines sur mer, et [ne] peult point avoer bon vent pour passer. Et convint qu'il retournast.

Et en iceluy temps fut mort mons. Johan Chandos en Poitu, par ung breton appelé le Calle, qui desconfist luy et ses gens.

L'an dessus dit, fut la bataille de Toulouse, où lez Angloiz furent desconfiz par les gens de mons. d'Anjou (2)......

1377

En l'an LXXVII, se saizist le roy des chasteaulx du roy de Navarre en Normendie, et y envoya le duc de Bourgongne et mons. de Bourbon, mons. le connestable, et en leur compaignie mons. Charlles de Navarre et mons. l'admiral à ung costé, et avecques mons. Pierres de Navarre ; et en prindrent XXI, dont il en y oult XVI abatus, ch'est assaver Avrenches, Gavray, Mortaing et Tinchebray, Orbec, Ponteaudemer, Bernay, Beaumont le Rogier, Breteul, Nonancourt, Passy, Evreulx, Ennet, Nogent et Brieval ; et six en demoura, c'est assavoir Regnieville, Carenten, Vailoignes et Chierebourg (3).

(1) Sans doute « de la cité de Gênes. »

(2) Le même article se trouve dans la *Chronique du Mont-Saint-Michel,* édit. de S. Luce, t. I, p. 7.

(3) Le manuscrit indique seulement quatre des six châteaux du roi de Navarre qui ne furent pas rasés par ordre de Charles V. Un cinquième, celui de Conches, est mentionné dans la *Chronique du Mont-Saint-Michel* (t. I, p. 11) qui, pour ce passage, est à peu près semblable à notre Chronique.

1378

En l'an LXXVIII fut la bataille de la Hogue, en une place nommée la Pissoure, le jour saint Martin d'estey. Et fut prins missire Guillaume dez Bourdes, mons. des Chanevicres, mons. de Tollevast, mons. Guillaume Macy et plusieurs aultres chevaliers et escuiers, et aultres mors et prins (1).

. . . .

1383

En l'an IIII^{xx} et III vindrent refourmateurs mons. de Vienne admiral et mons. Joham le Merchier, Estienne du Moustier et maistre Jehan Pastorel, et firent de grans justices à Rouen, Caen et Failloise.

. . . .

Et l'an dessus dit se deubt combatre mons. de La Tremoulle à mons. Pierre de Courtenay, à Paris, devant le roy, et ne fut point la bataille.

1387

En l'an IIII^{xx} et VII fut couronné mons. de Navarre le jour de l'Ascension à Panpelune.

Et cel an, oult une grande feste tenue à Tracy par Guillaume d'Anfernet, pour lors tresorier des guerres . . . .

1389

En l'an IIII^{xx} et neuf, mons. Robert de Quité assembla grant fouison de gens d'armes, tant de Normendie que de Bretaigne, et [prindrent] Saint-Malo de l'Ile, qui estoit en la main du duc (2). Et y fut prins le viconte de la Bellière, qui estoit capitaine pour le duc de Bretaigne, puis fut délivré, je ne sçay comment ...

Et l'an dessus dit le duc de Guelle fist deffier le roy viron la Saint Andrieu.

Et l'an dessus dit, les Angloiz firent une grant armée en la mer, de quoy estoit capitaine le conte d'Arondel, et furent en Bretaigne, et ardirent le navire de Guerande chargié de sail, et d'ilecques alèrent en Poetou, et ardirent l'isle de Noirmoustier, et furent à La Rochelle, et ardirent grant foison du païs, et furent jusques à Baionne (3) parler au duc de Lenclastre, qui lors y demouroit. Et puis s'en retournèrent par la coste de Normendie, et furent devant Harefleu, et ardirent deulx vielles barques.

(1) Un abrégé de cet article est passé dans la *Chronique du Mont-Saint-Michel*, t. I, p. 13.

(2) La phrase précédente se trouve dans la *Chronique du Mont-Saint-Michel*, t. I, p. 16 et 17.

(3) Le manuscrit porte Brionne.

En l'an dessus dit se fist une grant armée en France de huit gallées et d'aultres navires, et en fut chief missire Jaques de Montmor, avecques l'admiral d'Espaigne, et furent en Angleterre et y firent de grant dommage (1).

Observations sur quelques articles de la Chronique.

Dans l'essai de commentaire que je soumets au lecteur je n'ai guère visé que les textes intéressant directement la Basse-Normandie. Je ne me suis pas occupé de certains passages que j'ai dû englober dans mes extraits pour mieux faire comprendre la chronologie des événements.— Les observations seront présentées, année par année, suivant l'ordre dans lequel les faits ont été rapportés par le chroniqueur.

ANNÉE 1353.

Assignation de terres au roi de Navarre.— Ce fut le 8 février 1353 (1354, nouveau style) que le roi Jean chargea le cardinal de Boulogne et le duc de Bourbonnais de faire assiette au roi de Navarre de terres et de rentes pour tout ce qui lui était dû. La lettre de nomination des commissaires a été publiée par Secousse, dans son *Recueil de pièces sur Charles II, roi de Navarre*, partie I, p. 29.

ANNÉE 1354.

La chevauchée de Martin de Navarre et de Thomas de Holland, qui vinrent brûler une partie des faubourgs de Caen et de Bayeux, n'est point mentionnée dans les autres chroniques. Le 8 février 1355, le roi d'Angleterre nomma ce Thomas de Holland son lieutenant en Bretagne. (Notes de Siméon Luce sur Froissart, t. IV, p. LIV.)

ANNÉE 1355.

Arnoul d'Audrehem, lieutenant du roi en Bretagne, séjourne à Pontorson. Une joute a lieu dans cette place : Eric de Ridbourg, champion des Anglais, y est blessé à mort par Quiéret de Woincourt, champion des Français. — Dans ce passage le manuscrit présente une lacune. J'ai proposé en note de la combler à l'aide de la *Chronique normande du* XIVe *siècle* (2), dont l'auteur a soigneusement rappelé cette joute. Voy. Siméon Luce, *La jeunesse de Bertrand Du Guesclin*, p. 122.

(1 Cet article, à l'exception du dernier membre de phrase, a été reproduit dans la *Chronique du Mont-Saint-Michel*, t. I, p. 17.

(2) Édit de la Société de l'Histoire de France, p. 107.

Le 5 avril 1355 (1356, nouveau style), le roi Jean arrête à Rouen le roi de Navarre et plusieurs amis de ce prince. — Sur ce coup d'état et sur les événements qui en furent la suite, il faut lire l'*Histoire de Charles le Mauvais* par Secousse, part. I, p. 72 et suivantes.

ANNÉE 1356.

Les événements de l'année 1356 sont exposés par notre chroniqueur dans un grand désordre, mais avec beaucoup de détails nouveaux. Il y faut distinguer ce qui concerne :

1° Le défi porté au roi Jean par Godefroi de Brabant.

2° Le siège et l'incendie de l'abbaye de Lessay par Philippe de Navarre, au mois de mai ou de juin.

3° La campagne du duc de Lancastre, qui partit du Cotentin le 23 juin pour faire lever le siège de Pont-Audemer, et qui revint à Montebourg le 13 juillet. (Voyez l'*Histoire du château de Saint-Sauveur*, p. 86 et 87.)

4° Le voyage de Philippe de Navarre en Angleterre et le traité que ce prince conclut avec Édouard III.—Voyez l'*Histoire de Charles le Mauvais*, par Secousse, part. I, p. 82 et 83. — Philippe de Navarre eut des lettres de sauf conduit le 24 juin pour passer en Angleterre, et le 20 août pour revenir en Normandie.

5° Le siège et la prise du château de « Remilly » par Pierre de Saquainville, partisan du roi de Navarre. — Il s'agit peut-être de Remilly, Manche, arrondissement de Saint-Lo, canton de Marigny Je dois cependant faire observer que, dans un autre article de la Chronique, il est question, sous l'année 1361, de l'occupation par les Anglais de Romilly dans les environs de Beaumont-le-Roger (Eure).

6° Le combat des Vés ou de Rupalay, dans lequel les troupes du roi, commandées par Amauri de Meulan, furent battues par les partisans de Godefroi de Harcourt, vers le 10 août. (Voyez *Histoire du château de Saint-Sauveur*, p. 90 et 91.)

7° La prise de Carentan par un capitaine français, Jean, sire de Hangest, que le roi Jean avait envoyé comme lieutenant sur la frontière de Bretagne. (Voy. Siméon Luce, *La jeunesse de Du Guesclin*, p. 139.)

8° La prise d'Isigny et de Creully par Philippe de Navarre.— L'occupation de Creully par les Anglais est mentionnée dans la *Chronique normande du* XIVᵉ *siècle*, p. 120 ; Richard de Creully les en chassa le 29 juillet 1357 (Siméon Luce, *La jeunesse de Du Guesclin*, p. 283).

9° La pointe que Philippe de Navarre poussa jusque devant Chartres et après laquelle il vint trouver le duc de Lancastre au siège de Rennes (d'octobre 1356 à juin 1357), pour lui réclamer la restitution d'Avranches.

10° La prise de « Terre » par les Anglais.—Je ne saurais dire s'il s'agit du château de Thère (Manche), arrondissement de Saint-Lô, canton de Saint-Jean-de-Daye, commune du Hommet.

11° La prise de Hambie et de Domfront par les Navarrais.— Suivant Siméon Luce, Hambie aurait été pris par les Navarrais vers le milieu de l'année 1357, et Domfront occupé par le duc de Lancastre dès le commencement de 1356 (*La jeunesse de Du Guesclin*, p. 267, 484 et 494).

12° Le combat de Sainte-Marie-du-Mont, dans lequel périt Godefroi de Harcourt. (Voyez *Histoire du château de Saint-Sauveur*, p. 92 et suivantes.) Ce combat aurait eu lieu au mois de novembre 1356, suivant les Grandes Chroniques. La *Chronographia regum Francorum* (éd. Moranvillé, t. II, p. 259) le place vers la mi-septembre de la même année.

Année 1359.

Le traité de paix entre le roi de Navarre et Charles, régent du royaume, fut conclu le 21 août 1359. Voy. Secousse, *Histoire de Charles le Mauvais*, part. I, p. 389-399.

Sur l'occupation de Barfleur par les Anglais, voyez *Histoire du château de Saint-Sauveur*, p. 111, 118 et 119. Thomas de Holland, qui fortifia Barfleur, était le baron anglais auquel avaient été affermées les terres de Saint-Sauveur, d'Auvers, d'Angoville et de Sainte-Marie-du-Mont (Ibid., p. 112 et 113).

Année 1360.

Les paragraphes relatifs aux événements de cette année sont assez intéressants, mais se succèdent dans un grand désordre. Voici comment ils auraient dû être disposés :

1° Chevauchée du roi d'Angleterre, du prince de Galles et du duc de Lancastre aux environs de Paris. — Édouard III campe à Chanteloup, entre Montlhéry et Arpajon, du 31 mars au 6 avril, et à Châtillon près Montrouge, le 7 avril. (*Grandes Chroniques*, t. VI, p. 169 et 170.)

2° Traité de Brétigny, conclu le 8 mai. Une clause de ce traité autorisait le roi d'Angleterre à disposer des terres de Godefroi de Harcourt ; c'est ainsi que Jean de Chandos fut investi de la baronnie de Saint-Sauveur-le-Vicomte, dont la possession lui fut reconnue par le roi Jean le 24 octobre 1360. Voy. *Histoire de Saint-Sauveur-le-Vicomte*, p. 113 et 114.

3° Retour d'Édouard III en Angleterre. Avant de s'embarquer à Honfleur, vers le 18 mai 1360, il était passé par le Neufbourg et par la Rivière-Thibouville, où il avait eu une entrevue avec le roi de Navarre, circonstance dont ne parlent pas les autres chroniques.

4° Mission de Thomas de Holland, chargé de faire évacuer les forteresses normandes occupées par les Anglais.

Année 1361.

Tentative d'une bande d'Anglais. pour se retrancher à Quincarnon (1) et à Romilly (2). — Ce fut, paraît-il, en 1363, que Philippe de Navarre attaqua la garnison de Quincarnon. Voy. *Histoire du château de Saint-Sauveur*, p. 127, et *Chronique normande du xiv° siècle*, p 162 et 163.

Mort de Philippe de Navarre, le 29 août 1363.

Année 1364.

La place de Mantes est prise par Bertrand Du Guesclin le 7 avril. Meulan fut assiégé peu de jours après. Voy. Siméon Luce, *La jeunesse de Bertrand Du Guesclin*, p. 426 et suiv.

Vers la mi-mai, les Navarrais furent mis en déroute à Écausseville par Guillaume du Merle, seigneur de Messei. Ce combat est raconté avec quelques détails dans la *Chronique normande du xiv° siècle* (3) :

« ... Guillaume du Merle assembla bien deux cens combatans ou environ, et passa en Constentin, et chevaucha et dommaga la terre du roi de Navarre. Et lors plusieurs Englois qui estoient sur le païs, et des Costentinois qui tenoient le parti du roy de Navarre, s'assemblèrent bien douze vins combatans, et vindrent encontrer Guillaume du Merle au bout d'un vilage nommé Escauleville, et y avoit un petit pas d'eaue courante. Et toutes voies Guillaume du Merle le vint passer vers ses ennemis, quant il fut descendu à pié. Et là vindrent assembler les uns aux autres, et avoit un bas mur entre eulz, là où ils assemblèrent. Et fut la besoingne grande et dure et longuement combatue. Mais en la fin les Navarrois furent desconfiz, et bien de huit vins à deux cens combatans mors et

(1) Quincarnon, Eure, arrondissement d'Evreux, canton de Conches, commune de Collandres.

(2) Romilly, Eure, arrondissement de Bernay, canton de Beaumont-le-Roger. Voy. Siméon Luce, *La jeunesse de Du Guesclin*, p. 473.

(3) Édition de la Société de l'Histoire de France, p. 170.

prins en la place. » — Les Comptes du roi de Navarre (1) mentionnent « la bataille d'Escaulleville », à propos de deux chevaux qu'y perdit le capitaine navarrais de Bricquebec, Martin Ruiz d'Ayvar.

Carentan est pris par les gens du roi de France aussitôt après le combat d'Ecausseville, avant la bataille de Cocherel, qui fut livrée le 16 mai 1364. Ce point a été bien établi par Siméon Luce, dans la *Revue des questions historiques* (2).

A la bataille de Cocherel périt Bascon de Mareuil, chef de bande, dont les états de service ont été en partie établis par Siméon Luce, dans *La Jeunesse de Du Guesciin*, p. 277.

Valognes fut assiégé par Du Guesclin au commencement du mois de juillet. Le château dut tomber au pouvoir des troupes de Charles V le 10 de ce mois. Cela résulte d'une discussion de Siméon Luce, qui a consacré des pages très intéressantes (3) à ce curieux épisode de la lutte engagée par Charles V contre les partisans du roi de Navarre.

Au dire de notre chroniqueur, Du Guesclin, après avoir occupé Valognes, s'empara de Magneville, de Barfleur, du Pont l'Abbé et de Néhou, avant d'aller en Bretagne, où il perdit la bataille d'Auray le 29 septembre 1364.

La prise de Magneville n'a, je crois, été mentionnée dans aucune des chroniques publiées jusqu'à ce jour ; mais *le siège de Manneville* est expressément rappelé dans un article des Comptes du roi de Navarre. (4)

Quant à Barfleur et Pont-l'Abbé, nous ignorions jusqu'ici que ces places eussent joué un rôle dans la campagne de 1364. Mais on avait déjà pu supposer que Néhou avait alors été rendu aux troupes du roi de France. (5) Les Comptes du roi de Navarre parlent, en effet, de sommes payées pour des messages envoyés « devers messire Guillaume aus Espaules, et autre part, depuis que le dit messire Guillaume fu tourné françois et qu'il ot rendu les forteresses de Neauhou et de Pont d'Ouve. » J'ignore par quelle raison Siméon Luce (6) a cru devoir placer en 1360, et non pas en 1364, la cession de Néhou et du Pont d'Ouve à Charles V.

---

(1) Édition Izarn, p. 218.

(2) Nouvelle série, t. IX, p. 380.

(3) *Revue des questions historiques,* nouv. série, t. IX, p. 392 et suivantes.

(4) Éd. Izarn, p. 222.

(5) Voyez mon *Histoire du château de Saint-Sauveur,* p. 130.

(6) Article intitulé *Du Guesclin en Normandie : Le siège et la prise de Valognes,* dans la *Revue des questions historiques,* 1er avril 1893.

Année 1366.

Guillaume du Merle détruit une bande de pillards anglais qui était venue se retrancher au Homme, c'est-à-dire à l'Ile Marie. Ce fait d'armes a trouvé place dans les récits des deux écrivains contemporains auxquels nous devons la *Chronique des quatre premiers Valois* (1) et la *Chronique normande du XIVᵉ siècle.* (2) Les notes sur lesquelles j'appelle aujourd'hui l'attention de mes compatriotes signalent deux particularités qui n'avaient point été relevées dans les autres narrations. Nous y voyons, d'abord, indiqué, probablement comme chef de la compagnie, *un blanc chevalier anglois*, dont je regrette de ne pouvoir pas déterminer la personnalité. De plus, il y est dit que, le caractère de belligérants n'ayant point été reconnu à la compagnie, tous ceux qui en avaient fait partie furent passés par les armes. Nous savons par une pièce de comptabilité que les ennemis occupèrent le Homme du 17 mai au 14 juin 1366. (3)

Année 1368.

Le Cotentin est ravagé par une grande compagnie qui avait établi son quartier général à Château-Gontier et qui, sous la conduite d'un chevalier nommé « Monseigneur Guieffroy Esselle », avait essayé de surprendre Cherbourg. L'auteur de notre Chronique, est, je crois, le seul écrivain contemporain qui ait mentionné cet audacieux coup de main ; mais il était fort exactement renseigné. Nous lisons en effet, dans les Comptes du roi de Navarre : (4) « A Navarre, roy des heraux de monseigneur, par mandement de l'abbé de Cherebourg, du XVIIIᵉ jour de décembre CCCLXVIII, pour aler devers messire Jehan Chandos, en Guyenne, pour li monstrer comment les genz des compaignes qui estoient à Chasteau Gontier avoient couru le païz de Costentin, essayé à prendre la ville de Chere-bourg, et comme eulz avoient prins pluseurs prisonniers et menez au dit Chasteau Gontier, sur la seurté que avoit donnée au dit païz le dit Chandos, LX frans. »

La Chronique nous apprend qu'en 1368 Jean Chandos vint [dans le Cotentin] et qu'il fit beaucoup travailler au château de Saint-Sauveur. Cela s'accorde bien avec deux actes authentiques du 13 septembre et du 6 octobre 1368 qui attestent le séjour de Chandos dans cette place. (5)

---

(1) Édit. de la Société de l'Histoire de France, p. 160.

(2) Édit. de la Société de l'Histoire de France, p. 167.

· (3) Voyez mon *Histoire du château de Saint-Sauveur*, p. 143 et 144, et *La jeunesse de Du Guesclin*, par Siméon Luce, p. 484.

(4) Éd. Izarn, p. 219 et 387.

(5) *Histoire du château de Saint Sauveur-le-Vicomte*, Preuves, p. 166 et 167.

ANNÉES 1369 ET 1370.

Ce que dit notre Chronique de la jonction des Anglais de Château-Gontier avec la garnison du château de Saint-Sauveur-le-Vicomte, de la tentative infructueuse que les lieutenants du roi Charles V firent, au mois d'août 1369, pour reprendre cette place, des travaux de défense élevés par les Anglais à Éroudeville et Garnetot, et de l'enlèvement du fort d'Eroudeville en avril 1370, est parfaitement d'accord avec les documents authentiques que j'ai eu l'occasion d'employer dans l'*Histoire du château de Saint-Sauveur-le-Vicomte*, p. 153-156.

L'auteur de notre Chronique ne paraît pas avoir été moins exactement renseigné sur la conduite de Charles le Mauvais, roi de Navarre, pendant les années 1369 et 1370. Suivant lui, ce prince serait arrivé en Cotentin au mois d'août 1369 ; il y serait arrivé en passant par la Bretagne, il y aurait eu une entrevue avec le duc Jean de Montfort, et le sire de Clisson l'aurait accompagné jusqu'à Avranches. Il est parfaitement certain que l'arrivée de Charles le Mauvais à Cherbourg est du 13 août 1369. Nous lisons, en effet, dans les Comptes du roi de Navarre (1) : « Depuis le xiiiᵉ jour d'aoust ccclxix, que monseigneur vint et arriva en sa ville de Cherebourg... » D'autre part, nous savons par une déposition du secrétaire de Charles le Mauvais que ce prince passa par la Bretagne entre la Saint-Jean et la mi-août 1369 et qu'il y conclut une alliance avec le duc (2).

Un peu plus loin, nous voyons dans notre Chronique que Charles le Mauvais alla en Angleterre s'aboucher avec Edouard III vers le milieu du mois d'août 1370, et qu'avant de partir il avait reçu des otages à Cherbourg (Thomas de Hatfield, évêque de Durham, Thomas de Beauchamp, comte de Warwick, et le comte de « Celson. » Le roi de Navarre, ajoute le chroniqueur, fit passer avec lui en Angleterre l'évêque de Durham ; il resta quinze jours à la cour d'Edouard III, qui lui fit une somptueuse réception dans le château de Clarendon. — Tous ces détails semblent devoir être admis. Nous trouvons, en effet, dans le recueil de Rymer (3) deux actes du 12 et du 14 août 1370, relatifs aux conventions qui furent alors arrêtées à Clarendon, entre Édouard III et Charles le Mauvais ; le second de ces actes, émané du roi d'Angleterre, s'appuie sur « les parlances qui ont esté entre nous, d'une part, et nostre

(1) Éd. Izarn, p. 374.

(2) Secousse, *Mémoires pour servir à l'Histoire de Charles II, roi de Navarre*, partie II, p. 107.

(3) *Fœdera*, édition de 1740, t. III, part. I, p. 172 et 173. — Édition de 1830, t. III, part. II, p. 899.

très cher frère le roy de Navarre, d'autre, sur le fait d'alliances et amistés d'entre nous et luy. » De plus, Thomas Walsingham (1) a enregistré dans ses annales non seulement le voyage de Charles le Mauvais, et les conférences de Clarendon, mais encore la précaution que le roi d'Angleterre avait prise d'envoyer des otages en Normandie pour donner toute sécurité au roi de Navarre pendant la durée du voyage.

ANNÉE 1373.

C'est sous cette année que la mort de Jean de Chandos est placée dans notre Chronique. Il y a là une notable erreur. Le capitaine anglais de Saint-Sauveur-le-Vicomte, dont les exactions jetèrent si longtemps la désolation dans les campagnes du Cotentin, mourut à la suite de la bataille de Lussac, en Poitou, livrée le 1ᵉʳ janvier 1370. L'écuyer breton qui, dans dans cette journée, mit les Anglais en déroute se nommait Jean de Kerlouet. On peut voir à ce sujet la *Chronique des quatre premiers Valois*, p. 207, la *Chronique normande du XIVᵉ siècle*, p. 194 et 348, le Froissart de Siméon Luce, t. VII, p. LXXXVI et LXXXVII, et l'*Histoire du château de Saint-Sauveur-le-Vicomte*, p. 156 et suiv.

ANNÉE 1377.

La saisie des châteaux normands du roi de Navarre, à la suite d'une campagne à laquelle prirent part le connétable Bertrand Du Guesclin, le duc de Bourgogne et l'amiral Jean de Vienne est indûment placée sous l'année 1377 par l'auteur de notre Chronique. Cet événement considérable a été l'objet de notes très substantielles, que M. Gaston Raynaud a insérées dans le tome IX de l'édition de Froissart publiée par la Société de l'Histoire de France. En voici le résumé pour ce qui regarde les châteaux de notre département :

Carentan se rendit le 25 avril 1378 à l'amiral Jean de Vienne ; le château fut placé sous la garde de Guillaume de Villers.

Valognes, commandé par Guillaume de La Haie, se soumit le 26 avril 1378 à Du Guesclin, à Charles de Navarre et au duc de Bourgogne ; la garde en fut confiée à Jean de Siffrevast.

Avranches fut pris le 29 avril 1378 par Bertrand Du Guesclin, en compagnie duquel se trouvaient le duc de Bourgogne, le sire de Couci et Bureau de la Rivière. Charles V ordonna la démolition du château par un mandement en date du 14 juillet 1378.

(1) Voyez Secousse, *Mémoires pour servir à l'Histoire de Charles II roi de Navarre*, partie II, p. 122.

Gavray fut assiégé, selon toute apparence, pendant le mois de mai 1378. Le 31 de ce mois, Charles V fit payer une somme de 600 francs d'or à six chevaliers, Guillaume Painel, sire de Hambie, Alain de La Houssaie, Alain de Beaumont, Perceval d'Esneval, Raoul de Beauchamp et Hervé de Mauny, en récompense de leurs services « ès bastides qui ont esté devant le chastel de Gavray. »

Le 1ᵉʳ juin 1378, Du Guesclin accorda à tous les Navarrais de la garnison de Gavray des lettres de rémission, dont il y a une copie à la fin du ms. 3141 de l'Arsenal. Ces lettres leur avaient été promises au moment de la capitulation.

Regnéville fut rendu avant le 8 juin, date à laquelle le roi fit donner 30 francs à un chevaucheur du duc de Bourgogne qui avait apporté « nouvelles de la prise de Renierville. »

Le siège de Mortain, commencé par Colart d'Estouteville, sire de Torci, sur l'ordre du roi, le 30 avril 1378, et auquel prit part le connétable Du Guesclin, dura environ trois mois. La place était rendue à la date du 30 juillet 1378. Dès le 14 de ce mois, le roi avait donné des ordres pour faire démolir le château.

Ce fut plus tard que Cherbourg fit retour à la couronne de France.

ANNÉE 1378.

Combat de La Hogue, peut-être La Hougue, entre les gens du roi de France, tenant garnison à Valognes, et les Anglais de la garnison de Cherbourg, le 4 juillet 1379 — Ce combat, dans lequel le chef du parti français, Guillaume des Bordes, fut fait prisonnier, a été raconté par Froissart (1) ; au dire de ce chroniqueur, la rencontre eut lieu dans les bois, « en une plache que on dist Pestor » (Prestor suivant plusieurs manuscrits). On n'a point encore déterminé la localité dont il est ici question. Notre Chronique est la seule, avec celle du Mont-Saint-Michel, à donner à cette escarmouche la dénomination de « bataille de la Hogue. »

ANNÉE 1383.

Mission des réformateurs envoyés en Normandie par le gouvernement de Charles VI. — Voyez à ce sujet quelques détails donnés par M. Henri Moranvillé dans son *Etude sur la vie de Jean Le Mercier,* p. 90 et suivantes. (*Mémoires présentés par divers savants à l'Académie des inscriptions et belles-lettres,* 2ᵉ série, t. VI.)

_____

(1) Édition de la Société de l'Histoire de France, t. IX , p. 138. Voyez les notes de M. Gaston Raynaud, ibid., p. LXVII et LXVIII.

Année 1387.

Couronnement de Charles III, roi de Navarre, à Pampelune, le jour de l'Ascension 1387, suivant notre Chronique. *L'Art de vérifier les dates* rapporte cet événement au 25 juillet 1390.

Grande fête donnée à Tracy par Guillaume d'Enfernet. — Nous avons à la Bibliothèque nationale (1) beaucoup de pièces des années 1381-1387, dans lesquelles Guillaume d'Enfernet est qualifié de trésorier général des aides en la province de Rouen, ou de trésorier des guerres du roi. Une généalogie (2) mentionne les provisions de capitaine du château de Tracy, que Bertrand d'Anfernet, seigneur de Montchauvet, reçut, le 2 mai 1404, de Pierre, fils du roi de Navarre.

Année 1389.

Prise de Saint-Malo par Robert de Guitté. — Le texte du manuscrit de la Bibliothèque nationale omet ici le mot *prindrent*, omission qui rend la phrase inintelligible. J'ai restitué ce mot d'après la Chronique du Mont-Saint-Michel, qui garde le silence au sujet du vicomte de la Bellière.

Léopold Delisle.

(1) Pièces originales du Cabinet des titres, volume 60, dossier 1312.

(2) Pièce 35 du même dossier.

LES
PREMIERS IMPRIMEURS
DE SAINT-LO.

Un des libraires les plus érudits de Paris. M. A. Claudin, a publié, en 1894, un article (1) où se trouvent de précieux renseignements sur les origines de l'imprimerie à Saint-Lo, ainsi que sur certains ateliers typographiques de la ville de Caen au xvi° siècle. L'étude de M. Claudin n'ayant été publiée qu'à un nombre restreint d'exemplaires, il n'est pas sans intérêt de l'analyser dans l'*Annuaire de la Manche*. J'y ajouterai quelques notes personnelles.

On avait pensé jusqu'ici que Jean Pien, libraire et imprimeur, était le premier de son art qui se fût établi à Saint-Lo vers 1656. Telle était l'opinion de Pluquet, de Frère et des bibliographes qui leur ont succédé. Il faut désormais fixer à plus d'un siècle auparavant l'introduction de l'imprimerie dans la ville qui est devenue le chef-lieu du département de la Manche.

Vers le milieu du xvi° siècle, Saint-Lo, comme la plupart des villes de Basse-Normandie, comptait dans sa population un grand nombre de protestants. L'un des plus influents était un ministre nommé Mathieu de La Faye. Ce personnage, dont la biographie serait curieuse à rédiger, n'a pas d'article dans la première édition de *La France protestante*, des frères Haag. On sait seulement qu'il fut ministre à Saint-Lo et qu'à la suite de l'édit du 23 septembre 1568 portant défense, sous peine de mort, de professer publiquement d'autre culte que celui de la religion catholique et enjoignant aux ministres de sortir du royaume, il se réfugia dans l'ile de Jersey. Là, on trouve plusieurs fois mention de Mathieu de La Faye, dit de La Vigne. Il rentra probablement en France en 1585, reprit à Saint-Lo ses fonctions ministrales et les y exerça jusqu'en 1602. D'où

---

(1) *Les Origines de l'Imprimerie a Saint-Lo, en Normandie*, par A. Claudin, lauréat de l'Institut; Paris, librairie A. Claudin, 1894, in-8° de 37 p. (Extr. du *Bulletin du Bibliophile*, publié par la Librairie Techener).

venait ce La Faye? Je l'ignore ; mais, d'après son nom, ce n'était assurément pas un Normand. (1)

On peut sans crainte affirmer que Mathieu de La Faye exerçait sur ses coreligionnaires une influence considérable et que ce fut lui qui, pour les besoins de sa cause, engagea un certain Thomas Bouchard à venir fonder une imprimerie à Saint-Lo. Un protestant aussi ce Thomas Bouchard et sans doute un Normand, car il venait de Caen où de nombreux ateliers étaient dès lors en pleine activité.

Le titre du premier livre qui sortit de ses presses, en 1564, est ainsi conçu :

TRAITTÉ

DE LA PESTE,

AVQVEL EST MON-

stré qu'elle est enuoyée de Dieu pour punir les pechez des hommes, quel remede il y faut cercher, quelle consolation reste quand par icelle on seroit retiré de ce monde.

Auec vne priere pour les malades.

PAR M. DE LA FAYE.

Plvs vn Sermon de saint Cyprien touchant la mortalité.

C'est un petit in-8° de 120 pages dont l'exécution ne laisse rien à désirer.

La peste qui ravageait alors la France, à la suite des guerres civiles, menaçait Saint-Lo. Mû d'un zèle louable, La Faye

(1) Les Haag, dans *La France protestante*, t. VI, p. 186-190, citent plusieurs de ses homonymes : Antoine de La Faye, en latin *Fagus*, gentilhomme de Châteaudun, réfugié à Genève, savant professeur et habile théologien, mort entre 1615 et 1618 ; — Antoine de La Faye, sieur de La Maisonneuve et de Gournay, ministre du roi de Navarre (Henri IV), puis de Catherine de Bourbon, mort en 1609 ; — Jean de La Faye, né à Vals, ministre d'Aubenas, député au Synode national de Privas en 1602 ; — André de La Faye, ministre de Saint-Germain dans les Cévennes ; — Jean de La Faye, pasteur de Loriol, ardent controversiste, mort en 1670 ; — enfin Michel de La Faye, auteur d'ouvrages publiés à Genève, en 1565, et à La Rochelle, en 1580. Tous ces ministres et plusieurs autres protestants du même nom appartenaient à des familles originaires de diverses provinces de la France, mais dont aucune ne se rattachait à la Normandie.

voulait rassurer ses frères et leur indiquer des remèdes pour conjurer le fléau. Mais il n'est pas médecin, il est seulement ministre du Saint-Évangile ; aussi ne parle-t-il pas de prescriptions hygiéniques pour prévenir l'épidémie ou de moyens curatifs du mal : il n'indique que des remèdes spirituels. « Et pour ce que, dit-il, qu'aucuns oyans parler de ceste maladie contagieuse en seroient effrayez et tout esperdus.... j'ay pensé n'estre point mauvais de remedier à un tel mal par la parole de Dieu.... » Voici comment, d'après les passages cités par M. A. Claudin, l'épitre « au lecteur chrestien » fait connaître le but de l'auteur : « Et puis j'ay pensé que je pourroye par ce moyen profiter à beaucoup de poures gens espars par la France aujourd'huy quasi generalement batue de ce fleau, lesquels pourroyent estre destituez de consolation et n'auroyent personne qui les visitast et les consolast en leurs plus grands maux et destresses. Voilà ce qui m'a fait entreprendre ce labeur ». Il ajoute un peu plus loin que Dieu a le pouvoir de guérir ceux qui ont la foi : « Car si la peste, comme nous le montrerons, vient aux hommes par la volonté de Dieu, si celuy qui fait la playe (par maniere de parler), la peut guarir, pourueu que nous l'inuoquions en nostre extreme necessité... »

« L'épitre préliminaire, dit M. A. Claudin, imprimée en caractères italiques, occupe deux pages (3 et 4). Le texte du *Traitté* va de la page 5 à la page 72, au bas de laquelle on lit cette formule finale :

LOVÉ SOIT DIEV.

« Page 73, on trouve une :

PRIERE POUR DIRE EN
la visitation des malades.

« dont le texte s'étend jusqu'à la page 78 inclusivement.

« Au haut de la page 79 commence le *Sermon de Saint Cyprien* par ce titre de départ :

SERMON QVATRIEME
de Saint Cyprien touchant la mortalité, au-
quel il exhorte à l'amour des délaissés ceste
vie presente & demonstre qu'il ne faut pas
penser parce que les bons & les mauuais
meurent indifferemment que la mort soit
mesme aux vns & aux autres, d'autant
que les bons sont appelez à rafraichissemêt
& les meschans tirez au supplice.

« Le mot Fᴉɴ se lit au bas de la page 109 *recto*, dont le *verso* est blanc. Le dernier feuillet *recto* est occupé par *Les fautes qui se sont trouuees en ce Traitté* et qui sont au nombre de cinq seulement. Le *verso* du feuillet final est entièrement blanc. Les signatures bien régulières par 4 (8 feuillets ou 16 pages par cahier) vont de A à G inclusivement ».

Quant à la marque de l'imprimeur qui figure au milieu de la page du titre et dont M. Claudin donne le fac simile, elle mérite une mention toute spéciale.

Un encadrement d'une élégance remarquable présentant, à la partie supérieure, deux génies féminins ailés à mi-corps, et, à la partie inférieure, deux licornes couchées tenant de la patte gauche une branche de laurier, renferme un écusson ovale. Celui-ci représente une vigne palissadée avec un vendangeur à droite. Au centre de la vigne, un donjon carré dont chaque face est ajourée de deux fenêtres étroites et surmontées d'une arcature en plein cintre ; ledit donjon couronné d'un chemin de ronde crénelé, supporté par des machicoulis, et sommé d'un toit en dôme surbaissé. Le haut de l'écusson est occupé par des nuages sur lesquels on voit des caractères hébraïques.

Au-dessous de tout cet ensemble, on lit sur trois lignes :

A S A I N T L O,
Par Thomas Bouchard.

M. D. ᴌXIIII.

Enfin, à l'entour, on remarque une devise disposée en trois lignes et en petits caractères romains :

> Quelle chose ay-ie deu faire
> à ma vigne, que ic ne
> luy aye faite ? Isaie 5. 4.

M. Claudin voit dans ce château ou cette forteresse crénelée une allusion à la place fortifiée de Saint-Lo. N'y-a-t-il que cela ? N'est-ce pas le donjon même du château de Saint-Lo que Thomas Bouchard a voulu représenter sur sa marque d'imprimeur, me disait un autre bibliophile? Pour ma part, je ne crois pas que l'inventeur de cette marque y ait songé, d'autant plus que l' « enclos » dit aussi « chastel » ou « forteresse » de Saint-Lo n'a jamais renfermé de véritable donjon ; mais, en tout cas, l'allusion aux armes de la ville de Saint-Lo n'est pas douteuse dans les deux licornes couchées qui semblent soutenir le médaillon central de la marque (1).

___

(1) Les armes anciennes de Saint-Lo étaient : *De gueules à la licorne saillante d'argent; au chef cousu d'azur chargé de trois fleurs de lys d'or.*

3

N'est-il pas permis de formuler ici une autre conjecture ?

Pourquoi Thomas Bouchard a-t-il adopté une vigne pour sa marque ?

Sans doute cet emblème et la devise qui l'accompagne, empruntée au prophète Isaïe, sont bien dans le goût des adeptes de la Réforme. Mais nous avons vu plus haut que Mathieu de La Faye était aussi « dict de La Vigne ». Or, ce pasteur avait appelé Thomas Bouchard à Saint-Lo et lui avait probablement fourni des fonds pour son établissement, comme Guillaume Bidard et plusieurs de ses coreligionnaires qui cautionnaient à la même époque Joachim de Contrières, de Caen, « pour l'aider à le secourir à lever estat de imprimerie à Alençon » (1). Ne peut-on supposer que Mathieu de La Faye, ou de La Vigne, avait imposé à son protégé de choisir un emblème rappelant sa participation à l'établissement, et le présentant comme le rempart du Calvinisme, ou plutôt que Thomas Bouchard avait, de lui-même, adopté une marque qui témoignait de sa gratitude envers son bienfaiteur ?

Je me borne à indiquer cette supposition et je la donne pour ce qu'elle vaut.

Thomas Bouchard eut, dès l'année suivante, en 1565, un associé, son coreligionnaire Jacques Le Bas, qui devait plus tard fonder à Caen une imprimerie dont les produits sont justement réputés.

Ils publièrent immédiatement le :

KALENDRIER

HISTORIAL, ET AL-

MANACH PERPETVEL POVR

SAVOIR LES NOVVELLES ET

pleines lunes et quartiers d'i-

celle en chacun mois de

tous les ans.

AVEC AVCVNES TABLES POVR TROV-

uer le Nombre d'or, l'Indition Romaine, le Cycle solaire, la lettre Dominicale, les ans du Bissexte, Pasques en chacun an, durable à
tousiours.

Aussi les Foires, comme elles sont en chacun mois.

(1) Madame G. Despierres, *Établissement d'imprimeries à Alençon de 1529 à 1575*; Paris, E. Leroux, 1894, in-8°, p. 21 et suiv.

Tout cela formait un petit livret de 8 feuillets qui accompagnait une édition des *Pseaumes de David*, traduits en vers par Clément Marot et Théodore de Bèze, avec une préface et des notes de Mathieu de La Faye.

On sait quelle fut, au XVIe siècle, la vogue extraordinaire de la traduction des Psaumes de David par Clément Marot. L'aimable poëte de cour, qui avait embrassé la Réforme, entreprit cette œuvre à la prière du savant Vatable, son ami, qui lui donnait le mot-à-mot du texte hébraïque. Les Psaumes français mis en musique par les plus fameux compositeurs du temps, Goudimel et Bourgeois, dont le premier fut une victime de la Saint-Barthélemy, furent tout d'abord adoptés par les catholiques comme par les protestants. On les chantait partout et les premières éditions furent imprimées avec des approbations et des privilèges.

Ce sont d'abord : *Trente pseaulmes de David, mis en françoys par Clement Marot, valet de chambre du Roy* (avec la traduction en vers de l'*Oraison dominicale*, de la *Salutation angélique*, du *Symbole des apôtres* et du *Décalogue*); Paris, Estienne Rosset, 1541, in-8°. L'ouvrage est dédié à François 1er et revêtu du privilège royal.

La même année paraissait une autre édition dans les Pays-Bas sous le titre de *Psalmes de David translatez de plusieurs autheurs, et principallement de Clement Marot* ; Anvers, 1541, in-8°.

La première édition de Paris fut reproduite à Genève en 1542, *avec les formes des prières et chantz ecclesiastiques, avec la maniere d'administrer les sacremens et consacrer le mariage, selon la coustume de l'Eglise ancienne et comme on l'observe à Genève*, et avec une courte préface de Calvin que le célèbre réformateur développa, l'année suivante, dans la première édition complète des Psaumes, dont voici le titre :

Cinquante Pseaumes de David, mis en françoys par Clement Marot (avec le Cantique de Siméon, les Commandements de Dieu, les Articles de foy, l'Oraison dominicale, la Salutation angélique, Prières avant et après le repas.) *Item une Epistre par luy nagueres enuoyee aux Dames de France ;* S. l. (probablement Genève), 1543, in-4° (et Strasbourg, 1545).

Calvin fit précéder ce livre d'une « Epistre à tous Chrestiens et amateurs de la Parole de Dieu », sous la date de Genève, 10 juin 1543, et y ajouta une liturgie à l'usage des réformés. « Ce présent livre, disait-il, doit estre en singulière recommandation à chacun qui desire se resiouir honnestement, et selon Dieu, voir à son salut, et au profit de ses prochains : et ainsi n'a point de mestier d'estre beaucoup recommandé de par moy, veu qu'en soy mesme il porte son pris et son los ». Avec une pareille recommandation le livre n'eut plus de crédit chez les catholiques, mais il devint le *vade mecum* des huguenots.

Clément Marot n'avait traduit que cinquante psaumes.
Théodore de Bèze, à la demande de Calvin, entreprit de mettre
les autres en francais. Quoique sa versification fût médiocre et
hérissée de chevilles, l'œuvre de Bèze eut un succès considérable et devint d'un usage général dans l'église protestante.

Dès 1553, Théodore de Bèze publia un premier fragment de
sa traduction, puis, trois ans après, un second sous ce titre :
*Setante neufi pseaulmes mis en rithme françoise, quarante-neufi
par Clement Marot, avec le cantique de Simeon et les dix commandements;* Genève, Simon Du Bosc, 1556, in-24. Le Psautier
ne fut complet qu'un peu plus tard et imprimé sous ce titre :
*Pseaumes de David mis en rhythme françoise par Clement
Marot et Theodore de Besze, avec nouvelle et facile methode
pour chanter chacun couplet des pseaumes sans recourir au
premier, selon le chant accoustumé en l'Eglise, exprimé par
notes compendieuses exposees en la preface par l'auteur
d'icelles.* S. l., pet. in-8° (ou in-18), 1560. Cette rarissime
et magnifique édition princeps non paginée, en caractères
cursifs-gothiques, avec l'interprétation des Psaumes en prose,
en caractères romains à la marge, fut donnée à Genève
probablement, où il habitait, par le savant grammairien et
musicien Pierre Davantes, ou Antesignanus, qui exerçait
peut-être lui-mêm' l'art de la typographie. Le volume commence par l'Épitre de Calvin, déjà citée, et une *Epistre* (en vers)
de Théodore de Besze à l'Eglise de nostre Seigneur, et se
termine par la Liturgie de Genève (1).

(1) « Cette première édition du Psautier complet, disent MM. Haag,
nous a mis sur la voie d'une intéressante découverte. Les savants cri
tiques qui ont reproché à J -J. Rousseau de s'être frauduleusement
approprié le système de notation musicale du P. Souhaitty dont à coup
sûr il n'avait jamais entendu le nom, en éprouveront un cruel déboire.
Toute leur érudition a porté à faux. Si Rousseau a emprunté ·on
système, ce doit-être, il semble, à l'inventeur du système; or l'inventeur,
ce n'est pas le P. Souhaitty ; ce système avait été exposé et appliqué
environ cent vingt ans avant lui par notre grammairien Pierre Davantes.
Du reste, nous serons plus juste que nos devanciers ; nous n'accuserons
pas Rousseau d'avoir commis un plagiat, mais nous le féliciterons de
s'être rencontré avec notre auteur, au moins en ce qui concerne la
désignation des notes ». (*La France protestante*, t. IV, p. 213).

« Dans sa préface (p. 19), datée de Genève, 18 septembre 1560,
ajoutent plus loin MM. Haag, Pierre Davantes expose les raisons qui
l'ont déterminé à l'innovation qu'il a introduite dans la notation de la
musique des Psaumes et expose son système. Pour lui, c'était avant
tout une affaire de typographie ; mais si nous en jugeons par le succès
de ceux qui ont remis, de nos jours, ce système en vogue, on doit croire
qu'il y avait quelque chose de plus dans sa réforme. Depuis longtemps,
dit-il, il désirait « que quelque bon musicien excogitast pour l'usage du
chant des Pseaumes quelque façon de notes qui occupassent moins
d'espace que celles dont on use aujourd'huy, et qui se peussent com-
modément appliquer à toutes syllabes sans disjonction de celles qui
font un mot entier, pour le moins ès lieux esquelz une syllabe ne

Voilà donc le Psautier traduit et le texte français fixé d'une manière définitive à l'usage des réformés.

Dès 1563, l'imprimeur Jean de Tournes en donne à Lyon une édition pet. in-4°, munie encore du privilège du Roi, puis bientôt, une reproduction in-8°, sous le titre de : *Les Pseaumes mis en rime françoise par Clement Marot et Theodore de Beze.* A partir de cette époque, les éditions se multiplient à l'infini et les plus patients bibliographes ne parviendront sans doute jamais à les décrire toutes (1).

Ces longs détails, qui cependant ne sont pas inutiles, nous ont fait quelque peu oublier Saint-Lo, Mathieu de La Faye, Thomas Bouchard et Jacques Le Bas.

Les *Pseaumes traduits en françois* avaient donc obtenu une vogue incomparable. C'était avec la Bible le livre que les huguenots voulaient tous avoir entre les mains. On le réimprimait partout. Rien d'étonnant à ce que le ministre de l'Eglise de Saint-Lo, ayant à sa dévotion les presses de ses coreligionnaires, en ait donné une nouvelle édition pour l'usage des nombreux réformés du Cotentin.

A la suite du *Kalendrier* dont j'ai parlé, se trouve le titre suivant :

requiert plusieurs notes ». Mais à la fin voyant que personne ne répondait à son désir, il se mit lui-même à l'œuvre. Après y avoir mûrement réfléchi, il ne trouve « moyen plus expédient que de recourir à l'arithmétique, comme à la source et mère de la musique ». Ce fut un trait de lumière. « Grâces au Seigneur, dit-il, la chose a, sans grand labeur. si bien succédé à mon entreprise, que non seulement les médiocres musiciens (pour lesquelz principalement je travailloye) y auront tel soulagement qu'ilz pouvoyent requérir : mais les plus excelleus s'en pourront servir aussi bien ou mieux que de leurs notes accoustumees, ès Pseaumes desquelz ils ne savent le chant par cœur : et les ignorans de la gamme et des notes communes (qui désirent néantmoins apprendre de la musique autant que besoing est pour chanter les Pseaumes comme on les chante ès saintes assemblees) trouveront icy une adresse et voye fort courte pour les conduire là où leur bon plaisir les appelle ». En un mot, il estime que ceux qui bien souvent, vu les grandes difficultés de l'ancienne méthode, se trouvaient « forclos de l'usage de la sainte musique pleine de toute consolation, pourront en moins d'une heure estre suffisamment instruits pour s'exercer à la pratique de ses notes ». (*La France protestante*, t. IV, p. 214, 215).

Ce passage offre, comme on le voit, un intérêt capital au double point de vue de la typographie et de la notation musicale ; et cependant, malgré son ingénieuse initiative, Davantes semble avoir été inconnu des historiens de la Musique ; aucun d'eux n'a rappelé son nom, pas même Fétis, le moins mal informé de tous.

(1) V. Brunet, *Manuel du libraire et de l'amateur de livres*, v° Marot (Clément) et *passim*.

P S E A U M E S
DE DAVID, MIS
EN RIME FRAN-
ÇOISE,
Par Clement Marot, et Theodore de Beze.

*Ensemble la prose correspondante verset pour verset
auec breues annotations, reveües et augmentées
de nouueau.*

Plus, vne preface contenant l'vtilité, generale adres-
see de ce liure.

Ce titre indique bien que c'est une reproduction des éditions
précédentes. On va bientôt en voir la preuve.

Ajoutons qu'au milieu du titre du *Kalendrier* et des *Pseaumes*
se trouve la marque d'imprimeur décrite plus haut, avec cette
seule différence que la devise est, cette fois, placée en lettres
italiques sur deux lignes, à droite et à gauche de l'emblême,
et qu'on a ajouté au-dessous une nouvelle citation : « Pseav. 92
Tu exalteras ma corne comme celle des licornes, et seray oinct
d'huile nouvelle ». Je suis disposé à voir encore ici une allusion
à la licorne des armes de Saint-Lo.

Enfin, au bas des deux titres on lit :

A SAINT-LO
Par Thomas Bouchard et Iaques le Bas
1565

« Les *Pseaumes*, dit M. Claudin, forment un volume in-8°,
composé de 16 feuillets liminaires non chiffrés, comprenant
d'abord la préface habituelle de Théodore de Bèze *à tous
chrestiens et amateurs de la parole de Dieu,* datée de Genève,
10 juin 1543 (1) suivie de la pièce de vers du même, commençant ainsi :

> Petit troupeau qui en ta petitesse,
> Va surmontant du monde la hautesse ;
> Petit troupeau le mespris de ce monde,
> Et seul thresor de la machine ronde ;
> Tu es celuy auquel gist mon courage,
> Pour te donner ce mien ouvrage.
> . . . .

(1) M. A. Claudin commet ici une légère erreur. *L'Epistre à tous
chrestiens, etc.,* datée de 1543, est de Calvin, qui la fit imprimer dans la
première édition des *Cinquante Pseaumes de David,* traduits par Clément
Marot.

« On trouve, après, une autre *Préface sur les Pseaumes par Mathieu de la Faye* et la *Table des Pseaumes selon l'ordre de l'alphabet.* La traduction en vers des *Pseaumes* est accompagnée des versets correspondants en prose, imprimés à la marge en caractères italiques. Les annotations formant commentaires sont en caractères minuscules au bas des pages. Les premières strophes de chaque psaume sont accompagnés de leur musique notée. Le *Cantique de Siméon,* suivi de *Prières avant et après le repas,* termine cette partie dans laquelle on compte 615 pages chiffrées.

« Une partie annexe suit. Elle n'a pas de titre général et n'est pas chiffrée. Les signatures de A à K forment ensemble 80 feuillets non chiffrés. Cette partie comprend : 1° *La forme des prières ecclésiastiques ;* 2° *La forme d'administrer le Baptesme ;* 3° *La manière de célébrer le Mariage ;* 4° Une petite instruction *pour la visitation des Malades,* avec les prières et oraisons à réciter en la circonstance ; 5° *Le Catéchisme, c'est-à-dire le formulaire d'instruire les enfans en la chrestienté, fait en manière de dialogue, où le Ministre interroge et l'enfant respond,* entremêlé de quelques prières et oraisons.

« Le volume se termine par la pièce suivante paginée à part avec ce titre spécial :

CONFESSION

DE FOY, FAITE D'VN

COMMVN ACCORD PAR

les François qui desirent viure
selon la pureté de l'Euan-
gile de nostre Sei-
gneur Iesus
Christ.

★ ★
★

Auec vne preface contenant response et defense
contre les calomnies dont on les charge.

I. PIER. 3

Soyez tousiours appareillez à respondre à chacun qui nous demande raison de l'esperance qui est en vous.

M. D. LXV

« Cette partie annexe, comme le *Kalendrier*, se compose de 39 pages chiffrées. Les caractères, les fleurons et les lettres ornées sont exactement les mêmes que ceux du texte des *Pseaumes* et des corps du volume ».

Les éditions des *Pseaumes* avec les diverses annexes qui les accompagnent étaient donc pour les réformés un manuel complet de pratique religieuse et de liturgie. Dans sa préface, le ministre saint-lois proclame lui-même que ce livre est « comme un recueil ou epitome de la doctrine de la Loy, des histoires, propheties et proverbes, tellement qu'il semble que ce qui est dit ailleurs bien amplement soit ici redigé en sommaire. De là est venu que aucuns l'ont appelé la *Petite Bible* ». C'est pourquoi, dans un autre passage, il « prie et exhorte au nom de Dieu, toutes gens qui font profession de la vraye religion, d'avoir tousjours ce livre en mains et relire toute leur vie ».

Le nom de « *Petite Bible* » donné par le peuple au recueil formé par Théodore de Bèze, et réimprimé en Basse-Normandie par les soins de Mathieu de La Faye, induisit en erreur les controversistes catholiques. L'un d'eux, une cinquantaine d'années plus tard, reprochait aux habitants de Saint-Lo d'avoir fait venir de Caen un imprimeur du nom de Bouchard pour publier une Bible huguenote. Il n'y a pas eu de Bible proprement dite imprimée à Saint-Lo.

Rapidement épuisée, l'édition saint-loise des *Pseaumes*, fut réimprimée deux ans après.

Cette seconde édition offre quelques légères différences qui toutefois n'altèrent pas le fond du recueil.

D'abord, le nom de Thomas Bouchard, le premier imprimeur, ne se trouve plus au bas du titre, où on lit seulement :

A SAINT-LO
De l'imprimerie de Iaques le Bas.
M. D. LXVII

Les caractères sont un peu moins forts; aussi certaines parties du second recueil occupent-elles moins de pages que dans le précédent.

La musique des psaumes n'est pas paginée et l'ouvrage comprend 256 feuillets non chiffrés.

La *Table des pseaumes selon l'ordre de l'alphabet* est disposée sur deux colonnes, tandis que, dans l'édition de 1565, elle était à longues lignes

A la suite, p. 15, on trouve cette épitaphe de Clément Marot, qui n'existait pas dans la première édition :

EPITAPHE DE CLEMENT

Marot par Estienne du Modillin (1)

Querci, la Cour, le Piemont, l'Univers
Me fit, me tint, m'enterra, me cognut.
Querci mon los, la Cour, tout mon temps eut,
Piemont mes os, et l'Univers mes vers.

Les pièces liminaires se terminent dans cette édition par une citation de saint Jérôme appliquée au chant des psaumes.

La préface de La Faye et les annotations du bas des pages, ainsi que les prières avant et après le repas, sont supprimées.

Après la publication de l'édition de 1568, Mathieu de La Faye, comme je l'ai dit en commençant, prit le chemin de l'exil. Il était l'âme de l'imprimerie de Saint-Lo, en dirigeait, en inspirait les travaux; aussi Jacques Le Bas ne tarda-t-il pas à s'en aller à Caen (2), où on le retrouve donnant, dès 1569, une troisième édition du Psautier huguenot pour le libraire Estienne Desloges.

Quoique sans indication de lieu, on doit attribuer à l'imprimerie de Saint-Lo trois pièces protestantes rarissimes, offrant les mêmes caractères que les livres sortis des presses de Bouchard et de Le Bas, et portant la date de 1566. Ce sont :

BRIEVE

RESOLVTION

DV DOVTE QVE

PLVSIEVRS FONT

auiourd'buy,

Assauoir quelle Religion est la plus ancienne, ou celle qu'ils tiennent de l'Eglise Romaine ou celle que l'Eglise reformee tient
et obserue.

M. D. LXVI

In-8° de 67 pages.

(1) Il faut sans doute lire : du Moulin.

(2) Jacques Le Bas avait de la famille à Caen. Son parent le ministre Vincent Le Bas dit Du Val a joué un certain rôle dans l'établissement du protestantisme dans cette ville.

SOMMAIRE

DES RAISONS

QVE RENDENT CEVX
qui ne veulent par-
ticiper à la
Messe.

♙

PLVS
Vn brief discours de l'institution
de la feste Dieu.

M. D. LXVI.

Pet. in-8° de 32 p. (1).

EXAMEN

DE LA DO-

CTRINE SORBONI-

QVE, TOVCHANT LE
Sacrement et Sacrifice
de l'Eucharistie.

Recueilli des escrits du Maistre des Sentences,
leur souverain Docteur nommé .
Pierre Lombard.

Mis en François sur le Latin dernierement
imprimé.

M. D. LXVI.

Petit in-8° de 68 p., plus un feuillet blanc à la fin.

Une fois installé à Caen, Jacques Le Bas adopta une marque
dont firent plus tard usage sa veuve et son fils ; c'était un aigle

---

(1) Coté 130 francs dans le *Catalogue de la librairie Techener* (octobre
1894). Brunet ne parle pas de l'édition saint-loise de ce livre ;
mais, dans son *Supplément*, il en mentionne une autre donnée, une
cinquantaine d'années plus tard, sous ce titre : *Sommaire des raisons*
que rendent ceux qui ne veulent participer à la Messe, ensemble
plusieurs sonnets chrestiens sur le mesme argument : Montauban, 1618,
in-16.

empiétant un dauphin. Mais il avait apporté dans son nouvel atelier le matériel de celui de Saint-Lo, et il s'en servit longtemps encore, comme le prouvent certains caractères, des lettres majuscules, des bandeaux, etc. A Caen même il utilisa la marque dont son ancien associé Thomas Bouchard avait le premier fait emploi.

M. Claudin dit à ce sujet :

« La figure de la vigne palissadée, qui se voyait sur les ouvrages de De La Faye, imprimés à Saint-Lo, ne reparaît plus qu'une seule fois. Elle coïncide probablement avec la présence de ce ministre de retour en Normandie, après que l'ère des persécutions fut passée. On la trouve sans accompagnement de devises ou de citations de la Bible, sur le titre d'un recueil de prières chrétiennes en latin par Charles Paschal, conseiller au Parlement de Normandie, imprimé à Caen, par Le Bas en 1592 » (1).

On est loin de connaître toutes les publications sorties des presses de Jacques Le Bas et je suis persuadé que plusieurs d'entre elles ont dû avoir pour marque la figure de la vigne en outre de celle que cite M. Claudin et qu'il croit unique.

J'ai vu un livre de toute rareté qui faisait partie de la collection de feu M. Alphonse Le Cavelier, vendue, en novembre 1894, à Caen. C'est :

LE DIADESME
FRANCOIS
Av Roy de France et
de Navarre.
Par V. D. L. V. Gentilhomme François.

A Caen,
De l'Imprimerie de Iaques le Bas
M. D. LXXXIX (2).

Sur le titre de ce charmant volume, très élégamment imprimé, se trouve la marque à la vigne, avec l'inscription en italique, telle que l'avaient disposée Thomas Bouchard et

---

(1) *Caroli Paschalii regii in Normaniae senatv consiliarii christianarvm precvm libri dvo. Ex typographia Iacobi le Bas, Typographi Regii, 1592. Cvm privilegio.* Pet. in-8° de 4 ff. préliminaires non chiffrés et 208 p. chiffrées. C'est un livre de prières catholiques.

(2) Pet. in-8° de 27 p.

Jacques Le Bas sur l'édition des *Pscaumes de David* de 1565,
c'est-à-dire à gauche : *Quelle chose ay-ie deu faire à ma vigne ;*
et à droite : *que ic ne luy aye faicte ?* ESA. V (1).

Qu'était devenu Thomas Bouchard ? Peut-on l'identifier avec
un certain Thomas Bouchard « de Landalles en Normandie »
(2), reçu habitant de Genève, en septembre 1559, ou avec un
Bouchard, dont le prénom est inconnu, qui, deux mois après
la Saint-Barthélemy, figurait parmi les réfugiés normands
arrivés à Londres ? On ne peut rien dire de positif à cet égard.

*
* *

L'art typographique n'eut plus de représentants à Saint-Lo
après le départ de Jacques Le Bas. Cependant M. Ed. Lepingard,
président de la Société d'Archéologie du département de la
Manche, a retrouvé, dans un acte passé devant les tabellions
de Saint-Lo mention de « l'imprymerie appartenant à honeste
home Pierres Quesnot, laquelle faict butz et costez » à diverses
propriétés et à la « rue des Menueres (aujourd'hui rue des
Mennuyers), proche le jardin Tiphene ». Comme, dans cet
acte, Pierre Quesnot, n'est point qualifié d'imprimeur, comme
on ne connaît aucun livre sorti d'un atelier portant son nom, il
est bien probable que ce particulier était simplement le propriétaire de l'immeuble dans lequel Thomas Bouchard et Jacques
Le Bas avaient exercé leur industrie.

Il faut attendre la seconde moitié du XVII° siècle pour revoir
des imprimeries à Saint-Lo.

Jean Pien s'y établit comme libraire et imprimeur vers 1656.
Il se servait de caractères usés, achetés d'occasion, et ses pro-
ductions sont fort médiocres ; mais elles sont en général intéressantes au point de vue historique et littéraire. M. Claudin
en a énuméré quelques-unes, dues notamment à Jacques de
Caillières et à Les Isles le Bas, « escrivain », auteur de
méchantes pièces de théâtre.

On connaît surtout l'*Vrbs San Lavdvs*, panégyrique en vers
latins de la ville de Saint-Lo, par Guillaume Ybert, prêtre, professeur d'humanités et principal du collège, publié en 1668,
et réimprimé à Bayeux, en 1840, avec une traduction de
Victor Évremont Pillet.

Quoique ayant le titre d'imprimeur et de libraire de la ville
et du collège, quoique protégé par la municipalité qui, pour
l'empêcher d'aller se fixer ailleurs, le logeait avec son atelier
dans l'Hôtel-de-Ville et l'exemptait de contributions, Jean Pien

(1) *Esa* pour *Esaïas*, nom donné dans la Vulgate au prophète Isaïe.

(2) Aujourd'hui Landelles-et-Coupigny, arr. de Vire (Calvados).

ne vit pas la fortune lui sourire. Il mourut pauvre en 1670 et sa veuve lui succéda. On ne connait qu'un seul ouvrage imprimé par elle, le *Carmen cereale*, autre poème de Guillaume Ybert (1).

Pendant les cinquante années qui suivirent, l'imprimerie végéta à Saint-Lo et ne produisit rien de bien intéressant. Elle y fut supprimée par des arrêts du Conseil d'État, le 31 mars 1739, puis le 12 mai 1759, tout en étant tolérée plus ou moins et en continuant à donner quelques rares publications sans importance.

Après la Révolution, P.-F. Gomont s'établit à Saint-Lo et s'intitula « imprimeur national », puis vinrent J. Marais et Agnès, précédemment fixé à Coutances.

Enfin il convient de constater que, de nos jours, l'art typographique a compté à Saint-Lo d'habiles représentants en MM. Élie et en M. F. Le Tual, leur honorable successeur.

Émile TRAVERS.

———

P. S. — Au moment où cet article était sous presse, M. Claudin a bien voulu m'envoyer une nouvelle brochure dans laquelle sont étudiées les premières impressions de La Réole, impressions qui datent de 1517 et sont dues à un Coutançais (2). Celui-ci, Jean Le More, dit Maurus, après avoir professé la grammaire dans divers collèges de la province de Guyenne, établit à La Réole une presse pour imprimer ses élucubrations ainsi que des documents émanant de l'autorité épiscopale.

Le premier livre, publié par Maurus et ayant une date certaine, est le *Joannis Mauri Constantiani in Com[m]entarios Compositionu[m] ac deriuationu[m] Lingue latine ad Mica[n]tissimu[m] Spectateqz nobilitatis Viru[m] D. Joanne[m] de Haulcourt Radia[n]tissimu[m] Juris vtriusqz doctore[m] Burdegaleu[m]qz Senatorem ;* pet. in. 4° goth , de 4 ff. prélim non chiffrés et de 52 ff. chiffrés, à la fin duquel on lit : *Finis Compositionu[m] ac Deriuationu[m] Lingue Latine Reole*

---

(1) V. Frère, *Manuel du Bibliographe normand*, t. II, p. 621.

(2) *Les Origines de l'imprimerie à la Réole en Guyenne (1517). Recherches sur la vie et les travaux de Jean Le More, dit Maurus, de Coutances, imprimeur et professeur de grammaire (1507-1550)*, par A. Claudin; Paris, librairie A. Claudin, 1894, gr in 8° de 39 p., avec des fac simile dans le texte. (Extrait de la *Revue catholique de Bordeaux;* tiré à cent exemplaires non mis dans le commerce).

impressarum Jn edibus Joannis Mauri Constantiani. Anno d[omi]ni. Millesimo. quingentesimo. XVIJ. XV. Junii. Cet ouvrage, dont on ne connaît qu'un seul exemplaire conservé à la Bibliothèque publique de Bordeaux, est, d'après M. Claudin, « une espèce de vocabubaire grammatical des mots composés et des dérivés de la langue latine, mis en ordre et rédigé par l'imprimeur lui-même à l'usage de la jeunesse qu'il était chargé d'instruire ».

La vie et les ouvrages de Jean Le More, qui professa avec un talent incontestable à La Réole, à Lectoure et à Mautauban, étaient peu connus jusqu'ici, car son nom a été omis par presque tous les recueils biographiques. Les détails précis donnés par M. Claudin viennent donc très utilement combler une lacune ; d'autres renseignements encore plus complets seront bientôt fournis par M. É. Forestié, dans une histoire de l'imprimerie à Montauban, et par M. Paul Bonnefon, de la bibliothèque de l'Arsenal, qui se propose d'étudier l'auteur coutançais comme linguiste.

On saura gré à ces érudits d'avoir remis en lumière l'intéressante figure d'un de nos compatriotes qui, ainsi que le constate M. Claudin, « n'était pas un simple artisan, mais un lettré, un travailleur opiniâtre, un savant qui s'était voué à l'instruction de la jeunesse, un homme de valeur enfin, dont la mémoire méritait d'être tirée de l'oubli ».

É. T.

NOTES

pour servir à l'histoire de Saint-Lo et de ses environs.

LES VILLAGES DE SAINT-LO *(Suite.)*

XIII.

LA FERONNIÈRE.

Après notre excursion à Boisandré, sis à Saint-Georges-Montcoq, revenons aux *villages* situés à Saint-Thomas.

La Feronnière est le premier dont nous ayons à parler, à cause de sa proximité du Ponchel ou Grimouville.

Comme celui-ci, il est desservi par le chemin venant des Fourchemins, comme lui aussi, son lieu chevel est en Bourgage, tandis que la majeure partie de ses prairies et terrains labourables dépendent de la portion rurale de Saint-Lo. Il est arrosé par un petit ruisseau jadis appelé le Douyt au Potier, qui alimente une mare assez grande touchant à la cour de la Feronnière, cour environnée de bâtiments sans style mais comprenant un colombier.

Cette terre constituait un Fief roturier relevant de la Baronnie de Saint-Lo à laquelle il était redevable de 2 sous 6 deniers tournois, 5 chapons et 1 aignel (agneau) évalué 6 deniers. Il comptait parmi les Fiefs Robert de Saint-Lo.

Son nom lui vient de l'ancienne famille Le Féron ou simplement Féron, éteinte à Saint-Lo, depuis quelques années seulement. A la fin du XIII° siècle vécurent Geoffroy, Henry et Guillaume Féron, cités dans les chartres du Livre rouge de l'Hôpital. Leurs descendants Jean et Gieffroy Le Féron figurent, avec Jean et Pierre Le Féron, parmi les bourgeois qui, en 1348 et 1368, procédèrent, au sujet du patronage de la Maison-Dieu, contre Louis d'Erquery, Evêque de Coutances et Baron de notre cité.

Un siècle et demi s'écoule sans qu'aucun document nous parle de la Féronnière ni de ses possesseurs. Mais, en 1573, elle appartenait à M° Jacques Le Couey, maître particulier de la Monnaie de Saint-Lo, dont hérita honorable homme Jacques Le Couey, son fils, qui se qualifiait sieur de la Feronnière.

A quelle époque et à quel titre cette aînesse devint-elle la propriété de la famille du Prey de Boismarcel? Nous ne saurions, quant à présent, le dire. Toujours est-il que, le 26 juin 1617, Isaac du Prey se disait sieur de la Féronnière, dans un aveu rendu à Messire Charles de Matignon, Baron de Saint-Lo. Michel du Prey, écuyer, son fils aîné, eut en partage dans la succession de son père la terre dont il s'agit ; il la possédait en 1644. Mais, entre cette année et celle de 1679, elle passa aux mains des du Prey de Boisandré, puisqu'à la date du 23 octobre elle appartenait aux héritiers de Jacques du Prey, écuyer, sieur de la Rivière, au décès duquel demoiselle Jeanne du Prey, sa fille, épouse de Guillaume Le Maistre, sieur du Domaine. Garde du Corps de Son Altesse Royale le Duc d'Orléans, la recueillit pour la transmettre, après sa mort, à Marie Le Maistre, sa fille, alors femme de Messire Jean de la Mariouse, chevalier. Ceux-ci ne la conservèrent pas longtemps, car, le 2 décembre 1730, le seigneur Baron de Montbray, à cause de la dame son épouse, devenue héritière de Jacques du Prey, la vendit à Maistre Pierre Hue, écuyer, sieur de la Roque, à charge, notamment d'acquitter trois parties de rente de chacune 25 livres tournois, léguées aux pauvres de Sainte-Croix, de Saint-Thomas de Saint-Lo et de Saint-Georges-Montcoq.

En 1753, les Trésoriers de ces trois paroisses s'étant refusés à recevoir l'amortissement de ces rentes, le sieur de la Roque appela au procès Messire Philibert de la Mariouse, fils et héritier du Baron de Montbray.

L'année suivante, ce dernier procédait contre son voisin, M. de Grimouville, propriétaire du Pontcheel.

Au cours de ce siècle, la Feronnière a appartenu, entr'autres, à M. Le Cardonnel, ancien Maire de Saint-Lo et à M. Vibert. Elle est maintenant dévolue à M. Bucaille de Litinière, issu d'une ancienne famille bourgeoise de cette ville.

XIV.

LA HAUTE-FOLIE.

La Haute-Folie fait partie de la commune de Saint-Thomas.
—Elle est située au Sud de Boismarcel, entre le chemin du
Pont de Gourfaleur et celui de Saint-Lo à Condé. Un troisième
chemin la relie au Huterel ; il était jadis connu sous le nom
tantôt de Rue au Roy, tantôt de chemin du Huterel à la
Madelaine.

Cette terre est formée partie du Fief du Val ainsi que du
Ménage ès Coudres, lesquels relevaient partie du Fief noble
de Lignerolles, partie du Fief Vectier ou Vetier tenu en aînesse
de la Baronnie de Saint-Lo. Ses propriétaires devaient à cette
dernière Seigneurie 25 boisseaux de froment au terme Saint-
Michel, 45 sous tournois en argent et 4 boisseaux de froment
mesure de Saint-Lo ; à celle de Lignerolles ils payaient, en
plus des rentes et charges anciennes, une livre de cumin à
cause de l'établissement d'un colombier.

Le plus ancien *aîné* connu du Fief Vectier est Johan La
Baillive, porté aux comptes de la Baronnie de Saint-Lo (années
1444-46) comme chargé de xj boisseaux de froment de rente
seigneuriale et dont le nom se retrouve dans le Journal des
rentes pour l'année 1667, à cause de cette même aînesse. Plus
d'un siècle se passe sans révéler le nom de ses successeurs.
Ce n'est que dans la seconde moitié du xvi⁰ qu'apparaît
comme tel Michel Fauchon, peut-être aux droits de Jeanne
Cauvin, sa femme, qui lui apporta sûrement en dot le Clos
Cauvin compris dans le partage de sa succession effectué
le 19 mars 1591 entre ses deux fils Jean Fauchon et David
Fauchon, dont l'aîné, d'abord Tabellion à Saint-Lo (2 février
1581), devint Greffier du Bailli du Cotentin, en cette ville
(1582) et, enfin, Conseiller du Roy, Lieutenant en la Vicomté
du même lieu (1591-19 mars). Maistre Jehan Fauchon se titrait
sieur de la Haute-Folie, le 15 décembre 1596. Il vivait encore
en décembre 1607, car à cette date « Il exerçait la juridiction
» du Bailly de Cotentin à Saint-Lo pour l'absence de Monsieur
» le Bailly ou ses Lieutenant. »

Terre et sieurie passèrent au fils aîné, Pierre Fauchon,
que les archives de l'Eglise Notre-Dame nous montrent,
en 1621, payant au Trésor, 12 livres 10 sous tournois de rente,
à la décharge des héritiers de Michel Fauchon. Au décès de
Pierre Fauchon, mort sans héritiers directs, la Haute-Folie
échut à son neveu Michel (III⁰) qui en prit le titre tandis
que Jean Fauchon, sieur de Préfauchon, autre neveu du
défunt, héritait de la terre de Falourdel.

Michel III° était Conseiller du Roy, Assesseur au Bailliage de Saint-Lo, en 1654. Mais, entre ses mains, la période de splendeur des Fauchon qui, à un moment donné, réunirent la Haute-Folie, la Métairie, la Régnaulmière, la Bellouerie, Falourdel, la Bochonnière et la Suhardière, fit place à celle de la décadence. Nombreuses . et pesantes étaient les rentes qui grevaient ces domaines, et, pour sa part, le sieur de la Haute-Folie fut réduit à vendre la terre de Falourdel. A cette vente, succéda la mise en décret de la Haute-Folie elle-même qui fut acquise en justice, tant par Messire Jacob de Cerizay, écuyer, Lieutenant particulier, Assesseur au Bailliage de Saint-Lo, que par le Seigneur de Rampan, deux créanciers de Michel Fauchon.

Il n'apparaît pas que les de Cerizay, se soient appelés sieur de la Haute-Folie, dont noble homme Robert de Cerizay, prêtre, Lieutenant général au Bailliage de Saint-Lo, était détenteur le 1er mars 1739. Nous avons trouvé ce dernier exerçant ses fonctions sacerdotales dans l'Eglise de Saint-Thomas-de-Saint-Lo, soit qu'il y administrât le Baptême, soit qu'il procédât à des Mariages

Ici s'arrêtent nos renseignements précis sur la Haute-Folie. Devint-elle, au moins en partie, la propriété des du Prey de Boismarcel ? Nous ne sommes pas éloignés de le croire. Il faut tenir compte, d'une part, de ce que demoiselle Marie du Prey, femme de Michel Fauchon, avait reçu de son père une dot de 5,000 livres tournois, dont 2,800 furent constitués en 200 livres tournois de rente sur les biens de son mari ; et, d'autre part, qu'en 1712 (4 septembre), demoiselle Marie Fauchon avait épousé Charles du Prey, sieur de Boismarcel. Quoiqu'il en soit, il y a quelques années, M. Derbois, ancien commerçant de Saint-Lo, acquéreur de Boismarcel, s'est efforcé de reconstituer ce domaine et, à ce titre, si nous sommes bien renseignés, il y a fait rentrer certaine étendue de terrain sise à la Haute-Folie.

Un mot encore sur les Fauchon. — Cette famille avait embrassé la religion réformée. Toustain de Billy rapporte, en effet, dans son Histoire de Saint-Lo, que « le jeudy III° jour de » juillet, au Greffe du Bailliage de Saint-Lo, l'an 1586, s'est » présenté Maistre Jean Fauchon, sieur de la Haute-Folie, » le quel, après nous avoir fait apparoir comme il auroit fait » profession de foy par devant l'Official de Constances au siège » de Saint-Lo, le 23 janvier dernier passé, a promis de n'aider » ny [favoriser], en sa personne biens et moyens, ceux qui » portent les armes contre la Majesté du Roy, nostre sire; » ains veut et entend vivre selon les edicts et ordonnances » comme bon et loyal subject ; ce qu'il a signé ». Revint-il sur son abjuration ou bien, parmi ses descendants quelques-uns professèrent-ils à nouveau le Calvinisme sous la protection de l'Edit de Nantes ? Un fait est avéré : le 15 décembre 1685, postérieurement à la révocation de cette Ordonnance, David Fauchon ou de Fauchon, écuyer, sieur de la Suhardière, fut condamné, par défaut, au Bailliage de Saint-Lo, « attendu » la *Fute* notoire du sieur de la Suhardière, qui fait encore » profession de la religion prétendue réformée ; » de plus, le 8 juin 1722, Gilles du Mesnil, écuyer, sieur de Saint Hilaire, son neveu maternel, était reconnu, par le même Bailliage « son héritier suivant la déclaration du Roy. »

Il est présumable que Maistre Thomas Fauchon, avocat, et Jean Fauchon, orfèvre, qui vivaient dans la première moitié du xviii° siècle, descendaient des sieurs de la Haute-Folie. Cette famille est éteinte maintenant.

XV.

LA MÉTAIRIE.

La Métairie est voisine de la Haute-Folie, au Nord de laquelle elle est située. On y accède, d'abord, par le chemin de Saint-Lo au pont de Gourfaleur qu'on quitte au lieu dit *Bellevue*, autrement *Varroc*, pour suivre, sur une longueur de 200 à 300 mètres, le chemin vicinal allant à Baudre, chemin qu'on abandonne à son tour, pour prendre une voie rurale jadis appelée chemin de *la Madeleine* ou encore le chemin *tendant des Fourchemins à la Maison à l'Orfebvre*, lequel longe les bâtiments de la Métairie que nous croyons devoir identifier avec cette Maison à l'Orfèvre mentionnée par le procès-verbal de reconnaissance, dressé en 1409, des limites de la Bourgeoisie de Saint-Lo.

Cette terre empruntait son nom à une famille de cette ville, dont deux représentants, Guillaume et Thomas (Guillelmus et Thomas Aurifaber), vivaient en 1252, au rapport d'une charte insérée, sous le n° 202, au Livre rouge de l'Hôpital. Thomas l'Orfèvre y est qualifié Maître (Dominus) ce qui suppose l'exercice d'une fonction de Judicature. Guillaume était prêtre et aumôna une rente de 20 sous tournois aux Frères et aux Pauvres de la Maison-Dieu.

La Maison à l'Orfèvre servait de lieu chevel au Fief Beuzeline qui relevait de la Baronnie de Saint-Lo et faisait partie des *Fieux Robert* de Saint-Lo. Ceci se déduit, d'une part, de ce qu'en 1409 elle appartenait à Messire Richard *Hubert*, et que, d'autre part, les comptes de cette même Baronnie (années 1444-46) désignent Raoullet *Hubert* comme débiteur de rentes seigneuriales grevant le Fieu Beuzeline. Cette assimilation se justifie encore par le rang qu'occupe l'article relatif à ce Fief entre ceux du Monchel ou Moncel et au Begault, *aliàs* du Pontchel ou Pontcel, puisque la Métairie a, sur le terrain, une position intermédiaire entre ces deux aînesses.

Rappelons ici que Maistre Richard Hubert fut l'adversaire résolu de la domination Anglaise et qu'il s'exila plutôt que de se soumettre, abandonnant sa famille et ses biens. Ceux-ci furent donnés, au moins en partie, à Maistre Guillaume Biotte, vicomte de Carentan pour Henri V, roi d'Angleterre.

Nous ignorons l'époque et l'auteur du changement de nom de la Maison à l'Orfèvre en celui de la Métairie. Pour la première fois, nous avons trouvé ce dernier dans un acte notarié du 14 octobre 1662, désignant Pierre Fauchon comme sieur de ce domaine ; en 1672, Étienne Fauchon portait ce titre à son tour. Il le transmit à son fils Pierre, qualifié sieur de la Métairie, en 1689 ; à cette date, Catherine de Tournières,

femme de ce dernier, était séparée de biens d'avec son mari.
Ils habitaient, l'un et l'autre, une maison sise en l'Enclos de
Saint-Lo, rue aux Porcs ; leur demeure fut incorporée au
couvent des Nouvelles Catholiques.

La Métairie est depuis lors devenue la propriété de la
famille Le Brun, qui la possède encore maintenant.

XVI.

JAMBE-DE-LOUP. — LE BUREL.

Le Burel, qui fait partie de la commune de Sainte-Croix-de-Saint-Lo, est voisin de la Feronnière et riverain du chemin rural qui de l'abreuvoir à l'Abbé conduit au Poirier-de-Bas et débouche sur la route de Thorigny, proche de l'auberge du Poirier.

Jadis, ce lieu s'appelait Gambe ou Jambe de Lou et aussi Hure de Loup; nom provenant, sans doute, de son premier possesseur qui l'imposa également à la venelle au Loup, longeant encore aujourd'hui le côté Sud de la rue des Bouchers. Plus tard, il reçut le nom du *Burel* ou *Buret* probablement parce que les Varroc devinrent Seigneurs du Fief noble *du Burel-Varroc*, sis à Saint-Amand et relevant du comté de Thorigny.

Les maisons, manoirs ou masures qui le composaient formaient un *village* ou *hamel* dit également Gambe de Loup, dont la majeure partie, avec les terres environnantes, étaient tenues d'un Fief du même nom, lequel se relevait de la Baronnie de Saint-Lo, tandis que le surplus dépendait de la Seigneurie de Pierrefitte, sous le fief ou aînesse Maistre Raoul, suivant divers actes de vente passés devant les tabellions de Saint-Lo, le 27 novembre 1592, 24 janvier 1593 et 18 avril 1597. Ces contrats indiquent comme propriétaires en ce hameau, les Allix, le Viderel, Pynel et Bernard, bourgeois de Saint-Lo.

Quant au fief de Jambe de Loup, proprement dit, il devait à la Baronnie de Saint-Lo, outre les charges casuelles, telles que Reliefs, XIIImes, Aides Coutumières, etc., 15 sous tournois en argent, 8 boisseaux de froment et une livre 1/4 de poivre, le tout de rente.

Nous ne saurions déterminer sûrement ni ses limites, ni son étendue. Nous savons seulement par un contrat du 13 avril 1608 qu'il comprenait une pièce de terre nommée « la Croulte Gamelle ou Ganelle et autres héritages, avec maisons » ; qu'une *Chesnaye* en dépendait ainsi qu'une pièce d'eau appelée maintenant l'Etang du Burel après avoir porté celui d'Etang de Gambe de Loup.

En lui-même, le Manoir n'a rien de remarquable. Il consiste en une maison assez longue, située au fond d'une vaste cour, dont l'entrée est ornée de deux tronçons de piliers en pierre calcaire provenant apparemment de quelqu'édifice religieux, Eglise ou Cloître. Ces piliers sont, en effet, couverts de fines colonnettes,

Le premier propriétaire bien connu de Gambe de Loup ou Burel, avait nom Guillaume Le Mercier, débiteur envers la Maison-Dieu de Saint-Lo, d'une rente d'un chapon, donnée par Gillebert Laignel, et dont, au XIII⁰ siècle, Robert Le Mercier, son héritier, était chargé. « Willelmus Le Merchier » de *Gambe de Lou*, unum caponem ad Natale, de dono Gille- » berti Laignel, in parrochia Sancti-Laudi (Sainte-Croix-de-Saint-Lo); modo tenet Robertus Le Mercier. »

Viennent, après deux siècles, Johan Varroc et Colin, alias Nicolas Varroc, ainsi que Maître Richard Varroc, chanoine de Coutances. Colin avait été nommé en 1420 Garde de la Monnaie de Saint-Lo, office qui avait été créé pour lui, par Henri V, roi d'Angleterre, alors maître de la Normandie.

Les Varroc. à l'origine, appartenaient à la Bourgeoisie Saint-Loise. En 1247, Geoffroy Varroc était dit *bourgeois de notre ville* dans une chartre insérée au Livre Rouge de la Maison Dieu : « Noverint universi présentes et futuri quod Ego J. Guillelmi, vendidi et omnino dimisi Gaufrido Waroc, *burgensi de Sancto Laudo*.... » Thomas Varroc était également qualifié *Bourgeois* dans une ordonnance du Louvre du 8 janvier 1370.

Nicolas (Colin) fut-il annobli par Henri V d'Angleterre ou devait-il sa noblesse à ce même Thomas qui avait été Lieutenant du Capitaine de Saint-Lo et fut un ami des Le Prétrel et comme eux, dévoué au Roi de France Charles V dit le Sage? Un fait est certain, dans un acte du 14 juillet 1478, Nicolas Varroc, sieur de Gambe de Loup est titré d'Ecuyer, ainsi que son fils « Noble homme Maistre Richard, seigneur de Fontaines ». Quant à son petit fils, Jehan Varroc, s'il est simplement dit seigneur du Burel et de Gambe de Loup, dans le même document, sa noblesse n'est pas moins établie puisque Montfaouc l'a maintenu *Noble* « dans la ville et dizaine de Saint-Lo » décision qui contredit, nous semble-t-il, l'*Etat des anoblis en Normandie*, publié, en 1866, par M^r l'abbé Le Beuryer, archiviste de l'Eure, suivant lequel les Varroc ne dateraient que des francs fiefs, c'est-à-dire de 1470.

Jean de Varroc eut, au moins, deux enfants : Ravend et Jeanne, à laquelle son frère donna une rente de 10 livres tournois à l'occasion de son mariage avec André Blondel, comme cela résulte de la reconnaissance du contrat de mariage devant messire Richart Thiboult, écuyer, lieutenant à Saint-Lo du vicomte de Carentan, datée du 6 janvier 1537.

Ravend hérita de la seigneurie du Burel-Varroc et de Jambe de Loup, qui devint à son décès le lot de son second fils Gilles Varroc. tandis que Jean, son aîné, avait en partage le Burel, sis à Saint-Amand.

Gilles de Varroc eut de son mariage avec demoiselle Françoise de la Rivière, trois enfants qui, à sa mort, advenue le

4 mai 1592, étaient encore en état de minorité. Sa veuve accrut le patrimoine de ses fils Guillaume et Pierre, par l'achat d'une pièce de terre nommée *Le Jardin de la Fontaine Varroc*, sis à Sainte-Croix.

Guillaume, l'aîné, prit à son tour le titre de sieur de Jambe de Loup. Il est compris au rôle de la noblesse du Cotentin, dressé en 1640 ; il y est représenté « comme bon à rien ». Ce Guillaume habitait alors le Loreur.

Titre et terre passèrent, selon toute probabilité, à Pierre de Varroc, frère de Guillaume, qui avait épousé demoiselle Jacqueline d'Anisy. Celui-ci adopta la qualification de sieur du Burel, que lui donne Chamillard, dans sa recherche de 1666. Il avait alors 76 ans et habitait Sainte-Croix-de-Saint-Lo. Il eut deux fils ; Guillaume lui succéda comme sieur du Burel : Eustache Ravend devint sieur de Lestanville. Le 1ᵉʳ septembre 1672, ils étaient témoins au contrat de mariage de leur sœur Michelle et de noble homme Claude du Rozel, écuier.

Guillaume Varroc, sieur du Burel, mourut antérieurement au 4 mars 1694. Trois fils étaient issus de son mariage avec demoiselle Esther Elisabeth Morel ; Jacques, François et Pierre Varroc.

Laissa-t-il une succession embarrassée ? Nous ne saurions le dire ; toutefois, la terre du Burel-Jambe de Loup, fût achetée par Raphaël Le Painteur, écuyer, sieur de Launey-Bois-Jugan, Lieutenant pour le Roy en la citadelle de Saint-Lo. Ce fait résulte d'un acte de procédure du 2 mai 1699 par lequel demoiselle Léonore Le Painteur, sa fille, réclamait aux fermiers de ce domaine une somme de 150 livres tournois. Depuis cette époque, les renseignements nous font défaut sur la suite des propriétaires qui succédèrent aux Le Painteur. Aujourd'hui notre village appartient à la famille Vibert comme héritière en partie des Le Marinel.

XVII.

LE POIRIER.

L'hôtel du Poirier ou Perier, très voisin du Burel et desservi par le même chemin rural, était, à la différence de ce dernier, compris dans la Bourgeoisie de Saint-Lo, ainsi que cela résulte des chevauchées opérées en 1409, 1617 et 1676, en vue de reconnaître les limites des terres sises en Bourgage. Nous pouvions dès lors ne pas ranger cet hôtel parmi les villages de Saint-Lo. Mais comme les terres qui en dépendaient à l'origine et qui avaient une assez grande étendue, ont formé des propriétés distinctes sous les noms de Poirier-de-Bas, Poirier-du-Milieu et Poirier-de-Haut, nous avons cru à propos de consacrer une notice à tout l'ensemble de cet ancien domaine sis à Sainte-Croix.

Doit-il son nom à une famille *Perier* ou *Perrier* ou le lui imposa-t-il ? Nous ne saurions résoudre cette question ; mais il nous paraît établi que terre et famille se rattachent l'une à l'autre.

Nous rencontrons, en effet, dès le XIIe siècle, entre 1151 et 1184, un Alanus de *Piris* figurant à côté de Willelmus de *Petraficta*, comme témoin à la Charte de donation ou de confirmation à l'Eglise de Saint-Lo (église Sainte-Croix) par Richard, Evêque de Coutances, de la moitié de l'église de Saint-Ebremond-de-Bonfossé. Or les terres du Poirier relevaient en presque totalité de la seigneurie de Pierrefitte, situées, comme elle, en la paroisse de Sainte-Croix-de-Saint-Lo. D'un autre côté, au XIIIe siècle (1237-1293), les de Piris sont assez nombreux à Saint-Lo même : c'est en 1237, Guillaume qui aumône à l'Hôtel-Dieu « tout ce qu'il percevait dans la masure d'Agnès la « *Feutrière* » propriétaire au Flaguay, terre riveraine du Poirier et sur laquelle existait encore, en 1409, la Croix-au-*Feutry*, élevée sur le bord de l'ancien chemin de Saint-Lo à Caen, aujourd'hui chemin de Saint-Lo à Saint-Jean-des-Baisants. En 1246, on rencontre Nicolas ; en 1253, Michael ; en 1256, Richard et Matilde *de Piris*, mari et femme; en 1296, Typhane de Perier (sic). Au XIVe, nous relevons le nom de Thomas du *Perier*, mort curé de Saint-Ebremond-de-Bonfossé ; cette forme française se reproduit au XVIe, chez Pierre Perier, propriétaire de maisons sises à Saint-Lo, rue Bas-Torteron, et aussi dans le titre de *sieur du Peyrier* et *Perier* porté en 1549, par Richard de la Dangye, et en 1573 et 1583, par Guillaume de la Dangye, héritier de Richard.

Le Poirier et ses dépendances territoriales étaient tenus partie de la Baronnie de Saint-Lo, partie du Fief terre et seigneurie de Pierrefitte, relevant de cette même baronnie. L'hôtel proprement dit et quelques champs environnants se trouvaient dans la directe du Baron.

Les plus anciens propriétaires furent certainement les de Perrier ou Périer, peut-être des vassaux des seigneurs de Pierrefitte qu'on trouve à Saint-Lo et environs depuis le xiii° siècle jusqu'à la fin du xvi°. Longtemps après eux apparaissent comme tels les de la Dangie que Montfaut maintint nobles à Bayeux en la personne de Richard 1er de la *Dangye*, dont le fils Richard II devint sieur du Perier antérieurement au 6 juillet 1549. A cette date, ses fils mineurs lui avaient succédé et étaient condamnés, par arrêt du Parlement de Normandie, à fonder un *Obit* en l'Eglise Notre-Dame-de-Saint-Lo, à l'intention de « deffuncte damoiselle Isabeau de la Dan-» gye et de constituer à cet effet une rente de 36 livres tournois » grévant tous les biens des dits mineurs. ».

Le Poirier échut à Guillaume de la Dangye, l'un de ces mineurs, qui le possédait encore en 1597 et était chargé de servir la rente au Trésor de Notre-Dame.

Cette terre passa vraisemblablement par mariage des de la Dangie aux de Parfourru, car, en 1618, Guillaume de Parfourru, seigneur de Pierrefitte et du Poirier, était, à son tour, ainsi que *Regné*, sieur de l'Espine, condamné par le Bailliage de Saint-Lo à payer la rente en question.

Marie de Parfourru, fille et héritière de Guillaume porta le Poirier dans la famille des de Brebœuf, seigneurs de Condé-sur-Vire, en épousant Joachim, fils Georges. A sa mort advenue vers 1627 et par suite d'embarras financiers, son mari, agissant comme tuteur de leurs enfants mineurs, vendit le Poirier à noble homme Martin Durand, secrétaire du Roi et de Monseigneur de Matignon. L'acquéreur n'en demeura pas longtemps détenteur. Dès 1632, cette terre appartenait à Maître Jean du Prey, écuyer, avocat au Parlement, lequel amortissait une partie de 10 livres de rente de la dot de demoiselle Catherine de Parfourru, femme de noble homme Gilles Girard, sieur des Monts, rente qui grevait le Poirier ainsi qu'une autre rente également totale de 66 livres 13 sols 4 deniers tournois, constituée au profit de demoiselle Françoise de Parfourru, femme de François Freret, sieur de la Vieuville, comme cela résulte d'un contrat du 14 juillet 1648.

Le 23 octobre de cette même année, Jacques du Prey, écuyer, fils puîné de Jean, reçut le Poirier, par avancement d'hoirie consenti par son père, à la condition qu'avec Jean du Prey, son frère aîné, il doterait de 2,000 livres tournois, ses trois sœurs Catherine, Judict et Marthe, épouses de Michel Saint, Jacques Gohier, sieur de Prégohier, et Jacques Chastrefou, sieur du Hurel.

Jacques du Prey n'ayant pas fait de brillantes affaires, ses beaux-frères prirent avec lui divers arrangements qui furent attaqués jusques en cour de Parlement, par Maître Guillaume le Trésor, dont les prétentions furent repoussées par arrêt du 12 février 1724. Le 16 mai suivant, les sieurs Saint, Gohier, et Chastrefou convinrent de vendre la terre de la *Seigneurie* pour acquitter les dettes de leur beau-frère Jacques et de partager entre eux celle du Poirier.

Le lot échu à Jacques Gohier est demeuré la propriété de sa famille jusqu'au commencement de ce siècle Le 20 novembre 1833 et le 10 novembre 1834, un de ses descendants, dame Marie-Jacqueline-Françoise Gohier, veuve d'un sieur Oger dit Secqueville, après en avoir cédé quelques parcelles à divers habitants de Saint-Lo, vendit la terre dite des Arguillettes, comprenant l'ancien hôtel du Poirier et ses alentours, à M. et à Mme Barbuda, de Saint-Lo, dont les enfants la possèdent aujourd'hui, Toutefois une certaine partie de leur terre provient d'acquisitions faites de nommés Heurtevent et Aze représentant le droit de Catherine Gillet, leur mère. Il est presque établi que M. Vibert, de Saint-Lo, tient, sinon en totalité, au moins pour partie, le lot échu en 1724 à Jacques Chastrefou.

Notons ici, que le *Pré Saint-Lo*, dont une parcelle est occupée par les abattoirs, dépend toujours de ce qui fût jadis la terre du Poirier-de-Bas. Il contient une fontaine portant également le nom du saint Patron de notre cité.

Si, pour le Poirier-de-Bas, bon nombre de renseignements nous font défaut ; ils nous manquent presqu'absolument pour le Poirier-du-Milieu et le Poirier-de-Haut. Ce dénuement proviendrait-il de ce que ces terres, quoique faisant partie du domaine fiieffé de la Seigneurie de Pierrefille, auraient été tenues en roture par les seigneurs du lieu ou par leurs puînés ? Nous serions assez portés à le croire, en présence d'un contrat du 5 octobre 1678, passé, entre demoiselle Hortense Arnouf, veuve de Jean de la Gonnivière, écuyer, sieur d'Arganchy, d'une part, et Ravend de Parfourru, sieur du Poirier, d'autre part, lequel énonce que ce Ravend avait fieffé la terre en question moyennant une rente viagère de 500 livres tournois.

Ajoutons qu'en 1723, dame Catherine Joachinne de la Gonnivière, veuve de Jean de Parfourru, écuyer, seur d'Arganchy, recueillit le Poirier dans la succession de sa mère et qu'elle était citée devant le Baillage de Saint-Lo par Ravend Gabriel de Parfouru, qui réclamait son tiers coutumier ; qu'en 1773, la terre et ferme du Poirier appartenaient à *la demoiselle* du Hamel (une Hoël, sans doute) appelée elle aussi en justice pour une question de *voisiné* par haute et puissante dame Catherine Françoise Le Cornier, patronne Baronne d'Angerville le Martel, Dame et patronne de Saint-Hélène de

Turtot, Dame de Saint-Jouvin, Labeville, Bruncourt, Briour, etc. etc., veuve de messire Louis-François-Jacques-Claude de Boutran, chevalier ; qu'enfin, en 1779, (le 25 novembre) Jacques Cariot, officier garde-côtes, fieffa le tout à M. de la Gervaisière-Courtin, dont hérita Mᵐᵉ Desplanques, sa fille, et qui appartient maintenant à M. Hervieu, ancien avoué à Saint-Lo.

LEPINGARD.

ADMINISTRATION. — PERSONNEL.

LISTE CHRONOLOGIQUE DES PRÉFETS
DU DÉPARTEMENT DE LA MANCHE.

NOMS.	DATES DES NOMINATIONS.	DURÉE DE LEURS FONCTIONS.
MM.		
MAGNYTOT	12 ventôse an VIII .	1 an 1 mois 15 jours.
MONTALIVET.............	29 germinal an IX..	2 ans 11 mois 23 jours.
COSTAZ	10 germinal an XII.	2 ans 10 mois 16 jours.
BOSSI...................	12 février 1810	5 ans 5 mois 4 jours.
DE VANSSAY.............	17 juillet 1815.....	5 ans 2 jours.
ESMANGART	19 juillet 1820	3 ans 8 mois 17 jours.
D'ESTOURMEL...........	7 avril 1824.......	6 ans 4 mois.
BAUDE.................	10 août 1830.......	Non installé.
GATTIER...............	19 août 1830.......	6 ans 2 mois.
MERCIER	21 octobre 1836. . .	6 ans 8 jours.
BONNET...............	29 novembre 1842..	5 ans 3 mois.
HAVIN (Commissaire).....	26 février 1848.....	2 mois 2 jours .
VIEILLARD (Commissaire) .	2 mars 1848......	2 mois.
LE HODEY (Commissaire par intérim).........	2 mai 1848.......	8 mois 22 jours.
LE HODEY (Préfet).......	23 juillet 1848.....	
DE TANLAY.............	24 janvier 1849.....	2 ans 10 mois.
JOURDAIN..............	26 novembre 1851..	1 mois 26 jours.
PAULZE-D'YVOY.	22 janvier 1852....	1 an 6 mois 8 jours.
DUGUÉ.................	28 juillet 1853	6 ans.
DE BOUVILLE (Cte)........	27 juillet 1859.....	2 ans 5 mois 15 jours.
GUILLAUME D'AURIBEAU....	16 janvier 1862	Non installé.
PRON..................	1er février 1862....	3 ans 9 mois 20 jours.
LEVAINVILLE	12 novembre 1865..	4 ans 3 mois 4 jours.
Vte MALHER	17 février 1870	6 mois 18 jours.
LENOEL	6 septembre 1870..	15 jours.
LEMERCIER.............	22 septembre 1870 .	7 jours.
LENOEL	29 septembre 1870..	4 mois 5 jours.
FRÉMONT..............	4 février 1871.....	1 mois 10 jours.
VAULTIER..............	2 avril 1871.......	2 ans 7 mois.
DE CHAMPAGNAC.........	17 octobre 1873....	1 an 5 mois 28 jours.
BUCHOT...............	10 avril 1875	1 an 9 mois 3 jours.
LAURENT	5 janvier 1877....	4 mois 27 jours.
DU CHEVALARD.....	19 mai 1877.......	6 mois 29 jours.
POULIN...............	18 décembre 1877...	2 ans 1 mois 5 jours.
FILIPPINI..............	12 janvier 1880....	5 ans 3 mois 13 jours.
FAVALELLI	25 avril 1885... ...	7 mois 3 jours.
P. FLORET.	28 novembre 1885..	Installation du 11 décembre 1885.

SÉNATEURS DE LA MANCHE.

MM.
SÉBIRE O✳.
LABICHE.

MM.
BRIENS ✳
MOREL.

DÉPUTÉS DE LA MANCHE.

MM.
REGNAULT.
RIOTTEAU.
RAULINE.
LEGRAND (Arthur) ✳.

MM.
CABART-DANNEVILLE.
GUÉRIN ✳.
LE MARE.

COMMISSION DÉPARTEMENTALE.

MM.
BERNARD ✳, *Président.*
LEFRESNE.
VRAC.
TÉTREL ✳, *Secrétaire.*

MM.
DE LA BELLIÈRE.
DENIS.
BLOUET.

PRÉFECTURE.

M. FLORET O✳, O. I. P., *Préfet.*

M. MÉNARD, *Secrétaire général.*

M. le Préfet reçoit, les samedi et jours de foire, toute la journée.

Les autres jours, il reçoit de 10 heures à 11 heures 1/2 et de 3 heures à 4 heures.

CONSEIL DE PRÉFECTURE.

MM. MÉNARD, *Vice-Président.*

BOURGOIS, *Conseiller.*

RIVALS, *id.*

MÉNARD, Secrétaire général, *Commissaire du Gouvernement.*

Le Conseil de Préfecture se réunit en séance publique le vendredi de chaque semaine, à une heure et demie.

Les audiences sont suspendues pendant la tournée de révision.

BUREAUX DE LA PRÉFECTURE

(Ouverts au public tous les jours de 9 a 4 heures.)

Cabinet du Préfet.

M. Vittini, *Chef du Cabinet*.

Ouverture des dépêches. — Correspondance particulière. — Affaires réservées. — Service du télégraphe du Cabinet. — Surveillance des journaux du département. — Sous-Préfets et Conseillers de Préfecture. — Conseillers généraux et Conseillers d'arrondissement. — Maires et Adjoints. — Beaux-Arts. — Honneurs et préséances. — Fêtes et cérémonies publiques.

M. Lefèvre, *Sous-Chef*.

Distribution de la correspondance. — Personnel de tous les services et de toutes les administrations. — Prestations de serment des fonctionnaires. — Demandes d'audiences et de congés. — Nominations et promotions dans l'Ordre de la Légion d'honneur. — Ordres étrangers. — Médailles et récompenses pour belles actions. — Recours en grâce. — Secours à divers titres. — Bureaux de tabacs. — Débits de boissons. — Loteries. — Réfugiés politiques. — Conférences et cours publics. — Nomination des membres des Bureaux de bienfaisance et des Commissions administratives des établissements de bienfaisance.

Première Division.

Chef de Division : M. Lamarche.

Réception et transmission du *Bulletin des Lois* et de toutes les publications officielles. — Imprimerie, librairie, colportage, estampes et gravures. — Abonnements et envois périodiques. — Brevets d'invention — Statistique générale. — Procès-verbaux du Conseil général. — Élections. — Recrutement, enrôlements. — Réserve de l'armée active. — Armée territoriale. — Casernement des troupes. — Marine et colonies. — Sapeurs-pompiers. — Gendarmerie. — Poudres et salpêtres. — Ponts et chaussées, chemins de fer, routes nationales, navigation, usines, cours d'eau, desséchements. — Associations syndicales. — Mines et carrières. — Bacs et bateaux. — Postes et télégraphes. — Propriétés, mobiliers, bâtiments civils, contentieux, en ce qui concerne le Département et l'État. — Etablissements reconnus d'utilité publique. — Dons et legs. — Bureaux d'enregistrement et affaires domaniales. — Police municipale. — Police de la chasse, de la pêche, des voitures publiques, des rivages de la mer, des subsistances, de la salubrité et de la sûreté publiques. — Etablissements insalubres. — Médecins, pharmaciens, vétérinaires. — Prisons, surveillance des condamnés. — Divisions administratives et ecclésiastiques. — Associations. — Sociétés de secours mutuels. — Jury. — Population. — Passeports, légalisations. — Poids et mesures. — Agriculture. — Haras. — Industrie, commerce et manufactures. — Marque de garantie des matières d'or et d'argent. — Ecoles spéciales et nationales. — Répertoires des actes sujets à l'enregistrement.

Chef de Division : M. Alph. Colas, O A.

PREMIER BUREAU.

Voirie vicinale, urbaine et rurale. — Création, centralisation, recouvrement et répartition des ressources communales pour la vicinalité. — Prestations. — Emprunts à la Caisse des chemins vicinaux. — Subventions de l'Etat et du Département. — Subventions industrielles. — Exécution des lois sur l'achèvement des chemins vicinaux. — Projets de classement, de rectification, de construction des chemins de diverses catégories. — Adjudications. — Régies. — Fixation des tracés et des alignements des traverses des communes. — Acquisitions amiables ou forcées des terrains et règlement des indemnités pour cession ou occupation d'immeuble.—Expropriations pour cause d'utilité publique (lois des 21 mai 1836, 8 juin 1864, 25 août 1881). — Subventions et avances aux communes pour travaux d'art et paiement des terrains. — Extraction des matériaux et dommages divers. — Autorisations et fixation des indemnités. — Plantations, élagages sur les chemins. — Distribution et concession d'eau. — Demandes d'alignement des particuliers et permissions de voirie. — Etablissement des plans d'alignement et de nivellement des voies publiques communales. — Trottoirs et pavages dans les villes. — Chemins ruraux : reconnaissance (loi du 20 août 1881).

Instruction primaire et secondaire. - Ensemble du service de la comptabilité.—Liquidation des dépenses de l'instruction primaire.— Bourses dans les lycées, collèges et établissements d'enseignement primaire supérieur pour les deux sexes.—Ecoles normales. — Ecoles communales.—Ecoles libres et pensionnats.—Conseil départemental de l'enseignement primaire. — Cours d'adultes. — Bibliothèques scolaires. — Caisses des écoles. — Création de postes, traitements, encouragements, secours, pensions de retraites des instituteurs communaux.

Dons et legs aux communes, établissements charitables, cures, fabriques, etc. — Rachats de rente et emploi de capitaux. — Mainlevée d'hypothèques. — Octrois : réglements, tarifs. — Droits de location de places dans les foires, marchés et abattoirs. — Droits de pesage, mesurage, jeaugeage publics.—Droits de voirie et autres au profit des communes.—Frais de casernement et d'occupation de lits militaires. — Actions judiciaires et transactions des communes, des établissements charitables ou religieux. — Comités consultatifs. — Hospices et bureaux de bienfaisance : création, service intérieur. — Administration des biens, adjudications et marchés, statistiques et situations périodiques. — Création et emploi des ressources de toute nature destinées au soulagement des indigents.—Assistance médicale et pharmaceutique gratuite. — Admission des malades et incurables dans les hospices et hôpitaux. - Pensions et retraites aux agents et employés des communes et établissements de bienfaisance. - Cures et fabriques, consistoires : administration, personnel, comptabilité. — Propriétés des communes et établissements publics : locations, ventes, échanges, partages, acquisitions. — Biens indivis. — Encouragements de l'Etat pour les services de bienfaisance publique.

DEUXIÈME BUREAU.

Instruction primaire et secondaire. — Construction et appropriation de locaux scolaires. — Mobiliers. — Subventions. — Emprunts. — Propriétés communales : mairies, églises, presbytères. — Echanges, acquisitions, aliénations. — Travaux : subventions, adjudications, marchés, règlement, contentieux. — Cimetières : police, règlement des concessions, transactions, agrandissement. — Sessions des Conseils municipaux. — Répartition du fonds commun des amendes de police correctionnelle. — Conseil départemental des bâtiments civils. — Comptabilité des communes, établissements de bienfaisance, hôpitaux, hospices, syndicats. — Budgets et autorisations supplémentaires. — Remboursement de fonds placés au Trésor. — Compte des Receveurs des communes et autres établissements : enregistrement, classement et notification des arrêtés d'apurement en Cour des Comptes ou Conseil de Préfecture. — Comptabilités de fait ou occultes. — Cotisations municipales : recouvrement et emploi. — Etat annuel de la situation financière des communes. — Statistiques pour les Ministères de l'Intérieur et de l'Agriculture relatives aux établissements charitables. — Taxe municipale sur les chiens.

Troisième Division.

Chef de Division : M. LEFÈVRE, O A.

Comptabilité générale et départementale : mandatements des dépenses de toute nature : comptes et budgets départementaux, virements de crédits, réimputations, reversements, situations périodiques, comptes annuels et situations définitives en clôture d'exercice. — Colons réfugiés. — Réfugiés politiques, comptabilité. — Etablissements sanitaires, comptabilité. — Chambres de commerce, comptabilité. — Service des gens de mer, solde arriérée, secours sur la caisse des Invalides de la Marine. — Traitements administratifs — Frais d'administration de la Préfecture et des Sous-Préfectures. — Trésor public : transport de fonds, refonte de monnaies. — Dettes publiques, rentes sur l'Etat. — Pensionnaires de l'Etat et rentiers viagers. — Contributions directes : sous-répartition, recouvrement, réclamations, poursuites. — Cadastre. — Contributions indirectes. — Douanes. — Caisse des retraites et liquidation des pensions des employés de la Préfecture et des autres services départementaux. — Liquidation des pensions des employés des prisons et du service de la vérification des poids et mesures. — Caisses d'épargne. — Caisse des retraites de la vieillesse. - Visa des récépissés. — Frais de justice. — Assistance publique, extinction de la mendicité, aveugles et sourds-muets, secours à divers titres. — Aliénés et enfants assistés, protection des enfants du 1ᵉʳ âge : personnel et ensemble du service. — Subvention aux élèves sages-femmes.

GREFFE DU CONSEIL DE PRÉFECTURE
(Ouvert tous les jours de 9 heures à 4 heures.)

Greffier : M. VIEL.

Réception et enregistrement des actes introductifs d'instances. — Requêtes, exploits et procès-verbaux. — Communication aux parties ou à leurs mandataires, de pièces de procédure.—Etablissement des rôles. — Enregistrement et notification des décisions du Conseil. — Correspondance relative à la régularisation des affaires en instance.

Les renseignements ou communications que les parties jugent utiles d'adresser à M. le Conseiller chargé du rapport, doivent être transmis par l'intermédiaire de M. le Préfet.

ARCHIVES DÉPARTEMENTALES.

M. Dolbet, *Archiviste.*

Archives de la Préfecture, des Sous-Préfectures, des Communes et des Hospices.—Classement, inventaire, récolements, rapports. — Communication et délivrance des titres.—Catalogues et surveillance des bibliothèques administratives. — Publication d'ouvrages historiques.

ASSISTANCE PUBLIQUE DÉPARTEMENTALE.

Enfants assistés, moralement abandonnés et Protection des Enfants du Premier âge.

Inspecteur départemental.— M. Pirodon, à Saint-Lo ;

Sous-Inspecteur.— M. Davodet, à Saint-Lo ;

Commis d'Inspection.— M. Fétille.

BATIMENTS CIVILS.

Architecte du Département. — M. Pillioud, à Saint-Lo.

Conducteur. — M. Levieux.

Architectes d'arrondissement.

MM. N..., à Saint-Lo; Cheftel, fils, à Avranches ; Leroy, à Cherbourg; Hue, à Mortain; Desheulles, chargé de l'arrondissement de Coutances ; Enquebecq, agent voyer d'arrondissement, chargé de l'arrondissement de Valognes.

POIDS ET MESURES.

Vérificateurs : MM. Michel, à Saint-Lo ; Dagot, à Avranches ; Prévost, à Cherbourg; Pardaillon, à Coutances; Grandric, à Mortain.

CONSEILS D'HYGIÈNE D'ARRONDISSEMENT

Arrondissement de Saint-Lo.

MM. P. Floret O✽, O. I. P., Préfet, *président;* N..., *vice-président;* le Maire de Saint-Lo ; Granger, négociant; Bernard ✽, Thomas, Leturc, Alibert et Lhomond, docteurs-médecins ; Manoury, vétérinaire ; l'Ingénieur des ponts et chaussées ou faisant fonctions d'Ingénieur à Saint-Lo ; Sébire et Debroize, pharmaciens ; Demortreux, ancien pharmacien.

Arrondissement d'Avranches.

MM. le Sous-Préfet, *président;* Gautier, Conseiller général ; l'Ingénieur ordinaire des ponts et chaussées, à Granville ; le Maire d'Avranches ; Le Tourneur, Le Do, Hodoul, Frémin et Lemoine, docteurs-médecins ; Pinel, Gilbert et Requier, pharmaciens ; Dufour, vétérinaire.

Arrondissement de Cherbourg.

MM. le Sous-Préfet, *président;* le Maire de Cherbourg , l'Ingénieur en chef des ponts et chaussées; Lefrançois, Renault, Offret, Monnoye et Lesdos, docteurs-médecins ; le Directeur du service de santé de la marine ; Poittevin et Calot pharmaciens ; Jouninet, ancien pharmacien ; Pouppeville, vétérinaire.

Arrondissement de Coutances.

MM. le Sous-Préfet, *président ;* Lair, Maire de Coutances *;* de la Bellière, Danlos, Dudouyt (Pierre), Laisney, Leconte (Jacques-Léon), docteurs-médecins ; Daniel, Baize, Laforest et Collette, pharmaciens ; Sanson, conducteur des ponts et chaussées ; Crouzel, vétérinaire.

Arrondissement de Mortain.

MM. le Sous-Préfet, *président* ; le Procureur de la République ; de Bailliencourt ✽, Maire de Mortain ; Hamon, Breillot, de la Houssaye, Fauchon-Wilplée, Malon, docteurs-médecins ; Almin, pharmacien ; Buisson, ancien pharmacien ; Hamon, vétérinaire.

Arrondissement de Valognes.

MM. le Sous-Préfet, *président ;* Leneveu, père, Lebouteiller, Sébire O✽, Fabre O✽, Leneveu fils, Rousselin, docteurs-médecins ; Agnès-Roland, Floquet, pharmaciens ; Le Marquand, Lebas, vétérinaires.

MÉDECINS DES ÉPIDÉMIES.

ARRONDISSEMENTS.	NOMS.	RÉSIDENCES.
Saint-Lo..............	MM. Lhomond........	Saint-Lo.
Avranches............	Frémin..........	Avranches.
Id..............	Letourneur.......	Granville.
Cherbourg...........	Lesdos..........	Cherbourg.
Coutances...........	Laisney..........	Coutances.
Mortain.......	Breillot..........	Mortain.
Valognes......	Lebouteiller..	Valognes.

CONSEIL GÉNÉRAL.

MEMBRES DU CONSEIL.	CANTONS.

Arrondissement de Saint-Lo.

MM.

Yver (Léon), propriétaire et maire, à Saint-Martin-de-Boufossé.	Canisy.
Gouville, propriétaire.	Carentan.
Rauline, député.	Marigny.
Blouët ✳, propriétaire.	Percy.
Bernard ✳, docteur-médecin.	Saint-Clair.
Lebrun, ingénieur.	Saint-Jean-de-Daye.
Amiard, maire de Saint-Lo.	Saint-Lo.
Mithois, notaire.	Tessy-sur-Vire.
Pommier, docteur-médecin.	Torigni-sur-Vire.

Arrondissement d'Avranches.

MM.

Gautier.	Avranches.
Pinard, docteur-médecin.	Brécey.
Baron (Félix-Louis).	Ducey.
Riotteau, député.	Granville.
Fontaine, notaire.	La Haye-Pesnel.
Trincot, propriétaire.	Pontorson.
Morel, sénateur.	Saint-James.
Basire, juge de paix.	Sartilly.
Tétrel ✳, maire de Villedieu.	Villedieu.

Arrondissement de Cherbourg.

MM.

Le Moigne ✳, maire, chef de bureau au Ministère des Finances.	Beaumont.
Liais ✳, maire.	Cherbourg.

MEMBRES DU CONSEIL.	CANTONS.

Arrondissement de Cherbourg. (suite).

MM.
Bonamy, maire. | Les Pieux.
Vrac, docteur en droit, maire. | Octeville.
Vte de Tocqueville O ✳. | Saint-Pierre-Eglise.

Arrondissement de Coutances.

MM
De la Bellière, docteur-médecin. | Bréhal.
Savary, juge de paix. | Cerisy-la-Salle.
Chevalier, avocat. | Coutances.
Piel-Ferronnière, maire du Mesnil-Amand. | Gavray.
De La Martinière ✳, député. | La Haye-du-Puits.
Fauvel, maire. | Lessay.
Quenault ✳, conseiller à la Cour d'appel de Rouen. | Montmartin-sur-Mer.
Regnault, propriétaire à Périers, maire. | Périers.
Pignard-Dudézert ✳, juge au Tribunal de la Seine. | Saint-Malo-de-la-Lande.
Lemaltre, docteur-médecin. | Saint-Sauveur-Lendelin.

Arrondissement de Mortain.

MM.
Legrand (Arthur) ✳, député, maire de Milly. | Barenton.
Foisil, maire. | Isigny.
Grossin, maire de Juvigny. | Juvigny.
Dupont, notaire à Buais. | Le Teilleul.
Gaudin de Villaine, maire. | Mortain.
Lefresne, juge au Tribunal civil de la Seine. | St-Hilaire-du-Harcouët.
Bidois. | Saint-Pois.
Labiche (Jules), sénateur, maire, propriétaire. | Sourdeval.

Arrondissement de Valognes.

MM.
Denis, notaire. | Barneville.
Marguerie ✳, Conseiller d'Etat. | Bricquebec.
Cte de Pontgibaud. | Montebourg.
Du Mesnildot. | Quettehou.
Prémont (Alfred), propriétaire, maire de Sainte-Marie-du-Mont. | Sainte-Mère-Eglise.
Pain, maire de Saint-Sauveur-le-Vicomte. | St-Sauveur-le-Vicomte.
Lebouteiller, docteur-médecin. | Valognes.

CONSEILS D'ARRONDISSEMENT.

MEMBRES DU CONSEIL.	CANTONS.

Arrondissement de Saint-Lo.

MM.	
Guérard, maire de Saint-Romphaire.	Canisy.
Leperdriel, expert.	Carentan.
Gosset, propriétaire.	Marigny.
Grente, négociant.	Percy.
Manoury, vétérinaire.	Saint-Clair.
Le Vᵗᵉ d'Osseville, propriétaire.	Saint-Jean-de-Daye.
Dussaux, avoué, adjoint au maire de Saint-Lo.	Saint-Lo.
Lemélorel-Lesmontils.	Tessy-sur-Vire.
Gohier, notaire.	Torigni-sur-Vire.

Arrondissement d'Avranches.

MM.	
Lenoir, maire d'Avranches.	Avranches.
de Besne (Alfred), maire de St-Nicolas-des-Bois.	Brécey.
Dupont, maire.	Ducey.
Letourneur, docteur-médecin, adjoint.	Granville.
Lanos, maire, docteur médecin.	La Haye-Pesnel.
Bailleul, docteur-médecin.	Pontorson.
Gautier (César).	Saint-James.
Martin, notaire.	Sartilly.
Ledo, docteur-médecin.	Villedieu.

Arrondissement de Cherbourg.

MM.	
Louis (Auguste), maire.	Beaumont.
Séhier, négociant, conseiller municipal.	Cherbourg.
Gosse, ancien notaire, à Cherbourg.	Id.
Lenoir, docteur-médecin, maire.	Les Pieux.
Courtois les-Hougues, maire.	Id.
Lesage, marchand de nouveautés, à Octeville.	Octeville.
Contant (Léon), maire de Tourlaville.	Id.
Touzard, maire.	Saint-Pierre-Eglise.
N...	Id.

Arrondissement de Coutances.

MM.	
Ameline, maire de Cérences.	Bréhal.
Gaillard, maire de Cerisy-la-Salle.	Cerisy-la-Salle.
Dudouyt, docteur-médecin.	Coutances.
Lecoupey, maire.	Gavray.
Roptin (Charles), maire.	La Haye-du-Puits.
Hardel, agriculteur.	Lessay.
Danlos, maire.	Montmartin-sur-Mer.
Leconte, propriétaire, maire.	Périers
Jehenne, maire.	Saint-Malo-de-la-Lande.
Lecacheux, propriétaire, suppléant du juge de paix.	Saint-Sauveur-Lendelin.

MEMBRES DU CONSEIL.	CANTONS.

Arrondissement de Mortain.

MM.
Béchet, propriétaire. — Barenton.
Guérin, maire de Mesnil-Thébault. — Isigny.
Turquetil, maire. — Juvigny.
Malon, docteur-médecin, maire. — Le Teilleul.
Buisson, pharmacien, conseiller municipal. — Mortain.
Lucas, maire. — St-Hilaire-du-Harcouët.
Geslin, maire. — Id.
Martinet, maire — Saint-Pois.
Bazin, négociant. — Sourdeval.

Arrondissement de Valognes.

MM.
Lecannelier (Adolphe), maire. — Barnevile.
Pergeaux, conseiller municipal. — Bricquebec.
Buhot, maire. — Montebourg.
Leroy, négociant. — Quettehou.
Hay, maire. — Id.
Vᵗᵉ d'Aigneaux, maire de Picauville. — Sainte-Mère-Eglise.
Hersan (Raoul, fils), propriétaire à Saint-Sauveur-le-Vicomte. — St-Sauveur-le-Vicomte.
Mariette-Boisville, conseiller municipal. — Valognes.
De Mondésir. — Id.

SOUS-PRÉFECTURES.

ARRONDISSEMENT D'AVRANCHES.

M. Leménicier, O. A., *Sous-Préfet.*
M. *Dufour,* secrétaire.

ARRONDISSEMENT DE CHERBOURG.

M. Diény ✳, *Sous-Préfet.*
M. *Bertaux,* secrétaire.

ARRONDISSEMENT DE COUTANCES.

M. Regnault, O. A., *Sous-Préfet.*
M. *Lecouillard,* O. A., secrétaire.

ARRONDISSEMENT DE MORTAIN.

M. SALANSON, O. A., *Sous-Préfet.*
M. *Chemin,* secrétaire.

ARRONDISSEMENT DE VALOGNES.

M. CHAPRON, *Sous-Préfet.*
M. *Lesauvage,* secrétaire.

MAIRIES.

MAIRIE DE SAINT-LO.

MM. AMIARD, *Maire;* Dussaux et Dary, *Adjoints;* Bernard ✳,
Lefèvre, N..., Bosq, Leturc, Jouanne, N..., Robin, Dyvrande,
Manoury, Hornecker, Leparquois, Plouin, Guillemin, Pézeril, N. .,
Guillot, N..., Leclerc, Gain, conseillers municipaux.

Jours et heures d'ouverture : Tous les jours non fériés, de 9 heures
à 4 heures.
Bureaux. — M. Daniel O. A., secrétaire.
Recette municipale. — M. Frestel, rue Torteron, 20.
Jours et heures d'ouverture de la recette : Tous les jours non fériés,
de 10 heures à 4 heures.
Travaux communaux. — MM. Le Couteur, architecte, rue du Châ-
teau ; Duc, conducteur.
Octroi. — MM. Guérin, préposé en chef ; Deslandes, brigadier.
Caisse d'épargne. — M. Daniel O. A., receveur.
Jours et heures d'ouverture : Le samedi, de 2 heures à 4 heures, et
le dimanche, de 9 heures à midi.

MAIRIE D'AVRANCHES.

MM. LENOIR, *Maire* ; Desdouitils et Letréguilly, *Adjoints ;* Pinel,
Desfeux, docteur Hodoul, Lecaille, Louvel, Mauduit, Falaise,
Vallée, Trochon, Mancel, Danjou, Loiseau, Péguenet, l'Ecolant,
Provost, Lucas, Lemutricy, N..., Semery, Jacques, conseillers
municipaux.
Bureaux. — MM. Cruchon et Gombert.
Recette municipale. — M. Fossard.
Voirie urbaine. — M. Louvel, architecte.
Octroi. — M. Rochefort.

MAIRIE DE GRANVILLE.

MM. BUREAU, *Maire :* Nicole et Launay O. I. P., *Adjoints;* Benoist, Choinel, Poirier, Lucas ✳, Ch. Guillebot, Le Prince, Poisson, J. Pannier, Letourneur, Trocheris, H. Guillebot, Legendre, Toupet, Pergeaux, Jouault, Pignolet, Dior, Dupérouzel, Beust, Ollivier, Guérard, P. Lenormand, Hallais, Montrouil, conseillers municipaux.

Bureaux. — M. L. Bougourd, secrétaire de la Mairie.

Recette municipale. — M. L. Durier.

Voirie urbaine. — M. Guimont, architecte.

Octroi. — M. Duchesne, préposé en chef.

MAIRIE DE CHERBOURG.

MM. LIAIS (Emm.) ✳, *Maire* ; Frigoult O. I. et Dutot, *Adjoints* ; Lanièce, Renault ✳, O. A., Lecerf, Barbet, Ventrillon, Cousin, Le Boissellier, Marguerie, Leflambe, N..., Levallois O. A , Buhot (Victor), Tison, Buhot (Eugène), Legrin, Griguard, Jolliet ✳, Lavallée, Lohen, Cussy, N .., Offret, Lefrançois, Brun, Brégaint, Merlot, conseillers municipaux.

Bureaux. — M. Boivin O. A., secrétaire.

Recette municipale. — M. Houyvet.

Voirie urbaine. — MM. Gutelle O A., architecte de la ville; Poupeville, agent voyer.

Octroi. — M. Raoul, préposé en chef.

Archives. — M. Amiot O. A., archiviste.

MAIRIE DE COUTANCES.

MM. LAIR ✳, *Maire ;* Baize et Laurent, *Adjoints ;* Boissel-Dombreval ✳, Marie, Rabec, Dupérouzel, Lehuby, N..., N..., Geffroy, N..., Bidel, Laisney, Lenoir, Leneslet, Chevalier, Adde, Blondel, Dudouyt, Daireaux, Foubert, Brision, Montaigne, conseillers municipaux.

Bureaux. — M. Vallée, secrétaire.

Recette municipale. — M. Leliepvre.

Voirie urbaine. — M. Desheulles, architecte de la ville.

Octroi. — MM. Bellet, préposé en chef ; Lecadet, brigadier.

MAIRIE DE MORTAIN.

MM. DE BAILLIENCOURT ✳, *Maire ;* Delaunay, *Adjoint ;* N..., Josset, Buisson, Champs, Radoul, Saoul, Breux, Amand, Delaporte, Gallie, Pasquer, Lorier, Bardou et Queslier, conseillers municipaux.

Bureaux. — M. Jamont, secrétaire.
Recette municipale. — M. Bourbon.
Voirie urbaine. — M. Corbin.
Octroi. — MM. Dupont et Aumont.

MAIRIE DE VALOGNES.

MM. OURY, *Maire :* Viel et Baudry ✿, *Adjoints ;* Le Bouteiller,
N..., Viel, Bretel, de Fontaine de Resbecq, Oury, le vicomte de
Blangy, Lemaréchal, Roberge, Blaisot, Pinel, Lepetit, Lecler,
Léger, Thion, Durand, N.. .., Lemeland, Mariette-Boisville,
Le Grusley, Baudry ✿, Hamel, Lemasson, conseillers municipaux.

Bureaux. — M. Mouchel, secrétaire.
Recette municipale. — M. Lecomte, receveur.
Préposé en chef de l'octroi. — M. Gosselin.
Caissier de la caisse d'épargne : M. Goubeaux. — *Contrôleur de
la caisse :* M. Mouchel.

TABLEAU DES COMMUNES PAR ORDRE ALPHABÉTIQUE.

COMMUNES.	CANTONS.	COMMUNES.	CANTONS.
Acqueville........	Beaumont.	Biville......... ..	Beaumont.
Agneaux..........	Saint-Lo.	Blainville........	St-M.-de-la Lande.
Agon.............	St-M.-de-la-Lande.	Blosville..	Ste-Mère-Eglise.
Airel.............	Saint-Clair.	Boisroger....... ..	St-M.-de-la-Lande.
Amfreville..	Sainte-Mère-Eglise.	Boisyvon.........	Saint-Pois.
Amigny..........	Saint-Jean-de-Daye	Bolleville.........	La Haye-du-Puits.
Ancteville........	St-M.-de-la-Lande.	Boucey...........	Pontorson.
Anctoville........	Bréhal.	Bouillon.........	Granville.
Angey......... ...	Sartilly.	Bourey	Bréhal.
Angoville....	St-Pierre-Eglise.	Bourguenolles.....	Villedieu.
Angoville- au-Plain	Ste-Mère-Eglise.	Boutteville.......	Sainte Mère-Eglise.
Angoville-sur-Ay...	Lessay.	Braffais	Brécey.
Anneville	Id.	Brainville........	St-M.-de-la-Lande.
Anneville-en-Saire ..	Quettehou.	Branville.........	Beaumont.
Annoville........	Montmartin- s.-Mer	Brécey...........	Brécey.
Appeville	La Haye-du-Puits.	Brectouville	Torigni-sur-Vire.
Ardevon	Pontorson.	Bréhal...........	Bréhal.
Argouges.........	Saint-James.	Bretteville	Octeville.
Aucey............	Pontorson	Bretteville-sur-Ay..	Lessay.
Auderville........	Beaumont.	Breuville..	Bricquebec.
Audouville-la-Hub...	Ste-Mère-Eglise.	Brévands..........	Carentan.
Aumeville-Lestre...	Quettehou.	Bréville	Bréhal.
Auvers........ ·...	Carentan.	Bricquebec.......	Bricquebec.
Auxais...........	Id.	Bricquebosq......	Les Pieux.
Avranches........	Avranches.	Bricqueville-la-Blle	Coutances.
Azeville	Montebourg.	Bricqueville-s Mer	Bréhal.
Bacilly....... ·....	Sartilly.	Brillevast	St-Pierre-Eglise.
Barenton	Barenton.	Brix.............	Valognes.
Barfleur..........	Quettehou.	Brouains.........	Sourdeval.
Barneville........	Barneville.	Brucheville	Ste-Mère-Eglise.
Baubigny.........	Id.	Buais............	Le Teilleul.
Baudre	Saint-Lo.	Cambernon	Coutances.
Baudreville.......	La Haye-du-Puits.	Cametours	Cerisy-la-Salle.
Baupte...........	Périers.	Camprond.........	St-Sauv.-Lendelin.
Beauchamps	La Haye-Pesnel.	Canisy...........	Canisy.
Beaucoudray	Tessy-sur-Vire.	Cantelonp	St-Pierre-Eglise
Beauficel........	Sourdeval.	Canville..........	La Haye-du-Puits.
Beaumont........	Beaumont.	Carantilly........	Marigny.
Beauvoir.........	Pontorson.	Carentan.........	Carentan.
Bellefontaine	Juvigny.	Carnet	Saint-James.
Belval	Cerisy-la-Salle.	Carneville........	St-Pierre-Eglise.
Benoîtville	Les Pieux.	Carolles	Sartilly.
Bérigny	Saint Clair.	Carquebut.........	Ste-Mère-Eglise
Beslon...........	Percy.	Carteret	Barneville.
Besneville	St-Sauv.-le-Victe.	Catteville	St-Sauv.-le Victe.
Beuvrigny........	Tessy-sur-Vire.	Catz.............	Carentan.
Beuzeville-au-Plain	Ste-Mère-Eglise.	Cavigny..........	St-Jean-de-Daye.
Beuzeville-la-Bastlle	Id.	Céaux	Ducey.
Biéville..........	Torigni-sur-Vire.	Cérences	Bréhal.
Biniville....	St-Sauv.-le-Victe.	Cerisy-la-Forêt	Saint-Clair.
Bion......	Mortain.	Cerisy-la-Salle	Cerisy-la-Salle.

COMMUNES.	CANTONS.	COMMUNES.	CANTONS.
Chalandrey........	Isigny.	Feugères........	Périers.
Champcervon......	La Haye-Pesnel.	Fierville..........	Barneville.
Champcey	Sartilly.	Flamanville	Les Pieux.
Champeaux...... ..	Id	Fleury............	Villedieu.
Champrépus... ..	Villedieu.	Flottemanville.....	Montebourg.
Chanteloup.... ...	Bréhal.	Flottemanville-Hague..	Beaumont.
Chasseguey	Juvigny.	Folligny	La Haye-Pesnel.
Chavoy	Avranches.	Fontenay..........	Mortain.
Chef-du-Pont	Sainte-Mère-Eglise.	Fontenay-sur-Mer ..	Montebourg.
Cherbourg	Cherbourg.	Foucarville........	Ste-Mère-Eglise.
Chérencé-le-Héron .	Villedieu.	Fourneaux	Tessy-sur-Vire.
Chérencé-le-Roussel	Juvigny.	Fresville...... ...	Montebourg.
Chevreville........	St-Hil.-du-Harcouët	Gathemo..........	Sourdeval.
Chevry	Tessy-sur-Vire.	Gatteville	St-Pierre-Eglise.
Clitourps..........	St-Pierre-Eglise.	Gavray	Gavray.
Coigny..........	La Haye-du-Puits.	Geffosses.........	Lessay.
Colomby..........	St-Sauv.-le-Vic^te.	Genêts............	Sartilly.
Condé-sur-Vire.. ..	Torigni-sur-Vire	Ger	Barenton.
Contrières..... ..	Montmartin-s^r-Mer.	Gerville.	La Haye-du-Puits.
Cormeray.........	Pontorson.	Giéville..........	Torigni-sur-Vire.
Cosqueville.......	St Pierre-Eglise.	Glatigny	La Haye-du-Puits.
Coudeville	Bréhal.	Golleville	St-Sauv.-le-Vic^te.
Coulouvray-Boisbenâtre	Saint-Pois.	Gonfreville........	Périers
Courcy...........	Coutances.	Gonneville	St-Pierre-Eglise.
Courtils..........	Ducey.	Gorges	Périers.
Coutances........	Coutances	Gouberville	St-Pierre-Eglise.
Couvains..	Saint-Clair.	Gourbesville......	Ste-Mère-Eglise.
Couville	Octeville.	Gourfaleur	Canisy
Crasville..........	Quettehou.	Gouvets..	Tessy-sur-Vire.
Créances..........	Lessay.	Gouville	St-M.-de-la-Lande .
Cretteville........	La Haye-du-Puits.	Graignes..........	St-Jean-de-Daye.
Crollon	Ducey.	Granville..	Granville.
Crosville	St-Sauv.-le-Vic^te.	Gratot............	St-M.-de-la-Lande.
Curey	Pontorson.	Gréville..........	Beaumont.
Cuves	Brécey.	Grimesnil	Gavray.
Dangy........ ...	Canisy	Grosville.	Les Pieux.
Denneville	La Haye-du-Puits.	Guéhébert....	Cerisy-la-Salle.
Digosville........	Octeville.	Guilberville	Torigni-sur-Vire
Digulleville........	Beaumont.	Hambye	Gavray.
Domjean..........	Tessy-sur-Vire.	Hamelin	Saint-James.
Donville	Granville.	Hardinvast........	Octeville.
Doville	La Haye-du-Puits.	Hautteville.	St-Sauv.-le-Vic^te.
Dragey	Sartilly.	Hautteville la-Guichard	St-Sauv.-Lendelin.
Ducey	Ducey.	Hautteville-sur-Mer	Montmartin-s^r-Mer.
Ecausseville.	Montebourg	Héauville	Les Pieux.
Ecoquenéauville ...	Ste-Mère-Eglise.	Hebécrevon	Marigny.
Eculleville	Beaumont.	Helleville	Les Pieux.
Emondeville........	Montebourg.	Hémevez..........	Montebourg.
Equeurdreville. ...	Octeville	Henneville	Octeville.
Equilly	Bréhal	Hérenguerville....	Montmartin s^r-Mer.
Eroudeville........	Montebourg	Herqueville	Beaumont.
Etienville	St-Sauv.-le-Vic^te.	Heugueville	St-M.-de-la-Lande.
Fermanville.... ..	St-Pierre-Eglise	Heussé	Le Teilleul.
Ferrières..........	Le Teilleul.	Hiesville..........	Ste-Mère-Eglise.
Fervaches...	Tessy-sur-Vire.	Hocquigny	La Haye-Pesnel.

COMMUNES.	CANTONS.	COMMUNES.	CANTONS.
Houesville	Sainte-Mère-Eglise.	Le Guislain	Percy.
Houtteville	La Haye-du-Puits.	Le Ham	Montebourg.
Huberville	Valognes.	Le Hom.-d'Artbenay	St-Jean-de-Daye.
Hudimesnil	Bréhal.	Le Loreur	Bréhal.
Huisnes	Pontorson.	Le Lorey	St-Sauvr-Lendelin.
Husson	Le Teilleul.	Le Luot	La Haye-Pesnel.
Hyenville	Montmartin-sr-Mer.	Le Mesnil	Barneville.
Isigny	Isigny.	Le Mesnil-Adelée	Juvigny.
Jobourg	Beaumont.	Le Mesnil-Amand	Gavray.
Joganville	Montebourg.	Le Mesnil-Amey	Marigny.
Juilley	Ducey.	Le Mesnil-Angot	St-Jean-de-Daye
Juvigny	Juvigny.	Le Mesnil-Aubert	Bréhal.
La Baleine	Gavray.	Le Mesnil-Auval	Octeville.
La Barre-de-Semilly	Saint-Lo.	Le Mesnil-Bœufs	Isigny.
La Bazoge	Juvigny.	Le Mesnil-Bonant	Gavray.
La Beslière	La Haye-Pesnel.	Le Mesnil-Bus	St-Sauvr-Lendelin.
La Bloutière	Villedieu.	Le Mesnil-Drey	La Haye-Pesnel.
La Bonneville	St-Sauvr-le-Victe.	Le Mesnil-Eury	Marigny.
La Boulouze	Ducey.	Le Mesnil-Garnier.	Gavray.
La Chse-Beaudoin	Brécey.	Le Mesnil-Gilbert	Saint-Pois.
La Chaplle-Cécelin	Saint-Pois.	Le Mesnil-Herman	Canisy.
La Chaplle-du-Fest	Torigni-sur-Vire.	Le Mesnil Hue	Gavray.
La Chaplle-Enjuger	Marigny.	Le Mesnillard	St-Hilaire-du-Harc.
La Chapelle-Urée	Brécey.	Le Mesnil-Opac	Tessy-svr-Vire.
La Colombe	Percy.	Le Mesnil-Ozenne	Ducey.
La Croix-Avranchin.	Saint-James.	Le Mesnil-Rainfray	Juvigny.
La Feuillie	Lessay.	Le Mesnil Raoult	Tessy-sur-Vire.
La Godefroy	Avranches.	Le Mesnil Rogues	Gavray.
La Gohannière	id.	Le Mesnil-Rouxelin	Saint-Lo.
La Haye-Bellefonds.	Percy.	Le Mesnil-Thébault.	Isigny.
La Haye-d'Ectot	Barneville.	Le Mesnil-Tôve	Juvigny.
La Haye-du-Puits	La Haye-du-Puits	Le Mesnil-Véneron	St-Jean-de-Daye.
La Haye-Pesnel	La Haye-Pesnel.	Le Mesnil-Vigot	Marigny.
La Lande-d'Airou	Villedieu.	Le Mesnil-Villeman.	Gavray.
La Luce-d'Oute-Mer.	La Haye-Pesnel.	Lé Neufbourg	Mortain
La Luzerne	Saint-Lo.	Lengronne	Gavray.
La Mancellière	Isigny.	Le Perron	Torigni-sur-Vire.
La Mancre-s-Vire	Canisy.	Le Petit-Celland	Brécey.
Lamberville	Torigni-sur-Vire.	Le Plessis	Périers.
La Meauffe	Saint-Clair.	Le Rozel	Les Pieux.
La Meurdraquière	Bréhal.	Les Biards	Isigny.
La Mouche	La Haye-Pesnel.	Les Chambres	La Haye-Pesnel.
Lapenty	St-Hilaire-du-Harc.	Les Ch.-de-Losques.	St-Jean-de-Daye.
La Pernelle	Quettehou.	Les Chéris	Ducey.
La Rochelle	La Haye-Pesnel.	Les Cresnays	Brécey.
La Ronde-Haye	St-Sauvr-Lendelin.	Les Loges-Marchis	St-Hilaire-du-Harc.
Lastelle	Périers.	Les Loges-sr-Brécey	Brécey.
La Trinité	Villedieu.	Les Moitiers-d'Allle	Barneville.
Laulne	Lessay.	Les Moita-en-Beaupta	St-Sauvr-le-Victe.
La Vendelée	St-M.-de-la-Lande.	Les Pas	Pontorson.
Le Buat	Isigny.	Les Perques	Bricquebec.
Le Chefresne	Percy.	Les Pieux	Les Pieux.
Le Dézert	St-Jean-de-Daye.	Lestre	Montebourg.
Le Fresne-Poret	Sourdeval.	Les Veys	Carentan.
Le Grand-Gelland	Brécey.		

COMMUNES.	CANTONS.	COMMUNES.	CANTONS
Le Tanu	La Haye-Pesnel.	Moon-sur-Elle	Saint Clair.
Le Teilleul	Le Teilleul.	Morigny	Peı cy.
Le Theil	Saint-Pierre-Eglise.	Morsalines	Quettehou.
Le Valdécie	Barneville.	Mortain	Mortain.
Le Val-Saint-Pair	Avranches.	Morville	Bricquebec.
Le Vast	St-Pierre Eglise.	Moulines	St-Hilaire-du-Harc.
Le Vicel	Quettehou.	Moyon	Tessy-sur-Vire.
Le Vrétot	Bricquebec	Muneville le-Bingard	St-Sauv.-Lendelin.
Liesville	Ste-Mère-Eglise.	Muneville-sur-Mer	Bréhal.
Lieusaint	Valognes.	Nacqueville	Beaumont.
Lingeard	Saint-Pois.	Naftel	Isigny.
Lingreville	Montmartin-sʳ-Mer.	Nay	Périers.
Lithaire	La Haye-du-Puits.	Négreville	Bricquebec.
Lolif	Sartilly.	Néhou	St-Sauvʳ le-Vicᵗᵉ.
Longueville	Bréhal.	Neufmesnil	La Haye-du-Puits.
Lozon	Marigny.	Neuville-au-Plain	Ste-Mère-Eglise.
Macey	Pontorson.	Neuville-en-Beaumᵗ.	St-Sauvʳ-le-Vicᵗᵉ.
Magneville	Bricquebec.	Néville	St-Pierre-Eglise.
Marcey	Avranches.	Nicorps	Coutances.
Marcbésieux	Périers.	Noirpalu	La Haye-Pesnel.
Macilly	Ducey.	N.-D.-de-Cenilly	Cerisy-la-Salle.
Margueray	Percv.	N.-Dame-de-Livoye.	Brécey.
Marigny	Marigny.	Notre-Dame-d'Elle	Saint-Clair.
Martigny	St-Hilaire-du-Harc.	N D.-du-Touchet	Mortain.
Martinvast	Octeville.	Nouainville	Octeville.
Maupertuis	Percy.	Octeville	Id.
Maupertus	St-Pierre-Eglise.	Octeville-la-Venelle	Quettehou.
Méautis	Carentan.	Omonville-la-Petite.	Beaumont.
Millières	Lessay.	Omonville-la-Rogue	Id.
Milly	St-Hilaire-du-Harc.	Orglandes	St-Sauvʳ le-Vicᵗᵉ.
Mobecq	La Haye-du-Puits.	Orval	Montmartin-sʳ-Mer.
Moidrey	Pontorson.	Ourville	Barneville.
Montabot	Percy.	Ouville	Cerisy-la-Salle.
Montaigu-la-Brisette	Valognes.	Ozeville	Montebourg.
Montaigu-les-Bois	Gavray.	Parigny	St Hilaire-du-Harc.
Montanel	Saint-James.	Percy	Percy.
Montbray	Percy.	Périers	Périers.
Montchaton	Montmartin-sʳ-Mer.	Perriers-en-Beaufic.	Sourdeval.
Montcuit	St-Sauvʳ-Lendelin.	Picauville	Ste-Mère-Eglise.
Montebourg	Montebourg.	Pierreville	Les Pieux.
Montfarville	Quettehou.	Pirou	Lessay.
Montgardon	La Haye-du-Puits.	Placy-Montaigu	Toıgni-sur-Vire.
Montgothier	Isigny.	Plomb	Avranches.
Monthuchon	St-Sauvʳ Lendelin.	Poilley	Ducey.
Montigny	Isigny.	Puntaubault	Avranches.
Montjoie	Saint-James.	Pont Hébert	St-Jean-de-Daye.
Montjoie	Saint-Pois.	Pontorson	Pontorson.
Montmartin-en-Grᵉˢ.	St-Jean-de-Daye.	Ponts	Avranches
Montmartin-sur-Mer	Montmartin-sʳ-Mer.	Portbail	Barneville.
Montpinchon	Cerisy-la-Salle.	Précey	Ducey.
Montrabot	Torigni-sur-Vire.	Précorbin	Torigni-sur-Vire.
Montreuil	Marigny.	Prétot	La Haye-du-Puits.
Mont-Saint-Michel	Pontorson.	Querqueville	Octeville.
Montsurvent	St-M.-de-la-Lande.	Quettehou	Quettebou.
Montviron	Sartilly.	Quettetot	Bricquebec.

COMMUNES.	CANTONS.	COMMUNES.	CANTONS.
Quettreville	Montmartin-s^r-Mer	Saint-Gilles.......	Marigny.
Quibou..........	Canisy.	St-Hil.-du-Harcouët.	St-Hilaire du-Harc.
Quinéville.	Montebourg.	St-Hilaire-Petitville.	Carentan.
Raids............	Carentan.	Saint-James. . ..	Saint-James.
Rampan..........	Saint-Lo.	Saint-Jean-de-Daye.	St-Jean-de-Daye.
Rancoudray	Mortain.	St-Jean-de- la-Haize	Avranches.
Rauville-la-Bigot...	Bricquebec.	St-Jean-de-la-Riv^r. .	Barneville.
Rauville-la-Place...	St-Sau^r-le-Vic^{te}.	St-Jean-de-Savigny.	Saint-Clair.
Ravenoville.......	Ste-Mère-Eglise.	St-Jean-des-Baisants	Torigni-sur-Vire.
Reffuveille	Juvigny.	St-Jean-des-Champs	La Haye-Pesnel.
Regnéville	Montmartin-s^r Mer	St-Jean-du-Corail .	Brécey.
Reigneville.... ...	St-Sauv^r-le-Vic^{te}.	St-Jean-du- Corail..	Mortain.
Remilly-sur-Lozon..	Marigny.	St.Jean-le-Thomas..	Sartilly.
Retôville..........	St-Pierre-Eglise.	Saint-Jores........	Périers.
Réville	Quettehou.	St-Laurent-de-Cuves	Saint-Pois.
Romagny	Mortain.	St-Laur-de- Terreg^{te}	Saint-James.
Roncey	Cerisy-la-Salle.	Saint-Léger	La Haye-Pesnel.
Ronthon	Sartilly.	Saint-Lo	Saint-Lo.
Rouffigny.........	Villedieu.	Saint-Louet-sur-Vire	Tessy-sur-Vire.
Rouxeville	Torigni-sur-Vire.	Saint-Loup........	Avranches.
Sacey.	Pontorson.	St-Malo-de-la-Lande	St-M.-de-la-Lande.
Saint-Amand......	Torigni-sur-Vire.	Saint-Marcouf	Montebourg.
St-André-de-Bohon.	Carentan.	St-Mart.-d'Aubigny.	Périers.
St-André-de-l'Epine.	Saint-Clair.	St-Mart-d-Audouv^{ile}	Montebourg.
St-Aub.-des-Préaux.	Granville.	St-M.-de-Bonfossé .	Canisy.
St-Aub.-de-Terreg^{tte}	Saint-James.	St-Martin-de- Cenilly	Cerisy-la-Salle.
St-Aubin-du-Perron.	St-Sauv^r-Lendelin.	St-M.-de-Chaulieu ..	Sourdeval.
Saint-Barthélemy...	Mortain.	St-Mart-de-Land^{lles}.	St-Hilaire-du-Harc.
Saint-Brice	Avranches.	St-M.-des Champs..	Avranches.
St-Brice-de-Land^{lles}	St-Hilaire-du-Harc.	St-M.-de-Varville...	Ste-Mère-Eglise.
St-Christop.-du- Foc	Les Pieux.	St M.-le-Bouillant...	Saint-Pois.
Saint-Clair	Saint-Clair.	St-Martin-le-Gréard.	Octeville.
Saint-Clément......	Mortain.	St-Martin-le-Hébert..	Bricquebec.
St-Côme-du-Mont...	Carentan.	Saint-Maur-des-Bois	Saint-Pois.
St-Cyr-du-Bailleul..	Barenton.	Saint-Maurice.... .	Barneville.
Saint-Cyr	Montebourg.	St-Mic-de-la-Pierre .	St-Sauv^r-Lendelin.
St- Denis-le-Gast ...	Gavray.	St-Mic.-des Loups..	Sartilly.
Saint-Denis-le-Vêtu .	Cerisy-la-Salle.	St-Nic. de-Coutances	Coutances.
St-Eb -de-Bonfossé .	Canisy.	St-Nic.-de-Pierrep^t.	La Haye-du-Puits.
Sainteny	Carentan.	St-Nicolas-des-Bois	Brécey.
Saint-Floxel... ...	Montebourg.	St-Nic.-p^s-Granville.	Granville.
Saint-Fromond.....	St-Jean-de-Daye.	Saint-Osvin.......	Avranches.
St-Georg.-de-Bohon.	Carentan.	Saint Pair	Granville.
St-G.-de-la-Rivière .	Barneville.	St Patrice-de-Claids.	Lessay.
St-Georg.-de-Livoye	Brécey.	Saint-Pellerin	Carentan.
St-Georges-d'Elle ...	Saint-Clair.	St-P -d'Arthéglise .	Barneville.
St-G. de-Montcocq ..	Saint Lo.	St-P.-de- Coutances.	Coutances.
St-G.-de-Rouelley ..	Barenton.	St-Pierre-de-Semilly	Saint-Clair.
St-Germain-d'Elle ..	Saint-Clair.	Saint-Pierre Eglise .	St-Pierre-Eglise.
St-Germ.-des-Vaux	Beaumont.	St-Pierre-Langers ..	Sartilly.
St-G.-de-Tournebut.	Montebourg.	Saint Planchers ..	Granville.
St-G.-de-Varreville..	Ste-Mère-Eglise.	Saint-Pois.	Saint-Pois.
St-Germ-le Gaillard .	Les Pieux.	Saint-Quentin	Ducey.
St-Germ.-sur-Sèves .	Périers.	St-Rémy-des-Landes	La Haye-du-Puits.
St-Germain-sur-Ay ..	Lessay.	Saint-Romphaire...	Canisy.

COMMUNES.	CANTONS.	COMMUNES.	CANTONS.
St-S.-de-Bonfossé...	Canisy.	Tamerville..... .	Valognes.
St-S^r-de-Chaulieu ..	Sourdeval.	Tanis	Pontorson.
St-S^r-de-Pierrepont.	La Haye-du-Puits.	Tessy-sur-Vire....	Tessy-sur-Vire.
St-S^r-la-Pommeraye	Bréhal.	Theurthév-Bocage.	Quettchou.
St-Sauv^r-Lendelin.	St-Sauv^r-Lendelin.	Teurthéville-Hague.	Octeville.
St-Sauv^r-le-Vicomte	St-Sauv^r-le-Vic^{te}.	Théville	St-Pierre-Eglise.
St-Sébast.-de-Raids.	Périers.	Tirepied	Brécey
St-Sén^r-de-Beuvron.	Saint-James.	Tocqueville	St-Pierre-Eglise.
St-Sén.-s-Avranches	Avranches.	Tollevast	Octeville.
Saint-Symphorien..	La Haye-du-Puits.	Tonneville	Beaumont.
Saint-Symphorien..	Le Teilleul.	Torigni-sur-Vire ...	Torigni-sur-Vire.
Saint-Symphorien..	Torigni-sur-Vire.	Tourlaville.......	Octeville.
Saint-Thomas.....	Saint-Lo.	Tourville	St-M.-de-la-Lande.
Saint-Ursin	La Haye-Pesnel.	Tréauville....... ..	Les Pieux.
St-Vaast-la-Hougue	Quettehou.	Trelly	Montmartin-s^r-Mer.
St-Vigor des-Monts .	Tessy sur-Vire.	Tribehou..... ...	St-Jean-de-Daye.
Sainte-Cécile	Villedieu.	Troisgots	Tessy-sur-Vire.
Sainte-Colombe	St-Sauv^r-le-Vic^{te}.	Turqueville	Sainte-Mère-Eglise.
Ste-Croix-Hague ...	Beaumont.	Urville	Montebourg.
Ste-Croix-de-St-Lo .	Saint-Lo.	Urville-Hague......	Beaumont.
Sainte-Eugienne....	Brécey.	Vains........... .	Avranches.
Sainte-Geneviève...	Quettehou.	Valcanville........	Quettehou.
Ste-Marie-du-Bois.	Le Teilleul.	Valognes.........	Valognes.
Ste-Marie-du-Mont .	Ste-Mère-Eglise.	Varenguebec......	La Haye-du-Puits.
Sainte-Mère-Eglise.	Id.	Varouville	St-Pierre-Eglise.
Sainte-Pience......	La Haye-Pesnel.	Vasteville........	Beaumont.
Sainte-Suzanne....	Périers.	Vaudreville	Montebourg.
Ste-Suzanne-s^r-Vire	Saint-Lo.	Vaudrimesnil	St-Sauv^r-Lendelin.
Sartilly	Sartilly.	Vauville	Beaumont.
Sault^l-du-Tronchet .	Villedieu.	Vengeons	Sourdeval.
Saussemesnil......	Valognes.	Ver	Gavray.
Saussey	Coutances.	Vergoncey	Saint-James.
Savigny	Cerisy-la-Salle.	Vernix	Brécey.
Savigny-le-Vieux ..	Le Teilleul.	Vesly.............	Lessay.
Sébeville..	Sainte-Mère Eglise.	Vessey	Pontorson. .
Sénoville	Barneville.	Vezins	Isigny.
Servigny	St-M.-de-la-Lande.	Videcosville.......	Quettehou.
Servon ....'	Pontorson.	Vidouville........	Torigni-sur-Vire.
Sideville..........	Octeville.	Vierville	Ste-Mère-Eglise.
Siouville..........	Les Pieux.	Villebaudon	Percy.
Sortosville	Montebourg.	Villechien........	Mortain.
Sort.-en-Beaumont .	Barneville.	Villedieu..	Villedieu.
Sottevast..........	Bricquebec.	Villiers	Saint-James.
Sotteville	Les Pieux.	Villiers-Fossard ...	Saint-Clair.
Soules	Canisy.	Vindefontaine......	La Haye du-Puits.
Sourdeval..........	Sourdeval.	Virandeville.......	Octeville.
Sourdeval-les-Bois	Gavray.	Virey............ .	St-Hilaire-du-Har.
Subligny..........	La Haye-Pesnel.	Vrasville.,.......	St Pierre-Eglise.
Surtainville	Les Pieux.	Yquelon	Granville.
Surville	La Haye-du-Puits.	Yvetot............	Valognes.
Taillepied	St-Sauveur-le-Vic^e.		

TABLEAU STATISTIQUE

indiquant le nombre d'arrondissements, cantons, communes et la population
du Département, d'après les derniers recensements.

NOMS	NOMBRE par arrondissement de		POPULATION EN	
DES ARRONDISSEMENTS.	Cantons.	Communes.	1886.	1891.
Saint-Lo... ...,......	· 9	117	86.829	85.944
Avranches	9	124	98 590	96.895
Cherbourg	5	73	88.745	91.604
Coutances	10	138	106 527	102.633
Mortain..............	8	74	64.680	63.084
Valognes	7	117	75.494	73.655
TOTAUX...	48	643	520.865	513.815

Différence en plus, en 1886.....   7.050

TABLEAU DES COMMUNES

PAR ARRONDISSEMENT

Contenant la population par arrondissement, canton et commune, — la superficie territoriale
la distance au chef-lieu du département, judiciaire, d'arrondissement, de canton ; les noms
Les bureaux de poste sont indiqués par ⊠ et les relais par 🏠 ; le ¶ placé à la suite de
Curés sont en italique.

NOMS DES COMMUNES.	Population.	Superficie territoriale de chaque commune.	BUREAUX DE POSTE qui desservent les communes.	Principal des 4 contributions directes en 1895	DISTANCE AU CHEF-LIEU			
					du département.	judiciaire.	d'arrondissement.	du canton.
ARRONDISSEMENT DE SAINT-LO								
CANTON DE SAINT-LO ¶. Population :								
SAINT-LO 🏠...........	11445	675	⊠	115043 80	"	28	"	"
Agneaux	912	672	Saint-Lo.	9117 05	2	26	2	2
Baudre...............	269	376	idem.	4012 67	4	32	4	4
La Barre-de-Semilly......	475	771	idem.	6576 77	5	33	5	5
La Luzerne	77	196	idem.	1531 50	5	33	5	5
Le Mesnil-Rouxelin	290	476	idem.	3992 "	5	33	5	5
Rampan	232	411	idem.	3526 82	6	34	6	6
Sainte-Croix-de-Saint-Lo..	674	1187	idem.	11558 47	"	28	"	"
Saint-Georges-Montcocq..	568	895	idem.	9437 50	2	30	2	2
Sainte-Suzanne-sur-Vire...	353	506	idem.	4707 33	7	33	7	7
Saint-Thomas-de-Saint-Lo .	270	430	idem.	4030 33	"	28	"	"
CANTON DE CANISY ¶. Population :								
CANISY.................	704	625	⊠	6978 56	9	22	9	"
Dangy.................	820	973	Canisy.	6908 37	15	19	15	6
Gourfaleur............	500	845	Saint-Lo.	7158 50	6	27	6	5
La Mancellière-sur-Vire...	405	680	idem.	4702 95	7	30	7	9
Le Mesnil-Herman	157	192	St-Samson de-Bonf.	1211 "	12	28	12	8
Quibou...	1220	1713	Canisy.	13953 71	12	21	12	3
St.Ebrémond-de-Bonfossé	671	1178	idem.	9440 03	8	21	8	3
Saint-Martin-de-Bonfossé..	707	1274	idem.	6467 33	10	27	10	3
Saint-Romphaire	711	997	St-Samson-de-Bonf.	7063 04	9	29	9	10
Saint-Samson-de-Bonfossé.	576	629	🏠	5042 73	9	27	9	5
Soulles...............	802	1187	St-Samson-de-Bonf.	7831 73	16	23	16	10
CANTON DE CARENTAN ¶. Population :								
CARENTAN.......... ...	3483	1507	⊠	49554 82	28	34	28	"
Auvers	1044	1875	Carentan.	16604 "	32	35	32	6
Auxais	273	776	Sainteny.	6085 "	29	30	29	14
Brévands	506	982	Carentan.	8622 67	29	42	29	8
Catz.................	169	278	idem.	3368 "	28	39	26	5
Les Veys	521	1294	idem.	13633 45	28	41	28	7

DU DÉPARTEMENT

ET PAR CANTON

de chaque commune;—les bureaux de poste;—le principal des quatre contributions directes;—
des Maires, Adjoints, Curés et Desservants, Instituteurs et Institutrices.
chaque canton indique que toutes les communes sont desservies tous les jours. Les noms des

Maires.	Adjoints.	Curés et Desservants.	Instituteurs.	Institutrices.

Population : 85,944 habitants.

15,556 habitants. (11 communes).

MM.	MM.	MM.	MM.	MM^lles
Amiard.	Dussaux, Dary.	Hamel.	Gendrin, École supérieure.	Marie, École laïque.
			Piotte, École annexe.	Cours complément.
			Pignet.	
			Lecordeux.	
Marie.	Lecluze.	Lelubée.	Godard.	Lion.
Demortreux.	Lemoussu.	Delance		Hamard.
Labbé.	Desfaudais.	Jouaudin.	Houssin.	Philippe.
Allix.	Carouge.	Bazire.	*Réunie à St-André-de-l'Épine.*	
Surget.	Harivel.	Larsonneur.		Pirodon.
Amey.	Liot.	Lefresne.		Olivier.
Lambert.	Lemieux.	*Blanchet*	Lair.	Delaplanche.
Roussel.	Hébert.	Leconte.	Aumont.	Bellamy.
Gilles.	Lerebours.	Desurvire.	Sébert.	Leneveu.
Vieillard.	Desfontaines.		*réuni à Saint-Lo.*	

7,333 habitants (11 communes).

Pacary.	Heussebrot.	*Hamel.*	Quinette.	Thomas.
Leconte.	Lepaulmier.	Hédouin, Pinard.	Legros.	Grandin, Legardinier
Murin.	Raoult.	Fossard.	Delahaye.	Delahaye (Mme).
André.	Lerebours.	Lemétayer.	Legouey	Graindorge.
Levilly.	Herman.	Auvray.		Legendre.
Herman.	Lechevalier.	Ameline.	Gesbert.	Vaufleury.
Guernet.	Leboucher.	Gauchet.	Hébert,	Lecanuet (Mme).
Tour de la Vigne-Bernard	Guernet.	Leboulanger.	Lenoël.	Larose, Mahler.
Guérard.	Leblondel.	Paris.	Latrouite.	Marigny.
Lafosse.	Bessin.	Rainfroy.	Gautier.	Legrand.
Guilbert.	Marie.	Marguerie.	Delafosse.	Lavalley (Mme).

11,347 habitants (14 communes).

Cauville.	Doucet, Duval.	*Lepoultel.*	Requebert, École supérieure.	Coussemaker, Girard.
Philippe.	Viel.	Potel.	Lecaplain.	Pacary.
Palla.	Alexandre.	Clouard.		Crouin.
Gancel (Louis).	Gancel (Gustave).	Abraham.	Ollivier.	Joret.
Belbache.	Canivet.	Langenais.		Godefroy.
Touzard.	Trainel (Louis).	Aubril.	Robine.	Gautier.

NOMS DES COMMUNES.	Population.	Superficie territoriale de chaque commune	BUREAUX DE POSTE qui desservent les communes.	Principal des 4 contributions directes en 1855.	DISTANCE AU CHEF-LIEU			
					du département.	judiciaire.	d'arrondissement.	du canton.
							Suite du CANTON	
Méautis	769	1698	Carentan.	16637 78	27	31	27	6
Raids	433	667	Sainteny.	5640 33	30	22	30	12
Saint-André-de-Bohon. . . .	565	1042	idem.	9666 54	21	30	21	10
Saint-Côme-du-Mont	682	1266	Carentan.	15614 46	32	38	32	4
Sainteny	1456	2132	☒	21585 »	26	26	26	10
Saint-Georges-de-Bohon . . .	569	1308	Sainteny.	9439 33	24	31	24	8
Saint-Hilaire-Petitville	464	995	Carentan.	10195 49	27	35	27	1
Saint-Pellerin	413	437	idem.	4899 91	25	39	25	5
				CANTON DE MARIGNY ¶. Population :				
MARIGNY 🏛	1335	1032	☒	12323 22	13	16	13	»
Carantilly	803	1070	Marigny.	8669 02	16	19	16	4
Hébécrevon	824	1340	Saint Lo.	9075 72	7	26	7	7
La Chapelle-Enjuger.	824	1502	Marigny.	9407 67	13	20	13	4
Le Mesnil-Amey	209	281	idem.	2278 13	10	20	10	3
Le Mesnil-Eury	273	346	idem.	2841 53	13	22	13	6
Le Mesnil-Vigot	515	226	Remilly.	2782 17	17	18	17	9
Lozon	585	886	idem.	6245 72	17	18	17	6
Montreuil	404	646	idem.	4655 17	15	21	15	6
Remilly-sur-Lozon	878	956	☒	9210 67	18	23	18	14
Saint-Gilles	531	781	Saint-Lo.	6576 20	7	21	7	6
				CANTON DE PERCY ¶. Population :				
PERCY	2006	3705	☒	23085 90	25	26	25	»
Beslon	991	1726	Villedieu.	7408 37	34	35	34	9
La Colombe	915	1448	idem.	6322 08	31	32	31	6
La Haye-Bellefonds	173	285	Villebaudon.	1966 17	19	23	19	9
Le Chefresne	714	1130	Percy.	4891 50	28	22	28	3
Le Guislain	351	539	Villebaudon.	3344 »	21	23	21	9
Margueray	273	465	Percy.	1841 67	29	29	29	4
Maupertuis	278	541	Villebaudon.	2873 70	23	20	23	6
Montabot	603	1154	Percy.	4462 07	25	31	25	5
Montbray	98	1405	St-Sever (Calvados).	8548 90	30	33	30	7
Morigny	248	435	idem.	2165 83	31	36	31	11
Villebaudon	472	469	☒	3323 03	20	25	20	»
				CANTON DE SAINT-CLAIR ¶. Population :				
SAINT-CLAIR	565	800	☒	6999 92	12	40	12	»
Airel	800	1017	☒	11556 93	15	37	15	6
Bérigny	519	1217	☒	7464 73	17	40	17	12
Cerisy-la-Forêt	1620	2383	☒	18946 33	18	46	18	9
Couvains	657	1503	Saint-Clair.	9758 53	10	38	10	4
La Meauffe	712	1022	idem.	10318 07	9	37	9	6
Moon-sur-Elle	781	980	idem.	8803 50	13	41	13	3
Notre-Dame d'Elle	182	285	St-Jean-des-Baisants	1310 16	11	39	11	13
Saint-André-de-l'Epine . . .	326	724	Saint Lo.	4207 17	9	37	9	7
Saint-Georges-d'Elle	576	896	Cerisy-la-Forêt.	4063 66	11	39	11	11
Saint-Germain-d'Elle	440	889	Bérigny.	5058 59	13	41	13	16

Maires.	Adjoints.	Curés et Desservants.	Instituteurs.	Institutrices.
DE CARENTAN.				
MM.	MM.	MM.	MM.	MM^{lles}
Duval.	Leviautre.	Mouchel.	Roussel.	Surget (Mme).
Letenneur.	Osmont.	Leroux.	Jardin.	Jardin (Mme).
Lecuyer.	Caillemer.	Bécherel.	Roulland.	Denis.
Louaillant de Pelleville.	Bauche.	Saint.	Herbin.	Potrel.
Doyael de la Sausserie.	Hourdon.	Duval.	Loguet.	Grossin.
Anne dit Achard.	Marie.	Baize.	Pasquet.	Viffort.
Leprovôt.	Auvray.	Greslé.	Delahaye.	
Hamelin.	Lhermitte.	Mazier.	Daireaux.	Daireaux (Mme).
7,181 habitants (11 communes).				
Douchin.	Briard.	*Nicolle.*	Follain.	Legendre.
Guesnet.	Lecluze.	Garnier.	Cahour.	Leroy.
Godard.	Lemeray.	Lécuyer.	Retaux.	Edouard.
Genest.	Le Grand.	Lemoinne.	Ernault.	Lecardonnel
Asselin.	Le Grand.	Blouin.		Lemperrière.
Lebaron.	Le Duc.	Hue.		Delalonde.
Roze.	Lecarpentier.	Barbé.	Delacour.	Guelle.
Duperrouzel.	Auvray.	Lecat.	Fouchard.	Lenoël.
Le Grand.	Vollet.	Guillemin.	Hubert.	Yger.
Raulline.	Lechevallier.	Vigier.	Lemaltre.	Esnouf.
Guillot.	Hardy.	Guérin.	Godfroy.	Alleaume.
8,612 habitants (12 communes).				
Dufouc.	Leballais et Lenoir.	*Helland.*	Lemonnier.	Doucin, Hingan.
Aumont	Renard.	Coupard.	Tostain.	Simon.
Deschamps.	Baisnée.	Lengronne.	Lemoine.	Gallouin.
Carrey.	Estur.	Lemercier		Rabel.
Larsonneur.	Meslier.	Leboulenger.	Desrues.	Nativelle.
Delafosse (Arsène).	Delafosse (Audécime).	Dupard.	Guilbert.	Hennebic.
Lebrun.	Manson.	Ruault.		Nicolle.
Chapelle.	Legoupil.	Lesénéchal.		Blanchet.
Bossard	Grente.	Bidois.	Bigot.	Bouillet.
Le Monnier.	Ozenne.	Doré.	Touronde.	Cerisier.
Vimont.	Tostain.	Manson.		Lebugle.
Canuet.	Leredde.	Lebourgeois.	Desmoulins.	Desmoulins (Mme).
8,514 habitants (14 communes).				
Bernard.	Bailleul.	*Gardin.*	Dutot.	Lemonnier.
Groualle.	Adam.	Letondeur.	Prével.	Fossey.
Sansrefus.	Dumont.	Beaufils.	Herpin.	Herpin (Mme).
Fouque.	Rupalley.	Travert.	Postel.	Hulmer.
Dhermilly.	Rogier.	Ranglet.	Durand.	Aubey.
Enouf.	Paingt	Deshayes.	Desplanques.	Le Jamtel.
Demagny.	Pignolet.	Morisset.	Tiphaigne.	Sénéchal.
Lecot.	Desfaudais.	Lerendu.		Ledinot.
Guilloy.	Leguédois.	Fremond.		Lelandais.
Mignot.	Pacary.	André.	Desmoulins.	Delafosse.
Lechevallier.	Varin (Charles.	Letenneur.	Paquet.	Paquet (Mme).

NOMS DES COMMUNES.	Population.	Superficie territoriale de chaque commune.	BUREAUX DE POSTE qui desservent les communes.	Principal des 4 contributions directes en 1845.	du département.	judiciaire.	d'arrondissement.	du canton.
					Suite du CANTON			
Saint-Jean-de-Savigny....	489	755	Saint-Clair.	6195 67	13	41	13	3
Saint-Pierre-de-Semilly...	354	461	Saint-Lo.	3595 33	7	35	7	9
Villiers-Fossard	463	869	*idem.*	6263 42	6	34	6	5
			CANTON DE SAINT-JEAN-DE DAYE ¶. Population :					
SAINT-JEAN-DE-DAYE	323	421	⊠	4431	15	33	15	
Amigny................	205	370	Pont-Hébert.	3357 83	8	25	8	11
Cavigny...............	584	678	*idem.*	8062 15	11	35	11	7
Graignes	1081	1415	St-Jean-de Daye.	10339 20	21	33	21	6
Le Dézert........	714	1459	*idem.*	11681 13	13	29	13	4
Le Hommet d'Arthenay...	502	1486	*idem.*	10751 50	14	27	14	4
Le Mesnil-Angot.... ...	99	408	*idem.*	4056 33	18	31	18	5
Le Mesnil-Vénéron......	176	283	*idem.*	2818 »	18	33	18	3
Les Champs-de-Losques .	449	931	*idem.*	9092 50	17	24	17	9
Montmartin-en-Graignes..	1262	1035	*idem.*	24310 75	21	39	21	6
Pont-Hébert.............	908	1499	⊠	10250 13	7	31	7	8
Saint-Fromond	834	1551	Airel.	19082 82	15	37	15	4
Tribehou ....'...	1007	997	St-Jean-de-Daye.	8757 37	19	38	19	13
			CANTON DE TESSY-SUR-VIRE ¶. Population :					
TESSY-SUR-VIRE	1404	1586	⊠	13956 24	18	34	18	»
Beaucoudray	242	469	Villebaudon.	2003 67	21	27	21	7
Beuvrigny..............	313	669	Tessy-sur-Vire	2783 67	21	40	21	6
Chevry	207	364	Villebaudon.	1925 33	19	29	19	6
Domjean...............	1100	1656	Tessy-sur-Vire.	8100 58	18	37	18	5
Fervaches..............	433	489	*idem.*	3405 80	15	33	15	3
Fourneaux.	161	334	*idem.*	1497 »	21	37	21	3
Gouvets	651	1101	*idem.*	4579 20	24	34	24	6
Le Mesnil-Opac....	332	557	*idem.*	3232 13	12	31	12	6
Le Mesnil-Raoult	328	399	Torigni-sur-Vire.	2910 08	12	32	12	10
Moyon.................	1132	2334	Tessy-sur-Vire.	10469 55	14	30	14	6
Saint-Louet-sur-Vire.....	310	734	*idem.*	3570 87	21	40	21	6
Saint-Vigor-des-Monts	868	1574	Pontfarcy (Calv.)	8685 43	27	37	27	6
Troisgots.............	501	753	Tessy-sur-Vire.	4503 65	14	33	14	8
			CANTON DE TORIGNI-SUR-VIRE ¶. Population :					
TORIGNI-SUR-VIRE	2020	292	⊠	20893 53	14	39	14	»
Biéville...............	359	553	Torigni-sur-Vire.	3963 67	17	45	17	11
Brectouville	178	375	*idem.*	2528 17	14	40	14	4
Condé-sur-Vire	1675	2489	*idem.*	21751 86	9	30	9	5
Giéville	578	1033	*idem.*	6473 92	17	45	17	3
Guilberville............	1380	2245	*idem.*	11770 95	21	45	21	7
La Chapelle-du-Fest.....	184	374	*idem.*	1531 75	12	40	12	4
Lamberville............	382	702	*idem.*	5073 40	17	45	17	9
Le Perron.............	337	459	*idem.*	3113 87	20	43	20	7
Montrabot....	184	386	St-Jean-des-Baisants	2079 67	16	44	16	19

Maires.	Adjoints.	Curés et Desservants.	Instituteurs.	Institutrices.

DE SAINT- CLAIR.

MM.	MM	MM.	MM.	MM^lles
Detournières.	Rabot.	Bouillon	Simon.	Lemoussu.
Durand.	Capelle.	Lallemand.	Guy.	Lucas.
Fauchon.	Tréfeu.	Fétille.	Polidor.	Lefévre (Mme).

8,154 habitants (13 communes).

Pezeril.	Marie (Louis-Arsène)	*Gilbert.*		Lenoir.
Jouin	Charpentier.	Le Ménicier.		Herson.
Heussebrot.	Rauline.	Menard.	Guilbert.	Décosse.
Lescalier	Defortescu.	Denis.	Marie.	Poulain.
Thouroude.	Langeard.	Maillard.	Lelandais.	Deschamps.
Leforestier d'Ouerviles	Huault.	Tabard.	Lecaplain.	Moulin.
Poullain.	Marie.	N...		Dufour.
Philippe.	Vaultier.	Laurent.		Grandin.
Touroude.	Pottier.	Latire.	Painchaud.	Desplanques.
Touzard.	Gancel.	Chartrain.	Delacour, Deméautis	Auvray, Deméautis (Mme)
Thomasse.	Godard.	Letot, Delarue, Puiney.	Guérin.	Véron, Lefranc. Gazengel.
Lebas.	Laisney.	Surville.	Chrétienne.	Hébert (Mme).
Duboscq.	Lebedel.	Debon.	Lecoufle.	Duboscq.

7,982 habitants (11 communes).

Lesage.	Flicher.	*Gillot.*	Letenneur.	Godard.
Legablier.	Papillon.	Aussant.		Canuet.
Letot.	Bourges.	Legrand.		Bataille.
Quesnel.	Godard.	Voisin.		Lelièvre.
Regnault de Boutlemont	Lamoureux.	Vasseur.	Martin.	Leriverend.
Lucas.	Lefranc.	Brion.	Poulain.	Prével.
Onfroy.	Lemariey.	N...		Néel.
Loisel.	Bisson.	Lescot.	Philippe.	Frigoult.
Lemeray.	Crocquevieille.	Puisney.		Bosquet.
Leloutre.	Julien.	Lecardonnel.		Leroux.
Beaufils.	Lesaulnier.	Gohier.	Lemoine.	Hairon.
Massier.	Mourocq.	Leboucher.		Desmier.
Lemellorel Lasmontils	Chasles.	Gillette.	Levallois.	Lemercerre.
Goulet.	Herman.	Lemare.	Ruault.	Lhullier.

11,265 habitants (17 communes).

Dufour.	Jouet-Laconterie.	*Leroy,* Cochard.	Bucaille.	Regnault.
Philippe.	Auvray.	David.	Bazire.	Besnard.
Lepringard.	Godard.	Anne-Archard.		Coursin.
Leneveu.	Laforge.	Bouchard.	Bréard.	Le Bas.
Massier (Jean).	Massier (Jules).	Lelandais.	Lalné.	Gaillard.
Lesouef.	Lesieur.	Marguerite.	Bizault.	Davodet.
Savare.	Lefèvre.	Suvigny.		Couillard.
Bion.	Gaillard.	Heuzé.		Lerouvillois.
Huet.	Fortin.	Lemazurier.		Legardinier.
Hervieu.	Pegoix.	Drouvassal.		Boutemy.

495	899	Torigni-sur-Vire.	4911 07	30	43	20	6
406	721	St-Jean-des Baisants	5421 13	11	39	11	6
381	583	idem.	3150 67	12	39	12	9
1206	2102	Torigni-sur-Vire.	12650 70	15	41	15	2
1005	1336	⚒	8071 50	10	37	10	7
195	387	Torigni-sur Vire.	1997 33	18	43	18	4
237	415	St-Jean-des-Baisants	3110 33	15	43	15	10

ARRONDISSEMENT D'AVRANCHES

Canton d'Avranches ¶. Population :

7785	441	☒	82318 77	50	47	•	•
160	371	Avranches.	2204 33	50	42	6	6
188	364	idem.	1664 40	63	52	5	5
325	380	idem.	1701 60	61	52	9	9
1092	1110	idem.	10851 92	58	50	3	3
716	673	idem.	2682 33	56	49	3	3
574	819	idem.	5176 45	50	46	8	8
383	195	idem.	3156 06	66	54	7	7
124	670	idem	5701 38	53	45	5	5
147	255	idem.	1579 77	57	48	5	5
611	895	idem.	6132 50	55	43	5	5
476	616	idem.	4070 83	62	51	6	6
501	610	idem.	5297 50	59	50	3	3
750	1057	idem.	4005 00	63	55	7	7
497	873	idem.	6503 30	57	49	5	5
714	858	idem.	6492 25	59	52	6	6

Canton de Brécey ¶. Population :

2400	3103	☒	20957 15	49	48	17	•
333	581	Brécey.	2622 38	46	35	13	9
671	969	idem.	6977 58	54	56	22	5
857	1203	idem.	4392 "	48	43	16	8
345	459	idem.	1864 65	57	57	17	9
975	1249	idem.	4612 73	60	51	14	6
407	657	idem.	2690 60	63	51	13	5
692	978	idem.	5690 70	51	52	21	4
363	527	idem.	2763 70	45	44	19	4
238	355	idem.	1809 07	48	47	13	4
93	179	idem.	805 33	51	43	10	10
377	552	idem.	3339 60	43	48	14	5
143	302	idem.	952 75	44	41	21	4
240	357	idem.	1833 07	46	45	18	5
1043	1097	Avranches.	10084 60	59	52	9	8
310	581	Brécey.	4032 83	51	51	16	5

Maires.	Adjoints.	Curés et Desservants.	Instituteurs.	Institutrices.

Torigni-sur-Vire.

MM.	MM.	MM.	MM.	MM^lles
Girault.	Lefoulon.	Huard.		Marie (Mme).
Pasturel.	La Vieille.	Adelée.	Vigot.	Lefèvre.
Aumond.	Rouxeville.	Auvray.	Legendre.	Lesongeur.
Lescot.	Baudel.	Hélène.	Lesouef.	Blier.
Leberruyer.	Picard.	Lemière.	Legigan.	Letourneur.
Françoise.	Javalet.	Leroyer.		Chauvois.
Défaudais.	James.	Delaunay.		Terry.

Population : 96,895 habitants.

15,303 habitants (16 communes).

Maires.	Adjoints.	Curés et Desservants.	Instituteurs.	Institutrices.
Lenoir.	Desdouïls, Letré-guilly.	*Douville,* à St Gervais; *Baudry,* à Notre-Dame des-Champs ; Lebedel, à St-Saturnin.	Ruault.	Esnol.
Trochon.	Police.	Resbeut.		Besnard.
de Mansigny.	Lottin.	Boutin		Viel.
Thébault.	Doublet.	N...		Elisabeth (Mme).
Béguin.	Allain.	Piquois.	Levionnois.	Gautier.
Primaux.	Lefranc.	Rubé	Duclos.	D ivy.
Jamard.	Dubois.	Caraby.		Lurienne.
Godard.	Blouin.	Morin.		Anger.
Haupais.	Gautier.	Lhoste.	Laurence.	Restoux.
Vauprès.	Dubois.	Masselin.		Chauvin.
Dubois (Franç.)	Dubois (Pierre).	Ledos	Besnier.	Hubert.
Ruault.	Charuel.	Piquot.	Bouillon.	Besnard.
Mauduit.	Pinel.	Belloir.		Dechérencey.
Bereult.	Poullain.	Maheux.	Mariette.	Feillet.
Lechoisne.	Lebreton.	Bernard.		Gloria.
Piton.	Lemétayer.	Gauché.	Gâté.	Ollivier.

9,523 habitants (16 communes).

Maires.	Adjoints.	Curés et Desservants.	Instituteurs.	Institutrices.
Pinard.	Dodeman.	Rosselin.	Lemonnier.	Bagot.
Cossé.	Gauquelin.	Bougis.		Gautier.
Leroyer.	Nicolle.	Bonnel.	Lemare.	Hochard.
Chapel.	Delaporte.	Hédou.	Vivier.	Suzanne.
Desfoux.	Bréhier.	Lecharpentier.		Hamelin.
Roussin.	Challier.	Fortin.	Fras.	Lebrun
Sanson.	Jouault.	Gautier.		Lecomte.
Anfray.	Raguet.	Morin.		Pichard.
Robert.	Vaugrente.	Ameline.		Fauvel.
Généaux.	Loyson.	Moyse.		Salliot.
Maincent.	Cudeloup.			Fioger.
Denis.	Debieu.	Liot.		Arsène.
Lepron.	Lepeltier.	Desloges.		Cordon.
De Besne.	Maincent.	Prével.		Serizier.
Navet.	Denolle.	Lefranc.	Jehenne.	Belloir.
Leménager.	Germain.	Goron.		Lepourcelet.

NOMS DES COMMUNES.	Population.	Répartie territoriale de chaque commune.	BUREAUX DE POSTE qui desservent les communes.	Principal des contributions directes en 1856.	DISTANCE AU CHEF-LIEU			
					du département.	judiciaire.	d'arrondissement.	du canton.

CANTON DE DUCEY ¶. Population :

NOMS DES COMMUNES.	Population.	Répartie	BUREAUX DE POSTE	Principal contributions	du dép.	jud.	arrond.	canton
Ducey....................	1821	1120	⊠	12539 68	67	56	9	»
Céaux...................	505	786	Avranches.	4943 22	68	59	12	9
Courtils..............	425	614	idem.	3740 33	69	60	13	10
Crollon................	354	468	Ducey.	2620 67	70	61	13	10
Juilley................	704	1122	idem.	6501 32	68	58	11	5
La Boulouze...........	133	218	idem.	977 40	62	60	13	10
Le Mesnil-Ozenne.......	296	460	idem.	2061 »	68	58	11	9
Les Chéris.............	429	591	idem.	3071 68	74	59	12	3
Marcilly..............	765	886	idem.	5974 77	70	57	10	5
Poilley...............	1003	1270	idem.	8636 50	67	58	10	2
Précey...............	562	773	idem.	4671 03	67	39	11	8
Saint-Quentin...........	1215	1668	idem.	11695 23	61	53	6	4

CANTON DE GRANVILLE ¶. Population :

Granville ◿...........	12721	266	⊠	103378 95	49	29	26	»
Bouillon........	468	639	Granville.	4421 42	60	39	20	10
Donville..........	797	301	idem.	4455 30	46	26	28	4
Saint-Aubin-des-Préaux...	390	824	idem.	5883 40	57	35	17	8
St-Nicolas-près-Granville..	1222	737	idem.	12868 26	51	31	24	2
Saint-Pair..............	1310	1540	idem.	17004 99	52	35	23	5
Saint-Planchers..........	910	1197	idem.	9258 50	56	23	21	7
Yquelon	353	214	idem.	3170 88	48	27	26	4

CANTON DE LA HAYE-PESNEL ¶. Population :

La Haye-Pesnel..........	1030	629	⊠	8028 »	44	32	15	»
Beauchamps	511	411	La Haye-Pesnel.	3930 92	56	31	21	6
Champcervon	321	558	idem.	2924 57	48	35	16	2
Folligny	527	410	idem.	3594 71	43	39	19	4
Hocquigny............	259	305	idem.	1874 65	44	30	18	3
La Beslière...........	216	349	idem.	2269 »	44	31	20	5
La Lucerne-d'Outremer...	855	1451	idem.	7289 07	44	35	15	3
La Mouche	255	443	idem.	2407 33	45	33	14	4
La Rochelle	445	751	Sartilly.	4187 83	49	37	13	5
Le Luot..............	384	851	Avranches.	4057 67	46	41	13	8
Le Mesnil-Drey	282	421	La Haye-Pesnel.	2905 67	45	31	18	2
Les Chambres	183	418	idem.	1910 »	48	37	13	4
Le Tanu	437	694	idem.	3987 07	41	37	20	5
Noirpalu...........	144	319	idem.	1348 »	44	37	15	5
Sainte-Pience...........	537	868	Avranches.	3546 40	45	42	11	10
Saint-Jean-des-Champs....	688	1202	La Haye-Pesnel.	8513 10	47	33	21	6
Saint-Léger	138	196	Sartilly.	1365 10	60	38	17	8
Saint-Ursin............	240	537	La Haye-Pesnel.	3133 20	47	36	18	3
Subligny...........	476	790	Avranches.	4028 03	50	40	9	8

Maires.	Adjoints.	Curés et Desservants.	Instituteurs.	Institutrices.

8,212 habitants (12 communes).

MM.	MM.	MM.	MM.	MM^lles
Juin Delaroche.	Champion.	*Maudouit.*	Leroux.	
Provost.	Morel.	Miquelard.	Poullain.	Mauray.
Colin.	Prime.	Maillard.		Lenoir.
Cardier.	Dumont.	Poirier.		Despas (Mme).
Louange.	Hulin.	Guesnon.	Maunoury.	Castel.
Daligault.	Gautier.	Dubois.		Poirier.
Laloi.	Challier.	Leprovost.		Pinel.
Caillou.	Fortin (François).	Roblin.		Debon.
Boutelou	Dapilly.	Guillard.	Roblin.	Colet.
Morin.	Lafosse.	Olivier.	Leplanquais.	Godard.
Morel.	Tesnière.	Petitpas.	Guesnel.	Maloizel.
Dupont.	Le Bedel.	Basnel.	Duchêne.	Foulon.

18,171 habitants (8 communes).

Maires.	Adjoints.	Curés et Desservants.	Instituteurs.	Institutrices.
Bureau.	Nicolle, Launay.	*Turgot, Maquerel,*	R o b b e s , Pri-mault.	Marolani (Mme), Pasturel.
Digée.	Bry	Boizard.	Lebasnier.	Barré.
Mecquin.	Fissadame.	Briand.	Béchet.	Yberti.
Delarue.	Bazin.	Esnoult.	Bicrel.	Hamon.
Boisyvon.	Lechevallier.	*Duclos.*	Godier.	Borel.
Royer.	Lefèvre.	Gombert; Leconte, à Kairon.	Maloisel, Lepage	Lemasle, Duprey.
Jouenne.	Hamelin.	Petitpas.	Allain.	Rosselin.
Lepelley-Fonteny.	Delarue (Gustave).	Rabel.	Pottier.	Dubourg (Mme).

7.934 habitants (19 communes).

Maires.	Adjoints.	Curés et Desservants.	Instituteurs.	Institutrices.
Lanos.	Avril.	*Vignon.*	Legallais.	Le Meslier.
Rosselin.	Simonne.	Lebas.	Leblanc.	Leroyer.
Lelandais	Vivier.	Gobin.		Closet.
Provost.	Marion.	Guillet.	Letenneur.	Lebérissey.
Lemains.	Pinot.	Trochon.		Mazier.
Lhomme.	Fontaine.	Torel.		Lalleman.
Lebourgeois.	Arondel.	Chauvet.	Gautier.	Lebodey.
Dugué.	Duparc.	Leresteux.		Levallois.
Hurel.	Poulain.	Mazier.	Laurence.	Peslin.
Dugueycher.	Fillâtre.	Lair.		Frétel.
Genvresse (Alphonse)	Genvresse (Louis).	Allain		Perrouault.
Deschamps-Boudent.	Garnier.			Desrues
Micouin.	Lehodey.	Maillard.	Lethimonnier.	Yvon.
Mahey.	Langelier	Esnault.		Juin.
Jonquier.	Vivier.	Leconte.	Leroutier.	Lambert (Mme).
Chemin.	Hérembourg.	Maillard.	Dumouchel.	Dumouchel (Mme).
Lecouflé.	Encoignard	Tabourel.		Dupré.
Rieu.	Lefèvre.	Lefranc.		Girard.
Lebourgeois.	Pigeon (Jules).	Fougeray.	Thébault.	Leloutre.

NOMS DES COMMUNES.	Population.	Superficie territoriale de chaque commune.	BUREAUX DE POSTE qui desservent les communes.	Principal des 4 contributions directes en 1895.	DISTANCE AU CHEF-LIEU			
					du département.	judiciaire.	d'arrondissement.	du canton.
CANTON DE PONTORSON ¶. Population :								
PONTORSON ⚓	2339	515	⊠	18356 70	70	69	22	»
Ardevon.	320	830	Pontorson.	3893 »	77	68	20	8
Aucey	746	951	idem.	6011 33	83	74	26	6
Beauvoir	495	650	idem.	2465 50	84	60	21	8
Boucey	640	983	idem.	6372 27	81	72	23	2
Cormeray	102	190	idem.	1192 17	76	68	21	6
Curey	339	574	idem.	2922 60	77	67	20	4
Huisnes	334	654	idem.	3568 58	75	66	19	10
Les Pas	250	460	idem.	2664 67	77	67	19	5
Macey	243	587	idem.	6669 09	76	67	19	6
Moidrey	248	631	idem.	3918 33	82	69	22	2
Mont-Saint-Michel	199	9	⊠	1087 92	89	72	24	9
Sacey	1100	1527	idem.	8964 83	86	72	25	7
Servon	561	923	idem.	5716 83	71	62	14	10
Tanis.	500	746	idem.	3905 60	73	64	16	10
Vessey	856	1261	idem.	6934 17	79	71	23	7
CANTON DE SAINT-JAMES ¶. Population :								
SAINT-JAMES	3067	1819	⊠	24496 55	77	67	20	»
Argouges	1212	1639	Saint-James.	8623 08	82	71	22	6
Carnet	836	1012	idem.	5861 30	80	70	23	3
Hamelin	185	246	idem.	1590 72	86	78	22	8
La Croix-Avranchin	728	1082	idem.	6260 83	74	65	17	5
Montanel	838	1548	idem.	6108 77	80	71	24	10
Montjoie.	514	745	idem.	3690 33	77	67	19	3
Saint-Aubin-de-Terregatte	1406	2098	idem.	13360 79	71	63	15	7
St-Laurent-de-Terregatte ..	1082	1641	idem.	9353 77	74	62	16	9
Saint-Senier-de-Beuvron..	607	1114	idem.	6404 95	71	62	14	16
Vergoncey	463	774	idem.	4189 33	74	64	16	7
Villiers	413	791	idem.	3856 38	77	67	20	7
CANTON DE SARTILLY ¶. Population :								
SARTILLY	1224	1151	⊠	9958 51	41	39	14	»
Angey	215	247	Sartilly.	1461 33	53	42	14	3
Bacilly	1011	1587	Avranches.	10793 07	57	46	8	7
Carolles	450	384	Sartilly.	3764 91	62	41	19	8
Champcey	249	324	idem. ●	2524 83	54	43	9	4
Champeaux	401	422	idem.	3461 83	63	45	17	6
Dragey	604	1015	idem.	6724 67	57	44	12	5
Genest	663	696	Avranches.	5730 83	58	47	11	8
Lolif	811	1248	idem.	8684 41	53	42	7	7
Montviron	371	593	Sartilly.	3912 62	52	42	9	4
Ronthen	314	484	idem.	3439 67	56	44	13	4
Saint-Jean-le-Thomas	197	238	idem.	2249 35	64	45	14	6
Saint-Michel-des-Loups...	508	1426	idem.	4351 77	54	46	18	7
Saint-Pierre-Langers	632	840	idem.	6193 40	56	39	16	5

Maires.	Adjoints.	Curés et Desservants.	Instituteurs.	Institutrices.

9,272 habitants (16 communes).

MM.	MM.	MM.	MM.	MM lles
Morel	Guichard.	*Lecacheux.*	Auvray.	Quentin.
Farcy.	Cornicard.	Orvin.		Tesnière.
Pivert.	Duguépéroux.	Lair.	Blanchet.	Nicolle.
Bedel.	Sanson.	Datin.		Lethimonnier.
Guichard.	Pichard.	Lambert.	Jamard.	Costentin.
Faguais.	Petitpas.	Deslandes.		N...
Farcy.	Faguais.	Leroy.		Muris
Leroy.	Laumaille.	Desdouitils.		Catrel.
Chauvière.	Royer.	Ruault.		Denoël.
M¹ᵉ de Cacquetay	Faguais.	Lecharpentier.		Faguais.
Tardif de Moidrey.	Allain.	Deschamps.		Badier.
Fontenier.	Lochet.	Danjou.		Tétrel.
Ozenne.	Trincot.	Jaunet.	Morel.	Barbé.
Lion.	Jamault.	Labigne.	Gillot.	Gastebois.
Desgranges.	Leroy	Dinard.	Lefaudeux.	Boutelou.
Roger.	Bernier.	Bigrel.	Desfeux.	Follain.

11,351 habitants (12 communes).

Morel.	Despréaux, Besnard Locherie.	*Challier,* Guérin, Saint-Benoît.	Ledentu.	Lair, Gauchet.
Trincot.	Jourdan	Pierre.	Lehéricey.	Lethimonnier, Abraham.
Fouasse.	Salmon-Maheux.	Théault.	Roblin.	Carnet
Lesénéchal.	Le Monnier.	Roisille.		Legoupil.
Gautier.	Poirier.	Guérin.	Duval.	Goron
Jouanne	Martin.	Dupont.	Blondel.	Charbonnel.
Madeláine.	Rault.	Chevalier.	Dupré.	Tumoine.
Lusley.	Chevalier.	Lemoine.	Rault.	Lelandais
Ameline.	Legendre.	Piquerel.	Lefrançois.	Hennequin.
Langlois.	Portier	Fillâtre.	Maillard.	Gilbert.
Piquot.	Villalard.	Menard.	Leteurtrois.	Veaugeois.
Royer.	Ameline.	Martin.		Uesfeux.

7,630 habitants (14 communes).

Lemoine-Lechesnay..	N...	Collin.	Aubril.	Anquetil.
Sicot	Lanée.	Alexandre.		Morel.
Chauvin.	Lemaltre.	Bougourd.	Leteurtois.	Delafosse (Mᵐᵉ).
Coupard.	Desroches.	Lecomte.		Servain.
Le Métayer.	Fleury.	Fertel		Legoupy.
Letellier-Parisière	Tanqueray.	Martin.	Blin.	Blandin.
Basire	James.	Bachelot.	Heuzé.	Villard.
Lenepveu de Dangy.	Bedel.	Lemonnyer.	Blouin.	Duprey.
Delongraye.	Bellet.	Aupinel.	Gallien.	Adam.
Ballois.	Lhoste-Desfaveries.	Dumont.		Salliot.
Gosse.	Bisson.	Duguéperoux.		Châtel.
Lenoir.	Marie	Barbot.		Guilmin.
Lenormand.	Follain.	Costard.	Lerond.	Salmon.
Gond.	Méquin.	Bicrel.	Carouge.	Deguelle.

NOMS DES COMMUNES.	Population.	Superficie territoriale de chaque commune.	BUREAUX DE POSTE qui desservent les communes.	Principal des 4 contributions directes en 1895.	DISTANCE AU CHEF-LIEU			
					du département.	judiciaire.	d'arrondissement.	du canton.
CANTON DE VILLEDIEU ¶. Population .								
VILLEDIEU ⚓	3505	82 ⊠		25840 94	34	32	22	»
Bourguenolles	404	764	Villedieu.	3646 50	41	40	18	8
Champrépus........	604	913	idem.	5867 25	41	29	22	8
Chérencé-le-Héron........	651	955	idem.	4230 80	40	38	21	6
Fleury...............	837	1259	idem.	8114 70	38	30	27	5
La Bloutière..........	535	933	idem.	4880 03	33	28	28	6
La Lande d'Airou	814	1509	idem.	7159 68	39	38	19	6
La Trinité	612	917	idem.	4336 75	42	40	18	8
Rouffigny	410	670	idem.	3624 28	39	38	17	6
Sainte-Cécile	589	1151	idem.	5991 47	37	35	25	3
Saultchevreuil-du-Tronchet	518	704	idem.	4787 21	36	34	20	2

ARRONDISSEMENT DE CHERBOURG

CANTON DE CHERBOURG ¶. Population :

NOMS DES COMMUNES.	Population.	Superficie.	BUREAUX.	Principal.	du département.	judiciaire.	d'arrondissement.	du canton.
CHERBOURG ⚓	38554	651 ⊠		364893 85	76	75	»	»

CANTON DE BEAUMONT ¶. Population :

NOMS DES COMMUNES.	Population.	Superficie.	BUREAUX.	Principal.	du département.	judiciaire.	d'arrondissement.	du canton.
BEAUMONT	594	789 ⊠		4694 58	93	82	18	»
Acqueville	321	579	Beaumont.	3550 13	84	75	11	10
Auderville	455	433	idem.	4295 49	102	91	27	9
Biville.....	380	870	idem.	3135 »	89	83	18	8
Branville	100	212	idem.	1160 »	89	79	14	4
Digulleville	418	789	idem.	6054 46	98	87	32	4
Éculleville	95	233	idem.	1539 67	96	86	17	4
Flottemanville-Hague.....	402	1139	Octeville.	4561 »	86	77	9	11
Gréville	484	1003	Beaumont-Hague.	7500 12	98	82	16	4
Herqueville	174	291	idem.	1422 33	97	86	22	4
Jobourg	505	1015	idem.	6596 42	98	88	24	6
Nacqueville	469	861	idem.	7215 33	86	81	10	9
Omonville-la-Petite	301	614	idem.	4071 11	100	88	24	6
Omonville-la-Rogue......	432	429	idem.	4181 50	98	88	22	5
Sainte-Croix-Hague.......	446	984	idem.	4310 33	80	78	13	6
Saint-Germain-des-Vaux ..	508	635	idem.	7227 51	102	91	26	8
Tonneville	485	383	Equeurdreville.	2561 23	85	80	9	11
Urville-Hague	352	312	Beaumont-Hague.	3678 03	86	81	11	9
Vasteville	506	1372	idem.	7838 07	87	78	12	16
Vauville	403	1638	idem.	4519 62	94	84	20	3

Maires.	Adjoints.	Curés et Desservants.	Instituteurs.	Institutrices.

9,479 habitants (11 communes).

MM.	MM.	MM.	MM.	MM^{lles}
Tétrel ✳.	Ledo, Frémond.	*Dupont.*	Faatred (soars complr°.	Lecbevallier.
Fauvel.	Bouroux.	Costil.		Anfray.
Regnault.	Herbert.	Pichard.	Jouvin.	Herpin.
Besnier.	Leprovost.	Hus	Paisnel.	Milcent.
Hamel-Préfontaine.	Leriche.	Leroy.	Le Bas.	Anfray.
Lecoutey.	Lenoir.	Dubois.	Charnel.	Villain.
Renault.	Lepelletier.	Lanos.	Louise.	Lerogeron.
Chapel (Auguste)	Chapel (Paul).	Leroy.	Poidvin.	Costentin
Tétrel.	Debroize.	Hardy.		Primault.
Nové.	Levasseur.	Lemazurier.	Herbert.	Delauney.
Lemaltre.	Ligot.	Roger ; Orvin, à Saint-Pierre-du-Tronchet.		Lebugle ; Loyer.

population : 1,604 habitants.

38,554 habitants (1 commune).

Liais ✳.	Frigoult, Dutot.	*Leroux,* à Ste-Tri-nité ; Leduc, à N^{re}-D^{me}-du-R^{le} ; *Moulin,* à N.-D - du-V.; Germain, à St-Clément.	Thiébot, Simon-Bertrand, Le-vallois, Lene-veu, Lelave-chef.	MM^{mes} Jeanne, Travers, Letan, Tbomnin, Fos-sard.

7,830 habitants (20 communes).

Louis.	Digard.	*Lemaltre.*	Brochard.	Blaizot.
Lefilliâtre.	Letullier	Besnard.	Joubert.	Joubert (Mme)
Nicolle.	Fabien.	Desvergez.	Lecler.	Langevin.
Postel.	Sanson.	Bonhomme.		Écolivet (Mme).
Liais.	Fortin.			Jacquot.
Lecostey.	Paris.	Lebartel.	Hébert.	Fontaine.
Lemoigne.	Canoville.			Legendre.
Dumoncel (Henri).	Travert (Henri).	Saillard.	Lecouturier.	Lecaplain.
Fatôme.	Fleury.	Seigneurie.	Picquot.	Fontaine.
Samson.	Leboulenger.	Delorme.		Jacquette.
Lecostey.	Heleine.	Boissel.	Baudry	Digard (Mme).
Leroy.	Lesdos-Lavallée.	Bezard.	Martin.	Esnault.
Perrotte.	Falaize.	Cabart.	Lefèvre.	Quéru (Mme).
Allain.	Tripey.	Montiton.	Lemonnier.	Prével.
Paris (Bernardin).	Paris (Ferdinand).	Angot.	Osmond.	Omond (Mme).
Ladvenu.	Levallois.	Malard.	Henry.	Gain.
Orange.	Fleury.	Lechevalier.		Blondel.
Loyer.	Lesdos.	Jean.	Joly.	David.
Lamotte.	Auvray.	Lethimonnier.	Lebreton.	Pinel.
Jean.	Legrand.	Dubois.	Anquetil.	Jamard.

NOMS DES COMMUNES.	Population.	Superficie territoriale de chaque commune	BUREAUX DE POSTE qui desservent les communes.	Principal des 4 contributions directes en 1893.	du départe- ment.	judiciaire.	d'arrondis- sement.	du canton.
					DISTANCE AU CHFF-LIEU			
			CANTON DES PIEUX ¶. Population :					
LES PIEUX..............	1340	1531	⊠	14455 70	86	65	20	»
Benoîtville	462	828	Les Pieux.	5281 15	59	68	18	3
Bricqueboscq	437	805	Grosville.	4752 93	83	65	16	8
Flamanville	1488	705	⊠	8718 24	93	71	26	6
Grosville	857	1351	⊠	8749 70	81	62	20	5
Héauville	421	1079	Flamanville.	4277 17	97	75	15	10
Helleville.....	285	588	Les Pieux.	3050 »	92	71	17	6
Le Rozel....	318	558	idem.	3308 17	91	63	24	4
Pierreville	607	1012	idem.	7355 03	91	60	25	6
Saint-Christophe-du-Foc ..	189	358	Grosville.	2659 13	83	73	14	8
Saint-Germain-le-Gaillard .	702	1382	Les Pieux.	8758 63	90	62	23	4
Siouville	521	619	Flamanville.	5190 83	93	71	21	6
Sotteville	291	614	Grosville.	4256 80	91	71	17	6
Surtainville...........	1025	1483	Les Pieux.	9977 94	93	59	28	8
Tréauville	805	1327	Flamanville.	10850 73	89	68	30	3
			CANTON D'OCTEVILLE ¶. Population :					
OCTEVILLE.............	3028	775	⊠	15552 44	78	72	3	»
Bretteville	456	578	Tourlaville.	4297 63	84	82	7	10
Couville..............	440	862	Martinvast.	4362 52	76	64	13	10
Digosville............	628	927	Tourlaville.	5072 »	83	70	7	10
Equeurdreville..........	5421	507	⊠	20268 09	78	77	2	3
Hardinvast	430	729	Martinvast.	3257 27	79	67	5	7
Henneville............	1496	767	Equeurdreville.	7209 92	82	79	10	5
Le Mesnil-Auval.........	333	1342	Tourlaville.	2602 17	72	67	7	12
Martinvast	776	1034	⊠	5920 »	80	69	10	4
Nousinville...........	215	381	Octeville.	2070 33	82	76	5	4
Querqueville...........	1590	553	Equeurdreville.	5716 64	82	78	8	7
Saint-Martin-le-Gréard ...	204	286	Martinvast.	1369 67	73	66	12	9
Sideville.............	355	763	idem.	4491 86	82	71	9	6
Teurthéville-Hague.......	687	1273	idem.	7587 32	81	71	13	10
Tollevast.............	579	1232	idem.	4491 33	74	69	11	9
Tourlaville...........	7382	3340	⊠	38882 13	80	79	4	7
Virandeville	595	822	Martinvast.	4892 »	81	74	12	9
			CANTON DE SAINT-PIERRE-EGLISE ¶. Population :					
SAINT-PIERRE-EGLISE.......	1865	802	⊠	16142 07	71	76	17	»
Angoville...	57	108	Saint-Pierre-Eglise.	1267 »	75	79	20	3
Brillevast	503	909	idem.	5095 30	74	73	17	5
Canteloup.............	259	428	idem.	3066 33	38	74	19	5
Carneville............	355	688	idem.	3555 26	79	75	16	4
Clitourps	270	630	idem.	4207 »	70	75	19	4
Cosqueville	731	860	idem.	8993 50	74	79	20	3
Fermanville...........	1334	1166	⊠	7890 61	74	77	21	4
Gatteville..........	894	972	Barfleur.	14994 75	77	81	26	9
Gonneville............	815	1535	Saint-Pierre-Eglise.	8776 23	74	81	13	6
Gouberville............	277	279	idem.	3702 »	78	79	24	7
Le Theil..............	692	1383	idem.	5713 25	71	66	14	11
Le Vast..............	820	1304	⊠	8542 48	65	71	21	7

Maires.	Adjoints.	Curés et Desservants.	Instituteurs.	Institutrices.
9,748 habitants (15 communes).				
MM.	MM.	MM.	MM.	MM^{llos}
Bonamy.	Bubot.	*Fontaine.*	Libor.	Leprince.
Mabire.	Pezet.	Baudry.	Avoyne.	Lerogueur.
Belhoste.	Lamesle.	Bouillon.	Fossey.	Godfroy.
Buhot.	Lecacheux.	Fessier.	Lefèvre.	Delisle (Mme).
Brisset	Lenoir.	Grenier.	Douchin.	Gosselin.
Gibon.	Lemasson.	Baude.	Clouet.	Marguerie.
Toulorge.	Agnès.	Lemarié.		Bonnissent.
Hairou.	Vrac.	Marie.	Lenfant.	Couillard.
Lefilastre.	Simon.	Levesque.	Moulin.	Leprévost (Mme).
Mocquet	Letourneur.	Blondel.		Pézet.
Sorel.	Sanson.	Aumont.	Hambye.	Trébaol.
Lenoir.	Lebourgeois.	Vibet.	Anquetil.	Lemesle.
Bouchard.	Lecoutour.	Gauvain.		Hélaine.
Avoinne.	Le Bégin.	Lemarquand.	Gosse.	Roulland.
Toulorge, Jean.	Hébert.	Pillet.	Cosnefroy.	Lucas.
24,615 habitants (17 communes).				
Revert.	Née, Tiphagne.	*Doueffe.*	Durand.	Hébert.
Germain.	Liot.	Auvray.	Delisle.	Duchêne.
Compère.	Maurouard.	Tardif.	Luce	Cresté.
Brière.	Guéret.	Sorel.	Foucher.	Laloë
Dumoncel.	Lecarpentier, Hamel	Clément.	Duruel.	Assier (Mme).
Truffert.	Digard.	Poisson.	Louail.	Leluan
Sanson.	Quoniam.	Mosqueron	Bibel.	Hébert (Mme).
Germain.	Mabier.	Deux.		Boitard.
Cte de Pourtalès.	Férey.	Bonissent.	Bouillault.	Louis.
Vrac	Langevin.	Delaune.		Journeaux.
De Couville ✳.	Cauvin.	Hainneville.	Bazin.	Simiane.
Lesauvage.	Adam (Louis).	Gautran.		Cauvin.
Laisné.	Sorel.	Mauger.	Hébert.	Fort·n (Mme).
Gosselin.	Turbert.	Levêque.	Lebrec.	Noyon.
Letourneur.	Letouzé.	Letanneux	Auvray	Leboisselier.
Contant.	Aubert, Burnel.	Guillon, Yver	Brouet, Laloe Durel Bosquet	Bru, Deroyes, Lelièvre M^e)
Lelong.	Douesnard.	Le Poil.	Lhôtellier.	Marie. [Me Bosquet.
10,857 habitants (20 communes).				
Lebas.	Delacour.	*Pagny.*	Lecaudey.	
Lehot Michel.	Lehot François.		*réunie à Vrasville*	
d'Abbeville Le Chevalier.	Lemaresquier.	Caruol.	Catherine.	Laurent.
Trohel.	Le Sacher.	Lefèvre.		Laloë (Mme).
Mahaut.	Besselièvre.	Lerenard.	Varette.	Vibert.
Delisle.	Enquebec.	Couppey		Thélot.
Vasse.	Michel.	Noël.	Lemière.	Jean.
Fatome.	Bazin.	Renouf.	Simon.	Picquenot.
Touzard.	Leneveu.	Delacour.	Morel.	Lelaidier
Germain.	Lelong.	Delangie.	Groult.	Lacolley (Mme).
Godel.	Lebourg.	Branthomme.		Anger.
Quetteville.	Lallemand.	Durel.	Anne.	Durel.
de la Germonière	Thiesselin.	Savary.	Vallée.	Vallée (Mme).

7

NOMS DES COMMUNES.	Population.	Superficie en réserve de chaque commune.	BUREAUX DE POSTE qui desservent les communes.	Principal des 4 contributions directes en 1895.	DISTANCE AU CHEF-LIEU			
					du département.	judiciaire.	d'arrondissement.	du canton.
								Suite du Canton de
Maupertus	195	335	Saint-Pierre-Eglise.	2814 83	70	73	11	7
Néville	261	348	idem.	4127 33	78	83	24	7
Réthôville	215	340	idem.	2047 72	77	72	23	6
Théville	379	777	idem.	5027 28	76	74	15	2
Tocqueville	478	590	idem.	7062 81	76	77	22	5
Varouville	323	418	idem.	3491 »	75	79	20	3
Vrasville.	134	142	idem.	1364 83	76	80	21	4

ARRONDISSEMENT DE COUTANCES

CANTON DE COUTANCES ¶. Population 7

COUTANCES ⌂	8145	333	☒	77954 59	28	»	»	»
Bricqueville-la-Blouette...	475	635	Coutances.	6804 27	33	5	5	5
Cambernon	943	1701	idem.	4170 51	27	6	6	6
Courcy	750	1145	idem.	9355 40	34	4	4	4
Nicorps...............	318	563	idem.	4817 80	34	5	5	5
St-Nicolas-de-Coutances...	816	881	idem.	9793 66	28	»	»	»
Saint-Pierre-de-Coutances.	201	439	idem.	3914 75	28	»	»	»
Saussey	682	891	idem.	5551 08	32	6	6	6

CANTON DE BRÉHAL ¶. Population :

BRÉHAL ⌂	1400	1362	☒	13843 54	44	19	19	»
Anctoville	135	215	Granville.	1761 40	50	27	27	9
Bourey	149	300	Cérences.	1735 »	41	23	23	10
Bréville	360	688	Bréhal.	3680 07	50	26	26	7
Bricqueville-sur-Mer. ...	1292	1461	idem.	10544 »	46	18	18	2
Cérences	1855	3242	☒	20465 78	38	18	18	6
Chanteloup..........	301	417	Bréhal.	3025 33	43	21	21	2
Coudeville	715	872	idem.	6690 87	46	21	21	2
Equilly	328	366	Gavray.	3827 33	44	20	20	13
Hudimesnil	1146	1877	Bréhal.	10823 63	50	24	24	5
La Meurdraquière.......	432	762	Cérences.	4011 07	43	26	26	11
Le Loreur	274	323	idem.	1851 97	41	23	23	7
Le Mesnil-Aubert	490	596	idem.	3752 07	36	14	14	11
Longueville	423	411	Granville.	4205 »	50	26	26	7
Muneville-sur-Mer	588	728	Cérences.	6189 67	48	15	15	4
St-Sauveur-la-Pommeraye.	439	527	Bréhal.	4076 67	47	27	27	12

CANTON DE CERISY-LA-SALLE ¶. Population :

CERISY-LA-SALLE	1614	1685	☒	13996 45	21	14	14	»
Belval	405	567	Coutances.	4103 80	27	6	6	7
Cametours	753	722	Marigny.	6528 30	17	14	14	6
Guéhébert	292	629	Roncey.	4210 »	40	14	14	10
Montpinchon	1218	1693	Cerisy-la-Salle.	12143 67	23	12	12	2
Notre-Dame-de-Cenilly....	1452	2523	idem.	15008 01	21	18	18	5
Ouville...............	750	1131	Coutances	6598 92	31	9	9	7
Roncey...............	920	1216	☒	9966 07	29	18	18	7
Saint-Denis-le-Vêtu.......	1080	1405	Coutances.	11012 75	38	9	9	12
Saint-Martin-de-Cenilly ...	507	677	Roncey.	5036 90	23	18	18	9
Savigny	623	1016	Coutances.	6536 07	24	9	9	5

Maires.	Adjoints.	Curés et Desservants.	Instituteurs.	Institutrices.

SAINT-PIERRE-EGLISE.

MM.	MM.	MM.	MM.	MM^{lles}
Noyon.	Carré.	Philippe.		Fouque (M^{mve}).
Lefèvre.	Roblot.	Passilly.	Laronche.	Dupont.
Laurens (Aug.)	Laurens (Etienne).	Danneville.		Lecoutour.
Gibon.	Daireaux.	Blaizot		Duvey (Mme).
Lefèvre.	Birette.	Gouelle.	Lefèvre.	Restoux.
Germain.	Guerrand.	Lecluse.		Restoux.
Piard.	Leroux.			Guesnon.

Population : 102,633 habitants.

12,330 habitants (8 communes).

Lair ✳.	Baize, Laurent.	*Tollemer.*	Ménard, Briens.	Me Girard (cours complémentaire); Malattre.
Lecesne.	Corbet.	Gautier.	Ménard.	Choux.
Quesnel.	Bellail.	Hélaine.	Troude.	Desvallées.
Challe	Deshogues.	Brault.	Esnol.	Lefilleul.
Lhullier.	Beaugendre.	Lebesnerois.		Lebreton.
Lefrançois.	Lemière.	*Tollemer.*	*réunis à Coutances*	
Hédouin.	Legagneur.	*Tollemer.*	*idem.*	
Guenon.	Delacour.	Lemaltre.	Hugues.	Crouin.

10,327 habitants (16 communes).

de la Bellière.	Lemonnier.	*Destrès.*	Doucet.	Cousin.
de la Musse.	Godal.	Hamel.		Turgot.
Faucon.	Quinette.	Année.		Torel.
Le Brun.	Binet.	Loisel.		Tétrel.
Thuillet.	Frémin.	Germain.	Lelièvre.	Guesney.
Ameline.	Adam.	*Bedel.*	Letourneur.	Renault.
Clément.	Pimor.	Le Bailly.		Michel.
Hecquard.	Lecailletel.	Chancé.	Méquin.	Boisyvon.
Cacquevel.	Lainé.	Rault.		Lemoussu.
Touroude	Lemonnyer.	Dubois.	Lechanteur.	Jean.
Lenoir.	Deguelle.	Guyot.		Yvon.
Tanqueray.	Bidel.	Pellé.		Gautier.
Pantin.	Fouchard.	Belloir.	Maupas.	Lechevallier.
Delaune.	Larose.	Lehaut.	Hébert.	Cheval.
Cirou.	Lebas.	du Mesniladelée.	Ruault.	Vigot.
Allain.	Février.	Templer.	Gautier.	Dubuisson.

9,613 habitants (11 communes).

Gaillard.	Bazire.	*Binet.*	Desplanques.	Lecarpentier.
Lemosquet.	Lerendu.	Hélaine.	Lebérisson.	Nicolle.
Levallois.	Fossey.	Leroulley.	Lainé.	Gaillard.
Letarouilly.	Lecomte.	Germain.		Delauney.
Duval.	Hédouin.	Langevin.	Morel.	Guilbert.
Varin de la Brunelière	Quesnel.	Lecarpentier.	Forget.	Marie.
Thomas.	Lengronne.	Letavernier.	Girard.	Coulomb.
Vigot.	Badin	Leflamand.	De Saint-Denis.	Bouley.
Lehodey.	Vimond.	Huvé.	Picot.	Lechardeur.
Lebrun.	Leroux.	Boulay.	Rault.	Debieu.
Lepeu.	Marie.	Joubin.	Polloue.	Mahé.

NOMS DES COMMUNES.	Population.	Superficie territoriale de chaque commune.	BUREAUX DE POSTE qui desservent les communes.	Principal des 4 contributions directes en 1893.	DISTANCE AU CHEF-LIEU			
					du département.	judiciaire.	d'arrondissement.	du canton.
CANTON DE GAVRAY ¶. Population :								
Gavray	1425	1606	⊠	11486 83	34	18	18	»
Grimesnil	169	361	Gavray.	1685 57	31	15	15	6
Hambye	2158	2057	⊠	23199 13	25	19	19	8
La Baleine	243	403	Gavray.	1840 20	32	20	20	4
Le Mesnil-Amand	345	674	idem.	4059 33	38	22	22	4
Le Mesnil-Bonant	200	239	idem.	1128 33	38	23	23	5
Le Mesnil Garnier	548	923	idem.	4743 »	41	25	25	7
Le Mesnil-Hue..........	199	329	idem.	1972 »	39	24	24	6
Le Mesnil-Rogues.......	407	478	idem.	3010 »	41	26	26	8
Le Mesnil-Villeman	654	1071	idem.	5551 13	40	26	26	6
Lengronne.............	836	1208	idem.	8857 33	33	15	15	4
Montaigu-les-Bois......	465	665	idem.	4004 27	40	24	24	6
Saint-Denis-le-Gast..... .	1208	1671	idem.	13269 86	29	18	18	4
Sourdeval-les-Bois......	413	585	idem.	2484 37	30	26	26	8
Ver	825	1376	idem.	9160 47	38	22	22	4
CANTON DE LA HAYE-DU-PUITS ¶. Population :								
La Haye-du-Puits ⌂	1418	517	⊠	14001 58	44	29	29	»
Appeville.............	550	1321	Prétot.	12583 83	38	46	46	17
Baudreville............	296	464	La Haye-du-Puits.	3149 42	51	36	36	7
Bolleville	410	623	idem.	4243 67	46	31	31	2
Canville	285	534	idem.	4678 17	54	39	39	10
Coigny	399	451	Prétot.	4359 »	40	43	43	13
Cretteville	517	643	idem.	5702 23	46	44	44	14
Denneville	603	832	La Haye-du-Puits.	6159 »	54	39	39	10
Doville	510	1018	idem.	5303 83	47	33	33	3
Gerville	203	582	idem.	2707 93	44	28	28	5
Glatigny..............	306	499	idem.	3049 53	52	37	37	8
Houtteville	200	448	Prétot.	4696 27	41	44	44	15
Lithaire..............	805	1414	La Haye-du-Puits.	6611 17	42	30	30	5
Mobecq...............	403	806	idem.	6356 13	44	28	28	4
Montgardon............	603	1331	idem.	6850 86	46	32	32	2
Neufmesnil............	234	532	idem.	3503 »	36	32	32	2
Prétot................	508	811	⊠	6182 »	46	39	39	10
St-Nicolas-de-Pierrepont ..	617	813	La Haye-du-Puits.	5038 05	49	34	34	5
Saint-Remy-des-Landes ..	508	816	idem.	4882 07	52	36	36	7
St-Sauveur-de-Pierrepont.	407	819	idem.	5603 73	50	35	35	6
Saint-Symphorien.......	347	581	idem.	4933 60	45	30	30	1
Surville	331	746	idem.	3088 67	53	39	39	10
Varenguebec	734	2120	idem.	10164 35	50	36	36	7
Vindefontaine	513	838	Prétot.	7271 50	45	41	41	12
CANTON DE LESSAY ¶. Population :								
Lessay.................	1297	2246	⊠	11889 61	36	21	21	»
Angoville-sur-Ay	510	672	Lessay.	5974 59	40	26	26	5
Anneville.............	314	435	Gouville.	2051 25	41	13	13	10
Bretteville-sur-Ay.......	506	980	Lessay.	5910 67	48	30	30	9

Maires.	Adjoints.	Curés et Desservants.	Instituteurs.	Institutrices.

10,095 habitants (15 communes).

MM.	MM.	MM.	MM.	MM^lles
Durville.	Vallet.	*Etienne*.	Lesouef.	Houet.
Robine.	Quesnel.	Chevallier.		Legros.
Cassee-Deslongchamps	Quesnel.	*Lemazurier*.	Robine.	Picot.
Leconte.	Lebargy.	Lechevallier.		Langlois.
Piel-Ferronnière.	Auvray.	Jouvin.		Barbé.
Boisnel.	Frémine.	Templer.		Beauquesne.
Groult.	Lethimonnier	Havel.	Benoît.	Hédouin.
Regnault.	L'Hermitte.	Dauvergne.		Vimond.
Le Breton.	Décley.	Lechartier.	François, dit Lemercier.	Leprovost.
Cte de Gourmont	Regnault.	Anquetil; Delaunay.	Blouët.	Godard, Lebigot.
Lecaplain.	Bosquet.	Larose.	Dujardin.	Corbe.
Marie.	Gravey.	Brégis.	Letellier.	Regnault.
Le Coupé.	Drieu.	Gautier.	Morin.	Godefroy.
Dubois.	Legrand.	Dubois ; Lemare.	Sévaux.	Richet.
Cte de Mobecq.	Dupont.	Lemoigne.	Aumont.	Tétrel.

11,707 habitants (24 communes).

Ducloux.	Dolbet.	*Lepetit*.	Arondel.	Galichère.
Eude.	Perrotte.	Carouge.	Letourneur.	Eudes.
Jean.	Siouville.	Drieu.		Jeanne.
Bonnemain.	Roptin.	Depériers.	Adelée.	Letan.
Canu (Célestin).	Canu (Jacques).	Portais.		Courtel (Mme).
Auvray.	Leledy.	Levillain.		James.
Jean.	Pontus.	Leherpeur.	Lefebvre.	Fauny.
de Beaudrap.	Lemonnier.	de Saint-Jores.	Lefèvre.	Lebiguais.
Hostingue.	Lesage.	Riquier.	Martinet.	Martinet (Mme).
Pitance.	Levesque.	Leguillochet.		Corbet.
Lemarquand.	Pacquet.	Vallée.	Lebled.	Philippe.
Fautrat.	Dufour.	Desplanques.		Gosselin.
Dupin.	Roger.	Hinard.	Lurienne.	Deslandes.
Dolbet.	Doley.	Dauguet.	Lebailly.	Lemoine.
Lemarquand	Picquenot.	Hervieu.	Lirot.	Vautier.
Letourneur.	Roulland.	Picard.		Hacquebey (Mme)
Fortin.	Gancel.	Lebert.	Lemière.	Lecesne.
Letourneur	Hostingue.	Baudry.	Lecauchois.	Mancel (Mme).
Roulland.	Grandin.	Godefroy.	Gautier.	Gautier (Mme).
Lesage.	Quiédeville.	Laforêt, Levatois.	Lesigne.	Enée.
Roptin.	Houel.	Desrez.		Bellanger (Mme).
Courtel.	Hurel.	Duval.	Hamel.	Bosvy.
Tarin.	Eliard.	Voisin.	Pantin.	Lepeley.
De La Martinière ✳.	Leconte.	Ollivier.	Mathey.	Lehodey.

10,835 habitants (13 communes).

Larose.	Tourraine.	*Leroux*.	Colin.	Loret.
Butel.	Brochard.	Durchon.		André.
Chardot.	Renouf.	Hérouard.		Lepage (Mme).
Tirel.	Luce.	Desmottes.	Guesnon.	Fautrat.

NOMS DES COMMUNES.	Population.	Superficie territoriale de chaque commune.	BUREAUX DE POSTE qui desservent les communes.	Principal des 4 contributions directes en 1895.	du département.	judiciaire.	d'arrondissement.	du canton.
					\multicolumn{4}{DISTANCE AU CHEF-LIEU}			

(Distance au Chef-Lieu spans the last four columns: du département, judiciaire, d'arrondissement, du canton)

NOMS DES COMMUNES.	Population.	Superficie	BUREAUX DE POSTE	Principal des contributions	du département.	judiciaire.	d'arrondissement.	du canton.
							Suite du CANTON	
Créances..............	2080	2150	☒	9632 83	39	21	21	3
Geffosses	889	1196	Gouville.	9988 74	39	14	14	12
La Feuillie.............	511	1324	Périers.	4277 10	32	18	18	6
Laulne	483	889	Lessay.	6428 37	36	25	25	6
Millières	920	2030	Périers.	7775 70	31	20	20	8
Pirou	1411	2811	Créances.	11585 25	42	19	19	5
Saint Germain-sur-Ay	642	1876	Lessay.	7382 93	44	23	26	5
Saint-Patrice-de-Claids....	336	559	Périers.	3598 17	32	22	22	9
Vesly..................	936	1637	Lessay.	13778 95	41	26	26	5
				CANTON DE MONTMARTIN-SUR-MER ¶. Population :				
MONTMARTIN-SUR-MER.......	1080	1002	☒	8749 75	41	10	10	»
Annoville..............	843	851	Montmartin-sur-Mer.	7086 67	43	13	13	3
Contrières	565	913	Coutances.	8570 87	38	8	8	7
Hautteville sur-Mer.......	601	339	Montmartin-sur-Mer.	3323 »	40	12	12	2
Hérenguerville	343	271	Quettreville.	2290 50	43	13	13	2
Hyenville	287	331	Coutances.	3001 15	37	7	7	4
Lingreville.............	1364	923	Bréhal.	9908 »	45	15	15	5
Montchaton	584	689	Coutances.	4839 17	38	7	7	4
Orval	1008	1231	idem.	11959 72	36	6	6	8
Quettreville............	1357	1586	☒	13182 68	40	10	10	5
Regnéville.............	1621	921	☒	11511 14	40	11	11	3
Trelly	906	1175	Quettreville.	10798 96	43	13	13	8
				CANTON DE PÉRIERS ¶. Population :				
PÉRIERS............. ..	2689	1453	☒	28756 43	26	16	16	»
Baupte	293	236	Prétot.	2884 66	37	34	34	18
Feugères	687	832	Périers.	7454 42	31	15	15	8
Gonfreville	315	898	idem	4507 60	35	23	23	7
Gorges...............	952	2269	idem.	13258 47	38	25	25	9
Lastelle	170	398	Prétot.	2167 92	38	28	28	12
Le Plessis....	627	1096	idem.	6393 53	35	28	28	12
Marchésieux	1212	1975	Périers.	15250 16	33	20	20	8
Nay	192	249	idem.	1794 33	34	23	23	7
Saint-Germain-sur-Sèves ..	425	819	idem.	6878 42	32	22	22	6
Saint Jores........... ..	784	1375	Prétot	11048 67	40	30	30	14
Saint-Martin-d'Aubigny ...	732	1501	Périers.	10427 27	22	18	18	5
Saint-Sébastien-de-Raids..	451	530	idem.	4296 »	26	19	19	3
Sainte-Suzanne	169	352	Prétot.	2228 30	44	32	32	16
				CANTON DE SAINT-MALO-DE-LA-LANDE ¶. Population :				
SAINT-MALO-DE-LA-LANDE....	407	397	☒	2675 17	40	9	9	»
Agon..................	1590	1237	☒	10558 10	41	11	11	4
Ancteville..............	427	773	St-Malo-de-la-Lande	4860 78	38	8	8	8
Blainville,.............	1526	1280	☒	10270 51	43	18	18	4

Maires.	Adjoints.	Curés et Desservants.	Instituteurs.	Institutrices.

DE LESSAY.

MM.	MM.	MM.	MM.	MM^{lles}
Galuski ✱.	Pacquet.	Adam, Renouf.	Ledoux.	Le Ménager, Gancel.
Fesnien.	Marescq.	Osouf.	Noyer.	Beaufils.
Hue.	Meslin.	Gaslonde.	Ledanois.	Auvray.
Simon.	Grandemange.	Leroux.	Frémont.	Girard.
Fautrad.	Lebreton.	Fras.	Houyvet.	Delaroque.
Leròty.	Saussey.	Levillain.	Barbet.	Chasles.
Mahault.	Ernouf.	Duboscq.	Diendonné.	Lebarbier.
Lecœur.	Lepoil.	Hulmer.		Provost.
Dupray-Beuzeville.	Auvray.	Debout.	Ingouf.	Diesny.

10,479 habitants (12 communes).

Danlos.	Caignon.	Lemasson.	Etienne.	Darthenay.
Courois.	Legallais.	Prével, Couset.	Lebasnier.	Drouet.
Legraverend.	Deguelle.	Auvray.	Cléraux.	Tirbard.
Michel d'Annoville.	Leloup.	Tréhu.	Guillemin.	Esnol.
Delalande.	Cottereau.	Rubé.		Dudouyt.
du Breuil.	Delamare.	Hauvet.		Lengronne.
Leconte.	Liot.	Delacour.	Ozouf.	Leconte.
Delamare.	Nicolle.	Chardot.	Beaufils.	René.
Coulomb.	Le Graverend.	Lefrançois.	Lebasnier.	Ameline.
Paumier.	Dutertre.	Duchemin.	de Saint-Denis.	Addes.
Lelièvre.	Dépériers.	Clouard, Vautier, Montaigne.	Lebargy, Duprey	Lebargy (Mme), Royant, Sohier.
[d'Académie. Mesnage, Officier	Vallet.	Adam.	Lahayé.	Fouchard.

9,698 habitants (14 communes).

Regnault.	Vallée et Leconte.	Dolbet.	Sagot (école supre).	Viard.
Maloisel.	Bagot.	Dumont.		Leclerc.
De la Conté.	Anger.	Paquet.	Simon.	Aubry.
Dujardin.	Martin-Martinière.	Jennequin.		Lenoël.
Crespin.	Sanson.	Leprovost.	Leconte.	Jean.
Delaune.	Dolbet.	Papin.		Lecesne.
Lair.	Guillemin.	Lecluze.	Saugrain.	Quenault.
Oger.	Poullain.	Viard.	Lepage.	Lefilliâtre.
Pacary.	Le Marigny.	Cardin.		Enée.
Palla.	Finel.	Leblond.	Decaen.	Bernard.
Palla (Jean).	Lemière.	Alix.	Alexandre.	Villette.
Lebailly.	Ruault.	Legoubey.	Lerouet.	Laisney.
Le Guelinel.	Pacary.	Canto.	Cirou.	Leclerc.
Ronez.	Robillard.	Laurence.		

9,288 habitants (13 communes).

Jehenne.	Poulain.	Soyer.	Mariette.	Mariette (Mme).
Le Moine.	Estur.	Regnault.	James.	Billard.
Guillot.	Bouillon.	Beaufils.		Roulet (Mme).
Guillot.	Moulard.	Fouque.	Harache.	Tiphaigne.

NOMS DES COMMUNES.	Population.	Superficie territoriale de chaque commune.	BUREAUX DE POSTE qui desservent les communes.	Principal des contributions directes en 1895.	du département.	judiciaire.	d'arrondissement.	du canton.
						DISTANCE AU CHEF-LIEU		
								Suite du CANTON
Boisroger............	405	529	St-Malo-de-la-Lande.	3181 90	41	10	10	4
Brainville............	232	319	idem.	2651 67	37	7	7	4
Gouville..............	1709	1285	☒	10690 24	44	13	13	5
Gratot...............	631	1069	St-Malo-de-la-Lande.	8434 97	35	5	5	4
Heugueville..	535	674	Coutances.	6971 65	42	7	7	6
La Vendelée...........	350	503	idem.	3093 33	35	6	6	8
Montsurvent..........	447	833	Si-Malo-de-la-Lande.	6220 67	41	9	9	6
Servigny	261	395	Coutances.	2769 20	38	7	7	7
Tourville.......	688	903	St-Malo-de-la-Lande.	6725 05	40	8	8	4
			CANTON DE SAINT-SAUVEUR-LENDELIN ¶. Population :					
SAINT-SAUVEUR-LENDELIN...	1530	1639	☒	15589 48	29	10	10	»
Camprond	490	619	Coutances.	3793 37	22	9	9	8
Hautteville-la-Guichard. .	977	1161	Marigny.	8693 95	22	14	14	10
La Ronde-Haye	513	665	St-Sauveur-Lendelin	4648 23	31	12	12	2
Le Lorey	969	1456	Marigny.	11565 17	19	12	12	10
Le Mesnil-Bus..........	651	498	St-Sauveur-Lendelin	4438 40	24	14	14	5
Montcuit..........	425	478	idem.	2972 75	22	13	13	5
Montbuchon	470	764	Coutances.	5732 75	32	6	6	5
Muneville-le-Bingard.....	1013	2000	St-Sauveur-Lendelin	10539 43	34	11	11	3
Saint-Aubin-du-Perron. .	462	750	idem.	5107 33	28	15	15	5
Saint-Michel-de-la-Pierre ..	310	427	idem.	2846 20	28	12	12	5
Vaudrimesnil.......	532	603	Périers.	3924 97	31	13	13	13
			ARRONDISSEMENT DE MORTAIN					
			CANTON DE MORTAIN ¶. Population :					
MORTAIN ⚔	2231	684	☒	18068 89	62	98	»	»
Bion	614	1266	Mortain.	5049 07	66	72	4	4
Fontenay	440	685	idem.	3369 40	67	68	8	8
Le Neufbourg	646	223	idem.	2724 97	62	68	2	2
Notre-Dame-du-Touchet...	1284	1765	idem.	8740 33	71	78	10	10
Rancoudray..........	404	816	idem.	1663 »	68	75	7	7
Romagny..............	1417	2946	idem.	9904 37	67	71	4	4
Saint-Barthélemy	411	679	idem.	2841 93	59	64	4	4
Saint-Clément	967	2420	idem.	5537 45	68	76	8	8
Saint-Jean du-Corail.....	604	1404	idem.	4943 »	67	41	6	6
Villechien	563	1082	idem.	5337 90	69	78	10	10
			CANTON DE BARENTON ¶. Population :					
BARENTON	2516	3535	☒	20063 17	72	78	10	»
Ger...................	2095	3936	☒	11065 84	73	79	14	11
Saint-Cyr-du-Bailleul	1651	2941	Barenton.	13417 93	77	83	15	5
Saint-Georges-de-Rouelley.	1402	2044	idem.	9136 89	87	77	15	5

Maires.	Adjoints.	Curés et Desservants.	Instituteurs.	Institutrices.

Saint-Malo-de-la-Lande.

MM.	MM.	MM.	MM.	MM.
Villedieu.	Letorel.	Lemardeley.	Lelion.	Lecouillard.
Desmottes.	Lerouxel.	Gosselin.		Marie.
Jean.	Quarante.	Adde, Mottin, Pi-	Caubrière.	Leclaire Marescq
		cault.		
Le Rosey.	Robiquet.	Ouin, Duval.	Laisney.	Hersent, Taboret (Mme
Pignet.	Fauchon.	Lemétais.	Barbet.	Hommet (Mme).
Ozon.	Lefebvre.	Hulmel.		Marie
Bonté.	Lejoli.	Gaignon.	Desplanques.	Legoupy.
Robert.	Lalney.	Durier.		Laurent
Dudouyt.	Fauvel.	Blanchet.	Lefebvre.	Lecardonnel.

8,341 habitants (12 communes).

Lemaitre.	Ledentu.	*Fontaine.*	Duval.	Thiébot.
Guesney.	Defonteney.	Anger.	Cousin.	Blin
Gardie.	Legrand.	Bezard.	Julienne.	Guillard.
De Saint-Denis.	Beaucousin.	Drouet.	Patrix.	Sublin.
Osouf	Lechevallier.	Deshayes.	Huard.	Plantegenest.
Campain.	Anger.	Osmont	Anger.	Caillard
Groult.	Lejeune.	Depériers.	Herpin.	Lefrançois.
Tesson.	Lecacheux.	Lenavetier.	Hélie	Jacquet
Toulorge.	De Saint-Denis.	Lemaigre.	Goguelin.	Heuguet.
Lebailly.	Ledot.	Laurence.	Dusiquet	Gosselin.
Laisney	Guilbert.	Huard.		Desvallées.
Rupalley.	Lecanu.	Moutier.	Quesnel.	Anger.

Population : 63,084 habitants.

9,581 habitants (11 communes).

De Bailliencourt	Delaunay.	*Lepeltier.*	Tillaut.	Ravenel.
Hamon	Potier.	Pillay.	Lebugle.	Lebugle (Mme).
Milet.	Couette.	Lepesteur.		Legros.
Brison.	Leperdriel.	Colas-Lavigne.	*réuni à Martain.*	Lanos.
Breillot.	Hardy.	Fouasse.	Hollande.	Jouault.
Ledenais.	Millet.	Lelandais.		
Legrand (Anlo)✳	Raoul.	Lenicolais..	Sineux.	Letenneur, Villâtre (Mme).
Martin.	Clouard.	Jamault.	Finel.	Delaunay.
Delatouche.	Millet.	Lesénéchal.	Desdevises.	Pasquier.
Gaudin de Vilaine	Moisseron.	Dumont.	Legoubey.	Boisroux.
Hamon.	Mondher.	Pasquer.	Liot.	Boisroux.

7,664 habitants (4 communes).

Bechet.	Langlois.	*Desclos.*	Lenoir.	Foinet.
Catelain.	Marivint.	*Houssin.*	Dumont.	Degrenne, Jourdan, Lemarchand.
Heuzé.	Leroux.	Faucheux.	Leménuet.	Girault, Picquenard
Malon.	Le Sergent.	Mauduit.	Provost.	Lemière.

NOMS DES COMMUNES.	Population.	Superficie territoriale de chaque commune.	BUREAUX DE POSTE qui desservent les communes.	Principal des 4 contributions directes en 1895.	DISTANCE AU CHEF-LIEU			
					du département.	judiciaire.	d'arrondissement.	du canton.
CANTON D'ISIGNY. ¶. Population :								
Isigny	314	425	⊠	2432 "	67	68	20	"
Chalandrey	528	768	Isigny.	3674 83	67	63	20	5
La Mancellière	534	750	idem.	3709 93	60	60	18	4
Le Buat	420	457	idem.	2920 90	61	61	20	3
Le Mesnil-Bœufs	360	461	idem.	2398 87	63	63	19	5
Le Mesnil-Thébault	462	969	idem.	3739 80	65	66	24	4
Les Biards	779	1060	St-Hil.-du-Harcouët	6037 47	70	71	23	3
Montgothier	529	750	Isigny.	3901 27	63	63	21	6
Montigny	519	903	St-Hil.-du-Harcouët	4103 75	29	60	15	8
Naftel	226	276	Isigny.	1528 60	64	63	17	4
Vezins	516	775	idem.	4338 83	73	63	27	5
CANTON DE JUVIGNY ¶. Population :								
Juvigny	819	750	⊠	4347 58	60	60	10	"
Bellefontaine	332	673	Juvigny.	2133 83	62	"	4	
Chasseguey	176	306	idem.	1162 47	66	63	11	6
Chérencé-le-Roussel	766	1099	idem.	5229 17	57	57	11	5
La Bazoge	299	580	idem.	2537 20	64	64	8	4
Le Mesnil-Adelée	394	678	idem.	2896 93	58	56	18	8
Le Mesnil-Rainfray	292	1147	idem.	4079 83	63	65	15	5
Le Mesnil-Tôve	629	1174	idem.	4982 25	57	57	13	3
Reffuveille	1237	2334	idem.	7975 47	57	57	17	7
CANTON DU TEILLEUL ¶. Population :								
Le Teilleul ⚖	2159	3048	⊠	17302 42	74	82	14	"
Buais	1313	1779	⊠	8669 22	80	80	17	8
Ferrières	164	345	Buais.	1714 33	77	80	14	6
Heussé	720	1457	Le Teilleul.	4816 70	79	86	18	4
Husson	775	1356	idem.	7325 83	72	78	10	4
Sainte-Marie-du-Bois	254	477	idem.	2547 "	73	80	12	4
Saint-Symphorien	480	675	St Hil.-du-Harcouët	3250 78	81	76	14	14
Savigny-le-Vieux	1108	1716	idem.	7291 25	85	76	19	14
CANTON DE SAINT-HILAIRE-DU-HARCOUËT ¶. Population :								
St-Hilaire-du-Harcouët ⚖	3705	995	⊠	30517 64	77	69	15	"
Chevreville	276	441	St-Hil.-du-Harcouët	2564 78	68	69	13	6
Lapenty	906	1488	idem.	7666 33	75	69	11	7
Le Meshillard	659	977	idem.	4459 18	67	68	11	7
Les Loges-Marchis	1422	1088	idem.	9044 48	81	73	19	4
Martigny	662	888	idem.	4984 57	63	65	16	6
Milly	659	964	idem.	3609 17	75	72	11	7
Moulines	434	731	idem.	3163 08	83	75	17	6
Parigny	1167	1162	idem.	7096 55	74	69	13	2
Saint-Brice-de-Landelles	954	1525	idem.	6722 68	84	77	23	8
Saint-Martin-de-Landelles	1602	1965	idem.	10307 32	84	77	23	8
Virey	1230	1693	idem.	9086 33	80	63	18	5

Maires.	Adjoints.	Curés et Desservants.	Instituteurs.	Institutrices.

5.187 habitants (11 communes).

MM.	MM.	MM.	MM.	MM[les]
Foisil.	Varin.	Leroy.		Vauprès.
Aubert.	Roupnel.	Noël.	Normand.	Letonzé.
Danguy.	Guilmin.	Brault.	Bocage.	Filâtre.
Blouin.	Lehericey.	Lemoine.		Levesque.
Touroul.	Mazier.	Gautier.		Tencé.
Guérin.	Mahé.	Moisseron.		Joret
Davy.	Besnier.	Piton.	Liot.	Hamel.
Lechat.	Sauvé.	Noël.	Travert.	Costentin.
Mazier.	Macé.	Leroux.		Gautier.
Jouenne.	Datin.	Prével.		Roblin.
Morin.	Le Sénéchal.	Languet.		Costard.

5,234 habitants (9 communes).

Grossin.	Damame.	Théot.	Lefranc.	Pierre.
Clouard.	Ledos.	Guesdon.		Herbel.
De Verdun.	Martin.	N...		Esnout.
Bazin.	Loisel.	Jamault.	Jouault.	Couette.
De Saint-Germain.	Hamel.	Challier.		Robert.
Aguiton.	Hédou.	Fromentin.		Dardenne.
Besnier.	Castille.	Grésille.	Colombel.	Aguiton.
Mazure.	Herbin.	Fontaine.	Blondel.	Hamel.
Turquetil.	Levesque.	Gauthier.	Delafontaine.	Poullain.

6,973 habitants (8 communes).

Malon.	Ruault.	Duval.	Lebigot.	Bacaille, Halmel, Bessard
Dupont.	Couillabin.	Villain.	Goupil.	Tencé.
Jouin.	Hélie.	Prével.		Leconte.
Breillot.	Danguy.	Lebedel.	Marie.	Macé.
Louvet.	Buisson.	Fautrel.	Danguy.	Debesne.
Langlois.	Gontier.	Delafosse.		Genson.
Hamon.	Guillemin.	Vautier.		Ecole libre.
Robert.	Tencé.	Lemesle.	Beaumont.	Davoux.

13,675 habitants (12 communes).

Pleutin.	Delaporte, Hamon.	Leroy.	Alexandre (cours compl[re])	Lechanoine.
Viel.	Bochin	Ledos.		Bliard.
Lucas.	Landry.	Gesbert	Lemonnier.	Dugué.
De Beaurepaire.	Bagot.	Cazengel.	Desilles.	Pinard.
Geslin.	Lepauvre.	Margueritte.	Durel.	Théault.
Vaudouer.	Piel	Leburey.	Leteurtois.	Genevée.
Legrand (Art.) ✳	Margerie	Levillain.	Le Capitaine.	Lerover.
Fremin.	Restoux.	Pilley.		Planté.
Martin.	Garnier.	Prével.	Durand.	Leprieur.
Pautret.	Tencé.	Corbe.	Esnouf.	Jeanne.
Frémin.	Angot.	Philippe.	Lelandais.	Costentin.
Pays.	Dupont.	Pillay.	Coulon.	Letimonier.

NOMS DES COMMUNES.	Population.	Superficie territoriale de chaque commune.	BUREAUX DE POSTE qui desservent les communes.	Principal des 4 contributions directes en 85	du département.	judiciaire.	d'arrondissement.	du canton.

CANTON DE SAINT-POIS ¶. Population :

NOMS DES COMMUNES.	Population.	Superficie	BUREAUX DE POSTE	Principal	du dép.	jud.	d'arr.	du cant.
SAINT-POIS...............	749	778	⊠	4100 55	51	50	17	»
Boisyvon..............	221	385	Villedieu.	1529 07	45	43	27	10
Coulouvray-Boishenâtre..	1352	1725	Saint-Pois.	5772 55	45	44	23	6
La Chapelle-Cécelin......	356	522	Villedieu.	2042 50	40	30	28	11
Le Mesnil-Gilbert.......	452	785	Saint-Pois.	3702 30	60	54	15	4
Lingeard.............	203	363	idem.	1322 17	54	54	15	4
Montjoie...	940	1437	idem.	4040 58	54	67	19	3
Saint-Laurent-de-Cuves...	1092	1480	idem	6925 07	55	50	23	5
Saint-Martin-le-Bouillant ..	655	1237	Villedieu.	3493 33	42	40	28	11
Saint-Maur-des-Bois......	283	497	idem.	1876 13	41	37	29	12

CANTON DE SOURDEVAL ¶. Population :

NOMS DES COMMUNES.	Population.	Superficie	BUREAUX DE POSTE	Principal	du dép.	jud.	d'arr.	du cant.
SOURDEVAL ⚒............	3765	3648	⊠	29643 35	82	67	11	»
Beauficel	427	911	Sourdeval.	3806 »	57	61	13	5
Brouains	568	379	idem.	3133 49	57	60	10	8
Gathemo	662	1040	idem.	3924 40	49	57	18	7
Le Fresne-Poret...... .	686	1000	idem.	4643 10	57	73	19	8
Perriers-en-Beauficel	634	931	idem.	4118 60	53	61	14	12
Saint-Martin-de-Chaulieu..	503	788	idem.	3341 83	52	68	18	7
Saint-Sauveur-de-Chaulieu.	180	270	idem.	1296 67	52	68	19	8
Vengeons	1042	1569	idem.	6816 62	50	62	16	5

ARRONDISSEMENT DE VALOGNES.

CANTON DE VALOGNES ¶. Population :

NOMS DES COMMUNES.	Population.	Superficie	BUREAUX DE POSTE	Principal	du dép.	jud.	d'arr.	du cant.
VALOGNES ⚒..........	5791	1748	⊠	67840 86	68	54	»	»
Brix....................	2199	3357	Sottevast.	16880 42	67	64	10	10
Huberville.............	337	576	Valognes.	4501 93	61	58	4	4
Lieusaint...............	280	522	idem.	4935 67	62	50	4	4
Montaigu	758	1471	idem.	7113 42	66	62	8	8
Saussemesnil........ ...	1230	2144	idem.	9671 72	65	62	8	8
Tamerville.............	836	1933	idem.	11703 83	61	57	3	3
Yvetot	874	1246	idem.	13275 84	62	53	4	4

CANTON DE BARNEVILLE ¶. Population :

NOMS DES COMMUNES.	Population.	Superficie	BUREAUX DE POSTE	Principal	du dép.	jud.	d'arr.	du cant.
BARNEVILLE..............	928	573	⊠	6779 14	69	48	29	»
Baubigny	241	644	Barneville.	2199 83	77	56	33	8
Carteret..............	560	509	idem.	3462 53	73	51	30	3
Fierville.............. .	486	745	idem.	4647 83	69	47	23	8
La Haye-d'Ectot	318	730	idem.	3262 32	71	52	28	4
Le Mesnil..............	245	345	idem.	2415 40	66	44	26	6
Les Moitiers-d'Allonne....	924	1712	idem.	7090 58	73	52	29	4
Le Valdécie	256	398	Bricquebec.	1667 83	73	73	19	11

Maires.	Adjoints.	Curés et Desservants.	Instituteurs.	Institutrices.

6,303 habitants (9 communes).

MM.	MM.	MM.	MM.	MM^lles
Cte d'Auray.	Liot.	*Lemouland.*	Leblanc.	Lechartier.
Gaultier de Carville	Lebas.	Belloir.		Bataille.
Martinet.	Pichon.	Leménager.	Belouin.	Pautret.
Haupais.	Le Jamtel.	Béatrix.		Carnet.
Garnier.	Tesnière.	Langlois.		Poulard.
De Saint-Paul.	Vimont.	Faucheux.		Valentin.
Danjou.	Robillard.	Guénier.	Le Becherel.	Dauphin.
Rubé.	Roquet.	Vénisse.	Robine.	Vieillard.
Lair.	Mochon.	Roussel.	Porée.	Lenormand.
Davy.	Legorgeu.	Viel.		Gontier.

8,467 habitants (9 communes).

Labiche.	Almin, Allix.	*Payen.*	Simon, Vaugrente.	Lecrosnier, Vaugrente (Mme
Vaullegeard.	Danjou.	Delaunay.		Cousin.
Lefrançais.	Delabreuaise.	Turquetil.	Tesnière.	Coursin.
Laumonnier.	Champion.	Bonnel.	Poulain.	Abraham.
Buffard.	Levallois (Auguste).	Restout.	Lemercier;	Blin.
Davy.	Caraby.	Saoul.	Suzanne.	Rodde (Mme).
Lebigot.	Badiou.	Lerée.		Bulot.
Gallet.	Bazin.	Leriche.		Desqué.
Poisnel.	Duval.	Tesnière.	Gautier.	Lepelley.

Population ; 73,855 habitants.

12,305 habitants (8 communes).

Oury.	Viel, Baudry.	*Henry,* Gamas, à Saint-Joseph.	Gondouin.	Gouesmel.
Pasquier.	Langevin.	*Sellier.*	Legoupil.	Chastan.
Avoinne.	Mouchel.	Levallois.		Quinette.
Lecrivain.	Villard.	Lebédel.		Noël.
Hamel.	Varin.	Divetain.	Lefèvre.	Laisney.
de Mondésir.	Touraine-Desvaux.	Lerosier, Lesauvage.	Lebeslanger, Marguerite.	Chabey Mme).
Jaunet.	Le Marotel.	Yvelande.	Cord'homme.	Pilet.
Herquin.	Fenard.	Robin.	Leprieur.	Laurent.

8,134 habitants (16 communes).

Mahieu.	Dumouchel.	*Hamelin.*	Voisin.	Duval.
Larquemin.	Sibran.	Noël.		Lequertier
Lepelletier.	Subileau.	Avenette.	Aubel.	Aubel (Mme).
Lerouvillois.	Lepetit.	Lefebvre.	Lepourry.	Roger.
Lechevallier.	Buttet.	Godemer.	Legros.	Lemouton.
Henry.	Lavechef (Jean).	Sebier		Ambroise.
Leprévost.	Mabire.	Mautalent	Lemesle.	Burnel (Mme).
Roberge.	Lepaumier.	Beaucousin.		Broquet (Mme).

NOMS DES COMMUNES.	Population.	Superficie territoriale de chaque commune	BUREAUX DE POSTE qui desservent les communes.	Principal des 4 contributions directes en 1803.	du département.	judiciaire.	d'arrondissement.	du canton.
						Suite du CANTON		
Ourville...............	610	1134	Portbail.	7813 93	62	41	38	8
Portbail	1674	2013	⊠	16640 58	64	43	29	6
Saint-Georges-de-la-Rivière	316	322	Barneville.	2462 25	67	46	32	3
Saint-Jean-de-la-Rivière...	239	358	*idem.*	2377 33	68	47	31	2
Saint-Maurice	370	745	*idem.*	3689 08	59	48	26	5
Saint-Pierre-d'Arthéglise..	271	539	*idem.*	1512 33	74	51	23	8
Senoville..............	282	717	*idem.*	3011 "	77	53	23	8
Sortosville-en-Beaumont..	414	1024	*idem.*	3653 52	75	57	24	7
			CANTON DE BRICQUEBEC ¶. Population :					
BRICQUEBEC..............	3661	5142	⊠	37269 53	70	52	13	"
Breuville......	407	841	Sottevast.	3642 17	78	62	16	10
Les Perques	251	485	Bricquebec.	2378 08	74	53	18	5
Le Vrétot......	800	2056	*idem.*	9149 08	77	59	20	7
Magneville.............	520	919	*idem.*	7207 83	62	51	10	9
Morville..............	362	708	Valognes.	6324 "	63	51	6	11
Négreville	1013	1642	*idem.*	11352 57	63	55	6	7
Quettetot	663	1343	Bricquebec.	5650 83	74	56	17	4
Rauville-la-Bigot	816	1716	Sottevast.	7136 29	78	60	17	8
Saint-Martin-le-Hébert....	187	213	*idem.*	1497 "	75	57	32	5
Sottevast	821	1085	⊠	7380 03	70	62	76	7
			CANTON DE MONTEBOURG ¶. Population					
MONTEBOURG	2049	588	⊠	19373 88	51	56	7	"
Azeville	181	300	Montebourg.	2384 33	49	54	14	7
Ecausseville............	151	524	*idem.*	4925 60	49	55	11	4
Emondeville............	421	520	*idem.*	6338 33	48	54	11	4
Eroudeville.............	173	487	*idem.*	3931 17	50	58	9	2
Flottemanville..........	262	485	*idem.*	4718 34	56	51	4	5
Fontenay-sur-Mer........	432	814	*idem.*	7465 42	52	58	12	5
Fresville	642	1389	*idem.*	13610 67	47	51	13	6
Hémevez................	240	430	*idem.*	4177 33	59	49	6	6
Joganville	131	287	*idem.*	2775 80	49	53	10	3
Le Ham	242	387	*idem.*	4311 46	56	50	10	5
Lestre.................	543	764	*idem.*	6827 33	60	64	11	8
Ozeville	213	409	*idem.*	2064 92	56	60	11	4
Quinéville	318	460	*idem.*	4396 58	57	63	14	7
Saint-Cyr.............	223	570	*idem.*	3681 50	54	60	5	4
Saint Floxel.............	524	846	*idem.*	8134 97	53	57	9	2
St-Germain de-Tournebut..	613	1391	Valognes.	8817 37	58	62	8	6
Saint-Marcouf...........	640	1353	Montebourg.	11887 08	50	56	15	8
Saint-Martin-d'Audouville.	252	361	*idem.*	3490 03	56	61	9	5
Sortosville	138	248	*idem.*	1998 48	56	52	6	4
Urville	287	515	*idem.*	4526 50	59	48	7	7
Vaudreville	164	302	*idem.*	1914 "	55	60	10	4

Maires.	Adjoints.	Curés et Desservants.	Instituteurs.	Institutrices.

DE BARNEVILLE.

MM.	MM.	MM.	MM.	MM^{lles}
Noël.	Henry.	Jouninet.	Dumouchel.	Fauvel.
Leheuzey.	Bouchard.	Mahieu, Lesellier.	Besnard.	Lizieux.
Luce.	Néel.	Fourmage.	Joret.	Goupillot.
Cauchard.	Giot.	Legigan.		Lebreton.
Burnel.	Lecerf.	Bazurais.		Le Basnier.
Desprey.	Goderel.	Raulin.		Halbecq.
Lesauvage.	Mauger	Levallois.		James (Mme).
Desprez.	Cosniam.	Gréard.		Vrac.

9,501 habitants (11 communes).

Prével.	Anquetil, Brasy.	Lebreton , Marie, Desplanques.	Lecavelier.	Geffroy, Retout, Poulard.
Lemarinel.	Jeanne.	Digard.	Hubert.	Beuve.
Couppey.	Cosnefroy.	Lesavourey.		Racine (Mme).
Mendred.	Le Terrier.	Lemarinel.	Lelong.	Ledanois.
Lemarié.	Duchemin	Lecavelier.	Doucet.	Doucet (Mme).
Gamas.	Martin.	Folliot.	Bardet.	Bédouin.
Picquenot	Lepetit.	Gardin.	Herbin.	Leconte (Mme).
Le Rouvillois.	Fércy.	Anger.	Quoniam.	Garnier.
Le Marchand.	Pellerin.	Mabire.	Fossey.	
Helland.	Mabire.	Lemarinel.		Lesavourey.
Jacqueline.	Mabire.	Leneveu.	Lemoyne.	Leroy (Mme).

8,845 habitants (22 communes).

Fremin.	Burnouf.	Lefoulon.	Le Tourneur.	Leroyer.
Féron.	Dorey.	N...		Sonnet.
Groult.	Pinel.	Caillebotte.		Leroux.
Legoupil (Charles).	Legoupil (Homère).	Leblastier.	Pilard.	Lemonnier.
David.	Agasse	Boullot.		Anne.
Lecacheux.	Huet	Godefroy.		Rinet.
Laffoley.	Jouanne.	Onfroy, Lemoine.	Sollier.	Sollier (Mme).
Lecouffet.	Duchemin.	Gohel	Malassis.	Brière.
Vivien.	Gilles.	Cauvet		Figon (Mme).
Folliot.	Marie.	Dodeman.		Liot.
Buhot.	Navet.	Vermont.		Lefèvre (Mme).
Rolland.	Tiphaigne.	Guyot	Lemennier.	Paisnel (Mme).
Drouin.	Hamel.	Levesque.		Doré.
Ferrand.	Legendre.	Durand.	Vimont.	Bigard.
Fortin.	Lebarbanchon.	Anfray.		Lebarbenchon.
Frigot.	Picot.	Quesnel.	Antoine.	Bigard.
Bon Baillod.	Gibert.	Lemennicier.	Thomelin.	Vilquin.
Postel.	Le Métais.	Godefroy.	Marie.	Vauprès, Lehuby.
Tillard.	Pouppeville.	Benoist.		Roulois.
Dupont.	Lemoigne.	N...		Corduan.
Lechevalier.	Lebartel.	Roulland.		Jamard.
Leroy.	Hallot.	Ogé.		Lehadouey.

NOMS DES COMMUNES.	Population.	Superficie territoriale de chaque commune.	BUREAUX DE POSTE qui desservent les communes.	Principal des 4 contributions directes en 1893.	DISTANCE AU CHEF-LIEU			
					du département.	judiciaire.	d'arrondissement.	du canton.
CANTON DE QUETTEHOU ¶. Population :								
QUETTEHOU	1238	1620	⊠	18388 58	65	70	16	»
Anneville-en-Saire	557	600	⊠	9574 13	70	75	21	5
Aumeville-Lestre	187	244	Quettehou.	1975 »	60	64	13	6
Barfleur	1135	71	⊠	5802 87	74	79	25	9
Crasville	341	717	Quettehou.	5661 23	59	64	11	6
La Pernelle	406	715	idem.	5652 23	69	74	20	4
Le Vicel	275	474	Anneville-en-Saire.	3234 67	71	75	21	5
Montfarville.....	1181	542	Barfleur	10952 90	73	77	25	8
Morsalines	362	365	Quettehou.	3824 40	63	68	15	3
Octeville-la-Venelle	406	686	idem.	5305 20	58	63	11	7
Réville	1512	1064	St-Vaast-la-Hougue.	15451 80	71	76	22	7
Sainte-Geneviève	450	495	Barfleur.	8834 »	74	78	24	8
Saint-Vaast-la-Hougue ⚓ .	2713	633	⊠	24682 85	68	73	19	3
Teurthéville-Bocage......	1075	2146	Le Vast.	16128 83	65	68	12	7
Valcanville	669	645	Anneville-en-Saire.	8823 »	73	74	20	7
Videcosville...	154	251	Quettehou.	1583 83	59	65	12	7
CANTON DE SAINTE-MÈRE-EGLISE ¶. Population :								
SAINTE-MÈRE-EGLISE	1450	1770	⊠	25691 56	41	47	17	»
Amfreville	683	1010	Sainte-Mère-Eglise.	8839 83	47	44	16	6
Angoville-au-Plain	100	573	Ste-Marie-du-Mont	5135 »	34	40	26	9
Audouville-la-Hubert.....	188	640	Sainte-Mère-Eglise.	6214 »	43	48	24	5
Beuzeville-au-Plain......	86	204	idem.	2499 93	45	50	19	3
Beuzeville-la-Bastille ...	334	433	Pont-l'Abbé (Picau- [ville)	4460 39	46	39	21	8.
Blosville	372	422	Sainte-Mère-Eglise.	4633 67	37	42	21	4
Boutteville............	145	182	Ste-Marie-du-Mont.	2445 »	41	44	24	7
Brucheville	296	1344	idem.	13361 17	43	45	27	10
Carquebut	495	825	Ste-Mère-Eglise.	10080 37	42	46	22	5
Chef-du-Pent	376	376	idem.	4760 83	41	44	20	3
Ecoqueneauville	143	352	idem.	3485 »	31	47	20	3
Foucarville	256	505	idem	5899 92	47	52	19	7
Gourbesville	403	816	idem.	7733 83	52	44	15	8
Iliesville............ ...	140	403	Ste-Marie-du-Mont.	4730 67	38	43	23	7
Houesville	370	499	idem.	4200 58	35	40	24	7
Liesville........	308	618	Sainte-Mère Eglise.	4840 96	36	43	28	11
Neuville-au-Plain	216	470	idem.	4037 17	44	34	15	3
Picauville	2535	1906	Pont-Labbé.	28929 27	47	41	18	10
Ravenoville	518	1167	Sainte-Mère Eglise	10419 50	48	54	17	7
St-Germain-de-Varreville..	252	583	idem	5604 67	46	51	19	7
Sainte-Marie-du-Mont .	1298	2830	⊠	25281 83	38	44	26	9
Saint-Martin-de-Varreville .	340	836	Sainte-Mère-Eglise	7173 25	46	51	21	9
Sebeville........	92	288	idem.	2917 »	38	44	22	5
Turqueville	303	520	idem.	5753 75	43	49	21	4
Vierville..............	95	396	Ste-Marie-du-Mont.	3542 »	36	41	27	10

Maires.	Adjoints.	Curés et Desservants.	Instituteurs.	Institutrices.

12,661 habitants (16 communes).

MM.	MM.	MM.	MM.	MM^lles
Glatigny.	Vimont.	*Duret*.	Postel.	Chalant.
du Mesnildot.	Hébert.	Lanon.	Guilbert.	Lemarinel.
Fortin.	Gallis.	Lecler.		Berson.
Hay.	Lepart.	Cauchon.	Belliard.	Lecaudey.
Basroget ?	Onfroy.	Lenable.		Eudet.
Lapierre.	Enault.	Joret.	Lecostey.	Moisy.
Barreaux.	Bourdot.	Letourneur.	Simon.	Germaine.
Hébert.	Debrix.	Vastel.	Magnin.	Lefranc.
Joly.	Leguay	Leconte.	Mauviel.	Lecaudey.
Tiphaigne.	Lescot.	Lemieux.	Laurent.	Guibert.
De Caumont.	Desperques.	Leroy.	Simon.	Beuf.
Langlois.	Mauviot.	Lefèvre.	Avoine.	Renouf.
Hamelin.	Ardouin, Bidault.	*Jouenne*.	Courtois.	Hubert.
Guérin.	Bouché.	Bedel.	Dubost.	Beillard.
Anthouard.	Mouchel.	Blestel.	Duchêne.	Gosselin.
Godefroy.	Cartot.	Bouillon.		Ruault.

11,814 habitants (26 communes).

Maires.	Adjoints.	Curés et Desservants.	Instituteurs.	Institutrices.
Hairon.	Butel.	*Gautier*.	Mabire.	Lair.
Ferey.	Besnard.	Dumoncel.	Laronche.	Lecocq.
Bertin.	Damecour.	Lehérissey.		Lemarchand.
Artu.	Brohier.	Lefèvre.		Gilles.
Mouton.	Milet.	N...	*Réuni à St-Germain-de-Varr*.	
Mis de Beauffort.	Fautrat.	Blanchère.	Robin.	Hérouard.
Paindextre.	Lepelletier.	Bessin.	Mahier.	Hulmel.
Lecartel	David.	Lecot.		Savary.
Levavasseur.	Lecaudey.	Langlois.		Le Baron.
Lécuyer.	Chevreuil.	Vindard.	Thiébot.	Beslon.
Rachine	Guilbert.	Paisant.	Delacour.	Lebourg (Mme).
Marie.	Clément-Compère.	Auvray.		Costentin.
Letellier.	Besnard.	Joly.		Heurtault.
Levavasseur.	Blaizot.	Hurel.	Blanguernon.	Desplanques.
Corbin-Desmannetaux.	Caillemer.	Aubrée.		
				Lebouteiller.
Simon	Vautier.	Leduc.		Perrodin.
Houtteville.	Langlois.	Homo.		Demelun.
Liot.	Rabé.	Simonne.		Legarand.
Vte d'Aigneaux.	Sadot.	Lepourry.	Dacier.	Levesque.
Masson.	Leprelle.	Collette.	Hérout.	Lediot.
Cte de Maquillé.	Huet.	Lair.		Nativelle.
Lecacheux.	Renouf.	Marion.	Beillard.	Hersent.
Prémont.	Dupuis.	Caruel.	Dufour	Brunel.
Roublot.	Ledolay.	N...	*Réuni à Blosville*	
Maillard.	Duvernois.	Poignant.	Levionnois.	Lemarchand.
Levert.	Leloup.	N...		Leréverend

8

NOMS DES COMMUNES.	Population.	Superficie territoriale de chaque commune.	BUREAUX DE POSTE qui desservent les communes.	Principal des 4 contributions directes en 1895.	DISTANCE AU CHEF-LIEU			
					du département.	judiciaire.	d'arrondissement.	du canton.
CANTON DE SAINT-SAUVEUR-LE-VICOMTE 9. Population :								
St-Sauveur-le-Vicomte ◪ ..	2668	3523	⊠	31018 60	55	30	14	»
Besneville	957	1826	St-Sauveur-le-Vic^te .	10775 11	62	36	23	8
Biniville	154	298	idem.	2243 33	54	47	10	6
Catteville	216	456	idem.	2771 »	64	35	10	4
Colomby	661	1116	Valognes.	9867 67	57	48	»	9
Crosville.............	177	406	St-Sauveur-le-Vic^te .	3285 »	52	43	18	5
Etienville	837	737	Pont-Labbé.	7018 »	40	30	16	8
Golleville	309	546	St-Sauveur-le-Vic^te.	5477 »	61	40	11	7
Hautteville........... .	140	422	idem.	3061 »	54	46	11	7
La Bonneville	318	631	idem.	5057 67	50	42	14	7
Les Moitiers-en-Beauptois.	423	776	Pont-Labbé.	5349 17	49	37	19	11
Néhou..................	1625	3642	St-Sauveur-le-Vic^te.	20031 61	59	49	15	7
Neuville-en-Beaumont . ..	155	168	idem.	1387 47	64	33	22	7
Orglandes..	586	926	idem.	9460 25	53	44	10	8
Rauville-la-Place	763	1186	idem.	10795 37	54	41	16	3
Reigneville	68	227	idem.	1066 »	52	49	13	7
Sainte-Colombe.........	244	499	idem.	3549 33	58	44	13	6
Taillepied.............	94	214	idem.	1491 73	51	44	26	5

Maires.	Adjoints.	Curés et Desservants.	Instituteurs.	Institutrices.

10,395 habitants (18 communes).

MM.	MM.	MM.	MM.	MM^{lles}
Pain.	Cumont, Mauger.	*Cléret* ; Aubert, Le-freteur.	Fleury.	Passilly, Folliot.
Suret.	Cauvin.	Lamusse.	Mesnage.	Périer.
Lebreton.	Taillefesse.	Briant.		Bernard.
Langlois.	Giot.	Blestel.		Marie.
Lelong.	Bellin.	Viel.	Plantegenest.	Hébert.
Duchemin.	Burnouf.	Tencé.		Ameline.
Lagouche.	Cauvin.	Hamel.	Rouland.	Leroux.
De la Bratonnière.	Lebrun.	Jacques.	Pays.	Lecaplain.
Varengue.	Aubert.	Sébline.		Lehoux.
Lescroël-Desprez	Yonnet.	Luce.	Leprovost.	Fouilleul.
Cottin.	Enquebec.	Jourdan	Enquebec.	Roblot.
Laniepce.	Racine.	Etienne, Lamy.	Adelus, Dudouit.	Maillard, Pasturel.
Falaize.	Cuquemel.	Durier.		Lecornu.
Cadic.	Lecappon.	Lebourgeois	Avoine.	Denis.
Gamas.	Lehadouey.	Durel.	Marienne.	Dennebouy.
Burguet.	Josse.		*réuni a Orglandes*	
Desprez.	Blandamour.	Allaire.	Villedieu.	Desmont.
Mauger.	Meslin.	Deslandes.		Hennequin (Mme)

POLICE GÉNÉRALE.

Commissaires de Police.

Arrondissement de Saint-Lo. — **MM.** Adam, commissaire de police, à Saint-Lo ; Dréano, à Carentan.

Arrondissement d'Avranches. — **MM.** Fourquié, commissaire de police, à Avranches ; Mangon, idem à Granville ; Rheinhart, commissaire spécial de police sur les chemins de fer de l'Ouest et du port ; Séquiès, commissaire de police, à Villedieu.

Arrondissement de Cherbourg. — **MM.** Graverol, commissaire central de police, à Cherbourg ; Labouérie et Parisot de Sainte-Marie, commissaires de police à Cherbourg ; N...., commissaire spécial.

Arrondissement de Coutances. — **M.** Freyburger, commissaire de police, à Coutances.

Arrondissement de Valognes. — **M.** Cazalas, commissaire de police à Valognes.

ORDRE JUDICIAIRE.

COUR D'APPEL DE CAEN.

MM. Houyvet C ✻ O. I. P., premier président ; Tiphaine ✻, Hue ✻, présidents ; Guicherd ✻, Hoffmann ✻, Manchon, Surcouf, Victor Clément ✻, Duchemin, Aymé, Piquet, Osmont de Courtisigny, Lenoël, Laubet, Villey-Desmeserets, Delamare, Dureteste, Le Maître, conseillers.

MM. Faguet O ✻, procureur général, Lerebours-Pigeonnière ✻, Vaudrus, avocats généraux ; Milliard, Mazière, substituts ; Solange, greffier en chef, Bottet, Marie, W. Delarue, commis greffiers.

Membres honoraires.

MM. Pochonnet, président; Turbout ✻ O. A., Le Mare, conseillers.

Composition des Chambres de la Cour d'appel de Caen, pendant l'année judiciaire 1894-1895.

Première Chambre.

Audience les lundi, mardi, mercredi et jeudi.

MM. Houyvet C ✻, O. I. P., premier président ; Hue ✻, président; Guichard ✳, Clément ✳, Aymé, Piquet, Osmont de Courtisigny, Villey-Desmeserets, Delamarre, conseillers.

MM. Faguet, O ✳, procureur général ; Lerehours-Pigeonnière ✳, avocat général ; Solange, greffier en chef ; Bottot, commis-greffier.

Deuxième Chambre.

Audience les mercredi, jeudi, vendredi et samedi.

MM. Tiphaigne ✳, président, Hoffmann ✳, Manchon, Surcouf, Duchemin, Lenoël, Laubet, Dureteste, Le Maitre, conseillers ; Vaudrus, avocat général ; W. Delarue, commis-greffier.

Chambre des mises en accusation.

Audience le mercredi.

MM. Hue, ✳, président ; Clément ✳, Aymé, Osmont de Courtisigny, Delamarre, conseillers ; Milliard, Mazière, substituts ; Marie, commis-greffier.

TRIBUNAUX DE PREMIÈRE INSTANCE.

La Cour d'assises de la Manche siège à Coutances, sous la présidence d'un conseiller à la Cour d'appel de Caen ; elle tient au moins quatre sessions par an, l'ouverture de chacune des sessions est ordinairement fixée au commencement des mois de *mars, juin, septembre* et *décembre.*

Tribunal civil séant à Saint-Lo.

Audiences : *mardi,* police correctionnelle ; — *vendredi,* rapports, affaires venant à bref délai ; — *mercredi* et *jeudi,* affaires du rôle suivant la fixation ; — *samedi,* affaires de prompte expédition, publications et vente.

Président. — M. Lemonnier de Gouville.

Juges. — MM. Simon et Cusson.

Juge suppléant. — M. Le Campion, chargé de l'instruction.

Parquet. — MM. Simon, *procureur de la République* ; Regnault, *substitut.*

Greffe. — MM. Sicot, *greffier* ; Lorence et Jeanne dit Baudry, *commis-greffiers.*

Avocats. — MM. Dieu, Amiard, *bâtonniers,* Lelong, Hardouin, Guillot, Pannier-Lachaussée, Leclerc.

Stagiaires. — M. Lebas.

Avoués. — MM. Dussaux, *président ;* Joanne, Thouroude, *syndic ;* Pottier, Lehuré, *rapporteur ;* Fougeray, Lecouillard, *secrétaire.*

Huissiers. — Hébert, *syndic ;* Fauvel, *rapporteur ;* Hennequin, *membre ;* Alaterre, *trésorier ;* Thomine, *secrétaire.*

Audienciers du Tribunal civil. — MM. Jeanne, Hébert, Sinel.

. *Audiencier de la Justice de Paix.* — M. Heaumé, huissier à Saint-Lo.

Audiencier du Tribunal de commerce. — M. Thomine, huissier à Saint-Lo.

Huissiers résidant à Saint-Lo. — MM. Jeanne, Hébert, *secrétaire,* Sinel, Thomine, Heaumé, Alaterre.

Huissiers résidant dans l'arrondissement. — MM. Lenoël, à Saint-Clair ; Fauvel, *syndic,* à Cerisy-la-Forêt ; Rogues, à Carentan ; Fontaine, à Pont-Hébert ; Hennequin, à Percy ; Racine, à Torigni-sur-Vire ; Fauvel, à Tessy-sur-Vire ; Leforestier, à Marigny.

Assistance judiciaire. — MM. Delisle, receveur de l'enregistrement ; Lebas, notaire honoraire ; Sicot, *secrétaire ;* Pottier, avoué ; Ménard, vice-président du Conseil de Préfecture ; Amiard, bâtonnier de l'Ordre des avocats, *président.*

Tribunal de commerce de Saint-Lo.

Audience le *vendredi,* à deux heures de l'après-midi.

Président. — M. Dyvrande.

Juges. — MM. Guillon, Leparquois, Letréguilly.

Juges suppléants. — MM. Genson, Le Tual.

Greffe. — MM. Lebret, *greffier ;* Guérard, *commis-greffier.*

MM. Vaudouer et Lefebvre, agréés et syndics.

Tribunal civil séant à Avranches.

Audiences : *mercredi,* police correctionnelle ; — *jeudi et vendredi,* affaires civiles ; — *samedi,* affaires urgentes sur requête, rapports, référés et adjudications

Président. — M. Legrin, O. A.

Juges. — MM. Ponroy, *juge ;* Lemarchand, *juge d'instruction.*

Juges suppléants. — MM. Scelles, de la Broise.

Parquet. — M. Osmond de Courtisigny, *procureur de la République.*

Greffe. — MM. Bamoule, *greffier ;* Gombert et Gilbert, *commis-greffiers.*

Avocats. — MM. Simon, *bâtonnier ;* Lemonnier, Layne, Frémin, Ouvrard, *secrétaire ;* Scelles, Rachine, V. Le Montier ; *stagiaire :* Sauvage.

Avoués. — MM. Blanchet, *président ;* Heuvrard, *syndic ;* Saussey, Normand, Lecuir, Davy, *secrétaire-trésorier ;* Fontaine, *avoué honoraire.*

Huissiers audienciers. — MM. Lemasle, *syndic ;* Jean, Artur, Sauvaget.

Huissiers résidant à Avranches. — M. Fournerie.

Huissiers résidant dans l'arrondissement.—MM. Yver, Goumault, à Brécey ; Berthelot, à Ducey ; Vallée, Chesnoy, Quinette, à Granville ; Esnol et Guichard, à La Haye-Pesnel ; Davy et Goussé, à Pontorson ; Robert, Feudé, à Saint-James ; Fouasse, à Sartilly ; Angot, Aze, à Villedieu.

Assistance judiciaire. — MM. Piel-Desruisseaux, ancien notaire, *président ;* Leménicier, sous-préfet ; Provost, receveur de l'enregistrement ; Simon, avocat ; Lecuir, avoué ; Bameule, *secrétaire.*

Tribunal de commerce de Granville.

Le ressort de ce Tribunal embrasse tout l'arrondissement d'Avranches. Audience le *jeudi.*

Président. — M. Dior.

Juges. — MM. Béguin, fils, Leroy, Tronion, Biard.

Juges suppléants.—MM. Encoignard, Requier, Desjardins, Malzard.

Greffier. — M. P. Ollivier, Th. Paturel, *commis-greffier* assermenté.

Il n'y a pas d'agréés ; MM. Dupérouzel, avocat ; V. Le Montier, docteur en droit, avocat ; Dauvin, Lemétayer, Houel, Godefroy et Dupont, agents d'affaires.

Tribunal civil séant à Cherbourg.

Audiences : *lundi,* affaires correctionnelles ; *mardi et mercredi,* affaires civiles ; *jeudi,* adjudications.

Président. — M. Théry ✳, O. I. P.

Juges. — MM. Lefrançois O. A., *juge d'instruction* ; Ameline, Bernard, *juges* ; Delmas, *juge suppléant.*

Parquet. —MM. Marchand, *procureur de la République ;* Malençon, *substitut.*

Greffe. — MM. Hauvet, *greffier* ; Oury et Lamache, *commis-greffiers.*

Avocats. — MM. Boullement-d'Ingremard, Lucas, A. Liais, Lecarpentier, Legrin, Courtois, Léon Favier, Vrac.

Avoués. — MM. Lemagnoet, Féron, Francis Brière, Drouet, *trésorier et secrétaire ;* Leblond, *président.*

Huissiers audienciers. — MM. Lebastard, Doré, Jamot.

Tribunal de commerce. — MM. Lebastard, Lemonnier, Doré et Jamot.

Justice de Paix. — MM. Lebastard, Doré et Jamot.

Huissiers résidant dans l'arrondissement. — MM. Léger, aux Pieux ; Lavalley, à Saint-Pierre-Eglise ; Rébuffet, à Octeville.

Assistance judiciaire (séance le premier samedi de chaque mois) : MM. Guillemin, conservateur des hypothèques, *président ;* Diény, sous-préfet ; Lecarpentier, avocat ; Roberge, notaire honoraire ; Le Blond, avoué ; Hauvet, greffier, *secrétaire.*

Tribunal de commerce de Cherbourg.

Audience le *vendredi*.

Président. — M. Hainneville.

Juges. — MM. Langlois, Menut, Noyon, Jourdan.

Juges suppléants. — MM. Flamary, Brun, Lempérière, Séhier.

Greffier. — M. Dutot.

Tribunal civil séant à Coutances.

Président. — M. Jartel.

Juges. — MM. Goujon de Saint-Thomas, *juge d'instruction ;* Renault, Benoist, *juges ;* Rabec, Delauney, *juges suppléants.*

Parquet. — MM. Dudouyt, *procureur de la République ;* Marie, *substitut.*

Greffe. — MM. Dorléans, *greffier ;* Duval, Levenard et Chauviret, *commis-greffiers.*

Audiences : *lundi*, criées à 10 heures du matin ; correctionnelle à midi ; *mardi*, *mercredi* et *jeudi*, audience civile à midi.

Avocats. — MM. Marie, Guidon, Dupérouzel, *secrétaire ;* Chevalier, Rabec, Gritton, Amy-Larivière, Leterrier, *bâtonnier.*

Avocats stagiaires. — MM. Fauvel, Maundrell, Beuville.

Avoués. — Lejolivet, Vieillot, *secrétaire-trésorier ;* Jean, *président ;* Daniel, Conrairie, *syndic ;* Saffrey, *rapporteur.*

Huissiers audienciers. — MM. Rachinel, Voisin, Anquetil, Néel, Guérin, Lecrosnier.

Tribunal de commerce. — MM. Voisin, Canivet.

Huissiers résidant à Coutances. — MM. Anquetil, Lecrosnier, Voisin, Canivet, Néel, Guérin, Rachinel.

Huissiers résidant dans l'arrondissement. — MM. Goueslain, à Bréhal ; Rupé, à Cérences ; Chardine, à Cerisy-la-Salle ; Bezard, à Gavray ; Blanchet, Genvrin, à la Haye-du-Puits ; Leroux, à Prétot ; Navarre, à Lessay ; Robiquet, à Gratot ; Guillon, à Quettreville ; Haran, Lemoine, à Périers ; Bœufs, à Saint-Sauveur-Lendelin.

Assistance judiciaire. — MM. A. Regnault, sous-préfet, *président ;* Boissel-Dombreval, *vice-président ;* Saffrey, avoué ; Leterrier, avocat ; Bazin, receveur de l'enregistrement ; Dorléans, *secrétaire.*

Tribunal de commerce de Coutances.

Audience le *samedi*, à 10 heures du matin.

Président. — M. Daireaux.

Juges. — MM. Jouvet, Bidel, Gosselin.

Juges suppléants. — MM. Chauvel, Lemercier.

Greffier. — M. Lemoine.

Il n'y a pas d'agréés.

Tribunal civil séant à Mortain.

Cet arrondissement n'a pas de juridiction consulaire ; c'est le Tribunal de première instance qui juge les affaires commerciales. — Audiences : *jeudi* et *vendredi*, affaires civiles ; — *samedi*, police correctionnelle, affaires commerciales et criées.

Président. — M. Lefaverais.

Juges. — MM. Hommet et David.

Juges suppléants. — MM. N...

Parquet. — M. Guilmard, *procureur de la République.*

Greffe. — MM. Sesboüé, *greffier ;* Legoux, *commis-greffier.*

Avocats. — MM. Lecrecq, Champs, Jossel, Millet, Meslay.

Stagiaires. — MM. Hémery, Bidois.

Avoués.—MM. Lesoudier, *rapporteur ;* Poullain, Delaunay, *président ;* Radoul, *secrétaire-trésorier ;* Jarnouën de Villartay, *syndic ;* Sauvé.

Huissiers audienciers. — MM. Le Baron, Raine et Boucherie, résidant à Mortain.

Huissiers résidant dans l'arrondissement. — MM. Lemoine, à Barenton ; Calé, à Isigny-Paindavaine ; Lémoussu, Le Paintheur, à Saint-Hilaire-du-Harcouët ; Doré, à Juvigny-le-Tertre ; Desfeux, à Saint-Pois ; Bagot et Lechapelais, à Sourdeval; Boutry, au Teilleul.

Assistance judiciaire. — MM. Salanson, Sous-Préfet ; Poullain, avoué ; Gérard, ancien avocat ; Fouilleul, receveur de l'enregistrement ; Champs, avocat ; Sesboüé, *secrétaire.*

Tribunal civil séant à Valognes.

L'arrondissement n'a point de juridiction commerciale, c'est le Tribunal de première instance qui juge les affaires de cette nature. — Audiences : *mardi*, affaires de commerce, d'expédition, d'adjudication ; — *mercredi* et *jeudi*, affaires du rôle général , *vendredi*, police correctionnelle ; — *samedi*, rapports en toutes matières ; jugements en Chambre du Conseil.

Président. — M. Le Clerc.

Juges. — MM. Job, *juge d'instruction ;* Piton.

Juges suppléants. — MM. Costard, Jouvet.

Parquet. — M. Duchesne de la Sicotière, *procureur de la République.*

Greffe. — MM. Guimond, *greffier ;* Hamel et Lecroisey, *commis-greffiers.*

Avocats. — MM. Baillod, Delangle, Couraye du Parc, de Fontaine de Resbecq.

Avoués.—MM. Bitol, Brafin, Thouin, Breillot, Le Grusley, Cruchet, Lefèvre.

Huissiers audienciers. — MM. Leterrier, Demare, Lemonnier.

Huissiers résidant à Valognes. — MM. Leterrier, Demare, Julienne, Lemonnier.

Huissiers résidant dans l'arrondissement. — MM. Dancel, à Barneville ; Hébert, à Bricquebec ; Butel et Tarin, à Sainte-Mère-Eglise ; Le Mière, à Picauville ; Burnouf, à Montebourg ; Bouchet, à Saint-Vaast ; Thirhard, à Saint-Sauveur-le-Vicomte.

Assistance judiciaire. — MM. Chapron, sous-préfet ; Agnès, receveur de l'enregistrement ; Le Grusley, avoué ; Dubois, notaire ; Delangle, avocat ; Guimond, *secrétaire*.

JUSTICE DE PAIX.

Noms des Juges de Paix, des Suppléants et des Greffiers.

CANTONS.	JUGES DE PAIX.	SUPPLÉANTS.	GREFFIERS.
Arrondissement de Saint-Lo.			
	MM.	MM.	MM.
Saint-Lo	Norgeot........	Robin, Bosq....	Deslandes.
Canisy.........	Lehéricey......	Heussebrot, N........	Cantrel.
Carentan......	Lenoël........	Bertrand, Artu	Legrand.
Marigny	Delacour.. ...	Leclerc, Lemoigne....	Legrand.
Percy.........	Loyer.........	Blouet, Duboscq......	Paumier.
Saint-Clair	Vigot..	Madelaine, Sébire.....	Lamy.
St-Jean-de-Daye	Margueritte.....	Leclerc, Pézeril......	Le Bouteiller.
Tessy-sur-Vire .	Anthouard	Chasles, Mithois......	Ozenne.
Torigni-sur-Vire.	Gardin........	Le Roquais, Pommier..	Bisson.
Arrondissement d'Avranches.			
	MM.	MM.	MM.
Avranches......	Basire	Lemardeley,Desdouitils	Pinot de la Bodinais
Brécey........	Laurent.......	Chapel, Debesne.....	Lemoyne.
Ducey	Leguidecoq ...	Baron, Dumont.......	Gouchet.
Granville.	Lefébure......	Dupérouzel, Bureau...	Lainé.
La Haye-Pesnel.	Ebermeyer.....	Fontaine, Pigeon.....	Bréhier.
Saint-James ...	Porcher.......	Lechat, Dartenay.....	Allain.
Pontorson......	Foucher	Trincot, Guichard....	Goron.
Sartilly........	Legourd	Le Nepveu de Bangy, N.....	Nicolle.
Villedieu......	Vilquin	Davy, Tétrel.........	Lepetit.
Arrondissement de Cherbourg.			
	MM.	MM.	MM.
Cherbourg	Vauloup........	Allix, Legrin.........	Leroux.
Beaumont......	Damourette.....	Piquot, Louis	Millet.
Octeville	Poullain	Pouillat, Vrac	Frémy.
Les Pieux......	Courtois	Lebourgeois, Laroque.	Lecouté.
St-Pierre-Eglise.	Fontaine	Touzard, Fleury......	Dubost.

CANTONS.	JUGES DE PAIX.	SUPPLÉANTS.	GREFFIERS.

Arrondissement de Coutances.

	MM.	MM.	MM.
Coutances......	Savary.........	Lair, Saffray.	Louise.
Bréhal.........	Frémin	Lemonnyer, Ameline...	Ernouf.
Cerisy-la-Salle..	Delongray..	Gaillard, Lehodey	Tréhet.
Gavray	Osmond........	Lechevalier, Lecaplain.	Canuet.
La Haye-du-Puits	Artu	Ducloux, Gaillard.	Lecluze.
Montm-sur-Mer .	Pannier........	Pommier, Danlos......	Lenesley.
Lessay.........	Dauvin	Lesigne, Dupray-Beuzeville. .	Larose.
Périers	Le Conte.	Lepareux, Lecauf	Dubuisson.
St-Malo-de-la-L .	Davy-Lahurie...	Le Moine, Lerosey.....	Cauchard.
St-Sauv-Lendel .	Navarre........	Lecacheux, Ledentu ...	Berthelot.

Arrondissement de Mortain.

	MM.	MM.	MM.
Mortain........	Hardy	Le Bigot, Delaunay....	Lorier.
Barenton.......	Levivier	Marivint, Bourguignon.	Letourneur.
St-Hil.-du-Harc.	Joubioux	Lebret, Hamel	Tréhec.
Isigny-Paindav°.	Lefaverais	Guérin, Cruchet..	Davalis.
Juv.-le-Tertre...	Costard.......	Grossin, N...........	Damame.
Saint-Pois	Péraud	Morel, N	Gasnier.
Sourdov¹-la-B^rre.	Foubert	Almin. Enguehard....	Beaugeard.
Le Teilleul.....	Hirpec.........	Dupont, Mâlon........	Gesbert.

Arrondissement de Valognes.

	MM.	MM.	MM.
Barneville	Agnès	Denis, Lepelletier	Auvray.
Bricquebec.....	Caillard......	Langevin, Prevel......	Leroux.
Montebourg	Le Sachey.. ...	Vrac, Buhot........ ...	Mouchel.
Quettehou	Sevaux	Hay, Vimont..........	Delagarde.
Ste-Mère-Eglise.	Catherine	Hairon, Lécuyer	Guesnon.
St-Sauv-le-Vic...	Delange........	Morin, N	Chuquet.
Valognes	Le Marquand...	Le Canuelier, Le Grusley	Lendormy.

NOTAIRES.

Arrondissement de Saint-Lo.—MM. Guillemin, Leclerc, Delaunay, *secrétaire*, à Saint-Lo ; Pain, à Saint-Clair ; Mitbois, à Domjean ; Faudemer, à Saint-Jean-de-Daye ; Seigneuret, à Pont-Hébert ; Desprairies, Regnault, à Carentan ; Heussebrot, *président*, à Canisy; Leclerc, à Marigny ; Leroquais, *trésorier*, Gohier, à Torigni-sur-Vire ; Flicher, à Tessy-sur-Vire ; Dubosq, à Percy ; Lechevrel, à La Chapelle-Enjuger ; Charuel, à Montbray ; Lechevallier, *syndic*, à Saint-Samson-de-Bonfossé ; Sebire, à Cerisy-la-Forêt.

Arrondissement d'Avranches. — MM. Le Comte-la-Prairie, *président*, Sergent, à Avranches ; François, Herbert, à Brécey ; Aumont, Gosselin, à Ducey ; Hurel, Lamort, *rapporteur*, Taurines, à Granville ; Jouenne, Fontaine, *trésorier*, à la Haye-Pesnel ; Geoffroy, Darthenay, *syndic*, à Saint-James ; Levallois, Morel, à Pontorson ; Manuelle, Martin, à Sartilly ; Heslouis, Davy, *secrétaire*, à Villedieu.

Arrondissement de Cherbourg. — MM. Fleury, à Saint-Pierre-Eglise ; Le Bouteiller, à Cherbourg ; Pouillat, *président*, à Tourlaville ; Hamel, *rapporteur*, à Saint-Pierre-Eglise ; Marion, *secrétaire*, Enault, à Cherbourg ; Giot, *syndic*, aux Pieux ; Damourette, à Sainte-Croix-Hague ; Laroque, *trésorier*, aux Pieux, Legoupil, à Cherbourg ; Née, à Octeville ; Patru, à Beaumont-Hague.

Arrondissement de Coutances. — MM. Dandeville, Letonnellier, Delarue, à Coutances ; Dupray-Beuzeville, à Bréhal ; Adam, à Cérences ; Le Rosey, à Cerisy-la-Salle ; Badin, à Roncey ; Guernier, à Gavray ; Fonnard, au Mesnil-Garnier ; Lecaplain, à Hambye ; Fauvel (Léon), fils, à Lessay, Lechevallier, à Pirou ; Pétron, Gaillard, à la Haye-du-Puits ; Cord'homme, à Prétot ; Lelièvre, à Montmartin-sur-Mer ; Savary, à Quettreville ; Levêque, Lecauf, à Périers ; Vallée, Potier, à Blainville ; Berthelot, Saffray, à Saint-Sauveur-Lendelin.

Arrondissement de Mortain. — MM. Le Bigot, Hamard, *rapporteur*, Ledos, *secrétaire*, à Mortain ; Lebreton et Duchâtellier, à Barenton ; Guérin, *président*, Lebret et Dupont, à Saint-Hilaire-du-Harcouët ; Varin, *syndic*, à Isigny-Paindavaine ; Cruchot, *président*, au Buat ; Damame, *membre* et Giroult, à Juvigny-le-Tertre ; Datin, à Saint-Pois ; Poisnel, à Coulouvray-Boisbenâtre ; Gorron et Guérin, à Sourdeval-la-Barre ; Trempu, *membre*, au Teilleul ; Dupont, *trésorier*, à Sainte-Anne-de-Buais.

Arrondissement de Valognes. — MM. Oury, *président*, Dubois, *secrétaire*, Damecour, à Valognes ; Bault, à Brix ; Langlois, *membre*, Pican, à Bricquebec ; Guiffard, Lechevalier, *rapporteur*, à Montebourg ; Lemarinel, *membre*, Legoupil, à Saint-Sauveur-le-Vicomte ; Lemerre, à Quettehou ; Mallet, à Saint-Vaast ; Tourroul, à Barfleur ; Denis, *trésorier*, à Barneville ; Legriffon, à Portbail ; Hairon, à Sainte-Mère-Eglise ; Luce, *syndic*, à Pont-l'Abbé ; Dalidan, à Saint-Marie-du-Mont.

ORDRE MILITAIRE.

10ᵉ Corps d'Armée et 10ᵉ Région militaire.

GRAND QUARTIER GÉNÉRAL A RENNES.

Départements formant la 10ᵉ Région : Ille-et-Villaine, Manche, Côtes-du-Nord.

Général commandant le corps d'armée : Cailliot G O ✻, à Rennes.

Chef d'Etat-Major du 10ᵉ Corps : Colonel Allotte de la Fûye O ✻

20ᵉ Division d'Infanterie et 5ᵉ, 6ᵉ 7ᵉ et 8ᵉ subdivisions de la 10ᵉ Région.

Général commandant : Gallimard C ✻, à Saint-Servan.

39ᵉ brigade : Général Gillet, à Cherbourg.

25ᵉ de ligne.— Colonel Vallat, O ✻, à Cherbourg.

136ᵉ de ligne.—Colonel Lacoste O ✻. Portion principale à Saint-Lo. Un bataillon à Cherbourg.

40ᵉ brigade : Général Travailleur C ✻, à Saint-Malo.

2ᵉ de ligne.— Colonel Ninck O ✻, à Granville.

47ᵉ de ligne.— Colonel Rivière O ✻, à Saint-Malo.

5ᵉ Subdivision, chef-lieu Cherbourg.

(Arrondissements de Cherbourg et de Valognes).

Commandant.— Général Gillet, à Cherbourg.

Intendance.— Hislaire ✻, sous-intendant de 2ᵉ classe, à Cherbourg.

Major de la garnison de Cherbourg.— Un officier supérieur.

Artillerie.— Colonel Lair de la Motte O ✻, directeur, à Cherbourg; chef d'escadron Masson ✻, sous-directeur, à Cherbourg.

Génie.— Cornille, chef du génie, à Cherbourg.

Recrutement.— Commandant Duclos ✻, à Cherbourg.

Subsistances militaires.— Officier d'administration, Leclère, à Cherbourg.

8ᵉ Subdivision, chef-lieu Saint-Lo.

(Arrondissements de Saint-Lo et de Coutances).

Commandant.— Général Gillet, à Cherbourg.

Intendance.— Appert, sous-intendant de 3ᵉ classe, à Saint-Lo.

Recrutement.— Chef de bataillon Péchoux O ✻, à Saint-Lo.

Remonte.— Chef d'escadrons Dumalle ✻, à Saint-Lo.

7ᵉ Subdivision, chef-lieu Granville.

(Arrondissements d'Avranches et de Mortain).

Génie.— Chef de bataillon Roux ✻, à Granville.

Recrutement.— Chef de bataillon Morier ✻, à Granville.

GENDARMERIE.

10ᵉ LÉGION.

Composée des compagnies d'Ille-et-Vilaine, Manche et Côtes-du-Nord

M. Olivier O ✳, colonel, commandant la légion, à Rennes.

Compagnie de la Manche.

MM. Saunier ✳, chef d'escadron, commandant la compagnie à Saint-Lo.
Legavre ✳, capitaine, à Saint-Lo.
Mennerat, lieutenant-trésorier à Saint-Lo.
Simon, capitaine, à Cherbourg.
Le Coutour, lieutenant, à Coutances.
Vuillermoz ✳, lieutenant, à Avranches.
Drouot, lieutenant, à Mortain.
Rozel, lieutenant, à Valognes.
Le Guillou Mm. maréchal-des-logis adjoint au trésorier, à Saint-Lo.

Service des Brigades.

DÉSIGNATION ET RESIDENCE DES BRIGADES.	BRIGADES à cheval de 5 hommes.	à pied de 5 hommes.	SOUS-OFFICIERS et brigadiers COMMANDANT LES BRIGADES.
Saint-Lo	1	»	MM. Le Méhauté Mm. (1)
Idem	1	»	Bocage.
Idem	»	1	Dupont.
Carentan	1	»	Perrée.
La Perrine	1	»	Gaingouin.
Torigni-sur-Vire	1	»	Lair.
Percy	1	»	Clouet.
Saint-Clair	1	»	Jarno.
Marigny	»	1	Pottier.
Canisy	»	1	Renet.
Tessy-sur-Vire	»	1	Courtoux.
Cherbourg	1	»	De La Haie Mm.
Idem	»	1	Morin.
Les Pieux	»	1	Foucher Mm.
Saint-Pierre-Eglise	»	1	Lemoigne Mm.
Equeurdreville	»	1	Bindel Mm.

(1) Les lettres Mm indiquent les décorations de la Médaille militaire.

DÉSIGNATION ET RÉSIDENCE DES BRIGADES.	BRIGADES		SOUS-OFFICIERS et brigadiers COMMANDANT LES BRIGADES
	à cheval de 5 homm.es.	à pied de 5 hommes.	
Beaumont...................	»	1	MM. Le Bourdonnec.
Tourlaville	»	1	Lamache.
Avranches..................	1	»	Lebrun.
Idem......................	»	1	Gleyo Mm.
Granville	1	»	Hue.
Idem......................	»	1	Onnée.
Villedieu..................	1	»	Lévèque.
Pontorson..................	1	»	Briend.
Ducey......................	1	»	Desaintdenis.
Sartilly....................	1	»	Rabé.
Brécey	»	1	Lerévérend.
Saint-James................	»	1	Saligner Mm.
La Haye-Pesnel	»	1	Quenivet.
Mortain....................	1	»	Mancel Mm.
Idem......................	»	1	Mignot.
Saint-Hilaire- du-Harcouët	1	»	Pélan.
Sourdeval..................	1	»	Chalmel.
Juvigny	»	1	Hallot.
Le Teilleul...	»	1	Guilbert.
Saint-Pois..........	»	1	Verger.
Barenton	»	1	Pican.
Isigny	»	1	Dubois.
Coutances..................	1	»	Brébion. Mm.
Idem	»	1	Mancel Mm.
Périers....................	1	»	Simon.
Gavray....................	1	»	Ruel.
Bréhal	1	»	Pinot.
Lessay....................	1	»	Ridé.
Cerisy-la-Salle..............	1	»	Ollivier.
La Haye-du-Puits	1	»	Fougeray.
Agon......................	»	1	Bergé. Mm.
Saint-Jores	»	1	Ganier.
Montmartin-sur-Mer...........	»	1	Vaslot.
Saint-Sauveur-Lendelin	»	1	Rouxel.
Anneville-sur-Mer	»	1	Hamon.
Valognes	1	»	Cornille.
Idem	»	1	Paulou.
Sainte-Mère-Eglise	1	»	Rolland.
Saint-Sauveur-le-Vicomte	1	»	Dorel.
Saint Vaast	»	1	Corduan.
Montebourg.................	1	»	Chavenois.
Portbail	»	1	Crestey Mm.
Bricquebec	»	1	Raux Mm.
Barneville	»	1	Quiguer.
Barfleur	»	1	Hairon.

· MARINE.

Préfecture maritime.

MM.

CAVELIER DE CUVERVILLE G ✻, Vice-Amiral, Commandant en Chef, Préfet maritime.

Cavelier de Cuverville ✻, de Robien ✻, lieutenants de vaisseau, aides-de-camp.

Etat-major du 1er arrondissement maritime. — MM. de Montesquiou Fézensac O ✻, contre-amiral, chef d'état-major de l'arrondissement ; Bernard O ✻, capitaine de vaisseau, sous-chef d'état-major ; Brac de Bourdonnel, capitaine de frégate, chef de la 1re section ; Fontaine, lieutenant de vaisseau ; Mazier ✻, capitaine de frégate, chef de la 2e section ; Le Clézio ✻, sous-commissaire, chef de la 3e section ; N..., chef de bataillon d'infanterie de marine, chef de la 4e section ; Le Marquand ✻, sous-commissaire, secrétaire du conseil d'administration du port.

Secrétariat de l'Etat-major de l'arrondissement. — M. Cazalas-Gaillon, lieutenant de vaisseau, secrétaire du chef d'état-major.

Archives, cartes plans, et observatoire. — M. Jomier, lieutenant de vaisseau, chargé du service.

Inspection des Electro-Sémaphores. — M. Piton O ✻, capitaine de frégate, inspecteur.

Service de la justice maritime. — MM. Hamelin O ✻, capitaine de frégate en retraite, commissaire du Gouvernement près le 1er conseil de guerre ; de Laurens O ✻, capitaine de frégate en retraite, commissaire-rapporteur près le 1er tribunal maritime.

Majorité générale. — MM. Escande O ✻, contre-amiral, major général de la marine ; Girard O ✻, mécanicien inspecteur, adjoint au major général ; Esnault, O ✻, capitaine de vaisseau, major de la marine ; Le Léon ✻, capitaine de frégate, 1er aide-de-camp ; Duville ✻, mécanicien en chef, 2e adjoint au major général ; de Perrinelle-Dumay, lieutenant de vaisseau, 2me aide-de-camp ; Malo-Lefebvre, lieutenant de vaisseau, capitaine de la compagnie des garde-consignes ; Wolff, lieutenant de vaisseau, chef du secrétariat.

Mouvements du port. — MM. Picot O ✻, capitaine de vaisseau, directeur ; de Marolles, capitaine de frégate, sous-directeur ; Collin-Porjégoux, capitaine de frégate, sous-directeur ; Freed, Eng, Assier de Pompignan, lieutenants de vaisseau ; Calvet, Schæffer, enseignes de vaisseau, officiers adjoints ; N.., sous-commissaire de 1re classe, trésorier.

Génie maritime. — MM. Eynaud O ✻, directeur des constructions navales ; Korn O ✻, ingénieur de 1re classe, sous-directeur ; Choron ✻, ingénieur de 1re classe ; Champenois, Tréboul, ingénieurs de 2e classe ; Moissenet, Bonvalet, Robin, sous-ingénieurs de 1re classe ; Guyot, Révol, Brillié, Simonot, sous-ingénieurs de 2e classe ; Ziégel et Lacoste, sous-ingénieurs de 3e classe.

Défense fixe. — **MM**. Jean Pascal, capitaine de frégate, commandant la défense fixe ; Meunier ✳, Andrieu ✳, lieutenants de vaisseau.

Défenses sous-marines. — **MM**. Pillot, O ✳, capitaine de vaisseau, directeur ; N...., capitaine de frégate, sous-directeur ; N...., capitaine de frégate, commandant ; Viard ✳, Mercier de Lostende, Moritz, Barbin, de Pommereau, Le Cannelier, Martinse, Levy-Bing, de Perrinelle-Dunvay, Lanxade, Pumpernéel, Deloche, lieutenants de vaisseau ; Brisson, de Douville, de Maillefeu, Villemot, Dursez, Nel, Delcroix, Morel, Pioger, Festugière, Leclerc, Rey, Pommellet, Trubert, Revault, Escande, de Masson, d'Antume-Faivre, enseignes de vaisseau ; Girard, mécanicien en chef ; Leclerc, mécanicien principal de 1ʳᵉ classe ; Arnba et Benabes, mécaniciens principaux de 2ᵉ classe ; N..., aide-commissaire, officier d'administration ; Fras, médecin de 1ʳᵉ classe.

Commissariat. — **MM**. Le Grix O ✳, commissaire général ; Le Brisoys-Surmont ✳, Sainte-Claire-Deville ✳, commissaires ; Martin ✳, Fuzier, Robiou du Pont ✳ et Dubois ✳, commissaires-adjoints ; Sallé, Jacques-Leseigneur, Le Barrier, Deschamps de Pas, Mestrel, Ravier, Beaugrand, Le Marquand et Pherivong, sous-commissaires de 1ʳᵉ classe ; Humblot, aide-commissaire.

Inspection. — **MM**. Prigent O ✳, inspecteur en chef ; Dutouquet ✳, Hamelin ✳, inspecteurs ; Moufflet ✳, inspecteur-adjoint.

Travaux hydrauliques. — **MM**. Frossard ✳, ingénieur en chef, directeur ; Minard, ingénieur ordinaire de 1ʳᵉ classe.

Service de santé. — **MM**. Rouvier O ✳, directeur ; Michel O ✳, sous-directeur ; Bodet ✳, médecin en chef ; Rémond ✳, Canoville ✳, Barret ✳, Drago ✳, Vergniaud ✳, médecins-principaux ; Thémoin, Ludger ✳, Borely ✳, Bizardel, Mazet, Percheron, Ménier, Laurent, Leclerc, Babot et Recoules, médecins de 1ʳᵉ classe ; Audiat, Forgeot, Longchampt, Forterre, Boudou, Wallerand, médecins de 2ᵉ classe ; Léonard ✳, pharmacien en chef ; Baucher ✳, pharmacien principal ; Vignoli, pharmacien de 1ʳᵉ classe ; Guichard et Lesterlin, pharmaciens de 2ᵉ classe.

Service des manutentions. — **MM**. Fortin et Floch, sous-agents de manutention.

Personnel administratif des directions de travaux. — **MM**. Desmazure, agent administratif principal ; Dounon, Quoniam, Ozouff et Lepelley, agents administratifs ; Léprévost, Guillemot, Polidor, Gibert, Duchemin, Mignot, Bouin et Duchemin, sous-agents administratifs.

Comptables du matériel. — **MM**. Courtois, agent comptable principal ; Lapotaire, Lacroix, Bérenguier, Le Pogam, Fournerie et Boulard, agents comptables ; Lepoittevin, Duval, Robine, Frigout, Le Dentu, Poupeville, Flandrin, Thomine et Adam, sous-agents comptables.

Aumônier. — **M**. Perrot, aumônier de l'hôpital maritime ; Ménard, aumônier de l'arsenal.

Bibliothèques. — **MM**. Trève O ✳, conservateur de la bibliothèque du port ; Offret, conservateur de la bibliothèque de l'hôpital.

Inscription maritime. — *Quartier de Cherbourg.* — **MM**. de Faucher de la Ligerie ✳, commissaire-adjoint, commissaire de l'inscription maritime ; Poulain, agent principal du commissariat ;

Rendu ✳, trésorier des Invalides ; Gallien (Gustave), syndic, à Cherbourg, Gallien (Alexandre), syndic, à Fermanville ; Agnès, syndic, à Omonville-la-Rogue ; Le Neveu, syndic, à Diélette ; Bertaut, syndic, à Portbail.

Quartier de la Hougue. — MM. Jean-Pascal, sous-commissaire, commissaire de l'inscription maritime à la Hougue ; Bonniol, sous-agent du commissariat, à la Hougue ; Le Biez, syndic, à la Hougue ; Duprey, syndic, à Carentan ; Maubert, préposé de l'inscription maritime, à Isigny ; Longuemare, syndic, à Grandcamp ; Le Cannelié, syndic, à Barfleur.

Equipages de la flotte. — *1er Dépôt.* — MM. Dumont O ✳, capitaine de vaisseau, commandant ; Bongrain, capitaine de frégate, commandant en second ; Noël ✳, lieutenant de vaisseau, adjudant-major ; Mazier ✳, lieutenant de vaisseau, major ; de Champfeu, lieutenant de vaisseau, capitaine d'habillement ; Grossin, lieutenant de vaisseau, capitaine de casernement et d'armement ; Mangematin, lieutenant de vaisseau, capitaine de la compagnie de dépôt ; Guillon, lieutenant de vaisseau, capitaine de la compagnie du petit Etat-major ; Franques et Talon, enseignes de vaisseau ; Sallé, sous-commissaire, trésorier ; Riche O ✳, médecin principal, médecin-major ; Hagen, médecin de 2⁰ classe.

2⁰ régiment d'artillerie de la marine. — MM. Delaissey, colonel ; Valbaum, lieutenant-colonel ; Etienne, major ; Lanfroy, Lecœur, Rouault de Champgle, Marescot du Thilleul, chefs d'escadron ; Ramade, capitaine-trésorier ; Portères, capitaine d'habillement ; Collard, capitaine instructeur ; Rémond, médecin principal ; Leclerc, vétérinaire en 1er ; Longchampt, médecin aide-major de 2⁰ classe ; Gay et Pesas, aides-vétérinaires.

1re Batterie montée. — MM. Fortin, capitaine en 1er ; Mioux, capitaine en 2⁰ ; Sarrieu, lieutenant en 1er ; Frant, Charnet, lieutenants en 2⁰ ; Braun, sous-lieutenant, élève.

2⁰ Batterie montée. — Bergeret, capitaine en 1er ; Bonnars, capitaine en 2⁰ ; Marandet, lieutenant en 1er ; Lotte, Cauquil, lieutenants en 2⁰ ; Thomas, Gouze-de-Saint-Martin, sous-lieutenants, élèves.

3⁰ Batterie montée. — Esmenjaud, capitaine en 1er ; Le Divellec, capitaine en 2⁰ ; Régnier, lieutenant en 1er ; Petit et Lazare, lieutenants en 2⁰ ; Gatard, de Guillebon, sous-lieutenants.

4⁰ Batterie de montagne. — Grosmanjin, capitaine en 1er ; Vincent, Noël, capitaine en 2⁰ ; Muro, lieutenant en 1er ; Dumont, Mathieu, lieutenants en 2⁰.

5⁰ Batterie à pied. — Schatz, Piédevache, Théry, Doré, Candèze, Stemmetz, Reichemberg, Gez, Gautheron, Perrin, Pitault, Ziegler, capitaine en 1er ; Marignac, capitaine en 2⁰ ; Constant, lieutenant en 1er ; Lazare, lieutenant en 2⁰.

1re Compagnie d'ouvriers. — Bellenger, capitaine en 1er ; Ducret ; capitaine en 2⁰ ; Chassagnette, lieutenant en 1er.

INFANTERIE DE MARINE. — 1er Régiment.

ÉTAT-MAJOR. — Boilève, colonel ; Spitzer, lieutenant-colonel ; Amouroux, Cannivet, Tane, Lombard, chefs de bataillon ; Benoît, commandant-major ; Metz, Nicolas, Compérat, Monterat, capitaines adjudant-major ; Lestoquoi, capitaine-trésorier ; Blandin, capitaine d'habillement ; Divin, capitaine de tir ; Meunier, lieutenant adjoint au capitaine-trésorier ; Baille, lieutenant d'armement ; Sétier, lieutenant adjoint au capitaine d'habillement ; Rauch, lieutenant porte-drapeau ; Canoville, médecin principal ; Coppin, Bondon, médecin, aides-major.

2ᵉ Bataillon.

1ʳᵉ Compagnie. — Parent de Curzon, capitaine.

2ᵉ Compagnie. — Husson-Raison, capitaine ; Dauge, sous-lieutenant.

3ᵉ Compagnie. — Ronget, capitaine ; Ybri, sous-lieutenant.

4ᵉ Compagnie. — Nicard, capitaine ; Arnault, lieutenant ; Huguet, sous-lieutenant.

3ᵉ Bataillon.

1ʳᵉ Compagnie. — Delimoges, capitaine ; Chevallier, lieutenant ; Roubert, sous-lieutenant.

2ᵉ Compagnie. — Clerc, capitaine ; Guillemat, lieutenant ; Colas dit Beaudelaire, sous-lieutenant.

3ᵉ Compagnie. — Gauvain, capitaine ; Bouvard, lieutenant ; Cahen, sous-lieutenant.

4ᵉ Compagnie. — Arnoux, capitaine ; Bernard, lieutenant ; Gleizes, sous-lieutenant.

4ᵉ Bataillon.

1ʳᵉ Compagnie. — Vincentelli, capitaine ; Giorgio, lieutenant ; de la Rochette de Rochegonde, sous-lieutenant.

2ᵉ Compagnie. — Simonin, capitaine ; Rey, lieutenant ; Fraignault, sous-lieutenant.

5ᵉ Régiment.

État-Major. — MM. de Badens, colonel ; Ondeoud, lieutenant-colonel ; Bouhois, Michallat, Mougeot, chefs de bataillon ; Raffenel, major. — Poulain, capitaine-trésorier ; Didelot, Lemoine, Le Rouvillois, capitaines adjudant-major ; Poitout, lieutenant, adjoint au trésorier ; Peltier, lieutenant porte-drapeau ; Castéran, lieutenant d'habillement ; Vergniaud, médecin principal ; Audibert, médecin de 1ʳᵉ classe ; Fourtal, médecin de 2ᵉ classe, aide-major.

1ᵉʳ Bataillon.

1ʳᵉ Compagnie. — Bois, capitaine ; Babonneau, lieutenant ; Changeux, sous-lieutenant.

2ᵉ Compagnie. — Magnen, capitaine ; Lambla, lieutenant.

3ᵉ Compagnie. — Esmez-Deutout, capitaine ; Martin, lieutenant.

4ᵉ Compagnie. — Joly, capitaine ; de Goësbriand, lieutenant ; Foufé, sous-lieutenant.

2ᵉ Bataillon.

1ʳᵉ Compagnie. — Thiratel, capitaine ; Parizet, lieutenant ; Saillard, sous-lieutenant.

2ᵉ Compagnie. — Chofflet, capitaine ; Sénélar, lieutenant ; Laty, sous-lieutenant.

3ᵉ Compagnie. — Jacob, capitaine ; Durand, lieutenant ; Goumarre, sous-lieutenant.

4ᵉ Compagnie. — Legrand, capitaine ; Besancenot, lieutenant ; Soulages, sous-lieutenant.

3ᵉ Bataillon.

1ʳᵉ Compagnie. — Robert, capitaine ; Aubé, lieutenant ; Thévéniault, sous-lieutenant.

2ᵉ Compagnie. — Hibon de Frohen, capitaine ; Caillau, lieutenant.

3ᵉ Compagnie. — Duhal-Carsat, capitaine ; Gaillard, lieutenant ; de Bourdineau, sous-lieutenant.

4ᵉ Compagnie. — Henry, capitaine ; Dejoux, lieutenant ; Boisseau, sous-lieutenant.

4ᵉ Bataillon.

1ʳᵒ Compagnie. — Monnoye, capitaine ; Cuttier, lieutenant ; Marion, sous-lieutenant.

2ᵉ Compagnie. — Audié, capitaine ; Desplanques, lieutenant ; Treillard, sous-lieutenant.

Deuxième arrondissement maritime.

Sous-arrondissement de Saint-Servan.

Quartier de Granville. — *Commissariat.* — MM. Barbaroux ✳, commissaire-adjoint de la marine, commissaire de l'inscription maritime, à Granville ; Guimont; agent de 2ᵉ classe ; Lamusse, commis de 1ʳᵒ classe ; Jean, commis de 2ᵉ classe.

Trésorerie des Invalides. — MM. Racine, trésorier de 2ᵐᵉ classe, à Granville ; M. Hennequin, préposé à Régneville.

Ecole d'hydrographie. - - M. Dutard, professeur de 2ᵉ classe.

Préposé à l'inscription maritime à Régneville. — M. Robillard ✳.

Inspection des pêches. — M. Thomas ✳, inspecteur, à Granville.

Syndics des gens de mer. — MM. Luce, à Granville ; Villard ✳, à Genest ; Sire, à Bréhal; Philippes de Trémaudant, à Carolles ; Daliphard ✳, à Avranches ; Daniel, à Blainville.

Gardes maritimes. — MM. Locquen, à Granville ; Tréguilly, à Courtils ; Lepeu, à Lingreville ; Caruel, à Champeaux-Bouillon ; Coupé, à Saint-Léonard-de-Vains ; Regnault, à Regnéville ; Fouché, à Gouville ; Mayer, à Agon.

Gendarmerie maritime. — MM. Kerlérous, brigadier ; Puil, gendarme, à Granville.

Electro-sémaphores. — MM. Lerond, chef guetteur, à Chausey ; Gouyet, guetteur, à Chausey ; Hersent, chef guetteur, à Granville (le Roc) ; Le Bozec, guetteur (le Roc) ; Helloco, chef guetteur, et Leborgne, guetteur, à Agon.

STATION NAVALE DE GRANVILLE.

M. Ducrest de Villeneuve, lieutenant de vaisseau, commandant la *Sainte-Barbe* et la station navale de Granville.

M. Floch, 1er maître de manœuvre, commandant du *Congre*, à Granville.

M. Agasse, 1er maître de manœuvre, commandant de la *Macreuse*, à Carteret.

TRAVAUX PUBLICS.

Service des Mines.

Division du Nord-Ouest.

Inspecteur général. — M. LORIEUX O ✳, 2e classe, rue de Galilée, 45, Paris.

Arrondissement de Rouen.

Ingénieur en chef. — M. DE GENOUILLAC ✳, 1re classe, rue Pavée, 6, Rouen.

Ingénieur ordinaire. — Herscher, 3e classe, rue Jean-Romain, à Caen.

Contrôleurs des mines. — MM. Scheffler, 1re classe, Caen ; Yvart, principal, Flers ; Girod, 2e classe, Evreux ; Revel, 1re classe, le Havre ; Flandrin, 3e classe, et Dionot, 4e classe, Rouen.

Etudes, travaux et contrôle de travaux (14e inspection).

Ingénieur général. — M. Picquenot, O ✳, 2e classe, 28, avenue Marceau, Paris.

LIGNE DE CARENTAN A CARTERET.

1re Section (*Carentan à la Haye-du-Puits*).

Ingénieur en chef. — M. Gouton ✳, 1re classe (M. A.), à Cherbourg.

Ingénieur ordinaire. — M. Leroy (M. A.) sous-ingénieur à Saint-Lo.

Conducteur. — M. Loyer, 4e classe, à Carentan.

2ᵉ Section (*La Haye-du-Puits à Carteret*), en exploitation.

LIGNE DE COUTANCES A REGNÉVILLE.

Ingénieur en chef. — M. Gouton ✳, (M. A.), 1ʳᵉ classe, d. n., à Cherbourg,

Ingénieur ordinaire. — M. de Larminat, 2ᵉ classe, à Granville.

Conducteur. — M. Sanson (Th.), conducteur principal, à Coutances.

Service ordinaire, maritime, de la navigation, des desséchements (Travaux publics, 14ᵉ inspection) *et hydraulique* (Agriculture, Direction de l'Hydraulique agricole).

Inspecteur général. — M. PICQUENOT O ✳, 2ᵉ classe, 28, avenue Marceau, Paris.

Ingénieur en chef. — M. GOUTON ✳ (M. A.), 1ʳᵉ classe, d. n., à Cherbourg.

Ingénieurs ordinaires — MM. Renard, 2ᵉ classe, à Cherbourg ; de Larminat, 2ᵉ classe, d. n., à Granville ; Leroy (M. A.), sous-ingénieur d. n., à Saint-Lo.

Conducteurs. -- MM. Sanson (Th.), principal, d. n., à Coutances ; Mignan, principal, à Avranches ; Paysant (Désiré), principal ; Le Chevalier, principal, à Cherbourg ; Enquebecq, 1ʳᵉ classe, à Valognes ; Gardin, 1ʳᵉ classe, à Cherbourg ; Loiseau, 1ʳᵉ classe, à Avranches ; Omond, 1ʳᵉ classe, à Saint-Lo ; Savary, 1ʳᵉ classe, à Cherbourg ; Servain, 1ʳᵉ classe ; Dubost, 1ʳᵉ classe ; Marie, 2ᵉ classe, à Saint-Lo ; Morin, 2ᵉ classe, à Granville ; Roulland, 2ᵉ classe ; Jeanne (Eug.) 2ᵉ classe, à Cherbourg ; Porée, 2ᵉ classe ; Sanson (A.), 2ᵉ classe, à Granville ; Renault, 2ᵉ classe, à Barfleur ; Leluan, 2ᵉ classe ; Desmares, 2ᵉ classe, à Cherbourg ; Languehard, 2ᵉ classe, à Granville ; Bergot, 2ᵉ classe, à Villedieu ; Paysant (Eug.), 2ᵉ classe, à Saint-Hilaire-du-Harcouët ; Le Magnen, 3ᵉ classe, à Cherbourg ; Pitron, 3ᵉ classe, à Granville ; Bernard (B.), 3ᵉ classe, à Saint-Lo ; Bazile, 3ᵉ classe, à Granville ; Mabire, 3ᵉ classe, à Carentan ; Dumouchel, 3ᵉ classe, à Granville ; Loyer, 4ᵉ classe, à Carentan ; Samson (J.), 4ᵉ classe, à Cherbourg ; Pentoux, 4ᵉ classe, à Saint-Lo.

Services divers. — MM. Guéroult, 1ʳᵉ classe, à la Compagnie de l'Ouest, à La Haye-du-Puits ; Hervé, 3ᵉ classe, en disponibilité, pour cause de santé, à Granville ; Poupeville, 3ᵉ classe, conducteur voyer de la ville de Cherbourg ; Courtet, 4ᵉ classe, à la compagnie de l'Ouest. .

Commis. — MM. Marest, principal à Cherbourg ; Tual, 2ᵉ classe, à Saint-Lo ; Thomelin, 2ᵉ classe, à Granville ; Ferdinand, 2ᵉ classe, à Saint-Lo ; Bataille, 2ᵉ classe, à Granville ; Safrané, (Eug.), 2ᵉ classe ; Pellé, 2ᵉ classe, à Cherbourg ; Douchin, 3ᵉ classe ; Lamy, 3ᵉ classe, à Saint-Lo ; Corre, 3ᵉ classe ; Fleury, 3ᵉ classe ; Turbert, 3ᵉ classe ; Dumoncel, 3ᵉ classe ; Safrané (Louis), 3ᵉ classe, à Cherbourg ; Wagner, 3ᵉ classe, à Granville ; Roulland, stagiaire ; Hameroux, stagiaire à Cherbourg.

Officiers et maîtres de port. — MM. Giot, O. A., capitaine de 1re classe, à Cherbourg ; Yvon, lieutenant de 2e classe, à Granville ; Quilbé, maître de 1re classe, à Granville ; Le Crest, maître de 2e classe, à Barfleur ; Cresté, maître de 2e classe, à Saint-Vaast ; Le Clerc, maître de 4e classe, à Regnéville ; Tesnière, maître de 4e classe, à Cherbourg ; Bonnissent, faisant fonctions de maître, à Diélette ; Dessoulles, faisant fonctions de maître, à Carentan ; Picot, faisant fonctions de maître, à Portbail.

PHARES ET BALISES.

Inspecteur général de 2e classe, chargé de la direction du service. — M. BOURDELLES O ✳, 43, avenue du Trocadéro, Paris.

Ingénieur en chef, adjoint à l'Inspection et chargé du service central. — M. Ribière ✳, 43, avenue du Trocadéro, Paris.

Le service des phares et balises du Département est confié au personnel du service maritime de la Manche.

———

Chemins de fer de l'Ouest en exploitation.

VOIES FERRÉES D'INTÉRÊT GÉNÉRAL DES QUAIS DES PORTS MARITIMES.

Inspecteur général. — M. DEMOUY ✳, 2e classe, rue Bayen, 20, Paris.

Le Service du Contrôle local technique et commercial des voies de quai est confié aux ingénieurs, conducteurs et officiers de port du service maritime.

Service du contrôle de l'exploitation des chemins de fer d'intérêt général exploités par les Compagnies.

LIGNES DE PARIS A CHERBOURG, D'ARGENTAN A GRANVILLE, DE LISON A LAMBALLE, DE SOTTEVAST A COUTANCES, DE VITRÉ A FOUGÈRES ET PROLONGEMENTS, CARENTAN A CARTERET.

Inspecteur général. — M. DEMOUY ✳, 2e classe, ponts et chaussées, 20, rue Bayen, Paris.

Ingénieurs en chef. — MM. Pelletan ✳, 2e classe (mines), chargé du contrôle de l'exploitation, 10, quai Debilly, Paris ; Chabert ✳, 1re classe (ponts et chaussées), chargé des études et travaux, 19, rue Jacob, Paris ; Kleine ✳, 2e classe (ponts et chaussées), chargé du contrôle de la voie et des bâtiments, 30, rue des Boulangers, Paris ; Le Cornu ✳, 2e classe (mines), chargé du service central, 12, boulevard Montparnasse, Paris.

Ingénieurs ordinaires. — MM. Barbet ✳, 1re classe (ponts et chaussées), à Caen ; Herscher, 3e classe (mines), à Rouen ; Nanot 1re classe (ponts et chaussées), au Mans ; Bernheim, 2e classe (mines), au Mans.

Conducteurs. — MM. Lavalley, principal, à Caen ; Pinguet, principal, au Mans ; Bessy, 1ʳᵉ classe, à Rennes ; Deschâteaux, 3ᵉ classe, à Caen.

Commis — MM Leroux, 3ᵉ classe, au Mans ; Trouplin (M.), 4ᵉ classe, à Caen ; Trouplin (R.), 4ᵉ classe, à Rouen.

Contrôleurs des Mines. — MM. Scheffler, 1ʳᵉ classe, à Caen ; Chevreul, 2ᵉ classe, à Rennes.

Contrôleurs comptables. — MM. Juffé, 3ᵉ classe, au Mans ; Perrier, 3ᵉ classe, à Caen.

Commissaires. — MM. Martineau (H.) ✳, 1ʳᵉ classe, à Granville ; Lepetit ✳, 3ᵉ classe, à Cherbourg ; Marion ✳, 4ᵉ classe, à Vitré ; Vallette ✳, 4ᵉ classe, à Saint-Lo.

Ligne de Vire a Saint-Lo.

Ingénieur en chef. — M. Lestelle ✳, rue du docteur Rayer, 17, à Caen.

Ingénieur ordinaire. — M. Chevalier, à Bayeux.

Conducteur. — M. Leroy, conducteur, à Caen.

Lignes de Fougères a Vire et d'Avranches a Domfront.

Ingénieur en chef. — M. Perrin ✳, à Alençon.

Ingénieurs ordinaires. — MM. Godron, 3ᵉ classe, à Alençon ; Michaux, 3ᵉ classe, à Mayenne.

Conducteurs — MM. Mignan, principal, à Avranches ; Louvel, 1ʳʳ classe, à Alençon ; Rocher, 1ʳᵉ classe, à Alençon, Fouqué, 3ᵉ classe, à Mayenne.

FINANCES.

Trésorerie générale.

Trésorier-payeur général. — M. Bellier de Villentroy à Saint-Lo.

Fondé de pouvoirs du trésorier général. — M. Vautier.

Chef de comptabilité. — M. Heuguet.

Chef du bureau de la perception. — M. Lemasurier.

Chef du bureau de la dépense. — M. Lecoq.

Caissier. — M. Gault.

Percepteurs surnuméraires. — MM. Alix. Maître, Ragouneau, Savaete, Le Clerc.

Recettes particulières.

Avranches. — M. Vignon, receveur particulier; M. Gauthier, fondé de pouvoirs.

Cherbourg. — M. Chabert, receveur particulier; M. Hazard, fondé de pouvoirs.

Coutances. — M. Benoît, receveur particulier; M. Mueller, fondé de pouvoirs.

Mortain. — M. Deplanche, receveur particulier; M. Eustache, fondé de pouvoirs.

Valognes. — M. Rougelot, receveur particulier; M. Leviandier, fondé de pouvoirs.

PERCEPTEURS.

CHEFS-LIEUX DE PERCEPTION ET COMMUNES QUI LES COMPOSENT

ARRONDISSEMENT DE SAINT-LO.

Percepteurs, MM.

Lebel, *Saint-Lo*, Agneaux.

Lelièvre, *Canisy*, Dangy, Quibou, Saint-Martin-de-Bonfossé, Soules.

Leloup, *Carentan*, Auvers, Saint-Côme-du-Mont, Saint-Hilaire-Petitville, Brévands, Catz, les Veys, Saint-Pellerin.

Hiot, *Gourfaleur*, (résidence à Saint-Lo), la Mancellière, le Mesnil-Herman, Saint-Ebremond-de-Bonfossé, Saint-Romphaire, Saint-Samson-de-Bonfossé.

Bouthreuil, *la Colombe*, (résidence à Percy), Beslon, Margueray, Montbray, Morigny.

Clavreul, *Lozon* (résidence à Marigny), la Chapelle-Enjuger, le Mesnil-Eury, le Mesnil-Vigot, Montreuil, Remilly-sur-Lozon.

Taillefer, *Marigny*, Carantilly, Hébécrevon, le Mesnil-Amey, Saint-Gilles.

Marigny, *Percy*, la Haye-Bellefonds, le Chefresne, le Guislain, Maupertuis, Montabot, Villebaudon.

Baco, *Pont-Hébert*, Amigny, Cavigny, le Dézert, le Hommet-d'Arthenay, les Champs-de-Losques, Tribehou.

Levoy, *Saint-Clair* (résidence à Saint-Lo), Airel, Couvains, la Meauffe, Moon-sur-Elle, Saint-Jean-de-Savigny, Villiers-Fossard.

Cresté, *Sainte-Croix* (résidence à Saint-Lo), Baudre, la Barre-de-Semilly, la Luzerne, le Mesnil-Rouxelin, Rampan, Saint-Georges-de-Montcocq, Sainte-Suzanne-sur-Vire, Saint-Thomas.

Brodin, *Sainteny* (résidence à Carentan), Auxais, Raids, Saint-André-de-Bohon, Saint-Georges-de-Bohon, Méautis.

Potier de la Houssaye, *Saint-Georges-d'Elle* (résidence à Saint-Lo), Bérigny, Cerisy-la-Forêt, Notre-Dame-d'Elle, Saint-André-de-l'Epine, Saint-Germain-d'Elle, Saint-Pierre-de-Semilly.

Tardif, *Saint-Jean-de-Daye*, Graignes, le Mesnil-Angot, le Mesnil-Véneron, Montmartin-en-Graignes, Saint-Fromond.

Leblanc, *Saint-Jean-des-Baisants* (résidence à Torigni-sur-Vire), Condé-sur-Vire, la Chapelle-du-Fest, Montrabot, Rouxeville, Précorbin, Vidouville.

Pierre, *Tessy-sur-Vire*, Beuvrigny, Domjean, Fourneaux, Gouvets, Saint-Louet-sur-Vire, Saint-Vigor-des-Monts, Moyon, Beaucoudray, Chevry, Fervaches, Mesnil-Opac, Mesnil-Raoult, Troisgots.

Lallier. *Torigni-sur-Vire*, Brectouville, Saint-Amand, Biéville, Lamberville, Giéville, Guilberville, le Perron, Placy-Montaigu, Saint-Symphorien.

ARRONDISSEMENT D'AVRANCHES.

Percepteurs, MM.

Hurel, *Avranches*.

Pierre, *Brécey*, Cuves, la Chapelle-Urée, le Grand-Celland, le Petit-Celland, les Cresnays, les Loges-sur-Brécey, St-Nicolas-des-Bois.

Martin, *Carnet* (résidence à Saint-James), Argouges, Montanel, Vergoncey, Villiers.

Trincot, *Curey* (résidence à Sacey), Aucey, Boucey, Cormeray, Macey, Sacey, Vessey, Servon, Tanis.

Bardou, *Ducey*, la Boulouze, le Mesnil-Ozenne, les Chéris, Marcilly, Saint-Quentin.

Gautier, *Granville*, Saint-Pair, Bouillon, Donville, Saint-Aubin-des-Préaux, Saint-Nicolas-près-Granville, Saint-Planchers, Yquelon.

De Saint-Stéban, *la Bestière* (résidence à La Haye-Pesnel), Folligny, Hocquigny, la Lucerne-d'Outremer, la Rochelle, le Mesnildrey, Saint-Jean-des-Champs, Saint-Léger, Saint-Ursin.

Flambard, *la Haye-Pesnel*, Beauchamps, Champcervon, la Mouche, le Luot, le Tanu, les Chambres, Noirpalu, Sainte-Pience, Subligny.

Garnier, *Montviron* (résidence à Sartilly), Bacilly, Champcey, Dragey, Genest, Lolif.

Groult, *Pontaubault* (résidence à Avranches), Céaux, Courtils, Crollon, Juilley, Poilley, Précey.

Lemutricy, *Pontorson*, Ardevon, Beauvoir, Huines, le Mont-Saint-Michel, les Pas, Moidrey.

Bigolet, *Ponts* (résidence à Avranches), Chavoy, Marcey, Plomb, Saint-Jean-de-la-Haize, Vains, le Val-Saint-Pair.

Trottet, *Saint-Georges-de-Livoye* (résidence à Brécey), Braffais, la Chaise-Baudouin, Notre-Dame-de-Livoye, Sainte-Eugienne, Saint-Jean-du-Corail, Tirepied, Vernix.

Roche, *Saint-James*, Hamelin, la Croix-Avranchin, Montjoie, Saint-Aubin-de-Terregatte, Saint-Laurent-de-Terregatte, Saint-Sénier-de-Beuvron.

Lecavelier, *Saint-Sénier-sous-Avranches*, (résidence à Avranches), la Godefroy, la Gohannière, Saint-Patrice, Saint-Loup, Saint-Martin-des-Champs, Saint-Osvin.

Eudine, *Sartilly*, Angey, Carolles, Champeaux, Ronthon, Saint-Jean-le-Thomas, Saint-Michel-des-Loups, Saint-Pierre-Langers.

Nicolas, *Villedieu*, Bourguenolles, Champrépus, Chérencé-le-Héron, Fleury, la Bloutière, la Lande-d'Airou, la Trinité, Rouffigny, Sainte-Cécile, Saultchevreuil.

ARRONDISSEMENT DE CHERBOURG.

Percepteurs, MM.

Peyronnet, *Cherbourg*.
Tardif, *Beaumont*, Auderville, Digulleville, Eculleville, Gréville,
Herqueville, Jobourg, Omonville-la-Petite, Omonville-la-Rogue,
Saint-Germain-des-Vaux.
Gloumeau, *Brillevast* (résidence à Saint-Pierre-Eglise), Canteloup,
Clitourps, Gonneville, le Theil, le Vast, Varouville.
Du Laurens de Montbrun, Equeurdreville (résidence à Cherbourg),
Henneville, Nouainville, Octeville, Querqueville.
Bernard, *Les Pieux*, Grosville, le Rozel, Pierreville, Saint-Germain-
le-Gaillard, Surtainville.
Marguerie, *Martinvast*, résidence à Cherbourg), Couville, Hardinvast,
Saint-Martin-le-Gréard, Sideville, Teurthéville-Hague, Tollevast,
Virandeville.
Chartier, *Sainte-Croix-Hague*, Acqueville, Biville, Branville, Flotte-
manville-Hague, Nacqueville, Tonneville, Urville-Hague, Vasteville,
Vauville.
Groult, *Saint-Pierre-Eglise*, Carneville, Cosqueville, Fermanville,
Maupertus, Théville.
Réquier, *Siouville* (résidence aux Pieux), Benoistville, Bricqueboscq,
Flamanville, Héauville, Helleville, Saint-Christophe-du-Foc,
Sotteville, Tréauville.
Griset, *Tocqueville*, Angoville, Gatteville, Gouberville, Néville,
Réthôville, Vrasville.
Tirel, *Tourlaville* (résidence à Cherbourg), Bretteville, Digosville,
le Mesnil-Auval.

ARRONDISSEMENT DE COUTANCES.

Percepteurs, MM.

Bosquet, *Coutances*, Saint-Nicolas-de-Coutances, Saint-Pierre-de-
Coutances.
Leheussey, *Baudreville* (résidence à la Haye-du-Puits), Canville,
Denneville, Doville, Glatigny, Saint-Nicolas-de-Pierrepont, Saint-
Rémy-des-Landes, Saint-Sauveur-de-Pierrepont, Surville.
Lepelley-Fonteny, *Bréhal*, Anctoville, Bréville, Bricqueville-sur-Mer,
Chanteloup, Coudeville, Longueville, Muneville-sur-Mer.
Drieu, *Cérences*, Bourey, Equilly, Hudimesnil, la Meurdraquière,
le Loreur, le Mesnil-Aubert, Saint-Sauveur-la-Pommeraye.
Lavieille, *Cerisy-la-Salle*, Belval, Cametours, Montpinchon, Ouville,
Savigny, Roncey, Guéhébert, Notre-Dame-de-Cenilly, Saint-Denis-
le-Vêtu, Saint-Martin-de-Cenilly.
Lemazurier, *Courcy* (résidence à Coutances), Bricqueville-la-Blouette,
Cambernon, Nicorps, Saussey.
Desponts, *Gavray*, le Mesnil-Amand, le Mesnil-Garnier, le Mesnil-
Hue, le Mesnil-Rogues, le Mesnil-Villeman, Montaigu-les-Bois, Ver.
Barbier, *Hambye* (résidence à Gavray), Grimesnil, la Baloine, Len-
gronne, le Mesnil-Bonant, Saint-Denis-le-Gast, Sourdeval-les-Bois.
Lemière, *la Haye-du-Puits*, Bolleville, Gerville, Lithaire, Mobecq,
Montgardon, Neufmesnil, Saint-Symphorien.

Dudouyt, *Pirou*, Lessay, Angoville-sur-Ay, Bretteville-sur-Ay, Laulne, Saint-Germain-sur-Ay, Saint-Patrice-de-Claids, Vesly, Anneville, Créances, Geffosses, la Feuillie, Millières.

Clerc, *le Mesnilbus*, Montcuit, Camprond, Hautteville-la-Guichard, le Lorey, Saint-Aubin-du-Perron.

Péguenet, *Montmartin-sur-Mer*, Annoville, Hautteville-sur-Mer, Hérenguerville, Lingreville, Montchaton, Regnéville.

Pican, *Périers*, Feugères, Gonfreville, Marchésieux, Nay, Saint-Martin-d'Aubigny, Saint-Sébastien-de-Raids, Saint-Germain-sur-Sèves, Gorges, Baupte, Lastelle, le Plessis, Saint-Jores, Sainte-Suzanne.

Guidon, *Prétot*, Appeville, Coigny, Cretteville, Houtteville, Varenguebec, Vindefontaine.

De Villartay, *Quettreville*, Contrières, Hyenville, Orval, Trelly.

Laurent, *Saint-Malo-de-la-Lande* (résidence à Agon), Ancteville, Boisroger, Brainville, Gratot, la Vendelée, Montsurvent, Servigny, Agon, Blainville, Gouville, Heugueville, Tourville.

Le Gendre, *Saint-Sauveur-Lendelin*, la Rondehaye, Monthuchon, Muneville-le-Bingard, Saint-Michel-de-la-Pierre, Vaudrimesnil.

ARRONDISSEMENT DE MORTAIN.

Percepteurs, MM.

Bourbon, *Mortain*, Bion, Rancoudray, le Neufbourg, Saint-Barthélemy, Saint-Clément, Saint-Jean-du-Corail.

Delagneau, *Barenton*, Ger, Saint-Cyr-du-Bailleul, Saint-Georges-de-Rouelley.

Gouyon, *Buais*, Ferrières, Heussé, Saint-Symphorien, Savigny-le-Vieux.

Tonnissont, *Isigny*, les Biards, le Buat, Chalandrey, la Mancellière, le Mesnil-Bœufs, le Mesnil-Thébault, Montgothier, Montigny, Naftel, Vezins.

Lebrun, *Juvigny*, Bellefontaine, Chasseguey, Chérencé-le-Roussel, le Mesnil-Adelée, la Bazoge, le Mesnil-Rainfray, le Mesnil-Tôve. Reffuveille.

Dautouille, *Milly*, (résidence à Saint-Hilaire-de-Harcouët), Chévreville, Lapenty, Martigny, le Mesnillard, Parigny, Virey.

Avenette, *Notre-Dame-du-Touchet*, (résidence à Mortain), Fontenay, Romagny, Villechien.

Duverne, *Saint-Hilaire-du-Harcouët*, les Loges-Marchis, Moulines, Saint-Brice-de-Landelles, Saint-Martin-de-Landelles.

Lemasson, *Saint-Pois*, Boisyvon, la Chapelle-Cécelin, Coulouvray-Boisbenâtre, Lingeard, le Mesnil-Gilbert, Montjoie, Saint-Laurent-de-Cuves, Saint-Martin-le-Bouillant, Saint-Maur-des-Bois.

Hervy, *Sourdeval*, Beauficel, Brouains, le Fresne-Poret, Gathemo, Perriers-en-Beauficel, Saint-Martin-de-Chaulieu, Saint-Sauveur-de-Chaulieu, Vengeons.

Goulias, *le Teilleul*, Husson, Sainte-Marie-du-Bois.

ARRONDISSEMENT DE VALOGNES.

Percepteurs, MM.

Clavreul, *Valognes*, Brix, Huberville, Lieusaint, Montaigu, Saussemesnil, Tamerville, Yvetot.

Jourdan, *Barfleur*, Anneville-en-Saire, le Vicel, Montfarville, Sainte-Geneviève, Valcanville.

Leguay, *Barneville*, Baubigny, Carteret, la Haye-d'Ectot, les Moitiers-d'Allonne, Saint-Pierre-d'Arthéglise, Sénoville, Sortosville-en-Beaumont.

Leloutre, *Bricquebec*, les Perques, le Vretot, Quettetot.

Legouix, *Emondeville* (résidence à Montebourg), Azeville, Ecausseville, Fontenay-sur-Mer, Fresville, Joganville, Ozeville, Quinéville, Saint-Marcouf.

Groult, *Montebourg*, Eroudeville, Flottemanville, Hémevez, le Ham, Lestre, Saint-Cyr, Saint-Floxel, Saint-Germain-de-Tournebut, Saint-Martin-d'Audouville, Sortosville, Urville, Vaudreville.

Martin, *Négreville* (résidence à Bricquebec), Breuville, Magneville, Morville, Saint-Martin-le-Hébert, Rauville-la-Bigot, Sottevast.

Macel, *Néhou* (résidence à Saint-Sauveur-le-Vicomte), Biniville, Colomby, Golleville, Hautteville, Orglandes, Sainte-Colombe.

Dupin, *Picauville*, Amfreville, Beuzeville-la-Bastille, Gourbesville, Houesville, Liesville.

Legraverend, *Portbail*, Fierville, le Valdécie, Saint-Georges-de-la-Rivière, Saint-Jean-de-la-Rivière, Saint-Lo-d'Ourville, Saint-Martin-du-Mesnil, Saint-Maurice.

Sinoir, *Quettehou*, Aumeville-Lestre, Crasville, Octeville-la-Venelle, Teurthéville-Bocage, Videcosville.

Pestre-Lamy, *Saint-Sauveur-le-Vicomte*, Besneville, Catteville, Grosville, Etienville, la Bonneville, les Moitiers-en-Bauptois, Neuville-en-Beaumont, Rauville-la-Place, Reigneville, Taillepied.

Regnaut, *Saint-Vaast-la-Hougue*, la Pernelle, Morsalines, Réville.

Garnier, *Sainte-Marie-du-Mont*, Angoville, Audouville-la-Hubert, Blosville, Boutteville, Brucheville, Hiesville, Saint-Martin-de-Varreville, Sébeville, Vierville.

Bouthreuil, *Sainte-Mère-Eglise*, Beuzeville-au-Plain, Carquebut, Chef-du-Pont, Ecoquenéauville, Foucarville, Neuville-au-Plain, Saint-Germain-de-Varreville, Ravenoville, Turqueville.

Succursale de la Banque de France, à Saint-Lo.

Directeur : M. SIMON.

Censeurs : MM. Bellier de Villentroy, de Commines de Marsilly, Blouët.

Administrateurs : MM. Angot, Breton, Vaultier, Trocheris, Dary, Pannier-Lachaussée.

Caissier : M. Moreau.

Chef de comptabilité : M. Caubère.

Commis : MM. Leroy, Allemandet.

Bureau auxiliaire de Cherbourg.

Chef : M. Simas.

Caissier : M. Duval.

Les opérations de la Banque de France consistent à :

1° Escompter des effets de commerce payables à Paris ou dans les succursales, dans le délai de trois mois, revêtus de trois signatures, ou seulement de deux avec dépôt de titre en garantie ;

2° Faire des avances de 80 % sur rentes françaises et 75 % sur actions et obligations des chemins de fer, obligations de la ville de Paris. foncières et algériennes ;

3° Emettre des billets à ordre payables à Paris ou dans les succursales, moyennant une commission de 0 fr. 50 c. pour 1,000 fr.

ADMINISTRATION DES CONTRIBUTIONS DIRECTES.

ET DU CADASTRE.

Directeur : M. Ed. LORIN ✴, à Saint-Lo, rue du Château, 12.

Bureaux de la Direction : rue Dame-Denise, 3, à Saint-Lo.

Contrôleur 1er commis : M. Hénon, à Saint-Lo, rue Octave Feuillet, 7.

Les bureaux sont ouverts tous les jours excepté les dimanches et fêtes de huit heures du matin a onze heures et demie et de une heure et demie à quatre heures et demie du soir, pour les renseignements, ainsi que pour la délivrance des extraits de matrices cadastrales et des copies de plan.

Inspecteur : M. Jozeau, place des Beaux-Regards, n° 18, à Saint-Lo.

Contrôleurs.

Saint-Lo. — M. Lubet, contrôleur principal, rue du Mouton, n° 8. — Perceptions de Canisy, Gourfaleur, Lozon, Marigny, Pont-Hébert, Sainte-Croix-de-Saint-Lo, Saint-Jean-de-Daye, Saint-Lo.

Torigni. — M. Bony, contrôleur de 1re classe, à Saint-Lo, rue Torteron, 95 bis. — Perceptions de La Colombe, Percy, Saint-Jean-des-Baisants, Saint-Clair, Saint-Georges-d'Elle, Tessy, Torigni.

Carentan. — M. Huret, contrôleur de 3e classe, à Carentan. — Perceptions de Carentan, Périers, Picauville, Pirou, Prétot, Sainte-Marie-du-Mont, Sainteny.

Valognes. — M. de Gratien, contrôleur de 2e classe, à Valognes, rue du Vieux-Château. — Perceptions de Barfleur, Emondeville, Montebourg, Quettehou, Sainte-Mère-Eglise, Saint-Vaast, Valognes.

Saint-Pierre-Eglise. — M. Bossu, contrôleur de 2e classe, à Cherbourg, place de la Révolution, 23. — Perceptions de Beaumont, Brillevast, les Pieux, Martinvast, Sainte-Croix-Hague, Saint-Pierre-Eglise, Siouville, Tocqueville.—Communes de Bretteville, Digosville, Hainneville, le Mesnil au-Val et Nouainville.

Cherbourg. — M. Le Gouix, contrôleur principal, à Cherbourg, quai de Paris, 78. — Communes de Cherbourg, Equeurdreville, Octeville, Querqueville, Tourlaville.

Bricquebec. — M. Tanqueray, contrôleur de 2ᵉ classe, à Valognes. — Perceptions de Barneville, Baudreville, Bricquebec, la Haye-du-Puits, Négreville, Néhou, Portbail, Saint-Sauveur-le-Vicomte.

Coutances. — M. Caussé, contrôleur de 3ᵉ classe à Coutances. — Perceptions de Cerisy-la Salle, Courcy, Coutances, le Mesnilbus, Montmartin. Quettreville, Saint-Malo-de-la-Lande, Saint-Sauveur-Lendelin.

Granville. — M. Guérard, contrôleur de 1ʳᵉ classe, à Granville, rue Saint-Michel, 26 et 27. — Perceptions de Bréhal, Cérences, Granville, la Beslière, Montviron, Sartilly.

Avranches. — M. Chassan, contrôleur de 1ʳᵉ classe, à Avranches, rue du Séminaire, n° 3. — Perceptions d'Avranches, Carnet, Curey, Ducey, Pontaubault, Pontorson, Ponts, Saint-James, Saint-Sénier.

Villedieu. — M. Bouvattier, contrôleur hors classe, à Avranches, boulevard du Sud, n° 36. — Perceptions de Brécey, Gavray, Hambye, Isigny, la Haye-Pesnel, Saint-Georges-de-Livoye, Saint-Pois, Villedieu.

Mortain. — M. Josset, contrôleur hors classe, à Mortain. — Perceptions de Barenton, Buais, Juvigny, Le Teilleul, Milly, Mortain, Notre-Dame-du-Touchet, Saint-Hilaire-du-Harcouët, Sourdeval-la-Barre.

Surnuméraires-Contrôleurs.

MM. A. Lorin, rue du Château, 12, et Picquenot, rue du Neufbourg, 24, à Saint-Lo.

ENREGISTREMENT, DOMAINE, TIMBRE

ET HYPOTHÈQUES.

M. Leroy, directeur, à Saint-Lo.

Inspecteur : M. Gley, à Saint-Lo.

Sous-Inspecteurs. — MM. Julliot de Lamorandière, à Saint-Lo ; Sanquer, à Cherbourg ; Morin, à Avranches ; Lecarpentier, à Coutances ; Bohn, à Valognes ; Dary, à Mortain.

Receveur rédacteur près de la Direction. — M. Rigault.

Employé du Timbre. — M. Devaux, garde-magasin, contrôleur de comptabilité.

Conservateurs des hypothèques. — MM. de Mendonça, à Saint-Lo ; de Puniet de Parry, à Avranches ; Gazel, à Cherbourg ; Cozette, à Coutances ; Gautier, à Mortain ; Plessis, à Valognes.

Receveurs des actes civils et des successions. — MM. Céron, à Saint-Lo ; Bénard, à Cherbourg ; Roulier, à Coutances.

Receveurs des actes judiciaires et des Domaines. — MM. Delisle, à Saint-Lo ; Piquot, à Cherbourg ; Bazin, à Coutances.

Receveurs de l'Enregistrement et des Domaines. — **MM**. Dutheil,
à Canisy ; Le Biez, à Carentan ; Ferré, à Marigny ; Guillon, à Percy ;
Le Tellier, à Pont-Hébert ; Philippe-Desportes à Tessy-sur-Vire ;
Ameline-Basbourg, à Torigni-sur-Vire ; Provost, à Avranches ; Le-
monnyer, à Brécey ; Gautier, à Ducey ; Millet, à Granville ; Jaouen,
à la Haye-Pesnel ; Lefebvre, à Pontorson ; Dhangest, à Saint-James ;
Chaillou de l'Etang, à Sartilly ; Loyer, à Villedieu ; Mortain, à Beaumont ; Tanqueray, à Saint-Pierre-Eglise ; Brouard, aux Pieux ;
Wion, à Bréhal ; N..., à Cerisy-la-Salle ; Schlinger, à Gavray ;
Bresson, à la Haye-du-Puits ; Billaudeau, à Lessay ; Danlos, à Montmartin-sur-Mer ; Dumont, à Périers ; Divoy, à Saint-Sauveur-Lendelin ;
Fouilleul, à Mortain ; Cerisier, à Barenton ; Guillier, à Saint-Hilaire-
du-Harcouët ; Decaye, à Isigny-le-Buat ; Gie, à Juvigny ; Leroulley,
à Saint-Pois ; Billot, à Sourdeval ; Boumy, au Teilleul ; Agnès, à
Valognes ; Menand, à Barneville ; Lecourt, à Bricquebec ; Guérin,
à Montebourg ; Le Marié, à Sainte-Mère-Eglise ; Sueur, à Saint-
Sauveur-le-Vicomte ; Gourlay, à Saint-Vaast.

Surnuméraires. — **MM**. Levallois, à Saint-Lo ; de Laurens, Dégot,
Lecainne, Roullier, à Cherbourg ; Aupoix et Quevillois, à Valognes ;
Vivier, Dudouyt et Lemaître, à Coutances ; Gautier, à Mortain ;
Dumoncel, à Granville.

ADMINISTRATION DES FORÊTS.

Le département de la Manche fait partie de la 2ᵉ conservation
dont le siège est à Rouen, et relève directement de l'inspection de
Bayeux (Calvados) gérée par M. Bertrand, inspecteur-adjoint, chef
de service.

Une partie de la forêt domaniale de Cerisy, dite le *Bois-l'Abbé*,
d'une contenance de 334 hectares 49 centiares, se trouve située
dans le département de la Manche, commune de Cerisy-la-Forêt,
canton de Saint-Clair, arrondissement de Saint-Lo.

Le bois de *Mingret*, 20 hectares, situé sur le territoire de la
commune d'Hébécrevon et appartenant à l'hospice de Saint-Lo, est
soumis au régime forestier ; il est géré par l'Administration des
forêts et fait partie de l'Inspection de Bayeux.

ADMINISTRATION DES DOUANES.

Directeur : M. Le Boullenger ✳, à Saint-Malo (1).

Service administratif et de perception.

Inspecteurs divisionnaires. — **MM**. de Saint-Quentin ✳, à Cherbourg ; Chérot, à Granville.

(1) Indépendamment des inspections divisionnaires de Granville et de Cherbourg
auxquelles se rattachent les services indiqués ici, la Direction des Douanes de Saint-
Malo comprend les trois inspections de Saint-Malo, de Saint-Brieuc et de Tréguier,
situées dans l'Ille-et-Vilaine et les Côtes-du-Nord.

Principalité de Granville. — MM. Harivel, receveur principal, à Granville ; Dairon, contrôleur, à Granville ; Reulos, vérificateur, à Granville ; Giron de la Massuère et Duval, vérificateurs-adjoints, à Granville ; Gillet, Launay et Rosse, commis, à Granville ; Lenfant, receveur, à Regnéville ; Audoire, receveur, à Portbail ; Roussel, receveur, à Carteret ; Le Cardonnel, receveur-buraliste, à Pontorson.

Principalité de Cherbourg. — MM. Chaumel, receveur principal, à Cherbourg ; Lucciana, sous-inspecteur ; Cousin, contrôleur ; Henry, Monnier et Le Dérubey, vérificateurs ; Adam, vérificateur-adjoint ; Emard, Lelaidier et Level, commis, à Cherbourg ; Lepoittevin, receveur, à Barfleur ; Leprévost, receveur, à Saint-Vaast, Binet, commis, à Saint-Vaast ; Manquest, receveur, à Carentan ; Lemouton, receveur, à Diélette ; Vasselin, receveur-buraliste, à Omonville.

Service des Brigades.

Capitainerie de Pont-Gilbert. — MM. Le Couturier, capitaine, à Pont-Gilbert ; Dumas, lieutenant, à Saint-Jean-le-Thomas. — Brigadiers : MM. Rondreux, à Beauvoir ; Jugan, à Pont-Gilbert ; Névot, à Genest ; Lebas, à Saint-Jean-le-Thomas ; Joubert, à Carolles.

Capitainerie de Granville. — MM. Maron, capitaine, à Granville ; Jouvin, lieutenant, à Granville ; Rapilly, lieutenant, à Regnéville.— Brigadiers : MM. Lenoir, à Saint-Pair ; Le Gué, Pinson, à Granville ; Reux, à Bréville ; Hulin, à Bricqueville ; Jouenne, à Hautteville ; Beuzeval, à Regnéville.— M. David, patron, à Granville.

Capitainerie de Gouville. — MM. Fardet, capitaine, à Gouville ; Hautemanière, lieutenant, à Blainville ; Rietsch, sous-lieutenant, à Pirou. — Brigadiers : MM. Lamy, à Agon ; Chauvel, à Blainville ; Ameline et Duval, à Gouville ; Journeaux, à Pirou ; Aubin, à Créances.

Capitainerie de Portbail. — MM. Trégret, capitaine, à Portbail ; Lafosse, sous-lieutenant, à Carteret ; Giffart, lieutenant, à La Cosnardière. — Brigadiers : MM. Lecouflet, à Saint-Germain-sur-Ay ; Labousse, à La Cosnardière ; Grossin, à Denneville ; Groult, à Portbail ; Le Gruel, à Roualle ; Simon, à Carteret ; Launay, à Hattainville.— M. Guesnon, patron, à Portbail.

Capitainerie de Diélette. — MM. Hilt, capitaine à Diélette ; Clerc, sous-lieutenant, au Rozel ; Le Boullenger, lieutenant, à Siouville.— Brigadiers : MM. Jeanne, à Surtainville ; Cahu, au Rozel ; Joubert, à Flamanville ; Tiphaigne, à Diélette ; Bréard, à Siouville ; Agnès, à Vauville. — M. Fourmy, patron, à Diélette.

Capitainerie du Grand-Vey. — MM. Grumelart, capitaine, au Grand-Vey; Lecler, lieutenant, à Carentan ; Lechevalier, lieutenant, à Ravenoville.— Brigadiers : MM. Montcuit, à Quinéville ; Geffroy, à Ravenoville. — Fortin, à la Madelaine ; Mahaut, au Grand-Vey ; Moitié, à Carentan ; Vaugrande, à Brévands.

Capitainerie de Beaumont. — MM Laurent, capitaine, à Beaumont; Jeanne, lieutenant, à Auderville ; Rumeau, sous-lieutenant, à Jobourg ; Leprieur, lieutenant, à Omonville.-- Brigadiers : MM. Le Guest, à Beaumont, Deganne, à Herqueville ; Le Gallic, à Jobourg ;

Hébert, à Merquetot ; Digard, à Auderville ; Castel, à Saint-Germain-des-Vaux ; Jean, à Saint-Martin-des-Vaux ; Le Begin, à Omonville ; Chasles, aux Ducs ; Lemétayer, à Landemer.—Patrons : MM. Lejeune, à Auderville ; Enault, à Omonville.

Capitainerie de Cherbourg. — MM. Liébard, capitaine, à Cherbourg ; Lemétayer, Blondel, lieutenants, à Cherbourg.—Brigadiers : MM. Hochet, à Querqueville ; Moucel, à Sainte-Anne ; Fontaine, Leviel, Osmont, à Cherbourg ; Marion, à Bourbourg ; Le Terrier, au Becquet. — M. Jeanne, patron, à Cherbourg.

Capitainerie de Barfleur.—MM. Quiédeville, capitaine, à Barfleur ; Vaultier, sous-lieutenant, à Fermanville ; Le Floch, lieutenant, à Saint-Vaast.— Brigadiers : MM. Legagneux, à Maupertus ; Legagneux, à Fermanville ; Belliard, à Cosqueville ; Burnel, à Gouberville ; Couillard, à Barfleur ; Devicq, à Montmorin ; Clouet, à Saint-Vaast ; Fiquet, à Morsalines.-- MM. Simon, patron, à Fermanville et Bertrand, patron, à Saint-Vaast.

Organisation militaire (1).

27ᵉ *bataillon.*—Commandant : M. de Saint-Quentin ✻, inspecteur, à Cherbourg ; capitaine-adjudant-major : M. Quiédeville ✻, à Barfleur.

Compagnies actives. — 1ʳᵉ : MM. Grumelart, capitaine ; Leclerc et Lechevalier, lieutenants.—2ᵉ : MM. Laurent, capitaine ; Leprieur, lieutenant ; Rumeau, sous-lieutenant.— 3ᵉ : MM. Trégret, capitaine ; Lafosse et Clerc, sous-lieutenants.— 4ᵉ : MM. Fardel, capitaine ; Hautemanière et Rapilly, lieutenants. — 5ᵉ : MM. Maron, capitaine ; Jouvin et Dumas, lieutenants.

Compagnie de forteresse de Cherbourg.—MM. Liébard, capitaine ; Lemétayer et Blondel, lieutenants.

Section de forteresse de la Hougue.— M. Le Floch, lieutenant.

Services de santé

Capitainerie de Pont-Gilbert.— MM. Bailleul, Frémin et Papillon, médecins.

Capitainerie de Granville. — MM. Letourneur, de la Bellière et Danlos, médecins.

Capitaineries de Gouville et de Portbail.— MM. Vincent, Bétaillouloux et Marguerie, médecins.

Capitainerie de Diélette.— M. Duchenne, médecin.

Capitainerie de Beaumont.— M. Peyron, médecin.

Capitainerie de Cherbourg.— M. Monnoye, médecin.

Capitainerie de Barfleur.— MM. Leterrier, Legalcher-Baron et Ménard, médecins.

Capitainerie du Grand-Vey. -- MM. Carbonnel et Le Goupil, médecins.

---

(1) Le 27ᵉ bataillon et les compagnies et sections de forteresse de la Manche sont rattachés au 10ᵉ corps d'armée.

Administration des Contributions indirectes.

M. GUILLAUMIN, directeur.

MM. Carion, contrôleur, 1er commis de direction ; Cossé, Briend, Cabau, commis de direction ; Chauvin, surnuméraire.

MM. Berluteau, Cresson, Boyer, inspecteurs.

Circonscription administrative de Saint-Lo.

Saint-Lo. — Rebstock, receveur principal, entreposeur.
  —   Pelletier, contrôleur.

Saint-Lo. — Ereau, Flament, Chapt, Beaume, commis ; N..., surnuméraire.

    Taupin, receveur ; Turquand d'Auzay, commis principal.

Carentan. — Lesteven, receveur ; Manier, commis principal.

Marigny. — Bébin, receveur ; Ruaud, commis principal.

Tessy. — Ducla, receveur ; Gauthier, commis principal.

Torigni. — Lecoutey, receveur ; Rabardel, commis principal.

Coutances. — Thomasse, receveur, entreposeur.

  —   Lemasurier, commis principal de 2e classe, chef de poste.

    Pradier, Danflous, Béra, commis.

    Armenault, receveur ; Fleury, commis principal.

Bréhal. — Roudaut, receveur ; Tobie, commis principal.

Cerisy-la-Salle. — Garcelle, receveur ; Guéneu, commis principal.

Gavray. — Masson, receveur ; Mandon, commis principal.

La Haye-du-Puits. — Boivert, receveur ; Feulou, commis principal.

Lessay. — Boivert, receveur ; Bascouret, commis principal.

Périers. — Lehodey, receveur ; Le Coz, commis principal.

Circonscription administrative d'Avranches.

M. d'Aubenton, sous-directeur.

MM. Hamonic, Guillon, commis de sous-direction ; Deneuville, surnuméraire.

Avranches. — Cazin, receveur principal, entreposeur.

  —   Fournioux, contrôleur.

  —   Esnould, Pioche, Menard, Anger, commis.

Granville. — Michelot, contrôleur.

  —   Klein, receveur particulier sédentaire.

    Hochard, Dupradeau, Le Bihan, Legent, commis.

Brécey. — Frigot, receveur ; Le Moine, commis principal.

Ducey. — Poirier, receveur; Faligot, commis principal.

Pontorson. — Danican, receveur ; Belan, commis principal.

Saint-James. — Monmirel, receveur ; Le Berrigaud, commis principal.

Sartilly. — Cordon, receveur ; Testu, commis principal.

Villedieu. — Néel, receveur ; Anger, commis principal.

Mortain. — Bertrand, receveur, entreposeur ; Fromal, receveur ; Gaillard, commis principal.

Le Teilleul. — Boucher, receveur ; Guégan, commis principal.

Saint-Hilaire. — Arribard, receveur ; Dessay, commis principal ; Lescop, commis du service des distilleries.

Saint-Pois. — Carrère, receveur ; Kerleau, commis principal.

Sourdeval. — Fouquet, receveur ; Trémel, commis principal.

Circonscription administrative de Cherbourg.

M. Lecoq-Kervignac, sous-directeur.

MM. Dufour, Delon et Prat, commis de sous-direction ; N..., surnuméraire.

Cherbourg. — Létissier, receveur principal, entreposeur ; Bazin, receveur particulier; Brindejon, contrôleur; Desbois, Toinel et Guérin Villaubreil, commis principaux, chefs de poste.

Enlart de Guémy, Bourel, Caillault, Juloux, Chabot, Groux, Pétillon, commis.

Beaumont. — Gauvin, receveur ; Chedeville-Desvaucelles, commis principal.

Equeurdreville. — Lelièvre, receveur ; Hébert, commis principal.

Les Pieux. — Lafage, receveur ; Escudier, commis principal.

Saint-Pierre-Eglise. — Guérin-Villeaubreil, receveur; N.. ., commis principal.

Tourlaville. — Ozenne, receveur ; Heurtel, commis principal.

Valognes. — Piriou, receveur entreposeur ; Lépine, receveur ; Rio, commis principal.

Bricquebec. — Mouchot, receveur ; Gillet, commis principal.

Montebourg. — Desplanques, receveur ; Miette, commis principal.

Sainte-Mère-Eglise. — Josse, receveur, Gondouin, commis principal.

Saint-Sauveur-le-Vicomte. — Folliot, receveur; Guérin, commis principal.

Saint-Vaast. — Mocquet, receveur ; Mailhé, commis principal.

POSTES ET TÉLÉGRAPHES.

DIRECTION DU DÉPARTEMENT.

M. Rault, *directeur*, à Saint-Lo.

MM. Le Grand, *inspecteur*, en résidence à Cherbourg ; Postaire et Le Landais, *inspecteurs*, à Saint-Lo.

MM. Godechou, *commis principal;* Legendre. Portais, Sibran, Lebreton, Jan, Guerrand, *commis.*

MM. Duval et Menant, *brigadiers-facteurs.*

SUCCURSALE DE LA CAISSE NATIONALE D'ÉPARGNE.

M. Delecroix, *caissier.*

M. Desfaudais, *teneur du double des comptes courants.*

BUREAUX.

NOMS DES BUREAUX.	NOMS DES RECEVEURS (1)	
	POSTES.	TÉLÉGRAPHES.
Saint-Lo............ ...	M. Daussy, rec. p¹.	M. Daussy, r⁻ pl.
Agon	M¹¹ᵉ Lecadet.	M¹¹ᵉ Lecadet.
Airel..................	Mᵐᵉˢ Piriou.	Xᵐᵉˢ Piriou.
Anneville-en-Saire......	Pâques.	Pâques.
Avranches.............	M. Hantraye.	M. Hantraye.
Bacilly	»	M. Morin.
Barenton	M¹¹ᵉˢ Simon.	M¹¹ᵉˢ Simon.
Barfleur	Debourgogne.	Debourgogne
Barneville-sur-Mer	Gesbert.	Gesbert.
Beauchamps	Madelaine.	»
Beaumont-Hague	Lepasquier.	Lepasquier.
Bérigny	Mᵐᵉ Bigot.	Mᵐᵉ Bigot.
Blainville	M¹¹ᵉˢ Rabec.	M¹¹ᵉˢ Rabec.
Brécey............	Achard.	Achard.
Bréhal	M. Lesage.	M. Lesage.
Bricquebec	M¹¹ᵉ Halley.	M¹¹ᵉ Halley.
Buais	Mᵐᵉˢ Clouard.	Mᵐⁿˢ Clouard.
Canisy................	Lemeray.	Lemeray.
Carentan	de Confevron.	Mᵐᵉˢ de Confevron
Carolles..............	»	Lacroix.
Cérences	M¹¹ᵉ Hardy.	M¹¹ᵉ Hardy.
Cerisy-la-Forêt........	Mᵐᵉ veuve Delafosse.	Mᵐᵉ vᵉ Delafosse.

(1) Les communes pour lesquelles ne figurent pas de nom de Receveur dans l'une des colonnes dans la liste de ces agents ne sont pourvues que de l'un des deux services : Postes ou Télégraphes.

NOMS DES BUREAUX.	NOMS DES RECEVEURS	
	POSTES.	TÉLÉGRAPHES.
Cerisy-la-Salle	Mme Vindard.	Mme Vindard.
Cherbourg.............	M. Roullier.	M. Roulier
Id. (bureau de l'arsenal)....	"	M. Legagneux.
Id. (bureau du Val-de-Salle)·	M. Schemel.	M. Schemel.
Coulouvray-Boisbenâtre.	Mlle Dromer.	"
Coutances	M. Lucas.	M. Lucas.
Créances	Mme Lédevin.	
Ducey	Mlle Tournebois.	Mlle Tournebois.
Equeurdreville........	Mmes Le Cuirot.	Mme Le Cuirot.
Fermanville............	Duval-Lapallière.	
Flamanville............	Mlles Lelanchon.	•
Gavray................	Lancelot.	Mlle Lancelot.
Genêts	"	Mmes Lechevretel.
Ger...................	Mme Desvoyes.	Desvoyes.
Gouville	Mlle Jeau.	Mlle Jean
Granville	M. Lecherre.	M Lecherre.
Grosville	Mlle Guillot.	
Hambye........... ..	Bézard.	Mlle Bézard.
Haye-du-Puits (La)......	Mme Mangin.	Mme Mangin.
Haye-Pesnel (La)	Mlle Nicolle.	Mlle Nicolle.
Isigny-le-Buat	N...	N...
Jullouville.............	"	Mlles Chevalier.
Juvigny-le-Tertre..	Mlle Villedieu.	Villedieu.
Lessay	M Devaine.	M. Devaine.
Marigny...............	Mme Boucher.	Mme Boucher.
Martinvast............	Mlle Creveuil.	Mlle Creveuil.
Milly (bureau auxil'aire de poste).—(Téléph°).	M. Hérault.	M. Hérault, gér^t
Montbray..............	Mlle Nourry.	Mlle Nourry.
Montebourg...	Mme Josse.	Mme Josse.
Montmartin-sur-Mer. ...	Mlle Bourdon.	Mlle Bourdon.
Mont-Saint-Michel	Mme Joubart.	Mme Joubart.
Mortain	M. Le Crecq.	M. Le Crecq.
Moyon	Mlle Piel.	"
Octeville	Mme Doucet.	Mme Doucet.
Percy.................	Mlle Mauduit.	Mlle Mauduit.
Périers...............	Mmes veuve Leclerc.	Mmes v^e Leclerc.
Pieux (Les)............	Lechevallier.	Lechevalier.
Pont-Hébert...........	Mlles Gallery de la Tremblaye.	Mlles Gallery de la Tremblaye
Pont-l'Abbé-Picauville...	Lombard.	Lombard.
Pontorson	Mme Rihouet.	Mme Rihouet.
Portbail	Mlle Hinet.	Mlle Hinet.
Prétot................	Mme Leclerc.	Mme Leclerc.
Quettehou	Mlles Thin.	Mlles Thin.
Quettreville...........	Delacour.	Delacour.
Regnéville.............	M. Loison.	M. Loison.
Remilly...............	Mlles Eve.	Mlles Eve.
Roncey................	Daubron.	Daubron.
Ruffosses.............	"	M. Marguerite
Sartilly...............	Leterrier.	Mlle Leterrier.
Sottevast......	Mme Lebarbenchon.	"
Sourdeval	M. Amiot.	M. Amiot.

NOMS ET BUREAUX.	NOMS DES RECEVEURS	
	POSTES	TÉLÉGRAPHES.
St-Aubin-de-Terregatte .	Mlles Castel.	"
Saint-Clair-sur-Elle	Savary.	Mlle Savary.
Sainte-Croix-Hague.	Mme Clément.	Mme Clément.
Saint-Denis-le-Gast.	Mlles Tréhet.	Mlles Tréhet.
Saint-Eny	Coupard.	Coupard.
St-Hilaire-du-Harcouët. .	M. Bertaux.	M. Bertaux.
Saint-James.	M. Lemoine.	M. Lemoine.
Saint-Jean-de-Daye	Mmes Lebouteiller.	Mme Lebouteiller.
Saint-Jean-des-Baisants .	Gouye.	"
Saint-Malo-de-la-Lande . .	Mlle Villedieu.	Mlle Villedieu.
Sainte-Marie-du-Mont. . . .	Mme Levavasseur.	Mme Levavasseur.
Sainte-Mère-Eglise	Mlles Vieillard.	Mlles Vieillard.
Saint-Pair	Mondo.	Mondo.
Sainte-Pience	Brionne.	Brionne.
Saint-Pierre Eglise	Mmes veuve Larrue.	Mmes v^e Larue.
Saint-Pois	Coguyec.	Coguyer.
St-Samson-de-Bonfossé . .	Mlles Perrin.	"
Saint-Sauveur-Lendelin. .	Guénon.	Mlles Guénon.
St-Sauveur-sur-Douves . .	Leprévost.	Leprévost.
Saint-Vaast la-Hougue . .	Lompech.	Lompech.
Teilleul (Le).	Joubin	Joubin.
Tessy-sur-Vire.	Mme veuve Morisset.	Mme v^e Morisset.
Torigni-sur-Vire.	Mlle Frault.	Mlle Frault.
Tourlaville	Mme Bernard.	Mme Bernard.
Valognes	M Jouanne.	M. Jouanne.
Vast (Le)	Mlle Fossey.	Mme Laronche.
Villebaudon.	Mme veuve Hus.	"
Villedieu-les-Poëles.	Mlle Peslin.	Mlle Peslin.

SÉMAPHORES OUVERTS AU SERVICE DE LA TÉLÉGRAPHIE PRIVÉE.

Agon.	Flamanville.	Pointe Jardeheu.
Barfleur-Gatteville.	Fort la Hougue.	Pointe du Roc.
Cap la Hague.	Ile Chausey.	Querqueville.
Cap Lévi.	Ile Pelée.	Saint-Germain-sur-Ay
Carteret.	Nez de Jobourg.	
Cherbourg-Digue.	Onglet (Vigie de l').	

GARES OUVERTES AU SERVICE DE LA TÉLÉGRAPHIE PRIVÉE.

Sottevast.

SERVICE VICINAL.

M. Lelièvre O. A. (M. O.), agent voyer en chef du département, à Saint-Lo.

AGENTS VOYERS D'ARRONDISSEMENT.

MM. Durel, à Saint-Lo ; Benard, à Avranches ; Mesnage, à Cherbourg ; Lepuisant, O. A., à Coutances ; Hermann, à Mortain ; Enquebecq, à Valognes.

Agents voyers et Employés attachés aux divers Bureaux.

BUREAU DE L'AGENT VOYER EN CHEF.

MM. Heude, agent voyer principal, chef de bureau*; Darthenay, agent voyer de 1re classe, chargé de la comptabilité ; Bigot, agent voyer, aide-comptable ; Desaunette, agent voyer, chargé du service d'ordre ; Adam, agent voyer, dessinateur ; Douchin, agent voyer surnuméraire ; Damécourt, expéditionnaire.

BUREAUX DES ARRONDISSEMENTS.

Arrondissement de Saint-Lo.— MM. Horel, agent voyer cantonal, et Jugan, agent voyer surnuméraire.

Arrondissement d'Avranches. — MM. Madeleine, agent voyer cantonal, et Lacolley, agent voyer surnuméraire.

Arrondissement de Cherbourg. — MM. Raynel, agent voyer cantonal, et Garnier, agent voyer surnuméraire.

Arrondissement de Coutances. --- MM. Marie, agent voyer cantonal, et Simonne, agent voyer surnuméraire.

Arrondissement de Mortain. — MM. Leconte, agent voyer auxiliaire, et Parey, agent voyer surnuméraire.

Arrondissement de Valognes. — MM. Renault, agent voyer auxiliaire, et Fras, agent voyer surnuméraire.

Agents voyers cantonaux du service actif.

Arrondissement de Saint-Lo. — MM. Pitron, à Saint-Lo ; Lerebours, à Tessy ; Lecousté, à Torigni ; Dupont, à Carentan ; Lamoureux, à Percy ; Fournier, Pain, à Saint-Lo ; Bienvenu, à Marigny.

Arrondissement d'Avranches. — MM. Thébault, à Granville ; Leduc, à Villedieu ; Liron, à Saint-James ; Lépine et Dubosc, à Avranches ; Desgranges, à Brécey ; Poupeville, à Sartilly ; Leriverend, à Pontorson ; Huet, à la Haye-Pesnel.

Arrondissement de Cherbourg. — **MM.** Roger, agent voyer hors classe, à Cherbourg ; Levast, à Saint-Pierre-Eglise ; Boitel, aux Pieux ; Lerebours, à Beaumont.

Arrondissement de Coutances. — **MM.** Meslet et Hubert, à Coutances ; Moitié, à la Haye-du-Puits ; Erard, à Gavray ; Provost, à Périers ; Désiré, à Brébal ; Jeanne, à Lessay ; Valery, à Cerisy-la-Salle ; Duval, à Montmartin-sur-Mer.

Arrondissement de Mortain. — **MM.** Coguyec, à Saint-Pois ; Fleury, à Saint-Hilaire-du-Harcouët ; Corbin, à Mortain ; Martin, au Teilleul ; Boitel, jeune, à Sourdeval ; Le Villain à Juvigny-le-Tertre.

Arrondissement de Valognes. — **MM.** Fortin, agent voyer hors classe, à Sainte-Mère-Eglise ; Garnier, à Saint-Sauveur-le-Vicomte ; Liron, aîné, à Bricquebec ; Douchin, à Saint-Vaast ; Lechanteur, à Valognes ; Jeanne, à Montebourg ; Dorange, à Barneville.

CLERGÉ DU DIOCÈSE.

Evêque : **Mgr** Germain (Abel-Anasthase), né le 1er avril 1833, à Saint-Sylvain (Calvados), sacré à Bayeux le 19 mars 1876, 88e évêque.

Vicaires généraux.

MM. Durel, official ; Legoux, vice-official, agréés par le Gouvernement ; Bizon, supérieur du grand-séminaire.

Secrétariat de l'Evêché.

MM. Mauduit, secrétaire général; Sanson, Fleury, pro-secrétaires ; Laisney, secrétaire particulier de Mgr l'Evêque.

Chanoines d'honneur.

S. E. le cardinal Macchi, NN. SS. Osouf, archevêque de Tokio ; Hugonin ✿, évêque de Bayeux ; Billard, évêque de Carcassonne ; Bécel ✿, évêque de Vannes ; Perraud ✿, évêque d'Autun ; Jourdan de la Passardière, évêque de Roséa ; Le Roy, évêque d'Alinda, vic. ap. du Gabon ; Touchet, évêque d'Orléans ; Mgr Marini, camérier secret de S. S.

Chanoines titulaires.

MM. Pigeon, Joubin, Mauduit, Boursin, Ménard.

Chanoines honoraires résidant dans le diocèse.

MM. Ameline, Duval, Langenais, Gillot, Jouenne, Dallain, Bizon, Lemonnier, Dubois, Hamel (F.), Turgot, Sanson, Leroux,

Blanchet, Béatrix, Germain, Lepeltier, Leroy (A.), Vignon, Dupont, Moulin, Maquerel, Bouffaré, Laisney, Lecacheux, Binet, Tollemer (H.), Tollemer (A.), Leroy (M.), Duclos, Lebedel, de Longueville, Destrès, Gardin, Gibon, Douville, Dolbet, Hamelin, Fossard, Bonhomme, Vautier, Hélie, Hamel (J. L.), Fontaine (C.), Fontaine (J.), Maudouit.

Chanoines honoraires résidant hors du diocèse.

MM. Gravey, Grandjean, Montagnon, Gillouard, Loisel, Tirhard, Bizon.

Conseil épiscopal.

MM. les Vicaires généraux et le Secrétaire général de l'Evêché.

Grand-Séminaire.

MM. Bizon, supérieur ; Marty, directeur, professeur de morale ; Ollivier, professeur d'écriture sainte ; Thézard, professeur de droit canon ; Colibert, économe ; Lagardère, professeur de dogme ; Parpaillon, Vauloup, professeurs de philosophie.

Bureaux d'administration des Séminaires

Mgr. l'Evêque président ; MM. Durel, vicaire général ; Legoux, vicaire général, trésorier ; Bizon, supérieur du grand-séminaire ; Colibert, économe ; Mauduit, secrétaire.

ÉTABLISSEMENTS ECCLÉSIASTIQUES.

Petit-Séminaire de Mortain.

MM. Supérieur : Dubois, chanoine honoraire. — Supérieur honoraire : Ameline, chanoine honoraire. — Philosophie : Godefroy, prêtre — Rhétorique : Gonet, prêtre. — Sciences : Laisney, prêtre ; Madelaine, prêtre ; Pasquet, prêtre. — Histoire : Fortin, prêtre. — Seconde : Yon, prêtre. — Troisième : Gastebois, prêtre. — Quatrième : Baudry, prêtre. — Cinquième : Morel, prêtre. — Sixième : Legendre, diacre. — Septième et huitième : Chaulieu, prêtre. — Français : François, prêtre ; Colin, prêtre ; un laïque — Anglais : Datin, prêtre. — Préfet de discipline : Godefroy. — Présidents d'études : Costard, Lebaron, prêtres ; Lemaître, sous-diacre. — Dessin : François, prêtre. — Musique : un laïque.

Petit-Séminaire et Collège diocésain de Saint-Lo.

MM. Supérieur : Lemonnier, chanoine honoraire. — Directeur : Savary, prêtre. — Philosophie : Postel, prêtre. — Rhétorique : Jeanne, prêtre. — Sciences : Quesnel, Hérembourg, Lonesley,

prêtres. — Histoire et géographie : Savary, prêtre. — Seconde :
Gautier, Granier, prêtres. — Troisième : Lemasson, Gourat, prêtres.
— Quatrième : Houssin, Marie, prêtres. — Cinquième : Louis,
Lepelletier, prêtres. — Sixième : Vasselin, prêtre. -- Septième :
Evard, acolyte. — Huitième : Mesplet, prêtre. — Classe prépara-
toire : un laïque. — Français : David, prêtre, un laïque. — Anglais :
Houyvet, prêtre. — Allemand : Gibon, prêtre — Econome : Durel,
prêtre.—Préfet de discipline : Blin (J.), prêtre.—Présidents d'études :
Morel, Lécluze, prêtres ; Pasturel, diacre ; Marguerye, sous-diacre.
— Dessin : un laïque. — Musique : deux laïques. — Gymnastique
et escrime : un laïque.

Petit-Séminaire et Collège diocésain de Valognes.

MM. Supérieur : Chevrel, prêtre. — Directeur : Guiné, prêtre. —
Philosophie : Guiné, prêtre. — Rhétorique : Poignant, prêtre. —
Sciences : Gendrot, Gaudin, Louin, prêtres. — Histoire : Damourette, prêtre. — Seconde : Kerdal, prêtre. — Troisième : Rouxel (B.),
prêtre. — Quatrième : Veillard, prêtre. — Cinquième : Roussel (P.),
prêtre. — Sixième : Brochard, prêtre. — Septième : Pelletier, prêtre.
— Huitième : Burgot, prêtre. — Anglais : Meurier, prêtre. — Présidents d'étude : Batiffol, Rabasté, prêtres ; de Mons, sous-diacre.
— Dessin : un laïque. — Musique : Burgot, prêtre.

Elèves ecclésiastiques recevant des élèves jusqu'à la 4° inclus.

A Granville (collège). — MM. Pontis, prêtre, directeur ; Gardie,
Talvaz, Roblin, prêtres ; trois laïques professeurs.

A Montebourg (établissement des frères de la Miséricorde.) —
MM. Estard, prêtre, directeur ; Desboulletz, Salmon, prêtres, professeurs.

A Villedieu (institution Saint-Joseph). — MM. Bouffaré, prêtre,
directeur ; Ruault, Pénitot, prêtres ; deux frères de la Miséricorde,
un laïque, professeurs.

A Saint-James (collège). — MM. Périer, prêtre, directeur ; Parigny,
Lemasson, prêtres, professeurs.

Missionnaires du diocèse.

A Donville. — MM. Belloni, supérieur, Savary, Epron, Garnier,
Colin.

A Notre-Dame-sur-Vire. — MM. Vaultier, supérieur ; Lemasson,
Conflant, Delaplanche, Guillaume, Roussel.

Au Mont-Saint-Michel. — MM. Danjou, supérieur ; Grosset,
Cochet, Pouvreau, Bouteloup, Lévêque, missionnaires.

Chapelains de communautés religieuses.

Avranches, Ursulines, M. Rabec ; Sœurs de Notre-Dame-du-
Mont-Carmel, M. Carnet ; à Granville, Petites-Sœurs des Pauvres,
M. Blin ; à Saint-James, Trinitaires, M. Provost ; à Ducey, Trini-

taires, M. Briens ; à Cherbourg, *Sœurs de la Charité de Jésus et de Marie*, M. Delaune ; à Saint-Pierre-Eglise, *Augustines*, M. Lebourgais ; à Coutances, *Augustines*, M. Bouillon ; *Sacré-Cœur*, M. Poullain ; à Mortain, *Ursulines*, M. Tréboisnel ; à Barenton, *Augustines*, M. Hamard ; à Saint-Lo, *Bon-Sauveur*, MM. Marie et Lescalier ; à Carentan, *Augustines*, M. Trincot ; à Valognes, *Bénédictines*, M. Lehodey ; *Augustines*, M. Leconte ; à Saint-Sauveur-le-Vicomte, *Sœurs de la Miséricorde*, M. Moulin ; à Pont-Labbé-Picauville, *Bon-Sauveur*, MM. Hélie et Moulin ; à Montebourg, *Etablissement et Ecole normale des Frères de la Miséricorde*, M. Estard.

Aumôniers d'hospices.

A Avranches, M. Massy ; à Granville, M. Perrée ; à Pontorson, M. Thébault ; à Saint-James, M. N... ; à Villedieu, M. Lemoine ; à Cherbourg, le clergé de Saint-Clément ; à Coutances, M. Leguerrier; à Périers, M. Vallée ; à Mortain, M. Louaye ; à Saint-Lo, M. Ollivier ; à Carentan, M. Saillard ; à Valognes, M. Lerévérend ; à Montebourg, M. N... ; à Torigni, M. N...

Aumôniers de la Marine.

M. Néel, aumônier honoraire.

Aumôniers des prisons.

A Avranches, M. Lefrançois ; à Cherbourg, M. Viel do Hautmesnil ; à Coutances, M. Fleury ; à Saint-Lo, M. Pénitot ; à Mortain, M. Renault ; à Valognes, M. Poret.

Aumôniers d'Orphelinats.

A Avranches, M. Tabard ; à Périers, M. Guérard.

Prêtres du diocèse employés dans l'Instruction publique.

A Coutances, M. Aubry, aumônier du lycée ; à Cherbourg, M. Lefèvre, aumônier du lycée.

CULTE PROTESTANT.

Ministres du Saint-Evangile.

MM Braud, à Cherbourg et à Siouville ; Martin, au Chefresne et à Saint-Lo.

INSTRUCTION PUBLIQUE.

M. Deries O. A., Inspecteur d'Académie.

MM. Rouel O. A., secrétaire de l'inspection académique ; Fouchard O. A., Vacheron, commis de l'Inspection.

CONSEIL DEPARTEMENTAL DE L'INSTRUCTION PUBLIQUE.

MM. FLORET O ✱, O. I., préfet, *président ;* Deries O. A., inspecteur d'académie, *vice-président ;* Riotteau, député ; Morel, sénateur ; Regnault, député ; Lemoigne, conseiller général ; M. le Directeur de l'École normale de Saint-Lo ; Mᵐᵉ la Directrice de l'Ecole normale de Coutances ; MM. Menard, instituteur public, à Coutances ; Robbes O. A., instituteur public, à Granville ; MMˡˡᵉˢ Marie O. A., institutrice publique, à Saint-Lo ; Travers, institutrice publique, à Cherbourg ; MM. Marichal, inspecteur primaire, à Saint-Lo et Chancerel O. I., inspecteur primaire, à Avranches.

Membres adjoints pour les affaires contentieuses et disciplinaires de l'enseignement privé : MM. Guezet, instituteur privé laïque, à Cherbourg ; Duvivier, instituteur privé congréganiste, à Avranches.

Lycée de Coutances.

MM. Lucas-Girardville O. I., proviseur.

Leparquier O. I., censeur des études ; l'abbé Aubry, aumônier ; Le Caplain O. I., économe ; Mottin, Joucla, commis d'économat ; Pacquet, surveillant général.

Philosophie : Havard ; rhétorique : Foulon O. I. ; seconde : Queillé ; troisième : Leitz ; sciences physiques : Basin et Fittremann ; mathématiques : Frémiot ; histoire : Lerévérend O. I. et Dubois ; langue anglaise : Astruc O. A. et Dupont O. A. ; langue allemande : Wetzel et Coricon ; quatrième : Pâté O. A. ; cinquième : Prost ; sixième : Chesnel ; septième : Viau ; huitième : Daireaux O. I. ; neuvième : Rochey ; dessin d'imitation : Deturck ; gymnastique : Héon O. A. — Enseignement secondaire moderne : Héon, Billard, Basin, Le Révérend, Prioult O. A., Muriel O. I., Coricon, Fleury ; classe enfantine : Mˡˡᵉ Pichon.

Lycée de Cherbourg.

MM. Chevrier O. I., proviseur.

Treich O. A., censeur des études ; l'abbé Lefèvre, aumônier ; Rogliano O. A., économe. — Lepot, commis d'économat ; Pivert, commis aux écritures ; Vimont, surveillant général.

Philosophie : Hérelle O. I. ; histoire : Aufavray, Halley O. A. ; rhétorique : Dupré ; seconde : Galland ; troisième : Philippe ; allemand : Clarens, Dax, Beaumann ; anglais : Quesnel, Hodge, Touzain ; quatrième : Lesigne (Arth.) ; cinquième : Lefèvre O. A. ; sixième : Burnouf O. A. ; septième : Leduit O. A. ; huitième :

Barré ; mathématiques : Laley, Etienne O. I. ; Giot, Onde, Cousin O. A. ; physique : Chrétien, Mathieu ; sciences naturelles : Corbière O. A. — Enseignement secondaire moderne : Joffroy, O. I., Lesigne (Alexandre , Loisel, Levallois O. A., Leneveu O. A. ; dessin : Jahandiez, Deguerne ; gymnastique : Flaux. — Classes primaires : Aubril, Morel. — Classe enfantine : Mᵐᵉ Bocage.

COLLÉGES COMMUNAUX.
Collège d'Avranches.

MM. Goujon, O. I., principal.

N., sous-principal ; l'abbé Trochon, aumônier ; philosophie : Goujon ; rhétorique : Doutelleaux O. I. ; seconde : Dalimier ; troisième : Duchemin ; sciences physiques : Durel, O. A., Desfeux ; mathématiques : Horel ; histoire : Mazen ; langue anglaise : Guéroult ; quatrième : Gautier, O. A. ; cinquième : Badier ; sixième : Lucas ; septième : Denolle O. A. ; huitième : Heubert ; dessin et travaux graphiques : Fouqué. — Enseignement secondaire moderne : Durel, Horel, Duchemin, Lematte, Veveaud, Malenfant ; classes primaires : Mˡˡᵉˢ Fouquet, Raulin.

Collège de Mortain.

MM. Goutière O. A., principal.

L'abbé Théot, aumônier ; lettres : Fender ; philosophie et histoire : Cornil ; grammaire : Carouge ; sciences physiques : Gallie ; langues vivantes : Burnel ; enseignement moderne : Oger, Lemoyne, Le Juez ; législation et économie politique : David, O. A.

Inspection de l'Instruction primaire.

MM. Chancerel O. I., à Avranches ; Renouvin, O. A. à Cherbourg ; Leclerc O. A., à Coutances ; Mabilais O. A., à Mortain ; Marichal, à Saint-Lo ; Desprez O. I., à Valognes.

ÉCOLES NORMALES.
Ecole normale d'Instituteurs de Saint-Lo.

Conseil d'administration de l'Ecole.

MM. Deries O. A., inspecteur d'Académie, *président ;* Amiard, conseiller général, maire de Saint-Lo ; Blouët ✱, conseiller général ; Simon O. A., juge au tribunal civil ; Lerendu O. A., à Saint-Lo ; Dussaux, adjoint au maire de Saint-Lo ; Lorin, directeur des contributions directes de la Manche.

Fonctionnaires de l'Ecole.

MM. Follet O. A., directeur ; Mauveaux, économe ; Marie, Dupéron, Gambier, Payen, professeurs ; Dupéron, professeur d'anglais ; Piatte, directeur de l'école primaire annexe ; Valton O.A., maître de chant ;

Ravaut O A., professeur de dessin ; Brunin, maître de gymnastique ; Fasquelle, professeur d'agriculture ; Leconte, professeur d'horticulture ; le docteur Bernard ✱, médecin de l'école.

Ecole normale d'Institutrices de Coutances.

Conseil d'administration de l'Ecole.

MM. Deries O. A., inspecteur d'académie, *président ;* Regnault, député, conseiller général ; Savary, conseiller général ; Briens ✱, sénateurs ; Regnault, sous-préfet ; Lair ✱, proviseur honoraire ; Boissel-Dombreval ✱, ancien conseiller général, ancien maire.

Fonctionnaires de l'Ecole.

MM^{me} Crouzel O. A., directrice ; Chicoineau, économe ; Enjourbault, Brémont, Merchez, Chamaron, professeurs ; N..., maîtresse adjointe ; Guérin, directrice de l'école primaire annexe ; Blanc, directrice de l'école maternelle annexe.

N..., professeur d'anglais ; Mlle Brémont, professeur de dessin ; docteur Laisney O. A., médecin de l'école.

Cours secondaire de jeunes filles de Cherbourg.

Directeur. — M. Chevrier O. I., proviseur du lycée ; surveillante générale : Mme Lemoine.

Professeurs : Mlles Marsat : sciences ; Lesigne (Arthur) : grammaire ; MM. Frigoult O. I., Dupré : littérature ; Lesigne (Alexandre) : géographie ; Halley, Aufavray : histoire ; Hérelle : morale ; Hodge, Quesnel : anglais ; Mlle Rossignol : musique ; Deguerne et Jahaudiez : dessin ; Mme Lemoine : travaux manuels.

Institutrices primaires : Mlles Lebrettevillois O. A., Simon, Lemoine (Julia), Hébert.

Jury d'examen des Aspirants et des Aspirantes au certificat d'aptitude pédagogique.

MM. Deries, inspecteur d'académie, *président ;* Follet, directeur de l'école normale de Saint-Lo ; Marichal, Renouvin, Chancerel, Desprez, Lecler, Mabilais, inspecteurs primaires ; Pignet, Lecordeux, directeurs d'écoles publiques, à Saint-Lo ; Godard, instituteur à Agneaux ; Mme Crouzel, directrice de l'école normale de Coutances ; Mlle Marie, directrice d'école publique, à Saint-Lo.

Jury d'examen des Aspirants et des Aspirantes au brevet de capacité.

MM. Deries, inspecteur d'académie, *président* ; Lair, proviseur honoraire ; Follet, directeur de l'école normale ; Marichal, inspecteur primaire, à Saint-Lo ; un inspecteur primaire ; Marie, Dupéron, professeurs à l'école normale de Saint-Lo ; Gendrin, directeur de l'école primaire supérieure de Saint-Lo ; Sagot, directeur de l'école primaire supérieure de Périers ; Lecordeux, directeur d'école publique, à Saint-Lo ; Barbey, ancien instituteur privé ; Mme Crouzel, directrice de l'école normale ; Mlle Marie, directrice d'école communale ; Mme Dalimier, ancienne institutrice privée.

Sciences physiques : M. Basin, professeur au lycée de Coutances ; dessin : M. Ravaut, professeur à l'école normale ; chant : M. Nicolas; gymnastique : M. Brunin, professeur à l'école normale ; agriculture et horticulture : M. Fasquelle.

Dames adjointes pour l'examen des travaux d'aiguille des Aspirantes.

MM^mes Floret, Deries, Follet.

Jury départemental chargé d'examiner les Aspirants aux bourses nationales, départementales et communales dans les lycées et collèges communaux.

MM. Deries, inspecteur d'académie, *président ;* Follet, directeur de l'école normale ; Marichal, inspecteur primaire, à Saint-Lo ; N..., professeur au lycée de Coutances ; Dupéron et Marie, professeurs à l'école normale.

SCIENCES ET ARTS.

Société d'Agriculture, d'Archéologie et d'Histoire naturelle du département de la Manche.

Présidents d'honneur : M. le Préfet de la Manche ; M. le Maire de Saint-Lo ; Mgr Germain, évêque de Coutances et d'Avranches.

Président : M. Ed. Lepingard, avocat, ancien chef de division à la Préfecture ; *vice-présidents :* MM. Blanchet, curé de Sainte-Croix ; Matinée ✳, proviseur honoraire ; *secrétaire :* M. Gambillon, ancien chef de division à la Préfecture ; *secrétaire-adjoint :* M. Leclerc, docteur-médecin ; *conservateur :* M. Gaëtan Guillot, avocat et maire de Saint-Gilles ; *conservateurs-adjoints :* MM. A. Dieu, avocat ; Onfroy, propriétaire ; *bibliothécaire :* M. A. Le Moisson ; *trésorier :* M. Leconte-d'Olonde, architecte; *classificateur de la section d'agriculture :* M. Granger, ingénieur ; *classificateur de la section d'archéologie :* M. Derbois, ancien professeur ; *classificateur de la section d'histoire naturelle :* M. Sébire, pharmacien de 1re classe ; *sous-classificateur :* M. Lelièvre, agent voyer en chef du département.

Société d'Archéologie, de Littérature, Sciences et Arts des arrondissements d'Avranches et de Mortain.

Composition du bureau de la Société en 1895.

Président : M. Alfred de Tesson ✳, capitaine de frégate en retraite. — *Vice-présidents :* MM. N... et Albert Legrin O. A., président du tribunal civil ; *bibliothécaire-archiviste :* Mlle Ida Hubert. — *Secrétaire :* M. le comte Joseph de Chabannes. —

Secrétaire-adjoint et *secrétaire du Conseil d'administration* :
M. Paul Bouvattier, contrôleur des contributions directes. — *Trésorier* : M. Thébault, libraire.— *Questeur* : M. Jules Bouvattier O. A.,
avocat, ancien député.

Conservateurs (Membres du Bureau).

1° *Des Tableaux et Statues* : M. Charles Fouquet O. A., professeur
de dessin ; M. Potier de la Varde, conservateur honoraire. — 2° *Des
Objets d'histoire naturelle* ; M. Durel, O. A., professeur de sciences
physiques et naturelles.—3° *Des Médailles et des Antiquités* : M. le
vicomte de Potiche. — 4° *Du Musée lapidaire* : M. Louvel O. A.,
architecte.

Membres adjoints au bureau pour former le Conseil d'administration

MM. Lenoir O. A., maire d'Avranches ; Lebel, libraire ; de Tonge,
propriétaire ; Sosthène Mauduit, maire de Saint-Martin-des-Champs,
le comte de Clinchamp ✳.

Officiers d'honneur pour Mortain.

Vice-président : M. Bailliencourt ✳, maire de Mortain. — *Secrétaire :* M. Charles Guérin, propriétaire, au Mesnil-Thébault.

Société nationale des Sciences naturelles et mathématiques de Cherbourg.

(Établissement d'utilité publique par décret du 26 août 1865).

BUREAU DE LA SOCIÉTÉ POUR 1895.

MEMBRES A VIE.

MM. Aug. Le Jolis, directeur et archiviste perpétuel ; Emmanuel
Liais, secrétaire perpétuel honoraire.

MEMBRES ÉLUS POUR 1895.

Président : MM. Emmanuel Liais. — *Vice-président :* Dr Guiffard.
— *Secrétaire :* A. Le Jolis, avocat. — *Trésorier :* Jouan.

Société artistique et industrielle de Cherbourg.

Membres d'honneur de la Société.

Présidents d'honneur : MM. le vice-amiral, préfet maritime ; le
général commandant la subdivision ; le Préfet de la Manche ; le
Sous-Préfet de l'arrondissement ; le Maire de Cherbourg ; le Député
de Cherbourg.—*Président honoraire :* M. de la Chapelle (Henri) O. A.,
contrôleur des douanes en retraite, ancien président, fondateur.

11

Présidents : MM. Menut (Henri) O. I., Banquier, juge au tribunal de commerce, rue Christine, 5. — *Vice-présidents :* Dutot, greffier du tribunal de commerce, adjoint au maire, rue Montebello, 56 ; Gutelle O. A., architecte de la ville, rue de l'Alma, 12 bis. — *Secrétaire :* Demay, professeur à l'Arsenal, rue de la Fontaine. — *Trésorier :* Brégaint, conseiller municipal, rue de la Polle, 32.—*Bibliothécaire-archiviste, conservateur du Musée :* Voisin, relieur, rue de la Fontaine, 41. — *Secrétaire-adjoint :* Jourdan, comptable, rue du Chantier, 76. — *Conseillers :* Bréard, O. I., Lanièce, conseiller municipal, Macé, Pellé, Lavallée, conseiller municipal, Le Boisselier, conseiller municipal, Louise, Mahieu-Laroque, Le Maout. — *Comité de rédaction :* MM. de la Chapelle, Bréard, Dutot, Jourdan, Macé, Voisin et Le Maout.

Société académique de Cherbourg.

Bureau.— MM. Jouan O ✳, *directeur ;* Frigoult, O. I., *secrétaire ;* de la Chapelle, *archiviste-trésorier.*

Société académique du Cotentin.

Président de droit: Mgr l'Evêque de Coutances.—*Vice-président:* MM. l'abbé Pigeon, correspondant du Ministère de l'Instruction publique.— *Vice-président honoraire :* Sarot, avocat, à Coutances. — *Trésorier :* Enault, propriétaire.— *Secrétaire :* Leterrier, avocat, à Coutances.

Groupe de l'Alliance française pour la propagation de la Langue française à l'étranger.

Présidents d'honneur : MM. P. Floret O ✳, préfet de la Manche ; Boissel-Dombreval ✳. — *président annuel :* Alphonse Lair ✳, proviseur honoraire. — *Trésorier :* N...

Société Archéologique, Artistique, Littéraire et Scientifique de l'arrondissement de Valognes.

CONSEIL D'ADMINISTRATION.

Président: MM. Le Clerc, président du Tribunal.— *Vice-président:* de Mondesir. — *Secrétaire :* Desprez.— *Vice-secrétaire :* Leneveu, fils, docteur-médecin. — *Trésorier:* B. Hamel. — *Conservateur-archiviste:* N...— *Membre adjoint :* Guimond, greffier du tribunal.

BIBLIOTHÈQUES.

Saint-Lo.— M. A. Pillon, bibliothécaire. — *Jours et heures de l'ouverture :* les mardi, mercredi et jeudi de chaque semaine, de 11 heures à 4 heures.

Avranches. — M. Fauvel, bibliothécaire. — *Jours et heures de l'ouverture* : les lundi, mercredi, jeudi et samedi, de 10 heures du matin à midi et de 2 heures à 4 heures du soir.

Cherbourg. — M. Amiot O. A., bibliothécaire. — *Jours et heures de l'ouverture* : tous les jours non fériés, de 6 heures à 10 heures du soir et les mardi et jeudi, de midi à 4 heures.

Coutances. — M. Daireaux, bibliothécaire. — *Jours et heures de l'ouverture* : tous les jours non fériés, de 10 heures et demie à 1 heure et demie (excepté le jeudi).

Mortain. — M. Lemoine, bibliothécaire. — *Jours et heures de l'ouverture :* les mercredi, jeudi et vendredi de chaque semaine, de 7 heures à 9 heures du soir.

Membres du Comité de surveillance de la bibliothèque.

MM. Pinot, agrégé, ancien professeur de l'Université ; Josset, avocat ; Louis David, juge.

Valognes. — M. N..., bibliothécaire.

Membres du Comité d'achat et de surveillance.

MM. Oury, maire, *président.* — Desprez, Leclerc, Delangle, Viel, Guimond, Fabre O. ✳.

ASILES DÉPARTEMENTAUX DES ALIÉNÉS.

ASILE DU BON-SAUVEUR DE SAINT-LO.

M. le Dr Lhomond, *médecin de l'établissement.* — Mme sœur Dramard-Burnel, *directrice.* — M. l'abbé Lescalier, *aumônier.*

Prix de la Pension.

1re classe (avec soins exceptionnels), 2.000 fr.—2e classe, 1,200 fr. — 3e classe, 800 fr. — 4e classe, 600 fr. — 5e classe, 450 fr.

ASILE DE PONTORSON.
(Quartier d'aliénés).

M. Lemoine, *médecin préposé responsable.* — M. Rihouet, *Chevalier du Mérite agricole, économe.* — M. Lavoué; *receveur.* — M. l'abbé Thébault, *aumônier.*

Prix de la Pension.

1re classe, 1,600 fr.—2e classe, 1,050 fr.—3e et 4e classes, 800 fr. — 5e classe, 500 fr. — Aliénés placés au compte du département de la Manche, 360 fr.—Départements de la Seine et Seine-et-Oise, 400 fr.

ASILE DE PONT-L'ABBÉ.

M. Legruel, *docteur-médecin* et M. Viel, *docteur-médecin adjoint*.
— Mᵐᵉ Jean, *supérieure*. — MM. Hélie et Moulin, *aumôniers*.

Prix de la Pension.

1ʳᵉ classe, 2,000 fr. — 2ᵉ classe, 1,500 fr. — 3ᵉ classe, 1,000 fr. —
4ᵉ classe, 800 fr. — 5ᵉ classe, 600 fr. — 6ᵉ classe, 400 fr.

ADMINISTRATION DES HOSPICES.

COMMISSION ADMINISTRATIVE DES HOSPICES.

Hospice de Saint-Lo.

MM. Amiard, maire de Saint-Lo, *président ;* Leparquois, conseiller
municipal ; Bosq, conseiller municipal ; Jouanne, avoué, conseiller
municipal ; Guillot (Edouard), propriétaire, conseiller municipal ;
Leclerc, avocat, ancien notaire, conseiller municipal.
Receveur économe : M. Nicolas O. I. P. — *Service médical :*
MM. Bernard ✳ et Thomas. — *Service intérieur :* MMᵐᵉˢ les Reli-
gieuses de l'Ordre de Saint-Paul de Chartres. — *Supérieure :*
Mᵐᵉ sœur Angèle. — *Aumônier :* M. l'abbé Olliver.

Hospice de Carentan.

MM. le Maire de Carentan, *président ;* Triquet, propriétaire ;
Lerosier, négociant ; Lenoël, juge de paix, ancien notaire ; Lepelle-
tier, négociant ; Hue, négociant ; Letourneur, huissier.
Receveur : M. Aubin (Louis). — *Econome-secrétaire :* M. Hélouin
(Hyacinthe). — *Service médical :* MM. Artu (Armand) ; Carbonnel
(Pierre).—*Service intérieur :* MMᵐᵉˢ les Religieuses de la Sagesse.—
Supérieure : Mᵐᵉ Gérard (Laure).—*Aumônerie :* M. l'abbé Saillard.

Hospice de Torigni-sur-Vire.

MM. le Maire de Torigni-sur-Vire, *président ;* Plouin, receveur
d'enregistrement en retraite ; Leboucher, propriétaire ; Gohier,
notaire ; Leroquais, notaire ; Nativelle, propriétaire ; Jouet-Lacontrie,
propriétaire.
Receveur : M. Hébert —*Econome :* M. Bures.—*Service médical :*
M. Pommier. — *Service intérieur :* MMᵐᵉˢ les Religieuses du Sacré-
Cœur de Coutances (sœurs Saint-Victorin et Sainte-Mathilde). —
Supérieure : Mᵐᵉ Sainte-Eugène. — *Aumônerie :* M. Mourocq.

Hospice d'Avranches.

MM. le Maire d'Avranches, *président* ; Desdouitils, adjoint au Maire ; Lechevalier, propriétaire ; Aubry, négociant ; Debon, propriétaire ; Delaroche, propriétaire ; Semery, propriétaire.

Receveur-économe : M. Langlois.—*Service médical :* MM. Frémin, médecin ; Héon, chirurgien. — *Service intérieur :* MMmes les Religieuses de Saint-Thomas-de-Villeneuve. — *Supérieure :* Mme Duport. — *Aumônerie :* M. l'abbé Massy.

Hospice de Ducey.

MM. le Maire de Ducey, *président* , Champion (Paul), adjoint ; Chesnay, marchand de vins ; Hermon, propriétaire ; Maudouit, curé-doyen, *vice-président ;* Jaunet, négociant.

Hospice de Granville.

MM. le Maire de Granville, *président ;* J. Pannier, négociant ; Leprince, négociant ; Duchêne, propriétaire : Lefebure, juge de paix ; P. Villars, armateur ; Ch. Guillebot, courtier maritime.

Receveur-économe : M. Belloir.— *Service médical :* MM. Benoist, Letourneur et Leménicier. — *Service intérieur :* MMmes les Religieuses de Saint-Thomas de Villeneuve.— *Supérieure :* Mme Desury. — *Aumônier :* M. l'abbé Porrée.

BUREAU DE BIENFAISANCE DE GRANVILLE.

MM. le Maire de Granville, *président ;* Legendre, mécanicien ; Trocheris, négociant ; Le Prince, négociant ; Benoist, docteur-médecin ; Pergeaux, propriétaire ; Ollivier, greffier du tribunal de commerce.

Hospice de Pontorson.

COMMISSION ADMINISTRATIVE.

MM. le Maire de Pontorson, *président ;* Bourges, vétérinaire ; Lecacheux, curé-doyen ; Guichard, horloger, adjoint au maire ; Lefèvre, receveur de l'enregistrement, des domaines et du timbre ; Lefondré, propriétaire et Levallois (Jacques), maître d'hôtel.

Econome : M. Rihouet.—*Service médical :* M. Lemoine, docteur-médecin. — *Receveur :* M. Lavoué. — *Service intérieur :* MMmes les Religieuses de la Sagesse, au nombre de 23. — *Supérieure :* Mme Saint-Maximin. — *Aumônerie :* M. l'abbé Thébault.

Hospice de Saint-James.

MM. Morel, sénateur, maire de Saint-James, *président ;* Besnard, ancien pharmacien ; Despréaux, propriétaire ; Gautier (Pierre) ; Geffroy, notaire ; Dupont (Victor), Challier (Adolphe), curé-doyen.

Receveur-économe : N... — *Service médical :* MM. les docteurs Legros et Ameline. — *Service intérieur :* Mme Canton, supérieure.

Hospice de Villedieu.

MM. le Maire do Villedieu, *président ;* Havard (Joseph), conseiller municipal ; Lelegeard (J.-B.), conseiller municipal, propriétaire ; Dupont, curé-doyen ; Brochet, propriétaire ; Pitel (Louis), propriétaire.

Receveur-économe : M. Gautier. — *Service médical :* M. Ledo.— *Service intérieur :* MM^mes les Religieuses de la Providence d'Evreux. — *Supérieure :* Mme sœur Longuemare. — *Aumônerie :* M. l'abbé Lemoine.

Hospice de Cherbourg.

MM. le Maire de Cherbourg, *président ;* Leflambe et Barbet, conseillers municipaux ; Brière, avoué ; Ventrillon, conseiller municipal ; Leroy, négociant ; Féron, avoué.

M. Desrez, économo. — M. Beaugrand, receveur — M. Lesaulnier, commis aux entrées. -- *Service médical :* MM. Renault, Monnoye, Lesdos, Bourdet, Hubert, Lefrançois et Offret. — *Service intérieur :* MM^mes les Religieuses de Saint-Paul de Chartres. — *Supérieure :* Mme Carette. — *Aumônerie :* Le clergé de Saint-Clément.

Hospice de Coutances.

MM. Lair ✻, maire de Coutances, *président ;* N..., *vice-président ;* Dudouyt, procureur de la République, à Coutances ; Delaunay, Lehuby, délégués de la Préfecture ; Rabec et Geffroy, délégués du Conseil municipal.

Econome : M. Legros. — *Receveur :* M. Leliepvre. — *Service médical :* MM. Laisney, médecin en chef ; Dudouyt (Pierre) médecin-adjoint ; Lecomte et Fauvel, médecins consultants. — *Service intérieur :* MM^mes les Religieuses Augustines de Coutances. — *Aumônerie :* M. l'abbé Leguerrier.

BUREAU DE BIENFAISANCE.

MM. Lair ✻, maire de Coutances, *président ;* Lemarchand ; Laisney, docteur-médecin ; N..., Geffroy et Mahé ; Adde, propriétaire ; Leliepvre, receveur.

Hospice de Périers.

MM. Regnault, député, conseiller général, maire de Périers, *président,* Leconte (Jacques), juge de paix; Lepareux, négociant; Rihouet, propriétaire, Desplanques, Legoupil et Guy.

Receveur : M. Ledrans. — *Econome ;* M. Giraud. — *Service médical :* M. Leroux, docteur en médecine.—*Service intérieur :* MM^mes les Religieuses de Saint-Paul de Chartres. — *Supérieure :* Mme Leguay (Marie), sœur Adolphe. — *Aumônerie :* M. Valléc.

Hospice de Mortain.

MM. le Maire do Mortain ✻, *président ;* Buisson, propriétaire ; Chanteux ; Gallie ; Milan, négociant ; Le Bigot, notaire ; David (Louis).

Receveur : M. Bourbon. — *Econome* : M. Laumondais. — *Service médical* : Dr de la Houssaye, Dr Leriche. — *Service intérieur* : MM^{mes} les Religieuses de la Providence de Séez. — *Supérieure* : Mme Noël. — *Aumônerie* : l'abbé Louaye.

Hospice de Barenton.

MM. le Maire de Barenton, *président* ; Liot (Auguste) ; Desclos ; Chemin (Jean-Jacques) ; Lelièvre (Ferdinand) ; Yver (Dominique); Montécot, Léon (père).

Hospice de Saint-Hilaire-du-Harcouët.

MM. le Maire de Saint-Hilaire-du-Harcouët, *président* ; Fauchon, docteur-médecin ; Lebigot, (Louis) ; Hamon, docteur-médecin ; Pinel (Edouard), Alliaume. Pioline.

Hospice de Valognes.

MM. le Maire de Valognes, *président* ; Le Clerc, président du Tribunal, *vice-président* ; Hamel, *ordonnateur* ; Delangle, avocat ; de Resbecq, avocat ; Rabé, propriétaire ; Mariette-Boisville.

Receveur économe : M. Jules Lecoute. — *Service médical* : MM. Leneveu et Le Bouteiller, docteurs-médecins. — *Service intérieur* : MM^{mes} les Religieuses Filles de la Sagesse. — *Aumônier* : M. l'abbé Lerévérend.

BUREAU DE BIENFAISANCE.

MM. le Maire de Valognes, *président* ; Viel, *vice-président* ; Lemeland (Pierre), *ordonnateur* ; Lecannelier, propriétaire ; Crosville, Lemeland (Pierre), propriétaire et Féron, propriétaire.

Hospice de Barfleur.

MM. le Maire de Barfleur, *président* ; Dalidan (Ernest), propriétaire ; Leterrier (Gaston), docteur-médecin ; Cauchon, curé desservant ; Lepart (Charles), Tardif (Alfred), Blanvillain (Charles).

Receveur économe : M. Jourdan, receveur municipal. — *Service médical* : M. Leterrier. — *Service intérieur* : MM^{mes} les Religieuses de la Miséricorde de Saint-Sauveur-le-Vicomte. — *Supérieure* : Mme Marguerite-de-la-Croix. — *Aumônerie* : M. l'abbé Cauchon.

Hospice de Montebourg.

MM. le Maire de Montebourg, *président* ; Burnouf, adjoint et huissier ; Duval, marchand chapelier ; Leroux, négociant ; Auffray (Louis), négociant ; Guiffard, notaire ; Vrac, propriétaire.

Receveur : M. Groult. — *Econome-secrétaire* : M. Jules Guillotte. — *Service médical* : M. Crocquevieille. — *Service intérieur* : MM^{mes} les Religieuses de la Miséricorde. — *Supérieure* : Mme Théodora.

Hospice de Sainte-Marie-du-Mont.

MM. le Maire de Sainte-Marie-du-Mont, *président* ; N..., Caruel, curé ; N.. , Jean (Léon), Poisson (Bienaimé). Bazire (Charles-Louis), cultivateur.

Receveur économe : M. Garnier. — *Service médical* : M. Le Goupils. — *Service intérieur* : Mme sœur Saint-Débonnaire, *supérieure*. — *Aumônerie* : M. Caruel.

Hospice de Sainte-Mère-Eglise.

MM. Hairon, maire, *président* ; Cirou, ancien juge de paix ; l'abbé Gautier, curé-doyen ; Leprince, propriétaire ; Philippe (Auguste), propriétaire ; Leménicier, négociant ; Caillemer, propriétaire.

Hospice de Saint-Sauveur-le-Vicomte.

M. le Maire de Saint-Sauveur-le-Vicomte, *président;* Travert (Jean-Baptiste), négociant ; Delalonde, Macel (Gustave), Cumont, *membres.*

Receveur : M. Pestre-Lamy, percepteur. — *Econome* : M. Tahot, secrétaire de la Mairie.—*Service médical* : Dr Deschamps. — *Service intérieur* : MM^{mes} les Religieuses de Saint-Paul de Chartres.—*Supérieure* : Mme sœur Saint-Joseph. — *Aumônerie* : M. l'abbé Drieu.

Hospice de Saint-Vaast-la-Hougue.

MM. le Maire de Saint-Vaast, *président ;* Triquet (Antoine), capitaine au long cours ; Cornibert (Alexandre), commissaire de marine retraité ; Thin (Marc), ancien capitaine au long cours ; Valette, négociant ; Oury, propriétaire.

Receveur-économe : M. Regnault, percepteur. — *Service médical* : M. Ménard, docteur-médecin. — *Service intérieur* : MM^{mes} les Religieuses du Sacré-Cœur. — *Supérieure* : Mme Saint-Urbin. — *Aumônerie* : M. l'abbé Jouenne, curé de Saint-Vaast.

SOCIÉTÉ MATERNELLE

LISTE DES DAMES FORMANT LE COMITÉ D'ADMINISTRATION.

SAINT-LO.

MM^{mes} Auguste Vaultier, *présidente honoraire ;* Simon (Adolphe), *présidente ;* V^e Le Campion et Lepingard, *vice-présidentes.*

Mesdames assistantes : Breton, Ve Chardon, Ve Chesnel, Dary, de Champglin, de la Brunellière, Dussaux, Derbois (Jores), Ve Descoqs, Ve Desfaudais, Ve Elie, Frémin, Gambillon, Ve Guillot (Paul), Labarre, Ledurdinier, Ve Lefèvre, Lhomond, Le Monnier de Gouville, Letellier, Le Turc, Ve Levaillant, Lorin, Ve Poupion, Ve Toutain, les Supérieures du Bon-Sauveur et du Sacré-Cœur (orphelinat et gardes-malades), Damecourt, de Mendonça.

Société pour l'extinction de la mendicité.

Présidente : Mme Hippolyte Morel.— *Vice-présidentes* : Mme Louis
Despréaux et Mme la Supérieure de la Retraite. — *Trésorière* :
Mme Victor Porcher.— *Secrétaires* : Mme H. Morel et Mme Montmirel.
— *Dames patronnesses* : MM^lle Gouin de Roil, MM^mes Geffroy,
Léon Besnard, Payen, Darthenay, Tribouillard, Eugène Lemoine,
Baubigny, A. Porcher, Martin, Mlle Lebedel.

SOCIÉTÉS DE SECOURS MUTUELS.

VILLE DE SAINT-LO.

*Société de Secours mutuels des Patrons et Ouvriers de la
ville de Saint-Lo*

Composition du Bureau.— M. le Préfet de la Manche, Mgr l'Evêque
de Coutances et d'Avranches, M. le Maire de la ville de Saint-Lo,
présidents d'honneur ; MM. E. Breton, directeur de la papeterie de
Valvire, *président ;* Dyvrande, négociant et Léon Leparquois, fabricant, *vice-présidents ;* Pierre dit Girard, *secrétaire ;* Besnard,
employé, *secrétaire-adjoint ;* Marie, épicier, *trésorier ;* Ruel, commis
de Banque, *trésorier-adjoint ;* Sénéchal, employé, *contrôleur de la
perception ;* Leprovost et Kist, *visiteurs des malades ;* Lecoustey,
plafonneur ; Rivey, cordonnier ; Lecerf, peintre ; Birée, maçon ;
Duprey, cordier, *administrateurs.*

*Société de Secours mutuels entre les Charpentiers, Scieurs de long
et marchands de bois de la ville et du canton de Saint-Lo.*

MM. J. Bosq, *président ;* Lefèvre, fils, *vice-président ;* Jung,
secrétaire-trésorier.

Association départementale des Médecins de la Manche.

Président : Dr Bernard ✳, conseiller général ; *secrétaire* :
D^r Le Clerc.

*Société de Secours mutuels établie entre les Instituteurs
et les Institutrices de la Manche.*

Président : MM. Deries, inspecteur d'académie ; *vice-présidents :*
Follet, directeur de l'Ecole normale et Briens, sénateur de la
Manche ; *secrétaire-trésorier* : Pignet, directeur de l'école mutuelle
de Saint-Lo ; *secrétaire-adjoint* : Bucaille, instituteur public, à
Torigni.

MEMBRES DU CONSEIL D'ADMINISTRATION. — MM. Deries, inspecteur d'académie, *président* ; Labiche, sénateur ; Riotteau, député ; Regnault, député ; Aubin, inspecteur primaire honoraire, à Saint-Lo ; Desprez, inspecteur primaire, à Valognes ; Fautrad, instituteur public, à Villedieu ; Ruault, instituteur public, à Avranches ; Lelavechef, instituteur public à Cherbourg ; Simon, instituteur public, à Le Vast ; Le Souef, instituteur public, à Gavray ; Colin, instituteur public, à Lessay ; Simon, instituteur public, à Sourdeval-la-Barre ; Alexandre, instituteur public, à Saint-Hilaire-du-Harcouët ; Pignet, instituteur public, à Saint-Lo ; Bucaille, instituteur public, à Torigni ; Courtois, instituteur public, à Saint-Vaast-la-Hougue ; Letourneur, instituteur public, à Montebourg.

Société de Secours mutuels entre les Cantonniers du Service vicinal.

(Approuvée par arrêté préfectoral du 8 juillet 1867.)

Président d'honneur : MM. Floret, préfet de la Manche, Officier de la légion d'honneur, etc. ; *président honoraire* : Leroy, agent voyer en chef honoraire du département du Nord ; *président* : Lelièvre O. A. (M. O.), agent voyer en chef du département de la Manche ; *vice président* : Colas O. A., chef de division à la Préfecture de la Manche ; *secrétaire* : Heude, agent voyer principal, chef de bureau de l'agent voyer en chef ; *secrétaire adjoint* : Pagel, agent voyer cantonal de 1re classe, en retraite ; *trésorier* : Darthenay, agent voyer cantonal de 1re classe.

Administrateurs principaux d'arrondissement.

MM. Durel, à Saint-Lo ; Benard, à Avranches ; Mesnage, à Cherbourg ; Lepuissant O. A., à Coutances ; Hermann, à Mortain ; Enquebecq, à Valognes.

VILLE DE TORIGNI-SUR-VIRE.

MM. Philippe-Desportes (Michel), *président* ; Jouet-Laconterie (Ferdinand), *vice-président* ; Harivel (François-Anne), *secrétaire* ; Groualle, négociant, *trésorier* ; Quesnel (Emile), propriétaire et Vimard, jardinier, *administrateurs*.

VILLE D'AVRANCHES.

Société de Secours mutuels de Saint-François Xavier.

MM. Lepennetier ✱, capitaine en retraite, *président* ; Mgr Germain, évêque de Coutances et d'Avranches, *président d'honneur* ; Bouvattier, Poutrel, *administrateurs* ; Lecanu, *secrétaire* ; Lhomer, *vice-secrétaire* ; Hamel, *trésorier* ; Laurence, maître charpentier, Vachon, jardinier, *contrôleurs*.

Société de Secours mutuels La Fraternelle.

Présidents d'honneur : MM. Leménicier, sous-préfet d'Avranches ; Lenoir, maire d'Avranches ; *président* : Mauduit, conseiller municipal ; *vice-présidents* : Letréguilly (Victor) et Louvel, conseillers municipaux ; *secrétaire* : Jorand, typographe ; *vice-secrétaire* : Desfeux (Ch.) ; *trésorier* : Fauvel ; *vice-trésorier* : Poidvin, employé ; *administrateurs* : Gautier, conseiller général ; Desdouitils, adjoint au Maire ; Péguenet, conseiller municipal ; Le Bocey, menuisier ; Lemesle, Legrand, Fardin (Alexis), Dutheil, Dufour.

VILLE DE VILLEDIEU.

Société de Secours mutuels.

Président : M. Jules Tétrel ✹, O. A., conseiller général, maire de Villedieu.

VILLE DE SAINT-JAMES.

Société de secours mutuels.

Président : M. Gautier (César), conseiller d'arrondissement.

VILLE DE GRANVILLE.

Société de Secours mutuels et de pensions de retraite.

Président : M. Dior (Lucien) ✹, O. M. Agr. ; *vice-président* : Ernouf (Léon), négociant ; *Secrétaire* : Fontaine (Emile), peintre ; *trésorier* : Bougourd (Louis), secrétaire de la Mairie ; *administrateurs* : Herpin (Emmanuel), propriétaire ; Laroque (Léon), maréchal-ferrant ; Legendre (Louis-François), mécanicien ; Lechartier (Edouard), ferblantier ; Hue (Julien), marchand ; Mallet (Louis-Adolphe), menuisier ; Joret (Pierre), constructeur de navires ; Février (Eugène), poulieur ; Lebrun (Alphonse), menuisier ; Bunel (Pierre), employé de commerce ; Dufruit (Louis), plâtrier.

VILLE DE CHERBOURG.

Société de Secours mutuels des Distributeurs et autres Employés et Ouvriers du port et de la ville de Cherbourg.

Président : M. Lanièce (Jacques), rue Hélain, 45 ; *vice-présidents* : MM. Philippe (Louis), rue au Blé, 27 ; Cadet (François), rue Lebrun, 18 ; *Secrétaire* : Lefrançois (Eugène), rue Lesdos, 12 ; *trésorier* : Anne (Alphonse), rue des Ormes, 10 ; *receveurs particuliers* : Conor (Victor), rue de la Poudrière, 93 ; Esterlingot (François), rue Don Pédro ; Legoupil (Théodore), Equeurdreville, rue Gambetta, 81 ; Auvray (Louis), rue Bouillon, 17 ; Bourtaire (Alexandre), rue Tour-Carrée, 66 ; Langlois (Alfred), rue des Carrières, 36 ; Guilbert (Albert), rue Amiral-d'Abbosville, 14 ; *administrateurs* : Vallée (Emile), rue Sainte-Honorine, 45 ; Lemarquand (Eugène), rue de la Poudrière, 14 ;

Paysant (Auguste), rue des Carrières, 3 ; Poinsard (Paul), rue des Maçons, 14, Equeurdreville ; Lelong (Eugène), Tourlaville, rue Thiers, 85 ; Gonneaud (Eugène), Equeurdreville, hameau Pinel ; Férey, (Armand), rue Hélain, 14 ; Barbé (Auguste), rue Louis XVI, 12 ; Gallien (Laurent), rue du Vieux-Pont, 33 ; Hamel (Charles), rue de Sennecey, 75 ; Épinette (François), route des Pieux, 15 ; Enquebec (Jean), Equeurdreville, rue Gambetta, 23 ; Leclerc (Gustave), rue des Carrières, 34 ; Counesson (Edouard), rue des Ormes (Cité Buhot) ; Leblond (Alexis), Tourlaville, fonderie ; Belhomme (Emile), Equeurdreville, hameau Guerry ; Leneveu (Charles), Tourlaville, rue Thiers, 35 ; Hamelin (Pierre), Octeville, rue Sadi-Carnot, 51 ; Estace (Louis) ; rue de la Bucaille, 2 ; Gréard (Eugène), Equeurdreville, chasse Bonnissent ; Leterrier (Jean), rue de la Polle, 77 ; Leneveu (Charles), rue des Petites-Carrières, 11 ; Lepetit (Charles) rue Tour-Carrée, 6 ; Mouchel (Pierre), Tourlaville, rue Forfert, 14 ; Néel (Eugène), Equeurdreville, Sec-Mare ; Allain (Constant), Equeurdreville, rue de la République, 13.

Société de Secours mutuels « La Cherbourgeoise ».

MM. Pignot (Charles) O. A., *président ;* Le Biez (Louis), chef contre-maître retraité, *vice-président ;* Le Biez (Félix), commis de marine, *trésorier ;* Perrel (Eugène , *archiviste ;* Chardeur (Alexandre), ouvrier perceur ; Rihel (Alfred), chef ouvrier ; Chaulieu, dessinateur ; Viel, ouvrier chaudronnier ; Varin, contre-maître de la marine ; Lepelletier, ouvrier tonnellier ; Fauvel, dessinateur ; Chauvin (Louis), charpentier ; Houel, conseiller municipal, à Equeurdreville, *administrateurs ;* Godrouil, commis de marine, *secrétaire.*

Société de Secours mutuels des médecins de l'arrondissement de Coutances.

MM. Lefèvre (père), à Périers, *président ;* P. Dudouyt, *vice-président ;* Fauvel, *trésorier-secrétaire.*

VILLE DE COUTANCES.

MM. Boissel-Dombreval ✻, *président ;* Rouley, *vice-président ;* Héon, professeur, *secrétaire ;* Lemeslet, *trésorier ;* Briens, *trésorier-adjoint ;* Lecluse, Salomon, Hennequin, *administrateurs.*

VILLE DE SAINT-HILAIRE-DU-HARCOUET.

Société de Secours mutuels (Sapeurs-Pompiers).

MM. Amiard (René), *président ;* Fauchon (Victor), *vice-président ;* N..., *secrétaire ;* Leroy, *trésorier ;* Pioline, Colin et Seigneur, *administrateurs.*

Société de Secours mutuels des ouvriers (200 Membres).

MM. Lefresne, conseiller général, *président ;* Pinel (Edouard) et Pleutin, *vice-présidents ;* Provost (Auguste), *trésorier ;* Lemonnier, *vice-trésorier ;* Yvon, *secrétaire ;* Ville, *vice-secrétaire ;* Guérin,

Fautrad, Dodard, Orvin, *administrateurs ;* Beaubigny (Jean), Diguet, Boower (Georges), Gautier (Pierre), Genevée, Guérin (Amand), Semery, *chefs de quartier.*

ISIGNY-LE-BUAT.

Société de Secours mutuels des Sapeurs-Pompiers.

MM. Crucher, *président ;* Anfray, *secrétaire-trésorier ;* Mouton et Jouault, *membres du bureau.*

VILLE DE VALOGNES.

MM. Viel, ancien juge, *président ;* Sébire, *président honoraire ;* B. Hamel, *vice-président ;* Féron, *secrétaire ;* Le Clerc, président du tribunal, *secrétaire honoraire ;* Lepetit, *trésorier ;* Lecoquierre, serrurier ; Roberge, négociant ; A. Lemasson ; Paris, propriétaire ; Lhôtellier ; Piédagniel, cultivateur ; Lecler, propriétaire, *administrateurs.*

PRISONS.

Les prisons de la Manche forment, avec celles de l'Ille-et-Vilaine et de la Mayenne, la 13e circonscription pénitentiaire, dont l'administration est confiée au Directeur de la maison centrale de Rennes. (Décret de M. le Président de la République en date du 20 mars 1888).

M. Th. Hallo, docteur en droit, à Rennes (Ille-et-Vilaine).

Gardiens chefs.

Saint-Lo : M. Gautier. — Avranches : M. Dufour. — Cherbourg : M. Martin. — Coutances : M. Labbé. — Mortain : M. Charraud. — Valognes : M. Fleury.

Aumôniers et médecins.

Saint-Lo : MM. Pénitot et Lhomond. — Avranches : MM. Lefrançois et Héon. — Cherbourg : MM. Vilhautmesnil et Offret. — Coutances : MM. Fleury et Lecomte. — Mortain : MM. Renault et de la Houssaye. — Valognes : MM. Poret et le Bouteiller.

Saint-Lo : M. Pignet, instituteur.

Commissions de surveillance des Prisons.

Arrondissement de Saint-Lo. — MM. le Maire de Saint-Lo ; Bernard ✻, docteur-médecin, conseiller général ; Lelièvre, agent voyer en chef; Dussaux, avoué, adjoint au maire de Saint-Lo, conseiller d'arrondissement; Leturc, docteur-médecin; Robin, conseiller municipal.

Arrondissement d'Avranches. — MM. le Maire d'Avranches; Desdouitils, 1er adjoint au maire d'Avranches; Lechevallier (Octave), conseiller municipal; Lemardelé (Emile), avoué, conseiller municipal; Barbier-Domin, conseiller municipal; Scelles, juge suppléant, avocat.

Arrondissement de Cherbourg. — MM. le Mâire de Cherbourg; Legrin, avocat; Favier, avocat; Renault, docteur-médecin; conseiller municipal; Vauloup, juge au Tribunal civil; Poitevin, pharmacien; le percepteur de Cherbourg.

Arrondissement de Coutances. — MM. Regnault, sous-préfet, *président*; le Maire de Coutances; Boissel-Dombreval, conseiller municipal; Vastel, président du Tribunal civil; Dudouyt, procureur de la République; Delauney, ancien avoué; Rabec, avocat; N..., Dupérouzel, avocat; Lemuet (Alphonse), propriétaire; Adde, ancien vérificateur des poids et mesures.

Arrondissement de Mortain. — MM. le Maire de Mortain; Le Crecq, avocat; Josset, avocat; Buisson, ancien pharmacien; Leriche, docteur-médecin; Delaunay, avoué.

Arrondissement de Valognes — MM. le Maire de Valognes; Lemeland (Pierre), conseiller municipal; Lecannelier, avoué honoraire; Mariette-Boisville. conseiller d'arrondissement; Delangle, avocat; Hamel (Bienaimé), conseiller municipal; le percepteur de Valognes.

AGRICULTURE.

Ecole départementale d'agriculture et de laiterie de Coigny

créée par arrêté ministériel du 21 août 1886.

Directeur : M. ETIENBLED.

PERSONNEL ENSEIGNANT. — *Agriculture*, M. Pinon; *physique et chimie, industrie laitière*, M. Souchois; *sciences naturelles*, M. Bonnefont; *enseignement primaire et primaire supérieur*, M. Guérin; *extérieur et hygiène des animaux, police sanitaire*, M. Bernard; *chef de pratique agricole*, M. Etienbled (fils); *chef de pratique horticole*, M. Decaux; *instructeur militaire-surveillant*, M. Roquis.

COMITÉ DE SURVEILLANCE ET DE PERFECTIONNEMENT. — MM. l'Inspecteur général de l'enseignement agricole, attaché à la région, *président*; Regnault, Amiard, Denis, membres du Conseil général; Fasquelle, *secrétaire*; Savary, agriculteur, à Montpinchon, Itaulline, agriculteur, maire de Remilly-sur-Lozon.

Cette école installée dans la ferme du Vieux-Château, dépendant du domaine de Coigny, situé en la commune de ce nom, est destinée à fournir des chefs de culture, à donner une bonne instruction professionnelle aux fils de cultivateurs, propriétaires et fermiers, et en général, aux jeunes gens qui se destinent à la carrière agricole.

Elle est destinée particulièrement à l'enseignement et à l'étude de tout ce qui se rattache à l'industrie laitière.

L'école reçoit des élèves internes, des demi-pensionnaires et des élèves externes.

La durée des cours est de deux ans.

Le prix de la pension est de 400 fr.; celui de la demi-pension, de 250 fr.; les externes paient 50 fr., le tout exigible d'avance et par trimestres. Les époques des versements sont fixées comme suit : 1er octobre, 1er janvier, 1er avril, 1er juillet.

Les examens d'admission ont lieu, tous les ans, au siège de l'école, le 1er septembre.

Les candidats doivent avoir 14 ans au moins, et 20 ans au plus dans l'année de l'admission.

Des prospectus faisant connaître toutes les conditions d'admission et du régime de l'école sont déposés à la préfecture (1re division). De son côté, M. le Directeur de l'école en adressera à toutes les personnes qui lui en feront la demande.

Laboratoire de chimie agricole à Granville.

Directeur : M. LAUROT, chimiste à Granville.

Ce laboratoire spécial destiné à l'analyse des engrais chimiques employés en agriculture fonctionne, à Granville, depuis l'année 1885. Il est subventionné par le Ministre de l'Agriculture et le département de la Manche.

Les analyses sont gratuites. Les agriculteurs ont à pourvoir seulement aux frais d'expédition des échantillons à M. Laurot, et à l'affranchissement du bulletin d'analyse renvoyé par le Directeur du laboratoire.

Enseignement départemental et communal de l'agriculture.

(Loi du 16 juin 1879).

Chaire départementale d'agriculture, créée par décision ministérielle du 26 juin 1885.

Titulaire : M. Fasquelle, ingénieur agronome.

Ecole primaire et professionnelle d'agriculture de Sartilly.

Directeur : M. AUBRIL, chevalier du Mérite agricole.

PERSONNEL ENSEIGNANT. — *Agriculture, industrie laitière, etc.,* M. Aubril ; *physique et chimie,* M. Hubert ; *vétérinaire,* M. Ollivier (Edouard) ; *chef de pratique,* M. Lamy ; *enseignement primaire,* M. Levillain ; *instructeur militaire,* M. Lesigne.

COMITÉ DE SURVEILLANCE ET DE PERFECTIONNEMENT. — MM. l'Inspecteur général de l'enseignement agricole attaché à la région, *président ;* l'Inspecteur primaire de l'arrondissement ; Elphège Basire, conseiller général, maire de Dragey ; Duchemin (Alfred), ancien maire de Dragey, propriétaire-cultivateur ; N...

SOCIÉTÉS D'AGRICULTURE.

Arron issement de Saint-Lo.— MM. Floret, préfet de la Manche, *président* ; Manoory, conseiller d'arrondissement, Samson de la Valesquerie Félix , propriétaire-cultivateur , Amiard , conseiller général, *vice-présidents* ; Robin Nestor , éleveur, *secrétaire* ; Saint, vétérinaire, *secrétaire-adjoint* ; Bosq. banquier, *trésorier* ; Thouroude, éleveur, *trésorier-adjoint* ; Fasquelle, professeur d'agriculture, *archiviste*.

Nouvelle Société d'agriculture d'Avranches. — MM. Riotteau et Morel, *présidents* ; Lenoir, maire d'Avranches, Le Chevalier Octave , Desdouitils, adjoint au maire d'Avranches, *vice-présidents* ; Basire (Elphège), Letréguilly et Gissot, *secrétaires* ; Loiseau, *trésorier* ; Gombert, *trésorier-adjoint*.

Arrondissement de Cherbourg. — *Présidents d'honneur* : MM. le Sous-Préfet de Cherbourg, le maire de Cherbourg ; *président honoraire* : M. le Cᵗᵉ de Sesmaisons, ministre plénipotentiaire ; *président:* M. Léon Hainneville ; *vice-président:* M. Aimé Legranché, ancien élève de l'école polytechnique ; *vice-présidents cantonaux* : MM. J.-B. Le Bas, Fatosme, Augustin Gamache, Courtois-les-Hougues ; *secrétaire* : M. J. Folliot, agriculteur ; *secrétaires-adjoints* : MM. Levesque, professeur d'arboriculture, G. Amiot, bibliothécaire de la ville de Cherbourg ; *trésorier* : M. Joublin, percepteur en retraite ; *archiviste* : M. Edouard Cousin, contrôleur des douanes ; *conseillers d'administration* : MM. Auguste Pouppeville, Emile Samson, J.-B. Lecerf, Anténor Bosvy, Jean Lécrivain, François Lecanu, Ferdinand Léveillé, François Roger, Henri Menut et Jacques Pontis.

Arrondissement de Coutances. — MM. Briens ✳, *président* ; Regnault, député, conseiller général, Dombreval ✳, conseiller municipal, *vice-présidents* ; N..., *secrétaire général* ; Lemarchand, propriétaire à Coutances, Delaunay, ancien avoué, *vice-secrétaires* ; Adde, propriétaire à Coutances, *trésorier* ; Bienvenu, propriétaire à Coutances, *trésorier-adjoint*.

Arrondissement de Mortain.— MM. d'Auray, *président* ; Dumarais, propriétaire au Neufbourg, Delaporte, propriétaire, à Mortain, *vice-présidents* ; Josset, *secrétaire* ; de Bailliencourt, propriétaire à Mortain, *trésorier* ; Hamard, notaire à Mortain, *vice-trésorier* ; Lemoine, *bibliothécaire*. — *Présidents cantonaux* : Béchet, pour Barenton ; Guérin, pour Isigny ; Herbin (Gustave), pour Juvigny ; Gérard (François), pour Le Teilleul ; Dupont, architecte à Mortain ; Bréhier, (Julien), pour Saint-Hilaire-du-Harcouët ; d'Auray, maire de Saint-Pois, pour Saint-Pois ; Labiche (Paul), propriétaire, pour Sourdeval.

Arrondissement de Valognes. — MM. le Sous-Préfet, Sébire, sénateur, O ✳, *présidents honoraires* ; de la Gorse, *président* ; Ruhot, *vice-président* ; Lemarquant, *secrétaire* ; Leduc, *trésorier honoraire* ; Vasselier, *bibliothécaire* ; Giot, *trésorier*.

CHAMBRES CONSULTATIVES D'AGRICULTURE.

Arrondissement de Saint-Lo. — *Canisy*, MM. Sanson de la Valesquerie, propriétaire. — *Carentan*, Lenoël, juge de paix. — *Marigny*, Raulline. — *Percy*, Blouët ✳, conseiller général. — *Saint-Clair*, Bernard (Adolphe), maire à Saint-Clair. — *Saint-Jean-de-Daye*, Pézeril, maire de Saint-Jean-de-Daye. — *Saint-Lo*, Robin, père, propriétaire-agriculteur. — *Tessy-sur-Vire*, Beaufils, maire de Moyon. — *Torigni-sur-Vire*, Cord'homme, propriétaire.

Arrondissement d'Avranches. — *Avranches*, MM. Couraye du Parc ✳, membre de la Société d'agriculture. — *Brécey*, Laurent, juge de paix à Brécey. — *Ducey*, Dupont, maire. — *Granville*, Duchemin, agriculteur, à Dragey. — *La Haye-Pesnel*, Basire (Elphège), propriétaire à Dragey. — *Pontorson*, Trincot, propriétaire. — *Saint-James*, Morel, président du Comice agricole. — *Sartilly*, Riotteau, député, président du Comice agricole de Sartilly. — *Villedieu*, Tétrel ✳, conseiller général, président du Comice agricole de Villedieu.

Arrondissement de Cherbourg. — *Beaumont*, MM. Louis, maire de Beaumont. -- *Cherbourg*, Hainneville, négociant, président de la Société d'agriculture. — *Octeville*, Cᵗᵉ de Sesmaisons et Lesage, conseiller d'arrondissement. — *Les Pieux*, Bonamy, maire. — *Saint-Pierre-Eglise*, Lebas, maire.

Arrondissement de Coutances. — *Bréhal*, MM. Fauchon (Eugène), maire. — *Cerisy-la-Salle*, N... — *Coutances*, Boissel-Dombreval ✳, conseiller municipal — *Gavray*, Lecoupé (Marcel). — *La Haye-du-Puits*, Ducloux, maire. — *Lessay*, Galuski ✳, maire. — *Montmartin-sur-Mer*, Quenault, conseiller général. — *Périers*, Regnault, député, conseiller général. — *Saint-Malo-de-la-Lande*, Jehenne, conseiller d'arrondissement, maire. — *Saint-Sauveur-Lendelin*, Lecacheux, conseiller d'arrondissement.

Arrondissement de Mortain. — *Barenton*, MM. Chemin, propriétaire. — *Isigny*, Davy, maire. — *Juvigny*, Grossin, maire, conseiller municipal. — *Le Teilleul*, Jouin (Zéphirin). — *Mortain*, Le Bigot, notaire. — *Saint-Hilaire-du-Harcouët*, Lucas, maire de Lapenty. — *Saint-Pois*, Bidois, conseiller général. — *Sourdeval*, Esnault (Charles), propriétaire.

Arrondissement de Valognes. — *Barneville*, MM. Lepelletier, maire de Carteret. — *Bricquebec*, Sébire, Amencia. — *Montebourg*, Lecouflet. — *Quettehou*, Leroy (Léon), conseiller d'arrondissement. — *Sainte-Mère-Eglise*, Roumy, propriétaire. — *Saint-Sauveur-le-Vicomte*, Leclerc (Pierre). — *Valognes*, Sébire ✳, sénateur.

COMICES AGRICOLES.

Percy, Tessy-sur-Vire et **Torigni-sur-Vire**. — MM. Ganne de Beaucoudray, *président ;* G. Canu, médecin-vétérinaire à Torigni, et Canuet - Préfontaine, maire à Villebaudon, *vice-présidents ;* O. Lebrun, vétérinaire à Percy, *secrétaire-trésorier.*

BRÉCEY. — M. Laurent, maire des Cresnays, *président.*

DUCEY. — M. Raulin, agriculteur à Juilley, *président.*

LA HAYE-PESNEL. — M. Fontaine, conseiller général, notaire à La Haye-Pesnel, *président ;* Le Bourgeois, maire de La Lucerne, 1er *vice-président ;* Rosselin, maire de Beauchamps, 2me *vice-président ;* Polley, *secrétaire ;* Le Pelly-Fonteny, *trésorier.*

PONTORSON. — M. Octave Lechevalier, propriétaire à Tanis, *président.*

SARTILLY. — M. Riotteau, député, conseiller général, *président.*

SAINT-JAMES. — M. Morel, sénateur, maire de Saint-James, *président.*

VILLEDIEU. — M. Tétrel ✳, conseiller général, maire de Villedieu, *président.*

BRÉHAL. — MM. Briens, sénateur, *président ;* docteur de la Bellière, conseiller général, *vice-président ;* Dujardin, *trésorier.*

GAVRAY. — MM. Lecoupey (Marcel), propriétaire à Saint-Denis-le-Gast, *président ;* Michel, maire du Mesnil-Garnier ; Leclère (Edmond), propriétaire à Gavray, *vice-présidents ;* Coueffin (Amand), propriétaire à Gavray, *secrétaire ;* Durville (Albert), propriétaire à Gavray, *vice-secrétaire ;* Barbier, percepteur de Hambye, *trésorier.*

LA HAYE-DU-PUITS et **LESSAY.** — MM. de La Martinière ✳, *président ;* N..., *vice-président ;* Piquot, propriétaire, *secrétaire.*

CERISY-LA-SALLE. — MM. N..., *président ;* N..., *vice-président ;* Duperrouzel, propriétaire, *secrétaire ;* Gaillard, *trésorier.*

PÉRIERS. — MM. Regnault, conseiller général, *président ;* Leconte, juge de paix, *vice-président ;* Pican, *secrétaire ;* Ledrans, *trésorier.*

SAINT-MALO-DE-LA-LANDE. — MM. Dudézert ✳, conseiller général, juge au tribunal de la Seine, *président ;* Lemoine, ancien professeur au lycée, 1er *vice-président ;* Jules Jehenne, conseiller d'arrondissement, 2e *vice-président ;* Tanqueray (Almire), *secrétaire ;* Vincent, médecin, *secrétaire-adjoint ;* Lecuir, propriétaire, *trésorier ;* Gervaise (Eugène), *trésorier-adjoint.*

SAINT-SAUVEUR-LENDELIN. — MM. le docteur Lemaître, conseiller général, *président ;* Lecacheux, adjoint à Monthuchon, *vice-président ;* N..., *trésorier ;* Ledentu, adjoint, *secrétaire.*

ISIGNY. — MM. le Sous-Préfet de Mortain, *président d'honneur ;* Guérin, maire du Mesnil-Thébault, *président ;* Davy, maire des Biards, Cruchet, notaire au Buat, de Tesson, à la Mancellière, *vice-présidents ;* Varin, notaire à Isigny, *secrétaire ;* Anfray, au Buat, *vice-secrétaire ;* Davy, fils, *trésorier ;* Jouenne (Paul), à Montigny, *vice-trésorier.*

SAINT-HILAIRE-DU-HARCOUET. — MM. le Sous-Préfet de Mortain, *président honoraire;* Lefresne (Alfred), *président;* Lucas et Dupont, *vice-présidents;* Alexandre, *secrétaire;* N..., *trésorier.*

COMICE AGRICOLE DU COTENTIN. — MM. de la Gorsse, *président;* Richard, ancien juge de paix, *secrétaire;* Alix-Courboy et Maillard, *vice-présidents;* Legrand, *trésorier.*

SOCIÉTÉS D'HORTICULTURE.

Arrondissement d'Avranches.— MM. le Préfet de la Manche, le Sous-Préfet d'Avranches, *présidents d'honneur;* d'Aisy ✳, *président;* Louvel (Constant) ✳, *président honoraire;* Roussel, horticulteur, Morel (Paul), horticulteur, *vice-présidents;* Thébault, ancien libraire, *secrétaire;* Lemardelé et Hamel (Alexandre), horticulteur, *secrétaires-adjoints;* Fontaine-Laporte, *trésorier;* Vachon, horticulteur, *conservateur-archiviste;* Cte de Chabannes, Desdouitils, adjoint au maire d'Avranches. Juhel et Cléret fils, horticulteurs, *membres du Comité d'administration.*

Arrondissement de Cherbourg. — *Membres d'honneur de la Société* — Présidents d'honneur : M. le Sous-Préfet de l'arrondissement ; M. le Maire de Cherbourg. — *Président honoraire :* M. Emmanuel Liais ✳, ancien directeur de l'Observatoire impérial du Brésil, maire de Cherbourg.

Membres du Bureau pour 1894.— *Président* : MM. le docteur Renault ✳, O. A., rue de la Poudrière, 4.— *Vice-présidents :* Levesque ✳, négociant, place de la Fontaine, 8 ; Cauvin, propriétaire, rue Bonhomme, 18. — *Conseillers d'administration :* MM. de la Chapelle O. A., contrôleur des douanes retraité, rue de la Comédie, 41 ; Jolliet ✳, chef de bataillon d'infanterie de marine retraité, rue du Chantier, 62 ; Hervieux, propriétaire, rue de l'Alma, 26 ; Dutot, greffier du tribunal de commerce, adjoint au maire, rue Montebello, 56. — *Trésorier* : M. Orange, agent comptable de la marine retraité, rue Bonhomme, 38. — *Secrétaire* : M. Lelièvre (Paulin), rue de la Polle, 18. — *Secrétaires-adjoints* : MM. Macé (Adrien), négociant, rue de la Duchée ; Thommin, commis de la marine, rue Cachin. — *Bibliothécaire* : M. Noyon, rue de la Marine.— *Bibliothécaire-adjoint* : M. Cavron (Léon), horticulteur, rue Gambetta.

Commissions permanentes.— Cultures d'utilité : MM. Levesque ✳, *président;* Havard, maître principal au port, retraité, *vice-président;* Paysant ✳, maître au port, retraité ; Le Carpentier, avocat, *rapporteur.* — Lemagnent, horticulteur ; Maillard, négociant. — Cultures d'agrément : MM. Cauvin, *président;* Nicollet O. I., professeur en retraite, *vice-président;* Corbière O. A., professeur de sciences naturelles au lycée ; Robine, ancien avoué ; Point, propriétaire, à Tourlaville ; Legrin, avocat, *rapporteur.*

Comité de rédaction. — MM. de la Chapelle O. A., *président;* Dutot, *secrétaire;* les membres du bureau. — MM. Corbière O. A., Nicollet, O. I. — Directeur du jardin : M. Hervieux. — Professeur d'arboriculture : M. Levesque ✳.

Arrondissement de Coutances. — MM. Magny, *président* ; Laurent, *vice-président* ; Lesouef, *secrétaire* ; Prioult, *trésorier* ; Félix, *conservateur-archiviste.*

Arrondissement de Mortain.— MM. le Préfet, *président honoraire* ; le Sous-Préfet et le Maire de Mortain, *vices-présidents honoraires;* Delaporte, *président;* Ganier-Hauteville, *vice-président;* Lebigot, *secrétaire* ; Durand, *secrétaire-adjoint ;* Lebigot, notaire, *trésorier ;* Lemoine, *conservateur-archiviste.*

Arrondissement de Valognes.— MM. le Sous-Préfet de l'arrondissement et le Maire de Valognes, *présidents d'honneur;* Sebire O ✳, *président;* Le Clerc, président du tribunal, *vice-président;* Crosville, *secrétaire ;* Lepetit, *vice-secrétaire ;* Leconte, *trésorier ;* Bohn, *bibliothécaire ;* Lechevallier, Lemarquand, *administrateurs.*

DÉPOT NATIONAL D'ÉTALONS
DE SAINT-LO.

Inspection générale du premier arrondissement.

MM. Delanney ✳, chevalier du Mérite agricole, *inspecteur général ;* Chambry, officier du Mérite agricole, *directeur ;* Clauzel, *sous-directeur ;* de Madron, *surveillant ;* Manoury, officier du Mérite agricole, *vétérinaire.*

Stations.

Manche : Saint-Lo, Carentan, Sainte-Marie-du-Mont, Sainte-Mère-Eglise, Querqueville, Saint-Pierre-Eglise, Périers, Avranches, Villedieu, La Haye-Pesnel, La Chapelle-Urée, Quettehou, La Haye-du-Puits, Beaumont, Les Pieux, Valognes, Saint-Sauveur-le-Vicomte, Saint-James, Saint-Hilaire-du-Harcouët, Sourdeval, Gavray, Bricquebec, Sartilly, Saint-Pair, Percy, Saint-Jean-de-Daye, Bréhal, Marigny, Montebourg, Torigni-sur-Vire, Barneville-sur-Mer, Ducey, Brécey, Tessy-sur-Vire, Cerisy-la-Forêt, Pontorson, Couville, Lessay.

Calvados : Bayeux, Trévières, Isigny, Vire, Villers-Bocage, Condé-sur-Noireau, Bény-Bocage, Caumont.

SOCIÉTÉ DES COURSES DE SAINT-LO.

Président d'honneur : MM. Floret, Préfet de la Manche ; *président* : Henri Regnouf de Vains; *vice-président :* Chambry, directeur du dépôt d'étalons ; *secrétaire :* Damecourt ; *trésorier :* N...

SOCIÉTÉ DES COURSES DE GRANVILLE.

MM. Rousselle, *président ;* G. Beust, le comte Amelot de Chaillou, *vice-présidents ;* A. Trocheris, *secrétaire ;* Hurel, *trésorier.*

SOCIÉTÉ DES COURSES D'AVRANCHES.

MM. Morel (Hippolyte), sénateur, conseiller général, *président ;* Gautier, *vice-président d'honneur ;* Basire, *vice-président ;* Loiseau, *trésorier ;* Lenoir et Desdouitils, *secrétaires.*

SOCIÉTÉ DES COURSES DU COTENTIN.

MM. le Vte de Tocqueville O ✳, *président ;* Châtelier, *secrétaire-trésorier.*

SOCIÉTÉ DES COURSES DE BOURIGNY.

MM. Salanson, sous-préfet de Mortain, *président ;* Lefresne et Tétrel, conseillers généraux, *vice-présidents ;* Pichon, *trésorier ;* Loyer, *secrétaire ;* Lechaptois, Loyer et Lebrun, *commissaires.*

VÉTÉRINAIRES BREVETÉS.

Arrondissement de Saint-Lo. — **MM.** Cauville (Alexis-Edouard), Carentan ; Manoury (Edouard) et Saint (Emmanuel-Victor), Saint-Lo ; Canu (Georges-Edouard), Torigni-sur-Vire ; Lebrun (Octave), Percy ; Raux (Frédéric), Carentan.

Arrondissement d'Avranches. — **MM.** Dufour (Joseph-Casimir), Toupé (Alexandre), à Avranches ; Olivier (Pierre-Édouard), à Granville ; Bourges (Jean-Marie-Léon), à Pontorson ; Olivier (Louis), à Granville.

Arrondissement de Cherbourg. — **MM.** Poupeville (Auguste), à Cherbourg ; Boisanfray (Jacques-Frédéric-Joseph), à Cherbourg ; Debroize (Léon-Jules), à Tocqueville ; Canteau, inspecteur des viandes de la ville de Cherbourg.

Arrondissement de Coutances. — **MM.** Cauvin (Louis-Charles), Crouzel (Théobald), à Coutances ; Bernard (Stanislas), à La Haye-du-Puits ; Lotanneur (Charles-Jean-Désiré), à Périers.

Arrondissement de Mortain. — **MM.** Goubin (Auguste-Victor), et Tréhet (Amand-Pierre-Paul), à Saint-Hilaire-du-Harcouët ; Hamon, (Guillaume-Joseph-Marie), à Mortain.

Arrondissement de Valognes. — **MM.** Lemarquand (Auguste), Valognes ; Lebas (Alphonse-Jacques), à Valognes.

CHAMBRES DE COMMERCE.

Cherbourg — MM. Mauger (Léon), *président ;* Hainneville (Léon), *vice-président ;* Séhier (Paul), *seerétaire ;* Langlois (Alexandre), *trésorier ;* Bayard (André), Bretel (Adolphe), Buhot (Eugène), Le Brun (Pierre), Le Roy (Léon), Noyon (Joseph), Postel (Charles), Cottel (Pierre), *membres.*

Granville.— MM. Riotteau, *président ;* Langlois, *vice-président ;* J. Pannier, *secrétaire ;* Breton, Dior (Lucien), Guillebot (Ch.) Le Prince, Toupet, Poisson, *membres.*

AGENTS CONSULAIRES.

Cherbourg.— MM. Gurney, consul d'Angleterre ; Caville, vice-consul d'Angleterre ; Postel (Emile), agent consulaire des Etats-Unis d'Amérique ; Postel (Emile), vice-consul de Russie ; Postel (Emile), vice-consul d'Italie ; Lebrun (Pierre), agent consulaire d'Autriche ; Buhot (E.), fils, vice-consul du Danemark ; Liais (Edouard), consul de Belgique ; Liais (Léon), vice-consul d'Espagne ; Menut (Henri), vice-consul du Portugal ; Postel (Armand), consul de Turquie ; Liais (Edouard), vice-consul des Pays-Bas ; Postel (Charles), consul du Mexique, Postel (Charles), consul du Vénézuéla ; Levastois (Léon), consul du Chili ; Postel (Charles), consul de Costa-Rica ; Postel (Charles), consul de Haïti ; Postel (Charles), vice-consul de San-Salvador ; Postel (Armand), vice-consul du Brésil ; Menut (Henri), consul de Guatémala ; Buhot (Eugène), vice-consul de Suède et de Norwège ; Pharmacopoulos, consul de Grèce ; Belisario-Laza, consul de Colombie ; Desplanques (Jules), consul de Paraguay.

Granville.— MM. N..., vice-consul d'Angleterre ; de Lalun, vice-consul du Portugal ; Pannier (Jules), vice-consul de Suède et de Norwège ; N..., vice-consul du Danemark ; N..., vice-consul d'Italie.

SERVICE MÉDICAL.

Arrondissement de Saint-Lo.

Docteurs-Médecins.

MM. Alibert, Bernard, Leclerc, Leture, Lhomond, Thomas, Ygouf, à Saint-Lo ; Carbonnel, Dameuve, Hamel, Artu, à Carentan ; Duval, à Marigny ; Lefranc-Lavallée, à La Meauffe ; Lehallais, Vidal, à Percy ; Vanhaecke, à Tessy-sur-Vire ; Pinel, Pommier, à Torigni-sur-Vire.

Officier de santé.

M. Rondel, à Saint-Fromond.

Pharmaciens.

MM. Bigot, Duval, Lenoir, Poitevin, Sébire, Simon, à Saint-Lo ; Bacle, Merluzeau, Le Cannu, Lepetit, à Carentan ; Frilley, à Cerisy-la-Forêt ; Letouzé, à Marigny ; Jean, à Percy ; Vibert, à Saint-Fromond ; Renouf, à Tessy-sur-Vire ; Ballé, Tinard, à Torigni-sur-Vire.

Sages-Femmes.

MM^{mes} Aubrais (veuve Damemme), Burnel (femme Dieu), Joret, Pacary, à Saint-Lo ; Boulland, à Carentan ; Lemieux (femme Poterie), à Montmartin-en-Graignes ; Marie (femme Paingt), à Remilly ; Lebatard, à Saint-Amand ; Parey (femme Brébion), à Saint-Clair ; Cocherel, à Saint-Jean-des-Baisants ; Salmon (femme Langeard), à Sainteny ; Goutard (femme Lecarpentier), à Torigni-sur-Vire ; Lebailly (femme Vimond), à Villebaudon ; Lesaulnier (veuve Hervieu), à Marigny.

Dentistes.

Maurion de la Roche, Bourdain (femme Martin), à Saint-Lo.

Herboriste.

Barbé, à Saint-Lo.

Arrondissement d'Avranches.

Docteurs-Médecins.

MM. Aubrée, Béchet fils, Frémin, Hantraye, Hodoul, Isabel, Lebocey, à Avranches ; Année, Pinard, à Brécey ; Tison, à Ducey ; Benoît, Frémin, Leménicier, Letourneur, Touzé, Vallais, à Granville ; Lanos, Nolais, à La Haye-Pesnel ; Bailleul, Bouffaré, à Pontorson ; Ameline, Legros, à Saint-James ; Papillon, à Sartilly ; Frémond, Le Do, à Villedieu.

Pharmaciens.

MM. Champion, Hantraye, Lebocey, Pinel (Charles-Louis), Pinel (Emile), Vallée, à Avranches ; Challier, Fontaine, à Brécey ; Delaroche, Caspard, à Ducey ; Delamarre, Dubos, Jolivet, Requier-Desjardins, Riban, à Granville ; Pigeon, à La Haye-Pesnel ; Besnou, Gralland, à Pontorson ; Chauvois, Gilbert, à Saint-James ; Hubert, à Sartilly ; Laclais, Vardon, Viel, Oblin (Louis), à Villedieu.

Sages-Femmes.

MM^{mes} Bonjon (Marguerite), Bovolan, Gautier (femme Lemercier), à Avranches ; Vermée (femme Tardif), Danguy (femme Leblanc), à Granville ; Colin, Rousselot, à Pontorson ; Pichard (veuve Porée), à Sartilly ; Houtoux (femme Krien), Godin (femme Bouroul), à Villedieu.

Dentistes.

Anger, Bovolin, à Avranches ; Torrance, à Granville.

Herboristes.

Desgranges, Lemonnier, à Pontorson.

Arrondissement de Cherbourg.

Docteurs-Médecins.

MM. Peyron, à Hainneville ; Legalcher-Baron, à Saint-Pierre-Eglise ; Lenoir, à Siouville ; Bernard, Bourdet, Bourgogne, de Romilly, de Saint-Julien, Fatôme, Guiffard, Hubert Latière, Lefrançois, Lesdos, Offret, Renault, Rouffet, Turbert, à Cherbourg.

Officiers de santé.

M. Ridard, à Beaumont ; Levionnais, à Cherbourg.

Pharmaciens.

MM. Crouin, à Les Pieux ; Levallois, à Saint-Pierre-Eglise.

Sages-Femmes.

MMmes Cordier (femme Remond), Ruquais (veuve Leclerc), Fichet (femme Folliot), Nicolle (femme Marie), Fouques (veuve Belhache), Fouques (femme Dupont), à Cherbourg.

Dentistes.

Arquier, Goupil des Pallières, à Cherbourg.

Herboriste.

Sagnier, à Cherbourg.

Arrondissement de Coutances.

Docteurs-Médecins.

MM. Dudouyt, Fauvel, Laisney, Leconte, à Coutances ; Viaud, Vincent, à Agon ; de la Bellière, à Bréhal ; Pignard, à Cérences ; Eudes, à Cerisy-la-Salle ; Quesnel, à Hambye ; Callégari, Letarouilly, Saint-Lo, à La Haye-du-Puits ; Coulbeaur, à Geffosses ; Danlos, à Montmartin-sur-Mer ; Gasnier, à Montsurvent ; Jacquet, Lefèvre, Lefèvre, Lemaître, Leroux, à Périers ; Betaillouloux, à Pirou ; Jouault, à Saint-Denis-le-Gast ; Mesnage, à Trelly.

Officiers de santé.

MM. Carpon, à Hambye; Sadot, à Saint-Sauveur-Lendelin; Lemière, à Coutances.

Pharmaciens.

MM. Baize, Laforest, Daniel, Collette, à Coutances ; Villain, dit Marais, à Agon ; Gâté à Bréhal ; Leclerc, Rouelle, à Cerisy-la-Salle ; Lecornu, Leroux, à Gavray ; Duval, à Hambye ; Chanteux, Desrez, à La Haye-du-Puits ; Fontaine, à Montmartin-sur-Mer ; Gilles, Leconte, Thomas, à Périers.

Sages-Femmes.

MMmes Calypso, à Blainville ; Villain (Marie), femme Hervieu, à Cerisy-la-Salle ; Regnault, femme Marie, à Gorges ; Allais (femme Villain), à Hambye ; Ducrocq (veuve Auvray), à La Haye-du-Puits ; Lebailly, à Lessay ; Auvray (femme Mahaut), à Périers ; Philippe, à Coutances.

Dentiste.

Venturino, à Coutances.

Arrondissement de Mortain.

Docteurs-Médecins.

MM. Dufour, de Lahoussaye, Legendre et Tabourel, à Mortain ; Petit, à Barenton ; Mauger-Lavente, à Ger ; Couette, à Juvigny ; Mâlon, à Le Teilleul ; Fauchon, Hamon, Hantraye, à Saint-Hilaire-du-Harcouët ; Breillot, Enguehard, Lemeignen, à Sourdeval.

Pharmaciens.

MM. Boulard, Fleury, à Mortain ; Lemonnier, à Barenton ; Couette, à Juvigny ; Hamel, à Le Teilleul ; Dumas, Guérin, Ville, Blouin, à Saint-Hilaire-du-Harcouët ; Lechapelais, à Saint-Pois ; Almin, Lelièvre, Beaugeard, à Sourdeval.

Sages-Femmes.

Mmes Vieillard (femme Jehanne), à Mortain ; Robbe, à Barenton ; Gendron (femme Normand), à Buais ; Jouenne (veuve Anfray), à Juvigny ; Mauger (femme Chesnel), à Le Teilleul ; Deslandes, à Saint-Georges-de-Rouelley ; Noël, Gautier (femme Roussel), à Saint-Hilaire-du-Harcouët ; Cailly (femme Divet), à Sourdeval.

Arrondissement de Valognes.

Docteurs-Médecins.

MM. Lebouteiller, Leneveu père, Leneveu fils, Rousselin, Moissy, à Valognes ; Leterrier, à Barfleur ; Langevin, à Bricquebec ; Lefauve, Le Gruel, Viel, à Picauville ; Le Goupils, à Sainte-Marie-du-Mont ;

Mantey, à Sainte-Mère-Eglise ; Bellet, Le Joly-Senoville, à Saint-Sauveur-le-Vicomte ; Menard, à Saint-Vaast.

Officiers de santé.

MM. Crocquevieille, Faucon, à Montebourg ; Marguerie, à Portbail.

Pharmaciens.

MM. Agnès-Rouland, Damecour, Mauduit, à Valognes ; Delamer, à Barfleur ; Vastel, Lepetit, à Bricquebec ; Rippert, Saillard, à Montebourg ; Sadot, à Picauville ; Doullys, à Sainte-Mère-Eglise ; Poret, à Saint-Sauveur-le-Vicomte ; Floquet, Lucas, à Saint-Vaast-la-Hougue ; Merlhe, à Portbail.

Sages-Femmes.

MM^mes Gaucher, à Valognes ; Laurent, à Bricquebec ; Corduan, à Besneville ; Sauzeau (femme Guérin), à Montebourg.

Dentiste.

M. Badoinot, à Valognes.

CONSEILS SANITAIRÉS.

DES PORTS DU DÉPARTEMENT DE LA MANCHE.

Cherbourg. — MM. le Sous-Préfet, *président ;* le Préfet maritime du 1er arrondissement ; le major généra de la marine ; le général commandant la 39e brigade ; le directeur de la santé ; le maire de Cherbourg ; le directeur du service de santé de la marine ; l'inspecteur principal des douanes ; l'ingénieur en chef des ponts et chaussées ; le médecin des épidémies, *membres de droit ;* le docteur Affret, délégué du Conseil municipal ; le docteur Renault, délégué du conseil d'hygiène ; Langlois, courtier maritime, délégué de la chambre de commerce ; un délégué du corps consulaire ayant voix consultative.

Granville. — MM. Bureau, maire, *président,* le commandant de place, colonel du 2e régiment d'infanterie de ligne ; le commissaire de l'inscription maritime ; l'inspecteur des douanes ; l'ingénieur des ponts et chaussées ; le docteur Benott, délégué du Conseil municipal; Phérivong, capitaine au long cours, délégué de la chambre de commerce ; le docteur Letourneur, conseiller d'arrondissement, médecin des épidémies ; J. Pannier, délégué par le corps consulaire; Jouvin, lieutenant des douanes, agent sanitaire.

Saint-Vaast. — MM. Hamelin-Dectot, maire, *président ;* Guiffart, docteur-médecin, directeur de la santé, à Cherbourg ; le commissaire de l'inscription maritime ; Menard, docteur-médecin ; Le Floch, lieutenant des douanes, agent sanitaire.

SOCIÉTÉS DE TIR & DE GYMNASTIQUE.

Noms et adresses des présidents.

Sociétés de Gymnastique.

La Vaillante, à Saint-Lo. — M. Guillot-Derbois.
Le Sou des écoles du canton d'Avranches. — M. Letréguilly, rue des Chapeliers.
Les Enfants de Cherbourg. — M. Brun, 63, rue du Val-de-Saire.
La Patriote, à Cherbourg. — M. Le Monnier, 33, rue Grande-Rue.
Société de gymastique et d'escrime de Coutances. — M. Jolivet.

Sociétés de Tir.

Société de Tir de Saint-Lo. — M. Dussaux.
L'Avant-Garde, à Avranches. — M. Letréguilly, rue des Chapeliers.
Le Progrès, à Cerisy-la-Salle. — M. Eudes (Eugène).
Société mixte de Tir de Cherbourg. — M. Legrin, rue Auvray, 12.
Société de Tir de Coutances. — M. Jolivet.
La Créançaise, à Créances. — M. Régnault, percepteur à Pirou.
La Sentinelle, à Ducey. — M. Belloir, propriétaire.
La Patrie, à Granville. — M. Poirier, rue du Port.
L'Union, à La Lucerne-d'Outremer. — M. Lebourgeois, maire.
La Concorde, à Plomb. — M. Jamard, maire.
L'Avant-Garde, à Sartilly. — M. Manuel, notaire.

FOIRES DE LA MANCHE.

Les foires en *italique*, sont celles qui, tombant un dimanche, sont avancées ou retardées d'un jour. — Les foires *mensuelles* figurent à leurs dates.

JANVIER. — 1er Saint-Clair. 2 Tessy, Bréhal, Ducey, Villedieu. 3 Brécey, Sainte-Geneviève, Beaumont, Le Teilleul, Portbail, Montbray. 4 Brécey. 5 Gavray. 7 Carentan, Percy. 9 Montmartin-sur-Mer. 12 Avranches. 13 *La Haye-du-Puits*. 14 Sainte-Mère-Eglise, Tourlaville, Sartilly. 15 Sourdeval. 16 La Haye-Pesnel, Pontorson, Saint-Hilaire-du-Harcouët. 17 Montbray. 20 *Quettehou*. 22 Les Pieux. 25 Saint-Lo, 28 Cherbourg, Les Loges-Marchis. 29 Périers (3 jours).

FÉVRIER. — 1er Brécey. 2 Gavray. 3 *Montebourg*. 4 Saint-James, Percy. 5 Savigny-le-Vieux, Bréhal, Ducey, Villedieu. 6 Saint-Hilaire-du-Harcouët, Pontorson. 9 Avranches. 11 Coulouvray, Bricquebec, Sartilly 13 Montmartin-sur-Mer. 15 Valognes. 19 Sourdeval. 20 Torigni, La Haye-Pesnel. 21 Sartilly, Montbray. 25 Coutances (foire à chevaux), Saint-James. 27 La Haye-du-Puits, Saint-Pierre-Eglise.

MARS. — 1er Mortain, Brécey. 2 Gavray, Montebourg. 4 Carentan, Bricquebec, Percy. 5 Buais, Bréhal, Ducey, Villedieu. 6 Pontorson. 7 Montbray. 9 Avranches, Beaumont. 11 Barenton, Percy, Sartilly. 13 Marigny, Montmartin-sur-Mer. 14 Vesly, Isigny. 18 Le Teilleul. 19 Bréhal, Sourdeval. 20 La Haye-du-Puits, Saint-Pierre-Eglise, La Haye-Pesnel. 21 Saint-Lo, Montbray. 23 Montebourg, Périers. 25 Carentan, Bricquebec. 26 Avranches. 27 La Haye-Pesnel.

AVRIL. — 1er Percy. 2 Bréhal, Ducey, Villedieu. 3 Tessy, Pontorson. 4 Montbray. 5 Brix, Brécey. 6 Avranches, Montebourg, Gavray. 8 Bricquebec, Cherbourg, Coutances, Torigni, Sartilly. 9 Reffuveille. 10 Granville, La Haye-du-Puits, Montmartin-sur-Mer, Saint-Pierre-Eglise, Saint-Hilaire-du-Harcouët. 11 Gréville, Saint-Malo-de-la-Lande. 12 Carentan, Portbail, Barfleur. 13 Périers. 15 Saint-Sauveur-le-Vicomte, Saint-James. 16 Valognes, Sourdeval. 17 La Haye-Pesnel. 18 Montbray. 19 Cérences. 20 Avranches, Montebourg. 22 Carentan, Airel, Lessay, Bricquebec. 23 Les Pieux. 24 Le Teilleul (2 jours). 26 Juvigny. 27 Saint-Lo. 29 Picauville, Beauchamps, Barenton. 30 Le Guislain.

MAI. — 1er Fierville. 2 La Haye-Pesnel, Prétot, Saint-Sauveur-Lendelin, Montbray. 3 Teurthéville-Hague, Villedieu, Brécey. 4 Quettehou, Mortain, Gavray. 6 Saint-James, Torigni, Percy. 7 Lithaire, Cuves, Bréhal, Ducey, Villedieu. 8 Saint-Clair, Marigny, Pontorson, Montmartin-sur-Mer. 9 Bricquebec, Le Teilleul, Sainte-Mère-Eglise. 11 Avranches, Beaumont. 13 Sartilly. 14 Cuves, Notre-Dame-du-Touchet, Saint-Martin-de-Landelles. 15 Saint-Pierre-Eglise, La Haye-Pesnel. 16 Saint-Pierre-de-Semilly, Saint-Clément, Montbray. 18 Besneville. 21 Brix, Ducey, Sourdeval. 24 Octeville. 25 Saint-Germain-le-Gaillard, Cerisy-la-Forêt. 27 Sartilly. 30 Montebourg. 31 Sourdeval, La Pernelle.

JUIN. — 1er Avranches, Périers, Gavray. 3 Coutances (foire à chevaux), Saint-James, Percy. 4 Bréhal (3 jours) Valognes, Ducey, 6 Montbray. 7 Beaucoudray, Brécey. 8 La Croix-Avranchin, Gavray. 10 Carentan, Gréville, Barenton, Cherbourg, Mortain, Sartilly. 11 Barneville, Lessay. 12 Folligny, Montmartin-sur-Mer. 13 Le Teilleul. 14 Juvigny. 15 Nébou, Tourlaville. 17 Saint-Cyr-du-Bailleul. 18 Sourdeval. 19 La Haye-Pesnel. 20 Saint-Lo, Montbray. 22 Avranches. 23 *Les Pieux*. 25 Hambye, Le Vicel. 26 La Haye-du-Puits, Montmartin-sur-Mer, Marigny. 27 Sainte-Mère-Eglise. 28 Saint-Jean-de-Daye. 29 Tessy, Argouges. 30 *Juvigny, Bricquebec*.

JUILLET. -- 1er Saint-James, Percy. 2 Bréhal, Ducey, Villedieu. 3 Pontorson. 4 Brécey, Montbray. 5 Les Pieux, Montsurvent, Brécey. 6 Cerisy-la-Salle, Gavray. 10 Sartilly, Montmartin-sur-Mer. 11 Le Teilleul. 12 Valognes. 13 Avranches, Querqueville. 14 *La Haye-du-Puits*. 15 Saint-Sauveur-le-Vicomte, Cerisy-la-Forêt. 16 Ducey,

Sourdeval. 17 La Haye-Pesnel. 18 Carentan, Le Lorey, Saint-Clair, Montbray. 20 Quettehou. 22 Saint-Lo. 23 La Haye-Pesnel. 24 Saint-Martin-d'Aubigny. 25 Montebourg. 27 Quettreville, Buais, Bricquebec. 29 Coulouvray. 31 Saint-Germain-de-Varreville.

AOUT. — 1er Prétot, La Meauffe, Saint-Pierre-Eglise, Montbray. 2 Brécey. 3 Millières, Avranches, Gavray. 5 Percy. 6 Bréhal, Ducey, Villedieu. 7 Pontorson. 8 Torigni. 9 Rauville-la-Place. 11 *Montpinchon*. 12 Sartilly. 13 Amfreville. 14 Montmartin - sur - Mer. 15 Montbray. 16 Montebourg. 20 Sourdeval. 21 La Haye-Pesnel. 22 Le Teilleul. 26 Cherbourg, Savigny. 27 Buais, Savigny-le-Vieux. 28 Créances. 29 Tocqueville.

SEPTEMBRE. — 1er *Fierville*. 2 Lengronne, Percy, Saint-Martin-de-Landelles. 3 Teurthéville-Bocage, Bréhal, Ducey, Villedieu. 4 Rauville-la-Bigot, Pontorson, Saint-Hilaire-du-Harcouët. 5 Bacilly, Saint-Lo, Montbray. 6 Brécey. 7 Gréville, Gavray. 9 Valognes, Juvigny, Villedieu, Aucey, Sartilly. 10 Notre-Dame-du-Touchet. 11 Saint-Pois, Marigny, Montmartin-sur-Mer. 12 Lessay (3 jours), Le Teilleul. 14 Brécey, Virandeville, Moyon. 15 Torigni-sur-Vire. 16 Barenton. 17 Saint-Floxel (2 jours), Ducey, Sourdeval. 18 Notre-Dame-de-Cenilly, La Haye-Pesnel. 19 Montbray. 21 Avranches, Saint-Lo, Granville. 22 *Grand-Celland, Bricquebec*. 23 Ger. 25 Valcanville. 26 Isigny, Sartilly. 27 St-Côme-du-Mont (montre la veille à Carentan), Roncey. 28 Le Hommet-d'Arthenay. 29 *Varenguebec*. 30 Coutances (3 jours). Teurthéville-Hague, Saint-James.

OCTOBRE. — 1er Buais, La Haye-Pesnel, Valognes. 2 Portbail, Saint-Pierre-Eglise, Tessy, Bréhal, Ducey, Villedieu, Pontorson. 3 Le Teilleul, Montbray. 4 Brécey. 5 Avranches, Saint-Sauveur-le-Vicomte, Gavray. 7 Lestre, Torigni, Percy. 8 Saint-Clair 9 Brix, Montmartin-sur-Mer. 10 Saint-Denis-le-Gast. 11 Le Mesnil-Garnier. 12 Périers. 13 *Clitourps, Saint-Jean-de-Daye* 14 Romagny (2 jours 2e jour foire à chevaux), Sartilly. 15 Boutteville (montre la veille), Torigni (montre la veille), Sourdeval. 16 Brécey, Teurthéville-Hague, La Haye-Pesnel. 17 Varenguebec, Le Teilleul, Montbray. 18 Gavray (5 jours). 20 *Reffuveille, Sottevast*. 23 Airel. 24 Sacey 25 Montebourg, Sourdeval. 26 Avranches. 28 Quettehou. 29 Sainte-Mère-Eglise. 31 Saint-Malo-de-la-Lande.

NOVEMBRE. — 1er Brécey. 2 Gavray. 3 *Sartilly*. 4 Cherbourg, Saint-James, Percy. 5 Rauville-la-Place (montre la veille), Quettreville, Bréhal, Ducey, Villedieu. 6 Pontorson. 7 Carentan (3 jours), Saint-Pois, Montbray. 9 Beaumont, Avranches. 10 *Cerisy-la-Salle*. 11 Torigni, Sartilly. 12 Brécey, Les Pieux, Montsurvent. 13 Montmartin-sur-Mer. 16 La Lande-d'Airou, Valognes. 17 *Cérences* (2 jours). 18 Saint-Hilaire-du-Harcouët (2 jours). 19 Sourdeval. 20 Montmartin-sur-Mer, La Haye-Pesnel. 21 Montbray. 23 Villedieu. 25 Bricquebec. 27 Cerisy-la-Forêt, St-Pierre-Eglise. 29 Saint-Lo. 30 St-Denis-le-Gast.

DÉCEMBRE. — 1er *Picauville*. 2 Saint-James, Percy. 3 Bréhal, Ducey, Villedieu. 4 Pontorson. 5 Montbray. 6 Brécey. 7 Avranches, Gavray. 9 Valognes, Sartilly. 11 Montmartin-sur-Mer. 15 *Sartilly*. 17 Sourdeval. 18 La Haye-Pesnel. 19 Montbray. 21 Barneville, Montebourg, Saint-Lo. 23 Carentan. 27 Hambye. 31 Valognes.

MARCHÉS DE LA MANCHE.

Arrondissement d'Avranches. — Avranches, le samedi (la veille des foires, montre); Brécey, le vendredi; Tirepied, le jeudi; Ducey, le mardi; Granville, le samedi; La Haye-Pesnel, le mercredi; La Lande-d'Airou, 2ᵉ lundi de chaque mois; Pontorson, le mercredi; Saint-James, le lundi; Saint-Pair, le mercredi; Sartilly, le lundi; Villedieu, le mardi.

Arrondissement de Cherbourg. — Beaumont, le samedi; Cherbourg, lundi et jeudi; Les Pieux, le vendredi; Le Vast, le lundi; Equeurdreville, le dimanche; Flamanville, le mardi; Saint-Pierre-Eglise, le mercredi.

Arrondissement de Coutances. — Agon, le dimanche (été); Bréhal, le mardi; Cérences, le jeudi; Cerisy-la-Salle, le samedi; Coutances, le lundi; Créances, le dimanche; Gavray, le samedi; Hambye, le mardi; La Haye-du-Puits, le mercredi; Lessay, le mardi; Montmartin-sur-Mer, le mercredi; Lingreville, le dimanche; Périers, le samedi; Prétot, le mardi; Saint-Sauveur-Lendelin, le jeudi; Saint-Denis-le-Gast, le dimanche; Roncey (bestiaux), le vendredi.

COUTANCES. — Le 1ᵉʳ lundi de *Carême* et le lundi de la *Mi-Carême* sont considérés comme fortes foires. La veille de chaque foire il y a *montre*. Grand *marché à bestiaux* tous les quinze jours. Grand *marché à chevaux* le lundi de la petite Saint-Michel. — BRÉHAL, *marché à bestiaux* le 3ᵉ mardi du mois. — LA HAYE-DU-PUITS, grand *marché à bestiaux* le 1ᵉʳ mercredi de chaque mois. — PERIERS. — Grand marché de 15 jours en 15 jours, à partir du 8 janvier.

Arrondissement de Mortain. — Barenton, le lundi; Ger, le jeudi; Isigny, le lundi; Juvigny, le jeudi; Le Teilleul, le jeudi; Mortain, le samedi (bestiaux); Saint-Hilaire-du-Harcouët, le mercredi; Saint-Pois, le jeudi; Sourdeval, le mardi; Buais, le dimanche.

Arrondissement de Saint-Lo. — Airel, le samedi; Canisy, le vendredi; Carentan, les lundi et vendredi; Cerisy-la-Forêt, le mercredi; Les Champs-de-Losques (beurre), le mardi; Marigny, le mercredi; Percy, le lundi; Saint-Clair, le mardi; Saint-Jean-de-Daye, le vendredi; Saint-Lo, les mardi et samedi; Tessy-sur-Vire; le mercredi; Torigni-sur-Vire, le lundi; Moyon, le jeudi.

SAINT-LO. — Grand *marché à bestiaux* tous les mardis. — CARENTAN. — Grand marché tous les lundis. De 15 jours en 15 jours à partir du 2 janvier, *grand marché à bestiaux* et *marché à chevaux*. Tous les vendredis, vente de beurre, volaille et poisson, etc.

Arrondissement de Valognes.—Barneville, le samedi; Bricquebec, le lundi; Barfleur, le samedi; Montebourg, le samedi; Picauville, le vendredi; Portbail, lo mardi (porcs, veaux, moutons); Quettehou, lo mardi; Sainte-Mère-Eglise, le jeudi; Saint-Sauveur-le-Vicomte, le samedi; Saint-Vaast, le samedi; Valognes, les mardi et vendredi.

VALOGNES. — Marchés *francs* de bestiaux, tous les 1ers mardis de chaque mois qui ne sont pas jours de foire. — PICAUVILLE. — Grand marché le vendredi. — SAINT-SAUVEUR-LE-VICOMTE. — Grand *marché à bestiaux*, le 1er samedi de chaque mois.

TABLE ALPHABÉTIQUE DES MATIÈRES

CONTENUES DANS L'*ANNUAIRE DE LA MANCHE*.

L'Annuaire de la Manche se trouve

CHEZ MM.

LE TUAL, imprimeur, éditeur de l'*Annuaire*, à Saint-Lo;

Jean CORDIER, libraire, à Saint-Lo;

LETRÉGUILLY, libraire, à Saint-Lo;

OMOND, libraire, à Saint-Lo;

ANFRAY, libraire, à Avranches;

MARGUERIE, libraire, à Cherbourg;

DAIREAUX, imprimeur-libraire, à Coutances:

LEBEL, imprimeur-libraire, à Mortain;

MARTIN, imprimeur-libraire, à Valognes;

CAPELLE, libraire, à Valognes.

Lightning Source UK Ltd.
Milton Keynes UK
UKHW010930061118
331792UK00011B/2331/P